Spindler/Schmitz
Telemediengesetz

Telemediengesetz

mit Netzwerkdurchsetzungsgesetz

Kommentar

von

Prof. Dr. Gerald Spindler
Professor an der Universität Göttingen

Dr. Peter Schmitz
Rechtsanwalt in Düsseldorf

Prof. Dr. Marc Liesching
Professor an der HTWK Leipzig

2. Auflage 2018

www.beck.de

ISBN 978 3 406 55515 2

© 2018 Verlag C.H. Beck oHG
Wilhelmstraße 9, 80801 München

Druck und Bindung: Friedrich Pustet
Gutenbergstraße 8, 93051 Regensburg

Satz: Jung Crossmedia Publishing GmbH
Gewerbestraße 17, 35633 Lahnau

Umschlaggestaltung: Druckerei C.H. Beck Nördlingen

Gedruckt auf säurefreiem, alterungsbeständigem Papier
(hergestellt aus chlorfrei gebleichtem Zellstoff)

Vorwort zur 2. Auflage

Seit Erscheinen der ersten Auflage sind mehr als 14 Jahre verstrichen – und das Recht der Internetintermediäre hat sich stetig weiter entwickelt, führte zu neuen datenschutzrechtlichen Regelungen bis hin zum Netzwerkdurchsetzungsgesetz. Die Rechtsprechung kann als einer der wesentlichen Faktoren in der Herausbildung immer neuer Pflichtenkonzepte angesehen werden, die letztlich zu der langen Zeit zwischen den Auflagen führte, da die Kommentatoren sich immer wieder mit neuen Konzeptionen konfrontiert sahen. Im Bereich des Datenschutzes hat der EuGH zahlreiche Urteile mit herausragender Bedeutung getroffen, die die Datenschutzregeln des TMG und zukünftig auch die Auslegung der DS-GVO und der kommenden ePrivacy-VO stark beeinflussen werden. Die Verfasser hoffen, nunmehr mit der zweiten Auflage eine systematische Gesamtsicht des TMG und des NetzDG vorlegen zu können, die die nötige Vertiefung ebenso wie die praxisgerechte Sicht bieten. Mangels praxistauglicher Anwendung wurde das SigG bewusst herausgenommen und durch das NetzDG ersetzt, Herr Prof. Dr. Liesching hat sich dieser Aufgabe dankenswerterweise angenommen. Das Werk befindet sich auf dem Stand Dezember 2017.

Autoren und Verlag sind für kritische Hinweise stets dankbar.

Göttingen/Düsseldorf/Leipzig im Dezember 2017 Die Verfasser

Inhaltsverzeichnis

Vorwort V
Abkürzungen IX
Einführung 1

Kommentar zum Telemediengesetz

Abschnitt 1. Allgemeine Bestimmungen

§ 1 Anwendungsbereich 9
§ 2 Begriffsbestimmungen 53
§ 2a Europäisches Sitzland 81
§ 3 Herkunftslandprinzip 91

Abschnitt 2. Zulassungsfreiheit und Informationspflichten

§ 4 Zulassungsfreiheit 129
§ 5 Allgemeine Informationspflichten 132
§ 6 Besondere Informationspflichten bei kommerziellen Kommunikationen 166

Abschnitt 3. Verantwortlichkeit

Vorbemerkung 185
§ 7 Allgemeine Grundsätze 229
§ 8 Durchleitung von Informationen 299
§ 9 Zwischenspeicherung zur beschleunigten Übermittlung von Informationen 328
§ 10 Speicherung von Informationen 342

Abschnitt 4. Datenschutz

Vorbemerkung: Überblick zum Datenschutz nach TMG und Ausblick auf DS-GVO und ePrivacy-VO 392
§ 11 Anbieter-Nutzer-Verhältnis 421
§ 12 Grundsätze 438
§ 13 Pflichten des Diensteanbieters 446
§ 14 Bestandsdaten 482
§ 15 Nutzungsdaten 500
§ 15a Informationspflicht bei unrechtmäßiger Kenntniserlangung von Daten 533

Abschnitt 5. Bußgeldvorschriften

§ 16 Bußgeldvorschriften 543

Inhaltsverzeichnis

Anhang

Datenschutzaufsicht 545
§ 47 RStV Datenschutz 546
§ 57 RStV Datenschutz bei journalistisch-redaktionellen Zwecken 548

Gesetz zur Verbesserung der Rechtsdurchsetzung in sozialen Netzwerken (Netzwerkdurchsetzungsgesetz – NetzDG)

§ 1	Anwendungsbereich	551
§ 2	Berichtspflicht	581
§ 3	Umgang mit Beschwerden über rechtswidrige Inhalte	592
§ 4	Bußgeldvorschriften	615
§ 5	Inländischer Zustellungsbevollmächtigter	631
§ 6	Übergangsvorschriften	638

Stichwortverzeichnis 641

Abkürzungen

a.	anno/Jahr
aA	andere(r) Ansicht
Abb.	Abbildung
Abg.	Abgeordneter
ABl.	Amtsblatt
ABl. EG Nr. C	Amtsblatt der Europäischen Gemeinschaften, Teil C: Mitteilungen und Bekanntmachungen
ABl. EG Nr. L	Amtsblatt der Europäischen Gemeinschaften, Teil L: Rechtsvorschriften
Abs.	Absatz
abw.	abweichend
ACM	Association of the Computing Machinery
AcP	Archiv für die civilistische Praxis
ACTA	America's Carriers Telecommunication Association
aE	am Ende
AEMR	Allgemeine Erklärung der Menschenrechte
AEUV	Vertrag über die Arbeitsweise der Europäischen Union
ÄndG	Änderungsgesetz
ÄndVO	Änderungsverordnung
aF	alte Fassung
AfP	Archiv für Presserecht
AG	Amtsgericht, Aktiengesellschaft
AGB	Allgemeine Geschäftsbedingungen
AGBG	Gesetz zur Regelung des Rechts der Allgemeinen Geschäftsbedingungen
AGF	Arbeitsgemeinschaft für Fernsehforschung
AGICOA	Association de Gestion Internationale Collective des Œuvres Audiovisuelles
allg.	allgemein
AllMBl.	Allgemeines Ministerialblatt
ALM	Arbeitsgemeinschaft der Landesmedienanstalten
Alt.	Alternative
AKZ	Anbieterkennzeichnung
aM	andere(r) Meinung
amtl.	amtlich
Anh.	Anhang
Anl.	Anlage
Anm.	Anmerkung(en)
AnwBl.	Anwaltsblatt
Anz.	Anzeiger
AO	Abgabenordnung
AOL	America Online
AöR	Archiv des öffentlichen Rechts
API	Application Programming Interface
APR	Arbeitsgemeinschaft Privater Rundfunk
APR	Allgemeines Persönlichkeitsrecht
ArbG	Arbeitsgericht
ARCHIE	Archiv-Server-Dienst
ArchPF	Archiv für Post- und Fernmeldewesen
ArchPT	Archiv für Post und Telekommunikation

Abkürzungen

ARD	Arbeitsgemeinschaft der öffentlich-rechtlichen Rundfunkanstalten der Bundesrepublik Deutschland
ARPA	Advanced Research Projects Agency
ARPANET	Netz der ARPA (Advanced Research Projects Unit)
Art.	Artikel
ASCII	American Standard Code for Information Interchange
AT	Allgemeiner Teil
ATM	Asynchronous Transfer Modus
AT&T	American Telephone & Telegraph
Aufl.	Auflage
AuR	Arbeit und Recht
ausf.	ausführlich
Ausg.	Ausgabe
AVMD-RL	Richtlinie über audiovisuelle Mediendienste
AVS	Altersverifikationssystem
AWV	Arbeitsgemeinschaft für wirtschaftliche Verwaltung e. V.
Az.	Aktenzeichen
BAG	Bundesarbeitsgericht
BAGE	Entscheidungssammlung des Bundesarbeitsgerichts
BAnz.	Bundesanzeiger
BAWe	Bundesaufsichtsamt für den Wertpapierhandel
BayGVBl.	Bayerisches Gesetz- und Verordnungsblatt
BayObLG	Bayerisches Oberstes Landesgericht
BayVBl.	Bayerische Verwaltungsblätter
BayVerfGH	Bayerischer Verfassungsgerichtshof
BayVGH	Bayerischer Verwaltungsgerichtshof
BB	Der Betriebs-Berater
Bbg.	Brandenburg
BBS	Bulletin Board Systems
Bd., Bde.	Band, Bände
BDB	Bundesverband Deutscher Banken
BDI	Bundesverband der Deutschen Industrie
BDSG	Bundesdatenschutzgesetz
Bearb.	Bearbeiter
BeckTKG-Komm	Beck'scher TKG-Kommentar, hrsg. von *Geppert/Schütz*, 4. Aufl. 2013
Begr.	Begründung
Begr. RegE	Begründung Regierungsentwurf
Beil.	Beilage
bej.	bejahend
Bek.	Bekanntmachung
Bem.	Bemerkung
ber.	berichtigt
bes.	besonders
Beschl.	Beschluss
betr.	betreffend
BetrVG	Betriebsverfassungsgesetz
BfDI	Bundesbeauftragter für den Datenschutz und die Informationsfreiheit
BFH	Bundesfinanzhof
BFHE	Sammlung der Entscheidungen und Gutachten des Bundesfinanzhofes
BGB	Bürgerliches Gesetzbuch
BGB-InfoV	Verordnung über Informationspflichten nach bürgerlichem Recht
BGBl. I (II, III)	Bundesgesetzblatt Teil I (II, III)
BGH	Bundesgerichtshof

Abkürzungen

BGH LM	Nachschlagewerk des Bundesgerichtshofs, *Lindenmaier/Möhring* ua (Hrsg.)
BGHR	BGH-Rechtsprechung, hrsg. von den Richtern des Bundesgerichtshofs, Köln 1987 ff. (Losebl.)
BGHSt	Entscheidungssammlung des Bundesgerichtshofs in Strafsachen
BGHZ	Entscheidungssammlung des Bundesgerichtshofs in Zivilsachen
BHO	Bundeshaushaltsordnung
BKA	Bundeskriminalamt
BKartA	Bundeskartellamt
Bl.	Blatt
BLM	Bayerische Landeszentrale für neue Medien
BMA	Bundesminister(ium) für Arbeit und Sozialordnung
BMBF	Bundesminister(ium) für Bildung, Wissenschaft, Forschung und Technologie
BMF	Bundesminister(ium) der Finanzen
BMFT	Bundesminister(ium) für Forschung und Technologie
BMI	Bundesminister(ium) des Innern
BMJV	Bundesminister(ium) der Justiz und für Verbraucherschutz
BMPT	Bundesminister(ium) für Post und Telekommunikation
BMWi	Bundesminister(ium) für Wirtschaft und Energie
BND	Bundesnachrichtendienst
BNetzA	Bundesnetzagentur für Elektrizität, Gas, Telekommunikation, Post und Eisenbahnen
BPersVG	Bundespersonalvertretungsgesetz
BPatG	Bundespatentgericht
BPjM	Bundesprüfstelle für jugendgefährdende Medien
BR	Bundesrat
BRAKMitt	Mitteilungen der Bundesrechtsanwaltskammer
BR-Drs.	Bundesrats-Drucksache
BReg	Bundesregierung
BR-Prot.	Bundesratsprotokoll (Stenographische Berichte der Verhandlungen des Bundesrates)
BSI	Bundesamt für Sicherheit in der Informationstechnik
BSIG	Gesetz über das Bundesamt für Sicherheit in der Informationstechnik
bspw.	beispielsweise
BStBl.	Bundessteuerblatt
BT	Besonderer Teil
BT-Drs.	Bundestags-Drucksache
BT-Prot.	Bundestagsprotokoll (Stenographische Berichte der Verhandlungen des Deutschen Bundestages)
Btx-StV	Bildschirmtext-Staatsvertrag vom 31.8.1991
BÜ	Berner Übereinkommen
Buchst.	Buchstabe
Bull.	Bulletin
BVerfG	Bundesverfassungsgericht
BVerfGE	Entscheidungssammlung des Bundesverfassungsgerichts
BVerfGG	Gesetz über das Bundesverfassungsgericht
BVerfSchG	Bundesverfassungsschutzgesetz
BVerwG	Bundesverwaltungsgericht
BVerwGE	Entscheidungssammlung des Bundesverwaltungsgerichts
BWahlG	Bundeswahlgesetz
BWVPr	Baden-Württembergische Verwaltungspraxis
BZT	Bundesamt für Zulassungen in der Telekommunikation (Saarbrücken)
bzw.	beziehungsweise

Abkürzungen

B2B	Business to Business
B2C	Business to Consumer
ca.	circa
CA	Certification Authority
CACM	Communications of the ACM
C. c.	Code civil
CCITT	Comité Consultatif International Téléphonique et Télégraphique
CD	Compact Disk
CDA	Communications Decency Act
CD-I	CD Interaktiv
CD-R	CD Recordable
CD-ROM	Compact Disk – Read Only Memory
CEN	Comité Européen de Normalisation
CENELEC	Comité Européen de Normalisation Électrotechnique
CERN	Conseil Européen pour la Recherche Nucléaire
CFR	Code of Federal Regulations (der USA)
c. i. c.	culpa in contrahendo
CIS	Common Information System
CISG	Übereinkommen der Vereinten Nationen über Verträge über den internationalen Warenkauf
CM	Computer Magazin
CMLRev	Common Market Law Review
CMMV	Clearing-Stelle Multimedia der Verwertungsgesellschaften für Urheber- und Leistungsschutzrechte
CR	Computer und Recht
DAB	Digital Audio Broadcasting
DARPA	Defense Advanced Research Projects Agency
dass.	dasselbe
DB	Der Betrieb
DENIC	Deutsches Network Information Center
ders.	derselbe
DES	Data Encryption Standard
DFG	Deutsche Forschungsgemeinschaft
DFN	Deutsches Forschungsnetz
DFÜ	Datenfernübertragung
DGAP	Deutsche Gesellschaft für Ad-hoc-Publizität
DGB	Deutscher Gewerkschaftsbund
dh	das heißt
dies.	dieselbe(n)
DIHT	Deutscher Industrie- und Handelskammertag
DIN	Deutsches Institut für Normung
DIN-Mitt.	DIN-Mitteilungen (Zentralorgan der deutschen Normung)
Diss.	Dissertation
DIW-V	Vierteljahreshefte des Deutschen Instituts zur Wirtschaftsforschung
DJT	Deutscher Juristentag
DLM	Direktorenkonferenz der Landesmedienanstalten
DM	Deutsche Mark
DMCA	Digital Millennium Copyright Act
DMMV	Deutscher Multimedia-Verband
DN	Domain Name
DNS	Domain Name System
DNSO	Domain Name Supporting Organization

Abkürzungen

DÖV	Die öffentliche Verwaltung
DOI	Digital Object Identifier
DRiZ	Deutsche Richterzeitung
DSB	Datenschutz-Berater; Dispute Settlement Body
DS-GVO	Datenschutz-Grundverordnung
DSR	Dispute Settlement Reports
DSRL	Datenschutzrichtlinie
DStR	Deutsches Steuerrecht
DStZ	Deutsche Steuer-Zeitung
DSU	Dispute Settlement Understanding
DTB	Deutsche Terminbörse
DuD	Datenschutz und Datensicherung
DuR	Demokratie und Recht
DVB	Digital Video Broadcasting
DVBl.	Deutsches Verwaltungsblatt
DVD	Digital Versatile Disk
DVO	Durchführungsverordnung
DVR	Datenverarbeitung im Recht
DZWir	Deutsche Zeitschrift für Wirtschaftsrecht
E	Entscheidungssammlung, Entwurf
EAG	Europäische Atomgemeinschaft
EARN	European Academic and Research Network
EBU	European Broadcasting Union
ECMS	Electronic Coypright Management System
E-Commerce	Electronic Commerce
ECRL	E-Commerce-Richtlinie
ECS	European Communications Satellite
Ed., Eds.	Editor, Editors
EDI	Electronic Data Interchange
EDIFACT	Electronic Data Interchange For Administration, Commerce and Transport
EDV	Elektronische Datenverarbeitung
EFTA	European Free Trade Association
EG	Europäische Gemeinschaft(en)
EGBGB	Einführungsgesetz zum Bürgerlichen Gesetzbuche
EGMR	Europäischer Gerichtshof für Menschenrechte
EGStGB	Einführungsgesetz zum Strafgesetzbuch
EGV	Vertrag zur Gründung der Europäischen Gemeinschaft vom 25.3.1957
EG-Vertrag	Vertrag zur Gründung der Europäischen Gemeinschaft vom 25.3.1957
Einf., einf.	Einführung, einführend
Einl.	Einleitung
EKM	Expertenkommission Neue Medien, Baden-Württemberg
ElGVG	Elektronischer Geschäftsverkehr-Vereinheitlichungsgesetz
E-Mail	Electronic Mail
EMRK	Konvention zum Schutze der Menschenrechte und Grundfreiheiten
endg.	endgültig
Entsch.	Entscheidung
entspr.	entsprechend
Entw.	Entwurf
EP	Europäisches Parlament
erg.	ergänzt
Erg.-Bd.	Ergänzungsband
Erg.-Lfg.	Ergänzungslieferung

Abkürzungen

Erl.	Erlass, Erläuterung
ES	Entscheidungssammlung
EStG	Einkommensteuergesetz
et al.	und andere
etc.	et cetera
EU	Europäische Union
EuG	Europäisches Gericht erster Instanz
EuGH	Gerichtshof der Europäischen Gemeinschaften
EuGHE	Sammlung der Rechtsprechung des Gerichtshofes der Europäischen Gemeinschaften
EuGRZ	Europäische Grundrechte-Zeitschrift
EuGVO	Europäische Gerichtstands- und Vollstreckungsverordnung
EuGVÜ	Europäisches Gerichtsstands- und Vollstreckungsübereinkommen
EU-KOM	Europäische Kommission
EuLR	European Law Review
EuR	Europarecht
EUV	Vertrag über die Europäische Union (Maastricht-Vertrag) vom 7.2.1992
EuZPR	Europäisches Zivilprozessrecht
EuZVR	Europäisches Zivilverfahrensrecht
EuZW	Europäische Zeitschrift für Wirtschaftsrecht
e.V.	eingetragener Verein
evtl.	eventuell
EVÜ	Europäisches Schuldvertragsübereinkommen
EWG	Europäische Wirtschaftsgemeinschaft
EWiR	Entscheidungen zum Wirtschaftsrecht
EWR	Europäischer Wirtschaftsraum
EWS	Europäisches Wirtschafts- und Steuerrecht, Europäisches Währungssystem
EzA	Entscheidungen zum Arbeitsrecht, hrsg. von *Stahlhacke*
f.	folgende
FAG	Gesetz über Fernmeldeanlagen
FARL	Fernabsatzrichtlinie
FARLFDL	Fernabsatzrichtlinie für Finanzdienstleistungen
FAZ	Frankfurter Allgemeine Zeitung
FCC	Federal Communications Commission
FernAbsG	Fernabsatzgesetz
FernUSG	Fernunterrichtsschutzgesetz
ff.	fortfolgende
Fn.	Fußnote
FR	Frankfurter Rundschau
FRL	Fernsehrichtlinie
FS	Festschrift
FSF	Freiwillige Selbstkontrolle Fernsehen
FSK	Freiwillige Selbstkontrolle der Filmwirtschaft
FSM	Freiwillige Selbstkontrolle Multimedia
FST	Freiwillige Selbstkontrolle Telefonmehrwertdienste
FTC	Federal Trade Commission
FTP	File Transfer Protocol
FÜ	Europäisches Übereinkommen über das grenzüberschreitende Fernsehen
FÜV	Fernmeldeüberwachungs-Verordnung
FuR	Film und Recht
FZ	Forschungszentrum

Abkürzungen

G.	Gesetz
GA	Goltdammer's Archiv für Strafrecht
GABl.	Gemeinsames Amtsblatt
GATS	General Agreement on Trade in Services
GATT	General Agreement on Tariffs and Trade
GB	Gigabyte
GBl.	Gesetzblatt, Gesetzblätter
GbR	Gesellschaft bürgerlichen Rechts
gem.	gemäß
GEMA	Gesellschaft für musikalische Aufführungsrechte und mechanische Vervielfältigungsrechte
GESAC	Groupement Européen des Sociétés d'Auteurs et Compositeurs
GewO	Gewerbeordnung
GEZ	Gebühreneinzugszentrale
GG	Grundgesetz für die Bundesrepublik Deutschland
ggf.	gegebenenfalls
GHz	Gigaherz
GI	Gesellschaft für Informatik
GjSM	Gesetz über die Verbreitung jugendgefährdender Schriften und Medieninhalte
GmbH	Gesellschaft mit beschränkter Haftung
GMBl.	Gemeinsames Ministerialblatt
GMD	Gesellschaft für Mathematik und Datenverarbeitung
GO	Geschäftsordnung
grdl.	grundlegend
grds.	grundsätzlich
GRCh	Charta der Grundrechte der Europäischen Union
GRL	Genehmigungsrichtlinie
GRUR	Gewerblicher Rechtsschutz und Urheberrecht
GRUR Int.	Gewerblicher Rechtsschutz und Urheberrecht, Internationaler Teil
GRUR-RR	Gewerblicher Rechtsschutz und Urheberrecht Rechtsprechungsreport
GS	Gesetzessammlung, Gedächtnisschrift
GSG	Gerätesicherheitsgesetz
GüFa	Gesellschaft zur Übernahme und Wahrnehmung von Filmaufführungsrechten mbH
GUIDEC	General Usage for International Digitally Ensured Commerce
GVBl., GV	Gesetz- und Verordnungsblatt
GVG	Gerichtsverfassungsgesetz
GVK	Gremienvorsitzendenkonferenz der Landesmedienanstalten
GVL	Gesellschaft zur Verwertung von Leistungsschutzrechten mbH
GV NW	Gesetz- und Verordnungsblatt für das Land Nordrhein-Westfalen
GVO	Gruppenfreistellungsverordnung
GWB	Gesetz gegen Wettbewerbsbeschränkungen (Kartellgesetz)
GWFF	Gesellschaft zur Wahrnehmung von Film- und Fernsehrechten mbH
GWG	Geldwäschegesetz
hA	herrschende Auffassung
HABM	Harmonisierungsamt für den Binnenmarkt
Habil.	Habilitation
HdB	Handbuch
HDTV	High Definition Television
Herv.	Hervorhebung
HessStAnz	Hessischer Staatsanzeiger
HessVGH	Hessischer Verwaltungsgerichtshof

Abkürzungen

HGB	Handelsgesetzbuch
HK	Handkommentar
HK-BGB	Bürgerliches Gesetzbuch-Handkommentar, hrsg. von *Schulze*, 4. Aufl. 2005
HK-VertriebsR	Handkommentar Vertriebsrecht
hL	herrschende Lehre
hM	herrschende Meinung
Hrsg.	Herausgeber
hrsg.	herausgegeben
Hs.	Halbsatz
HTML	Hypertext Markup Language
HTTP	Hypertext Transport Protocol
HWG	Heilmittelwerbegesetz
HWiG	Haustürwiderrufsgesetz
HWRL	Haustürwiderrufsrichtlinie
IAHC	International Ad Hoc Committee
IANA	Internet Assigned Numbers Authority
ibd.	ibidem
ICC	International Chamber of Commerce
idF	in der Fassung
idR	in der Regel
idS	in diesem Sinne
iE	im Erscheinen, im Ergebnis
IEEE	Institute of Electrical and Electronics Engineers
ieS	im engeren Sinne
IETF	Internet Engineering Task Force
IFV	Internationaler Fernmeldevertrag
IGH	Internationaler Gerichtshof
ILO	International Labor Organization
IN	Intelligentes Netz
InfoSoc-Richtlinie	EU-Richtlinie zum Urheberrecht in der Informationsgesellschaft
insb.	insbesondere
InterNIC	Internet Network Information Center
IOSCO	International Organization of Securities Commissions
IP	Internet Protocol; Internationales Privatrecht/int. Privatrechte
IPbR	Internationaler Pakt über bürgerliche und politische Rechte
IPG	Internet Phone Gateway
IPR	Intellectual Property Right; Internationales Privatrecht
IPrax	Praxis des Internationalen Privat- und Verfahrensrechts
IPRspr	Die deutsche Rechtsprechung auf dem Gebiete des Internationalen Privatrechts
IRC	Internet Relay Chat
iRd	im Rahmen des/der
iRv	im Rahmen von
iS	im Sinne
ISAC	Information Society Activity Center
iSd	im Sinne des/der
iSv	im Sinne von
ISDN	Integrated Services Digital Network
ISO	International Organization for Standardization
ISP	Internet Service Provider
IT	Informationstechnik
ITAS	Institut für Technikfolgenabschätzung und Systemanalyse

Abkürzungen

ITG	Informationstechnische Gesellschaft
ITRB	IT-Rechtsberater
ITSEC	Information Technology Security Evaluation Criteria
ITU	International Telecommunication Union, Internationale Telegraphen Union
iÜ	im Übrigen
IuK	Informations- und Kommunikation(stechnik)
IuKDG	Informations- und Kommunikationsdienstegesetz
IuR	Informatik und Recht
iVm	in Verbindung mit
iwS	im weiteren Sinne
IZPR	Internationales Zivilprozessrecht
IZVR	Internationales Zivilverfahrensrecht
JA	Juristische Arbeitsblätter
JArbSchG	Gesetz zum Schutz der arbeitenden Jugend (Jugendarbeitsschutzgesetz)
JBl.	Juristische Blätter
JCP	Journal of Consumer Policy
Jg.	Jahrgang
JMS-Report	Jugendmedienschutz-Report
JMStV	Jugendmedienschutz-Staatsvertrag
JöR	Jahrbuch des öffentlichen Rechts der Gegenwart
jurisPK-Internetrecht	juris Praxiskommentar Internetrecht, hrsg. von *Heckmann*, 4. Aufl. 2014
JuSchG	Jugendschutzgesetz
JR	Juristische Rundschau
jur.	juristisch
JurPC	Internet-Zeitschrift für Rechtsinformatik und Informationsrecht
JuS	Juristische Schulung
JZ	Juristenzeitung
Kap.	Kapitel
KB	Kilobyte
KEF	Kommission zur Ermittlung des Finanzbedarfs der öffentlich-rechtlichen Rundfunkanstalten
KEK	Kommission zur Ermittlung der Konzentration im Medienbereich
KES	Kommunikations- und EDV-Sicherheit
Kfz	Kraftfahrzeug
KG	Kammergericht, Kommanditgesellschaft
KJ	Kritische Justiz
KJM	Kommission für Jugendmedienschutz der Landesmedienanstalten
KJug	Kinder- und Jugendschutz in Wissenschaft und Praxis
KMU	kleine und mittelständische Unternehmen
KOM	Dokument der EG-Kommission, Legislativvorschläge und andere Kommissionsmitteilungen von allgemeinem Interesse
KOM endg.	Kommissionsdokument endgültig
KompaktKom-BGB	Kompaktkommentar zum BGB
Kriminalistik	Zeitschrift für die gesamte kriminalistische Wissenschaft und Praxis
krit.	kritisch
KritJ	Kritische Justiz
KritV	Kritische Vierteljahresschrift für Gesetzgebung und Rechtswissenschaft
KSchG	Kündigungsschutzgesetz
KUG	Gesetz betreffend das Urheberrecht an Werken der bildenden Künste und der Photographie (Kunsturheberrechtsgesetz)
K&R	Kommunikation und Recht

Abkürzungen

KWG	Gesetz über das Kreditwesen
LAG	Landesarbeitsgericht
LAN	Local Area Network
LED	Light Emitting Diode
Lfg.	Lieferung
LG	Landgericht
Lit.	Literatur
lit.	Buchstabe/littera
LM	*Lindenmaier-Möhring* ua (Hrsg.), Nachschlagewerk des BGH
LMA	Landesmedienanstalt
LMA-Werberichtlinien Fernsehen	Gemeinsame Richtlinien der Landesmedienanstalten für die Werbung, die Produktplatzierung, das Sponsoring und das Teleshopping im Fernsehen
LRA-Werberichtlinien Hörfunk	Gemeinsame Richtlinien der Landesmedienanstalten für die Werbung, zur Durchführung der Trennung von Werbung und Programmen und für das Sponsoring sowie Teleshopping im Hörfunk
LMG	Landesmediengesetz
LMK	Kommentierte BGH-Rechtsprechung, *Lindenmaier-Möhring*
LPR Hessen	Hessische Landesanstalt für privaten Rundfunk und neue Medien
Ls.	Leitsatz
LT-Drs.	Drucksache des Landtags
LV	Landesverfassung
m.	mit
maN	mit ausführlichen Nachweisen
MarkenG	Markengesetz
Mat.	Materialien
maW	mit anderen Worten
MB	Megabyte
MBl.	Ministerialblatt
MCPS	Mechanical Copyright Protection Society
MDR	Monatsschrift für Deutsches Recht
MDStV	Mediendienste-Staatsvertrag
ME	Musterentwurf
MedG	Mediengesetz
MFM	Mittelstandsgemeinschaft Fotomarketing
MHS	Message Handling System
MIDI-File	Musical Instrument Digital Interface-File
MILNET	Military Network
MIME	Multipurpose Internet Mail Extensions
MinBl.	Ministerialblatt
Mio.	Million
MLR	Market Law Review
MMA	Madrider Abkommen über die internationale Registrierung von Marken
MMR	Multimedia und Recht
MODEM	Modulator/Demodulator
Mot.	Motive
MP	Media Perspektiven
MPEG2	Moving Pictures Experts Group Level 2
MR	Medien und Recht

Abkürzungen

MR-Int.	Medien und Recht International
Mrd.	Milliarde
MRRL	Markenrechtsrichtlinie
Ms.	Manuskript
MSN	Microsoft Network
MTA	Message Transfer Agent
MTS	Message Transfer System
MüKoBGB	Münchner Kommentar zum BGB, hrsg. von *Rebmann/Säcker/Rixecker*, 7. Aufl. 2015 ff.
MüKoStGB	Münchner Kommentar zum StGB, hrsg. von *Joecks/Miebach*, 3. Aufl. 2016 f.
MüKoZPO	Münchner Kommentar zur Zivilprozessordnung, hrsg. von *Lücke/Wax*, 5. Aufl. 2016 f.
mwN	mit weiteren Nachweisen
NAF	National Arbitration Forum
NAFTA	North American Free Trade Association
NASDAQ	National Association of Securities Dealers Automated Quotations
NCCUSL	National Conference of Commissioners on Uniform State Laws
NdsGVBl.	Niedersächsisches Gesetz- und Verordnungsblatt
NetzDG	Netzwerkdurchsetzungsgesetz
nF	neue Fassung, neue Folge
NfD	Nachrichten für Dokumentation
NIC	Network Information Center
NJ	Neue Justiz
NJW	Neue Juristische Wochenschrift
NJW-CoR	NJW-Computerreport
NJW-RR	NJW-Rechtsprechungs-Report
nnv	noch nicht veröffentlicht
No.	Number (Nummer)
Nr.	Nummer(n)
nrkr	nicht rechtskräftig
NSF	National Science Foundation (USA)
NSI	Network Solutions Inc.
NStZ	Neue Zeitschrift für Strafrecht
NTT	Nippon Telegraph and Telephone
nv	nicht veröffentlicht
NVwZ	Neue Zeitschrift für Verwaltungsrecht
NVwZ-RR	Neue Zeitschrift für Verwaltungsrecht – Rechtsprechungs-Report
NW, nw	Nordrhein-Westfalen, nordrhein-westfälisch
NWVBl	Nordrhein-Westfälische Verwaltungsblätter
NZA	Neue Zeitschrift für Arbeitsrecht
NZA-RR	Neue Zeitschrift für Arbeitsrecht – Rechtsprechungs-Report
NZV	Netzzugangsverordnung
oä	oder ähnlich(es)
OCR	optical character recognition
OECD	Organization for Economic Cooperation and Development
OEEC	Organization for European Economic Cooperation
og	oben genannt
OGH	Oberster Gerichtshof
OHG	Offene Handelsgesellschaft
ÖVD	Öffentliche Verwaltung und Datenverarbeitung
OLG	Oberlandesgericht

Abkürzungen

OLGR	Oberlandesgerichtsreport
OMC	s. WTO
OSI	Open System Interconnection
OSIS	Open System for Information Services
OTA	Office for Technology Assessment
OVEG	Amtliche Sammlung der Entscheidungen des Oberverwaltungsgerichts/der Oberverwaltungsgerichte
OVG	Oberverwaltungsgericht
OWiG	Gesetz über Ordnungswidrigkeiten
PAngV	Preisangabenverordnung
PatG	Patentgesetz
PBefG	Personenbeförderungsgesetz
PC	Personal Computer
PCMCIA	Personal Computer Memory Card International Association
PDA	Personal Digital Assistant
PGP	Pretty Good Privacy (Verschlüsselungsprogramm)
PIN	Persönliche Identifikationsnummer
POS	Point of Sale
PPD	Published Price to Dealer
provet	Projektgruppe verfassungsverträgliche Technikgestaltung e.V. Kassel
PSE	Personal Security Environment
PSTN	Public Switched Telephone Network
PVÜ	Pariser Verbandsübereinkunft
RabelsZ	Rabels Zeitschrift für ausländisches und internationales Privatrecht
RAM	Random Access Memory
RÄStV	Rundfunkänderungsstaatsvertrag
RBÜ	Revidierte Berner Übereinkunft
RdA	Recht der Arbeit
RdErl	Runderlass
RdJB	Recht der Jugend und des Bildungswesens
RDV	Recht der Datenverarbeitung
RefE	Referentenentwurf
RegE	Regierungsentwurf
RegTP	Regulierungsbehörde für Telekommunikation und Post
RGZ	Entscheidungen des Reichsgerichts in Zivilsachen
RiA	Recht im Amt
RIPE NCC	Réseaux IP Européens Network Coordination Centre
RIW	Recht der internationalen Wirtschaft
RL	Richtlinie(n)
Rn.	Randnummer(n)
ROM	Read Only Memory
RRL	Rahmenrichtlinie
Rs.	Rechtssache
RSA	Rivest/Shamir/Adleman (Verschlüsselungsverfahren)
Rspr.	Rechtsprechung
RStV	Rundfunkstaatsvertrag
RuF	Rundfunk und Fernsehen
RuP	Recht und Politik
S.	Satz, Seite
s.	siehe
SEC	Securities and Exchange Commission

Abkürzungen

SET	Secure Electronic Transaction
SigG	Gesetz zur digitalen Signatur
SigV	Verordnung zur digitalen Signatur
Slg.	Sammlung
SMTP	Simple Mail Transport Protocol
sog.	sogenannt(e)
SPIO	Spitzenorganisation der Filmwirtschaft
SPIO/JK	Juristenkommission der Spitzenorganisation der Filmwirtschaft
StGB	Strafgesetzbuch
StGH	Staatsgerichtshof
StPO	Strafprozessordnung
str.	streitig, strittig
StrÄndG	Strafrechtsänderungsgesetz
stRspr	ständige Rechtsprechung
StudZR	Studentische Zeitschrift für Rechtswissenschaft Heidelberg
StV	Strafverteidiger, Staatsvertrag
SZ	Süddeutsche Zeitung
TA	Technikfolgenabschätzung, Technische Anleitung
TAB	Büro für Technikfolgen-Abschätzung
TAL	Teilnehmeranschlussleitung
TAN	Transaktionsnummer
TAZ	Tageszeitung
TCP/IP	Transmission Control Protocol/Internet Protocol
TDDSG	Teledienstedatenschutzgesetz
TDG	Teledienstegesetz
TDSV	Verordnung über den Datenschutz für Unternehmen, die Telekommunikationsdienstleistungen erbringen (Telekommunikationsdienstunternehmen-Datenschutzverordnung)
teilw.	teilweise
TEntgV	Telekommunikations-Entgeltverordnung
TELNET	Teletype Network
ThürVBl.	Thüringer Verwaltungsblätter
TK	Telekommunikation
TKG	Telekommunikationsgesetz
TKO	Telekommunikationsordnung
TKÜV	Telekommunikationsüberwachungsverordnung
TKG-ÄndG	Telekommunikationsänderungsgesetz
TLD	Top Level Domain
TMG	Telemediengesetz
TMG-E	Telemediengesetz Entwurf
TRIPS	Trade-Related Aspects of Intellectual Property Rights (Agreement on –)
TzWrG	Teilzeitwohnrechtegesetz
ua	unter anderem
UA	User Agent
uä	und ähnliches
UAbs.	Unterabsatz
UCITA	Uniform Computer Information Transaction Act
UDP	User Datagram Protocols
UDRL	Universaldienstrichtlinie
UDRP	Uniform Domain Dispute Resolution Policy
UFITA	Archiv für Urheber-, Film-, Funk- und Theaterrecht
UIC	s. ITU

Abkürzungen

UKlaG	Unterlassungsklagegesetz
UmwHG	Umwelthaftungsgesetz
UN	United Nations
UNCID	Uniform Rules of Conduct for Interchange of Trade Data by Teletransmission
UNCITRAL	United Nation Commission on International Trade Law
uö	und öfter
UPR	Umwelt- und Planungsrecht
URETS	Uniform Rules on Electronic Trade
UrhG	Gesetz über Urheberrechte und verwandte Schutzrechte (Urheberrechtsgesetz)
URL	Uniform Resource Locator; Universaldienstrichtlinie
URP	Domain Name Resolution Policy
Urt.	Urteil
US/USA	United States (of America)
USK	Freiwillige Selbstkontrolle der Unterhaltungssoftware
UStG	Umsatzsteuergesetz
usw.	und so weiter
uU	unter Umständen
UWG	Gesetz gegen den unlauteren Wettbewerb
v.	vom, von, versus
va	vor allem
VA	Verwaltungsakt
VAG	Versicherungsaufsichtsgesetz
Var.	Variante
VAS	Value-Added Service
VBlBW	Verwaltungsblätter für Baden-Württemberg
VBN	Vermitteltes Breitbandnetz
VDI	Verein Deutscher Ingenieure e.V.
VDMA	Verband Deutscher Maschinen- und Anlagenbau e.V.
Verf.	Verfasser
VerfGH	Verfassungsgerichtshof
Verh.	Verhandlungen
VerkaufsförderungVO	Verkaufsförderungsverordnung
VersR	Versicherungsrecht
VerwA	Verwaltungsarchiv
VFF	Verwertungsgesellschaft der Film- und Fernsehproduzenten mbH
VG	Verwaltungsgericht; Verwertungsgesellschaft
VG Bild-Kunst	Verwertungsgesellschaft Bild-Kunst
VGF	Verwertungsgesellschaft für Nutzungsrechte an Filmwerken mbH
VGH	Verwaltungsgerichtshof
VGHE	Entscheidungen des Verwaltungsgerichtshofs
vgl.	vergleiche
VG WORT	Verwertungsgesellschaft Wort, vereinigt mit der Verwertungsgesellschaft Wissenschaft
VO	Verordnung
Vol.	Volume (Band)
Vorb.	Vorbemerkung
VR.	Verwaltungsrundschau
VRRL	Verbraucherrechterichtlinie
vs.	versus
VTabakG	Vorläufiges Tabakgesetz
VuR	Verbraucher und Recht

Abkürzungen

VVDStRL	Veröffentlichungen der Vereinigung der Deutschen Staatsrechtslehrer
VVG	Versicherungsvertragsgesetz
VwGO	Verwaltungsgerichtsordnung
VwV	Verwaltungsvorschrift
VwVfG	Verwaltungsverfahrensgesetz
WahrnG	Urheberrechtswahrnehmungsgesetz
WAN	Wide Area Network
WCT	WIPO Copyright Treaty
Werberichtlinien ARD	ARD-Richtlinien für Werbung, Sponsoring, Gewinnspiele und Produktionshilfen
Werberichtlinien ZDF	ZDF-Richtlinien für Werbung, Sponsoring, Gewinnspiele und Produktionshilfen
WG	Wechselgesetz
WiB	Wirtschaftsrechtliche Beratung
WiN	Deutsches Wissenschaftsnetz
WIPO	World Intellectual Property Organization (Weltorganisation für geistiges Eigentum, Genf, franz. Abk. l'OMPI)
WIPR	World Intellectual Property Report
WiR	Wirtschaftsrecht
wistra	Zeitschrift für Wirtschafts- und Steuerstrafrecht
WM	Wertpapiermitteilungen
WpHG	Wertpapierhandelsgesetz
WRP	Wirtschaft in Recht und Praxis
WRV	Weimarer Reichsverfassung
WPPT	WIPO Performances and Phonograms Treaty (Vertrag über Darbietungen und Tonträger)
WSA	Wirtschafts- und Sozialausschuss
WTO	World Trade Organization
WUA	Welturheberrechtsabkommen
WuB	Entscheidungen zum Wirtschafts- und Bankrecht
WVK	Wiener Vertragsrechtskonvention
WWW	World Wide Web
WZG	Warenzeichengesetz
X.25	Internationales Standardprotokoll der Telefonnetze
z.	zum, zur
ZAK	Kommission für Zulassung und Aufsicht der Landesmedienanstalten
ZaöRV	Zeitschrift für ausländisches öffentliches Recht und Völkerrecht
ZAW	Zentralverband der Deutschen Werbewirtschaft
zB	zum Beispiel
ZBB	Zeitschrift für Bankrecht und Bankwirtschaft
ZDF	Zweites Deutsches Fernsehen
ZEuP	Zeitschrift für Europäisches Wirtschaftsrecht
ZfJ	Zentralblatt für Jugendrecht
ZfP	Zeitschrift für das Postwesen
ZfV	Zeitschrift für Verwaltung
ZG	Zeitschrift für Gesetzgebung
ZGS	Zeitschrift für das gesamte Schuldrecht
ZHR	Zeitschrift für das gesamte Handelsrecht und Wirtschaftsrecht
Ziff.	Ziffer

Abkürzungen

ZIP	Zeitschrift für Wirtschaftsrecht
Zit.	Zitat
ZMR	Zeitschrift für Miet- und Raumrecht
ZPO	Zivilprozessordnung
ZPT	Zeitschrift für Post und Telekommunikation
ZPÜ	Zentralstelle für private Überspielungsrechte
ZRP	Zeitschrift für Rechtspolitik
ZStW	Zeitschrift für die gesamte Strafrechtswissenschaft
zT	zum Teil
zugl.	zugleich
ZUM	Zeitschrift für Urheber- und Medienrecht, früher: Film und Recht
ZUM-RD	Zeitschrift für Urheber- und Medienrecht – Rechtsprechungsdienst
zust.	zustimmend
zutr.	zutreffend
ZVglRWiss	Zeitschrift für Vergleichende Rechtswissenschaft
ZWeR	Zeitschrift für Wettbewerbsrecht
ZZP	Zeitschrift für Zivilprozess

Einführung

Literatur allgemein: *Aigner/Hofmann,* Fernabsatzrecht im Internet, 2004; *Ahlberg/Götting* (Hrsg.), Beck'scher Online-Kommentar Urheberrecht, 17. Edition, 1.8.2017; *Arndt/Fetzer/Scherer* ua (Hrsg.), TKG – Telekommunikationsgesetz Kommentar, 2. Aufl. 2015; *Bamberger/Roth* (Hrsg.), Beck'scher Online-Kommentar BGB, 42. Edition, 1.2.2017; *Baumbach/Hopt,* Handelsgesetzbuch, 37. Aufl. 2016; *Bergmann,* Die Haftung gem. § 5 TDG am Beispiel des News-Dienstes: unter Berücksichtigung des EU-Richtlinienvorschlags über den elektronischen Geschäftsverkehr, 2000; *Bettinger/Leistner* (Hrsg.), Werbung und Vertrieb im Internet, 2003; *Beucher/Leyendecker/v. Rosenberg,* Mediengesetze: Rundfunk, Mediendienste, Teledienste, Kommentar zum Rundfunkstaatsvertrag, Mediendienste-Staatsvertrag, Teledienstegesetz und Teledienstedatenschutzgesetz, 1999; *Blasi,* Das Herkunftslandprinzip der Fernseh- und der E-Commerce-Richtlinie, 2004; *Borges/Meents,* Cloud Computing, 2016; *Bräutigam/Leupold* (Hrsg.), Online-Handel – Betriebswirtschaftliche und rechtliche Grundlagen – Einzelne Erscheinungsformen des E-Commerce, 2003; *Bröcker/Czyzchowski/Schäfer* (Hrsg.), Praxishandbuch Geistiges Eigentum im Internet, 2003; *Castendyk/Dommering/Scheuer* ua (Hrsg.), European Media Law, 2008; *Calliess/Ruffert* (Hrsg.), EUV/AEUV, Das Verfassungsrecht der Europäischen Union mit Europäischer Grundrechtecharta Kommentar, 5. Aufl. 2016; *Däubler,* Internet und Arbeitsrecht – Web 2.0, Social Media und Crowdwork, 5. Aufl. 2015; *Denninger/Rachor* (Hrsg.), *Lisken/Denninger,* Handbuch des Polizeirechts, 5. Aufl. 2012; *H. Dreier* (Hrsg.), Grundgesetz Kommentar, Bd. 1: Präambel, Art. 1–19 GG, 3. Aufl. 2015; *T. Dreier/Schulze* (Hrsg.), Urheberrechtsgesetz, Urheberrechtswahrnehmungsgesetz, Kunsturhebergesetz, 5. Aufl. 2015; *Dustmann,* Die privilegierten Provider: Haftungseinschränkungen im Internet aus urheberrechtlicher Sicht, 2001; *Eck,* Providerhaftung von Konzernunternehmen: rechtliche Zusammenschau von Konzernunternehmen bei der Verarbeitung rechtsverletzender Informationen im Internet, 2004; *Engel-Flechsig/Maennel/Tettenborn* (Hrsg.), Beck'scher IuKDG-Kommentar: Informations- und Kommunikationsdienstegesetz, 2001; *Ernst/Vassilaki/Wiebe,* Hyperlinks, Rechtsschutz, Haftung, Gestaltung, 2002; *Feuerich/Weyland,* Bundesrechtsanwaltsordnung, 2016; *Fezer/Büscher/Obergfell* (Hrsg.), Lauterkeitsrecht: UWG, 3. Aufl. 2016; *Forgó/Helfrich/Schneider* (Hrsg.), Betrieblicher Datenschutz – Rechtshandbuch, 2014; *Fiedler,* Meinungsfreiheit in einer vernetzten Welt: staatliche Inhaltskontrolle, gesetzliche Providerhaftung und die Inhaltsneutralität des Internet, 2002; *Freytag,* Haftung im Netz: Verantwortlichkeit für Urheber-, Marken- und Wettbewerbsrechtsverletzungen nach § 5 TDG und § 5 MDStV, 1999; *Geiger/Khan/Kotzur* (Hrsg.), EUV/AEUV Kommentar, 6. Aufl. 2017; *Geppert/Schütz* (Hrsg.), Beck'scher TKG-Kommentar, 4. Aufl. 2013; *Gersdorf/Paal,* Beck'scher Online-Kommentar Informations- und Medienrecht, 17. Edition, 1.8.2017; *Gloy/Loschelder/Erdmann* (Hrsg.), Handbuch des Wettbewerbsrechts, 4. Aufl. 2010; *Gola/Schomerus,* Bundesdatenschutzgesetz, 12. Aufl. 2015; *Gounalakis* (Hrsg.), Rechtshandbuch Electronic Business: Rechtsgrundlagen, branchenspezifische Geschäftsfelder, 2003; *Gounalakis/Rhode,* Persönlichkeitsschutz im Internet, 2002; *Götz,* Allgemeines Polizei- und Ordnungsrecht, 16. Aufl. 2017; *Grabitz/Hilf/Nettesheim,* Das Recht der Europäischen Union, Bd. I EUV/AEUV, 60. EL, 1.10.2016; Bd. IV Sekundärrecht A. Verbraucher- und Datenschutzrecht, 40. EL, 1.10.2009; *Grunewald/Maier-Reimer/Westermann* (Hrsg.), Erman BGB, 15. Aufl. 2017; *Gsell/Krüger/Lorenz* ua (Gesamthrsg.), beck-online. GROSSKOMMENTAR, Stand: 1.4.2016; *Härting,* Recht der Mehrwertdienste 0190/0900, 2003; *Hahn/Vesting* (Hrsg.), Beck'scher Kommentar zum Rundfunkrecht, 3. Aufl. 2012; *Harte-Bavendamm/Henning-Bodewig* (Hrsg.), Gesetz gegen den unlauteren Wettbewerb (UWG) Kommentar, 4. Aufl. 2016; *Hartstein/Ring/Kreile* ua (Hrsg.), Rundfunkstaatsvertrag, Kommentar zum Staatsvertrag Rundfunk und Telemedien (RStV) und zum Jugendmedienschutz-Staatsvertrag (JMStV), 69. EL, 1.4.2017; *Heckmann* (Hrsg.), juris PraxisKommentar Internetrecht Telemediengesetz, E-Commerce, E-Government, 5. Aufl. 2017; *Heermann/Schlingloff* (Hrsg.), Münchener Kommentar zum Lauterkeitsrecht, Bd. 1: Grundlagen des Lauterkeitsrechts §§ 1–4 UWG, 2. Aufl. 2014; Bd. 2: §§ 5–20 UWG, 2. Aufl. 2014; *Heermann/Ohly* (Hrsg.), Verantwortlichkeit im Netz: Wer haftet wofür?, 2003; *Herberger/Martinek/Rüßmann* ua (Hrsg.), juris PraxisKommentar BGB, Bd. 2.1

Schuldrecht §§ 241–432, hrsg. v. *Junker,* 8. Aufl. 2017; *Maunz/Dürig,* Grundgesetz, 80. EL, 1.8.2017; *Hilber* (Hrsg.), Handbuch Cloud Computing, 2014; *Hoeren,* Recht der Access-Provider, 2004; *ders./Sieber/Holznagel* (Hrsg.), Handbuch Multimedia-Recht, Loseblatt, 44. EL, 1.1.2017; *Hoffmann-Riem,* Kommunikationsfreiheiten 2002; *Hohl/Leible/Sosnitza* (Hrsg.), Vernetztes Recht, Das Internet als Herausforderung an eine moderne Rechtsordnung, 2002; *Hornung/Müller-Terpitz* (Hrsg.), Rechtshandbuch Social Media, 2015; *Immenga/Mestmäcker* (Hrsg.), Wettbewerbsrecht, Bd. 2/Teil 1: GWB §§ 1-96, 130, 131, 5. Aufl. 2014; *Jarass/Pieroth,* Grundgesetz der Bundesrepublik Deutschland, 14. Aufl. 2016; *Joecks/Miebach* (Hrsg.), Münchener Kommentar zum StGB, Bd. 7: Nebenstrafrecht II, hrsg. v. *Joecks/Schmitz,* 3. Aufl. 2017; *Köhler/Bornkamm,* Gesetz gegen den unlauteren Wettbewerb, 35. Aufl. 2017; *Köhler/Fetzer,* Recht des Internet, 8. Aufl. 2016; *Langen/Bunte* (Hrsg.) Kartellrecht Kommentar, 12. Aufl. 2014; *Manssen* (Hrsg.), Telekommunikations- und Multimediarecht, 38. EL, 1.9.2016; *Martinek/Semler/Habermeier* ua (Hrsg.), Handbuch des Vertriebsrechts, 4. Aufl. 2016; *Moritz/Dreier,* Rechts-Handbuch zum E-Commerce, 2. Aufl. 2005; *v. Münch/Kunig* (Hrsg.), Grundgesetz Kommentar, 6. Aufl. 2012; *Musielak/Voit* (Hrsg.), Zivilprozessordnung mit Gerichtsverfassungsgesetz, 14. Aufl. 2017; *Ohly/Sosnitza* (Hrsg.), Gesetz gegen den unlauteren Wettbewerb, 7. Aufl. 2016; *Pankoke,* Von der Presse- zur Providerhaftung: eine rechtspolitische und rechtsvergleichende Untersuchung zur Inhaltsverantwortlichkeit im Netz, 2000; *Palandt,* Bürgerliches Gesetzbuch Kommentar, 76. Aufl. 2017; *Paschke/Berlit/Meyer,* Hamburger Kommentar Gesamtes Medienrecht, 3. Aufl. 2016; *Popp,* Die strafrechtliche Verantwortung von Internet-Providern, 2002; *Rauscher/Krüger* (Hrsg.), Münchener Kommentar zur Zivilprozessordnung mit Gerichtsverfassungsgesetz und Nebengesetze, Bd. 1 §§ 1–354 ZPO, 5. Aufl. 2017; *Ricker/Weberling* (Hrsg.), Handbuch des Presserechts, 6. Aufl. 2012; *Römermann* (Hrsg.), Beck'scher Online-Kommentar BORA, 17. Edition, 1.8.2017; *Roßnagel* (Hrsg.), Beck'scher Kommentar zum Recht der Telemediendienste, 2013; *Säcker* (Hrsg.), Telekommunikationsgesetz, 3. Aufl. 2013; *ders./Rixecker/Oetker* ua (Gesamthrsg.), Münchener Kommentar zum Bürgerlichen Gesetzbuch, Bd. 1: Allgemeiner Teil, hrsg. v. *Säcker,* 7. Aufl. 2015; Bd. 2: Schuldrecht – Allgemeiner Teil, hrsg. v. *Krüger,* 7. Aufl. 2016; Bd. 6: Schuldrecht – Besonderer Teil IV, hrsg. v. *Habersack,* 7. Aufl. 2017; Bd. 10: Internationales Privatrecht I, Europäisches Kollisionsrecht, Art. 1–24 EGBGB, hrsg. v. *v. Hein,* 6. Aufl. 2015; Bd. 11: Internationales Privatrecht II, Internationales Wirtschaftsrecht, Art. 25–248 EGBGB, hrsg. v. *Säcker/Rixecker/Oetker,* 6. Aufl. 2015; *Scheurle/Mayen* (Hrsg.), Telekommunikationsgesetz TKG, 2. Aufl. 2008; *Schmidt* (Gesamthrsg.), Münchener Kommentar zum Handelsgesetzbuch, Bd. 1: Handelsstand, hrsg. v. *Schmidt,* 4. Aufl. 2016; *Schmittmann,* Werbung im Internet: Recht und Praxis, 2003; *Scholz* (Hrsg.), GmbHG, Bd. 2: §§ 35–52, 11. Aufl. 2013; *Schricker/Loewenheim,* Urheberrecht, Kommentar, 5. Aufl. 2017; *Sedelmeier/Burkhardt* (Hrsg.), Löffler Presserecht, 6. Aufl. 2015; *Sieber,* Verantwortlichkeit im Internet, 1999; *Simitis* (Hrsg.), Bundesdatenschutzgesetz, Kommentar, 8. Aufl. 2014; *Soergel,* Bürgerliches Gesetzbuch mit Einführungsgesetz und Nebengesetzen: Bd. 2: Allgemeiner Teil 2. §§ 104–240 BGB, hrsg. v. *Siebert,* 13. Aufl. 1999; *Spindler* (Hrsg.), Vertragsrecht der Internet-Provider, 2. Aufl. 2004; *ders./Schmitz/Geis* (Hrsg.), Teledienstegesetz, Teledienstedatenschutzgesetz, Signaturgesetz Kommentar, 2004; *ders./Schuster,* Recht der elektronischen Medien, 3. Aufl. 2015; *ders./Wiebe* (Hrsg.), Internet-Auktionen und Elektronische Marktplätze, 2. Aufl. 2005; *Stadler,* Haftung für Informationen im Internet, 2. Aufl. 2005; *Starck* (Hrsg.), v. Mangoldt/Klein/Starck, Kommentar zum Grundgesetz, Bd. 1 Präambel, Art. 1–19, 6. Aufl. 2010; *Stein/Jonas* (Hrsg.), Kommentar zur Zivilprozessordnung, Bd. 4: §§ 253–327, 22. Aufl. 2008; *Streinz* (Hrsg.), EUV/AEUV Kommentar, 2. Aufl. 2012; *Teplitzky/Pfeifer/Leistner* (Gesamthrsg.), Großkommentar zum Gesetz gegen den unlauteren Wettbewerb mit Nebengesetzen, Bd. 1 Einleitung, §§ 1–3 UWG, hrsg. v. *Lindacher/Pahlow/Peukert,* 2. Aufl. 2014; *Thüsing* (Hrsg.), Beschäftigtendatenschutz und Compliance. Effektive Compliance im Spannungsfeld von BDSG, Persönlichkeitsschutz und betrieblicher Mitbestimmung, 2. Aufl. 2014; *Trafkowski,* Medienkartellrecht – Die Sicherung des Wettbewerbs auf den Märkten der elektronischen Medien, 2001; *Trute/Spoerr/Bosch* (Hrsg.), Telekommunikationsgesetz mit FTEG Kommentar, 2001; *Ufer,* Die Haftung des Internet Provider nach dem Telemediengesetz, 2007; *Volkmann,* Der Störer im Internet, 2005; *Wandtke/Bullinger* (Hrsg.), Praxiskommentar zum Urheberrecht, 4. Aufl. 2014; *Wiebe/Leupold* (Hrsg.), Recht der elektronischen Datenbanken, Heidelberg 2003.

Einführung

Regelmäßige Rechtsprechungsübersichten: *Schuster* ua, Beil. MMR 4/2004; Beil. MMR 5/2003; Beil. MMR 3/2002; *H. Hoffmann*, NJW 2003, 2576; *H. Hoffmann*, NJW 2002, 2602.

Zur E-Commerce-Richtlinie: *Arndt/Köhler*, Elektronischer Handel nach der E-Commerce-Richtlinie, EWS 2001, 102; *Bender/Sommer*, E-Commerce-Richtlinie: Auswirkungen auf den elektronischen Geschäftsverkehr in Deutschland, RIW 2000, 260; *Bröhl*, EGG – Gesetz über rechtliche Rahmenbedingungen des elektronischen Geschäftsverkehrs, MMR 2001, 67; *Buchner*, E-Commerce und effektiver Rechtsschutz, EWS 2000, 147; *Härting*, Gesetzentwurf zur Umsetzung der E-Commerce-Richtlinie, CR 2001, 271; *Hoeren*, Vorschlag über eine EU-Richtlinie über den E-Commerce, MMR 1999, 192; *Libertus*, Medienrechtliche Aspekte der Umsetzung der E-Commerce-Richtlinie in Deutschland, RTKom 2001, 79; *Maennel*, Elektronischer Geschäftsverkehr ohne Grenzen – der Richtlinienvorschlag der Europäischen Kommission, MMR 1999, 187; *Pearce/Platten*, Promoting the Information Society: The EU Directive on Electronic Commerce, European Law Journal 6 (2000), 363; *Schneider*, Zur Umsetzung der E-Commerce-Richtlinie im Regierungsentwurf zur Schuldrechtsmodernisierung, K&R 2001, 344; *Spindler*, Der neue Vorschlag einer E-Commerce-Richtlinie, ZUM 1999, 775; *ders.*, E-Commerce in Europa, Beil. MMR 7/2000, 4; *Tettenborn*, Europäischer Rechtsrahmen für den elektronischen Geschäftsverkehr, K&R 1999, 252; *ders.*, Auf dem Weg zu einem einheitlichen Rechtsrahmen für den elektronischen Rechtsverkehr, K&R 1999, 442; *ders.*, E-Commerce-Richtlinie: Politische Einigung in Brüssel erzielt, K&R 2000, 59; *ders.*, E-Commerce-Richtlinie – Erste Überlegungen zur Umsetzung in Deutschland, K&R 2000, 386; *Thode*, Die Electronic-Commerce-Richtlinie, NZBau 2001, 345; *Waldenberger*, Electronic Commerce: Der Richtlinienvorschlag der EG-Kommission, EuZW 1999, 296.

Rechtsvergleichend: *Angelopoulos*, European Intermediary Liability in Copyright. A Tort-Based Analysis, 2016; *Holznagel*, Notice and Take-Down-Verfahren als Teil der Providerhaftung, 2013; *Spindler/Börner* (Hrsg.), E-Commerce in Europa und den USA, 2003; Report from the Commission to the European Parliament, the Council and the European Economic and Social Committee, First Report on the application of Directive 2000/31/EC of the European Parliament and of the Council of 8 June 2000 on certain legal aspects of information society services, in particular electronic commerce, in the Internal Market, (Directive on electronic commerce), 21.11.2003 COM (2003) 702 final. Communication from the Commission to the Council, the European Parliament and the European Central Bank. Application to financial services of Article 3(4) to (6) of the Electronic Commerce Directive, COM (2003) 259 final, 14.5.2003.

Übersicht

	Rn.
I. Entstehungsgeschichte und Zweck	1
1. Das TDG bzw. IuKDG 1997	1
2. Die E-Commerce-Richtlinie	2
3. Die Novellierung des TDG im Rahmen des EGG	3
4. Die Novellierung durch das TMG, des RStV und Abschaffung des MDStV	4
II. Auslegungsleitlinien	5
1. Verfassungsrechtliche Auslegungsprinzipien für das TMG	5
2. Richtlinienkonforme Auslegung	6
3. Rechtsgebietsübergreifende Anwendung	7

I. Entstehungsgeschichte und Zweck

1. Das TDG bzw. IuKDG 1997

1   Nachdem sich Mitte der 1990er Jahre der Siegeszug des Internets abzeichnete, aber auch die ersten Rechtsunsicherheiten zu Tage traten, insbesondere im Haftungs- und Strafrechtsbereich, entschloss sich die Bundesregierung, einheitlich rechtliche Rahmenbedingungen für die „Informations- und Kommunikationsdienste" zu schaffen. Damit sollten verlässliche Investitionsbedingungen für den E-Commerce geschaffen werden.[1] Die Bemühungen mündeten – nach Kompetenzstreitigkeiten zwischen Bund und Ländern und einem Formelkompromiss[2] – in der fast zeitgleichen Verabschiedung und inhaltlich weitgehend übereinstimmenden Ausgestaltung des IuKDG einerseits auf Bundesebene und des MDStV auf Länderebene andererseits.[3] Eines der wichtigsten Gesetze im Rahmen des IuKDG (als Artikelgesetz) war das TDG, das vor seiner Aufhebung und Änderung in das TMG zuletzt mit Inkrafttreten des EGG am 21.12.2001 geändert wurde.[4] Das Gesetz diente in erster Linie der Umsetzung der ECRL (→ Rn. 2).[5] Es regelte die Nutzung von Telediensten, welche mittels Telekommunikation übermittelt werden.[6] Mit Hilfe des TDG sollte vor allem gewährleistet werden, dass es im Bereich der neuen Medien nicht zu Wettbewerbsverzerrungen komme und keine Hemmnisse gegenüber einer freien wirtschaftlichen Entfaltung der elektronischen Dienste durch Rechtsunsicherheiten geschaffen werden;[7] allgemein sollte so die internationale Wettbewerbsfähigkeit Deutschlands sichergestellt werden.[8] Gleichzeitig wollte das Gesetz zur Akzeptanz der neuen Informations- und Kommunikationstechnik im täglichen Rechts- und Geschäftsverkehr beitragen.[9]

2. Die E-Commerce-Richtlinie

2   Die Rechtsunsicherheiten beschränkten sich angesichts des globalen Charakters elektronischer Dienste naturgemäß nicht auf den deutschen Raum, so dass die EU sehr schnell Harmonisierungsbedarf erkannte,[10] der in der Verabschiedung der E-Commerce-Richtlinie (ECRL) mündete.[11] Die E-Commerce-Richtlinie wurde

---

[1] BT-Drs. 13/7935; instruktiv auch BeckIuKDG-Komm/*Tettenborn,* Vor § 1 TDG Rn. 4ff.

[2] S. dazu die Gemeinsame Erklärung von Bund und Ländern vom 18.12.1996, LT NRW-Drs. 12/1954, S. 24, http://www.landtag.nrw.de; BeckIuKDG-Komm/*Tettenborn,* Vor § 1 TDG Rn. 14ff.; → Rn. 4ff.

[3] Informations- und Kommunikationsdienstegesetz vom 22.7.1997 (BGBl. I S. 1870); dazu die Referenten der Ministerien *Engel-Flechsig/Maennel/Tettenborn,* NJW 1997, 2981f.

[4] Gesetz über die rechtlichen Rahmenbedingungen für den elektronischen Geschäftsverkehr vom 14.12.2001 (BGBl. I S. 3721); vgl. auch BT-Drs. 14/6098 sowie Beschlussempfehlung und Bericht des Ausschusses für Wirtschaft und Technologie, BT-Drs. 14/7345.

[5] Vgl. BT-Drs. 14/6098, S. 11.

[6] Vgl. Roßnagel/*Waldenberger,* § 1 TDG Rn. 18.

[7] Begr. BT-Drs. 13/7385, S. 18; BeckIuKDG-Komm/*Tettenborn,* § 1 TDG Rn. 2, 15; *Bröhl,* CR 1997, 73, 74.

[8] Roßnagel/*Waldenberger,* § 1 TDG Rn. 2; BeckIuKDG-Komm/*Tettenborn,* § 1 TDG Rn. 2, 10f.; *Beucher/Leyendecker/v. Rosenberg,* § 1 TDG.

[9] BT-Drs. 13/7385, S. 18; *Bröhl,* CR 1997, 73, 74.

[10] Mitteilung „Europäische Initiative für den elektronischen Geschäftsverkehr", KOM (1997) 157 endg. v. 16.4.1997, gebilligt vom Europäischen Parlament am 14.5.1998, Beschl. A4–0173/98.

[11] Richtlinie 2000/31/EG des Europäischen Parlaments und des Rates vom 8.6.2000 über bestimmte rechtliche Aspekte der Dienste der Informationsgesellschaft, insbesondere des elektronischen Geschäftsverkehrs im Binnenmarkt, ABl. Nr. L 178 v. 17.7.2000, S. 1.

Einführung

nach ihrer ersten Vorstellung im Dezember 1998 als Richtlinienvorschlag zu „bestimmten rechtlichen Aspekten des elektronischen Geschäftsverkehrs im Binnenmarkt"[12] und einem zweiten, aufgrund der Änderungsanträge des Europäischen Parlaments in erster Lesung[13] novellierten Vorschlages im August 1999[14] sowie eines unveröffentlicht gebliebenen Alternativvorschlags der finnischen Ratspräsidentschaft in Gestalt des Gemeinsamen Standpunktes des Ministerrates[15] nach zweiter Lesung im Europäischen Parlament einstimmig angenommen.[16] Trotz zum Teil heftiger Diskussionen[17] behielt die Richtlinie in ihren Grundzügen weitgehend ihre ursprüngliche Gestalt des ersten Entwurfs. Insbesondere der horizontale Ansatz, der an den Diensten der Informationsgesellschaft anknüpft und nicht an einzelnen Tätigkeiten oder Rechtsgebieten, ist erhalten geblieben, ebenso das heftig umstrittene Herkunftslandprinzip.[18]

3. Die Novellierung des TDG im Rahmen des EGG

Der deutsche Gesetzgeber sah sich damit der Notwendigkeit gegenüber, anders als bislang die im IuKDG nur kleinere Bereiche betreffenden horizontalen Regelungen im TDG und im MDStV, nunmehr ein ganzes Konglomerat höchst heterogener Normen aus der Richtlinie in deutsches Recht umzusetzen.[19] Hinzu trat das in dieser Form bislang einzigartige, querschnittsartig angelegte Herkunftslandprinzip, das zwar aus dem öffentlichen Recht als Harmonisierungsmittel seit längerem bekannt ist, nicht jedoch im Zivilrecht und schon gar nicht im Strafrecht.

4. Die Novellierung durch das TMG, des RStV und Abschaffung des MDStV

Die Probleme der Abgrenzung zwischen TDG, MDStV und RStV sowie TKG wurden im Laufe der Jahre immer deutlicher. Zusammen mit den datenschutzrechtlichen Fragen bewog dies den Gesetzgeber im Jahr 2007 das TDG abzuschaffen, konzertiert mit den Ländern, die den MDStV aufhoben und in den RStV integrierten. Das TMG übernimmt inhaltlich im Wesentlichen die bisherigen Regelungen des TDG, des TDDSG und des MDStV zur Haftung, zu den Informationspflichten und zum Datenschutz, während die inhaltsbezogenen Regelungen wie der Gegendarstel-

---

[12] KOM (1998) 586 endg., ABl. Nr. C 30 v. 5.2.1999, S. 4ff.; s. dazu die Überblicksbeiträge von *Maennel*, MMR 1999, 187; *Tettenborn*, K&R 1999, 252; *Waldenberger*, EuZW 1999, 296; *Lehmann*, ZUM 1999, 180.

[13] Entschließung des Europäischen Parlaments vom 29.4.1999, ABl. Nr. C 279 v. 1.10.1999, S. 389ff.; s. zuvor Stellungnahme des Wirtschafts- und Sozialausschusses vom 29.4.1999, ABl. Nr. C 169 v. 16.6.1999, S. 36ff.

[14] Geänderter Vorschlag für eine Richtlinie des Europäischen Parlaments und des Rates über bestimmte rechtliche Aspekte des elektronischen Geschäftsverkehrs im Binnenmarkt, KOM (1999) 427 endg. 98/0325 (COD); dazu *Spindler*, ZUM 1999, 775.

[15] Gemeinsamer Standpunkt Nr. 22/00/EGV des Rates im Hinblick auf den Erlass der Richtlinie des Europäischen Parlaments und des Rates über bestimmte rechtliche Aspekte der Dienste der Informationsgesellschaft, insbesondere des elektronischen Geschäftsverkehrs, im Binnenmarkt („Richtlinie über den elektronischen Geschäftsverkehr") vom 28.2.2000, ABl. Nr. C 128 v. 8.5.2000, S. 32f.

[16] Entschließung des Europäischen Parlaments vom 4.5.2000, ABl. Nr. C 41 v. 7.2.2001, S. 38.

[17] S. etwa *Hoeren*, MMR 1999, 192ff.; *Spindler*, MMR 1999, 199ff.; *Waldenberger*, EuZW 1999, 296.

[18] → § 3 Rn. 3.

[19] Zu Vorüberlegungen *Tettenborn*, K&R 2000, 386; *Bröhl*, MMR 2001, 67.

lungsanspruch oder spezifische Aufsichtsbefugnisse des MDStV nunmehr in den §§ 54 ff. RStV aufgehen. Die alte Abgrenzungsklausel des § 2 Abs. 2 Nr. 2 TDG, die auf die redaktionelle Bearbeitung zur Meinungsbildung abstellte, ist ebenfalls ersatzlos entfallen. Allerdings ist sie nicht völlig ohne Bedeutung, denn nach diesem Kriterium richtet sich nun die Einordnung innerhalb des RStV, indem solche journalistisch-redaktionell bearbeitete Inhalte strengeren Anforderungen unterfallen (§§ 54 Abs. 2, 55 Abs. 2, 56 RStV). Entscheidend ist daher die journalistisch-redaktionelle Bearbeitung, da ansonsten fast alle Inhaltsbeiträge zur Meinungsbildung geeignet sind. In einer ersten Annäherung dürfte es dabei auf den beim verständigen Empfänger hervorgerufenen Eindruck ankommen, so dass nicht jedes elektronische Tagebuch(Blog), das sich an eine Vielzahl von Lesern richtet und lediglich eine Sammlung von Informationen enthält, gleich einem journalistisch gestalteten Beitrag gleichkommt. Andererseits kann auch ein Blog bei entsprechender Aufmachung und Berichterstattung einem „normalen" Pressebeitrag, also einem ehemaligen Mediendienst, gleichgestellt werden – was sich nicht zuletzt anhand von Tendenzen in der Presselandschaft zeigt, ganze Blog-Portale aufzukaufen. Die journalistisch-redaktionelle Bearbeitung bildet daher – nach wie vor – die Wasserscheide zur eher individuellen Kommunikation, die keine meinungsbildend-suggestive Wirkung entfaltet, und die die Rechtfertigung für weitergehende Regulierungen darstellt.

II. Auslegungsleitlinien

1. Verfassungsrechtliche Auslegungsprinzipien für das TMG

5   Der verfassungsrechtliche Hintergrund der Abgrenzung von TMG und RStV hat Konsequenzen für die Auslegung: Je nach Ausrichtung auf suggestiv-wirkende, meinungsbildende Inhalte steht die Kompetenz der Länder im Vordergrund, umgekehrt diejenige des Bundes.

2. Richtlinienkonforme Auslegung

6   Der europarechtliche Hintergrund zahlreicher Normen des neuen TMG erfordert eine richtlinienkonforme Auslegung.[20] Zwar hat der Gesetzgeber die ECRL weitgehend 1:1 umgesetzt, doch bleiben zum Teil Auslegungsspielräume, bei denen die ECRL und deren Erwägungsgründe herangezogen werden müssen.

3. Rechtsgebietsübergreifende Anwendung

7   Schon das alte TDG war kein Gesetz, das einem bestimmten Rechtsgebiet zugeordnet werden konnte, sondern bezog sich querschnittsartig auf alle Rechtsmaterien, sei es Zivil-, Strafrecht oder Öffentliches Recht. Nicht viel anders verhält es sich mit dem TMG bzw. der ECRL, die quasi quer zu allen traditionellen Rechtsgebieten die Spezifika der elektronischen Dienste regeln wollen. Daraus resultieren erhebliche dogmatische Schwierigkeiten, da das TMG dem jeweiligen Rechtsgebiet aufgepfropft wird und in die jeweilige Systematik integriert werden muss. Im Rahmen der Auslegung des TMG darf daher nicht einseitig die Sichtweise eines bestimmten

---

[20] EuGH, Urt. v. 11.7.1996 – C-71, 72, 73, 94 – Eurim-Pharm./. Beiersdorf, Slg. 1996-I, 3603; EuGH, ZIP 1994, 1510; BAG, NJW 1993, 1154; Grabitz/Hilf/ Nettesheim/*Nettesheim,* EUV/EGV, 40. Aufl. 2009, Art. 249 EGV Rn. 153; Streinz/Schroeder/ *Schroeder,* EUV/AEUV, Art. 288 AEUV Rn. 125 ff.; Calliess/Ruffert/*Ruffert,* EUV/AEUV, Art. 288 AEUV Rn. 77 ff.; vgl. zur Entwicklung der richtlinienkonformen Auslegung generell *Craig/De Burca,* EU Law.

Rechtsgebietes zugrunde gelegt werden; vielmehr ist zu beachten, dass das TMG gleichermaßen andere Normen etwa zur Verantwortlichkeit oder zur internationalen Anwendbarkeit erfasst. Diese querschnittsartige Funktion des TMG zwingt dazu die Normen des TMG in die jeweilige Dogmatik eines Rechtsgebietes einzupassen.[21] Auch in **kollisionsrechtlicher Hinsicht** müssen die Normen des TMG eigenständig je nach Rechtsgebiet angeknüpft werden und folgen den dortigen Regeln, etwa dem Tatortprinzip im Rahmen des Internationalen Deliktsrechts, sofern das Herkunftslandprinzip nicht eingreift, näher dazu → § 3 Rn. 31.

---

[21] S. auch → Vor § 7 Rn. 25 ff. zur dogmatischen Einordnung der Haftungsprivilegierungen.

Telemediengesetz (TMG)

Vom 26. Februar 2007 (BGBl. I S. 179)
Zuletzt geändert durch Artikel 1 Drittes Änderungsgesetz vom 28.9.2017 (BGBl. I S. 3530)

Abschnitt 1. Allgemeine Bestimmungen

§ 1 Anwendungsbereich

(1) [1]Dieses Gesetz gilt für alle elektronischen Informations- und Kommunikationsdienste, soweit sie nicht Telekommunikationsdienste nach § 3 Nr. 24 des Telekommunikationsgesetzes, die ganz in der Übertragung von Signalen über Telekommunikationsnetze bestehen, telekommunikationsgestützte Dienste nach § 3 Nr. 25 des Telekommunikationsgesetzes oder Rundfunk nach § 2 des Rundfunkstaatsvertrages sind (Telemedien). [2]Dieses Gesetz gilt für alle Anbieter einschließlich der öffentlichen Stellen unabhängig davon, ob für die Nutzung ein Entgelt erhoben wird.

(2) Dieses Gesetz gilt nicht für den Bereich der Besteuerung.

(3) Das Telekommunikationsgesetz und die Pressegesetze bleiben unberührt.

(4) Die an die Inhalte von Telemedien zu richtenden besonderen Anforderungen ergeben sich aus dem Staatsvertrag für Rundfunk und Telemedien (Rundfunkstaatsvertrag).

(5) Dieses Gesetz trifft weder Regelungen im Bereich des internationalen Privatrechts noch regelt es die Zuständigkeit der Gerichte.

(6) Die besonderen Bestimmungen dieses Gesetzes für audiovisuelle Mediendienste auf Abruf gelten nicht für Dienste, die
1. ausschließlich zum Empfang in Drittländern bestimmt sind und
2. nicht unmittelbar oder mittelbar von der Allgemeinheit mit handelsüblichen Verbraucherendgeräten in einem Staat innerhalb des Geltungsbereichs der Richtlinie 89/552/EWG des Rates vom 3. Oktober 1989 zur Koordinierung bestimmter Rechts- und Verwaltungsvorschriften der Mitgliedstaaten über die Ausübung der Fernsehtätigkeit (ABl. L 298 vom 17.10.1989, S. 23), die zuletzt durch die Richtlinie 2007/65/EG (ABl. L 332 vom 18.12.2007, S. 27) geändert worden ist, empfangen werden.

Neuere Literatur ab TMG 2007: *Badura,* Die öffentlich-rechtlichen Rundfunkanstalten bieten Rundfunk und Telemedien an, AöR 2009, 240; *Baier,* Zulassungspflicht für Web-TV?, CR 2008, 769; *Bareiß,* Filmfinanzierung 2.0 – Funktionsweise und Rechtsfragen des Crowdfunding, ZUM 2012, 456; *Bender/Kahlen,* Neues Telemediengesetz verbessert den Rechtsrahmen für Neue Dienste und Schutz vor Spam-Mails, MMR 2006, 590; *Bizer,* Was sind Telemedien?, DuD 2007, 40; *Böhler,* Notwendigkeit einer Rundfunklizenz beim Betrieb von Video-Streaming-Portalen: Was für die rundfunkrechtliche Behandlung von Streaming-Diensten von Web-Radios gelernt werden kann, CR 2017, 541; *Börner/König,* Mobile Bezahldienste – Widersprüchliche und praxisferne Informationspflichten des Fernabsatz- und E-Commerce-Rechts, K&R 2011, 92; *Boos/Kroschwald/Wicker,* Datenschutz bei Cloud Computing zwischen TKG, TMG und BDSG, ZD 2013, 205; *Borges,* Pflichten und Haftung beim Betrieb privater WLAN, NJW 2010, 2624; *Bräu-*

TMG § 1 Anwendungsbereich

tigam, Das Nutzungsverhältnis bei sozialen Netzwerken – Zivilrechtlicher Austausch von IT-Leistung gegen personenbezogene Daten, MMR 2012, 635; *Breyer*, Die Haftung für Mitbenutzer von Telekommunikationsanschlüssen, NJOZ 2010, 1085; *Brinkmann/Ludwigkeit*, Neuerungen des situativen Anwendungsbereichs besonderer Vertriebsformen, NJW 2014, 3270; *Butchereit*, Rechtliche Aspekte von Entertainmentangeboten und Zusatzdiensten im Mobilfunk, 2009; *Castendyk/Böttcher*, Ein neuer Rundfunkbegriff für Deutschland?, MMR 2008, 13; *v. Coelln*, Nichts Neues statt „Medienordnung 2.0"? Das Telemediengesetz des Bundes, UFITA 2007, 715; *Deusch/Eggendorfer*, Das Fernmeldegeheimnis im Spannungsfeld aktueller Kommunikationstechnologien, K&R 2017, 93; *Ditscheid/Ufer*, Die Novellierung des TKG 2009 – ein erster Überblick, MMR 2009, 367; *Ferreau*, Rundfunkbegriff und Rundfunkregulierung – Revision erforderlich?, ZUM 2017, 632; *Fitzner*, Fortbestehende Rechtsunsicherheit bei der Haftung von Host-Providern, MMR 2011, 83; *Föhlisch/Dyakova*, Fernabsatzrecht und Informationspflichten im Onlinehandel, MMR 2013, 3; *Frey*, Haftungsprivilegierung der Access-Provider nach § 8 TMG? Auflösung eines Normwiderspruchs innerhalb des TMG, MMR 2014, 650; *Fülbier/Splittgerber*, Keine (Fernmelde-)Geheimnisse vor dem Arbeitgeber?, NJW 2012, 1995; *Galetzka/Stamer*, Haftung für über WLAN begangene Rechtsverletzungen, K&R 2012, Beil. 2, 1; *Gersdorf*, Medienrechtliche Einordnung des NVOD, K&R 2010, 375; *ders.*, Telekommunikationsrechtliche Einordnung von OTT-Diensten am Beispiel von Gmail – Rechtsgutachten im Auftrag der Google Inc., K&R 2016, 91; *Gietl*, Störerhaftung aufgrund ungeschützter WLAN-Verbindung, ZUM 2007, 407; *Grünwald/Nüßing*, Kommunikation over the Top – Regulierung für Skype, WhatsApp oder Gmail?, MMR 2016, 91; *Gundel/Heermann/Leible*, Konvergenz der Medien – Konvergenz des Rechts?, 2009; *Hamacher*, Der Rundfunkbegriff im Wandel des deutschen und europäischen Rechts, 2015; *Hartmann*, Unterlassungsansprüche im Internet. Störerhaftung für nutzergenerierte Inhalte, 2009; *Heilmann*, Anonymität für User-Generated-Content?, 2013; *Hoeren*, Das Telemediengesetz, NJW 2007, 801; *Jandt*, Das neue TMG – Nachbesserungsbedarf für den Datenschutz im Mehrpersonenverhältnis, MMR 2006, 652; *Kitz*, Das neue Recht der elektronischen Medien in Deutschland – sein Charme, seine Fallstricke, ZUM 2007, 368; *Klaes*, Verfassungsrechtlicher Rundfunkbegriff und Internet, ZUM 2009, 135; *Kogler*, Hybrid-TV – Modernes „Fernsehen" im unmodernen EU-Rechtsrahmen?, K&R 2011, 621; *Koroch*, Das Leistungsschutzrecht des Presseverlegers, 2016; *Kühling/Schall*, WhatsApp, Skype & Co. – OTT-Kommunikationsdienste im Spiegel des geltenden Telekommunikationsrechts. „Level playing field" de lege lata oder de lege ferenda?, CR 2015, 641; *dies.*, E-Mail-Dienste sind Telekommunikationsdienste i. S. d. § 3 Nr. 24 TKG – Warum OTT-Kommunikationsdienste sehr wohl TK-Dienste sein können, CR 2016, 185; *Kunisch*, Verfassungswidrige Telemedienaufsicht durch Regierungsstellen, MMR 2011, 796; *ders.*, Rundfunk im Internet und der Grundsatz der Staatsfreiheit des Rundfunks, 2011; *Leeb/Seiter*, Rundfunklizenzpflicht für Streaming-Angebote, ZUM 2017, 573; *Leitgeb*, Virales Marketing – Rechtliches Umfeld für Werbefilme auf Internetportalen wie Youtube, ZUM 2009, 39; *Liebhaber/Wessels*, Der Rundfunkbegriff im Zeitalter der Medienkonvergenz, K&R 2017, 544; *Lober/Falker*, Datenschutz bei mobilen Endgeräten – Roadmap für App-Anbieter, K&R 2013, 357; *Lohbeck*, Neue Informationspflichten für Dienstleistungserbringer, K&R 2010, 463; *Lorenz*, Die Anbieterkennzeichnungspflicht nach dem TMG und RStV, K&R 2008, 340; *Mankowski*, Wegfall der Vergütungspflicht – Die begrenzte Reichweite des § 45i Abs. 4 TKG, MMR 2009, 808; *Mantz*, Verwertung von Standortdaten und Bewegungsprofilen durch Telekommunikationsdiensteanbieter, K&R 2013, 7; *Michel*, Senden als konstitutiver Bestandteil des Rundfunkbegriffs?, ZUM 2009, 453; *Mückl*, Die Konvergenz der Medien im Lichte des neuen Telemediengesetzes, JZ 2007, 1077; *Paulus*, Rundfunkbegriff und Staatsferne im Konvergenzzeitalter, ZUM 2017, 177; *Prill*, Webradio-Streamripping, 2013; *Rahvar*, Die Zukunft des deutschen Presserechts im Lichte konvergierender Medien, 2011; *Rau/Behrens*, Catch me if you can ... Anonymisierungsdienste und die Haftung für mittelbare Rechtsverletzungen, K&R 2009, 766; *Raue*, „Kostenpflichtig bestellen" – ohne Kostenfalle?, MMR 2012, 438; *Rockstroh*, Impressumspflicht auf Facebook-Seiten, MMR 2013, 627; *Rössel*, Telemediengesetz – Ein Zwischenschritt: neues Gesetz mit Novellierungsbedarf, ITRB 2007, 158; *Roßnagel*, Das Telemediengesetz – Neuordnung für Informations- und Kommunikationsdienste, NVwZ 2007, 743; *Rumyantsev*, Journalistisch-redaktionelle Gestaltung: Eine verfassungswidrige Forderung?, ZUM 2008, 33; *Sassenberg/*

Anwendungsbereich § 1 TMG

Mantz, WLAN und Recht – Aufbau und Betrieb von Internet-Hotspots, 2014; *Scherer/Heckmann/Heinickel/Kiparski/Ufer,* Stellungnahme der DGRI zum Vorschlag der Europäischen Kommission für eine Richtlinie über den europäischen Kodex für die elektronische Kommunikation (COM[2016]590 final), CR 2017, 197; *Schmidt-Bens/Suhren,* Haftungsrisiken und Schutzmaßnahmen beim Betrieb von WLAN-Netzen, K&R 2013, 1; *Schmidt/Dreyer/Lampert,* Spielen im Netz, 2008; *Schmitz,* Übersicht über die Neuregelung des TMG und des RStV, K&R 2007, 135; *Schulz,* Medienkonvergenz light – Zur neuen Europäischen Richtlinie über audiovisuelle Mediendienste, EuZW 2008, 107; *Schumacher,* OTT-Dienste und Telekommunikationsrecht. Einordnung der neuen Dienste im Kontext der TK-Regulierung, K&R 2015, 771; *Schuster,* E-Mail-Dienste als Telekommunikationsdienste? Warum OTT-Dienste keine TK-Dienste sein können – zugleich Erwiderung auf Kühling/Schall, CR 2015, 641 und VG Köln zu „Google Mail", CR 2016, 173; *Schütz,* Rundfunkbegriff: Neutralität der Inhalte oder der Übertragung?, MMR 2009, 228; *Seidl/Maisch,* Fernsehen der Zukunft – Aufnahme der audiovisuellen Mediendienste auf Abruf in das Telemediengesetz, K&R 2011, 11; *Selent,* Apps und das Telemediengesetz, DSB 2013, 40; *Sieber/Liesching,* Die Verantwortlichkeit der Suchmaschinenbetreiber nach dem Telemediengesetz, MMR-Beil. 8/2007, 1; *Sievers,* Digitaler Pressevertrieb über mobile Endgeräte, K&R 2011, 537; *Spindler,* Verträge über digitale Inhalte – Anwendungsbereich und Ansätze, MMR 2016, 147; *ders.,* Das neue Telemediengesetz – Konvergenz in sachten Schritten, CR 2007, 239; *ders.,* Haftung für private WLANs im Delikts- und Urheberrecht, CR 2010, 592; *ders.,* Zivilrechtliche Vorgaben für den medienwirtschaftlichen Wettbewerb im Internet, AfP 2012, 328; *ders.,* Anmerkung zum EuGH, Urt. v. 21.10.2015 – C-347/14, JZ 2016, 147; *ders.,* Die geplante Reform der Providerhaftung im TMG und ihre Vereinbarkeit mit Europäischem Recht, CR 2016, 48; *Stang/Hühner,* Haftung des Anschlussinhabers für fremde Rechtsverletzungen beim Betrieb eines ungesicherten WLAN-Funknetzes, GRUR-RR 2008, 273; *dies.,* Störerhaftung des WLAN-Inhabers, GRUR 2010, 636; *Taeger,* Informationspflicht über den Datenschutz im M-Commerce, DuD 2010, 246; *Taeger/Rose,* Reduzierte Informationspflichten für den M-Commerce, K&R 2010, 159; *Telle,* Telekommunikationsrechtliche Meldepflicht eines E-Mail-Dienstes – Zugleich Kommentar zu VG Köln, Urt. v. 11.11.2015 – 21 K 450/15, K&R 2016, 166; *Ufer,* Die Haftung des Internetprovider nach dem Telemediengesetz, 2007; *Vogt/Rayermann,* Die Haftung des Mobiltelefonanschluss-Inhabers nach dem TKG, MMR 2012, 207; *Volkmann,* Voraussetzungen der Haftung von Internet-Providern, CR 2008, 232; *Weitnauer/Parzinger,* Das Crowdinvesting als neue Form der Unternehmensfinanzierung, GWR 2013, 153; *Wendehorst,* Das neue Gesetz zur Umsetzung der Verbraucherrechterichtlinie, NJW 2014, 577; *Wissenschaftlicher Arbeitskreis für Regulierungsfragen (WAR) bei der Bundesnetzagentur für Elektrizität, Gas, Telekommunikation, Post und Eisenbahnen,* Fragen der Regulierung von OTT-Kommunikationsdiensten, v. 15.07.2016, abrufbar unter https://www.bundesnetzagentur.de/DE/Allgemeines/DieBundesnetzagentur/WAR/Stellungnahmen/Stellungnahme_OTT.pdf?__blob=publicationFile&v=2; *Woger,* Der Entwurf für die ePrivacy-Verordnung – neue Regeln für die elektronische Kommunikation, PinG 2017, 80; *Wybitul,* Neue Spielregeln bei E-Mail-Kontrollen durch den Arbeitgeber – Überblick über den aktuellen Meinungsstand und die Folgen für die Praxis, ZD 2011, 69; *ders.,* E-Mail-Auswertung in der betrieblichen Praxis – Handlungsempfehlungen für Unternehmen, NJW 2014, 3605.

Ältere Literatur bis zum TMG: *Barton,* (Mit-)Verantwortlichkeit des Arbeitgebers für rechtsmissbräuchliche Online-Nutzungen durch den Arbeitnehmer, CR 2003, 592; *Beckmann,* Verantwortlichkeit von Online-Diensteanbietern in Europa und den Vereinigten Staaten von Amerika, 2001; *Beckschulze/Henkel,* Der Einfluss des Internet auf das Arbeitsrecht, DB 2001, 1491; *Bermanseder,* Wann sind Mediendienste dem Rundfunk zuzuordnen?, ZRP 1997, 330; *Bohne,* Cross-mediale Effekte der Fusionskontrolle, WRP 2006, 540; *Brunst,* Umsetzungsprobleme der Impressumspflicht bei Webangeboten, MMR 2004, 8; *Bullinger/Mestmäcker,* Multimediadienste – Struktur und staatliche Aufgaben nach deutschem und europäischem Recht, 1997; *Däubler,* Internet und Arbeitsrecht, 2000; *Dafner,* Das öffentliche Wirtschaftsrecht der Teledienste, 2003; *Determann,* Abgrenzung gesetzlicher Medienkategorien im Internet, RTKom 2000, 11; *Ehret,* Internet-Auktionshäuser auf dem haftungsrechtlichen Prüfstand, CR 2003, 754; *Engel-Flechsig,* Das

TMG § 1 Anwendungsbereich

Informations- und Kommunikationsdienstegesetz des Bundes und der Mediendienstestaatsvertrag der Bundesländer, ZUM 1997, 231; *Engel-Flechsig/Maennel/Tettenborn*, Das neue Informations- und Kommunikationsdienste-Gesetz, NJW 1997, 2981; *Engels/Jürgens/Fritzsche*, Die Entwicklung des Telemedienrechts im Jahr 2006, K&R 2007, 57; *Ernst*, Der Arbeitgeber, die E-Mail und das Internet, NZA 2002, 585; *Fedderrath/Golembewski*, Speicherung von Nutzungsdaten durch Anonymisierungsdienste im Internet, DuD 2004, 486; *Fiedler*, Meinungsfreiheit in einer vernetzten Welt, 2002; *Flechsig*, EU-Harmonisierung des Urheberrechts und der verwandten Schutzrechte in der Informationsgesellschaft, ZUM 1998, 139; *Flechsig/Gabel*, Strafrechtliche Verantwortlichkeit im Netz durch Einrichten und Vorhalten von Hyperlinks, CR 1998, 351; *Freytag*, Providerhaftung im Binnenmarkt, CR 2000, 600; *Funk/Zeifang*, SMS-Vertragsschluss und Widerrufsbelehrung, ITRB 2005, 121; *Gersdorf*, Der verfassungsrechtliche Rundfunkbegriff im Lichte der Digitalisierung der Telekommunikation, 1995; *ders.*, Internationale Datennetze und Rundfunkrecht, in: Becker (Hrsg.), Rechtsprobleme internationaler Datennetze, 1996, 87; *ders.*, Der Rundfunkbegriff, 2007; *Gietl*, Störerhaftung für ungesicherte Funknetze, MMR 2007, 630; *Göckel*, Telefonieren im Internet: Das regulatorische Umfeld, K&R 1998, 250; *Gola*, Neuer Tele-Datenschutz für Arbeitnehmer? – Die Anwendung von TKG und TDDSG im Arbeitsverhältnis, MMR 1999, 322; *Golembiewski*, Das Recht auf Anonymität im Internet, DuD 2003, 129; *Gounalakis*, Der Mediendienste-Staatsvertrag der Länder, NJW 1997, 2993; *Gounalakis/Rhode*, Das Informations- und Kommunikationsdienste-Gesetz, K&R 1998, 321; *dies.*, Elektronische Kommunikationsangebote zwischen Telediensten, Mediendiensten und Rundfunk, CR 1998, 487; *Grapentin*, Neuer Jugendschutz in den Online-Medien, CR 2003, 458; *Hanau/Hoeren*, Private Internetnutzung durch Arbeitnehmer, 2003; *Härting*, Haftungsfragen bei Mehrwertdiensten, K&R 2003, 394; *Helle*, Begrenzung der Gegendarstellung im MDStV, CR 1998, 672; *v. Heyl*, Teledienste und Mediendienste nach Teledienstegesetz und Mediendienste-Staatsvertrag, ZUM 1998, 115; *Hilber/Frik*, Rechtliche Aspekte der Nutzung von Netzwerken durch Arbeitnehmer und den Betriebsrat, RdA 2002, 89; *Hochstein*, Teledienste, Mediendienste und Rundfunkbegriff – Anmerkungen zur praktischen Abgrenzung multimedialer Erscheinungsformen, NJW 1997, 2977; *Hoenike/Hülsdunk*, Die Gestaltung von Fernabsatzangeboten im elektronischen Geschäftsverkehr nach neuem Recht, MMR 2002, 415; *Hoffmann*, Zivilrechtliche Haftung im Internet, MMR 2002, 284; *Hoffmann-Riem*, Der Rundfunkbegriff in der Differenzierung kommunikativer Dienste, AfP 1996, 9; *ders./Schulz/Held*, Konvergenz und Regulierung, 2000; *Holznagel*, Konvergenz der Medien – Herausforderungen an das Recht, NJW 2002, 2351; *ders./Stenner*, Die Zulässigkeit neuer Werbeformen, ZUM 2004, 617; *Hornung*, Die Haftung von W-LAN Betreibern, CR 2007, 88; *Hoß*, Web-Impressum und Wettbewerbsrech, CR 2003, 687; *Janik*, Der deutsche Rundfunkbegriff im Spiegel technischer Entwicklungen, AfP 2000, 7; *Jarass*, Rundfunkbegriffe im Zeitalter des Internet – Zum Anwendungsbereich der Rundfunkfreiheit, des Rundfunkstaatsvertrags und des Mediendienste-Staatsvertrags, AfP 1998, 133; *Kaestner/Tews*, Die Anbieterkennzeichnungspflichten nach § 6 Telediensteges, WRP 2002, 1011; *Kessel/Kuhlmann/Passauer/Schiek*, Informationspflichten und AGB-Einbeziehung auf mobilen Endgeräten, K&R 2004, 519; *Kieper*, Datenschutz für Telearbeitnehmer, DuD 1998, 583; *Kleist/Scheuer*, Audiovisuelle Mediendienste ohne Grenzen, MMR 2006, 127; *Koch*, Zivilrechtliche Anbieterhaftung für Inhalte in Kommunikationsnetzen, CR 1997, 193; *ders.*, Von Blogs, Podcasts und Wikis – telemedienrechtliche Zuordnung und Haftungsfragen der neuen Dienste im Internet (Teil 1), ITRB 2006, 260; *ders.*, Von Blogs, Podcasts und Wikis – telemedienrechtliche Zuordnung und Haftungsfragen der neuen Dienste im Internet (Teil 2), ITRB 2006, 282; *A. Koch*, Zur Einordnung von Internet-Suchmaschinen nach dem EGG, K&R 2002, 120; *Koenig*, Medienaufsicht in der Bundesrepublik Deutschland, K&R 2000, 1; *Koenig/Braun*, Defizite des deutschen Telekommunikationsrechts mit Blick auf die Internet-Märkte und Abhilfemöglichkeiten, K&R 2002, Beil. 2, 1; *Koenig/Loetz*, Sperrungsanordnungen gegenüber Network- und Access-Providern, CR 1999, 438; *Koenig/Neumann*, Der Arbeitsentwurf zur Novellierung des TKG und die regulatorischen Herausforderungen des Internet-Zeitalters, K&R 2003, 217; *dies.*, Telekommunikationsrechtliche Ansprüche auf Leistungen der Fakturierung und des Inkassos für Internet-by-Call Dienstleistungen, K&R 2004, Beil. 3, 1; *Königshofen*, Die Umsetzung von TKG und TDSV durch Netzbetreiber, Service-Provider und Telekommunikationsanbieter, RDV 1997,

Anwendungsbereich **§ 1 TMG**

97; *Korte,* Das Recht auf Gegendarstellung im Wandel der Medien, 2002; *Kressin,* Neue Medien zwischen Rundfunk und Individualkommunikation, 1998; *Kröger/Moos,* Regelungsansätze für Multimediadienste, ZUM 1997, 462; *dies.,* Mediendienst oder Teledienst? – Zur Aufteilung der Gesetzgebungsmaterie Informations- und Kommunikationsdienste zwischen Bund und Ländern, AfP 1997, 675; *Kuch,* Der Staatsvertrag über Mediendienste, ZUM 1997, 225; *Ladeur,* Rundfunkaufsicht im Multimedia-Zeitalter zwischen Ordnungsrecht und regulierter Selbstregulierung, K&R 2000, 171; *Langenfeld,* Die Neuordnung des Jugendschutzes im Internet, MMR 2003, 303; *Lent,* Rundfunk-, Medien-, Teledienste, 2000; *Leupold,* „Push" und „Narrowcasting" im Lichte des Medien- und Urheberrechts, ZUM 1998, 99; *Libertus,* Medienrechtliche Einordnung von Business TV-Diensten, K&R 2000, 119; *ders.,* Kommunikationsrechtliche Einordnung neuer nicht-linearer digitaler Dienste, ZUM 2000, 555; *ders.,* Strafrechtliche und zivilrechtliche Verantwortlichkeit eines Anbieters von Chatrooms, TKMR 2003, 179; *Maigünther,* Die Regulierung von Inhalten in den Diensten des Internet, 2003; *Mann,* Zur äußerungsrechtlichen Verantwortlichkeit für Hyperlinks in Online-Angeboten, AfP 1998, 129; *Martini/v. Zimmermann,* Voice over IP am regulatorischen Scheideweg, CR 2007, 368; *Marwitz,* Sind Unternehmens-Homepages Werbung?, MMR 1998, 188; *Meinberg/Grabe,* Voice over IP – IP basierter Sprachdienst vor dem Hintergrund des novellierten TKG, K&R 2004, 409; *Miserre,* Rundfunk-, Multimedia- und Telekommunikationsrecht, 2005; *Mohr/Scherer,* Business TV – Moderne Unternehmenskommunikation und Medienrecht, ZUM 2001, 147; *Nickels,* Neues Bundesrecht für die E-Commerce, CR 2002, 302; *Müller-Terpitz,* Internet-Telefonie – Eine regulatorische Betrachtung, MMR 1998, 65; *Mynarik,* Mobile Entertainment und das Jugendmedienschutzrecht, ZUM 2006, 183; *Nischan,* Digitale multimediale Videodienste: verfassungsrechtliche und einfachgesetzliche rundfunkrechtliche Einordnung, 2000; *Ory,* http://www.medienpolizei.de?, AfP 1996, 105; *Oster,* Voice over IP: Erscheinungsformen und ihre regulierungsrechtliche Behandlung, CR 2007, 769; *Pappi,* Teledienste, Mediendienste und Rundfunk, 2000; *Pichler,* Haftung des Host Providers für Persönlichkeitsrechtsverletzungen vor und nach dem TDG, MMR 1998, 79; *Raabe,* Abgrenzungsprobleme bei der rechtlichen Einordnung von Anonymisierungsdiensten im Internet, CR 2003, 268; *ders.,* Die rechtliche Einordnung zweier Web-Anonymisierungsdienste, DuD 2003, 134; *Raabe/Dinger,* Telemedienrechtliche Informationspflichten in P2P-Overlay-Netzen und bei Web-Services, CR 2007, 791; *dies./Hartenstein,* Telekommunikationsdienste in Next-Generation-Networks am Beispiel von Peer-to-Peer-Overlay-Systemen, K&R 2007, Beil. 1, 1; *Ranke,* M-Commerce – Einbeziehung von AGB und Erfüllung von Informationspflichten, MMR 2002, 509; *Rath-Glawatz,* Betätigung öffentlich-rechtlicher Körperschaft und Anstalten im Online-Bereich, AfP 1998, 261; *Reinbothe,* Die EG-Richtlinie zum Urheberrecht in der Informationsgesellschaft; GRUR Int. 2001, 733; *Röhrborn/Katko,* Rechtliche Anforderungen an Wireless LAN, CR 2002, 882; *Rösler/Zagouras,* Neue verbraucherschützende Grundlage bei Mehrwertdiensten, NJW 2002, 2930; *Schaar,* Datenschutz im Internet, 2002; *Schack,* Rechtsprobleme der Online-Übermittlung, GRUR 2007, 639; *Scherer,* „Online" zwischen Telekommunikations- und Medienrecht, AfP 1996, 213; *Schulz,* Jenseits der „Meinungsrelevanz" – verfassungsrechtliche Überlegungen zur Ausgestaltung und Gesetzgebungskompetenzen bei neuen Kommunikationsformen, ZUM 1996, 487; *Schimmelpfennig/Wenning,* Arbeitgeber als Telekommunikationsdienste-Anbieter?, DB 2006, 2290; *Schwarz,* Klassische Nutzungsrecht und Lizenzvergaben bzw Rückbehalt von Internet-Rechten, ZUM 2000, 816; *Sieber,* Kontrollmöglichkeiten zur Verhinderung rechtswidriger Inhalte in Computernetzen (I), CR 1997, 581; *Spindler,* Der neue Vorschlag einer E-Commerce-Richtlinie, ZUM 1999, 775; *ders.,* E-Commerce in Europa, Beil. MMR 7/2000, 1; *ders.,* Urheberrecht und Haftung der Provider – ein Drama ohne Ende?, CR 2001, 324; *ders.,* Europäisches Urheberrecht in der Informationsgesellschaft, GRUR 2002, 105; *Stadler,* Sperrverfügung gegen Access-Provider, MMR 2002, 343; *ders.,* Haftung für Informationen im Internet, 2. Aufl. 2005; *Stender-Vorwachs/Theißen,* Die Revision der Fernsehrichtlinie, ZUM 2006, 362; *Taeger/Rose,* Informationspflichten beim Klingeltonvertrieb im M-Commerce, K&R 2007, 233; *Trafkowski,* Medienkartellrecht, 2001; *Tschentscher,* Gebührenpflichtigkeit des Internet- und Handy-Rundfunks?, AfP 2001, 93; *Ventroni/Poll,* Musikzenzerwerb durch Online-Dienste, MMR 2002, 648; *Waldenberger,* Zur zivilrechtlichen Verantwortlichkeit für Urheberrechtsverletzungen im Internet, ZUM 1997, 176; *ders.,* Teledienste, Mediendienste und die „Verantwortlichkeit" ihrer Anbieter, MMR 1998, 124; *ders./ Hoß*, Das Recht der „elektronischen Presse", AfP 2000, 237; *Weiner/Schmelz*, Die elektronische Presse und andere neue Kommunikationsformen im neuen rechtlichen Regulierungsrahmen, K&R 2006, 453; *Wüstenberg*, Das Fehlen von in § 6 TDG aufgeführten Informationen auf Hompages und seine Bewertung nach § 1 UWG, WRP 2002, 782; *ders.*, Die Haftung der Veranstalter von Teleshopping-Programmen wegen Patentrechtsverletzungen durch Verkauf, GRUR 2002, 649; Drittes Strukturpapier zur Unterscheidung von Rundfunk und Mediendiensten (2003) der Direktorenkonferenz der Landesmedienanstalten (abrufbar unter http://www.die-medienanstal ten.de/service/positionen/archiv.html, Stand: 21.8.2013).

Übersicht

	Rn.
I. Überblick	1
II. Entstehungsgeschichte	4
III. Verhältnis zum Europarecht	6
IV. Die negative Generalklausel (Abs. 1)	8
1. Telemedien als Residualkategorie	8
2. Beschränkung auf kommunikative Daten und Inhalte?	12
3. Beschränkung auf Dienstleistungen und interaktive Dienste?	13
4. Keine Beschränkung auf den Zugang durch die Allgemeinheit – Intranet und Business TV	14
V. Telemediendienste versus Telekommunikation (Abs. 1)	16
1. Grundsatz	16
2. Dienste mit reiner Signalübertragung	21
3. OTT-Kommunikationsdienste	26
4. Dienste mit überwiegender Telekommunikation	31
5. Gemischte Telekommunikations- und Telemediendienste	43
6. Telekommunikationsgestützte Dienste iSd § 3 Nr. 25 TKG	44
VI. Die Abgrenzung zum Rundfunk	51
VII. Private und öffentliche Anbieter	58
VIII. Irrelevanz der Entgeltlichkeit (Abs. 1 S. 2)	59
IX. Die Abgrenzung der Dienste innerhalb eines Gesamtangebots	60
X. Keine Geltung für das Steuerrecht (Abs. 2)	64
XI. Presserecht und Telekommunikationsrecht (Abs. 3)	65
XII. Keine Geltung für inhaltsbezogene Anforderungen (Abs. 4)	66
XIII. Verhältnis zum Internationalen Privatrecht (Abs. 5)	72
XIV. Verhältnis zu audiovisuellen Mediendiensten auf Abruf (Abs. 6)	73
XV. Beispiele für Telemedien	74
1. Angebote im Bereich der Individualkommunikation	75
2. Angebote zur Nutzung des Internet und anderer Netze	84
3. Online-Spiele	89
4. On-Demand-Dienste	90

I. Überblick

1 § 1 regelt, wie zuvor § 2 TDG,[1] den Anwendungsbereich des TMG, entfaltet aber auch darüber hinaus Bedeutung, da einer der zentralen Begriffe des gesamten Rechts des E-Commerce, das Telemedium, näher umrissen wird. Die Zusammenführung von Telediensten und Mediendiensten im Telemediengesetz ist eine konsequente

---

[1] Gesetz über die Nutzung von Telediensten (Teledienstegesetz) vom 22.7.1997 (BGBl. I S. 1870), aufgehoben mit Wirkung vom 1.3.2007 durch Art. 5 S. 2 des Gesetzes vom 26.2.2007 (BGBl. I S. 179).

Anwendungsbereich **§ 1 TMG**

Weiterführung des bereits 2003 in § 3 Abs. 2 Nr. 1 JMStV[2] eingeführten Begriffs der „Telemedien",[3] der schon vor dem TMG die Teledienste nach dem TDG und die Mediendienste nach dem MDStV[4] vereinte.[5] Im Gegensatz zum früheren Recht, das eine beispiellose Begriffsverwirrung enthielt, indem zwischen TDG, MDStV, JMStV und RStV[6] bis hin zum TKG[7] abgegrenzt werden musste, hat das neue Recht die Kategorien etwas bereinigt. Nunmehr muss nur noch zwischen Telemedien, Rundfunk und rundfunkähnlichen Telemedien (§§ 2 Abs. 1 S. 1, 54 ff. RStV) und Telekommunikation (§ 3 Nr. 24 und 25 TKG) unterschieden werden.[8] Ob allerdings damit letztlich der Konvergenz der Medien ausreichend Rechnung getragen werden kann,[9] ist nach wie vor zweifelhaft. Die ursprünglich erheblichen Abgrenzungsprobleme der telekommunikationsgestützten Dienste zum TMG, insbesondere die Einordnung von Mehrwertdiensten als Access-Provider, sind mittlerweile vom Gesetzgeber ausgeräumt worden (→ Rn. 16; → Rn. 43 f.). Auf europäischer Ebene stellen sich vergleichbare Probleme etwa im Rahmen der Richtlinie über audiovisuelle Mediendienste (AVM-RL)[10] (→ § 2a Rn. 7 ff.). **Rechtspolitisch** ist sowohl auf europäischer wie auch auf deutscher (und insbesondere verfassungsrechtlicher) Ebene eine Aufhebung der überkommenen Kategorien erforderlich, um der Konvergenz der Medien Rechnung zu tragen.

Eine weitere Neuerung gegenüber dem alten Recht stellt die Abkehr von einer 2 Aufzählung verschiedenster Dienste und die Hinwendung zu einer **negativen Generalklausel** dar. Der Anwendungsbereich des TMG wird durch diese Negativabgrenzung zu Telekommunikationsdiensten, telekommunikationsgestützten Diensten und Rundfunk nach § 2 RStV festgelegt,[11] während § 2 Abs. 1 TDG noch eine positive Generalklausel enthielt. § 1 führt die Regelbeispiele nicht mehr auf, da diese noch auf die Einschätzungen der wirtschaftlichen und technischen Entwicklung von

---

[2] Staatsvertrag über den Schutz der Menschenwürde und den Jugendschutz in Rundfunk und Telemedien (Jugendmedienschutz-Staatsvertrag – JMStV) vom 10.9.2002 (ratifiziert bspw. in Nds. durch Gesetz vom 20.11.2002, GVBl. S. 705), zuletzt geändert durch Art. 2 des 13. Rundfunkänderungs-Staatsvertrags vom 20.11.2009 (ratifiziert bspw. in Nds. durch Gesetz vom 17.3.2010, GVBl. S. 135).

[3] *Spindler,* CR 2007, 239; *Engels/Jürgens/Fritzsche,* K&R 2007, 57; krit. zum Terminus *Kitz,* ZUM 2007, 368, 369; ebenso *Roßnagel,* NVwZ 2007, 743, 744.

[4] Staatsvertrag über Mediendienste (Mediendienste-Staatsvertrag – MDStV) vom 20.1. 12.2.1997 (ratifiziert bspw. in Nds. durch Gesetz vom 19.6.1997, GVBl. S. 280), aufgehoben mit Wirkung vom 1.3.2007 durch Art. 2 des 9. Rundfunkänderungs-Staatsvertrags vom 31.7.2006 (ratifiziert bspw. in Nds. durch Gesetz vom 26.1.2007, GVBl. S. 54).

[5] Grundlegend zum JMStV Spindler/Schuster/*Erdemir,* § 1 JMStV Rn. 1 ff.; *Grapentin,* CR 2003, 458; *Langenfeld,* MMR 2003, 303.

[6] Staatsvertrag für Rundfunk und Telemedien (Rundfunkstaatsvertrag – RStV) vom 31.8.1991 (ratifiziert bspw. in Nds. durch Gesetz vom 26.11.1991, GVBl. S. 311), zuletzt geändert durch Art. 3 des 15. Rundfunkänderungs-Staatsvertrags vom 15.12.2010 (ratifiziert bspw. in Nds. durch Gesetz vom 29.6.2011, GVBl. S. 186).

[7] Telekommunikationsgesetz vom 22.6.2004 (BGBl. I S. 1190), zuletzt geändert durch Art. 1 des Gesetzes vom 3.5.2012 (BGBl. I S. 958).

[8] Spindler/Schuster/*Ricke,* § 1 TMG Rn. 1.

[9] Zur Konvergenz der Medien und den daraus resultierenden rechtlichen Folgen *Spindler,* JZ 2016, 147 mwN; *Gundel/Heermann/Leible,* Konvergenz der Medien – Konvergenz des Rechts, S. 19 ff.; *Spindler,* 64. DJT 2002, Referat M, 85 ff.; *ders.,* AfP 2012, 328; *Holznagel,* NJW 2002, 2351.

[10] Richtlinie 2010/13/EU des Europäischen Parlaments und des Rates vom 10.3.2010 zur Koordinierung bestimmter Rechts- und Verwaltungsvorschriften der Mitgliedstaaten über die Bereitstellung audiovisueller Mediendienste (Richtlinie über audiovisuelle Mediendienste), ABl. Nr. L 95 v. 15.4.2010, S. 1.

[11] *Engels/Jürgens/Fritzsche,* K&R 2007, 57, 58; *Spindler,* CR 2007, 239, 240.

1997 zurückgingen und vom Gesetzgeber des TMG als nicht mehr zeitgemäß angesehen wurden (→ Rn. 9).[12]

3 Eine **Norm zum „Zweck des Gesetzes"**, wie sie früher § 1 TDG und § 1 MDStV vorsahen, gibt es im neuen TMG nicht mehr. Dieses Fehlen erzeugt aber keine Lücke, da die Norm im TDG weitgehend inhaltsleer war und keine Auswirkung für die Auslegung des TDG hatte.[13]

II. Entstehungsgeschichte

4 Der Wortlaut des § 1 blieb vom ersten Referentenentwurf[14] bis zur Verabschiedung des ElGVG beinahe unverändert.[15] Eine Änderung des RegE[16] gegenüber dem RefE betraf die sprachliche Präzisierung von § 1 dahingehend, dass die vom TMG ausgenommenen Telekommunikationsdienste „ganz" in der Übertragung von Signalen über Telekommunikationsnetze bestehen müssen. Damit war allerdings keine inhaltliche Änderung bezweckt, denn auch die Begründung zum RefE brachte diese Einschränkung bereits zum Ausdruck.[17] Dennoch gab es im Laufe des Gesetzgebungsverfahrens auch inhaltliche Änderungen. So sollte die Internet-Telefonie im RefE noch unter die Telemedien subsumiert werden,[18] wohingegen sie bereits im RegE dem Telekommunikationsbereich zugeordnet wurde, da sie sich äußerlich nicht von herkömmlicher Telefonie unterscheide.[19]

5 Mit Gesetz vom 31.5.2010[20] wurden in Umsetzung der Vorschriften der Richtlinie über audiovisuelle Mediendienste (AVM-RL) hinsichtlich audiovisueller Mediendienste auf Abruf mehrere Vorschriften des TMG geändert. Unter anderem wurde § 1 um einen Abs. 6 ergänzt, der besondere Regeln zur Anwendbarkeit des Gesetzes auf audiovisuelle Mediendienste auf Abruf schuf.[21]

III. Verhältnis zum Europarecht

6 Die europarechtlichen Definitionen in der **E-Commerce-Richtlinie** (ECRL)[22] sind nicht deckungsgleich mit den Begriffskategorien des TMG. So verwendet das TMG nicht wie die ECRL den Begriff der sog. „Dienste der Informationsgesell-

---

[12] Begr. RegE, BT-Drs. 16/3078, S. 13; das Fehlen von Regelbeispielen ist zwar teilweise kritisiert worden, nach Spindler/Schuster/*Ricke*, § 1 TMG Rn. 2 ist die gewählte Lösung aber noch rechtsstaatlich vertretbar; als irreführend bezeichnet sie dagegen *Schmitz*, K&R 2007, 135, 137.

[13] S. dazu in der Vorauf. § 1 TDG Rn. 1.

[14] BMWA, Referentenentwurf eines Gesetzes zur Vereinheitlichung von Vorschriften über bestimmte elektronische Informations- und Kommunikationsdienste (Elektronischer-Geschäftsverkehr-Vereinheitlichungsgesetz – ElGVG) v. 19.4.2005.

[15] Allg. zur Entstehung des TMG → Einleitung Rn. 1 ff.

[16] Gesetzentwurf der Bundesregierung eines Gesetzes zur Vereinheitlichung von Vorschriften über bestimmte elektronische Informations- und Kommunikationsdienste (Elektronischer-Geschäftsverkehr-Vereinheitlichungsgesetz – ElGVG), BT-Drs. 16/3078 v. 23.10.2006.

[17] Begr. RefE ElGVG v. 19.4.2005, S. 15.

[18] Begr. RefE ElGVG v. 19.4.2005, S. 15.

[19] Begr. RegE ElGVG, BT-Drs. 16/3078, S. 13.

[20] Erstes Gesetz zur Änderung des Telemediengesetzes (1. Telemedienänderungsgesetz) v. 31.5.2010, BGBl. I S. 692.

[21] Begr. RegE, BT-Drs. 17/718, S. 7 f.

[22] Richtlinie 2000/31/EG des Europäischen Parlaments und des Rates vom 8.6.2000 über bestimmte rechtliche Aspekte der Dienste der Informationsgesellschaft, insbesondere des elektronischen Geschäftsverkehrs, im Binnenmarkt („Richtlinie über den elektronischen Geschäftsverkehr"), ABl. EG Nr. L 178 v. 17.7.2000, S. 1.

schaft", der gem. Art. 2 lit. a ECRL synonym zu den „Diensten" iSd Richtlinie über Informationsverfahren auf dem Gebiet der Normen und technischen Vorschriften ist. Ein „Dienst" in diesem Sine ist demnach „eine Dienstleistung der Informationsgesellschaft, dh jede in der Regel gegen Entgelt elektronisch im Fernabsatz und auf individuellen Abruf eines Empfängers erbrachte Dienstleistung".[23] Zwar dient das TMG weitgehend der Umsetzung der ECRL, so dass etliche Begriffe europarechtskonform auszulegen sind, soweit sie das TMG übernommen hat. Doch geht das TMG über den Anwendungsbereich der ECRL zum Teil weit hinaus, etwa indem auch nichtkommerzielle bzw. private Tätigkeiten dem Grundsatz nach erfasst werden.[24] Im Gegensatz zur ECRL werden grundsätzlich auch Fax-Abrufdienste oder andere Verfahren unter die Telemediendienste gefasst.[25] Zudem wird § 1 überlagert durch § 2, der wiederum in Umsetzung der ECRL besondere Begriffsdefinitionen enthält, die vor allem für das Herkunftslandprinzip in § 3 eine bedeutsame Rolle spielen. Da die ECRL außerhalb ihres Anwendungsbereichs keine abschließende Wirkung entfaltet, ist der deutsche Gesetzgeber frei weitergehende, die Begriffe der ECRL mit erfassende Kategorien einzuführen, insbesondere den weiten Begriff der Telemedien.

Demgegenüber hat der deutsche Gesetzgeber bei der Umsetzung der AVM-Richtlinie fast wortgleich deren Begriffe übernommen (→ § 2 Rn. 48f.). **7**

IV. Die negative Generalklausel (Abs. 1)

1. Telemedien als Residualkategorie

Durch die Legaldefinition in Abs. 1 S. 1 wird zum einen der Begriff der Telemedien bestimmt und zum anderen der Anwendungsbereich des TMG gegenüber Telekommunikations-, telekommunikationsgestützten Diensten und Rundfunk negativ im Sinne einer **Residualkategorie** abgegrenzt.[26] Die herausgenommen Dienste sind Bestandteile der Legaldefinition, so dass die Negativabgrenzung nicht nur Bestandteil des Anwendungsbereichs, sondern zugleich auch der Definition der Telemedien ist.[27] Das TMG kann daher durchaus als „umfassend" angesehen werden, da es stets subsidiär zum Telekommunikations- und Rundfunkrecht zur Anwendung gelangt.[28] **8**

Zwar verzichtet § 1 nunmehr auf die alten Regelbeispiele des TDG,[29] dennoch sollen nach dem Willen des Gesetzgebers die meisten **Regelbeispiele** des § 2 Abs. 2 **9**

---

[23] Art. 1 Abs. 2 der Richtlinie 98/34/EG des Europäischen Parlaments und des Rates vom 22.6.1998 über ein Informationsverfahren auf dem Gebiet der Normen und technischen Vorschriften und der Vorschriften für die Dienste der Informationsgesellschaft, ABl. Nr. L 204 v. 21.7.1998, S. 37, zuletzt geändert durch Richtlinie 2006/96/EG des Rates vom 20.11.2006 zur Anpassung bestimmter Richtlinien im Bereich freier Warenverkehr anlässlich des Beitritts Bulgariens und Rumäniens, ABl. Nr. L 363 v. 20.12.2006, S. 81; s. aber auch die weitere Begriffserläuterung in Art. 1 Abs. 2 der Richtlinie 98/34/EG.

[24] → Vor § 7 Rn. 15.

[25] Spindler/Schuster/*Nordmeier*, § 3 TMG Rn. 3; *Spindler*, Beil. MMR 7/2000, 4, 5; BeckTKG-Komm/*Schütz*, § 3 TKG Rn. 79; anders wohl Begr. RegE, BT-Drs. 14/6098, S. 12: Gleichklang.

[26] Begr. RegE, BT-Drs. 16/3078, S. 13; *Spindler*, CR 2007, 239, 240; *Engels/Jürgens/Fritzsche*, K&R 2007, 57, 58; *Roßnagel*, NVwZ 2007, 743, 744; eine positive Definition der Telemedien fordernd *Holznagel*, Stellungnahme Ausschussdrs. 16(9)524, S. 3.

[27] Ebenso *Roßnagel*, NVwZ 2007, 743, 744; Hoeren/Sieber/Holznagel/*Holznagel*, 44. EL 2017, Teil 3 Rn. 86; Hahn/Vesting/*Schulz*, § 2 RStV Rn. 62.

[28] jurisPK-Internetrecht/*Heckmann*, Kap. 1 Rn. 35; Begr. RegE, BT-Drs. 16/3078, S. 13.

[29] *Hartmann*, Unterlassungsansprüche im Internet, S. 100; krit. dazu *Holznagel*, Stellungnahme Ausschussdrs. 16(9)524, S. 2, der hierdurch die zwischen Rundfunk und anderen Diensten bestehenden Abgrenzungsprobleme nicht als ent- sondern verschärft ansieht.

TMG § 1 Anwendungsbereich

Nr. 2 TDG nach wie vor für die Begriffsbestimmung der Telemedien herangezogen werden.[30] Insofern kann auf die zu § 2 Abs. 2 Nr. 2 TDG herausgearbeiteten Kriterien auch weiterhin zurückgegriffen werden.[31]

10 Durch die Formulierung des Abs. 1 S. 1 wird verdeutlicht, dass die **elektronischen Informations- und Kommunikationsdienste** als Oberbegriff für Telemediendienste, Rundfunk und Telekommunikationsdienste stehen.[32] Der Begriff der Telemediendienste erstreckt sich auf den Bereich der „wirtschaftlichen Tätigkeiten, die – sei es über Abruf- oder Verteildienste – elektronisch in Form von Bild-, Text- oder Toninhalten zur Verfügung gestellt werden".[33] Demnach scheiden von vornherein **mechanische Informations- und Kommunikationsdienste** aus, mithin sämtliche Printmedien.[34] Unklar ist die Situation aber bei anderen **Offline-Medien,** wie CD-ROMs, DVDs, USB-Sticks oder anderen Speichermedien etc. Auch durch diese Medien werden elektronisch Bild-, Text- oder Toninhalte zur Verfügung gestellt; dennoch ergibt sich sowohl aus den Parallelen zum JMStV (und dessen Abgrenzung zum JuSchG) sowie der ECRL und der Gesetzesbegründung schon zum TDG, dass **nur die online erbrachten Dienste** erfasst werden sollen.[35]

11 In welcher Form die **Übertragung** erfolgt, ist belanglos, gleich ob leitungsgebunden, durch Funkübertragung oder durch Mobilfunk[36] oder zukünftige Übermittlungstechniken. Entscheidend ist der Zugang zu einem elektronischen Kommunikationsnetz im Sinne des TKG.

2. Beschränkung auf kommunikative Daten und Inhalte?

12 Mit der Umsetzung der ECRL ist auch Klarheit geschaffen, dass das TMG auf urheber- und andere immaterialgüterrechtliche Fragestellungen Anwendung findet. Die Verzahnung der ECRL mit der Richtlinie zur Harmonisierung bestimmter Aspekte des Urheberrechts und der verwandten Schutzrechte in der Informationsgesellschaft[37] zeigt deutlich, dass dem Richtliniengeber die Anwendung der Verantwortlichkeitsprivilegierungen auf urheberrechtliche Sachverhalte vor Augen stand.[38] Dies zeigt auch deutlich die einschlägige Rechtsprechung des EuGH etwa zu Überwachungspflichten der Access-Provider oder sozialer Netzwerke hinsichtlich von Urheberrechtsverletzungen;[39] der EuGH hat wie selbstverständlich diese Sachverhalte der ECRL unterworfen. Daran ändert auch der – insoweit missverständliche – Begriff der „Information" nichts;[40] vielmehr sollte mit der neuen Terminologie gerade der alte Streit über die Anwendbarkeit des § 5 TDG auf urheberrechtliche

---

[30] Begr. RegE, BT-Drs. 16/3078, S. 13; *Spindler,* CR 2007, 239, 240; ferner Spindler/Schuster/*Ricke,* § 1 TMG Rn. 11.

[31] → Rn. 18.

[32] Begr. RegE, BT-Drs. 16/3078, S. 13; Spindler/Schuster/*Holznagel,* § 2 RStV Rn. 14; Hoeren/Sieber/Holznagel/*Holznagel,* 44. EL 2017, Teil 3 Rn. 85; *Roßnagel,* NVwZ 2007, 743, 744; *Bizer,* DuD 2007, 40.

[33] Begr. RegE, BT-Drs. 16/3078, S. 13.

[34] jurisPK-Internetrecht/*Heckmann,* Kap. 1 Rn. 37.

[35] Begr. RegE IuKDG 1997, BT-Drs. 13/7385, S. 16; *Roßnagel,* NVwZ 2007, 743, 744.

[36] jurisPK-Internetrecht/*Heckmann,* Kap. 1 Rn. 36; BeckRTD-Komm/*Gitter,* § 1 TMG Rn. 30.

[37] 2001/29/EG, ABl. EG Nr. L 167 v. 22.6.2001, S. 10ff., Erwägungsgrund Nr. 16; dazu *Spindler,* GRUR 2002, 105, 106; *Reinbothe,* GRUR Int. 2001, 733, 744.

[38] Ebenso die ganz hM, s. LG Frankenthal, CR 2006, 698, 699; Schricker/Loewenheim/*Leistner,* 5. Aufl. 2017, § 97 Rn. 92; *Hoffmann,* MMR 2002, 284, 288; *Ehret,* CR 2003, 754, 757.

[39] EuGH, GRUR 2014, 468 – UPC Telekabel; EuGH, EuZW 2012, 261 – SABAM/Netlog; EuGH, GRUR 2012, 265 – SABAM.

[40] Zweifelnd *Stadler,* Haftung für Informationen im Internet, Rn. 61.

Anwendungsbereich **§ 1 TMG**

Sachverhalte[41] beseitigt werden. Die grundsätzliche Erfassung des Urheberrechts durch das TMG wird schließlich in § 3 Abs. 4 Nr. 6 deutlich, der das gesamte Urheberrecht von der Geltung des Herkunftslandprinzips ausnimmt. Einer solchen Ausnahme – in Umsetzung der ECRL – hätte es kaum bedurft, wenn das TMG keine Anwendung auf urheberrechtliche Inhalte fände.[42]

3. Beschränkung auf Dienstleistungen und interaktive Dienste?

Vereinzelt ist aus dem früheren Beispielskatalog des § 2 Abs. 2 TDG gefolgert worden, dass rein werbende Homepages ohne Interaktionsmöglichkeit mit dem Nutzer, zB in Form einer Bestell- oder Abfragemöglichkeit von spezifischen Informationen, keine Teledienste seien. Demgemäß sollen Tele(medien)dienste nur solche sein, die über eine interaktive Verbindung Dienstleistungen im weitesten Sinne erbrächten.[43] Dagegen sprach jedoch bereits der eindeutige Wortlaut des § 2 Abs. 2 Nr. 2 TDG, der ausdrücklich Werbeangebote erfasste, ohne dass Einschränkungen auf Bestellmöglichkeiten oder Interaktionen vorgesehen waren. Deutlich wird die Erfassung rein werbender Homepages auch durch die sowohl in Art. 2 lit. f ECRL als auch § 2 Nr. 5 Hs. 1 ausdrücklich erwähnte „kommerzielle Kommunikation". Sowohl Richtlinien- als auch Gesetzgeber des TMG wollten jegliche Warenpräsentation erfassen, unabhängig davon, ob eine Bestellung über die Homepage erfolgt.[44] Der durch die ECRL koordinierte Bereich umfasst explizit auch die reine Online-Werbung.[45] Andernfalls wäre etwa die Ausnahme im Anhang II zu Art. 3 ECRL zur unerbetenen kommerziellen Kommunikation via E-Mail nicht erklärlich.[46] Dementsprechend erwähnt insbesondere auch der neu gefasste § 6 explizit die kommerzielle Kommunikation. Werbeangebote waren und sind daher vom Anwendungsbereich des TMG erfasst. Im Gegensatz zum früheren § 2 Abs. 1 TDG hat der Gesetzgeber des TMG das Erfordernis der individuellen Nutzung gestrichen, so dass auch der Wortlaut keinen Anhaltspunkt mehr für das Erfordernis einer interaktiven Kommunikation bietet.[47]

13

4. Keine Beschränkung auf den Zugang durch die Allgemeinheit – Intranet und Business TV

Das TMG enthält keine Beschränkung des Begriffs der Telemediendienste auf Angebote, die jedermann zugänglich sind. Vielmehr werden auch geschlossene Nutzergruppen erfasst, solange elektronische Text-, Bild- oder Toninhalte Gegenstand des Angebots sind.[48] Allerdings ist erforderlich, dass eine Leistung einer anderen Person bereitgestellt wird. Daher können zwar auch Intranets dem TMG unterfallen, allerdings nur, wenn sie nicht ausschließlich der innerbetrieblichen Kommunikation die-

14

---

[41] Abl. noch OLG München, NJW 2001, 3553; für das Markenrecht OLG Köln, MMR 2002, 110; zur alten Rechtslage *Spindler,* CR 2001, 324ff. mwN.

[42] S. auch jurisPK-Internetrecht/*Heckmann,* Kap. 1 Rn. 203; *Nickels,* CR 2002, 302, 305; *Köhler/Fetzer,* Rn. 821ff.; für die ECRL *Waldenberger/Hoß,* AfP 2000, 237, 242; *Freytag,* CR 2000, 600, 603.

[43] So *Wüstenberg,* WRP 2002, 782, 783; ähnlich *Dafner,* Das öffentliche Wirtschaftsrecht der Teledienste, S. 112f.

[44] Erwägungsgrund Nr. 18.

[45] Erwägungsgrund Nr. 21.

[46] S. auch *Kaestner/Tews,* WRP 2002, 1011, 1012; *Hoenike/Hülsdunk,* MMR 2002, 415, 416; *Hoß,* CR 2003, 687, 688.

[47] Wie hier MüKoStGB/*Altenhain,* § 1 TMG Rn. 10; *Holznagel/Stenner,* ZUM 2004, 617, 620; jurisPK-Internetrecht/*Heckmann,* Kap. 1 Rn. 38; s. zur Rechtslage unter dem TDG *Miserre,* Rundfunk-, Multimedia- und Telekommunikationsrecht, S. 219ff.

[48] *Roßnagel,* NVwZ 2007, 743, 744.

nen (→ § 2 Rn. 9).[49] Unternehmens-Intranets, die ausschließlich Arbeitnehmern für berufliche und dienstliche Zwecke zur Verfügung gestellt werden, sind vom Anwendungsbereich des TMG ausgenommen.[50] Hinsichtlich der Haftungsprivilegierung ist allerdings hier oft fraglich, ob die Nutzer nicht der Aufsicht durch den Intranet-Betreiber unterstehen, etwa bei Unternehmens-Intranets und ihren angeschlossenen Arbeitnehmern. Gleiches gilt für **betriebliche oder private WLANs:** auch diese stellen Netzwerke dar, die grundsätzlich Telemedien darstellen können (→ Rn. 35).

15 Während nach altem Recht das **Business TV** mangels individueller Abrufbarkeit nicht dem TDG zugeordnet werden konnte, sondern dem MDStV, sofern von einer redaktionellen Bearbeitung für die Allgemeinheit ausgegangen werden konnte,[51] erfasst nunmehr das TMG auch Verteildienste. Allerdings wird hier häufig eine journalistisch-redaktionelle Gestaltung vorliegen (→ Rn. 68), so dass bezüglich der Inhalte der Anwendungsbereich der rundfunkähnlichen Telemedien eröffnet ist.

V. Telemediendienste versus Telekommunikation (Abs. 1)

1. Grundsatz

16 Nach § 1 Abs. 1 sind Telemediendienste von den Telekommunikationsdienstleistungen iSv § 3 TKG zu trennen. Dies betrifft zum einen die telekommunikationsgestützten Dienste iSd § 3 Nr. 25 TKG, welche vom Anwendungsbereich des TMG ausgenommen sind (zB Mehrwertdienste, ausf. → Rn. 44); zum anderen sind nach dem Gesetzeswortlaut und dem Willen des Gesetzgebers auch Telekommunikationsdienste iSd § 3 Nr. 24 TKG ausgenommen, davon allerdings ausschließlich jene, die **ganz in der Übertragung von Signalen** bestehen.[52] Daraus resultiert für die Telekommunikationsdienste, die nur überwiegend, aber nicht „ganz" den Transport von Signalen übernehmen, ein Überschneidungsbereich zwischen TMG und TKG.[53] Die Gesetzesbegründung nennt als Beispiele für überwiegend Übertragungszwecken dienende Dienste Internet-Zugangsdienste oder E-Mail-Anbieter (→ Rn. 31).[54] Im Gegensatz zum alten TDG muss nunmehr eine Aufspaltung in dreierlei Kategorien erfolgen:[55]
- Dienste, die vollständig der Übertragung dienen (→ Rn. 21),
- Dienste, die nur überwiegend der Übertragung dienen (→ Rn. 31) sowie
- gemischte Dienste (→ Rn. 43).

17 Während Dienste, die vollständig der Übertragung dienen, durch den Wortlaut des § 1 Abs. 1 S. 1 gänzlich aus dem Anwendungsbereich des TMG herausgenommen werden und nur nach dem TKG zu beurteilen sind,[56] soll bei den Diensten, die überwiegend der Übertragung dienen, auch zT das TMG Anwendung finden.

18 Entscheidend für die konkrete **Abgrenzung** bleiben die unterschiedlichen Regelungszwecke des TMG und TKG: Während das TKG im Wesentlichen Marktregulierungsrecht ist, betrifft das TMG die inhaltliche Komponente der mit Hilfe der Te-

---

[49] BeckRTD-Komm/*Gitter,* § 2 TMG Rn. 8; jurisPK-Internetrecht/*Heckmann,* Kap. 1 Rn. 95; Spindler/Schuster/*Spindler/Nink,* § 11 TMG Rn. 25; MüKoStGB/*Altenhain,* § 1 TMG Rn. 9, der keinerlei Vorbehalte gegen Intranets sieht.
[50] *Sassenberg/Mantz,* WLAN und Recht, Rn. 298.
[51] S. auch *Libertus,* K&R 2000, 119, 120; *Mohr/Scherer,* ZUM 2001, 147 ff.; *Kibele,* Multimedia, S. 122 ff.
[52] Begr. RegE ElGVG, BT-Drs. 16/3078, S. 13.
[53] *Roßnagel,* NVwZ 2007, 743, 745; *Rössel,* ITRB 2007, 158, 159; *Spindler,* CR 2007, 239, 240 f.; *Kitz,* ZUM 2007, 368, 369; *Hoeren,* NJW 2007, 801, 802.
[54] Begr. RegE ElGVG, BT-Drs. 16/3078, S. 13.
[55] S. dazu *Spindler,* CR 2007, 239, 241.
[56] Begr. RegE ElGVG, BT-Drs. 16/3078, S. 13.

Anwendungsbereich **§ 1 TMG**

lekommunikationseinrichtungen übertragenen Informationen[57] einschließlich des Datenschutzrechts. Zwar findet sich im TMG im Gegensatz zu § 2 Abs. 1 TDG keine Regelung mehr, dass Telemediendienste via Telekommunikation erbracht werden müssen, dieses Erfordernis bleibt aber aus der Gesetzeshistorie heraus und vor dem europarechtlichen Hintergrund weiter erhalten.[58] Die Begriffe der Telekommunikation und der Telemediendienste müssen **systematisch-teleologisch** unter Berücksichtigung der unterschiedlichen Gesetzeszwecke ausgelegt werden.[59] Daher muss die Abgrenzung, wie auch nach bisher herrschender Auffassung zum TDG, **funktional** erfolgen.[60] **Demnach regelt das TKG die technisch-organisatorischen, das TMG die inhaltlichen und datenschutzrechtlichen Fragen bezogen auf diese Inhalte;**[61] das TKG ist folglich auf die rein technische Zugangsvermittlung anzuwenden, während das TMG für die vermittelten Inhalte einschlägig ist.[62]

Auch die **richtlinienkonforme Auslegung** gebietet diese funktionale Sichtweise:[63] Während die neuen Richtlinien der EU zur Telekommunikation der Konvergenz der Medien weitgehend Rechnung tragen und technikneutral nur noch von elektronischen Kommunikationsnetzen bzw. -diensten[64] im Hinblick auf die Regulierung der Netze und des Marktzugangs sprechen, bezieht sich die ECRL auf die mit Hilfe der Kommunikationsnetze übertragenen Inhalte.[65] Der Richtliniengeber der ECRL ist klar davon ausgegangen, dass einzelne Dienste, wie das Access Providing (→ Rn. 32), sowohl der ECRL als auch anderen Richtlinien unterfallen, wie den Telekommunikationsrichtlinien. Auch der EuGH hat etwa das Access Providing der ECRL unterworfen.[66] 19

Allerdings ist diese Trennung vom TMG-Gesetzgeber nicht mehr vollständig durchgehalten worden: Denn die telekommunikationsgestützten Dienste **(Mehr- 20**

---

[57] Fast allgM, s. für das TDG aF BGH, NJW 2002, 361, 362; OLG Hamburg, NJW-RR 2001, 544, 545; OLG Stuttgart, MMR 2002, 746, 748 mAnm *Spindler; Koenig/Braun,* Beil. K&R 2/2000, 1, 14 ff.; Manssen/*Brunner,* § 2 TDG Rn. 56; BeckIuKDG-Komm/*Tettenborn,* § 2 TDG Rn. 98, je mwN.

[58] Ebenso Spindler/Schuster/*Ricke,* § 1 TMG Rn. 12.

[59] AA *Stadler,* Haftung für Informationen im Internet, Rn. 35 ff.

[60] Für das TKG Säcker/*Säcker,* § 3 TKG Rn. 62a; BeckTKG-Komm/*Holznagel/Schumacher,* C. Abgrenzung zu anderen Rechtsgebieten Rn. 20 ff.; für das TMG BeckRTD-Komm/*Gitter,* § 1 TMG Rn. 39; jurisPK-Internetrecht/*Heckmann,* Kap. 1 Rn. 40; „technisch-wirtschaftliche Sicht" bei MüKoStGB/*Altenhain,* § 1 TMG Rn. 7; noch zum TDG BGH, NJW 2002, 361, 362; OLG Hamburg, NJW-RR 2001, 544, 545; OLG Stuttgart, MMR 2002, 746, 748 mAnm *Spindler; Mynarik,* ZUM 2006, 183, 184.

[61] BGH, NJW 2002, 361, 362; insoweit zutr. auch OLG Hamburg, MMR 2000, 611, 613 f.; für Access-Provider VG Köln, CR 2003, 680, 682.

[62] Vgl. den Beschluss der RegTP zur Fakturierung und Inkasso, MMR 2000, 298, 308, wonach die Deutsche Telekom nicht zur Rechnungslegung für zeittaktunabhängige Mehrwertdienste verpflichtet ist.

[63] AA *Stadler,* Haftung für Informationen im Internet, Rn. 39 a.

[64] S. insb. Richtlinie 2009/140/EG des Europäischen Parlaments und des Rates vom 25. 11. 2009 zur Änderung der Richtlinie 2002/21/EG über einen gemeinsamen Rechtsrahmen für elektronische Kommunikationsnetzes und -dienste, der Richtlinie 2002/19/EG über den Zugang zu elektronischen Kommunikationsnetzen und zugehörigen Einrichtungen sowie deren Zusammenschaltung und der Richtlinie 2002/20/EG über die Genehmigung elektronischer Kommunikationsnetze und -dienste, ABl. EU Nr. L 337 v. 18.12.2009, S. 37; s. nur Säcker/*Klotz,* Einl. II Rn. 58 ff. mwN.

[65] So iE auch *Stadler,* Haftung für Informationen im Internet, Rn. 39 a.

[66] EuGH, GRUR 2014, 468 – UPC Telekabel; EuGH, EuZW 2012, 261 – SABAM/Netlog; EuGH, GRUR 2012, 265 – SABAM.

wertdienste) werden jetzt auch hinsichtlich ihrer Inhalte dem TKG unterstellt – was erhebliche Abgrenzungsprobleme auslöst,[67] da für den Nutzer gerade im Zeitalter von Smartphones die subtilen Unterschiede kaum erkennbar sind (→ Rn. 47).

2. Dienste mit reiner Signalübertragung

21 Legt man die funktionale Betrachtungsweise zugrunde, müssen alle Dienste, die der klassischen Sprachtelefonie ebenso wie der reinen Datenübertragung vergleichbar sind, als Dienste mit reiner Signalübertragung, mithin als Telekommunikation qualifiziert werden. Dazu zählt auch die **Internet-Telefonie – Voice over IP.** Nach früherer hM sollte die Sprachtelefonie über das Internet nicht dem TKG, sondern dem TDG unterfallen, da damals noch keine Echtzeitübertragung möglich war,[68] was auch der Auffassung der EU-Kommission entsprach.[69] Diese Unterscheidung ist indessen im Zuge der technologischen Entwicklung überholt,[70] sodass ausweislich der Gesetzesbegründung zum TMG Internet-Telefonie[71] nicht den Telemedien unterfällt, sondern dem TKG,[72] da es keinen äußerlichen Unterschied zur herkömmlichen Telefonie mehr gibt.[73] Die für einen Telekommunikationsdienst gem. § 3 Nr. 24 TKG nötige Entgeltlichkeit liegt bei Internet-Telefonie spätestens dann vor, wenn über ein Gateway eine Verbindung in das herkömmliche Telefonnetz hergestellt wird.[74] Zudem unterscheidet das TKG seit 2004 in § 6 TKG nicht mehr zwischen Sprachtelefon- und Telekommunikationsdiensten.[75]

22 Dagegen bleibt es für **Anbieter von Software,** die eine **Peer-to-Peer- Telefonie** ermöglichen, dabei, dass weder ein Telekommunikations- noch ein Telemediendienst vorliegt, da lediglich eine Software zur Verfügung gestellt wird, um Telefonie-Funktionen zu nutzen, die aber nicht durch einen Dienst im Netz gestützt sind.[76] Wird der

---

[67] S. MüKoStGB/*Altenhain,* § 1 TMG Rn. 17; BeckRTD-Komm/*Roßnagel,* Einl TMG Rn. 31; *Taeger/Rose,* K&R 2007, 233, 234.

[68] BeckIuKDG-Komm/*Tettenborn,* § 2 TDG Rn. 70, § 4 TDG Rn. 29; *Göckel,* K&R 1998, 250, 253; nach Bandbreite differenzierend *Müller-Terpitz,* MMR 1998, 65, 66f.

[69] Mitteilung der Kommission, Status der Sprachübermittlung im Internet nach Maßgabe des Gemeinschaftsrechts und insbesondere der Richtlinie 90/388/EWG, Ergänzung zur Mitteilung der Kommission an das Europäische Parlament und den Rat über den Stand der Umsetzung der Richtlinie 90/388/EWG über den Wettbewerb auf dem Markt für Telekommunikationsdienste, ABl. EG Nr. C 369 v. 22.12.2000, S. 3, 4.

[70] Technisch gesehen gibt es allerdings eine Vielzahl unterschiedlicher VoIP-Spielarten. Differenzierend auch *Bundesnetzagentur,* Eckpunkte der regulatorischen Behandlung von Voice over IP (VoIP), 2005, S. 6 sowie im Detail *Martini/v. Zimmermann,* CR 2007, 368; ein Überblick über die verschiedenen Techniken auch bei Hoeren/Sieber/Holznagel/*Mozek/Zendt,* 36. EL 2013, Teil 23 Rn. 25ff.; zur Regulierungsbedürftigkeit von VoiP s. Studie der WIK-Consult, „The Regulation of Voice over IP (VoIP) in Europe", S. 4ff., abrufbar unter http://www.wik.org/file admin/Konferenzbeitraege/2008/EU_Workshop_VoIP_El_Ma/3_Impact_Regulation_VoIP. pdf, Stand: 24.2.2016.

[71] Zu den Begrifflichkeiten *Arenz,* Der Schutz der öffentlichen Sicherheit in Next Generation Networks am Beispiel von Internet-Telefonie-Diensten (VoIP), S. 30, 38ff.

[72] Vgl. Spindler/Schuster/*Ricke,* § 1 TMG Rn. 6; Hoeren/Sieber/Holznagel/*Oster,* 44. EL 2017, Teil 4 Rn. 6; Hoeren/Sieber/Holznagel/*Schmitz,* 44. EL 2017, Teil 16.2 Rn. 87.

[73] Der Gesetzgeber benutzt die Begriffe Internet-Telefonie und VoIP synonym, Begr. RegE ElGVG, BT-Drs. 16/3078, S. 13; *Roßnagel,* NVwZ 2007, 743, 745; *Spindler,* CR 2007, 239, 242; *Jandt,* MMR 2006, 652, 653.

[74] *Bonnekoh,* Voice over IP, S. 80; *Klöppner,* Rechtsprobleme der IP-Telefonie, S. 184.

[75] BeckTKG-Komm/*Schütz,* § 6 TKG Rn. 28; Säcker/*Säcker,* § 3 TKG Rn. 5.

[76] Zutr. *Arenz,* Der Schutz der öffentlichen Sicherheit in Next Generation Networks am Beispiel von Internet-Telefonie-Diensten (VoIP), 2010, S. 90; *Oster,* CR 2007, 769, 770; *Martini/v.*

Anwendungsbereich **§ 1 TMG**

Peer-to-Peer-Dienst für den Nutzer gratis angeboten, fehlt es im Übrigen an der für Telekommunikationsdienste nötigen Entgeltlichkeit;[77] allerdings liegt Entgeltlichkeit schon bei einer Werbefinanzierung durch Dritte vor.[78] Nach aA jedoch stellt auch das Angebot von einer solchen Software einen Telekommunikationsdienst dar, da durch deren Funktionalität lediglich eine Teilfunktionalität des Basisnetzes ausgegliedert werde, ohne die aber die der Telekommunikation zuzuordnende Leistung gar nicht möglich wäre. Lediglich die softwareseitige Darstellung der aufgelösten Klarnamen unterfalle dem TMG.[79] Diese Ansicht ist wegen der nötigen Gesamtbetrachtung nicht mit dem funktionalen Ansatz vereinbar. Nicht damit zu verwechseln sind Dienste wie **Skype** oder **WhatsApp**, die die Verbindungen über ihre Server herstellen; diese sind bei Echtzeittelefonie wie Telekommunikationsdienste zu behandeln (→ § 2 Rn. 16).

Probleme werfen auch **kombinierte Dienste** auf, die sowohl Peer-to-Peer-Telefonie als auch Telefonie über ein Gateway in das herkömmliche Netz erlauben.[80] Für eine rechtliche Einordnung sollte dabei keine möglichst kleinteilige technische Aufspaltung der Dienste erfolgen,[81] sondern in wirtschaftlicher Gesamtbetrachtung auf den Schwerpunkt des Dienstes abgestellt werden, der grundsätzlich in der Vermittlung in das herkömmliche Netz zu sehen sei und damit Telekommunikation darstellt.[82] 23

Auch die **Betreiber von Router-Rechnern** unterfallen der reinen Signalübertragung, da sie lediglich dem Transport verschiedener Datenpakete im Internet dienen[83] und damit einen Dienst anbieten, der ausschließlich in der Übermittlung von Signalen besteht; somit fällt ihre Tätigkeit als Telekommunikationsdienste nicht in den Anwendungsbereich des TMG.[84] Die gegenteilige Auffassung zum TDG, die den Betrieb von Router-Rechnern als Vermittlung des Zugangs zur Nutzung der Inhalte behandelt hat,[85] verkannte, dass schon § 2 Abs. 1 TDG unter Berücksichtigung des Kataloges des § 2 Abs. 2 TDG dahingehend ausgelegt werden musste, dass es sich stets um Angebote an Individuen und nicht um reine Telekommunikationsleistungen ohne jeglichen Kontakt zu einem Nutzer handelte. Allerdings ist wie bei Access-Providern (→ Rn. 32) für den wichtigsten Anwendungsfall – die Verantwortlichkeit für übermittelte Inhalte – § 8 richtlinienkonform auszulegen, da der dem § 8 zugrundeliegende Art. 12 Abs. 1 ECRL auch die reine Zugangsvermittlung zu Kommunikationsnetzen (also allein zu einem anderen Netz) genügen lässt, ohne dass der Zugang zu Informationen gegeben sein müsste. Auch hier schlägt sich demnach die funktionale Abgrenzung nieder, indem für die Inhalte das TMG einschlägig ist, während für das Marktregulierungsrecht das TKG zuständig ist. 24

Zimmermann, CR 2007, 368, 373; *Bonnekoh,* Voice over IP, S. 83f.; Bundesnetzagentur, Eckpunkte der regulatorischen Behandlung von Voice over IP (VoIP), 2005, S. 6, in: Bundesnetzagentur, ABl. 18 (2005), S. 1340ff., Mitteilung 229.

[77] Hoeren/Sieber/Holznagel/*Mozek/Zendt,* 36. EL 2013, Teil 23 Rn. 42; *Oster,* CR 2007, 769, 770; *Meinberg/Grabe,* K&R 2004, 409, 412.

[78] *Martini/v. Zimmermann,* CR 2007, 427, 429f. mwN, die sich auf den Dienstleistungsbegriff aus dem primären Europarecht berufen, wonach es genüge, dass die Tätigkeit einen „Teil des Wirtschaftslebens ausmacht".

[79] *Raabe/Dinger,* CR 2007, 791, 794.

[80] *Arenz,* Der Schutz der öffentlichen Sicherheit in Next Generation Networks am Beispiel von Internet-Telefonie-Diensten (VoIP), S. 36.

[81] *Koenig/Neumann,* K&R 2004, Beil. 3, 11.

[82] *Martini/v. Zimmermann,* CR 2007, 427, 429.

[83] Hoeren/Sieber/Holznagel/*Mozek/Zendt,* 36. EL 2013, Teil 23 Rn. 40; so auch *Bonnekoh,* Voice over IP, S. 72; *Meinberg/Grabe,* K&R 2004, 409, 412.

[84] Hoeren/Sieber/Holznagel/*Schmitz,* 44. EL 2017, Teil 16.2 Rn. 70; *Jäger,* jurisPR-ITR 4/2007, Anm. 4 II.

[85] So *Sieber,* CR 1997, 581, 583 Fn. 18; *Sieber,* Verantwortlichkeit im Internet, Rn. 262.

TMG § 1 Anwendungsbereich

25 Schließlich ist auch das sog. **Multi-Casting,** ein Unterfall der Punkt-zu-Mehrpunktverbindungen, als Dienst mit reiner Signalübermittlung zu qualifizieren, so dass er nicht nach dem TMG zu behandeln ist, sondern als Übertragungsweg nach § 3 Nr. 28 TKG.[86]

3. OTT-Kommunikationsdienste

26 Ob sog. „Over-the-Top"(OTT)-Kommunikationsdienste dem TMG oder doch dem TKG unterfallen, ist höchst umstritten.[87] OTT-Anbieter nutzen vorhandene Internet-Infrastrukturen, um ihre (Kommunikations-)Dienste erbringen zu können und ersetzen hierdurch die Funktionen traditioneller Telekommunikationsdienste aus dem Telefonnetz.[88] Unter OTT-Kommunikationsdiensten sind solche Dienste zu fassen, die darauf ausgelegt sind Individual- oder Gruppenkommunikation zwischen ihren Nutzern zu ermöglichen, etwa E-Mail-Dienste wie Gmail oder WEB. DE, Instant-Messaging-Dienste wie **WhatsApp** oder der Facebook Messenger sowie Internettelefonie-Dienste wie **Skype**.[89] Aber auch andere Dienste, die über das Internet gesteuert werden (remote control) wie Cloud-Dienste, Software-as-a-Service etc. könnten hierunter fallen.[90] Das VG Köln (und zuvor die BNetzA) schloss sich 2015 in der ersten Entscheidung eines deutschen Gerichts zur Einordnung eines OTT-Dienstes den Argumenten von *Kühling/Schall* weitgehend an und stufte „GMail" als Telekommunikationsdienst ein,[91] mit der Folge der Registrierungspflicht nach § 6 TKG als Anbieter von Telekommunikationsdiensten iSv § 3 Nr. 6 TKG.

27 Streitig ist zunächst, ob das Kriterium der **Entgeltlichkeit** bei OTT-Kommunikationsdiensten, die den Nutzern zumeist kostenlos angeboten werden, für die Klassifizierung als Telekommunikationsdienst iSd § 3 Nr. 24 TKG überhaupt erfüllt ist. Indes sollte, wie im Bereich der Telemedien, eine Finanzierung der Dienste durch Werbung oder andere indirekte Einnahmen, wie eine Duldung der Datenanalyse, ausreichend sein.[92] Die gegenteilige Auffassung, die offenbar nur auf Geld als Gegenleistung ab-

---

[86] BeckTKG-Komm/*Schütz,* § 3 Rn. 88; jurisPK-Internetrecht/*Heckmann,* Kap. 1 Rn. 45; Arndt/Fetzer/Scherer/*Fetzer,* § 3 Rn. 109; Eberle/Rudolf/Wasserburg/*Eberle,* Kap. I Rn. 54, der Multi-Casting allerdings fälschlicherweise mit dem Proxy Caching vergleicht, obwohl Letzteres als Telemedium zu beurteilen ist, → Rn. 37.

[87] S. für eine Einordnung von OTT-Kommunikationsdiensten unter das TKG etwa *Kühling/Schall,* CR 2015, 641 ff.; *dies.,* CR 2016, 185 ff.; dagegen *Schuster,* CR 2016, 173 ff.; differenzierend *Schumacher,* K&R 2015, 771 ff.

[88] *Schumacher,* K&R 2015, 771, 771.

[89] *Kühling/Schall,* CR 2015, 641, 642 f., die eine Abgrenzung zu den sog. OTT-Inhaltsdiensten vornehmen, zu denen etwa Cloud-Services, Suchmaschinen, Streaming-Dienste sowie Social-Media-Plattformen gehörten; krit. zum daraus folgenden weiten OTT-Begriff *Deusch/Eggendorfer,* K&R 2017, 93, 96. Für den hier dargestellten Streit nach der Anwendbarkeit des TKG sind jedoch nur OTT-Kommunikationsdienste von Relevanz.

[90] S. *Schuster,* CR 2016, 173, 174 f.

[91] VG Köln, CR 2016, 131 ff., n rkr Berufung ist beim OVG Münster unter dem Az. 13 A 17/16 anhängig; der Auffassung des VG Köln zustimmend *Kühling/Schall,* CR 2016, 185 ff.; aA aber *Gersdorf,* K&R 2016, 91 ff.; *Grünwald/Nüßing,* MMR 2016, 91 ff.; *Schuster,* CR 2016, 173 ff.; *Telle,* K&R 2016, 166, 167 f.; zur Konsequenz des Urteils für das Fernmeldegeheimnis *Deusch/Eggendorfer,* K&R 2017, 93, 96 f.

[92] So VG Köln, CR 2016, 131, 133 für Google Gmail; ähnlich wie das VG Köln *Kühling/Schall,* CR 2015, 641, 648; *Schumacher,* K&R 2015, 771, 774 f.; aA *Kühling/Scholl,* CR 2016, 185, 195 f.; aber, zumindest bei Gmail, *Schuster,* CR 2016, 173, 182 f., der kritisiert, dass das Merkmal „gegen Entgelt" so zu einem Synonym für „gewerblich" bzw. „geschäftlich" werde; *Grünwald/Nüßing,* MMR 2016, 91, 93.

stellen will,[93] verkennt, dass das Entgelt in der Preisgabe von Daten durch den Nutzer oder durch Werbung besteht – was auch der E-Commerce-RL hinsichtlich der Frage der kommerziellen Dienste zugrunde liegt (→ Rn. 13), ebenso wie im neuen Vorschlag der EU-Kommission über Verträge über digitale Inhalte.[94]

Offen ist ferner, ob OTT-Kommunikationsdienste auch **„Anbieter" von öffentlich zugänglichen Telekommunikationsdiensten** sind. Teilweise wird hierzu eine auf den gesamten Dienst bezogene wertende Betrachtung gewählt,[95] da es gerade die OTT-Unternehmen und nicht etwa die Internet-Provider seien, die gegenüber den Nutzern auftreten, ihre Dienste bewerben und „anbieten" **(Veranlassungslehre)**.[96] Dabei wird auch maßgeblich darauf abgestellt, dass die E-Mails durch den Diensteanbieter erst vermittelt würden, indem IP-Adressen aufgelöst werden etc.[97] Auch eine **datenschutzrechtlich-funktionale Bewertung** spreche dafür, dass nicht mehr der klassische Telekommunikationsdienstanbieter, sondern der OTT-Anbieter über die durch Art. 10 GG geschützten Daten verfüge.[98] So liegt nach Ansicht des VG Köln der **Schwerpunkt** des E-Mail-Dienstes in der Übertragung von Signalen über das Internet und gerade nicht im übertragenen Inhalt.[99] Zudem sei es „nicht zweifelhaft", dass GMail zumindest auch Vorgänge des Aussendens, Übermittelns und Empfangens von elektromagnetischen oder optischen Signalen mittels Telekommunikationsanlagen, etwa durch die Endgeräte der Nutzer, Posteingangs- und Postausgangsserver oder Router verantworte und hierdurch Signale iSd § 3 Nr. 24 TKG übertrage.[100] Einer Einstufung als Dienst iSd § 3 Nr. 24 TKG stehe es mithin nicht entgegen, dass ein Großteil der Signalübertragung durch die Internet-Provider erfolge, da der gesamte Kommunikationsvorgang einheitlich zu betrachten sei.[101] Nach Ansicht des VG Köln müsse sich der E-Mail-Provider die Signalübertragung zurechnen lassen, so dass sie auch als „Anbieterin" bzw. „Erbringerin" des gesamten Kommunikationsvorgangs iSd § 6 TKG anzusehen sei, der E-Mail-Provider mache sich die Signalübertragungsleistung der Dritten zu Eigen.[102] Auf eine zivilrechtliche Verantwortlichkeit für die Signalübertragung komme es dabei nicht an.[103]

---

[93] So *Schuster*, CR 2016, 173, 182f.
[94] Vorschlag der Kommission für eine Richtlinie des Europäischen Parlaments und des Rates über bestimmte vertragsrechtliche Aspekte der Bereitstellung digitaler Inhalte, COM (2015) 634 final; dazu *Spindler*, MMR 2016, 147, 149f.; bereits zuvor zur Thematik *Bräutigam*, MMR 2012, 635, 638f.
[95] VG Köln, CR 2016, 133, 134; aA *Grünwald/Nüßing*, MMR 2016, 91, 95, die eine technische Betrachtung vornehmen, ansonsten würde es auf eine rein ergebnisorientierte Betrachtung unter Missachtung der gesetzlichen Tatbestandsmerkmale hinauslaufen.
[96] *Kühling/Schall*, CR 2015, 641, 650; *dies.*, CR 2016, 185, 191f.
[97] *Kühling/Schall*, CR 2016, 185, 191f.
[98] *Kühling/Schall*, CR 2015, 641, 654; dies übernehmend VG Köln, CR 2016, 131, 134; wiederholt *Kühling/Schall*, CR 2016, 185, 190ff.; aA *Schuster*, CR 2016, 173, 184, der einen Schutz des Nachrichteninhalts durch die §§ 12ff. TMG sowie durch das BDSG für ausreichend erachtet.
[99] VG Köln, CR 2016, 133, 134 wie *Kühling/Schall*, CR 2015, 641, 648.
[100] VG Köln, CR 2016, 131, 134 wie *Kühling/Schall*, CR 2015, 641, 648, die argumentieren, dass die Signalübertragung wirtschaftlich voll zu den OTT-Anbietern gehöre und nicht getrennt werden könne; aA *Schuster*, CR 2016, 173, 177, der die reine E-Mail-Verarbeitung durch den E-Mail-Verarbeitungsdienst nur als vorbereitende Handlung und nicht als Kommunikation ansieht.
[101] VG Köln, CR 2016, 131, 134; *Kühling/Schall*, CR 2016, 185, 189.
[102] VG Köln, CR 2016, 131, 134f.; das bzgl. der Zurechnung auf ein Urteil des EuGH zu Zugangsberechtigungssystemen, EuGH, MMR 2015, 339 ff., Rn. 42f., rekurriert; ähnlich *Kühling/Schall*, CR 2015, 641, 651f.
[103] VG Köln, CR 2016, 131, 134.

29 Eine solche „**qualifizierte Veranlassung**" wird in der Literatur allerdings **zu Recht** größtenteils als zu weite Auslegung **kritisiert**.[104] Teilweise wird zudem weiter nach der jeweiligen Dienstart und in wie weit der Anbieter des OTT-Dienstes die Datenübertragung steuert, differenziert – so würden die Signale bei reinen und auch hybriden P2P-Diensten nicht mehr überwiegend vom Anbieter übertragen werden, anders sei es jedoch, wenn die Signalübertragung unmittelbar vom Anbieter des OTT-Dienstes gesteuert werde, etwa bei serverbasierten Diensten.[105] Allein der OTT-Anbieter kann die Signalübertragung nicht bewirken; ohne Einschaltung eines anderen Providers können Mails etc. nicht übertragen werden, der OTT-Anbieter ist zwingend auf die Infrastruktur des Telekommunikations-Anbieters angewiesen und hat selbst keinen Einfluss darauf.[106] Nur die Vermittlung der E-Mails an bestimmte Adressen unter Nutzung eines Verzeichnisses kann nicht genügen, da der OTT-Anbieter keine Kontrolle über die weitere Transportierung hat; andernfalls wäre jeder Domain-Server, jeder Web-Browser etc. als Telekommunikations-Dienst einzustufen. Da viele OTT-Dienste eine Kombination aus mehreren Kommunikationselementen darstellen, verbietet sich nach geltendem Recht mithin eine generelle Einordnung unter das TMG oder das TKG, dies muss für jede Funktion eines Dienstes separat untersucht werden.[107] Allein die Übertragung der E-Mails über das Telekommunikations-Netz unterfällt dem TKG, nicht aber deren Verarbeitung etc. durch einen (Web-)Server eines E-Mail-Dienstes, der die E-Mail dann wieder an das Telekommunikations-Netz übergibt.[108] Diese Einstufung wird offenbar auch von der EU-Kommission[109] und in anderen Ländern geteilt.[110]

30 Nach dem **Vorschlag der Europäischen Kommission für eine Verordnung über Privatsphäre und elektronische Kommunikation (ePrivacy-VO)** sollen nun zukünftig auch OTT-Dienste von der geplanten VO umfasst werden.[111] Die weiten Definitionen in Erwägungsgrund 11 sowie Art. 4 Abs. 2 des VO-E würden sogar bedeuten, dass auch Dienste, die einen Kommunikationsdienst nur als „untergeordnete Nebenfunktion" zu ihrem eigentlichen Dienst anbieten, von der VO erfasst würden. Letztlich wird, wenn nicht schon vorher Klarheit durch den europäischen Gesetzgeber geschaffen wird, eine Entscheidung des EuGH abschließend zu klären haben, ob und wann OTT-Kommunikationsdienste als Telekommunikationsdienste iSd TKG einzuordnen sind.[112] Es bleibt zu hoffen, dass entweder durch die Kommission oder den EuGH die Veranlassungslehre verworfen wird, um die Regulierung

---

[104] *Schuster,* CR 2016, 173, 181, „völlig uferlos"; ähnlich krit. *Gersdorf,* K&R 2016, 91, 98.

[105] *Grünwald/Nüßing,* MMR 2016, 91, 94f.

[106] Zutr. *Schuster,* CR 2016, 173, 175ff.

[107] *Grünwald/Nüßing,* MMR 2016, 91, 92.

[108] Überzeugend *Schuster,* CR 2016, 173, 176f.

[109] S. die bei VG Köln, CR 2016, 131 zitierte Stellungnahme von DG Connect.

[110] Dies räumen selbst *Kühling/Schall,* CR 2016, 185, 186f. mwNw zu ausländischer Rspr. ein.

[111] Europäische Kommission, Vorschlag für eine Verordnung des Europäischen Parlaments und des Rates über die Achtung des Privatlebens und den Schutz personenbezogener Daten in der elektronischen Kommunikation und zur Aufhebung der Richtlinie 2002/58/EG (Verordnung über Privatsphäre und elektronische Kommunikation) v. 10.1.2017, COM(2017) 10 final – 2017/0003 (COD); s. hierzu *Woger,* PinG 2017, 80, 83; *Scherer/Heckmann/Heinickel/Kiparski/Ufer,* CR 2017, 197, 198f., kritisieren die von der Kommission gewählten gleichlautende Definition der OTT-Dienste in dem Vorschlag der Kommission für eine Richtlinie des Europäischen Parlaments und des Rates über den europäischen Kodex für die elektronische Kommunikation (Neufassung), COM(2016) 590 final – 2016/0288 (COD).

[112] *Wissenschaftlicher Arbeitskreis für Regulierungsfragen (WAR) bei der BNetzA,* Fragen der Regulierung von OTT-Kommunikationsdiensten, v. 15.7.2016, S. 4, abrufbar unter https://www.bundesnetzagentur.de/DE/Allgemeines/DieBundesnetzagentur/WAR/Stellungnahmen/Stellungnahme_OTT.pdf?__blob=publicationFile&v=2, Stand: 12.4.2017.

Anwendungsbereich § 1 TMG

durch die Telekommunikations-Richtlinien nicht ausufern zu lassen – was angesichts der Konvergenz der Medien und Technologien nicht überzeugend wäre.

4. Dienste mit überwiegender Telekommunikation

Solche Dienste mit überwiegender, aber nicht ausschließlicher Übertragungsfunktion sollen nicht allein Telekommunikationsdienste iSv § 3 Nr. 24 TKG, sondern zugleich Telemediendienste sein, auf die die telemedienrechtlichen Vorschriften mit Ausnahme der meisten Datenschutzvorschriften Anwendung finden. Als überwiegend wird eine Quote von 50% der Telekommunikationsdienste angesehen.[113] Der Gesetzgeber erwähnt selbst insbesondere den Internet-Zugang und die E-Mail-Übertragung.[114] Von den Datenschutzvorschriften des TMG finden dann gem. § 11 Abs. 3 lediglich die Möglichkeiten der Datenverarbeitung zur Bekämpfung von missbräuchlichen Nutzungen, § 15 Abs. 8, und die dazugehörigen Sanktionen, § 16 Abs. 2 Nr. 4, im Übrigen aber die datenschutzrechtlichen Vorschriften des TKG Anwendung.[115] Dagegen bleiben die übrigen telemedienrechtlichen Vorschriften anwendbar, wie das Herkunftslandprinzip, die Impressumspflicht sowie die Haftungsprivilegierungen, allen voran § 8.[116] 31

Damit ist nach dem Willen des Gesetzgebers weitgehend auch der alte Streit um die Einordnung von **Access-Providern** in den Anwendungsbereich von TKG und TMG beseitigt.[117] Access Providing ermöglicht den Internetnutzern durch die Vermittlung des Zugangs die Kenntnisnahme von Inhalten im Internet und ist insoweit eine klassische Telekommunikationsdienstleistung.[118] Die partielle Anwendbarkeit der Haftungsprivilegierung ergibt sich abgesehen von der Novellierung des § 8 TMG nicht zuletzt aus einer **europarechtskonformen Auslegung**.[119] Allerdings ist nach wie vor fragwürdig, welche anderen Leistungen als die Übertragung von Nachrichtensignalen an andere elektronische Kommunikationsnetze Access-Provider erbringen sollten („überwiegend"); Access Providing daher als „überwiegend" der Übertragung von Signalen dienend zu qualifizieren, obwohl keine andere Dienstleistung erbracht wird, ist nur schwer nachvollziehbar.[120] Letztlich überträgt auch jeder Telekommunikationsanbieter bei Sprachtelefonie Inhalte (nämlich das gesprochene Wort in Form digitaler Daten), so dass die Abgrenzung künstlich und wenig konsistent erscheint. Für die Praxis muss diese Art Fallgruppenbildung durch den Gesetzgeber indes hingenommen werden. 32

---

[113] BeckTKG-Komm/*Piepenbrock,* 3. Aufl. 2006, § 3 Rn. 48; s. aber auch *Koenig/Neumann,* K&R 2003, 217, 218, die die Gefahr sehen, dass sich durch den unklaren Begriff der überwiegenden Übertragungsfunktion Anbieter der Anwendung des TKG entziehen können, indem sie Telekommunikationsleistungen immer mit Telemedienangeboten koppeln; krit. ferner Arndt/Fetzer/Scherer/*Fetzer,* § 3 Rn. 103.

[114] Begr. RegE, BT-Drs. 16/3078, S. 13; s. dazu auch RegE BT-Drs. 15/2316, S. 110, der bewusst die Dienste mit überwiegender Telekommunikation in dem Anwendungsbereich des TDG belassen wollte; Arndt/Fetzer/Scherer/*Fetzer,* § 3 Rn. 103.

[115] Begr. RegE, BT-Drs. 16/3078, S. 13.

[116] Begr. RegE, BT-Drs. 16/3078, S. 13.

[117] Zum früheren Streit Spindler/Schmitz/Geis/*Spindler,* § 2 TDG Rn. 25, § 9 TDG Rn. 14, zust. OLG Frankfurt a. M., Urt. v. 25.1.2005 – 11 U 51/04, MMR 2005, 241, 243; noch damals aA *Stadler,* Haftung für Informationen im Internet, Rn. 35 ff., *Stadler,* MMR 2002, 344.

[118] So auch Hoeren/Sieber/Holznagel/*Schmitz,* 44. EL 2017, Teil 16.2 Rn. 70; BeckTKG-Komm/*Holznagel/Schumacher,* Einl. C Rn. 23; *Dix,* DuD 2003, 234, 235; OLG Hamburg, MMR 2000, 611, 613; LG Darmstadt, MMR 2006, 330, 331; AG Darmstadt, MMR 2005, 634, 635.

[119] *Frey,* MMR 2014, 650, 653 f.

[120] Insoweit ist *Stadler,* Haftung für Informationen im Internet, Rn. 35, der nur das TKG für anwendbar hält, zuzustimmen.

TMG § 1 Anwendungsbereich

33 Teilweise werden in der Literatur als Beispiele für den gemischten Charakter sog. „**Portalseiten**" der Access-Provider genannt, da dann Navigation und Auswahl der verfügbaren Inhalte nicht mehr beim Nutzer lägen.[121] Ob man Portale oder Webseiten sowie die eigentliche Zugangsvermittlung als einen einheitlichen Dienst sehen kann, hängt davon ab, ob derartige Angebote als einheitlicher Dienst oder zwei unterschiedlich zu beurteilende Dienste qualifiziert werden.[122] Eine wirtschaftlich-technische Betrachtung spricht dabei im vorliegenden Fall eher gegen eine Einbeziehung, da die Dienste nach beiden Kriterien sinnvoll voneinander trennbar sind; der Internetzugang kann auch ohne die Portalseite verwendet werden und umgekehrt.[123] Andere sehen in den für das Angebot eines Internetzugangs erforderlichen Protokollfunktionen (namentlich IP-Adresse, DNS und Routing)[124] einen Dienst, der über das bloße Übertragen von Signalen hinausgeht.[125] Diese Angebote seien zwar technisch, nicht aber wirtschaftlich von dem reinen Signaltransport trennbar,[126] so dass hier eine Telekommunikationsdienstleistung vorliege, die sich nicht im ausschließlichen Signaltransport erschöpfe, und das TMG anwendbar sei.[127] Wie dargelegt (→ Rn. 18), sind die Dienste jedoch funktional jeweils für sich zu betrachten; nur wenn demnach ein Dienst für sich genommen einen Mischcharakter aufweist, kann es zu einer Gesamtbetrachtung kommen. Auch wenn viel dafür spricht, gerade das Access Providing nur als Telekommunikationsleistung anzusehen, muss doch auf jeden Fall die grundlegende Klarstellung des Gesetzgebers respektiert werden, dass die Haftungsprivilegierungen des § 8 Anwendung finden.

34 Nicht erforderlich ist dagegen eine willentliche Zugangsvermittlung; die rein **automatisierte Zugangsvermittlung** genügt.[128]

35 Auch Anbieter von **Wireless-LANs (Hotspots, FONs)** sind als Access-Provider zu qualifizieren; dies ist nunmehr in § 8 Abs. 3 ausdrücklich klargestellt (→ § 8 Rn. 26, → § 7 Rn. 77).[129] Daher können auch derartige Anbieter von den Haftungsprivilegierungen des § 8 profitieren. Darunter fallen auch **private Anbieter von**

---

[121] Spindler/Schuster/*Ricke*, § 1 TMG Rn. 7; sowie in der Vorauflage, Spindler/Schuster/*Schmitz*, § 1 TMG Rn. 17; Hoeren/Sieber/Holznagel/*Schmitz*, 44. EL 2017, Teil 16.2 Rn. 71; jurisPK-Internetrecht/*Heckmann*, Kap. 1 Rn. 49.

[122] Ähnlich der Diskussion zur Abgrenzung zwischen TDG und TKG, ob bei der Beurteilung eines Dienstes eine funktionale oder wertende Gesamtbetrachtung vorgenommen werden muss, dazu BeckTKG-Komm/*Piepenbrock*, § 3 TKG Rn. 49; *Koenig/Braun*, K&R 2002, Beil. 2, 1, 17, die darüber hinaus eine Trennung nach den verwendeten Schichten nach dem ISO/OSI-Referenzmodells vornehmen; dem Schichtmodell aber abl. gegenüberstehend *Arenz*, Der Schutz der öffentlichen Sicherheit in Next Generation Networks am Beispiel von Internet-Telefonie-Diensten (VoIP), 2010, S. 83; sowie zur einheitlichen Beurteilung von IP-Telefonie Diensten *Arenz*, Der Schutz der öffentlichen Sicherheit in Next Generation Networks am Beispiel von Internet-Telefonie-Diensten (VoIP), 2010, S. 70 ff.; s. zur ähnlichen Abgrenzung zwischen Rundfunk und Telemedien → Rn. 51.

[123] MüKoStGB/*Altenhain*, § 1 TMG Rn. 13; ähnlich für E-Mail-Anbieter und deren Webmail-Services *Martini/v. Zimmermann*, CR 2007, 427, 430.

[124] *Koenig/Loetz*, CR 1999, 438, 440; MüKoStGB/*Altenhain*, § 1 TMG Rn. 14; *Stadler*, Haftung für Informationen im Internet, Rn. 34.

[125] MüKoStGB/*Altenhain*, § 1 TMG Rn. 14; aA BeckTKG-Komm/*Holznagel/Schumacher*, Einl. C Rn. 23.

[126] MüKoStGB/*Altenhain*, § 1 TMG Rn. 14; *Stadler*, Haftung für Informationen im Internet, Rn. 35.

[127] MüKoStGB/*Altenhain*, § 1 TMG Rn. 14.

[128] *Gietl*, MMR 2007, 630, 631; *Stang/Hühner*, GRUR-RR 2008, 273, 275.

[129] S. auch *Koch*, ITRB 2006, 282, 284; *Röhrborn/Katko*, CR 2002, 882, 887; jurisPK-Internetrecht/Heckmann, Kap. 1 Rn. 104.

Anwendungsbereich **§ 1 TMG**

WLANs, selbst diejenigen, die zu Hause ein eigenes WLAN zum Anschluss an das Internet betreiben, so dass auch sie in den Genuss der Haftungsprivilegierungen kommen. Die anscheinend gegenteilige (frühere) Rechtsprechung[130] übersieht, dass das Gesetz lediglich die Vermittlung des Zugangs zu einem elektronischen Kommunikationsnetz verlangt; genau dies liegt aber auch bei einem häuslichen WLAN vor.[131] Der Gesetzgeber hat dies jetzt in § 8 Abs. 1, 3 TMG klargestellt[132] und in § 2 Nr. 2a eine eigenständige Definition aufgenommen (→ § 2 Rn. 26).

In vergleichbarer Weise sind die Anbieter von **Sub-Domains** und die Domain- 36 Name-Server-Betreiber zu qualifizieren. Da ihre Tätigkeit darin besteht, Verbindungen zu bestimmten Rechnern herzustellen, sind sie als Telekommunikationsanbieter tätig.[133] Schon für die Vergabe von IP-Adressen bedarf es einiger Auslegungskunststücke,[134] diese nicht unter das TKG zu subsumieren. Dennoch unterfallen die Anbieter von Sub-Domains der Haftungsprivilegierung nach § 8, sofern es um die Verantwortlichkeit für übermittelte Inhalte geht (→ § 8 Rn. 27), da sie Diensteanbieter iSv § 2 Nr. 1 sind (→ § 2 Rn. 3) und die ECRL auch die reine Vermittlungstätigkeit zu anderen Kommunikationsnetzen erfasst. Die sog. administrativen Kontakte für die Domain-Vergabestellen **(Admin-C)** sind hingegen nicht als Acess-Provider nach § 8 einzuordnen und partizieren deshalb nicht an deren Haftungspriviligierung (→ § 7 Rn. 115).

Kommunikationswege innerhalb eines Konzerns, etwa in Form einer Stand- 37 leitung einer Tochtergesellschaft, die den Zugriff auf den Server der Muttergesellschaft mit den dort bereitgehaltenen Inhalten ermöglicht, unterfallen den Telekommunikationsdiensten gem. § 3 Nr. 24 TKG.[135] Problematisch erscheint hier die Abgrenzung zu § 2 Abs. 1, dem Angebot zur Nutzung von Telemedien. Wenn aber schon Access-Provider grundsätzlich nicht unter den Begriff der Telemedien fallen (→ Rn. 32), kann für die Funktion eines Access-Providers im Konzern nichts anderes gelten. Die reine Telekommunikationsleistung steht hier deutlich im Vordergrund, so dass das TKG einschlägig ist. Dies schließt nicht aus die Haftungsprivilegierungen anzuwenden (→ § 9 Rn. 37f.).

Infrastrukturanbieter (Arbeitgeber, Schulen, Internet-Cafés), die einem 38 Nutzer den Zugang zu einem Kommunikationsnetz oder zu anderen Informationen anbieten oder vermitteln, bieten zwar selbst – wie die Access-Provider – keine eigenen Telemediendienste iSd § 1 an, doch können auch sie unter § 2 Nr. 1 fallen. Auch hier ist indes fraglich, ob nicht der generelle Ausschluss der Telekommunikation verfängt. Dabei ist nach § 3 Nr. 10 TKG ein geschäftsmäßiges Erbringen von Telekommunikationsdiensten im Sinne eines nachhaltigen Angebots der Telekommunikation erforderlich, ohne dass es auf eine Gewinnerzielungsabsicht ankäme.[136]

---

[130] BGH, NJW 2010, 2061, 2062 – Sommer unseres Lebens.
[131] *Spindler,* CR 2010, 592, 595f.; *Mantz,* Rechtsfragen offener Netze, S. 48, 291ff.; *ders.,* JurPC 2010, Web-Dok. 95/2010 Abs. 31, 40ff.; MüKoStGB/*Altenhain,* § 1 TMG Rn. 8; *Galetzka/Stamer,* K&R 2012, Beil. 2, 11f.; *Breyer,* NJOZ 2010, 1085; *Gietl,* ZUM 2007, 407, 408; *Stang/Hühner,* GRUR 2010, 636, 637; *dies.,* GRUR-RR 2008, 273, 275; unentschieden *Borges,* NJW 2010, 2624, 2627; *Hornung,* CR 2007, 88, 90; BGH, NJW 2010, 2064 – Sommer unseres Lebens mAnm *Nenninger;* aA *Volkmann,* CR 2008, 232, 237 ohne nähere Begründung.
[132] Dazu *Spindler,* CR 2016, 48, 50.
[133] Ebenso *Popp,* Die strafrechtliche Verantwortung von Internetprovidern, S. 60.
[134] Vgl. BeckTKG-Komm/*Gersdorf,* 3. Aufl. 2006, Einl. C. Rn. 25; Hoeren/Sieber/Holznagel/*Schmitz,* 44. EL 2017, Teil 16.2 Rn. 73.
[135] Zum diesbezüglich einschlägigen CompuServe-Fall *Hoeren,* NJW 1998, 2792.
[136] BeckTKG-Komm/*Schütz,* § 3 Rn. 33; Manssen/*Haß,* 38. EL 2016, § 85 TKG Rn. 7; *Scheurle/Mayen/Lünenbürger,* § 3 TKG Rn. 21; *Trute/Spoerr/Bosch/Spoerr,* § 3 TKG Rn. 34.

TMG § 1 Anwendungsbereich

39 Für **Arbeitgeber** kann die **Duldung der privaten Nutzung** des mit elektronischen Kommunikationsdiensten ausgestatteten Arbeitsplatzes bereits die Eigenschaft als Telekommunikationsanbieter und damit die Verpflichtung zur Wahrung des Fernmeldegeheimnisses nach § 88 TKG begründen, sofern diese Duldung dauerhaft erfolgt;[137] bei der rein dienstlichen Zulassung scheidet sie indes aus, da hier der Arbeitnehmer nur für den Arbeitgeber tätig wird.[138] Dies wird zusätzlich durch Art. 18 ECRL gestützt, der die dienstlichen Beziehungen zwischen Arbeitnehmer und Arbeitgeber generell nicht als Dienst der Informationsgesellschaft qualifiziert. Der Qualifizierung als Telemediendienst im Rahmen geduldeter privater Nutzung kann nicht entgegnet werden, dass die für das TKG charakteristische Zielsetzung einer Marktordnung für Arbeitgeber gerade fehle;[139] denn das TKG verfolgt mehrere Ziele, unter anderem die Sicherstellung eines angemessenen Datenschutzes über das Fernmeldegeheimnis[140] sowie eines angemessenen Kundenschutzes (auch der Arbeitgeber kann dann in den Genuss etwa der Haftungsprivilegierungen nach § 44a TKG kommen).

40 Selbst bei **Schulen** (Hochschulen, Bibliotheken) wird man diese als Telekommunikationsanbieter für die zur Verfügung gestellten Arbeitsplätze ansehen müssen, sofern es sich nicht um eine Nutzung im Rahmen einer Schulungsmaßnahme handelt; denn sie ermöglichen den Zugang zu einem anderen elektronischen Kommunikationsnetz. Auch die für Arbeitgeber eingreifenden Differenzierungen verfangen hier nur in begrenztem Umfang: handelt es sich um Angestellte (Beamte etc.), die im Rahmen ihres Dienstverhältnisses für den Dienstherren das Netz benutzen, liegt keine dem Access Providing vergleichbare Zugangsvermittlung zu elektronischen Kommunikationsnetzen vor. Demgegenüber bietet auch eine **Hochschule** (Schule etc.) dem Access Providing vergleichbare Dienste an, wenn sie ihren Nutzern (Studenten, Schüler etc.), die zwar die Anstalt bzw. Körperschaft nutzen, aber nicht für sie tätig werden, den Zugang zu einem Netz vermittelt.

41 Gleiches gilt für **Internet-Café-Betreiber.** Dies ändert jedoch nichts daran, dass die genannten Anbieter als Diensteanbieter nach § 2 Nr. 1 (→ § 2 Rn. 3) grundsätzlich in den Genuss der Haftungsprivilegierungen nach § 8 kommen können, da diese Norm auf die Verantwortlichkeit für Inhalte bei telekommunikationsähnlichen Vorgängen abzielt. Dennoch sind auch hier Differenzierungen angebracht (→ § 8 Rn. 38ff.). Zu WiFis bzw. **WLAN-Netzen** → § 2 Rn. 35.

42 **Anonymisierungs-Dienste.** Derartige Dienste, bspw. TOR und JAP bzw. AN.ON,[141] zeichnen sich dadurch aus, dass sie die Herkunft (die IP-Adresse) von Nachrichten eines Nutzers durch Mischung in mehreren Servern derart verschleiern kön-

---

[137] *Beckschulze/Henkel*, DB 2001, 1491, 1496; *Gola*, MMR 1999, 322, 323; *Hanau/Hoeren*, Private Internetnutzung durch Arbeitnehmer, S. 41f.; *Königshofen*, RDV 1997, 97, 98; *Hilber/Frick*, RdA 2002, 89, 93; *Ernst*, NZA 2002, 585, 587; *Schaar*, Datenschutz im Internet, Rn. 749; Gola/Schomerus/*Gola/Klug/Körffer*, § 32 BDSG Rn. 23; Forgó/Helfrich/Schneider/*Conrad/Hausen*, Teil III Kap. 3 Rn. 6; aA LAG Niedersachsen, NZA-RR 2010, 406, 408; LAG Berlin-Brandenburg, ZD 2011, 43, 44; LAG Berlin-Brandenburg, K&R 2016, 293, 296; *Wybitul*, ZD 2011, 69, 73; Thüsing/*Thüsing*, § 3 Rn. 99; *Wybitul*, NJW 2014, 3605, 3607, der den Schutz des Arbeitnehmers durch § 32 Abs. 1 S. 1 bzw. 2 BDSG für ausreichend erachtet.

[138] *Hilber/Frick*, RdA 2002, 89, 91; *Beckschulze/Henkel*, DB 2001, 1491, 1495; *Gola*, MMR 1999, 322, 328f.; *Däubler*, Internet und Arbeitsrecht, Rn. 240f.; *Wybitul*, NJW 2014, 3605, 3607.

[139] So aber *Schimmelpfennig/Wenning*, DB 2006, 2290, 2294; *Barton*, CR 2003, 592, 596; zweifelnd auch *Hanau/Hoeren*, Private Internetnutzung durch Arbeitnehmer, S. 43f.; *Fülbier/Splittgerber*, NJW 2012, 1995, 1999; VG Karlsruhe, NVwZ-RR 2013, 797, 801; Thüsing/*Thüsing*, § 3 Rn. 92f.; aA aber wie hier Simitis/*Seifert*, § 32 BDSG Rn. 92.

[140] Insoweit auch *Barton*, CR 2003, 592, 596f.

[141] S. http://ww.torproject.org sowie http://anon.inf.tu-dresden.de, beide Stand: 21.8.2013.

Anwendungsbereich § 1 TMG

nen, dass die Identität des Nutzers nicht mehr erkennbar ist.[142] Zwar sind Anonymisierungsdienste insofern als Telekommunikationsdienste iSv § 3 Nr. 24 TKG anzusehen, als sie die Nachrichten ihrer Nutzer übertragen, doch geht ihre Tätigkeit durch die Anonymisierungsfunktion darüber hinaus. Bei der funktionalen Betrachtung lässt sich zur genaueren Einordnung das OSI-Referenzmodell heranziehen, dessen Schichten („layer") 1 bis 4 Leistungen enthält, die transportorientiert, dh der reinen Signalübertragung zuzuordnen sind, während die Schichten 5 bis 7 anwendungsorientiert sind.[143] Da nach derzeitiger Technik die Umwertung der IP-Adressen bei den genannten Anonymisierungs-Diensten auf der Anwendungsschicht (Schicht 7) stattfindet, handelt es sich bei diesen Diensten um Telemedien und zugleich um Telekommunikationsdienste, die nur überwiegend in der Übertragung von Signalen bestehen.[144]

5. Gemischte Telekommunikations- und Telemediendienste

Bei den gemischten Diensten finden sowohl TKG als auch TMG Anwendung.[145] 43

6. Telekommunikationsgestützte Dienste iSd § 3 Nr. 25 TKG

Nicht dem TMG, sondern allein der Regulierung des TKG unterfallen telekommunikationsgestützte Dienste, dh „Dienste, die keinen räumlich und zeitlich trennbaren Leistungsfluss auslösen, sondern bei denen die Inhaltsleistung noch während der Telekommunikationsverbindung erfüllt wird" (§ 3 Nr. 25 TKG). Durch die Formulierung des Abs. 1 S. 1 werden somit klassische Telefonmehrwertdienste vom Anwendungsbereich des TMG ausgenommen.[146] Im Gegensatz zur früheren Rechtslage, wonach die Bereitstellung der Inhalte von Telefonmehrwertdiensten als Teledienst und die Übertragung und Zugangsvermittlung im Telefonnetz als Telekommunikationsdienst eingestuft wurden,[147] hat sich der Gesetzgeber des TMG für die vollständige Zuordnung zum TKG entschieden, damit aber zugleich die funktionale Betrachtungsweise durchbrochen, indem inhaltliche und übertragungstechnische Aspekte nunmehr gemeinsam dem TKG zugerechnet werden (→ Rn. 20).[148] 44

Als **telekommunikationsgestützte Dienste,** die dem TKG und nicht dem TMG unterfallen, will der Gesetzgeber offensichtlich primär die **Individualkommunikation** und die in diesem Rahmen erbrachten Dienste ansehen, wenn etwa auf E-Mails oder sonstige individuelle Dienste verwiesen wird. Umgekehrt sollen 45

---

[142] Näher dazu Prill, Webradio-Streamripping, S. 38 mwN zur Technik; Svantesson, Journal of Internet Law 10 (9) 2007, 1, 18; Rau/Behrens, K&R 2009, 766, 766 f.; Hoeren/Sieber/Holznagel/Schmitz, 44. EL 2017, Teil 16.2 Rn. 83 ff.; Federrath/Golembiewski, DuD 2004, 486 ff.; Raabe, CR 2003, 268 ff.; Golembiewski, DuD 2003, 129, 131.

[143] Dazu BeckTKG-Komm/Schütz, § 6 Rn. 35 ff. mwN; Raabe/Dinger/Hartenstein, K&R Beil. 3/3007, 1, 5; Helmke/Müller/Neumann, JurPC Web-Dok 93/1998, abrufbar unter http://www.jurpc.de/jurpc/show?id=19980093, Stand: 21.8.2013; grundlegend zum OSI-Modell Day/Zimmermann, Proceedings of the IEEE, Vol. 71, 1983, 1334 ff.

[144] Näher Rau/Behrens, K&R 2009, 766, 768; jurisPK-Internetrecht/Heckmann, Kap. 1 Rn. 46; ebenso iE BT-Drs. 16/5846, S. 72; noch zum TDG Spindler/Schmitz/Geis/Schmitz, § 1 TDDSG Rn. 16; Raabe, CR 2003, 268, 271 f.; ders., DuD 2003, 134, 135 f.

[145] Spindler/Schuster/Ricke, § 1 TMG Rn. 6; Spindler, CR 2007, 239, 241.

[146] BeckTKG-Kommentar/Ditscheid, § 3 Rn. 81; Säcker/Säcker, § 3 TKG Rn. 66 f.

[147] So noch BGH, NJW 2002, 361, 362; BGH, CR 2003, 338, 338; BGH, Urt. v. 16.5.2002 – III ZR 253/01 (zit. nach juris); in der Voraufl. Spindler, § 2 TDG Rn. 27 und Schmitz, § 1 TDDSG Rn. 19, je mwN; OLG Stuttgart, MMR 2002, 746, 748; OLG Karlsruhe, MMR 2002, 612, 613; VG Köln, CR 2003, 680, 682 f.

[148] Krit. zu der Zuordnung Roßnagel, NVwZ 2007, 743, 745.

TMG § 1   Anwendungsbereich

alle Abruf- und Verteildienste vom TMG erfasst werden.[149] Auch hier ist nicht ganz nachvollziehbar, warum ein und dasselbe Content-Angebot, ebenso wie der vermittelnde elektronische Diensteanbieter, etwa datenschutzrechtlich unterschiedlich behandelt wird, je nachdem ob es sich um einen Abrufdienst handelt oder nicht.[150] Gerade im Hinblick darauf, dass zwischen TKG und TMG nicht entlang den Linien von Individual- und Massenkommunikation unterschieden wird, ruft die jetzige Regelung erhebliche Zweifel hervor.[151]

46   Zu den telekommunikationsgestützten Diensten zählen alle Sprach- und Telefonmehrwertdienste, die die Inhaltsdienste während der Telekommunikationsverbindung erbringen, aber auch sog. **Rufnummernanbieter,** die bestimmte Rufnummernräume anderen Content-Providern **(Mehrwertdiensteanbietern)** zur Verfügung stellen, insbesondere sog. 0900er- oder 0800er-Rufnummern,[152] ferner „Shared-Cost"-Dienste[153] und Dialer-Programme.[154] Dies gilt auch für sog. **Kurzwahldienste** nach § 3 Nr. 11b TKG, die zwar die Merkmale eines Premium-Dienstes iSv § 3 Nr. 17b TKG haben, aber spezielle Kurznummern nutzen.[155] Unter den Begriff der telekommunikationsgestützten Dienste fallen auch Kurzwahldatendienste, dh solche Kurzwahldienste, die „der Übermittlung von nichtsprachgestützten Inhalten mittels Telekommunikation dienen und die keine Telemedien sind",[156] wie bspw. der Versand von **Klingeltönen.**[157] Dem steht auch nicht entgegen, dass hier Leistung und Bestellung typischerweise in mehreren aufeinander folgenden Nachrichten erfolgen.[158] Denn auch wenn § 3 Nr. 25 TKG verlangt, dass telekommunikationsgestützte Dienste einen räumlich und zeitlich nicht trennbaren Leistungsfluss auslösen und die Inhaltsleistung noch während der Telekommunikationsverbindung erbracht werden muss, so ist dies dahingehend auszulegen, dass der Austausch nicht zwingend innerhalb einer einzigen Telekommunikationsverbindung erfolgen muss. Es genügt, wenn die Leistung im selben Telekommunikationssystem

---

[149] Begr. RegE BT-Drs. 16/3078, 13; krit. dazu MüKoStGB/*Altenhain*, § 1 Rn. 17, der darauf hinweist, dass die Einstufung als Abruf- oder Verteildienst kein konstitutives Merkmal des Begriffes Telemedium ist.

[150] Ähnlich MüKoStGB/*Altenhain*, § 1 TMG Rn. 16 f.; krit. zu dieser Abgrenzung auch Spindler/Schuster/*Ricke*, § 1 TMG Rn. 8, der insoweit auf Websites als „klassisches Beispiel für Telemedien" verweist, die ebenso eine Individualkommunikation voraussetzten; aA *Ditscheid/Ufer*, MMR 2009, 367, 368.

[151] *Bizer*, DuD 2007, 40; *Roßnagel*, NVwZ 2007, 743, 745; Spindler/Schuster/*Schmitz*, 1. Aufl. 2008, § 1 TMG Rn. 24; *Schmitz*, K&R 2007, 135, 137; *Spindler*, CR 2007, 239, 241; *Gercke/Brunst*, Rn. 573.

[152] jurisPK-Internetrecht/*Heckmann*, Kap. 1 Rn. 52.

[153] S. dazu BeckTKG-Komm/*Ditscheid*, § 3 Rn. 81; Arndt/Fetzer/*Fetzer*, § 3 Rn. 87; Säcker/*Säcker*, § 3 TKG Rn. 66 f.; Scheurle/Mayen/*Lünenbürger*, § 3 Rn. 64 f., der auch Internetzugangsanbieter hierunter fassen will.

[154] MüKoStGB/*Altenhain*, § 1 TMG Rn. 16; BeckRTD-Komm/*Jandt*, § 7 TMG Rn. 28.

[155] jurisPK-BGB/*Junker*, § 312i Rn. 10; *Taeger/Rose*, K&R 2007, 233, 234 f.

[156] jurisPK-Internetrecht/*Heckmann*, Kap. 1 Rn. 52; Spindler/Schuster/*Ricke*, § 1 TMG Rn. 8; Hoeren/Sieber/Holznagel/*Holznagel*, 44. EL 2017, Teil 3 Rn. 101 ff.; Säcker/*Säcker*, § 3 Rn. 67; dazu ausführlich, insbesondere zur Anwendung des TMG im Rahmen des § 3 Nr. 11a TKG *Taeger/Rose*, K&R 2007, 233, 234 f.

[157] BeckTKG-Komm/*Ditscheid*, § 3 Rn. 81; Scheurle/Mayen/*Paschke*, § 66 Rn. 64; *Taeger/Rose*, K&R 2007, 233, 234 f.; Arndt/Fetzer/Scherer/*Fetzer*, § 3 Rn. 63; *Vogt/Rayermann*, MMR 2012, 207, 209 f.; dagegen aber Spindler/Schuster/*Ditscheid/Rudloff*, § 451 TKG Rn. 2 sowie *Mankowski*, MMR 2009, 808, 811 f., der insoweit auf die funktionale Trennung von TMG und TKG abstellt.

[158] Für das Beispiel eines typischen Ablaufs s. *Vogt/Rayermann*, MMR 2012, 207 f.

Anwendungsbereich **§ 1 TMG**

zeitnah zur Bestellung erbracht wird.[159] Verstünde man den Begriff dagegen enger, so würden SMS-Dienste gänzlich aus dem Anwendungsbereich des TKG fallen, was jedoch der Intention des Gesetzgebers zuwider liefe.[160] Diese Einordnung hat als Konsequenz, dass nicht – wie vor der Einführung des TMG – §§ 312i und 312j BGB (ehemals § 312g BGB aF) mit seinen speziellen Pflichten Anwendung finden, sondern die §§ 45l, 66a ff. TKG, die wiederum bei Verstoß gegen die dort genannten Pflichten zur Unwirksamkeit des Vertrages (§ 45l Abs. 3 S. 3 TKG) bzw. in den Fällen des § 66h TKG zum Wegfall des Entgeltanspruchs führen (anders als § 312i und § 312j BGB bzw. § 312g BGB aF, der die Wirksamkeit des Vertrages unberührt lässt).[161] Auch sind nur die Datenschutzvorschriften des TKG anwendbar.

Von den telekommunikationsgestützten Diensten ist der sog. **M-Commerce** 47 (**„mobile commerce"**) abzugrenzen, wie er etwa über Smartphones oder Tablets stattfindet. Sofern dieser nicht gleichzeitig die Mehrwertdienste während einer üblichen Telefonverbindung erbringt (→ Rn. 44), unterfällt er dem TMG. Es kommt gem. § 1 Abs. 1 S. 1 nur auf die Art des Dienstes an, nicht auf das benutzte Netz, da dieses diensteneutral ist. Ein Telefonnetz kann jegliche Form von Daten transportieren, ob Sprache, Bilder, Videos oder andere Daten. Auch unterscheiden weder ECRL noch TMG nach ortsgebundenen Festnetzen oder Funknetzen. Demgemäß unterfallen auch die M-Commerce-Angebote, sofern es um die Inhalte geht, die angeboten werden, grundsätzlich dem TMG – was allerdings Anpassungsprobleme hervorruft, da Gesetz- wie Richtliniengeber erkennbar von dem Leitbild des E-Commerce über das Internet ausgegangen sind. Daraus resultiert die Notwendigkeit einer anhand des Erscheinungsbildes erforderlichen Korrektur des sonst zu weit geratenen Ausnahmetatbestandes: Denn auch während einer normalen Smartphoneverbindung mit dem Internet etwa über eine UMTS- oder LTE-Telefonverbindung, werden Mehrwertdienste abgewickelt (etwa über Apps), so dass wörtlich genommen das TMG im gesamten M-Commerce keine Anwendung fände. Dies widerspricht aber klar der Intention des Gesetzgebers, dem als klassische Mehrwertdienste Ansagen, SMS-Inhaltsdienste etc. vorschwebten, nicht aber der klassische E- Commerce.

Rechtspolitisch befriedigend ist dieser Zustand indes nicht. Umfangreiche In- 48 formationspflichten wie nach § 5 lassen sich über traditionelle Mobilfunkgeräte nicht oder nur schwer erfüllen (→ § 5 Rn. 23),[162] was allerdings durch die neueren Smartphones zunehmend lösbar wird. Seit der Umsetzung der Verbraucherrechterichtlinie

---

[159] *Taeger/Rose*, K&R 2007, 233, 235f.
[160] *Taeger/Rose*, K&R 2007, 233, 236; Begr RegE BT-Drs. 15/5213, S. 25; Deutscher Bundestag, Sten. Prot. 16/70, S. 6947 A.
[161] jurisPK-BGB/*Junker*, § 312i Rn. 10; zur Rechtsfolge des § 312i BGB: MüKoBGB/*Wendehorst*, § 312i Rn. 106ff.; Staudinger/*Thüsing*, § 3 BGB-InfoV Rn. 64; zum TKG Scheurle/Mayen/*Schadow*, § 45l Rn. 10; BeckTKG-Komm/*Ditscheid/Rudloff*, § 45l Rn. 32; Säcker/*Klingner*, § 45l Rn. 19ff.; gleichzeitig sind aber noch die Regeln des Fernabsatzrechts anwendbar *Taeger/Rose*, K&R 2007, 233, 237f.
[162] Näher *Ranke*, MMR 2002, 509, 512f.: keine Ausnahme von § 6; *Sievers*, K&R 2011, 537, 538f.; *Kessel/Kuhlmann/Passauer/Schriek*, K&R 2004, 519, 521; *Butchereit*, Rechtliche Aspekte von Entertainmentangeboten und Zusatzdiensten im Mobilfunk, S. 100ff.; Spindler/Schuster/Micklitz/*Schirmbacher*, § 5 TMG Rn. 22; jurisPK-BGB/*Junker*, § 312d BGB Rn. 78ff.; *Raue*, MMR 2012, 438, 442 schlägt vor, für den M-Commerce spezielle Webseiten bereit zu halten; dagegen aber aufgrund der Vielseitigkeit der möglichen Displaygrößen *Börner/König*, K&R 2011, 92, 93; zur entsprechenden Problematik bei den Informationspflichten nach BGB Staudinger/*Thüsing*, § 312c BGB aF Rn. 34; LG Bochum, BeckRS 2009, 20855; *Funk/Zeifang*, ITRB 2005, 121; MüKoBGB/*Basedow*, § 305 Rn. 69 sieht bzgl. der Einbeziehung von AGB ein Verzicht auf die vorherige Kenntnisnahme als möglich; zu den datenschutzrechtlichen Informationspflichten *Taeger*, DuD 2010, 246.

TMG § 1 Anwendungsbereich

ins deutsche Recht sind auch über Smartphones geschlossene Verträge über zumeist digitale Inhalte (Downloads) als Fernabsatzverträge nach § 312c BGB einzuordnen.[163] Für den Unternehmer hat dies zur Folge, dass ihm bereits im Vorfeld des Vertragsschlusses nach Maßgabe von § 312d BGB umfangreiche Informationspflichten auferlegt werden. Während für die Informationspflichten beim Abschluss von Fernabsatzverträgen mittels eines „Fernkommunikationsmittels" bereits eine Sonderregelung beschlossen ist, die Mitte 2014 in Kraft getreten ist,[164] ist dies für die TMG-Informationspflichten noch nicht in Sicht.

49 Für die **Haftung** muss zwischen der Regelung der Störerhaftung und der Anwendbarkeit der §§ 7 ff. TMG unterschieden werden: Für die §§ 7 ff. TMG hat der Gesetzgeber bei der Einführung des Begriffes der telekommunikationsgestützten Dienste in das TKG selbst erkannt, dass diese europarechtlich der ECRL – und damit den Haftungsprivilegien der §§ 7 ff. – unterfallen.[165] Trotz des nach dem Gesetz eingreifenden Ausschlusses des gesamten TMG für die Mehrwertdienste (insbesondere des Datenschutzes) müssen daher in europarechtskonformer Auslegung die Haftungsregeln der Art. 12 ff. ECRL auch für die Mehrwertdienste eingreifen.[166]

50 Probleme resultieren ebenso im Hinblick auf die **Störerhaftung** aus der speziell für telefonische Mehrwertdiensteanbieter geschaffenen, mittlerweile aber auf alle Netzanbieter, die in ihren Netzen Rufnummern eingerichtet haben, ausgedehnten Norm des **§ 45o TKG (ehemals § 13a TKV).** Dieser schreibt Netzbetreibern und Nummern-Providern vor, dass sie ihre Vertragspartner schriftlich darauf hinzuweisen haben, dass die Übersendung und Übermittlung von Informationen, Sachen oder sonstigen Leistungen unter bestimmten Umständen gesetzlich verboten ist. Bei Kenntniserlangung des Providers von entsprechenden Verstößen muss er unverzüglich geeignete Maßnahmen zur Unterbindung der Wiederholung der Rechtsverstöße ergreifen, bei wiederholten oder schwerwiegenden Verstößen nach fruchtloser Mahnung unter kurzer Fristsetzung schließlich den Anschluss sperren.[167] Die Pflicht zur Sperrung bezieht sich auch auf rechtswidrige Inhalte von Mehrwertdiensten.[168] Der frühere Widerspruch zwischen TDG und dem Telekommunikationsrecht ist inzwischen durch die Zuweisung der Telekommunikationsmehrwertdienste zum TKG insgesamt gelöst. Nunmehr beurteilt sich auch die Störerhaftung nur nach dem TKG.[169] § 45o TKG regelt seinem Wortlaut nach eindeutig als Spezialvorschrift die Pflicht zur Sperrung.[170]

---

[163] Spindler/Schuster/*Schirmbacher*, § 312c BGB Rn. 6.

[164] Die auf der VRRL beruhenden §§ 3f. des Art. 246a EGBGB nF, s. Art. 2 des Gesetzes zur Umsetzung der Verbraucherrechterichtlinie und zur Änderung des Gesetzes zur Regelung der Wohnungsvermittlung v. 20.9.2013, BGBl. I S. 3642; krit. dazu *Wendehorst*, NJW 2014, 577, 582; *Föhlisch/Dyakova*, MMR 2013, 3, 7; zur VRRL *Brinkmann/Ludwigkeit*, NJW 2014, 3270; *Taeger/Rose*, K&R 2010, 159.

[165] Stellungnahme des Bundesrates BR-Drs. 755/03, S. 3; Spindler/Schuster/*Schmitz*, 1. Aufl. 2008, § 1 TMG Rn. 28 bezeichnet die Zuordnung zum TMG im RegE BT-Drs. 16/3078, S. 13 als „Redaktionsversehen".

[166] Spindler/Schuster/*Schmitz*, 1. Aufl. 2008, § 1 TMG Rn. 28; MüKoStGB/*Altenhain*, § 1 Rn. 16 f.

[167] *Rösler/Zagouras*, NJW 2002, 2930.

[168] *Härting*, K&R 2003, 394, 395 f.

[169] BeckTKG-Komm/*Ditscheid/Rudloff*, § 45o TKG Rn. 1; Säcker/*Schmitz*, § 45o TKG Rn. 1; Scheurle/Mayen/*Schadow*, § 45o TKG Rn. 10.

[170] Vgl. *Härting*, K&R 2003, 394, 396.

Anwendungsbereich **§ 1 TMG**

VI. Die Abgrenzung zum Rundfunk

Schließlich ist von den Telemedien gem. § 1 Abs. 1 der Rundfunk einschließlich der **51** rundfunkähnlichen Telemedien abzuschichten, die gem. § 20 Abs. 2 RStV den gleichen Regeln wie der hergebrachte Rundfunk unterfallen. Da der Begriff der Telemedien in § 1 Abs. 1 nur negativ über die Abgrenzung zum Rundfunk bestimmbar ist, ist die offene Rundfunkdefinition im RStV potentiell geeignet, den Anwendungsbereich des TMG einzuengen.[171] Rundfunk iSd RStV ist gem. § 2 Abs. 1 S. 1 Hs. 2 RStV die „für die Allgemeinheit und zum zeitgleichen Empfang bestimmte Veranstaltung und Verbreitung von Angeboten in Bewegtbild oder Ton entlang eines Sendeplans unter Benutzung elektromagnetischer Schwingungen". Daneben finden sich neuerdings in § 2 Abs. 3 RStV Ausschlusstatbestände für solche Angebote, die entweder nicht über 500 Nutzern zum gleichzeitigen Empfang angeboten werden, zur unmittelbaren Wiedergabe aus Speichern von Empfangsgeräten bestimmt sind, ausschließlich persönlichen oder familiären Zwecken dienen, keine journalistisch-redaktionelle Gestaltung aufweisen oder aus Sendungen bestehen, die jeweils gegen Einzelentgelt freigeschaltet werden. Natürlich kann eine einfachgesetzliche Definition nicht den vom **BVerfG geprägten Rundfunkbegriff** überlagern; das Gericht hat bereits früh festgestellt, dass es einen allgemeingültigen Rundfunkbegriff nicht gibt, und hat damit den Definitionsbereich des Rundfunks bewusst weit gefasst, um ihn den Anforderungen einer sich ständig verändernden Medienlandschaft dynamisch anpassen zu können.[172] Dies entspricht der Rechtslage im Rahmen der ECRL: Zwar hat ein Änderungsantrag des Rechtsausschusses des Europäischen Parlaments kein Gehör gefunden, der rundfunkähnliche Dienste und programmbegleitende Aktivitäten der Rundfunkanstalten von der ECRL ausnehmen wollte.[173] Die ECRL schließt aber ausdrücklich nur Fernseh- und Radiosendungen vom Anwendungsbereich aus, „da sie nicht auf individuellen Abruf erbracht werden".[174] Nicht lineare Dienste können daher unter die ECRL fallen, selbst wenn zusätzlich die AVM-RL Anwendung findet; beide Richtlinien schließen sich nicht aus, s. auch Art. 4 BVM-RL. Die Grenzlinie zwischen RStV und TMG erfolgt dabei in zweierlei Hinsicht:

Lineare Kommunikationsdienste an die Allgemeinheit. Der reine Rund- **52** funk gem. § 2 RStV ist als **linearer Kommunikationsdienst** insgesamt vom TMG ausgenommen.[175] So unterliegen dem RStV neben dem Rundfunk auch der **Live-Stream**[176] als zusätzliche zeitgleiche Übertragung sowie das **Webcas-**

---

[171] *Kluth/Schulz,* Konvergenz und regulatorische Folgen, Gutachten im Auftrag der Rundfunkkommission der Länder, Oktober 2014, Arbeitspapiere des Hans-Bredow-Instituts Nr. 30, S. 30, abrufbar unter http://www.hans-bredow-institut.de/webfm_send/1049, Stand: 23.2.2016; *Engels,* Internet – (k)ein rechtsfreier Raum?, eco MMR Kongress, S. 2, abrufbar unter https://www.eco.de/wp-content/blogs.dir/20100324_Stefan_Engeln_EcoMMR_Kongress.pdf., Stand: 23.2.2016.
[172] BVerfGE 83, 283, 303 – WDR-Urteil; Hahn/Vesting/*Schulz,* § 2 RStV Rn. 12; Hartstein/Ring/Kreile ua (Hrsg.), 69. EL 2017, Bd. I, B 5, § 2 RStV Rn. 4; *Gounalakis,* 64. DJT 2002, Gutachten C, S. 34 f.; Hoeren/Sieber/Holznagel/*Holznagel,* 44. EL 2017, Teil 3 Rn. 52 ff., *Paulus,* ZUM 2017, 177, 186, je mwN.
[173] S. dazu *Spindler,* ZUM 1999, 775, 779 f.
[174] Erwägungsgrund Nr. 18; *Tschentscher,* AfP 2001, 93, 95.
[175] Zu den Einzelmerkmalen des § 2 Abs. 1 RStV instruktiv *Hamacher,* Der Rundfunkbegriff im Wandel des deutschen und europäischen Rechts, S. 81 ff.
[176] *Leeb/Seiter,* ZUM 2017, 573, 576 f.; *Liebhaber/Wessels,* K&R 2017, 544, 545 f.; *Kunisch,* Rundfunk im Internet und der Grundsatz der Staatsfreiheit des Rundfunks, S. 131 f.; DLM, Überarbeitung des dritten Strukturpapiers, S. 4; *Klaes,* ZUM 2009, 135, 137; *Baier,* CR 2008, 769, 775; jurisPK-Internetrecht/*Heckmann,* Kap. 1 Rn. 58; Hoeren/Sieber/Holznagel/*Holzna-*

TMG § 1 Anwendungsbereich

ting[177] als ausschließliche Übertragung von Rundfunkprogrammen.[178] Auch der Internetstream „PietsmitTV" (im Rahmen der von Amazon betriebenen Plattform Twitch[179]), der rund um die Uhr aneinandergereihte Videos per Internet ausstrahlt, soll nach Auffassung der Kommission für Zulassung und Aufsicht der Landesmedienanstalten[180] der Lizenzpflicht nach dem RStV unterfallen.[181] Gegen die Einordnung der Webcasting bzw. Simulcasting als Rundfunk lassen sich die aus der urheberrechtlichen Diskussion – ob Simul- bzw. Webcast eine öffentliche Zugänglichmachung iSv § 19a UrhG oder eine Sendung gem. § 20 UrhG ist – stammende Gedanken anführen, dass Simul- und Webcast keine Sendungen seien, da sie leicht zeitversetzt empfangen würden und damit kein einheitliches Sendesignal vorliege sowie für den Nutzer durch das digitale Format erhöhte Nutzungsmöglichkeiten bestünden.[182] Die leichte Zeitversetzung durch Buffering oder ähnliche Techniken ändern aber nichts an der Linearität bzw. der durch sie ausgelösten Meinungsbildungsrelevanz, ebenso wenig, ob ein digitaler Stream dem Nutzer erhöhte Nutzungsmöglichkeiten bietet. Diese hängen zudem davon ab, ob der Stream über ein offen verwendbares Gerät wie einen PC oder ein Notebook empfangen wird und nicht über ein Gerät, dessen Nutzungsmöglichkeiten durch den Anbieter beschränkt werden können, wie bspw. einen Smart-TV oder ein Tablet. Folglich können diese Argumente für den Rundfunk bzw. das TMG nicht verfangen. Entscheidendes **Abgrenzungskriterium** zwischen Rundfunk und Telemedien ist daher die Orientierung des TMG an der individuellen Abrufbarkeit **(on-demand)** bzw der **Nicht-Linearität**; so dass alle entsprechenden Video-, Musik- oder sonstigen Abrufdienste, insbesondere YouTube, dem TMG unterfallen.[183] Demgegenüber werden die **Near-Video-on-Demand-Dienste** dem RStV zugeschlagen, da hier der Nutzer keinen oder nur sehr geringen Einfluss auf die Abfolge der Inhalte hat;[184]

---

gel, 44. EL 2017, Teil 3 Rn. 102; MüKoStGB/*Altenhain,* § 1 Rn. 22; Spindler/Schuster/*Holznagel,* § 2 RStV Rn. 43; *Hartstein/Ring/Kreile* ua (Hrsg.), 69. EL 2017, Bd. I, B 5, § 2 RStV Rn. 13.

[177] So ausdrücklich Begr. RegE ElGVG, BT-Drs. 16/3078, S. 13; s. auch DLM, Überarbeitung des dritten Strukturpapiers, S. 4.

[178] So ausdrücklich Begr. RegE ElGVG, BT-Drs. 16/3078, S. 13.

[179] S. dazu *Böhler,* CR 2017, 540.

[180] ZAK-Pressemitteilung 7/2017 vom 21.3.2017, http://www.diemedienanstalten.de/presse/pressemitteilungen/kommission-fuer-zulassung-undaufsicht/detailansicht/article/zak-pressemitteilung-072017-zak-beanstandet-verbreitung-des-letsplay-angebots-pietsmiettv.html.

[181] Eingehend *Leeb/Seiter,* ZUM 2017, 573, 575ff.; *Liebhaber/Wessels,* K&R 2017, 544, 545f.; aA teilweise *Böhler,* CR 2017, 541, 543ff.

[182] S. dazu Dreier/Schulze/*Dreier,* § 20 Rn. 16; dagegen aber die wohl hM *Schack,* GRUR 2007, 639, 641; *Schwarz,* ZUM 2000, 816, 824; *Flechsig,* ZUM 1998, 139, 154; *Ventroni/Poll,* MMR 2002, 648, 653; Wandtke/Bullinger/*Bullinger,* § 19a Rn. 35 mwN.

[183] S. bereits Erwägungsgrund 18 zur ECRL 2000/31/EG; Begr. RegE, BT-Drs. 16/3078, S. 13; jurisPK-Internetrecht/*Heckmann,* Kap. 1 Rn. 59; Direktkonferenz der Landesmedienanstalten, Überarbeitung des dritten Strukturpapiers/Internet-Radio und IP-TV v. 27.6.2007, S. 1, abrufbar unter http://www.lpr-hessen.de/files/Beschluss_IP-TV.pdf, Stand: 21.8.2013.

[184] EuGH, EuZW 2005, 470 – Mediakabel; VG München, MMR 2003, 292, 295; *Böhler,* CR 2017, 541, 543: Sendeplan weit verstanden; *Hamacher,* Der Rundfunkbegriff im Wandel des deutschen und europäischen Rechts, S. 310ff.; *Kluth/Schulz,* Konvergenz und regulatorische Folgen, Gutachten im Auftrag der Rundfunkkommission der Länder, Oktober 2014, Arbeitspapiere des Hans-Bredow-Institut Nr. 30, S. 31, abrufbar unter http://www.hans-bredow-institut.de/webfm_send/1049, Stand: 23.2.2016; *Schulz,* EuZW 2008, 107, 109; *Miserre,* Rundfunk-, Multimedia- und Telekommunikationsrecht, S. 287f.; aA *Gersdorf,* K&R 2010, 375, 381f., der insbesondere auf das Fehlen von Sendungen, § 2 Abs. 3 Nr. 5, sowie den Gleichheitssatz nach Art. 3 GG

Anwendungsbereich **§ 1 TMG**

gleiches gilt für Streaming mit Time-Shift-Möglichkeiten, da auch hier die Einflussmöglichkeiten des Nutzers beschränkt sind.[185] Der Gesetzgeber folgt insgesamt den europarechtlichen Vorgaben des EuGH in der Mediakabel-Entscheidung[186] und den Festlegungen in der AVM-RL, die zunächst **rein formal zwischen linearen und nicht-linearen Diensten,** mithin nach (nicht-)individueller Abrufbarkeit ohne Rücksicht auf die Meinungsbildungsrelevanz unterscheidet.[187] Daher käme es prinzipiell auch bei rein linearen Diensten nicht darauf an, ob sie Einfluss auf den öffentlichen Meinungsbildungsprozess haben oder irgendeine Breitenwirkung erzielen.[188] Demgemäß haben die Länder seit dem 12. Rundfunkänderungsstaatsvertrag auf das Merkmal der „Darbietung" verzichtet, aus dem traditionell die meinungsbildende Orientierung im Gegensatz zum Teleshopping gefolgert wurde, ohne indes damit das Element der Breitenwirkung aufzugeben.[189] Nach hergebrachter Meinung sollte eine Darbietung iRe Einzelfallbetrachtung umso eher vorliegen, je größer die Wirkungsintensität, die redaktionelle Gestaltung, die Realitätsnähe und die Reichweite, sowie je geringer die Interaktivität ist.[190] Stattdessen ist die Begriffsbestimmung durch das Merkmal der Linearität in § 2 Abs. 1 S. 1 Hs. 1 RStV nun näher an die AVM-RL angepasst worden. Rundfunk ist demnach zunächst einmal ein **„linearer Informations- und Kommunikationsdienst".** Dennoch wollte der Gesetzgeber des RStV damit keine Abkehr von den inhaltlichen Kriterien verbinden; denn nach der Gesetzesbegründung sollen die vorher unter den Begriff der „Darbietung" gefassten Merkmale der Breitenwirkung, Aktualität und Suggestivkraft[191] jetzt in der Voraussetzung der „Allgemeinheit" aufgehen, sowie durch den

---

hinweist; zum Sendeplan ähnlich Hahn/Vesting/*Schulz,* § 2 RStV Rn. 42b; *Leeb/Seiter,* ZUM 2017, 573, 576f.

[185] *Liebhaber/Wessels,* K&R 2017, 544, 546.

[186] EuGH, EuZW 2005, 470 – Mediakabel; dazu Anm. *Schreier,* MMR 2005, 517ff.; es muss allerdings beachtet werden, dass diese Entscheidung noch auf Grundlage der Fernseh-RL gefällt wurde, s. *Gersdorf,* K&R 2010, 375.

[187] Krit. daher die Stellungnahme von *Holznagel,* BT-Ausschussdrs. 16/(9) 524; s. ferner *Stender-Vorwachs/Theißen,* ZUM 2006, 362, 366f.; *Kleist/Scheuer,* MMR 2006, 127, 128f.; zust., da die AVM-RL weiter als der deutsche Rundfunkbegriff sei *Schulz,* EuZW 2008, 107, 109; darauf hinweisend, dass auch der Begriff der AVM-RL eine gewisse Meinungsbildungsrelevanz voraussetzt Hartstein/Ring/Kreile ua (Hrsg.), 69. EL 2017, Bd. I, B 5, § 2 RStV Rn. 19; *Schütz,* MMR 2009, 228, 231; krit. zur Abgrenzung der Dienste bei zunehmender Konvergenz *Kogler,* K&R 2011, 621.

[188] *Schulz,* EuZW 2008, 107, 109; anders anscheinend jurisPK-Internetrecht/*Heckmann,* Kap. 1 Rn. 55f., der dies wohl auf den Rundfunkbegriff insgesamt bezieht; ähnlich Spindler/Schuster/ Holznagel/Kibele, 2. Aufl. 2011, § 2 RStV Rn. 41g; ebenso *Ferreau,* ZUM 2017, 632, 636f. im Rahmen des verfassungsrechtlichen Rundfunkbegriffs: Linearität obsolet; *Klaes,* ZUM 2009, 135, 138f.; *Michel,* ZUM 2009, 453, 454 dementsprechend setzt auch die ECRL 2000/31/EG in Erwägungsgrund 18 keinen Einfluss auf den öffentlichen Meinungsbildungsprozess voraus; Begr. RegE BT-Drs. 16/3078, S. 13, der sich für die Abgrenzung zum Rundfunk explizit auf die europarechtlichen Vorgaben bezieht (RL 89/552/EG, sowie EuGH, EuZW 2005, 470 – Mediakabel; krit. aber *Hoeren,* NJW 2007, 801, 803 darauf verweisend, dass in der Gesetzesbegründung von Fernsehen, auf europäischer Ebene mittlerweile von audiovisuellem Mediendienst gesprochen wird.

[189] Spindler/Schuster/*Holznagel,* § 2 RStV Rn. 22; ebenso jurisPK-Internetrecht/*Heckmann,* Kap. 1 Rn. 60; *Schütz,* MMR 2009, 228, 230.

[190] DLM, Drittes Strukturpapier zur Unterscheidung von Rundfunk und Mediendiensten, S. 8f.

[191] Ausf. zur näheren Umschreibung dieser drei Merkmale DLM, Drittes Strukturpapier zur Unterscheidung von Rundfunk und Mediendiensten, S. 4ff. sowie *Miserre,* Rundfunk-, Multimedia- und Telekommunikationsrecht, S. 192ff.

negativen Katalog des § 2 Abs. 3 RStV konkretisiert werden.[192] Inhaltlich sollte sich durch die Aufgabe des Begriffs „**Darbietung**"[193] nichts ändern.[194] Allerdings wurde auch vor dem 12. RÄStV die Linearität als das stärkste Indiz für eine Meinungsbildungsrelevanz angesehen.[195] Zwar spricht auch Erwägungsgrund 21 der AVM-RL davon, dass als audiovisuelle Dienste nur solche verstanden werden sollen, die eine deutliche Wirkung bei der Allgemeinheit entfalten können;[196] doch handelt es sich hier nur um den Hintergrund, warum lineare Dienste einer Regulierung unterfallen, was aber letztlich kein konstitutives Merkmal des Begriffs geworden ist.[197]

53 Hinzukommen muss als weiteres Element das Angebot entlang eines **Sendeplans**.[198] Die Sendung ist dabei nicht mit dem Programm insgesamt gleichzusetzen; vielmehr besteht das Programm aus einzelnen Sendungen, die geordnet und chronologisch geordnet sind.[199] Letztlich spielt wiederum die vom Rundfunk ausgehende Suggestivkraft die entscheidende Rolle:[200] Lediglich zusammengestellte Einzelsendungen ohne jeden inneren Zusammenhalt können daher nicht unter den Rundfunkbegriff fallen.

54 Das indirekte Festhalten an einer inhaltlichen Definition führt zu **Widersprüchen** im RStV, da nach § 2 Abs. 3 Nr. 4 RStV Inhalte **ohne journalistisch-redaktionelle Gestaltung** vom Rundfunk ausgenommen sein sollen, mithin doch wieder der Inhaltsbegriff bzw. die Breiten- und Suggestivwirkung relevant würde – während aber Teleshopping in §§ 7, 18 RStV erfasst wird.[201] Umgekehrt fallen gem. § 2 Abs. 3 Nr. 5 RStV gegen Einzelentgelt freigeschaltete Angebote nicht unter den RStV,

---

[192] Begr. zum Zwölften Staatsvertrag zur Änderung rundfunkrechtlicher Staatsverträge (Zwölfter Rundfunkänderungsstaatsvertrag), S. 4 abrufbar unter http://www.rlp.de/no_cache/ministerpraesidentin/staatskanzlei/medien/?cid=122566&did=5806&sechash=cd848e6e, Stand: 23.2.2016; ebenso *Hartstein/Ring/Kreile* ua (Hrsg.), 69. EL 2017, Bd. I, B 5, § 2 RStV Rn. 19, der aber den Widerspruch zwischen Begründung und Gesetzeswortlaut kritisiert; ebenso *Schütz,* MMR 2009, 228, 230; *Michel,* ZUM 2009, 453, 457; die Aufgabe des „opaken" Begriffs der Darbietung begrüßt Hahn/Vesting/*Schulz,* § 2 RStV Rn. 177; Hoeren/Sieber/Holznagel/*Holznagel,* 44. EL 2017, Teil 3 Rn. 61 wollen dagegen die Darbietung als ungeschriebenes Tatbestandsmerkmal weiter behalten; iE ähnlich *Kunisch,* Rundfunk im Internet und der Grundsatz der Staatsfreiheit des Rundfunks, S. 115, der eine verfassungs- und richtlinienkonforme Auslegung vornehmen will.

[193] Zur verfassungsrechtlichen Einordnung der Darbietung s. *Ferreau,* ZUM 2017, 632, 636 mwNw.

[194] Begr. zum Zwölften Staatsvertrag zur Änderung rundfunkrechtlicher Staatsverträge (Zwölfter Rundfunkänderungsstaatsvertrag), S. 4, abrufbar unter http://www.rlp.de/no_cache/ministerpraesidentin/staatskanzlei/medien/?cid=122566&did=5806&sechash=cd848e6e, Stand: 23.2.2016.

[195] Zu der Bedeutung der Linarität vor dem Zwölften RÄStV; *Miserre,* Rundfunk-, Multimedia- und Telekommunikationsrecht, S. 174 ff., 192 ff. mwN; s. auch Hahn/Vesting/*Schulz,* § 2 RStV Rn. 42.

[196] Darauf weist zutr. *Schütz,* MMR 2009, 228, 231 hin; ebenso *Castendyk/Böttcher,* MMR 2008, 13, 15; *Michel,* ZUM 2009, 453, 457 f.; aus dem Kommissionsentwurf gehe nicht klar hervor, zur Definition des Merkmals der allgemeinen Öffentlichkeit Castendyk/Dommering/Scheuer/*Chavannes,* Art. 1 AVMSD Rn. 38 ff.

[197] Castendyk/Dommering/Scheuer/*Chavannes/Castendyk,* Art. 1 AVMSD Rn. 10, denen zufolge die von Deutschland vorgeschlagene inhaltsbezogene Regulierung sich nicht durchsetzen konnte.

[198] Dazu *Bornemann,* ZUM 2013, 843 ff.

[199] Spindler/Schuster/*Holznagel,* § 32 RStV Rn. 17.

[200] Zutr. *Liebhaber/Wessels,* K&R 2017, 544, 546 f.

[201] Zu Recht *Schütz,* MMR 2009, 228, 230, dem folgend jurisPK-Internetrecht/*Heckmann,* Kap. 1 Rn. 62; MüKoStGB/*Altenhain,* § 1 TMG Rn. 23.

selbst wenn sie lineare Dienste sind.[202] Mit letzterer Ausnahme wollten die Staatsvertragsparteien Angebote erfassen, die nicht-linearen Angeboten „aufgrund der Art der Rezeption" vergleichbar sind. Damit ist klar, dass Bezahlfernsehen nicht generell davon erfasst sein kann, wohl aber etwa aus dem regulären Bezahlprogramm ausgegliederte, entgeltliche Zusatzangebote auf Abruf wie Sky Select. Nicht zuletzt Erotikangebote wie „Blue Movie" über Sky Anytime werden so aus dem Rundfunkbegriff ausgeklammert, mit der Folge, dass in jugendschutzrechtlicher Hinsicht gem. § 4 Abs. 2 S. 2 JMStV auch pornografische Inhalte zumindest in geschlossenen Benutzergruppen zulässig sind, da sie den Telemedien zuzurechnen sind.[203] Bereits vor der Einfügung des § 2 Abs. 3 Nr. 5 RStV hatten zahlreiche Erotikanbieter ihre Angebote daher entsprechend umgestaltet, um nicht dem absoluten Pornografieverbot im Rundfunk zu unterfallen.[204]

Die vermeintlich klare Unterscheidung zwischen linearen und nicht-linearen 55 Diensten kann in Grenzfällen aber problematisch werden. So hatte der **EuGH** in der **Mediakabel-Entscheidung** noch zu der Fernseh-Richtlinie zu beurteilen, ob ein **Near-Video-on-Demand-Dienst,** bei dem die Inhalte in einer Wiederholungs-Schleife laufen und durch ein Passwort geschützt werden, ein Fernseh-, also ein linearer Dienst ist. Legte man hier eine funktionale Sichtweise zu Grunde, wäre Near-Video-On-Demand aufgrund der Funktionsgleichheit ein nicht linearer Dienst.[205] Der EuGH stellt demgegenüber darauf ab, ob ein individueller Abruf (Punkt-zu-Punkt-Übertragung) oder eine Verteilung an eine unbestimmte Anzahl von Personen (Punkt-zu-Mehrpunkt-Übertragung) vorliegt.[206] Der EuGH legt damit eine rein formale Sichtweise zugrunde, indem es darauf ankommt, dass im Gegensatz zum individuellen Abruf der Anbieter bei der Punkt-zu-Mehrpunkt-Übertragung die gesendeten Inhalte und deren Sendezeitpunkt selbst auswählt. Ob der Dienst für den Zuschauer funktional einem Video-on-Demand-Dienst gleichkommt, sei dagegen unbeachtlich, denn es komme nicht auf die Wirkung beim Zuschauer, sondern vorrangig auf die Sicht des Betreibers an.[207]

Davon zu unterscheiden sind die Fälle, in denen ein **ursprünglich als Live-** 56 **Stream** übertragenes Video gespeichert wird, damit dies später individuell abrufbar wird. Dabei wird ein Punkt-zu-Mehrpunkt Übertragung wegen des Abspeicherns in Punkt-zu-Punkt Übertragung umwandeln. Entsprechend der Mediakabel-Entscheidung ist für den Stream, der nicht beliebig abgerufen werden kann, das Angebot dem Rundfunk zuzuordnen, der spätere Abruf aber dem TMG.[208] Letztlich handelt es sich auch hier um eine Ausprägung der Konvergenzprobleme im Internet.[209]

---

[202] Spindler/Schuster/*Holznagel,* § 2 RStV Rn. 102; *Michel,* ZUM 2009, 453, 458.
[203] *Hartstein/Ring/Kreile* ua (Hrsg.), 69. EL 2017, Bd. I, B 5, § 2 RStV Rn. 28; Hahn/Vesting/*Schulz,* § 2 RStV Rn. 58; zu den jugendschutzrechtlichen Fragen der Zulässigkeit s. Spindler/Schuster/*Erdemir,* § 4 JMStV Rn. 53 ff.
[204] Spindler/Schuster/*Erdemir,* § 4 JMStV Rn. 92: „Flucht in die Telemedien".
[205] So die Klägerin Mediakabel BV im zugrunde liegenden Verfahren: Schlussanträge des Generalanwalts *Tizziano* vom 10.3.2005, Slg. I 2005, 4891 Rn. 47 – NJW 2005, 3056 (Ls.); ebenso *Schreier,* MMR 2005, 519.
[206] EuGH, EuZW 2005, 470 – Mediakabel; damit folgt er den Schlussanträgen des Generalanwalts *Tizziano* vom 10.3.2005; *Castendyk/Böttcher,* MMR 2008, 13, 15; iE ebenso DLM, Drittes Strukturpapier zur Unterscheidung von Rundfunk und Mediendiensten, S. 16; krit. dazu, da dies letztlich ein technisches Kriterium sei und daher der grundsätzlich technologieneutralen Politik der EU entgegenstehe *Gersdorf,* Der Rundfunkbegriff, S. 32 ff.
[207] EuGH, EuZW 2005, 470 – Mediakabel.
[208] *Leeb/Seiter,* ZUM 2017, 573, 575 f.
[209] *Paulus,* ZUM 2017, 177, 186.

57 **Für die Allgemeinheit bestimmt** ist ein Dienst dann, wenn er aus Sicht des Sendenden an eine unbestimmte Anzahl möglicher Zuschauer gleichzeitig übertragen wird.[210] Damit werden vor allem **Individualkommunikation** und Medien ohne Massenwirkung vom Rundfunkbegriff ausgeschlossen.[211] Problematisch sind dabei Fälle, in denen der Empfängerkreis von vornherein bestimmt ist (Abrufdienste und **geschlossene Benutzergruppen**).[212] Unabhängig davon sind seit der Neufassung des § 2 Abs. 3 Nr. 1 RStV jedenfalls 500 Nutzer die absolute Untergrenze für eine Allgemeinheit.[213] Zu journalistisch-redaktionell gestalteten Telemedien nach §§ 54 ff. RStV (→ Rn. 66 ff.).

VII. Private und öffentliche Anbieter

58 Eine kleinere Klarstellung enthält zudem § 1 Abs. 1 S. 2, indem das TMG sowohl für private wie auch öffentliche Stellen gleichermaßen gilt. Diese Ausdehnung wäre durch die ECRL nicht zwangsläufig vorgegeben, da diese sich an die kommerziellen Diensteanbieter richtet – so dass etwa fraglich war, ob auch Universitäten in den Genuss der Haftungsprivilegierungen kommen.[214] Diese werden nach dem Willen des Gesetzgebers des TMG genauso wie andere nicht-kommerzielle oder öffentliche Anbieter zu Recht nach § 1 Abs. 1 S. 2 mit anderen kommerziellen oder privaten Anbietern weitgehend gleichgestellt, sei es in Bezug auf das Datenschutzrecht nach dem TMG, das Herkunftslandprinzip oder die Haftungsprivilegierungen;[215] Ausnahmen greifen nur für die Informationspflichten ein. § 60 Abs. 2 RStV bekräftigt dies nochmals.[216]

VIII. Irrelevanz der Entgeltlichkeit (Abs. 1 S. 2)

59 § 1 Abs. 1 S. 2 stellt klar, dass für die Anwendung des TMG die Entgeltlichkeit der Dienste unerheblich ist. Damit profitieren jegliche, auch rein private Telemediendiensteanbieter insbesondere von den Haftungsprivilegierungen der §§ 7-10. Das Merkmal der geschäftlichen Erbringung von Diensten spielt dagegen im Rahmen von § 3 eine große Rolle. Irreführend ist es daher, für Telemediendienste auf eine unternehmerische/wirtschaftliche Zielsetzung abzustellen.[217]

---

[210] EuGH, EuZW 2005, 470 – Mediakabel.
[211] Hahn/Vesting/*Schulz,* § 2 RStV Rn. 43.
[212] *Hartstein/Ring/Kreile* ua (Hrsg.), 69. EL 2017, Bd. I, B 5, § 2 RStV Rn. 13; aA dagegen Hahn/Vesting/*Schulz,* § 2 RStV Rn. 43, der das Merkmal möglichst weit auslegen will und schon einen unüberschaubaren Nutzerkreis ausreichen lässt.
[213] DLM, Überarbeitung des dritten Strukturpapiers, S. 6; krit. zur Regelung einer solchen Untergrenze *Miserre,* Rundfunk-, Multimedia- und Telekommunikationsrecht, 2005, S. 167.
[214] Zum TDG Spindler/Schmitz/Geis/*Spindler,* § 3 Rn. 5; zur E-Commerce-Richtlinie und Entgeltlichkeit der Dienste *Stadler* Haftung für Informationen im Internet, Rn. 15.
[215] Begr. RegE, BT-Drs. 16/3078, S. 14.
[216] Spindler/Schuster/*Ricke,* § 1 TMG Rn. 14.
[217] So aber *Lent,* Rundfunk-, Medien-, Teledienste, S. 134, 166 ff.

IX. Die Abgrenzung der Dienste innerhalb eines Gesamtangebots

Ein Angebot in elektronischen Kommunikationsnetzen enthält häufig verschiedene 60
Dienste, die sowohl dem TMG als auch dem RStV unterfallen können, sei es als eigentlicher Rundfunk oder als rundfunkähnliche Telemedien. Aufgrund der verschiedenartigen Regelungen in den einzelnen Normkomplexen wurde aus Praktikabilitätserwägungen schon für das TDG und den MDStV die Auffassung vertreten, dass in einer wertenden Gesamtschau das vollständige Angebot unter einer bestimmten Homepage einheitlich entweder als Tele- oder als Mediendienst zu qualifizieren sei. Dies soll auch für die über die Homepage abrufbaren, untergeordneten Seiten eines Gesamtangebotes gelten.[218] Mit der schon zum TDG aF geltenden hM[219] ist jedoch **auf die jeweilige Kommunikationsart und den Kommunikationsinhalt abzustellen,** nicht aber auf das gesamte Angebot, so dass es im Rahmen eines Angebotes sowohl Telemedien als auch rundfunkähnliche Dienste geben kann.[220] So hat die Rechtsprechung Laufbänder, die am Bildschirmrand in laufende Fernsehprogramme eingeblendet werden, als Mediendienst qualifiziert.[221] Weder TMG noch RStV enthalten einen Anhaltspunkt für eine wertende Gesamtbetrachtung trotz unterschiedlicher Angebote, sondern knüpfen an die einzelnen Dienste an.[222] Hierfür spricht auch, dass der Gesetzgeber des TMG explizit für die Regulierung den Inhalt dem RStV zuweist, was sich eine Gesamtschau und eine schwerpunktmäßige Zuordnung von vornherein verbieten. Nicht zuletzt aufgrund der verfassungsrechtlichen Lage müssen die Funktionen im Rahmen eines Angebotes verschiedenartig behandelt werden. Auch hat der EuGH in der New Media Services Entscheidung das Videoangebot einer elektronischen Zeitung, das nicht unmittelbar mit den Texten verknüpft war, der AVM-RL unterworfen, mithin eine getrennte Betrachtung vorgenommen.[223]

Problematisch ist allein der Fall, wenn **verschiedene Angebote auf einer einzi-** 61
gen Seite zur Nutzung unterbreitet werden. Hier kann in der Tat der Fall vorliegen, dass insgesamt die redaktionelle Bearbeitung deutlich überwiegt und sich die Angebote als Einheit darstellen, da sich dem Nutzer nicht die unterschiedlichen Funktionen der Individual- und der Massenkommunikation aufdrängen.[224] Für ein Gesamt-

---

[218] *Waldenberger,* MMR 1998, 124, 125; *Brunst,* MMR 2004, 8, 9; diff. *Stadler,* Haftung für Informationen im Internet, Rn. 51: nur für „abgeschlossene Teileinheit".

[219] Bräutigam/Leupold/*Pelz,* Online-Handel, B I. Rn. 63; *v. Heyl,* ZUM 1998, 115, 118; *Pichler,* MMR 1998, 79, 80; *Engel-Flechsig,* ZUM 1997, 231, 234; *Engel-Flechsig/Maennel/Tettenborn,* NJW 1997, 2981, 2982; aA BeckIuKDG-Komm/*Tettenborn,* § 2 TDG Rn. 43f.

[220] jurisPK-Internetrecht/*Heckmann,* Kap. 1 Rn. 70; *Mynarik,* ZUM 2006, 183, 184; Hahn/Vesting/*Held,* § 54 RStV Rn. 56; Spindler/Schuster/*Holznagel/Ricke,* § 1 TMG Rn. 20; dagegen aber Hahn/Vesting/*Held,* § 11 d RStV Rn. 53; Spindler/Schuster/*Mann/Smid,* Presserecht im Internet und „elektronische Presse" Rn. 17, die bei der Beurteilung stets auf die einheitliche Domain abstellen wollen.

[221] OVG Berlin, MMR 1999, 493, 494; VG Berlin, MMR 1999, 175, 176.

[222] Zust. *Pappi,* Teledienste, Mediendienste und Rundfunk, S. 15.

[223] EuGH, JZ 2016, 145; Zur medienrechtlichen Zuordnungsproblematik mutlimedialer Inhalte in Zeiten der Konvergenz s. bereits das Gutachten von *Gounalakis,* 64. DJT 2002, Abteilung C; dazu *Spindler,* 64. DJT 2002, Referat Abteilung C; zuletzt das gedankenreiche Gutachten von *Kluth/Schulz,* Konvergenz und regulatorische Folgen, Gutachten im Auftrag der Rundfunkkommission der Länder, Oktober 2014, Arbeitspapiere des Hans-Bredow-Institut für Medienforschung Nr. 30, abrufbar unter http://www.hans-bredow-institut.de/webfm_send/1049, Stand: 23.2.2016.

[224] Wie hier jurisPK-Internetrecht/*Heckmann,* Kap. 1 Rn. 70; Hahn/Vesting/*Held,* § 54 RStV Rn. 56; *Jäger,* jurisPR-ITR 4/2007 Anm. 4; *Weiner/Schmelz,* K&R 2006, 453, 458; wohl auch

angebot von verschiedenen Seiten kann dies jedoch nicht gelten, zumal die Eignung zur Meinungsbildung nicht alle Seiten erfassen muss und diese oft ebenso gut auch unter entsprechenden URL-Adressen direkt aufgerufen werden können.[225]

62 Deutlich wird dies etwa bei sog. **Triple-Play-Angeboten,** etwa T-Entertain, die auf einer Plattform die verschiedensten Inhalte und Dienste vereinen, bei denen sowohl Telefonie, Internet-Access als auch TV sowie Video-on-Demand angeboten werden. Hier ist zwischen den jeweiligen Diensten deutlich zu unterscheiden, auch wenn sie aus einer Hand stammen; andernfalls wäre eine sinnvolle Zuordnung zu den jeweiligen Regelungsmaterien nicht möglich, da die rein zufällige Bündelung der unterschiedlichsten Angebote auf einer Plattform nicht dazu führen kann, die Dienste einheitlich einem Gesetz (TKG, TMG oder RStV) zuzuordnen.[226]

63 Von einer **Vermutungsregel,** wonach im Zweifel ein Telemediendienst anzunehmen ist, kann nicht ausgegangen werden.[227] Weder das TMG noch der RStV enthalten eine Regel, wonach bei Auslegungsschwierigkeiten eine Vermutung eingreifen sollte. Auch aus verfassungsrechtlichen Überlegungen lässt sich eine solche Vermutungsregel nicht begründen, da das GG zwar die Regel enthält, dass Bundesrecht Landesrecht bricht, doch nicht etwa von einer Vermutung für Bundesrecht ausgeht, wenn eine Kompetenzregel nicht eindeutig auszulegen ist.[228]

X. Keine Geltung für das Steuerrecht (Abs. 2)

64 Das gesamte Steuerrecht wird vom TMG, wie auch bereits vom TDG, nicht berührt.[229] Diese Ausnahme umfasst sowohl das materielle Steuerrecht einschließlich des Steuerstrafrechts als auch das dazugehörige Verfahrensrecht.[230] Damit gelten auch die Verbote der Überwachungspflichten für Provider in § 7 nicht für das Steuerrecht; ebenso wenig kommen Provider in steuerrechtlicher Hinsicht in den Genuss der Verantwortlichkeitsprivilegierungen. Unberührt von dieser Ausnahme bleiben die Pflichten der Steuerberater im Rahmen ihrer elektronischen Dienstleistungen, wie der Werbung und der Impressumspflichten nach §§ 5 f.[231]

Stadler, Haftung für Informationen im Internet, Rn. 51; insoweit auch *Brunst,* MMR 2004, 8, 9; dagegen aber Spindler/Schuster/*Mann/Smid,* Presserecht im Internet und „elektronische Presse", Rn. 17.

[225] *Beckmann,* Verantwortlichkeit von Online-Diensteanbietern in Europa und den Vereinigten Staaten von Amerika, S. 71 ff.

[226] Unklar jurisPK-Internetrecht/*Heckmann,* Kap. 1 Rn. 47, der dies anscheinend als Fall der nur „überwiegenden" Telekommunikationsleistungen einordnet; die strikte Trennung bedeutet im Übrigen auch nicht, dass bspw. im Kartellrecht keine cross-medialen Effekte berücksichtigt werden können, s. dazu *Bohne,* WRP 2006, 540, 547.

[227] So aber *Waldenberger,* MMR 1998, 124, 126.

[228] So bereits Hoeren/Sieber/*Holznagel/Kibele,* 24. EL 2010, Teil 5 Rn. 64 im Rahmen der Abgrenzung von TDG und MDStV; aA *Waldenberger,* MMR 1998, 124, 126; BeckIuKDG-Komm/*Tettenborn,* Vor § 1 TDG Rn. 20.

[229] Bestätigt durch Begr. RegE BT-Drs. 16/3078, S. 14, alte Regelung inhaltlich unverändert übernommen.

[230] Begr. RegE BT-Drs. 14/6098, S. 15.

[231] Begr. RegE BT-Drs. 14/6098, S. 15.

Anwendungsbereich §1 TMG

XI. Presserecht und Telekommunikationsrecht (Abs. 3)

§ 1 Abs. 3 hat allein klarstellende Funktion.[232] Wäre daher ein Angebot im Rahmen eines Telemediums als ein Presseprodukt zu qualifizieren, so griffen die länderrechtlichen Regelungen des Presserechts ein. Dies könnte insbesondere bei der Verantwortlichkeit außerhalb des redaktionellen Teils der Fall sein. Die hM stellt für den Begriff der Presse nach wie vor auf die Verkörperung ab,[233] so dass im Prinzip keine Überschneidungen mit den elektronischen Medien eintreten können.[234] Vielmehr sind bei journalistisch-redaktioneller Gestaltung die Vorschriften der §§ 54 ff. RStV einschlägig. Langfristig wird damit indes die zunehmende Konvergenz ignoriert,[235] wie sie heute mehr denn je bei **der elektronischen Presse** zu Tage tritt. So finden sich etwa häufig Kommentarfunktionen zu elektronisch (und printmäßig) publizierten Artikeln; hier findet § 10 ohne Weiteres für die fremden Inhalte Anwendung (zu journalistisch-redaktionell gestalteten Telemedien (→ Rn. 67), zur Haftung für Gästeforen im Rahmen von elektronischen Zeitungen → § 10 Rn. 17). Sollte sich demnach der einfachgesetzliche Pressebegriff ändern,[236] so entstünden hier zahlreiche Abgrenzungsprobleme, insbesondere wenn man elektronische Ausgaben von klassischen Printprodukten betrachtet, wie z B FAZ.net oder Spiegel Online.   65

XII. Keine Geltung für inhaltsbezogene Anforderungen (Abs. 4)

§ 1 Abs. 4 stellt nochmals das Verhältnis zum RStV klar. Anders als § 1 Abs. 1 S. 1, der sich auf eine generelle Abgrenzung zwischen RStV und TMG im Falle des Rundfunks nach § 2 RStV bezieht, legt § 1 Abs. 4 fest, dass die inhaltsbezogenen Anforderungen für Telemedien sich nach dem RStV, hier konkret nach §§ 54 ff. RStV, richten. Im Wesentlichen betrifft das die journalistisch-redaktionell gestalteten Telemedien, § 54 Abs. 2 RStV; für sonstige Telemedien enthalten die §§ 54 ff. RStV nur Festlegungen über § 55 Abs. 1 RStV (Informationspflichten), § 54 Abs. 1 RStV (Zulassungs- und Anmeldefreiheit) und § 58 RStV (Werbung).[237]   66

---

[232] Begr. RegE BT-Drs. 16/3078, S. 14; Begr. RegE BT-Drs. 13/7385, S. 19 zum TDG 1997; MüKoStGB/*Altenhain*, § 1 TMG Rn. 29: „überflüssig"; aA anscheinend jurisPK-Internetrecht/ *Heckmann*, Kap. 1 Rn. 75, der die Norm, bzw. das aus ihr resultierende Nebeneinander für notwendig hält; ähnlich Spindler/Schuster/*Ricke*, § 1 TMG Rn. 16.

[233] Statt vieler *Gounalakis*, 64. DJT 2002, Gutachten C, S. 60; v. Mangoldt/Klein/*Starck*, Art. 5 Abs. 1, 2 GG Rn. 98; *Trafkowski*, Medienkartellrecht, S. 228 f.; aA aber Spindler/Schuster/*Holznagel*/*Ricke*, 2. Aufl. 2011, § 1 TMG Rn. 15, die einen Wandel (zumindest des verfassungsrechtlichen Pressebegriffs) in der hM hin zu einem weiteren Begriffsverständnis erkennen wollen.

[234] BeckRTD-Komm/*Gitter*, § 1 TMG Rn. 48 ff.

[235] S. dazu *Spindler*, 64. DJT 2002, Referat M, 85, 133 f. mwN; *Pappi*, Teledienste, Mediendienste und Rundfunk, S. 101 ff.; *Gersdorf*, Der Rundfunkbegriff, S. 144 ff.; Bullinger/Mestmäcker, Multimediadienste, S. 61 ff.; *Bullinger*, FS 50 Jahre BVerfG (2001), II. Band, S. 193, 200 ff.; *Hoffmann-Riem*, Kommunikationsfreiheiten, Rn. 150; *Stadler*, MMR 2002, 343; *Fiedler*, Meinungsfreiheit in einer vernetzten Welt, S. 29 f.

[236] So bspw. der Vorschlag von *Rahvar*, Die Zukunft des deutschen Presserechts im Lichte konvergierender Medien, S. 137 f.

[237] jurisPK-Internetrecht/*Heckmann*, Kap. 1 Rn. 79; Spindler/Schuster/*Smid*, § 58 RStV Rn. 3; BeckRTD-Komm/*Gitter*, § 1 TMG Rn. 48; *Leitgeb*, ZUM 2009, 39, 42; aA *Schmitz*, K&R 2007, 135, 136 der die Regeln des RStV generell nur auf Telemedien mit journalistisch redaktioneller Gestaltung anwenden will.

TMG § 1 Anwendungsbereich

67 Entscheidendes Merkmal sind daher die **journalistisch-redaktionell gestalteten Inhalte**,[238] die aber in der Praxis Auslegungsschwierigkeiten bereiten.[239] Die Anforderungen an die Inhalte richten sich hier allein nach dem RStV, während die weniger medien-, aber wirtschaftsrechtlichen Rahmenbedingungen, wie Haftungsprivilegierung oder Herkunftslandprinzip, im TMG enthalten sind. Zwar ist im TMG die alte Abgrenzungsklausel des § 2 Abs. 2 Nr. 2 TDG, die auf die redaktionelle Bearbeitung zur Meinungsbildung abstellte, ersatzlos entfallen; doch richtet sich nach diesem Kriterium nunmehr die Einordnung innerhalb des RStV,[240] indem solche journalistisch-redaktionell gestalteten Angebote strengeren Anforderungen unterfallen (§§ 54 Abs. 2, 55 Abs. 2, 56 RStV). Auch kann, wie gezeigt (→ Rn. 54), die journalistisch-redaktionelle Bearbeitung für den Rundfunkbegriff im RStV (§ 2 Abs. 3 Nr. 4 RStV) ausschlaggebend sein. Abgesehen von den telemedienspezifischen Vorschriften findet sich der Begriff auch noch in den §§ 2 Abs. 2 Nr. 20, Abs. 3 Nr. 4; 11 d Abs. 1; 47 Abs. 2 und 49 Abs. 1 Nr. 14 RStV), gesetzlich definiert ist er bislang im RStV nicht.[241] Gerade das Merkmal der journalistisch-redaktionellen Gestaltung wird auch in Zukunft erhebliche Abgrenzungsprobleme aufwerfen, vor allem im Lichte der neueren Dienste und der zunehmenden „Basisdemokratie" und einer verbreiteten Auffassung nicht auf die Grundsätze des (einfachgesetzlichen) Presserechts, insbesondere den Pressebegriff zurückzugreifen,[242] da dieser formal auf das Druckwerk abzielt und sich nicht nach inhaltlichen Kriterien richtet.[243]

68 Die journalistisch-redaktionelle Gestaltung eines Angebots kann als das **Sammeln und Aufbereiten von verschiedenen Informationen oder Meinungen** mit Blick auf den potentiellen Empfänger gelten, wobei diesem nach der redaktionellen Gestaltung ein einheitliches Produkt übermittelt wird. Die redaktionelle Gestaltung stellt sich mithin als Bestandteil der Massenkommunikation dar.[244] Die **reine Zusammenfassung von Informationen,** vergleichbar einem Register oder einer Datenbank, scheidet damit als redaktionell gestaltetes Angebot von vornherein aus,[245] zumindest soweit die Inhalte nicht durch den Anbieter recherchiert, gesichtet und redaktionell geprüft wurden,[246] ebenso eine behördliche Mitteilung aus einem elektronischen Amtsblatt.[247] Im Presserecht werden sog. „harmlose" Druckwerke, die wegen

---

[238] *Leitgeb,* ZUM 2009, 39, 42; s. ferner ausf. Hahn/Vesting/*Held,* § 54 RStV Rn. 38 ff.; *Weiner/Schmelz,* K&R 2006, 453, 457.

[239] *Kluth/Schulz,* Konvergenz und regulatorische Folgen, Gutachten im Auftrag der Rundfunkkommission der Länder, Oktober 2014, Arbeitspapiere des Hans-Bredow-Institut Nr. 30, S. 31, abrufbar unter http://www.hans-bredow-institut.de/webfm_send/1049, Stand: 24.2.2016; zu Deutungsvarianten des Merkmals *Heilmann,* Anonymität für User-Generated Content?, S. 343 ff.

[240] *Rumyantsev,* ZUM 2008, 33; *Schmitz,* K&R 2007, 135.

[241] Spindler/Schuster/*Mann/Smid,* Presserecht im Internet und „elektronische Presse", Rn. 12.

[242] So aber *Rumyantsev,* ZUM 2008, 33, 36; *Weiner/Schmelz,* K&R 2006, 453, 460; je mwN; sowie *Kitz,* ZUM 2007, 368, 371, der mit der Testfrage, ob vorstellbar wäre, dass das Angebot als periodisches Druckerzeugnis veröffentlicht werden könnte, einen normativen Ansatz wählt.

[243] *Rumyantsev,* ZUM 2008, 33, 36 f., der gleichzeitig eine Beurteilung nach inhaltlichen Gesichtspunkten als verfassungsrechtlich problematisch ansieht, da hierbei gegen die vom BVerfG herausgebildeten Grundsätze des Inhalte neutralen Pressebegriffs verstoßen werde, s. dazu bspw. BVerfGE 101, 361, 389 – Caroline von Monaco.

[244] Vgl. zum RStV *Koroch,* Das Leistungsschutzrecht des Presseverlegers, S. 90.

[245] Hahn/Vesting/*Held,* § 54 RStV Rn. 49; *Weiner/Schmelz,* K&R 2006, 453, 457; zweifelnd auch OVG Nordrhein-Westfalen, NJW 2000, 1968; VG Düsseldorf, NJW 1999, 1987.

[246] VG Stuttgart, AfP 2010, 308; Hahn/Vesting/*Held,* § 54 RStV Rn. 41; s. auch *Liebhaber/Wessels,* K&R 2017, 544, 547.

[247] Insoweit zutr. *Gounalakis/Rhode,* CR 1998, 487, 490.

Anwendungsbereich §1 TMG

ihrer publizistisch geringen Bedeutung keinen Bezug zur öffentlichen Meinungsbildung aufweisen, sondern ersichtlich unpolitischen Zwecken dienen, wie dem Gewerbe, dem häuslichen oder geselligen Leben, in den meisten Bundesländern von den presserechtlichen Vorschriften befreit,[248] was entsprechend für Telemedien möglich scheint.[249] Auch die isolierte Präsentation einer bestimmten Meinung bzw. Information ohne systematische Einbindung in ein größeres Kommunikationsangebot ohne Sammlung verschiedener Informationen und deren Aufbereitung – zB bei einer privaten Homepage oder einem **Blog,** aber auch bei einem **Microblogging**-Angebot (zB über den **Twitter**-Account) in seiner klassischen Funktion als elektronisches Tagebuch bzw. zur bloßen Selbstdarstellung – ist keine redaktionelle Gestaltung.[250] Ebenso wenig sind allein **von Dritten ohne jegliche Modifikation übernommene Inhalte** redaktionell gestaltet,[251] weshalb Internetforen idR keine journalistisch-redaktionell gestalteten Telemedien sind.[252] Allerdings kann bei einer geschickten Zusammenstellung von Zitaten auch eine redaktionelle Gestaltung vorliegen, ohne dass der Zitatensammler seine eigene Meinung unmittelbar zum Ausdruck bringen müsste.[253] Während bei einer Datenbank die konkrete Zusammenstellung der Informationen primär vom Nutzer abhängt, wird bei der redaktionellen Gestaltung die Auswahl, Anordnung und Präsentation der Informationen von Dritten im Vordergrund stehen. Diese Einordnung ist auch im Urheberrecht bekannt. Das Leistungsschutzrecht des Pressverlegers folgt gerade aus seiner inhaltlichen Auseinandersetzung und redaktionellen Auswahl journalistischer Beiträge, wenn er diese auf eine redaktionell-technischen Art und Weise anordnet, die das Maß einer bloßen Nachrichtenzusammenstellung übersteigt.[254]

Dass die Dienste „zur **Meinungsbildung für die Allgemeinheit**" dienen müssen, wie dies zur Abgrenzung noch früher vorgesehen war, findet sich jetzt bei den journalistisch-redaktionell gestalteten Angeboten nicht mehr. Dennoch wird dieses Merkmal überwiegend in die Voraussetzung eines journalistisch-redaktionell gestalteten Telemediums hineingelesen,[255] bzw. als Voraussetzung einer redaktionellen Gestaltung angesehen.[256] Üblicherweise wird im Medienrecht die Adressierung an die Allgemeinheit dahingehend verstanden, dass eine große Anzahl von Mitteilungen an beliebig viele, anonyme Rezipienten verbreitet werden,[257] mithin als Ausrichtung an 69

---

[248] *Ricker/Weberling,* Handbuch des Presserechts, 12. Kap. Rn. 20; Löffler/*Lehr,* PresseR, § 7 Rn. 59 ff.; OLG Düsseldorf, GRUR 1987, 297.
[249] Spindler/Schuster/*Mann/Smid,* PresseR im Internet und „elektronische Presse", Rn. 20 f.; *Helle,* CR 1998, 672, 673; *Gounalakis/Rhode,* CR 1998, 487, 490; aA aber Hahn/Vesting/*Held,* § 54 RStV Rn. 47, der den Sinn dieser Ausnahme nicht in der fehlenden redaktionellen Gestaltung, sondern nur in der geringen Auflage sieht.
[250] IE ebenso Hahn/Vesting/*Held,* § 54 RStV Rn. 51, 54, 58a; *Weiner/Schmelz,* K&R 2006, 453, 457; *Kitz,* ZUM 2007, 368, 371; *Jäger,* jurisPR-ITR 4/2007, Anm. 4; *Koch,* ITRB 2006, 260, 262; *Jarass,* AfP 1998, 133, 135 mit Verweis auf BVerfG, DVBl. 1998, 469, 470.
[251] So auch Hahn/Vesting/*Held,* § 54 RStV Rn. 49; *Weiner/Schmelz,* K&R 2006, 453, 457.
[252] Hahn/Vesting/*Held,* § 54 RStV Rn. 49; aA aber LG Hamburg, MMR 2007, 450, mablAnm *Meckbach/Weber.*
[253] S. etwa LG Hamburg, NJW-CoR 1998, 302.
[254] Dreier/Schulze/*Dreier,* UrhG, § 87f Rn. 12; Spindler/Schuster/*Fricke,* § 87f UrhG Rn. 6; BeckOK UrhG/*Graef,* § 87f Rn. 24; Fromm/Nordemann/*Czychowski/Schaefer,* UrhG, § 87f Rn. 25; *Koroch,* Das Leistungsschutzrecht des Presseverlegers, S. 90 ff., insb. S. 99 f., 112 f.; im Presseverlagsrecht wird dies unter denn Begrifflichkeiten „redaktionell-technisch" diskutiert.
[255] Spindler/Schuster/*Smid,* § 54 RStV Rn. 6.
[256] *Weiner/Schmelz,* K&R 2006, 453, 457; Hahn/Vesting/*Held,* § 54 RStV Rn. 51.
[257] BVerfGE 27, 71, 83; BVerfGE 103, 44, 60; *Ricker/Weberling,* Handbuch des Presserechts, 1. Kap. Rn. 19; Löffler/*Cornils,* PresseR, Einl. Rn. 107.

eine beliebige Öffentlichkeit.[258] Allerdings erfüllen die meisten Telemediendienste dieses Kriterium, da etwa Homepages von jedermann abgerufen werden können.[259] Maßgeblich ist daher neben der redaktionellen Gestaltung die Geeignetheit zur Meinungsbildung. Dabei kommt es auf den beim verständigen Empfänger hervorgerufenen Eindruck an,[260] so dass nicht jedes elektronische Tagebuch **(Blog),** das sich an eine Vielzahl von Lesern richtet und lediglich eine Sammlung von Informationen enthält, einem journalistisch gestalteten Beitrag gleichkommt.[261] Andererseits kann auch ein Blog bei entsprechender Aufmachung und Berichterstattung einem „normalen" Pressebeitrag, also einem ehemaligen Mediendienst,[262] gleichgestellt werden – was sich nicht zuletzt anhand von Tendenzen in der Presselandschaft zeigt, ganze Blog-Portale aufzukaufen. Zu **Foren** etc. → Rn. 78.

70 Die journalistisch-redaktionelle Bearbeitung bildet daher – nach wie vor – die Wasserscheide zur eher individuellen Kommunikation, die keine meinungsbildend-suggestive Wirkung entfaltet,[263] und die die Rechtfertigung für weitergehende Regulierungen darstellt. Die teilweise sehr großzügigen Handhabungen des Merkmals der journalistisch-redaktionellen Bearbeitung durch einige Gerichte[264] sollten daher unbedingt überdacht werden,[265] da die entsprechenden Angebote (werbende Texte etc.) kaum als der Meinungsbildung dienend bezeichnet werden können.[266] So ist der Qualifikation einer imagefördernden Präsentation eines Vereins auf seiner Home-

---

[258] *Gounalakis,* NJW 1997, 2993, 2994; ähnlich *Engel-Flechsig,* ZUM 1997, 231, 234f.

[259] Daher für eine zusätzliche Einschränkung anhand der Kriterien der Auswahl und Organisation, die sich nach außen sichtbar niederschlagen muss, Hahn/Vesting/*Held,* § 54 RStV Rn. 49.

[260] Hahn/Vesting/*Held,* § 54 RStV Rn. 51; Spindler/Schuster/*Holznagel/Ricke,* 2. Aufl. 2011, § 1 TMG Rn. 20; *Weiner/Schmelz,* K&R 2006, 453, 457; jurisPK-Internetrecht/*Heckmann,* Kap. 1 Rn. 80; entsprechend zur alten Abgrenzung zwischen TDG und MDStV OLG Düsseldorf, OLGR 2006, 657 = JurPC Web-Dok. 77/2006 Abs. 18; OVG Münster, ZUM-RD 2007, 268, 271; OVG Münster, NJW 2003, 2183; VG Köln, BeckRS 2005, 26005; *Engels/Jürgens/ Fritzsche,* K&R 2007, 57, 58.

[261] So auch *Koch,* ITRB 2006, 260, 262; insoweit auch *Weiner/Schmelz,* K&R 2006, 453, 457; Hahn/Vesting/*Held,* § 54 RStV Rn. 51.

[262] *Weiner/Schmelz,* K&R 2006, 453, 456f.; *Koch,* ITRB 2006, 260, 262.

[263] S. auch *Weiner/Schmelz,* K&R 2006, 453, 457; krit. zu dem Begriff der journalistisch redaktionellen Gestaltung, da dieser ein inhaltlich differenzierender Begriff – und somit verfassungswidrig – sei *Rumyantsev,* ZUM 2008, 33, 36.

[264] S. etwa im Rahmen von Werbung OVG Münster, ZUM-RD 2007, 268, 270f.; VG Köln, B. v. 11.8.2006 – 6 L 736/06 (zit. nach juris), Rn. 38; VG Gelsenkirchen, B. v. 2.8.2006 – 14 L 981/06 (zit. nach juris) sowie VG Gelsenkirchen, ZUM-RD 2006, 591, 593f.; zum Ganzen instruktiv *Engels/Jürgens/Fritzsche,* K&R 2007, 57f.; restriktiver dagegen OLG Bremen, MMR 2011, 337, das sich am eher engen Verständnis von Hahn/Vesting/*Held,* § 54 RStV Rn. 49 orientiert: Kennzeichnende Merkmale solcher Angebote sind eine gewisse Selektivität und Strukturierung, das Treffen einer Auswahl nach ihrer angenommenen gesellschaftlichen Relevanz mit dem Ziel des Anbieters, zur öffentlichen Kommunikation beizutragen, die Ausrichtung an Tatsachen (sog. Faktizität), ein hohes Maß an Aktualität, nicht notwendig Periodizität, ein hoher Grad an Professionalisierung der Arbeitsweise und ein gewisser Grad an organisierter Verfestigung, der eine gewisse Kontinuität gewährleistet dazu *Zoebisch,* ZUM 2011, 390, 392.

[265] Zutr. dagegen OLG Düsseldorf, MMR 2006, 618; wN zur früheren Rechtslage bei Spindler/Schmitz/Geis/*Spindler,* § 2 TDG Rn. 11ff.

[266] Dementsprechend versagt Hahn/Versting/*Held,* § 54 RStV Rn. 59 kommerzieller Kommunikation in aller Regel die nötige gesellschaftliche Relevanz; anders aber anscheinend *Leitgeb,* ZUM 2009, 39, 42.

page als rundfunkähnliches Telemedium[267] ebenso mit Skepsis zu beggnen wie der gleichen Einstufung für das Anpreisen fremder Angebote auf der eigenen Homepage,[268] es sei denn, es besteht analog zu gedruckten Anzeigenblättern ein, wenn auch nur in Ansätzen vorhandener, redaktioneller Teil (**elektronisches Anzeigenblatt**).[269] Dementsprechend sollte auch sog. „**virales Marketing**" durch Videos, Spiele und soziale Netzwerke zurückhaltend beurteilt werden, da sich die Zwecksetzung zu gewöhnlicher Werbung nicht unterscheidet.[270]

Das Kriterium der Relevanz für die Meinungsbildung bedarf indes der **Ergänzung**, die die **verfassungsrechtlichen Grundlagen** der Kompetenzverteilung zwischen Bund und Ländern in den Blick nimmt.[271] Denn da „der Begriff der Meinung […] jedes Stellung beziehende Dafürhalten" umfasst, würde etwa selbst die kommerzielle Werbung zur Konsumentenbeeinflussung der Meinungsbildung für die Allgemeinheit unterfallen, weil gerade auch die subjektive Wertung geschützt wird.[272] Da aber der den Ländern zustehende Regelungsbereich im Wesentlichen durch den verfassungsrechtlichen Rundfunkbegriff und die hier zugrunde liegenden Ziele der Regulierung von solchen Inhalten, die auf den demokratischen Meinungsbildungsprozess Einfluss nehmen können, charakterisiert wird,[273] fallen Inhalte, die nicht die allgemeine Diskussion um weltanschauliche, politische, religiöse etc. Themen beeinflussen wollen, nicht unter die sich auf journalistisch-redaktionell gestaltete Telemedien beziehenden Vorschriften der §§ 54 ff. RStV.[274] Werbung und entsprechende Homepages sind daher allein als Telemedien einzuordnen.[275] Dies belegte schon früher § 2 Abs. 2 Nr. 2 TDG aF, der ausdrücklich die Informationen über Waren und Dienstleistungsangebote den Telediensten zuordnete. 71

XIII. Verhältnis zum Internationalen Privatrecht (Abs. 5)

§ 1 Abs. 5 beruht auf dem schon im Gesetzgebungsverfahren zum TDG aF umstrittenen Rechtscharakter des Herkunftslandprinzips (§ 3), der weder eindeutig dem Kollisionsrecht noch dem Sachrecht zugeordnet werden kann (→ § 3 Rn. 3). Die Begründung zu § 2 Abs. 6 TDG aF beschränkte sich auf eine Wiederholung des Art. 1 72

---

[267] OVG Münster, ZUM-RD 2007, 268, 271; zust. wohl jurisPK-Internetrecht/*Heckmann*, Kap. 1 Rn. 83; wie hier dagegen Spindler/Schuster/*Holznagel/Ricke*, § 1 TMG Rn. 19.
[268] So aber VG Gelsenkirchen, B. v. 2.8.2006- 14 L 981/06; VG Aachen, B. v. 13.7.2006- 8 L 356/06 (je zit. nach juris).
[269] Spindler/Schuster/*Mann/Smid*, PresseR im Internet und „elektronische Presse", Rn. 20; Hahn/Vesting/*Held*, § 54 RStV Rn. 59.
[270] AA aber *Leitgeb*, ZUM 2009, 39, 42, der einen bloßen Informationszweck der werbenden Firma ausreichen lässt.
[271] So auch BeckRTD-Komm/*Gitter*, § 1 Rn. 49.
[272] BVerfGE 21, 271, 278 ff.; 30, 336, 352 f.; 40, 371, 382; 64, 108, 114; BGHZ 130, 196, 203; Jarass/Pieroth/*Jarass*, Art. 5 GG Rn. 5; Isensee/Kirchhoff/*Schmidt-Jortzig*, HdbStaatsR, Bd. VII, § 162 Rn. 1; Dreier/*Schulze-Fielitz*, Art. 5 Abs. 1, 2 GG Rn. 62; *Ahrens*, JZ 1995, 1096, 1100; *Fezer*, NJW 2001, 580, 581; *ders.*, JZ 1998, 265, 268 f.; *Kloepfer/Michael*, GRUR 1991, 170, 173; *Kort*, WRP 1997, 526, 527; *Sevecke*, AfP 1994, 196, 200.
[273] Statt vieler Hoeren/Sieber/*Holznagel/Holznagel*, 44. EL 2017, Teil 3 Rn. 61 f.
[274] Hahn/Vesting/*Held*, § 54 RStV Rn. 51; *Korte*, Das Recht auf Gegendarstellung im Wandel der Medien, S. 104 f.; *Weiner/Schmelz*, K&R 2006, 453, 457; Spindler/Schuster/*Mann/Smid*, Presserecht im Internet und „elektronische Presse", Rn. 12.
[275] Zutr. *Gounalakis/Rhode*, CR 1998, 487, 490; *Marwitz*, MMR 1998, 188; Hahn/Vesting/ *Held*, § 54 RStV Rn. 51, 59; verkannt von *Brunst*, MMR 2004, 8, 9; *Determann*, RTKom 2000, 11, 21.

Abs. 4 ECRL.[276] Auch die Neuregelung des TMG in § 1 Abs. 5 übernimmt lediglich den alten Wortlaut.[277]

XIV. Verhältnis zu audiovisuellen Mediendiensten auf Abruf (Abs. 6)

73 § 1 Abs. 6 setzt Art. 2 Abs. 6 der AVM-Richtlinie um, so dass für bestimmte audiovisuelle Mediendienste auf Abruf der § 2a Abs. 2–3 TMG nicht gilt. Unberührt bleiben aber die allgemeinen Vorschriften des TMG, also die Grundsätze zur Verantwortlichkeit, die Zugangsfreiheit, das Herkunftslandprinzip, die Datenschutzbestimmungen sowie die Informationspflichten.[278] Betroffen von dieser Einschränkung sind audiovisuelle Mediendienste auf Abruf, die nur in Drittstaaten empfangen werden können, nicht aber von der Allgemeinheit mit normalen Empfangsgeräten in der EU.

XV. Beispiele für Telemedien

74 Auch wenn die positive Generalklausel des § 2 Abs. 1 TDG und der Katalog des § 2 Abs. 2 TDG entfallen sind, behalten die früheren Aufzählungen dennoch ihre Bedeutung, da der Gesetzgeber an der Einordnung mit wenigen Ausnahmen nichts ändern wollte.[279]

1. Angebote im Bereich der Individualkommunikation

75 Dienste, die die Individualkommunikation ermöglichen, wurden schon von § 2 Abs. 2 Nr. 2 TDG erfasst und werden nunmehr explizit vom Gesetzgeber des TMG in der Begründung zu § 1 genannt.[280] So wurden schon früh das Telebanking sowie Meinungsforen oder Telearbeit, Telemedizin, eLearning, Telematik und andere erweiterte Formen der Individualkommunikation erfasst.[281] Daran hat sich auch unter dem TMG nichts geändert. Die reine Digitalisierung von Informationen und deren Austausch genügen in der Regel nicht, da es sich hier oft um Telekommunikation handelt. Unter die Angebote der Individualkommunikation fallen auch alle **Handelsplattformen** ebenso wie **Internetauktionen,** die einen Austausch von Angebot und Nachfrage ermöglichen.[282] Ein neues Phänomen, welches unter diese Kategorie fällt, sind sog. **Crowd-Funding-Plattformen** (Kickstarter etc.) auf denen Künstler oder Unternehmer das Kapital für ihre Werk- oder Geschäftsideen im Voraus sammeln können. Dabei erfolgt die Finanzierung durch viele kleine Beiträge der „Crowd", häufig – aber nicht zwangsläufig – verbunden mit einer entsprechenden Gegenleistung in Form eines Werk-

---

[276] Begr. RegE BT-Drs. 14/6098, S. 15.
[277] Begr. RegE BT-Drs. 16/3078, S. 14.
[278] Begr. RegE BR-Drs. 35/10, S. 6.
[279] Begr. RegE BT-Drs. 14/6098, S. 27.
[280] Begr. RegE. BT-Drs. 16/3078, S. 13.
[281] Begr. RegE zu § 2 Abs. 2 TDG, BT-Drs. 13/7385, S. 18f.
[282] Noch für das TDG OLG Köln, MMR 2002, 110; OLG Brandenburg, MMR 2004, 330, 331 mAnm *Spindler;* LG Düsseldorf, MMR 2003, 120, 122; LG Potsdam, MMR 2002, 829, 830: Abs. 2 Nr. 5; für das TMG jurisPK-Internetrecht/*Heckmann,* Kap. 1 Rn. 67 ff.; weitere Beispiele in Spindler/Schuster/*Ricke,* § 1 TMG Rn. 11; MüKoStGB/*Altenhain,* § 1 TMG Rn. 26; Taeger/Gabel/*Moos,* TMG Rn. 5.

Anwendungsbereich § 1 TMG

oder Produktexemplars nach erfolgreicher Vollendung oder eines preislichen Nachlasses auf den späteren Erwerb.[283]

Zum **Telebanking** zählen alle interaktiven Dienste bei elektronischer Übermittlung, mithin nicht der Geldautomat oder die offline erfolgende Bearbeitung von Aufträgen.[284] Telefonsprachcomputer und Voice-Dienste unterliegen nunmehr als telekommunikationsgestützte Dienste dem TKG. Es ist zwar nicht ersichtlich, warum das in der Praxis praktisch als gleichwertig behandelte Angebot des Telefonbanking mittels Sprachcomputer und das reine Internetbanking anders behandelt werden sollten, doch ändert dies nichts an der grundlegenden Entscheidung des Gesetzgebers (→ Rn. 21). 76

Bei Tele- oder **E-Learning** kommt es auf die Ausgestaltung des Angebots an: Die reine Live-Übertragung einer Veranstaltung an eine größere, nicht geschlossene Zielgruppe kann als Rundfunk zu qualifizieren sein, da der Nutzer nicht den Zeitpunkt der Darbietung beeinflussen kann, es sich zudem auch bei wissenschaftlichen Inhalten um meinungsbildende Bearbeitungen handeln kann. Bei kleineren, geschlossenen Zielgruppen (zB eingeschriebene Studenten, passwortgeschützte Zugänge etc., auch hier ist gem. § 2 Abs. 3 Nr. 1 RStV die legaldefinierte Untergrenze der „Allgemeinheit" von 500 Personen zu beachten, → Rn. 57) kann es sich nur um rundfunkähnliche Telemedien handeln. Dies gilt erst recht für Veranstaltungen, die als Video-Stream zum individuellen Abruf bereitgehalten werden. 77

Bei **Meinungsforen** mit der Möglichkeit der Wahrnehmung durch zahlreiche Teilnehmer ist allerdings nicht der Aspekt der Individualkommunikation entscheidend,[285] sondern dass in der Regel die redaktionelle Bearbeitung zur Meinungsbildung fehlt (→ Rn. 67 ff.). Wichtigster Anwendungsfall sind heute soziale Netzwerke wie **Facebook** oder Nachrichtendienste wie **Twitter.** Auch andere **Meinungsforen,** ebenso wie **Chatrooms,** schwarze Bretter oder IRCs,[286] sind einerseits an die Allgemeinheit gerichtet, da sie einem größeren Teilnehmerkreis zur Verfügung stehen,[287] andererseits einem virtuellen Markt der Meinungen vergleichbar, der nur die Gelegenheit zur Individualkommunikation bietet.[288] Im Falle der Moderation könnte zusätzlich bei entsprechender Veränderung und Zusammenstellung der Meinungen – je nach Einzelfall – eine journalistisch-redaktionelle Bearbeitung vorliegen, so dass auch die §§ 54 ff. RStV Anwendung finden können.[289] Entscheidend ist, ob der Moderator selbst Einfluss nimmt auf die Präsentation der Nachrichten oder ihre Gruppierung. Eine reine „Einlasskontrolle", zB im Hinblick auf etwaige rechtswidrige Inhalte, genügt hierfür nicht. Daher liegt in aller Regel bei Chatrooms und bei lediglich überwachender Moderation keine redaktionelle Aufbereitung der Inhalte 78

---

[283] Eingehend zum Ganzen *Spindler* in: Verschraegen et al. (Hrsg.), Internationale Bankgeschäfte mit Verbrauchern, 2017, S. 113 ff.; *Bareiß,* ZUM 2012, 456, 457 ff.; *Weitnauer/Parzinger,* GWR 2013, 153; *Klöhn/Hornuf,* ZBB 2012, 237; *dies.,* DB 2015, 47.

[284] jurisPK-Internetrecht/*Heckmann,* Kap. 1 Rn. 67; zu sonstigen offline angebotenen Dienstleistungen Spindler/Schuster/*Ricke,* § 1 TMG Rn. 12.

[285] IE auch *Koch,* CR 1997, 193, 199; *Kröger/Moos,* ZUM 1997, 462, 468; aA *Ory,* AfP 1996, 105, 107; *Weiner/Schmelz,* K&R 2006, 453, 457.

[286] Internet Relay Chats, dazu *Libertus,* TKMR 2003, 179.

[287] IE ebenso *Koch,* CR 1997, 193, 199; *Kröger/Moos,* ZUM 1997, 462, 468.

[288] So offenbar *Engel-Flechsig,* ZUM 1997, 231, 235; ähnlich *Stadler,* Haftung für Informationen im Internet, Rn. 49: interaktive Dienste mit wechselseitiger Kommunikation immer Teledienst; offen *Libertus,* TKMR 2003, 179, 182 f.; aA *Determann,* RTKom 2000, 11, 20; *Lent,* Rundfunk-, Medien-, Teledienste, S. 154, 158 f.: Mediendienste.

[289] Hahn/Vesting/*Held,* § 54 RStV Rn. 55; *Jäger,* jurisPR-ITR 4/2007 Anm. 4; entsprechend zur alten Rechtslage *Kröger/Moos,* AfP 1997, 675, 679; aA offenbar *Stadler,* Haftung für Informationen im Internet, Rn. 49.

TMG § 1 Anwendungsbereich

vor.[290] Eine solche meinungsbildende Funktion aufgrund von redaktioneller Bearbeitung kann vielmehr nur bei solchen Foren eintreten, die nicht in Echtzeit arbeiten und bei denen der Moderator vorher ausreichend Gelegenheit hat, die Beiträge zusammenzustellen oder zu bearbeiten.

79 Bei **sozialen Netzwerken** und **Twitter** hängt die Einordnung sehr davon ab, wie groß der Teilnehmerkreis, der Charakter des Informationsangebots und der Austausch von Meinungen sich darstellen; im Einzelfall kann hier die Grenze zur journalistisch-redaktionellen Gestaltung überschritten sein.[291]

80 Für die Qualifizierung von **Homepages** als Telemedium ist wiederum nicht allein der Aspekt der Individual- oder Massenkommunikation entscheidend,[292] sondern die Frage der redaktionellen Gestaltung zur Meinungsbildung,[293] damit sie den §§ 54 ff. RStV unterfallen – was aber nicht die Anwendbarkeit der sonstigen Regelungen des TMG ausschließt. Mithin muss mit den Inhalten der Homepage der Kernbereich der politischen, kulturellen, ethischen, moralischen etc. öffentlichen Meinungsauseinandersetzung angesprochen sein, um die Zuständigkeit des RStV zu begründen.[294]

81 Auch **E-Mail-Verteiler**listen verlassen einerseits den Bereich der reinen Individualkommunikation, richten sich andererseits aber nicht an die Allgemeinheit, sondern an einen eingeschränkten Teilnehmerkreis. E-Mail-Listen, die einem unbegrenzten Teilnehmerkreis, etwa ohne Zulassungskriterien oder automatisierte Zulassungsverfahren, offenstehen und redaktionell gestaltete Nachrichten versenden **(Newsletter),** sind hinsichtlich ihrer Inhalte den rundfunkähnlichen Telemedien zuzuordnen, da sie sich potentiell an einen unbegrenzten Teilnehmerkreis und damit an die Allgemeinheit richten.[295] Bei nicht redaktionell gestalteten E-Mail-Listen, die nur automatisch die eingegangenen Nachrichten vervielfältigen, handelt es sich dagegen um einen „bloßen" Telemediendienst.[296] Zwar handelt es sich bei der Weiterleitung von E-Mails um eine Telekommunikationsdienstleistung (s. zu der ähnlich gelagerten Problematik bei Access-Providern schon → Rn. 54), indem lediglich eine Transportleistung einer Nachricht geschuldet wird.[297] Doch belegt schon § 8 deutlich, dass auch die Versendung von Nachrichten als Telemediendienst erfasst werden soll, so-

---

[290] *Libertus,* TKMR 2003, 179, 182 f.; wie hier auch jurisPK-Internetrecht/*Heckmann,* Kap. 1 Rn. 83.

[291] Auer-Reinsdorff/Conrad/*Kremer,* Handbuch IT und Datenschutzrecht, § 28 Rn. 71; *Rockstroh,* MMR 2013, 627, 628; eingehend Hornung/Müller-Terpitz/*Beyerbach,* Rechtshandbuch Social Media, 9 Kap. Rn. 22 ff.: nur individuelle Inhalte, die nicht im Rahmen eines Sendeplans für eine Vielzahl von Nutzern zum zeitgleichen Empfang vorgesehen sind, zudem erkennbar keine „Redaktion", was der Annahme einer journalistisch-redaktionellen Gestaltung entgegenstehe.

[292] *Kröger/Moos,* AfP 1997, 675, 679; zust. *Mann,* AfP 1998, 129, 129 f.; aA *v. Heyl,* ZUM 1998, 115, 118 f.; *Flechsig/Gabel,* CR 1998, 351, 353.

[293] *Determann,* RTKom 2000, 11, 21; *Helle,* CR 1998, 672, 673; aA offenbar LG Düsseldorf, MMR 1998, 376: stets Mediendienst gem. § 2 Abs. 2 Nr. 4 MDStV; ähnlich Hoeren/Sieber/Holznagel/*Holznagel,* 44. EL 2017, Teil 3 Rn. 100, 102; unklar OLG Braunschweig, MMR 2001, 608, 609 und OLG München, CR 2000, 541, 542: pauschal Teledienst.

[294] *Stadler,* Haftung für Informationen im Internet, Rn. 49; *Determann,* RTKom 2000, 11, 21; BeckIuKDG-Komm/*Tettenborn,* § 2 TDG Rn. 53.

[295] *Ory,* AfP 1996, 105, 106 f.; ähnlich *Kröger/Moos,* AfP 1997, 675, 679; *Waldenberger,* ZUM 1997, 176, 180; *Lent,* Rundfunk-, Medien-, Teledienste, S. 155; aA *Mairgünther,* Die Regulierung von Inhalten in den Diensten des Internet, S. 93.

[296] *Weiner/Schmelz,* K&R 2006, 453, 455; zust. jurisPK-Internetrecht/*Heckmann,* Kap. 1 Rn. 67.

[297] Näher *Schmitz,* TDDSG, § 1 Rn. 14; zur vertragsrechtlichen Qualifikation s. Spindler/*Spindler,* Vertragsrecht Internet-Provider, IV Rn. 140 ff.

Anwendungsbereich § 1 TMG

fern es um die Inhalte geht. Genau diesen Bereich will das TMG insgesamt erfassen, da sonst jedes Angebot im Bereich der Individualkommunikation als Telekommunikation zu begreifen wäre und für das TMG diesbezüglich kein Raum bliebe.[298] Die E-Mail zwischen Nutzer und Nutzer selbst ist dagegen Telekommunikation.[299] Auch **Spam** und **Junk-E-Mails** werden, wie die ECRL deutlich zum Ausdruck bringt, als elektronische kommerzielle Kommunikation vom TMG erfasst.[300]

Auch für **Textdienste** ist für die Abgrenzung zum RStV entscheidend, ob sie redaktionell zur Meinungsbildung gestaltet sind. Textdienste, die demgemäß allein Daten darstellen, zB **Temperaturzonen, Wetterprognosen, Börsenkurse** etc., und isoliert von anderen Nachrichten abrufbar sind, unterfallen nur dem TMG.[301] Demgegenüber sind alle elektronischen **presseähnlichen Texterzeugnisse,** die eine redaktionelle Bearbeitung aufweisen, der inhaltlichen Regulierung nach §§ 54ff. RStV zuzuordnen. 82

Ebenso unterfallen Dienste wie das **File Transfer Protocol (ftp)** dem TMG.[302] 83

2. Angebote zur Nutzung des Internet und anderer Netze

Nach Auffassung des Gesetzgebers fallen daneben ausdrücklich solche Dienste unter das TMG, die Instrumente zur Datensuche oder zum Zugang zu Daten bzw. zur Datenabfrage zur Verfügung stellen, womit explizit auch Suchmaschinen gemeint sind.[303] Zwar lässt sich die Telemedieneigenschaft eines reinen Access-Providers anzweifeln, er soll aber nach ausdrücklichem Willen des Gesetzgebers als Dienst, der nur überwiegend der Telekommunikation dient, unter das TMG fallen (→ Rn. 32ff.).[304] **Software,** die zur Nutzung des Internet verwandt wird, wie **Browser,** unterfällt dagegen nicht dem TMG, da sie selbst weder die Nutzung anderer Kommunikationsnetze noch den Zugang zu ihnen ermöglicht. Gleiches gilt für Software, die die Verbindung im Rahmen von **Peer-to-Peer-Netzen** ermöglicht (→ § 2 Rn. 30). Zudem fehlt es hier am Diensteanbieter, das das Angebot bereithält; vielmehr ist es der Nutzer selbst, der mit Hilfe der Software, vergleichbar einer Suchmaschine, die Verbindung aussucht und herstellt. Ob der Nutzer selbst dann zum Anbieter wird, hängt davon ab, welche Angebote über seine Rechner heruntergeladen werden können. 84

Bei **Push-Diensten** handelt es sich um die Zusammenstellung von spezifischen, auf einen Nutzer zugeschnittenen Informationen aus dem Internet, die dieser beim Start des Systems herunterladen kann und die ggf. aktualisiert werden.[305] Wie oben dargelegt (→ Rn. 18), müssen Telemedien allein für sich qualifiziert werden und nicht in Abhängigkeit von den durch sie vermittelten Inhalten.[306] Bei den Push-Diensten steht die Nutzung des Internet im Vordergrund, da der Nutzer sowohl Such- und Navigationshilfen als auch quasi ex-ante Abrufdienste in Anspruch nimmt. Wie 85

---

[298] IE ebenso *Köhler/Fetzer,* Rn. 859; BeckIuKDG-Komm/*Tettenborn,* § 2 TDG Rn. 67; aA wohl *Schaar,* Datenschutz im Internet, Rn. 248; *Kieper,* DuD 1998, 583, 584f.
[299] Beck-IuKDG-Komm/*Tettenborn,* § 2 TDG Rn. 67.
[300] Begr. RegE BT-Drs. 16/3078, S. 13; *Hoeren,* NJW 2007, 801, 803; ohne nähere Begr. ebenso jurisPK-Internetrecht/*Heckmann,* Kap. 1 Rn. 67; s. dazu auch OLG Bamberg, MMR 2006, 481 = ZUM-RD 2005, 559.
[301] S. noch für das TDG aF Begr. RegE BT-Drs. 13/7385, S. 19.
[302] Zur alten Abgrenzung zwischen TDG und MDStV OLG München, MMR 2000, 617.
[303] BT-Drs. 16/3078, S. 13; zur alten Rechtslage schon nach TDG Begr. RegE BT-Drs. 13/7385, S. 19; *Koch,* K&R 2002, 120, 121; BeckIuKDG-Komm/*Tettenborn,* § 2 TDG Rn. 77.
[304] BT-Drs. 16/3078, S. 13.
[305] *Leupold,* ZUM 1998, 99, 100f.
[306] So aber *Leupold,* ZUM 1998, 99, 100f.

TMG § 1 Anwendungsbereich

Suchmaschinen auch, sind die übermittelten Ergebnisse unabhängig von dem angebotenen Dienst.

86 **Suchmaschinen** unterfallen ebenfalls dem TMG,[307] da sie Navigationshilfen im Netz darstellen, und zwar indem sie zum einen nur den Zugang zu einem Inhalt vermitteln, an sich daher dem Access Providing vergleichbar wären,[308] andererseits aber auch inhaltliche Komponenten der automatisierten Einordnung und Kategorisierung aufgrund verwandter Algorithmen etc. enthalten. Dementsprechend werden sie auch in der Gesetzesbegründung als Beispiele für Telemedien genannt.[309] Schon im TDG wurden sie weithin dem § 2 Abs. 2 Nr. 3 TDG zugeordnet.[310] Mit der Qualifizierung als Telemediendienste finden auch alle datenschutzrechtlichen Bestimmungen des TMG, insbesondere Profiling etc., auf Suchmaschinen Anwendung.[311]

87 Die bloße **Zuordnung einer IP-Adresse,** wie sie im Rahmen des Access Providing geschieht, fällt dagegen als Telekommunikationsdienstleistung nicht unter das TMG.[312]

88 **Navigationssysteme** für andere elektronische Systeme, insbesondere die elektronischen Programmführer für das **digitale Fernsehen (Set-Top-Boxen, EPG),** unterfallen dagegen nicht dem TMG, sofern sie nur dem Zugang zu Rundfunkprogrammen dienen. Sollte allerdings das Angebot multimedial erweitert werden, etwa um Textdienste, werden diesbezüglich die Navigationssysteme auch dem TMG zuzuordnen sein.

3. Online-Spiele

89 Hinsichtlich sog. Online-Spiele muss angesichts der Vielzahl von grundlegend verschiedenen Angeboten differenziert werden, so dass wie bei allen übrigen Erscheinungsformen im Internet der jeweilige Dienst genau betrachtet werden muss.[313] Wird lediglich die Installationsdatei eines Offline-Spiels online zum Download angeboten, so ist die anbietende Seite sowie der Download an sich zwar ein Telemediendienst, nicht jedoch das Spiel selbst.[314] Entsprechendes gilt für ein offline gekauftes Spiel, das Updates über das Internet bezieht.[315] Anders sieht dies bei sog. **Browser-Games** aus. Diese benutzen zwar zumeist ein lokal zwischengespeichertes Applet zur Ausführung des Spiels, dies ist aber entsprechend der Zwischenspeicherung bei einem Video-on-Demand-Stream für die Einordnung in das rechtliche Gefüge grundsätzlich unbeachtlich.[316] Browser-Spiele sind somit als Telemedien einzustufen. Je nach konkreter Ausgestaltung fallen auch **Glücksspiele** darunter, ebenso wie die Internetangebote von Lotto oder

---

[307] *Sieber/Liesching,* MMR Beil. 8/2007, 4; *Hoeren,* NJW 2007, 801, 802f.; BeckTKG-Komm/*Piepenbrock,* 3. Aufl. 2006, § 3 Rn. 49; MüKoStGB/*Altenhain,* § 1 TMG Rn. 26.

[308] Zur Diskussion, ob die Suchmaschinen in den Genuss der Haftungsprivilegierungen kommen, insbesondere § 8, → Vor § 7 Rn. 86f.

[309] Begr. RegE BT-Drs. 16/3078, S. 13.

[310] S. dazu *Harte-Bavendamm/Jürgens* in: FS Schricker 2005, S. 33, 35; *Koch,* K&R 2002, 120, 121; *Sieber/Liesching,* MMR Beil. 8/2007, 4 mwN; aA aber Eberle/Rudolf/Wasserburg/*Eberle,* Kap. I Rn. 51.

[311] Anders in der Zuordnung jurisPK-Internetrecht/*Heckmann,* Kap. 1 Rn. 46f. „überwiegende" Telekommunikationsdienste, offenbar ohne Berücksichtigung der Folgen für die Anwendung datenschutzrechtlicher Bestimmungen.

[312] Hoeren/Sieber/Holznagel/*Schmitz,* 44. EL 2017, Teil 16.2 Rn. 73; s. zur Rechtslage nach dem TDG ebenso LG Darmstadt, MMR 2006, 330, 330f.

[313] *Schmidt/Dreyer/Lampert,* Spielen im Netz, S. 86.

[314] *Schmidt/Dreyer/Lampert,* Spielen im Netz, S. 76.

[315] S. zu der jugendschutzrechtlichen Problematik der Abgrenzung zwischen JuSchG und JMStV Spindler/Schuster/*Erdemir,* § 2 JMStV Rn. 12.

[316] *Schmidt/Dreyer/Lampert,* Spielen im Netz, S. 77f.

Toto.[317] Schwieriger ist die Charakterisierung komplexerer Online-Spiele, die auf Client-Server-Basis laufen (zB Massively-Multiplayer-Online-Games – MMOs). Dabei sollen zunächst die vom Server an den Client übertragenen Anwendungsdaten ein Telemediendienst sein.[318] Schließlich besteht ein komplexes Multiplayer-Spiel aus einer Vielzahl an weiteren mehr oder weniger integrierten Funktionen, wie bspw. Voice- oder Text-Chats, im Spiel angezeigte Werbung oder auch Videodateien. Hierbei gilt es entsprechend den oben genannten Grundsätzen jeden Dienst einzeln zu beurteilen und nicht eine Gesamtschau vorzunehmen (→ Rn. 60).[319] Nicht erfasst werden vom TMG solche Spiele, die gänzlich offline stattfinden.

4. On-Demand-Dienste

Schon nach Auffassung des Gesetzgebers des TDG sollte das „breite Spektrum wirtschaftlicher Betätigung mittels der neuen Dienste" erfasst werden, worunter ua „sowohl die elektronischen Bestell-, Buchungs- und Maklerdienste als auch interaktiv nutzbare Bestell- und Buchungskataloge, Beratungsdienste" etc. fallen sollen. Das TMG hält hieran fest, auch wenn die Dienste nicht mehr ausdrücklich genannt werden. Anders als die ECRL[320] umfasst das TMG daher auch **Telefon- und Faxpolling-Dienste**.[321] On-Demand-Dienste hingegen, bei denen der Nutzer zwar eine Leistung abrufen kann, nicht aber den Ablauf der Leistung selbst bestimmen oder weiter auswählen kann, wie etwa bei Pay-TV, fallen nicht unter das TMG.[322] Während unter dem TDG und dem MDStV noch die Einordnung von Video-on-Demand-Diensten strittig war, sind diese jetzt den Telemediendiensten zuzuordnen (→ Rn. 46).[323] **Fernseh- und Radiotext** (ehemals Tele- oder Videotext) unterfallen mangels ihrer Linearität nicht dem RStV, sondern dem TMG,[324] bei meinungsbildenden Charakter allerdings als rundfunkähnlichen Telemedium. 90

Unterfielen **Teleshopping-TV-Kanäle**[325] früher mangels Meinungsbildungsrelevanz nicht dem RStV, hat sich dies durch die Umstellung auf das Merkmal der Linearität sowie ihre explizite Einbeziehung in § 2 Abs. 2 Nr. 10 RStV geändert. Der Negativabgrenzung des TMG zufolge können sie folglich keine Telemediendienste sein. 91

§ 2 Begriffsbestimmungen

¹Im Sinne dieses Gesetzes
1. ist Diensteanbieter jede natürliche oder juristische Person, die eigene oder fremde Telemedien zur Nutzung bereithält oder den Zugang zur Nutzung vermittelt; bei audiovisuellen Mediendiensten auf Abruf ist Diensteanbieter jede natürliche oder juristische Person, die die Auswahl und Gestaltung der angebotenen Inhalte wirksam kontrolliert,

---

[317] VG Münster, NWVBl. 2010, 442, Rn. 21 ff. (zit. nach juris); BeckIuKDG-Komm/*Tettenborn*, § 2 TDG Rn. 79.
[318] *Schmidt/Dreyer/Lampert*, Spielen im Netz, S. 77.
[319] *Schmidt/Dreyer/Lampert*, Spielen im Netz, S. 79 f.
[320] *Spindler*, Beil. MMR 7/2000, 4, 5.
[321] Spindler/Schuster/*Nordmeier*, § 3 TMG Rn. 3; aA anscheinend bei jurisPK-Internetrecht/*Heckmann*, Kap. 1 Rn. 37.
[322] Ebenso *Bräutigam/Leupold/Pelz*, Online-Handel, B I. Rn. 64.
[323] Begr. RegE ElGVG, BT Drs. 16/3078, S. 13.
[324] Begr. RegE ElGVG, BT Drs. 16/3078, S. 13; MüKoStGB/*Altenhain*, § 1 TMG Rn. 23; Spindler/Schuster/*Holznagel*, § 2 RStV Rn. 32.
[325] Dazu *Wüstenberg*, GRUR 2002, 649, 650; *Dafner*, Das öffentliche Wirtschaftsrecht der Teledienste, S. 158 ff.

2. ist niedergelassener Diensteanbieter jeder Anbieter, der mittels einer festen Einrichtung auf unbestimmte Zeit Telemedien geschäftsmäßig anbietet oder erbringt; der Standort der technischen Einrichtung allein begründet keine Niederlassung des Anbieters,
2a. ist drahtloses lokales Netzwerk ein Drahtloszugangssystem mit geringer Leistung und geringer Reichweite sowie mit geringem Störungsrisiko für weitere, von anderen Nutzern in unmittelbarer Nähe installierte Systeme dieser Art, welches nicht exklusive Grundfrequenzen nutzt,
3. ist Nutzer jede natürliche oder juristische Person, die Telemedien nutzt, insbesondere um Informationen zu erlangen oder zugänglich zu machen,
4. sind Verteildienste Telemedien, die im Wege einer Übertragung von Daten ohne individuelle Anforderung gleichzeitig für eine unbegrenzte Anzahl von Nutzern erbracht werden,
5. ist kommerzielle Kommunikation jede Form der Kommunikation, die der unmittelbaren oder mittelbaren Förderung des Absatzes von Waren, Dienstleistungen oder des Erscheinungsbilds eines Unternehmens, einer sonstigen Organisation oder einer natürlichen Person dient, die eine Tätigkeit im Handel, Gewerbe oder Handwerk oder einen freien Beruf ausübt; die Übermittlung der folgenden Angaben stellt als solche keine Form der kommerziellen Kommunikation dar:
    a) Angaben, die unmittelbaren Zugang zur Tätigkeit des Unternehmens oder der Organisation oder Person ermöglichen, wie insbesondere ein Domain-Name oder eine Adresse der elektronischen Post,
    b) Angaben in Bezug auf Waren und Dienstleistungen oder das Erscheinungsbild eines Unternehmens, einer Organisation oder Person, die unabhängig und insbesondere ohne finanzielle Gegenleistung gemacht werden.
6. sind „audiovisuelle Mediendienste auf Abruf" Telemedien mit Inhalten, die nach Form und Inhalt fernsehähnlich sind und die von einem Diensteanbieter zum individuellen Abruf zu einem vom Nutzer gewählten Zeitpunkt und aus einem vom Diensteanbieter festgelegten Inhaltekatalog bereitgestellt werden.

²Einer juristischen Person steht eine Personengesellschaft gleich, die mit der Fähigkeit ausgestattet ist, Rechte zu erwerben und Verbindlichkeiten einzugehen.

Literatur nach dem TMG: *Castendyk/Böttcher,* Ein neuer Rundfunkbegriff für Deutschland? – Die Richtlinie für audiovisuelle Mediendienste und der deutsche Rundfunkbegriff, MMR 2008, 13; *Eicher/Schneider,* Die Rundfunkgebührenpflicht in Zeiten der Medienkonvergenz, NVwZ 2009, 741; *Feldmann,* Unterliegen Arbeitgeber der Pflicht zur Vorratsdatenspeicherung gem. § 113a TKG?, NZA 2008, 1398; *Frey,* Haftungsprivilegierung der Access-Provider nach § 8 TMG? – Auflösung eines Normwiderspruchs innerhalb des TMG, MMR 2014, 650; *Fülbier/Splittgerber,* Keine (Fernmelde-)Geheimnisse vor dem Arbeitgeber?, NJW 2012, 1995; *Gersdorf,* Telekommunikationsrechtliche Einordnung von OTT-Diensten am Beispiel von Gmail, K&R 2016, 91; *Grünwald/Nüßing,* Kommunikation over the Top – Regulierung für Skype, WhatsApp oder Gmail?, MMR 2016, 91; *Hain/Brings,* Die Tagesschau-App vor Gericht, WRP 2012, 1495; *Haug,* Informationspflichten bei Social Media-Präsenzen von Rechtsanwälten, NJW 2015, 661; *Heidrich/Wegener,* Sichere Datenwolken – Cloud Computing und Datenschutz, MMR 2010, 803; *Hoffmann,* Die Entwicklung des Internetrechts bis Ende 2014, NJW 2015, 530; *Koch,* Rechtsprobleme privater Nutzung betrieblicher elektronischer Kommunikationsmittel, NZA 2008, 911; *Kramer,* Gestaltung betrieblicher Regelungen zur IT-Nutzung, ArbRAktuell 2010, 164; *Kühling/Schall,* WhatsApp, Skype & Co. – OTT-Kommunikation im Spiegel des geltenden Telekommunikationsrechts, CR 2015, 641; *Liebhaber/Wessels,* Der Rundfunkbegriff im Zeitalter der Medienkonver-

Begriffsbestimmungen § 2 TMG

genz, K&R 2017, 544; *Lorenz,* Anonymität im Internet? – zur Abgrenzung von Diensteanbietern und Nutzern, VuR 2014, 83; *ders.,* Informationspflichten bei eBay, VuR 2008, 321; *Nägele/Jacobs,* Rechtfragen des Cloud Computing, ZUM 2010, 281; *Nobel/Kaempf,* Die neue Richtlinie über audiovisuelle Mediendienste, EuZ 2008, 58; *Pießkalla,* Zur Reichweite der Impressumspflicht in sozialen Netzwerken, ZUM 2014, 368; *Rockstroh,* Impressumspflicht auf Facebook-Seiten Wann werden Telemedien „in der Regel gegen Entgelt" angeboten?, MMR 2013, 627; *Schmidtmann,* Die neue „heute"-App des ZDF – ein presseähnliches Angebot, ZUM 2013, 536; *Schulz,* Medienkonvergenz light – Zur neuen Europäischen Richtlinie über audiovisuelle Medien, EuZW 2008, 107; *Schuster,* Der Arbeitgeber und das Telekommunikationsgesetz, CR 2014, 21; *Seel,* Aktuelles zum Umgang mit Emails und Internet im Arbeitsverhältnis – Was sind die Folgen privater Nutzungsmöglichkeit?, öAT 2013, 4; *Seidl/Maisch,* Fernsehen der Zukunft – Aufnahme der audiosuellen Mediendienste auf Abruf in das Telemediengesetz, K&R 2011, 11; *Spindler,* Sperrverfügungen gegen Access-Provider – Klarheit aus Karlsruhe?, GRUR 2016, 451; *ders.,* Die neue Providerhaftung für WLANs – Deutsche Störerhaftung adé?, NJW 2016, 2449; *ders.,* Die geplante Reform der Providerhaftung im TMG und ihre Vereinbarkeit mit Europäischem Recht, CR 2016, 48; *ders.,* Anmerkung zum EuGH, Urteil v. 21.10.2015 – C-347/14, JZ 2016, 147; *Schneider,* WhatsApp & Co. – Dilemma um anwendbare Datenschutzregeln – Problemstellung und Regelungsbedarf bei Smartphone-Messengern, ZD 2014, 231; *Schuster,* Der Arbeitgeber und das Telekommunikationsgesetz, CR 2014, 21; *Schuster/Reichel,* Cloud Computing & SaaS: Was sind die wirklich neuen Fragen?, CR 2010, 38; *Thüsing,* Beschäftigtendatenschutz und Compliance, 2014.

Literatur vor dem TMG: *Altenburg/v. Reinersdorff/Leister,* Telekommunikation am Arbeitsplatz, MMR 2005, 135; *Arndt/Köhler,* Elektronischer Handel nach der E-Commerce-Richtlinie, EWS 2001, 102; *Barton,* Multimedia-Strafrecht, 1999; *ders.,* E-Mail-Kontrolle durch Arbeitgeber – Drohen unliebsame strafrechtliche Überraschungen?, CR 2003, 839; *Beckschulze/Henkel,* Der Einfluss des Internets auf das Arbeitsrecht, DB 2001, 1491; *Bergmann,* Die Haftung gem. § 5 TDG am Beispiel des News-Dienstes, 2000; *Bleisteiner,* Rechtliche Verantwortlichkeit im Internet, 1999; *Bodeweig,* Elektronischer Geschäftsverkehr und Unlauterer Wettbewerb, GRUR Int. 2000, 475; *Däubler,* Internet und Arbeitsrecht, 2000; *Dethloff,* Europäisches Kollisionsrecht des unlauteren Wettbewerbs, JZ 2000, 179; *Dustmann,* Die privilegierten Provider, 2001; *Engels/Jürgens/Fritzsche,* Die Entwicklung des Telemedienrechts im Jahr 2006, K&R 2007, 57; *Ernst,* Der Arbeitgeber, die E-Mail und das Internet, NZA 2002, 585; *Flechsig/Gabel,* Strafrechtliche Verantwortlichkeit im Netz durch Einrichten und Vorhalten von Hyperlinks, CR 1998, 351; *Freytag,* Providerhaftung im Binnenmarkt, CR 2000, 600; *Geis,* Die Europäische Perspektive der Haftung von Informationsanbietern und Zertifizierungsstellen, CR 1999, 772; *Haußmann/Krets,* EDV-Betriebsvereinbarungen im Praxistest, NZA 2005, 259; *Hassemer/Witzel,* Filterung und Kontrolle des Datenverkehrs – Ist die Filterung von E-Mails im Unternehmen rechtmäßig?, ITRB 2006, 139; *Heyl,* Teledienste und Mediendienste nach Teledienstgesetz und Mediendienste-Staatsvertrag, ZUM 1998, 115; *Hilber/Frik,* Rechtliche Aspekte der Nutzung von Netzwerken durch Arbeitnehmer und den Betriebsrat, RdA 2002, 89; *Hochstein,* Teledienste, Mediendienste und Rundfunkbegriff – Anmerkungen zur praktischen Abgrenzung multimedialer Erscheinungsformen, NJW 1997, 2977; *Hoeren,* Vorschlag für eine EU-Richtlinie über E-Commerce, MMR 1999, 192; *Jürgens,* Von der Provider- zur Provider- und Medienhaftung, CR 2006, 188; *Kreutzer,* Napster, Gnutella & Co.: Rechtsfragen zu Filesharing-Netzen aus der Sicht des deutschen Urheberrechts de lege lata und de ferenda – Teil 2, GRUR 2001, 307; *Leitgeb,* Die Revision der Fernsehrichtlinie – Überblick über die wesentlichen geplanten Änderungen unter besonderer Berücksichtigung der Liberalisierung des Verbotes von Produktplatzierungen, ZUM 2006, 837; *Libertus,* Medienrechtliche Aspekte der Umsetzung der E-Commerce-Richtlinie in Deutschland, RTKom 2001, 79; *Liesching/Knupfer,* Verantwortlichkeit von Internet-Café-Betreibern für die Zugangsgewährung zu jugendgefährdenden Inhalten, MMR 2003, 562; *Lindemann/Simon,* Betriebsvereinbarungen zur E-Mail-, Internet- und Intranet-Nutzung, BB 2001, 1950; *Mankowski,* Das Internet im Internationalen Vertrags- und Deliktsrecht, RabelsZ 63 (1999), 203; *Mayer,* Urheber- und haftungsrechtliche Fragestellungen bei Peer-to-peer-Tauschbörsen, 2003; *Mengel,* Kontrolle der Email- und Internet-Kommunikation am Arbeitsplatz, BB 2004, 2014; *Reber/Schorr,* Peer-to-Peer-Kommunikationsplattformen und deren Freistellung von der urheberrechtlichen Verantwortlichkeit,

ZUM 2001, 672; *Röhrborn/Katko,* Rechtliche Anforderungen an Wireless LAN, CR 2002, 882; *Sack,* Das internationale Wettbewerbsrecht nach der E-Commerce-Richtlinie (ECRL) und dem EGG-/ TDG-Entwurf, WRP 2001, 1408; *Schimmelpfennig/Wenning,* Arbeitgeber als Telekommunikationsdienste-Anbieter?, DB 2006, 2290; *Stadler,* Haftung für Informationen im Internet, 2002; *Stender-Vorwachs/Theißen,* Die Richtlinie für audiovisuelle Mediendienste, ZUM 2007, 613; *Tettenborn/Bender/ Lübben/Karenfort,* Rechtsrahmen für den elektronischen Geschäftsverkehr, Beil. BB 10/2001, 1; *Thode,* Electronic-Commerce-Richtlinie – Die Umsetzung der vertragsrechtlichen Vorgaben in das Recht der Bundesrepublik Deutschland, NZBau 2001, 345; *Waldenberger,* Electronic Commerce: Der Richtlinienvorschlag der EG-Kommission, EuZW 1999, 296; *Wimmer,* Die Verantwortlichkeit des Online-Providers nach dem neuen Multimediarecht – zugleich ein Überblick über die Entwicklung der Rechtsprechung seit dem 1.8.1997, ZUM 1999, 436; *Wuermeling/Felixberger,* Fernmeldegeheimnis und Datenschutz im Telekommunikationsgesetz, CR 1997, 230.

Übersicht

	Rn.
I. Überblick und Entstehungsgeschichte	1
II. Europarechtlicher Hintergrund	2
III. Diensteanbieter für Telemedien und audiovisuelle Mediendienste (S. 1 Nr. 1); juristische Personen (S. 2)	3
1. Natürliche oder juristische Person	3
2. Erfüllungsgehilfen und Arbeitnehmer	7
3. Bereithaltung von Telemedien zur Nutzung	12
a) Allgemeine Voraussetzungen	12
b) Eigene Telemedien zur Nutzung	22
c) Fremde Telemedien zur Nutzung	24
d) Vermittlung des Zugangs zu Telemedien (Access-Provider)	25
e) Keine Telemedien	28
4. Diensteanbieter audiovisueller Mediendienste auf Abruf	29
5. Einzelfälle	30
a) Peer-to-Peer-Systeme	30
b) Rechenzentren	31
IV. Niedergelassener Diensteanbieter (S. 1 Nr. 2)	32
V. Drahtlose lokale Netzwerke (Nr. 2a)	35
VI. Nutzer (S. 1 Nr. 3)	39
VII. Verteildienste (S. 1 Nr. 4)	42
VIII. Kommerzielle Kommunikation (S. 1 Nr. 5)	43
IX. Audiovisuelle Dienste auf Abruf (S. 1 Nr. 6)	48

I. Überblick und Entstehungsgeschichte

1 § 2 hat fast wortwörtlich die früheren Bestimmungen des TDG übernommen.[1] Darüber hinaus nimmt § 2 aber auch die wesentlich komplexeren Begriffsdefinitionen der ECRL (Art. 2) auf und ergänzt damit § 1 in wesentlichen Teilen. Zusammen mit § 1 bestimmt § 2 mittelbar den Anwendungsbereich des TMG, insbesondere bei einzelnen Normen wie dem Herkunftslandprinzip. Erst mit dem 1. TelemedienrechtsänderungsG^2 wurde in Umsetzung der Richtlinie über audiovisuelle Mediendienste[3] (AVM-RL) die Definition der audiovisuellen Medien aufgenommen – allerdings ohne alle Tatbestandsmerkmale aufzuführen (→ § 1 Rn. 7 sowie → Rn. 48 ff.).

---

[1] Begr. RegE BT-Drs. 16/3078, S. 14.

[2] Erstes Gesetz zur Änderung des Telemediengesetzes v. 31.10.2010, BGBl. I S. 692.

[3] Richtlinie 2007/65/EG des Europäischen Parlaments und des Rates zur Änderung der Richtlinie 89/552/EWG des Rates zur Koordinierung bestimmter Rechts- und Verwaltungsvor-

II. Europarechtlicher Hintergrund

Der in der ECRL benutzte und § 2 zugrundeliegende Begriff „Dienste der Informationsgesellschaft" erinnert auf der Ebene des primären Gemeinschaftsrechts an die **Grundfreiheit des Dienstleistungsverkehrs** nach Art. 56, 57 AEUV. Trotz der weitgehenden Ähnlichkeit und dem Charakter des größten Teils der über das Netz erbrachten Leistungen als Dienstleistungen darf daraus nicht der Schluss gezogen werden, dass Art. 2 lit. a ECRL und die Dienste der Informationsgesellschaft entsprechend den vom EuGH gezogenen Linien zur Abgrenzung der Waren- von der Dienstleistungsverkehrsfreiheit ausgelegt werden könnten.[4] Denn die Richtlinie will jegliche Tätigkeiten erfassen, die mittels Fernkommunikationsmittel erbracht werden. Somit wird zB auch der Online-Verkauf erfasst, was bereits Erwägungsgrund Nr. 18 ECRL deutlich zum Ausdruck bringt. Auch wenn daher aus Sicht der Rechtsprechung des EuGH der Schwerpunkt einer wirtschaftlichen Tätigkeit auf dem Warenabsatz läge, ist bei entsprechender Werbung über elektronische Wege die ECRL und damit das TMG einschlägig[5] – allerdings nur hinsichtlich dieser Werbung und dem Online-Vertragsabschluss, nicht hinsichtlich der außerhalb des elektronischen Übertragung stattfindenden Vorgänge. Nur der Bereich außerhalb der Online-Welt wird von der Richtlinie nicht tangiert, etwa Anforderungen an Waren, die offline geliefert werden, zB Sicherheitsanforderungen. Dies kann zu überaus komplizierten und **kaum praktikablen Abgrenzungsfragen** führen, insbesondere im Hinblick auf das Herkunftslandprinzip: Alle den elektronischen Vertragsabschluss betreffenden Fragen unterfallen etwa dem Herkunftslandprinzip, während bereits die Gewährleistung oder die Erfüllung bei Auslieferung verkörperter Waren nicht mehr von der ECRL und damit auch nicht vom Herkunftslandprinzip erfasst werden (→ § 3 Rn. 11 f.).

III. Diensteanbieter für Telemedien und audiovisuelle Mediendienste (S. 1 Nr. 1); juristische Personen (S. 2)

1. Natürliche oder juristische Person

Das TMG will jeden erfassen, der Telemedien zur Verfügung stellt oder den Zugang zu ihnen vermittelt.[6] Demgemäß ist der Begriff des Diensteanbieters derart weit gefasst, dass jeder nur denkbare Handelnde hierunter fällt. Das TMG grenzt den Anwendungsbereich nur funktional nach den Tätigkeiten ab, nicht aber nach dem Personenkreis.[7] Aus diesem Grund kann ein Diensteanbieter auch gleichzeitig mehrere

---

schriften der Mitgliedstaaten über die Ausübung der Fernsehtätigkeit vom 11.12.2007, ABl. Nr. L 332 v. 18.12.2007, S. 27 ff., kodifizierte Fassung als Richtlinie 2010/13/EU des Europäischen Parlaments und des Rates zur Koordinierung bestimmter Rechts- und Verwaltungsvorschriften der Mitgliedstaaten über die Bereitstellung audiovisueller Mediendienste vom 10.3.2010, ABl. Nr. L 95 v. 15.4.2010, S. 1 ff.

[4] S. etwa EuGH, Slg. 1990, I-667 = GRUR Int. 1990, 955 – GB-Inno-BM/Confédération du commerce luxembourgeois; *Waldenberger,* EuZW 1999, 296; *Arndt/Köhler,* EWS 2001, 102, 103.

[5] *Arndt/Köhler,* EWS 2001, 102, 103.

[6] BGH, GRUR 2016, 268 Rn. 24 – Störerhaftung des Access-Providers; OLG Köln, GRUR 2014, 1081, 1085 f. – Goldesel; Spindler/Schuster/*Ricke,* § 2 TMG Rn. 2; BeckOK InfoMedienR/*Martini,* § 2 TMG Rn. 5.

[7] Spindler/Schuster/*Ricke,* § 2 TMG Rn. 2; jurisPK-Internetrecht/*Heckmann,* Kap. 1 Rn. 91; *Wimmer,* ZUM 1999, 436, 439 f.; *Stadler,* Haftung für Informationen im Internet, Rn. 59.

TMG § 2 Begriffsbestimmungen

Funktionen ausüben, indem er selbst Telemedien anbietet oder auch nur den Zugang zu ihnen vermittelt.

4 Dementsprechend stellt § 2 S. 2 klar, dass den juristischen Personen die teilrechtsfähigen Personengesellschaften gleichstehen.[8] Damit ist der unsinnige Begriff der Personenvereinigung des § 3 TDG zu Recht gestrichen worden.[9] Nach § 124 HGB sind die Gesellschaftsformen der OHG und KG auf jeden Fall als Diensteanbieter anzusehen; mit der neueren Rechtsprechung des BGH zur BGB-Gesellschaft, wonach die (Außen-)GbR durch Teilnahme am Rechtsverkehr – mit gewissen Einschränkungen[10] – eigene Rechten und Pflichten begründen kann,[11] ist nunmehr auch deren Teilrechtsfähigkeit anerkannt. Ebenso sind nach dem PartG auch Partnergesellschaften (zB Rechtsanwaltssozietäten) teilrechtsfähig, so dass sie als Diensteanbieter iSv von § 2 zu qualifizieren sind. Bei Mischformen wie der GmbH & Co. KG ist die jeweils unternehmenstragende Gesellschaft, also die KG, als Diensteanbieter anzusehen.[12]

5 Kein Diensteanbieter ist mangels Rechtspersönlichkeit der **Konzern**.[13] Dies schließt nicht aus im Einzelfall Zurechnungen von Konzerngesellschaften vorzunehmen, etwa für die Frage der Kenntnis von rechtswidrigen Inhalten.

6 Auch **öffentlich-rechtliche Körperschaften** oder andere rechtsfähige öffentlich-rechtliche Rechtsformen können Diensteanbieter nach § 2 S. 1 Nr. 1 sein, zB Fachhochschulen und Universitäten.[14] Auf die Entgeltlichkeit eines Dienstes oder die Gewerbsmäßigkeit kommt es außer in bestimmten Fällen des TMG (§§ 3, 5) nicht an (→ § 1 Rn. 59). Demnach kann auch im Betreiber einer **privaten Homepage** Telemediendienstanbieter sein, zumal nach § 1 Abs. 1 S. 2 keine Gewerblichkeit erforderlich ist,[15] was auch rundfunkähnliche Telemedien umfassen kann, etwa wenn er fremde Inhalte in seine Homepage aufnimmt und diese redaktionell gestaltet.[16]

2. Erfüllungsgehilfen und Arbeitnehmer

7 Angesichts der weiten Definition des § 2 kann fraglich sein, ob auch der Arbeitnehmer eines Providers oder ein Dritter, der im Auftrag eines Providers tätig wird, selbst als Diensteanbieter zu qualifizieren ist, zB der Moderator eines Forums. Da je-

---

[8] BeckRTD-Komm/*Gitter*, § 2 TMG Rn. 34.

[9] Begr. RegE BT-Drs. 14/6098, S. 15.

[10] BGH, NJW 2002, 1207, wonach „[…] spezielle Gesichtspunkte, das heißt besondere Rechtsvorschriften und die Eigenart des zu beurteilenden Rechtsverhältnisses, der Fähigkeit der GbR zur Einnahme bestimmter Rechtspositionen und damit auch ihrer Fähigkeit, selbst Vertragspartnerin zu sein, entgegenstehen können […]"; s. auch BGH, NZG 2009, 137, 138, unter Verweis auf BGH, NJW 2006, 2189, 2190, wonach es „Aufgaben mit Anforderungen (gibt), denen zwar natürliche und juristische Personen und auch registerfähige rechtsfähige Personengesellschaften genügen können, wegen ihrer strukturellen Unterschiede zu diesen aber nicht die GbR".

[11] BGHZ 146, 341, 343 ff. = NJW 2001, 1056, 1056; BGH, NJW 2006, 2189; BGH, NJW 2006, 3716, 3717; BGH, NZG 2009, 137, 138; s. ausf. zu der Thematik Henssler/Strohn/*Servatius*, § 705 BGB Rn. 67 ff.; zur historischen Entwicklung MüKoBGB/*Schäfer*, Vorb. §§ 705 ff. Rn. 9 ff.

[12] Wie hier MüKoStGB/*Altenhain*, § 2 TMG Rn. 3.

[13] Missverständlich BeckOK InfoMedienR/*Martini*, § 2 TMG Rn. 7 (in 14. Edition, nunmehr entfallen): Google-Konzern sei Diensteanbieter.

[14] OLG Braunschweig, MMR 2001, 608; OLG München, CR 2000, 541; Spindler/Schuster/*Ricke*, § 2 TMG Rn. 4, 18.

[15] Begr. RegE BT-Drs. 13/7385, S. 19.

[16] Näher dazu → § 1 Rn. 66 f.; ebenso für den MDStV aF *v. Heyl*, ZUM 1998, 115, 118 f.; *Flechsig/Gabel*, CR 1998, 351, 353 f.

Begriffsbestimmungen **§ 2 TMG**

doch weder Arbeitnehmer noch Dritte eigenständig das Angebot der Dienste gegenüber dem Nutzer erbringen und auch nicht als solche in Erscheinung treten, sondern nur in Erfüllung ihrer Aufgaben gegenüber dem Diensteanbieter, ist lediglich dieser als Diensteanbieter iSd § 2 zu qualifizieren.[17] Zurechnungs- und Anknüpfungspunkt ist demnach allein derjenige, der durch seine Weisungen und seine Herrschaftsmacht über Rechner und Kommunikationskanäle die Verbreitung und das Speichern von Informationen ermöglicht und nach außen hin als Erbringer der Dienste auftritt. So kommt es auch nicht darauf an, ob der Anbieter einen **Dienstleister** mit der Gestaltung seines Webauftritts beauftragt hat.[18]

§ 10 S. 2 bekräftigt diesen Grundgedanken, wenn der Nutzer, der unter der „Aufsicht" des Anbieters steht, diesem zugerechnet wird. In strafrechtlicher Terminologie handelt es sich bei der Eigenschaft als „Diensteanbieter" um eine besondere Tätereigenschaft, die nicht bei Arbeitnehmern oder Dritten vorliegt. Dies schließt allerdings nicht aus, sie in den Genuss etwa der Haftungsprivilegierungen oder des Herkunftslandprinzips kommen zu lassen, wenn das jeweilige Rechtsgebiet eine Erstreckung der besonderen Eigenschaften des Diensteanbieters auf Mitarbeiter zulässt (→ Vor § 7 Rn. 41 f., → § 3 Rn. 14).[19] Ebenso wenig müssen Arbeitnehmer oder als Erfüllungsgehilfen eingeschaltete Dritte den Nutzern gegenüber die Pflichten nach §§ 5, 6 erbringen. **8**

Vom TMG werden ferner nicht **Intranets eines Diensteanbieters, insbesondere Arbeitgeber,** erfasst, sofern sie der rein innerbetrieblichen Kommunikation innerhalb eines Diensteanbieters dienen, was auch das Zugänglichmachen von Inhalten innerhalb eines Unternehmens umfasst. Denn das TMG setzt das Verhältnis zu einem Nutzer bzw. zu einem Dritten außerhalb der rechtlichen Sphäre des Diensteanbieters voraus.[20] Wie groß der von einem Intranet erfasste Personenkreis ist, spielt dagegen im Unterschied etwa zum Öffentlichkeitsbegriff des § 15 UrhG bzw. § 19a UrhG[21] keine Rolle; auch tausende von Nutzern eines Intranets führen nicht zur Anwendung des TMG, soweit es sich um Arbeitnehmer eines Diensteanbieters und um Kommunikation bzw. Inhalte im betrieblichen Zusammenhang handelt. **Konzernweite Intranets** unterfallen demgegenüber grundsätzlich dem TMG, da die Konzerngesellschaften wie Dritte behandelt werden – was einzelne Zurechnungen nicht ausschließt, etwa bei der Kenntnis im Rahmen von § 10 (→ § 10 Rn. 45). **9**

Maßgeblich ist, dass der Nutzer dem Diensteanbieter gegenüber wie ein Dritter auftritt;[22] daher kann auch ein **Arbeitgeber** Diensteanbieter[23] sein, wenn er die pri- **10**

---

[17] Dem folgend Spindler/Schuster/*Ricke*, § 2 TMG Rn. 4; MüKoStGB/*Altenhain*, § 2 TMG Rn. 11; jurisPK-Internetrecht/*Heckmann*, Kap. 1 Rn. 107; aA offenbar *Bergmann*, Die Haftung gem. § 5 TDG am Beispiel des News-Dienstes, S. 42 f.; *Freytag*, CR 2000, 600, 601.

[18] LG Hamburg, ZUM-RD 2011, 193, 194.

[19] Dazu auch MüKoStGB/*Altenhain*, § 2 TMG Rn. 12 mwN.

[20] BeckRTD-Komm/*Gitter*, § 2 TMG Rn. 16; jurisPK-Internetrecht/*Heckmann*, Kap. 1 Rn. 95; Spindler/Schuster/*Spindler/Nink*, § 11 TMG Rn. 25; aA MüKoStGB/*Altenhain*, § 2 TMG Rn. 4, der auch das Bereithalten für eine geschlossene Personengruppe oder im Intranet erfassen will: Das vom Diensteanbieter angebotene Telemedium müsse nicht allgemein zugänglich sein; dies sei weder Definitionsmerkmal des Telemediums (sondern des Rundfunks) noch des Bereithaltens oder der Zugangsvermittlung.

[21] Zur Öffentlichkeit auch innerhalb eines Unternehmens nach §§ 15, 19a UrhG Dreier/Schulze/*Dreier*, § 15 UrhG Rn. 43, 44, § 19a UrhG Rn. 7; Schricker/Loewenheim/*v. Ungern-Sternberg*, § 15 UrhG Rn. 367 ff., § 19a UrhG Rn. 69.

[22] *Altenburg/v. Reinersdorff/Leister*, MMR 2005, 135, 136; *Feldmann*, NZA 2008, 1398; krit. *Barton*, CR 2003, 839, 843.

[23] Eine umfassende Abwägung der sich gegenüberstehenden Ansichten findet sich bei *Schuster*, CR 2014, 21 ff.

vate Nutzung des Intranets für seine Arbeitnehmer erlaubt[24] (ausführlich → Rn. 11). Dagegen sind sowohl Mitarbeiter als auch Arbeitgeber einschließlich Organmitglieder Teil des Arbeitgebers, wenn nur dienstliche Kommunikation erlaubt ist. In diesem Fall findet das TMG keine Anwendung, ebenso wenig das TKG.[25] Hat der Arbeitgeber also die Nutzung der seinen Mitarbeitern überlassenen Computer, Smartphones etc. auf die ausschließlich dienstliche Nutzung festgelegt, sind die Bestimmungen des Telekommunikationsrechts nicht anwendbar;[26] der Arbeitgeber ist dann kein Anbieter von Telekommunikationsdienstleistungen und unterliegt auch nicht dem Fernmeldegeheimnis nach § 88 Abs. 2 TKG.[27] § 88 Abs. 3 TKG knüpft wie auch § 3 Nr. 6a), 6b) TKG daran an, dass Telekommunikationsdienste geschäftsmäßig erbracht werden.[28] Nach der Legaldefinition in § 3 Nr. 10 TKG ist unter dem geschäftsmäßigen Erbringen von Telekommunikationsdiensten das „nachhaltige Angebot von Telekommunikaton einschließlich des Angebots von Übertragungswegen für Dritte mit oder ohne Gewinnerzielungsabsicht" zu verstehen. Maßgeblich ist hier die Einschränkung auf Angebote „für Dritte"; Anbieter eines Telekommunikationsdienstes ist danach jeder, der Telekommunikationseinrichtungen nicht nur für eigene Zwecke, sondern für andere betreibt.[29] Dies liegt indes bei Arbeitnehmern, die das Netz des Arbeitgebers für dienstliche Zwecke nutzen nicht vor, da sie dem Arbeitgeber zuzurechnen sind.[30] Für diese Auslegung spricht auch das Wort Angebot in § 3 Nr. 10 TKG: Da das Angebot einer Leistung nur gegenüber einem anderen erfolgen kann,[31] wird der Betrieb von Telekommunikationseinrichtungen für den ausschließlichen Eigenbedarf des Betreiber nichts erfasst.[32]

11 Gestattet der Arbeitgeber dagegen die **private Mitbenutzung** ausdrücklich oder konkludent, betreibt er das System nicht nur für eigene Zwecke, sondern auch, um den Arbeitnehmern die autonome Nutzung für private Zwecke zu ermöglichen, sodass diese im Verhältnis zum Arbeitgeber als „Dritte" iSv § 3 Nr. 10 TKG gelten.[33] Wird die private Nutzung durch den Arbeitgeber erlaubt, so ist der Arbeitgeber Diensteanbieter[34]: In diesem Fall ist der Arbeitgeber Access-Provider[35] (Vermittlung

---

[24] BeckRTD-Komm/*Gitter,* § 2 TMG Rn. 17 mwN; *Ernst,* NZA 2002, 585, 587; *Feldmann,* NZA 2008, 1398; *Hilber/Frik,* RdA 2002, 89, 91; *Koch,* NZA 2008, 911, 912f.; *Mengel,* BB 2004, 2014, 2017; aA MüKoStGB/*Altenhain,* § 2 TMG Rn. 5.

[25] *Altenburg/v. Reinersdorff/Leister,* MMR 2005, 135, 136; *Hassemer/Witzel,* ITRB 2006, 139, 141; *Lindemann/Simon,* BB 2001, 1950, 1951.

[26] Arndt/Fetzer/Scherer/Graulich/*Fetzer,* § 3 TKG Rn. 27; Hoeren/Sieber/Holznagel/ *Deutlmoser/Filip,* 44. EL 2017, Teil 16.6 Rn. 101; Leupold/Glossner/*Hegewald,* Teil 8 Rn. 74; *Thüsing,* Beschäftigtendatenschutz und Compliance, § 3 Rn. 64f.; *Kramer,* ArbRAktuell 2010, 164; *Hassemer/Witzel,* ITRB 2006, 139, 141; *Mengel,* BB 2004, 2014, 2016.

[27] *Kramer,* ArbRAktuell 2010, 164; *Seel,* öAT 2013, 4, dies folge ua aus § 11 Abs. 1 TMG.

[28] Hoeren/Sieber/Holznagel/*Elschner,* 44. EL 2017, Teil 22.1 Rn. 72.

[29] Hoeren/Sieber/Holznagel/*Elschner,* 44. EL 2017, Teil 22.1 Rn. 79.

[30] Arndt/Fetzer/Scherer/Graulich/*Fetzer,* § 3 TKG Rn. 27; Hoeren/Sieber/Holznagel/*Elschner,* 44. EL 2017, Teil 22.1 Rn. 80; MüK StGB/*Altenhain,* § 2 TMG Rn. 5.

[31] Spindler/Schuster/*Eckhardt,* § 88 TKG Rn. 27.

[32] BeckTKG-Komm/*Bock,* § 88 TKG Rn. 24; Säcker/*Säcker,* § 3 TKG Rn. 27; *Wuermeling/ Felixberger,* CR 1997, 230, 232; *Mengel,* BB 2004, 2014, 2017.

[33] Hoeren/Sieber/Holznagel/*Elschner,* 44. EL 2017, Teil 22.1 Rn. 81; *Altenburg/v. Reinersdorff/ Leister,* MMR 2005, 135, 136; *Feldmann,* NZA 2008, 1398; krit. *Barton,* CR 2003, 839, 843.

[34] BeckTKG-Komm/*Bock,* § 88 TKG Rn. 24; MüKoStGB/*Altenhain,* § 2 TMG Rn. 5; Spindler/Schuster/*Ricke,* § 2 TMG Rn. 8; *Kramer,* ArbRAktuell 2010, 164, 165; *Feldmann,* NZA 2008, 1398; *Altenburg/v. Reinersdorff/Leister,* MMR 2005, 135, 136, 137; *Ernst,* NZA 2002, 585, 587; *Hilber/Frik,* RdA 2002, 89, 91; *Koch,* NZA 2008, 911, 912f.; *Mengel,* BB 2004, 2014, 2017.

[35] Hoeren/Sieber/Holznagel/*Sieber/Höfinger,* 44. EL 2017, Teil 18.1 Rn. 64.

Begriffsbestimmungen **§ 2 TMG**

zu einem anderen Kommunikationsnetz), ggf. sogar Host-Provider, wenn etwa über Plattformen Arbeitnehmer sich austauschen können. Für diese Differenzierung spricht auch § 11 Abs. 1 Nr. 1: Einer solchen Ausnahme hätte es nicht bedurft, wenn der Arbeitgeber bei privater Kommunikation nicht als Diensteanbieter zu qualifizieren wäre.[36] Die gegenteilige Auffassung, die auch bei privater Nutzung des dienstlichen E-Mail-Accounts den Arbeitgeber nicht als Diensteanbieter iSd TKG qualifiziert,[37] stellt im Wesentlichen auf die Ziele und Zwecke des TKG ab, das nicht auf die private Nutzungseinräumung anzuwenden sei, insbesondere nicht im Hinblick auf den Arbeitnehmerschutz. Es sei nicht sachgerecht Arbeitgeber im Hinblick auf das eigene Unternehmen und die in seinem Eigentum stehenden Computer demselben Kontrollmaßstab zu unterziehen wie gewerbliche Anbieter; dem Arbeitnehmer sei zudem bewusst, dass er nicht auf die Unantastbarkeit seines Accounts vertrauen dürfe und dass der Arbeitgeber im Einzelfall ein berechtigtes Interesse haben könne, auf den dienstlichen E-Mail-Account zuzugreifen.[38] Zudem werde der Arbeitgeber dafür bestraft, dass er seinen Arbeitnehmern Vorteile biete.[39] Diese Argumentation verfängt aber nur soweit es sich um die private Nutzung von betrieblichen E-Mail-Accounts handelt, nicht aber für die generelle private Nutzung von betrieblichen PCs, Servern etc. Vor allem die Wahrung des Fernmeldegeheimnis nach §§ 88, 95f. TKG spielt hier eine essentielle Rolle.[40]

3. Bereithaltung von Telemedien zur Nutzung

a) Allgemeine Voraussetzungen. Maßgeblich ist nach § 2 S. 1 Nr. 1 nur, dass **12** Telemedien gem. § 1 Abs. 1 S. 1 zur Nutzung angeboten werden. Der Nutzer eines Telemediums muss das Angebot des Diensteanbieters als eigenständig ansehen, auch wenn es in der Sammlung von Informationen Dritter besteht, insbesondere bei Suchmaschinen oder sog. Aggregatoren (wie etwa Google News im Nachrichtenbereich). Denn allein schon diese Sammlung stellt ein eigenes Dienstangebot dar, dem Nutzer die eigene Recherche abnimmt. Auch bei Veröffentlichungen von Anbietern im Rahmen eines **Internetportals** ist Diensteanbieter nicht nur der Plattformbetreiber, sondern je nach Lage des Einzelfalls auch der einzelne Anbieter, der eine eigene Internetveröffentlichung in das Portal einstellt (→ § 5 Rn. 13).[41] Entscheidend dafür, ob es sich bei der Internetveröffentlichung um ein eigenes Telemedium des Anbieters handelt, ist, ob er selbst über den Inhalt und das Bereithalten des Dienstes, also der konkreten Einzelveröffentlichung im Rahmen des Internetportals bestimmen kann und sich sein (Unter-)Angebot für einen objektiven Dritten als eigenständiger Auf-

---

[36] Ebenso BeckOK InfoMedienR/*Martini,* § 2 TMG Rn. 10; *Seel,* öAT 2013, 4; BeckRTD-Komm/*Gitter,* § 2 Rn. 16, 17; MüKoStGB/*Altenhain,* § 2 TMG Rn. 5, der den § 11 Abs. 1 Nr. 1 TMG als Begründung dafür sieht, dass der Arbeitgeber seinen Arbeitnehmern gegenüber grundsätzlich als Diensteanbieter anzusehen ist; soweit er das Angebot nur zu dienstlichen Zwecken zur Verfügung stelle, ließe sich nicht entgegenhalten, dass es an einem Anbieter-Nutzer-Verhältnis fehle, weil der Arbeitgeber sein Angebot gewissermaßen durch seine Arbeitnehmer selbst nutze; § 1 S. 1 Nr. 1 TMG verlange nur, dass das Telemedium anderen Personen zur Verfügung stehe, nicht, dass sie in ihrem eigenen privaten Interesse nutzen können.

[37] LAG Berlin-Brandenburg, NZA-RR 2011, 342, 343; LAG Niedersachsen, MMR 2010, 639, 640; VG Karlsruhe, NVwZ-RR 2013, 797, 800; *Haußmann/Krets,* NZA 2005, 259, 260; *Schimmelpfennig/Wenning,* DB 2006, 2290, 2292ff. die va auch auf die fehlende Entgeltlichkeit abstellen; iE auch *Fülbier/Splittgerber,* NJW 2012, 1995, 1999; ausf. auch *Schuster,* CR 2014, 21, 22ff.

[38] *Fülbier/Splittgerber,* NJW 2012, 1995, 1999.

[39] *Thüsing,* Beschäftigtendatenschutz und Compliance, § 3 Rn. 90; *Schuster,* CR 2014, 21, 27.

[40] S. dazu auch *Schuster,* CR 2014, 21, 22.

[41] LG Stuttgart, MMR 2014, 674, 675 für XING-Profil eines Rechtsanwalts; LG Stuttgart, MDR 2014, 673 für Online-Verzeichnis von Kanzleien.

tritt des Anbieters darstellt.[42] Notwendig ist insoweit lediglich eine kommunikationsbezogene Eigenständigkeit des Online-Auftritts; dem ist schon genügt, wenn die Einzeldarstellung des Produktanbieters nicht derart in den Gesamtauftritt des Portals eingebunden ist, dass er lediglich als unselbstständiger Teil eines Unternehmensauftritts erscheint, sondern sich die einzelnen Angebote für den Nutzer erkennbar vom Rest der Webseite abheben.[43] Der Verkehr muss also erkennen, dass es sich bei dem Betreiber einer Plattform und den einzelnen Werbenden um verschiedene Anbieter handelt; der potentielle Kaufinteressent rechnet die Herrschaft über die einzelnen Angebote dann nicht dem Betreiber, sondern dem einzelnen Anbieter zu.[44]

13 Typischerweise ist daher auch ein Anbieter auf einer **Handelsplattform** wie eBay trotz der Vorgaben der Plattform noch in der Lage sein Angebot inhaltlich zu strukturieren, so dass er als eigener Diensteanbieter gelten kann. Dem wird zwar entgegengehalten, dass der Produktanbieter jedenfalls dann nicht zugleich Anbieter des Teledienstes sei, wenn mithilfe des Teledienstes für den Produktanbieter geworben wird,[45] doch verkennt dies, dass auch innerhalb einer Plattform Werbung für das eigene Angebot betrieben werden kann und es nur auf die Anschauung der beteiligten Verkehrskreise ankommt, ob sie das Angebot des Produktanbieters als eigenständig und unabhängig von der Plattform ansehen. Für die Verkaufsplattform eBay soll nicht der einzelne Beitrag eines Teilnehmers derart im Vordergrund stehen, dass dieser als Diensteanbieter anzusehen sei, da alle Angebote über ein einheitliches Erscheinungsbild mit einem gleichen Aufbau verfügten.[46] Zudem habe das einzelne eBay-Mitglied aufgrund der eBay-AGB nur beschränkte Möglichkeiten sein Angebot optisch und inhaltlich zu gestalten.[47] Zwar kommt es letztlich auf den Einzelfall an und wie die beteiligten Verkehrskreise die Angebote verstehen; doch dürfte selbst bei eBay und allgemeinen Vorgaben für Angebote auf Plattformen noch genügend eigene Gestaltungsmöglichkeit bestehen (Produktbilder, Texte etc.), um von einem eigenen Angebot auszugehen.[48] Dementsprechend ist überwiegend anerkannt, dass gewerbliche Anbieter, die über Handelsplattformen wie eBay oder mobile.de agieren, als Diensteanbieter eingestuft werden.[49] Die einzelnen Anbieter bei eBay, sofern sie geschäftsmäßige Teledienste anbieten, sind demgemäß für ihre Unterseiten impressumspflichtig.[50]

14 Dagegen genügt der Umstand, dass bei der Verkaufsplattform **Amazon (Marketplace)** das Warenangebot eines Händlers beworben wird nicht, um diesen als Diensteanbieter iSd § 2 S. 1 Nr. 1 TMG zu qualifizieren, wenn der Händler nicht gleichzeitig auch ein Warenangebot durch einen eigenen Internetauftritt unter einer individualisierten Adresse bereithält.[51] Ebenso sollen im Fall von Steuerberaterver-

---

[42] OLG Düsseldorf, MMR 2013, 649, 650; LG Stuttgart, MMR 2014, 674, 675; LG Stuttgart, DStRE 2014, 1530, 1531; *Rockstroh*, MMR 2013, 627.

[43] OLG Düsseldorf, NJW-RR 2013, 1305, 1306: Verkauf direkt über Händler, Präsentation über Plattform; OLG Düsseldorf, MMR 2008, 682, 683; OLG Frankfurt a. M., MMR 2007, 379, 380.

[44] OLG Düsseldorf, NJW-RR 2013, 1305, 1306.

[45] OLG Köln, MMR 2014, 817; OLG Frankfurt a. M., MMR 2007, 379.

[46] *Lorenz*, VuR 2008, 321, 323; *Lorenz*, VuR 2014, 83, 84f.

[47] *Lorenz*, VuR 2008, 321, 323, auch für eBay-Shops.

[48] OLG Düsseldorf, MMR 2008, 682, 683 über eine mit eBay vergleichbare Verkaufsplattform.

[49] OLG Düsseldorf, MMR 2008, 682, 683; OLG Oldenburg, NJW-RR 2007, 189; LG München I, ZUM-RD 2005, 584, 586; BeckOK InfoMedienR/*Ott*, § 5 TMG Rn. 8; jurisPK-Internetrecht/*Heckmann*, Kap. 4.2 Rn. 43; Spindler/Schuster/*Micklitz/Schirmbacher*, § 5 TMG Rn. 16; *Rockstroh*, MMR 2013, 627, 629.

[50] OLG Düsseldorf, MMR 2013, 649, 650; OLG Düsseldorf, MMR 2008, 682, 683 für eine mit eBay vergleichbare Verkaufsplattform; OLG Frankfurt a. M., MMR 2007, 379, 380.

[51] OLG Köln, MMR 2014, 817; jurisPK-Internetrecht/*Heckmann*, Kap. 1 Rn. 97; *Hoffmann*, NJW 2015, 530.

Begriffsbestimmungen § 2 TMG

zeichnissen die teilnehmenden Berufsangehörigen nicht als Diensteanbieter zu qualifizieren sein, wenn für Inhalt und Gestaltung der Angaben kein individueller Spielraum für den Teilnehmer aufgrund fester Vorgaben bestehe. Maßgeblich ist nach Auffassung des LG Stuttgart zudem, dass das Hochladen der Informationen durch die Betreiber der Verzeichnisdienste erfolge und die verfügbaren Informationen sich lediglich als Teil des von den Kammern betriebenen Verzeichnisses darstellen.[52]

Wie der Diensteanbieter das Angebot bewerkstelligt, ist unerheblich.[53] Insbesondere bietet auch derjenige, der selbst nicht über einen eigenen Server verfügt, sondern **fremde Speicherkapazitäten** nutzt, Telemedien an, sofern überhaupt ein Angebot iSd § 1 vorliegt.[54] Der Nutzer fremder Speicherkapazitäten muss jedoch über den Inhalt und das Bereithalten des Dienstes selbst bestimmen können.[55] Das Betreiben eines eigenen Servers oder das Vorhalten eigener Speicherkapazitäten wird vom Gesetz nirgends gefordert. Es genügt demnach, dass überhaupt Speicherkapazitäten vorhanden sind, in deren Rahmen Dienste zur Abfrage durch Nutzer bereitgehalten werden können und über die der Anbieter zumindest zeitweise bestimmen kann, insbesondere durch Löschen oder Sperren von Inhalten auf den in Anspruch genommenen Speichern. Dies ist insbesondere für **Cloud Computing** bedeutsam, bei dem sowohl das Vorhalten der Serverkapazitäten als auch die eigenen Content-Angebote, die in der Cloud gehostet werden, als Telemedium qualifiziert werden können.[56] 15

Anbieter von **Over-the-top(OTT)-Diensten** wie bspw. **WhatsApp**[57] können, soweit sie nicht ganz unter die Regelung des § 3 Nr. 24 TKG fallen[58] (→ § 1 Rn. 26 ff.), Diensteanbieter iSd § 2 S. 1 Nr. 1 TMG darstellen. Auf Grund ihrer Client-Server-Architektur,[59] dh der Zwischenspeicherung auf dem eigenen Server des Messenger-Dienstes für einen Nutzer, der gerade offline ist und dem späteren Abruf durch diesen Nutzer selbst,[60] sind sie in diesem Fall wie auch die Anbieter von 16

---

[52] LG Stuttgart, DStRE 2014, 1571, 1572 mAnm *Ruppert*.

[53] Hoeren/Sieber/Holznagel/*Föhlisch*, 44. EL 2017, Teil 13.4 Rn. 52.

[54] Spindler/Schuster/*Ricke*, § 2 TMG Rn. 2; *Stadler*, Haftung für Informationen im Internet, Rn. 60; jurisPK-Internetrecht/*Heckmann*, Kap. 1 Rn. 91, 100; BeckOK InfoMedienR/*Martini*, § 2 TMG Rn. 7; zum früheren Recht *Bergmann*, Die Haftung gem. § 5 TDG am Beispiel des News-Dienstes, S. 62 ff.

[55] OLG Düsseldorf, NJW-RR 2013, 1305, 1306.

[56] So wie hier für die Anwendung des TMG auf Cloud Computing-Dienste *Heidrich/Wegener*, MMR 2010, 803, 805; Borges/Meets/*Nolte*, § 11 Rn. 26 unter Verweis auf BGH, GRUR 2013 Rn. 33 – File-Hosting-Dienst (wobei *Nolte* zumindest IaaS-Angebot regelmäßig nicht als Telemedium einstufen möchte); Borges/Meets/*Borges*, § 12 Rn. 26; aA *Schuster/Reichel*, CR 2010, 38, 42, die dies mit dem Fehlen eines individualkommunikativen Elements begründen, hierbei jedoch verkennen, dass das Gesetz ein solches Element nicht vorschreibt; Hilber/*Hartung/Storm*, Teil 4 Rn. 35; *Nägele/Jacobs*, ZUM 2010, 281, 290.

[57] Zu deren Funktionsweise s. *Gersdorf*, K&R 2016, 91; *Grünwald/Nüßing*, MMR 2016, 91, 92; *Kühling/Schall*, CR 2015, 641, 642; *Schneider*, ZD 2014, 231, 232.

[58] Auch das VG Köln, K&R 2016, 141, 143 weist darauf hin, dass bei Diensten, bei denen die Übertragungsleistung im Vordergrund steht, die telekommunikationsrechtlichen Vorschriften zusätzlich anzuwenden sein.

[59] Vertiefend Stellungnahme des deutschen Anwaltsvereins zur Anwendung des TKG auf neue Kommunikationsplattformen (bspw. WhatsApp), 2013, S. 5 f.

[60] S. den Punkt „Deine Nachrichten" der WhatsApp-Datenschutzrichtlinie, in dem es heißt: „Deine Nachrichten werden auf deinem eigenen Gerät gespeichert. Wenn eine Nachricht nicht sofort zugestellt werden kann (zum Beispiel, wenn du offline bist), können wir sie für bis zu 30 Tage auf unseren Servern behalten, während wir versuchen sie zuzustellen.", abrufbar unter https://www.whatsapp.com/legal/?l=de#privacy-policy-information-we-collect.

E-Mail-Diensten[61] als Anbieter von Telemedien einzuordnen.[62] Selbst für den Fall, dass beide miteinander kommunizierenden Nutzer online sind und keine Zwischenspeicherung der Nachrichten auf dem Messenger-Server erfolgt,[63] scheint die Einordnung als Anbieter von Telemedien geboten, so stellt bspw. WhatsApp weit mehr bereit als die bloße Übertragung von Nachrichten. So ist die Nutzung WhatsApps nur durch das Erstellen eines Accounts möglich, der wiederum von dem Nutzer durch Profilnamen, Bild und Statusmeldungen sowie Statusvideos gestaltet werden kann. Ebenfalls kreiert WhatsApp, durch den Zugriff auf die jeweiligen Kontakte eines Nutzers, ein WhatsApp-Telefonbuch, sodass Nutzer einfach erkennen können welcher ihrer Kontakte via WhatsApp erreichbar ist. Des Weiteren hält WhatsApp animierte GIFs (Graphics Interchange Formats) bereit, die jeder Nutzer an einen anderen versenden kann. Dies würde ebenfalls für eine Einordnung als Anbieter von Telemedien sprechen. Nur dann, wenn über WhatsApp ähnlich wie bei anderen Angeboten (Skype etc.) eine Telefonie in Echtzeit durchgeführt wird, handelt es sich um einen Telekommunikationsdienst nach § 3 Nr. 24 TKG.

17 Ferner kommt es nicht darauf an, ob ein Angebot über längere Zeit bereitgehalten wird; auch das **einmalige Angebot** genügt.[64]

18 Ebenso wenig ist es entscheidend, ob ein Vertrag über die Nutzung von Telemedien zustande kommt. Ausreichend ist die **tatsächliche Handlung des Nutzens des Telemediums** bzw. des Dienstes.[65]

19 Der reine direkte elektronische Verkehr eines Nutzers zu einem anderen Nutzer außerhalb des beruflichen Bereichs **(C2C-Verkehr)** wird jedoch nicht vom TMG erfasst, da keine Telemedien angeboten oder zur Nutzung vermittelt werden. Auch wenn der E-Mail-Versand selbst im Hinblick auf die transportierten Inhalte als Telemedium gem. § 1 Abs. 1 S. 1 einzuordnen ist (→ § 1 Rn. 81), wird der Nutzer, der eine E-Mail versendet, nicht zum Diensteanbieter, da er selbst nicht diese Dienste der Individualkommunikation anbietet oder den Zugang dazu vermittelt. Private E-Mails oder der private Abschluss eines Vertrages über das Internet unterfallen damit nicht dem TMG.[66] Zu Peer-to-Peer-Systemen → Rn. 30.

20 In der Rechtsprechung ist vereinzelt der mittels elektronischer Kommunikationsnetze **Werbende** nicht als Diensteanbieter nach § 2 S. 1 Nr. 1 qualifiziert worden, da er nur selbst Teledienste zur Werbung nutze.[67] Zwar liegt aufgrund des Wortlauts von § 2 S. 1 Nr. 1 dieser Rückschluss nahe, ist doch offensichtlich eine Nutzung durch Dritte (Nutzer) in irgendeiner Weise erforderlich, um die Eigenschaft als Diensteanbieter zu begründen. Doch ginge eine solche Auslegung an der weiten Interpretation des Diensteanbieters vorbei, die entsprechend der ECRL auch die elektronische Werbung erfassen will. Darauf zielt insbesondere Art. 7 ECRL ab, der die unverlangte E-Mail-Zusendung regelt – was ohne Einbeziehung der elektronisch Werbenden den Diensteanbieterbegriff ins Leere gehen ließe.[68] Ebenso wenig kommt es darauf

---

[61] *Schneider,* ZD 2014, 231, 232.

[62] Zur Einordnung der E-Mail-Dienste als Telemedium s. Begr. RegE, BT-Drs. 16/3078, S. 13 sowie → § 1 Rn. 26.

[63] Zur Abgrenzung s. Stellungnahme des deutschen Anwaltsvereins zur Anwendung des TKG auf neue Kommunikationsplattformen (bspw. WhatsApp), 2013, S. 5 f.; *Grünwald/Nüßing,* MMR 2016, 91, 92.

[64] Wie hier jurisPK-Internetrecht/*Heckmann,* Kap. 1 Rn. 93.

[65] jurisPK-Internetrecht/*Heckmann,* Kap. 1 Rn. 93.

[66] jurisPK-Internetrecht/*Heckmann,* Kap. 1 Rn. 100; *Tettenborn/Bender/Lübben/Karenfort,* Beil. BB 10/2001, 1, 6.

[67] LG Berlin, MMR 2003, 419, 421, aber ohne nähere Begründung.

[68] Wie hier auch Spindler/Schuster/*Ricke,* § 2 TMG Rn. 10 ff.; jurisPK-Internetrecht/*Heckmann,* Kap. 1 Rn. 100.

Begriffsbestimmungen § 2 TMG

an, ob die Werbung mit einer unmittelbaren Bestellmöglichkeit verbunden ist.[69] Voraussetzung ist allerdings, dass ein Nutzer die Werbung als eigenständigen, von dem Gesamtauftritt losgelösten eigenen Kommunikationsdienst wahrnimmt.[70]

Schließlich ist grundsätzlich unerheblich, ob der Nutzer mit Hilfe der vom Anbieter zur Verfügung gestellten Hard- und Software überhaupt erst den Zugang zu den Telemedien erhält. Denn das Gesetz stellt nicht darauf ab, ob der Nutzer selbst über **eigene Endgeräte** verfügt; maßgeblich ist vielmehr, dass der Nutzer selbst ohne Zutun eines Dritten keinen Zugang zu Telemedien hätte. Das Gesetz kennt nur die Dichotomie von Diensteanbieter und Nutzer. Auf welche Weise daher der Zugang zu anderen oder eigenen Telemedien erfolgt, ist unerheblich. Nur dann, wenn Anbieter lediglich Hard- und Software vorhalten, selbst aber den Zugang nicht anbieten und sich daher „neutral" verhalten, kann die Eigenschaft als Diensteanbieter entfallen, etwa wenn die Nutzer den Zugang zu anderen Telemedien selbst herstellen müssen, zB durch die Konfiguration entsprechender DFÜ-Verbindungen. Damit unterfallen in der Regel etwa auch **Internet-Café-Betreiber** dem Begriff der Diensteanbieter nach § 2 S. 1 Nr. 1.[71] 21

b) Eigene Telemedien zur Nutzung. Eigene Telemedien hält ein Diensteanbieter zur Nutzung für Dritte zur Verfügung, wenn er eigene Dienste oder Inhalte anbietet **(Content-Provider).**[72] Darunter können zahlreiche Angebote fallen, ob Online-Banking, Verkaufsangebote, Film- oder Musikdownload etc. Wie dargelegt (→ Rn. 12), spielt es keine Rolle, ob der Dienstanbieter hierfür eigene Rechnerkapazitäten bzw. Server oder fremde Kapazitäten nutzt, solange er die maßgebliche Herrschaft über die Inhalte ausübt. 22

Aber auch allein das Bereitstellen eigener Inhalte und Informationen auf fremden Webseiten, **sozialen Netzwerken** oder Handelsplattformen genügt schon für die Annahme eines Telemediums. So ist etwa ein **Profil** auf **Facebook** ein Telemedium.[73] Der Seitenbetreiber kann als Nutzer iSd § 2 Nr. 3 TMG des Dienstes „Facebook" gleichzeitig Anbieter des Dienstes „Facebook-Seite" sein. Facebook-Seiten verfügen über ein ausreichendes Maß an kommunikativer Eigenständigkeit, da der Betreiber in seiner Gestaltung grundsätzlich frei ist und den Inhalt seiner durch Posts und Uploads selbst individualisiert und gestaltet. Aufgrund von faktischen Einwirkungsmöglichkeiten (Wahl des eigenen Nutzernamens, Einräumung von Administratorenrechten durch Facebook) ist der Seitenbetreiber als eigenständiger Diensteanbieter anzusehen.[74] Auch ein Profil auf **beruflichen sozialen Netzwerken** ist bereits ein Telemedium[75] – es kann keinen Unterschied machen, ob das Kommunikations- und Inhalteangebot auf einer eigenen Webseite angeboten oder etwa in soziale Netzwerke mit zusätzlichen Funktionen eingebettet wird. Insbesondere für das berufliche Netzwerk XING wurde von der Rechtsprechung aufgrund der Kontrolle des Profilinhabers über den Inhalt und die konkrete Einzelveröffentlichung, der eigenständigen Darstellung der eigenen beruflichen Tätigkeitsfelder, Qualitäten und Qualifikationen die Eigenschaft als eigenständiger Telemedienanbieter angenommen.[76] Entscheidend 23

---

[69] OLG Düsseldorf, NJW-RR 2013, 1305, 1306; OLG Düsseldorf, MMR 2008, 682, 683.
[70] OLG Düsseldorf, NJW-RR 2013,1305, 1306.
[71] Ebenso *Liesching/Knupfer,* MMR 2003, 562, 566f.; aA offenbar *Bleisteiner,* Rechtliche Verantwortlichkeit im Internet, S. 168f.; *Barton,* Multimedia-Strafrecht, Rn. 356.
[72] jurisPK-Internetrecht/*Heckmann,* Kap. 1 Rn. 96.
[73] OLG Düsseldorf, MMR 2014, 393; LG Aschaffenburg, MMR 2012, 38; LG Regensburg, MMR 2013, 2146, 214; *Rockstroh,* MMR 2013, 629.
[74] *Rockstroh,* MMR 2013, 627, 629.
[75] LG Stuttgart, ZUM 2014, 988, 990; LG München I, MMR 2014, 677; *Haug,* NJW 2015, 661, 665: *Pießkalla,* ZUM 2014, 368, 373.
[76] LG Stuttgart, ZUM 2014, 988, 990.

bleibt also, ob der Anbieter die Herrschaft über die Inhalte hat. Zu **eBay** und **anderen Handelsplattformen** → Rn. 12f.

24 **c) Fremde Telemedien zur Nutzung.** Für die Anwendung des TMG kommt es ferner nicht darauf an, ob der Diensteanbieter eigene oder fremde Telemedien anbietet. Daher ist auch der typische **Host-Provider,** der fremde Telemedien bzw. fremde Inhalte anbietet, als Diensteanbieter zu qualifizieren.[77] Darunter fallen auch Angebote von sozialen Netzwerken, Diskussionsforen, schwarzen Brettern, News Groups oder anderen Plattformen, ebenso wie die Betreiber virtueller Kaufhäuser oder von Handelsplattformen einschließlich von Internet-Auktionshäusern.[78] So sind gewerbliche Angebote und Inserate etwa auf Handelsplattformen eigenständige Telemediendienste im Rahmen der Telemediendienste des Plattformbetreibers, so dass sie unter anderem auch den Impressumspflichten nach § 5 unterfallen;[79] davon zu unterscheiden ist die Frage, ob der Plattformbetreiber sich unter Umständen die Angebote als eigene zurechnen lassen muss, dazu → § 7 Rn. 23.

25 **d) Vermittlung des Zugangs zu Telemedien (Access-Provider).** Der Access-Provider ist Diensteanbieter iSd § 2 Nr. 1 TMG, da er den Zugang zur Nutzung von Telemedien vermittelt.[80] Aufgrund des Wortlauts in den §§ 2 S. 1 Nr. 1, 8 Abs. 1 S. 1 TMG geht die überwiegende Auffassung sowohl in der Literatur[81] als auch in der Rechtsprechung[82] zum Teil ohne weitere Begründung und ganz selbstverständlich davon aus, dass der Access-Provider unter den § 2 Nr. 1 TMG zu fassen ist. Wie bereits dargelegt (→ § 1 Rn. 18), differenziert das TMG zwischen der technischen Übertragung von Inhalten, die im Wesentlichen dem TKG vorbehalten bleibt, und der Verantwortlichkeit für Inhalte im weitesten Sinne. Dies zeigt deutlich der Wortlaut von § 2 S. 1 Nr. 1, da für die hier genannte Alternative der Vermittlung von Telemedien zur Nutzung praktisch kein Anwendungsraum mehr bliebe, wenn man die Zugangsvermittlung allein der Telekommunikation unterstellen wollte. Auch die Verantwortlichkeitsprivilegierung in § 8 belegt, dass ECRL und TMG telekommunikationsähnliche Vorgänge erfassen wollen, sofern es um die Verantwortung für Inhalte geht (→ § 8 Rn. 39). Dies ist in § 8 nunmehr klargestellt worden. Schließlich muss das TMG auch europarechtskonform ausgelegt werden,[83] so dass Access-Provider trotz ihrer Dienstleistungen als Telekommunikation als Telemedienanbieter hinsichtlich der betroffenen Inhalte einzuordnen sind – nicht jedoch in datenschutzrechtlicher Hinsicht, für die ausschließlich das TKG maßgeblich bleibt.

26 Dazu zählen neben den „klassischen" Access-Providern, die den Zugang etwa zum Internet gewähren, auch die Anbieter von **Wireless-LANs (WLANs)** (→ § 1

---

[77] AllgM OLG Düsseldorf, MMR 2006, 618, 619; LG Düsseldorf, VuR 2007, 317, 318; *Engels/Jürgens/Fritzsche,* K&R 2007, 57, 59; Spindler/Schuster/*Ricke,* § 2 TMG Rn. 2; jurisPK-Internetrecht/*Heckmann,* Kap. 1 Rn. 101, 102.

[78] OLG München, MMR 2006, 739, 740.

[79] OLG Karlsruhe, CR 2006, 689, 690f.; OLG Naumburg, K&R 2006, 414, 415; jurisPK-Internetrecht/*Heckmann,* Kap. 1 Rn. 108; s. aber auch *Engels/Jürgens/Fritzsche,* K&R 2007, 57, 59; dagegen *Jürgens,* CR 2006, 188, 192.

[80] OLG Hamburg, MMR 2014, 625, 627; *Frey,* MMR 2014, 650, 651.

[81] BeckRTD-Komm/*Jandt,* § 8 TMG Rn. 1; BeckOK InfoMedienR/*Martini,* § 2 TMG Rn. 8; jurisPK-Internetrecht/*Heckmann,* Kap. 1 Rn. 104; Hoeren/Sieber/Holznagel/*Sieber/Höfinger,* 18. EL 2017, Teil 18.1 Rn. 32; Leupold/Glossner/*Leupold,* Münchener Anwaltshandbuch IT-Recht, Teil 2 Rn. 671ff.; *Lorenz,* VuR 2014, 83; *Frey,* MMR 2014, 650, 651.

[82] BGH, GRUR 2016, 268 – Störerhaftung eines Access Providers; OLG Hamburg, MMR 2014, 625, 627 – 3dl.am; OLG Köln, GRUR 2014, 1081, 1089 – Goldesel; LG Frankfurt a. M., MMR 2008, 344, 355; zum Ganzen s. *Spindler,* GRUR 2016, 451, 453.

[83] *Frey,* MMR 2014, 650, 651.

Rn. 35).[84] Zu den nicht (mehr) unter das TMG fallenden telekommunikationsgestützten Diensten (Mehrwertdienste, Dialer), → § 1 Rn. 44 f.

Die Schaltung von **Werbebannern** ohne direkte Zugriffmöglichkeit – also ohne Weiterleitungsfunktion durch Anklicken mittels integriertem Hyperlink – führt nicht dazu, dass der Schaltende auch als Diensteanbieter des beworbenen Dienstes anzusehen ist, da hierbei keine Zugangsvermittlung stattfindet und es sich nur um eine interne Leistungserbringung im Rahmen seines Telemedienangebots handelt.[85] 27

e) Keine Telemedien. Andere Angebote sind dagegen zwar Dienstleistungen, aber keine Telemedienangebote. Der Diensteanbieter muss durch seine Weisungen oder seine Herrschaftsmacht über Rechner und Kommunikationskanäle die Verbreitung oder das Speichern von Informationen ermöglichen und nach außen als Erbringer von Diensten auftreten.[86] So stellt der **Admin-C** zwar oft ein nötiges Verbindungselement zwischen Domain-Anbieter wie DENIC und dem Domain-Inhaber dar, bietet aber keine Dienste über das Medium Internet an.[87] Von der „Inhaberschaft einer Homepage", dh des abrufbaren Inhalts der Internetpräsenz, sind die „Inhaberschaft der Domain" und die Stellung als Admin-C zu unterscheiden.[88] Der Admin-C erleichtert im Rahmen der Domain-Registrierung in Deutschland die Abwicklung, da er nach den Bedingungen der DENIC als Zustellbevollmächtigter fungiert und daher als rein „technischer Kontakt" gesehen wird.[89] Mit der Betätigung als Admin-C (Tech-C, Zone-C)[90] geht daher nicht zwingend eine Übermittlung fremder Informationen oder eine Zugangsvermittlung einher. Der Funktions- und Aufgabenbereich des Admin-C bestimmt sich vielmehr allein nach dem zwischen der DENIC und dem Domain-Inhaber abgeschlossenen Domainvertrag.[91] Mithin hat der Admin-C keine eigenen Rechte an einer von ihm verwalteten Domain, seine Rechtsstellung ist aber mit der des Bevollmächtigten vergleichbar, den der Inhaber einer Marke gegenüber dem Deutschen Patent- und Markenamt benennen kann und der für das Amt Ansprechpartner in allen die Marke betreffenden Fragen ist.[92] Auch dem Bestreben der rechtlichen Gleichstellung von Admin-C und Access-Provider trotz fehlender Mitwirkung an einer Datenübertragung wurde im Rahmen des Baseler-Haar-Kosmetik Urteils eine Abfuhr erteilt.[93] Ebenso wenig ist der reine **Verpächter von Domains** ein Diensteanbieter: Weder vermittelt er einen Zugang noch stellt er Ange- 28

---

[84] *Röhrborn/Katko,* CR 2002, 882, 887.

[85] OLG Hamburg, NJW-RR 2003, 760, 761; generell gegen die Erfassung von Werbebannern, aber ohne nähere Begründung jurisPK-Internetrecht/*Heckmann,* Kap. 1 Rn. 104.

[86] OLG Frankfurt a. M., MMR 2007, 379, 381 mAnm *Mankowski;* LG Wiesbaden, MMR 2014, 167, 168.

[87] BGH, MMR 2012, 233, 237; MüKoStGB/*Altenhain,* § 2 TMG Rn. 10; BeckOK InfoMedienR/*Martini,* § 2 TMG Rn. 8.

[88] LG Wiesbaden, MMR 2014, 167, 169; jurisPK-Internetrecht/*Heckmann,* Kap. 1 Rn. 100.

[89] BGH, GRUR 2012, 304, 310, 311 mAnm *Spindler.*

[90] Der Tech-C ist der speziellere Ansprechpartner für die zentrale Registrierungsstelle in allen technischen Fragen bezogen auf eine Domain. Der Zone-C ist für die Verwaltung des oder der Name-Server des Inhabers einer Domain zuständig und Ansprechpartner in diesem Bereich.

[91] BGH, MMR 2012, 233, 237.

[92] Leupold/Glossner/*Leupold,* Münchener Anwaltshandbuch IT-Recht, Teil 2 Rn. 682.

[93] OLG Frankfurt a. M., NJW-RR 2016, 618 Rn. 20 – Störerhaftung des Domain-Registrars. Eine gesetzlich geregelte Stellung nimmt der Admin-C hingegen nicht ein, so BGH, GRUR 2012, 304 Rn. 54 mAnm *Spindler* – Basler-Haar-Kosmetik; ursprünglich war teilw. vertreten worden, dass sich aus den DENIC Richtlinien die verpflichtende Registrierung eines Admin-C ergebe sowie dass die Benennung eines inländischen Admin-C für ausländische Domain-Inhaber maßgebliche Bedeutung für den Erhalt einer .de-Domain habe, die funktionale Bedeutung des Admin-C daher der eines Access-Providers gleichzustellen sei.

bote über das Telemedium zur Verfügung und hält auch keine eigenen oder fremde Telemedien bereit,[94] sondern nur technische Dienstleistungen. Auf die alleinige Inhaberschaft an der Domain lässt sich die telemedienrechtliche Verantwortlichkeit für Inhalte, die auf der Homepage zugänglich gemacht werden, also nicht stützen.[95]

4. Diensteanbieter audiovisueller Mediendienste auf Abruf

29 § 2 S. 1 Nr. 1 Hs. 2 bestimmt den Diensteanbieterbegriff bei audiovisuellen Medien auf Abruf (ausf. zum Begriff der audiovisuellen Mediendienste → Rn. 48 ff.). Dieser mit dem 1. TelemedienänderungsG[96] eingeführte Halbsatz setzt Art. 1 lit. c AVM-RL[97] um, wonach Mediendiensteanbieter jede „natürliche oder juristische Person [ist], die die redaktionelle Verantwortung für die Auswahl der audiovisuellen Inhalte des audiovisuellen Mediendienstes trägt und bestimmt, wie diese gestaltet werden". Die von § 2 S. 1 Nr. 1 Hs. 2 geforderte wirksame Kontrolle der Auswahl und der Gestaltung der angebotenen Inhalte geht zurück auf die Legaldefinition des Begriffs der „redaktionellen Verantwortung" in Art. 1 lit. c AVM-RL (→ Rn. 51). Der Richtliniengeber beabsichtigte mit diesem Tatbestandsmerkmal, dass solche Personen nicht von der AVM-RL erfasst werden, die lediglich Sendungen weiterleiten, für welche die redaktionelle Verantwortung bei Dritten liegt (zum Sendungsbegriff nach der AVM-RL → Rn. 51).[98]

5. Einzelfälle

30 **a) Peer-to-Peer-Systeme.** Auch Peer-to-Peer-Systeme sind dem Diensteanbieterbegriff nach § 2 S. 1 Nr. 1 zuzuordnen, sofern sie die Verbindung zu anderen Informationen vermitteln, auch an Nutzer, die eigene Telemedien anbieten. Dies wird allerdings selbst bei Plattformen wie ThePirateBay oft zweifelhaft sein, da die Nutzer, mit denen die Verbindung hergestellt wird, nicht stets nachhaltig eigene Telemedien anbieten werden, etwa in Gestalt des Downloads von Daten, wie Musik oder Informationen. Echte P2P-Netze, die eine direkte Verbindung nur mittels Software zwischen den Teilnehmern ohne zentralen Server herstellen, sind erst recht keine Diensteanbieter iSv § 2 S. 1 Nr. 1, da sie weder eigene Telemedien anbieten noch den Nutzung fremder Telemedien vermitteln bzw. die entsprechenden Angebote bereithalten. Sie sind vielmehr reine Software-Anbieter, vergleichbar den Anbietern von Browsern, die die Nutzung des Internet erlauben.[99] Auch die Nutzer, die selbst als

---

[94] OLG Frankfurt a. M., MMR 2013, 94, 95.
[95] OLG Frankfurt a. M., MMR 2013, 94, 95.
[96] Erstes Gesetz zur Änderung des Telemediengesetzes v. 31.5.2010, BGBl. I S. 692.
[97] Richtlinie 2007/65/EG des Europäischen Parlaments und des Rates zur Änderung der Richtlinie 89/552/EWG des Rates zur Koordinierung bestimmter Rechts- und Verwaltungsvorschriften der Mitgliedstaaten über die Ausübung der Fernsehtätigkeit vom 11.12.2007, ABl. Nr. L 332 v. 18.12.2007, S. 27, kodifizierte Fassung als Richtlinie 2010/13/EU des Europäischen Parlaments und des Rates zur Koordinierung bestimmter Rechts- und Verwaltungsvorschriften der Mitgliedstaaten über die Bereitstellung audiovisueller Mediendienste vom 10.03.2010, ABl. Nr. L 95 v. 15.4.2010, S. 1.
[98] Erwägungsgrund 26 der Richtlinie 2010/13/EU des Europäischen Parlaments und des Rates zur Koordinierung bestimmter Rechts- und Verwaltungsvorschriften der Mitgliedstaaten über die Bereitstellung audiovisueller Mediendienste vom 10.03.2010, ABl. Nr. L 95 v. 15.4.2010, S. 1; s. ausf. zu der Umsetzung der RL in Bezug auf § 2 Nr. 1 Hs. 2 TMG *Seidl/Maisch,* K&R 2011, 11, 13.
[99] Für Qualifizierung als Diensteanbieter iSd § 2 Nr. 1 wie auch als Access-Provider nach § 8 TMG dagegen *Bräutigam/Leupold/Pelz,* Online-Handel, B I. Rn. 86; *Reber/Schorr,* ZUM 2001, 672, 680 f.; ebenso, allerdings ausdrücklich nur für zentrale Dienste, *Mayer,* Urheber- und

Knoten bzw. Vermittler von Informationen und Verbindungen fungieren, sind nicht wie Access-Provider zu behandeln, da sie selbst nicht die Informationen weiterleiten und übermitteln, sondern nur wie Suchmaschinen zur Verbindungsherstellung arbeiten, indem gewünschte Adressen übermittelt werden. Auch die reine Individualkommunikation zwischen Nutzern untereinander unterfällt nicht dem Begriff des Diensteanbieters.[100]

b) Rechenzentren. Für Rechenzentren, die lediglich in technischer Hinsicht 31 Speicherkapazität für fremde Service-Provider anbieten, ist fraglich, ob diese noch als Telemedienanbieter qualifiziert werden können, obwohl bei ihnen scheinbar die telekommunikationsähnliche Leistung deutlich im Vordergrund steht. Angesichts der eindeutigen Definition in § 2 S. 1 Nr. 1 ändert aber das rein technische Bereithalten fremder Telemedien nichts an der Eigenschaft der Rechenzentren als Diensteanbieter iSd TMG. Denn allein schon dieses Bereithalten des fremden Telemediums (Host-Provider), in dessen Rahmen wiederum andere Inhalte über die gemieteten Speicherkapazitäten bereitgehalten werden, begründet demnach die Eigenschaft als Diensteanbieter, unabhängig davon, ob das Rechenzentrum selber fremde oder eigene Inhalte bereithält. Demgemäß kann jeder Anbieter eines gestuften Bereithaltens (Rechenzentrum – virtuelles Kaufhaus – Anbieter von Inhalten) je für sich als Diensteanbieter nach § 2 S. 1 Nr. 1 einzustufen sein.

IV. Niedergelassener Diensteanbieter (S. 1 Nr. 2)

Die Definition des niedergelassenen Diensteanbieters, die sich an Art. 2 lit. c 32 ECRL orientiert,[101] verdeutlicht, dass es zur Feststellung des Ortes, an dem der Diensteanbieter loziert ist, weder auf die technischen Mittel der Datenübermittlung und -bereithaltung noch auf den Standort der Webseite bzw. des Servers ankommt. Vielmehr ist **entscheidend,** wo die Steuerung der Tätigkeiten des Diensteanbieters angesiedelt ist. Der **Niederlassungsort** muss entsprechend der einschlägigen Rechtsprechung des EuGH zu Art. 49 AEUV (vormals Art. 43 EG)[102] anhand von Indizien festgestellt werden, wie zB den Räumlichkeiten, in denen der Diensteanbieter hauptsächlich tätig wird.[103] Insgesamt muss es sich um eine feste Einrichtung, die der tatsächlichen Ausübung einer wirtschaftlichen Tätigkeit auf unbestimmte Zeit zu dienen bestimmt ist, handeln.[104] Für die unbestimmte Zeit ist nicht auf das Telemedium,

---

haftungsrechtliche Fragestellungen bei Peer-to-peer-Tauschbörsen, S. 77, 81, 86f.; *Kreutzer,* GRUR 2001, 307, 308; *Köhler/Arndt/Fetzer,* Recht des Internet, Rn. 634: In der Vermittlung eines Kontakts zwischen zwei Peers liegt keine Zugangsvermittlung nach § 8 TMG; für eine Einordnung zentraler Tauschbörsendienste als Diensteanbieter, nicht aber als Access-Provider *Dustmann,* Die privilegierten Provider, S. 211.

[100] BeckIuKDG-Komm/*Tettenborn,* § 2 TDG Rn. 40.

[101] Erwägungsgrund Nr. 19 ECRL; *Hoeren,* MMR 1999, 192, 194; *Geis,* CR 1999, 772, 773; Grabitz/Hilf/*Marly,* EUV/EGV, 40. EL Oktober 2009, Sekundärrecht, A 4., Art. 2 Rn. 18; zu vergleichbaren Erwägungen im Kollisionsrecht *Mankowski,* RabelsZ 63 (1999), 203, 226ff.; *Dethloff,* JZ 2000, 179, 185; *Thode,* NZBau 2001, 345, 350, je mwN.

[102] S. auch Erwägungsgrund Nr. 19 ECRL.

[103] EuGH, Slg. 1991, I-3905 = EuZW 1991, 764 – The Queen/Secretary of State for Transport; s. auch EuGH, Slg. 1996, I-4025 = EuZW 1996, 725 – Kommission/Vereinigtes Königreich; EuGH, Slg. 1997, I-3843 = EuZW 1997, 654 – Konsumentombudsmannen/De Agostini (Svenska) AB u. TV-Shop i Sverige AB; EuGH, Slg. 1995, I-4165 = NJW 1996, 579 – Gebhard; s. auch Hahn/Vesting/*Held,* § 55 RStV Rn. 13.

[104] EuGH, Slg. 1991, I-3905 Rn. 20 = EuZW 1991, 764 – The Queen/Secretary of State for Transport; EuGH, Slg. 2007, I-10779 Rn. 70 = EuZW 2008, 246 – Viking; EuGH, IStR 2008,

sondern den Diensteanbieter abzustellen.[105] Bei mehreren Niederlassungen ist derjenige Ort maßgeblich, an dem der Schwerpunkt der Tätigkeit belegen ist.[106] Die relevante Niederlassung richtet sich allerdings nach dem Ort, an dem die Entscheidungen über das konkrete Telemedium gefällt werden, → § 2a Rn. 4.

33 Befürchtet wird in diesem Zusammenhang, dass Internetanbieter das Rechtsgefälle in Europa in Verbindung mit dem Herkunftslandprinzip nach Art. 3 ECRL ausnutzen, indem sie für Internetdienste **Tochtergesellschaften** in Mitgliedstaaten mit niedrigem Niveau gründen, die eigentlichen Entscheidungen aber bei der Muttergesellschaft in einem anderen Staat getroffen werden.[107] Die Konzernierung und Ausübung der einheitlichen Leitungsmacht allein genügt jedoch nicht, das Trennungsprinzip zwischen den juristisch selbstständigen Personen aufzuheben und die Tätigkeit der Tochtergesellschaft der Muttergesellschaft zuzurechnen.[108] Erst dann, wenn sich die Aktivitäten der Tochtergesellschaft auf ein Minimum reduzieren und zB noch nicht einmal die technischen Fazilitäten in dem Niederlassungsstaat vorgehalten werden, wird man von einer Zurechnung zur Muttergesellschaft ausgehen können.

34 Für die Anwendung des TMG ist grundsätzlich nicht erforderlich, dass es sich um einen Diensteanbieter mit einer inländischen Niederlassung handelt; es genügt, dass im Inland Telemedien angeboten werden, so dass auch **ausländische Diensteanbieter** erfasst werden. Unter welchen Voraussetzungen dies der Fall ist, hängt vom jeweiligen Kollisionsrecht ab, also dem Internationalen Privatrecht, dem Internationalen Strafrecht oder dem Internationalen Öffentlichen Recht. Das TMG enthält grundsätzlich keine eigenen Kollisionsregeln und kann keinem bestimmten Kollisionsrecht zugeordnet werden, sondern muss – entsprechend der dogmatischen Einordnung (→ Einf TMG Rn. 15) – rechtsgebietsspezifisch ausgelegt und behandelt werden. Dies schließt nicht aus, etwa das Herkunftslandprinzip in § 3 Abs. 1 entsprechend einer kollisionsrechtlichen Regelung zu behandeln (→ § 3 Rn. 18ff.).

V. Drahtlose lokale Netzwerke (Nr. 2a)

35 Mit dem TMG-Änderungsgesetz 2016[109] hat der Gesetzgeber im Zuge der Reform der Haftungsprivilegierung mit besonderen Blick auf WLANs bzw. WiFis eine Legaldefinition für diese Netzwerke eingeführt. Demnach muss es sich zunächst um ein drahtloses Netzwerk handeln, mithin **nicht** um **kabelgebundene** Netzwerke. Befinden sich in einem Netzwerk sowohl kabelgebundene als auch drahtlose Zugänge zu anderen Kommunikationsnetzwerken, wie dies oft bei Internetanschlüssen der Fall ist, die sowohl **Ethernet**- als auch WLAN-Router umfassen, greift die Legaldefinition nur für die drahtlosen Übermittlungen ein – was rechtspolitisch die Unsin-

---

478, 479 Rn. 25 mAnm *Rainer* – Cartesio Oktató és Szolgáltató bt; EuGH, Slg. 2006, I-7995 Rn. 54 = EuZW 2006, 633 – Cadbury Schwepps/Commissioners of Inland Revenue; Grabitz/Hilf/Nettesheim/*Forsthoff,* 60. EL Oktober 2016, Art. 49 AEUV Rn. 36; von der Groeben/Schwarze/Hatje/*Tiedje,* Art. 49 Rn. 12ff.; Streinz/*Müller-Graff,* Art. 49 AEUV Rn. 18; Calliess/Ruffert/*Bröhmer,* Art. 49 AEUV Rn. 12.

[105] Erwägungsgrund Nr. 19 ECRL.
[106] Erwägungsgrund Nr. 19 ECRL; Begr. RegE BT-Drs. 14/6098, S. 16; s. auch BeckRTD-Komm/*Gitter,* § 2 TMG Rn. 19; MüKoStGB/*Altenhain,* § 2 TMG Rn. 13 iVm § 2a Rn. 3; ferner EuGH, ZUM 1997, 934 – TV4; Paschke/Berlit/Meyer/*Oeter/Wolff,* Kap. 2 Rn. 35.
[107] So *Bodewig,* GRUR Int. 2000, 475, 482.
[108] Dem folgend Spindler/Schuster/*Ricke,* § 2 Rn. 7; BeckRTD-Komm/*Gitter,* § 2 Rn. 19; jurisPK-Internetrecht/*Heckmann,* Kap. 1 Rn. 112.
[109] Zweites Gesetz zur Änderung des Telemediengesetzes v. 21.7.2016, BGBl. I S. 1766.

Begriffsbestimmungen §2 TMG

nigkeit der Definition bzw. der Konzentration auf WLANs zeigt, die nichts anderes als ein Teil der Kategorie Access-Provider sind (→ § 8 Rn. 40).

Ferner muss es sich um ein **lokales Netzwerk** handeln. Das Gesetz definiert nicht 36 näher, was unter einem „lokalen" Netzwerke zu verstehen ist, wo die Grenzen zu ziehen sind. Letztlich kann dies nur unter Heranziehung der Verkehrsanschauung beurteilt werden; in einer ersten Annäherung werden Netzwerke, die mehrere Häuser oder Straßenzüge versorgen können, nicht mehr unter den Begriff des lokalen Netzwerks zu fassen sein. Hierunter dürfte hingegen ein Hotspot fallen, der einen ganzen Flughafen versorgen kann.

Eng mit der Begrenzung auf lokale Netzwerke hängt die Einschränkung auf 37 Drahtloszugangssysteme mit „**geringer Leistung und geringer Reichweite** sowie mit geringem Störungsrisiko für weitere, von anderen Nutzern in unmittelbarer Nähe installierte Systeme dieser Art, welches nicht exklusive Grundfrequenzen nutzt", zusammen. Wiederum kann nur unter Heranziehung der Verkehrsanschauung beurteilt werden, ob es sich um eine geringe Leistung und geringe Reichweite handelt; auch hier kommt wieder das geographische Kriterium zum Tragen.[110] Im Ergebnis ist diese Einschränkung nicht ganz verständlich, verstößt sie doch gegen den Grundsatz der Technologieneutralität.[111]

Schließlich darf das Netz nur ein **geringes Störungsrisiko** für andere Nutzer in 38 unmittelbare Nähe aufweisen. Damit enthält die Legaldefinition implizit eine Restriktion zugunsten der IT-Sicherheit. Dabei sollte die Störung möglichst unterhalb einer Schwelle von 5% liegen – wobei indes vom WLAN-Betreiber schwer festgestellt werden kann, ob bei anderen Nutzern Störungen eintreten. Solange ihm daher keine Störungen bei Dritten bekannt werden, kann der WLAN-Betreiber davon ausgehen, dass er unter die Definition des § 2 S. 1 Nr. 2a fällt.

VI. Nutzer (S. 1 Nr. 3)

Die Definition des Nutzers in § 2 S. 1 Nr. 3 ist umfassend angelegt und setzt Art. 2 39 lit. d ECRL um. Praktisch jede irgendwie rechtsfähige Person oder Personengemeinschaft wird erfasst. Irrelevant ist auch, zu welchen Zwecken die Person die Telemedien nutzt, ob beruflich oder privat.[112] Die frühere zu § 3 Nr. 2 TDG geführte Diskussion, ob etwa **Arbeitnehmer** bei dienstlicher Verwendung als Nutzer und Arbeitgeber als Diensteanbieter zu qualifizieren sind,[113] verliert damit an Bedeutung.[114] Ob deswegen im Arbeitsverhältnis bei beruflich veranlasster Informationsabfrage tatsächlich von einer Vervielfachung der Nutzer auszugehen ist, indem sowohl Arbeitnehmer als auch Arbeitgeber als Nutzer von Telemedien anzusehen sind, erscheint zweifelhaft, da nach wie vor der Arbeitnehmer für den Arbeitgeber tätig wird.

Die Breite der Definition verdeutlicht aber andererseits, dass auch ein Diensteanbieter der Informationsgesellschaft selbst Nutzer sein kann,[115] etwa als Content-Pro- 40

---

[110] So werden bspw. Funknetzwerke mit größerer Reichweite nicht mehr erfasst, s. *Spindler,* NJW 2016, 2449, 2450; *ders.,* CR 2016, 48, 50; BeckOK InfoMedienR/*Martini,* § 2 TMG Rn. 15b.

[111] *Spindler,* NJW 2016, 2449, 2450; *ders.,* CR 2016, 48, 50; BeckOK InfoMedienR/*Martini,* § 2 TMG Rn. 15b.

[112] Erwägungsgrund Nr. 20 ECRL; Begr. RegE BT-Drs. 14/6098, S. 15; Spindler/Schuster/ *Ricke,* § 2 TMG Rn. 8; BeckRTD-Komm/*Gitter,* § 2 TMG Rn. 20; MüKoStGB/*Altenhain,* § 2 TMG Rn. 14.

[113] Vgl. hierzu *Hilber/Frick,* RdA 2002, 89, 91; *Beckschulze/Henkel,* DB 2001, 1491, 1495; *Däubler,* Internet und Arbeitsrecht, Rn. 240 ff.

[114] Ebenso BeckOK InfoMedienR/*Martini,* § 2 TMG Rn. 20.

[115] jurisPK-Internetrecht/*Heckmann,* Kap. 1 Rn. 116; BeckRTD-Komm/*Gitter,* § 2 TMG Rn. 20.

vider gegenüber einem Access- oder Host-Provider,[116] erst recht bei sozialen Netzwerken wie **Facebook**.[117] Anders formuliert, stellt das TMG (mit der ECRL) nur auf die ausgeübten Rollen der am Netz Beteiligten ab, nicht auf ihren Status als Unternehmer oder Verbraucher.[118]

41 Ebenso wenig ist es erforderlich, dass der Nutzer eine „**aktive**" **Rolle** übernimmt, etwa Informationen abfragt. Es genügt, dass er Empfänger von Diensten, Informationen ist;[119] so werden etwa auch Push-Dienste beim Nutzer erfasst.[120]

VII. Verteildienste (S. 1 Nr. 4)

42 Die Unterscheidung zwischen Abruf- und Verteildiensten, die noch auf das TDG aF und den MDStV aF zurückgeht, entfaltet vor allem für das in § 3 normierte Herkunftslandprinzip Bedeutung, da § 3 nur für Abrufdienste eingreift, nicht jedoch für Verteildienste, § 3 Abs. 4 Nr. 5.[121] Als Verteildienste können alle Dienste begriffen werden, die ohne individuelle Veranlassung bzw. Abruf Inhalte oder Dienste zum Nutzer bringen. Die Festlegung des Verteilungszeitpunkts hat dabei von der Anbieterseite zu erfolgen.[122] Hinsichtlich der bereits erwähnten Fax-Abrufdienste oder sprachgesteuerten Dienste bedeutet dies aber auch, dass diese – da Telemedium – unter das Herkunftslandprinzip nach § 3 Abs. 1, 2 fallen – obwohl die ECRL diese Ausdehnung nicht gebietet. Angesichts des klaren Wortlauts von § 2 S. 1 Nr. 4 kann auch nicht aufgrund eines rundfunkrechtlichen Vorverständnisses davon ausgegangen werden, dass Verteildienste allein unter den RStV fallen würden.[123] § 2 S. 1 Nr. 4 bestimmt ausdrücklich, dass es sich nur bei solchen Diensten um Verteildienste handelt, die sich an eine unbegrenzte Nutzeranzahl richten, sich mithin als Massenkommunikation darstellen. Der Unterschied zum Rundfunk bzw. den rundfunkähnlichen Telemedien liegt darin, dass die Verteildienste inhaltlich eng begrenzt sind und nur in geringem Maße der Meinungsbildung dienen.[124] Darunter fallen dann etwa Teletext- und Radiotextdienste sowie gewisse Teleshopping-Angebote.[125] Gerade das ebenfalls zitierte Beispiel eines **Newsletters**[126] scheint hier aber fragwürdig, da dabei in der Regel kein unbegrenzter Nutzerkreis, sondern vielmehr ein durch vorherige Bestellung eingeschränkter Empfängerkreis vorliegt. Die individuelle Anforderung ist aber, wie aufgezeigt, Merkmal der Abrufdienste, weswegen nicht erkennbar ist,

---

[116] Ausf. dazu MüKoStGB/*Altenhain*, § 2 TMG Rn. 8; s. auch BeckRTD-Komm/*Gitter*, § 2 TMG Rn. 8, 20.

[117] *Rockstroh*, MMR 2013, 627, 628; MüKoStGB/*Altenhain*, § 2 Nr. 14; jurisPK-Internetrecht/*Heckmann*, Kap. 1 Rn. 116.

[118] Begr. RegE BT-Drs. 14/6098, S. 16; s. auch *Tettenborn/Bender/Lübben/Karenfort*, Beil. K&R 12/2001, 1, 7.

[119] MüKoStGB/*Altenhain*, § 2 TMG Rn. 14; jurisPK-Internetrecht/*Heckmann*, Kap. 1 Rn. 115.

[120] Dies übersieht BeckOK InfoMedienR/*Martini*, § 2 TMG Rn. 21, der eine aktive Tätigkeit verlangt.

[121] Krit. dazu *Libertus*, RTKom 2001, 79, 82.

[122] BeckRTD-Komm/*Gitter*, § 2 TMG Rn. 22 mwN; *Hochstein*, NJW 1997, 2977, 2979.

[123] So aber *Libertus*, RTKom 2001, 79, 82 noch für den MDStV aF.

[124] Begründung zum Staatsvertrag über Mediendienste, Zu § 2 Abs. 2; *Hochstein*, NJW 1997, 2977, 2979; wie dort Spindler/Schuster/*Ricke*, § 2 TMG Rn. 9.

[125] Begründung zum Staatsvertrag über Mediendienste, Zu § 2 Abs. 2; *Hochstein*, NJW 1997, 2977, 2979; jurisPK-Internetrecht/*Heckmann*, Kap. 1 Rn. 117.

[126] Spindler/Schuster/*Ricke*, § 2 TMG Rn. 9, unter Verweis auf *Herrmann/Lausen*, Rundfunkrecht, § 2 Rn. 26; BeckRTD-Komm/*Gitter*, § 2 TMG Rn. 22; MüKoStGB/*Altenhain*, § 2 TMG Rn. 15.

Begriffsbestimmungen **§ 2 TMG**

warum derartige Newsletterangebote nicht wie die vergleichbaren **Push-Dienste** oder **RSS-Feeds** darunter fallen sollten.[127] Keine Verteildienste sind auch einzelne Dienste des Web 2.0, bei denen einzelne Nutzer einer Webseite eigene Inhalte einfügen können, wie etwa Wikis, Diskussionsforen oder kommentierte Webblogs.[128]

VIII. Kommerzielle Kommunikation (S. 1 Nr. 5)

Der Begriff der „kommerziellen Kommunikation" in § 2 S. 1 Nr. 5 setzt Art. 2 lit. f **43** ECRL um, der seinerseits begrifflich auf dem Grünbuch der EG-Kommission zur kommerziellen Kommunikation im Binnenmarkt vom 8.6.1996 und den „Folgemaßnahmen zum Grünbuch über kommerzielle Kommunikation im Binnenmarkt"[129] beruht. Der Begriff ist außerordentlich weit gefasst.[130] Er erstreckt sich auf alle Maßnahmen, die in irgendeiner Weise den Absatz fördern oder dem Erscheinungsbild einer wirtschaftlich tätigen Person dienen.[131] Damit soll offenbar **jede Art der Werbung** und Selbstdarstellung erfasst werden, die in irgendeiner Weise mit einer wirtschaftlichen Aktivität verbunden ist.[132] Ausnahmen betreffen nach § 2 S. 1 Nr. 5, Art. 2 lit. f ECRL lediglich die von unabhängigen Dritten und ohne finanzielle Gegenleistung gemachten Angaben über Waren, Dienstleistungen oder das Erscheinungsbild, wie etwa bei vergleichenden Warentests. Keine Gefolgschaft fand dagegen ein Änderungsvorschlag des Rechtsausschusses des Europäischen Parlaments, der die Beschränkung auf die Tätigkeiten in Handel, Gewerbe oder Handwerk oder einen freien Beruf gänzlich aufgeben wollte.[133] Auch die gelegentlich gegenüber dem ersten Richtlinienvorschlag geäußerten Zweifel, ob die kommerzielle Kommunikation überhaupt als Unterfall der Dienste der Informationsgesellschaft zu begreifen sei und daher das Herkunftslandprinzip nicht greife,[134] sind durch Erwägungsgrund Nr. 18 ECRL endgültig bereinigt, da die kommerzielle Kommunikation explizit als Dienst erwähnt wird und sie in der Richtlinie wie selbstverständlich als Mittel zum Zweck behandelt wird.

Die **deutsche Umsetzung** folgt fast wortwörtlich den Vorgaben der ECRL, **44** wenngleich die Parallelität zu den §§ 1, 3 UWG aF betont wurde.[135] Die dort zum

---

[127] BeckRTD-Komm/*Gitter,* § 2 TMG Rn. 22, 24 fasst – insofern konsequent – Newsletter und Push-Dienste gleichermaßen unter den Begriff der Verteildienste, um sodann aber RSS-Feeds davon auszunehmen, da dort der Inhalt über beim Nutzer installierte Programme automatisiert abgerufen werde, die ihrerseits aber individuell abgerufen werden müssen; ebenso in Bezug auf Newsletter und Push-Dienste MüKoStGB/*Altenhain,* § 2 TMG Rn. 15.

[128] BeckRTD-Komm/Gitter, § 2 TMG Rn. 24.

[129] KOM(1998) 121 endg. v. 4.3.1998.

[130] Spindler/Schuster/*Ricke,* § 2 Rn. 11; BeckRTD-Komm/*Gitter,* § 2 TMG Rn. 25; jurisPK-Internetrecht/*Heckmann,* Kap. 1 Rn. 120; Grabitz/Hilf/*Marly,* EUV/EGV, 40. EL August 2009, Sekundärrecht, A 4., Art. 2 Rn. 28; s. auch früher krit. *Bodewig,* GRUR Int. 2000, 475, 476f.; s. auch *Tettenborn/Bender/Lübben/Karenfort,* Beil. BB 12/2001, 1, 7.

[131] Spindler/Schuster/*Ricke,* § 2 TMG Rn. 11; BeckRTD-Komm/*Gitter,* § 2 TMG Rn. 25; Hoeren/Sieber/Holznagel/*Föhlisch,* 44. EL 2017, Teil 13.4 Rn. 54.

[132] Spindler/Schuster/*Ricke,* § 2 TMG Rn. 11; BeckRTD-Komm/*Gitter,* § 2 TMG Rn. 26; Hoeren/Sieber/Holznagel/*Föhlisch,* 44. EL 2017, Teil 13.4 Rn. 54.

[133] Vgl. Bericht über den Vorschlag für eine Richtlinie des Europäischen Parlaments und des Rates über bestimmte rechtliche Aspekte des elektronischen Geschäftsverkehrs im Binnenmarkt (KOM (1998) 586 – C4–0020/99 – 980 325 (COD), Ausschuss für Recht und Bürgerrechte, v. 23.4.1999, 20.

[134] *Waldenberger,* EuZW 1999, 296, 298.

[135] Begr. RegE zum TDG aF BT-Drs. 14/6098, S. 16, 22; jurisPK-Internetrecht/*Heckmann,* Kap. 1 Rn. 120f.; *Bodewig,* GRUR Int. 2000, 475, 476; Grabitz/Hilf/*Marly,* EUV/EGV, 40. EL

TMG § 2 Begriffsbestimmungen

Begriff der Werbung und zur Auslegung des bis zum UWG-2004 relevanten,[136] früheren Begriffs des **Handelns im geschäftlichen Verkehr und zu Zwecken des Wettbewerbs**[137] entwickelten Kriterien können für die Konkretisierung des Begriffs „kommerzielle Kommunikation" herangezogen werden.[138] Dasselbe gilt für die Kriterien zur Bestimmung des seit dem UWG-2008 und auch zu Zeiten des UWG-2015 maßgeblichen Begriffs der geschäftlichen Handlung gem. § 2 S. 1 Nr. 1 UWG. So ist weder die Produktbeschreibung eines Privaten auf seiner Homepage ein Fall der Werbung, wenn er damit nicht den Wettbewerb des Produzenten fördern will und dies auch für Dritte erkennbar ist, noch ein Warentest einer unabhängigen Gutachterorganisation, wie der Stiftung Warentest.[139] Andererseits unterfällt auch die Homepage eines Unternehmens mit entsprechenden Anpreisungen der eigenen Leistungen der kommerziellen Kommunikation. Fälle der kommerziellen Kommunikation sind daher: **E-Mail-Werbung (insbesondere sog. Spam-Mails),**[140] **Werbebanner, Pop-up-Fenster, Einblendungen,** aber auch jegliche anderen werbenden Formen, die in ein Telemedium eingefügt werden.[141]

45 Ob **Hyperlinks,** die auf fremde Werbeseiten verweisen, als unabhängige Produktförderung und damit nicht als kommerzielle Kommunikation eingestuft werden können, solange der Hyperlink ohne finanzielle Bindung oder andere Gegenleistung gesetzt wird, ist unklar. Eine besondere Erwähnung findet sich in der endgültigen Richtlinie indes nicht: Ob aus der gebliebenen Ausnahme, dass die reine Nennung von E-Mail- oder Internetadressen keine kommerzielle Kommunikation darstellt, ein Rückschluss auf die Hyperlinks gezogen werden kann, erscheint fraglich, wenn es sich nicht nur um die Vermittlungsleistung handelt, die offenbar mit dieser Ausnahme angesprochen werden soll.[142] So hat die Rechtsprechung vereinzelt den Verweis per Hyperlink auf ein fremdes Werbeangebot dem Linksetzenden zugerechnet.[143] Vergleichbar den für das allgemeine Recht entwickelten Abgrenzungskriterien wird man auch hier dem Linksetzenden die fremde Werbung zurechnen müssen, wenn der Link und der Verweis sich derart darstellen, dass der Linksetzende selbst Nutzen aus der Linksetzung ziehen wollte, der Link sich in das eigene Angebot bruchlos einfügt und damit einem verständigen Dritten gegenüber als „Sich-zu-eigen-Machen" erscheint;[144] pauschale Disclaimer genügen hier nicht (näher → § 7 Rn. 25 ff.).

46 **Keine kommerzielle Kommunikation** sind rein private Äußerungen oder Werturteile[145] sowie per Legaldefinition einige kommerzielle Informationen: So

---

August 2009, Sekundärrecht A 4., Art. 2 Rn. 30; *Sack,* WRP 2001, 1408, 1409; jurisPK-Internetrecht/*Heckmann,* Kap. 1 Rn. 120.

[136] Köhler/Bornkamm/*Köhler,* § 2 UWG Rn. 4 f.
[137] GroßkommUWG/*Lindacher,* § 3 UWG Rn. 72 ff.
[138] BeckRTD-Komm/*Gitter,* § 2 TMG Rn. 25; jurisPK-Internetrecht/*Heckmann,* Kap. 1 Rn. 120, wonach der situationsbedingt aufmerksame, durchschnittlich informierte und verständige Verbraucher zugrunde gelegt werden soll.
[139] Begr. RegE BT-Drs. 14/6098, S. 16.
[140] Spindler/Schuster/*Ricke,* § 2 TMG Rn. 12.
[141] BeckRTD-Komm/*Gitter,* § 2 TMG Rn. 26; Hoeren/Sieber/Holznagel/*Föhlisch,* 44. EL 2017, Teil 13.4 Rn. 54.
[142] Ebenso für Nichtanwendung der Ausnahme auf Hyperlinks Bräutigam/Leupold/*Pelz,* Online-Handel, B I. Rn. 31; Bräutigam/Leupold/*Bräutigam/Leupold,* Online-Handel, B IX. Rn. 123.
[143] LG Frankfurt a. M., CR 1999, 45 mAnm *Kloos;* LG Berlin, MMR 2005, 778, 779; KG, MMR 2006, 680 f.; Spindler/Schuster/*Ricke,* § 2 TMG Rn. 12.
[144] jurisPK-Internetrecht/*Heckmann,* Kap. 1 Rn. 121, aber ohne nähere Begründung.
[145] BeckRTD-Komm/*Gitter,* § 2 TMG Rn. 27.

Begriffsbestimmungen § 2 TMG

wird nach § 2 S. 1 Nr. 5 lit. a die bloße Übermittlung von Kontaktdaten, die ohne werblichen Bezug sind[146], dh von Angaben, „die unmittelbaren Zugang zur Tätigkeit des Unternehmens, der Organisation oder Person ermöglichen, wie insbesondere ein Domain-Name oder eine Adresse der elektronischen Post" ausgeschlossen. Wenn diese Angaben jedoch in Werbung oder andere kommerzielle Kommunikationsformen integriert sind, sind sie selbstverständlich Bestandteil dieser kommerziellen Kommunikation.[147] Das Gesetz will damit die rein informatorischen Angaben, wie sie gerade im Impressum nach § 5 erforderlich sind (→ § 5 Rn. 9) ausschließen. Zwar soll der Besitz einer **Internetadresse** nicht als kommerzielle Kommunikation begriffen werden, wohl aber nach Auffassung des Gesetzgebers der **Handel mit dem Domain-Namen** oder schon die bloße Absicht zu dessen kommerzieller Verwertung.[148] Diese Bemerkung in der Begründung zum Regierungsentwurf ist allerdings recht dunkel, da die kommerzielle Kommunikation einen Austausch von Daten oder Nachrichten zwischen zwei Personen voraussetzt. Der Handel mit Domain-Namen kann, muss sich aber keineswegs über das Internet oder ein anderes Kommunikationsnetz vollziehen. Ansprüche, die sich etwa auf Domaingrabbing beziehen, sind völlig unabhängig davon, wie der Handel zuwege gebracht wurde. Ein Telemedium käme nur dann in Betracht, wenn der Besitzer einer potentiell lukrativen Domain-Adresse diese über das Netz zum Verkauf bereitstellt und anpreist. Nicht vom Begriff der kommerziellen Kommunikation umfasst werden außerdem private Homepages und andere rein private Dienste, die weder eigenen noch fremden Wettbewerb fördern wollen.[149]

Als zweite Fallgruppe schließt § 2 Satz 1 Nr. 5 lit. b die Übermittlung von Angaben aus, die „in Bezug auf Waren und Dienstleistungen oder das Erscheinungsbild eines Unternehmens, einer Organisation oder Person, unabhängig und ohne finanzielle Gegenleistung gemacht werden". Während demnach Werbung etc. ohne Weiteres kommerzielle Kommunikation bleibt, werden **Rezensionen Privater, Bewertungen,** aber auch Aussagen etwa von **Stiftung Warentest,** die ohne Gegenleistung der Unternehmen erfolgen, ausgenommen.[150] Hiermit wird die bloße Meinungsäußerung ohne werblichen Hintergrund vom Anwendungsbereich der besonderen Vorschriften für kommerzielle Kommunikation ausgeschlossen.[151] 47

IX. Audiovisuelle Dienste auf Abruf (S. 1 Nr. 6)

Mit der Definition der audiovisuellen Mediendienste auf Abruf in § 2 S. 1 Nr. 6 setzt der Gesetzgeber Art. 1 lit. a und g der Richtlinie über audiovisuelle Mediendienste (AVM-RL) um,[152] die als Nachfolgerin der früheren Fernseh-RL[153] der Kon- 48

---

[146] BeckRTD-Komm/*Gitter,* § 2 TMG Rn. 27.
[147] Spindler/Schuster/*Ricke,* § 2 TMG Rn. 13.
[148] Begr. RegE BT-Drs. 14/6098, S. 16.
[149] Spindler/Schuster/*Ricke,* § 2 TMG Rn. 13.
[150] S. Spindler/Schuster/*Ricke,* § 2 TMG Rn. 13; BeckRTD-Komm/*Gitter,* § 2 TMG Rn. 27; krit. zur Abgrenzung aber BeckOK InfoMedienR/*Martini,* § 2 TMG Rn. 29.
[151] BeckRTD-Komm/*Gitter,* § 2 TMG Rn. 27.
[152] Spindler/Schuster/*Ricke,* § 2 TMG Rn. 15, wonach die Umsetzung zwar nicht 1:1, aber „an der Zielrichtung der Richtlinie orientiert" erfolgt; BT-Drs. 17/718, S. 8.
[153] Richtlinie 89/552/EWG des Rates zur Koordinierung bestimmter Rechts- und Verwaltungsvorschriften der Mitgliedstaaten über die Ausübung der Fernsehtätigkeit vom 3.10.1989; zuletzt geändert durch Richtlinie 2010/13/EU des Europäischen Parlaments und des Rates, ABl. Nr. L 95 v. vom 10.3.2010, S. 1; zur AVM-RL s. ausf. *Stender-Vorwachs/Theißen,* ZUM 2007, 613ff.; s. auch *Leitgeb,* ZUM 2006, 837.

vergenz der Medien Rechnung trägt,[154] indem neben den klassischen Medien wie Rundfunk und Fernsehen nunmehr auch alle internetbasierten Dienste erfasst werden, die auch auf Abruf („on-demand") erfolgen können. Bei Mediendiensten handelt es sich nur dann um „audiovisuelle Mediendienste auf Abruf", wenn sie nach Form und Inhalt fernsehähnlich, dh mit herkömmlichem Fernsehen vergleichbar sind.[155] Mit herkömmlichem Fernsehen vergleichbar sind nach Form und Inhalt solche Telemedien, die als Massenmedien in ihrer informierenden, unterhaltenden und die breite Öffentlichkeit bildenden Funktion erscheinen.[156] Für die nähere Bestimmung des Begriffs „audiovisuelle Mediendienste auf Abruf" muss auf die Richtlinie zurückgegriffen werden:[157] Die AVM-RL erfasst zwar sowohl lineare − also nicht vom Nutzer im Ablauf beeinflussbare − Sendungen als auch **nicht-lineare** − also nur auf Abruf des Nutzers gesendete, von diesem weitgehend steuerbare − Inhalte;[158] doch stuft sie die inhaltliche Regulierung aufgrund der unterschiedlichen meinungsbildenden Relevanz erheblich zwischen diesen Formen ab.[159] Für nicht-lineare Inhalte gelten demnach nur folgende Vorgaben:
− Impressumspflichten (Art. 5 AVM-RL),
− Verbot der Aufstachelung zu Hass im Rahmen audiovisueller Mediendienste (Art. 6 AVM-RL),
− Bemühen um Barrierefreiheit der Dienste (Art. 7 AVM-RL),
− Übertragung von Kinofilmen nur zu den mit den Rechteinhabern vereinbarten Zeiten (Art. 8 AVM-RL),
− Mindestanforderungen für audiovisuelle Kommunikation hinsichtlich des Jugend- und Verbraucherschutzes (Art. 9 AVM-RL),
− Mindestanforderungen für das Sponsoring (Art. 10 AVM-RL).

49 Das TMG folgt den **Definitionen der AVM-RL,** insbesondere Art. 1 lit. g AVM-RL. Zunächst muss es sich überhaupt um einen audiovisuellen Mediendienst nach Art. 1 lit. a AVM-RL handeln, der eine Dienstleistung nach Art. 56, 57 AEUV darstellt, für die ein Mediendiensteanbieter „die redaktionelle Verantwortung trägt und deren Hauptzweck die Bereitstellung von Sendungen zur Information, Unterhaltung oder Bildung der allgemeinen Öffentlichkeit über elektronische Kommunikationsnetze im Sinne des Artikels 2 Buchstabe a der Richtlinie 2002/21/EG ist".[160] Daher bedarf es mehrerer Merkmale, um von einem audiovisuellen Dienst nach § 2 S. 1 Nr. 6 auszugehen:
− Eine kommerzielle, nicht private Dienstleistung,
− die redaktionelle Verantwortung,

---

[154] S. dazu *Spindler,* 64. DJT, Referat, M 85; zur Entwicklung der AVM-RL bis 2007 s. *Stender-Vorwachs/Theißen,* ZUM 2007, 613 f.; zur Medienkonvergenz bei der Rundfunkgebührenpflicht s. *Eicher/Schneider,* NVwZ 2009, 741.

[155] BeckRTD-Komm/*Gitter,* § 2 TMG Rn. 28.

[156] Spindler/Schuster/*Ricke,* § 2 TMG Rn. 15.

[157] BeckRTD-Komm/*Gitter,* § 2 TMG Rn. 29.

[158] Erwägungsgrund 21 der AVM-RL 2010/13/EU des Europäischen Parlaments und des Rates, ABl. Nr. L 95 v. 10.3.2010, S. 1.

[159] Näher dazu *Schulz,* EuZW 2008, 107, 108; krit. zu der Unterscheidung zwischen linearen und nicht-linearen Diensten s. *Stender-Vorwachs/Theißen,* ZUM 2007, 613, 615, nach deren Auffassung die Qualifizierung der Dienste mittelfristig bei Hybridformen problematisch werden könnte; *Castendyk/Böttcher,* MMR 2008, 13, 14; s. auch *Leitgeb,* ZUM 2006, 837, 839 f.

[160] Richtlinie 2002/21/EG des Europäischen Parlaments und des Rates über einen gemeinsamen Rechtsrahmen für elektronische Kommunikationsnetze und -dienste (Rahmenrichtlinie), ABl. Nr. L 108 v. 7.3.2002, S. 33; zuletzt geändert durch Richtlinie 2009/140/EG des Europäischen Parlaments und des Rates, ABl. Nr. L 337 v. 25.11.2009, S. 37.

- Hauptzweck der Bereitstellung von Sendungen zur Information, Unterhaltung oder Bildung,
- an die Öffentlichkeit gerichtet,
- über elektronische Kommunikationsnetze,
- ein nicht-lineares Angebot auf individuellen Abruf zum vom Nutzer gewählten Zeitpunkt,
- aus einem vom Diensteanbieter festgelegten Inhaltskatalog,
- fernsehähnlich.

Aus dem Anwendungsbereich der AVM-RL (und damit auch § 2 S. 1 Nr. 6) scheiden von vornherein alle Dienste aus, die nicht als **Dienstleistung** iSv Art. 56, 57 AEUV qualifiziert werden können, mithin vor allem **private Angebote,**[161] die nicht entgeltlich erfolgen.[162] Wie Erwägungsgrund 21 AVM-RL klarstellt, spielt es keine Rolle, ob die Angebote von privat-kommerziellen oder öffentlich-rechtlich organisierten Unternehmen stammen; vielmehr sollen Internetangebote von privaten Nutzern ohne kommerzielle Interessen ausgenommen werden, die nicht mit dem Fernsehen oder vergleichbaren Angeboten im Wettbewerb stehen.[163] Nicht erfasst werden sollen bspw. private Internetseiten und Dienste zur Bereitstellung oder Verbreitung audiovisueller Inhalte, die von privaten Nutzern zum Zwecke der gemeinsamen Nutzung und des Austauschs innerhalb von Interessengemeinschaften erstellt werden.[164] So sind etwa Videos, die von **Privaten** auf **YouTube** eingestellt werden, ebenso ausgenommen wie solche audiovisuellen Inhalte, die im Rahmen **sozialer Netzwerke** zum Austausch bereitgestellt werden.[165] Allerdings kann schon die Einbeziehung Dritter, insbesondere von Werbepartnern, zur Finanzierung der eigenen Homepage dazu führen, dass die Entgeltlichkeit vorliegt, da es nicht darauf ankommt, dass die Nutzer direkt den Diensteanbieter bezahlen[166] – sowohl ECRL als auch AVM-RL liegen hier die gleichen Begrifflichkeiten zugrunde (→ § 1 Rn. 7). In Einzelfällen kann die Abgrenzung zwischen kommerziellen und nicht-kommerziellen Tätigkeiten zu Problemen führen, bspw. im Rahmen der Finanzierung privater Webseiten durch sog. Bannerwerbung/Pop-up-Werbung.[167] Entscheidend ist nach Erwägungsgrund 21 AVM-RL, dass der nicht-kommerzielle Charakter überwiegt; vereinzelte Werbung ist daher unschädlich, allerdings nicht, wenn sie doch deutlich das Angebot mitprägt. 50

Die AVM-RL verlangt zudem nach Art. 1 lit. c eine **redaktionelle Verantwortung** als „Ausübung einer wirksamen Kontrolle sowohl hinsichtlich der Zusammenstellung der Sendungen als auch hinsichtlich ihrer Bereitstellung […] mittels eines Katalogs im Falle von audiovisuellen Mediendiensten auf Abruf". Die nähere definitorische Bestimmung der redaktionellen Verantwortung – insbesondere hinsichtlich des Begriffs der wirksamen Kontrolle – kann nach Erwägungsgrund 25 AVM-RL ausdrücklich durch die einzelnen Mitgliedstaaten erfolgen. Grundsätzlich ist dieses Tatbestandsmerkmal dem im Rahmen von § 1 verwandten Kriterium der journalistisch-redaktionellen Gestaltung weitgehend ähnlich. Zwar spricht Art. 1 lit. c AVM-RL von einer „Verantwortung"; doch ist damit inhaltlich nichts Anderes gemeint, als dass der Anbieter einen maßgeblichen Einfluss auf die Auswahl und Strukturierung der Inhalte ausübt (→ § 1 Rn. 73). Nur solche Dienste können also als audiovisueller Mediendienst eingestuft werden, bei denen sich ein Mediendienste- 51

---

[161] S. *Castendyk/Böttcher,* MMR 2008, 13, 14; *Leitgeb,* ZUM 2006, 837, 839; *Nobel/Kaempf,* EuZ 2008, 58 f.; *Schulz,* EuZW 2008, 107, 108 f.
[162] jurisPK-Internetrecht/*Heckmann,* Kap. 1 Rn. 128; MüKoStGB/*Altenhain,* § 2 TMG Rn. 21.
[163] S. dazu auch *Stender-Vorwachs/Theißen,* ZUM 2007, 613, 615 f.
[164] Erwägungsgrund 16 der Richtlinie 2007/65/EG, ABl. Nr. L 332 v. 18.12.2007, S. 29.
[165] *Seidl/Maisch,* K&R 2011, 11, 14.
[166] *Nobel/Kaempf,* EuZ 2008, 58.
[167] jurisPK-Internetrecht/*Heckmann,* Kap. 1 Rn. 128; *Nobel/Kaempf,* EuZ 2008, 58, 59.

anbieter in tatsächlich und effektiver Art und Weise für die redaktionelle Gestaltung verantwortlich zeichnet.[168] Das wird auch aus Erwägungsgrund 93 AVM-RL deutlich, wo eine Beeinträchtigung der redaktionellen Verantwortung ausdrücklich dann angenommen wird, wenn eine Themenplatzierung – also die Auswahl der Inhalte – aufgrund von Sponsoring und Produktplatzierung erfolgt.[169] Dagegen stellt das bloße Weiterleiten von Sendungen keinen audiovisuellen Mediendienst dar.[170]

52 Ferner muss der **Hauptzweck des Dienstes** die **Bereitstellung von Sendungen** zur Information, Unterhaltung und Bildung an die allgemeine Öffentlichkeit sein. Nach Art. 1 lit. b AVM-RL sind als Sendungen nur bewegte Bilder anzusehen, die mit oder ohne Ton vermittelt werden können. Erwägungsgrund 23 AVM-RL nennt diese Voraussetzungen bei der Erläuterung des Begriffs „audiovisuell" und hebt dabei klarstellend hervor, dass reine Übertragungen von Audio nicht erfasst sind. Die Richtlinie gibt selbst in Art. 1 lit. b AVM-RL Beispiele in Gestalt von „Spielfilme[n], Sportberichte[n], Fernsehkomödien, Dokumentarfilme[n], Kindersendungen und Originalfernsehspiele[n]". In diesem Rahmen soll aber der Begriff der Sendung nicht statisch verstanden werden, vielmehr sollte nach Erwägungsgrund 24 AVM-RL „zur Vermeidung von Diskrepanzen bei der Dienstleistungsfreiheit und beim Wettbewerb der Begriff „Sendung" unter Berücksichtigung der Entwicklungen auf dem Gebiet der Fernsehsendungen dynamisch ausgelegt werden. Auf die **Dauer einer Sendung** bzw. eines Videos kommt es nicht an, sodass auch nur 15 Sekunden dauernde Videos, etwa auf YouTube, erfasst werden.[171]

53 Schon diese Aufzählung der Inhalte und die genannten Beispiele machen deutlich, dass der massenmediale Charakter im Vordergrund stehen muss,[172] ohne dass aufgrund der Konvergenz der Medien die frühere strikte Trennung von linearen und nicht-linearen Diensten in dieser Strenge aufrecht erhalten bleiben kann. So hält Erwägungsgrund Nr. 21 AVM-RL ausdrücklich fest, dass „der Begriff der audiovisuellen Mediendienste lediglich die entweder als Fernsehprogramm oder auf Abruf bereitgestellten audiovisuellen Mediendienste erfassen [sollte], bei denen es sich um Massenmedien handelt, das heißt, die für den Empfang durch einen wesentlichen Teil der Allgemeinheit bestimmt sind und bei dieser eine deutliche Wirkung entfalten könnten."[173] Die Begriffsbestimmung in Art. 1 lit. a AVM-RL greift diesen massenmedialen Charakter mit dem Tatbestandsmerkmal der **allgemeinen Öffentlichkeit** auf. Bei der Bestimmung kann die Definition des EuGH noch zu der früheren Fernseh-Richtlinie herangezogen werden.[174] Danach ist ein Fernsehprogramm dann an die Allgemeinheit gerichtet, wenn dieselben Bilder gleichzeitig an eine unbestimmte Zahl möglicher Zuschauer übertragen werden.[175] Das Merkmal der Gleichzeitigkeit definiert dabei das lineare Angebot eines Fernsehprogramms,[176] wogegen im Rah-

---

[168] jurisPK-Internetrecht/*Heckmann,* Kap. 1 Rn. 129; *Castendyk/Böttcher,* MMR 2008, 13, 14.

[169] Weswegen Erwägungsgrund 93 der AVM-RL ausführt, dass Sponsoring und Produktplatzierung in solchen Fällen verboten sein sollten.

[170] Erwägungsgrund 19 der RL 2007/65/EG, ABl. Nr. L 332 v. 11.12.2007, S. 19.

[171] EuGH, GRUR 2016, 101, 102 – New Media Service; s. dazu *Spindler,* JZ 2016, 147, 148 f.; dem folgend BGH, CR 2017, 403, 404 f.

[172] *Castendyk/Böttcher,* MMR 2008, 13, 15; *Stender-Vorwachs/Theißen,* ZUM 2007, 613, 615.

[173] S. dazu *Stender-Vorwachs/Theißen,* ZUM 2007, 613, 615.

[174] EuGH, Slg. 2005, I-4891 = MMR 2005, 517 – Mediakabel/Commissariaat voor de Media; s. dazu auch *Castendyk/Böttcher,* MMR 2008, 13, 15; jurisPK-Internetrecht/*Heckmann,* Kap. 1 Rn. 133.

[175] EuGH, Slg. 2005, I-4891 = MMR 2005, 517 Rn. 30 – Mediakabel/Commissariaat voor de Media.

[176] Hoeren/Sieber/Holznagel/*Holznagel,* 44. EL 2017, Teil 3 Rn. 42; s. auch EuGH, Slg. 2005, I-4891 = MMR 2005, 517 – Mediakabel; wenn dort davon ausgegangen wird, dass es sich

Begriffsbestimmungen **§ 2 TMG**

men eines nicht-linearen audiovisuellen Mediendienstes der Empfang auf individuellen Abruf[177] stattfindet. Somit ist unter dem Begriff der allgemeinen Öffentlichkeit eine unbestimmte Zahl von Nutzern zu verstehen, an die die Sendungen übertragen werden. Damit werden indes nicht von vornherein jegliche geschlossene Benutzergruppen ausgeschlossen,[178] etwa Pay-TV oder vergleichbare Abonnementsdienste; maßgeblich ist hier nur, dass das Angebot im Prinzip jedem offen steht, der die allgemeinen Kriterien des Anbieters erfüllt.

Auch der zeitversetzte Videoabruf von Fernsehsendungen („Near-Video on Demand") soll ebenso wie das **Livestreaming** von Fernsehsendungen oder das **Web-Casting** (ausschließliche Übertragung per Internet) nicht als „on-demand" bzw. Abrufdienste zu qualifizieren sein, sondern der Regulierung als fernsehähnliche Dienste unterfallen (näher zu **Streaming-Angeboten** → § 1 Rn. 52).[179] Dagegen sind die Mediatheken der Sendeanstalten „on-demand"-Dienste, auch wenn sie vorherige Sendungen lediglich wiedergeben; entscheidend ist aber, dass der Nutzer sie nach Belieben aufrufen kann, egal welcher Übertragungsweg gewählt wird. 54

Auch müssen die Dienste gerade als Hauptzweck die Bereitstellung der bezeichneten Inhalte bzw. Sendungen haben. Stellen audiovisuelle Dienste lediglich eine Nebenerscheinung dar, unterfallen sie nach Erwägungsgrund 22 AVM-RL nicht den audiovisuellen Mediendiensten. Dazu sollen nach dem Richtliniengeber (Erwägungsgrund 22) neben der rein privaten Korrespondenz (E-Mails etc.) „beispielsweise Internetseiten [zählen], die lediglich zu Ergänzungszwecken audiovisuelle Elemente enthalten, zB animierte grafische Elemente, kurze Werbespots oder Informationen über ein Produkt oder nicht-audiovisuelle Dienste." 55

Aus diesen Gründen sollten ferner **folgende Dienste von dem Anwendungsbereich der Richtlinie ausgenommen** sein: Glücksspiele mit einen einen Geldwert darstellenden x Einsatz, einschließlich Lotterien, Wetten und andere Gewinnspiele sowie Online-Spiele und Suchmaschinen, jedoch nicht Sendungen mit Gewinnspielen oder Glücksspielen. 56

So wird jedes Internetangebot darauf zu untersuchen sein, ob audiovisuelle Beiträge den wesentlichen Inhalt darstellen; dabei muss auf **jede einzelne Seite** abgestellt werden, eine **Gesamtbetrachtung** einer gesamten Webseite würde die mögliche Trennung und Aufspaltung der Inhalte und damit die unterschiedlichen massenmedialen Wirkungen übergehen. Selbst dann dürfte eine Gesamtbetrachtung jedoch häufig ambivalent statt eindeutig ausfallen, da der „Zweck" einer Webseite regelmäßig sein wird, gerade eine Mischung audiovisueller und reiner Text oder Audiobeiträge bereitzuhalten.[180] 57

Die Abgrenzungsprobleme werden etwa bei den **elektronischen Zeitungen** deutlich, die zwar nach dem expliziten Willen des Richtliniengebers gem. Erwägungsgrund 28 AVM-RL nicht in den Anwendungsbereich der AVM-RL fallen sollen. Auch Erwägungsgrund 23 AVM-RL verdeutlicht nochmals, dass „eigenständig 58

---

auch bei einem eingeschränkten Benutzerkreis – wie etwa beim Pay-per-View – um eine Fernsehsendung handelt, solange nur das Programm zum selben, vom Verbreiter festgelegten Zeitpunkt empfangen wird und die Signale der Bilder an alle Abonnenten gleichzeitig übertragen werden.

[177] Art. 1 lit. g AVM-RL.
[178] S. dazu auch *Stender-Vorwachs/Theißen,* ZUM 2007, 613, 615, mit dem Hinweis auf Abgrenzungsprobleme bei geschlossenen Benutzergruppen aufgrund der fehlenden Definition des Begriffs der Allgemeinheit innerhalb der AVM-RL. Diese Probleme können indes, wie aufgezeigt, mit einer Anlehnung des Begriffs an die Definition des EuGH zur Fernseh-RL handhabbar gemacht werden.
[179] Erwägungsgrund Nr. 27 der AVM-RL, ABl. Nr. L 95 v. 10.3.2010, S. 4.
[180] Castendyk/Dommering/Scheuer/*Dommering/Scheuer/Ader,* Art. 3 AVMDSD Rn. 17.

textgestützte Dienste [...] nicht in den Anwendungsbereich dieser Richtlinie fallen" sollten. Doch werden schon heute die Textinhalte der elektronischen Ausgaben der Printmedien mit Videoinhalten angereichert. „Elektronische Ausgaben von Zeitungen und Zeitschriften", wie sie Erwägungsgrund 28 AVM-RL bezeichnet, sollen daher nach einem Vorschlag eng interpretiert werden, so dass ausschließlich das **direkte Äquivalent zur Printausgabe** vom Anwendungsbereich der Richtlinie ausgeklammert würde, während jegliches Zusatzangebot sich ggf. an dieser messen lassen müsste.[181] Der EuGH hat im Fall New Media Services alle Videos im Webangebot einer elektronischen Zeitung der AVM-RL unterworfen, wenn diese Videos kaum im Zusammenhang mit dem eigentlichen Informationsangebot der Zeitung standen.[182] Ob auf Dauer das Festhalten an den Konturen eines Offline-Mediums auch online möglich oder gar sinnvoll ist, darf insbesondere auch auf lange Sicht bezweifelt werden, da die Geschäftsmodelle im Online-Bereich in Zukunft immer flexibler und nutzerbezogener werden dürften und auf diese Weise eine regulatorische Zersplitterung eines einzigen Angebots zu erwarten wäre.

59 Schließlich muss der Dienst über **elektronische Kommunikationsnetze** iSd Art. 2 lit. a der Rahmen-Richtlinie verbreitet werden.[183] Die AVM-RL ist hier im Rückgriff auf die Rahmen-Richtlinie bewusst technologieneutral, indem alle Arten der elektronischen Übertragung erfasst werden, ohne Rücksicht darauf, welche Leitungswege benutzt werden.[184]

60 Das **TMG** nimmt diese Begriffe auf und verfeinert sie dahingehend, dass der Inhalt aus einem vom Diensteanbieter und damit nicht von Dritten festgelegten **Inhaltekatalog** stammen muss.[185] Dies entspricht der von der AVM-RL verwandten Kategorie der redaktionellen Verantwortlichkeit für die Sendungen bzw. Inhalte. Damit scheiden indes alle Host-Provider aus, bei denen der Diensteanbieter nur eine Plattform bietet, auf die Nutzer ihre audiovisuellen Inhalte hochladen können. Dies gilt auch dann, wenn bestimmte Kategorien und Suchdienste vorgegeben werden, da damit lediglich eine Vorstrukturierung erreicht wird, aber keine individuelle Auswahl von Sendungen. Damit scheidet etwa ein Anbieter wie YouTube weitgehend aus der AVM-RL aus, da hier die Nutzer selbst die Inhalte festlegen und **YouTube** diese nur durchsuchbar macht.[186]

61 Schließlich kommt auch im TMG der massenmediale Bezug der audiovisuellen Mediendienste auf Abruf zum Tragen, indem § 2 S. 1 Nr. 6 die **Fernsehähnlichkeit** des Angebotes fordert. Als fernsehähnlich ist gemäß Erwägungsgrund 24 AVM-RL ein Inhalt anzusehen, wenn er „auf das gleiche Publikum wie Fernsehsendungen ausgerichtet [ist] und der Nutzer aufgrund der Art und Weise des Zugangs zu diesen Diensten vernünftigerweise einen Regelungsschutz im Rahmen dieser Richtlinie er-

---

[181] Castendyk/Dommering/Scheuer/*Dommering/Scheuer/Ader*, Art. 3 AVMDSD Rn. 17; s. auch aus Perspektive des RStVs sowie UWG zur Tagesschau-App BGH, GRUR 2015, 1228, 1232 – Tagesschau-App; s. dazu *Spindler,* JZ 2016, 147 f.; zuvor *Hain/Brings,* WRP 2012, 1495, 1499; *Schmidtmann,* ZUM 2013, 536, 539 f.

[182] EuGH, GRUR 2016, 101, 103 f. – New Media Service; s. dazu *Spindler* JZ 2016, 147, 148 f.

[183] Richtlinie 2002/21/EG des Europäischen Parlaments und des Rates vom über einen gemeinsamen Rechtsrahmen für elektronische Kommunikationsnetze und -dienste (Rahmenrichtlinie), ABl. Nr. L 108 v. 7.3.2002, S. 33; zuletzt geändert durch Richtlinie 2009/140/EG des Europäischen Parlaments und des Rates, ABl. Nr. L 337 v. 25.11.2009, S. 37.

[184] *Schulz,* EuZW 2008, 107 ff.; s. dazu auch *Leitgeb,* ZUM 2006, 837, 839.

[185] Ausf. zum Tatbestandsmerkmal des festgelegten Inhaltekatalogs s. *Seidl/Maisch,* K&R 2011, 11, 14.

[186] RegE 1. TelemedienänderungsG, BT-Drs. 17/718, S. 8; BeckRTD-Komm/*Gitter,* § 2 TMG Rn. 31; s. auch *Seidl/Maisch,* K&R 2011, 11, 14, mit dem zutr. Hinweis, dass nach außen ähnliche Dienste in Abhängigkeit davon, ob die Inhalte vorab oder im Nachhinein vom Anbieter kontrolliert werden, einer unterschiedlichen Regulierung unterliegen.

warten kann". Ergänzt wird dies durch Erwägungsgrund 58 AVM-RL, der nochmals die Steuerbarkeit der Inhalte durch den Nutzer im Gegensatz zu linearen Fernsehprogrammen betont. Damit wird der letztlich enge Anwendungsbereich deutlich, der im Wesentlichen Video-on-Demand-Inhalte erfasst, die üblicherweise auch im normalen Fernsehen (oder als Streaming-Angebote) vorzufinden sind. Ob sich derartige Unterscheidungen indes angesichts der Konvergenz in Zukunft noch treffen lassen können, erscheint mehr als zweifelhaft; so wird ein Kurzfilm (der einen audiovisuellen Inhalt darstellt) nicht mehr von einem nutzergenerierten Video auf YouTube unterschieden werden können.[187] Zweifeln begegnet daher die Annahme des BGH in seinem Vorlagebeschluss an den EuGH, dass ein YouTube-Kanal, der nur der (Produkt-)Eigenwerbung dient, nicht als fernsehähnlich zu qualifizieren ist;[188] würde dieses Video etwa auf einer Mediathek einer Fernsehanstalt bereitgehalten, fiele es schwer, dieses isoliert als „nicht-fernsehähnlich" zu qualifizieren. Allerdings relativiert Erwägungsgrund 24 AVM-RL selbst diese Vorgabe, indem „zur Vermeidung von Diskrepanzen bei der Dienstleistungsfreiheit und beim Wettbewerb der Begriff ‚Sendung' unter Berücksichtigung der Entwicklungen auf dem Gebiet der Fernsehsendungen dynamisch ausgelegt werden" soll.[189]

§ 2a Europäisches Sitzland

(1) ¹Innerhalb des Geltungsbereichs der Richtlinie 2000/31/EG des Europäischen Parlaments und des Rates vom 8. Juni 2000 über bestimmte rechtliche Aspekte der Dienste der Informationsgesellschaft, insbesondere des elektronischen Geschäftsverkehrs, im Binnenmarkt („Richtlinie über den elektronischen Geschäftsverkehr") (ABl. L 178 vom 17.7.2000, S. 1) bestimmt sich das Sitzland des Diensteanbieters danach, wo dieser seine Geschäftstätigkeit tatsächlich ausübt. ²Dies ist der Ort, an dem sich der Mittelpunkt der Tätigkeiten des Diensteanbieters im Hinblick auf ein bestimmtes Telemedienangebot befindet.

(2) Abweichend von Absatz 1 gilt innerhalb des Geltungsbereichs der Richtlinie 2010/13/EU des Europäischen Parlaments und des Rates vom 10. März 2010 zur Koordinierung bestimmter Rechts- und Verwaltungsvorschriften der Mitgliedstaaten über die Bereitstellung audiovisueller Mediendienste (Richtlinie über audiovisuelle Mediendienste) (ABl. L 95 vom 15.4.2010, S. 1) bei audiovisuellen Mediendiensten auf Abruf Deutschland als Sitzland des Diensteanbieters, wenn
1. die Hauptverwaltung in Deutschland liegt und die redaktionellen Entscheidungen über den audiovisuellen Mediendienst dort getroffen werden,
2. die Hauptverwaltung in Deutschland liegt und die redaktionellen Entscheidungen über den audiovisuellen Mediendienst in einem anderen Mitgliedstaat der Europäischen Union getroffen werden, jedoch
    a) ein wesentlicher Teil des mit der Bereitstellung des audiovisuellen Mediendienstes betrauten Personals in Deutschland tätig ist,

---

[187] Was im Übrigen weitere Abgrenzungsprobleme zwischen linearen und nicht-linearen Diensten mit sich bringt, wenn etwa Videos auf Abruf aus dem Internet im Fernsehen ausgestrahlt werden, s. Castendyk/Dommering/Scheuer/*Chavannes,* Art. 1 AVMDSD Rn. 104ff.
[188] So aber BGH, CR 2017, 403, 405 Rn. 38: YouTube-Kanal sei kein Fernsehkanal wie Teleshopping etc.
[189] S. auch BeckRTD-Komm/*Gitter,* § 2 TMG Rn. 29; *Nobel/Kaempf,* EuZ 2008, 58, 60 vermuten hinter diesem „Novum in der Europäischen Rechtsetzung" dass durch diese Klausel die Gerichte angeregt werden sollen, Richtlinienbestimmungen auch ohne Beteiligung des Richtliniengebers fortzuentwickeln.

b) ein wesentlicher Teil des mit der Bereitstellung des audiovisuellen Mediendienstes betrauten Personals sowohl in Deutschland als auch in dem anderen Mitgliedstaat tätig ist oder
c) ein wesentlicher Teil des mit der Bereitstellung des audiovisuellen Mediendienstes betrauten Personals weder in Deutschland noch in dem anderen Mitgliedstaat tätig ist, aber der Diensteanbieter zuerst in Deutschland seine Tätigkeit aufgenommen hat und eine dauerhafte und tatsächliche Verbindung mit der Wirtschaft Deutschlands fortbesteht, oder
3. die Hauptverwaltung in Deutschland liegt und die redaktionellen Entscheidungen über den audiovisuellen Mediendienst in einem Drittstaat getroffen werden oder umgekehrt, aber ein wesentlicher Teil des mit der Bereitstellung des audiovisuellen Mediendienstes betrauten Personals in Deutschland tätig ist.

(3) ¹Für audiovisuelle Mediendiensteanbieter, die nicht bereits aufgrund ihrer Niederlassung der Rechtshoheit Deutschlands oder eines anderen Mitgliedstaats der Europäischen Union unterliegen, gilt Deutschland als Sitzland, wenn sie
1. eine in Deutschland gelegene Satelliten-Bodenstation für die Aufwärtsstrecke nutzen oder
2. zwar keine in einem Mitgliedstaat der Europäischen Union gelegene Satelliten-Bodenstation für die Aufwärtsstrecke nutzen, aber eine Deutschland zugewiesene Übertragungskapazität eines Satelliten nutzen.

²Liegt keines dieser beiden Kriterien vor, gilt Deutschland auch als Sitzland für Diensteanbieter, die in Deutschland gemäß den Artikeln 49 bis 55 des Vertrages über die Arbeitsweise der Europäischen Union niedergelassen sind.

Literatur: *Albath/Giesler*, Das Herkunftslandprinzip in der Dienstleistungsrichtlinie – eine Kodifizierung der Rechtsprechung?, EuZW 2006, 38; *Castendyk/Böttcher*, Ein neuer Rundfunkbegriff für Deutschland? – Die Richtlinie über audiovisuelle Mediendienste und der deutsche Rundfunkbegriff, MMR 2008, 13; *Falke,* Der Schutz der Meinungsvielfalt durch die Regelung der Herstellung und Verbreitung von audiovisuellen Medien, 2012, S. 45 ff.; *Kleist/Scheuer,* Audiovisuelle Mediendienste ohne Grenzen, MMR 2006, 127; *Leitgeb,* Die Revision der Fernsehrichtlinie – Überblick über die wesentlichen geplanten Änderungen unter besonderer Berücksichtigung der Liberalisierung des Verbots von Produktplatzierungen, ZUM 2006, 837; *Mückl,* Paradigmenwechsel im europäischen Medienrecht: Von der Fernseh-Richtlinie zur Richtlinie über audiovisuelle Mediendienste, DVBl 2006, 1201; *Nobel/Kaempf,* Die neue Richtlinie über audiovisuelle Mediendienste, EuZ 2008, 58; *Schulz,* Medienkonvergenz light – Zur neuen Europäischen Richtlinie über audiovisuelle Mediendienste, EuZW 2008, 107; *Schweda,* Die Audiovisuellen Medien im reformierten Rechtsrahmen für elektronische Kommunikation, K&R 2010, 81; *Seidl/Maisch,* Fernsehen der Zukunft – Aufnahme der audiovisuellen Mediendienste auf Abruf in das Telemediengesetz, K&R 2011, 11; *Stender-Vorwachs/Theißen,* Die Revision der Fernsehrichtlinie – Ist die Revision eine Reform?, ZUM 2006, 362; *dies.,* Die Richtlinie für audiovisuelle Mediendienste, ZUM 2007, 613; vgl. iÜ die Hinweise zu §§ 1 und 2.

Übersicht

	Rn.
I. Überblick und Entstehungsgeschichte	1
II. Europarechtskonforme Auslegung	3
III. Sitzland für Telemediendienste: Die Niederlassung des Diensteanbieters (Abs. 1)	4
IV. Sitzland für audiovisuelle Mediendienstanbieter auf Abruf (Abs. 2–3)	6
1. Ort der Hauptniederlassung und der redaktionellen Entscheidungen in Deutschland (Abs. 2 Nr. 1)	11

	Rn.
2. Ort der Hauptniederlassung in Deutschland und redaktionelle Entscheidungen in einem anderen EU-Mitgliedstaat (Abs. 2 Nr. 2) . . .	12
3. Hauptverwaltung in Deutschland, redaktionelle Entscheidungen in Drittstaat oder umgekehrt (Abs. 2 Nr. 3)	21
4. Ort der Hauptniederlassung und Ort der redaktionellen Kontrolle in einem Drittstaat (Abs. 3)	23

I. Überblick und Entstehungsgeschichte

Die Umsetzung der Richtlinie über audiovisuelle Mediendienste (AVM-Richtlinie, → § 1 Rn. 73 und → § 2 Rn. 48), insbesondere der Art. 2 Abs. 2–4 AVM-RL, bedingte auch die Einführung von abgestuften Definitionen für das Sitzland (bzw. Herkunftsland) eines Diensteanbieters im Rahmen des 1. Telemedienänderungsgesetzes. § 2a dient der Umsetzung von Art. 2 Abs. 2–4 der Richtlinie 2007/65/EG.[1] Während die E-Commerce-Richtlinie kaum Vorgaben für das Sitzland des Diensteanbieters aufstellt (Art. 3 und Erwägungsgrund 19 ECRL), enthält die AVM-RL in Anlehnung an die frühere Fernseh-RL[2] sowie die Kabel-Satelliten-RL[3] einen wesentlich differenzierteren Kriterienkatalog, der auch den politischen Streit im Rahmen der Verabschiedung der AVM-RL widerspiegelt. Anders als in der ECRL richtet sich das Sitzland im Rahmen der AVM-RL nicht nur nach dem Schwerpunkt der wirtschaftlichen Tätigkeiten bzw. der Hauptverwaltung, sondern in bestimmten Fällen spezifisch nach den Orten, an denen der Schwerpunkt der redaktionellen Tätigkeit bzw. wirksamen Kontrolle liegt, hilfsweise gem. Abs. 3 nach dem Land, mit dem der früheste, noch andauernde wirtschaftliche Kontakt besteht und wiederum subsidiär nach den Uploadpunkten in Deutschland für Satellitenverbindungen, Abs. 4. Angesichts der im Wesentlichen medien- und öffentlich-rechtlichen Anknüpfungspunkte der AVM-RL und der Durchsetzung des Binnenmarktes in Gestalt des Herkunftsland- bzw. Sitzlandprinzips ist diese Abfolge der Anknüpfungskriterien verständlich. 1

Mit dem Zweiten Gesetz zur Änderung des Telemediengesetzes vom 21. 7. 2016[4] hat der Gesetzgeber neben Änderungen der Haftung für WLAN-Provider (→ § 8 Rn. 2) auch § 2a wesentlich bereinigt und etliche Unklarheiten beseitigt.[5] Nach der Begründung[6] sollte vor allem Art. 2 Abs. 3 lit. b) S. 2 AVM-RL der Fall, dass ein Diensteanbieter die wirksame Kontrolle über seinen audiovisuellen Mediendienst in einem anderen Mitgliedstaat ausübt und ein wesentlicher Teil des mit seiner Bereitstellung befassten Personals sich in beiden Mitgliedstaaten befindet, besser umgesetzt werden. Für den Fall hingegen, dass Hauptniederlassung und Entscheidungsfindung eben- 2

---

[1] RegE 1. Telemedienänderungsgesetz, BT-Drs. 17/718, S. 8; Richtlinie 2007/65/EG des Europäischen Parlaments und des Rates v. 11.12.2007 zur Änderung der Richtlinie 89/552/EWG des Rates zur Koordinierung bestimmter Rechts- und Verwaltungsvorschriften der Mitgliedstaaten über die Ausübung der Fernsehtätigkeit, ABl. EG Nr. L 332, 18.12.2007, S. 27.
[2] Richtlinie 89/552/EWG des Rates zur Koordinierung bestimmter Rechts- und Verwaltungsvorschriften der Mitgliedstaaten über die Ausübung der Fernsehtätigkeit idF der Richtlinie 97/36/EG des Europäischen Parlaments und des Rates v. 30.6.1997, ABl. EG Nr. L 202, 30.7.1997, S. 60.
[3] Richtlinie 93/83/EWG des Rates v. 27.9.1993 zur Koordinierung bestimmter urheber- und leistungsschutzrechtlicher Vorschriften betreffend Satellitenrundfunk und Kabelweiterverbreitung, ABl. EG Nr. L 248, 6.10.1993, S. 15.
[4] BGBl. I 2016 S. 1766.
[5] Ein aufschlussreicher Vergleich der Fassungen kann unter https://www.buzer.de/gesetz/7616/al55750-0.htm abgerufen werden.
[6] Begr. RegE BR-Drs. 18/6745, S. 10.

falls in unterschiedlichen Mitgliedstaaten angesiedelt sind, sich jedoch kein wesentlicher Anteil des Personals in einem der beiden befindet, soll der bisherige Verweis auf den Ort der Hauptniederlassung durch den von der AVM-RL vorgesehenen Verweis auf den Mitgliedstaat der Erstaufnahme der Verbreitungstätigkeit ersetzt werden, sofern eine dauerhafte und tatsächliche Verbindung zu seiner Wirtschaft fortbesteht. Damit beseitigte der Gesetzgeber die hier bestehende Europarechtswidrigkeit.

II. Europarechtskonforme Auslegung

3   Mit der Neufassung des § 2a beseitigt der Gesetzgeber nunmehr die frühere von der AVM-RL abweichende Terminologie und Struktur und passt diese der AVM-RL an. Aufgrund des vollharmonisierenden Charakters der AVM-RL ist der Rechtsanwender trotzdem gezwungen, die Norm stets europarechtskonform auszulegen und etwaige Abweichungen im Lichte der AVM-RL zu korrigieren.[7]

III. Sitzland für Telemediendienste: Die Niederlassung des Diensteanbieters (Abs. 1)

4   Anknüpfungspunkt für die Frage, wo ein Diensteanbieter „belegen" ist, ist nach Art. 3 Abs. 1, Art. 2 lit. c ECRL bzw. § 2a Abs. 1 ausschließlich dessen reale Niederlassung und der Schwerpunkt seiner wirtschaftlichen Aktivitäten, nicht der Serverstandort.[8] Auch ein „Uploading" ist damit nicht gemeint.[9] Entscheidend ist aber nicht mehr, wie früher vertreten,[10] der Ort der Steuerung der gesamten Tätigkeiten des Diensteanbieters, sondern nach dem Wortlaut von § 2a Abs. 1 der Ort, an dem sich der „Mittelpunkt der Tätigkeiten des Diensteanbieters im Hinblick auf ein bestimmtes Telemedienangebot befindet".[11] Zwar kennen weder die ECRL noch das primäre Europarecht einen funktionalen Niederlassungsbegriff, der sich nur auf Entscheidungszentren für bestimmte Funktionen bezöge – vielmehr ist üblicherweise der Sitz der allgemeinen Verwaltung des Anbieters maßgeblich.[12] Doch hält Erwägungsgrund 19 der ECRL deutlich fest, dass bei mehreren Niederlassungen nur diejenige maßgeblich ist, an der sich der **Mittelpunkt der Tätigkeiten** des Anbieters in Bezug auf diesen Dienst befindet.[13] Die allgemeine Hauptverwaltung, etwa die Personalverwaltung oder das Management-Headquarter, ist demnach nicht mehr ausschlaggebend, sondern der Ort, von dem aus das spezifische Telemedienangebot administriert wird, entsprechende Entscheidungen gefällt werden etc.; auf die Belegenheit von Geräten kommt es dagegen nach wie vor nicht an.[14] Der Niederlassungsort muss ent-

---

[7] Zutr. BeckOK InfoMedienR/*Weller,* § 2a TMG Rn. 5; *Seidl/Maisch,* K&R 2011, 11, 15.

[8] Erwägungsgrund Nr. 19 ECRL; BeckRTD-Komm/*Jandt,* § 2a TMG Rn. 9; *Mankowski,* RabelsZ 66 (2002), 203, 226ff.; *Dethloff,* Europäisierung des Wettbewerbsrechts, 53; *Thode,* NZBau 2001, 345, 350 je mwN.

[9] So aber *Arndt/Köhler,* EWS 2001, 102, 106.

[10] S. Spindler/Schmitz/Geis/*Spindler,* 1. Aufl. 2004, § 4 TDG Rn. 15, § 3 TDG Rn. 25.

[11] So bereits zum früheren Recht *Halfmeier,* ZEuP 2001, 837, 860; zust. *Naskret,* Herkunftslandprinzip, S. 20.

[12] S. auch Begr. RegE BT-Drs. 14/6098, S. 16; s. auch Spindler/Schuster/*Ricke,* § 2 TMG Rn. 6 sowie jurisPK-Internetrecht/*Heckmann,* Kap. 1 Rn. 110f., die allerdings beide § 2a Abs. 1 TMG übersehen.

[13] Ebenso BeckRTD-Komm/*Jandt,* § 2a TMG Rn. 10; letztlich wohl auch *Halfmeier,* ZEuP 2001, 837, 860 und *Naskret,* Herkunftslandprinzip, S. 20.

[14] Erwägungsgrund Nr. 19 ECRL.

sprechend der einschlägigen Rechtsprechung des EuGH zu Art. 49 AEUV (ehemals Art. 43 EG) anhand von Indizien festgestellt werden, wie zB die Räumlichkeiten, in denen der Diensteanbieter tätig wird, der Ort, an dem das Personal eingesetzt wird, etc.[15]

Bei **Tochtergesellschaften** in Mitgliedstaaten mit niedrigem Regulierungsniveau genügt die Konzernierung allein noch nicht, um das Trennungsprinzip zwischen den juristisch selbstständigen Personen aufzuheben und die Tätigkeit der Tochtergesellschaft der Muttergesellschaft zuzurechnen.[16] Erst dann, wenn sich die Aktivitäten der Tochtergesellschaft auf ein Minimum reduzieren und zB noch nicht einmal die technischen Fazilitäten in dem Niederlassungsstaat vorgehalten werden, wird man von einer Zurechnung zur Muttergesellschaft ausgehen können; dann handelt es sich aber um den allgemeinen Tatbestand des Missbrauchs bzw. des Umgehungsverbotes (→ § 3 Rn. 65 ff.). Indes wird auch hier im Gefolge der Rechtsprechung des EuGH zur Reichweite der Niederlassungsfreiheit[17] nur selten die Tatsache, dass es sich um eine „formale" Auslandsgesellschaft handelt, dazu führen, dass das Recht des Niederlassungsstaats angewandt wird. 5

IV. Sitzland für audiovisuelle Mediendienstanbieter auf Abruf (Abs. 2–3)

Die Regelungen in § 2a Abs. 2–3 setzen Art. 2 Abs. 2–4 AVM-RL um. Der EU-Richtliniengeber verfolgte mit der subsidiär gestaffelten Anwendung der in Art. 2 Abs. 2–4 AVM-RL genannten Kriterien ausdrücklich das Ziel, erschöpfend zu regeln, dass stets nur das Recht eines einzigen Mitgliedstaates für einen Anbieter audiovisueller Mediendienste gilt.[18] Gemein ist Art. 2 Abs. 3 AVM-RL und § 2a Abs. 2 und 3 zunächst, dass sie jeweils Kriterien zur Feststellung des Sitzlandes eines Anbieters audiovisueller Mediendienste „innerhalb des Geltungsbereichs der Richtlinie 89/552/EWG" enthalten. Dieser Verweis auf die Fernseh-RL zielt nach ihrer Aufhebung durch die AVM-RL auf deren Anwendungsbereich ab (Art. 34 Abs. 2 AVM-RL). Dementsprechend enthält § 2a Abs. 2 jetzt zutreffend die neue AVM-RL als Verweis. Erst wenn sich auf diesem Wege kein Sitzland feststellen lässt, soll sich die Anwendbarkeit des Rechts eines Mitgliedstaates nach Art. 2 Abs. 4 AVM-RL bzw. des deutschen Rechts nach § 2a Abs. 3 bestimmen, der technische Kriterien enthält. Die Formulierung in § 2a Abs. 3 macht besser deutlich als Art. 2 Abs. 4 AVM-RL, dass es sich dabei um einen Auffangtatbestand handelt, der für alle Fälle gilt, in denen sich über die genannten Kriterien kein Sitzland eindeutig bestimmen lässt. 6

---

[15] EuGH, EuZW 1991, 764 – The Queen/Secretary of State for Transport; s. auch EuGH, EuZW 1996, 725 – Kommission/Vereinigtes Königreich; EuGH, BeckRS 2004, 76560 – Konsumentombudsmannen/De Agostini (Svenska) Förlag AB u. TV-Shop i Sverige AB.
[16] Allg. *Wirtz*, WuW 2001, 342, 354 ff.; *Riesenkampff*, WuW 2001, 357; *Bork*, ZGR 1994, 237, 264 f.; s. auch *Bodewig*, GRUR Int. 2000, 475, 482.
[17] Zuletzt EuGH, EuZW 2013, 796 – Argenta; EuGH, EuZW 2013, 664 – Impacto Azul; EuGH, EuZW 2013, 269 – A Oy, mAnm *Schiefer*; EuGH, EuZW 2012, 621 – Vale, mAnm *Behrens*; EuGH, NJW 2009, 569 – Cartesio, mAnm *Zimmer/Naendrup*, NJW 2009, 545 ff.; EuGH, EuZW 2006, 81 – SEVIC, mAnm *Gottschalk*; EuGH, NJW 2003, 3331 – Inspire Art; dazu *Schön*, ZGR 2013, 333 ff.; *Bayer/Schmidt*, ZIP 2012, 1481 ff.; *Hennrichs/Pöschke/von der Laage/Klavina*, WM 2009, 2009 ff.; *Goette*, DStR 2005, 197 ff.; *Bayer*, BB 2003, 2357 ff.; *Behrens*, IPRax 2004, 20; *Leible/Hoffmann*, EuZW 2003, 677 ff.; *Schanze/Jüttner*, AG 2003, 661 ff.; *Zimmer*, NJW 2003, 3585 ff.; *Spindler/Berner*, RIW 2003, 949; *Spindler/Berner*, RIW 2004, 7.
[18] S. Erwägungsgrund Nr. 35 AVM-RL.

7   Die Regelungen zum Sitzland nach Abs. 2–3 gelten **nur für audiovisuelle Mediendienste auf Abruf,** nicht für andere Telemedien; für diese finden allein die Kriterien nach Abs. 1 Anwendung.

8   § 2a Abs. 2 und 3 stellt mehrere, in dieser Reihenfolge **subsidiär gestaffelte Kriterien** zur Bestimmung des Sitzlandes bereit: den Ort der Hauptniederlassung;[19] den Ort der redaktionellen Entscheidungen über den audiovisuellen Mediendiensten; den Ort, an dem „ein wesentlicher Teil des mit der Bereitstellung des audiovisuellen Mediendienstes beschäftigten Personals tätig ist"; sowie den Ort, an dem der Diensteanbieter zuerst mit seiner Tätigkeit begonnen hat, „sofern eine dauerhafte und tatsächliche Verbindung mit der Wirtschaft dieses Landes weiter besteht".

9   Die erste Weichenstellung, die § 2a Abs. 2 bzw. Art. 2 Abs. 3 AVM-RL vornehmen, bezieht sich auf die Kombination der Orte, an denen sich die Hauptniederlassung befindet und die redaktionellen Entscheidungen durchgeführt werden. Diesbezüglich sind **vier Varianten** denkbar:
– Beide liegen im selben EU-Mitgliedstaat;
– die Hauptniederlassung befindet sich Deutschland und die redaktionellen Entscheidungen finden in einem zweiten EU-Mitgliedstaat statt;
– die Hauptniederlassung befindet sich in Deutschland, die redaktionellen Entscheidungen finden in einem Drittstaat außerhalb der EU statt;
– beide liegen in einem Drittstaat außerhalb der EU.[20]

10 § 2 Abs. 2 und 3 TMG findet dabei nur auf Sachverhalte in Deutschland Anwendung; auch wenn Art. 2 Abs. 2–4 AVM-RL ein Zuständigkeitssystem für alle Mitgliedstaaten enthält (so wie der frühere § 2a dies übernommen hatte), hat die Reform auf eine Art allseitige Kompetenzzuweisung verzichtet, da alle anderen Mitgliedstaaten in der gleichen Weise die AVM-RL übernehmen mussten.

1. Ort der Hauptniederlassung und der redaktionellen Entscheidungen in Deutschland (Abs. 2 Nr. 1)

11 Nach § 2a Abs. 2 S. 1 Nr. 1 ist Deutschland Sitzland für den Mediendienst, wenn sich hier die Hauptniederlassung befindet und auch die redaktionellen Entscheidungen über den audiovisuellen Mediendienst hier getroffen werden. Der neue § 2a Abs. 2 Nr. 1 vermeidet damit den früheren schwammigen Begriff der „Kontrolle" über den Mediendienst. Schon zuvor war unter diesem Begriff die **„redaktionelle Kontrolle"** zu verstehen, wie sie für die Qualifikation des audiovisuellen Diensteanbieters entscheidend ist (→ § 2 Rn. 29). Deutlicher wird dies jetzt noch mit dem aus der AVM-RL stammenden Begriff der **„redaktionellen Entscheidungen"** – eine alleinige Überwachung ohne Entscheidungen zu treffen scheidet daher aus. Es geht auch nicht um die grundsätzlichen, strategischen Entscheidungen für ein ganzes Unternehmen, sondern um die konkrete Inhaltsplanung und -strukturierung, die allerdings auch auf einer mittleren Abstraktionsebene getroffen werden können. Eine redaktionelle Entscheidung wird etwa auf Vorstands- bzw. Geschäftsführungsebene ausscheiden, wenn nur die allgemeinen Budgetrahmen und generellen Ziele vorgegeben werden. Befasst sich die Geschäftsführung jedoch konkret mit einzelnen Medien-

---

[19] Die Terminologie in Art. 2 Abs. 2 und 3 AVM-RL weicht von der des § 2a ab. Die „Hauptniederlassung" ist in der AVM-RL die „Hauptverwaltung", während die „Niederlassung" dort das bezeichnet, was in § 2a der „Sitz" des Diensteanbieters ist. Zudem wird der Ort der „wirksamen Kontrolle" in der AVM-RL als Ort bezeichnet, an dem die „redaktionellen Entscheidungen" getroffen werden.

[20] Bzgl. der vierten Variante ist BeckRTD-Komm/*Jandt,* § 2a TMG Rn. 14 insofern zuzustimmen, dass diese von Art. 2 Abs. 3 AVM-RL nicht geregelt wird, sondern Art. 2 Abs. 4 AVM-RL zuzuordnen ist, dazu auch → Rn. 23.

Europäisches Sitzland § 2a TMG

diensten und deren inhaltlicher Ausgestaltung, wird man auch hier von einer redaktionellen Entscheidung ausgehen können. Maßgebend ist mithin stets die inhaltlich-auswählende Einflussnahme und Strukturierung der jeweiligen Dienste. Der Ort der Hauptniederlassung im gesellschafts- bzw. handelsrechtlichen Sinne kann daher durchaus abweichen von dem Ort der Hauptniederlassung iSd § 2a Abs. 2 abweichen.

2. Ort der Hauptniederlassung in Deutschland und redaktionelle Entscheidungen in einem anderen EU-Mitgliedstaat (Abs. 2 Nr. 2)

Befinden sich wiederum die Hauptniederlassung und der Ort der redaktionellen Entscheidungen beide innerhalb der EU, jedoch in unterschiedlichen Mitgliedstaaten, richtet sich die Zuständigkeit Deutschlands nach § 2a Abs. 2 S. 1 Nr. 2 bzw. Art. 2 Abs. 3 lit. b AVM-RL nach dem subsidiären Kriterium, wo „ein wesentlicher Teil des mit der Bereitstellung des audiovisuellen Mediendienstes betrauten Personals tätig ist". Entscheidend ist zunächst, was unter einem „wesentlichen Teil" des Personals und der „Bereitstellung" des Dienstes zu verstehen ist. Klarer als zuvor unterscheidet § 2a Abs. 2 S. 1 Nr. 2 jetzt bestimmte Unterfälle: 12

Nach § 2a Abs. 2 S. 1 Nr. 2 lit. a **(erster Unterfall)** ist Deutschland trotz der redaktionellen Entscheidungen in einem anderen Mitgliedstaat weiterhin zuständig, wenn „ein **wesentlicher Teil des mit der Bereitstellung des audiovisuellen Mediendienstes betrauten Personals in Deutschland** tätig ist." Die **„Bereitstellung des audiovisuellen Mediendienstes"** verweist auf die Mitarbeiter, die nicht in die Entscheidungen und Kontrolle einbezogen sind, sondern quasi vorbereitend tätig werden. Dies können sowohl technische Mitarbeiter als auch journalistisch-inhaltlich tätige Personen sein, die aber auf jeden Fall vom Diensteanbieter zumindest für eine gewisse Dauer beschäftigt werden müssen; nur eine einmalige Tätigkeit über einen kurzen Zeitraum, zB die Einrichtung eines Servers, wird hierfür nicht genügen. Andererseits ist es nicht erforderlich, dass das „Personal" auch Arbeitnehmer des Diensteanbieters ist; es genügt, dass den Weisungen des Diensteanbieters unterliegen, so dass auch das **Outsourcing** eines Web-Angebotes umfasst sein kann, nicht zuletzt auch um Umgehungen zu verhindern. Für die Zwecke der Regulierung ist entscheidend, dass der Diensteanbieter die entsprechende Entscheidungshoheit über die Inhalte und Dienste behält; hierfür genügt aber auch die Weisungsbefugnis gegenüber dem „Personal". Schließlich muss es sich um einen „wesentlichen Teil" des Personals handeln: Im Fall der eigenen Niederlassung des Diensteanbieters wird man hier mindestens die **Hälfte des Personals in Deutschland** verlangen müssen, da es sich sonst nicht mehr um eine charakteristische Prägung der Niederlassung handelt. Zudem muss auch im Rahmen der jeweiligen Tätigkeiten des Personals die Bereitstellung den prägenden Teil ihrer Arbeit einnehmen. Eine gemischt qualitativ-quantitative Betrachtung ist daher erforderlich. Bei Outsourcing ergibt es sich von selbst, dass der wesentliche Teil, der unter der Weisungsbefugnis steht, zur Bereitstellung handelt. Somit kann sich der wesentliche Teil des Personals entweder in einem Staat, in zwei Staaten zugleich oder, wenn an keinem Ort die erforderlichen 50% erreicht werden, in gar keinem Staat befinden. 13

Der **zweite Unterfall** erklärt Deutschland dann für zuständig, wenn „b) ein wesentlicher Teil des mit der Bereitstellung des audiovisuellen Mediendienstes betrauten Personals sowohl in Deutschland als auch in dem anderen Mitgliedstaat tätig ist" **(anteilige Bereitstellung in Deutschland und EU-Mitgliedstaat).** Hiermit soll Art. 2 Abs. 3 lit. b S. 2 AVM-RL umgesetzt werden. Diese Regelung gilt aber nach der Systematik sowohl von Art. 2 Abs. 3 lit. b AVM-RL als auch § 2a Abs. 2 S. 1 Nr. 2 nur, wenn die Hauptverwaltung auch in Deutschland belegen ist. Voraussetzung für diesen Unterfall ist, dass sich der wesentliche Teil des Personals sowohl in Deutsch- 14

Spindler 87

land als auch in „dem anderen Mitgliedstaat" tätig ist. Damit greift die Zuständigkeit Deutschlands ein, wenn kumulativ das Personal aus beiden Mitgliedstaaten den wesentlichen Teil, mithin mehr als 51%, ausmacht wobei die gleichen Kriterien für die Bestimmung des wesentlichen Teils wie zuvor eingreifen, allerdings hier für das Personal insgesamt aus beiden Mitgliedstaaten. Die Norm sagt jedoch nichts darüber aus, ob auch in Deutschland ein signifikanter Anteil des Personals tätig sein muss – dennoch entspricht es eher dem Sinn des vorhergehenden ersten Unterfalls, dass ein Teil des wesentlichen Personals in Deutschland tätig sein muss (und nicht nur ein geringfügiger). Denn die AVM-RL nimmt dieses Kriterium als Hilfstatsache, um den Schwerpunkt der medialen Tätigkeit zu lokalisieren. Daher wäre es wenig sinnvoll, wenn in Deutschland zwar der Sitz der Hauptverwaltung wäre, ansonsten aber weder redaktionelle Entscheidungen getroffen würden noch ein bedeutender (auch wenn nicht wesentlicher) Teil des Personals tätig wäre.

15 Ist ein wesentlicher Teil des Personals aber in einem **dritten EU-Staat** tätig greift Art. 2 Abs. 3 lit. b S. 3 AVM-RL bzw. § 2a Abs. 2 Nr. 2 lit. c ein, da dieser alle Fälle regelt, in denen der wesentliche Teil des Personals „in keinem dieser Mitgliedstaaten" tätig ist, wobei mit „dieser" allein die beiden EU-Staaten angesprochen sind, in denen sich Hauptniederlassung und redaktionelle Kontrolle befinden. Auch, aber eben nicht nur von diesem erfasst ist der Fall, in dem sich **in keinem Staat** ein wesentlicher Teil des Personals feststellen lässt, weil an keinem Ort die erforderlichen 50% überschritten werden.[21] Maßgeblich für die Bestimmung des Sitzlandes ist dann der Ort, an dem der Diensteanbieter zuerst mit seiner Tätigkeit begonnen hat, sofern eine wirtschaftliche Verbindung zu diesem Land noch immer besteht (→ Rn. 17).

16 Der **dritte Unterfall** stellt im Prinzip eine **Auffangregelung** dar, die die AVM-RL in Art. 2 Abs. 3 lit. b S. 3 vorgibt, und die eingreift wenn „c) ein wesentlicher Teil des mit der Bereitstellung des audiovisuellen Mediendienstes betrauten Personals weder in Deutschland noch in dem anderen Mitgliedstaat tätig ist, aber der Diensteanbieter zuerst in Deutschland seine Tätigkeit aufgenommen hat und eine dauerhafte und tatsächliche Verbindung mit der Wirtschaft Deutschlands fortbesteht". Erforderlich ist demnach, dass die **erste Aufnahme in Deutschland** stattfand – mithin in keinem anderen EU-Mitgliedstaat. Für die Dienstaufnahme kommt es nur auf die EU an, nicht auf Drittstaaten; damit kann auch die Verlegung der Tätigkeiten aus einem Drittstaat nach Deutschland als erstes Land in der EU eine Erstaufnahme sein. Ferner muss, im Lichte der auf audiovisuelle Diensteanbieter bezogenen Regulierung, der Beginn der Tätigkeit als auf die audiovisuellen Medien bezogen begriffen werden. Mit anderen Worten genügt nicht jede, ggf. völlig außerhalb des Medienbereichs angesiedelte Tätigkeit, die sich später im Laufe der Zeit um audiovisuelle Mediendienste erweitert hat. Für eine solche Auslegung streiten auch die Formulierungen sowohl des § 2a Abs. 2 Nr. 2 lit. c als auch des Art. 2 Abs. 3 lit. b S. 3 AVM-RL, die beide von der *Tätigkeit des Diensteanbieters* sprechen. Das Tatbestandsmerkmal der Tätigkeit bezieht sich damit auf die Eigenschaft als Diensteanbieter. Ein solcher kann aber in diesem Fall nur sein, wer auch audiovisuelle Dienste anbietet. Folglich kann nicht der Ort gemeint sein, wo eine natürliche oder juristische Person generell seine wirtschaftliche Tätigkeit aufgenommen hat, sondern vielmehr der Ort, wo ihr nach dem dort geltenden Recht zuerst die Eigenschaft des Diensteanbieters zugekommen ist.

17 Gleiches muss für das Fortbestehen der **„Verbindung mit der Wirtschaft dieses Landes"** gelten; auch diese muss sich spezifisch auf die audiovisuellen Mediendienste richten, im Sinne des „minimum contact"-Prinzips des Internationalen Privatrechts. Würde demgegenüber jedweder Kontakt, etwa eine reine Bankverbindung im Inland, genügen, wären Diensteanbieter mit einer ex ante nicht zu prognostizierenden und nicht zu steuernden Anwendbarkeit der Rechtsordnung ihres „Ursprungslands"

---

[21] So auch BeckRTD-Komm/*Jandt,* § 2a TMG Rn. 14.

Europäisches Sitzland §2a TMG

konfrontiert. Eine fortbestehende wirtschaftliche Verbindung liegt demnach etwa dann vor, wenn der Diensteanbieter weiterhin Dienste für Nutzer in einem EU-Mitgliedstaat anbietet, so dass aus § 2a Abs. 2c) bzw. Art. 2 Abs. 3 lit. b S. 3 AVM-RL eine Art **modifiziertes Marktortprinzip** mit „Huckepackeffekt" resultiert, das nur den früheren Beginn der Tätigkeit in der EU verlangt, während das mit der Erbringung des Dienstes betraute Personal auch in einem Drittstaat tätig sein kann.

Erforderlich ist aber weiterhin, dass sich die Hauptniederlassung und der Ort der 18 redaktionellen Kontrolle innerhalb der EU in **zwei verschiedenen Mitgliedstaaten** befinden. Dies geht eindeutig aus Wortlaut und Systematik des Art. 2 Abs. 3 lit. b AVM-RL hervor. In allen Fällen hingegen, in denen auch nur einer der Orte der Hauptniederlassung und der redaktionellen Kontrolle **außerhalb der EU** liegt (oder beide), kann das Kriterium des Tätigkeitsbeginns mit wirtschaftlicher Verbindung nicht mehr zur Anwendung gelangen.

Selbst vor diesem eingeschränkten Hintergrund ist das Kriterium des Tätigkeitsbe- 19 ginns aber nicht unproblematisch. Ist der Staat, in dem der Anbieter seine Tätigkeit zuerst begonnen hat und zu dem weiterhin eine wirtschaftliche Verbindung besteht, identisch mit einem der beiden EU-Staaten, in denen die Hauptverwaltung und die redaktionelle Kontrolle belegen sind, ist der Fall zunächst klar. Sitzland ist dann der jeweilige EU-Staat des Tätigkeitsbeginns. Handelt es sich bei diesem jedoch um einen dritten EU-Mitgliedstaat, steht auch hier die Anwendbarkeit des § 2a Abs. 2 Nr. 2c) in Frage, vergleichbar der Situation bei Art. 2 Abs. 3 lit. b S. 1 AVM-RL (→ Rn. 15). Daher kann der „Ort, an dem er zuerst mit seiner Tätigkeit […] begonnen hat", auch in ein **dritter EU-Mitgliedstaat** sein. Sitzland ist dann dieser dritte EU-Staat. Die alternative enge Auslegung hätte zur Folge, dass § 2a Abs. 3 zur Anwendung käme. Die dort genannten technischen Kriterien sind allerdings von der Regelungssystematik her eindeutig subsidiär und damit nur ausnahmsweise anzuwenden, wenn sich kein Sitzland bestimmen lässt. Solange sich durch Auslegung eine Bestimmung des Sitzlandes über die vorrangigen Kriterien aber herbeiführen lässt, sollte diesem Weg der Vorrang gewährt werden. § 2a Abs. 3 kommt daher etwa dann zur Anwendung, wenn der Diensteanbieter seine Tätigkeit noch in keinem EU-Mitgliedstaat begonnen hat bzw. keine wirtschaftliche Verbindung mehr besteht, etwa weil er den Dienst nicht mehr in der EU anbietet (→ Rn. 23).

Zwei **Sonderfälle** werfen ferner Probleme auf. Zum einen ist fraglich, weil auf 20 den ersten Blick nicht in § 2a Abs. 2 Nr. 2c) bzw. Art. 2 Abs. 3 lit. b S. 3 AVM-RL geregelt, welcher Staat als Sitzland des Anbieters zu qualifizieren ist, wenn dieser seine Tätigkeit innerhalb der EU erst in einem, später auch in einem anderen Mitgliedstaat aufnimmt, nunmehr aber nur noch eine wirtschaftliche Verbindung zum späteren aufweist. Dieser Fall lässt sich durch Umkehrung der Reihenfolge der Kriterien aus § 2a Abs. 2 Nr. 2c) lösen. Zu fragen ist dann zuerst, zu welchen EU-Mitgliedstaaten der Anbieter noch immer in wirtschaftlicher Verbindung steht, und erst im Anschluss daran, in welchem dieser Staaten er seine Tätigkeit zuerst aufgenommen hat. Schwieriger und offenbar vom EU-Richtliniengeber nicht bedacht ist dagegen der Fall zu beurteilen, in dem der Anbieter seine Tätigkeit **zeitgleich in zwei EU-Mitgliedstaaten** begonnen hat und zu beiden noch immer eine wirtschaftliche Verbindung unterhält, dh seine Dienste weiterhin dort anbietet. Gerade bei audiovisuellen Mediendiensten auf Abruf dürfte dieser Fall keine Seltenheit sein. Vielmehr ist diese Konstellation sogar noch um weitere Mitgliedstaaten erweiterbar, wenn etwa ein Diensteanbieter in einem einzigen Schritt mehrere innereuropäische Märkte betritt. In diesen Fällen wird es dem Sinn der AVM-RL nach, die medienspezifischen Aktivitäten zu erfassen, am ehesten gerecht, wenn auf den Schwerpunkt der redaktionellen Entscheidungen abgestellt wird – und nicht auf den Sitz der Hauptverwaltung.

Spindler 89

3. Hauptverwaltung in Deutschland, redaktionelle Entscheidungen in Drittstaat oder umgekehrt (Abs. 2 Nr. 3)

21 Für den Fall, dass entweder die Hauptverwaltung oder die redaktionelle Entscheidungen in Deutschland getroffen werden, umgekehrt aber Hauptverwaltung oder redaktionelle Entscheidung in einem Nicht-EU-Staat, kommt es wiederum darauf an, ob der wesentliche Teil des mit der Bereitstellung des audiovisuellen Mediendienstes betrauten Personals in Deutschland tätig ist. Hierfür gelten wiederum dieselben Kriterien, wie sie unter § 2a Abs. 2 Nr. 2 entwickelt wurden (→ Rn. 14).

22 Bei strenger Lesart des Richtlinienwortlautes gilt Art. 2 Abs. 3 lit. c AVM-RL nicht einmal für den Fall, dass der wesentliche Teil des Personals in einem zweiten EU-Mitgliedstaat tätig ist. Denn dieser spricht lediglich davon, dass der Diensteanbieter „in dem betreffenden Mitgliedstaat" als niedergelassen gilt, wenn ein wesentlicher Teil des Personals „in diesem Mitgliedstaat" tätig ist. Der „betreffende" Mitgliedstaat bezieht sich allein auf den Staat, in dem entweder die Hauptverwaltung oder die redaktionelle Kontrolle belegen ist. Für einen zweiten EU-Mitgliedstaat ist daneben dem Wortlaut nach kein Raum. Dies ist in höchstem Maße unbefriedigend, werden dadurch doch erhebliche Lücken in der Bestimmbarkeit des Sitzlandes aufgerissen. Denn in Art. 2 Abs. 3 lit. c AVM-RL fehlt es an einem subsidiär zur Anwendung kommenden Kriterium, wie dem des Tätigkeitsbeginns mit wirtschaftlicher Verbindung, wie es noch in Art. 2 Abs. 3 lit. b S. 3 AVM-RL enthalten ist. Dadurch fehlt nicht nur für die Fälle eine Regelung, in denen ein wesentlicher Teil des Personals in einem zweiten EU-Mitgliedstaat tätig ist, sondern auch für jene, in denen sich das Personal zu je 50 % auf zwei Staaten in einer beliebigen oben dargestellten Konstellation verteilt, oder in denen sich in keinem Staat 50 % des Personals oder mehr befinden. Die strenge Folge wäre die Anwendung von Art. 2 Abs. 4 AVM-RL. Ob der EU-Richtliniengeber dies bezweckt hat, darf bezweifelt werden, vielmehr wäre hier auf Ebene der Richtlinie an eine **Analogie** zu Art. 2 Abs. 3 lit. b S. 3 AVM-RL zu denken.

4. Ort der Hauptniederlassung und Ort der redaktionellen Kontrolle in einem Drittstaat (Abs. 3)

23 Sind sowohl die Hauptniederlassung als auch die redaktionelle Kontrolle in einem Drittstaat außerhalb der EU belegen, ist die Bestimmung des Sitzlandes in einem EU-Mitgliedstaat ausgeschlossen. In dieser Hinsicht ist die Regelungssystematik des Art. 2 Abs. 2–4 AVM-RL eindeutig. Abs. 4 gilt für alle Anbieter, „auf die Absatz 3 nicht anwendbar ist", der wiederum die Varianten 1–3 der Kombinationen von Hauptniederlassung und redaktioneller Kontrolle umfasst. Übrig bleibt dann für Art. 2 Abs. 4 AVM-RL nur noch die Funktion als **Auffangtatbestand,** sobald Abs. 3 zu keiner eindeutigen Bestimmung eines Sitzlandes führt oder eben Hauptniederlassung und redaktionelle Kontrolle beide außerhalb der EU belegen sind.

24 Demnach genügt eine in Deutschland belegene **Satelliten-Bodenstation für die Aufwärtsstrecke** oder die Nutzung einer zu Deutschland gehörenden **Übertragungskapazität** eines Satelliten. Über Sinn und Unsinn dieser rein technologieabhängigen Kriterien, die der Satelliten- und Kabelrichtlinie im Urheberrecht nachempfunden sind und noch auf Ansätze aus der Fernseh-RL und der Fernsehähnlichkeit von Mediendiensten zurückzuführen sind, lässt sich mit Fug und Recht streiten, zumal als „Upload" genauso auch internetbezogene Einspeisungspunkte oder die Nutzung von Leitungskapazitäten in Deutschland herangezogen werden könnten. **Verfassungsrechtliche Zweifel** im Hinblick auf die (Un-)Gleichbehandlung weitgehend gleicher Sachverhalte im Lichte der Konvergenz der Medien (satellitengestützte versus internetgestützte Mediendienste) sind hier nicht zu verhehlen.

25 Liegt keines dieser beiden Kriterien vor, gilt Deutschland auch als Sitzland für Diensteanbieter, die in Deutschland gem. Art. 49–55 AEUV niedergelassen sind.

§ 3 Herkunftslandprinzip

(1) In der Bundesrepublik Deutschland nach § 2 a niedergelassene Diensteanbieter und ihre Telemedien unterliegen den Anforderungen des deutschen Rechts auch dann, wenn die Telemedien in einem anderen Staat innerhalb des Geltungsbereichs der Richtlinien 2000/31/EG und 89/552/EWG geschäftsmäßig angeboten oder erbracht werden.

(2) Der freie Dienstleistungsverkehr von Telemedien, die in der Bundesrepublik Deutschland von Diensteanbietern geschäftsmäßig angeboten oder erbracht werden, die in einem anderen Staat innerhalb des Geltungsbereichs der Richtlinien 2000/31/EG und 89/552/EWG niedergelassen sind, wird nicht eingeschränkt. Absatz 5 bleibt unberührt.

(3) Von den Absätzen 1 und 2 bleiben unberührt
1. die Freiheit der Rechtswahl,
2. die Vorschriften für vertragliche Schuldverhältnisse in Bezug auf Verbraucherverträge,
3. gesetzliche Vorschriften über die Form des Erwerbs von Grundstücken und grundstücksgleichen Rechten sowie der Begründung, Übertragung, Änderung oder Aufhebung von dinglichen Rechten an Grundstücken und grundstücksgleichen Rechten,
4. das für den Schutz personenbezogener Daten geltende Recht.

(4) Die Absätze 1 und 2 gelten nicht für
1. die Tätigkeit von Notaren sowie von Angehörigen anderer Berufe, soweit diese ebenfalls hoheitlich tätig sind,
2. die Vertretung von Mandanten und die Wahrnehmung ihrer Interessen vor Gericht,
3. die Zulässigkeit nicht angeforderter kommerzieller Kommunikationen durch elektronische Post,
4. Gewinnspiele mit einem einen Geldwert darstellenden Einsatz bei Glücksspielen, einschließlich Lotterien und Wetten,
5. die Anforderungen an Verteildienste,
6. das Urheberrecht, verwandte Schutzrechte, Rechte im Sinne der Richtlinie 87/54/EWG des Rates vom 16. Dezember 1986 über den Rechtsschutz der Topographien von Halbleitererzeugnissen (ABl. EG Nr. L 24 S. 36) und der Richtlinie 96/9/EG des Europäischen Parlaments und des Rates vom 11. März 1996 über den rechtlichen Schutz von Datenbanken (ABl. EG Nr. L 77 S. 20) sowie für gewerbliche Schutzrechte,
7. die Ausgabe elektronischen Geldes durch Institute, die gemäß Artikel 8 Abs. 1 der Richtlinie 2000/46/EG des Europäischen Parlaments und des Rates vom 18. September 2000 über die Aufnahme, Ausübung und Beaufsichtigung der Tätigkeit von E-Geld-Instituten (ABl. EG Nr. L 275 S. 39) von der Anwendung einiger oder aller Vorschriften dieser Richtlinie und von der Anwendung der Richtlinie 2000/12/EG des Europäischen Parlaments und des Rates vom 20. März 2000 über die Aufnahme und Ausübung der Tätigkeit der Kreditinstitute (ABl. EG Nr. L 126 S. 1) freigestellt sind,
8. Vereinbarungen oder Verhaltensweisen, die dem Kartellrecht unterliegen,
9. die von den §§ 12, 13a bis 13c, 55a, 83, 110a bis 110d, 111b und 111c des Versicherungsaufsichtsgesetzes in der Fassung der Bekanntmachung vom 17. Dezember 1992 (BGBl. 1993 I S. 2), das zuletzt durch Artikel 2 des Gesetzes vom 29. Juli 2009 (BGBl. I S. 2305) geändert worden ist, in der am 31. Dezember 2015 geltenden Fassung und der Versicherungsberichter-

stattungs-Verordnung erfassten Bereiche, die Regelungen über das auf Versicherungsverträge anwendbare Recht sowie für Pflichtversicherungen.

(5) Das Angebot und die Erbringung von Telemedien durch einen Diensteanbieter, der in einem anderen Staat im Geltungsbereich der Richtlinien 2000/31/EG oder 89/552/EWG niedergelassen ist, unterliegen abweichend von Absatz 2 den Einschränkungen des innerstaatlichen Rechts, soweit dieses dem Schutz

1. der öffentlichen Sicherheit und Ordnung, insbesondere im Hinblick auf die Verhütung, Ermittlung, Aufklärung, Verfolgung und Vollstreckung von Straftaten und Ordnungswidrigkeiten, einschließlich des Jugendschutzes und der Bekämpfung der Hetze aus Gründen der Rasse, des Geschlechts, des Glaubens oder der Nationalität sowie von Verletzungen der Menschenwürde einzelner Personen sowie die Wahrung nationaler Sicherheits- und Verteidigungsinteressen,
2. der öffentlichen Gesundheit,
3. der Interessen der Verbraucher, einschließlich des Schutzes von Anlegern,

vor Beeinträchtigungen oder ernsthaften und schwerwiegenden Gefahren dient und die auf der Grundlage des innerstaatlichen Rechts in Betracht kommenden Maßnahmen in einem angemessenen Verhältnis zu diesen Schutzzielen stehen. Für das Verfahren zur Einleitung von Maßnahmen nach Satz 1 – mit Ausnahme von gerichtlichen Verfahren einschließlich etwaiger Vorverfahren und der Verfolgung von Straftaten einschließlich der Strafvollstreckung und von Ordnungswidrigkeiten – sehen Artikel 3 Abs. 4 und 5 der Richtlinie 2000/31/EG sowie Artikel 2a Absatz 4 und 5 der Richtlinie 89/552/EWG Konsultations- und Informationspflichten vor.

Literatur zum TMG: *Brand,* Persönlichkeitsverletzungen im Internet, E-Commerce und „Fliegender Gerichtsstand", NJW 2012, 127; *Berner,* Interdependenz von Primär- und Kollisionsrecht im europäischen Gesellschaftsrecht, 2015; *Cortese,* Verbraucherschutz im digitalen Zeitalter: Zum europäischen IPR für online-Verbraucherverträge, GRUR Int. 2005, 192; *Hess,* Der Schutz der Privatsphäre im Europäischen Zivilverfahrensrecht, JZ 2012, 189; *Mankowski,* Die ausgebliebene Revolutionierung des Internationalen Privatrechts, CR 2005, 758; *Pfeiffer,* Erneut: Marktortprinzip und Herkunftslandprinzip im E-Commerce, Iprax 2014, 360; *Roth,* Persönlichkeitsschutz im Internet: Internationale Zuständigkeit und anwendbares Recht, IPRax 2013, 215; *Sack,* Das Herkunftslandprinzip der E-Commerce-Richtlinie und der Vorlagebeschluss des BGH vom 10.11.2009, EWS 2010, 70; *ders.,* Der EuGH zu Art. 3 E-Commerce-Richtlinie – die Entscheidung „eDate Advertising", EWS 2011, 513; *ders.,* Die IPR-Neutralität der E-Commerce-Richtlinie und des Telemediengesetzes, EWS 2011, 65; *ders.,* Grenzüberschreitende Werbung in audiovisuellen Medien – ihre Rechtskontrolle im Herkunftsland, WRP 2015, 1281; *ders.,* Grenzüberschreitende Werbung in audiovisuellen Medien – ihre Rechtskontrolle außerhalb des Herkunftslandes, WRP 2015, 1417; *ders.,* Internetwerbung – ihre Rechtskontrolle im Herkunftsland des Werbenden, WRP 2013, 1545; *Schwiddessen,* Medienbezogenes Straf- und Ordnungswidrigkeitenrecht bei Sachverhalten mit Auslandsbezug, Teil 1, CR 2017, 443; *Spickhoff,* Persönlichkeitsrechtsverletzungen im Internet: Internationale Zuständigkeit und Kollisionsrecht, IPRax 2011, 131; *Spindler,* Kollisionsrecht und internationale Zuständigkeit bei Persönlichkeitsrechtsverletzungen im Internet – die eDate-Entscheidung des EuGH, AfP 2012, 114; *ders.,* Störerhaftung des Host-Providers bei Persönlichkeitsverletzungen, CR 2012, 176.

Literatur vor dem TMG: *Ahrens,* Das Herkunftslandprinzip in der E-Commerce-Richtlinie, CR 2000, 835; *ders.,* Auf dem Wege zur IPR-VO der EG für das Deliktsrecht, FS Tilmann 2003, S. 739; *Altenhain,* Europäisches Herkunftslandprinzip und nationales Strafanwendungsrecht, in: Zieschang ua (Hrsg.), Strafrecht und Kriminalität in Europa, 2003, S. 107; *Apel/Grapperhaus,* Das Offline-Online-Chaos oder wie die Europäische Kommission den grenzüberschreiten-

Herkunftslandprinzip **§ 3 TMG**

den Werbemarkt zu harmonisieren droht, WRP 1999, 1247; *Arndt/Köhler,* Elektronischer Handel nach der E-Commerce-Richtlinie, EWS 2001, 102; *Basedow,* Über Privatrechtsvereinheitlichung und Marktintegration, in: FS Mestmäcker 1996, S. 347; *ders.,* Dienstleistungsrichtlinie, Herkunftslandprinzip und Internationales Privatrecht, EuZW 2004, 423; *Benecke,* Auf dem Weg zu Rom II – Der Vorschlag für eine Verordnung zur Angleichung des IPR der außervertraglichen Schuldverhältnisse, RIW 2003, 830; *Bernreuther,* Die Rechtsdurchsetzung des Herkunftslandsrechts nach Art. 3 Abs. II EC-RiL und das Grundgesetz, WRP 2001, 384; *ders.,* Der Ort der Rechtsdurchsetzung des Herkunftslandsrechtes nach Art. 3 Abs. II EC-RiL und das Grundgesetz, WRP 2001, 513; *Blasi,* Das Herkunftslandprinzip der Fernseh- und der E-Commerce-Richtlinie, 2004; *Bodewig,* Elektronischer Geschäftsverkehr und unlauterer Wettbewerb, GRUR Int. 2000, 475; *Borges,* Verträge im elektronischen Geschäftsverkehr, 2007; *Breuer,* Anwendbarkeit des deutschen Strafrechts auf exterritorial handelnde Internet-Benutzer, MMR 1998, 141; Communication from the Commission to the Council, the European Parliament and the European Central Bank. Application to financial services of Article 3 (4) to (6) of the Electronic Commerce Directive, COM (2003) 259 final, 14.5.2003; *Cornils,* Der Begehungsort von Äußerungsdelikten im Internet, JZ 1999, 394; *Dietlein/Woesler,* Spielbank goes online, K&R 2003, 458; *Eichler,* Arzneimittel im Internet, K&R 2001, 144; *Ernst,* Arzneimittelverkauf im Internet, WRP 2001, 893; *ders.,* Internetadressen – Der Stand der Rechtsprechung, MMR 2001, 368; *Fezer/Koos,* Das gemeinschaftsrechtliche Herkunftslandprinzip und die E-Commerce-Richtlinie, IPRax 2000, 349; *Freytag,* Providerhaftung im Binnenmarkt, CR 2000, 600; *Fritzemeyer/Rinderle,* Das Glücksspiel im Internet, CR 2003, 599; *Gierschmann,* Die E-Commerce-Richtlinie, DB 2000, 1315; *Glöckner,* Wettbewerbsverstöße im Internet – Grenzen einer kollisionsrechtlichen Problemlösung, ZvglRWiss 99 (2000), 278; *Gramlich,* Einigung über E-Geld-Richtlinien, CR 2000, 199; *Grundmann,* Das Internationale Privatrecht der E-Commerce-Richtlinie – was ist kategorial anders im Kollisionsrecht des Binnenmarktes und warum?, RabelsZ 67 (2003), 246; *Grützmacher/Lindhorst,* Herkunftslandprinzip und ausländische Anbieter – Was bleibt vom deutschen Recht?, ITRB 2005, 34; *Hamburg Group for Private International Law,* Comments on the European Commission's Draft Proposal for a Council Regulation on the Law Applicable to Non-Contractual Obligations, RabelsZ 67 (2003), 1; *Härting,* Gesetzentwurf zur Umsetzung der E-Commerce-Richtlinie, CR 2001, 271; *Halfmeier,* Vom Cassislikör zur E-Commerce-Richtlinie – Auf dem Weg zu einem europäischen Mediendeliktsrecht, ZEuP 2001, 837; *Heermann/Ohly,* Verantwortlichkeit im Netz, 2003; *Hein,* Die Kodifikation des europäischen Internationalen Deliktsrechts, ZvglRWiss 102 (2003), 528; *Hilgendorf,* Die Neuen Medien und das Strafrecht, ZStW 113 (2001), 650; *Höder,* Die kollisionsrechtliche Behandlung unteilbarer Multistate-Verstöße, 2002; *Hoeren,* Vorschlag für eine EU-Richtlinie über E-Commerce, MMR 1999, 192; *Hoeren/Spindler,* Versicherungen im Internet – Rechtliche Rahmenbedingungen, 2002; *Hoffmann,* Entwicklung des Internet-Rechts, NJW-Beil. 14/2001; *ders.,* EGG – Eine Reihe von Problemen des elektronischen Geschäftsverkehrs ungelöst, MMR 2002, 65; *Intveen,* Internationales Urheberrecht und Internet, 1999; *Klam,* Die rechtliche Problematik von Glücksspielen im Internet, 2002; *Klengel/Hecker,* Geltung des deutschen Strafrechts für vom Ausland aus im Internet angebotenes Glücksspiel, CR 2001, 243; *Koenig,* Die EG-rechtliche Zulässigkeit digitaler Bestellformulare einer E-Pharmacy – die Heilmittelwerbeverbote der § 8 Abs. 1 HWG und § 8 Abs. 2 Alt. 2 HWG auf dem Prüfstand des Europäischen Gemeinschaftsrechts, PharmR 2002, 5; *Koenig/Engelmann,* E-Commerce mit Arzneimitteln im Europäischen Binnenmarkt und die Freiheit des Warenverkehrs, ZUM 2001, 19; *Koenig/Müller,* Der werbliche Auftritt von Online-Apotheken im Europäischen Binnenmarkt, WRP 2000, 1366; *Koenig/Müller/Trafkowski,* Internet-Handel mit Arzneimitteln und Wettbewerb im EG-Binnenmarkt, EWS 2000, 97; *Kudlich,* Die Neuregelung der strafrechtlichen Verantwortung von Internetprovidern, JA 2002, 798; *Lehle,* Erfolgsbegriff im Internet, 1999; *Leible,* Die Bedeutung des internationalen Privatrechts im Zeitalter der neuen Medien, 2003; *Löffler,* Werbung im Cyberspace – Eine kollisionsrechtliche Betrachtung, WRP 2001, 379; *Lurger/Vallant,* Grenzüberschreitender Wettbewerb im Internet, RIW 2002, 188; *Mand,* Arzneimittelversand durch Internet-Apotheken im Europäischen Binnenmarkt, WRP 2003, 37; *ders.,* Online-Werbung für Arzneimittel im Europäischen Binnenmarkt, WRP 2003, 192; *ders.,* Internationaler Versandhandel mit Arzneimitteln, GRUR Int. 2005, 637; *Mankowski,* Herkunftslandprinzip und

Günstigkeitsvergleich in § 4 TDG-E, CR 2001, 630; *ders.*, Zur Zulässigkeit der Arzneimittelwerbung und des Arzneimittelvertriebs über das Internet, MMR 2001, 251; *ders.*, Internet und Internationales Wettbewerbsrecht, GRUR Int. 1999, 909; *ders.*, Herkunftslandprinzip und deutsches Umsetzungsgesetz zur E-Commerce-Richtlinie, IPRax 2002, 257; *ders.*, Das Internet im Internationalen Vertrags- und Deliktsrecht, RabelsZ 63 (1999), 203; *ders.*, Das Herkunftslandprinzip als Internationales Privatrecht der E-Commerce-Richtlinie, ZVglRWiss 100 (2001), 137; *Meyer*, Richtlinie E-Geldinstitute verabschiedet, WM 2010, 2120; *Naskret*, Das Verhältnis zwischen Herkunftslandprinzip und internationalem Privatrecht in der Richtlinie zum elektronischen Geschäftsverkehr, 2003; *Nickels*, Der elektronische Geschäftsverkehr und das Herkunftslandprinzip, DB 2001, 1919; *ders.*, Neues Bundesrecht für den E-Commerce, CR 2002, 302; *Ohly*, Herkunftslandprinzip und Kollisionsrecht, GRUR Int. 2001, 899; *ders.*, Das Herkunftslandprinzip im Bereich vollständig angeglichenen Lauterkeitsrechts, WRP 2006, 1401; *Rolfes*, Internetapotheken, 2003; *Roth*, EuGH: Internationale gerichtliche Zuständigkeit bei Online-Persönlichkeitsrechtsverletzungen, CR 2011, 811; *Ruess*, Die E-Commerce-Richtlinie und das deutsche Wettbewerbsrecht, 2003; *ders.*, Das internationale Wettbewerbsrecht nach der E-Commerce-Richtlinie und dem EGG-/TDG-Entwurf, WRP 2001, 1408; *ders.*, Herkunftslandprinzip und internationale elektronische Werbung nach der Novellierung des Teledienstgesetzes, WRP 2002, 271; *Sander*, Rechtsfragen des Arzneimittelhandels im Internet, PharmaR 2002, 269; *Satzger*, Strafrechtliche Verantwortlichkeit von Zugangsvermittlern, CR 2001, 109; *Schack*, Internationale Urheber-, Marken- und Wettbewerbsrechtsverletzungen im Internet – Internationales Privatrecht, MMR 2000, 59; *ders.*, Internationale Urheber-, Marken- und Wettbewerbsrechtsverletzungen im Internet – Internationales Zivilprozessrecht, MMR 2000, 135; *Schmittmann*, Werbung im Internet, 2003; *Sieber*, Europäische Einigung und Europäisches Strafrecht, ZStW 103 (1991), 957; *ders.*, Internationales Strafrecht im Internet, NJW 1999, 2065; *Sonnenberger*, Das Internationale Privatrecht im dritten Jahrtausend – Rückblick und Ausblick, ZvglRWiss 100 (2001), 107; *Spindler*, Der neue Vorschlag einer E-Commerce-Richtlinie, ZUM 1999, 775; *ders.*, Zur Störerhaftung des Betreibers eine Domain-Name-Servers, MMR 2000, 279; *ders.*, E-Commerce in Europa, MMR-Beil. 7/2000, 4; *ders.*, Emissionen im Internet – Kapitalmarktrecht und Kollisionsrecht, NZG 2000, 1058; *ders.*, Internet, Kapitalmarkt und Kollisionsrecht unter besonderer Berücksichtigung der E-Commerce-Richtlinie, ZHR 165 (2001), 324; *ders.*, Kapitalmarktgeschäfte im Binnenmarkt, Iprax 2001, 403; *ders.*, Der Entwurf zur Umsetzung der E-Commerce-Richtlinie, ZRP 2001, 203; *ders.*, Internationale Kapitalmarktangebote und Dienstleistungen im Internet, WM 2001, 1689; *ders.*, Herkunftslandprinzip und Kollisionsrecht – Binnenmarktintegration ohne Harmonisierung, RabelsZ 66 (2002), 633; *ders.*, Die kollisionsrechtliche Behandlung von Urheberrechtsverletzungen im Internet, IPRax 2003, 412; *ders.*, Hyperlinks und ausländische Glücksspiele – Karlsruhe locuta causa finita?, GRUR 2004, 724; *Spindler/Berner*, Der Gläubigerschutz im Gesellschaftsrecht nach Inspire Art, RIW 2004, 7; *Spindler/Schnittmann*, Unerwünschte E-Mail-Werbung, MMR-Beil. 8/2001; *Stögmüller*, Glücksspiele, Lotterien und Sportwetten im Internet, K&R 2002, 27; *Tettenborn*, E-Commerce-Richtlinie: Politische Einigung in Brüssel erzielt, K&R 2000, 59; *Tettenborn/Bender/Lübben/Karenfort*, Rechtsrahmen für den elektronischen Geschäftsverkehr, BB-Beil. 10/2001, 1; *Thode*, Die Electronic-Commerce-Richtlinie – Die Umsetzung der vertragsrechtlichen Vorgaben in das Recht der Bundesrepublik Deutschland, NZBau 2001, 345; *Thünken*, Die EG-Richtlinie über den elektronischen Geschäftsverkehr und das internationale Privatrecht des unlauteren Wettbewerbs, IPRax 2001, 15; *ders.*, Das kollisionsrechtliche Herkunftslandprinzip, 2003; *Waldenberger*, Electronic Commerce: der Richtlinienvorschlag der EG-Kommission, EuZW 1999, 296; *Wilske*, Conflict of Laws in Cyber Torts, CR Int. 2001, 68; *Zeppenfeld*, Die allseitige Anknüpfung von Eingriffsnormen im internationalen Wirtschaftsrecht, 2001; *Zimmermann*, Das Rechtsmißbrauchsverbot im Recht der Europäischen Gemeinschaften, 2002.

Übersicht

	Rn.
I. Zweck des Herkunftslandprinzips und europarechtlicher Hintergrund	1
II. Gesetzgebungsgeschichte	2
III. Verhältnis zum europäischen Primärrecht: Gemeinschaftsrechtswidrigkeit?	5
IV. Anwendungsbereich	8
1. Überblick	8
2. Räumlicher Anwendungsbereich	9
3. Binnenmarktintegration und Auslegung	10
4. Beschränkung auf Online-Dienste	11
5. Geschäftsmäßiges Erbringen oder Anbieten der Teledienste	13
6. Diensteanbieter und Mitarbeiter	14
7. Akzessorische und vorbereitende Handlungen, insbesondere Werbung	15
8. Handlungen Dritter, die keine geschäftsmäßigen Anbieter sind	16
V. Kollisionsrecht und Herkunftslandprinzip	17
1. Kollisionsrecht versus Herkunftslandprinzip	18
a) Herkunftslandprinzip als sachrechtliche Norm	18
b) Reichweite des Herkunftslandprinzips	24
c) Herkunftslandprinzip für inländische Anbieter (Günstigkeitsprinzip, Abs. 1)	27
d) Herkunftslandprinzip und ausländische Anbieter (Abs. 2)	30
e) Behandlung international zwingender Normen	31
f) Zusammenfassung	33
2. Verhältnis zu europäischen Kollisionsrechtsregelungen	34
VI. Die Ausnahmetatbestände (Abs. 3–5)	35
1. Kollisionsrechtliche Qualifikation und Ausnahme vom Herkunftslandprinzip	36
2. Auslegung der Ausnahme	37
3. Generelle Ausnahmen (Abs. 4)	38
a) Rechtsgebietsbezogene Ausnahmen	38
aa) Freiheit der Rechtswahl und vertraglicher Verbraucherschutz (Abs. 3 Nr. 2)	38
bb) Kartellrecht (Abs. 4 Nr. 8)	41
cc) Immaterialgüterrecht (Urheberrecht etc.) (Abs. 4 Nr. 6)	43
dd) Versicherungsrecht (Abs. 4 Nr. 9)	45
ee) Datenschutzrecht (Abs. 3 Nr. 4)	46
b) Bereichsausnahmen	47
aa) Keine Verteildienste (Abs. 4 Nr. 5)	47
bb) Unerbetene kommerzielle Kommunikation (E-Mail-Werbung, Spam) (Abs. 4 Nr. 3)	48
cc) Notare und andere hoheitlich tätige Berufe (Abs. 4 Nr. 1)	51
dd) Vertretung von Mandanten und Verteidigung vor Gericht (Abs. 4 Nr. 2)	52
ee) Glücksspiele und Lotterien (Abs. 4 Nr. 4)	53
ff) Elektronisches Geld (Abs. 4 Nr. 7)	54
4. Einzelfallbezogene Durchbrechungen des Herkunftslandprinzips (Abs. 5)	55
a) Überblick	55
b) Schutzbereich. Öffentliche Sicherheit und Ordnung	59
c) Missbrauchs- und Umgehungsverbot	65
VII. Reichweite des Herkunftslandprinzips in den einzelnen Rechtsgebieten	68
1. Öffentliches Recht	68

	Rn.
2. Strafrecht	69
3. Zivilrecht	72
a) Vertragsrecht. Anwendung auf das Internationale Vertragsrecht (Abs. 3 Nr. 1)	72
b) Arbeitsrecht	73
c) Deliktsrecht. Grundlagen	74
d) Wettbewerbsrecht. Grundsätze	79
VIII. Herkunftslandprinzip und Prozessrecht	83
1. Rechtsordnung des Herkunftslands als beweisbedürftige Tatsache?	83
2. Internationales Zivilprozessrecht	85

I. Zweck des Herkunftslandprinzips und europarechtlicher Hintergrund

1   Elektronische Dienste, vor allem im Internet, sind durch ihre globale Ausstrahlung gekennzeichnet. Daraus resultieren neue Herausforderungen für das Kollisionsrecht in allen Rechtsgebieten, sei es im Zivil- oder Strafrecht oder im Öffentlichen Recht.[1] Der grundsätzlich internationalen Ausstrahlung aller elektronischen Dienste entspricht ihre hohe Relevanz für den europäischen Binnenmarkt.[2] Ohne breitflächige Harmonisierung aller betroffenen Rechtsbereiche will die EU innerhalb kurzer Frist einen möglichst sicheren Rechtsrahmen durch Schaffung eines querschnittsartigen Herkunftslandprinzips in Art. 3 ECRL schaffen, der durch § 3 TMG umgesetzt wird.[3] Ob es sich um eine sinnvolle Harmonisierungsstrategie handelt, erscheint zweifelhaft,[4] da bislang grundsätzlich das Herkunftslandprinzip verbunden war mit einer weitgehenden Harmonisierung der Rechtsgebiete. Obwohl das Herkunftslandprinzip nach wie vor für heftige rechtspolitische Diskussionen gesorgt hat, blieb es im Rahmen der Verabschiedung der Verordnungen „Rom I"[5] und „Rom II"[6] zum Kollisionsrecht ausdrücklich unangetastet. So nehmen die Rom I-VO in Erwägungsgrund 40 Abs. 2 S. 2 und die Rom II-VO in Erwägungsgrund 35 Abs. 2 S. 2 auf die ECRL ausdrücklich Bezug, indem die Anwendung anderer Rechtsakte, die zum reibungslosen Funktionieren des Binnenmarktes beitragen sollen, nicht durch diese Verordnungen ausgeschlossen sein soll. Eine zukünftige Änderung des Herkunftslandprinzips ist bislang nicht zu erwarten, zumal auch im Zuge der Verabschiedung der AVM-RL keine fundamentale Überarbeitung des Prinzips für die ECRL vorgenommen wurde. Erste Ansätze zur Klarstellung des Rechtscharakters des Herkunftslandprinzips in Art. 3 ECRL hat jüngst der EuGH unternommen.[7]

---

[1] *Ahrens*, CR 2000, 835, 836; *Basedow* in: FS Mestmäcker (1997), S. 347, 356.

[2] Erwägungsgründe Nr. 1, 3, 5, 10 ECRL.

[3] *Spindler*, RabelsZ 66 (2002), 633, 637 ff.; *Dethloff*, Europäisierung des Wettbewerbsrechts, S. 55; *Hoeren*, MMR 1999, 192, 195.

[4] MüKoBGB/*Martiny*, § 3 TMG Rn. 1; näher dazu *Spindler*, RabelsZ 66 (2002), 633, 704 ff.; sehr krit. *Mankowski*, GRUR Int. 1999, 909, 913 ff.

[5] Verordnung (EG) Nr. 593/2008 des Europäischen Parlaments und des Rates vom 17. Juni 2008 über das auf vertragliche Schuldverhältnisse anzuwendende Recht (Rom I), ABl. Nr. L 177 v. 4.7.2008, S. 6.

[6] Verordnung (EG) Nr. 864/2007 des Europäischen Parlaments und des Rates vom 11. Juli 2007 über das auf außervertragliche Schuldverhältnisse anzuwendende Recht (Rom II), ABl. Nr. L 199 v. 31.7.2007, S. 40.

[7] EuGH, Slg. 2011, I-10269, Rn. 53 ff. = NJW 2012, 137 – eDate Advertising; s. dazu die Vorlageentscheidung des BGH, GRUR 2010, 261, 264 ff. – rainbow.at, Öst. OGH, MMR

II. Gesetzgebungsgeschichte

Bereits während des Gesetzgebungsverfahrens zum EGG wurden die zahlreichen Rechtsprobleme im Zusammenhang mit dem von der ECRL vorgegebenen Herkunftslandprinzip deutlich. Ausgehend vom Regierungsentwurf zum EGG entwickelte sich um die sachgerechte Implementierung in das deutsche Recht eine lebhafte Diskussion, die sich in den zahlreichen Stellungnahmen der beteiligten Organe,[8] aber auch in den die Novelle begleitenden Einwürfen von Seiten der Wissenschaft[9] sowie der Rechtsprechung[10] und zahlreicher Verbände[11] widerspiegelt.

Die Diskussion kreiste um den Vorschlag des § 4 Abs. 1 S. 2, Abs. 2 S. 2 TDG-RegE, ob auf deutscher Ebene ein Günstigkeitsprinzip in § 4 TDG eingefügt werden sollte, das für auf EU-ausländischen Märkten agierende deutsche Anbieter die Anwendung ausländischen Rechts ermöglicht hätte, soweit dieses günstiger als das deutsche Recht ausgestaltet ist (im Einzelnen zum Günstigkeitsprinzip → Rn. 27ff.). Dieses sollte sicherstellen, dass deutsche Diensteanbieter „nie strengeren Anforderungen als nach deutschem Sachrecht" unterliegen.[12] Das Günstigkeitsprinzip wurde jedoch in den Beratungen im Bundestag und aufgrund einer Expertenanhörung im Wirtschafts- und Sozialausschuss aufgehoben.[13] Kernpunkt der Kritik am Günstigkeitsprinzip war, dass ein solches der erklärten Zielsetzung der ECRL zuwidergelaufen wäre, für die Diensteanbieter und die im Streitfall zuständigen Gerichte die – regelmäßig mit erheblichem Recherche- bzw. Verfahrensaufwand verbundene – Ermittlung des nach IPR berufenen ausländischen Rechts und dessen Vergleich mit den Regelungen des Herkunftsstaates des Anbieters zu unterbinden.[14] Daneben wurde zu Recht darauf hingewiesen, dass auch die Implementation eines Günstigkeitsprinzips gerade nicht der im Zusammenhang mit dem Herkunftslandprinzip oft heraufbeschworenen Gefahr eines sog. Forum Shoppings abgeholfen hätte.[15]

Das TMG übernahm wortwörtlich die früheren Bestimmungen des § 4 TDG aF[16] Erst im Rahmen der Umsetzung der AVMS-RL durch das 1. Telemedienrechtsänderungs-G[17] wurde § 3 TMG geändert, indem die Verweise auf § 2a TMG und das Herkunftslandprinzip für Telemedien im Geltungsbereich der Richtlinie 89/552/EG verankert wurden, sofern es sich nicht um Verteildienste handelt (Abs. 4 Nr. 5).[18]

2007, 360 – go-limited.de und die Entscheidung des BGH danach, BGH, NJW 2012, 2197, 2198ff. – rainbow.at II.

[8] S. vor allem die Erläuterungen des Bundestages zu § 4 TDG-RegE, BT-Drs. 14/6098, S. 16ff., die Stellungnahme des Bundesrates, BT-Drs. 14/6098, S. 32f. sowie die Gegenäußerung der Bundesregierung, BT-Drs. 14/6098, S. 36f.

[9] *Basedow*, EuZW 2004, 423.

[10] Stellungnahme des Deutschen Richterbundes, abrufbar unter http://www.eco.de/wp-content/blogs.dir/01-10-12_herkunftslandprinzip-EGG-TDG.pdf, Stand: 21.8.2013.

[11] Statt vieler Stellungnahme des Verbandes der Internetwirtschaft e. V., abrufbar unter http://www.eco.de/stellungnahmen/page/14, Stand: 21.8.2013; s. auch *Arndt/Köhler*, EWS 2001, 102, 104; *Ruess*, Die E-Commerce-Richtlinie und das deutsche Wettbewerbsrecht, S. 104ff.

[12] Gegenäußerung der *Bundesregierung,* BT-Drs. 14/6098, S. 36.

[13] *Tettenborn/Bender/Lübben/Karenfort*, BB-Beil. 10/2001, 1, 7.

[14] S. *Hoffmann*, MMR 2002, 65, 66; zuvor *Spindler*, ZRP 2001, 203, 205; s. auch *Sack*, EWS 2010, 70, 71.

[15] *Ruess*, Die E-Commerce-Richtlinie und das deutsche Wettbewerbsrecht, S. 107; *Arndt/Köhler*, EWS 2001, 102, 106.

[16] Begr. RegE, BT-Drs. 16/3078, S. 14.

[17] 1. TelemedienrechtsänderungsG v. 31.5.2010 (BGBl. I S. 692).

[18] Krit. aber *Sack*, WRP 2015, 1417, 1422.

III. Verhältnis zum europäischen Primärrecht: Gemeinschaftsrechtswidrigkeit?

5 Das Herkunftslandprinzip der E-Commerce-Richtlinie geht wesentlich über die in der einschlägigen EuGH-Rechtsprechung entwickelten Kriterien zur Waren- und Dienstleistungsfreiheit hinaus.[19] Hinzu kommt, dass nach Art. 3 Abs. 4 ECRL strengere nationale Vorbehalte nur im Einzelfall und – grundsätzlich – nach Durchlaufen eines Schutzklauselverfahrens aufrechterhalten werden können. Demgegenüber gelten im Rahmen von Art. 36 AEUV (ex-Art. 30 EGV) nicht derartig strenge Regeln, weswegen weite Gebiete des Verbraucherschutzes oder anderer nationaler Regeln gerechtfertigt sein können.[20] So ist bspw. das nationale Verbot des Inverkehrbringens verschreibungspflichtiger Medikamente im Wege des Versandes ohne behördliche Erlaubnis gem. § 43 Abs. 1 S. 1 AMG[21] nach Art. 36 AEUV zulässig, da hierbei der Ausnahmetatbestand des Gesundheitsschutzes greift.[22] Angesichts des Subsidiaritätsprinzips in Art. 5 Abs. 3 EUV[23] könnte das Herkunftslandprinzip nach § 3 TMG unvereinbar mit dem primären Gemeinschaftsrecht sein, da die Prüfung nationaler Vorschriften anhand der Art. 34 ff. AEUV (ex-Art. 28 ff. EGV) bzw. Art. 56 ff. iVm Art. 52 Abs. 1 AEUV (ex-Art. 49 ff. iVm Art. 46 Abs. 1 EGV) ausreichen könnte.[24] Jedoch kann die EU auch an sich gerechtfertigte mitgliedstaatliche Beschränkungen des freien Waren- und Dienstleistungsverkehrs durch Richtlinien harmonisieren.[25]

6 Auch kann mit dem Herkunftslandprinzip eine umgekehrte Diskriminierung von Inländern eintreten, da etwa ein deutscher Anbieter nicht nur im Inland gegenüber EU-Ausländern, sondern aufgrund seiner strengen Heimatregelungen auch auf Exportmärkten der EU diskriminiert sein könnte. Der EuGH hat jedoch inländische Verbote gegenüber einem Finanzmarktdienstleister, die sich auch im Export (Telefonmarketingmaßnahmen im Ausland, das diese zuließ) auswirkten, grundsätzlich Art. 56 AEUV (ex-Art. 49 EGV) unterstellt;[26] denn nicht nur Regelungen des Empfangsstaates, sondern auch des Herkunftsstaates können sich hemmend auf den freien Waren- und Dienstleistungsverkehr auswirken.[27]

7 Das Herkunftslandprinzip selbst jedoch verhält sich neutral, indem es lediglich auf das **Sachrecht** des Mitgliedstaates verweist. Ob dieses Sachrecht seinerseits den Vorgaben des EU-Rechts standhält, insbesondere als mittelbare Exportbeschränkung im Lichte des Art. 56 AEUV (ex-Art. 49 EGV), ist eine andere Frage.[28] Als Konsequenz

---

[19] Anders wohl *Grundmann*, RabelsZ 67 (2003), 246 ff.

[20] Zur Beschränkung auf Verkaufsmodalitäten EuGH, Slg. 1993, I-6097, Rn. 16 = NJW 1994, 121 – Keck und Mithouard; *Sack*, WRP 1998, 103, 104 ff.; *Heermann*, WRP 1999, 381.

[21] Gesetz über den Verkehr mit Arzneimitteln (Arzneimittelgesetz – AMG) idF der Bek. vom 12.12.2005 (BGBl. I S. 3394), zuletzt geändert durch Art. 2 des Gesetzes vom 19.10.2012 (BGBl. I S. 2192).

[22] Zur Heilmittelwerbung → Rn. 60, ferner zu den sog. Internet-Apotheken in Bezug auf § 3 TMG Spindler/Schuster/*Nordmeier*, § 3 TMG Rn. 4 und BeckOK InfoMedienR/*Weller*, § 3 TMG Rn. 5.1.

[23] EuGH, ZIP 1997, 14 – Bundesrepublik Deutschland/Europäisches Parlament und Rat der EU.

[24] *Apel/Grapperhaus*, WRP 1999, 1247, 1256; Zweifel auch bei *Sack*, WRP 2002, 271, 279.

[25] Dauses/*v. Danwitz*, Handbuch des EU-Wirtschaftsrechts, Bd. 1, 38. EL, B. II, 2015, Rn. 147; Grabitz/Hilf/Nettesheim/*Leible/T. Streinz*, 60. EL 2016, Art. 34 AEUV Rn. 132; Streinz/*Müller-Graff*, Art. 56 AEUV Rn. 100; Geiger/*Khan/Kotzur*, Art. 62 AEUV Rn. 5.

[26] EuGH, Slg. 1995, I-1141 = NJW 1995, 2541 – Alpine Investments BV/Minister van Financien.

[27] Krit. daher *Apel/Grapperhaus*, WRP 1999, 1247, 1258.

[28] *Mankowski*, CR 2001, 630, 635 f.

Herkunftslandprinzip § 3 TMG

daraus ergibt sich allerdings, dass ein Herkunftslandprinzip im strikten bzw. im kollisionsrechtlichen Sinne (→ Rn. 18 ff.) – stets Anwendung des Rechts des Herkunftslandes ohne Rücksicht auf europarechtliche Grenzen – nicht haltbar ist; vielmehr bedarf es auf einer zweiten Ebene der gemeinschaftsrechtlichen Prüfung des Sachrechts.

IV. Anwendungsbereich

1. Überblick

Zunächst kann das Herkunftslandprinzip nur im Rahmen des Anwendungsbereichs des TMG eingreifen, sodass das Telekommunikations- oder das Rundfunkrecht (§ 1 Abs. 1 S. 1), aber auch das Steuerrecht (§ 1 Abs. 2) nicht erfasst sind. Für die audiovisuellen Mediendienste auf Abruf gilt dagegen das Herkunftslandprinzip – denn nach § 2 S. 1 Nr. 6 sind auch solche Dienste Telemedien (→ § 2 Rn. 48). Ausgenommen sind aber – obwohl es sich dabei ebenfalls um Telemedien handelt – nach Abs. 4 Nr. 5 ausdrücklich die Verteildienste gem. § 2 S. 1 Nr. 4 (→ Rn. 47; → § 2 Rn. 42). Anders aber als die über die ECRL hinausgehenden Haftungsregelungen der §§ 7– 10 (→ Vor § 7 Rn. 28 f.), die für alle Telemedien gelten, unterfallen § 3 nur die geschäftsmäßig erbrachten Telemedien, da § 3 Abs. 1, 2 auf den Geltungsbereich der ECRL Bezug nimmt und ausdrücklich nur die geschäftsmäßig angebotenen Dienste erfassen, mithin nur die dort erfassten Telemedien dem Herkunftslandprinzip unterwerfen will. Zur Geschäftsmäßigkeit → Rn. 13. Im Übrigen gilt das Herkunftslandprinzip aber für sämtliche Rechtsbereiche, sofern sie nicht durch § 3 Abs. 3–5 bzw. die generellen Bereichsausnahmen aus dem TMG bzw. § 3 herausfallen. Alle materiellen Anforderungen werden vom Herkunftslandprinzip genauso erfasst wie die Rechtsfolgen.[29] 8

2. Räumlicher Anwendungsbereich

Das Herkunftslandprinzip nach § 3 findet nur Anwendung auf in Deutschland niedergelassene Diensteanbieter (§ 3 Abs. 1) oder auf Telemedien, die in Deutschland erbracht werden (§ 3 Abs. 2). Schließlich ist das Herkunftslandprinzip auf solche Telemedien beschränkt, die von Diensteanbietern innerhalb der EU erbracht werden. Telemedien von Anbietern außerhalb der EU oder Telemedien, die von deutschen Anbietern in Ländern außerhalb der EU angeboten werden, unterfallen den allgemeinen kollisionsrechtlichen Regelungen des jeweiligen Rechtsgebiets.[30] Ob ein Diensteanbieter in Deutschland niedergelassen ist, richtet sich nach § 2 Nr. 2. 9

3. Binnenmarktintegration und Auslegung

Aufgrund der zahlreichen Ungereimtheiten zwischen Herkunftslandprinzip und Kollisionsrecht liegt es nahe, die in § 3 Abs. 3 ff. vorgesehenen Ausnahmen extensiv zu interpretieren oder das Herkunftslandprinzip teleologisch zu reduzieren.[31] Die Auslegung des § 3 Abs. 3 ff. hat sich indes richtlinienkonform an dem übergeordneten Ziel der ECRL der Binnenmarktintegration und der mit dem Herkunftslandprinzip verfolgten Beseitigung von Handelshemmnissen zu orientieren. Die Ausnahmen 10

---

[29] *Sack*, EWS 2010, 70, 71 ff.
[30] AllgM, MüKoBGB/*Martiny*, § 3 TMG Rn. 7; Spindler/Schuster/*Nordmeier*, § 3 TMG Rn. 6.
[31] So etwa für das Internationale Vertragsrecht *Mankowski*, ZVglRWiss 100 (2001), 137, 153 ff.; für das Internationale Wettbewerbsrecht teilweise *Sack*, WRP 2002, 271, 278 ff.

müssen daher im Lichte der Zielbestimmung grundsätzlich restriktiv ausgelegt werden.[32]

4. Beschränkung auf Online-Dienste

11 Das Herkunftslandprinzip erfasst ausschließlich Online-Aktivitäten,[33] ausgeschlossen sind Vorgänge, die offline stattfinden, insbesondere Warenlieferungen oder die Erbringung von Diensten in der „realen" Welt (zB Reiseleistungen etc.).[34] Denn § 3 kann in Umsetzung der ECRL nur deren „koordinierten Bereich" regeln, mithin nach Art. 2 lit. h Ziff. i ECRL „die Aufnahme der Tätigkeit eines Dienstes der Informationsgesellschaft, zB Anforderungen aus Qualifikation, Genehmigung oder Anmeldung, die Ausübung der Tätigkeit eines Dienstes der Informationsgesellschaft, beispielsweise Anforderungen hinsichtlich des Verhaltens der Diensteanbieter, der Qualität oder des Inhalts des Dienstes, der Anforderungen für die Werbung und Verträge sowie die Anforderungen betreffend die Verantwortlichkeit".[35] Andererseits beschränkt sich das Herkunftslandprinzip nicht auf Dienstleistungen iSv Art. 34ff. AEUV, sondern erfasst auch den Online-Verkauf von Waren.[36] Auch wenn Waren außerhalb elektronischer Kommunikationsnetze geliefert werden, bleibt es bei der Anwendbarkeit von § 3 für die online durchgeführte Werbung oder den online vollzogenen Vertragsabschluss.
12 Damit muss zwischen **unverkörperten digitalen Produkten,** insbesondere Software, und „verkörperten"[37] Produkten differenziert werden; verkörperte Produkte werden nicht von § 3 bzw. Art. 3 ECRL geregelt.[38] So unterfällt etwa eine **Internet-Apotheke** nur hinsichtlich der Online-Werbung dem Herkunftslandprinzip, nicht aber für die Lieferung der Medikamente.[39] Umgekehrt wird auch der Download von digitalen Gütern (Software, Musik, Filme, eBooks, Daten generell) von der ECRL bzw. § 3 erfasst.

5. Geschäftsmäßiges Erbringen oder Anbieten der Teledienste

13 Geschäftsmäßig erbrachte Telemedien setzen nicht die Entgeltlichkeit der Dienste voraus, sondern schließen auch drittfinanzierte Angebote, zB durch Werbebanner, ein.[40]

---

[32] *Ruess,* Die E-Commerce-Richtlinie und das deutsche Wettbewerbsrecht, S. 50f.; *Tettenborn/Bender/Lübben/Karenfort,* BB-Beil. 10/2001, 1, 12.

[33] Art. 2 lit. h Ziff. ii, Erwägungsgrund Nr. 18 ECRL; dazu *Roth,* IPRax 2013, 215, 224f.

[34] BeckRTD-Komm/*Gitter,* § 3 TMG Rn. 18; MüKoBGB/*Martiny,* § 3 TMG Rn. 10.

[35] S. dazu auch BeckRTD-Komm/*Gitter,* § 3 TMG Rn. 10.

[36] *Apel/Grapperhaus,* WRP 1999, 1247, 1255; *Arndt/Köhler,* EWS 2001, 102, 103; *Tettenborn,* K&R 2000, 59, 61; *Naskret,* Das Verhältnis zwischen Herkunftslandprinzip und internationalem Privatrecht in der Richtlinie zum elektronischen Geschäftsverkehr, S. 25.

[37] Dazu *Bydlinski,* AcP 198 (1998), 287 ff.

[38] Dem folgend jurisPK-Internetrecht/*Heckmann,* Kap. 1 Rn. 176.

[39] Erwägungsgrund Nr. 21 ECRL; BGHZ 167, 91, 101f. = GRUR 2006, 513, 515f. – Arzneimittelwerbung im Internet; OLG Frankfurt a. M., MMR 2001, 751 mAnm *Mankowski,* 754; KG, MMR 2001, 759; *Eichler,* K&R 2001, 144ff.; *Ernst,* WRP 2001, 893, 898; *Sander,* PharmaR 2002, 269, 271f.; *Rolfes,* Internetapotheken, S. 32ff., 107f.; *Mand,* WRP 2003, 37, 37; anders aber *Mand,* WRP 2003, 192, 201 für werberechtliche Bestimmungen; dagegen wiederholt *Koenig/Müller,* WRP 2000, 1366, 1373ff.; *Koenig,* PharmaR 2002, 5, 10ff.; *Koenig/Müller/Trafkowski,* EWS 2000, 97, 100ff.; *Koenig/Engelmann,* ZUM 2001, 19ff.; s. dagegen auch BGH, NJW 2001, 896ff. – Impfstoffversand an Ärzte, mit ausführlicher Begründung des Versandverbotes auch gegenüber Ärzten; zur Zulässigkeit nach Primärrecht EuGH, Slg. 2003, I-14887, Rn. 65ff. EuZW 2004, 21 – Dt. Apothekerverband/Doc Morris.

[40] Erwägungsgrund Nr. 17, 18, 4 ECRL; *Hoeren,* MMR 1999, 192, 193; *Satzger,* CR 2001, 109, 112; *Arndt/Köhler,* EWS 2001, 102, 103.

Erforderlich ist, dass der niedergelassene Diensteanbieter auf unbestimmte Zeit eine **Wirtschaftstätigkeit** tatsächlich ausüben muss. Anhaltspunkte für die Qualifikation als „geschäftsmäßig" können die zu § 13 BGB entwickelten Kriterien geben, wenngleich § 3 bzw. die ECRL generell nicht auf den Verbraucherschutz abzielen. Alle nicht-kommerziellen Anbieter werden von § 3 dagegen nicht erfasst.[41] Allerdings sollen nach Auffassung des Gesetzgebers auch Telemedien von öffentlichen Bibliotheken oder Museen zu den „geschäftsmäßig" angebotenen Diensten zählen; entscheidend sei nur eine nachhaltige Tätigkeit, unabhängig von der **Gewinnerzielungsabsicht.**[42] Die Richtlinie wollte jedoch lediglich die Drittfinanzierung über Werbung erfassen, so dass auch Angebote von Universitäten, Kirchen, Museen oder anderen nicht-kommerziellen Organisationen aus dem Kreis der „geschäftsmäßigen" Tätigkeiten auszunehmen wären. Letztlich erweitert der deutsche Gesetzgeber – unbeabsichtigt – damit den Anwendungsbereich des § 3, indem dieselben Kriterien wie zur Impressumspflicht nach § 5 Anwendung finden sollen, so dass lediglich private Gelegenheitsdienste bzw. -geschäfte ausgenommen bleiben.[43]

6. Diensteanbieter und Mitarbeiter

Nicht von § 3 entschieden ist die Frage, ob neben dem Diensteanbieter auch seine Mitarbeiter oder von ihm eingeschaltete Dritte in den Genuss des Herkunftslandprinzips kommen. Sowohl im Strafrecht als auch im Haftungsrecht kann eine eigenständige Verantwortlichkeit von Mitarbeitern und Gehilfen in Betracht kommen (→ Vor § 7 Rn. 40 f.). Über die Zurechnung der Eigenschaft „Diensteanbieter" auf Mitarbeiter entscheidet aber das jeweilige Kollisionsrecht des in Rede stehenden Rechtsgebiets. In der Tendenz muss ebenso wie bei den Haftungsprivilegierungen für den Mitarbeiter eines Diensteanbieters das Herkunftslandprinzip gelten,[44] da dieser die Pflichten des Diensteanbieters wahrnimmt.

7. Akzessorische und vorbereitende Handlungen, insbesondere Werbung

Oftmals ist fraglich, ob eine vorbereitende oder fördernde Handlung für das Angebot eines Dritten unter das Herkunftslandprinzip oder unter einen der Ausnahmen der § 3 Abs. 3–5 fällt, zB die Werbung für ein von Dritten durchgeführtes ausländisches Glücksspielangebot.[45] In vielen Fällen wird die konkrete Handlung von der betroffenen Norm entweder bereits selbständig erfasst, etwa als eigenständig inkriminierte Förderung des fremden Angebots, oder als eine von der Haupttat bzw. Haupthandlung abhängige, akzessorische Handlung, wie in den Fällen der Anstiftung oder Beihilfe, die entsprechend der für das Hauptdelikt eingreifenden Norm qualifiziert wird. So folgt zB eine Werbung für ein ausländisches Angebot der für dieses Angebot geltenden Beurteilung nach § 3 Abs. 2 oder einer der in § 3 Abs. 3–5 genannten Ausnahmen.[46]

---

[41] Begr. RegE BT-Drs. 14/6098, S. 17; BeckRTD-Komm/*Gitter,* § 3 TMG Rn. 17; *Freytag,* CR 2000, 600, 602; *Thode,* NZBau 2001, 345, 350.

[42] Begr. RegE BT-Drs. 14/6098, S. 17; *Satzger,* CR 2001, 109, 112 für Universitäten; Spindler/Schuster/*Nordmeier,* § 3 TMG Rn. 5; jurisPK-Internetrecht/*Heckmann,* Kap. 1 Rn. 171.

[43] S. auch Begr. MDStV (aF) Nds.LT-Drs. 14/3360, S. 38; jurisPK-Internetrecht/*Heckmann,* Kap. 1 Rn. 171.

[44] Für eine Ausdehnung des Anwendungsbereichs auch MüKoStGB/*Altenhain,* § 3 TMG Rn. 8, 31; aA wohl noch *Altenhain* in: Zischang et al. (Hrsg.), Kriminalität und Kriminalrecht in Europa, S. 107, 124 f. für das internationale Strafrecht.

[45] ZB OLG Hamburg, NJW-RR 2003, 760.

[46] S. etwa den Fall OLG Hamburg, NJW-RR 2003, 760.

8. Handlungen Dritter, die keine geschäftsmäßigen Anbieter sind

16 An sich gilt das Herkunftslandprinzip nur für Anbieter kommerzieller Dienste der Informationsgesellschaft, zum einen aber nicht für sonstige Anbieter, zum anderen anscheinend auch nicht für Nutzer eines solchen Dienstes. Dies hätte zur merkwürdigen Konsequenz, dass der Diensteanbieter (jeglicher Internetintermediär wie Blog-Foren etc.) sich auf das Herkunftslandprinzip berufen könnte, der sich zB über einen Blog Äußernde, der den Dienst (Blog-Forum) nutzt, aber nicht, da er mangels Geschäftsmäßigkeit seiner Tätigkeit selbst kein Diensteanbieter wäre. Damit würde aber das Herkunftslandprinzip auf den Kopf gestellt, da der Äußernde sich mit einer unter Umständen strengeren Haftung bzw. einem strengeren Recht des Empfangsstaates konfrontiert sähe, der Diensteanbieter sich im Rahmen seiner Teilnehmer- oder Störerhaftung dagegen auf das Herkunftslandprinzip berufen kann. Demgegenüber gilt als „Dienst" der Informationsgesellschaft auch jeder Inhalt, der auf individuellen Abruf erfolgt, wie es die Richtlinie EU 2015/1535[47] definiert; andernfalls wäre gerade einer der wesentlichen Bereiche, auf die die ECRL mit dem Herkunftslandprinzip abzielt, nämlich die elektronische Werbung, hinfällig. Schließlich hat Deutschland in § 1 Abs. 1 den Anwendungsbereich über die kommerziellen Diensteanbieter hinaus auf alle Anbieter erweitert, auch auf öffentliche Stellen und Private. Will man daher bei Teilnehmerdelikten nicht zu erheblichen Ungereimtheiten gelangen, die ebenso zu intrikaten Problemen bei Regressen führen können, sollte im Wege der Analogie in solchen Fällen § 3 auf private Inhalteanbieter ausgedehnt werden, insbesondere für Äußerungen über Internetplattformen das Herkunftslandprinzip verfangen. Denn es ist nicht einsichtig, warum der Gesetzgeber nicht-kommerzielle Tätigkeiten einerseits dem TMG unterstellen will, andererseits aber bei Teilnehmerdelikten nur der geschäftsmäßige Teilnehmer in den Genuss des Herkunftslandprinzips kommen sollte.[48]

V. Kollisionsrecht und Herkunftslandprinzip

17 Das Verhältnis des Herkunftslandprinzips zum allgemeinen Kollisionsrecht ist weitgehend strittig;[49] zwar liegt inzwischen eine erste Grundsatzentscheidung des **EuGH (eDate)** vor, die das Herkunftslandprinzip explizit als sachrechtliche Norm qualifiziert, mithin nicht als kollisionsrechtliche Regelung (dazu sogleich), während die höchstrichterliche deutsche Rechtsprechung sich zunächst weitgehend einer Einordnung enthielt.[50] Inzwischen folgt auch der BGH der sachrechtlichen Einordnung.[51]Doch bleiben viele Einzelheiten ungeklärt. So legen Art. 1 Abs. 4 ECRL bzw. § 1 Abs. 5 explizit fest, dass keine neuen Regeln im Internationalen Privatrecht geschaffen werden.[52] Doch hebt die ECRL andererseits hervor, dass Vorschriften des anwendbaren Rechts, die durch die Regeln des IPR bestimmt sind, nicht die Freiheit

---

[47] Richtlinie (EU) 2015/1535 des Europäischen Parlaments und des Rates vom 9. September 2015 über ein Informationsverfahren auf dem Gebiet der technischen Vorschriften und der Vorschriften für die Dienste der Informationsgesellschaft.

[48] Wie hier *Altenhain* in: MüKoStGB, § 3 TMG Rn. 31.

[49] S. ausf zum Streit Staudinger/*Fezer/Koos,* Internationales Wirtschaftsrecht, Rn. 570ff.; s. auch *Blasi,* Das Herkunftslandprinzip der Fernseh- und der E-Commerce-Richtlinie, S. 381ff.

[50] BGHZ 167, 91, 101f. = GRUR 2006, 513 – Arzneimittelwerbung im Internet; BGH, MMR 2007, 104, 105 – Pietra di Soln; auch BGH, GRUR 2010, 261 Rn. 31ff. mwN – www. rainbow.at; für sachrechtliche Einordnung OLG Hamburg, ZUM 2008, 63; für kollisionsrechtliche Qualifikation OLG Hamburg, GRUR 2004, 880, 881; OLG Hamburg, CR 2015, 309; KG, AfP 2006, 258, 259, allerdings beide ohne nähere Begr.

[51] S. jüngst BGH, WRP 2017, 434 Rn. 34ff., 37 – World of Warcraft II.

[52] Erwägungsgrund Nr. 23.

zur Erbringung von Diensten iSd Richtlinie einschränken dürfen.[53] Daher kann allein aus § 1 Abs. 5 bzw. Art. 1 Abs. 4 ECRL nichts für die dogmatische Einordnung abgeleitet werden.[54]

1. Kollisionsrecht versus Herkunftslandprinzip

a) Herkunftslandprinzip als sachrechtliche Norm. Auf den ersten Blick widerspricht eine rein sachrechtliche Einordnung der Ausnahme in § 3 Abs. 3 Nr. 1, der ausdrücklich die freie Rechtswahl unberührt lassen möchte, was sich nur unter Einbeziehung des Kollisionsrechts erklären lässt.[55] Gleiches gilt für § 3 Abs. 4 Nr. 9 bzw. Art. 7 und 8 der Zweiten Schadensversicherungsrichtlinie.[56] Dies zeigt deutlich, dass sämtliche Normen eines Mitgliedsstaates – auch das Kollisionsrecht – vom Geltungsbereich des Herkunftslandprinzips umfasst sein und überlagert werden sollen.[57] Zudem geht § 3 deutlich über das im primären Gemeinschaftsrecht enthaltene Herkunftslandprinzip hinaus.[58] Damit wäre Art. 3 ECRL letztlich doch eine – wenn auch sehr versteckt formulierte – kollisionsrechtliche Norm, zumal sie Tatbestand und Rechtsfolge (anwendbares Recht) in ausreichender Klarheit formulieren würde.[59] Daher wurden Art. 3 Abs. 1 *und* 2 ECRL als kollisionsrechtliche Normen verstanden,[60] obwohl Art. 1 Abs. 4 ECRL ausdrücklich das Gegenteil festlegte.[61] Auch der österreichische OGH qualifizierte die entsprechende Norm als kollisionsrechtlich.[62] Die kollisionsrechtliche Qualifikation hätte zur Konsequenz, dass allein das Sachrecht des Herkunftsstaates zur Anwendung berufen wäre, ohne dass es auf

18

---

[53] Erwägungsgrund Nr. 23.
[54] AA *Sack,* WRP 2002, 271, 273 ff.
[55] *Mankowski,* ZVglRWiss 100 (2001), 137, 143; *Mankowski,* CR 2001, 630, 632; *Naskret,* Das Verhältnis zwischen Herkunftslandprinzip und internationalem Privatrecht in der Richtlinie zum elektronischen Geschäftsverkehr, S. 51 ff., 90 ff.; *Wilske,* CR Int. 2001, 68.
[56] Zweite Richtlinie des Rates v. 22.6.1988 zur Koordinierung der Rechts- und Verwaltungsvorschriften für die Direktversicherung (mit Ausnahme der Lebensversicherung) und zur Erleichterung der tatsächlichen Ausübung des freien Dienstleistungsverkehrs sowie zur Änderung der Richtlinie 73/239/EWG, 88/357/EWG, ABl. L 172, S. 1.
[57] *Mankowski,* ZVglRWiss 100 (2001), 137, 138 ff.
[58] *Thünken,* IPRax 2001, 15, 19; *Mankowski,* IPRax 2002, 257, 261.
[59] So wiederholt *Mankowski,* ZVglRWiss 100 (2001), 137; *Mankowski,* CR 2001, 630, 632; *Mankowski,* IPRax 2002, 257; *Thünken,* IPRax 2001, 15, 20; *Thünken,* Das kollisionsrechtliche Herkunftslandprinzip, S. 70 ff.; *Naskret,* Das Verhältnis zwischen Herkunftslandprinzip und internationalem Privatrecht in der Richtlinie zum elektronischen Geschäftsverkehr, S. 90 ff.
[60] Zu § 5 Abs. 2, 5 MDStV aF KG, AfP 2006, 258, 259; *Mankowski,* ZVglRWiss 100 (2001), 137 ff.; *Thünken,* Das kollisionsrechtliche Herkunftslandprinzip, S. 84 f.; *Dethloff,* JZ 2000, 179, 181; *Naskret,* Das Verhältnis zwischen Herkunftslandprinzip und internationalem Privatrecht in der Richtlinie zum elektronischen Geschäftsverkehr, S. 113 f.; *Leible,* Die Bedeutung des internationalen Privatrechts im Zeitalter der neuen Medien, S. 89, 117 ff. mwN; *Lurger/Vallant,* RIW 2002, 188, 196; Übersicht über den Streitstand bei Spindler/Schuster/*Nordmeier,* Vorb. Rom II/Art. 40–42 EGBGB Rn. 6 ff.; *Ohly,* GRUR Int. 2001, 899, 900 ff.; diff. *Spindler,* RabelsZ 66 (2002), 633, 653.
[61] Als „falsa demonstratio" qualifizieren dies *Mankowski,* ZVglRWiss 100 (2001), 137, 138; *Dethloff,* JZ 2000, 179, 181.
[62] OGH, MMR 2007, 360, 360 f. – go-limited.de; s. aber auch die divergierenden Entscheidungen OGH, Urt. v. 9.5.2012 – 7 Ob 189/11 m, EvBl 2013, 29 und OGH, Urt. v. 23.5.2013 – 4 Ob 29/13p, EvBl 2013, 1026 s. auch die französischen und luxemburgischen Regeln, zit. in BGH, GRUR 2010, 261 Rn. 39 f. – www.rainbow.at, die allerdings ebenso gut auch als sachrechtliche Normen interpretiert werden könnten.

einen Günstigkeitsvergleich mit demjenigen Recht, das durch das nationale Kollisionsrecht des Empfangsstaates (der lex fori) berufen wäre, noch ankäme.[63]

19 Dem stand seit jeher die Auffassung gegenüber, die Art. 3 Abs. 2 ECRL nur als Korrektiv des anwendbaren Rechts ansah,[64] wobei als Vorbild die Rechtsprechung des EuGH zur Warenverkehrsfreiheit nach Art. 28 EGV (jetzt Art. 34 AEUV) diente.[65] Das Herkunftslandprinzip wirkt nach dieser Auffassung also lediglich als **sachrechtliche Anwendungsschranke**, indem zunächst mit Hilfe des Kollisionsrechts die anwendbare Rechtsordnung ermittelt wird und erst in einem zweiten Schritt die so berufenen Normen dem Test des Art. 3 Abs. 2 der Richtlinie unterworfen werden, ob sie den freien Dienstleistungsverkehr einschränken.[66] Schon aufgrund von § 1 Abs. 5, Art. 1 Abs. 4 ECRL scheint eine kollisionsrechtliche Qualifikation des Herkunftslandprinzips von vornherein auszuscheiden.[67]

20 Der **EuGH** hat sich nunmehr deutlich für die Interpretation des Art. 3 ECRL als Korrektiv des vom Mitgliedstaat angewandten Rechts ausgesprochen.[68] Art. 3 Abs. 1 und 2 ECRL verlangen demnach keine Umsetzung in Form einer Kollisionsregel; es müsse aber sichergestellt werden, dass für grenzüberschreitende Sachverhalte im elektronischen Geschäftsverkehr keine strengeren Anforderungen an die Anbieter gestellt werden als die des Sitzmitgliedstaates.[69]

21 Trotz der – kaum begründeten – Klarstellung durch den EuGH lässt sich das Herkunftslandprinzip **weder eindeutig der sachrechtlichen noch der kollisionsrechtlichen Ebene** zuordnen.[70] Die Ausnahmen sind zu heterogen, um aus ihnen eine deutliche Aussage zu entnehmen. Der Wortlaut von § 3 Abs. 2 bzw. Art. 3 Abs. 2 ECRL spricht zudem deutlich gegen eine rein kollisionsrechtliche Qualifikation, da nur ein Verbot der Einschränkung ausgesprochen wird, vergleichbar den sachrechtlich einzuordnenden Grundfreiheiten des EG,[71] was durch das schutzklauselähnliche Ver-

---

[63] *Thünken,* IPRax 2001, 15, 21; *Mankowski,* CR 2001, 630 ff.

[64] Zusammenfassend BGH, GRUR 2010, 261 Rn. 34 f. – www.rainbow.at; OLG Hamburg, ZUM 2008, 63; *Fezer/Koos,* IPRax 2000, 349; *Halfmeier,* ZEuP 2001, 837, 841 ff.; *Höder,* Die kollisionsrechtliche Behandlung unteilbarer Multistate-Verstöße, S. 187 ff., 200; *Sack,* WRP 2000, 269, 282 f.; *Ahrens,* CR 2000, 835, 837 ff. je mwN.

[65] EuGH, NJW 1975, 515 – Dassonville; EuGH, Slg. 1979, 1629 = NJW 1979, 1764 – Cassis-de-Dijon; *Dethloff,* JZ 2000, 179, 183 f.; *Ohly,* GRUR Int. 2001, 899, 901; wiederholt auch *Sack,* zuletzt EWS 2011, 513, 514 f., EWS 2011, 65, 68, mwN seiner Beiträge.

[66] *Höder,* Die kollisionsrechtliche Behandlung unteilbarer Multistate-Verstöße, S. 187 ff., 200; *Fezer/Koos,* IPRax 2000, 349, 352; für eine hybride Rechtsnatur, die sach- und kollisionsrechtliche Elemente vereint *Spindler,* RabelsZ 66 (2002), 633, 653, 665.

[67] *Ahrens,* CR 2000, 835, 837; *Ahrens* in: FS Tilmann, 2003, S. 739, 747; *Fezer/Koos,* IPRax 2000, 349, 352; *Sonnenberger,* ZVglRWiss 100 (2001), 107, 127 f.; *Glöckner,* ZVglRWiss 99 (2000), 278, 305 f.; *Sack,* WRP 2001, 1408 f.; *Sack,* WRP 2002, 271, 273 ff.; *Halfmeier,* ZEuP 2001, 837, 864; Gounalakis/*Pfeiffer,* E-Commerce, § 12 Rn. 9 ff.; vermittelnd *Ohly,* GRUR Int. 2001, 899, 902 f.

[68] EuGH, Slg. 2011, I-10269 Rn. 61 = NJW 2012, 137 – eDate Advertising; mit Schlussanträgen des Generalanwalts *Pedro Cruz-Villalón,* Rn. 72 f.; zust. *Roth,* CR 2011, 811, 812 f.; s. dazu auch *Brand,* NJW 2012, 127, 130; s. ferner die Folgeentscheidung des BGH, NJW 2012, 2197; s. ferner *Pfeiffer,* IPrax 2014, 360, 361 mwNachw.

[69] EuGH, Slg. 2011, I-10269 Rn. 63 = NJW 2012, 137 – eDate Advertising; letztlich bleibt es damit dem Mitgliedstaat überlassen, wie er Art. 3 umsetzt, ob kollisions- oder sachrechtlich, zur Hybridität *Spindler,* RabelsZ 66 (2002), 633, 653; Spindler/Schuster/*Nordmeier,* Vorb. Rom II/Art. 40–42 EGBGB Rn. 11.

[70] Näher *Spindler,* RabelsZ 66 (2002), 633, 665; zust. Spindler/Schuster/*Nordmeier,* Vorb. Rom II und Art. 40–42 EGBGB Rn. 11; s. auch *Blasi,* Das Herkunftslandprinzip der Fernseh- und der E-Commerce-Richtlinie, S. 381 ff.

[71] *Höder,* Die kollisionsrechtliche Behandlung unteilbarer Multistate-Verstöße, S. 197 ff.

fahren in § 3 Abs. 5, Art. 3 Abs. 4 ECRL bestätigt wird.[72] Dies wird etwa daran deutlich, dass es beim nationalen Recht des Empfangsstaates bleibt, wenn es den gleichen oder einen milderen Standard gegenüber dem Herkunftsland aufweist; in diesem Fall kommt es nicht zur Verweisung auf das Sachrecht des Herkunftslandes, das Recht des Empfangsstaates bleibt anwendbar.[73] Das Problem der dogmatischen Einordnung resultiert damit aus einer Gemengelage aus der sachrechtlich geprägten Prüfung nationalstaatlicher Normen einerseits und der Technik des Verweises auf ein ausländisches Sachrecht andererseits, das für diese Prüfung letztlich den Maßstab darstellt.[74] Ein solcher Verweis entspricht jedenfalls teilweise für das Zivilrecht einer kollisionsrechtlichen Norm, die auf dem Gedanken gegenseitiger Anerkennung und Anwendung fremden Rechts beruht.[75] Dieses Dilemma kann auch nicht durch eine von § 3 Abs. 1, 2 losgelöste Interessenabwägung oder durch die Suche nach jeweils geeigneten Anknüpfungskriterien gelöst werden.[76] Damit würden Wortlaut, Telos und Umsetzungsbefehl der Richtlinie (effet utile) ignoriert. Insgesamt wird man damit zwar Art. 3 Abs. 1, Abs. 2 ECRL grundsätzlich als kollisionsrechtliche Normen begreifen können, jedoch nur mit den oben beschriebenen Restriktionen bei § 3 Abs. 2 bzw. Art. 3 Abs. 2 ECRL.[77]

Schließlich kann § 3 **nicht einseitig zivilrechtlich** verstanden werden, da er auch im Öffentlichen Recht und im Strafrecht Geltung beansprucht – beiden Materien ist aber ein kollisionsrechtlicher Verweis und die Anwendung einer fremden Rechtsordnung im Inland weitgehend fremd. Im Aufsichtsrecht wird der Sachverhalt an die ausländische Aufsichtsbehörde zur weiteren Verfolgung überwiesen. Ein kollisionsrechtliches Verständnis des Herkunftslandprinzips wäre hier völlig fehl am Platze. 22

Praktische Bedeutung hat der dogmatische Streit vor allem für die **Auslegung von § 3 Abs. 2** bei ausländischen Anbietern außerhalb der Rom-Verordnungen im Kollisionsrecht; denn im Rahmen der Geltung der **Rom-Verordnungen** kann Art. 3 ECRL nicht mehr kollisionsrechtlich umgesetzt und gedeutet werden.[78] Außerhalb der Rom-Verordnungen (etwa auch für das Persönlichkeitsrecht)[79] würde eine strikte kollisionsrechtliche Deutung stets das Recht des Herkunftslandes als Maßstab anwenden, während eine mehr sachrechtlich geprägte Deutung auch das nationale Kollisionsrecht, das auf eine dritte Rechtsordnung oder auf die heimische als Maßstab verweisen kann, heranziehen würde. Zudem ist der Streit bedeutsam für die Füllung von Lücken, die entstehen, wenn sich das nationale Sachrecht des Empfangsstaates als strenger als dasjenige des Herkunftslandes erweisen sollte. Bei kollisionsrechtlicher Deutung kommt dann das Recht des Herkunftslandes zur Anwendung,[80] während bei sachrechtlicher Deutung nur eine Kassation und Reduktion der Norm des Empfangsstaates auf den Standard des Herkunftslandes in Betracht käme. Darüber 23

---

[72] AA *Mankowski,* IPRax 2002, 257, 260 ff.
[73] Wie hier *Höder,* Die kollisionsrechtliche Behandlung unteilbarer Multistate-Verstöße, S. 197 ff.; *Blasi,* Das Herkunftslandprinzip der Fernseh- und der E-Commerce-Richtlinie, S. 383 f.; aA entgegen Wortlaut *Mankowski,* IPRax 2002, 257, 260.
[74] *Ohly,* GRUR Int. 2001, 899, 902 f.; *Kur* in: FS Erdmann, 2002, S. 629, 638; *Ruess,* Die E-Commerce-Richtlinie und das deutsche Wettbewerbsrecht, S. 96 ff.
[75] Insoweit zutr. *Mankowski,* ZVglRWiss 100 (2001), 137, 138 ff.; *Thünken,* Das kollisionsrechtliche Herkunftslandprinzip, S. 70 ff.
[76] So aber *Borges,* Verträge im elektronischen Geschäftsverkehr, S. 894.
[77] Ebenso *Höder,* Die kollisionsrechtliche Behandlung unteilbarer Multistate-Verstöße, S. 199 f.; MüKoBGB/*Martiny,* § 3 TMG Rn. 37.
[78] Zutr. *Pfeiffer,* IPRax 2014, 360, 362 f.
[79] *W.-H. Roth,* IPRax 2013, 215, 227.
[80] Insoweit überzeugend *Mankowski,* ZVglRWiss 100 (2001), 137, 141.

hinaus hängt die beweisrechtliche Einordnung des ausländischen Rechts von der Qualifizierung des Prinzips in § 3 Abs. 1, 2 ab.

24 **b) Reichweite des Herkunftslandprinzips.** Da § 3 Abs. 1, 2 den gesamten koordinierten Bereich nach Art. 2 lit. h ECRL betrifft, gehört im Prinzip das gesamte Rechtssystem eines Mitgliedstaates als Herkunftsland zu den Normen, auf die verwiesen wird (Gesamtverweisung). Damit würde aber das **Internationale Privatrecht des Herkunftslandes** zur Anwendung gelangen,[81] so dass je nach den dort geltenden kollisionsrechtlichen Regeln der Diensteanbieter doch wieder mit einer Vielzahl von möglicherweise anwendbaren Rechtsordnungen konfrontiert wäre. Für einen in Deutschland ansässigen Diensteanbieter hätte dies etwa zur Konsequenz, dass bei unlauterem Wettbewerb zunächst deutsches Recht einschließlich des Internationalen Wettbewerbsrechts Anwendung fände, mithin der Marktort über das anwendbare Recht entscheiden würde, ohne Rücksicht auf die Niederlassung des Diensteanbieters.[82] Damit würde das Rechtsanwendungsrisiko nicht in dem Maße beschränkt, wie es die ECRL beabsichtigt, so dass eine Auslegung des Herkunftslandprinzips als reine Verweisung auf das Sachrecht – ohne das jeweilige mitgliedstaatliche Kollisionsrecht mit zu umfassen – der ECRL eher entspricht.[83] In kollisionsrechtlicher Terminologie wird damit ein Renvoi oder eine Weiterverweisung durch das Kollisionsrecht des Herkunftslandes unterbunden. Davon zu unterscheiden ist die Frage, ob der Empfangsstaat sein Kollisionsrecht anwenden kann (→ Rn. 18ff.).

25 Vom Recht des Herkunftslandes mit umfasst ist indes auch die vorherrschende Auffassung über die **Auslegung einer Norm,** auch derjenigen, die an sich von der ECRL in vollem Umfang harmonisiert wurden, z.B der Verantwortlichkeit nach Art. 12ff. ECRL bzw. §§ 7-10 TMG. Denn das Ziel der Minimierung von Rechtsanwendungsrisiken muss auch das Vertrauen des Anbieters in die in seinem Herkunftsstaat vorherrschende Interpretation umfassen.

26 Schließlich erfasst das Herkunftslandprinzip die gesamte Anwendung einer Norm mitsamt ihren Rechtsfolgen, nicht nur etwa ihren Tatbestand oder bestimmte Verhaltenspflichten.[84]

27 **c) Herkunftslandprinzip für inländische Anbieter (Günstigkeitsprinzip, Abs. 1).** Heftig umstritten bei der Umsetzung in deutsches Recht war die Einführung eines sog. Günstigkeitsprinzips, das im Wesentlichen in § 4 Abs. 1 TDG-RegE zugunsten der inländischen Diensteanbieter verankert werden sollte (→ Rn. 1ff.): Nach dem ursprünglich in § 4 Abs. 1 TDG-RegE verankerten Günstigkeitsprinzip konnte das Kollisionsrecht Deutschlands (als Niederlassungsstaat eines Dienstean-

---

[81] So noch *Spindler,* MMR-Beil. 7/2000, 4, 7; *Schack,* MMR 2000, 59, 61; *Hoeren,* MMR 1999, 192, 195.

[82] BGHZ 35, 329, 333 = GRUR 1962, 243 – Kindersaugflaschen; BGHZ 40, 391, 395 = GRUR 1964, 316 – Stahlexport; BGHZ 113, 11, 15 = GRUR 1991, 463 – Kauf im Ausland; BGH, NJW 1998, 1227, 1228; BGH, NJW 1998, 2531, 2532; Köhler/Bornkamm/*Köhler,* UWG, Einl. Rn. 5.5ff.; Staudinger/*Fezer/Koos,* Internationales Wirtschaftsrecht, Rn. 449ff.; Hoeren/Sieber/Holznagel/*Boemke,* 44. EL 2017, Teil 11 Rn. 7f.; *Mankowski,* GRUR Int. 1999, 909, 915ff.; *Dethloff,* NJW 1998, 1596, 1599; *Dethloff,* JZ 2000, 179, 181 je mwN; *Löffler,* WRP 2001, 379ff.; *Sack,* WRP 2000, 269, 272.

[83] *Ahrens,* CR 2000, 835, 837; *Mankowski,* ZVglRWiss 100 (2001), 137, 152f.; *Ohly,* GRUR Int. 2001, 899, 905; *Lurger/Vallant,* RIW 2002, 188, 196f.; *Halfmeier,* ZEuP 2001, 837, 863f.; *Grundmann,* RabelsZ 67 (2003), 246, 273; *Höder,* Die kollisionsrechtliche Behandlung unteilbarer Multistate-Verstöße, S. 184f., 199f.; iE *Sack,* WRP 2001, 1408, 1410; *Apel/Grapperhaus,* WRP 1999, 1247, 1252.

[84] Zutr. MüKoBGB/*Martiny,* § 3 TMG Rn. 18; ähnlich Spindler/Schuster/*Nordmeier,* § 3 TMG Rn. 11.

bieters) weiterhin eingreifen und das ausländische Sachrecht (des Empfangsstaates) berufen, solange das so berufene ausländische Recht günstiger als das deutsche Recht ist.[85] Demgegenüber beschränkt sich § 3 Abs. 1 für Diensteanbieter in Deutschland auf ein „reines" Herkunftslandprinzip, ohne einen ausdrücklichen kollisionsrechtlichen Vorbehalt oder ein eigenes Günstigkeitsprinzip.[86] Verstünde man „die gesamte Rechtsordnung" als Recht des Herkunftslandes, würde sonst der Fall eintreten, dass nach dem Kollisionsrecht eines Staates wiederum das Sachrecht eines anderen (Mitglied-)Staates berufen wäre, so dass gar nicht das Sachrecht des Herkunftslandes Anwendung fände. Dann aber käme es zu der eigenartigen Situation, dass wiederum das ausländische (durch das inländische IPR berufene) Sachrecht strenger als das heimatliche Recht sein könnte. So könnte bei einer auch das Kollisionsrecht umfassenden Sichtweise ein deutscher Diensteanbieter zB im internationalen Wettbewerbsrecht aufgrund des Marktortprinzips bei einer zB auf die Niederlande ausgerichteten Werbung dem niederländischen Recht unterliegen – was gerade dem Herkunftslandprinzip widerspräche. Trotzdem wird in den Wortlaut des § 3 Abs. 1 in „die Anforderungen des deutschen Rechts" das Kollisionsrecht und damit ein Günstigkeitsprinzip hineingelesen.[87] Einer solchen Deutung scheint auch das Urteil des EuGH Auftrieb zu geben, der seine Ausführungen ausdrücklich auch auf Art. 3 Abs. 1 ECRL bezogen hat. Die (lapidare) Feststellung des EuGH, dass die ECRL keine kollisionsrechtlichen Regelungen enthalte, bietet nunmehr Anlass für Versuche, die Gesamtverweisungstheorie wieder zu beleben und wiederum das nationale Kollisionsrecht des Herkunftslandes mit in Art. 3 Abs. 1 ECRL einzubeziehen.[88]

Die schon im Gesetzgebungsverfahren vorgebrachten Argumente verfangen sich 28 indes auch hier, insbesondere der Widerspruch zum Ziel der ECRL, der Minimierung von Rechtsrisiken.[89] Erwägungsgrund Nr. 22, 3 ECRL spricht deutlich aus, dass zu Zwecken der Rechtssicherheit der Diensteanbieter dem Rechtssystem des Mitgliedstaates unterworfen sein soll, in dem er niedergelassen ist. Vor allem aber die damit eintretenden Aporien stehen dieser Auffassung entgegen: Denn wenn kollisionsrechtlich für den inländischen Diensteanbieter doch das Recht des Empfangsstaates berufen sein sollte, gilt dort wiederum Art. 3 Abs. 2 ECRL – mit dem Ergebnis, dass erneut das Recht des Herkunftslandes als dessen Korrektiv eingreifen würde. Anders als etwa nach internationalem Wettbewerbsrecht, für das nur der Marktort zählt, unabhängig davon, ob das dort anwendbare Recht strenger oder milder als deutsche Recht ist,[90] gilt für inländische Anbieter ohne jede weitere kollisionsrechtliche Verweisung einzig das Inlandsrecht – insoweit handelt es sich trotz des auf den

---

[85] Begr. RegE BT-Drs. 14/6098, S. 18; befürwortend *Sack,* WRP 2001, 1408, 1409 ff.; dagegen *Spindler,* ZRP 2001, 203, 204; *Mankowski,* CR 2001, 630, 641.
[86] EuGH, Slg. 2011, I-10269 Rn. 61 = NJW 2012, 137 – eDate Advertising; OLG Hamm, MMR 2014, 175, 176; Stellungnahme *Bundesrat,* BR-Drs. 136/01; *Ruess,* Die E-Commerce-Richtlinie und das deutsche Wettbewerbsrecht, S. 79 ff.; *Fezer/Koos,* IPRax 2000, 349, 353; *Ahrens,* CR 2000, 835, 837 f.; *Mankowski,* ZVglRWiss 100 (2001), 137, 152; *Mankowski,* CR 2001, 630, 639; *Lurger/Vallant,* RIW 2002, 188, 195 f.; *Härting,* CR 2001, 271, 273.
[87] *Sack,* WRP 2002, 271, 275 ff.
[88] So ausdrücklich *Sack,* EWS 2011, 513, 515.
[89] Ausführlicher *Spindler,* RabelsZ 66 (2002), 633, 657 ff.; Bröcker/Czychowski/Schäfer/*Nordemann-Schiffels,* Geistiges Eigentum, § 3 Rn. 146; *Thünken,* IPRax 2001, 15, 20; *Thünken,* Das kollisionsrechtliche Herkunftslandprinzip, S. 79 ff.; *Fezer/Koos,* IPRax 2000, 349, 353; *Ahrens,* CR 2000, 835, 837 f.; *Mankowski,* ZVglRWiss 100 (2001), 137, 152; *Mankowski,* CR 2001, 630, 639; *Lurger/Vallant,* RIW 2002, 188, 195 f.; *Härting,* CR 2001, 271, 273.
[90] BGH, GRUR 1998, 419, 420; BGHZ 113, 11, 15 = GRUR 1991, 463 – Kauf im Ausland; BGHZ 40, 391, 395 = GRUR 1964, 316 – Stahlexport; BGHZ 35, 329, 334 = GRUR 1962, 243 – Kindersaugflaschen.

ersten Blick nur sachrechtlichen Charakters des Herkunftslandprinzips bei § 3 Abs. 1 um eine kollisionsrechtliche Regelung selbst.[91]

29 Derartige Fälle der einseitigen Ausrichtung auf einen anderen Mitgliedstaat mit einer „**teleologischen Reduktion**" von Art. 3 Abs. 2 ECRL bzw. § 3 Abs. 2 zu beantworten, damit also die Anwendung des Rechts des Herkunftslandes von dessen Kollisionsrecht abhängig zu machen,[92] widerspricht gerade dem inzwischen durch den EuGH bestätigten Prinzip, dass nur auf das Sachrecht des Herkunftslandes verwiesen wird. Ansonsten wäre genau das Gegenteil des Zwecks der Richtlinie erreicht, nämlich wiederum das Entstehen von Rechtsanwendungsrisiken. Zudem spricht gegen einen solchen Ansatz das in der Richtlinie ausdrücklich für derartige Fälle nochmals hervorgehobene Missbrauchsverbot. Aber auch der nunmehr gewählte Ansatz, im Rahmen der kollisionsrechtlichen Verweisung auf das Recht des Empfangsstaates diese durch das Sachrecht des Herkunftslandes zu beschränken und bei weniger strengem Sachrecht des Empfangsstaates dieses anzuwenden, um somit doch wieder zu einem Günstigkeitsvergleich zu gelangen,[93] strapaziert die Begründung des EuGH. Zwar ist einzuräumen, dass der EuGH ausdrücklich den Regelungen des Art. 3 Abs. 1, 2 ECRL keine kollisionsrechtliche Bedeutung beimisst; doch hat der EuGH keine Aussage darüber getroffen, was das Recht des Herkunftslandes im Falle von Art. 3 Abs. 1 ECRL alles umfasst, insbesondere ob auch das Kollisionsrecht davon betroffen ist. Dass in der logischen Konsequenz eine solche Deutung einer kollisionsrechtlichen Regelung gleichkommt, bedeutet nicht, dass es per se gegen Art. 1 Abs. 4 ECRL verstoßen bzw. Art. 3 Abs. 1 ECRL so ausgelegt werden müsste, dass die komplette Rechtsordnung eines Herkunftslandes mit umfasst wäre. Deutlich wird dies schließlich auch daran, dass auch die gegenteilige Auffassung gezwungen ist, einen etwaigen Günstigkeitsvergleich nur auf die Sachnormen des Herkunftslandes zu beziehen, um bei kollisionsrechtlicher, ausschließlicher Berufung des ausländischen (strengeren) Rechts ein völliges Leerlaufen des Schutzes zu vermeiden;[94] gerade damit wird aber das Herkunftslandprinzip auf den Kopf gestellt, was den Diensteanbieter gerade dazu verpflichten will, die Standards des Heimatlandes einzuhalten. Soweit zudem darauf verwiesen wird, dass nur bei einer Gesamtverweisung eine unterschiedliche kollisionsrechtliche Behandlung von Binnenmarktsachverhalten und Drittstaatensachverhalten vermieden werden könne,[95] wird damit verkannt, dass dies gerade Ausfluss der Binnenmarktfreiheiten ist, was die unterschiedliche Behandlung zu Drittstaaten rechtfertigt.

30 **d) Herkunftslandprinzip und ausländische Anbieter (Abs. 2).** Auch für ausländische Diensteanbieter sah in ähnlicher Weise § 4 Abs. 2 TDG-RegE vor, dass zuerst kollisionsrechtlich das Sachrecht ermittelt und dann auf einer zweiten Stufe geprüft werde, ob das so berufene Sachrecht strenger ist als das Niederlassungsrecht bzw. das Herkunftslandrecht des ausländischen Anbieters.[96] Im endgültig verabschiedeten TDG hat der Gesetzgeber aufgrund der Kontroversen um das Verhältnis von IPR zu § 4 TDG völlig davon abgesehen, entsprechende Vorbehalte aufzunehmen. Indes

---

[91] Zutr. *Höder,* Die kollisionsrechtliche Behandlung unteilbarer Multistate-Verstöße, S. 199f.; *Spindler,* RabelsZ, 66 (2002), 633, 657ff.

[92] So aber *Sack,* WRP 2013, 1545, 1551; *ders.,* WRP 2001, 1408, 1419f.

[93] So jetzt *Sack,* WRP 2015, 1281, 1286; *ders.,* EWS 2011, 513, 515f.

[94] So *Sack,* EWS 2011, 513, 516, der bezeichnenderweise dann auch hier den Zweck der ECRL teleologisch reduzieren will, da der Richtliniengeber nicht an solche Konstellationen gedacht habe. Allerdings lehnt auch *Sack,* EWS 2011, 513, 517 einen (vom EuGH implizit anerkannten) Günstigkeitsvergleich ab.

[95] So *Sack,* WRP 2015, 1281, 1288; zuvor bereits *ders.,* EWS, 2011, 513, 515; *ders.,* EWS 2011, 65, 67.

[96] Begr. RegE BT-Drs. 14/6098, S. 18; *Nickels,* DB 2001, 1919ff.

Herkunftslandprinzip **§ 3 TMG**

war – anders als bei inländischen Anbietern – gegen die ursprüngliche Formulierung nichts zu erinnern, da das Gesetz der Forderung der E-Commerce-Richtlinie nach Freiheit des elektronischen Dienstleistungsverkehrs Rechnung trägt;[97] Art. 3 Abs. 2 der Richtlinie spricht nicht davon, stets und nur das Recht des Herkunftslandes anzuwenden, ohne dass der Empfangsstaat nach seinem eigenen Kollisionsrecht zunächst das anwendbare Recht bestimmt.[98] Trotz der damit verbundenen Kosten durch die gegebene Rechtsunsicherheit würden bei einer anderen Auslegung der eindeutige Wortlaut der Richtlinie und die europarechtliche Fundierung von Art. 3 Abs. 2 ECRL bzw. § 3 Abs. 2 ausgeblendet. Demnach kann zB nach deutschem Kollisionsrecht (als Recht des Empfangsstaates) das Sachrecht eines Drittstaates (zB Niederlande) anwendbar sein, so dass geprüft werden muss, ob dieses Recht (niederländisches Recht) aufgrund der deutschen Verweisung strenger ist als das Herkunftslandrecht. Ist es milder, so gelangt in dem Beispiel niederländisches Recht zur Anwendung.[99] Dies kommt auch in der Begründung zur wortgleichen Norm in § 5 MDStV aF zum Ausdruck.[100] Schließlich verfährt das europäische Primärrecht, das die Grundlage für das Herkunftslandprinzip im Sinne der Binnenmarktintegration bildet, nicht anders: Auch hier wird das vom Empfangsstaat angewandte Recht – gleich ob das Sachrecht des Empfangsstaates oder das über das Kollisionsrecht des Empfangsstaates berufene Recht eines dritten Staates – im Lichte der Grundfreiheiten geprüft. Auf keinen Fall aber kann der Richter des Empfangsstaates auch unter Zugrundelegung einer sachrechtlichen Qualifizierung von § 3 Abs. 2 darauf verzichten, einen Vergleich mit dem Recht des Herkunftsstaates durchzuführen.[101]

e) Behandlung international zwingender Normen. Häufig finden sich in der **31** Rechtsordnung Tatbestände, die auf andere Normen Bezug nehmen, zB § 823 Abs. 2 BGB: Oftmals wird es sich bei dem Schutzgesetz um eine Eingriffsnorm des heimischen Rechts (des Forumsstaates) handeln. In diesem Fall ist unabhängig vom anwendbaren Recht den deutschen Eingriffsnormen stets Wirkung zu verleihen,[102] etwa einem deutschen Im- und Exportverbot. Voraussetzung wird allerdings immer sein, dass es sich um einen Sachverhalt handelt, der sich auf deutsche Interessen (zB Märkte) auswirkt. Die Anwendung des deutschen Deliktsrechts (§ 823 Abs. 2 BGB) könnte sich etwa aus einem in Deutschland liegenden Handlungs- oder Erfolgsort ergeben.

Ist deutsches Deliktsrecht und damit § 823 Abs. 2 BGB anwendbar, stellt sich dar- **32** über hinaus aber auch die Frage, ob eine **fremde Eingriffsnorm** als Schutzgesetz in

---

[97] Ebenso *Höder,* Die kollisionsrechtliche Behandlung unteilbarer Multistate-Verstöße, S. 197 ff.
[98] Wie hier MüKoBGB/*Martiny,* § 3 TMG Rn. 35 ff.; aA wohl *Mankowski,* ZVglRWiss 100 (2001), 137, 138 ff.; *Mankowski,* CR 2001, 630, 632; *Mankowski,* IPRax 2002, 257, 262 ff.; *Naskret,* Das Verhältnis zwischen Herkunftslandprinzip und internationalem Privatrecht in der Richtlinie zum elektronischen Geschäftsverkehr, S. 126 f., 138 f.; ähnlich *Ruess,* Die E-Commerce-Richtlinie und das deutsche Wettbewerbsrecht, S. 108; unklar *Lurger/Vallant,* RIW 2002, 188, 197 f.
[99] Ebenso *Höder,* Die kollisionsrechtliche Behandlung unteilbarer Multistate-Verstöße, S. 199 f.; BeckOK InfoMedienR/*Weller,* § 3 TMG Rn. 12.
[100] Begr. MDStV Nds. LT-Drs. 14/3360, S. 39.
[101] So letztlich aber die Folgeentscheidung zum EuGH eAdvertising in BGH, NJW 2012, 2197 – rainbow.at bzw. eAdvertising, in der der VI. Zivilsenat keinerlei Abwägung mit dem österreichischen Recht durchführte.
[102] Art. 9 Rom I-VO (ex-Art. 34 EGBGB), vgl. *v. Bar/Mankowski,* Internationales Privatrecht, Bd. I, § 4 Rn. 86 ff.; *Kegel/Schurig,* Internationales Privatrecht, S. 150 ff. mwN; monographisch *Zeppenfeld,* Die allseitige Anknüpfung von Eingriffsnormen im Internationalen Wirtschaftsrecht, S. 130 ff., der eine allseitige Kollisionsnorm entwickeln will.

Betracht käme. Unterstellt, dass die fremde Norm kollisionsrechtlich angewandt werden kann,[103] kann auch hier § 3 die kollisionsrechtliche Wertung überspielen. Je nach Auffassung zur dogmatischen Einordnung des Herkunftslandes als auch der kollisionsrechtlichen Behandlung der Eingriffsnormen können sich unterschiedliche Resultate ergeben:[104] Für ausländische Diensteanbieter werden nach der hier vertretenen Auffassung lediglich das ausländische Deliktsrecht sowie die ausländische Eingriffsnorm als Maßstab herangezogen, die Anspruchsgrundlage und die anwendbare Eingriffsnorm dagegen aber nur nach (deutschem) Kollisionsrecht bestimmt. Demnach hinge die Anwendung ausländischen Eingriffsrechts von dem oben dargelegten Streit im Kollisionsrecht hinsichtlich der Sonderanknüpfung ab, sofern jedenfalls das Herkunftslandrecht strenger als das berufene Recht wäre. Denn in diesem Fall würde der Empfangsstaat nicht die Dienste des ausländischen Anbieters einschränken, so dass sein Recht einschließlich seines Kollisionsrechts zum Tragen käme – mit der Folge, dass die Frage der Sonderanknüpfung relevant würde. Bei inländischen Diensteanbietern könnte ausländisches Eingriffsrecht nach der hier vertretenen Auffassung nur über eine Generalklausel Anwendung finden, da der kollisionsrechtliche Verweis und damit auch die Sonderanknüpfung von vornherein ausscheiden. Aber auch diese mittelbare Berücksichtigung würde dem vom Herkunftslandprinzip verfolgten Ziel der Konzentration allein auf das Sachrecht des Niederlassungsstaates des Diensteanbieters widersprechen, da es indirekt zu ähnlichen Konsequenzen wie die kollisionsrechtliche Sonderanknüpfung führen würde – und dies trotz des sachrechtlichen Ansatzes europarechtlich im Hinblick auf die Richtlinie mehr als zweifelhaft erscheint.[105]

33 **f) Zusammenfassung.** Damit kann das Zusammenspiel zwischen Herkunftslandprinzip und Kollisionsrecht wie folgt zusammengefasst werden: Das Herkunftslandprinzip beeinflusst und überlagert das Kollisionsrecht, es wirkt allerdings ähnlich wie ein kollisionsrechtliches Prinzip. Für inländische Diensteanbieter kann nur das Recht des Herkunftslandes eingreifen, auch dann, wenn sie im Ausland tätig werden; zu einer kollisionsrechtlichen Verweisung mitsamt Günstigkeitsprinzip kommt es nicht. Für ausländische Diensteanbieter kann dagegen das Recht des Empfangsstaates auf eine dritte Rechtsordnung verweisen, die ihrerseits jedoch wiederum dem Recht des Herkunftslandes standhalten muss. Das Recht des Herkunftslandes ist stets nur hinsichtlich seines Sachrechts anzuwenden, nicht auch hinsichtlich seines Kollisionsrechtes.

2. Verhältnis zu europäischen Kollisionsrechtsregelungen

34 Die Rom II-VO[106] spricht in Erwägungsgrund 35 Abs. 2 S. 2 expressis verbis die E-Commerce-RL an und lässt dabei das in ihr verankerte Herkunftslandprinzip unberührt.[107] Der oben geschilderte Konflikt zwischen Kollisionsrecht und Herkunfts-

---

[103] Ausf. dazu *Spindler*, RabelsZ 66 (2002), 633, 661 ff. mwN.
[104] Überblick bei *Spindler*, RabelsZ 66 (2002), 633, 661 ff.
[105] Ausführlicher *Spindler*, RabelsZ 66 (2002), 633, 661 ff.; aA *Borges*, Verträge im elektronischen Geschäftsverkehr, S. 900 ff.
[106] Zum Rom-II-Kommissionsvorschlag KOM(2003) 427 endg. v. 22.7.2003 noch *Benecke*, RIW 2003, 830 ff.; *Hein*, ZVglRWiss 102 (2003), 528 ff.; Hamburg Group for Private International Law, RabelsZ 67 (2003), 1 ff.; *Busse*, RIW 2003, 406 ff.
[107] Erwägungsgrund 35 Abs. 2 S. 2 Rom II-VO lautet: „Die Anwendung der Vorschriften im anzuwendenden Recht, die durch die Bestimmungen dieser Verordnung berufen wurden, sollte nicht die Freiheit des Waren- und Dienstleistungsverkehrs, wie sie in den Rechtsinstrumenten der Gemeinschaft wie der Richtlinie 2000/31/EG des Europäischen Parlaments und des Rates vom 8. Juni 2000 über bestimmte rechtliche Aspekte der Dienste der Informationsgesellschaft, insbesondere des elektronischen Geschäftsverkehrs, im Binnenmarkt („Richtlinie über den elektronischen Geschäftsverkehr) ausgestaltet ist, beschränken."; Spindler/Schuster/*Nordmeier*, Vorb.

landprinzip nach der ECRL wird dadurch aber nicht eindeutig gelöst,[108] zumal „Rom II" die tradierten Kriterien des Kollisionsrechts im außervertraglichen Bereich aufnimmt und fortführt.[109] Erwägungsgrund 35 wurde erst zum Schluss eingefügt und sollte die Anwendung der Grundfreiheiten einschließlich des Herkunftslandprinzips auf das durch die Rom VO berufene Recht sicherstellen.[110] Der EuGH hat hier jetzt hierfür dem Grunde nach für Klärung gesorgt (→ Rn. 21).

VI. Die Ausnahmetatbestände (Abs. 3–5)

Alle Ausnahmetatbestände sind abschließend aufgezählt. Der deutsche Gesetzgeber hat alle von der ECRL zugelassenen Ausnahmen lediglich mit redaktionellen Bearbeitungen versehen und zum großen Teil in § 3 Abs. 3–5 umgesetzt; daher kommt gerade hier der richtlinienkonformen Auslegung besondere Bedeutung zu. 35

1. Kollisionsrechtliche Qualifikation und Ausnahme vom Herkunftslandprinzip

Während das Kollisionsrecht seine Tatbestände eigenständig und unabhängig von den Systembegriffen des materiellen Rechts qualifiziert,[111] kann diese Qualifikation nicht für das Herkunftslandprinzip und seine Ausnahmen übernommen werden. Vielmehr muss hier der in Rede stehende Anspruch bzw. Tatbestand ohne Rücksicht auf die kollisionsrechtliche Qualifikation unter die Ausnahmetatbestände des § 3 subsumiert werden. 36

2. Auslegung der Ausnahme

Die Auslegung der Ausnahmetatbestände muss im Lichte des Zieles der ECRL gem. Art. 1 Abs. 1 erfolgen, um eine weitgehende Integration des Binnenmarktes zu erreichen. Demgemäß können die Ausnahmetatbestände grundsätzlich nicht extensiv ausgelegt oder teleologisch reduziert werden (→ Rn. 10).[112] Handelt es sich um vorgelagerte Handlungen, die eine hinreichende Sachnähe zu einer Ausnahmebestimmung aufweisen oder akzessorisch sind, können diese ebenfalls von der Ausnahme erfasst werden.[113] Dazu gehören allerdings nicht Dienste, die selbständigen Charakter aufweisen, wie etwa die Werbung für ein ausländisches Glücksspiel.[114] 37

Rom II und Art. 40–42 EGBGB Rn. 6; krit. noch zu Art. 23 Abs. 2 des Kommissionsvorschlags KOM(2003) 427 endg. v. 22.7.2003; s. *Hein,* ZVglRWiss 102 (2003), 528, 560; Hamburg Group for Private International Law, RabelsZ 67 (2003), 1, 54f.; *Höder,* Die kollisionsrechtliche Behandlung unteilbarer Multistate-Verstöße, S. 194.

[108] S. dazu ausf. MüKoBGB/*Junker,* Rom II VO (EG) Nr. 864/2007, Art. 27 Rn. 5; Spindler/Schuster/*Nordmeier,* Vorb. Rom II und Art. 40–42 EGBGB Rn. 6.

[109] *Benecke,* RIW 2003, 830, 836f.; *Hein,* ZVglRWiss 102 (2003), 528, 562; Hamburg Group for private international Law, RabelsZ 67 (2003), 1, 11f.

[110] Zur Entstehungsgeschichte näher MüKoBGB/*Junker,* Rom II VO (EG) Nr. 864/2007, Art. 27 Rn. 4f.

[111] MüKoBGB/*v. Hein,* Einl. IPR, Rn. 108ff.; *Kegel/Schurig,* Internationales Privatrecht, S. 343ff.; *Kropholler,* Internationales Privatrecht, S. 124f.; *Siehr,* Internationales Privatrecht, S. 432ff.

[112] jurisPK-Internetrecht/*Heckmann,* Kap. 1 Rn. 191.

[113] Spindler/Schuster/*Nordmeier,* § 3 TMG Rn. 5; jurisPK-Internetrecht/*Heckmann,* Kap. 1 Rn. 192.

[114] S. auch OLG Hamburg, NJW-RR 2003, 760, 761 für Werbebanner (dann allerdings müsste die Webseite nach allen Bestandteilen unterschiedlich behandelt werden, wogegen erhebliche Zweifel bestehen).

3. Generelle Ausnahmen (Abs. 4)

38 **a) Rechtsgebietsbezogene Ausnahmen. aa) Freiheit der Rechtswahl und vertraglicher Verbraucherschutz (Abs. 3 Nr. 2).** Die Freiheit der Rechtswahl sowie der vertragliche Verbraucherschutz werden gänzlich aus dem Anwendungsbereich des Herkunftslandprinzips herausgenommen. Der Verbraucherschutz ist durch andere Richtlinien angeglichen worden.[115] Hinzu kommt, dass der internationale Verbraucherschutz kollisionsrechtlichen Gesichtspunkten folgt, die häufig zum Bestimmungsland führen.[116] Alle anderen verbraucherschützenden Vorschriften können nur im Schutzklauselverfahren geltend gemacht werden.[117] Es bleibt insoweit bei der Maßgeblichkeit der allgemeinen kollisionsrechtlichen Vorschriften. Das anwendbare Recht ist in grenzüberschreitenden Fällen insbesondere nach Art. 6 Rom I-VO, Art. 46b EGBGB zu bestimmen.[118] Unberührt davon bleibt die objektive Anknüpfung des Vertragsrechts außerhalb des Verbraucherschutzrechts, die dem Herkunftslandprinzip unterfällt (→ Rn. 72). Offen ist, wie Normen behandelt werden, die nicht spezifische Verbraucherschutzvorschriften sind **(neutrale Normen)**, zB die Prospekthaftung beim Anlegerschutz[119] oder § 138 BGB sowie die culpa in contrahendo (§ 311 Abs. 2 BGB). Was § 3 Abs. 3 Nr. 2 bzw. die ECRL unter vertraglichem Verbraucherschutz versteht, muss richtlinienkonform aus dem Anhang zu Art. 3 ECRL heraus bestimmt werden; eine an das deutsche Recht (§§ 13, 14 BGB) angelehnte Qualifikation kann hier wegen der richtlinienkonformen Auslegung nicht herangezogen werden. Erwägungsgrund Nr. 11 ECRL zählt zunächst die unberührten EU-Rechtsakte auf, die dem Verbraucherschutz dienen; diese zeichnen sich dadurch aus, dass ihre Anwendung von der Beteiligung eines Verbrauchers abhängig ist. Auch der deutsche Gesetzgeber geht davon aus, dass nur bei spezifisch an Verbraucher gerichteten Gesetzen die Ausnahme eingreift, mithin die culpa in contrahendo oder andere nur allgemeine vertragsrechtliche Normen nicht der Ausnahme unterfallen.[120]

39 Der Anhang zu Art. 3 ECRL kann aber auch dahingehend verstanden werden, dass lediglich überhaupt ein Verbrauchervertrag vorliegen muss – also unter Beteiligung eines Verbrauchers –, ohne dass die zur Anwendung kommende Norm spezifisch verbraucherschützend sein müsste. Im Gegensatz zu den ursprünglichen Fassungen der ECRL, die nur vertragliche Pflichten erfassten,[121] ist in der endgültigen Fassung der Begriff auf die vertraglichen Schuldverhältnisse erweitert worden, so dass ein umfassenderer Terminus verwandt wurde. Damit sind aber **auch alle „neutralen" Vorschriften** erfasst,[122] die überhaupt für einen Verbrauchervertrag eingreifen

---

[115] MüKoBGB/*Martiny*, § 3 TMG Rn. 43 verweist in diesem Zusammenhang auf Art. 46b EGBGB.
[116] *Loacker*, Der Verbrauchervertrag im internationalen Privatrecht, S. 159 f.; vgl. *Mankowski*, ZVglRWiss 100 (2001), 137, 155.
[117] *Mankowski*, ZVglRWiss 100 (2001), 137, 170; *Gierschmann*, DB 2000, 1315, 1317.
[118] MüKoBGB/*Martiny*, § 3 TMG Rn. 43 mwN; vgl. noch zu Art. 29, 29a EGBGB aF *Spindler*, ZUM 1999, 775; *ders.*, IPRax 2001, 403.
[119] Ausführlicher *Spindler*, ZHR 165 (2001), 324, 349 ff.
[120] Begr. RegE BT-Drs. 14/6098, S. 18; Begr. MDStV Nds. LT-Drs. 14/3360, S. 39; ebenso *Ruess*, Die E-Commerce-Richtlinie und das deutsche Wettbewerbsrecht, S. 49 f.; MüKoBGB/*Martiny*, § 3 TMG Rn. 45; aA Stellungnahme *Bundesrat*, BT-Drs. 14/6098, S. 33.
[121] Krit. bereits Stellungnahme des Wirtschafts- und Sozialausschusses zum Richtlinienvorschlag, ABl. Nr. C 169/36, Tz. 4.16.2; ähnlich *Waldenberger*, EuZW 1999, 296, 300 f.
[122] Wie hier grundsätzlich Spindler/Schuster/*Nordmeier*, § 3 TMG Rn. 13; BeckOK InfoMedienR/*Weller*, § 3 TMG Rn. 18; *Grundmann*, RabelsZ 2003, 246, 281.

Herkunftslandprinzip **§ 3 TMG**

können, also auch diejenigen, die mittelbar einen Verbraucher schützen, zB § 138 BGB[123] oder die culpa in contrahendo.[124]

Schließlich gehören zu den nationalstaatlichen Vorschriften, die dem vertraglichen **40** Verbraucherschutz zuzurechnen sind, **auch die kollisionsrechtlichen Normen,** insbesondere Art. 6 Rom I-VO (bzw. Art. 29 EGBGB aF für Verträge, die vor dem 17.12.2009 abgeschlossen wurden, Art. 28 Rom I-VO). Dieser stellt aber allein darauf ab, ob ein Verbraucher Vertragspartner ist, er bezieht sich nicht darauf, dass ein Gesetz explizit verbraucherschützend ist. Unter solchen Vorschriften können aber auch – nach allerdings umstrittener Auffassung[125] – alle Vorschriften verstanden werden, die den schwächeren Vertragsteil schützen.[126] Über diesen Umweg kann je nach kollisionsrechtlicher Qualifikation die Ausnahme vom Herkunftslandprinzip eingreifen, allerdings mit den von Art. 6 Rom I-VO vorgesehenen Einschränkungen.[127] Hierfür spräche auch der Gleichklang mit anderen europäischen Akten wie Art. 5 EVÜ, auf dem schon Art. 29 EGBGB aF beruhte.[128]

bb) Kartellrecht (Abs. 4 Nr. 8). Auch kartellrechtlich relevante Vereinbarungen **41** bleiben vom Herkunftslandprinzip unberührt. Trotz des missverständlichen Wortlauts werden nicht nur Vereinbarungen, sondern auch Verhaltensweisen erfasst, da über den Anwendungsbereich des Kartellrechts nicht das Herkunftslandprinzip entscheiden soll. Auch kann sich die Ausnahme nicht auf alle Rechtsfragen beziehen, die eine kartellrechtlich relevante Vereinbarung betreffen (zB Wettbewerbsverbotsklauseln). Nur die Frage der Zulässigkeit entsprechender Vereinbarungen ist dem nationalen Kartellrecht unterstellt, nicht dagegen die mit der Kartellvereinbarung verbundenen zivilrechtlichen (Vor-)Fragen. Daraus kann sich allerdings eine Spaltung ergeben, indem sich etwa die Kartellrechtswidrigkeit einer Wettbewerbsverbotsklausel allein nach nationalem (bzw. europäischem) Kartellrecht beurteilt, die bürgerlich-rechtlich zu beurteilende Sittenwidrigkeit der Klausel dagegen nach dem Herkunftslandprinzip.[129]

Die Anwendbarkeit des GWB auf Sachverhalte mit internationalen Bezügen er- **42** gibt sich aus § 185 Abs. 2 GWB. Davon ausgenommen ist seit Inkrafttreten von Art. 6 Abs. 3 lit. a Rom II-VO das Kartellprivatrecht.[130] Die Kollisionsnorm des § 185 Abs. 2 GWB (§ 130 Abs. 2 GWB aF) erfasst nicht nur die Verbotsnormen des GWB,[131] sondern auch den § 33 GWB.[132] Unterfällt aber § 33 GWB den besonderen

---

[123] Ebenso *Grundmann*, RabelsZ 2003, 246, 281.

[124] Stellungnahme *Bundesrat*, BT-Drs. 14/6098, S. 33; *Nickels,* CR 2002, 302, 304; MüKoBGB/*Martiny*, § 3 TMG Rn. 45.

[125] Einschränkend *Schwarz,* Schutzkollisionen im internationalen Verbraucherschutz, S. 174 f., aufgrund teleologischer Auslegung nur „Normen mit konkret verbraucherschützender Tendenz"; wohl auch Erman/*Hohloch*, 12. Aufl. 2008, Art. 29 EGBGB Rn. 17.

[126] Reithmann/Martiny/*Martiny*, Rn. 739 f.; *v. Bar*, Internationales Privatrecht, Bd. II, Rn. 440 ff.; *Droste*, Der Begriff der zwingenden Bestimmung in den Art. 27 ff. EGBGB, S. 213; *Mäsch,* Rechtswahlfreiheit und Verbraucherschutz, S. 48 ff.

[127] Stellungnahme *Bundesrat*, BT-Drs., 14/6098, S. 32 f.

[128] *Naskret,* Das Verhältnis zwischen Herkunftslandprinzip und internationalem Privatrecht in der Richtlinie zum elektronischen Geschäftsverkehr, S. 32 f.

[129] *Naskret,* Das Verhältnis zwischen Herkunftslandprinzip und internationalem Privatrecht in der Richtlinie zum elektronischen Geschäftsverkehr, S. 28 f.; BeckOK InfoMedienR/*Weller*, § 3 TMG Rn. 28.

[130] Noch in Bezug auf § 130 Abs. 2 GWB aF MüKoBGB/*Immenga*, § 130 Abs. 2 GWB Rn. 2; ähnlich auch Immenga/Mestmäcker/*Rehbinder*, § 130 Abs. 2 GWB Rn. 291.

[131] Immenga/Mestmäcker/*Rehbinder*, § 130 Abs. 2 GWB Rn. 287; Langen/Bunte/*Stadler*, Bd. 1, § 130 GWB Rn. 106.

[132] Immenga/Mestmäcker/*Rehbinder*, § 130 Abs. 2 GWB Rn. 293; Langen/Bunte/*Stadler*, Bd. 1, § 130 GWB Rn. 106.

Kollisionsregeln im Kartellrecht, so muss dies auch bei § 3 Beachtung finden, so dass das Herkunftslandprinzip nicht für den zivilrechtlichen, auf Kartellverstöße gestützten Anspruch gilt; hier greift vielmehr jetzt Art. 6 Abs. 3 Rom II-VO ein.[133] Andernfalls träte ein Wertungswiderspruch ein, wenn der Richtliniengeber einerseits den Aufsichtsbehörden eines Mitgliedstaates die Anwendung ihres nationalen Kartellrechts nach ihren kollisionsrechtlichen Regelungen gestatten, andererseits aber einen zivilrechtlichen Anspruch dem Recht des Herkunftslandes unterstellen würde.

43 **cc) Immaterialgüterrecht (Urheberrecht etc.) (Abs. 4 Nr. 6).** Der Anhang zu Art. 3 der Richtlinie bzw. § 3 Abs. 4 Nr. 6 nimmt ferner das Urheberrecht, verwandte Schutzrechte und gewerbliche Schutzrechte vom Herkunftslandprinzip aus.[134] Damit bleibt es für die meisten Mitgliedstaaten beim Schutzlandprinzip, so dass sich urheberrechtsrelevante Handlungen allein nach dem Recht desjenigen Landes richten, in dem das Recht verletzt wurde.[135]

44 Der Katalog der Schutzrechte umfasst neben dem Urheberrecht insbesondere das Patentrecht, das Markenrecht einschließlich geografischer Herkunftsangaben[136] und das Geschmacks- und Gebrauchsmusterrecht. Der BGH hat angedeutet, dass der Begriff der „gewerblichen Schutzrechte" in Art. 3 Abs. 3 iVm dem Anhang, erster Spiegelstrich bzw. § 3 Abs. 4 Nr. 6 inhaltlich identisch ist mit dem Begriff des „gewerblichen und kommerziellen Eigentums" in Art. 36 AEUV (ex-Art. 30 EGV).[137] Somit ließe sich auf die Auslegung des Begriffs in Art. 36 AEUV durch den EuGH verweisen.[138] § 3 Abs. 4 Nr. 6 ist nicht abschließend, sondern erfasst alle den genannten Rechten vergleichbaren gewerblichen Schutzrechte. Auch Domain-Namen und das Recht ihrer Verwendung bzw. Verletzung sind demgemäß dem Herkunftslandprinzip entzogen, sofern ihnen Markenverletzungen zugrunde liegen.[139] Die Ausnahme ist auch auf Namensrechtsverletzungen zu erstrecken, die gerade bei Domain-Streitigkeiten[140] eine erhebliche und den Immaterialgüterrechten vergleichbare Rolle spielen.[141]

---

[133] Wie hier BeckOK InfoMedienR/*Weller*, § 3 TMG Rn. 28; so auch Spindler/Schuster/*Nordmeier*, § 3 TMG Rn. 21.

[134] Krit. dazu *Hoeren*, MMR 1999, 192, 196; *Lurger/Vallant*, RIW 2002, 188, 189f.

[135] BVerfGE 81, 208 = NJW 1990, 2189; BGHZ 136, 380, 385f., 389f. = GRUR 1999, 152 – Spielbankaffaire; BGHZ 126, 252, 255 = GRUR 1994, 798 – Folgerecht bei Auslandsbezug; BGHZ 118, 394, 397f. = GRUR 1992, 697 – ALF; BGH, GRUR 2007, 691, 692 – Staatsgeschenk; Schricker/Loewenheim/*Katzenberger/Metzger*, Vor §§ 120ff. UrhG Rn. 118ff.; Dreier/Schulze/*Dreier*, Vor §§ 120ff. UrhG Rn. 28, 30; *Katzenberger* in: FS Schricker (2005), S. 225, 238ff.; *Spindler*, IPRax 2003, 412, 415; krit. *Intveen*, Internationales Urheberrecht und Internet, passim; *Schack*, Urheber- und Urhebervertragsrecht, Rn. 1023f.

[136] OLG München, MMR 2004, 172, 173; aA offenbar *Bernreuther*, WRP 2001, 384, 390; zur Gleichstellung geografischer Herkunftsangaben mit dem Markenschutz s. *Dickertmann*, WRP 2003, 1082, 1083ff.

[137] BGH, MMR 2007, 104, 105 – „Pietra di Soln", tendenziell bejaht, aber iE offengelassen.

[138] S. dazu Grabitz/Hilf/Nettesheim/*Leible/T. Streinz*, 60. EL 2016, Art. 36 AEUV Rn. 33f. mwN; der EuGH hat dazu das Patentrecht, das Geschmacks- und Gebrauchsmusterrecht, das Markenrecht, das Urheberrecht, das Sortenschutzrecht sowie nicht eingetragene Marken (Ausstattungsrecht) gezählt, wenn auch nicht ganz einheitlich; s. dazu Calliess/Ruffert/*Kingreen*, Art. 36 AEUV Rn. 207.

[139] *Ahrens*, CR 2000, 835, 839; näher *Spindler*, RabelsZ 66 (2002), 633, 671; jurisPK-Internetrecht/*Heckmann*, Kap. 1 Rn. 203.

[140] BGH, NJW 2002, 2031 – „shell.de"; BGH, NJW 2002, 2096 – „vossius.de"; BGH, NJW 2003, 2978 – „maxem.de"; Überblick bei *Hoffmann*, NJW-Beil. 14/2001, 1, 14; *Ernst*, MMR 2001, 368 mwN.

[141] Spindler/Schuster/*Nordmeier*, § 3 TMG Rn. 20; offen gelassen von BeckOK InfoMedienR/*Weller*, § 3 TMG Rn. 26.

Herkunftslandprinzip § 3 TMG

dd) Versicherungsrecht (Abs. 4 Nr. 9). Auch das Versicherungsrecht wird von 45 der E-Commerce-Richtlinie weitgehend aus dem Anwendungsbereich des Herkunftslandprinzips herausgenommen (Anhang zu Art. 3). Der deutsche Gesetzgeber setzt auch in § 3 Abs. 4 Nr. 9 diese Ausnahme um, indem die international relevanten Bestimmungen des VAG[142] ausgeklammert werden.[143]

ee) Datenschutzrecht (Abs. 3 Nr. 4). Generell ausgenommen vom Herkunfts- 46 landprinzip ist zudem das gesamte Datenschutzrecht, insbesondere die Datenschutz-Grundverordnung.[144] Diese führt nunmehr neben dem Niederlassungsprinzip das Marktortprinzip, Art. 3 Abs. 2 DS-GVO, ein.

b) Bereichsausnahmen. aa) Keine Verteildienste (Abs. 4 Nr. 5). Das Her- 47 kunftslandprinzip gilt nicht für Verteildienste iSv § 2 Nr. 4. Denn die ECRL erfasst nur Dienste, die auf Abruf zur Verfügung gestellt werden.[145]

bb) Unerbetene kommerzielle Kommunikation (E-Mail-Werbung, 48 **Spam) (Abs. 4 Nr. 3).** Auch unerbetene kommerzielle Kommunikation durch elektronische Post unterliegt nicht dem Herkunftslandprinzip. Darunter ist im Wesentlichen die Versandform der E-Mail zu verstehen, aber auch andere individuelle Kommunikation, sofern sie nicht (wie der Chat) in Echtzeit stattfindet. Demnach kann die nationale Rechtsordnung des Empfangsstaates strengere Vorschriften als die im Herkunftsland des Versenders von E-Mail-Nachrichten vorsehen. Da auch für E-Mail-Werbung das Marktortprinzip des unlauteren Wettbewerbs gilt,[146] kann hier grundsätzlich das deutsche Recht, sofern es das Marktortrecht ist, Anwendung finden.

Unerbetene Fax- oder SMS-Sendungen von kommerziellen Anbietern unter- 49 fallen darüber hinaus grundsätzlich § 3 Abs. 1, 2: Zwar findet die ECRL selbst keine Anwendung auf diese Form der kommerziellen Kommunikation, doch ist aufgrund der weit gefassten Definitionen in § 1 Abs. 1 S. 1 der Telemedienbegriff auch auf solche Werbungen auszudehnen (→ § 1 Rn. 16). Da schließlich § 3 Abs. 4 Nr. 3 ausschließlich die elektronische Post vom Herkunftslandprinzip ausnimmt, sind die genannten Sendeformen ohne weiteres vom Herkunftslandprinzip erfasst.[147]

---

[142] Gesetz über die Beaufsichtigung der Versicherungsunternehmen (Versicherungsaufsichtsgesetz – VAG) idF der Bek. v. 17.12.1992 (BGBl. 1993 I S. 2), zuletzt geändert durch Art. 16 des Gesetzes vom 5.12.2012 (BGBl. I S. 2418).
[143] Begr. RegE BT-Drs. 14/6098, S. 19; ausführlich zur Problematik Hoeren/*Spindler,* Versicherungsrecht und Internet, S. 204 ff. mwN; *Spindler,* RabelsZ 66 (2002), 633, 688 f.
[144] Verordnung (EU) 2016/679 des Europäischen Parlaments und des Rates vom 27. April 2016 zum Schutz natürlicher Personen bei der Verarbeitung personenbezogener Daten, zum freien Datenverkehr und zur Aufhebung der Richtlinie 95/46/EG (Datenschutz-Grundverordnung), ABl. Nr. L 119 v. 4.5.2016, S. 1; Richtlinie 97/66/EG des Europäischen Parlaments und des Rates v. 15.12.1997 über die Verarbeitung personenbezogener Daten und den Schutz der Privatsphäre im Bereich der Telekommunikation, ABl. Nr. L 24 v. 30.1.1998, S. 1; Richtlinie 2002/58/EG des Europäischen Parlaments und des Rates v. 12.7.2002 über die Verarbeitung personenbezogener Daten und den Schutz der Privatsphäre in der elektronischen Kommunikation, ABl. Nr. L 201 v. 31.7.2002, S. 37; ausführlich dazu *Leistner/Pothmann,* WRP 2003, 815, 821 ff.
[145] → § 1 Rn. 16; *Ruess,* Die E-Commerce-Richtlinie und das deutsche Wettbewerbsrecht, S. 32 f.; BeckOK InfoMedienR/*Weller,* § 3 TMG Rn. 25; jurisPK-Internetrecht/*Heckmann,* Kap. 1 Rn. 202.
[146] *Vehslage,* DuD 1999, 22, 26; *Dethloff,* NJW 1998, 1596, 1601; *Spindler/Schmittmann,* MMR-Beil. 8/2001, 10 ff.
[147] Dem folgend jurisPK-Internetrecht/*Heckmann,* Kap. 1 Rn. 200.

50 Das Herkunftslandprinzip findet indes **keine Anwendung auf nicht-kommerzielle Aktivitäten,** etwa unverlangt zugesandte E-Mails von religiösen Fanatikern oder Parteien etc. Hier bleibt es beim jeweiligen Kollisionsrecht, insbesondere dem Internationalen Deliktsrecht.

51 **cc) Notare und andere hoheitlich tätige Berufe (Abs. 4 Nr. 1).** § 3 Abs. 4 Nr. 1 nimmt in Übereinstimmung mit Art. 1 Abs. 5 lit. d ECRL Notare und andere Berufsangehörige, die eine hoheitliche Tätigkeit ausüben, etwa Vermessungsingenieure,[148] vom Herkunftslandprinzip aus. Dies gilt allerdings nur, soweit es um einen Sachverhalt geht, der in unmittelbarem Zusammenhang mit ihrer Funktion steht.[149] Erfasst werden von der Ausnahme auch (Amts-)Haftungsansprüche,[150] nicht aber Delikte oder Verträge außerhalb der eigentlich hoheitlichen Tätigkeit.

52 **dd) Vertretung von Mandanten und Verteidigung vor Gericht (Abs. 4 Nr. 2).** Ferner werden die Vertretung von Mandanten und die Verteidigung ihrer Interessen vor Gericht vom Anwendungsbereich des Herkunftslandprinzips generell ausgenommen, nicht dagegen die außergerichtliche anwaltliche Beratung per Internet (nicht: Telefon!) oder die Interessenvertretung.[151] Ferner resultiert aus der Beschränkung dieser (generellen) Ausnahme die Anwendung des Herkunftslandprinzips auf alle sonstigen mit der anwaltlichen Berufsausübung verbundenen Fragen, insbesondere der wettbewerbs- und standesrechtlichen Zulässigkeit etwa von Werbeaussagen auf Internetseiten von Anwälten.

53 **ee) Glücksspiele und Lotterien (Abs. 4 Nr. 4).** Auch Gewinnspiele, Lotterien etc. mit Geldeinsatz werden im Gegensatz zu Geschicklichkeitsspielen[152] aus dem Anwendungsbereich des Herkunftslandprinzips ausgeklammert, so dass mitgliedstaatliche (meist strafrechtliche) Verbote oder Genehmigungserfordernisse für derartige Gewinnspiele nach § 3 Abs. 4 Nr. 4 nicht ausgeschlossen sind.[153] Die in der Praxis häufig vorzufindenden Online-Casinos und Glücksspiele im Ausland unterfallen daher bei Anwendbarkeit deutschen Rechts grundsätzlich den deutschen Bestimmungen.[154] Ausländische Glücksspielangebote, die § 284 StGB unterfallen,[155] können nach deutschem Strafrecht beurteilt werden, wenn sie auf deutsche Kunden ausgerichtet sind, zB bei Verwendung der deutschen Sprache.[156] Dies schließt allerdings nicht aus, dass die nationalen Strafbestimmungen am primären Gemeinschaftsrecht gemessen werden müssen. Nach einem Grundsatzurteil des EuGH stellen derartige

---

[148] Begr. RegE BT-Drs. 14/6098, S. 19.

[149] *Tettenborn/Bender/Lübben/Karenfort,* K&R-Beil. 12/2001, 11.

[150] Wie hier BeckOK InfoMedienR/*Weller,* § 3 TMG Rn. 21; jurisPK-Internetrecht/*Heckmann,* Kap. 1 Rn. 198.

[151] Begr. RegE BT-Drs. 14/6098, S. 19; wie hier BeckOK InfoMedienR/*Weller,* § 3 TMG Rn. 22; jurisPK-Internetrecht/*Heckmann,* Kap. 1 Rn. 199.

[152] Zum Glücksspielbegriff in Abgrenzung zum Geschicklichkeitsspiel Streinz/Liesching/Hambach/*Bolay,* § 3 TMG Rn. 28 ff.

[153] BGHZ 158, 343 = GRUR 2004, 693 – Schöner Wetten; OLG Hamburg, NJW-RR 2003, 760, 761.

[154] BGHZ 158, 343 = GRUR 2004, 693 – Schöner Wetten; OLG Hamburg, NJW-RR 2003, 760, 761; näher *Stögmüller,* K&R 2002, 27 ff.; *Dietlein/Woesler,* K&R 2003, 458 ff., dort auch zur kollisionsrechtlichen Problematik; *Fritzemeyer/Rinderle,* CR 2003, 599 ff.; OLG Hamburg, MMR 2000, 92 mAnm *Spindler,* MMR 2000, 279 ff.

[155] *Klam,* Die rechtliche Problematik von Glücksspielen im Internet, S. 34 ff.

[156] BGH, NJW 2002, 2175 f. – Sportwetten II; OLG Hamburg, CR 2000, 385; OLG Hamburg, CR 2003, 56; OLG Hamburg, MMR 2002, 471; *Fritzemeyer/Rinderle,* CR 2003, 599, 601; aA *Klengel/Heckler,* CR 2001, 243, 248 f.; ebenso iE *Klam,* Die rechtliche Problematik von Glücksspielen im Internet, S. 72; *Dietlein/Woesler,* K&R 2003, 458, 462.

Verbote gerade für ausländische Internetwettangebote und Werbung im Inland eine Beschränkung der Niederlassungsfreiheit und des freien Dienstleistungsverkehrs nach Art. 49, 56 AEUV dar, wenn im Herkunftsland eine behördliche Genehmigung vorliegt. Sie bedürfen daher entsprechender Rechtfertigungsgründe, wozu nicht fiskalische Interessen des Mitgliedstaates gehören.[157] Allerdings verstehen Richtlinien- und Gesetzgeber unter dem Begriff der Glücksspiele **nicht Gewinnspiele, die der Absatzförderung von Waren dienen.**[158] Mit dem erzielten Preis müssen Dienstleistungen oder Waren gleichzeitig erworben oder beworben werden. Nur wenn der Kunde selbst ein Vermögensopfer erbringt, liegt ein Glücksspiel nach § 3 Abs. 4 Nr. 4 vor.

ff) Elektronisches Geld (Abs. 4 Nr. 7). Dem Aufsichtsrecht und dem dort üblichen Herkunftslandprinzip ist wiederum die Ausnahme zuzuordnen, die die Ausgabe elektronischen Geldes betrifft. In den entsprechenden Richtlinien ist bereits ein Herkunftslandprinzip verankert.[159] Aber auch hier werden mit der Ausnahme nicht die zivilrechtlichen Aspekte angesprochen, da die Richtlinie über die Ausgabe elektronischen Geldes nur aufsichtsrechtliche Fragen regelt. 54

4. Einzelfallbezogene Durchbrechungen des Herkunftslandprinzips (Abs. 5)

a) Überblick. Neben den generellen Ausnahmen der § 3 Abs. 3, 4 sieht § 3 Abs. 5 in Umsetzung der Art. 3 Abs. 4–6 ECRL eine Art Schutzklauselverfahren für Einzelfälle in bestimmten Bereichen vor, insbesondere zum Schutz der öffentlichen Ordnung und zum Schutz der Verbraucher und Anleger. Diese Ausnahmen stehen allerdings unter dem Vorbehalt der Prüfung der Kommission auf ihre Verhältnismäßigkeit.[160] Umgekehrt bedeutet dies, dass eine unter diese Bestimmungen fallende Rechtsnorm zwangsläufig dem Herkunftslandprinzip unterfällt, solange sie für den betreffenden Einzelfall nicht vom Mitgliedstaat der Kommission als beizubehaltendes Schutzgut mitgeteilt wurde. 55

Stets muss es sich jedoch um eine auf den einzelnen Fall bezogene **Interessenabwägung** handeln, bei der im Rahmen der Prüfung der Verhältnismäßigkeit die Geeignetheit der Maßnahmen, der Grundsatz des mildesten Mittels sowie vergleichbare Maßnahmen in anderen Mitgliedstaaten zu berücksichtigen sind.[161] Eine generell auf Normen bezogene Interessenabwägung vermag den Anforderungen des § 3 Abs. 5 nicht zu genügen.[162] Insbesondere kann nicht etwa aus dem Umstand, dass der inländische Gesetzgeber bestimmte Sachverhalte unter Strafe gestellt hat, gefolgert wer- 56

---

[157] EuGH, DöV 2016, 305 ff. – Laezza; EuGH, GRUR Int. 2016, 365, 372 ff. – Ince; EuGH, EuZW 2014, 628, 629 f.; EuGH, Slg. 2010, I-4695, Rn. 26 ff. = MMR 2010, 850; EuGH, Slg. 2010, I-8149, Rn. 45 f. = MMR 2010, 840; EuGH, Slg. 2009, I-7633, Rn. 56 ff. = NJW 2009, 3221; EuGH, Slg. 2003, I-13031, Rn. 65 ff. = MMR 2004, 92 – Gambelli; *Spindler,* GRUR 2004, 724, 726; *Pischel,* GRUR 2006, 630, 633 f.
[158] Erwägungsgrund Nr. 16 ECRL; Begr. RegE BT-Drs. 14/6098, S. 19.
[159] 2000/46/EG – ABl. EG Nr. L 275, S. 39; 2000/12/EG – ABl. EG Nr. L 126, S. 1; *Gramlich,* CR 2000, 199 f.; *W. Meyer,* WM 2000, 2120.
[160] Ausführlich dazu *EU-Kommission,* KOM(2003) 259 endg. v. 14.5.2003.
[161] EU-Kommission, KOM(2003) 259 endg. v. 14.5.2003, 2.2.4.; Spindler/Schuster/*Nordmeier,* § 3 TMG Rn. 22; jurisPK-Internetrecht/*Heckmann,* Kap. 1 Rn. 215 ff.
[162] Anders offenbar BGHZ 167, 91, 101 f. = GRUR 2006, 513, 515 f. – Arzneimittelwerbung im Internet: Heilmittelwerbeverbot fällt generell unter die Ausnahme (Rn. 30), wenn die einschlägige EU-Richtlinie (hier zu Werbung über Humanarzneimittel) keine Einzelfallprüfung vorsieht; ähnlich OLG Hamburg, MMR 2010, 185 – Gratis-SMS für wettbewerbsrechtliches Verbot der Irreführung von Verbrauchern.

den, dass auch in dem besonderen Fall von vornherein die Interessenabwägung zu Lasten des (ausländischen) Diensteanbieters ausfällt.[163]

57 Das Verfahren nach § 3 Abs. 5 spiegelt die in der **Rechtsprechung des EuGH** anerkannten Durchbrechungen der Grundfreiheiten des Binnenmarktes wider.[164] Auf diese Rechtsprechung des EuGH zu den zulässigen Einschränkungen des freien Waren- und Dienstleistungsverkehrs und den dort entwickelten Fallgruppen kann daher grundsätzlich im Sinne von Anhaltspunkten zurückgegriffen werden.[165] Allerdings werden anders als nach der Keck-Rechtsprechung des EuGH die nicht produktbezogene Werbung bzw. die Verkaufsmodalitäten in vollem Umfang in die Prüfung einbezogen. Auch können nationale Beschränkungen, wie etwa ein Werbeverbot für bestimmte gesundheitsschädliche Produkte, die nach Art. 34, 36 AEUV bzw. Art. 52, 62 AEUV aus Gründen des Gesundheitsschutzes gerechtfertigt sein mögen,[166] unter Berücksichtigung des Herkunftslandprinzips nicht mehr angemessen erscheinen; die Verhältnismäßigkeitsprüfung steht hier von vornherein stärker im Lichte des freien Dienstleistungsverkehrs als im primären Gemeinschaftsrecht. Ebenso wenig kommen Gründe des Allgemeinwohls, wie zB der Schutz des guten Rufs des Kapital- bzw. Finanzmarktes, als Rechtfertigungsgründe in Betracht.[167]

58 Stets muss es sich um **ernsthafte und schwerwiegende Beeinträchtigungen** der benannten Schutzziele handeln, die **konkret drohen** oder eingetreten sind. Unbedeutende oder latente Gefahren rechtfertigen einen Eingriff nicht.[168]

59 **b) Schutzbereich. Öffentliche Sicherheit und Ordnung.** Der Schutz der öffentlichen Sicherheit und Ordnung, § 3 Abs. 5 S. 1 Nr. 1, zielt in erster Linie auf den Schutz bestimmter Grundwerte des staatlichen und gesellschaftlichen Zusammenlebens ab. Dabei ist der Begriff europarechtlich nicht besonders normiert, sondern kann durch die Praxis der Mitgliedstaaten aufgefüllt werden, wobei der Rechtsprechung des EuGH zu Rechtfertigungsmöglichkeiten besondere Bedeutung zukommt. Der gesamte strafrechtliche Bereich wird ausdrücklich erfasst, ohne Beschränkung auf bestimmte Rechtsgüter. Darüber hinaus finden auch der – nicht nur straf-, sondern auch öffentlich-rechtliche – Jugendschutz Berücksichtigung sowie zahlreiche Diskriminierungs- und Verbotstatbestände, wie Rassenhetze etc. Dabei handelt es sich nicht um eine abschließende Aufzählung, so dass alle Normen und Rechtsgüter zum Schutz der öffentlichen Ordnung diesem Ausnahmetatbestand zugeordnet werden können. Allerdings ist im Rahmen der Verhältnismäßigkeitsprüfung zu beachten, dass die „insbesondere"-Aufzählung nahelegt, dass es sich um besonders

---

[163] Deutlich EU-Kommission, KOM(2003) 259 endg. v. 14.5.2003, 2.1.2.: „case-by-case basis"; anders wohl Begr. RegE BT-Drs. 14/6098, S. 19 für das Strafrecht.

[164] EuGH, Slg. 1997, I-3843 = ZUM 1997, 929 – Konsumentenombudsman/De Agostini; EuGH, Slg. 1997, I-911 = EuZW 1997, 211 – Vereinigte Familiapress Zeitungsverlags- und -vertriebs GmbH/Heinrich Bauer Verlag; EuGH, Slg. 1995, I-1141 = NJW 1995, 2541 – Alpine Investments BV/Minister van Financien; EU-Kommission, KOM(2003) 259 endg. v. 14.5.2003, 2.1.1.; *Arndt/Köhler*, EWS 2001, 102, 107; *Halfmeier*, ZeuP 2001, 837, 865; *Naskret*, Das Verhältnis zwischen Herkunftslandprinzip und internationalem Privatrecht in der Richtlinie zum elektronischen Geschäftsverkehr, S. 38.

[165] EuGH, Slg. 1993, I-6097, Rn. 13ff. = NJW 1994, 121 – Keck und Mithouard; EuGH, Slg. I 1995, 1923 Rn. 12f. = NJW 1995, 3243 – Verein gegen Unwesen im Handel und Gewerbe/Mars GmbH; EuGH, Slg. 2001, I-1795, Rn. 26ff. = EuZW 2001, 251 – Konsumentombudsmannen/Gourmet International Products AB.

[166] EuGH, Slg. I 2001, 1795 Rn. 25ff., 41f. = EuZW 2001, 251 – Konsumentombudsmannen/Gourmet International Products AB, mAnm *Leible*.

[167] EU-Kommission, KOM(2003) 259 endg. v. 14.5.2003, 2.1.1.

[168] *Sack,* WRP 2002, 271, 280; *Sack,* WRP 2001, 1408, 1422; *Tettenborn/Bender/Lübben/Karenfort,* K&R-Beil. 12/2001, 1, 12.

Herkunftslandprinzip **§ 3 TMG**

hochstehende Rechtsgüter der öffentlichen Ordnung handeln muss, die zumindest vom Unwerturteil her einem Straftatbestand entsprechen können.[169] Auf die im Primärrecht entwickelten Kriterien kann hilfsweise zurückgegriffen werden.[170]

Schutz der öffentlichen Gesundheit. § 3 Abs. 5 S. 1 Nr. 2 erwähnt darüber 60 hinaus explizit den Schutz der öffentlichen Gesundheit. Zwar ergeben sich auf den ersten Blick hin Überschneidungen mit der Ausnahme zugunsten der öffentlichen Ordnung; doch ist die besondere Erwähnung im Hinblick auf den Verhältnismäßigkeitstest gerechtfertigt.[171] Normen, die dem Schutz der öffentlichen Gesundheit dienen, etwa das Heilmittelwerbegesetz, müssen nicht den Rang von Strafnormen haben bzw. ein vergleichbares Unwerturteil rechtfertigen, um das Herkunftslandprinzip zu durchbrechen. Erfolgt etwa ein Werbeverbot in Umsetzung sekundären EU-Rechts, ohne über dieses hinauszugehen, ist dies in aller Regel durch § 3 Abs. 5 S. 1 Nr. 2 gerechtfertigt. Andernfalls würde das mit dem EU-Rechtsakt verfolgte Schutzniveau wieder abgesenkt.[172]

Verbraucher- und Anlegerschutz. Die einzelfallbezogene Ausnahme für den 61 Verbraucher- und den Anlegerschutz in § 3 Abs. 5 S. 1 Nr. 3 gilt für alle Rechtsgebiete und steht unter dem Vorbehalt der Verhältnismäßigkeitsprüfung im Hinblick auf die Einschränkung der Freiheit der Dienste der Informationsgesellschaft. Allein aus dem Umstand, dass der Verbraucher mit dem Recht eines anderen Mitgliedstaates konfrontiert wird, kann nicht die Erforderlichkeit der Durchbrechung des Herkunftslandprinzips gefolgert werden, zumal die internationale Zuständigkeit von § 3 bzw. der ECRL nicht berührt wird. Es muss sich daher um höherrangige Interessen handeln, die gegen die Interessen der Diensteanbieter abzuwägen sind, etwa ein überwiegendes Interesse bei hochrangigen Rechtsgütern wie der Unversehrtheit der Person. So soll das Gebot, die Kosten für Flugpreisen korrekt anzugeben nach der EG-VO Art. 23 Abs. 1 Satz 4 VO (EG) Nr. 1008/2008 die Anwendung des Herkunftslandprinzip durchbrechen.[173]

Hinsichtlich des **Anlegerschutzes** steht der Individualschutz im Vordergrund, da 62 Anleger mit Verbrauchern auf eine Stufe gestellt werden.[174] Erfasst werden von der Ausnahme aber nur Anleger, die verbraucherähnlich sind – unternehmerische Anleger oder juristische Personen werden nicht von § 3 Abs. 5 Nr. 3 erfasst, da sie nicht mit den Verbrauchern auf einer Stufe stehen.[175] Auch Normen, die primär dem Schutz

---

[169] Restriktiv auch *Nickels,* CR 2002, 302, 304.

[170] EU-Kommission, KOM(2003) 259 endg. v. 14.5.2003, 2.1.; für Warenverkehrsfreiheit: EuGH, Slg. 1979, 1629 = NJW 1979, 1764 – Cassis de Dijon; für Arbeitnehmerfreizügigkeit: EuGH, NJW 1975, 2165 – van Duyn/Home Office; für Niederlassungsfreiheit: EuGH, Slg. 1995, I-4165 = NJW 1996, 579 – Gebhard; EuGH, Slg. 1999, I-1459 = NJW 1999, 2027 – Centros; für die Dienstleistungsfreiheit: EuGH, NJW 1975, 1095 – van Binsbergen; EuGH, Slg. 1981, 3305 = NJW 1982, 1203 – Webb; EuGH, Slg. 1991, I-4221 = NJW 1991, 2693 – Säger/Dennemeyer; EuGH, NJW 1983, 1249 – Adoui und Cornuaille; EuGH, Slg. 2004, I-9609 = EuZW 2004, 753 – Omega; für Kapitalverkehrsfreiheit: EuGH, Slg. 2000, I-1353, 1361f. = EWS 2000, 171 – Eglise de scientologie; für Freizügigkeit: EuGH, Slg. 2008, I-5157 = EuZW 2008, 644 – Jipa; EuGH, Slg. 2004, I-5257 = EuZW 2004, 402 – Orfanopoulos; für Niederlassungsfreiheit EuGH, Slg. 2001, I-8615 = EuZW 2002, 120 – Jany.

[171] *Mand,* GRUR Int. 2005, 637, 643.

[172] BGHZ 167, 91, 101f. = GRUR 2006, 513, 515f. – Arzneimittelwerbung im Internet; krit. gegenüber dem Verweis auf die einzelfallbezogenen Ausnahmeregelungen *Ohly,* WRP 2006, 1401, 1405ff.

[173] KG, MMR 2016, 608.

[174] EU-Kommission, KOM(2003) 259 endg. v. 14.5.2003, 2.1.4.; *Tettenborn,* K&R 2000, 59, 62.

[175] EU-Kommission, KOM(2003) 259 endg. v. 14.5.2003, 2.1.4.; dem folgend jurisPK-Internetrecht/*Heckmann,* Kap. 1 Rn. 213.

TMG § 3   Herkunftslandprinzip

des Kapitalmarktes im öffentlichen Interesse dienen, unterfallen nicht der Ausnahme, sondern dem Herkunftslandprinzip.[176]

63   **Gerichtsverfahren.** Das Schutzklauselverfahren des § 3 Abs. 5 greift ferner nicht für Gerichtsverfahren.[177] Denn die (obersten) Gerichte sind schon gem. Art. 267 S. 3 AEUV verpflichtet, bei einer Frage der Auslegung europäischen Sekundärrechts den EuGH anzurufen.[178] Dies gilt erst recht für den **einstweiligen Rechtsschutz**, zumal § 3 Abs. 5 gerade dringliche Maßnahmen ermöglicht.[179] Auch nach der Rechtsprechung des EuGH bleiben die nationalen Gerichte berechtigt, einstweilige Maßnahmen zu erlassen, ohne dies dem EuGH bereits im einstweiligen Rechtsschutzverfahren vorlegen zu müssen.[180] Auch bei **strafrechtlichen Vorverfahren und Ermittlungen** besteht keine Pflicht, das Schutzklauselverfahren durchzuführen.[181]

64   Indes sind Gerichte und Strafverfolgungsbehörden lediglich verfahrensrechtlich von der Einhaltung des § 3 Abs. 5 entbunden, **materiell-rechtlich** haben sie das Herkunftslandprinzip und die Verhältnismäßigkeit zwischen den in § 3 Abs. 5 genannten Ausnahmen und den Zielen der ECRL, insbesondere der Gewährleistung des freien Dienstleistungsverkehrs, zu wahren. Eine per se Ausnahme vom Herkunftslandprinzip ergibt sich daher – selbst bei Notifizierung der jeweiligen Rechtsgebiete – nicht.

65   **c) Missbrauchs- und Umgehungsverbot.** Nicht zu vernachlässigen ist schließlich ein allgemeiner Grundsatz aus der EuGH-Rechtsprechung zum Missbrauch des Gemeinschaftsrechts, der in Erwägungsgrund Nr. 57 ECRL und damit implizit auch in § 3 seinen Niederschlag gefunden hat: Demnach darf ein Mitgliedstaat gegen einen Diensteanbieter mit Sitz in einem anderen Mitgliedstaat Maßnahmen ergreifen, wenn dessen Tätigkeit allein auf den ersten Mitgliedstaat ausgerichtet ist und die Niederlassung nur zu Umgehungszwecken gewählt wurde.[182] Indes zeigen Urteile im Rahmen der Niederlassungsfreiheit, wie restriktiv der EuGH diesen Grundsatz verstanden wissen will.[183] So stellt der Umstand, dass eine Gesellschaft in einem anderen

---

[176] Näher *Spindler*, RabelsZ 66 (2002), 633, 675f.; zust. *Naskret*, Das Verhältnis zwischen Herkunftslandprinzip und internationalem Privatrecht in der Richtlinie zum elektronischen Geschäftsverkehr, S. 39f.; *Tettenborn*, K&R 2000, 59, 62.

[177] Stellungnahme Bundesrat, BT-Drs. 14/6098, S. 33, Gegenäußerung Bundesregierung, BT-Drs. 14/6098, S. 36.

[178] Grabitz/Hilf/Nettesheim/*Karpenstein*, 60. EL 2016, Art. 267 AEUV Rn. 51f.; Calliess/Ruffert/*Wegener*, Art. 267 AEUV Rn. 26; *Jarass*, DVBl. 1995, 954, 960f.; *Oppermann/Classen/Nettesheim*, Europarecht, § 13 Rn. 68ff.

[179] *Halfmeier*, ZEuP 2001, 837, 866f.; *Naskret*, Das Verhältnis zwischen Herkunftslandprinzip und internationalem Privatrecht in der Richtlinie zum elektronischen Geschäftsverkehr, S. 43.

[180] EuGH, Slg. 1991, I-415, Rn. 17ff. = NVwZ 1991, 460 – Zuckerfabriken Süderdithmarschen; EuGH, Slg. 2000-I, 675, Rn. 69ff. = BeckEuRS 2000, 242191 – Emesa Sugar/Aruba; EuGH, Slg. 1996, I-6065, Rn. 47ff. = NJW 1997, 1225 – T.Port/Bundesanstalt für Landwirtschaft und Ernährung.

[181] Spindler/Schuster/*Nordmeier*, § 3 TMG Rn. 23.

[182] Zum Verbot des Rechtsmissbrauchs im Sinne einer Normumgehung etwa *Zimmermann*, Das Rechtsmißbrauchsverbot im Recht der Europäischen Gemeinschaften; *Ottersbach*, Rechtsmißbrauch bei den Grundfreiheiten; *Schön* in: FS Wiedemann (2002), S. 1271ff.; *Fleischer*, JZ 2003, 865ff.; *Berner*, Interdependenz von Primär- und Kollisionsrecht im europäischen Gesellschaftsrecht, S. 122ff.

[183] EuGH, DStR 2014, 784, Rn. 31; EuGH, Urt. v. 12.9.2013 – C-434/12, Rn. 35ff. – Slancheva sila EOOD; EuGH, Slg. 1999, I-1459 = NJW 1999, 2027 – Centros; EuGH, Slg. 1990, I-3351 Rn. 14 = EuZW 1990, 349; EuGH, Slg. 1979, 399 Rn. 24 = NJW 1979, 1761; s. auch Grabitz/Hilf/Nettesheim/*Forsthoff*, 60. EL 2016, Art. 45 AEUV Rn. 302; *Leible/Hoffmann*, RIW 2002, 925, 930 je mwN.

Mitgliedstaat nur gegründet wurde, um in den Genuss vorteilhafter Rechtsvorschriften zu kommen, keinen Missbrauch der Niederlassungsfreiheit dar und zwar auch dann nicht, wenn die betreffende Gesellschaft ausschließlich in dem zweiten Mitgliedstaat tätig wird.[184] Die Wahl der für eine Gesellschaft passenden und damit die Umgehung nationaler gesellschaftsrechtlicher Vorschriften ist Ausfluss der Niederlassungsfreiheit und somit per se kein Missbrauch.[185] Anderes gilt bei einer lediglich formalen Niederlassung eines Diensteanbieters in einem Mitgliedstaat ohne Ausübung von Aktivitäten (sog. Briefkastenadresse).[186] Diese rigide Sichtweise, die in der dem Missbrauch immanenten Gefahr einer Verkürzung der tatsächlichen Geltung des Gemeinschaftsrechts begründet scheint,[187] zieht auch der Annahme einer Ausnahme vom Herkunftslandprinzip im Sinne des Erwägungsgrunds Nr. 57 ECRL enge Grenzen. Dagegen hat der EuGH bislang nicht eindeutig ein allgemeines Missbrauchsverbot bei der Geltendmachung von Rechten aus Richtlinien anerkannt.[188]

66 Für die Annahme einer Umgehung genügt es nicht, dass ein Anbieter seinen Sitz in einem anderen Staat wählt und unter anderem auch auf den Empfangsstaat ausstrahlt, da gerade die Schaffung des Binnenmarktes auf die Gewährleistung entsprechender Freiheiten abzielt.[189] Dementsprechend sah der EuGH in der Agostini-Entscheidung keinen Anlass, für einen Sender in Großbritannien, der per Satellit Inhalte nach Schweden ausstrahlte, die dort unzulässig waren, auf die Frage der Umgehung einzugehen.[190] Ebenso lehnte der EFTA-Gerichtshof hinsichtlich einer in Norwegen streng verbotenen Werbung im Kinderfernsehen, das in norwegischer Sprache von Großbritannien aus ausgestrahlt wurde (das – ebenso wie die der Entscheidung zugrunde liegende Fernsehrichtlinie – diese Werbung gestattete), eine Ausnahme vom Sendelandprinzip der Richtlinie wegen Umgehung ab.[191] Andererseits ging in der TV10-Entscheidung der EuGH für einen auf die Niederlande ausstrahlenden Sender in Luxemburg von einem Rechtsmissbrauch der Wahl des Niederlassungsstaates aus.[192]

67 Allgemein wird für die Annahme einer Ausnahme vom Herkunftslandprinzip aufgrund eines Missbrauchs daher zu fordern sein, dass der Internet-Anbieter abgesehen

---

[184] EuGH, Slg. 2003, I-10155, Rn. 96 = NJW 2003, 3331 – Inspire Art; EuGH, Slg. 1999, I-1459 = NJW 1999, 2027 – Centros; s. auch *Rehberg,* ELF 2004, 1ff.; *Fleischer,* JZ 2003, 865; *Spindler/Berner,* RIW 2004, 7, 8f.
[185] *Drygala,* EuZW 2013, 569, 572; *Sandrock,* ZVglRWiss 102 (2003), 447, 462; *Berner,* Interdependenz von Primär- und Kollisionsrecht im europäischen Gesellschaftsrecht, S. 40 mwN.
[186] EuGH, Slg. 1999, I-1459 = NJW 1999, 2027 – Centros; *Grützmacher/Lindhorst,* ITRB 2005, 34; MüKoStGB/*Altenhain,* § 3 TMG Rn. 12.
[187] Dazu Grabitz/Hilf/Nettesheim/*Forsthoff,* 60. EL 2016, Art. 45 AEUV Rn. 302.
[188] EuGH, Slg. 1998, I-2843 = ZIP 1998, 1672 – Kefalas ua./. Griechenland ua; *Fleischer,* JZ 2003, 865, 871; *Schön* in: FS Wiedemann (2002), S. 1271, 1282 und 1294ff.; *Ranieri,* ZEuP 2001, 165ff. mwN; zu den Schwierigkeiten beim Missbrauchsnachweis und den Umgehungsmöglichkeiten *Mankowski,* ZVglRWiss 100 (2001), 137, 159ff.; *Bodewig,* GRUR Int. 2000, 475, 481f.
[189] EuGH, Slg. 2003, I-10155 = NJW 2003, 3331 – Inspire Art; EuGH, Slg. 1997, I-3843 = ZUM 1997, 929 – Konsumentenombudsman/De Agostini; EFTA-Gerichtshof, GRUR Int. 1996, 52, 55f., Rn. 46ff., 48 – Mattel und Lego Norde; wie hier für die ECRL bzw. § 4 TDG s. *Bodewig,* GRUR Int. 2000, 475, 482; *Mankowski,* ZVglRWiss 100 (2001), 137, 159ff.; *Naskret,* Das Verhältnis zwischen Herkunftslandprinzip und internationalem Privatrecht in der Richtlinie zum elektronischen Geschäftsverkehr, S. 49.
[190] EuGH, Slg. 1997, I-3843 = ZUM 1997, 929 – Konsumentenombudsman/De Agostini.
[191] EFTA-Gerichtshof, GRUR Int. 1996, 52, 55f., Rn. 46ff., 48 – FO./. Mattel und Lego Norde.
[192] EuGH, Slg. 1994, I-4795, Rn. 21 = GRUR Int. 1995, 147 – TV 10 SA; dazu *Klinke,* ZGR 1995, 373ff.; *Trautwein,* ZUM 1995, 324ff.

von seiner die Niederlassung begründenden Tätigkeiten keinerlei Aktivitäten in dem Niederlassungs(bzw. Herkunfts-)staat entfaltet und darüber hinaus weitere Indizien darauf schließen lassen, dass er Verboten etc. in dem Empfangsstaat ausweichen möchte (zB vorherige Verweigerung von Genehmigungen oder Einleitung von Verfahren etc.). Angesichts der jüngsten Rechtsprechungstendenzen des EuGH wird dies jedoch nur in extrem gelagerten Fällen anzunehmen sein.

VII. Reichweite des Herkunftslandprinzips in den einzelnen Rechtsgebieten

1. Öffentliches Recht

68 In der Regel wird das Öffentliche Recht vom Territorialitätsprinzip[193] beherrscht, so dass von vornherein die meisten öffentlich-rechtlichen Normen keine Anwendung auf ausländische Telemedien bzw. im Ausland ansässige Diensteanbieter finden.[194] Indes wird das Territorialitätsprinzip vor allem bei marktregelnden Normen, wie etwa im Börsen- und Kapitalmarktrecht[195] oder im Kartellrecht,[196] durch eine Anknüpfung an den Marktort durchbrochen.[197] Vor allem in diesen Bereichen wird das Herkunftslandprinzip Auswirkungen haben.

2. Strafrecht

69 Das Herkunftslandprinzip gilt auch für das Strafrecht, so dass das deutsche Internationale Strafrecht, vor allem § 9 StGB, modifiziert wird.[198] Auch hier gilt, dass § 3, im Einklang mit Art. 3 ECRL keine Kollisionsnorm, sondern ein sachrechtliches Beschränkungsverbot enthält.[199]

70 Zwar betont Erwägungsgrund Nr. 8 ECRL, dass der Bereich des Strafrechts als solcher nicht harmonisiert werde.[200] Andererseits zeigen die in Art. 3 Abs. 4 lit. a sowie lit. b bzw. § 3 Abs. 5 aufgenommenen Ausnahmen für Strafnormen und -verfahren eindeutig, dass das Strafrecht vom Herkunftslandprinzip erfasst wird.[201] Auch liegt kein Verstoß der ECRL bzw. des § 3 gegen den AEUV vor, der nach vorherrschender Auffassung der EU keine Kompetenz auf dem Gebiet des Straf-

---

[193] *Kegel/Schurig,* Internationales Privatrecht S. 1095 f. mwN.

[194] Begr. RegE BT-Drs. 14/6098, S. 18; Begr. MDStV Nds.LT-Drs. 14/3360, S. 39.

[195] *Spindler,* WM 2001, 1689 ff.; *ders.,* NZG 2000, 1058 ff.

[196] BGHZ 74, 322, 324 f. = GRUR 1979, 790 – Organische Pigmente; BGH, WM 1998, 1297, 1299 f.

[197] Ausführlich Gounalakis/*Ruthig,* Rechtshandbuch Electronic Business, § 14 Rn. 9 ff., 20 ff., 67 ff.

[198] S. zu § 9 StGB bei Internet-Sachverhalten BGH, CR 2001, 260 mAnm *Vassilaki* (näher dazu *Sieber,* NJW 1999, 2065 ff.; *Cornils,* JZ 1999, 394 ff.; *Heinrich,* GA 1999, 72 ff.; *Breuer,* MMR 1998, 141 ff.; *Hilgendorf,* ZStW 113 (2001), 650 ff.; *Lehle,* Erfolgsbegriff im Internet), inzwischen aber modifiziert bzw. aufgegeben durch BGH, NStZ 2015, 81 Rn. 8 ff. = MMR 2015, 200; BGH, ZUM-RD 2017, 198 Rn. 13 ff. = NStZ 2017, 146; zum Ganzen s. *Schwiddessen,* CR 2017, 443, 446 f. mwN; zu § 3 TMG im Strafrecht auch instruktiv auch *Handel,* MMR 2017, 227, 230.

[199] BGH, NJW 2012, 2197, 2198 f.: MüKoStGB/*Altenhain,* TMG § 3 Rn. 17 ff.

[200] Begr. RegE BT-Drs. 14/6098, S. 17.

[201] *Altenhain* in: Zischang et al. (Hrsg.), Strafrecht und Kriminalität in Europa, S. 107, 111 ff.; *Handel,* MMR 2017, 227, 230; aA *Satzger,* CR 2001, 109, 117; diff. jetzt *Heermann/Ohly/Satzger,* Verantwortlichkeit im Netz, S. 176 ff.; unzutr. Bräutigam/Leupold/*Pelz,* Online-Handel, B I Rn. 185 f.

rechts verleiht.[202] Denn diese fehlende Kompetenz betrifft allein die Setzung von originären Straftatbeständen auf Gemeinschaftsebene, nicht dagegen die Harmonisierung von Straftatbeständen der Mitgliedstaaten, da hier durch die Umsetzungsgesetze dem Gebot der Mitwirkung der verfassungsrechtlich legitimierten Organe genügt würde.[203] Daher kann die EU grundsätzlich eine entsprechende Rechtssetzungskompetenz mit strafrechtlichen Auswirkungen für sich reklamieren.[204]

Ähnlich wie im zivilrechtlichen Kollisionsrecht können daher § 3 Abs. 1 und Abs. 2 unterschiedliche Auswirkungen auf das Internationale Strafrecht haben: § 3 Abs. 1 erklärt stets für inländische Diensteanbieter das Recht des Herkunftslandes für anwendbar, auch wenn das deutsche Internationale Strafrecht eine andere Rechtsordnung zur Anwendung berufen würde bzw. sich für unzuständig erklärt. Handelt es sich um ein Auseinanderfallen von Niederlassungsort und Handlungs- bzw. Erfolgsort iSv § 9 StGB, ist deutsches Strafrecht nur dann anwendbar, wenn für die Tat auch nach den §§ 3 ff. StGB das deutsche Strafrecht gilt.[205] Wie im IPR kann hier der Gesetzesbefehl nicht ignoriert werden.[206] Bei ausländischen Diensteanbietern kommt es dagegen nach § 3 Abs. 2 darauf an, ob das deutsche Strafrecht strenger als das Herkunftslandprinzip ist. Verfehlt wäre es, aus § 3 Abs. 5, der eine lediglich einzelfallbezogene Durchbrechung vorsieht,[207] eine generelle Ausnahme für das Strafrecht ableiten zu wollen.[208] Es kann angesichts der klaren, nur auf Einzelfällen bezogenen Regelungen keine Rede davon sein, dass das Herkunftslandprinzip nicht auf das (internationale) Strafrecht Anwendung fände.[209] Zwar ist es richtig, dass die Verletzung einer strafrechtlichen Norm eng mit dem öffentlichen Interesse verbunden ist; doch entbindet dies nicht von einer Verhältnismäßigkeitsprüfung im Einzelfall und begründet keinerlei allgemeine Bereichsausnahme.[210]

3. Zivilrecht

a) Vertragsrecht. Anwendung auf das Internationale Vertragsrecht (Abs. 3 Nr. 1). Prinzipiell unterfallen auch das Vertragsrecht sowie dessen kollisionsrechtliche Regelungen dem Herkunftslandprinzip; anders lässt sich die Ausnahme der freien Rechtswahl in § 3 Abs. 3 Nr. 1 nicht einordnen, die sich gerade auf das Vertragsrecht bezieht (Art. 3 Rom I-VO).[211] Auch die Ausnahme des § 3 Abs. 3 Nr. 2 verweist eindeutig auf vertragliche Tatbestände. Ebenso wenig kann behauptet werden, dass § 3 Abs. 1, 2 überhaupt keine Anwendung auf das Internationale Vertrags-

---

[202] Dazu EuGH, Slg. 1989, 195 = NJW 1989, 2183 – Cowan/Trésor public; BGHSt 25, 190, 193f. = NJW 1974, 66; *Tiedemann,* NJW 1993, 23; *Oehler* in: FS Baumann (1992), S. 561 ff.
[203] *Tiedemann,* NJW 1993, 23, 26; *Vogel,* JZ 1995, 331, 335; *Sieber,* ZStW 103 (1991), 957, 973; zum Ganzen s. auch *Schröder,* Europäische Richtlinien und deutsches Strafrecht, passim.
[204] *Altenhain* in: Zischang et al. (Hrsg.), Strafrecht und Kriminalität in Europa, S. 107, 116; *Beckmann,* Verantwortlichkeit im Wirtschaftsrecht, S. 248, 253.
[205] MüKoStGB/*Altenhain,* TMG § 3 Rn. 21 f.
[206] AA offenbar Heermann/Ohly/*Satzger,* Verantwortlichkeit im Netz, S. 177.
[207] *Altenhain* in: Zischang et al. (Hrsg.), Strafrecht und Kriminalität in Europa, S. 107, 113 f.
[208] So aber Heermann/Ohly/*Satzger,* Verantwortlichkeit im Netz, S. 178 f.; ähnlich *Kudlich,* JA 2002, 798, 799.
[209] So aber offenbar MüKoStGB/*Ambos,* 3. Aufl. 2017, § 9 StGB Rn. 26 ff.; BeckRTD/*Gitter,* § 3 TMG Rn. 40; Achenbach/Ransiek/Rönnau/*Heghmanns,* HdB Wirtschaftsstrafrecht, S. 905 f.; *Nickels,* CR 2002, 302, Fn. 28; Tettenborn/Bender/Lübben/*Karenforst,* K&R-Beil. 12/2001, 2, 14; offen *Kudlich,* JA 2002, 798, 799.
[210] Offen und ohne Ergebnis *Schwiddessen,* CR 2017, 443, 451.
[211] Dem folgend jurisPK-Internetrecht/*Heckmann,* Kap. 1 Rn. 183; aA *Mankowski,* IPRax 2002, 257, 258.

recht fände.[212] Nach Art. 2 lit. h Ziff. i ECRL gehören zum „koordinierten Bereich" auch die Anforderungen an die Tätigkeit eines Dienstes „einschließlich der auf Werbung und Verträge anwendbaren Anforderungen".[213] Neben der freien Rechtswahl werden schließlich auch der vertragliche Verbraucherschutz sowie gerade die Formanforderungen bei immobilienbezogenen Verträgen als Ausnahmen aufgeführt. Bei fehlender Rechtswahl wird daher Art. 4 Rom I-VO durch § 3 überlagert. Jedoch wird nur der zwischen Unternehmen stattfindende Vertragsrechtsverkehr vom Herkunftslandprinzip erfasst. Aber auch Fragen der Geschäftsfähigkeit, der **Sittenwidrigkeit eines Vertrages** ebenso wie **Formfragen** etc. werden in vollem Umfang vom Herkunftslandprinzip erfasst, sofern es sich um Vorgänge im elektronischen Geschäftsverkehr und im koordinierten Bereich handelt, Umkehrschluss aus § 3 Abs. 3 Nr. 3.[214]

73 **b) Arbeitsrecht.** Zwar wird das Arbeitsrecht nicht explizit vom Herkunftslandprinzip ausgenommen. Nach Erwägungsgrund Nr. 18 ECRL sind jedoch die Beziehungen zwischen Arbeitnehmer und Arbeitgeber kein Dienst der Informationsgesellschaft (→ § 2 Rn. 10). Diese Auslegungsleitlinie bindet auch die Interpretation des Merkmals „geschäftsmäßig" in § 3 Abs. 1, 2, so dass sämtliche auf das Telearbeitsverhältnis bezogenen Normen nicht dem Herkunftslandprinzip unterfallen.

74 **c) Deliktsrecht. Grundlagen:** Auch das Internationale Deliktsrecht wird vom Herkunftslandprinzip in vergleichbarer Weise modifiziert.[215] Es werden sowohl verschuldensabhängige als auch verschuldensunabhängige Haftungsbereiche vom Herkunftslandprinzip erfasst. Schwierigkeiten bereiten dagegen diejenigen Ansprüche, die sowohl deliktisch als auch vertragsrechtlich begriffen werden können, etwa die Prospekthaftung, die in kollisionsrechtlicher Hinsicht deliktisch zu qualifizieren ist.[216] Für die Weiterfresser-Schäden steht dagegen der Schutz der Integritätsinteressen des Geschädigten im Vordergrund, der als deliktischer Schutz verstanden wird.[217] Erfasst werden vom Herkunftslandprinzip nicht nur die Verhaltenspflichten des Anbieters, sondern alle anspruchsbegründenden und -ausfüllenden Merkmale der Norm, mithin auch die Rechtsfolgen.

75 **Mediendelikte:** Für Online-Delikte spielt vor allem der in § 3 Abs. 5 Nr. 1 erwähnte Schutz der Menschenwürde einzelner Personen eine wesentliche Rolle bei Ehrverletzungsklagen hinsichtlich der Frage, ob aufgrund des Erfolgsortes deutsches Recht noch anwendbar ist. Die Menschenwürde in Art. 3 Abs. 4 ECRL ist richtlinienautonom zu verstehen und nicht im Hinblick auf die deutsche verfassungsrechtliche Dogmatik, die das Allgemeine Persönlichkeitsrecht als Grundlage eines Anspruchs aus § 823 Abs. 1 BGB nicht in Art. 1 Abs. 1, 3 GG verankert.[218] Allerdings wird man hier

---

[212] Entgegen Wortlaut aA *Mankowski,* ZVglRWiss 100 (2001), 137, 153 ff.; *Mankowski,* IPRax 2002, 257, 264; *Borges,* Verträge im elektronischen Geschäftsverkehr, S. 894 ff.

[213] Wie hier *Ahrens,* CR 2000, 835, 837; *Nickels,* DB 2001, 1919, 1921; *Naskret,* Das Verhältnis zwischen Herkunftslandprinzip und internationalem Privatrecht in der Richtlinie zum elektronischen Geschäftsverkehr, S. 35 f.; *Thode,* NZBau 2001, 345, 349; *Thünken,* Das kollisionsrechtliche Herkunftslandprinzip, S. 88 f.

[214] RegE BT-Drs. 14/6098, S. 36; zust. *Naskret,* Das Verhältnis zwischen Herkunftslandprinzip und internationalem Privatrecht in der Richtlinie zum elektronischen Geschäftsverkehr, S. 33; zum Internationalen Versicherungsvertragsrecht und Herkunftslandprinzip nach § 3 s. ausführlich Hoeren/*Spindler,* Versicherungen im Internet, S. 204 ff.

[215] Zust. *Mankowski,* ZVglRWiss 100 (2001), 137, 173 ff.; *Mankowski,* IPRax 2002, 257, 265.

[216] *Spindler,* ZHR 165 (2001), 324, 349 ff.

[217] BGHZ 86, 256 = NJW 1983, 810; BGHZ 117, 183 = NJW 1992, 1225; BGH, NJW 1998, 2282, 2283 f.; BGH, NJW 2001, 1346, 1347; BeckOK BGB/*Förster,* § 823 Rn. 134 f. mwN.

[218] BVerfGE 27, 344, 350 f.; BVerfGE 90, 263, 270; v. Mangoldt/Klein/*Starck,* Art. 2 Abs. 1 GG, Rn. 56 f. mwN.

Herkunftslandprinzip **§ 3 TMG**

eine schwerwiegende Ehrverletzung verlangen müssen, damit eine Verletzung der Menschenwürde angenommen werden kann[219], wobei die Schwere nicht anhand der Zahl der Aufrufe der Internetseite quantifiziert werden kann.[220] Jedenfalls kann nicht davon ausgegangen werden, dass die Erwähnung der Menschenwürde hier nur öffentlich-rechtliche Tatbestände beträfe;[221] damit würde der durch die Grundrechte vermittelte Individualrechtsschutz verkannt.[222] In diesem Zusammenhang muss zwischen den Rechtsgütern der Kommunikationsfreiheit und den Persönlichkeitsrechten abgewogen werden.[223] Jedenfalls ist aber in jedem Fall bei Äußerungen über ausländische Diensteanbieter im Internet bei im Inland Geschädigten erforderlich, dass ein Vergleich mit dem Recht des Herkunftslandes durchgeführt wird; unterlässt der Richter – auch ein Revisionsgericht[224] – diese Prüfung, liegt ein schwerer Verfahrensmangel vor.

Produkt- und Arzthaftung: Sofern es sich um für die Produkthaftung relevante 76 Pflichten, die online erbracht werden, handelt, werden diese vom Herkunftslandprinzip erfasst.[225] Dies können etwa elektronisch erteilte Instruktionen, genauso aber elektronisch gelieferte Produkte wie Software oder Informationen sein. Diese Grundsätze gelten auch für die Anwendung des auf der Produkthaftungsrichtlinie basierenden ProdHaftG, das keine eigenen kollisionsrechtlichen Vorgaben enthält. Bei Verbrauchern kann im Einzelfall nach einer Abwägung der Interessen gem. § 3 Abs. 5 Nr. 3 das Herkunftslandprinzip durchbrochen werden, zusätzlich nach § 3 Abs. 5 Nr. 2, wenn der Schadensfall mit einer Körperverletzung verbunden ist.

Besondere Probleme wirft der Bereich der **Telemedizin** auf.[226] Zwar will Erwä- 77 gungsgrund Nr. 18 ECRL pauschal diejenigen Dienste ausnehmen, die eine persönliche Erbringung vor Ort erfordern, wobei die körperliche Untersuchung eines Patienten ausdrücklich genannt wird. Andere Dienste, die ohne erforderliche persönliche Präsenz erbracht werden, sind damit indes nicht von der ECRL und damit von § 3 ausgenommen. Gerade die in der Telemedizin praktizierte Assistenz und Konsultation unter Ärzten wie auch die Beratung unterfallen somit den Diensten der Informationsgesellschaft, mithin dem Herkunftslandprinzip.[227]

Haftung der Provider: Auch in den Bereichen der nicht durch die ECRL har- 78 monisierten Providerhaftung, insbesondere Hyperlinks und Suchmaschinen, greift das Herkunftslandprinzip ein (→ vor § 7 Rn. 83). Die Tatsache, dass ECRL und TMG nicht **Hyperlinks** hinsichtlich der Verantwortlichkeit regeln wollen, besagt nichts darüber, dass sie nicht als Telemedien zu qualifizieren sind.[228]

d) Wettbewerbsrecht. Grundsätze: Anders als nach dem im Internationalen 79 Wettbewerbsrecht auch für Internet-Sachverhalte vorherrschenden Marktortprinzip[229]

---

[219] *Ohly,* GRUR Int. 2001, 899, 905; *Spickhoff,* IPRax 2011, 131, 133; *Naskret,* Das Verhältnis zwischen Herkunftslandprinzip und internationalem Privatrecht in der Richtlinie zum elektronischen Geschäftsverkehr, S. 186; aA *Tettenborn,* K&R 2000, 59, 62.
[220] BGHZ 184, 313, Rn. 19f. = NJW 2012 1752 mAnm *Staudinger; Hess,* JZ 2012, 189, 191.
[221] So aber Spindler/Schuster/*Nordmeier,* § 3 TMG Rn. 17.
[222] Zutr. *Spickhoff,* IPRax 2011, 131, 133f.
[223] Zum Ganzen s. *Spindler,* AfP 2012, 114, 120.
[224] Nur schwer vertretbar, daher BGH, NJW 2012, 2197 – rainbow.at bzw. eAdvertising, der trotz ausländischem Handlungsort und damit Einschlägigkeit des Herkunftslandprinzips jegliche Auseinandersetzung mit dem hier anwendbaren österreichischem Recht vermissen lässt, sondern nur deutsches Recht anwendet.
[225] *Lurger/Vallant,* RIW 2002, 188, 190; *Spindler,* RabelsZ 66 (2002), 633, 692.
[226] BeckOK BGB/*Spindler,* 37. Edition 2013, § 823 Rn. 769f. mwN.
[227] Einzelheiten zur grenzüberschreitenden Diganostik via Telemedien bei *Karl,* MedR 2016, 675.
[228] Unrichtig OLG Hamburg, NJW-RR 2003, 760, 761.
[229] *Mankowski,* GRUR Int. 1999, 909ff.; *Sack,* WRP 2000, 269, 277ff.; *Löffler,* WRP 2001, 379ff.

wird nicht auf den finalen Eingriff in eine Marktstruktur abgestellt, sondern allein auf den Sitz des Diensteanbieters. Da das Marktortprinzip in Art. 6 Rom II-VO verankert wurde, tritt die paradoxe Situation ein, dass im europäisch vereinheitlichten Kollisionsrecht das Marktortprinzip gilt, das aber für den Online-Bereich durch das Herkunftslandprinzip der E-Commerce-Richtlinie überlagert bzw. verdrängt wird. Daraus kann indes keine kollisionsrechtliche Neutralität der E-Commerce-Richtlinie abgeleitet und trotzdem das klassische Marktortprinzip angewandt werden; denn dies würde den zuvor dargelegten expliziten Vorbehalt der Rom II-VO zugunsten der ECRL übergehen.[230]

80 **Verhältnis zum acquis communautaire:** Zwar bleibt der acquis communautaire gem. Art. 1 Abs. 3 ECRL und das gemeinschaftsweit erreichte Schutzniveau unberührt. Hierzu zählen entsprechende Richtlinien etwa über irreführende und ungleichende Werbung.[231] Dies ist aber kein Widerspruch zu § 3 bzw. Art. 3 ECRL: Gerade die Tatsache, dass die Richtlinien gemeinschaftsweit umgesetzt wurden, führt dazu, dass das Herkunftslandprinzip angewandt werden kann. Selbst wenn es sich also um vergleichende Werbung handelt, muss das Herkunftslandprinzip angewandt werden.

81 **Wettbewerbsrecht, Herkunftslandprinzip und Schutzklauseln:** Bei verbraucherschützenden Elementen im Lauterkeitsrecht kann im Einzelfall der entsprechende Fall – nicht aber die gesamte Norm – vom Herkunftslandprinzip ausgenommen werden. Diejenigen wettbewerbsrechtlichen Bestimmungen, die einer Prüfung nach § 3 Abs. 5 nicht standhalten, dürften aller Wahrscheinlichkeit nach auch auf dem Prüfstand der Grundfreiheiten des AEUV geringe Chancen auf Anerkennung besitzen.[232] Keineswegs aber dürfen alle wettbewerbsrechtlichen Fallgruppen mit dem Verbraucherschutz nach § 3 Abs. 5 Nr. 3 gleichgesetzt werden. Vielmehr muss für jede einzelne Norm sorgsam geprüft werden, ob sie vorwiegend dem Schutz von Konkurrenten oder tatsächlich der Erhöhung der Markttransparenz dient. Der Schutz der Lauterkeit des Handelsverkehrs ist gerade nicht als Ausnahme vorgesehen; genuin das Konkurrenzverhalten betreffende Normen ohne Verbraucherschutzbezug sind damit den Ausnahmen nach § 3 Abs. 5 Nr. 3 entzogen und werden allein dem Herkunftslandprinzip unterstellt.[233] Typische Fälle von § 3 Abs. 5 Nr. 3 dürften dabei die in Erwägungsgrund Nr. 11 ECRL genannten Fälle der irreführenden Werbung[234] oder des Preisangabenrechts sein, da hier die Informationslage des Verbrauchers und damit seine Fähigkeit betroffen ist, auf einer rationalen Tatsachengrundlage ökonomische Entscheidungen zu treffen.

82 **Schadensberechnung:** Soweit es um den Ersatz von Schäden geht, die in mehreren Mitgliedstaaten angefallen sind, stellt sich das Problem, dass das Recht des Herkunftslandes hinsichtlich der Schadensberechnung natürlich nur auf innerstaatliche Verletzungen zugeschnitten ist. Jedoch muss konsequenterweise bei reiner Anwendung des Sachrechts des Herkunftslandes auch die Schadensberechnung den innerstaatlichen Vorschriften folgen und kann nicht über das Kollisionsrecht das ausländische Schadensrecht herangezogen werden.[235]

---

[230] AA *Sack*, WRP 2002, 271, 273.
[231] *Leupold/Bräutigam/Pfeiffer*, WRP 2000, 575, 583.
[232] EuGH, Slg. 1993, I-6097 = NJW 1994, 121 – Keck und Mithouard; EuGH, NJW 1995, 3243 – Mars.
[233] *Bodewig*, GRUR Int. 2000, 475, 480; *Sack*, WRP 2002, 271, 282.
[234] Ebenso *Sack*, WRP 2002, 271, 281 f.
[235] So aber *Sack*, WRP 2001, 1408, 1412 f.; *Bröcker/Czychowski/Schäfer/Nordemann-Schiffel*, Praxishandbuch Geistiges Eigentum im Internet, § 3 Rn. 149.

VIII. Herkunftslandprinzip und Prozessrecht

1. Rechtsordnung des Herkunftslands als beweisbedürftige Tatsache?

Für das mittelbar über das Herkunftslandprinzip heranzuziehende ausländische 83
Recht ist umstritten, ob es wie ausländisches Recht im Prozess nach § 293 ZPO zwar von Amts wegen zu berücksichtigen ist,[236] gleichwohl aber ähnlich einer beweisbedürftigen Tatsache behandelt wird.[237] Das sachrechtliche Verständnis des Herkunftslandprinzips muss die ausländische Rechtsordnung als „Maßstab", an dem das nationale Recht gemessen wird, und damit als Bestandteil der in das nationale Recht inkorporierten Kontrolle des nationalen Sachrechts ansehen. Keinesfalls kann damit die Annahme einer beweisbedürftigen Ausnahme für das Recht des Herkunftslandes vereinbart werden.[238] Auf dem Boden der hier im Grundsatz vertretenen kollisionsrechtlichen Deutung des Herkunftslandprinzips ergibt sich dagegen die Einordnung dessen bzw. der dann anwendbaren Rechtsordnung als Tatsache nach § 293 ZPO ohne Weiteres.[239] Es handelt sich nicht um eine der Disposition der Parteien unterworfene Tatsachenfrage, die beweisbedürftig wäre. Durch das Herkunftslandprinzip wird nicht etwa das ausländische Recht in deutsches, nationales Recht transformiert. Daher kann das ausländische Recht im Rahmen des Herkunftslandprinzips nicht als beweisbedürftige Ausnahme begriffen werden.[240]

Allerdings kann in diesem Rahmen das Ziel der Binnenmarktintegration be- 84
rücksichtigt werden. Vor allem **im einstweiligen Rechtsschutz** droht das Herkunftslandprinzip wegen der erforderlichen Anwendung ausländischen Rechts die Effektivität des Rechtsschutzes zu behindern.[241] Aber auch bei Verfahren, die die Anwendung ausländischen Rechts betreffen, treten ähnliche Probleme im Rahmen von § 293 ZPO auf, da der Richter weder in der Eile ausländische Rechtsquellen konsultieren noch das ausländische Recht wie eine beweisbedürftige Tatsache behandeln kann. Eine „perfekte Lösung" bietet sich nicht an; vielmehr dürfte der Richter verpflichtet sein, zunächst die kurzfristig zur Verfügung stehenden Rechtsquellen auszuschöpfen und in einer zweiten Stufe die Eilbedürftigkeit und die Interessen der Parteien mit der Verfügbarkeit der Informationsquellen abzuwägen.[242] Jedenfalls kann ein Antrag auf einstweiligen Rechtsschutz nicht wegen mangelnder

---

[236] BGH, WM 2001, 502, 503; BGH, NJW 1998, 1395; *Spickhoff,* ZZP 112 (1999), 265, 272f.; *Schilken* in: FS Schumann (2002), S. 373, 374ff.

[237] BGH, NJW 1994, 2959, 2960 mwN; MüKoZPO/*Prütting,* § 293 Rn. 1, 23, 29f.

[238] So aber *Ahrens,* CR 2000, 835, 838; *Ahrens* in: FS Tilmann (2003), S. 739, 747; ebenso *Sack,* WRP 2001, 1408, 1418; *Nickels,* CR 2002, 302, 303 (Fn. 16); *Arndt/Köhler,* EWS 2001, 102, 107; widersprüchlich *Schmittmann,* Werbung im Internet, S. 31, 44.

[239] *Mankowski,* IPRax 2002, 257, 259; zust. *Kur* in: FS Erdmann (2002), S. 629, 638; *Naskret,* Das Verhältnis zwischen Herkunftslandprinzip und internationalem Privatrecht in der Richtlinie zum elektronischen Geschäftsverkehr, S. 178ff.; *Ruess,* Die E-Commerce-Richtlinie und das deutsche Wettbewerbsrecht, S. 99f.

[240] *Ohly,* GRUR Int. 2001, 899, 903; iE auch *Höder,* Die kollisionsrechtliche Behandlung unteilbarer Multistate-Verstöße, S. 191; aA *Ahrens,* CR 2000, 835, 838; *Ahrens* in: FS Tilmann (2003), S. 739, 747; *Sack,* WRP 2001, 1408, 1418.

[241] Insoweit zutr. *Bernreuther,* WRP 2001, 384, 389; *Arndt/Köhler,* EWS 2001, 102, 107.

[242] Vgl. MüKoZPO/*Prütting,* § 293 Rn. 56; Stein/Jonas/*Leipold,* § 293 ZPO Rn. 56; *Mankowski/Kerfack,* IPRax 1990, 372, 373ff.; *Kindl,* ZZP 111 (1998), 177, 185f.; *Schack,* IPRax 1995, 158, 161; krit. *Dethloff,* RabelsZ 62 (1998), 286, 291f., 300ff.

Glaubhaftmachung des ausländischen Rechts abgelehnt werden.[243] Dies gilt auch für § 3.[244]

2. Internationales Zivilprozessrecht

85 § 3 Abs. 1 verführt zu der Annahme, dass die Durchsetzung des Rechts des Herkunftslandes allein diesem Mitgliedstaat obliegt, insbesondere in (zivil-)gerichtlichen Verfahren. Dagegen spricht jedoch bereits klar und deutlich § 1 Abs. 5, Art. 1 Abs. 4 ECRL, wonach keine Zuständigkeiten der Gerichte geschaffen werden. Schließlich ist § 3 Abs. 5 S. 2, Art. 3 Abs. 4 ECRL zu beachten, der ausdrücklich die Gerichtsverfahren von dem vorherigen Notifizierungsverfahren ausnimmt.[245] Dieser Regelung hätte es nicht bedurft, wenn die Rechtsdurchsetzung allein den Herkunftslandgerichten zu überlassen wäre. Es bleibt bei der Anwendung der Brüssel I-VO.[246]

86 Ebenso wenig ist es richtig, das Gericht des Marktortes von vornherein für unzuständig zu erklären, da § 3 keine Zuständigkeiten schafft.[247]

87 Andererseits divergieren Herkunftslandprinzip, Kollisionsrecht und internationales Zivilprozessrecht erheblich: So wäre etwa ein deutsches Gericht nach der Shevill-Doktrin des EuGH für einen Teil des Schadens gem. Art. 5 Nr. 3 Brüssel I-VO zuständig, sofern in Deutschland der Erfolgsort liegt, das Gericht des Handlungsortes dagegen für den gesamten Schaden. Trotz internationaler Zuständigkeit würde aber auch hier das Herkunftslandprinzip im Grundsatz wieder das deutsche Recht überlagern, so dass sich ein merkwürdiges Auseinanderfallen internationaler Zuständigkeitsregeln und anwendbaren Rechts ergibt.[248] Daraus kann man aber nicht ableiten, deutsche Gerichte nicht mehr etwa für Wettbewerbsverletzungen ausländischer Diensteanbieter zuständig seien oder eine teleologische Reduktion des Herkunftslandprinzips erforderlich sei.[249] Beide Rechtsmaterien folgen weiterhin ihren eigenen Regelungen, die nicht mehr wie zuvor parallel laufen.

---

[243] Musielak/Voit/*Huber,* § 293 ZPO Rn. 12; anders OLG Frankfurt a.M., NJW 1969, 991.

[244] *Ahrens,* CR 2000, 835, 838; *Arndt/Köhler,* EWS 2001, 102, 107; *Ruess,* Die E-Commerce-Richtlinie und das deutsche Wettbewerbsrecht, S. 100.

[245] AA *Bernreuther,* WRP 2001, 384, 385; *Bernreuther,* WRP 2001, 513, 517; ähnlich *Sack,* WRP 2002, 271, 278 f.

[246] KG, MMR 2001, 759, 760; LG Frankfurt a.M., MMR 2001, 243; LG Berlin, MMR 2001, 249; *Mankowski,* MMR 2001, 251, 252; *Ohly,* GRUR Int. 2001, 899, 904; *Naskret,* Das Verhältnis zwischen Herkunftslandprinzip und internationalem Privatrecht in der Richtlinie zum elektronischen Geschäftsverkehr, S. 168 ff.; *Kur* in: FS Erdmann (2002), S. 629, 635 f.; iE *Ruess,* Die E-Commerce-Richtlinie und das deutsche Wettbewerbsrecht, S. 43 f.

[247] AA *Bernreuther,* WRP 2001, 384, 385; ähnlich *Sack,* WRP 2002, 271, 278.

[248] EuGH, Slg. 1995, I-415 = NJW 1995, 1881 mAnm *Hube – Fiona Shevill,* ZEuP 1996, 300 ff.; *Wagner,* RabelsZ 62 (1998), 243 ff.; krit. *Schack,* MMR 2000, 135, 139; wie hier *Kur* in: FS Erdmann (2002), S. 629, 635 f.

[249] *Sack,* WRP 2002, 271, 278.

Abschnitt 2. Zulassungsfreiheit und Informationspflichten

§ 4 Zulassungsfreiheit
Telemedien sind im Rahmen der Gesetze zulassungs- und anmeldefrei.

Literatur: *Bandehzadeh,* Jugendschutz im Rundfunk und in den Telemedien, 2007; *Bullinger,* Internet-Auktionen – Die Versteigerung von Neuwaren im Internet aus wettbewerbsrechtlicher Sicht, WRP 2000, 253; *Engel-Flechsig,* Das Informations- und Kommunikationsdienstegesetz des Bundes und der Medienstaatsvertrag der Bundesländer, ZUM 1997, 231; *Engel-Flechsig/ Maennel/Tettenborn,* Das neue Informations- und Kommunikationsdienste-Gesetz, NJW 1997, 2981; *Fuchs/Demmer,* Sitzung des Bund-Länder Ausschusses. „Gewerberecht", GewArch 1997, 60; *Gounalakis/Rhode,* Das Informations- und Kommunikationsdienste- Gesetz, K&R 1998, 321; *Pfeifer,* Geltung deutscher Vorschriften für Apothekerabgabepreis auch im grenzüberschreitenden Versandhandel, jurisPR-ITR 23/2013 Anm. 6; *Schönleiter,* Internetauktionen sind keine Versteigerungen iSd § 34b GewO, GewArch 2000, 49; *Stögmüller,* Auktionen im Internet, K&R 1999, 391.

Übersicht

	Rn.
I. Zweck und europarechtlicher Hintergrund	1
II. Zulassungs- und Anmeldefreiheit für Telemedien	2
III. Allgemein erforderliche Genehmigungen und Anmeldungen	4

I. Zweck und europarechtlicher Hintergrund

Im Interesse einer möglichst freien wirtschaftlichen Entwicklung und einer dynamischen Weiterentwicklung[1] der Telemedien (§ 1) ordnet § 4 an, dass Telemedien grundsätzlich („im Rahmen der Gesetze") zulassungs- und anmeldefrei sind. Telemedien bedürfen daher anders als Rundfunkdienste keiner besonderen Genehmigung oder Anmeldung aufgrund medienrechtlicher Vorschriften.[2] In dieser Regelung kommt der deregulatorische Ansatz des Gesetzgebers schon des IuKDG 1997 zum Ausdruck.[3] Der gleiche Ansatz hat sich europaweit in der ECRL niedergeschlagen, die in Art. 4 ECRL entsprechende Vorgaben vorsieht, und die in § 4 umgesetzt wurden.[4] Flankierend hält auch die allgemeine Dienstleistungsrichtlinie diesen Grundsatz fest.[5] Dieses Prinzip ist auch im Zuge der verschiedenen Reformen nicht geändert worden. Parallel dazu hält auch § 54 Abs. 1 RStV fest, dass die Telemedien unbescha-

---

[1] *Hartstein/Ring/Kreile* ua (Hrsg.), 69. EL 2017, Bd. III, B 5, § 54 RStV Rn. 2; BeckRTD-Komm/*Blocher,* § 4 Rn. 1 sieht in § 4 den Ausdruck des deregulatorischen Ansatzes, die Entwicklung von Telemedien zu fördern und nicht durch bürokratische Hürden zu behindern.
[2] Spindler/Schuster/*Micklitz/Schirmbacher,* § 4 TMG Rn. 2; Hoeren/Sieber/Holznagel/*Holznagel,* 44. EL 2017, Teil 3 Rn. 115; *Engel-Flechsig,* ZUM 1997, 231, 235.
[3] BeckRTD-Komm/*Blocher,* § 4 TMGRn. 1, 2.
[4] Begr. RegE BT-Drs. 14/6098, S. 20; Hoeren/Sieber/Holznagel/*Holznagel,* 44. EL 2017, Teil 3 Rn. 115.
[5] Richtlinie 2006/123/EG des Europäischen Parlaments und des Rates v. 12.12.2006 über Dienstleistungen im Binnenmarkt, ABl. EG Nr. L 376 v. 27.12.2006, S. 36; s. dazu auch Spindler/Schuster/*Micklitz/Schirmbacher,* § 4 TMG Rn. 2; jurisPK-Internetrecht/*Heckmann,* Kap. 1 Rn. 218; BeckRTD-Komm/*Blocher,* § 4 TMG Rn. 7.

det des § 20 Abs. 2 RStV[6] keinerlei Zulassung oder vorherigen Anmeldung bedürfen. Im Zweifel kann der Diensteanbieter nach § 20 Abs. 2 S. 3 RStV einen Antrag auf Feststellung der rundfunkrechtlichen Unbedenklichkeit bei der zuständigen Landesmedienanstalt stellen.[7]

II. Zulassungs- und Anmeldefreiheit für Telemedien

2   Die von § 4 angeordnete Freiheit hinsichtlich der Zulassung bzw. Genehmigung sowie der Anmeldung bezieht sich nur auf solche Genehmigungen und Anmeldungen, die gerade davon abhängig sind, dass der jeweilige Dienst als Telemedium zu qualifizieren ist.[8] Zulassungsfreiheit meint den Verzicht auf ein vorgeschaltetes behördliches Kontrollverfahren für Telemediendienste.[9] Die Zulassung ist dabei verwaltungsverfahrensrechtlich als ein präventives Verbot mit Erlaubnisvorbehalt zu verstehen.[10] Anmeldefreiheit bedeutet demgegenüber den Verzicht auf eine Anzeige- bzw. Registrierungspflicht für Telemediendienste.[11] Diese Wertung spiegelt sich nicht zuletzt auch in § 5 Abs. 1 Nr. 3 wider, der die Pflicht des Diensteanbieters zur Information über die zuständige Aufsichtsbehörde enthält, sofern sein Dienst einer besonderen Zulassung bedarf. Damit sind die allgemeinen, nicht spezifisch auf Telemedien bezogenen Aufsichtsbestimmungen gemeint (→ § 5 Rn. 24f.).

3   Medienrechtliche Genehmigungs- oder Anzeigepflichten sind nach § 4 für Telemedien generell ausgeschlossen.[12] Aufgrund der Systematik des TMG und RStV sollte eine trennscharfe Unterscheidung möglich sein, die diesen unterschiedlichen Aufsichts- und Genehmigungsstrukturen Rechnung trägt, da für das TMG die fehlende Meinungsrelevanz der Angebote charakteristisch[13] ist (→ § 1 Rn. 52ff.). Da das TMG eine Zulassungs- und Anmeldefreiheit vorsieht, ist für die meisten Überschneidungsgebiete die Unterscheidung nicht ausschlaggebend, wohl aber für den Rundfunk und die rundfunkähnlichen Dienste (→ § 1 Rn. 51 ff.).

III. Allgemein erforderliche Genehmigungen und Anmeldungen

4   Sinn und Zweck der ECRL und damit auch des § 4 TMG ist es nicht, die allgemeinen Zulassungs- und Anmeldeerfordernisse zu beseitigen, die in keinem Zusammenhang mit der Eigenschaft eines Dienstes als Telemedium stehen, sondern ihren Ursprung in anderen Regulierungszielen haben.[14] Erfasst werden also nur solche Pflichten, die konkret an die Eigenschaft als Telemediendienst anknüpfen.[15] Allge-

---

[6] Die Beurteilung, ob ein Dienst dem Rundfunk zuzuordnen ist oder nicht, wird von der Kommission für Zulassung und Aufsicht getroffen; die ZAK handelt dabei als Organ der Landesmedienanstalt, Spindler/Schuster/*Holznagel*, § 20 RStV Rn. 10.

[7] VG Stuttgart, ZUM-RD 2008, 313, 335; VG Weimar, NJOZ 2005, 5055, 5055ff.; Hahn/Vesting/*Bumke/Schulz,* § 20 Rn. 86ff., 127; Spindler/Schuster/*Holznagel*, § 20 RStV Rn. 13.

[8] Begr. RegE BT-Drs. 14/6098, S. 20; Spindler/Schuster/*Micklitz/Schirmbacher,* § 4 TMG Rn. 3ff.

[9] jurisPK-Internetrecht/*Heckmann,* Kap. 1 Rn. 230.

[10] Hahn/Vesting/*Bumke,* § 20 RStV Rn. 32.

[11] jurisPK-Internetrecht/*Heckmann,* Kap. 1 Rn. 230.

[12] Spindler/Schuster/*Micklitz/Schirmbacher,* § 4 Rn. 2; jurisPK/Internetrecht/*Heckmann,* Kap. 1 Rn. 221; BeckRTD-Komm/*Blocher,* § 4 TDG Rn. 13, 21.

[13] *Bandehzadeh,* Jugendschutz im Rundfunk und in den Telemedien, S. 46ff.

[14] Spindler/Schuster/*Micklitz/Schirmbacher,* § 4 TMG Rn. 5.

[15] jurisPK-Internetrecht/*Heckmann,* Kap. 1 Rn. 233.

Zulassungsfreiheit **§ 4 TMG**

mein erforderliche Genehmigungen oder Anmeldungen werden davon nicht berührt („im Rahmen der Gesetze"). Das betrifft Regelungen mit inhaltlichem, technischem und funktionsspezifischem Bezug:[16] Pflichten können sich insbesondere aus der Gewerbeordnung (§ 14 GewO) und dem Telekommunikationsgesetz (§ 6 TKG) ergeben, wobei im TKG für Telekommunikationsdienste keine Lizenzpflicht, sondern lediglich eine Anmeldepflicht besteht.[17] Durch § 4 TMG soll keine „Flucht in den virtuellen Raum" ermöglicht werden.[18] Entsprechende Pflichten aufgrund von Gesetzen, die nicht speziell auf Telemedien Bezug nehmen, wie etwa die BRAO, die GewO oder das KWG, sind daher nach wie vor einzuhalten.[19] Vor allem berufs-, gewerbe- oder funktionsspezifische Regelungen sind demnach hinsichtlich der Erbringung im Rahmen von Telemedien zu beachten.[20] Eine Erlaubnispflicht für Online-Auktionen nach § 34b GewO besteht dagegen mangels der spezifischen Gefährdungslage im Vergleich zu realen Auktionen nicht.[21] Einer Genehmigung (oder mindestens einer Anmeldung) bedürfen etwa Fernunterrichtsangebote nach § 12 Abs. 1 FernUSG, ferner Finanzdienstleister über das Internet nach KWG, nur im eingeschränkten Maße dagegen Rechtsberatungsangebote über Telemedien nach dem RDG.[22] Der elektronische Handel mit apothekenpflichtigen Arzneien gem. § 43 Abs. 1 S. 1 AMG bedarf nach § 11a S. 2 ApoG der Erlaubnis.[23] Darüber hinaus gelten deutsche Vorschriften über den Apothekenabgabepreis bei verschreibungspflichtigen Arzneimitteln auch für Apotheken mit dem Sitz in einem anderen Mitgliedstaat der EU, welche im Wege des Versandhandels Medikamente nach Deutschland an Endverbraucher abgeben (Internetversandapotheken).[24]

Zu den allgemeinen Gesetzen zählt aber auch das TKG.[25] Da das TMG gem. § 1 Abs. 1 S. 1 notwendigerweise voraussetzt, dass die Daten elektronisch übermittelt werden, und § 3 Nr. 24 TKG (ebenso wie § 3 Nr. 18 TKG aF) als Telekommunikation auch jede Telekommunikationsdienstleistung erfasst, können zahlreiche Telemedien gleichzeitig als Telekommunikation qualifiziert werden (→ § 1 Rn. 31). Daher sind vor allem für gewerbliche Angebote die Meldepflichten nach § 6 TKG (früher „Anzeigepflichten" nach § 4 TKG aF) zu beachten.[26]

5

---

[16] jurisPK-Internetrecht/*Heckmann*, Kap. 1 Rn. 233.
[17] Hoeren/Sieber/Holznagel/*Holznagel*, 43. EL 2016, Teil 3 Rn. 115.
[18] jurisPK-Internetrecht/*Heckmann*, Kap. 1 Rn. 233.
[19] *Gounalakis/Rhode*, K&R 1998, 321, 326; Spindler/Schuster/*Micklitz/Schirmbacher*, § 4 Rn. 5f.; jurisPK-Internetrecht/*Heckmann*, Kap. 1 Rn. 223; BeckRTD-Komm/*Blocher*, § 4 Rn. 16.
[20] Begr. RegE BT-Drs. 14/6098, S. 20.
[21] KG, NJW 2011, 3272f.; so auch BGH, NJW 2011,1434, allerdings ohne Begründung; *Bullinger*, WRP 2000, 253, 254f.; *Fuchs/Demmer*, GewArch 1997, 60, 63; iE ebenso *Schönleiter*, GewArch 2000, 49f.; aA LG Hamburg, MMR 1999, 678; zust. *Stögmüller*, K&R 1999, 391, 393; zum Ganzen Spindler/Wiebe/*Ernst*, Internet-Auktionen und elektronische Marktplätze, Kap. 2 Rn. 8ff.
[22] S. auch die Übersicht bei jurisPK-Internetrecht/*Heckmann*, Kap. 1 Rn. 224ff.
[23] jurisPK-Internetrecht/*Heckmann*, Kap. 1 Rn. 243.
[24] BGH, NJW 2013, 1425, 1427; jurisPK-Internetrecht/*Heckmann*, Kap. 1 Rn. 243; *Pfeifer*, jurisPR-ITR 23/2013 Anm. 6.
[25] BeckRTD-Komm/*Blocher*, § 4 TDG Rn. 16ff.; s. ferner *Engel-Flechsig/Maennel/Tettenborn*, NJW 1997, 2981, 2984.
[26] Näher BeckTKG-Komm/*Schuster*, § 6 Rn. 8; Hoeren/Sieber/Holznagel/*Holznagel*, 43. EL 2016, Teil 3 Rn. 115ff.

§ 5 Allgemeine Informationspflichten

(1) Diensteanbieter haben für geschäftsmäßige, in der Regel gegen Entgelt angebotene Telemedien folgende Informationen leicht erkennbar, unmittelbar erreichbar und ständig verfügbar zu halten:
1. den Namen und die Anschrift, unter der sie niedergelassen sind, bei juristischen Personen zusätzlich die Rechtsform, den Vertretungsberechtigten und, sofern Angaben über das Kapital der Gesellschaft gemacht werden, das Stamm- oder Grundkapital sowie, wenn nicht alle in Geld zu leistenden Einlagen eingezahlt sind, der Gesamtbetrag der ausstehenden Einlagen,
2. Angaben, die eine schnelle elektronische Kontaktaufnahme und unmittelbare Kommunikation mit ihnen ermöglichen, einschließlich der Adresse der elektronischen Post,
3. soweit der Dienst im Rahmen einer Tätigkeit angeboten oder erbracht wird, die der behördlichen Zulassung bedarf, Angaben zur zuständigen Aufsichtsbehörde,
4. das Handelsregister, Vereinsregister, Partnerschaftsregister oder Genossenschaftsregister, in das sie eingetragen sind, und die entsprechende Registernummer,
5. soweit der Dienst in Ausübung eines Berufs im Sinne von Artikel 1 Buchstabe d der Richtlinie 89/48/EWG des Rates vom 21. Dezember 1988 über eine allgemeine Regelung zur Anerkennung der Hochschuldiplome, die eine mindestens dreijährige Berufsausbildung abschließen (ABl. EG Nr. L 19 S. 16), oder im Sinne von Artikel 1 Buchstabe f der Richtlinie 92/51/EWG des Rates vom 18. Juni 1992 über eine zweite allgemeine Regelung zur Anerkennung beruflicher Befähigungsnachweise in Ergänzung zur Richtlinie 89/48/EWG (ABl. EG Nr. L 209 S. 25, 1995 Nr. L 17 S. 20), zuletzt geändert durch die Richtlinie 97/38/EG der Kommission vom 20. Juni 1997 (ABl. EG Nr. L 184 S. 31), angeboten oder erbracht wird, Angaben über
   a) die Kammer, welcher die Diensteanbieter angehören,
   b) die gesetzliche Berufsbezeichnung und den Staat, in dem die Berufsbezeichnung verliehen worden ist,
   c) die Bezeichnung der berufsrechtlichen Regelungen und dazu, wie diese zugänglich sind,
6. in Fällen, in denen sie eine Umsatzsteueridentifikationsnummer nach § 27a des Umsatzsteuergesetzes oder eine Wirtschafts-Identifikationsnummer nach § 139c der Abgabenordnung besitzen, die Angabe dieser Nummer,
7. bei Aktiengesellschaften, Kommanditgesellschaften auf Aktien und Gesellschaften mit beschränkter Haftung, die sich in Abwicklung oder Liquidation befinden, die Angabe hierüber.

(2) **Weitergehende Informationspflichten nach anderen Rechtsvorschriften bleiben unberührt.**

Literatur: *Bizer/Trosch,* Die Anbieterkennzeichnung im Internet, DuD 1999, 621; *Brunst,* Umsetzungsprobleme der Impressumspflicht bei Webangeboten, MMR 2004, 8; *Ernst,* Die wettbewerbsrechtliche Relevanz der Online-Informationspflichten des § 6 TDG, GRUR 2003, 759; *Franosch,* Rechtliche Fallstricke der anwaltlichen Impressumspflicht im Internet, NJW 2004, 3155; *v. Gravenreuth/Kleinjung,* Sind kostenpflichtige Mehrwertdienste-Rufnummern im Rahmen der Anbieterkennzeichnung gemäß § 6 TDG zulässig?, JurPC Web-Dok. 273/2003; *Haug,* Informationspflichten bei Social Media-Präsenzen von Rechtsanwälten, NJW 2015, 661; *Hecht,*

Allgemeine Informationspflichten § 5 TMG

Aktuelle Rechtsprechung zur Impressumspflicht im Internet, ITRB 2011, 260; *Heinemann,* Der Rechtsanwalt und die neuen Medien, NZFam 2015, 438; *Hoenike/Hülsdunk,* Die Gestaltung von Fernabsatzangeboten im elektronischen Geschäftsverkehr nach neuem Recht, MMR 2002, 415; *Hoffmann,* Apps der öffentlichen Verwaltung – Rechtsfragen des Mobile Government, MMR 2013, 631; *Hoß,* Web-Impressum und Wettbewerbsrecht, CR 2003, 687; *Kaestner/Tews,* Die Anbieterkennzeichnungspflichten nach § 6 Teledienstegesetz, WRP 2002, 1011; *Krieg,* Twitter und Recht – Kurze Tweets, große Wirkung – die rechtlichen Stolperfallen beim Twittern, K&R 2010, 73 ff.; *Lent,* Besondere Impressumspflichten im Online-Journalismus, ZUM 2015, 134; *Lichtnecker,* Ausgewählte Werbeformen im Internet unter Berücksichtigung der neueren Rechtsprechung, GRUR 2014, 523; *Lohbeck,* Neue Informationspflichten für Dienstleistungserbringer, K&R 2010, 463; *Lorenz,* Die Wettbewerbswidrigkeit einer mangelhaften Anbieterkennzeichnung, WRP 2010, 1224; *Ott,* Informationspflichten im Internet und ihre Erfüllung durch das Setzen von Hyperlinks, WRP 2003, 945; *ders.,* Impressumspflicht für Webseiten – Die Neuregelungen nach § 5 TMG, § 55 RStV, MMR 2007, 354; *Pießkalla,* Zur Reichweite der Impressumspflicht in sozialen Netzwerken, ZUM 2014, 368; *Rauschhofer,* Haftung für Links auf Twitter zu rechtswidrigen Inhalten, MMR-Aktuell 2010, 302790; *Richter,* Ein anonymes Impressum? Profile in sozialen Netzwerken zwischen Anbieterkennzeichnung und Datenschutz, MMR 2014, 517; *Rockstroh,* Impressumspflicht auf Facebook-Seiten – Wann werden Telemedien „in der Regel gegen Entgelt" angeboten?, MMR 2013, 627; *Rosenbaum/Tölle,* Aktuelle rechtliche Probleme im Bereich Social Media – Überblick über die Entscheidungen der Jahre 2011 und 2012, MMR 2013, 209; *Rose/Taeger,* Reduzierte Informationspflichten für den M-Commerce, K&R 2010, 159; *Schaefer,* Die Kennzeichnungspflicht der Tele- und Mediendienste im Internet, DuD 2003, 348; *Schneider,* Anwaltliche Webangebote – Die Ausgestaltung der Impressumspflicht nach § 6 TDG, MDR 2002, 1236; *Schröder/Bühlmann,* Übernahme der Anbieterkennzeichnung durch den Portalbetreiber – ein Modell für Deutschland?, CR 2012, 318; *ders.,* Impressumspflicht bei Social Media und Internetportalen: bekannte Probleme oder Zeit zum Umdenken?, ITRB 2012, 230; *Schulte/Schulte,* Informationspflichten im elektronischen Geschäftsverkehr – wettbewerbsrechtlich betrachtet, NJW 2003, 2140; *Steins,* Entwicklung der Informationspflichten im E-Commerce, WM 2002, 53 ff.; *Stickelbrock,* „Impressumspflicht" im Internet – Eine kritische Analyse der neueren Rechtsprechung zur Anbieterkennzeichnung nach § 6 TDG, GRUR 2004, 111; *Taeger,* Informationspflicht über den Datenschutz im M-Commerce, DuD 2010, 246; *Waldenberger,* Informationspflichten der Diensteanbieter im Internet, in: Hohl/Leible/Sosnitza, Vernetztes Recht, 2002, S. 97; *Weidner,* Arzneimittelwerbung im Bereich „Social Media"?, PharmR 2014, 241; *Woitke,* Informations- und Hinweispflichten im E-Commerce, BB 2003, 2469; *ders.,* Das „Wie" der Anbieterkennzeichnung gemäß § 6 TDG, NJW 2003, 871; *Wüstenberg,* Das Fehlen von in § 6 TDG aufgeführten Informationen auf Homepages und seine Bewertung nach § 1 UWG, WRP 2002, 782; *ders.,* Immer wieder Online-Impressum – Die Rechtsprechung seit der UGP-Richtlinie bis und die Rechtslage insbesondere ab Juni 2013, VuR 2013, 403.

Übersicht

	Rn.
I. Zweck	1
II. Entstehungsgeschichte und europarechtlicher Hintergrund	4
III. Einzelerläuterungen	7
1. Anwendungsbereich	7
a) Geschäftsmäßige Telemedien	7
b) „In der Regel gegen Entgelt"	9
c) Angebote auf Portalen	13
d) Angebote auf Konzernplattformen und Handelsketten	20
e) Keine Anwendung bei Access-Providern	21
f) Mobile Commerce	23
2. Allgemeine Anforderungen	24
a) Maßstab: Durchschnittlicher Nutzer	24
b) Leicht erkennbar	27

	Rn.
c) Unmittelbar erreichbar	34
d) Ständig verfügbar	40
3. Erforderliche Angaben	41
a) Name, Anschrift sowie Vertretungsberechtigte (Nr. 1)	41
b) Kontaktaufnahmemöglichkeiten (Nr. 2)	48
c) Angaben zur Aufsichtsbehörde (Nr. 3)	53
d) Registerrechtliche Angaben (Nr. 4)	55
e) Berufsrechtliche Informationen (Nr. 5)	57
f) Umsatzsteueridentifikationsnummer oder Wirtschafts-Identifikationsnummer (Nr. 6)	62
g) Insolvenz, Abwicklung oder Liquidation von Kapitalgesellschaften (Nr. 7)	63
IV. Rechtsfolgen bei Verletzung	64
1. Bußgeld (§ 16)	64
2. Untersagung nach UKlaG und UWG	65
3. Schadensersatz	72
V. Weitergehende Informationspflichten	73
VI. Internationale Anwendbarkeit	74

I. Zweck

1 § 5 dient der Umsetzung der Informationspflichten nach Art. 5 ECRL. Daneben regelt § 55 RStV Informationspflichten, auch für nicht geschäftsmäßige Diensteanbieter von Telemedien. Mit den Informationen soll jeder Nutzer – nicht nur Verbraucher –, Wettbewerber sowie die Allgemeinheit, zB der Fiskus, über den Anbieter aufgeklärt werden,[1] nicht zuletzt aus Gründen der Seriosität[2] und zur Identitätsfeststellung für Klage- und Vollstreckungsverfahren.[3] Angesichts der möglichen Anonymität im Netz und der schweren Identifizierbarkeit der Urheber von Angeboten soll der Nutzer nicht de facto rechtlos gestellt werden. Um dieses Ziel zu erreichen, muss eine klare, verständliche sowie ausreichende Information, die ständig dem Nutzer zur Verfügung steht, gewährleistet werden.[4] Es kann nicht darauf verwiesen werden, dass dem Nutzer andere Möglichkeiten zur Identifizierung des Anbieters offen stünden;[5] dies liefe dem Zweck des § 5 diametral entgegen.

2 Die Pflichten nach § 5 dienen aber **nicht nur dem Verbraucherschutz.**[6] Denn auch geschäftlich tätige Nutzer haben ein Interesse daran, zu erfahren, mit wem sie in Kontakt treten, wie zB die Pflichtangaben auf Geschäftsbriefen nach § 37a HGB be-

---

[1] Begr. RegE BT-Drs. 14/6098, S. 21; BeckRTD-Komm/*Brönneke,* § 5 TMG Rn. 1, 2; jurisPK-Internetrecht/*Heckmann,* Kap. 4.2 Rn. 68; BeckOK InfoMedienR/*Ott,* § 5 TMG Rn. 3; *Schaefer,* DuD 2003, 348.

[2] OLG Hamm, MMR 2003, 410, 411; *Richter,* MMR 2014, 517, 521.

[3] Begr. RegE IuKDG 1997, BT-Drs. 13/7385, S. 21; Hoeren/Sieber/Holznagel/*Fröhlisch,* 44. EL 2017, Teil 13.4 Rn. 60.

[4] OLG Koblenz, MMR 2015, 732; OLG Hamburg, NJW-RR 2003, 985, 986 = MMR 2003, 105 mAnm *Klute;* wie hier auch Spindler/Schuster/*Micklitz/Schirmbacher,* § 5 TMG Rn. 2; *Woitke,* NJW 2003, 871.

[5] *Schröder/Bühlmann,* CR 2012, 318, wie hier auch BeckOK InfoMedienR/*Ott,* § 5 TMG Rn. 3; anders aber offenbar *Beckmann,* CR 2003, 140, 141.

[6] *Woitke,* NJW 2003, 871; Spindler/Schuster/*Micklitz/Schirmbacher,* § 5 TMG Rn. 2; BeckOK InfoMedienR/*Ott,* § 5 TMG Rn. 4; anders aber LG Arnsberg, Urt. v. 3.9.2015 – 8 O 63/15: Vorschrift dient insb. dem Verbraucherschutz; LG Essen, K&R 2015, 275, 276: § 5 TMG als Informationspflichten im Geschäftsverkehr gegenüber Verbrauchern; LG Berlin, MMR 2015, 413:

Allgemeine Informationspflichten § 5 TMG

legen. § 5 dient daher auch der Transparenz am Markt und damit letztlich der Stärkung des Vertrauens der Marktteilnehmer in den E-Commerce.[7] Schließlich kann § 5 auch der Stärkung der datenschutzrechtlichen Rechte der Nutzer dienen, indem diese wissen, wem gegenüber sie ihre Ansprüche durchsetzen können.[8]

Aufgrund des engen Zusammenhangs mit anderen Informationspflichten, insbesondere im Fernabsatzbereich,[9] aber auch nach der PAngV,[10] können die dort geltenden Grundsätze entsprechend für die Auslegung des § 5 herangezogen werden.[11] Sie sind indes nicht identisch mit den Pflichten nach § 312d BGB und der BGB-InfoV.[12] 3

II. Entstehungsgeschichte und europarechtlicher Hintergrund

§ 5 beruht auf einer weitgehend wortgleichen Umsetzung des Art. 5 ECRL.[13] Über diesen hinausgehende Anforderungen sind indes zulässig, da die ECRL klar nur einen Mindestrahmen für die zu gebenden Informationen setzt.[14] Die Angaben über den Anbieter werden flankiert durch ein allgemeines Gebot der Transparenz für die Angabe von Preisen, die insbesondere auch Steuern und Versandkosten enthalten müssen. § 5 beschränkt sich auf die allgemeinen Angaben, die nicht preisrelevant sind; die von Art. 5 Abs. 2 ECRL ebenfalls vorgesehene Pflicht, Preise und Kosten transparent auszuweisen, wird dagegen durch die PAngV geregelt. 4

Die Norm entspricht bis auf wenige Änderungen den früheren Fassungen im TDG aF Durch die Umsetzung von Art. 4 Abs. 3 der Publizitätsrichtlinie[15] wurden mit den Änderungsgesetz[16] § 5 Abs. 1 Nr. 7 angefügt sowie Nr. 1 ergänzt. Lediglich Abs. 2 wurde im Rahmen des Gesetzes über Fernabsatzverträge[17] hinzugefügt und dient der Klarstellung.[18] 5

Keine Berücksichtigung, weder in Art. 5 ECRL noch in § 5, hat indes das **Sprachenproblem** gefunden.[19] Die verwandte Sprache ist jedoch gerade bei grenzüberschreitender Abrufbarkeit entscheidend. Auf dieses, gerade angesichts der pluralisti- 6

Verbraucherschutz und Transparenz von geschäftsmäßig erbrachten Telediensten; sowie Bräutigam/Leupold/*Pelz*, Online-Handel, B I. Rn. 16: nur Verbraucherschutz.

[7] Spindler/Schuster/*Micklitz/Schirmbacher*, § 5 TMG Rn. 3; jurisPK-Internetrecht/*Heckmann*, Kap. 4.2 Rn. 68, 69.

[8] *Woitke*, NJW 2003, 871; *Bizer/Trosch,* DuD 1999, 621; Spindler/Schuster/*Micklitz/Schirmbacher*, § 5 TMG Rn. 4.

[9] jurisPK-Internetrecht/*Heckmann*, Kap. 4.2 Rn. 70.

[10] Preisangabenverordnung idF der Bek. vom 18.10.2002 (BGBl. I S. 4197), die durch Art. 11 des Gesetzes vom 11.3.2016 (BGBl. I S. 396) geändert worden ist.

[11] Ähnlich OLG Hamburg, NJW-RR 2003, 985, 986 = MMR 2003, 105 mAnm *Klute*: Zusammenhang ist zu berücksichtigen.

[12] Missverständlich *Schmittmann*, Werbung im Internet, S. 273f.

[13] Spindler/Schuster/*Micklitz/Schirmbacher*, § 5 TMG Rn. 1.

[14] Begr. RegE BT-Drs. 14/6098, S. 21; Spindler/Schuster/*Micklitz/Schirmbacher*, § 5 TMG Rn. 1, 82; BeckRTD-Komm/*Brönneke*, § 5 TMG Rn. 22.

[15] Richtlinie 2203/58/EG des Europäischen Parlaments und des Rates vom 15. Juli 2003 zur Änderung der Richtlinie 68/151/EWG des Rates in Bezug auf die Offenlegungspflichten von Gesellschaften bestimmter Rechtsformen, ABl. Nr. L 221 v. 4.9.2003, S. 13.

[16] Art. 12 Abs. 15 des Gesetzes über elektronische Handelsregister und Genossenschaftsregister sowie das Unternehmensregister vom 10.11.2006 (BGBl. I S. 2553).

[17] Gesetz über Fernabsatzverträge und andere Fragen des Verbraucherrechts sowie zur Umstellung von Vorschriften auf Euro vom 27.6.2000, (BGBl. I S. 897) vom 29.6.2000.

[18] Begr RegE BT-Drs. 14/2658, S. 37.

[19] BeckOK InfoMedienR/*Ott*, § 5 TMG Rn. 20; *Ernst*, VuR 1999, 397, 401; *Hoeren*, MMR 1999, 192, 197.

schen Strukturen für die EU besonders „heiße Eisen" wollten und konnten sich offenbar weder Kommission noch Rat oder Europäisches Parlament einlassen. Demgemäß wird es hier, auch wenn man das nicht für sinnvoll erachten mag,[20] bei der Anwendung von § 3 bzw. des Herkunftslandprinzips (→ Rn. 74) bleiben. Außerhalb des vertraglichen Verbraucherschutzes kann dieses Prinzip nur im Einzelfall und zu Gunsten des Verbrauchers durchbrochen werden, was natürlich nicht für Nutzer gilt, die keine Verbraucher sind.[21] Ist deutsches Recht dagegen anwendbar, zB bei einem Diensteanbieter im Inland (§ 3 Abs. 1), muss die Information in deutscher Sprache erfolgen. Dies gilt auch für eine Homepage, die vollständig in Englisch gehalten ist. Trotz weit verbreiteter Kenntnisse des **Englischen** kann nicht von vornherein davon ausgegangen werden, dass jedermann die entsprechenden Angaben zu verstehen vermag. Zudem verfängt hier nicht das für das Vertragsrecht einschlägige Argument, dass der Nutzer sich freiwillig in eine andere Sprache begibt,[22] da das Impressum auch der Aufklärung für mögliche Rechte gegenüber dem Anbieter dienen soll, zB auch bei Rechtsverletzungen durch den Anbieter,[23] → Rn. 32.

III. Einzelerläuterungen

1. Anwendungsbereich

7 **a) Geschäftsmäßige Telemedien.** Die Pflicht zur Angabe der in § 5 genannten Informationen gilt nur für **geschäftsmäßig** erbrachte Telemedien. Fraglich ist indes, wie der Begriff der „geschäftsmäßigen Telemedien" auszulegen ist: Zu § 6 TDG aF wurde eine weite Auslegung vertreten, die den Anwendungsbereich keineswegs auf Teledienste mit Gewinnerzielungsabsicht beschränkte, sondern jegliches nachhaltige Angebot im Internet, mithin auch private Homepages, erfasste. Lediglich gelegentliche Angebote, etwa bei „schwarzen Brettern", waren demnach ausgeschlossen.[24] Da der enger gefasste Art. 5 ECRL keine Vollharmonisierung bewirkt und der nationale Umsetzungsgesetzgeber strengere Anforderungen vorsehen kann, konnte für § 6 TDG aF aufgrund der Gesetzgebungsgeschichte an dem schon für dessen Vorgängernorm postulierten weiten Begriff der „geschäftsmäßigen Telemedien" festgehalten werden. Der Gesetzgeber des TMG hat, – abgesehen von Anpassungen an die EU-Publizitätsrichtlinie, → Rn. 63 – nunmehr klargestellt, dass § 5 sich nur auf solche Dienste bezieht, die in der Regel gegen Entgelt angeboten werden.[25] Damit hat der deutsche Gesetzgeber die Definition des Dienstes der Informationsgesellschaft aus der früheren Richtlinie 98/34/EG (nunmehr Richtlinie (EU) Nr. 2015/1535)[26] übernommen, auf welche die ECRL in Art. 2 lit. a verweist. Im Wesentlichen sollen damit

---

[20] S. etwa *Brunst*, MMR 2004, 8, 12; *v. Wallenberg*, MMR 2005, 661, 663; *Hoeren*, WM 2004, 2461; Spindler/Schuster/*Micklitz/Schirmbacher*, § 5 TMG Rn. 31, 32.

[21] Dies verkennen offenbar Spindler/Schuster/*Micklitz/Schirmbacher*, § 5 TMG Rn. 23f., 31, 32.

[22] So aber BeckOK InfoMedienR/*Ott*, § 5 TMG Rn. 20.

[23] AA *Brunst*, MMR 2004, 8, 12f.; dies verkennt auch BeckOK InfoMedienR/*Ott*, § 5 TMG Rn. 20, der nur auf Bestellvorgänge abstellt.

[24] *Kaestner/Tews*, WRP 2002, 1011, 1013f.; *Stickelbrock*, GRUR 2004, 111, 112f.; BeckRTD-Komm/*Brönneke*, § 5 TMG Rn. 41 mwN; für eine engere Auslegung dagegen *Woitke*, NJW 2003, 871, 872; *Weber*, JurPC Web-Dok 76/2002 Abs. 16.

[25] Begr. RegE BT-Drs. 16/3078, S. 14.

[26] Richtlinie 98/34/EG des Europäischen Parlaments und des Rates über Informationsverfahren auf dem Gebiet der Normen und technischen Vorschriften und der Vorschriften für die Dienste der Informationsgesellschaft, ABl. Nr. L 204 vom 21.7.1998, S. 37, nunmehr aufgehoben durch die Richtlinie (EU) Nr. 2015/1535 des Europäischen Parlaments und des Rates vom

Allgemeine Informationspflichten **§ 5 TMG**

nach Auffassung des Gesetzgebers private Homepages oder Informationsangebote von Idealvereinen aus dem Anwendungsbereich des § 5 ausgenommen werden.[27]

Dies ändert aber nichts an dem weiten Verständnis des Merkmals der geschäftsmäßigen Telemedien. Es kommt somit für die Geschäftsmäßigkeit grundsätzlich nur darauf an, ob eine gewisse **Nachhaltigkeit des Informationsangebots** vorliegt, ohne dass es auf eine Gewinnerzielungsabsicht ankäme.[28] Damit das Angebot als nachhaltig eingestuft werden kann, muss es auf einen längeren Zeitraum ausgerichtet sein und darf sich nicht nur auf den Einzelfall beschränken.[29] Dementsprechend lassen sich grundsätzlich auch die Internetpräsentationen von öffentlichen Einrichtungen wie Museen und Bibliotheken sowie von Bildungseinrichtungen, wie zB Schulen und Universitäten[30], Stiftungen[31] oder gemeinnützigen Organisationen als nachhaltig erfassen, es sei denn die Inhalte werden nur einmalig oder kurzfristig angeboten.[32] In der Regel werden diese Präsenzen aber auch gegen Entgelt angeboten, so dass sie nicht unter die Impressumspflicht fallen (→ Rn. 9). Bei öffentlichen Einrichtungen fehlt das Merkmal der Entgeltlichkeit insbesondere in den Bereichen Soziales, Kultur, Bildung und Justiz, da der Staat dabei eine Tätigkeit ohne wirtschaftliche Gegenleistung erbringt.[33] Bei gemeinnützigen Organisationen muss differenziert werden: Stellt ein eingetragener Verein auf seiner Webseite ein ihm herausgegebenes Buch vor, so geschieht dies „in der Regel gegen Entgelt";[34] bittet er jedoch nur um Spenden, so ist die Entgeltlichkeit zu verneinen.[35] Allerdings kann ein ehemals geschäftsmäßiges Telemedium zu einer privaten Seite umgewidmet werden, wenn kein Bezug mehr zur ehemaligen Tätigkeit auf der Seite herstellbar ist, selbst dann, wenn etwa in Branchenverzeichnissen die Umwidmung bzw. Löschung der Angabe erst mit Verzögerung erfolgt und so von außerhalb zunächst weiter in geschäftlichem Zusammenhang auf die Seite verwiesen wird.[36]

b) „In der Regel gegen Entgelt". Ferner verlangt das Gesetz ein Angebot, das „in der Regel gegen Entgelt" gemacht wird. Nähme man allerdings das TMG bzw. die ECRL beim Wort, würden die meisten Internetinformationsangebote nicht der Impressumspflicht unterfallen, da sie für den Nutzer oftmals kostenlos erfolgen, etwa Informationen über ein Unternehmen oder über ein Warenangebot.[37] Indes werden schon in der ECRL keineswegs alle unentgeltlichen Informationsangebote

---

9.9.2015 über ein Informationsverfahren auf dem Gebiet der technischen Vorschriften und der Vorschriften für die Dienste der Informationsgesellschaft, ABl. EU Nr. L 241 v. 17.9.2015, S. 1.

[27] Begr. RegE BT-Drs. 16/3078, S. 14.

[28] Spindler/Schuster/*Micklitz/Schirmbacher,* § 5 TMG Rn. 8; *Richter,* MMR 2014, 517; *Pießkalla,* ZUM 2014, 368, 369; *Schröder/Bühlmann,* CR 2012, 318, 319; *Lorenz,* K&R 2008, 340; 341; zum TDG *Ernst,* GRUR 2003, 759; aA *Franosch,* NJW 2004, 3155, 3156; *Stickelbrock,* GRUR 2004, 111, 112f.

[29] Spindler/Schuster/*Micklitz/Schirmbacher,* § 5 TMG Rn. 8; *Rockstroh,* MMR 2013, 627, 629; *Hoffmann,* MMR 2013, 631, 633; *Stickelbrock,* GRUR 2004, 111, 112.

[30] *Brunst,* MMR 2004, 8, 10.

[31] *Hoeren,* WM 2004, 2461, 2462.

[32] Spindler/Schuster/*Micklitz/Schirmbacher,* § 5 TMG Rn. 9.

[33] *Rockstroh,* MMR 2013, 627, 630.

[34] LG Essen, VuR 2013, 61.

[35] Spindler/Schuster/*Micklitz/Schirmbacher,* § 5 TMG Rn. 13.

[36] OLG Hamm, Urt. v. 13.1.2011 – 4 U 161/10, Rn. 36f.

[37] Spindler/Schuster/*Micklitz/Schirmbacher,* § 5 TMG Rn. 10: Die Internetpräsentation eines Rechtsanwalts oder eines DAX-Unternehmens wird in der Regel nicht gegen Entgelt angeboten, sondern ist kostenfrei abrufbar. Dementsprechend hätte das Abstellen auf den reinen Wortlaut zur Konsequenz, dass eine solche Präsentation nicht unter die Impressumspflicht fallen würde.

TMG § 5   Allgemeine Informationspflichten

von den Informationspflichten ausgenommen, da auch **indirekte wirtschaftliche Einnahmen** wie durch Werbung dem Begriff der „kommerziellen" Dienste nach Art. 6 iVm Art. 2 lit. f ECRL unterfallen. Es entspräche zudem nicht dem Schutzzweck der Impressumspflicht, dem Nutzer Identitätsinformationen über kommerzielle Angebote bereitzustellen, wenn allein auf das unmittelbare Informationsangebot als Telemedium abgestellt wird;[38] entscheidend ist vielmehr, ob mit dem Telemediendienst mittelbare wirtschaftliche Zwecke verfolgt werden.[39] So lenken denn etwa auch kostenlose Informationsangebote den Nutzer auf entgeltliche Beratungen, Produkte des Unternehmens.[40] Zu weit ginge es allerdings, bereits eine Impressumspflicht anzunehmen, wenn eine Webseite überhaupt kein Informationsangebot enthält, sondern nur den Hinweis, dass bald eine Internetpräsenz (**„under construction"**) aufgebaut würde.[41] Denn hier kann weder von einer Nachhaltigkeit noch von einem Hinlenken auf wirtschaftliche Aktivitäten des Unternehmens gesprochen werden, da keinerlei Inhalte bereitgehalten werden.[42] Zudem ist nicht ersichtlich, warum Nutzer oder Aufsichtsbehörden bereits des Schutzes bedürfen sollten, da mangels Informationsangebote etc. kaum ein Rechtsverfolgungsinteresse besteht. Werden aber mit nicht fertig gestellten Websites bereits wirtschaftliche Interessen verfolgt, besteht die Pflicht zur Führung eines Impressums[43]: So wird durch den Hinweis „Hier entsteht in Kürze unsere Internetpräsenz" zusammen mit einem Link zum Abruf eines ansonsten nicht digital vertriebenen Anzeigenblatts, dem Namen des Vertriebsleiters und der entsprechenden E-Mail-Adresse ein verfolgter wirtschaftlicher Zweck deutlich.[44]

10   Dass ein Angebot **„in der Regel"** entgeltlich sein muss, um die Impressumspflicht auszulösen, legt nahe, dass nicht das konkrete Telemedium maßgeblich ist, sondern vergleichbare, verkehrsübliche Angebote herangezogen werden müssen, um zu beurteilen, ob ein Angebot diesen Typs in der Regel gegen Entgelt angeboten wird. Damit sollen auch solche Anbieter erfasst werden, die ein ansonsten typisch kostenpflichtiges Angebot umsonst anbieten.[45] Der Anwendungsbereich wird aber erheblich erweitert, wenn man wie oben mittelbare Finanzierungsmodelle mit einbezieht. Wann ein Angebot in der Regel entgeltlich ist, muss aufgrund der schnelllebigen Angebote im Internet zum Zeitpunkt der jeweiligen Verletzungshandlung beurteilt werden. Umgekehrt bedeutet das Kriterium „in der Regel" nicht, dass ein ausnahmsweise entgeltpflichtiges Angebot nur deswegen nicht unter § 5 fällt, weil die Mehrzahl der Angebote sonst kostenlos ist. Denn die Norm will gerade das Auffinden des Anbieters gewährleisten, so dass auch diese Fälle erfasst sein müssen.

11   Privilegiert werden sollen demgegenüber nur **private Angebote oder Idealvereine;**[46] aber selbst hier müssten Informationsangebote eines Idealvereins, die wie-

---

[38] Ebenso BeckRTD-Komm/*Brönneke,* § 5 TMG Rn. 42.

[39] *OLG Düsseldorf,* MMR 2008, 682, 683; iE ähnlich in Spindler/Schuster/*Micklitz/Schirmbacher,* § 5 TMG Rn. 10, 11; *Lorenz,* K&R 2008, 340, 341 f.

[40] jurisPK-Internetrecht/*Heckmann,* Kap. 4.2 Rn. 56.

[41] Wie hier *Lorenz,* Die Anbieterkennzeichnung im Internet, S. 96; *Rosenbaum/Tölle,* MMR 2013, 209, 211; LG Düsseldorf, K&R 2011, 281; aA Spindler/Schuster/*Micklitz/Schirmbacher,* § 5 TMG Rn. 11.

[42] *Lorenz,* Die Anbieterkennzeichnung im Internet, S. 96.

[43] LG Aschaffenburg, CR 2013, 58, 59; *Rosenbaum/Tölle,* MMR 2013, 209, 211.

[44] LG Aschaffenburg, CR 2013, 58, 59: Potenzielle Werbeinteressenten könnten über die Seite Kontakt zum Anzeigenblatt aufnehmen und Verträge abschließen, sodass keine reine „Baustellenseite" vorliegen soll.

[45] *Ott,* MMR 2007, 354, 355; BeckRTD-Komm/*Brönneke,* § 5 TMG Rn. 44.

[46] LG Berlin, MMR 2015, 413; LG Stuttgart, MMR 2014, 674, 676; *Haug,* NJW 2015, 661; *Pießkalla,* ZUM 2014, 368, 369; *Rockstroh,* MMR 2013, 627, 630.

Allgemeine Informationspflichten **§ 5 TMG**

derum auf kommerzielle Aktivitäten verweisen, etwa Angebote des ADAC e.V. mit den Hinweisen auf wirtschaftliche Aktivitäten seiner Tochtergesellschaft (zB Reiseangebote), als „in der Regel gegen Entgelt" qualifiziert werden, da sonst der Schutzzweck unterlaufen würde.[47] Gleiches gilt für die **Anbieter kostenloser Dienste** (auch Software wie Open Source), von denen sich die Anbieter oftmals indirekte wirtschaftliche Vorteile versprechen. Demgegenüber werden Idealvereine oder gemeinnützige Organisationen, die auch nicht mittelbar Leistungen gegen Entgelt anbieten (ohne dass es auf die Frage der Gewinnerzielung ankommt), von der Impressumspflicht ausgenommen; dies kann etwa für **Verbraucherschutzorganisationen** oder Sozialeinrichtungen gelten.[48]

Ein geschäftsmäßiger Internetauftritt liegt auch vor, wenn Einnahmen über Werbebanner, Werbeanzeigen oder die Teilnahme an Affiliate-Programmen erzeugt werden – die Höhe der Einnahmen ist dabei unerheblich.[49] Auch eine **werbefinanzierte Homepage eines privaten Nutzers** kann nicht mehr als unentgeltlich eingestuft werden, da mit der Schaltung der Werbung indirekte wirtschaftliche Einnahmen generiert werden. Dabei kann es auch nicht darauf ankommen, ob mit der Werbung nur die Deckung der laufenden Kosten oder eine Senkung der an den Provider zu zahlenden Gebühren erfolgt oder diese dazu dient, den Preis des Hostings zu verringern, da dies für den außenstehenden Nutzer nicht erkennbar ist.[50] Nicht recht nachvollziehbar ist in diesem Zusammenhang, warum sich in § 55 Abs. 1 RStV nF nochmals eine Informationspflicht findet, die lediglich Anbieter von Telemedien ausschließlich „persönlicher" oder „familiärer" Natur ausnimmt, was mit § 5 nicht deckungsgleich ist.[51]

c) Angebote auf Portalen. Auch Anbieter innerhalb von **Portalen und Plattformangeboten,** insbesondere **Auktionsplattformen** wie *eBay*,[52] aber auch Anbieter von Apps auf **App-Stores** wie bspw. *Google Play*, dem *Windows Store* von Microsoft oder dem *(Mac) App Store* von Apple trifft eine Impressumspflicht nach § 5,[53] wobei allerdings schon durch einen entsprechenden Hyperlink den Vorgaben genügt werden kann (→ Rn. 34).[54] Denn sie halten selbst ein Informationsangebot im Sinne eines Telemediendienstes bereit (→ § 2 Rn. 12). Entscheidend ist, dass sie sich dem Nutzer gegenüber als eigenständiges Angebot darstellen, selbst wenn sie einigen Vorgaben der Plattform unterliegen, etwa hinsichtlich der Darstellung des An-

12

13

---

[47] Zur Parallelproblematik im UWG auch schon *Ohly,* GRUR 2004, 889, 893.
[48] Anders wohl Spindler/Schuster/*Micklitz/Schirmbacher,* § 5 TMG Rn. 10.
[49] jurisPK-Internetrecht/*Heckmann,* Kap. 4.2 Rn. 57; *Ott,* MMR 2007, 354, 355.
[50] Wie hier *Kitz,* ZUM 2007, 368, 371; *Ott,* MMR 2007, 354, 355; BeckRTD-Komm/ *Brönnecke,* § 5 TMG Rn. 43; einschränkend Spindler/Schuster/*Micklitz/Schirmbacher,* § 5 TMG Rn. 12: nur, wenn privater Zweck zurücktritt; *Lorenz,* K&R 2008, 340, 342; unschädlich, wenn direkt zu Vergünstigung der Providergebühren führt; noch weitergehend: *Härting,* Internetrecht, Rn. 1523, keine Pflicht, wenn Werbung dazu dient die laufenden Kosten der Website zu finanzieren.
[51] Krit. zu Recht *Engels/Jürgens/Fritzsche,* K&R 2007, 57, 63.
[52] OLG Düsseldorf, MMR 2013, 718 zu der Kraftfahrzeugrestwertbörse car.; OLG Oldenburg, GRUR-RR 2007, 54; OLG Düsseldorf, MMR 2008, 682, 683; OLG Karlsruhe, WRP 2006, 1038, 1041; OLG Brandenburg, OLGR 2006, 955; LG Berlin, B. v. 14.7.2004 – 102 O 161/04; Hoeren/Sieber/Holznagel/*Solmecke,* 44. EL 2017, Teil 21.1 Rn. 2; *Engels/Jürgens/Fritzsche,* K&R 2007, 56, 59; jurisPK-Internetrecht/*Heckmann,* Kap. 4.2 Rn. 56; aA *Lorenz,* VuR 2008, 321, 322 f.; *Lorenz,* Die Anbieterkennzeichnung im Internet, S. 108 f.
[53] *Schröder/Bühlmann,* CR 2012, 318, 320, die gleichzeitig darauf hinweisen, dass in diesen Fällen der Impressumspflicht praktisch nicht nachgekommen wird; ebenso *Baumgartner/Ewald,* Apps und Recht, Rn. 148 ff. für Apps, die sich aus Sicht eines Dritten als eigenständig darstellen.
[54] Eingehend *Kaestner/Tews,* WRP 2004, 391, 395 ff.

gebotes oder hinsichtlich von Kontrollen einer App vorab auf Sicherheit, Jugendschutz etc. Aufgrund der Platzverhältnisse auf dem kleinen Bildschirm eines Handys muss ein Verweis im Hauptmenü der App dem Erfordernis der „unmittelbaren Erreichbarkeit" genügen; für den Nutzer wäre es eher beschwerlich und störend, ein dauerhaftes Impressumssymbol in dem ohnehin schon kleinen Bildausschnitt zu haben.[55] Seine Informationsinteressen und der gebotene Rechtsschutz werden auch durch diesen Verweis gewahrt. Auch andere Handelsplattformen, wie Kfz-Händler, die Gebrauchtwagenangebote auf Automobilhandelsplattformen anbieten,[56] Makler mit Immobilienangeboten auf Immobiliensuchportalen[57] sowie Anwaltssuchverzeichnisse[58] halten Informationsangebote bereit. Entscheidend ist neben der Eigenständigkeit des Angebots die Nachhaltigkeit der bereitgehaltenen Informationen.[59]

14 Auch jede Darstellung auf einem **sozialen Netzwerk** wie Facebook oder Twitter und auch die konstante Versorgung von „Fans" mit Nachrichten löst bereits die Impressumspflicht aus,[60] erst recht auf beruflichen Netzwerken wie XING,[61] nicht jedoch die gelegentliche Stellungnahme oder der nur gelegentliche oder gar einmalige Versand von Nachrichten,[62] da es hier an der nötigen Nachhaltigkeit des Informationsangebots selbst fehlt.

15 Hinsichtlich der Nutzer von **Facebook-Accounts** gilt, dass diese eine eigene Anbieterkennung vorhalten müssen, wenn diese Accounts zu Marketingzwecken benutzt werden und nicht nur eine rein private Nutzung vorliegt.[63] Hierzu gehören solche Facebook-Seiten, die auf eine gewisse Dauer angelegt sind und vor dem Hintergrund einer wirtschaftlichen Tätigkeit angeboten werden; das erfasst Facebook-Seiten, die der Förderung des Absatzes von Waren und/oder Dienstleistungen sowie des Erscheinungsbilds eines Unternehmens dienen.[64] Ferner unterfallen der Pflicht zur Anbieterkennzeichnung Facebook-Seiten, auf denen Informationen (wie Wetter- oder Börsendaten) bereitgestellt und die über Werbung (mit-)finanziert wer-

---

[55] Baumgartner/Ewald/*Ewald*, Apps und Recht, Rn. 168.

[56] OLG Düsseldorf, MMR 2008, 682, 683; Spindler/Schuster/*Micklitz/Schirmbacher*, § 5 TMG Rn. 16; *Härting*, Internetrecht, Rn. 1524; aA *Lorenz*, Die Anbieterkennzeichnung im Internet, S. 108 f.

[57] LG München I, CR 2009, 62.

[58] LG Stuttgart, ZUM RD 2014, 582, 585.

[59] Anders offenbar Spindler/Schuster/*Micklitz/Schirmbacher*, § 5 TMG Rn. 16 f. und *Schröder/Bühlmann*, CR 2012, 318, 319, die nur auf den „eigenständigen Einfluss auf die angebotenen Inhalte" abstellen wollen – der aber immer vorliegen wird.

[60] Ebenso iE Spindler/Schuster/*Micklitz/Schirmbacher*, § 5 TMG Rn. 18, 19; LG Regensburg, Urt. v. 31.01.2013 – 1 HK O 1884/12 MMR 2013, 246; *Lent*, ZUM 2013, 914, 919; für eine engere Auslegung des Begriffes des Dienstes *Stadler*, Impressumspflicht für Twitter-Account?, 14.4.2009, abrufbar unter http://www.internet-law.de/2009/04/impressumspflicht-fur-twitter-account.html; ferner, Impressumpflicht bei Twitter?, 27.12.2009, abrufbar unter http://www.ferner-alsdorf.de/2009/12/impressumpflicht-bei-twitter/ (beide Stand: 1.4.2016); insoweit nicht weiterführend OLG Düsseldorf, B. v. 10.5.2012 – I 20 W 20/12, K&R 2012, 688.

[61] LG Stuttgart MMR 2014, 674; LG München I, MMR 2014, 677; LG Dortmund, MMR 2014, 678; *Heinemann*, NZFam 2015, 438, 440, der die gleichen Informationspflichten nach § 5 TMG, die im Rahmen der Unterhaltung eine Homepage zu achten sind, nicht nur für XING, sondern auch für Facebook, Google+, YouTube, Twitter und Instagram annimmt.

[62] *Schröder/Bühlmann*, CR 2012, 318, 319, die die Nachhaltigkeit grundsätzlich bei privaten Gelegenheitsgeschäften verneinen, so auch etwa bei Einträgen auf virtuellen schwarzen Brettern sowie bei einzelnen Versteigerungen auf Auktionsplattformen; s. aber auch *Lorenz*, Die Anbieterkennzeichnung im Internet, S. 109 f.

[63] OLG Düsseldorf, MMR 2014, 393; LG Aschaffenburg, MMR 2012, 38.

[64] *Lichtnecker*, GRUR 2014, 523; *Rockstroh*, MMR 2013, 627, 630.

Allgemeine Informationspflichten **§ 5 TMG**

den, Facebook-Seiten, über die direkt Waren oder Dienstleistungen bezogen werden können oder Marketingzwecken dienende Facebook-Seiten.[65] Wird das Facebook-Profil somit als Eingangskanal in eine Webseite genutzt, auf der eine Darstellung von entgeltlichen Leistungen stattfindet, so handelt es sich um ein Telemedium, das ein Impressum erfordert.[66] Ein Verstoß gegen § 5 TMG liegt dabei nicht vor, wenn sich das Impressum nicht unter der gleichen Domäne befindet wie das angebotene Telemedium; eine Verlinkung auf die eigene Webseite ist dabei zulässig.[67] Auch bei einer **google-plus-Seite** handelt es sich um ein Telemedium iSd § 5 TMG, wenn ein Werbezweck besteht, sodass ein Impressum vorgehalten werden muss.[68]

Die Betreiber von **Blogs** können zusätzlich zu den Informationspflichten nach § 5 TMG auch die Angaben nach § 55 Abs. 2 RStV zu machen haben.[69] Blogs, die eigene Inhalte veröffentlichen und zum Teil redaktionell journalistisch tätig sind, aber keine Print-Ableger haben, fallen unter dem Telemedienbegriff des § 55 Abs. 2 RStV.[70] Es ist davon auszugehen, dass es sich bei dem Verweis in § 55 Abs. 2 RStV auf § 5 TMG um einen Rechtsfolgenverweis handelt: Dafür sprechen sowohl der Wortlaut der Norm als auch der Zweck der Regelung.[71] Auch wenn die dortigen Tatbestandsvoraussetzungen der Geschäftsmäßigkeit und der Entgeltlichkeit nicht erfüllt werden, müssen demnach Anbieter der elektronischen Presse die Angaben nach § 5 Abs. 1 TMG treffen.[72] 16

Das **Basic-XING-Profil** eines Rechtsanwalts ist grundsätzlich impressumspflichtig.[73] Auch hier gilt die Anforderung, das Impressum leicht erkennbar und verfügbar zu halten: XING hat darauf reagiert und die Impressumsrubrik nun im oberen Teil des Profils platziert.[74] Dabei ist nicht zwischen Basis- und Premium-Mitgliedschaft zu unterscheiden – in beiden Fällen kann das Profil nämlich genutzt werden, um potentielle Mandanten auf sich aufmerksam zu machen und so auch zu einer ersten Kontaktaufnahme führen.[75] Der Rechtsanwalt, der auf seinem Profil in einem solchen sozialen Netzwerk auf seine Beschäftigung in einer Sozietät, Partnerschaftsgesellschaft oder Anwaltsgesellschaft aufmerksam macht, ist alleinig impressumspflichtig iSd § 5 TMG – die Gesellschaft ist von der Verpflichtung nicht betroffen.[76] Nutzt ein Unternehmen ein soziales Netzwerk wie Twitter zu Marketing-Zwecken, ist es selbst impressumspflichtig, wenn es sich bei dem **Twitter-Account** um ein selbstständiges Telemedienangebot handelt.[77] Das Impressum bei geschäftsmäßigen Tweets kann dann durch einen klaren Hinweis in einem grafischen Hintergrundbild oder durch eine Verlinkung in den Twitter-Angaben geschehen.[78] 17

---

[65] *Rockstroh,* MMR 2013, 627, 630.

[66] LG Regensburg, MMR 2013, 246, 248.

[67] LG Aschaffenburg, MMR 2012, 38, 39.

[68] LG Berlin, B. v. 28.3.2013 – 16 O 154/13, das eine google-plus-Seite als Telemedium einstufte, da auf der Seite auf die von der Betreiberin vertriebenen Produkte hingewiesen und für diese geworben wurde.

[69] Baumgartner/Ewald/*Ewald,* Apps und Recht, Rn. 151.

[70] Baumgartner/Ewald/*Ewald,* Apps und Recht, Rn. 151; *Lent,* ZUM 2015, 134, 135.

[71] Hahn/Vesting/*Held,* § 55 RStV Rn. 41; *Lent,* ZUM 2015, 134, 135.

[72] Hahn/Vesting/*Held,* § 55 RStV Rn. 41; *Lent,* ZUM 2015, 134, 135.

[73] LG München I, MMR 2014, 677; Hoeren/Sieber/Holznagel/*Solmecke,* 44. EL 2017, Teil 21.1 Rn. 4.

[74] Abrufbar unter https://blog.xing.com/2014/07/rund-ums-impressum/, Stand: 25.2.2016.

[75] Hoeren/Sieber/Holznagel/*Solmecke,* 44. EL 2017, Teil 21.1 Rn. 4.

[76] *Heinemann,* NZFam 2015, 438, 439.

[77] LG Regensburg, MMR 2013, 246, 248; *Rauschhofer,* MMR-Aktuell 2010, 302790; Spindler/Schuster/*Micklitz/Schirmbacher,* § 5 TMG Rn. 19; offenlassend OLG Düsseldorf, K&R 2012, 688.

[78] *Rauschhofer,* MMR-Aktuell 2010, 302790.

TMG § 5   Allgemeine Informationspflichten

18   Die **Betreiber solcher Portale (sozialer Netzwerke)** selbst sollen ebenfalls nach Auffassung der Rechtsprechung gehalten sein, Impressumsverstöße durch Anbieter innerhalb ihrer Portale entgegenzuwirken. Diese Pflicht ergebe sich aus dem Betrieb des Portals selbst: Die Betreiber hätten durch die Einrichtung und Unterhaltung des Portals eine Gefahrenquelle für Wettbewerbsverletzungen nach § 3a UWG iVm § 5 TMG geschaffen, da ein solches Portal auch für geschäftsmäßige Angebote genutzt werden kann und es dabei durchaus möglich ist, dass der Gewerbetreibende die Informationspflichten des § 5 TMG nicht beachtet.[79] Dies soll durch vorsorgliche Belehrung über Impressumspflichten oder sogar durch den Zwang zur Einhaltung dieser geschehen.[80] Dem ist jedoch in dieser Pauschalität zu **widersprechen:** Handelt es sich bei den Betreibern solcher Portale um Host-Provider, die also (noch) als neutral einzustufen sind, kommen sie in den Genuss der Haftungsprivilegierung des § 10 TMG, so dass sie für fremde Inhalte nicht haften; hierzu zählt aber der gesamte Auftritt eines Dritten in einem solchen Portal, zu dem auch das Impressum zählt. Erst nach entsprechender Kenntniserlangung (zB durch Abmahnung) kann daher eine solche Pflicht entstehen.

19   Stellt ein **Host-Provider** nur seine Speicherkapazität zur Verfügung, wie zB ein **Cloud Computing** Anbieter, soll er dagegen nicht verpflichtet sein, ein Impressum anzugeben.[81] Dem ist zu widersprechen: Zum einen sind auch solche Cloud-Dienste und Speicherangebote Telemedien iSv § 1 und unterfallen schon dem Wortlaut nach § 5 S. 1. Zum anderen gebietet auch der Schutzzweck des § 5, dem Nutzer erforderliche Informationen ggf. auch zur Rechtsverfolgung bereitzustellen, dass solche Host-Provider ein Impressum angeben. Allein im Hinblick auf die Störerhaftung, die auch für reine Host-Provider und Cloud-Anbieter gilt, ist es erforderlich, dass der Nutzer entsprechende Angaben erhält.

20   **d) Angebote auf Konzernplattformen und Handelsketten.** An der Impressumspflicht der jeweiligen Einzelangebote ändert sich auch nichts, wenn die Plattform von einer Konzernmuttergesellschaft unterhalten wird, auf der die einzelnen Tochtergesellschaften dann ihre Informationsdienste bzw. -angebote einstellen. Dies gilt erst recht, wenn es sich um Händlerketten oder Franchise-Unternehmen mit einem zentralen Auftritt handelt. Denn stets bleibt es dabei, dass die einzelnen Anbieter rechtlich selbstständig sind und sich etwaige Ansprüche (mangels besonderer Zurechnungsvorschriften) gegen sie richten. Deswegen hat der jeweilige Nutzer ein Interesse daran, die entsprechenden Identifizierungsdaten für jedes rechtlich selbstständige Unternehmen zu erhalten.[82]

21   **e) Keine Anwendung bei Access-Providern.** Keine Anwendung kann § 5 dagegen auf solche Diensteanbieter finden, die selbst keine Telemedien anbieten, son-

---

[79] OLG Düsseldorf, MMR 2013, 649, 650f.; OLG Frankfurt a. M., MMR 2009, 194, 195; LG Frankfurt a. M., Urt. v. 13.5.2009 – 2-06 O 61/09; BeckOK InfoMedienR/*Ott*, § 5 TMG Rn. 7.

[80] OLG Düsseldorf, Urt. v. 18.6.2013 – I-20 U 145/12, MMR 2013, 649, 650 651; LG Frankfurt a. M., Urt. v. 13.5.2009 – 2-06 O 61/09; weniger weitgehend BeckOK InfoMedienR/*Ott*, § 5 TMG Rn. 7: Belehrung genügt.

[81] So BeckOK InfoMedienR/*Ott*, § 5 TMG Rn. 7.

[82] Verfehlt daher OLG Frankfurt a. M., MMR 2007, 379, 380; ebenso BeckOK InfoMedienR/*Ott*, § 5 TMG Rn. 8; Spindler/Schuster/*Micklitz/Schirmbacher*, § 5 TMG Rn. 21, die für den Internetauftritt einer bundesweit agierenden Elektronikmarktkette, die jeder einzelnen – rechtlich selbständigen – Gesellschaft eine eigene Darstellungsfläche verschafft, die Impressumspflicht nur für die Muttergesellschaft, nicht jedoch für jedes Einzelunternehmen annehmen; anders wäre dies jedoch, wenn die Einzelunternehmen die Möglichkeit zur vollständigen eigenen Ausgestaltung hätten und jede Unterseite ein anderes Aussehen hätte.

Allgemeine Informationspflichten **§ 5 TMG**

dern nur den **Zugang zu Telemedien** vermitteln. Denn § 5 spricht ausdrücklich von Informationen, die der Diensteanbieter „für […] Telemedien" zu erbringen hat. Demgemäß kann es nur um eigene Telemedien des Diensteanbieters gehen, nicht aber um die Bereithaltung fremder Telemedien oder gar die Vermittlung des Zugangs zu ihnen. Ansonsten wäre der Anbieter auch gehalten, die relevanten Angaben aller fremden Anbieter bereitzuhalten.[83] Daraus folgt, dass auch reine **Access-Provider** nicht den Pflichten nach § 5 unterfallen, da sie nur den Zugang zu fremden Telemedien vermitteln.[84] Ebenso wenig ist der Domain-Provider verpflichtet, die Angaben nach § 5 für einen Subdomain-Inhaber zu erbringen, der Dienste anbietet; die Pflicht nach § 5 trifft nur den eigentlichen Diensteanbieter.[85] Auch kann nicht darauf abgestellt werden, dass nach § 2 Nr. 1 auch der Access-Provider Anbieter eines Telemediums ist;[86] denn die Aufnahme der Access-Provider in die Legaldefinition des Diensteanbieters ist der Notwendigkeit geschuldet, diese trotz ihrer telekommunikationsähnlichen Leistung jedenfalls teilweise dem TMG zu unterwerfen, damit sie in den Genuss der Haftungsprivilegierungen nach § 8 gelangen (→ § 2 Rn. 23, → § 1 Rn. 27).

Nicht damit zu verwechseln sind die rein **werbetreibenden Homepageanbieter**, die selbst aber keine eigene Leistung anbieten, oder Betreiber von **Werbebannern:** Denn in diesen Fällen handelt es sich um ein eigenes Telemedium, indem Inhalte (nämlich die entsprechenden Werbedienste) zum Abruf bereitgehalten werden. Sowohl ECRL als auch TMG erfassen auch die rein werbende „kommerzielle Kommunikation".[87] Ob der Anbieter selbst Waren oder Dienstleistungen vertreibt, ist unerheblich, da es nur um den Individualabruf der Inhalte nicht redaktionell aufbereiteter bzw. nicht-meinungsbildender Art ankommt. Der werbetreibende Diensteanbieter hat daher entsprechende Angaben zu machen, allerdings nur seine Person betreffend, nicht dagegen für das Unternehmen, das beworben wird. Auch Anbieter reiner **Link-Listen** unterfallen der Pflicht nach § 5.[88] Zwar vermitteln die Links im Wesentlichen nur die Inhalte, auf die sie verweisen, doch trifft der Anbieter mit einer Zusammenstellung eine inhaltliche Auswahl, die eine Kommunikation an den Nutzer enthält (→ § 1 Rn. 70). 22

f) Mobile Commerce. § 5 differenziert nicht danach, auf welchen Endgeräten die Informationsangebote angezeigt werden – allein das Vorliegen eines Telemediendienstes genügt. Daher findet § 5 auch Anwendung auf den **Mobile Commerce** (M-Commerce),[89] insbesondere auf Angebote über Handys bzw. **Smartphones.** In der Vergangenheit wurde oft argumentiert, dass sich die Anforderungen des § 5 auf diese Geräte aufgrund der geringen Bildschirmgröße nicht praktikabel übertragen ließen, vor allem nicht hinsichtlich der leichten Erkennbarkeit der erforderlichen In- 23

---

[83] Dies übersehen noch Spindler/Schuster/*Micklitz/Schirmbacher,* 2. Aufl. 2011, § 5 TMG Rn. 12, nunmehr wie hier in der 3. Aufl. § 5 TMG Rn. 14.
[84] LG Mönchengladbach, MMR 2004, 260; *Kaestner/Tews,* WRP 2002, 1013; BeckOK InfoMedienR/*Ott,* § 5 TMG Rn. 7; aA Spindler/Schuster/*Micklitz/Schirmbacher,* § 5 TMG Rn. 14; Bräutigam/Leupold/*Pelz,* Online-Handel, B I. Rn. 19; *Schaefer,* DuD 2003, 348, 349.
[85] AA offenbar *Flechsig,* MMR 2002, 347, 350.
[86] So noch Spindler/Schuster/*Micklitz/Schirmbacher,* 2. Aufl. 2011, § 5 TMG Rn. 12, inzwischen aufgegeben (3. Aufl. § 5 TMG Rn. 14).
[87] → § 1 Rn. 13; *Kaestner/Tews,* WRP 2002, 1011, 1012; aA entgegen Wortlaut und Systematik *Wüstenberg,* WRP 2002, 782, 783 f.
[88] *Ott,* WRP 2003, 945, 946; s. auch die Rspr. im Wettbewerbs- und Markenrecht OLG München, MMR 2000, 617, 618; LG Braunschweig, CR 2001, 47; LG Hamburg, MMR 2000, 436, 437.
[89] Spindler/Schuster/*Micklitz/Schirmbacher,* § 5 TMG Rn. 22; *Ranke,* MMR 2002, 509; *Kessel/Kuhlmann/Passauer/Schriek,* K&R 2004, 519, 522.

formationen (zur Problematik des Scrollens → Rn. 37).[90] Allerdings hat die Geräteentwicklung gerade bei Tablet-PCs und größeren Smartphones dazu geführt, dass die Bildschirmerkennbarkeit wesentlich einfacher als früher gegeben ist. Verbleibendem Mehraufwand gegenüber Endgeräten mit größeren Displays lässt sich zudem auch dadurch Rechnung tragen, dass das Scrollen auf Touchscreens in der Regel schneller und einfacher möglich ist als auf anderen Geräten.[91] Auch wenn es sich um reine mobile, nicht über das Internet erbrachte Dienste handelt, wie etwa **Ortungsdienste**, gelten die Impressumspflichten.[92] Diesen kann dann allerdings durch Hyperlinks etc. genügt werden; so macht Erwägungsgrund 36 der Verbraucherrechts-Richtlinie 2011/83/EU explizit deutlich, dass bei technischen Einschränkungen ein Hyperlink genügen kann.

2. Allgemeine Anforderungen

24 **a) Maßstab: Durchschnittlicher Nutzer.** Ob die Informationspflichten nach § 5 erfüllt werden, hängt nach ihrem Zweck – der Orientierung für den Nutzer eines Angebots – davon ab, ob und wie die angesprochenen Verkehrskreise die angebotenen Informationen wahrnehmen und verstehen können. Dem Schutz der Nutzer steht andererseits die – auch grundrechtlich durch Art. 12 GG – geschützte Gestaltungsfreiheit der Diensteanbieter gegenüber, die durch ein ansprechendes Design ihrer elektronischen Angebote Kunden erreichen wollen. Im Rahmen des Verbraucherrechts ist auf den nicht rechtskundigen, aber auch aufmerksamen und sorgfältigen Teilnehmer am Wirtschaftsverkehr abzustellen.[93] Etwas anderes kann in der Regel auch im Bereich des § 5 nicht gelten.[94] Dementsprechend müssen geläufige Abkürzungen, wie bspw. HRB für „Handelsregister Abteilung B" nicht erklärt oder ausgeführt werden.[95] Da § 5 dem Schutz der beteiligten Verkehrskreise und dem Vertrauen in den elektronischen Rechtsverkehr dient, kann in diesem Rahmen ein besonderer Empfängerhorizont der Nutzer berücksichtigt werden, etwa wenn bestimmte Begrifflichkeiten in einer Branche üblich sind, auch wenn diese nicht von jedermann als Hinweis etwa auf Informationen nach § 5 verstanden werden.[96] Ausschlaggebend ist stets, ob der Anbieter vernünftigerweise damit rechnen kann, dass Branchenfremde nicht auf das elektronische Angebot des Anbieters Zugriff nehmen.

25 Gleiches gilt hinsichtlich der **technischen Maßstäbe,** auf die sich ein Anbieter einrichten muss: Auch hier ist die in den angesprochenen Verkehrskreisen übliche, durchschnittliche technische Ausrüstung maßgeblich. Weder kann sich ein Anbieter darauf berufen, dass nach dem neuesten Stand etwa der Bildschirmtechnik eine hohe Auflösung dazu führt, dass sonst nicht direkt wahrnehmbare Hinweise deutlich sicht-

---

[90] Näher *Ranke,* MMR 2002, 509ff. sowie *Rose/Taeger,* K&R 2010, 159; *Hoffmann,* MMR 2013, 631, 633; s. auch jurisPK-Internetrecht/*Heckmann,* Kap. 4.2 Rn. 199f.; zur gleichen Problematik im Rahmen des Fernabsatzrechts bei M-Payment s. *Müller-ter Jung/Kremer,* BB 2010, 1874, 1876ff. sowie *Börner/König,* K&R 2011, 92, 95ff.

[91] jurisPK-Internetrecht/*Heckmann,* Kap. 4.2 Rn. 209.

[92] Spindler/Schuster/*Micklitz/Schirmbacher,* § 5 TMG Rn. 22, für Apps.

[93] EuGH, NJW 1998, 3183; BGHZ 148, 1, 7; BeckOK BGB/*Schmidt,* § 307 BGB Rn. 5; im Rahmen des Lauterkeitsrechts: Köhler/Bornkamm/*Köhler,* § 3 UWG Rn. 5.2; Köhler/Bornkamm/*Bornkamm/Feddersen,* § 5 UWG Rn. 0.60ff.; für § 312c BGB aF Bräutigam/Leupold/Klein, Online-Handel, B III. Rn. 468.

[94] Spindler/Schuster/*Micklitz/Schirmbacher,* § 5 TMG Rn. 29, nach denen im Rahmen des TMG auf den durchschnittlich informierten, aufmerksamen und verständigen Nutzer abgestellt werde; *Stickelbrock,* GRUR 2004, 111, 114; *Woitke,* BB 2003, 2469; *Woitke,* NJW 2003, 871, 872.

[95] LG Bonn, MMR 2010, 180, 181.

[96] AA wohl *Bizer/Trosch,* DuD 1999, 619, 624.

Allgemeine Informationspflichten § 5 TMG

bar seien,[97] noch muss er sich auf einen niedrigen technischen Stand einer veralteten Auflösung verweisen lassen. Die technischen Maßstäbe können zudem nach den angesprochenen Verkehrskreisen differieren: So wird man Dienstangebote für Web-Designer oder Softwareentwickler nach anderen Kriterien ausgestalten können als solche im E-Commerce an jedermann.[98]

Herangezogen werden konnte früher die noch zu § 6 TDG aF zwischen Anbieter- und Verbraucherverbänden geschlossene **„Konvention zur Anbieterkennzeichnung im elektronischen Geschäftsverkehr mit Endverbrauchern"**, die allgemeingültige Hinweise für die leicht erkennbare Ausgestaltung der nötigen Angaben enthielt.[99] Demnach soll nach dem Prinzip „one click away" die Anbieterkennzeichnung durch einen direkten Link von denjenigen Webseiten erreichbar sein, auf denen unmittelbar geschäftliche Transaktionen durchgeführt werden; bei den übrigen soll ein Verweis auf die entsprechende Homepage genügen, auf der dann der Link zu den Angaben liegt („two clicks away").[100] Ähnliche Prinzipien enthalten die **„Verhaltensregeln für den lauteren elektronischen Handel der Internationalen Liga für Wettbewerbsrecht"**, die auf einem Rechtsvergleich der 15 führenden Industrienationen beruhen.[101] Auch diese können für die Auslegung fruchtbar gemacht werden.[102] 26

b) Leicht erkennbar. Die Informationen müssen für den Nutzer leicht erkennbar sein, indem sie einfach und effektiv optisch wahrnehmbar sind;[103] auf eine tatsächliche Kenntnisnahme kommt es nicht an.[104] Dies bedingt nicht nur eine entsprechende optische Gestaltung, sondern auch eine **klare Verständlichkeit** der in der Navigation einer Seite verwandten **Begriffe**.[105] Zwar spricht § 5 im Gegensatz zu § 312d BGB iVm Art. 246a § 4 Abs. 1 EGBGB nicht davon, dass die Information „klar und verständlich" sein muss. Doch bestimmt Art. 5 ECRL, dass die Informationen „leicht […] verfügbar" sein müssen. Die leichte Verfügbarkeit kann sich nicht nur auf die technische Präsentation der Informationen im Rahmen einer Webseite beziehen, sondern auch auf die leichte Verständlichkeit eines Informationsgehalts – andernfalls wäre sie nicht „leicht verfügbar", sondern nur mit Mühen und Zeitaufwand zu ermitteln, etwa bei verwirrender Begrifflichkeit.[106] 27

---

[97] S. etwa OLG München, MMR 2004, 321, 322, das eine Bildschirmauflösung von 1024 × 768 als „üblich" bezeichnet; OLG Hamburg, NJW-RR 2003, 985, 986 = MMR 2003, 105 mAnm *Klute*: 800 × 600 Pixel seien verkehrsüblich; dagegen *Beckmann*, CR 2003, 140, 141; *Franosch*, NJW 2004, 3155, 3156, nach dem die übliche Auflösung unterschiedlich beurteilt wird, im Hinblick auf die Zunahme von mobilen Geräten aber nicht höher als bei 800 × 600 Pixel angesetzt werden darf.

[98] Offen OLG Hamburg, NJW-RR 2003, 985, 986 = MMR 2003, 105 mAnm *Klute*: anwaltliche Versicherung genügt; aA offenbar *Bizer/Trosch*, DuD 1999, 619, 624.

[99] Abgedruckt noch bei BeckRTD-Komm/*Brönneke*, § 5 TMG Rn. 38, inzwischen aber nicht mehr im Internet abrufbar.

[100] BGH, MMR 2007, 40, 41; Spindler/Schuster/*Micklitz/Schirmbacher*, § 5 TMG Rn. 36; Redeker/*Redeker*, IT-Recht, D. Rn. 901a; *Rössel*, ITRB 2006, 270; *Ott*, WRP 2003, 945, 947f.

[101] Abrufbar unter http://www.wettbewerbszentrale.de/media/getlivedoc.aspx?id=396, Stand: 22.2.2016.

[102] OLG München, MMR 2004, 36, 37; *Brunst*, MMR 2004, 8, 11f.; *Ott*, WRP 2003, 945, 947.

[103] OLG München, MMR 2004, 321, 322; OLG Hamburg, MMR 2003, 105; *Leible*, BB 2005, 725; Spindler/Schuster/*Micklitz/Schirmbacher*, § 5 TMG Rn. 24.

[104] Ebenso BeckOK InfoMedienR/*Ott*, § 5 TMG Rn. 14; *Hoenike/Hülsdunk*, MMR 2002, 415, 417; *Hoß*, CR 2003, 687, 688.

[105] Zutr. OLG Hamburg, NJW-RR 2003, 985, 986 = MMR 2003, 105 mAnm *Klute*.

[106] OLG Düsseldorf, MMR 2014, 393, nach dem es für die leichte Erkennbarkeit erforderlich ist, dass der Nutzer Bezeichnungen wählt, die verständlich sind und sich dem Nutzer ohne Weite-

28 Informationen nach § 5 müssen demnach **optisch leicht** von einem durchschnittlichen Nutzer **wahrgenommen** werden können.[107] Dies führt zwar zu einer Einschränkung der Gestaltungsfreiheit des Diensteanbieters, die jedoch durch den erforderlichen Schutz des Nutzers – und damit auch des Vertrauens in die Integrität der Märkte – gerechtfertigt ist. Ebenso wenig genügt ein in **kleiner Schrift**[108] gehaltener Hyperlink, der in seiner optischen Wahrnehmbarkeit gegenüber anderen Menüpunkten oder Begriffen abfällt. Eine besondere Hervorhebung bedarf es andererseits auch nicht (→ Rn. 34). Es genügt bspw. schon graue Schrift auf schwarzem Grund.[109]

29 Hinsichtlich der **Terminologie** muss der Anbieter Begriffe verwenden, die einen durchschnittlichen Nutzer aus den vom Anbieter angesprochenen Verkehrskreisen unmissverständlich auf die Angaben nach § 5 hinweist. Allgemein durchgesetzt hat sich etwa die Formulierung „**Kontakt**". Dies gilt auch für den Begriff „**Impressum**", da der Nutzer hier üblicherweise nähere Angaben zum Anbieter vermutet.[110] Dabei ist unerheblich, ob sich unter „Kontakt" eine Mail-Verbindung („mailto") zum Anbieter verbirgt.[111] Wenn ein Händler auf seiner Webseite zwar ein „Impressum" verwendet, dort aber nicht die Angaben zu seinem Namen zur Verfügung stellt, sondern auf der (leicht überschaubaren) Startseite seiner Internetpräsenz in deutlich abgesetzter Form unter der Bezeichnung „Geschäftsführer", soll dies noch nach Auffassung des LG München noch ausreichen.[112]

30 Auch genügen bei bestimmten Plattformen wie **Auktionsplattformen** (eBay) Angaben wie „**Mich-Seite**", da den an der Plattform beteiligten Nutzern diese Formulierungen geläufig sind.[113] Anders liegt der Fall jedoch, wenn zusätzlich zur „Mich-Seite" ein Link mit dem Titel „Rechtliche Informationen des Verkäufers" geschaltet ist, über den der Nutzer nur unvollständige, nicht § 5 genügende Informationen erreicht. Einer solchen Seite wird ein Nutzer nämlich in der Regel mehr Gewicht beimessen als einer „Mich-Seite", weshalb es der Rechtsprechung zufolge „reiner Zufall" wäre, wenn er die korrekten Informationen noch vor dem Bestellvorgang fände.[114]

31 Für **soziale Netzwerke** wie Facebook oder XING[115] können sich wiederum andere Begriffe anbieten, wenn sie auf diesen Plattformen gängig sind, um Identitätsin-

---

res erschließen; OLG Hamm, MMR 2010, 29, wonach das Erfordernis der Klarheit und Verständlichkeit der Informationen eine strenge Betrachtungsweise verlange; *Ott,* WRP 2003, 945, 946.

[107] OLG Hamburg, NJW-RR 2003, 985, 986 = MMR 2003, 105 mAnm *Klute;* OLG München, MMR 2004, 321, 322.

[108] BeckOK InfoMedienR/*Ott,* § 5 TMG Rn. 15, wonach die Schrift groß genug sein muss, damit sie gut lesbar ist; *Haug,* NJW 2015, 661, 664.

[109] OLG Hamburg, MMR 2012, 489; krit. BeckOK InfoMedienR/*Ott,* § 5 TMG Rn. 15: Die Schriftfarbe muss sich vom Hintergrund abheben.

[110] BGH, MMR 2007, 40; OLG München, MMR 2004, 36, 37; zust. *Weidner,* PharmR 2014, 241, 243; *Lichtnecker,* GRUR 2014, 523, 524; *Ott,* MMR 2007, 354, 357f.; *Stickelbrock,* GRUR 2004, 111, 115; Spindler/Schuster/*Micklitz/Schirmbacher,* § 5 TMG Rn. 28f.; aA *Woitke,* BB 2003, 2469, 2473; abl. für „Kontakt" bei § 312c BGB aF OLG Karlsruhe, CR 2002, 682, 683 = WRP 2002, 849.

[111] AA OLG Karlsruhe, CR 2002, 682, 683; *Schaefer,* DuD 2003, 348, 352; wohl auch *Ernst,* GRUR 2003, 759, 760; *Woitke,* NJW 2003, 871, 872.

[112] LG München I, GRUR-RR 2011, 75.

[113] KG, MMR 2007, 791; LG Hamburg, MMR 2007, 130; LG Traunstein, MMR 2005, 781; OLG Karlsruhe, WRP 2006, 1038, 1041; Hoeren/Sieber/Holznagel/*Föhlisch,* 44. EL 2017, Teil 13.4 Rn. 77; *Lorenz,* VuR 2008, 321, 324; BeckOK InfoMedienR/*Ott,* § 5 TMG Rn. 19.

[114] OLG Hamm, MMR 2010, 29, 29f.; jurisPK-Internetrecht/*Heckmann,* Kap. 4.2 Rn. 140.

[115] S. dazu LG Stuttgart, MMR 2014, 674, 676.

Allgemeine Informationspflichten **§ 5 TMG**

formationen bereitzuhalten, zB hier (im Gegensatz zu anderen Internetpräsenzen) die Bezeichnung „Info".[116] Der Begriff „Info" ist dabei ausreichend, da der durchschnittliche Nutzer hier nach weiteren Informationen über den Anbieter suchen wird.[117] Entscheidend ist, was unter welchen Rahmenbedingungen üblicherweise vom Nutzer erwartet wird. Formulierungen dagegen wie „backstage" werden nicht mit Angaben über die Identität des Anbieters verbunden.[118]

Der Anbieter darf bei Angeboten, die auf Deutschland ausgerichtet sind und die 32 deutschem Recht unterliegen, die entsprechenden Angaben auch nicht nur in **Englisch** oder einer anderen Sprache vorsehen.[119] Erforderlich ist vielmehr, dass die Informationen in deutscher Sprache gegeben werden. Dies gilt auch dann, wenn sich der Unternehmer in englischer Sprache an Konsumenten aus aller Welt wendet, sofern es sich um einen deutschen Unternehmer handelt, der auch deutsche Konsumenten beliefert; hier kann nicht der Gedanke verfangen, dass der Konsument, der sich selbst in eine ihm fremde Verhandlungssprache begibt, deren Risiken auf sich nehmen muss.[120] Anderes kann nur für den Geschäftsbereich gelten (B2B).

Schließlich genügt es nicht, dass sich die Informationen nach § 5 in den **AGB** des 33 Diensteanbieters befinden, selbst wenn diese unmittelbar über die Homepage zugänglich sind. Denn der gewöhnliche Nutzer erwartet hier nicht unbedingt alle Informationen, die nach § 5 zu gewährleisten sind.[121]

c) Unmittelbar erreichbar. Der Begriff der „unmittelbaren Erreichbarkeit" 34 überschneidet sich mit der leichten Erkennbarkeit. Die unmittelbare Erreichbarkeit soll eine Zugangsmöglichkeit zu den nach § 5 zu erteilenden Informationen ohne große Zwischenschritte gewährleisten.[122] Allerdings ist nicht erforderlich, dass die vollständigen Informationen nach § 5 bereits auf der Eingangsseite einer Internetpräsentation[123] oder etwa ständig in einem Frame oder einer entsprechenden Informationszeile eingeblendet werden. Schon in der Begründung zum ersten Vorschlag der ECRL vom August 1999 ging die Kommission davon aus, dass ein **Hyperlink** auf

---

[116] *Dramburg/Schwenke*, K&R 2011, 809, 811 f.; *Pießkalla*, ZUM 2014, 368, 373, der eine nach Medien und Zugangsart differenzierende Betrachtungsweise als wünschenswert erachtet; *Lapp*, ITRB 2011, 282, 284; *Schüßler*, jurisPR-ITR 23/2011, Anm. 4; BeckOK InfoMedienR/*Ott*, § 5 TMG Rn. 19; Hoeren/Sieber/Holznagel/*Föhlisch*, 44. EL 2017, Kap. 13.4 Rn. 77a; zur Bezeichnung „web" bei Twitter: *Krieg*, K&R 2010, 73, 75.

[117] S. dazu Urteilsanmerkung *Spindler* zu LG Aschaffenburg, (MMR 2012, 38) in WuB V B § 4 UWG 1.12; aA OLG Düsseldorf, CR 2014, 264; LG Aschaffenburg, WuB V B § 4 UWG 1.12.

[118] OLG Hamburg, NJW-RR 2003, 985, 986 = MMR 2003, 105; BeckOK InfoMedienR/ *Ott*, § 5 TMG Rn. 18; Spindler/Schuster/*Micklitz/Schirmbacher*, § 5 TMG Rn. 28; *Ott*, WRP 2003, 945, 949; *Hoß*, CR 2003, 687, 689; aA *Klute*, MMR 2003, 107, 108, der branchenspezifische Begriffe zulassen möchte.

[119] *Hoeniker/Hülsdunk*, MMR 2002, 415, 417.

[120] Wie hier Spindler/Schuster/*Micklitz/Schirmbacher*, § 5 TMG Rn. 22ff.; aA *Hoeniker/Hülsdunk*, MMR 2002, 415, 417.

[121] LG Berlin, CR 2003, 139 = MMR 2003, 202; LG Stuttgart, NJW-RR 2004, 911; *Hoß*, CR 2003, 687, 688; Spindler/Schuster/*Micklitz/Schirmbacher*, § 5 TMG Rn. 25; Hoeren/Sieber/ Holznagel/*Föhlisch*, 44. EL 2017, Kap. 13.4 Rn. 75; aA *Beckmann*, CR 2003, 140 unter Verkennung des Nutzerverhaltens.

[122] Begr. RegE BT-Drs. 14/6098, S. 21; OLG Hamburg, NJW-RR 2003, 985, 986 = MMR 2003, 105 mAnm *Klute*; Spindler/Schuster/*Micklitz/Schirmbacher*, § 5 TMG Rn. 34; nach Hoeren/Sieber/Holznagel/*Föhlisch*, 44. EL 2017, Teil 13.4 Rn. 73 sei das unstreitig der Fall, wenn sämtliche Informationen auf jeder Internetseite eines Online-Auftritts vorhanden seien; notwendig sei das jedoch nicht.

[123] Wie hier LG Stuttgart, NJW-RR 2004, 911; aA für § 312c OLG Frankfurt a. M., CR 2001, 782.

entsprechende Informationsseiten genügt.[124] Einen Niederschlag in einem Erwägungsgrund der endgültigen Richtlinie hat diese Auffassung zwar nicht gefunden, doch entspricht sie noch der leichten Verfügbarkeit, sofern der typischerweise angesprochene Nutzer unter dem vom Hyperlink benutzten Stichwort die Informationen nach § 5 erwartet und auch ohne viel Mühe finden kann, zumal die Verwendung eines Hyperlinks verkehrsüblich ist.[125] Eine ständige Angabe der vollständigen Informationen nach § 5 bzw. im Frame würde auch den Gestaltungsspielraum des Anbieters zu sehr einschränken, ohne dass hieraus – bei Verwendung eindeutiger Begriffe für den Hyperlink – ein besonderer Nutzen entspringen würde.

35 Dafür genügt es aber nicht, die Informationen nach § 5 lediglich auf einzelnen Seiten der Webseite ohne Verlinkung vorzuhalten, da der Nutzer nicht immer die konkrete Webseite über die zentrale Homepage erreicht. Über Suchmaschinen oder auch von anderen Anbietern gesetzte Links kann ein Nutzer auf jede beliebige Seite einer Webseite gelangen. Die Informationen müssen also gerade mit Blick auf die Überschneidung beider gestalterischen Momente auf **jeder einzelnen Seite der Webseite** platziert werden.[126] Erforderlich ist demnach, dass der Hinweis auf die Informationen nach § 5 deutlich in einer allgemeinen Navigationsleiste auf der ersten Ebene aufgeführt wird.[127] Ist der Hinweis entgegen den üblichen Gepflogenheiten nicht in eine allgemeine Informationsleiste oder einen Informationsblock am Seitenende eingebunden, ist eine abgesetzte Schriftart zu nutzen, um auf diese Weise die Wahrnehmung des Nutzers in hinreichendem Maße darauf zu lenken.[128] Verwendet der Nutzer indes einen **Deep Link,** der ihn direkt auf eine Unterseite einer Internetpräsenz führt, die keine unmittelbaren Impressumsangaben enthält, insbesondere eine PDF-Datei, kann der Nutzer nicht erwarten, auch hier entsprechende Navigationsleisten zu finden. Dem mündigen Verbrauchers ist durchaus deutlich erkennbar, dass er sich auf nicht unmittelbar navigationsfähigen Seiten befindet, sofern er ohne Weiteres die Startseite aufrufen kann.[129] Maßgeblich ist der **Gesamteindruck der Webseitenpräsentation** und wie sie vom Nutzer wahrgenommen werden kann. Bei kostenpflichtigen Diensten muss zudem die Möglichkeit bestehen, **kostenlos** das Impressum zu lesen.[130]

36 Demgemäß genügt es, wenn der Nutzer spätestens auf der zweiten Ebene (**„two clicks away"**) die entsprechenden Informationen finden kann, da die Verwendung von Links in Telemedien üblich ist und Nutzer diesen leicht nachgehen können, womit das Auffinden der Information immer noch ohne wesentliche Zwischenschritte – wie etwa langes Suchen – leicht möglich ist.[131] Vom Erfordernis des „two-clicks-

---

[124] Begründung Kommission zu Art. 5 in KOM (1998) 586 endg., ABl. EG Nr. C 30 v. 5.2.1999, S. 4ff.

[125] OLG Hamburg, NJW-RR 2003, 985, 986 = MMR 2003, 105 mAnm *Klute;* LG Stuttgart, NJW-RR 2004, 911, 912; *Hoenike/Hülsdunk,* MMR 2002, 415, 417; *Ott,* WRP 2003, 945, 948; *Steins,* WM 2002, 53, 54; aA für § 312c BGB aF OLG Frankfurt a. M., CR 2001, 782.

[126] Bräutigam/Leupold/*Pelz,* Online-Handel, B I. Rn. 29; Hoeren/Sieber/Holznagel/*Föhlisch,* 44. EL 2017, Kap. 13.4 Rn. 73; *Pießkalla,* ZUM 2014, 368, 370; *Woitke,* BB 2003, 2469, 2473; *Hoenike/Hülsdunk,* MMR 2002, 415, 417; diff. *Ott,* WRP 2003, 945, 948.

[127] Spindler/Schuster/*Micklitz/Schirmbacher,* § 5 TMG Rn. 27.

[128] OLG Frankfurt a. M., CR 2009, 253, 255.

[129] *Ott,* MMR 2007, 358, BeckOK InfoMedienR/*Ott,* § 5 TMG Rn. 22; *Brunst,* MMR 2004, 12 und *Hoeren,* WM 2004, 2461, 2464; Spindler/Schuster/*Micklitz/Schirmbacher,* § 5 TMG Rn. 37.

[130] BeckOK InfoMedienR/*Ott,* § 5 TMG Rn. 25; *Lorenz,* Die Anbieterkennzeichnung im Internet, S. 263; Bräutigam/Leupold/*Pelz,* Online-Handel, B I. Rn. 29; *Bizer/Trosch,* DuD 1999, 619, 623.

[131] BGH, MMR 2007, 40, 41; OLG München, MMR 2004, 36, 37; BeckOK InfoMedienR/ *Ott,* § 5 TMG Rn. 21; *Haug,* NJW 2015, 661, 664; *Pießkalla,* ZUM 2014, 368, 370; *Ott,* WRP

Allgemeine Informationspflichten **§ 5 TMG**

away"-Prinzips kann auch nicht unter Hinweis darauf abgewichen werden, dass der Nutzer notfalls selbst die Startseite einer Internet-Präsentation aufrufen könne.[132] Die Angabe wenigstens eines Hyperlinks auf das Impressum ist bei jeder Form der Internet-Präsentation zumutbar und dient dem Interessenausgleich zwischen Nutzern und Anbietern im Netz.[133] Zur Platzierung des Links und der Einbindung in die Webseite → Rn. 34.

Voraussetzung für die **leichte Erkennbarkeit** ist allerdings, dass der Nutzer schnell und unkompliziert den weiterführenden Link findet. Es muss die Möglichkeit der einfachen und effektiven optischen Wahrnehmung gegeben sein, sodass ein potentieller Kunde sie wahrnehmen kann.[134] Bei Angeboten an jedermann darf die Information bzw. der Link also nicht so platziert werden, dass die Information erst durch ein vorheriges langwieriges **Scrollen** gezielt auf der Seite gesucht werden muss.[135] Bei einem Scrollen über wenige Zeilen, das den unterschiedlichen Bildschirmdarstellungen der gleichen Webseite geschuldet ist, ist aber noch von einer leichten Erreichbarkeit auszugehen.[136] Dem Erfordernis der unmittelbaren Erreichbarkeit wird nicht mehr entsprochen, wenn der Nutzer erst vier Ebenen durchlaufen muss, um zu den Informationen zu gelangen.[137] Die gegenteilige Ansicht will dem Nutzer durchaus abverlangen, dass er nach den Pflichtangaben sucht; das „scrollen" sei dafür unerheblich.[138] Dem durchschnittlichen Nutzer sei das Scrollen durchaus zuzutrauen und zuzumuten, da aufgrund des Balkens am Rand des Bildschirms deutlich werde, dass sich Informationen auch außerhalb des Blickfelds befinden können.[139] Dem ist indes zu widersprechen: das Gesetz will gerade auch im Hinblick auf das Nutzerverhalten für eine möglichst einfache Sichtbarkeit sorgen, um auch Nutzen das Auffinden zu erleichtern, es ist nicht auf sie zu nehmen, lange Seiten durchzuscrollen. Entsprechendes Verhalten ist zB auch bei Suchmaschinen und der Aufmerksamkeit von Nutzern in Abhängigkeit von der Anzeige der Suchergebnisse bekannt, indem etwa die dritte Seite kaum noch wahrgenommen wird. Allerdings kann allein auf die Länge einer Bildschirmseite nicht abgestellt werden, da der Anbieter keinen Einfluss auf die Darstellung und die Größe der Bildschirmseite beim Nutzer hat.[140] Nicht jede Bildschirmwiedergabe bzw. Auflösung beim Nutzer ist zu berücksichtigen, wie dies etwa vom OLG Hamburg verlangt wurde. Sofern der Anbieter angibt, dass seine Webseite für eine **bestimmte Bildschirmauflösung** optimiert wurde, muss er sich nicht auf jede, von ihm nicht beherrschbare Bildschirmwiedergabe beim Nutzer ein- 37

2003, 945, 948; *Kaestner/Teus,* WRP 2002, 1011, 1016; aA (nur „one click") *Woitke,* BB 2003, 2469, 2473; *ders.,* NJW 2003, 871, 872; *Steins,* WM 2002, 53, 54; offen Bettinger/Leistner/*Bettinger,* Werbung und Vertrieb im Internet, Teil 3 A Rn. 41.

[132] So aber *Brunst,* MMR 2004, 8, 12.

[133] AA *Brunst,* MMR 2004, 8, 12.

[134] *Hoenike/Hülsdunk,* MMR 2002, 415, 417.

[135] OLG Brandenburg, WRP 2006, 1035; OLG Hamburg, NJW-RR 2003, 985, 986; Spindler/Schuster/*Micklitz/Schirmbacher,* § 5 TMG Rn. 26; Redeker/*Redeker,* IT-Recht, Rn. 901a; *Hoenike/Hülsdunk,* MMR 2002, 415, 416f.; *Woitke,* BB 2003, 2469, 2473; *ders.,* NJW 2003, 871, 872; *Mankowski,* CR 2001, 767, 770; wohl auch jurisPK-Internetrecht/*Heckmann,* Kap. 4.2 Rn. 151.

[136] Redeker/*Redeker,* IT-Recht, Rn. 901a.

[137] OLG München, MMR 2004, 321, 322 mablAnm *Ott;* LG Düsseldorf, MMR 2003, 340; zu knapp der Hoeren/Sieber/Holznagel/*Föhlisch,* 44. EL 2017, Kap. 13.4 Rn. 74.

[138] *Klute,* MMR 2003, 107, 108; *Brunst,* MMR 2004, 8, 13.

[139] BeckOK InfoMedienR/*Ott,* § 5 TMG Rn. 17; *Ott,* MMR 2007, 354, 358; *Stickelbrock,* GRUR 2004, 111, 114.

[140] Zutr. *Ott,* MMR 2004, 322, 323; *Bergt,* NJW 2012, 3541, 3542.

stellen.¹⁴¹ Dies gilt insbesondere auch vor dem Hintergrund des M-Commerce, bei dem teilweise noch wesentliche kleinere Displays zum Einsatz kommen (→ Rn. 23). Andererseits ist dem Nutzer auch nicht zumutbar, bei umfangreichen Seiten erst nach mehrfachem Hinunterblättern die relevanten Informationen im „Kleingedruckten" am Ende der gesamten Inhaltsseite aufzufinden.¹⁴²

38 Die Informationen müssen sich auch nicht auf dem entsprechenden Informationsangebot finden; es genügt, dass der Link auf eine ohne weiteres zu erreichende **andere Webseite** führt, aus der unmissverständlich die erforderlichen Angaben hervorgehen.¹⁴³ So kann etwa bei Angeboten auf Auktionsplattformen ebenso wie bei **sozialen Netzwerken** wie Facebook ein Link auf die eigentliche Internetpräsenz eines Unternehmens gesetzt werden; Voraussetzung ist indes, dass der Nutzer aus der verlinkten Webseite deutlich und eindeutig auf das Informationsangebot bei eBay, Facebook etc. bezogen entnehmen kann, wer hierfür verantwortlich zeichnet. Dies ist nicht mehr der Fall, wenn der Nutzer mit einem Sammelsurium an Impressumsangaben konfrontiert wird, aus denen er sich die richtigen quasi heraussuchen muss.¹⁴⁴

39 Ebenso wenig darf die Information erst durch **besondere Zusatzprogramme** erkennbar sein, selbst bei üblicherweise verfügbaren Leseprogrammen, wie bei **PDF-Files**.¹⁴⁵ Auch wenn mittlerweile die Verwendung von PDF-Files üblich ist und der entsprechende Reader kostenlos zur Verfügung gestellt wird, ist dies keine Gewähr dafür, dass diese Programme stets beim Nutzer installiert sind,¹⁴⁶ erst recht nicht etwa im Hinblick darauf, dass zB im Mobile Commerce erst ein Programm (mit entsprechenden Kosten) heruntergeladen und installiert werden muss, um das Impressum zu lesen. Gleiches gilt für Plug-ins, Flash-Programme oder sonstige zusätzliche Steuerungselemente,¹⁴⁷ die gesondert in einem verkehrsüblichen Browser aktiviert werden müssen und die mitunter aus Sicherheitsgründen nicht benutzt werden. Andererseits muss sich der Diensteanbieter nicht auf jeden überhaupt auf dem Markt angebotenen Browser einstellen; es genügt, dass er die überwiegend genutzten Browser in seine Konzeption einbezieht. Der Anbieter muss aber damit rechnen, dass sog. **Pop-up-Blocker** eingesetzt werden, so dass das Impressum nicht entsprechend konfiguriert werden darf.¹⁴⁸ Auch in **Grafikdateien** dürfen die Angaben nicht abgelegt werden, da ansonsten sehbehinderte Menschen mangels Auslesemöglichkeiten keinen Zugang zu den Informationen hätten.¹⁴⁹

---

¹⁴¹ Insoweit zutr. *Ott*, WRP 2003, 945, 947; *Klute*, MMR 2003, 107, 108; *Hoß*, CR 2003, 687, 689; *Stickelbrock*, GRUR 2004, 111, 114; Spindler/Schuster/*Micklitz/Schirmbacher*, § 5 TMG Rn. 26.

¹⁴² Insoweit auch *Brunst*, MMR 2004, 8, 13; aA *Ott*, WRP 2003, 945, 947.

¹⁴³ LG Aschaffenburg, MMR 2012, 38, 39 = WuB V B § 4 UWG 1.12 mAnm *Spindler*; *Ott*, MMR 2007, 354, 358; BeckOK InfoMedienR/*Ott*, § 5 TMG Rn. 23; Spindler/Schuster/*Micklitz/Schirmbacher*, § 5 TMG Rn. 38; *Krieg*, K&R 2010, 73, 75; *Auer-Reinsdorff*, ITRB 2011, 81, 84.

¹⁴⁴ So der Fall des LG Aschaffenburg, MMR 2012, 38 = WuB V B § 4 UWG 1.12 mAnm *Spindler*.

¹⁴⁵ *Ernst*, GRUR 2003, 759, 760; *Woitke*, NJW 2003, 871, 873; aA BeckOK InfoMedienR/ *Ott*, § 5 TMG Rn. 15; jurisPK-Internetrecht/*Heckmann*, Kap. 4.2 Rn. 145.

¹⁴⁶ So aber *Ott*, MMR 2007, 354, 358; BeckOK InfoMedienR/*Ott*, § 5 TMG Rn. 15; dem folgend Spindler/Schuster/*Micklitz/Schirmbacher*, § 5 TMG Rn. 33; offen gelassen bei jurisPK-Internetrecht/*Heckmann*, Kap. 4.2 Rn. 145.

¹⁴⁷ *Woitke*, BB 2003, 2469; jurisPK-Internetrecht/*Heckmann*, Kap. 4.2 Rn. 145; s. ferner *Hoeren*, WM 2004, 2461, 2463.

¹⁴⁸ Zutr. Spindler/Schuster/*Micklitz/Schirmbacher*, § 5 TMG Rn. 33.

¹⁴⁹ BeckOK InfoMedienR/*Ott*, § 5 TMG Rn. 16; jurisPK-Internetrecht/*Heckmann*, Kap. 4.2 Rn. 145; *Franosch*, NJW 2004, 3155, 3156; *Stickelbrock*, GRUR 2004, 111, 114; *Woitke*, NJW 2003, 871, 873.

Allgemeine Informationspflichten §5 TMG

d) Ständig verfügbar. Unter der ständigen Verfügbarkeit ist der jederzeitige, 40 ohne weitere Hindernisse mögliche Abruf der Informationen zu verstehen, vergleichbar der nach §312i Abs. 1 Nr. 4 BGB verlangten Verfügbarkeit der vertraglichen Bedingungen. Die Informationen müssen daher rund um die Uhr über die Internetseite abrufbar sein.[150] Allerdings können die Informationen zwecks Aktualisierung für wenige Minuten vom Netz genommen werden, da Unerreichbarkeiten bei Bearbeitungen der Angaben technisch erforderlich sein können und §5 nicht verbieten soll, fehlerhafte Angaben zu korrigieren; zudem würde ein lediglich wenige Minuten andauernder Verstoß nicht die Interessen der übrigen Marktteilnehmer iSd §3a UWG nF beeinträchtigen.[151] Schließlich muss der Nutzer zu Beweiszwecken auch die Angaben ausdrucken können;[152] daran ändert auch nichts der Charakter des Internet als „nicht beständiges Medium", da dies nicht am Schutzzweck des §5 vorbei führt.[153]

3. Erforderliche Angaben

a) Name, Anschrift sowie Vertretungsberechtigte (Nr. 1). Angegeben wer- 41 den muss der vollständige Name, bei natürlichen Personen gem. §12 BGB der **Vor- und Familienname**.[154] Das LG München I hat einschränkend auch die Verwendung einer dem informierten und verständigen Verbraucher geläufige Abkürzung des Vornamens für rechtens erachtet;[155] dies erscheint allerdings zweifelhaft, da zur Identität der vollständig lesbare Vorname gehört.[156]

Die Angabe eines **Pseudonyms** oder eines Künstlernamens genügt, wenn dem 42 Nutzer schnell und ohne weitere Recherchen die zweifelsfreie Identifizierung seines Kontaktpartners möglich ist, etwa wegen eines hohen Bekanntheitsgrades.[157] Umgekehrt besteht keine Pflicht zur Angabe des Pseudonyms, weder ergänzend noch ausschließlich.[158] Aus dem Pseudonym muss insbesondere ersichtlich werden, ob es sich um eine natürliche oder eine juristische Person handelt.[159]

---

[150] Spindler/Schuster/*Micklitz/Schirmbacher*, §5 TMG Rn. 40; BeckOK InfoMedienR/*Ott*, §5 TMG Rn. 24; *Aigner/Hofmann*, Fernabsatzrecht im Internet, Rn. 368.

[151] Allg. zum Kriterium der Dauer bei der Spürbarkeit Köhler/Bornkamm/*Köhler*, §3a UWG Rn. 1.106; noch zur Regelung nach §3 UWG aF OLG Düsseldorf, MMR 2009, 266, 267; jurisPK-Internetrecht/*Heckmann*, Kap. 4.2 Rn. 152; Hoeren/Sieber/Holznagel/*Föhlisch*, 44. EL 2017, Teil 13.4 Rn. 62.

[152] Ebenso BeckOK InfoMedienR/*Ott*, §5 TMG Rn. 24; Bräutigam/Leupold/*Pelz*, Online-Handel, B I. Rn. 29; *Brunst*, MMR 2004, 8, 12; *v. Wallenberg*, MMR 2005, 661f.

[153] So aber Spindler/Schuster/*Micklitz/Schirmbacher*, §5 TMG Rn. 41 unter Berufung auf *Hoeren*, WM 2004, 2461, 2464.

[154] LG Berlin, Urt. v. 11.5.2010 – 15 O 104/10 Rn. 49; OLG Düsseldorf, MMR 2009, 266, 267; LG Berlin, CR 2003, 139 mAnm *Beckmann* = MMR 2003, 202; OLG Hamm, Urt. v. 7.7.2009 – 4 U 28/09; BeckOK InfoMedienR/*Ott*, §5 TMG Rn. 28; jurisPK-Internetrecht/ *Heckmann*, Kap. 4.2 Rn. 255; Hoeren/Sieber/Holznagel/*Föhlisch*, 44. EL 2017, Teil 13.4 Rn. 116.

[155] LG München I, GRUR-RR 2011, 75, wenn auch im konkreten Fall zweifelhaft: „Vangelis" anstelle von „Evangelos".

[156] OLG Düsseldorf, MMR 2009, 266; BeckOK InfoMedienR/*Ott*, §5 TMG Rn. 28.

[157] BeckRTD-Komm/*Brönneke*, §5 TMG Rn. 48; Spindler/Schuster/*Micklitz/Schirmbacher*, §5 TMG Rn. 44; *Lent*, ZUM 2015, 134, 136; *Hoeren*, WM 2004, 2461, 2462; Bettinger/ Bartsch/Leistner/*Bettinger*, Werbung und Vertrieb im Internet, Teil 3 A Rn. 37; aA OLG Naumburg, K&R 2006, 414, 415; BeckOK InfoMedienR/*Ott*, §5 TMG Rn. 28.

[158] jurisPK-Internetrecht/*Heckmann*, Kap. 4.2 Rn. 256; *Schulte*, CR 2004, 55, 56; aA *Ernst*, GRUR 2003, 759.

[159] OLG Naumburg, K&R 2006, 414, 415.

43 Bei **Kapitalgesellschaften und Personenhandelsgesellschaften** muss die Firma nach §§ 18 ff. HGB angegeben werden, einschließlich eines vollständigen **Rechtsformzusatzes**.[160] Zwar erwähnt § 5 Abs. 1 Nr. 1 nur die juristischen Personen; doch sind – wie bereits im TDG[161] – auch die Personenhandelsgesellschaften einbezogen, da nach § 2 S. 2 ausdrücklich solche Personengesellschaften den juristischen Personen gleichgestellt sind, die Rechte erwerben und Verbindlichkeiten eingehen können. Das gilt heute aufgrund der Rechtsprechung des BGH[162] auch für die unternehmerisch tätige **Gesellschaft bürgerlichen Rechts** (→ § 2 Rn. 4).[163] Erforderlich ist stets die vollständige Angabe der Rechtsform, auch bei einer GmbH & Co. KG mit allen Angaben zur Vertretungsberechtigung (→ Rn. 45). Allerdings kann es im Hinblick auf die Sanktionen, insbesondere Verstößen gegen § 3 a UWG an der Spürbarkeit der Wettbewerbsverletzung fehlen (→ Rn. 70).[164]

44 Als Anschrift muss eine **ladungsfähige, vollständige und richtige postalische Adresse** angegeben werden, ein Postfach oder lediglich eine E-Mail-Adresse genügen nicht.[165] Bei juristischen Personen ist zwar der Sitz der Gesellschaft maßgeblich, jedoch genügt im Hinblick auf die Möglichkeit der Zustellung einer Klage nach dem insoweit eindeutigen Wortlaut des Gesetzes auch die Anschrift einer „Niederlassung".[166] Bei **mehreren Niederlassungen** ist diejenige entscheidend, die den Betrieb des Telemediums organisiert, im Zweifel die Hauptniederlassung.[167]

45 Schließlich müssen die organschaftlich **vertretungsberechtigten Personen** bei juristischen Personen angegeben werden. Sind mehrere Personen vertretungsberechtigt, kommt es nach dem Sinn und Zweck des § 5, die Geltendmachung von Rechten zu ermöglichen, darauf an, ob bei der juristischen Person Gesamt- oder Einzelvertretung besteht. Ausschlaggebend ist hier nicht, dass die Zustellung bereits an einen Vertretungsberechtigten genügt,[168] sondern vielmehr die in § 253 Abs. 2 Nr. 1 ZPO iVm

---

[160] LG Essen, MMR 2008, 196: Nennung eines Verlagsleiters nicht gleichbedeutend mit Inhaber des Unternehmens; *Bizer/Trosch*, DuD 1999, 621, 622; BeckRTD-Komm/*Brönneke*, § 5 TMG Rn. 50 f.; Bräutigam/Leupold/*Pelz*, Online-Handel, B I. Rn. 21.

[161] § 3 S. 2 TDG aF; Begr. RegE, BT-Drs. 14/6098, S. 16, 21; Spindler/Schuster/*Micklitz/ Schirmbacher*, § 5 TMG Rn. 43.

[162] BGHZ 146, 341 f.

[163] *Lorenz*, K&R 2008, 340, 343, der dies allerdings als problematisch ansieht, da gemeinsam handelnde Privatpersonen sich oftmals nicht bewusst seien, eine GbR zu bilden; dem folgend Spindler/Schuster/*Micklitz/Schirmbacher*, § 5 TMG Rn. 45, 50, mit dem Hinweis, dass es allerdings auch bei nicht erfolgter Angabe der Rechtsform einer BGB-Gesellschaft an der Spürbarkeit der Wettbewerbsbeeinträchtigung und damit an der Unlauterkeit iSv § 3 UWG aF fehlen kann, zur Spürbarkeit → Rn. 70; *Brunst*, MMR 2004, 8, 10; BeckOK InfoMedienR/*Ott*, § 5 TMG Rn. 30; aA *Hoeren*,WM 2004, 2461, 2462; BeckRTD-Komm/*Brönneke*, § 5 Rn. 51, der aber offenbar die neuere Rechtsprechung des BGH nicht berücksichtigt.

[164] Zum neuen § 3 a UWG Köhler/Bornkamm/*Köhler*, § 3 a UWG Rn. 1.304, 1.305; zutr. zur alten Regelung nach § 3 UWG aF Spindler/Schuster/*Micklitz/Schirmbacher*, § 5 TMG Rn. 45; *Lorenz*, K&R 2008, 340, 343.

[165] Ganz hM Begr. RegE BT-Drs. 14/6098, S. 21; OLG Karlsruhe, WRP 2006, 1038; *Lent*, ZUM 2015, 134, 136; *Lorenz*, K&R 2008, 340, 342 f.; Spindler/Schuster/*Micklitz/Schirmbacher*, § 5 TMG Rn. 46; BeckOK InfoMedienR/*Ott*, § 5 TMG Rn. 29; *Schneider*, MDR 2002, 1236; *Brunst*, MMR 2004, 8, 10.

[166] LG Frankfurt a. M., MMR 2003, 597, 598; wie hier auch BeckOK InfoMedienR/*Ott*, § 5 TMG Rn. 29.

[167] jurisPK-Internetrecht/*Heckmann*, Kap. 4.2 Rn. 258; Hoeren/Sieber/Holznagel/*Föhlisch*, 44. EL 2017, Teil 13.4 Rn. 120; *Hoenike/Hülsdunk*, MMR 2002, 415, 418; *Brunst*, MMR 2004, 8, 10.

[168] So aber Spindler/Schuster/*Micklitz/Schirmbacher*, § 5 TMG Rn. 49.

Allgemeine Informationspflichten **§ 5 TMG**

§ 130 Nr. 1 ZPO geregelte Angabe der Vertretungsberechtigten in einer Klageschrift, auch wenn es genügt, dass der Kaufmann unter seiner Firma verklagt werden kann. Der Nutzer muss zumindest wissen, an wen er sich im Streitfall wenden kann, der unbedingt vertretungsberechtigt ist. Demnach muss bei Gesamtvertretung die dafür nötige Anzahl von Vertretungsberechtigten genannt werden.[169] Da § 5 Abs. 1 Nr. 1 beabsichtigt, die Geltendmachung von Rechten zu erleichtern, genügt es auch nicht, allein einen gewillkürten Vertretungsberechtigten (Prokuristen etc.) anzugeben.[170] Dem kann auch nicht entgegen gehalten werden, dass der Gesetzgeber keine Beschränkung auf gesetzliche Vertreter gewollt habe, wie dies in § 35a GmbHG der Fall sei.[171] Denn maßgeblich ist die für den Nutzer erforderliche Transparenz und Klarheit hinsichtlich der im Rechtsschutzfall organschaftlich Vertretungsberechtigten. Dies gilt auch bei komplexeren gesellschaftsrechtlichen Gestaltungen wie einer **GmbH & Co. KG**, bei der auch der Geschäftsführer der vertretungsberechtigten Komplementär-GmbH anzugeben ist;[172] denn Sinn und Zweck des § 5 ist neben der Erleichterung der Rechtsverfolgung,[173] dass die Nutzer Kenntnis über die natürliche Person erlangen, die für den Diensteanbieter vertretungsberechtigt ist.[174] Eine Rechtsverfolgung ohne Kenntnis der organschaftlich Vertretungsberechtigten wäre kaum möglich.[175] Auch bei **ausländischen Gesellschaften** sind deren organschaftlich Vertretungsberechtigte zu benennen.[176] Die Benennung eines „für den Inhalt Verantwortlichen" – vergleichbar den presserechtlichen Vorschriften – genügt allein nicht.[177] Eine Angabe des Vertretungsberechtigten ist bei BGB-Gesellschaften nur erforderlich, wenn von der Regel, dass alle Gesellschafter gemeinschaftlich zur Geschäftsführung befugt sind,[178] abgewichen wird.

Schließlich hat der Gesetzgeber des TMG Art. 4 Abs. 3 der EU-Publizitätsrichtlinie in § 5 Abs. 1 Nr. 1 umgesetzt, indem bei Kapitalgesellschaften **Angaben über das Stamm- oder Grundkapital** sowie bei in Geld zu leistenden Einlagen über den Gesamtbetrag der ausstehenden Einlagen zu machen sind. Sofern die Gesellschaft die nötigen Angaben auch an anderer Stelle der Internetpräsenz getroffen hat, genügt ein Link im Impressum auf diese Angaben.[179] Denn der Gesetzgeber beabsichtigte da- **46**

---

[169] Zutr. Hoeren/Sieber/Holznagel/*Föhlisch,* 44. EL 2017, Teil 13.4 Rn. 122; Bräutigam/Leupold/*Pelz,* Online-Handel, B I. Rn. 23; *Kaestner/Tews,* WRP 2002, 1011, 1014; aA *Bizer/Trosch,* DuD 1999, 621, 622 und BeckRTD-Komm/*Brönneke,* § 5 TMG Rn. 55: stets alle Alleinvertretungsberechtigten; unklar *Hoenike/Hülsdunk,* MMR 2002, 415, 418.

[170] *Kaestner/Tews,* WRP 2002, 1011, 1013; s. aber auch Spindler/Schuster/*Micklitz/Schirmbacher,* § 5 TMG Rn. 48, die einschränkend ausführen, dass an den rechtsgeschäftlichen Vertreter eine Zustellung gem. § 166 ff. ZPO möglich sein müsse und es sich um natürliche Personen handeln müsse; ebenso BeckOK InfoMedienR/*Ott,* § 5 TMG Rn. 31; *Hoenike/Hülsdunk,* MMR 2002, 415, 418; *Schneider,* MDR 2002, 1236; *Hoß,* CR 2003, 687, 688; *Brunst,* MMR 2004, 8, 10.

[171] So aber OLG München, MMR 2002, 173, 174 für § 6 TDG aF; OLG München, B. v. 14.7.2009 – 6 W 1774/09.

[172] LG Hamburg, K&R 2009, 816; OLG Brandenburg, WRP 2009, 1420; LG Bielefeld, B. v. 9.8.2006 – 17 O 86/06, Rn. 3; BeckOK InfoMedienR/*Ott,* § 5 TMG Rn. 32.

[173] Ähnlich Spindler/Schuster/*Micklitz/Schirmbacher,* § 5 TMG Rn. 45.

[174] LG Hamburg, K&R 2009, 816.

[175] Anders offenbar BeckOK InfoMedienR/*Ott,* § 5 TMG Rn. 31.

[176] Vgl. LG Frankfurt a. M., MMR 2003, 597, 598.

[177] Insoweit zutr. Spindler/Schuster/*Micklitz/Schirmbacher,* § 5 TMG Rn. 48 unter Verweis auf *OLG München,* NJW-RR 2002, 348; *Schneider,* MDR 2002, 1236; ebenso BeckOK InfoMedienR/*Ott,* § 5 TMG Rn. 31.

[178] LG Erfurt, Urt. v. 10.4.2008 – 2 HK O 44/08, Rn. 21.

[179] *Lorenz,* K&R 2008, 340, 344; wohl auch Spindler/Schuster/*Micklitz/Schirmbacher,* § 5 TMG Rn. 51.

mit keine Verdoppelung der Informationen, sondern nur eine möglichst hohe Transparenz,[180] der aber mit entsprechenden Verweisen auf Geschäftsberichte etc. Genüge getan wird.

47 Bei **Minderjährigen** sieht das Gesetz nicht vor, dass der gesetzliche Vertreter (Eltern, Vormund) benannt wird – auch wenn nur an diesen eine Zustellung möglich ist.

48 **b) Kontaktaufnahmemöglichkeiten (Nr. 2).** § 5 Abs. 1 Nr. 2 verlangt Angaben über eine „schnelle elektronische Kommunikationsmöglichkeit", worunter der Gesetzgeber mindestens die Angabe einer E-Mail-Adresse versteht. Zwar ist an der **Angabe der E-Mail-Adresse** Kritik wegen Abweichung von Art. 5 Abs. 1 lit. c ECRL geübt worden;[181] dieser Vorwurf trifft jedoch angesichts des eindeutigen Wortlauts der ECRL, die die Angabe der „elektronischen Post"-Adresse verlangt, nicht zu. Es genügt, die E-Mail-Adresse anzugeben; eine technische Ausgestaltung als direkte „Mail-to"-Funktion, die unmittelbar ein E-Mail-Programm aufruft, ist nicht vom Gesetz gefordert.[182] Es schadet auch nicht, wenn die E-Mail-Adresse nicht mit dem „@"-Zeichen aufgeführt wird.[183] Auch kann die Angabe der E-Mail-Adresse als gängige Grafik erfolgen, um das Auslesen der E-Mail-Adresse durch Spam-Robots zu verhindern (nicht aber der anderen Angaben im Impressums, zu Grafiken → Rn. 39). Ebenso kann eine **DE-Mail-Adresse** angegeben werden.[184] Nicht zulässig ist dagegen die Einbindung dergestalt, dass sie nur mit zusätzlichen Programmen (Plug-ins, Applets etc.) gelesen werden kann.[185] Nicht ausreichend ist es auch, anstelle einer E-Mail-Adresse eine Telefax- oder Telefonnummer oder ein Online-Kontaktformular bereitzustellen (zur ergänzenden Funktion eines Kontaktformulars → Rn. 50).[186] Unzulässig ist es auch, bei einer Kontaktaufnahme per E-Mail automatisch eine Antwort zu senden mit der Angabe, dass die E-Mail nicht gelesen wird und der Nutzer auf ein Online-Kontaktformular verwiesen wird.[187]

49 Allerdings ist die **alleinige Angabe der E-Mail-Adresse** auch nicht ausreichend.[188] Dem Nutzer muss zumindest eine weitere, nicht auf das gleiche Medium gestützte Kommunikationsmöglichkeit angegeben werden; gerade etwa im Hinblick darauf, dass ggf. nach einer elektronischen Kontaktaufnahme vorübergehend kein Internetzugang auf Nutzerseite verfügbar ist, was weitere Kommunikation – und damit auch Vertragsschlüsse – unmöglich machen würde.[189]

---

[180] Begr. RegE, BT-Drs, 16/960, S. 71 f.

[181] Hohl/Leible/Sosnitza/*Waldenberger,* Vernetztes Recht, S. 97, 103, 104.

[182] *Ernst,* GRUR 2003, 759; *Schulte,* CR 2004, 56; Spindler/Schuster/*Micklitz/Schirmbacher,* § 5 TMG Rn. 56; BeckOK InfoMedienR/*Ott,* § 5 TMG Rn. 35; jurisPK-Internetrecht/*Heckmann,* Kap. 4.2 Rn. 268; aA *Hoenike/Hülsdunk,* MMR 2002, 415, 418; OLG Naumburg, MMR 2010, 760, sieht die Ausgestaltung als Link sogar als schädlich an, sofern dieser nicht im Wortlaut die Adresse wiedergibt, sondern nur bspw. mit „E-Mail" beschriftet ist; anders noch die Vorinstanz: LG Stendal, Urt. v. 24.2.2010 – 21 O 242/09, Rn. 24.

[183] jurisPK-Internetrecht/*Heckmann,* Kap. 4.2 Rn. 268: Das gilt zumindest, wenn erkennbar bleibt, dass es sich um eine E-Mail-Adresse handelt.

[184] BeckOK InfoMedienR/*Ott,* § 5 TMG Rn. 35.

[185] *Brunst,* MMR 2004, 8, 10; zust. jurisPK-Internetrecht/*Heckmann,* Kap. 4.2 Rn. 145.

[186] KG, MMR 2013, 591, 593 mAnm *Faber;* bzgl. des Online-Kontaktformulars ebenso LG Essen, MMR 2008, 196; Urt. v. 7.5.2013 – 5 U 32/12, MMR 2013, 591.

[187] LG Berlin, MMR 2015, 413, 414 f.; jurisPK-Internetrecht/*Heckmann,* Kap 4.2 Rn. 269.

[188] EuGH, MMR 2009, 25, Rn. 16 ff.; Spindler/Schuster/*Micklitz/Schirmbacher,* § 5 TMG Rn. 55; BeckOK InfoMedienR/*Ott,* § 5 TMG Rn. 35; *Wüstenberg,* VuR 2013, 403, 406; *v. Gravenreuth/Kleinjung,* JurPC Web-Dok. 273/2003, Abs. 5 f.; aA *Härting,* DB 2001, 80, 81.

[189] EuGH, MMR 2009, 25, Rn. 21; jurisPK-Internetrecht/*Heckmann,* Kap. 4.2 Rn. 274.

Umstritten war, ob neben der E-Mail-Adresse entsprechend der Begründung des deutschen Gesetzgebers[190] auch die **Telefonnummer** angegeben werden müsse, unter der der Diensteanbieter erreichbar ist.[191] Entscheidend ist aber, ob die Möglichkeit einer **interaktiven Kommunikation in Echtzeit** überhaupt neben einer E-Mail-Adresse bestehen muss. Darauf deutet zwar die vom Gesetz erwähnte „unmittelbare" Kommunikation hin;[192] doch lässt die Gesetzesbegründung insoweit nicht erkennen, dass zwingend die interaktive Kommunikation möglich sein sollte.[193] Dann hätte es der Aufnahme der Telefonnummer und einer entsprechenden Einschränkung im Wortlaut bedurft, da der Telefonanschluss auch mit einem Anrufbeantworter bzw. einem Voice-Mail-System besetzt werden kann.[194] Denn eine Forderung nach einer interaktiven Kommunikationsmöglichkeit, die über Art. 5 ECRL hinausgeht, zieht entsprechende Eingriffe in die Grundrechte des Anbieters nach sich, da dieser entsprechend Personal und Kapazitäten vorhalten muss. Zweifelhaft ist daher, dass die Kontaktaufnahme über einen Rückruf durch den Diensteanbieter nicht den Anforderungen an § 5 entsprechen soll.[195] Dementsprechend hat der **EuGH** entschieden, dass eine Telefonnummer nicht zwingend erforderlich ist, da zwar neben der elektronischen Post ein weiterer schneller, unmittelbarer und effizienter Kommunikationsweg erforderlich sei, dies aber nicht notwendigerweise eine Kommunikation in Form von Rede und Gegenrede erfordere, wohl aber eine direkte Kommunikation mit dem Diensteanbieter **ohne zwischengeschalteten Dritten**.[196] Ausreichend und erforderlich für eine effiziente Kommunikation ist daher eine Reaktion innerhalb einer angemessenen Zeit, die mit den Bedürfnissen oder berechtigten Erwartungen der Nutzer vereinbar ist.[197] Dies geht zwar im Falle der Angabe einer Telefonnummer nicht so weit, dass die Inanspruchnahme der Dienste eines Call Centers ausgeschlossen wären,[198] allerdings müssen die dort erreichbaren Mitarbeiter in der Lage sein, inhaltlich hinreichend auf die Anfrage des Nutzers einzugehen oder kurzfristig an die geeignete Stelle weiterzuvermitteln. Als Alternativen zu einer Telefonnummer kommen damit etwa eine elektronische Eingabemaske (bei einer Antwortzeit des Anbieters von nicht mehr als 60 Minuten)[199] oder ein Chat-

50

---

[190] Begr. RegE BT-Drs. 14/6098, S. 21.

[191] Gegen Angabe einer Telefonnummer OLG Hamm, NJW-RR 2004, 1045; für Angabe der Telefonnummer OLG Oldenburg, NJW-RR 2007, 189; *Brunst,* MMR 2004, 8, 10; *Stickelbrock,* GRUR 2004, 111, 113; *v. Wallenberg,* MMR 2005, 661, 664; *Hoeren,* WM 2004, 2461, 2462; *Ernst,* GRUR 2003, 759; *Schaefer,* DuD 2003, 340, 351; Bräutigam/Leupold/*Pelz,* Online-Handel, B I Rn. 24; *Kaestner/Tews,* WRP 2004, 391, 395; offen gelassen vom OLG Köln, MMR 2004, 412, 413.

[192] *Aigner/Hofmann,* Fernabsatzrecht im Internet, Rn. 372; BeckRTD-Komm/*Brönneke,* § 5 TMG Rn. 57.

[193] Insofern spekulativ *Lorenz,* VuR 2009, 295, 297.

[194] Spindler/Schuster/*Micklitz/Schirmbacher,* 2. Aufl. 2011, § 5 TMG Rn. 43: Warteschleife ist dysfunktional; aA offenbar OLG Köln, MMR 2004, 412, 413.

[195] So OLG Köln, MMR 2004, 412, 413; wie hier aber Spindler/Schuster/*Micklitz/Schirmbacher,* § 5 TMG Rn. 57; Hoeren/Sieber/Holznagel/*Föhlisch,* 44. EL 2017, Kap. 13.4 Rn. 125; jurisPK-Internetrecht/*Heckmann,* Kap. 4.2 Rn. 272.

[196] EuGH, MMR 2009, 25, Rn. 25 ff.; BeckRTD-Komm/*Brönneke,* § 5 Rn. 57, 58; Spindler/Schuster/*Micklitz/Schirmbacher,* § 5 TMG Rn. 55.

[197] EuGH, MMR 2009, 25, Rn. 30; BeckRTD-Komm/*Brönneke,* § 5 Rn. 57; Spindler/Schuster/*Micklitz/Schirmbacher,* § 5 TMG Rn. 55.

[198] So zu Recht *Lorenz,* VuR 2009, 295, 296.

[199] EuGH, MMR 2009, 25, Rn. 35; nicht ausreichend soll daher die eBay-Funktion „Fragen an den Verkäufer" sein, OLG Frankfurt a. M., B. v. 29.7.2009 – 6 W 102/09 Rn. 4; LG Wiesbaden, Urt. v. 21.10.11 – 11 O 65/11, MMR 2012, 372.

room[200] in Frage. Um allerdings auch für solche Fälle eine effiziente Kommunikation zu gewährleisten, in denen dem Nutzer nach der elektronischen Kontaktaufnahme kein Internetzugang zur Verfügung steht, muss der Anbieter auf Ersuchen des Nutzers einen nichtelektronischen Kommunikationsweg bereithalten und diesen für die Antwort nutzen.[201]

51 Maßgeblich ist für alle Kommunikationsformen, dass der Anbieter unter ihnen auch **tatsächlich und schnell erreichbar** sein muss (Art. 5 Abs. 1 lit. c ECRL: „effizient"). Werden Telefonnummern ohne Anrufbeantworterfunktion oder Voice-Mail-System gewählt, so dürfen diese nicht ständig besetzt sein oder den Anrufer über einen unzumutbaren langen Zeitraum (etwa mehr als zehn Minuten) in einer Warteschleife halten, ggf. bei erhöhter Kostenbelastung.[202] So kann in dem „Schmoren lassen in telefonischen Warteschleifen" nicht nur ein Verstoß gegen § 5 TMG, sondern auch eine Irreführung nach § 5 UWG liegen.[203] E-Mail-Adressen, die vom Anbieter praktisch nicht abgerufen werden, erfüllen diese Voraussetzungen ebenfalls nicht. Eine Erreichbarkeit rund um die Uhr wird indes nicht vom Gesetz gefordert.[204] Auch Telefax-Nummern können neben einer E-Mail-Adresse und einer Telefonnummer angegeben werden, nicht jedoch allein.[205]

52 Der Anbieter darf auch eine besondere **Gebühr** bei Benützung der Telefonnummer verlangen, entweder als Mehrwertdienst (0900er-Rufnummer) oder als **shared-cost-Nummer** (0180-Rufnummer).[206] Das Gesetz verlangt keine kostenlose Kontaktaufnahme. Andererseits dürfen die Gebühren nicht derart hoch angesetzt werden, dass der Nutzer de facto von einer Kontaktaufnahmemöglichkeit abgehalten wird.[207]

53 **c) Angaben zur Aufsichtsbehörde (Nr. 3).** Der Diensteanbieter muss ferner neben der Registernummer Angaben über die zuständige Aufsichtsbehörde und deren Anschrift[208] machen, sofern sein Telemedium einer Zulassung bedarf. Das Gesetz verfolgt damit das Ziel, dass der Nutzer die Möglichkeit hat, sich über den Anbieter zu erkundigen oder sich bei Verstößen gegen Berufspflichten zu beschweren.[209] Maßgeb-

---

[200] BeckRTD-Komm/*Brönneke,* § 5 Rn. 58.
[201] EuGH, MMR 2009, 25, Rn. 36 ff.; krit. *Lorenz,* VuR 2009, 295, 295 f., der die Gleichartigkeit der Kommunikation via E-Mail und Kontaktformular anmahnt, dabei aber Fälle unberücksichtigt lässt, in denen die Kommunikation mit dem Anbieter planmäßig unabhängig vom Internet verläuft, bspw. wenn mehrere Kontaktaufnahmen nötig sind.
[202] BeckOK InfoMedienR/*Ott,* § 5 TMG Rn. 36; *v. Gravenreuth/Kleinjung,* JurPC Web-Dok. 273/2003, Abs. 20.
[203] BeckOK InfoMedienR/*Ott,* § 5 TMG Rn. 36.
[204] OLG Koblenz, MMR 2015, 732, wonach es für eine im Impressum hinterlegte E-Mail-Adresse keine Antwortpflicht gibt: Auch ein Nichtantworten könne eine Reaktion sein; *Aigner/Hofmann,* Fernabsatz, Rn. 372; *Kaestner/Tews,* WRP 2002, 1011, 1013; Spindler/Schuster/*Micklitz/Schirmbacher,* § 5 TMG Rn. 56; *v. Gravenreuth/Kleinjung,* JurPC Web-Dok. 273/2003, Abs. 17.
[205] Bräutigam/Leupold/*Pelz,* Online-Handel, B I. Rn. 24.
[206] *v. Gravenreuth/Kleinjung,* JurPC Web-Dok. 273/2003, Abs. 12 ff.; dem folgend Spindler/Schuster/*Micklitz/Schirmbacher,* § 5 TMG Rn. 58.
[207] OLG Frankfurt a. M., MMR 2015, 32, 33: 2,99 Euro sind zu viel; wie hier BeckOK InfoMedienR/*Ott,* § 5 TMG Rn. 38; unklar *Lorenz,* VuR 2009, 295, 297 f., der die Grenze einerseits bei Kosten sieht, die die Kosten für ein normales Telefongespräch „erheblich übersteigen", sodann aber eine „Kontaktaufnahme zu den üblichen Kosten eines normalen Telefonanrufs" verlangt.
[208] Bräutigam/Leupold/*Pelz,* Online-Handel, B I. Rn. 25; BeckRTD-Komm/*Brönneke,* § 5 TMG Rn. 63.
[209] Begr. RegE BT-Drs. 14/6098, 21; OLG Hamburg, AfP 2008, 511, 512; Hoeren/Sieber/Holznagel/*Föhlisch,* 44. EL 2017, Teil 13.4 Rn. 127.

Allgemeine Informationspflichten **§ 5 TMG**

lich ist die Behörde, die die Aufsicht führt, nicht die Zulassungsbehörde.[210] Fehlt eine eigene Aufsichtsbehörde, ist die Zulassungsbehörde anzugeben, da diese ggf. über die Rücknahme der Zulassung entscheiden kann.[211] Was unter der „Anschrift" zu verstehen ist, führt das Gesetz nicht aus; da dem Nutzer eine Anlaufstelle zur Verfügung stehen soll, genügt hier eine Webadresse der Behörde, aber auch eine Postanschrift.[212]

§ 5 Abs. 1 Nr. 3 stellt ausdrücklich nicht darauf ab, ob das Telemedium tatsächlich eine Zulassung erhalten hat; vielmehr kommt es allein darauf an, ob es **genehmigungsbedürftig** ist.[213] Die reine Missbrauchsaufsicht wird nicht erfasst, ebenso wenig etwa die Gewerbeanmeldung.[214] Die gegenteilige Auffassung, die auch die allgemeine Missbrauchsaufsicht erfassen will,[215] geht am klaren Gesetzes- und Richtlinienwortlaut vorbei. Vor allem bei höchstrichterlich nicht geklärten Rechtsfragen, etwa ob eine Internetauktion nach der GewO genehmigungsbedürftig ist, ist oft fraglich, ob der Diensteanbieter vorsorglich von einer Genehmigungsbedürftigkeit auszugehen hat. Der Anbieter kann jedoch nicht verpflichtet werden, bis zu einer gerichtlichen Klärung Angaben entgegen seiner eigenen Rechtsüberzeugung zu machen.[216] Das Gesetz enthält keine Einschränkung hinsichtlich der jeweiligen Aufsicht, so dass auch die allgemeine Aufsicht bei genehmigungsbedürftigen Tätigkeiten erfasst wird, nicht allein nur berufsrechtliche Pflichten.[217] **54**

d) Registerrechtliche Angaben (Nr. 4). Nach § 5 Abs. 1 Nr. 4 sind bei entsprechenden Registereintragungen das jeweilige Register und die Registernummern anzugeben. Dabei muss die konkrete Registernummer angegeben werden; eine Angabe nur mit „Nullen" bzw. „0000" ist unzulässig.[218] Sowie die Register digitalisiert sind, dürfte auch die Angabe der elektronischen Adressen der Register ausreichen.[219] Erfasst werden nach Auffassung des Gesetzgebers nur die in § 5 Abs. 1 Nr. 4 genannten Registerformen.[220] Allerdings ist hierbei zu bedenken, dass nicht die Gewerberegister nach § 14 GewO aufgenommen. Art. 5 Abs. 1 lit. d ECRL sieht jedoch vor, dass nicht nur das Handelsregister, sondern auch vergleichbare andere öffentliche Register aufgeführt werden müssen. Zwar kommt dem Gewerberegister nicht die Publizitätsfunktion wie dem Handelsregister zu; doch kommt es darauf für § 5 nicht an, sondern auf die Informationsfunktion für Dritte, die auch beim Gewerberegister erfüllt ist. § 5 muss daher richtlinienkonform dahin interpretiert werden, dass auch die **55**

---

[210] LG Düsseldorf, GRUR-RR 2014, 168; wie hier Spindler/Schuster/*Micklitz/Schirmbacher,* § 5 TMG Rn. 62.

[211] OLG Koblenz, MMR 2006, 624 = K&R 2006, 345, 346f. mAnm *Schirmbacher;* OLG Hamburg, AfP 2008, 511, 512; Spindler/Schuster/*Micklitz/Schirmbacher,* § 5 TMG Rn. 62.

[212] Spindler/Schuster/*Micklitz/Schirmbacher,* § 5 TMG Rn. 66; jurisPK-Internetrecht/*Heckmann,* Kap. 4.2 Rn. 257.

[213] Wie hier Spindler/Schuster/*Micklitz/Schirmbacher,* § 5 TMG Rn. 61; zust. BeckOK Info-MedienR/*Ott,* § 5 TMG Rn. 39; jurisPK-Internetrecht/*Heckmann,* Kap. 4.2 Rn. 282.

[214] *Kaestner/Tews,* WRP 2002, 1011, 1013.

[215] Spindler/Schuster/*Micklitz/Schirmbacher,* § 5 TMG Rn. 63.

[216] So aber Spindler/Schuster/*Micklitz/Schirmbacher,* § 5 TMG Rn. 65. Die Frage reduziert sich – entgegen *Micklitz/Schirmbacher* – letztlich darauf, ob dem Anbieter ein Verbotsirrtum ggf. bei Änderung der Rechtsprechung zu gute kommen muss. Selbst wenn eine Pflicht bei Änderung der Rechtsprechung angenommen wird, kommt es für die Sanktionierung darauf an, ob der Anbieter schuldhaft handelte, was bei fehlender Vorhersehbarkeit der Rechtsprechung in der Regel zu verneinen ist.

[217] AA *Kaestner/Tews,* WRP 2002, 1011, 1013.

[218] OLG Frankfurt a.M., MMR 2017, 484 Rn. 17.

[219] Dem folgend jurisPK-Internetrecht/*Heckmann,* Kap. 4.2 Rn. 286.

[220] Begr. RegE BT-Drs. 14/6098, S. 21; dem folgend *Kaestner/Tews,* WRP 2002, 1011, 1014; *Stickelbrock,* GRUR 2004, 111, 113.

Angaben zum Gewerberegister mit aufzuführen sind.[221] Nicht erforderlich ist die Erläuterung gebräuchlicher Abkürzungen wie „HRB" (für Handelsregister Abteilung B).[222]

56 Schwierigkeiten bereiten **ausländische Diensteanbieter:** Findet § 5 kollisionsrechtlich Anwendung (→ Rn. 74), können sich die Angaben nach § 5 nicht nur auf deutsche Handelsregisterangaben beschränken, sondern müssen konsequenterweise auch **Angaben zu ausländischen Rechtsformen** und Eintragungen in denjenigen Registern umfassen, die den deutschen Registern entsprechen, selbst wenn der Anbieter seine Hauptniederlassung in Deutschland hat.[223] Dies gebietet insbesondere der mit § 5 und mit Art. 5 ECRL beabsichtigte Schutz des potentiellen Vertragspartners bzw. Nutzers des Dienstes.[224] Auch bei Diensteanbietern aus der EU gelangt § 5 Abs. 1 Nr. 4 zur Anwendung, da der deutsche Gesetzgeber kaum über die Anforderungen aus Art. 5 ECRL hinausgegangen ist und daher keine Einschränkung gegenüber dem Herkunftslandprinzip des Anbieters iSv § 3 Abs. 2 enthalten kann. Sieht das ausländische Recht jedoch keinerlei Registereintragung vor, versagt der Schutz aus § 5 Abs. 1 Nr. 4, da er sich nur auf solche Eintragungen bezieht.[225] Auch ein **Anbieter aus einem Nicht-EU-Staat** ist grundsätzlich verpflichtet, eine Anbieterkennzeichnung nach § 5 Abs. 1 TMG vorzunehmen und das betreffende ausländische Register und die Registernummer anzugeben, wenn seine Werbung auf deutsche Verbraucher abzielt und in Deutschland abrufbar ist (→ Rn. 74).[226]

57 **e) Berufsrechtliche Informationen (Nr. 5).** Ist ein Diensteanbieter ein Angehöriger eines sog. reglementierten Berufs (Rechtsanwälte, Ärzte, Steuerberater, Wirtschaftsprüfer etc.) oder ist der Beruf von der Führung eines bestimmten Titels im Sinne der in § 5 Abs. 1 Nr. 5 genannten Richtlinien abhängig (zB Architekten, Ingenieure, bestimmte Heilberufe wie Physiotherapeuten), hat der Anbieter Angaben über die Kammer, der er angehört, sowie die Berufsbezeichnung und die dafür geltenden Regeln in dem Niederlassungsstaat des Anbieters zu machen.

58 Nach § 5 Abs. 1 S. 1 Nr. 5 lit. a ist die „Kammer" anzugeben, der der Diensteanbieter angehört. Der deutsche Gesetzgeber beschränkt damit die Informationspflichten auf diejenigen Berufe, die zwangsweise einer bestimmten berufsständischen Organisation angehören.[227] Mitgliedschaften in Berufsverbänden, die neben den Kammern bestehen, müssen dagegen nicht angegeben werden;[228] werden sie dennoch erwähnt, bedarf es einer deutlichen Trennung zwischen den Angaben, um dem Nutzer zu verdeutlichen, dass dann die Kammer diejenige Organisation ist, an die sich der Nutzer ggf. wenden kann.

---

[221] Wie hier Spindler/Schuster/*Micklitz/Schirmbacher,* § 5 TMG Rn. 67; BeckRTD-Komm/ *Brönneke,* § 5 TMG Rn. 64, 65; Hoeren/Sieber/Holznagel/*Föhlisch,* 44. EL 2017, Kap. 13.4 Rn. 129; aA, wenn auch ohne nähere Begründung, jurisPK-Internetrecht/*Heckmann,* Kap. 4.2 Rn. 289; Bund-Länder-Ausschuss Gewerberecht, dazu *Schönleiter/Kopp,* GewArch 2002, 366f.; den europarechtlichen Hintergrund verkennt auch BeckOK InfoMedienR/*Ott,* § 5 TMG Rn. 44.

[222] LG Bonn, MMR 2010, 180, 181; → Rn. 24.

[223] LG Frankfurt a. M., MMR 2003, 597, 598; *Schulte,* CR 2004, 55, 56; *Hoeren,* WM 2004, 2461, 2463; BeckOK InfoMedienR/*Ott,* § 5 TMG Rn. 44; jurisPK-Internetrecht/*Heckmann,* Kap. 4.2 Rn. 290.

[224] Insoweit zutr. LG Frankfurt a. M., MMR 2003, 597, 598, aber ohne Berücksichtigung des kollisionsrechtlichen Zusammenhangs; zust. *Hoß,* CR 2003, 687, 688; Spindler/Schuster/*Micklitz/Schirmbacher,* § 5 TMG Rn. 68.

[225] Spindler/Schuster/*Micklitz/Schirmbacher,* § 5 TMG Rn. 68: Die ECRL will gerade nicht in das nationale Gesellschaftsrecht eingreifen.

[226] OLG Hamm, MMR 2014, 175.

[227] RegE, BT-Drs. 14/6098, S. 21.

[228] AA Spindler/Schuster/*Micklitz/Schirmbacher,* § 5 TMG Rn. 73.

Allgemeine Informationspflichten § 5 TMG

Gem. § 5 Abs. 1 S. 1 Nr. 5 lit. b ist ferner die **genaue gesetzliche Berufsbezeich-** 59 **nung** und der Staat, in dem sie verliehen wurde, anzugeben. Auch hier hindert das Gesetz nicht, zusätzliche Angaben zu machen, sofern diese nicht zur Verwirrung beitragen und deutlich von den Pflichtangaben getrennt sind.[229]

Berufsrechtliche Regeln nach § 5 Abs. 1 S. 1 Nr. 5 lit. c sind umfassend zu ver- 60 stehen, da dadurch auch der ausländische Nutzer im Zusammenhang mit dem Herkunftslandprinzip über die rechtlich verbindlichen Rahmenbedingungen des Diensteanbieters informieren werden soll. Erfasst werden aber nur rechtlich verbindliche Normen, insbesondere Gesetze und Satzungen, die die Voraussetzungen für die Ausübung des Berufs oder die Führung des Titels sowie ggf. die spezifischen Pflichten der Berufsangehörigen regeln.[230] Allgemeine rechtliche Pflichten, wie sie für jedermann gelten, werden dagegen nicht von § 5 Abs. 1 S. 1 Nr. 5 lit. c umfasst.[231]

Zu den berufsrechtlichen Regeln gehören demnach in erster Linie die **Berufspflich-** 61 **ten** in den gesetzlichen Rahmenbedingungen, wie für Rechtsanwälte etwa die BRAO, die BORA, die FAO und das RVG,[232] aber auch die Satzungen der Kammern, die Berufsordnungen sowie die jeweiligen Gebührenordnungen.[233] Nicht erforderlich ist, dass der Anbieter den gesamten Wortlaut aller Vorschriften wiedergibt; vielmehr genügt die Angabe des amtlichen Titels („Bezeichnung") sowie der öffentlich zugänglichen Fundstelle des jeweiligen Gesetzes bzw. der Satzung oder Gebührenordnung. Ausreichend ist auch das Bereithalten eines Links, der auf entsprechende Sammlungen verweist,[234] zB die entsprechenden Angaben auf den Webseiten der Bundesrechtsanwaltskammer.[235] Dabei ist jedoch immer zu beachten, dass die URL in Zukunft von der BRAK geändert werden könnte und dann der Hyperlink nicht mehr funktionstüchtig wäre.[236]

f) Umsatzsteueridentifikationsnummer oder Wirtschafts-Identifikations- 62 **nummer (Nr. 6).** § 5 Abs. 1 Nr. 6 verpflichtet den Diensteanbieter, auch seine vom Bundesamt für Finanzen vergebene Umsatzsteueridentifikationsnummer nach § 27 a UStG anzugeben (nicht die Umsatzsteuernummer). Daraus folgt indes keine Pflicht, sich eine solche Nummer zu beschaffen.[237] Da durch die Einführung der Wirtschafts-Identifikationsnummer nach § 139 c AO[238] die Umsatzsteueridentifikationsnummer ersetzt und deren Funktion davon umfasst werden soll,[239] ist sie im Falle der Vergabe

---

[229] Zust. Spindler/Schuster/*Micklitz/Schirmbacher,* § 5 TMG Rn. 74; jurisPK-Internetrecht/ *Heckmann,* Kap. 4.2 Rn. 303.

[230] Begr. RegE BT-Drs. 14/6098, S. 21.

[231] Spindler/Schuster/*Micklitz/Schirmbacher,* § 5 TMG Rn. 75; zust. jurisPK-Internetrecht/ *Heckmann,* Kap. 4.2 Rn. 304, 305.

[232] LG Nürnberg-Fürth, DStRE 2010, 1344, 1345; BeckOK InfoMedienR/*Ott,* § 5 TMG Rn. 46; jurisPK-Internetrecht/*Heckmann,* Kap. 4.2 Rn. 307; *Berger,* NJW 2001, 1530, 1533.

[233] Bräutigam/Leupold/*Pelz,* Online-Handel, B I. Rn. 28.

[234] Begr. RegE BT-Drs. 14/6098, S. 21; Spindler/Schuster/*Micklitz/Schirmbacher,* § 5 TMG Rn. 76; LG Nürnberg-Fürth, BRAK-Mitt 2010, 186, 188; aA *Ernst,* VuR 1999, 397, 401; unklar *Berger,* NJW 2001, 1530, 1533.

[235] *Haug,* NJW 2015, 661, 663; *Schneider,* MDR 2002, 1236, 1237.

[236] *Haug,* NJW 2015, 661, 663.

[237] Bräutigam/Leupold/*Pelz,* Online-Handel, B I. Rn. 27; LG Nürnberg-Fürth, DStR 2010, 1808; BeckOK InfoMedienR/*Ott,* § 5 TMG Rn. 47.

[238] Noch ist die Wirtschafts-Identifikationsnummer nach § 139 c AO im Gegensatz zur Identifikationsnummer nach § 139 b AO nicht eingeführt, s. ausf. zu § 139 c AO statt aller Klein/*Rätke,* § 139 c AO Rn. 1 ff.

[239] S. dazu etwa RefE, StÄndG 2003, Stand: 16.7.2003, S. 97: „Ein Steuernummernsystem, das die Identifikation der Steuerpflichtigen ermöglichen soll, setzt voraus, dass jeder Steuerpflichtige nur eine Nummer erhält […]"; nach Beschluss der BReg wieder in den Gesetzesentwurf aufgenommen, s. dazu BT-Drs. 15/1798, S. 15, 21; konkreter dann der Bericht des Finanzausschus-

stattdessen anzugeben.[240] Hat ein Unternehmen keine dieser Nummern, bedarf es keiner Angabe, auch nicht eines Negativattestes oder anderer steuerlicher Nummern.[241] Um Nutzer nicht irrezuführen, müssen diese Angaben dann unterbleiben; eine Angabe mit „Nullen" ist nicht zulässig.[242] Ob diese Angaben dem Nutzer dienen – oder nicht vielmehr nur dem jeweiligen Fiskus – erscheint durchaus fraglich.[243]

63 **g) Insolvenz, Abwicklung oder Liquidation von Kapitalgesellschaften (Nr. 7).** Die mit dem EHUG[244] in Umsetzung von Art. 4 Abs. 3 der Publizitätsrichtlinie eingeführte Nr. 7 (→ Rn. 5) verpflichtet Aktiengesellschaften, Kommanditgesellschaften auf Aktien sowie GmbHs zur Angabe, ob sie sich in Liquidation oder in der Insolvenz befinden.[245] Es muss somit ein Hinweis auf eine Liquidation oder ein bestehendes Insolvenzverfahren ergehen.[246] Zwar wäre es rechtspolitisch sachgemäß, auch Personengesellschaften zu entsprechenden Angaben zu verpflichten;[247] doch beschränken sich sowohl die Richtlinie als auch das TMG explizit auf die genannten Kapitalgesellschaften. Ebenso wenig werden andere Rechtsformen wie etwa die eingetragene Genossenschaft erfasst. Liquidation und Insolvenz beziehen sich auf die jeweiligen in den für die Rechtsformen geltenden Gesetze vorgesehenen Verfahren, für die Insolvenz allgemein auf die InsO. Bietet ein Diensteanbieter mit ausländischem Sitz (Mittelpunkt seiner hauptsächlichen Interessen" nach Art. 3 der EU-InsVO[248]) Telemedien im Inland an, muss er auch ein etwaiges Insolvenzverfahren an seinem Sitz angeben. Dies gilt sowohl für Primär- als auch Sekundärinsolvenzverfahren. Keine Pflicht besteht zur Angabe des Insolvenzverwalters;[249] damit aber der Nutzer erfahren kann, wer für den Diensteanbieter vertretungsberechtigt ist, muss wenigstens das Aktenzeichen des Insolvenzgerichts angegeben werden.

IV. Rechtsfolgen bei Verletzung

1. Bußgeld (§ 16)

64 Die Pflichten nach § 5 Abs. 1 werden in § 16 Abs. 2 Nr. 1 bei einem schuldhaften Verstoß mit einem Bußgeld bis zu 50.000 Euro bewehrt. Eine entsprechende Regelung wurde erforderlich, nachdem sich § 6 TDG aF als weitgehend sanktionslose Norm erwiesen hatte, da die Rechtsprechung sie nicht als wertbezogene Norm qua-

---

ses, BT-Drs. 15/1945, S. 16 zu Beschlussempfehlung BT-Drs. 15/1928, idF angenommen vom BT am 7.11.2003.

[240] jurisPK-Internetrecht/*Heckmann,* Kap. 4.2 Rn. 309.

[241] Spindler/Schuster/*Micklitz*/*Schirmbacher,* § 5 TMG Rn. 80; *Haug,* NJW 2015, 661, 663.

[242] OLG Frankfurt a.M., MMR 2017, 484 Rn. 17.

[243] LG Berlin, K&R 2010, 748, 749; OLG Hamm, K&R 2009, 504, 506; jurisPK-Internetrecht/*Heckmann,* Kap. 4.2 Rn. 311; Hoeren/Sieber/Holznagel/*Föhlisch,* 44. EL 2017, Teil 13.4 Rn. 129: Für den Verbraucher „keinerlei zusätzlichen Nutzwert"; aA aber LG Stendal, Urt. v. 24.2.2010 – 21 O 242/09, Rn. 25.

[244] Gesetz über elektronische Handelsregister und Genossenschaftsregister sowie das Unternehmensregister (EHUG) vom 10.11.2006 (BGBl. I S. 2553).

[245] LG Erfurt, Urt. v. 11.2.2011 – 9 O 1275/10 BeckRS 2011, 04103 (nur Ls.); BeckOK InfoMedienR/*Ott,* § 5 TMG Rn. 48.

[246] LG Erfurt, Urt. v. 11.2.2011 – 9 O 1275/10 BeckRS 2011, 04103 (nur Ls.).

[247] So *Lorenz,* K&R 2008, 340, 344; wohl nur de lege ferenda Spindler/Schuster/*Micklitz*/*Schirmbacher,* § 5 TMG Rn. 81.

[248] Verordnung (EG) Nr. 1346/2000 des Rates vom 29. Mai 2000 über Insolvenzverfahren, ABl. EG Nr. L 160 v. 30.6.2000, S. 1.

[249] BeckOK InfoMedienR/*Ott,* § 5 TMG Rn. 48.

Allgemeine Informationspflichten § 5 TMG

lifizierte.²⁵⁰ Die Bußgeldsanktion nach § 16 Abs. 2 Nr. 1 bezieht sich nur auf die Informationspflichten nach § 5, nicht auf diejenigen nach § 312d BGB bzw. der BGB-InfoV. Zuständig für die Verfolgung von Rechtsverstößen sind die jeweiligen Landesmedienanstalten.²⁵¹

2. Untersagung nach UKlaG und UWG

§ 5 dient auch dem Verbraucherschutz.²⁵² Ein Anbieter, der seine Pflichten nach § 5 **65** verletzt, kann daher nach § 2 Abs. 2 Nr. 2 UKlaG von den entsprechenden Verbänden auf Unterlassung in Anspruch genommen werden.²⁵³ Problematisch bleibt, ob ein Verstoß gegen die Informationspflichten nach § 5 gleichzeitig einen **Wettbewerbsverstoß nach dem UWG** enthält, der durch Wettbewerber verfolgt werden kann. Es kommen hierbei verschiedene Unlauterkeitstatbestände in Betracht, zunächst der bislang im Zentrum stehende § 4 Nr. 11 UWG aF, der mit der UWG-Novelle vom 2.12.2015²⁵⁴ gestrichen und in § 3a UWG zu einem eigenen Paragraphen unter Hinzufügung einer Spürbarkeitsklausel umgewandelt wurde, die der bisherigen Bestimmung in § 3 UWG aF entspricht.²⁵⁵ Ferner ist der durch die UWG-Novelle von 2008²⁵⁶ eingeführte, die UGP-RL umsetzende § 5 relevant, wonach derjenige unlauter handelt, der gewisse **falsche Informationen** angibt (§ 5 Abs. 1 S. 1, S. 2 Nr. 3 UWG nF). Zwar ist § 5 UWG ebenfalls durch die UWG Novelle vom 2.12.2015 geändert worden, doch unterscheidet sich die neue Fassung von der alten Version nur darin, dass die Relevanzklausel an den Wortlaut der Richtlinie angepasst und die Ergänzung aufgenommen wurde, dass eine irreführende geschäftliche Handlung nur unlauter ist, „wenn sie geeignet ist, den Verbraucher oder sonstige Marktteilnehmer zu einer geschäftlichen Entscheidung zu veranlassen, die er andernfalls nicht getroffen hätte".²⁵⁷ Zu dem Komplex gehört auch § 5a Abs. 2, Abs. 4 UWG nF,²⁵⁸ der die Unlauterkeit für Fälle statuiert, in denen wesentliche Informationen vorenthalten werden, die der Verbraucher je nach den Umständen benötigt, um eine informierte geschäftliche Entscheidung zu treffen und deren Vorenthalten geeignet ist, den Verbraucher zu einer geschäftlichen Entscheidung zu verlassen, die er andernfalls nicht getroffen hätte.

Während früher nicht jeder Rechtsbruch nach **§ 4 Nr. 11 UWG** aF einen **sitten- 66 widrigen Wettbewerbsvorsprung** begründete, sondern nur Verstöße entweder gegen Normen, die ein besonderes Werturteil zum Ausdruck bringen, oder gegen markt- und wettbewerbsbezogene Normen,²⁵⁹ hat entsprechend der UWG-Novelle 2004 die Rechtsprechung diese Unterscheidung aufgegeben und stellt seitdem nur

---

²⁵⁰ LG Hamburg, NJW-RR 2001, 1075, 1076.
²⁵¹ *Lorenz*, K&R 2008, 340, 344f.
²⁵² Begr. RegE BT-Drs. 14/6098, S. 21; LG Koblenz, MMR-Aktuell 2015, 365079; *Lorenz*, WRP 2010, 1224, 1226; OLG München, MMR 2004, 36, 38; OLG München, MMR 2004, 321, 322; LG Düsseldorf, MMR 2003, 340; LG Berlin, MMR 2003, 202; LG Frankfurt a. M., MMR 2003, 597, 598.
²⁵³ BGH, GRUR 2007, 723; OLG München, WRP 2005, 1034; OLG München, MMR 2004, 36, 38; OLG München, ZUM-RD 2002, 158, 159f.; *Lorenz*, K&R 2008, 340, 345; *Lubitz*, K&R 2006, 55; *Leible/Sosnitza*, BB 2005, 725; *Hoß*, CR 2003, 687, 691.
²⁵⁴ BGBl. I S. 2158.
²⁵⁵ Köhler/Bornkamm/*Köhler*, § 3a UWG Rn. 1.5.
²⁵⁶ Erstes Gesetz zur Änderung des Gesetzes gegen den unlauteren Wettbewerb vom 22.12.2008 (BGBl. I S. 2949) v. 29.12.2008.
²⁵⁷ Köhler/Bornkamm/*Bornkamm/Feddersen*, § 5 UWG Rn. 0.7.
²⁵⁸ Mit der UWG-Novelle v. 2.12.2015 (BGBl. I S. 2158) wurde der § 5a UWG in Abs. 2, 5 und 6 geändert und damit Art. 7 Abs. 1–3 UGP-RL umgesetzt.
²⁵⁹ S. noch BGHZ 140, 134, 138; BGHZ 144, 255, 265; BGH, GRUR 2000, 237, 238; BGH, WRP 2001, 1073, 1075.

TMG § 5   Allgemeine Informationspflichten

noch darauf ab, ob es sich um eine marktverhaltenssteuernde Norm im Interesse der Marktteilnehmer handelt.[260] Daran hat auch die UWG-Novelle 2015 nichts geändert: Nicht jede geschäftliche Handlung, die eine Gesetzesnorm verletzt und den Wettbewerb beeinflussen kann, ist unlauter; vielmehr wird noch immer an Marktverhaltensregeln angeknüpft.[261] Für § 5 nimmt die Rechtsprechung eine Regelung des Marktverhaltens an,[262] denn die Norm ermöglicht dem Verbraucher als Marktteilnehmer die Rechtsverfolgung und sichert damit dessen Rechte und Rechtsgüter, ebenso wie seine Entscheidungs- und Verhaltensfreiheit.[263] Auch nach der UWG-Novelle 2015 stellt § 5 TMG weiterhin eine Markverhaltensregel iSd § 3a UWG nF dar, da die Informationspflichten dem Verbraucherschutz und der Transparenz von geschäftsmäßig erbrachten Telediensten dienen.[264]

67   Allerdings bedarf es aufgrund des vollharmonisierenden Charakters der UGP-Richtlinie[265] einer einschränkenden **richtlinienkonformen Auslegung.**[266] So sind von der UGP-Richtlinie einerseits nur Informationspflichten gegenüber Verbrauchern umfasst, andererseits nur solche, die auf europäischen Rechtsakten beruhen.[267] Demnach gilt für das TMG, sofern sich Webseiten nicht ausschließlich an andere Unternehmer richten und damit gar nicht erst der Anwendungsbereich der Richtlinie eröffnet ist, dass nur die der ECRL sowie der Publizitäts-RL oder einer anderen verbraucherschützenden Richtlinie entstammenden Pflichten marktverhaltenssteuernd iSv § 4 Nr. 11 UWG aF (§ 3a UWG nF) sein können.[268] Das umfasst aber

---

[260] So für § 6 TDG/§ 10 MDStV: BGH, NJW 2006, 3633, 3634 = WRP 2006, 1507, 1509; Köhler/Bornkamm/*Köhler*, § 3a UWG Rn. 1.4, 1.61; *Lorenz*, WRP 2010, 1224, 1226.

[261] Köhler/Bornkamm/*Köhler*, § 3a UWG Rn. 1.6.

[262] Schon zum TDG: BGH, NJW 2006, 3633, 3634 = WRP 2006, 1507, 1509; zum TMG BGH, MMR 2016, 629 Rn. 9 – Mehrwertdienstnummer; OLG Frankfurt a.M., MMR 2017, 484 Rn. 13; LG Arnsberg, GRUR-RS 2015, 18636; LG Koblenz, MMR-Aktuell 2015, 365079; LG Dortmund, MMR 2014, 678; OLG Hamm, MMR 2014, 175; LG Siegen, MMR 2013, 722, 724 mAnm *Kleinemenke;* LG Bamberg, CR 2013, 130; LG Aschaffenburg, MMR 2012, 38 = WuB V B § 4 UWG 1.12 mAnm *Spindler;* LG Berlin, ZUM-RD 2011, 368; LG Hamburg, ZUM-RD 2011, 193, 194; LG München, GRUR-RR 2011, 75, 76; OLG Hamm, MMR 2010, 693, 694; MMR 2010, 608; MMR 2010, 29; MMR 2010, 550; MMR 2009, 552; OLG Frankfurt a. M., CR 2009, 253; LG Köln, Urt. v. 6.8.2009 – 31 O 33/09 Rn. 14; OLG Düsseldorf, MMR 2008, 56; OLG Koblenz, MMR 2006, 624, 625 = K&R 2006, 345, 346f. mAnm *Schirmbacher;* OLG Naumburg, CR 2006, 779, 780; *Lorenz*, K&R 2008, 340, 345; *ders.*, WRP 2010, 1224, 1226.

[263] *Lorenz*, WRP 2010, 1224, 1226.

[264] Köhler/Bornkamm/*Köhler*, § 3a UWG Rn. 1.310.

[265] Erwägungsgrund 15 der Richtlinie 2005/29/EG des Europäischen Parlaments und des Rates vom 11.5.2005 über unlautere Geschäftspraktiken im binnenmarktinternen Geschäftsverkehr zwischen Unternehmen und Verbrauchern und zur Änderung der Richtlinie 84/450/EWG des Rates, der Richtlinien 97/7/EG, 98/27/EG und 2002/65/EG des Europäischen Parlaments und des Rates sowie der Verordnung (EG) Nr. 2006/2004 des Europäischen Parlaments und des Rates (Richtlinie über unlautere Geschäftspraktiken) ABl. Nr. L 149 v. 11.6.2005, S. 22; s. auch EuGH, MMR 2010, 181 – Zentrale/Plus Warenhandelsgesellschaft Rn. 41; BGHZ 187, 231 – Millionen-Chance II Rn. 19; BGH, WRP 2012, 1219, 1221 = GRUR 2012, 1056 – GOOD NEWS Rn. 12.

[266] *Lorenz*, WRP 2010, 1224, 1226f.; *Köhler*, NJW 2008, 3032, 3036f.; Hoeren/Sieber/Holznagel/*Föhlisch*, 44. EL 2017, Kap. 13.4 Rn. 181, 182.

[267] S. dazu Erwägungsgrund 15 iVm dem Anhang II der UGP-RL, in dem nicht abschließend Beispiele für diese Rechtsakte aufgeführt werden.

[268] BGH, NJW 2012, 3577, 3581 = WRP 2012, 1086, 1090f. – Missbräuchliche Vertragsstrafe; KG, WRP 2013, 109, 110; OLG Hamm, Urt. v. 17.1.2013 – 4 U 147/12; *Lorenz*, WRP 2010, 1224, 1227.

Allgemeine Informationspflichten **§ 5 TMG**

nicht diejenigen, die der deutsche Gesetzgeber überschießend geschaffen hat, namentlich die Angabe des Vertretungsberechtigten (§ 5 Abs. 1 Nr. 1) sowie die Angabe der Wirtschafts-Identifikationsnummer (§ 5 Abs. 1 Nr. 6).[269]

Bei fehlenden Informationen liegt gleichzeitig auch eine Unlauterkeit gem. **§ 5a** **68** **Abs. 2 UWG** nF vor, da die Impressumspflichten gem. § 5 Verbraucherinformationen iSd **§ 5a Abs. 4 UWG nF** sind und damit unwiderleglich als wesentlich gem. § 5a Abs. 2 UWG nF angesehen werden.[270] Dies gilt grundsätzlich auch für die Impressumspflichten nach § 55 Abs. 1 RStV. Allerdings haben diese neben § 5 nur dann eine Bedeutung, wenn es dort an dem Merkmal des geschäftsmäßigen, in der Regel gegen Entgelt erbrachten Telemediums scheitert.[271] In solchen Fällen dient die Vorschrift aber nicht der Umsetzung der ECRL oder einer anderen von Anhang II der UGP-RL umfassten europäischen Richtlinie, ein Verstoß gegen sie kann damit in den entscheidenden Fällen keinen wettbewerbsrechtlichen Anspruch begründen.[272] Keine marktverhaltenssteuernde, sondern nur eine medienrechtliche Funktion hat § 55 Abs. 2 RStV.[273] Dagegen sind die Pflichtangaben für Geschäftsbriefe, unter die auch eine E-Mail fällt,[274] gem. § 37a HGB, entgegen der früher herrschenden Ansicht, als marktverhaltensregelnde Normen anzusehen,[275] denn sie beruhen auf der Umsetzung der Publizitätsrichtlinie.

Stellt der Diensteanbieter dagegen **falsche Informationen** zur Verfügung, so **69** kommt eine unlautere Handlung gem. **§ 5 Abs. 1 S. 2 Nr. 3 UWG** in Betracht, sofern die falsche Information geeignet ist, die geschäftliche Entscheidung des Verkehrs zu beeinflussen oder einen Mitbewerber zu beeinträchtigen.[276] Zwischen den Unlauterkeitstatbeständen besteht keine Konkurrenz, da sie nur bestimmen, wann eine unlautere Handlung vorliegt.[277]

Erforderlich ist gem. § 3 Abs. 1 UWG nF eine unlautere geschäftliche Handlung, **70** bzw. bei Webseiten, die sich auch an Verbraucher richten, ist gem. § 3 Abs. 2 UWG nF eine geschäftliche Handlung unlauter, wenn sie nicht der unternehmerischen Sorgfalt entspricht und dazu geeignet ist, das wirtschaftliche Verhalten des Verbrauchers wesentlich zu beeinflussen. Die **Spürbarkeitsklausel** ist nun in § 3a UWG ge-

---

[269] *Lorenz*, WRP 2010, 1224, 1226, 1230; ebenso bzgl. des Vertretungsberechtigten KG, WRP 2013, 109, 110 = GRUR-RR 2013, 123, 123 f.; aA OLG Hamm, MMR 2009, 552, 553, welches meint, dass „sich eine Differenzierung nach den einzelnen Informationsangaben verbietet".

[270] KG, MMR 2012, 240, 241; LG Hamburg, ZUM-RD 2011, 193, 194; *Lorenz*, WRP 2010, 1224, 1228; zum Verhältnis von § 5a UWG und § 4 Nr. 11 UWG aF allg. s. aber auch Köhler/Bornkamm/*Köhler*, § 5a UWG Rn. 5.1 ff.

[271] *Lorenz*, WRP 2010, 1224, 1227.

[272] *Lorenz*, WRP 2010, 1224, 1227; aA ohne aber auf die UGP-RL einzugehen Hahn/Vesting/*Held*, § 55 RStV Rn. 60; Spindler/Schuster/*Micklitz/Schirmbacher*, § 55 RStV Rn. 28; ohne nähere Begründung LG Essen, Urt. v. 26.4.2012 – 4 O 256/11; LG Aschaffenburg, CR 2013, 58.

[273] *Lorenz*, WRP 2010, 1224, 1227.

[274] LG Baden-Baden, WRP 2012, 612, 613; Baumbach/Hopt/*Hopt*, § 37a HGB Rn. 4; *Rath/Hausen*, K&R 2007, 113.

[275] LG Baden-Baden, WRP 2012, 612, 613; Baumbach/Hopt/*Hopt*, § 37a HGB Rn. 4; Köhler/Bornkamm/*Köhler*, § 3a UWG Rn. 1.305; MüKoHGB/*Krebs*, § 37a HGB Rn. 12; LG Bonn, Urt. v. 22.6.2006 – 14 O 50/06 Rn. 53 ff.; *Rath/Hausen*, K&R 2007, 113, 114, die auf den gemeinsamen Schutzzweck der Norm hinweisen.

[276] Ohly/Sosnitza/*Sosnitza*, § 5 UWG Rn. 210; Harte-Bavendamm/Henning-Bodewig/*Dreyer*, § 5 Abs. 1 S. 2 Nr. 3 UWG Rn. 15 je mwN; s. aber *Lorenz*, WRP 2010, 1224, 1227, der falsche Impressumsangaben für stets dazu geeignet hält.

[277] Köhler/Bornkamm/*Köhler*, § 3a UWG Rn. 1.19.

regelt[278]: Nach dem neuen § 3a UWG handelt derjenige unlauter, der einer gesetzlichen Vorschrift zuwiderhandelt, die auch dazu bestimmt ist im Interesse der Marktteilnehmer das Marktverhalten zu regeln und der Verstoß zu einer spürbaren Interessenbeeinträchtigung geeignet ist. Es war schon früher nach § 3 UWG aF fraglich, ob bei kleineren Verstößen noch von einer Wettbewerbsrelevanz ausgegangen werden kann, etwa bei fehlenden Angaben zu Geschäftsführervertretungen, Angaben über die Kammerzugehörigkeit oder aber das Fehlen der Umsatzsteueridentifikationsnummer.[279] Eine Spürbarkeit wurde zB bei alleinigem Fehlen von Angaben über die Aufsichtsbehörde verneint,[280] wohl aber angenommen, wenn die Handelsregisternummer oder die Umsatzsteueridentifikationsnummer fehlen,[281] ebenso wenn das Impressum nur unter erheblichen Schwierigkeiten aufzufinden ist.[282] Doch hat auch hier, jedenfalls bei B2C-Sachverhalten, die jüngere Rechtsprechung nach Umsetzung der UGP-Richtlinie einen Wandel vollzogen. Die vollharmonisierende Wirkung des Art. 7 Abs. 2 UGP-RL darf nicht durch das Merkmal der Spürbarkeit konterkariert werden, so dass eine Verletzung einer Informationspflicht, die unter § 5a Abs. 4 UWG fällt, stets spürbar ist.[283] Somit bliebe die Spürbarkeitsregelung nur anwendbar bei Informationspflichten, die nicht auf europäischen Rechtsakten beruhen.[284] Sofern immer noch vertreten wird, dass die Prüfung im konkreten Einzelfall eine Rolle spielt,[285] ob also der Anbieter sich durch die Senkung der Klage- und Beschwerderisiken kostenmäßige Vorteile gegenüber seinen Konkurrenten verschafft, geht dies an dem europarechtlichen Einfluss der UGP-Richtlinie vorbei. Eine Information kann kaum als unwiderleglich „wesentlich" für den Verbraucher und zugleich als nicht geeignet angesehen werden, die Entscheidungsfähigkeit des Verbrauchers „spürbar" zu beeinträchtigen.[286]

---

[278] Köhler/Bornkamm/*Köhler*, § 3a UWG Rn. 1.95.

[279] So etwa *Ernst*, GRUR 2003, 759, 761f.; *Schulte/Schulte*, NJW 2003, 2140, 2142.

[280] OLG Hamburg, CR 2008, 606; OLG Koblenz, MMR 2006, 624, 626 = K&R 2006, 345, 346f. mAnm *Schirmbacher;* LG München, CR 2009, 62; *Engels/Jürgens/Fritzsche*, K&R 2007, 56, 62; Spindler/Schuster/*Micklitz/Schirmbacher*, § 5 TMG Rn. 87.

[281] OLG Hamm, MMR 2009, 552, 552f.; MMR 2008, 469; aA OLG Hamburg, AfP 2008, 511, 513; aA LG Berlin, K&R 2010, 748, dem allerdings das KG, MMR 2012, 241 in der nächsten Instanz widersprochen hat.

[282] OLG Düsseldorf, MMR 2008, 56; spürbar ist die Interessenbeeinträchtigung jedenfalls bei Fehlen von Namen und Anschrift, E-Mail-Adresse, Handelsregistereintragung und Umsatzsteueridentifikationsnummer OLG Hamburg, Urt. v. 27.6.2013 – 3 U 26/12, GRUR-RR 2013, 482; LG Stuttgart, MMR 2014, 674, 676; Köhler/Bornkamm/*Köhler*, § 3a UWG Rn. 1.296, 1.310; Spindler/Schuster/*Micklitz/Schirmbacher*, § 5 TMG Rn. 87.

[283] BGH, GRUR 2010, 852, 854 – Gallardo Spyder Rn. 22; BGH, GRUR 2012, 842, 844 Rn. 25; BGH, GRUR 2011, 82 Rn. 33; *Bornkamm*, WRP 2012, 1, 5; KG, MMR 2012, 240, 241 mAnm *Rätze;* Köhler/Bornkamm/*Köhler*, § 3 UWG Rn. 2.20; *Lorenz*, WRP 2010, 1224, 1230; BeckRTD-Komm/*Brönneke*, § 5 TMG Rn. 89 Fn. 145; unklar aber BGH, GRUR 2010, 1142, 1144 – Holzhocker Rn. 24.

[284] So KG, WRP 2013, 109, 110.

[285] So noch Spindler/Schuster/*Micklitz/Schirmbacher*, § 5 TMG Rn. 87; LG München, GRUR-RR 2011, 75, 76; LG Berlin, K&R 2010, 748 (dessen Entscheidung in der folgenden Instanz aber durch KG, MMR 2012, 240 aufgehoben wurde).

[286] Zutr. *Bornkamm*, WRP 2012, 1, 5 mit Hinweis auf Art. 7 Abs. 1 UGP-RL („somit"); LG Essen, Urt. v. 11.2.2009 – 41 O 5/09, das einen Wettbewerbsverstoß bei Verstoß gegen die Impressumspflicht als „anerkannt" ansieht; anders OLG Celle, NJOZ 2011, 1520, 1521, B. v. 14.6.2011 – 13 U 50/11, NJOZ 2011, 1520, 1521 das zwar ein erhebliches Allgemeininteresse an der Erfüllung der Pflichten nach § 5 zum Schutze der Verbraucher bejaht, jedoch eine Eignung, die Entscheidungsfähigkeit des Verbrauchers bei einem Verstoß gegen § 5 zu beeinflussen, ablehnt.

Allgemeine Informationspflichten § 5 TMG

In diesem Rahmen ist die Wertung des § 5 zu berücksichtigen, dass der Nutzer sich **die** 71
Informationen leicht verschaffen können muss; anderweitige Möglichkeiten zur Informationsbeschaffung (Handelsregister etc.) müssen dabei unberücksichtigt bleiben. Davon zu trennen ist die Beurteilung des Streitwertes eines Unterlassungsanspruches gem. § 8 Abs. 3 Nr. 1 UWG. Hierbei kommt es auf die Interessenlage des Anspruchstellers, also des Mitbewerbers, an, die bei einem bloßen Verstoß gegen Impressumspflichten je nach Einzelfall auch als unwesentlich beeinträchtigt angesehen werden kann.[287]

3. Schadensersatz

§ 5 kann zudem als Schutzgesetz nach § 823 Abs. 2 BGB qualifiziert werden.[288] 72
Denn es dient dem Nutzer eines Angebotes zur Information über den Anbieter und damit zur Einschätzung von dessen Seriosität und Identität. Allerdings wird in den Fällen fehlender Angaben bei Kausalität der fehlenden Informationen etwa für einen Vertragsabschluss in der Regel auch ein Anspruch aus § 311 oder aus § 826 BGB vorliegen.

V. Weitergehende Informationspflichten

§ 5 Abs. 2 stellt klar, dass andere Informationspflichten unberührt bleiben. Auch 73
die Erfüllung von Informationspflichten nach §§ 312d oder 312e BGB ändern nichts daran, dass der Anbieter auch die Informationen nach § 5 erteilen muss – selbst wenn es sich oft um identische oder ähnliche Angaben handeln mag.

VI. Internationale Anwendbarkeit

Für **ausländische Angebote** gilt § 5 nur, sofern nach den jeweiligen kollisions- 74
rechtlichen Anknüpfungskriterien deutsches Recht Anwendung findet. In den meisten Fällen wird es wegen des Zusammenhangs mit wettbewerbsrechtlichen Sachverhalten darauf ankommen, ob Deutschland als **Marktort** anzusehen ist. Sofern es sich um Mitgliedstaaten der EU handelt, findet das Herkunftslandprinzip Anwendung.[289] Da Art. 5 ECRL nur als Mindestharmonisierung ausgestaltet ist (→ Rn. 7), kommt es darauf an, ob die Informationspflichten des Art. 5 ECRL bzw. § 5 im Zusammenhang mit Verbrauchergeschäften als Bestandteil des vertraglichen Verbraucherschutzes qualifiziert werden (→ § 3 Rn. 38f.). Hierfür spricht die weiter Auslegung der Ausnahme in § 3 Abs. 4 einiges, zumal der Verbraucher bei Falschinformationen einen Anspruch aus §§ 311, 324 BGB auf Rücktritt vom Vertrag und Schadensersatz gem. §§ 325, 280 oder über § 282 BGB auf Schadenersatz statt der Leistung haben dürfte, wenn ihm ein Festhalten an dem Vertrag nicht mehr zuzumuten ist.[290] In Ausnahmefällen könnte auch ein Anfechtungsrecht aus § 119 Abs. 2 BGB bei Falschangaben über verkehrswesentliche Eigenschaften in Betracht kommen. Außerhalb dieser Ausnahme bleibt es indes beim Herkunftslandprinzip, etwa bei wettbewerbsrechtlichen Unterlassungsansprüchen.

---

[287] OLG Celle, B. v. 14.6.2011 – 13 U 50/11 Rn. 6.
[288] AG Mönchengladbach, MMR 2003, 606, 608; Spindler/Schuster/*Micklitz/Schirmbacher,* § 5 TMG Rn. 88; BeckRTD-Komm/*Brönneke,* § 5 TMG Rn. 90.
[289] Im Fall LG Frankfurt a. M., MMR 2003, 597, 598 lag die Niederlassung in Deutschland; nicht völlig klar Spindler/Schuster/*Micklitz/Schirmbacher,* § 5 TMG Rn. 89, die von einem „gemeinschaftsrechtlichen" Ansatz ausgehen wollen.
[290] Zu vergleichbaren Fragen im Rahmen von §§ 312i, 312j BGB BeckOK BGB/*Maume,* § 312i BGB Rn. 35, § 312j BGB Rn. 25; Palandt/*Grüneberg,* § 312i Rn. 11, § 312j Rn. 12; MüKoBGB/*Wendehorst,* § 312i BGB Rn. 108, 109.

§ 6 Besondere Informationspflichten bei kommerziellen Kommunikationen

(1) Diensteanbieter haben bei kommerziellen Kommunikationen, die Telemedien oder Bestandteile von Telemedien sind, mindestens die folgenden Voraussetzungen zu beachten:
1. Kommerzielle Kommunikationen müssen klar als solche zu erkennen sein.
2. Die natürliche oder juristische Person, in deren Auftrag kommerzielle Kommunikationen erfolgen, muss klar identifizierbar sein.
3. Angebote zur Verkaufsförderung wie Preisnachlässe, Zugaben und Geschenke müssen klar als solche erkennbar sein, und die Bedingungen für ihre Inanspruchnahme müssen leicht zugänglich sein sowie klar und unzweideutig angegeben werden.
4. Preisausschreiben oder Gewinnspiele mit Werbecharakter müssen klar als solche erkennbar und die Teilnahmebedingungen leicht zugänglich sein sowie klar und unzweideutig angegeben werden.

(2) ¹Werden kommerzielle Kommunikationen per elektronischer Post versandt, darf in der Kopf- und Betreffzeile weder der Absender noch der kommerzielle Charakter der Nachricht verschleiert oder verheimlicht werden. ²Ein Verschleiern oder Verheimlichen liegt dann vor, wenn die Kopf- und Betreffzeile absichtlich so gestaltet sind, dass der Empfänger vor Einsichtnahme in den Inhalt der Kommunikation keine oder irreführende Informationen über die tatsächliche Identität des Absenders oder den kommerziellen Charakter der Nachricht erhält.

(3) Die Vorschriften des Gesetzes gegen den unlauteren Wettbewerb bleiben unberührt.

Literatur: *Bodewig,* Elektronischer Geschäftsverkehr und unlauterer Wettbewerb, GRUR Int. 2000, 475; *Ernst/Seichter,* „Heimliche" Online-Werbeformen, CR 2011, 62; *Fleischer,* Werbefreiheit und rechtliche Zulässigkeit von Werbemaßnahmen, NJW 2014, 2150; *Gabel,* Die Haftung für Hyperlinks im Lichte des neuen UWG, WRP 2005, 1102; *Groh,* Plädoyer für ein flankierendes Behördenmodell bei der Bekämpfung unerwünschter E-Mail-Werbung, GRUR 2015, 551; *Gummig,* Rechtsfragen bei Werbung im Internet, ZUM 1996, 573; *Härting/Eckart,* Provider gegen Spammer, CR 2004, 119; *Härting/Schirmbacher,* Internetwerbung und Wettbewerbsrecht, ITRB 2005, 16; *Hoeren,* Das Telemediengesetz, NJW 2007, 801; *Jankowski,* Nichts ist unmöglich! – Möglichkeiten der formularmäßigen Einwilligung in die Telefonwerbung, GRUR 2010, 495; *Kempe,* Die Geltung des Trennungsgrundsatzes im Internet, Hamburg 2017; *Kitz,* Das neue Recht der elektronischen Medien in Deutschland – sein Charme, seine Fallstricke, ZUM 2007, 368; *ders.,* Kommerzielle Kommunikation per E-Mail im neuen Telemediengesetz, DB 2007, 385; *Köhler,* Das neue Gesetz gegen unseriöse Geschäftspraktiken, NJW 2013, 3473; *ders.,* Redaktionelle Werbung, WRP 1998, 349; *Krieg/Roggenkamp,* Astroturfing – rechtliche Probleme bei gefälschten Kundenbewertungen im Internet, K&R 2010, 689; *Kühling/Gauß,* Suchmaschinen – Eine Gefahr für den Informationszugang und die Informationsvielfalt?, ZUM 2007, 881; *Leitgeb,* Virales Marketing – Rechtliches Umfeld für Werbefilme auf Internetportalen wie Youtube, ZUM 2009, 39; *Lent,* Besondere Impressumspflichten im Online-Journalismus, ZUM 2015, 134; *Leupold/Bräutigam/Pfeiffer,* Von der Werbung zur kommerziellen Kommunikation: Die Vermarktung von Waren und Dienstleistungen im Internet, WRP 2000, 575; *Lichtnecker,* Ausgewählte Werbeformen um Internet unter Berücksichtigung der neueren Rechtsprechung, GRUR 2014, 523; *Mankowski,* Internet und internationales Wettbewerbsrecht, GRUR Int. 1999, 909; *Menebröcker,* Anwaltswerbung – Was ist erlaubt?, GRUR-Prax 2010, 189; *Nickels,* Neues Bundesrecht für den E-Commerce, CR 2002, 302; *Raschke,* Inhalt und Grenzen des ärztlichen Werberechts, NJW 2015, 825; *Rath,* Suchmaschinen sind auch nicht mehr das, was sie ein-

Besondere Informationspflichten § 6 TMG

mal waren, WRP 2005, 826; *Roßnagel/Jandt,* Rechtskonformes Direktmarketing – Gestaltungsanforderungen und neue Strategien für Unternehmen, MMR 2011, 86; *Schirmbacher,* UWG 2008 – Auswirkungen auf den E-Commerce, K&R 2009, 433; *ders.,* Der Schutz des Verbrauchers vor unerbetener Werbung per E-Mail, VuR 2007, 54; *ders./Schätzle,* Einzelheiten zulässiger Werbung per E-Mail, WRP 2014, 1143; *Schmitz,* Übersicht über die Neuregelung des TMG und des RStV, K&R 2007, 135; *Schreibauer/Mulch,* Neuere Rechtsprechung zum Internetrecht, WRP 2005, 442; *Sokolowski,* E-Mail-Werbung als Spamming, WRP 2008, 888; *Spindler/Ernst,* Vertragsgestaltung für den Einsatz von E-Mail-Filtern, CR 2004, 437; *Weber/Meckbach,* E-Mail-basierte virale Werbeinstrumente – unzumutbare Belästigung oder modernes Marketing?, MMR 2007, 482; *Wiebe/Kreutz,* Native Advertising – Alter Wein in neuen Schläuchen? WRP 2015, 1053 (Teil 1), 1179 (Teil 2); *Woitke,* Informations- und Hinweispflichten im E-Commerce, BB 2003, 2469.

Übersicht

	Rn.
I. Zweck, Entstehungsgeschichte und europarechtlicher Hintergrund	1
II. Anwendungsbereich	5
III. Informationspflichten und Trennung von Information und Werbung	6
1. Klare Erkennbarkeit der kommerziellen Kommunikation	6
2. Einzelfälle	11
3. Identifizierbarkeit des Werbetreibenden	21
4. Preisnachlässe, Gewinnspiele und Angebote zur Verkaufsförderung	23
IV. Verschleierungsverbot (Abs. 2)	30
1. Ziel	31
2. Elektronische Post	32
3. Kopf- und Betreffzeile	33
4. Verschleiern oder Verheimlichen	34
5. Absicht	36
V. Verhältnis zum UWG	37
VI. Kollisionsrecht und Herkunftslandprinzip	38
VII. Sanktionen	41
VIII. Beweislast	42

I. Zweck, Entstehungsgeschichte und europarechtlicher Hintergrund

§ 6 dient der Transparenz im elektronischen Verkehr, insbesondere der klaren Erkennbarkeit von Werbung,[1] und setzt fast wortgleich Art. 6 ECRL in deutsches Recht um. Schon der Gesetzgeber verstand § 6 (vormals § 7 TDG aF) allerdings lediglich als Klarstellung, da die entsprechenden Pflichten sich bereits aus dem UWG ergäben.[2] Das TMG hat an § 6 nichts geändert. Erst mit dem Telemediengesetz wurde Abs. 2 eingeführt. Zweck war nach dem Regierungsentwurf bestimmte Verschleierungs- und Verheimlichungshandlungen bei der kommerziellen Kommunikation zu bekämpfen. Hierdurch sollte die Transparenz und Entscheidungsfreiheit der Empfänger geschützt werden. Dies soll dadurch erreicht werden, dass der Empfänger bereits an der Kopfzeile einer Nachricht ihre Herkunft und den kommerziellen Charakter der Nachricht erkennen soll.[3]

1

---

[1] Spindler/Schuster/*Micklitz/Schirmbacher,* § 6 TMG Rn. 6 f.; Hoeren/Sieber/Holznagel/ *Holznagel,* 44. EL 2017, Teil 3 Rn. 146, 147; jurisPK-Internetrecht/*Heckmann,* Kap. 4.2 Rn. 716.
[2] Begr. RegE BT-Drs. 14/6098, S. 22; *Nickels,* CR 2002, 302, 305.
[3] Begr. RegE BT-Drs. 16/3078, S. 15; BeckOK InfoMedienR/*Pries,* § 6 TMG Rn. 14; jurisPK-Internetrecht/*Heckmann,* Kap. 4.2 Rn. 750; *Roßnagel/Jandt,* MMR 2011, 86, 91.

2 Zwar bestehen die größten Gefahren im Hinblick auf intransparente Informationsangebote im Bereich der redaktionell aufbereiteten, meinungsbildenden Dienste (RStV); doch können auch Telemedien und Informationen (zB Börsendaten) mit kommerzieller Kommunikation verbunden werden. Dem Nutzer von Informationsangeboten muss ersichtlich sein, mit welcher Intention und welchem Charakter ein solches Angebot auftritt.

3 Keine Regelung hat die **Werbung der freien Berufe** gefunden. Der **deutsche Gesetzgeber** sah hier keinen Regelungsbedarf, da es keine vollständigen Werbeverbote mehr gebe und die sachliche Werbung inzwischen weitgehend zulässig sei.[4] Art. 8 ECRL enthält die ausdrückliche Zulässigkeit der „kommerziellen Kommunikation" der Freiberufler im Internet, soweit die berufsrechtlichen Regeln und die Vorschriften zum Schutz eines lauteren Verhaltens gegenüber den Kunden und den Berufskollegen nicht entgegenstehen. Ob daher tatsächlich keinerlei Umsetzungsbedarf besteht, kann angesichts der unterschiedlichen Standards der einzelnen Berufsgruppen mit Fug und Recht bezweifelt werden.[5] Unberührt davon bleibt das **Herkunftslandprinzip**, so dass etwa Werbung ausländischer Anwälte mit Wirkung auf das Inland nicht unterbunden werden kann, sofern diese in deren Niederlassungsstaat zulässig ist (→ § 3 Rn. 27).

4 Die Anforderungen an kommerzielle Kommunikation sind zudem in der **Richtlinie über unlautere Geschäftspraktiken**[6] für den Geschäftsverkehr, insbesondere für die Werbung und Mitteilungen von Unternehmen gegenüber Verbrauchern (B2C), eingehender geregelt worden. Beide Richtlinien – die ECRL und die Richtlinie über unlautere Geschäftspraktiken (UGP-RL) – sind teilweise miteinander verzahnt, indem unklare, unverständliche oder mehrdeutige Informationen nach Art. 5 und 6 ECRL als irreführend und unlauter nach dem Anhang der Richtlinie über unlautere Geschäftspraktiken eingestuft werden (Art. 7 Abs. 2, 4, 5 iVm Anhang 2, Art. 5 Abs. 4 lit. a der Richtlinie über unlautere Geschäftspraktiken).[7]

---

[4] Begr. RegE BT-Drs. 14/6098, S. 21; s. für Ärzte § 27 ABeO *Raschke,* NJW 2015, 825; für Zahnärzte s. etwa BGH, WRP 2004, 221; OLG Koblenz, NJW 1997, 1932; *Eickhoff,* NJW 1998, 798; für Anwälte s. schon § 6 BORA und § 43b BRAO KG, BB 2000, 2068, 2069; OLG Nürnberg, NJW 1999, 2126; BGH, NJW 2001, 2087, 2088 – Anwaltswerbung II; OLG Hamm, Urt. v. 7.3.2013 – 4 U 162/12, NJW 2013, 2038, 2040f.; BGH, Urt. v. 13.11.2013 – I ZR 15/12, GRUR 2014, 86, 87f.; Feuerich/Weyland/*Träger,* § 6 BORA Rn. 3ff., 15ff.; Köhler/Bornkamm/*Köhler,* § 3a UWG Rn. 1.159ff.; BeckOK BORA/*Römermann,* § 6 BORA Rn. 64ff.; *Menebröcker,* GRUR-Prax 2010, 189, 190; für Steuerberater s. etwa BGH, NJW 2010, 1968, 1970.

[5] Zutr. Spindler/Schuster/*Micklitz/Schirmbacher,* § 6 TMG Rn. 14 unter zusätzlichem Hinweis auf Art. 24 der Dienstleistungs-RL (Richtlinie 2006/123/EG des Europäischen Parlaments und des Rates über Dienstleistungen im Binnenmarkt, ABl. EG Nr. L 376 v. 27.12.2006, S. 36).

[6] Richtlinie 2005/29/EG des Europäischen Parlamentes und des Rates vom 11.5.2005 über unlautere Geschäftspraktiken von Unternehmen gegenüber Verbrauchern im Binnenmarkt und zur Änderung der Richtlinie 84/450/EWG des Rates, der Richtlinien 97/7/EG, 98/27/EG und 2002/65/EG des Europäischen Parlaments und des Rates sowie der Verordnung (EG) Nr. 2006/2004 des Europäischen Parlaments und des Rates (Richtlinie über unlautere Geschäftspraktiken), ABl. EG Nr. L 149 v. 11.6.2005, S. 22.

[7] Spindler/Schuster/*Micklitz/Schirmbacher,* § 6 TMG Rn. 3, 4; MüKoUWG/*Micklitz,* Teil III D. Anhang II Rn. 12.

II. Anwendungsbereich

§ 6 gilt anders als § 5 für alle Arten von Diensteanbietern, mithin auch für solche, die nicht geschäftsmäßig Telemedien erbringen. Die Pflichten des § 6 beziehen sich aber nur auf die kommerzielle Kommunikation iSv § 2 S. 1 Nr. 5 (→ § 2 Rn. 43 ff.), ohne dass es darauf ankäme, ob sie lediglich ein Bestandteil eines Telemediums sind oder selbst dieses Telemedium darstellen. Auch **Werbe-E-Mails** unterfallen den Pflichten des § 6, wie Abs. 2 jetzt deutlich festhält. Der Begriff der kommerziellen Kommunikation ist dabei rein objektiv zu verstehen, er setzt keine subjektiven Absichten etc. voraus.[8] Er umfasst dabei nicht nur Werbung, sondern alle anderen Formen des Marketing, → § 2 Rn. 43 ff. Die besonderen Informationspflichten des § 6 TMG können zwar kommerzielle Kommunikation nicht unterbinden, sie versetzen den Nutzer aber in die Lage, dass er ohne vorheriges Lesen Werbemitteilungen von sonstigen Nachrichten unterscheiden kann; zudem sorgen die wettbewerbsrechtlichen und allgemeinen zivilrechtlichen Vorschriften dafür, dass unerwünschte kommerzielle Kommunikation verhindert wird.[9]

III. Informationspflichten und Trennung von Information und Werbung

1. Klare Erkennbarkeit der kommerziellen Kommunikation

Dem Gebot der klaren Erkennbarkeit nach § 6 Abs. 1 Nr. 1 entspricht der aus dem deutschen Wettbewerbs- und Medienrecht bekannte **Grundsatz der Trennung von Information und Werbung,**[10] auf den für die Auslegung zurückgegriffen werden kann.[11] Dieser Grundsatz kann aufgeteilt werden in das Gebot der Trennung der Werbung von der eigentlichen Information und dem Gebot der Kennzeichnung der Werbung.[12] Grund für dieses Verbot der **getarnten oder verdeckten Werbung** ist der Vertrauensvorschuss, den der Rechtsverkehr redaktionellen Beiträgen gegenüber Werbeaussagen als scheinbar objektive Berichterstattung oder unabhängige Meinungsäußerung entgegen bringt. Im UWG sind diese Grundsätze in § 5a Abs. 6 UWG[13] (Verschleierungsverbot des Werbecharakters von Wettbewerbshandlungen)

---

[8] Spindler/Schuster/*Micklitz/Schirmbacher*, § 6 TMG Rn. 15.
[9] *Roßnagel/Jandt*, MMR 2011, 86, 91.
[10] *Woitke*, BB 2003, 2469, 2474; *Wiebe/Kreutz*, WRP 2015, 1053, 1057 ff.; für das UWG Köhler/Bornkamm/*Köhler*, § 5a UWG Rn. 7.68, 7.85; Fezer/Büscher/Obergfell/*Hoeren*, § 5a UWG Rn. 217 ff.; Ohly/Sosnitza/*Sosnitza*, § 5 UWG Rn. 171; *Bodewig*, GRUR Int. 2000, 475, 477; *Leupold/Bräutigam/Pfeiffer,* WRP 2000, 575, 588; Bettinger/Leistner/*Bettinger,* Werbung und Vertrieb im Internet, Teil 3 A Rn. 43; *Köhler,* WRP 1998, 349 mwN; im Medienrecht Köhler/Bornkamm/*Köhler*, § 5a UWG Rn. 7.18 ff.; Hoeren/Sieber/Holznagel/*Schmittmann*, 44. EL 2017, Teil 9 Rn. 109; Fezer/Büscher/Obergfell/*Hoeren*, § 5a UWG Rn. 248 ff.; Fezer/Büscher/Obergfell/*Becker-Eberhard*, S. 3 Rn. 20 ff.
[11] Spindler/Schuster/*Micklitz/Schirmbacher*, § 6 TMG Rn. 20.
[12] *Gabel,* WRP 2005, 1102, 1106; Spindler/Schuster/*Micklitz/Schirmbacher*, § 6 TMG Rn. 21; jurisPK-Internetrecht/*Heckmann*, Kap. 4.2 Rn. 717.
[13] Vor der UWG-Novelle 2015 war das Verschleierungsverbot in § 4 Nr. 3 UWG aF geregelt. Dieser Grundsatz ist nun in § 5a VI UWG geregelt und auf den Schutz der Verbraucher beschränkt worden. Eine analoge Anwendung auf sonstige Marktteilnehmer wird diskutiert und soll bejaht werden, so zumindest Köhler/Bornkamm/*Köhler*, § 5a UWG Rn. 7.2 f., 7.9. Nach der Gesetzesbegründung dagegen findet sich der Regelungsgehalt des § 4 Nr. 3 UWG aF jetzt

TMG § 6 — Besondere Informationspflichten

und §§ 5, 5a UWG[14] aufgeführt worden. Ferner enthält Anh. Nr. 11 zu § 3 Abs. 3 UWG das Verbot der als Information getarnter Werbung (Schleichwerbung), → Rn. 18.

7 Aus dem **Gebot der klaren Erkennbarkeit,** das sich durch alle Pflichten des § 6 wie ein roter Faden zieht, folgt, dass die Mindestinformationen ohne Aufwand wahrnehmbar und ohne komplizierte Verweisungen erreichbar sein müssen.[15] Maßstab für die klare Erkennbarkeit ist der durchschnittliche Nutzer, so dass es weder auf den nur flüchtigen Betrachter eines Internetangebots noch auf bestimmte Fachkreise ankommt.[16] Der EuGH stellt ausdrücklich auf den durchschnittlich aufgeklärten, verantwortlichen und vernünftigen Nutzer ab.[17] Aufgrund dieses Verbraucherleitbildes ist die ausdrückliche Bezeichnung der Kommunikation als „kommerziell" nicht erforderlich, vorausgesetzt der kommerzielle Charakter der Kommunikation ist mit geringer Anstrengung ausreichend erkennbar.[18] Eine Ausnahme gilt für besonders sensible Verkehrskreise wie Kinder.[19] Für die leichte Erkennbarkeit können auch die zu § 5 entwickelten Grundsätze herangezogen werden, → § 5 Rn. 27. Dies gilt auch für die zur Kennzeichnung erforderliche Bezeichnung bzw. Sprache („Werbung", „Advertisement").[20]

8 Der Anbieter kann diesen Anforderungen in der Regel durch einen **Hyperlink,** der auf die jeweiligen Informationen verweist, gerecht werden. Eine **Person** bzw. Firma, die eine kommerzielle Kommunikation in Auftrag gegeben hat, muss in dem Werbebanner oder einem Hypertext **ersichtlich werden.**[21] Kann der durchschnittliche Nutzer dagegen nicht sofort erkennen, dass es sich nicht um einen informatorischen Teil des Telemediums, sondern um eine kommerzielle Kommunikation handelt, muss dies klar als solche gekennzeichnet werden, etwa als „Anzeige" oder „Werbung".[22]

9 Eine **sachliche Berichterstattung** über ein Unternehmen, deren Waren oder Dienstleistungen stellt keinen Verstoß gegen das Gebot dar, solange die Unterrich-

---

allg. in § 5a UWG und zum Schutz von Verbrauchern insbesondere in Abs. 6, BT-Drs. 18/6571, S. 14.

[14] Die Gesetzesbegründung zum UWG 2015 führt an, dass § 4 Nr. 4 und 5 UWG entfallen, da die Fälle nunmehr durch die allg. Irreführungstatbestände der §§ 5, 5a UWG erfasst seien, BT-Drs. 18/6571, S. 14.

[15] Begr. RegE BT-Drs. 14/6098, S. 22; Spindler/Schuster/*Micklitz/Schirmbacher,* § 6 TMG Rn. 56; *Lent,* ZUM 2015, 134, 135 f.; *Köhler,* NJW 2013, 3473, 3474.

[16] Ebenso OLG Köln, GRUR-RR 2014, 62, 63, das konkretisiert, dass nicht auf den Durchschnitt der Bevölkerung, sondern auf den durchschnittlichen Angehörigen der angesprochenen Verkehrskreise abzustellen sei; BeckOK InfoMedienR/*Pries,* § 6 TMG Rn. 6; jurisPK-Internetrecht/*Heckmann,* Kap. 4.2 Rn. 719; BeckRTD-Komm/*Schmitt,* § 6 TMG Rn. 18; *Ernst/Seichter,* CR 2011, 62, 64.

[17] EuGH, NJW 2000, 1173, 1174 – Lifting; EuGH, Urt. v. 19.9.2006, GRUR Int. 2007, 826, Rn. 78; EuGH, GRUR 2011, 159, Rn. 47; EuGH, GRUR 2011, 930, 931 Rn. 23.

[18] *Kempe,* Die Geltung des Trennungsgrundsatzes im Internet, S. 154.

[19] OLG Köln, MMR 2014, 51, 52; Spindler/Schuster/*Micklitz/Schirmbacher,* § 6 TMG Rn. 24.

[20] Spindler/Schuster/*Micklitz/Schirmbacher,* § 6 TMG Rn. 26.

[21] Begr. RegE BT-Drs. 14/6098, S. 22; BeckOK InfoMedienR/*Pries,* § 6 TMG Rn. 5.

[22] OLG Köln, GRUR-RR 2014, 62, 65; KG, MMR 2012, 316 mAnm *Czernik;* BeckRTD-Komm/*Schmitt,* § 6 TMG Rn. 17; *Woitke,* BB 2003, 2469, 2474; *Bräutigam/Leupold/Pfeiffer,* WRP 2000, 575, 590; zu der vergleichbaren Rechtslage im Bereich der Presse BGH, GRUR 2014, 879, 882, der die Bezeichnung „sponsored by" als zu unscharf nicht ausreichen lässt; Köhler/Bornkamm/*Köhler,* § 5a UWG Rn. 7.37; BGH, GRUR 1996, 791, 792 – Editorial II; BGH, GRUR 1996, 804, 806; zum Fernsehen *Ladeur,* ZUM 1999, 672, 677 ff.

Besondere Informationspflichten § 6 TMG

tung der Adressaten im Vordergrund steht, sie unentgeltlich erfolgt und der Werbeeffekt gleichsam als Reflex erscheint.[23] Eine Vermutung für einen Verstoß besteht hingegen, wenn die Verbreitung einer Information gegen ein verdecktes Entgelt oder sonstige Gegenleistung erfolgt.[24]

Darüber hinaus müssen die Informationen **ständig** und nicht nur temporär **zur Verfügung** stehen.[25] Die zu § 5 entwickelten Kriterien können hier entsprechend herangezogen werden (→ § 5 Rn. 40). 10

2. Einzelfälle

Wie die klare Erkennbarkeit zu gewährleisten ist, richtet sich nach der konkreten Ausgestaltung der Werbung im Einzelfall.[26] Daraus folgt für **Werbe-E-Mails,** dass sie deutlich als solche gekennzeichnet sein müssen (allgM), ohne dass aus einer solchen Kennzeichnung bereits die Zulässigkeit unbestellter Werbe-E-Mails im Hinblick auf andere Vorschriften, wie zB § 1 UWG oder § 823 Abs. 1 BGB folgen würde. Das Zusenden von Werbe-E-Mails ist etwa nach § 7 Abs. 2 Nr. 3 UWG nur nach vorheriger ausdrücklicher Einwilligung des Adressaten erlaubt.[27] Zum Verschleierungsverbot gerade für E-Mails → Rn. 30. 11

Zulässig sind auch **Werbebanner** oder **Pop-up-Fenster,** wenn aus ihnen der Werbecharakter deutlich hervorgeht.[28] Gegen das Gebot der Trennung verstoßen dagegen Banner, die den Nutzer durch getarnte Meldungen (zB Fehlermeldungen) verwirren.[29] Pop-up-Werbung indes, bei der sich das einzelne Fenster nicht gesondert schließen lässt und die bei dem Versuch des Abbruchs automatisch immer wieder neue Fenster öffnet, deren Beendigung letztendlich nur durch Schließen des Browsers über den Task-Manager erzwungen werden kann, stellt dagegen eine wettbewerbswidrige Belästigung iSd § 7 Abs. 1 UWG dar.[30] Das Anbieten und Vertreiben von **Pop-up-Blockern** (und generell von **ad-Blockern**) ist keine gezielte Behinderung des blockierte werbewilligen Mitbewerbers nach § 4 Nr. 4 UWG, da die Wirkweise des Filtermechanismus auf Datenströme keiner physischen Einwirkung entspricht und zudem der Abrufende den Werbeblocker autonom installiert oder zugelassen hat.[31] Der Vertrieb von werbefilternden Software-Plug-ins stellt hingegen eine ag- 12

---

[23] Köhler/Bornkamm/*Köhler,* § 5a UWG Rn. 7.44: Der Leser werde im redaktionellen Teil eines Presseerzeugnisses getäuscht, wenn die Redaktion nicht frei entscheiden könne, ob und wie ein Bericht mit Werbewirkung für ein Unternehmen abgedruckt werde; das sei vor allem der Fall, wenn der Verlag oder der Verfasser des Beitrags dafür eine Gegenleistung gefordert, angeboten bekommen oder erhalten habe; BGH, NJW 1994, 2954; BGHZ 81, 247, 250.

[24] BGH, NJW 1994, 2954; Spindler/Schuster/*Micklitz/Schirmbacher,* § 6 TMG Rn. 44; BeckRTD-Komm/*Schmitt,* § 6 TMG Rn. 17.

[25] Begr. RegE BT-Drs. 14/6098, S. 22.

[26] *Bräutigam/Leupold/Pfeiffer,* WRP 2000, 575, 788.

[27] Ausführlich hierzu *Weber/Meckbach,* MMR 2007, 482; Ohly/Sosnitza/*Ohly,* § 7 UWG Rn. 66; *Fleischer,* NJW 2014, 2150, 2152; *Jankowski,* GRUR 2010, 495, 497.

[28] Zu Werbebannern OLG Köln, MMR 2014, 51, 52; LG Berlin, GRUR-RR 2011, 332, 333; zu Pop-up-Fenstern Spindler/Schuster/*Micklitz/Schirmbacher,* § 6 TMG Rn. 35, ausführlich zur rechtlichen Einordnung von Werbebannern und Pop-ups als Push/Pull-Medium *Kempe,* Die Geltung des Trennungsgrundsatzes im Internet, S. 300 ff.

[29] Bettinger/*Leistner,* Werbung und Vertrieb im Internet, Teil 1 A Rn. 51; Spindler/Schuster/*Micklitz/Schirmbacher,* § 6 TMG Rn. 35.

[30] LG Köln, MMR 2004, 840 (Ls.); LG Düsseldorf, CR 2003, 525 f.; *Schreibauer/Mulch,* WRP 2005, 442, 456.

[31] OLG Köln, GRUR 2016, 1082, 1086 Rn. 42 ff. mAnm *Alexander* – Adblock Plus; LG München I, MMR 2015, 660, 665; LG Hamburg, GRUR-RS 2015, 07710 Rn. 24 ff.; nach aA kein Wettbewerbsverhältnis LG München I, BeckRS 2015, 09563.

gressive Geschäftspraktik in Form einer unangemessenen Beeinflussung iSd § 4 a Abs. 1 S. 1, S. 2 Nr. 3 UWG dar, soweit der Softwareanbieter gegen Entgeltzahlung des Werbenden von einer Blockade der Werbeinhalte absieht, sog. **Whitelisting**.[32] Setzt der Nutzer einen Pop-up-Blocker bzw. einen ad-Blocker ein, umgeht das Unternehmen diesen aber, liegt zwar kein Verstoß gegen § 6, wohl aber gegen § 7 Abs. 1 S. 2 UWG vor, da zwar die Werbung als solche gekennzeichnet ist, das Unternehmen aber den mit dem Pop-up-Blocker erklärten Willen des Nutzers gegen die Werbung übergeht.[33] Sog. **Interstitials** als Werbung, die vor dem Aufrufen eines Angebotes, eines Dienstes oder einer Information eingeblendet wird (Unterbrecherwerbung), ist ebenfalls als solche erkennbar.[34]

13 Ist aber schon aus der **Gestaltung der Webseite** oder dem gesamten Angebot der kommerzielle Charakter ohne Weiteres erkennbar, bedarf es keiner gesonderten Kennzeichnung der Werbung mehr.[35] Bei Formaten, wie Werbenachrichten, Produktinformationen, Newslettern oder allgemeinen Hinweisen, mit denen ein Unternehmen sich oder seine Erfolge selbst darstellt, ist die kommerzielle Prägung eindeutig.[36] So dienen auch Kursinformationen oder Markteinschätzung durch eine Bank auf deren Homepage dazu, den Nutzer von der Kompetenz der Bank in dem jeweiligen Markt zu überzeugen und ihn zu näheren geschäftlichen Kontakten mit der Bank zu veranlassen. Eine zusätzliche Angabe, dass die Homepage von dieser auch noch finanziert wird, erscheint überflüssig, da selbstverständlich.[37] Allein jedoch der **Domain-Name** lässt nicht darauf schließen, dass es sich von vornherein um werbende Aussagen handelt.[38]

14 Auch **Unternehmenspräsentationen** auf Webseiten erfüllen nicht den Tatbestand etwa der Schleichwerbung, da sie wie redaktionell gestalteten Informationen sind und nicht der Eindruck einer objektiven Berichterstattung entsteht.[39] Besuchen Nutzer einen Internetauftritt, weil sie vorher durch eine Fernsehwerbung dazu aufgefordert worden sind, erwarten diese Nutzer ohnehin keine redaktionellen Inhalte und der kommerzielle Charakter ist von Anfang an für sie klar.[40]

15 Umgekehrt verstoßen von Unternehmen zu Werbezwecken vollständig finanzierte Webseiten ohne entsprechende Kennzeichnung aufgrund ihres nicht erkennbaren **Sponsoring**-Charakters gegen das Gebot der klaren Trennung von Werbung und Information. Ist dagegen das Sponsoring deutlich erkennbar, etwa durch Aussagen wie „finanziell unterstützt von [...]" oder „unser Partnerunternehmen [...]" wird das Trennungs- bzw. Kennzeichnungsgebot eingehalten.[41] Dies ist nach der

---

[32] OLG Köln, GRUR 2016, 1082, 1087 Rn. 49 ff. mAnm *Alexander* – Adblock Plus; anders LG Hamburg, GRUR-RS 2016, 20247 Rn. 36 – Adblock Plus; ausführlich zur Funktion des „Whitelisting" LG München I, BeckRS 2015, 09563.

[33] *Schirmbacher*, K&R 2009, 433, 437.

[34] Spindler/Schuster/*Micklitz/Schirmbacher*, § 6 TMG Rn. 36.

[35] Wie hier jurisPK-Internetrecht/*Heckmann,* Kap. 4.2 Rn. 718; *Kitz,* ZUM 2007, 368, 372; *Leitgeb,* ZUM 2009, 39, 43; *Schirmbacher,* K&R 2009, 433, 435 f.; Spindler/Schuster/*Micklitz/Schirmbacher,* § 6 TMG Rn. 27 f.

[36] *Kitz,* ZUM 2007, 368, 372.

[37] *Gummig,* ZUM 1996, 573, 577 ff.; *Hoeren,* WRP 1997, 993, 995; *Aigner/Hofmann,* Fernabsatz im Internet, Rn. 381; *Bräutigam/Leupold/Pfeiffer,* WRP 2000, 575, 589; diff. Bettinger/*Leistner,* Werbung und Vertrieb im Internet, Teil 1 A Rn. 48.

[38] Zutr. Spindler/Schuster/*Micklitz/Schirmbacher,* § 6 TMG Rn. 29.

[39] *Schirmbacher,* K&R 2009, 433, 435 f.; Spindler/Schuster/*Micklitz/Schirmbacher,* § 6 TMG Rn. 23, auch zu Anh. Ziff. 11 zu § 3 Abs. 3 UWG; Köhler/Bornkamm/*Köhler,* Anh. zu § 3 Abs. 3 Rn. 11.2.

[40] OLG Köln, NJW 2014, 795, 797.

[41] Spindler/Schuster/*Micklitz/Schirmbacher,* § 6 TMG Rn. 40 ff.; Bettinger/Leistner/*Leistner,* Werbung und Vertrieb im Internet, Teil 1 A Rn. 54; OLG Köln, K&R 2013, 741, 74.

Rechtsprechung allerdings nicht mehr der Fall, wenn nur auf eine „Sonderveröffentlichung"[42] oder „Angebot von [...]"[43] verwiesen wird. Der Begriff **„Anzeige"** am oberen Bildschirmrand, der deutlich erkennbar ist und beim Scrollen mitwandert, reicht allerdings aus, um das kommerzielle Wesen zu verdeutlichen, auch wenn es sich um eine Webseite handelt, die bewusst blog-ähnlich aufgebaut ist und sich auf satirische Art und Weise mit dem Kauf- und Konsumverhalten der Käufer der Konkurrenzprodukte auseinandersetzt.[44]

Dies gilt insbesondere für **Suchmaschinen** und gesponserte Einträge, bei denen 16 nicht ersichtlich ist, dass die Einträge werbenden Charakter haben.[45] Eine deutliche Trennung von Suchergebnis und Werbung ist daher auch nach § 6 erforderlich.[46] So dürfen auch Adwords[47] zur Schaltung von Werbeanzeigen genutzt werden, wenn es deutlich ersichtlich ist, dass es sich dabei um Anzeigen handelt.[48] Insbesondere muss die Werbeanzeige als solche klar und eindeutig zu erkennen sein und den regulären Suchmaschinenergebnissen abgegrenzt dargestellt werden.[49] Zur Einhaltung dieses Standards haben sich 2005 die bekanntesten Suchmaschinenanbieter zusammengeschlossen und die Selbstkontrolle Suchmaschinen[50] gegründet. Darin verpflichten sich die teilnehmenden Suchmaschinenanbieter ihre Ergebnisseiten transparent zu gestalten und „Suchmaschinenergebnisse, die ihre Position auf der Ergebnisseite einer kommerziellen Vereinbarung mit dem jeweiligen Suchmaschinenanbieter verdanken", angemessen zu kennzeichnen.[51] Bezahlte Einträge werden daher durch Begriffe wie „Anzeige" oder „sponsored link" gekennzeichnet.[52] Die **Optimierung von Webseiten,** um ein möglichst hohes Ranking bei Suchmaschinen zu erreichen, kann demgegenüber zwar den Nutzer auch irreführen im Sinne des UWG, indem eine Manipulation vorliegt.[53] Doch handelt es sich nicht um einen Fall des Trennungs- und Kennzeichnungsgebots, da die Manipulationstechniken selbst (wie etwa Linksetzung etc.) keine kommerzielle Kommunikation sind.[54] Eine Manipulation der Suchmaschine liegt dann vor, wenn zum einen die Namen von Konkurrenten oder anderen Personen eingesetzt werden, um die Suchmaschine zu optimieren oder

---

[42] KG, MMR 2006, 680 zu § 4 Nr. 3 UWG.
[43] LG München, WRP 2009, 1018, 1019 zu § 4 Nr. 3 UWG.
[44] OLG Köln, NJW 2014, 795, 798; *Lichtnecker,* GRUR 2014, 523, 526.
[45] Spindler/Schuster/*Micklitz/Schirmbacher,* § 6 TMG Rn. 38 zum Keyword Advertising; Bettinger/Leistner/*Leistner,* Werbung und Vertrieb im Internet, Teil 1 A Rn. 53; *Bräutigam/Leupold/Pfeiffer,* WRP 2000, 575, 590.
[46] *Härting/Schirmbacher,* ITRB 2005, 16, 18; Spindler/Schuster/*Micklitz/Schirmbacher,* § 6 TMG Rn. 37; teilweise aA *Rath,* WRP 2005, 826, 831, der die Kennzeichnung als „Sponsored Link" oder „Partner Link" nicht genügen lässt.
[47] Hoeren/Sieber/Holznagel/*Hoeren,* 44. EL 2017, Teil 18.2 Rn. 88: AdWords sind kontextsensitive Anzeigen; Werbetreibende können bestimmte Schlüsselwörter festlegen – wird der Begriff in die Suchmaske eingegeben, so erscheint die Anzeige des Werbetreibenden in einem Werbeblock, der der Trefferliste vorangestellt ist.
[48] LG Hamburg, MMR 2005, 629.
[49] LG Hamburg, MMR 2005, 629; Hoeren/Sieber/Holznagel/*Hoeren,* 44. EL 2017, Teil 18.2 Rn. 88.
[50] Verhaltenssubkodex für Suchmaschinenanbieter v. 21.12.2004, abrufbar unter http://www.fsm.de/selbstverpflichtungen/suchmaschinen/Verhaltenssubkodex_SuMa_VKS_final_20040221_de.pdf (Stand: 9.6.2016).
[51] Verhaltenssubkodex, § 2 Nr. 2.
[52] *Kühling/Gauß,* ZUM 2007, 881, 884.
[53] Harte-Bavendamm/Henning-Bodewig/*Frank,* H. Rn. 27; Martinek/Semler/Habermeier/Flohr/*Habermeier,* § 42 Rn. 48f.
[54] IE ähnlich Spindler/Schuster/*Micklitz/Schirmbacher,* § 6 TMG Rn. 39.

wenn Seiten, die nur für die Suchmaschine sichtbar sind, installiert werden, damit ein höheres Ranking in der Suchliste erreicht werden kann.[55] Werden zB fremde Kennzeichen als **Metatags**[56] benutzt, kommt eine wettbewerbswidrige Irreführung, Behinderung oder Belästigung in Betracht.[57] Nach anderer Ansicht ist eine lauterkeitsrechtliche Bedeutung zu vernachlässigen, da einerseits der erfahrene Internetnutzer über die Arbeitsweise von Suchmaschinen informiert ist, andererseits der unkundige Nutzer sich keine Gedanken über die Beeinflussung der Suchmaschinenergebnisse durch Metatags macht.[58] Andere wiederum sehen Metatags nur dann als unlauter an, wenn sie so massiv platziert sind, dass die ersten Suchergebnisse nur noch Links aufführen, die zur Webseite des Metatag-Nutzers führen.[59] An der wohl hM ist indes festzuhalten: Es ist kaum anzunehmen, dass Internetnutzer stets Manipulationen erwarten, zumal das Recht des unlauteren Wettbewerbs sie gerade vor solchen Einflussnahmen schützen will.

17 **Redaktionell gestaltete Inhalte** müssen klar von Werbung getrennt sein.[60] Erforderlich ist hier, dass „die sachliche Unterrichtung der Leser […] im Vordergrund stehe und die damit unvermeidlich verbundene Werbewirkung nur eine in Kauf zu nehmende Nebenfolge sei".[61] Bei **Texten, die zwischen Informationsangeboten** platziert sind, ist bei nicht sofort möglicher Unterscheidung eine andere optische Gestaltung oder Abgrenzung gegenüber den nicht-werbenden Teilen erforderlich.[62] Als optische Abgrenzung zur Werbung eignet sich zB eine Trennlinie oder die eindeutige Bezeichnung als „Werbung" oder „Anzeige".[63] Gleiches gilt für **E-Mail-Newsletter.**[64]

18 Bei Werbung, die in Form von Logos etc. auf Gegenständen oder in Darstellungen angebracht ist **(Schleichwerbung)** ist eine klare Abgrenzung von Information und Text nicht möglich, der Werbeeffekt somit häufig unvermeidlich.[65] Art. 1 Abs. 1 lit. j AVMD-RL[66] definiert Schleichwerbung als die Erwähnung oder Darstellung von Waren, Dienstleistungen, dem Namen, der Marke oder den Tätigkeiten eines Her-

---

[55] OLG Hamm, MMR 2010, 36, 38.

[56] Spindler/Schuster/*Micklitz/Namyslowska,* § 6 UWG Rn. 78: Metatags sind Meta-Daten, die für Besucher nicht sichtbar sind, aber von sog. Webcrawlern, wie sie Suchmaschinen nutzen, ausgelesen werden. Verwender von Metatags können so ihre Stellung in den Ergebnissen von Suchdiensten beeinflussen, wenn sie Schlagwörter in ihrem Quellcode benutzen, die mit ihrem eigentlichen Angebot gar nichts zu tun haben, aber sie auf eine bessere Platzierung bringen.

[57] OLG Hamm, MMR 2010, 36, 37; Hoeren/Sieber/Holznagel/*Boemke,* 44. EL 2017, Teil 11 Rn. 85; Harte-Bavendamm/Henning-Bodewig/*Frank,* H. Rn. 28; *Leible* in: FS für Köhler, 2014, S. 403, 411 stellt bzgl. § 5 UWG auf den Einzelfall ab, verneint aber eine Belästigung nach § 7 UWG.

[58] Köhler/Bornkamm/*Bornkamm/Feddersen,* § 5 UWG Rn. 2.151; MüKoUWG/*Busche,* § 5 UWG Rn. 710.

[59] Ohly/Sosnitza/*Ohly,* § 4 UWG Rn. 4/53a.

[60] Übersicht zu Content-Arten mit redaktionellem Inhalt in *Kempe,* Die Geltung des Trennungsgrundsatzes im Internet, S. 447 ff.

[61] BGH, NJW 1994, 2954; s. auch BGHZ 81, 247, 250; Köhler/Bornkamm/*Köhler,* § 5 a UWG Rn. 7.50 ff. zum Vortäuschen einer objektiven Berichterstattung; Fezer/Büscher/Obergfell/*Hoeren,* § 5 a UWG Rn. 214.

[62] *Woitke,* BB 2003, 2469, 2474; *Bräutigam/Leupold/Pfeiffer,* WRP 2000, 575, 595.

[63] Spindler/Schuster/*Micklitz/Schirmbacher,* § 6 TMG Rn. 34; *Woitke,* BB 2003, 2469, 2474.

[64] Spindler/Schuster/*Micklitz/Schirmbacher,* § 6 TMG Rn. 34.

[65] Wie hier *Leitgeb,* ZUM 2009, 39, 43; Spindler/Schuster/*Micklitz/Schirmbacher,* § 6 TMG Rn. 44.

[66] Richtlinie 2010/13/EU des Europäischen Parlaments und des Rates v. 10.3.2010 zur Koordinierung bestimmter Recht- und Verwaltungsvorschriften der Mitgliedstaaten über die Be-

stellers von Waren oder eines Erbringens von Dienstleistungen in Sendungen, wenn sie vom Mediendienstanbieter absichtlich zu Werbezwecken vorgesehen ist und die Allgemeinheit über ihren eigentlichen Zweck irreführen kann. Eine Erwähnung oder Darstellung gilt insbesondere dann als beabsichtigt, wenn sie gegen Entgelt oder eine ähnliche Nebenleistung erfolgt. Art. 9 Abs. 1 lit. a AVMD-RL stellt klar, dass Schleichwerbung in der audiovisuellen kommerziellen Kommunikation verboten ist; audiovisuelle kommerzielle Kommunikation muss vielmehr als solche leicht zu erkennen sein. Aufgrund dieser grundsätzlichen Unzulässigkeit ist die Schleichwerbung vor allem von der Produktplatzierung abzugrenzen, die in Ausnahmefällen zulässig sein kann (s. Art. 11 Abs. 3 lit. a, b AVMD-RL). Auch gesponserte audiovisuelle Mediendienste oder Sendungen, also Inhalte, die von einem öffentlichen oder privaten Unternehmen oder einer natürlichen Person finanziert wurden, um ihren Namen, ihre Marke, ihr Erscheinungsbild, ihre Tätigkeiten oder ihre Leistungen zu fördern, müssen gem. Art. 10 Abs 1 lit. c AVMD-RL eindeutig gekennzeichnet werden. Ähnlich verhält es sich auch mit der **Präsentation von Werbung,** bei der die **ästhetische Darstellung im Vordergrund** steht. Aufgrund des Schutzes durch Art. 5 Abs. 3 GG kann nur bei einer unmittelbaren Werbeabsicht die Nennung von Sponsoren erforderlich sein, die den künstlerischen Zusammenhang nicht zerreißt.[67]

Schwierig sind die Fälle eines **Hyperlinks** auf entsprechende Homepages Dritter einzuordnen. Entsprechend den zur Verantwortlichkeit entwickelten Kriterien (→ Vor § 7 Rn. 47 ff.) kann dieser nur dann den Pflichten nach § 6 unterfallen, wenn damit die dort enthaltenen Informationen (Marktanalysen etc.) zum Bestandteil des eigenen Angebots gemacht werden, so dass das Trennungsgebot eingreift. Gleiches gilt für die umgekehrten Fälle der Einbettung von Werbelinks in textlich aufbereiteten (Presse-)Angeboten. Der Umstand allein, dass der durchschnittliche Internetnutzer im Internet mit einer stärkeren Vermischung von Werbung und redaktionellen Inhalten konfrontiert ist, führt nicht dazu, dass er hinter jedem Link Werbung vermutet.[68] In solchen Fällen muss der Hyperlink entsprechend gekennzeichnet werden.[69] Fehlt die solche Kennzeichnung, liegt ein Verstoß gegen das Trennungsgebot vor.[70] Dies gilt erst recht, wenn der Link nicht zu unterscheiden ist von anderen Links, die den Leser zu weiteren Informationen führen sollen.[71] **19**

Beim sog. **„viralen Marketing"** werden Werbebotschaften so aufbereitet, dass der Werbetreibende hofft, dass die Werbung von Nutzern an Dritte weitergesandt und verbreitet wird.[72] Die Besonderheit des viralen Marketings besteht darin, dass es auf einer Art Mundpropaganda beruht und im Idealfall auch nur geringe Mediakosten auslöst.[73] Solange jedoch die Werbebotschaft selbst (Video, Animation etc.) deutlich als Werbung gekennzeichnet ist, kann die Weitersendung durch einen Dritten **20**

---

reitstellung audiovisueller Mediendienste (Richtlinie über audiovisuelle Mediendienste), ABl. Nr. L 95 v. 10.3.2010, S. 1.

[67] Zur Rechtslage im Bereich des Fernsehens BGHZ 130, 205, 219 ff. = NJW 1995, 3177.
[68] LG München I, WRP 2009, 1018, 1019.
[69] LG Berlin, MMR 2005, 778; KG, MMR 2006, 680; Hoeren/Sieber/Holznagel/*Boemke,* 44. EL 2017, Teil 11 Rn. 37; weitergehender wohl *Hoeren,* WRP 1997, 993, 996: allein schon Kontaktherstellung durch den Link und optische Hervorhebung ist ein Verstoß gegen das Trennungsprinzip; aA Bettinger/Leistner/*Leistner,* Werbung und Vertrieb im Internet, Teil 1 A Rn. 55 f.: generell zulässig wegen lediglich technischer Hilfestellung.
[70] LG Berlin, MMR 2005, 778; KG, MMR 2006, 680.
[71] LG Berlin, MMR 2005, 778; KG, MMR 2006, 680; LG München I, WRP 2009, 1018 zu § 4 Nr. 3 UWG; Spindler/Schuster/*Micklitz/Schirmbacher,* § 6 TMG Rn. 32.
[72] Dazu Weber/*Meckbach,* MMR 2007, 482, 483; *Leitgeb,* ZUM 2009, 39 f.; Spindler/Schuster/*Micklitz/Schirmbacher,* § 6 TMG Rn. 46 ff.
[73] *Leitgeb,* ZUM 2009, 39, 40.

nicht dem Werbetreibenden als Verstoß gegen das Trennungsgebot zur Last gelegt werden, da er keinen Einfluss auf die Handlungen des Dritten hat.[74] Bei der **"Tell-a-friend"**-Funktion kann der Benutzer einer Website werbliche Angebote als E-Mail an weitere Personen weiterleiten.[75] Hier liegt dann keine irreführende Angabe iSd § 6 TMG vor, wenn als Absender die von dem Nutzer eingegebene E-Mail-Adresse erscheint, da dann zutreffend der Initiator der E-Mail erscheint.[76] Davon unabhängig ist die Frage zu beurteilen, ob der Empfänger in den Empfang einer Werbebotschaft eingewilligt hat, etwa bei E-Cards nach § 7 Abs. 2 UWG.[77] Bei der Werbung mittels E-Cards erhält der Empfänger eine E-Mail, die einen Link beinhaltet, der dann zu einer persönlichen Nachricht führt, die mit Werbung versehen ist.[78] Für die wettbewerbsrechtliche Beurteilung nach § 7 Abs. 2 Nr. 3 UWG kommt es darauf an, dass der Empfänger in die Werbung nicht eingewilligt hat und sich praktisch nicht zur Wehr setzen kann.[79]

3. Identifizierbarkeit des Werbetreibenden

21 § 6 Abs. 1 Nr. 2 verlangt zudem die Identifizierbarkeit des Werbetreibenden, wobei jedoch keine Angaben nach § 5 gefordert werden.[80] Liegt nicht der Fall der Unverwechselbarkeit vor, genügt die reine Namensangabe allerdings dann nicht – erst recht nicht ein Unternehmenslogo –, wenn der Nutzer erst durch weitere Nachforschungen erkennen kann, wer die kommerzielle Kommunikation betreibt.[81] Andererseits muss in der kommerziellen Kommunikation selbst nicht die in Auftrag gebende Person erkennbar sein; es genügt, wenn Name, Firma oder Unternehmenslogo auf dem Banner erscheint und ein Hyperlink auf derselben Webseite, die die kommerzielle Kommunikation enthält, die entsprechenden Informationen zugänglich macht und deutlich darauf hinweist.[82] Für die entsprechenden Angaben zur Person des Werbetreibenden genügt ein Link, unter dem sich die Informationen befinden; der Link muss aber in seiner Bezeichnung deutlich auf diese Informationen hinweisen, etwa als "Impressum".[83]

22 Das Gebot der Identifizierbarkeit wird deutlich beim sog. **Stealth-Marketing** verletzt, wenn im Interesse des Werbetreibenden (bezahlte) Dritte (gefälschte) Bewertungen oder Rezensionen in Portalen abgeben, um die Reputation des Unternehmens bzw. eines Produktes zu erhöhen. Gleiches gilt für gefälschte Angaben auf sozialen Netzwerken oder sog. "fake blogs".[84] Eine zunehmende Bedeutung haben auch sog. **Fake-Bewertungen.** Dabei werden auf Verkaufsportalen, auf Blogs oder in Foren positive Erfahrungsberichte über ein Produkt bzw. ein Unternehmen unter dem Anschein der objektiven Bewertung veröffentlicht. Tatsächlich setzt das Unternehmen aber Mitarbeiter ein oder bezahlt Dritte, die unter verschiedenen Namen und Accounts positive Bewertungen abgeben.[85] Bei der rechtlichen Beurteilung ist zu dif-

---

[74] Ähnlich Spindler/Schuster/*Micklitz/Schirmbacher,* § 6 TMG Rn. 49.

[75] Gloy/Loschelder/Erdmann/*Bruhn,* § 50 Rn. 45.

[76] KG, CR 2014, 319, 321; Spindler/Schuster/*Micklitz/Schirmbacher,* § 6 TMG Rn. 106; *Schirmbacher/Schätzle,* WRP 2014, 1143, 1144; *Schirmbacher,* CR 2013, 800, 801.

[77] KG, NJW-RR 2005, 51; OLG München, MMR 2004, 324 mAnm *Heidrich;* Köhler/Bornkamm/*Köhler,* § 7 UWG Rn. 201.

[78] Köhler/Bornkamm/*Köhler,* § 7 UWG Rn. 201.

[79] BGH, GRUR 2013, 1259, 1260; Köhler/Bornkamm/*Köhler,* § 7 UWG Rn. 201.

[80] *Woitke,* BB 2003, 2469, 2474; Spindler/Schuster/*Micklitz/Schirmbacher,* § 6 TMG Rn. 53.

[81] Wie hier Spindler/Schuster/*Micklitz/Schirmbacher,* § 6 TMG Rn. 54; aA wohl *Woitke,* BB 2003, 2469, 2474.

[82] Begr. RegE BT-Drs. 14/6098, S. 22.

[83] Begr. RegE BT-Drs. 14/6098, S. 22; *Aigner/Hofmann,* Fernabsatz im Internet, Rn. 380.

[84] Spindler/Schuster/*Micklitz/Schirmbacher,* § 6 TMG Rn. 45.

[85] *Ernst/Seichter,* CR 2011, 62, 63.

Besondere Informationspflichten § 6 TMG

ferenzieren: Die bloße Bewertung auf einer Bewertungsplattform ist weder eigenes Telemedium noch Bestandteil eines Telemediums, sondern lediglich Nutzung eines fremden Telemediums, so dass § 6 TMG nicht einschlägig ist.[86] Wird jedoch ein Fake-Account nur zu dem Zweck angelegt, Produkte positiv zu bewerten, dient das Profil einem geschäftlichen Zweck und wird so selbst zum Telemedium.[87] Ferner ist auf die Erwartungshaltung der Rezipienten abzustellen: Solange der Durchschnittsverbraucher Produktbewertungen (noch) als objektive Informationsquelle betrachtet, ist grundsätzlich die Erkennbarkeit des kommerziellen Charakters dieser (redaktionellen) Inhalte erforderlich.[88] Bei Fake-Blogs, also bei Unternehmensauftritten, die sich als private und unabhängige Webseite darstellen, soll ebenfalls der Anschein einer neutralen und objektiven Bewertung erweckt werden: Das hat zur Folge, dass weder Trennungs- noch Kennzeichnungsgebot eingehalten werden.[89] Eine derart vermeintlich objektive Webseite verstößt dann gegen § 5a UWG[90] sowie § 6 Abs. 1 TMG[91]. Einzelne Einträge in Blogs sind unlauter nach § 5a Abs. 4 UWG, wenn ein Entgelt als Gegenleistung entrichtet wird.[92]

4. Preisnachlässe, Gewinnspiele und Angebote zur Verkaufsförderung

Das **Gebot der klaren Erkennbarkeit** erstreckt sich nach § 6 Abs. 1 Nr. 3 schließ- 23
lich auch auf Gewinnspiele und Angebote zur Verkaufsförderung, mithin alle zur Förderung des Absatzes von Waren oder Dienstleistungen gewährte geldwerte Vergünstigungen wie Preisnachlässe, Zugaben etc.,[93] ebenso wie andere Koppelungsgeschäfte. Dabei kann auf die entsprechenden Begrifflichkeiten des UWG Rückgriff genommen werden. Als **Koppelungsgeschäft** ist die unentgeltliche oder verbilligte Überlassung von Waren oder Dienstleistungen beim Kauf anderer Waren oder Dienstleistungen zu qualifizieren; entscheidend ist das unabdingbare gemeinsame Angebot von unterschiedlichen Waren oder Dienstleistungen.[94] **Preisnachlässe** sind betragsmäßige oder prozentuale Reduzierungen gegenüber dem angekündigten oder allgemein geforderten Preis.[95] Hierzu zählen auch die Gewährung von Geldzuwendungen oder Gutscheinen über einen bestimmten Geldbetrag, die beim Kauf angerechnet werden,[96] ferner die **Zugabe**

---

[86] Spindler/Schuster/*Micklitz*/*Schirmbacher*, § 6 TMG Rn. 45; *Krieg*/*Roggenkamp*, K&R 2010, 689, 693.

[87] Spindler/Schuster/*Micklitz*/*Schirmbacher*, § 6 TMG Rn. 45.

[88] *Kempe*, Die Geltung des Trennungsgrundsatzes im Internet, S. 499 ff.

[89] jurisPK-Internetrecht/*Heckmann*, Kap. 4.2 Rn. 725.

[90] Köhler/Bornkamm/*Köhler*, § 5a UWG Rn. 7.75, 7.78; noch zu § 4 Nr. 3 UWG aF OLG Köln, MMR 2014, 327 f.; Spindler/Schuster/*Micklitz*/*Schirmbacher*, § 6 TMG Rn. 45.

[91] Spindler/Schuster/*Micklitz*/*Schirmbacher*, § 6 TMG Rn. 45.

[92] LG Hamburg, MMR 2013, 178 f.; Köhler/Bornkamm/*Köhler*, § 5a UWG Rn. 7.78.

[93] BGH, GRUR 2009, 1064, 1066; OLG Frankfurt a. M., GRUR-RR 2007, 156; LG Freiburg, GRUR-RS 2015, 03295; Köhler/Bornkamm/*Köhler*, § 5a UWG Rn. 5.38 ff.; MüKoUWG/*Heermann*, § 4 Nr. 4 UWG aF Rn. 35; BeckOK InfoMedienR/*Pries*, § 6 TMG Rn. 7.

[94] Vgl. BGH, GRUR 2002 976, 978; BGH, GRUR 2004, 343; Spindler/Schuster/*Micklitz*/ *Schirmbacher*, § 6 TMG Rn. 60; Köhler/Bornkamm/*Bornkamm*/*Feddersen*, § 5 UWG Rn. 3.64, 3.67; MüKoUWG/*Heermann*, § 4 Nr. 1 UWG aF Rn. 321 ff., 444 ff.; Harte-Bavendamm/Henning-Bodewig/*Stuckel*, § 4 Nr. 4 UWG Rn. 13.

[95] Köhler/Bornkamm/*Köhler*, § 3 UWG Rn. 8.37; MüKoUWG/*Heermann*, § 4 Nr. 4 UWG aF Rn. 35; Ohly/Sosnitza/*Sosnitza*, § 4a UWG Rn. 52.

[96] BGH, NJW 2003, 3632, 3633; OLG Hamm, GRUR-RR 2014, 208 f.; OLG Hamm, NJOZ 2009, 3618, 3620; OLG Naumburg, GRUR-RR 2007, 159; Köhler/Bornkamm/*Köhler*, § 3 UWG Rn. 8.38; MüKoUWG/*Heermann*, § 4 Nr. 1 UWG aF Rn. 143.

TMG § 6 Besondere Informationspflichten

von Waren oder Dienstleistungen, die vom entgeltlichen Bezug einer Ware oder Dienstleistung rechtlich oder tatsächlich abhängig ist,[97] anders als **Geschenke,** die der Werbende unentgeltlich und unabhängig vom Kauf abgibt, um den Verkauf anderer Waren zu fördern.[98]

24 Als **Gewinnspiele** sind solche Wettbewerbe einzustufen, bei denen durch ein Zufallselement der Gewinner ermittelt wird (Lotterieelement), während bei **Preisausschreiben** die Kenntnisse und Fertigkeiten eines Teilnehmers entscheidend sein müssen, mögen die Anforderungen auch noch so gering sein.[99] Allerdings verengt § 6 Abs. 1 Nr. 3, anders als die ECRL, die Gewinnspiele und Preisausschreiben auf solche mit Werbecharakter, mithin solche, die der Förderung des Unternehmens bzw. des Absatzes der Produkte dienen. Aufgrund der beabsichtigten wortgetreuen Umsetzung muss von einem Redaktionsversehen ausgegangen werden und für Gewinnspiele etc. der Werbecharakter verstanden werden.[100]

25 Das Gesetz fordert in § 6 Abs. 1 Nr. 3, 4 die **klare Erkennbarkeit** der Angebote zur Verkaufsförderung und der Gewinnspiele, so dass dem Kunden deutlich wird, dass die Angebote zB bei Koppelungsgeschäften miteinander verknüpft sind.[101]

26 Die Bedingungen der Angebote zur Verkaufsförderung und der Gewinnspiele etc. müssen zudem **leicht zugänglich und unzweideutig angegeben** sein.[102] Für die leichte Zugänglichkeit genügt ein Hyperlink, unter dem die Teilnahmebedingungen aufzufinden sind; die entsprechenden Vorgaben im Rahmen des § 5 oder des § 312d Abs. 1 BGB im Hinblick auf die Zugänglichkeit der Pflichtinformationen und Vertragsbedingungen können auch hier herangezogen werden.[103] Der Begriff der „Bedingungen" ist dabei weit zu verstehen und bezieht sowohl die Berechtigung der Teilnahme bzw. Inanspruchnahme als auch die Durchführung etwa eines Spiels mit ein.[104]

27 Die **unzweideutige Angabe** bezieht sich dagegen auf die Transparenz der Bedingungen für den Kunden – was als eine Art Transparenzgebot iSd einfachen Verständlichkeit (und anders als das Transparenzprinzip in § 307 BGB) eingeordnet werden kann.[105] So muss klar und verständlich angegeben werden, welcher Personenkreis nach welchen Kriterien in den Genuss der Verkaufsfördermaßnahmen kommt bzw.

---

[97] Köhler/Bornkamm/*Köhler,* § 5a UWG Rn. 5.40; MüKoUWG/*Heermann,* § 4 Nr. 1 UWG aF Rn. 143.

[98] Noch zu § 1 ZugabeVO BFH, DStR 1994, 168, 169; OLG Köln, Urt. v. 7.3.2008 – 6 U 190/07; Köhler/Bornkamm/*Köhler,* § 5a UWG Rn. 5.41; Spindler/Schuster/*Micklitz/Schirmbacher,* § 6 TMG Rn. 63; MüKoUWG/*Heermann,* § 4 Nr. 1 UWG aF Rn. 143f.

[99] Köhler/Bornkamm/*Köhler,* § 5a UWG Rn. 5.64, 5.65; MüKoUWG aF/*Leible,* § 4 Nr. 5 UWG Rn. 27.

[100] Ähnlich Spindler/Schuster/*Micklitz/Schirmbacher,* § 6 TMG Rn. 65.

[101] Zur Koppelung des Angebots über einen Videorecorder mit einem Stromlieferungsvertrag BGH, GRUR 2002, 976, 978 – Koppelungsangebot I; Koppelungsgeschäft über einen Fernseher mit einem Stromlieferungsvertrag: BGH, GRUR 2002, 979, 980f. – Koppelungsangebot II; Köhler/Bornkamm/*Bornkamm/Feddersen,* § 5 UWG Rn. 3.65; MüKoUWG/*Leible,* § 4 Nr. 5 UWG aF Rn. 49, 59ff.

[102] BGH, GRUR 2008, 724f.; OLG Frankfurt a. M., MMR 2007, 441, 442; BeckOK InfoMedienR/*Pries,* § 6 TMG Rn. 9; Spindler/Schuster/*Micklitz/Schirmbacher,* § 6 TMG Rn. 57; *Woitke,* BB 2003, 2469, 2474.

[103] MüKoBGB/*Wendehorst,* § 312e BGB Rn. 75ff.

[104] Spindler/Schuster/*Micklitz/Schirmbacher,* § 6 Rn. 69; für das UWG BGH, GRUR 2011, 629, 630; BGH, GRUR 2005, 1061, 1064; OLG Koblenz, NJOZ 2011, 1165f.; OLG Frankfurt a. M., MMR 2007, 441, 442; MüKoUWG/*Leible,* § 4 Nr. 5 UWG aF Rn. 45ff.

[105] Zutr. Spindler/Schuster/*Micklitz/Schirmbacher,* § 6 TMG Rn. 68.

berechtigt ist,[106] zB bei Kundenbindungsprogrammen.[107] Hinsichtlich der Durchführung bzw. Modalitäten der Inanspruchnahme muss bei Preisnachlässen erkennbar sein, worauf sich der Rabatt bezieht und ob es Einschränkungen gibt,[108] bei Gutscheinen deren Befristung und deren Einlösewert sowie die Bedingungen der Inanspruchnahme.[109] Handelt es sich um Zugaben, müssen die Waren, auf die sie sich beziehen, deutlich erkennbar sein, bei Geschenken die Bedingungen der Inanspruchnahme.[110] Bei Koppelungsangeboten müssen der jeweilige Vertragspartner und die Vertragsbedingungen erkennbar sein.[111]

Vor allem bei **Preisausschreiben** und **Gewinnspielen** müssen die **Modalitäten** 28 angegeben werden, etwa Einsendeschluss, die anfallenden Kosten, die Kriterien für die Auswahl der Gewinner, die Übergabe der Preise und deren Bekanntgabe. Auch die Verknüpfung mit der beworbenen Ware muss deutlich erkennbar sein.[112] Dagegen ist bei offenen Gewinnen nicht die Angabe des ungefähren Gewinns erforderlich, da es grundsätzlich keine Pflicht zur Information über die **Höhe des Gewinns** gibt.[113]

Die Einhaltung der Vorgaben von § 6 Abs. 1 Nr. 3, 4 besagt allerdings nichts über 29 die allgemeine Zulässigkeit von Verkaufsfördermaßnahmen nach dem UWG (→ Rn. 37).

IV. Verschleierungsverbot (Abs. 2)

Während die EU-Kommission zur Spam-Bekämpfung ua eine Behördenkoordi- 30 nierung und die Gewährleistung der zur Rechtsdurchsetzung erforderlichen Ressourcen vorsieht,[114] bleibt das TMG hinter diesem Lösungsansatz zurück.[115] Die nach wie vor rasanten Steigerungen in der Verbreitung von Spam-Mails haben den Gesetzgeber trotz Novellierung des UWG und der Verankerung von Anti-Spam-Bestim-

---

[106] Spindler/Schuster/*Micklitz/Schirmbacher,* § 6 TMG Rn. 69; für das UWG BGH, GRUR 2010, 649, 651; OLG Bamberg, MMR 2015, 449; OLG Köln, WRP 2013, 1498, 1499; Köhler/Bornkamm/*Köhler,* § 5a UWG Rn. 5.45; MüKoUWG/*Leible,* § 4 Nr. 5 UWG aF Rn. 48.
[107] Generell zur Erfüllung der Informationspflichten bei Kundenbindungssystemen BGH, GRUR 1999, 515, 517f.; MüKoUWG/*Heermann,* § 4 Nr. 4 UWG aF Rn. 74, 75ff.; zur aF Fezer/Büscher/Obergfell/*Pfeifer/Obergfell,* § 5 Rn. 28ff.
[108] BGH, GRUR 2010, 649, 651; OLG Bamberg, GRUR-RR 2015, 211f.; OLG Hamm, GRUR-RS 2013, 14561; OLG Karlsruhe, GRUR-RR 2007, 363; LG Potsdam, WRP 2008, 147, 148f.; MüKoUWG/*Heermann,* § 4 Nr. 1 UWG aF Rn. 154 (Preisnachlässe), Köhler/Bornkamm/*Köhler,* § 5a UWG Rn. 5.44.
[109] BGH, NJW 2012, 1008, 1009 – Treppenlift; OLG Köln, GRUR-RR 2008, 360; OLG Stuttgart, MMR 2007, 385; Harte-Bavendamm/Henning-Bodewig/*Bruhn,* § 4 Nr. 4 UWG Rn. 49f.; Spindler/Schuster/*Micklitz/Schirmbacher,* § 6 TMG Rn. 70.
[110] BGH, GRUR 2010, 247, 248; OLG München, GRUR-RR 2005, 356, 357; Köhler/Bornkamm/*Köhler,* § 5a UWG Rn. 5.43; MüKoUWG/*Heermann,* § 4 Nr. 4 UWG Rn. 51ff., 60f.
[111] BGH, GRUR 2002, 979, 982; Spindler/Schuster/*Micklitz/Schirmbacher,* § 6 TMG Rn. 70; für das UWG MüKoUWG/*Heermann,* § 4 Nr. 4 UWG Rn. 64f.; Köhler/Bornkamm/*Köhler,* § 3 UWG Rn. 8.25ff.
[112] BGH, GRUR 2013, 644, 646 – Preisrätselauslobung V; BGH, MMR 2010, 406, 407f.; BGH, NJW 2008, 2509, 2510f. – Urlaubsgewinnspiel; OLG Karlsruhe, GRUR-RR 2013, 515f.; Spindler/Schuster/*Micklitz/Schirmbacher,* § 6 TMG Rn. 71; für das UWG Köhler/Bornkamm/*Köhler,* § 5a UWG Rn. 5.73; MüKoUWG/*Leible,* § 4 Nr. 5 UWG Rn. 45ff.
[113] OLG Jena, WRP 2016, 1387
[114] KOM (2006) 688 v. 15.11.2006, S. 9.
[115] jurisPK-Internetrecht/*Heckmann,* Kap. 1 Rn. 25.

mungen in § 7 UWG dazu veranlasst, erneut tätig zu werden und ein Verschleierungsverbot für den E-Mail-Absender in § 6 Abs. 2 zu verankern. Weitergehende Vorschläge, wie den eines Koppelungsverbots der Einwilligung in E-Mail-Werbung mit der Nutzung von Diensten, hat der Gesetzgeber explizit verworfen.[116] Ebenso wenig wurden leider Anregungen aufgenommen, die durch Provider vorgenommene Spam-Kontrolle auf eine sichere Rechtsgrundlage zu stellen.[117] Das grundsätzliche Problem im Bereich von Spam-Mails liegt darin, dass sich die Versender von Spam-Mails nicht an die Informationspflicht des § 6 Abs. 2 TMG halten, zumal sie schon das Verbot unzulässiger Werbung nach § 7 Abs. 1 Nr. 3 UWG nicht abgeschreckt hat.[118] Daher ist das TMG sogar vereinzelt als „Pro-Spamming-Gesetz" bzw. als „zahnloser Tiger" bezeichnet worden, da die Regelung des § 6 Abs. 2 TMG fälschlicherweise den Eindruck erwecken könne, dass bei Einhaltung der Informationspflichten Spamming grundsätzlich erlaubt sei; auch sonst würde dem Nutzer lediglich eine zentrale Markierung von E-Mail, die eine automatische Filterung von Spam ermöglicht, weiterhelfen – die beinhaltet § 6 Abs. 2 TMG aber gerade nicht.[119]

1. Ziel

31 Die Regelung betrifft dabei die E-Mails, bei denen der Empfänger durch die unbekannte Herkunft der Nachricht gehindert ist, sich selbst durch einen Spam-Filter zu schützen, der unerwünschte Werbung herausfiltert.[120] Ziel des neuen § 6 Abs. 2 ist es deshalb, dem Empfänger von Spam-Mails deren sofortiges Aussortieren oder Blocken, zB durch die Konfiguration entsprechender Spam-Filter, zu erleichtern,[121] indem weder der Empfänger verschleiert noch über den Inhalt getäuscht werden darf. Zwar kann man wohl davon ausgehen, dass entsprechende Mails auch schon bisher dem Verbot nach § 7 Abs. 2 Nr. 4 UWG unterfallen; doch steht für den Gesetzgeber explizit die Bewehrung mit einem Bußgeldtatbestand nach § 16 bis zu 50.000 Euro im Vordergrund.[122]

2. Elektronische Post

32 Den Begriff der **elektronischen Post** konkretisiert das TMG nicht weiter. Angesichts der Konvergenz der Medien ist der Begriff nicht einfach zu fassen und kann nicht unbedingt auf die klassische E-Mail reduziert werden. Rekurriert man auf die ePrivacy-Richtlinie[123] so wird deutlich, dass der Begriff der elektronischen Post nicht

---

[116] S. dazu Gegenäußerung BReg BT-Drs. 165/3135, S. 1 gegen BR Stellungnahme BR-Drs. 556/06, S. 2; ähnlich auch die Gesetzgebungsanträge der Fraktion Bündnis 90/GRÜNEN, BT-Drs. 16/3499, dazu auch Bericht des Ausschusses für Wirtschaft und Technologie, BT-Drs.16/4078, S. 11 ff.

[117] Zu Problemen der Spam-Mail-Kontrolle s. *Spindler/Ernst*, CR 2004, 437; *Härting/Eckart*, CR 2004, 119; *Hoeren*, Recht der Access-Provider, S. 69 ff.; Europäische Datenschutzgruppe, WP 116, Opinion 2/2006 on privacy issues related to the provision of email screening services, abrufbar unter http://ec.europa.eu/justice_home/fsj/privacy/workinggroup/wpdocs/2006_en.htm (Stand: 9.6.2016).

[118] *Schmitz*, K&R 2007, 135, 137.

[119] *Hoeren*, NJW 2007, 801 803, 806.

[120] *Schirmbacher*, VuR 2007, 54, 58.

[121] So ausdrücklich Begr. RegE BT-Drs. 16/3078, S. 23.

[122] Warum der Gesetzgeber diesen Tatbestand nicht im UWG regeln konnte, bleibt unerfindlich.

[123] Richtlinie 2002/58/EG des Europäischen Parlaments und des Rates v. 12.7.2002 über die Verarbeitung personenbezogener Daten und den Schutz der Privatsphäre in der elektronischen Kommunikation (Datenschutzrichtlinie für elektronische Kommunikation), ABl. Nr. L 201,

mehr davon abhängig ist, ob es sich um eine über Internet oder Telefon verschickte Nachricht handelt. Denn nach Art. 2 S. 2 lit. h ist demnach „elektronische Post jede über ein öffentliches Kommunikationsnetz verschickte Text-, Sprach-, Ton- oder Bildnachricht, die im Netz oder im Endgerät des Empfängers gespeichert werden kann, bis sie von diesem abgerufen wird".[124] Aber auch Nachrichten über soziale Netzwerke oder über bestimmte Dienste, wie iMessage von Apple oder WhatsApp, erfüllen diese Merkmale. Nur eine Ausweitung des Begriffs der „elektronischen Post" auf Nachrichten solcher OTT-Dienste würde dem Ziel der Norm – der Verhinderung von Spam – gerecht werden. Demnach unterfallen auch Nachrichten im Rahmen des Funktionsumfangs von OTT-Diensten § 6 Abs. 2 S. 1 TMG, soweit der jeweilige OTT-Dienst Diensteanbieter iSd § 2 S. 1 Nr. 1 TMG ist (zu OTT-Diensten als Telemediendienst → § 2 Rn. 16; zum Streit ob TKG und/oder TMG bei OTT-Diensten Anwendung findet, → § 1 Rn. 26 ff.). Einer Differenzierung von P2P- und Client-Server-Modellen bedarf es an dieser Stelle unter Berücksichtigung des Wortlauts des Art. 2. S 2 lit. h nicht, solange eine Speicherung- und spätere Abrufbarkeit- der Nachricht gegeben ist; lediglich eine Echtzeitübertragung von (Sprach-)Nachrichten ohne Speicherung ist mit dem Begriff der elektronischen Post unvereinbar.

3. Kopf- und Betreffzeile

Das Gesetz stellt explizit auf die Kopf- und Betreffzeile einer E-Mail ab. Dies ist im **33** Hinblick auf die üblicherweise verwandten E-Mail-Formate verständlich, da der Empfänger einer Nachricht – und auch Spam-Filter – üblicherweise Werbung und kommerzielle Kommunikation gerade aufgrund der Information in diesen Bestandteilen einer elektronischen Nachricht aussortiert. Dennoch sollte der Begriff nicht nur rein technisch-statisch anhand bestehender E-Mail-Formate ausgelegt werden, sondern alle anderen Formate einer elektronischen Post erfassen, die dem Empfänger eine schnelle Zuordnung der elektronischen Post erlauben. Für gängige E-Mail-Formate gehören im Hinblick auf den Schutzzweck des Gesetzes nicht nur die üblichen Absender- und Betreffangaben zu den relevanten Informationen, sondern auch die Datums- und Uhrzeitangaben, ebenso der Weg, den eine E-Mail gegangen ist, da dies für entsprechende Spam-Filter eine relevante Information sein kann.[125] Dazu zählt auch die Hinzufügung neuer Header-Zeilen, die den Empfänger (auch einen Spam-Filter) irritieren können, etwa wenn eine bereits erfolgte Spam-Prüfung suggeriert wird.[126] Ferner sind auch Angaben zum technischen Absender, der Antwortadresse (Reply-To), dem direkten Adressaten sowie den Co-Adressaten (CC-Feile) unter den Begriff der Kopfzeile zu fassen.[127]

4. Verschleiern oder Verheimlichen

Ist die Kopf- oder Betreffzeile absichtlich so gestaltet, dass der Empfänger vor der **34** Einsichtnahme in den Inhalt der Nachricht keine oder nur irreführende Informationen über die tatsächliche Identität des Absenders oder den kommerziellen Charakter

---

S. 37, zuletzt geändert durch Art. 2 ÄndRL 2009/136/EG v. 25.11.2009, ABl. Nr. L 337, S. 11, ber. 2013 ABl. Nr. L 241, S. 9.

[124] Spindler/Schuster/*Micklitz/Schirmbacher,* § 6 TMG Rn. 92 ff.; Köhler/Bornkamm/*Köhler,* § 7 UWG Rn. 196; Fezer/Büscher/Obergfell/*Mankowski,* § 7 UWG Rn. 86, 109; MüKo-UWG/*Leible,* § 7 UWG Rn. 157 ff.

[125] Zutr. Spindler/Schuster/*Micklitz/Schirmbacher,* § 6 TMG Rn. 81 ff.; *Schirmbacher,* VuR 2007, 54, 58.

[126] Spindler/Schuster/*Micklitz/Schirmbacher,* § 6 TMG Rn. 98.

[127] *Schirmbacher,* VuR 2007, 54, 58.

erhält, so liegt ein Verschleiern oder Verheimlichen vor (vgl. § 6 Abs. 2 S. 2 TMG).[128] Entscheidend ist die Irreführung des Empfängers über die Identität des Absenders oder den Inhalt der Nachricht. Fraglich ist jedoch schon, was eine irreführende Information über die tatsächliche Identität des Absenders ist: Verwendet der Absender etwa ein Pseudonym (zB „Obelix"), das er aber in seiner privaten Kommunikation regelmäßig benutzt, erscheint mehr als fraglich, ob schon von einer irreführenden Information gesprochen werden kann.[129] Gleiches gilt auch für die Irreführung über den Inhalt der Mail. Gerade die Betreffzeile wird oft dazu genutzt, den Empfänger dazu zu veranlassen, die E-Mail zu öffnen.[130] Die Bestimmung des Inhalts der Betreffzeile obliegt aber gerade dem Versender. Würde dem Versender vorgeschrieben, die Betreffzeile genau auf den Inhalt der E-Mail anzupassen, stellt sich die Frage, wo hier gerade im privaten Bereich die Grenze zwischen Irreführung und freier E-Mail-Gestaltung liegt. Andererseits erscheint der Tatbestand wiederum sehr eng, da nach dem Wortlaut der Norm über die Art des intendierten Geschäfts durchaus getäuscht werden darf, lediglich über den kommerziellen Charakter nicht.[131] Letztlich kommt es auf eine Gesamtschau und den Maßstab des verständigen Empfängers einer E-Mail an, ob eine Irreführung vorliegt; auf die entsprechenden Maßstäbe zu § 5 Abs. 2 UWG kann dabei zurückgegriffen werden. Die Verschleierung kann daher sowohl in der Irreführung über den Absender als auch in der Betreffzeile etc. liegen. Die **Unterdrückung einer E-Mail-Adresse** hingegen ist eindeutig ein Fall des Verheimlichens.[132]

35 Die Einhaltung der von § 6 Abs. 2 geforderten Vorgaben führt nicht dazu, dass die Werbe-E-Mail auch anderen Anforderungen genügt; insbesondere ist § 7 Abs. 2, 3 UWG zu beachten.[133] Dies gilt auch für die Begrifflichkeiten: Zwar kennt § 5a UWG einen eigenen Tatbestand des Verschleierns; doch muss dieser nicht gleichbedeutend mit dem eher auf objektive Tatbestände abstellenden Begriff des TMG sein.[134]

5. Absicht

36 Das Gesetz verlangt zudem Absicht des Handelnden; damit sollen nach dem Willen des Gesetzgebers Bagatellfälle ausgeschlossen werden, in denen Unternehmen es schlicht versäumten, sich über die Informationspflichten kundig zu machen.[135] Entscheidend ist in der Praxis die Verteilung der Darlegungs- und Beweislast für das absichtliche Handeln des Versenders von Spam-Mail. Diese liegt für die Ordnungswidrigkeitstatbestände bei der verfolgenden Behörde, womit der Gesetzgeber den Vorschlag des Bundesrates zu einer Beweislastumkehr explizit verworfen hat;[136] auch hieran wird deutlich, dass die wesentliche Stoßrichtung eine straf- bzw. ordnungsrechtliche und weniger eine zivilrechtliche ist, da eine entsprechende Beweislastumkehr gerade dem Empfänger von Spam-Mails entgegengekommen wäre.[137]

---

[128] *Schirmbacher*, VuR 2007, 54, 58.

[129] Ähnlich Spindler/Schuster/*Micklitz/Schirmbacher*, § 6 TMG Rn. 97, der lediglich eine Anonymisierung des Absenders als Verschleiern ansieht.

[130] Spindler/Schuster/*Micklitz/Schirmbacher*, § 6 TMG Rn. 95 f.

[131] Dazu *Kitz*, DB 2007, 385, 388.

[132] S. auch Begr RegE BT-Drs. 16/3078, S. 24.

[133] S. auch Spindler/Schuster/*Micklitz/Schirmbacher*, § 6 TMG Rn. 86.

[134] Zutr. Spindler/Schuster/*Micklitz/Schirmbacher*, § 6 TMG Rn. 103.

[135] Begr. RegE BT-Drs. 16/3078, S. 15.

[136] S. dazu Gegenäußerung Begr. BT-Drs. 16/3135, S. 2 gegen BR Stellungnahme BR-Drs. 556/06, S. 2 f.

[137] Krit. daher zu Recht Spindler/Schuster/*Micklitz/Schirmbacher*, § 6 T§ 4 Nr. 5 UWG Rn. 35 ff.; *Hoeren*, NJW 2007, 801, 804 ff.

V. Verhältnis zum UWG

Nach dem ausdrücklichen Gesetzeswortlaut und Willen des Gesetzgebers bleiben 37 die Pflichten nach dem UWG vom TMG unberührt.[138] Ebenso wenig werden andere Pflichten zu Informationserteilung berührt. Allerdings wird zu Recht darauf hingewiesen, dass aufgrund der Verzahnung von § 6 (bzw. Art. 6 ECRL) und dem UWG über die entsprechenden Sanktionen und Irreführungstatbestände eine gemeinsame Auslegung gemeinschaftsrechtlich erforderlich ist.[139] Allerdings bedeutet die Einhaltung der Vorgaben nach § 6 noch nicht, dass nicht eine unzulässige Werbung nach dem UWG vorliegen kann;[140] gerade für die Behandlung unerbetener elektronischer Post (Spam) kann diese Parallelität zwischen beiden Gebieten von Bedeutung sein, indem sowohl § 6 Abs. 1 Nr. 3, 4 und Abs. 2 als auch § 7 Abs. 2 UWG zu beachten sind.

VI. Kollisionsrecht und Herkunftslandprinzip

Da Art. 6 ECRL keine Vollharmonisierung enthält, bleiben den Mitgliedstaaten 38 Umsetzungsspielräume.[141] Im Rahmen dieser Spielräume kommt das Herkunftslandprinzip zur Geltung, außer wenn es sich um unverlangt zugesandte kommerzielle Kommunikation (Spam- bzw. Werbe-E-Mails) handelt. Die Auswirkungen des Herkunftslandprinzips werden auch hier deutlich, wenn Art. 6 lit. c, d ECRL explizit darauf abstellt, dass Preisnachlässe oder Gewinnspiele nur im Mitgliedstaat der Niederlassung des Diensteanbieters zulässig sein müssen. Der Wortlaut des Art. 6 lit. c ECRL schränkt jedoch deutlich die Informationspflicht auf den Fall ein, dass diese Nachlässe etc. überhaupt zulässig sind. Im Änderungsantrag Nr. 37 lit. c des Rechtsausschusses des Europäischen Parlaments tritt nochmals deutlich hervor, dass die Zulässigkeit von Zugaben etc. sich auf das Herkunftsland des Diensteanbieters bezieht.[142] Für Glücksspiele gilt das Herkunftslandprinzip jedoch nicht, § 3 Abs. 4 Nr. 4.

Gerade für Abs. 2 gilt daher, dass Deutschland gegenüber Spam-Versendern aus 39 dem EU-Ausland das deutsche Recht durchsetzen kann, da das Herkunftslandprinzip nicht für unverlangt zugesandte kommerzielle Kommunikation gilt, Art. 3 ECRL iVm Anhang bzw. § 3 Abs. 4 Nr. 3.[143] International-privatrechtlich käme hier aufgrund des Marktbezugs[144] deutsches Recht zur Anwendung, ebenso aus strafrechtlicher Sicht, da die Freiheit der Empfänger solcher E-Mails geschützt werden soll. Jedoch mangelt es immer noch an einem effektiven supranationalen Kontrollorgan, so dass Verstöße gegen § 6 Abs. 2 regelmäßig ungeahndet[145] bleiben werden.[146]

---

[138] Begr. RegE BT-Drs. 14/6098, S. 22.
[139] Spindler/Schuster/*Micklitz/Schirmbacher*, § 6 TMG Rn. 11.
[140] Spindler/Schuster/*Micklitz/Schirmbacher*, § 6 TMG Rn. 12.
[141] Begr. RegE BT-Drs. 14/6098, S. 22.
[142] KOM (1998)0586 – C4–0020/99 – 98/0325 (COD), 21 f.
[143] Zur E-Commerce-RL explizit Fezer/Büscher/Obergfell/*Hausmann/Obergfell*, UWG Bd. 1, IntLautPrivatR Rn. 123; BeckRTD-Komm/*Schmitt*, § 6 TMG Rn. 35; MüKoStGB/*Althain*, § 6 TMG Rn. 44.
[144] Ebenso zu Spam-Mail bei § 7 UWG Harte-Bavendamm/Henning-Bodewig/*Ubber*, § 7 UWG Rn. 113.
[145] *Groh*, GRUR 2015, 551, 555, wonach in Hamburg und Schleswig-Holstein lediglich ein einziges Bußgeld in Höhe von 3.000 Euro verhängt worden sei; in Nordrhein-Westfalen, Rheinland-Pfalz, Niedersachsen, Hessen, Thüringen und Bremen sei im Hinblick auf § 6 Abs. 2 TMG

40 Außerhalb des EU-Bereichs ist wegen der wettbewerbsrechtlichen Grundlagen das **Marktortprinzip** anzuwenden.[147]

VII. Sanktionen

41 Verstößt der Diensteanbieter gegen seine Pflichten aus § 6 Abs. 2 S. 1, sieht § 16 Abs. 1 eine Ordnungswidrigkeit vor. Da schon § 7 TDG aF aber explizit vom Gesetzgeber als deklaratorische Umsetzung bereits wettbewerbsrechtlich geltender Pflichten verstanden wurde,[148] greifen auch hier die wettbewerbsrechtlichen Sanktionen, neben Bußgeldern insbesondere Unterlassungs- und Schadensersatzansprüche aus dem UWG ein.[149]

VIII. Beweislast

42 Die Beweislast folgt den allgemeinen Regeln: Will etwa ein Wettbewerber im Rahmen eines Anspruchs aus dem UWG wegen Verletzung der Pflichten nach § 6 gegen den Diensteanbieter vorgehen, hat er darzulegen und zu beweisen, dass der Diensteanbieter solchen Pflichten unterliegt und gegen sie verstoßen hat.

---

kein einziges Verfahren eingeleitet worden, wobei es aber teilweise an entsprechenden Eingaben gefehlt habe.

[146] Spindler/Schuster/*Micklitz/Schirmbacher,* § 6 TMG Rn. 76; so auch *Groh,* GRUR 2015, 551, 555, der die Schwierigkeit der Rechtsverfolgung aber schon in der innerstaatlichen Zuständigkeitsverteilung sieht; s. auch *Sokolowski,* WRP 2008, 888, 901, der das Problem für praktisch unlösbar hält, wenn überwiegend aus nichteuropäischen Ländern versendet werde und gleichzeitig eine enge internationale Zusammenarbeit fehle.

[147] *Mankowski,* GRUR Int. 1999, 909, 915; *Bräutigam/Leupold/Pfeiffer,* WRP 2000, 575, 582.

[148] Begr. RegE BT-Drs. 14/6098, S. 22.

[149] Begr. RegE BT-Drs. 14/6098, S. 22; *Woitke,* BB 2003, 2469, 2473; Bettinger/Leistner/ *Leistner,* Werbung und Vertrieb im Internet, Teil 3 B, Rn. 49; *Bräutigam/Leupold/Pfeiffer,* WRP 2000, 575, 588.

Abschnitt 3. Verantwortlichkeit

Vorbemerkung

Literatur ab TMG (2007): *Barnitzke,* Anmerkung zum Urteil des BGH vom 14.10.2010 (I ZR 191/08, K&R 2011, 325) – Pressebericht enthält Link auf rechtswidrige Kopiersoftware – zulässig?, K&R 2011, 329; *Bosbach/Pfordte,* Strafrechtliche Verantwortlichkeit für Hyperlinks und verlinkte Inhalte im Internet, K&R-Beil. 1/2006; *Fülbier,* Web 2.0 – Haftungsprivilegierungen bei MySpace und YouTube, CR 2007, 515; *Hoeren,* Das Telemediengesetz, NJW 2007, 801; *Hollenders,* Mittelbare Verantwortlichkeit von Internetmediären im Netz, 2012; *Hütten,* Verantwortlichkeit im Internet, K&R 2007, 554; *Jaworski/J. B. Nordemann,* Gehilfenhaftung von Intermediären bei Rechtsverletzungen im Internet BGH-Rechtsprechung und neueste Entwicklungen in den Instanzen, GRUR 2017, 567; *Jürgens,* Von der Provider- zur Provider- und Medienhaftung, CR 2006, 188; *Jürgens/Veigel,* Zur haftungsminimierenden Gestaltung von „User Generated Content"-Angeboten, AfP 2007, 181; *Leible/Sosnitza,* Haftung von Internetauktionshäusern – reloaded, NJW 2007, 3324; *Ohly,* Die Haftung von Internet-Dienstleistern für die Verletzung lauterkeitsrechtlicher Verkehrspflichten, GRUR 2017, 441; *Reinemann/Remmertz,* Urheberrechte an User-generated Content, ZUM 2012, 216; *Roßnagel,* Das Telemediengesetz – Neuordnung für Informations- und Kommunikationsdienste, NVwZ 2007, 743; *Rössel/Kruse,* Schadensersatzhaftung bei Verletzung von Filterpflichten: Verkehrssicherungspflichten der Telemediendiensteanbieter, CR 2008, 35; *Schuster,* Die Störerhaftung von Suchmaschinenbetreibern bei Textausschnitten („Snippets"), CR 2007, 443; *Sieber/Liesching,* Die Verantwortlichkeit der Suchmaschinenbetreiber nach dem Telemediengesetz, MMR-Beil. 8/2007, 1; *Wimmers/Barudi,* Der Mythos vom Value Gap, Kritik zur behaupteten Wertschöpfungslücke bei der Nutzung urheberrechtlich geschützter Inhalte auf Hosting-Dienste, GRUR 2017, 327.

Ältere Literatur (bis 2005): *Barton,* (Mit-)Verantwortlichkeit des Arbeitgebers für rechtsmissbräuchliche Online-Nutzungen durch den Arbeitnehmer, CR 2003, 592; *Beckmann,* Verantwortlichkeit von Online-Diensteanbietern in Europa und den Vereinigten Staaten von Amerika, 2001; *Berger,* Verantwortlichkeit von TK-Unternehmen für wettbewerbswidrig genutzte Rufnummern, MMR 2003, 642; *Berger/Janal,* Suchet und Ihr werdet finden? Eine Untersuchung zur Störerhaftung von Online-Auktionshäusern, CR 2004, 917; *Bergmann,* Die Haftung gem. § 5 TDG am Beispiel des News-Dienstes unter Berücksichtigung des EU-Richtlinienvorschlags über den elektronischen Geschäftsverkehr, 2000; *Bleisteiner,* Rechtliche Verantwortlichkeit im Internet, 1999; *Busse-Muskala,* Strafrechtliche Verantwortlichkeit der Informationsvermittler im Netz. Eine Untersuchung zur Strafbarkeit der Anbieter von Hyperlinks und Suchmaschinen, 2006; *Dippelhofer,* Haftung für Hyperlinks, 2004; *Dustmann,* Die privilegierten Provider, 2001; *Eck,* Rechtliche Zusammenschau von Konzernunternehmen bei der Verbreitung rechtsverletzender Informationen im Internet, 2004; *Engels,* Haftung für Anzeigen im Online-Angebot, K&R 2001, 338; *Ernst/Vassilaki/Wiebe,* Hyperlinks, 2002; *Freytag,* Haftung im Netz, 1999; *ders.,* Providerhaftung im Binnenmarkt, CR 2000, 600; *Gabriel,* Strafrechtliche Verantwortlichkeit für fremde Texte, 2003; *Gercke,* Virtuelles Bereithalten i.S.d. § 5 TDG – Die straf- und zivilrechtliche Verantwortlichkeit bei der Einrichtung von Hyperlinks, ZUM 2001, 34; *ders.,* Zugangsprovider im Fadenkreuz der Urheberrechtsinhaber, CR 2006, 210; *ders.,* Die strafrechtliche Verantwortlichkeit für Hyperlinks, CR 2006, 844; *Germann,* Gefahrenabwehr und Strafverfolgung im Internet, 2000; *Gietl,* Störerhaftung für ungesicherte Funknetze – Voraussetzungen und Grenzen, NJW 2007, 630; *Greiner,* Die Verhinderung verbotener Internetinhalte im Wege polizeilicher Gefahrenabwehr, 2001; *Heermann/Ohly* (Hrsg.), Verantwortlichkeit im Netz – Wer haftet wofür?, 2003; *Helle,* Persönlichkeitsverletzungen im Internet, JZ 2002, 593; *Hoeren,* Vorschlag für eine EU-Richtlinie über E-Commerce, MMR 1999, 731; *Hoffmann,* Zivilrechtliche Haftung im Internet, MMR 2002, 284; *Hohl/Leible/Sosnitza* (Hrsg.), Vernetztes Recht, 2002; *Koch,* Zur Einordnung von Internet-Suchmaschinen nach dem EGG, K&R 2002, 120; *Kudlich,* Die Neuregelung der strafrechtlichen Verantwortlichkeit von Internetprovidern, JA 2002, 798; *Lehment,* Zur Störerhaftung von Online-Auktionshäusern, WRP 2003, 1058; *Lohse,* Inhaltsverantwortung im Internet und E-Commerce-Richtlinie, DStR 2000, 1874; *Lütcke,* Persönlichkeitsrechtsverletzungen im Internet, 2000; *Mayer,* Das Internet im öffentlichen Recht, 1999; *Meyer,* Google & Co. – Aktuelle Rechtsentwicklungen bei Suchmaschinen, K&R 2007, 177; *Ott,* Haftung für Hyperlinks – Eine Bestandsaufnahme nach 10 Jahren, WRP 2006, 691; *ders.,* Die Entwicklung des Suchmaschinen- und Hyperlink-Rechts, WRP 2008, 393 – jährlich fortlaufend: WRP 2009, 351; WRP 2010, 435; WRP 2011, 655; WRP 2012, 679; WRP 2013, 257; *Pankoke,* Von der Presse- zur Providerhaftung, 2000; *ders.,* Beweis- und Substantiierungslast im Haftungsrecht der Internet-Provider, MMR 2004, 212; *Popp,* Die strafrechtliche Verantwortung von Internet-Providern, 2002; *Säcker,* Die Haftung von Diensteanbietern nach dem Entwurf des EGG, MMR-Beil. 9/2001, 2; *Schmitz / Dierking,* Inhalte- und Störerverantwortlichkeit bei Telekommunikations- und Telemediendiensten, CR 2005, 420; *Schwarz/ Poll,* Haftung nach TDG und MDStV, JurPC Web-Dok. 73/2003; *Sieber,* Verantwortlichkeit im Internet, 1999; *Sobola/Kohl,* Haftung von Providern für fremde Inhalte, CR 2005, 443; *Spieker,* Verantwortlichkeit von Internetsuchdiensten für Persönlichkeitsrechtsverletzungen in ihren Suchergebnissen, MMR 2005, 727; *Spindler,* Das Gesetz zum elektronischen Geschäftsverkehr – Verantwortlichkeit der Diensteanbieter und Herkunftslandprinzip, NJW 2002, 921; *ders.,* Die zivilrechtliche Verantwortlichkeit von Internetauktionshäusern, MMR 2001, 737; *ders.,* Haftung des Internet-Auktionsveranstalters für markenrechtsverletzende Inhalte Dritter, K&R 2002, 83; *Spindler/Volkmann,* Die zivilrechtliche Störerhaftung der Internet-Provider, WRP 2003, 1; *Stadler,* Haftung für Informationen im Internet, 2. Aufl. 2005; *Stender-Vorwachs,* Anbieterhaftung und neues Multimediarecht, TKMR 2003, 11; *Vassilaki,* Strafrechtliche Haftung nach §§ 8 ff. TDG, MMR 2002, 659; *C. Volkmann,* Haftung für fremde Inhalte. Unterlassungs- und Beseitigungsansprüche gegen Hyperlinksetzer im Urheberrecht, GRUR 2005, 200; *ders.,* Der Störer im Internet, 2005; weitere Lit. → Einf TMG.

Rechtsvergleichende Literatur: *Angelopoulos,* European Intermediary Liability in Copyright: A Tort-Based Analysis, 2016; *Schmoll,* Die deliktische Haftung der Internet-Service-Provider, 2001; *Verbiest/Spindler/Ricco/Van de Perre,* Study on the Liability of Internet Intermediaries, 2007; *Vinje,* The Emerging European Regime on ISP Liability, CRi 2001, 137.

Übersicht

	Rn.
I. Zweck der §§ 7–10	1
II. Europarechtlicher Hintergrund und Gesetzgebungsgeschichte	2
III. Verhältnis zu höherrangigem Recht	6
1. Völkerrecht: Verstoß der Verantwortlichkeitsregeln gegen TRIPS?	6
2. Verhältnis zum primären Europarecht und anderen EU-Richtlinien (Produkthaftung, Datenschutz)	7
3. Verfassungsrechtliche Fragen	10
IV. Allgemeine Auslegungsgrundsätze	13
1. Richtlinienkonforme Auslegung	13
2. Verantwortlichkeitsprivilegierung für technische Vorgänge	15
3. Keine allgemeine Überwachungspflicht	16
4. Erfasste Rechtsgebiete	17
a) Delikts- und Vertragsrecht	19
b) Immaterialgüterrecht, insbesondere Urheberrecht	21
c) Datenschutzrecht	23
d) Kartellrecht	24
e) Strafrecht	25
f) Öffentliches Recht	26
5. Ausgeschlossene Rechtsgebiete	27
V. Erfasste Dienste	28
VI. Der Begriff der Information	30
VII. Keine Privilegierung für Systemfehler und Systemsicherheit	32

	Rn.
VIII. Dogmatische Einordnung	33
1. Keine Begründung von Verantwortlichkeit	33
2. Verantwortlichkeitsprivilegierungen als Tatbestandselement	34
IX. Rechtsverhältnis zwischen Diensteanbieter und Nutzer	39
X. Reichweite der Verantwortlichkeitsprivilegierungen im Unternehmen	40
XI. Verhältnis zum Herkunftslandprinzip	42
XII. Verjährung	43
XIII. Beweislastgrundsätze	44
XIV. Hyperlinks	46
1. Allgemeines	46
2. Keine Anwendbarkeit von §§ 7–10	49
a) ECRL und Gesetzgebungsgeschichte	49
aa) Keine Analogie zu §§ 7–10	50
bb) Teleologische Erweiterung von § 10?	51
cc) Anwendung von § 8 bzw. § 9?	52
b) Haftung für Hyperlinks nach allgemeinen Gesetzen	53
aa) Haftung wegen Verbreitung, Zugänglichmachen und Wiedergabe	56
bb) Haftung wegen Beihilfe, Anstiftung oder Mittäterschaft	63
cc) Haftung wegen fahrlässiger Unterlassung späterer Kontrollen	65
dd) Verantwortlichkeit für Links und Inhalte auf nachgelagerten Ebenen	78
ee) Störerhaftung für Hyperlinks	79
ff) Öffentlich-rechtliche Störerhaftung für Hyperlinks	81
gg) Herkunftslandprinzip und Hyperlinks	82
XV. Suchmaschinen	83
1. Allgemeines	83
2. Keine Anwendbarkeit des TMG	84
3. Haftung nach allgemeinen Gesetzen	85
4. Störerhaftung	89

I. Zweck der §§ 7–10

Die §§ 7–10 verfolgen ebenso wie die ihnen zugrundeliegenden Art. 12 ff. ECRL **1** das Ziel, die Verantwortlichkeit der an elektronischen Netzen Beteiligten umfassend für alle Rechtsgebiete zu regeln, in erster Linie der Anbieter von spezifischen Dienstleistungen im Internet, wie Host- bzw. Service- oder Access-Provider,[1] ohne jedoch darauf beschränkt zu sein. Im Gegensatz zum allgemeinen Haftungsrecht – sowohl zivil- als auch strafrechtlich –, das an die jeweils übermittelten Inhalte und die daran gebundenen Rechte anknüpft (Äußerungsdelikte, Produkthaftung, Wettbewerbsrecht, Urheberrecht etc.), setzt das TMG mit seinen Erleichterungen der Verantwortlichkeit bei der vom Diensteanbieter ausgeübten Funktion an. Die Regelungen der §§ 7–10 zielen daher im Wesentlichen darauf ab, die zivil- und strafrechtlichen Risiken aus mittelbarer Rechts- bzw. Rechtsgutverletzung für fremde Inhalte zu reduzieren, um die Investitionsbereitschaft in die neuen Medien nicht zu gefährden.[2]

---

[1] Begr. RegE BT-Drs. 14/6098, S. 22 f.
[2] Für das IuKDG 1997 vgl. Begr. RegE BT-Drs. 13/7385, S. 16 f.

II. Europarechtlicher Hintergrund und Gesetzgebungsgeschichte

2 Die Verantwortlichkeitsregeln des TMG sind vor dem Hintergrund der seit Mitte der 1990er Jahre bekannt gewordenen zivil- und strafrechtlichen Verfahren gegen Internet-Provider für fremde Rchts- bzw. Rechtsgutsverletzungen entstanden.[3] Die erheblichen Rechtsunsicherheiten veranlassten den deutschen Gesetzgeber dazu, in Gestalt des IuKDG 1997 erstmals rechtliche Rahmenbedingungen für die neuen Medien zu schaffen.[4] Als ein Kernpunkt dieses Gesetzeswerkes wurden in § 5 TDG aF für Diensteanbieter Verantwortlichkeitsprivilegien mit Gültigkeit für alle Rechtsgebiete geschaffen.[5]

3 Das TDG diente zusammen mit US-amerikanischen Regelungen, insbesondere dem **Digital Millennium Copyright Act 1998**,[6] als Vorbild für eine europaweite Harmonisierung des elektronischen Rechtsverkehrs in Gestalt der ECRL mit entsprechenden Verantwortlichkeitsprivilegierungen in Art. 12–15.[7] Die ECRL enthält hinsichtlich der Verantwortlichkeitsbestimmungen eine Vollharmonisierung und lässt keinen Spielraum für die Mitgliedstaaten für weitergehende oder ergänzende Regelungen.

4 Der deutsche Gesetzgeber hat nach kurzen Beratungen[8] Art. 12–15 ECRL im TDG und im damaligen MDStV zum Teil fast wörtlich umgesetzt.[9] Mit dem neuen TMG im Jahr 2007 wurden die früher bestehenden parallelen Regelungen der Länder im MDStV aufgrund der Einführung des einheitlichen Begriffs der Telemedien zu Recht aufgegeben, so dass sich heute die Verantwortlichkeit der Diensteanbieter einheitlich nach dem TMG richtet. Erst 2016 und 2017 wurden die Haftungsregelungen für WLAN-Anbieter und Access-Provider überarbeitet,[10] dazu näher → § 7 Rn. 7 und § 8 Rn. 2, 18.

5 Schließlich ist von Interesse, was der Gesetzgeber nicht geregelt hat, obwohl er zu entsprechenden Novellierungen verschiedentlich aufgefordert wurde, namentlich die Verantwortlichkeitsfragen rund um Suchmaschinen, Hyperlinks und – last but not least – die Störerhaftung.[11] Der Gesetzgeber verzichtete aber explizit auf die – ihm

---

[3] Aus strafrechtlicher Sicht statt vieler *Sieber,* JZ 1996, 494; aus deliktsrechtlicher Sicht *Spindler,* ZUM 1996, 533, 534 ff.; *Waldenberger,* ZUM 1997, 176, 184 ff., je mwN.

[4] Begr. RegE BT-Drs. 13/7385, S. 16 f.

[5] *Spindler,* NJW 1997, 3193, 3195.

[6] Dazu *Freytag,* MMR 1999, 207.

[7] *Spindler,* Beil. MMR 7/2000, 4, 17 ff.; zum zweiten Richtlinienvorschlag *Spindler,* ZUM 1999, 775, 793 ff.; zum ersten Richtlinienvorschlag *Hoeren,* MMR 1999, 192 ff.; *Spindler,* MMR 1999, 199 ff.; *Lehmann,* EuZW 2000, 517 ff.; *Waldenberger,* EuZW 1999, 296 ff.

[8] Begr. RegE BT-Drs. 14/6098, S. 22 ff.; Stellungnahme *Bundesrat,* S. 33; Gegenäußerung *Bundesregierung,* S. 37 f.; Ausschussberatungen, Protokolle des Rechtsausschusses des Deutschen Bundestages 14/103, S. 24 f.

[9] Gesetz über rechtliche Rahmenbedingungen für den elektronischen Geschäftsverkehr (Elektronischer Geschäftsverkehr-Gesetz – EGG) vom 14.12.2001, BGBl. I S. 3721; MDStV geändert durch Art. 4 Abs. 2 des 6. RÄStV vom 20./21.12.2001, NdsGVBl. 2002, S. 175 v. 19.6.2002.

[10] Zweites Gesetz zur Änderung des Telemediengesetzes vom 21. Juli 2016, BGBl. I 2016 S. 1766; Entwurf eines Dritten Gesetzes zur Änderung des Telemediengesetzes, RegE BT-Drs, 18/12202 vom 28.4.2017.

[11] S. etwa die öffentliche Anhörung vom 11.12.2006 sowie die schriftlichen Stellungnahmen von BITKOM, BT-Ausschussdrs. 16 (9) 516 vom 30.11.2006, S. 8 ff.; eBay, BT-Ausschussdrs. 16 (9) 522 vom 8.12.2006, S. 2 ff.; freenet.de, BT-Ausschussdrs. 16 (9) 528 vom 8.12.2006, S. 3 ff.; eco, BT-Ausschussdrs. 16 (9) 521 vom 8.12.2006, S. 12 ff.; zusammenfassend dazu Bericht des Ausschusses für Wirtschaft und Technologie BT-Drs. 16/4078, S. 7 ff.

Verantwortlichkeit **Vor §§ 7–10 TMG**

mögliche – Aufnahme weitergehender Vorschriften, etwa zu Suchmaschinen und Hyperlinks (→ Rn. 50);[12] die §§ 7–10 TMG sind daher in einer Linie mit den früheren Normen des TDG (und des MDStV) zu sehen, sie sind eins-zu-eins übernommen worden.[13]

III. Verhältnis zu höherrangigem Recht

1. Völkerrecht: Verstoß der Verantwortlichkeitsregeln gegen TRIPS?

Schon für § 5 TDG aF wurde im Bereich des Urheberrechts gegen eine Haftungsprivilegierung von Providern der Einwand erhoben, dass Art. 41, 45 TRIPS verletzt würden, die dem Verletzten Schadensersatz gewähren, wenn der Verletzer wusste oder vernünftigerweise hätte wissen müssen, dass er eine Verletzungshandlung vornahm. Daraus wird abgeleitet, dass auch für fahrlässig verursachte mittelbare Rechtsverletzungen eine Haftung eingreifen müsse.[14] Zwar ist auch die EU Signatarstaat des TRIPS; dennoch kann man daraus nicht den Schluss ziehen, dass die Richtlinie völkerrechtswidrig wäre. Denn abgesehen davon, dass erhebliche Zweifel bestehen, ob Art. 41, 45 TRIPS im Sinne einer fahrlässigen („negligence") Unkenntnis von der Information selbst – und nicht von der Urheberrechtsverletzung – verstanden werden können,[15] setzt eine Anwendung des Art. 45 TRIPS auf §§ 8–10 inzident voraus, dass das TRIPS nicht nur die Haftungsvoraussetzungen unmittelbarer Urheberrechtsverletzungen, sondern auch der mittelbaren Rechtsgutsverletzungen regeln will, was nicht der Fall ist.[16]

2. Verhältnis zum primären Europarecht und anderen EU-Richtlinien (Produkthaftung, Datenschutz)

Verantwortlichkeitsregelungen, die auf EU-Richtlinien beruhen, können nicht durch §§ 7–10 modifiziert werden, sofern die den §§ 7–10 zugrundeliegende ECRL diese Richtlinien explizit unberührt lassen will. Hierzu zählt nach Erwägungsgrund Nr. 11 ECRL die **verschuldensunabhängige Produkthaftung**.[17] Es bleibt daher nach wie vor die Möglichkeit, Diensteanbieter als Lieferanten oder Importeure zu qualifizieren.[18] Die verschuldensabhängige Produkthaftung wird dagegen durch §§ 7–10 modifiziert.[19] Auch die Richtlinien zum **Datenschutz-**

---

[12] Begr. RegE BT-Drs. 16/3078, S. 11 f.

[13] Begr. RegE BT-Drs. 16/3078, S. 15.

[14] *Lehmann,* CR 1998, 232, 233 f.; *Lehmann,* ZUM 1999, 180, 184; wohl auch *Schack,* MMR 2001, 9, 16.

[15] *Decker,* MMR 1999, 7, 8.

[16] OLG Düsseldorf, MMR 2003, 120, 122; *Dustmann,* Die privilegierten Provider, S. 114 f.; *Decker,* MMR 1999, 7, 10; *Sieber,* Verantwortlichkeit im Internet, Rn. 226; *Stadler,* Haftung für Informationen im Internet, Rn. 56; zust. BeckRTD-Komm/*Jandt,* § 7 TMG Rn. 20; BeckOK InfoMedienR/*Paal,* TMG § 7 Rn. 15; anders wohl *Schack,* MMR 2001, 9, 16.

[17] Richtlinie 85/374/EWG des Rates vom 25. Juli 1985 zur Angleichung der Rechts- und Verwaltungsvorschriften der Mitgliedstaaten über die Haftung für fehlerhafte Produkte, ABl. EG Nr. L 210 v. 7.8.1985, S. 29, geändert durch die Richtlinie 1999/34/EG des Europäischen Parlaments und des Rates vom 10. Mai 1999, ABl. EG Nr. L 141 v. 4.6.1999, S. 20; Wiebe/Leupold/*Leupold/Rücker,* Recht der elektronischen Datenbanken, IV Rn. 102.

[18] *Spindler,* MMR 1998, 119 zum ProdHaftG; Bräutigam/Leupold/*Pelz,* Online-Handel, B I. Rn. 54; aA *Beckmann/Müller,* MMR 1999, 14, 17 f.; offenbar auch Gounalakis/*Escher-Weingart,* Rechtshandbuch Electronic Business, § 34 Rn. 26.

[19] *Spindler,* MMR 1998, 29.

TMG Vor §§ 7–10

recht[20] ebenso wie die DS-GVO, die die alten Richtlinien teilweise ablöst, enthalten zum Teil besondere Regelungen zur Haftung und zur Verantwortlichkeit, die der Modifizierung durch das TMG entzogen sind. Hier nimmt Art. 1 Abs. 5 lit. b ECRL die datenschutzrechtlichen Richtlinien explizit vom Anwendungsbereich der Richtlinie aus (Erwägungsgrund Nr. 14), so dass das TMG hier gegen höherrangiges Recht verstieße.

8   Aber auch die neue **DS-GVO** lässt die ECRL, speziell die Vorschriften zur Verantwortlichkeit der Vermittler gem. Art. 12–15 ECRL und damit auch die entsprechenden TMG-Regelungen, ausdrücklich unberührt, vgl. Art. 2 Abs. 4 DS-GVO, Erwägungsgrund Nr. 21. Anders hingegen könnte die Frage zu beurteilen sein, ob das „Telemediendatenschutzrecht" vollständig von der DS-GVO verdrängt wird.[21]

9   Dagegen kommen Beeinträchtigungen der **europarechtlichen Grundfreiheiten** durch die Regelungen zur Verantwortlichkeit nach §§ 7–10 für den Bereich, der nicht von der ECRL erfasst wird, zB private Telemedien ohne Entgelt, nicht in Betracht, da §§ 7–10 lediglich Privilegierungen der Telemedienanbieter vorsehen, aber keine Schlechterstellung oder Beeinträchtigung der angebotenen Dienste und Produkte.

3. Verfassungsrechtliche Fragen

10 Die §§ 7–10 werfen wie schon § 5 TDG aF verfassungsrechtliche Fragen auf. Zwar haben sich die kompetenzrechtlichen Bedenken gegen eine haftungsrechtliche Regelung durch die Länder mit der Aufhebung des MDStV und der Vereinheitlichung im TMG erledigt;[22] doch bleibt nach wie vor fraglich, ob die Haftungsregelungen im TMG noch einen wirksamen, verfassungsrechtlich gebotenen **Schutz für das Opfer** vor Äußerungs- oder Urheberdelikten gewährleisten.[23] Dem stehen neben den Grundrechten der Provider aus Art. 12, 14 GG auf der anderen Seite vor allem die Meinungs- und Informationsfreiheit der Nutzer gegenüber, die sich auch zugunsten der Provider als Intermediäre auswirken, ferner das Fernmeldegeheimnis und das Recht auf informationelle Selbstbestimmung.[24] Auch das Recht der Nutzer auf Anonymität im Internet darf nach der Rechtsprechung des BVerfG nur zugunsten eines Rechtsgutes von hervorgehobenem Gewicht aufgehoben werden.[25] Der BGH hat

---

[20] Richtlinie 95/46/EG des Europäischen Parlaments und des Rates vom 24. Oktober 1995 zum Schutz natürlicher Personen bei der Verarbeitung personenbezogener Daten und zum freien Datenverkehr, ABl. EG Nr. L 281 v. 23.11.1995, S. 31; Richtlinie 97/66/EG des Europäischen Parlaments und des Rates vom 15. Dezember 1997 über die Verarbeitung personenbezogener Daten und den Schutz der Privatsphäre im Bereich der Telekommunikation, ABl. EG Nr. L 24 v. 30.1.1998, S. 1; Richtlinie 2002/58/EU des Europäischen Parlaments und des Rates vom 12. Juli 2002 über die Verarbeitung personenbezogener Daten und den Schutz der Privatsphäre in der elektronischen Kommunikation (Datenschutzrichtlinie für elektronische Kommunikation), ABl. EG Nr. L 201 v. 31.7.2002, S. 37.

[21] So Plath/Hullen/Roggenkamp, DSGVO BDSG Komm., Einleitung TMG Rn. 13.

[22] S. dazu noch Voraufl., Vor § 8 Rn. 8.

[23] Zum verfassungsrechtlich gebotenen Persönlichkeitsschutz s. BVerfGE 63, 131, 142f. = NJW 1983, 1179f.; BVerfGE 73, 118, 201 = NJW 1987, 239, 250; BVerfGE 97, 125, 150ff. = NJW 1998, 1381, 1383f.; BVerfG, NJW 1998, 1381, 1383f.; für Urheberrecht BVerfGE 31, 229, 243 = NJW 1971, 2163, 2164; näher Spindler, 69. DJT 2012, Gutachten F, S. 57ff.; einseitig Meinungsfreiheit betonend aber Mecklenburg, ZUM 1997, 525, 535ff.; Wöbke, CR 1997, 313, 314ff.; Grzeszick, AöR 123 (1998), 173, 191f.

[24] Grundlegend BVerfGE 65, 1 = NJW 1984, 419 – Volkszählung; BVerfGE 125, 260 = NJW 2010, 833 – Vorratsdatenspeicherung; zu den Auswirkungen auf Provider s. Spindler, 69. DJT 2012, Gutachten F, S. 31ff., 75f., 85ff.

[25] BVerfGE 125, 260 Rn. 262 = NJW 2010, 833 – Vorratsdatenspeicherung.

Verantwortlichkeit **Vor §§ 7–10 TMG**

im Zusammenhang mit der anonymen Nutzung von Bewertungsportalen im Internet zudem auf den „**chilling effect**" im Hinblick auf die Meinungsfreiheit hingewiesen, indem Nutzer durch allgemeine Kontrollen und Überwachungen von Äußerungen abgeschreckt werden könnten.[26] Auch der **EuGH** hat hinsichtlich der Access-Provider ebenso wie der Betreiber von sozialen Netzwerken (als Host-Provider) das tripolare Verhältnis von Nutzern, Betreibern und Geschädigten, hier vor allem die Wirkung der (europarechtlichen) Grundrechte der Nutzer betont, so dass keine allgemeinen Überwachungspflichten gefordert werden können.[27] Insbesondere für **Access-Provider** hat der EuGH die gebotene Abwägung der Grundrechte zwischen den Beteiligten hervorgehoben (→ § 7 Rn. 79ff.).[28]

Andererseits erleichtert vor allem die **Anonymität** im Netz Rechtsverletzungen **11** Dritter, etwa im Fall von rufschädigenden Äußerungen, ohne dass für den Geschädigten die Urheber erkennbar werden können. Ohne entsprechende Identitätsdaten würde das Opfer in der Regel schutzlos zB gegenüber Diffamierungen, was für eine eher restriktive Auslegung der Verantwortlichkeitsregelungen der §§ 7–10 streitet.[29] Schon früh wurde diesem Umstand im Bereich des geistigen Eigentums Rechnung getragen: Durch die Umsetzung der Enforcement-RL, etwa in § 101 UrhG, wurden entsprechende Auskunftsansprüche des Rechteinhabers gegen Provider implementiert. Für den Bereich des Persönlichkeitsrechts hingegen bestand mangels vergleichbarer Regelung lange Zeit ein – verfassungsrechtlich sehr bedenkliches – Defizit,[30] Analogien zu bestehenden Auskunftsansprüchen lehnte der BGH zutreffend aufgrund des Fehlens einer planwidrigen Regelungslücke ab,[31] denn eine Ausweitung der Auskunftsrechte bzw. die entsprechende Berechtigungen zur Datenübermittlung durch die Provider wurden auch in den Gesetzgebungsverfahren zur Änderung des TMG verlangt,[32] durch den Gesetzgeber aber zuletzt noch wegen der anstehenden DSGVO vertagt.[33] Mit dem nun im Rahmen des Netzwerkdurchsetzungsgesetzes (NetzDG) geänderten § 14 Abs. 3–5 TMG führt der Gesetzgeber einen eigenen Auskunftsanspruch auch im Bereich des Persönlichkeitsrechts ein,[34] näher dazu → § 14 Rn. 50ff.

Verkompliziert wird die verfassungsrechtliche Beurteilung allerdings dadurch, **12** dass §§ 7–10 auf Art. 12–15 ECRL beruhen, so dass der Streit zwischen nationalem Verfassungsrecht und Europarecht über deren Rangverhältnis untereinander

---

[26] BGHZ 181, 328 Rn. 38 = MMR 2009, 608 – spickmich.de; s. auch *Ohly*, AfP 2011, 428, 436; *Härting*, CR 2009, 21, 23; *Ballhausen/Roggenkamp*, K&R 2008, 403, 406; ferner *Ladeur/Gostomzyk*, NJW 2012, 710, 714 mwN zum „chilling effect".

[27] EuGH, MMR 2012, 174 Rn. 49ff. – Scarlet Extended SA/SABAM (für Access-Provider); EuGH, MMR 2012, 334 Rn. 47ff. – SABAM/Netlog, mAnm *Solmecke/Dam* (für Host-Provider); dazu *Spindler*, JZ 2012, 311ff.; ferner *Metzger*, GRUR 2012, 382, 384f.; *Leistner*, ZUM 2012, 722, 729.

[28] EuGH, GRUR 2014, 468 mAnm *Marly* – UPC Telekabel, dazu *Spindler*, GRUR 2014, 826ff.; *Leistner/Grisse*, GRUR 2015, 19ff.

[29] Ähnlich Spindler/Schuster/*Hoffmann*, Vorb. §§ 7ff. TMG Rn. 20; BeckRTD-Komm/*Jandt*, § 7 TMG Rn. 15.

[30] Näher schon *Spindler*, 69. DJT 2012, Gutachten F, S. 58ff.; jüngst *Gersdorf*, MMR 2017, 439, 440f.

[31] Vgl. etwa BGHZ 201, 380 Rn. 16f. = GRUR 2014, 902 – Ärztebewertung I.

[32] Zuletzt etwa Stellungnahme des Bundesrats zum 2. TMG ÄndG vom 6.11.2015, BT-Drs. 18/6745, Anlage 2, S. 13, 16.

[33] Stellungnahme der Bundesregierung zum 2. TMG ÄndG vom 18.11.15, BT-Drs. 18/6745, Anlage 3, S. 17.

[34] Näher dazu *Spindler*, K&R 2017, 533, 542; krit. zum RegE zum NetzDG vom 21.4.17, BR-Drs. 315/17 *Spindler*, ZUM 2017, 473, 484ff.

die Auslegung der Verantwortlichkeitsprivilegierungen überlagert.[35] Aber auch unter Berücksichtigung des europarechtlichen Hintergrunds bestehen Auslegungsspielräume für §§ 7–10 bzw. Art. 12–15 ECRL, in deren Rahmen der verfassungsrechtlich gebotene Schutz in die Entscheidung einfließen kann.

IV. Allgemeine Auslegungsgrundsätze

1. Richtlinienkonforme Auslegung

13 Da die Haftungsprivilegierungen auf der Umsetzung der ECRL beruhen, sind sie richtlinienkonform auszulegen.[36] Vor allem die Verantwortlichkeitsregeln der §§ 7–10 sind **vollharmonisiertes Recht**, so dass die Mitgliedstaaten keine Möglichkeit zum Erlass strengerer Vorschriften haben.[37] Insbesondere gilt die Richtlinie für alle Rechtsgebiete – Ausnahmen wie im Herkunftslandprinzip für bestimmte Rechtsgebiete kennen die Haftungsprivilegierungen der Art. 12–15 ECRL und damit auch die §§ 7–10 nicht. In diesem Rahmen muss auch das Ziel der Richtlinie, die Binnenmarktintegration, beachtet werden, allerdings ebenso die verfassungsrechtlichen Anforderungen (→ Rn. 10).

14 In den Bereichen, die die Richtlinie nicht abschließend regelt, insbesondere hinsichtlich des Anwendungsbereichs, kann jedoch der Mitgliedstaat über die ECRL hinausgehen. Deutschland hat dies für die nicht-kommerziellen Diensteanbieter getan durch § 1 S. 1 Nr. 1, so dass auch für diese Anbieter die Haftungsprivilegierungen gelten, etwa für Universitätsprovider, andere öffentliche Dienste, Rundfunkanstalten mit Telemedienangeboten etc.[38]

2. Verantwortlichkeitsprivilegierung für technische Vorgänge

15 Von Bedeutung für die Auslegung aller Verantwortlichkeitstatbestände ist schließlich der Erwägungsgrund Nr. 42 ECRL, der als übergreifende Leitlinie klarstellt, dass die Verantwortlichkeitsausnahmen nur für Fälle gelten, in denen die Tätigkeit des Providers auf den rein technischen, automatischen und passiven Vorgang beschränkt ist. Der Anbieter darf weder Kenntnis noch Kontrolle über die weitergeleitete oder gespeicherte Information besitzen.[39] Obwohl weder §§ 8–10 noch Art. 12–14 ECRL ausdrücklich dieses Merkmal als Voraussetzung vorsehen, bezieht es sich doch nach dem klaren Wortlaut des Erwägungsgrundes Nr. 42 ECRL auf alle Haftungsausschlüsse, mithin auch auf §§ 8–10

---

[35] Zum Vorrang des Gemeinschaftsrechts vgl. EuGH, Slg. 1964, 1251 = NJW 1964, 2371 – Costa/ENEL; EuGH, Slg. 1978, 629 = NJW 1978, 1741 – Simmenthal-II; EuGH, Slg. 2004, I-8835 = NJW 2004, 3547 ff. – Pfeiffer/Deutsches Rotes Kreuz; restriktiver dagegen BVerfGE 73, 339 = NJW 1987, 577 – Solange II; BVerfGE 89, 155 = NJW 1993, 3047 – Maastricht; BVerfGE 102, 147 = NJW 2000, 3124 – Bananenmarkt-Beschluss; Maunz/Dürig/*Herdegen,* 80. EL 2017, Art. 25 GG Rn. 82; grundlegend Calliess/Ruffert/*Ruffert,* Art. 1 AEUV Rn. 4 ff.; Grabitz/Hilf/Nettesheim/*Nettesheim,* 60. EL 2016, Art. 1 AEUV Rn. 71 ff.; *Mayer,* Kompetenzüberschreitung und Letztentscheidung, S.105 f.; *Fastenrath,* NJW 2009, 272 ff., je mwN.

[36] AllgM; → Einf TMG Rn. 6; *Hoffmann,* MMR 2002, 284, 285.

[37] AllgM, BGH, NJW 2014, 552 Rn. 19 – Terminhinweis mit Kartenausschnitt; *Spindler,* GRUR 2010, 785, 792; s. ferner BeckRTD-Komm/*Jandt,* § 7 TMG Rn. 16; Spindler/Schuster/ *Hoffmann,* Vorb. §§ 7 ff. TMG Rn. 3 f.

[38] Spindler/Schuster/*Hoffmann,* § 7 TMG Rn. 12, § 1 TMG Rn. 4; BeckRTD-Komm/*Jandt,* § 7 TMG Rn. 17.

[39] EuGH, Slg. 2010, I-2417 Rn. 114 = MMR 2010, 315 – Google/LV; EuGH, Slg. 2011, I-6011 Rn. 113 = GRUR 2011, 1025 – L'Oréal/eBay; Skizzierung der EuGH- und BGH-Rspr. bis 2012 *Leistner,* ZUM 2012, 722, 724 ff.

Verantwortlichkeit **Vor §§ 7–10 TMG**

und ist dort bei der Auslegung zu berücksichtigen (→ § 7 Rn. 8f. zur „aktiven Rolle" der Provider).

3. Keine allgemeine Überwachungspflicht

Als zentralen, aber in der konkreten Anwendung problematischen Grundsatz stellt 16 § 7 Abs. 2 S. 1 bzw. Art. 15 ECRL fest, dass den Diensteanbieter keine Pflicht zur allgemeinen Überwachung und zur Kontrolle von fremden Informationen trifft. Allein den nationalen Behörden einschließlich der Gerichte bleibt es vorbehalten, die Anbieter zur Unterrichtung über mutmaßliche rechtswidrige Tätigkeiten oder Informationen zu verpflichten, ohne dass diese Anordnungsmöglichkeit auf Straftaten oder bestimmte Kategorien von Tätigkeiten beschränkt wäre. Das Verhältnis dieses Grundsatzes zur allgemeinen zivil- und öffentlich-rechtlichen Störerhaftung ist dogmatisch noch nicht abschließend geklärt (→ § 7 Rn. 33 ff.).

4. Erfasste Rechtsgebiete

Die Verantwortlichkeitsregelungen der §§ 7–10 erfassen wie die Art. 12–15 ECRL 17 querschnittsartig alle Rechtsgebiete.[40] Aus dieser horizontalen Erfassung sämtlicher Normen folgt die Verwendung des Begriffs „Verantwortlichkeit",[41] ohne dass damit die dogmatische Einordnung in dem jeweiligen Rechtsgebiet präjudiziert wäre.

Seit der Reform des TMG und des Wegfalls des MDStV ergeben sich auch mit an- 18 deren medien- und jugendmedienschutzrechtlichen Bestimmungen keine Friktionen mehr. Der **RStV** enthält nur punktuelle Regelungen für die Verantwortlichkeit im Hinblick auf spezifisch medienrechtliche Rechtsbehelfe wie den Gegendarstellungsanspruch, § 56 RStV. Stattdessen verweist § 60 Abs. 1 S. 1 RStV vollständig auf die §§ 7–10 des TMG, so dass keine Haftungslücken entstehen.[42] Gleiches gilt für den JMStV in § 2 Abs. 3; die Frage, welcher Diensteanbieter inwieweit für (fremde) Inhalte von Telemedien verantwortlich ist, die gegen den JMStV verstoßen, richtet sich somit ebenfalls nach den §§ 7–10 des TMG.[43]

a) Delikts- und Vertragsrecht. Im Zivilrecht werden jegliche deliktische An- 19 sprüche erfasst, sofern nicht ausnahmsweise, wie im Fall des ProdHaftG, eine Richtlinie von der ECRL und damit von §§ 7–10 unberührt bleibt. Erfasst sind damit insbesondere alle typischen Mediendelikte, wie Ansprüche aus § 823 Abs. 1 BGB, aus Verletzung des Allgemeinen Persönlichkeitsrechts, aber auch aus der verschuldensabhängigen Produkthaftung. Für das Vertragsrecht enthalten die §§ 7–10 ein gesetzliches Leitbild, welches im Rahmen der Inhaltskontrolle nach § 307 BGB für entsprechende Haftungs- und Regressklauseln herangezogen werden kann,[44] sofern die Haftung des Anbieters für fremde Inhalte in Rede steht. In Ermangelung vertraglicher Regelungen greifen die §§ 7–10 auch für die vertragsrechtliche Haftung ein.

Die §§ 7–10 beschränken sich auch nicht auf die verschuldensabhängige Haftung 20 der Anbieter. Aufgrund des querschnittsartigen Charakters und fehlender Ausschlüsse in der ECRL werden auch alle **Gefährdungshaftungstatbestände** erfasst.[45] Der

---

[40] OLG Stuttgart, MMR 2002, 746, 748 mAnm *Spindler,* 752; BeckRTD-Komm/*Jandt,* § 7 TMG Rn. 3.
[41] *Stadler,* Haftung für Informationen im Internet, Rn. 19.
[42] BeckRTD-Komm/*Jandt,* § 7 TMG Rn. 13.
[43] Spindler/Schuster/*Erdemir,* § 2 JMStV Rn. 13f.; Hahn/Vesting/*Schulz,* § 2 JMStV Rn. 20; *Grapentin,* CR 2003, 458, 462.
[44] Näher Spindler/*Spindler,* Vertragsrecht der Internetprovider, IV Rn. 322 ff.
[45] S. für das alte Recht schon *Spindler,* NJW 1997, 3193, 3195; zust. BeckRTD-Komm/*Jandt,* § 7 TMG Rn. 24; Hoeren/Sieber/Holznagel/*Sieber/Höfinger,* 44. EL 2017, Teil 18.1 Rn. 15; aA

Begriff der Verantwortlichkeit in den §§ 7–10 lässt sich nicht so verstehen, dass er stets Verschulden voraussetzte.[46] Eine solche Auslegung würde übersehen, dass der Begriff allein schon im deutschen Zivilrecht in einem weiteren, auch die verschuldensunabhängige Haftung mit einschließenden Sinne verwendet wird, wie etwa § 276 Abs. 1 S. 1 BGB zeigt.[47] Wird in der engeren Ansicht die Bedeutung des Verschuldens für die Verantwortlichkeit diskutiert, so geschieht dies für gewöhnlich allein zur Ausgrenzung der Unterlassungsansprüche aus §§ 7–10, was vermuten lässt, dass die deliktischen Gefährdungshaftungstatbestände dort schlicht übersehen werden.[48] Richtigerweise bedeutet Verantwortlichkeit, dass jemand für etwas einstehen muss,[49] was letztlich aber den Grund der Verantwortlichkeit gänzlich offen lässt. Dies entspricht nicht zuletzt auch dem Charakter der §§ 7–10 als Querschnittsregelungen.

21   b) Immaterialgüterrecht, insbesondere Urheberrecht. Auch die Verantwortlichkeit der Diensteanbieter nach dem Urheberrecht wird von §§ 7–10 erfasst,[50] sei es im Zivil- oder im Strafrecht. Die Verzahnung der ECRL mit der InfoSoc-Richtlinie[51] zeigt deutlich, dass dem Richtliniengeber die Anwendung der Verantwortlichkeitsprivilegierungen auf urheberrechtliche Sachverhalte vor Augen stand.[52] Der alte Streit über die Anwendbarkeit des § 5 TDG aF auf urheberrechtliche Sachverhalte spielt daher keine Rolle mehr.[53]

22   Gleiches gilt für andere Bereiche des Immaterialgüterrechts, zB das **Markenrecht**.[54] Dass die nationalen markenrechtlichen Bestimmungen auf einer EG-Richtlinie beruhen, ändert nichts an der Modifizierung der Verantwortlichkeit durch §§ 7–10, die ihrerseits auf die ECRL zurückgehen, welche wiederum sämtliche Verantwortlichkeitsfragen einheitlich regeln sollte.[55]

Lehment, WRP 2003, 1058, 1064; anders auch noch die Begr. RegE IuKDG, BT-Drs. 13/7385, S. 19: „Einstehenmüssen für eigenes Verschulden".

[46] So aber *Lehment*, WRP 2003, 1058, 1064, der dabei jedoch bereits verkennt, dass §§ 7–10 TMG nicht allein auf die zivilrechtliche Haftung Anwendung finden.

[47] So zu Recht Spindler/Schuster/*Hoffmann*, Vor §§ 7 ff. TMG Rn. 24.

[48] Deutlich bei *Volkmann*, K&R 2004, 231: „[...] die verschuldensunabhängige Haftung ist grundsätzlich nicht in den §§ 9-11 TDG privilegiert. Allein das Straf- und das Deliktsrecht sind hier erfasst"; ähnlich *Lehment*, WRP 2003, 1058, 1064; wohl auch MüKoStGB/*Altenhain*, Vor §§ 7 ff. TMG Rn. 3 Fn. 8.

[49] MüKoStGB/*Altenhain*, Vor §§ 7 ff. TMG Rn. 3 mwN.

[50] BGH, MMR 2010, 556, 556 f. – marions-kochbuch.de; Spindler/Schuster/*Hoffmann*, Vorb. §§ 7 ff. TMG Rn. 11; *Leistner*, ZUM 2012, 722, 728.

[51] Richtlinie 2001/29/EG des Europäischen Parlaments und des Rates vom 22. Mai 2001 zur Harmonisierung bestimmter Aspekte des Urheberrechts und der verwandten Schutzrechte in der Informationsgesellschaft, ABl. EG Nr. L 167 v. 22.6.2001, S. 10 ff., Erwägungsgrund Nr. 16; *Reinbothe*, GRUR Int. 2001, 733, 744; *Spindler*, GRUR 2002, 105, 106 f.

[52] Ganz hM, s. Spindler/Schuster/*Hoffmann*, Vorb. §§ 7 ff. TMG Rn. 11; BeckOK InfoMedienR/*Paal*, TMG § 7 Rn. 13.2; *Hoffmann*, MMR 2002, 284, 288; *Reber/Schorr*, ZUM 2001, 672, 679; *Ehret*, CR 2003, 754, 757; *Heermann/Ohly/Freytag*, Verantwortlichkeit im Netz, S. 150.

[53] Abl. noch OLG München, NJW 2001, 3553 ff.; *Waldenberger*, MMR 1998, 124, 127 f.; dagegen hM *Freytag*, Haftung im Netz, Rn. 159 f.; *Decker*, MMR 1999, 7, 8; *Sieber*, Verantwortlichkeit im Internet, Rn. 273; *Spindler*, CR 2001, 324 ff. mwN.

[54] OLG Düsseldorf, MMR 2004, 315, 316; LG Düsseldorf, MMR 2003, 120, 122; *Wüstenberg*, WRP 2002, 497; aA für § 5 TDG aF OLG Köln, MMR 2002, 110 f.

[55] LG Düsseldorf, MMR 2003, 120, 122; OLG München, MMR 2000, 617 (für § 5 TDG aF); LG Potsdam, MMR 2002, 829, 830; *Spindler*, K&R 2002, 83; *Hoeren*, MMR 2002, 113; Heermann/Ohly/*Freytag*, Verantwortlichkeit im Netz, S. 151; wie hier auch BeckOK InfoMedienR/*Paal*, TMG § 7 Rn. 13.1.

Verantwortlichkeit **Vor §§ 7–10 TMG**

c) Datenschutzrecht. Während die ECRL den Bereich des **Datenschutzrech-** 23
tes gem. Art. 1 Abs. 5b ausnimmt, insbesondere die von den datenschutzrechtlichen
Richtlinien 95/46/EG[56] und 2002/58/EU[57] geregelten Fragen, hat das deutsche
Umsetzungsgesetz nur für das Herkunftslandprinzip in § 3 Abs. 3 Nr. 4 diese Ausnahme nachvollzogen. Auch die neue Datenschutzgrundverordnung ändert daran
nichts: Art. 94 Abs. 1 DS-GVO stellt klar, dass die Richtlinie 95/46/EG mit Wirkung
zum 25. 5. 2018 aufgehoben wird und gem. Art. 94 Abs. 2 DS-GVO Verweise auf die
aufgehobene Richtlinie als Verweise auf die DS-GVO gelten. Für den gesamten Bereich der Haftung im Datenschutz greifen daher die §§ 7–10 ein.[58]

d) Kartellrecht. Auch im **Kartellrecht** sind für die Haftungs- und Verantwort- 24
lichkeitsfragen die Verantwortlichkeitsprivilegierung anzuwenden, etwa wenn es um
Plattformen geht, die Vereinbarungen zwischen Unternehmen erleichtern.

e) Strafrecht. Die Verantwortlichkeitsprivilegierungen der §§ 7–10 erfassen auch 25
das Strafrecht.[59] Der entsprechende Streit im Rahmen der ECRL, insbesondere im
Rahmen der Reichweite des Herkunftslandprinzips (→ § 3 Rn. 69 ff.) und aufgrund
der fehlenden Kompetenzen zur Harmonisierung des Strafrechts, ist wegen der Kompetenz des deutschen Gesetzgebers nicht von Bedeutung. Der Gesetzgeber hat insoweit klargestellt, dass die §§ 7–10 keine Garantenstellung schaffen sollen.[60] Aber auch
das Strafprozessrecht wird beeinflusst, etwa hinsichtlich der Anforderungen an einen
Anfangsverdacht und Durchsuchungsmaßnahmen bei einem Host-Provider iSv
§ 10.[61]

f) Öffentliches Recht. Auch wenn sie Querschnittsregelungen sind und damit 26
grundsätzlich auch die verwaltungsrechtliche Pflichtigkeit betreffen,[62] erfahren die
Verantwortlichkeitsregelungen der §§ 7–10 im öffentlichen Recht keinen praktischen Anwendungsbereich. Mögliche Maßnahmen der Behörden sind auf die Sperrung und Entfernung von Inhalten begrenzt, für welche die Privilegierungen nach
§ 7 Abs. 2 S. 2 nicht gelten. Deutlicher als im Zivilrecht zeigt sich hier, dass Unter-
lassungs- oder Beseitigungsverpflichtungen im TMG nicht geregelt sind (→ § 7
Rn. 55 ff.). Allerdings dürfen den Providern gem. § 7 Abs. 2 S. 1 auch im öffentlichen
Recht keine allgemeinen Überwachungspflichten auferlegt werden. Die Bedeutung
dieser (allgemeinen) Privilegierung ist im öffentlichen Recht allerdings gering, da
die Behörden entweder bereits mit der Anhörung, spätestens aber mit der Verfügung
den Provider selbst von inkriminierten Inhalten in Kenntnis setzen müssen.[63]

5. Ausgeschlossene Rechtsgebiete

Ausgenommen von den §§ 7–10 ist gem. § 1 Abs. 2 das Recht im Bereich der Be- 27
steuerung. Der Ausschluss erfasst sowohl das materielle Steuer- und Steuerstraf- wie

---

[56] ABl. EG Nr. L 281 v. 23. 11. 1995, S. 31.
[57] ABl. EG Nr. L 201 v. 31. 7. 2002, S. 37.
[58] Wie hier Spindler/Schuster/*Hoffmann,* Vorb. §§ 7 ff. TMG Rn. 14; zust. BeckRTD-Komm/*Jandt,* § 7 TMG Rn. 3.
[59] BGH, GRUR 2007, 2558 Rn. 7; BGHZ 158, 236, 246 ff. = GRUR 2004, 860, 862; KG, NJW 2014, 3798, 3799; Spindler/Schuster/*Hoffmann,* Vorb. §§ 7 ff. TMG Rn. 15; MüKoStGB/*Altenhain,* Vor §§ 7 ff. TMG Rn. 2 mwN; s. auch Begr. RegE BT-Drs. 14/6098, S. 23.
[60] BT-Drs. 14/6098, S. 37; Spindler/Schuster/*Hoffmann,* Vorb. §§ 7 ff. TMG Rn. 15.
[61] Für § 5 TDG aF LG Stuttgart, CR 2001, 626 mAnm *Eckardt*.
[62] *Mayer,* Das Internet im öffentlichen Recht, S. 207.
[63] *Spindler/Volkmann,* K&R 2002, 398, 402; *Volkmann,* Der Störer im Internet, S. 226 f.; für § 5 TDG aF s. *Zimmermann,* NJW 1999, 3145, 3148; *Germann,* Gefahrenabwehr und Strafverfolgung im Internet, S. 383.

TMG Vor §§ 7–10 Verantwortlichkeit

auch das dazugehörige Verfahrensrecht,[64] so dass Diensteanbieter etwa steuerrechtlichen Nachforschungspflichten unterliegen oder für das Hosting steuerrechtswidriger Inhalte zur Verantwortung gezogen werden können (näher auch → § 1 Rn. 64).

V. Erfasste Dienste

28 Im Gegensatz zum Herkunftslandprinzip (→ § 3 Rn. 8) schränkt der Gesetzgeber den Anwendungsbereich der §§ 7–10 nicht auf das unbedingt notwendige, von der ECRL vorgegebene Maß ein. Vielmehr erstrecken sich die §§ 7–10 auf jegliche Telemedien iSd § 1 Abs. 1 S. 1, also **auch privat oder unentgeltlich angebotene Dienste**, § 1 Abs. 1 S. 2.[65] Zwar erstreckt sich die ECRL nur auf kommerziell erbrachte Dienste; doch konnte Deutschland über die ECRL hinaus die Haftungsprivilegierungen auf private Dienste erstrecken,[66] da die vollharmonisierende Wirkung der ECRL sich nur auf deren Anwendungsbereich bezieht. Ebenso wenig kommt es darauf an, ob die Dienste privat- oder öffentlich-rechtlich angeboten werden;[67] auch Telemediendienste der öffentlichen-rechtlichen Rundfunkanstalten kommen in den Genuss der Verantwortlichkeitsprivilegierungen.

29 Ebenso wenig beschränken sich die §§ 7–10 – anders als § 3 (→ § 3 Rn. 8) – auf Abrufdienste, sondern erfassen auch **Verteildienste** iSv § 2 S. 1 Nr. 4.

VI. Der Begriff der Information

30 Das TDG verstand unter dem aus der ECRL entnommenen Begriff der „Informationen"[68] sämtliche „Angaben, die im Rahmen des jeweiligen Teledienstes übermittelt oder gespeichert werden".[69] Das TMG hat insofern keine Änderung gebracht,[70] so dass alle Daten erfasst werden, die überhaupt transportiert oder gespeichert werden können, ohne Rücksicht darauf, ob sie unmittelbar vom Nutzer gelesen oder erst mit einer Software lesbar bzw. hörbar gemacht werden können.[71] Ebenso wenig kommt es darauf an, ob die Information verschlüsselt ist oder ob sie mit einem handelsüblichen Web-Browser lesbar ist.[72] Damit ist der zu § 5 TDG aF geführte Streit, ob unter „Inhalten" in dessen Sinne nur kommunikative Inhalte zu verstehen sind,[73] zugunsten der Auffassung entschieden, die diesen Begriff weit verstand.[74]

---

[64] Begr. RegE BT-Drs. 14/6098, S. 15.

[65] Begr. RegE BT-Drs. 14/6098, S. 23; *Nickels,* CR 2002, 302, 306; *Stadler,* Haftung für Informationen im Internet, Rn. 15.

[66] Begr. RegE BT-Drs. 14/6098, S. 11; Spindler/Schuster/*Hoffmann,* § 7 TMG Rn. 12; ebenso BeckOK InfoMedienR/*Paal,* TMG § 7 Rn. 19.

[67] BeckRTD-Komm/*Jandt,* § 7 TMG Rn. 3; BeckOK InfoMedienR/*Paal,* TMG § 7 Rn. 19.

[68] *Spindler,* Beil. MMR 7/2000, 4, 16; *Freytag,* CR 2000, 600, 603.

[69] Begr. RegE BT-Drs. 14/6098, S. 23.

[70] Begr. RegE BT-Drs. 16/3078, S. 15.

[71] Wie hier BeckRTD-Komm/*Jandt,* § 7 TMG Rn. 32 f.

[72] S. bereits *Spindler,* NJW 2002, 921, 922; Spindler/Schuster/*Hoffmann,* § 7 TMG Rn. 10 f.; BeckOK InfoMedienR/*Paal,* TMG § 7 Rn. 25; BeckRTD-Komm/*Jandt,* § 7 TMG Rn. 32; MüKoStGB/*Altenhain,* Vorb. §§ 7 ff. TMG Rn. 14.

[73] OLG München, NJW 2001, 3553 ff.; *Waldenberger,* MMR 1998, 124, 127.

[74] Für das TMG Spindler/Schuster/*Hoffmann,* § 7 TMG Rn. 10; BeckRTD-Komm/*Jandt,* § 7 TMG Rn. 32; BeckOK InfoMedienR/*Paal,* TMG § 7 Rn. 24; zum TDG nF *Hoffmann,* MMR 2002, 284, 288; *Stadler,* Haftung für Informationen im Internet, Rn. 61 ff.; *Beckmann,* Verantwortlichkeit im Wirtschaftsrecht, S. 257 f.; *Dustmann,* Die privilegierten Provider, S. 100 f.; s. be-

Verantwortlichkeit **Vor §§ 7–10 TMG**

Keine Anwendung finden die §§ 7–10 auf **körperlich gelieferte Produkte,** 31
etwa Software auf einer CD-ROM, wohl aber für online übertragene Software.

VII. Keine Privilegierung für Systemfehler und Systemsicherheit

Die §§ 7–10 finden auch Anwendung auf Schäden, die durch virenverseuchte Da- 32
ten verursacht werden. Allerdings muss hier im Prinzip danach differenziert werden,
ob die Virenverseuchung bereits vor der Speicherung bzw. Weiterleitung von Informationen eingetreten ist, also auf Seiten des speichernden Nutzers, oder erst nach
Speicherung der Inhalte infolge von Sicherheitslücken im System.[75] Im letzteren Fall
können die §§ 7–10 nicht eingreifen, da sie nicht den Provider von seinen Sicherungspflichten bzgl. seiner Rechner gegenüber Angriffen von Dritten entbinden sollen. Die entsprechende Rechtsgutsverletzung ist in diesem Fall gerade nicht darauf
zurückzuführen, dass dem Provider die Kontrolle der fremden Inhalte und Handlungen kaum möglich ist. Diese mangelnde Kontrollmöglichkeit bei automatisierten Tätigkeiten des Providers ist der Grund für die Verantwortlichkeitsprivilegierung der
§§ 7–10 und folgt aus dem technisch geprägten Ansatz der ECRL, der für Modifizierungen wie diese durchaus Raum lässt, → § 7 Rn. 15. Denn die Virenverseuchung
stammt mit Mängeln in der Systemsicherheit aus der Sphäre des Providers, die er
allein kontrollieren kann.[76] Der Virenbefall oder der Hackerangriff von außen wird
nicht von §§ 7–10 erfasst, da sie aus Sicht des Providers keinen „fremden" Inhalt
oder eine fremde Handlung darstellen.[77] In der Praxis wird es allerdings häufig ein Beweisproblem sein, wo und wann die Virenverseuchung eingetreten ist. Die Darlegungs- und Beweislast für systemfehlerbedingten Virenbefall trägt der Anspruchsteller. Die dargelegten Grundsätze gelten erst recht für vertragliche Organisations- und
Informationspflichten.[78]

VIII. Dogmatische Einordnung

1. Keine Begründung von Verantwortlichkeit

Schon zum TDG hatte der Gesetzgeber unmissverständlich klargestellt, dass ent- 33
gegen vereinzelt geäußerter Auffassungen[79] das TDG **keine Verantwortlichkeiten**
iSd Anerkennung von Garantenstellungen **begründet.**[80] Dies gilt auch für das TMG

---

reits *Spindler,* NJW 1997, 3191, 3195; *ders.,* CR 2001, 324 ff.; *Freytag,* CR 2000, 600, 603; *ders.,*
Haftung im Netz, S. 158 ff.

[75] Bräutigam/Leupold/*Pelz,* Online-Handel, B I. Rn. 72; wohl auch *R. Koch,* NJW 2004,
801, 805 f.; für generelle Anwendbarkeit der §§ 8-11 TDG aF *Schneider/Günther,* CR 1997, 389,
391; *Schwarz/Poll,* JurPC Web-Dok. 73/2003, Abs. 72.

[76] Anderer Auffassung MüKoStGB/*Altenhain,* Vorb. §§ 7 ff. TMG Rn. 14.

[77] *Dustmann,* Die privilegierten Provider, S. 136 f.; Bröcker/Czychowski/Schäfer/*Dustmann,*
Praxishandbuch Geistiges Eigentum im Internet, § 4 Rn. 47; *Podehl,* MMR 2001, 17, 21.

[78] *Dustmann,* MMR 2002, 562; Bröcker/Czychowski/Schäfer/*Dustmann,* Praxishandbuch
Geistiges Eigentum im Internet, § 4 Rn. 54; wohl auch AG Schöneberg, MMR 2002, 561.

[79] *Vassilaki,* MMR 1998, 630, 632 ff.; dagegen bereits Hohl/Leible/Sosnitza/*Dannecker,* Vernetztes Recht, S. 129, 139; *Satzger,* CR 2001, 109; *Heermann/Ohly/Satzger,* Verantwortlichkeit
im Netz, S. 170 f.

[80] Begr. RegE BT-Drs. 14/6098, S. 23; Gegenäußerung Bundesregierung, BT-Drs. 14/6098,
S. 37; BeckOK InfoMedienR/*Paal,* TMG § 7 Rn. 9; *Hoffmann,* MMR 2002, 284, 285; *Stadler,*
Haftung für Informationen im Internet, Rn. 18.

fort. Da die §§ 7–10 TMG somit keinen haftungsbegründenden Charakter aufweisen, muss eine Verantwortlichkeit vielmehr für jedes Rechtsgebiet gesondert abgeleitet werden.[81] Das TMG nimmt also nur auf bereits bestehende Verantwortlichkeitstatbestände Bezug und modifiziert diese. Ebenso wenig enthält das TMG Anspruchsgrundlagen.[82]

2. Verantwortlichkeitsprivilegierungen als Tatbestandselement

34 Die dogmatische Einordnung der Verantwortlichkeitsprivilegierung ist nicht abschließend geklärt. Zwar wird vereinzelt vorgebracht, dass dies ohne jede praktische Relevanz sei;[83] doch verkennt diese Auffassung, dass sowohl Irrtumsfragen als auch Beweislastregeln[84] und akzessorische Tatbestände wie Anstiftung und Beihilfe an die Einordnung von Tatbestandselementen anknüpfen.

35 Offen ist, wie die Haftungsprivilegierungen eingeordnet werden können, was dadurch erschwert wird, dass sie rechtsgebietsübergreifend wirken. Von vornherein können Versuche ausgeschieden werden, die den Ausschluss jeglicher Verantwortlichkeit auf die persönliche Zumutbarkeit oder den Vorwurf normabweichenden Verhaltens gegenüber dem Individuum beziehen; vielmehr geht um den generellen, objektiven Ausschluss einer Verantwortlichkeit für Gefahrenquellen.[85] Demgemäß kann von vornherein die Einordnung als Verschuldenselement oder persönlicher Strafausschließungsgrund – der schon für das Zivilrecht nicht passen würde – ausgeschlossen werden.[86]

36 Problematisch ist auch die in der Gesetzesbegründung zum TMG enthaltene und schon für das frühere Recht vertretene Auffassung, dass die Verantwortlichkeitsregeln in dogmatischer Hinsicht „untechnisch" als ein **„Filter"** zu behandeln seien, der vor der Prüfung der allgemeinen Verantwortlichkeitsnormen heranzuziehen sei. Aus dieser ergibt sich ein zweistufiges Prüfungsschema, in dem die Voraussetzungen der §§ 7–10 dem haftungsbegründenden Tatbestand – je nach Ansicht – entweder vor- oder nachgelagert geprüft werden.[87]

---

[81] BGH, GRUR 2009, 1093 Rn. 10 – Focus Online; BGH, GRUR 2007, 724 Rn. 6 – Meinungsforum.

[82] BGH, GRUR 2004, 74, 75; BGH, MMR 2007, 518.

[83] So etwa BeckRTD-Komm/*Jandt*, § 7 TMG Rn. 8, der die Frage völlig offenlässt und Fragen des Irrtums etc. nicht behandelt.

[84] S. etwa BGH, GRUR 2004, 74, 75.

[85] Wohl auch BGH, GRUR 2004, 74, 75, mkritAnm *Spindler*, CR 2004, 54; aus strafrechtlicher Sicht *Satzger*, CR 2001, 109, 111; *Hilgendorf*, NStZ 2000, 518, 519; Schönke/Schröder/*Eisele*, § 184 StGB Rn. 70, 72; für Rechtswidrigkeit *Haedicke*, CR 1999, 309, 311 ff.; *Popp*, Die strafrechtliche Verantwortung von Internet-Providern, S. 94 ff.; für Zurechnungszusammenhang: Ernst/Vassilaki/Wiebe/*Wiebe*, Hyperlinks, Rn. 120; für objektiven Strafausschließungsgrund (mit subjektiven Merkmalen) dagegen *Heghmanns*, ZUM 2000, 463, 464 f.

[86] So aber für § 5 TDG aF LG München I, CR 2000, 117, 119; ähnlich *Heghmanns*, ZUM 2000, 463, 464 f.; für das Zivilrecht *Beckmann*, Verantwortlichkeit im Wirtschaftsrecht, S. 107 f.

[87] „Vorfilter": Begr. RegE IuKDG, BT-Drs. 13/7385, S. 20; OLG Hamburg, K&R 2005, 42, 44; OLG Düsseldorf, MMR 2004, 315, 316; OLG Köln, MMR 2002, 110; *Köhler/Fetzer*, Rn. 802 f.; *Fischer*, MMR 2004, 675; *Schneider*, GRUR 2000, 969, 971; *Hollenders*, Mittelbare Verantwortlichkeit von Intermediären im Netz, S. 204 f.; unklar BGH, GRUR 2007, 724 Rn. 6; BGH, GRUR 2004, 74, 75; „Nachfilter": *Wiebe*, WRP 2012, 1182, 1186; *Bornkamm/Seichter*, CR 2005, 747, 749; *Stadler*, Haftung für Informationen im Internet, Rn. 22. Die Formulierung in Begr. RegE EGG, BT-Drs. 14/6098, S. 23 deutet auf die Vorstellung des Gesetzgebers von einem Nachfilter hin, ist aber angesichts der Tatsache, dass zugleich keine entsprechenden Änderungen am TDG aF vorgenommen wurden, eher als Missverständnis anzusehen, s. MüKoStGB/*Altenhain*, Vorb. §§ 7 ff. TMG Rn. 5 mwN.

Dem ist zu **widersprechen:** Die Verantwortlichkeitsregelungen der §§ 7–10 wollen generell die Diensteanbieter von Rechtsrisiken befreien, sei es im Zivil-, Straf- oder Öffentlichen Recht. Als völlig von der Normstruktur losgelöstes Element lassen sich die Regelungen der §§ 7–10 ebenfalls nicht begreifen,[88] sondern müssen in die jeweiligen Normen auf der **Tatbestandsebene** im Rahmen der Zurechnung einer Gefahrenquelle zum Diensteanbieter integriert werden, da sonst unweigerlich Probleme bei akzessorischen Verantwortlichkeitstatbeständen, wie Anstiftung oder Beihilfe, auftreten.[89] Gleiches gilt etwa für einen Irrtum des Diensteanbieters über Tatbestandselemente der §§ 7–10.[90] 37

Wie schon in der Entscheidung Google France und Google[91] hält der EuGH auch in der Entscheidung L'Oreal fest, dass die Haftungsprivilegierungen erst in Betracht kommen, wenn überhaupt nach nationalem Recht der Diensteanbieter haften kann.[92] Die Tatbestände der Art. 12 ff. ECRL sind demnach den eigentlichen Haftungstatbeständen nachgelagert, was auch für die deutsche dogmatische Behandlung ihre Bedeutung haben kann.[93] 38

IX. Rechtsverhältnis zwischen Diensteanbieter und Nutzer

Welcher Art das Rechtsverhältnis zwischen Diensteanbieter und Nutzer ist, spielt für die Anwendung der §§ 7–10 grundsätzlich keine Rolle. So stellt § 10 nicht darauf ab, ob der speichernde Nutzer einen rechtswirksamen Vertrag mit dem Diensteanbieter über die Nutzung des Speicherplatzes abgeschlossen hat (→ § 10 Rn. 9, 15). Ebenso wenig kommt es nach § 8 darauf an, ob die Übermittlung der Informationen im Rahmen eines rechtsgültigen Telekommunikations- oder Providervertrages erfolgt (→ § 8 Rn. 8). Auch sind nach Auffassung des EuGH (Zugangs-)Dienstleistungen, die zu Werbezwecken erfolgen und deren Kosten mittelbar über den Verkaufspreis der vom Anbieter verkauften Güter oder angebotenen Dienstleistungen gedeckt werden, als entgeltliche Leistungen einzuordnen; Anbieter dieser Dienste unterfallen dementsprechend dem Anwendungsbereich der Art. 12–15 ECRL (§§ 7–10 TMG).[94] 39

---

[88] AA *Vassilaki,* MMR 2002, 659, 660; unklar Bräutigam/Leupold/*Pelz,* Online-Handel, B I. Rn. 60 f.; *Stender-Vorwachs,* TKMR 2003, 11, 13.
[89] Zust. *Sobola/Kohl,* CR 2005, 443, 445; wie hier auch *Ohly,* GRUR 2017, 441, 449; BeckOK InfoMedienR/*Paal,* TMG § 7 Rn. 6.1.; aA MüKoStGB/*Altenhain,* Vorb. §§ 7 ff. TMG Rn. 9, der gegen diesbezügliche Bedenken ins Feld führt, der Gesetzgeber habe die Querschnittsregelungen der §§ 7–10 gar nicht in die herkömmliche Irrtums- und Teilnahmedogmatik einfügen, sondern ein eigenständiges Verantwortlichkeitssystem schaffen wollen; iE ebenso *Hollenders,* Mittelbare Verantwortlichkeit von Intermediären im Netz, S. 202.
[90] *Hoffmann,* MMR 2002, 284, 285; *Dustmann,* Die privilegierten Provider, S. 130 f.; Bröcker/Czychowski/Schäfer/*Dustmann,* Geistiges Eigentum, § 4 Rn. 63 f.; so schon für § 5 TDG aF *Spindler,* MMR 1998, 639, 643; *Freytag,* Haftung im Netz, S. 139 ff.; wN zu älterer Lit. s. Voraufl. Rn. 27.
[91] EuGH, Slg. 2010, I-2417 Rn. 107 = MMR 2010, 315 – Google/LV.
[92] EuGH, Slg. 2011, I-6011 Rn. 107 = GRUR 2011, 1025 – L'Oréal/eBay.
[93] Von einer Kohärenz der deutschen und europäischen Rspr. trotz begrifflicher und systematischer Unterschiede in der Beurteilung der Täter- und Störereigenschaft geht *Leistner,* ZUM 2012, 722, 736 ff. aus.
[94] EuGH, GRUR 2016, 1146, 1148 Rn. 43 – McFadden.

X. Reichweite der Verantwortlichkeitsprivilegierungen im Unternehmen

40 Keine Regelung hat ferner die Frage gefunden, ob und inwieweit **Organmitglieder** und **Mitarbeiter** eines Providers in den Genuss der Haftungsprivilegierung des Diensteanbieters kommen können.[95] Dies ist indes kein Problem der Definition des Diensteanbieters,[96] sondern der Dogmatik zur arbeitsteiligen Verantwortlichkeit und Haftung innerhalb einer juristischen Person. Bekanntlich unterwirft im Zivilrecht die – allerdings uneinheitliche – Rechtsprechung sowohl Organmitglieder[97] als auch Mitarbeiter einer Haftung gegenüber Dritten für Verletzungshandlungen, auch wenn sie für die juristische Person als eigentlichen Pflichtenadressaten gehandelt haben.[98] Die Frage nach der persönlichen Verantwortlichkeit von Mitarbeitern und Organmitgliedern stellt sich mit noch größerer Schärfe im (deutschen) Strafrecht, das (bislang) keine Unternehmensstrafbarkeit kennt, sondern stets auf die individuellen Tathandlungen und Strafbarkeiten der Mitarbeiter und Organmitglieder abstellt. Auch hier trifft nach wohl gefestigter Rechtsprechung[99] Organmitglieder aufgrund ihrer aus dem Gesellschaftsrecht abgeleiteten Allzuständigkeit und damit Garantenpflicht ein besonders hohes Risiko, da sie bereits per Organisationsverschulden für Delikte ihrer Mitarbeiter tendenziell einstehen müssen.[100]

41 Es wäre jedoch eine höchst eigenartige Konsequenz, den Unternehmensträger als Diensteanbieter in den Genuss einer haftungsrechtlichen Privilegierung kommen zu lassen, den Mitarbeiter oder das Organmitglied dagegen nach allgemeinem Delikts- oder Strafrecht zu behandeln. Handelt das Organmitglied oder der Mitarbeiter in Er-

---

[95] Für das Strafrecht bejahend *Sieber,* Verantwortlichkeit im Internet, Rn. 258; Hohl/Leible/Sosnitza/*Dannecker,* Vernetztes Recht, S. 129, 154; Hoeren/Sieber/Holznagel/*Sieber/Höfinger,* 44. EL 2017, Teil 18.1 Rn. 34 f., 39; *Nickels,* CR 2002, 302, 306.

[96] So *Freytag,* CR 2000, 600, 601; wie hier MüKoStGB/*Altenhain,* Vorb. §§ 7 ff. TMG Rn. 12.

[97] Grundlegend BGHZ 109, 297, 302 = NJW 1990, 976, 977; BGHZ 166, 84, 107 = NJW 2006, 830, 839; BGH, NJW-RR 2013, 675, 679; zur Kritik *Kleindiek,* Delikstahaftung und juristische Person, Rn. 198 ff.; s. auch die jüngst restriktive Rspr., welche die Haftung in den zu entscheidenden Fällen verneint hat BGHZ 194, 26 = NJW 2012, 3439; BGHZ 125, 366 = NJW 1994, 1801; BAG, NZA 2010, 1418 ff.; OLG Schleswig-Holstein, NJW-RR 2012, 368 ff. m. vergleichender Anm. *Schirmer,* NJW 2012, 3398, 3399 f.; BeckOK BGB/*Förster,* § 823 Rn. 370 ff.; Staudinger/*Hager,* § 823 E 66 ff.; Patzina/Bank/Schimmer/Simon-Widmann/*Patzina,* Kap. 12 Rn. 1 ff.; MüKoGmbHG/*Fleischer,* § 43 Rn. 348 f. je mwN.

[98] Für Arbeitnehmer BGHZ 108, 305, 307 = NJW 1989, 3273, 3274; BGH, NJW 1994, 852, 855; BGH, NJW 1995, 1150, 1151; diff. *Sandmann,* Die Haftung von Arbeitnehmern, Geschäftsführern und leitenden Angestellten, S. 192 f., 250 f.; *Hanau,* Karlsruher Forum 1993, S. 24, 26; *Krause,* VersR 1995, 752, 759; *Rogge,* JuS 1995, 581, 583 f.; *Spindler,* Unternehmensorganisationspflichten, Rn. 926 ff. mwN.

[99] BGHSt 37, 106, 113 = NJW 1990, 2560, 2561; s. jetzt auch BGHSt 54, 44 ff. = NJW 2009, 3173; BGH, NJW 1990, 976; BGH, NJW-RR 2011, 1670; BGH, NJW-RR 2012, 1122; BGH, ZIP 2012, 723; BGH, NJW 2013, 3636; eingehend zur Verantwortlichkeit von Compliance Officer, Vorstand und Aufsichtsrat bei Rechtsverstößen von Mitarbeitern *Grützner/Behr,* DB 2013, 561 ff. mit zahlreichen wN zur Rspr.

[100] Zu damit verknüpften Problematik der Unternehmensstrafbarkeit *Scholz,* ZRP 2000, 435, 438; *Ransiek,* Unternehmensstrafrecht, S. 37, 41, 78 ff., 326 ff.; *Dannecker,* GA 2001, 101, 106 f.; *Krekeler* in: FS Hanack (1999), S. 639 f., 657 f.; BeckOK StGB/*Momsen/Laudien,* § 14 Rn. 28 ff.; zu neuerlichen Forderung einer Unternehmensstrafbarkeit *Leipold,* ZRP 2013, 34; *Grützner,* CCZ 2015, 56.

Verantwortlichkeit **Vor §§ 7–10 TMG**

füllung der Pflichten des Diensteanbieters,[101] müssen auch ihm die haftungsrechtlichen Privilegierungen zugutekommen.[102] Dies folgt zunächst schon aus der Einordnung des Kenntniserfordernisses als zivilrechtliche Verkehrs- oder strafrechtliche Garantenpflicht (→ § 7 Rn. 49ff.). Wenn die juristische Person nur bei Kenntnis von den Inhalten strafrechtlich oder deliktsrechtlich in Erscheinung treten kann und insoweit selbst keine Verkehrspflicht hat, Inhalte zu überwachen, so kann eine solche auch nicht für das Organ oder Mitarbeiter begründet sein. Eine Übertragung unternehmerischer Sorgfaltspflichten auf Organe oder Mitarbeiter kommt nämlich dann nicht in Betracht, wenn von vornherein keine solche unternehmerische Pflicht besteht. Von einer Pflichtenübernahme – sei es in Form der Übernahme von Pflichten der Gesellschaft[103] oder infolge einer Art persönlicher Garantenstellung[104] kann dann nicht die Rede sein. Auch im Strafrecht kann eine mögliche Überwachungspflicht der juristischen Person als Garantenpflicht nicht von Leitungsorganen oder Mitarbeitern als übernommen angesehen werden, wenn sie für die juristische Person selbst nicht besteht. Dieses schon aus allgemeinen haftungs- und strafrechtlichen Erwägungen folgende Ergebnis[105] wird vor allem aus europarechtlicher Sicht untermauert, da sonst die Haftungsprivilegierung – und damit auch die praktische Umsetzung der ECRL iSd „effet utile"-Rechtsprechung des EuGH – ins Leere liefe, wenn sie nicht auf Organmitglieder und Arbeitnehmer erstreckt würde.[106]

XI. Verhältnis zum Herkunftslandprinzip

§§ 7–10 beruhen auf einer im Prinzip als Vollharmonisierung angelegten Regelung in Art. 12ff. ECRL. Für das Herkunftslandprinzip ist in diesem Bereich daher kein Raum. Dennoch lassen ECRL und TMG – wie dargelegt (Hyperlinks und Suchmaschinen, → Rn. 49) – einige praktisch besonders relevante Haftungsfragen offen: Hier kommt das Herkunftslandprinzip zum Tragen.[107] So ist die deliktische Haftung, aber auch das strafrechtliche Verantwortlichkeit eines minderjährigen Diensteanbieters an dem Standard seines Herkunftslandes zu messen, nicht allein nach dem Land, in dem das schädigende Ereignis oder der Schaden eintritt. Auch die Beurteilung der Haftung bzw. Verantwortlichkeit von Unternehmensangehörigen oder Gesellschaftsorganen des Diensteanbieters, ohne selbst diese Eigenschaft zu erfüllen, unterliegt dem Herkunftslandprinzip. **42**

---

[101] AA offenbar *Beckmann*, Verantwortlichkeit, 107f.; wie hier MüKoStGB/*Altenhain*, Vorb. §§ 7ff. TMG Rn. 13.

[102] S. bereits *Spindler*, MMR 1998, 639, 640; wie hier auch BeckOK InfoMedienR/*Paal*, TMG, § 7 Rn. 21f.; Beck RTD/*Jandt*, § 7 TMG Rn. 9; aus strafrechtlicher Sicht *Sieber*, Verantwortlichkeit im Internet, Rn. 258.

[103] *Sandmann*, Die Haftung von Arbeitnehmern, Geschäftsführern und leitenden Angestellten, S. 449f.; MüKoBGB/*Wagner*, § 823 BGB Rn. 122f.; *Bürkle/Fecker*, NZA 2007, 589, 591ff.; weiterführend *Pallasch*, RdA 2013, 338, 340ff.; *Fritz*, NZA 2017, 673, 674ff.

[104] *Spindler*, Unternehmensorganisationspflichten, S. 866f.

[105] Näher *Spindler*, Unternehmensorganisationspflichten, S. 599ff. mwN.

[106] Ebenso *Freytag*, CR 2000, 600, 601; *Nickels*, CR 2002, 302, 305f.; BeckRTD-Komm/ *Jandt*, § 7 TMG Rn. 9, aber ohne Begr.; aus strafrechtlicher Sicht Hohl/Leible/Sosnitza/*Dannecker*, Vernetztes Recht, S. 154; MüKoStGB/*Altenhain*, Vorb. §§ 7ff. TMG Rn. 13; für eine entsprechende „redaktionelle Berichtigung" der Haftungsprivilegierungen auch *Sieber*, Verantwortlichkeit Im Internet, Rn. 258.

[107] Moritz/Dreier/*Freytag*, D Rn. 154; aA offenbar *Köhler/Arndt*, EWS 2001, 102, 111.

XII. Verjährung

43 Das TMG enthält außer den Regelungen zur Verantwortlichkeit keine Aussagen zum Eintritt der Verjährung bei Ansprüchen, von denen Diensteanbieter betroffen sind. Die Verjährung hängt daher von dem jeweiligen Rechtsgebiet bzw. der einschlägigen Norm ab.

XIII. Beweislastgrundsätze

44 Die Verteilung der Beweislast haben weder TMG noch ECRL geändert, so dass die allgemeinen Grundsätze Anwendung finden. Bei der Bestimmung der Beweislastverteilung ist jedoch zu berücksichtigen, dass iSd „effet utile"-Rechtsprechung des EuGH dem Ziel der ECRL, einer weitgehenden Verantwortlichkeitsprivilegierung, Rechnung getragen werden muss. Somit ist es ausgeschlossen dem Diensteanbieter stets die volle Darlegungs- und Beweislast für das Vorliegen der Merkmale zu überantworten, etwa wenn er sonst in Beweisnöte geriete.[108] Die ECRL und das TMG enthalten – ebenso wie das alte TDG – querschnittsartige, alle Rechtsgebiete erfassende Verantwortlichkeitsregelungen, die anders als zivilrechtliche Richtlinien keine Beweislastgrundsätze enthalten.[109]

45 Wer die Darlegungs- und Beweislast für das Vorliegen der Voraussetzungen der Haftungsprivilegierungen trägt, hängt davon ab, ob die §§ 7–10 als anspruchsbegründende Merkmale oder rechtshindernde Einwendungen eingeordnet werden. Der BGH und die wohl hM qualifizieren das TMG zumindest für die Frage der Kenntnis nach § 10 S. 1 als anspruchsbegründend.[110] Daran bestehen nach wie vor Zweifel (→ § 10 Rn. 74),[111] da der Geschädigte kaum die Interna des Diensteanbieters kennt, so dass dem Diensteanbieter in derartigen Fällen, zB bei der Frage, ob Industriestandards nach § 9 eingehalten wurden, weiterhin die Darlegungs- und Beweislast aufgebürdet werden sollte. Zudem sind die §§ 8–10 als dem Provider als Anspruchsgegner günstige Regelungen ausgestaltet, so dass er hierfür die Darlegungs- und Beweislast trägt.[112] Zumindest sollte dem Verletzten mit Beweiserleichterungen, zB geringeren Anforderungen an die Darlegungslast, geholfen werden.[113] Die Darlegungs- und Be-

---

[108] AA offenbar *Pankoke*, MMR 2004, 212, 216.

[109] Dem zust. BeckRTD-Komm/*Jandt*, § 7 TMG Rn. 57; dies verkennt *Pankoke*, MMR 2004, 212, 216, der lediglich auf einen Gleichlauf mit dem US-amerikanischen DMCA verweist.

[110] Zu § 5 Abs. 2 TDG aF BGH, GRUR 2004, 74, 75, mkritAnm *Spindler*, CR 2004, 50; *Freytag*, Haftung im Netz, S. 202 f.; *Pankoke*, Von der Presse- zur Providerhaftung, S. 181; *Pichler*, MMR 1998, 79, 87; *Bergmann*, Die Haftung gem. § 5 TDG am Beispiel des News-Dienstes unter Berücksichtigung des EU-Richtlinienvorschlags über den elektronischen Geschäftsverkehr, S. 175 ff.; beschränkt auf die Kenntnis *Beckmann*, Verantwortlichkeit im Wirtschaftsrecht, S. 121 f. Zu § 10 TMG Hoeren/Sieber/Holznagel/*Hoeren*, 44. EL 2017, Teil 18.2 Rn. 126.

[111] S. bereits *Spindler*, NJW 2002, 921, 925; zum TDG aF *Spindler*, NJW 1997, 3193, 3198; wie hier jetzt auch BeckRTD-Komm/*Jandt*, § 7 TMG Rn. 57.

[112] Wie hier BeckRTD-Komm/*Jandt*, § 10 TMG Rn. 81, § 7 TMG Rn. 57.

[113] *Pankoke*, Von der Presse- zur Providerhaftung, 181; *Pankoke*, MMR 2004, 211, 215 ff.; iE auch *Bergmann*, Die Haftung gem. § 5 TDG am Beispiel des News-Dienstes unter Berücksichtigung des EU-Richtlinienvorschlags über den elektronischen Geschäftsverkehr, S. 176 f.; für vollständige Beweislast bei Diensteanbietern BeckOK InfoMedienR/*Paal*, TMG § 7 Rn. 75; Ensthaler/Weidert/*Weidert/Molle*, Kap. 7 Rn. 101 f.; *Schwarz/Poll*, JurPC Web-Dok. 73/2003, Abs. 146; ähnlich der US-amerikanische Gesetzgeber zum Digital Millennium Copyright Act 1998, US House of Representatives, WIPO Copyright Treaties Implementation and On-Line Copyright

Verantwortlichkeit

weislast muss daher für jedes Tatbestandsmerkmal der §§ 8–10 gesondert bestimmt werden, je nachdem, ob dem Kläger sonst ein praktisch nicht zu führender Beweis auferlegt würde.[114] Anders ist dies etwa für die Kenntnis des Providers zu entscheiden, da hier der Geschädigte bzw. Kläger ohne weiteres den Beweis führen kann und umgekehrt der Beweis der Nicht-Kenntnis als negative Tatsachen dem Provider schwer fallen würde (→ § 10 Rn. 74).[115]

XIV. Hyperlinks

Literatur: *Bettinger/Freytag,* Privatrechtliche Verantwortlichkeit für Links, CR 1998, 545; *Boese,* Strafrechtliche Verantwortlichkeit für Verweisungen durch Links im Internet, 2000; *Conrad,* Kuck'mal, wer da spricht: Zum Nutzer des Rechts der öffentlichen Zugänglichmachung anlässlich von Links und Frames, CR 2013, 305; *Dippelhofer,* Verkehrssicherungspflicht für Hyperlinks?, JurPC Web-Dok. 304/2002; *ders.,* Lost or found? – Die Störerhaftung der Suchmaschinenbetreiber nach dem BGH-Urteil „Autocomplete", MMR-Aktuell 2013, 352714; *Elixmann,* Datenschutz und Suchmaschinen, 2012; *Ernst/Vassilaki/Wiebe,* Hyperlinks, 2002; *Gercke,* Virtuelles Bereithalten i. S. d. § 5 TDG – Die straf- und zivilrechtliche Verantwortlichkeit bei der Einrichtung von Hyperlinks, ZUM 2001, 34; *Galetzka,* Framing zulässig oder unzulässig?, Zugleich Kommentar zu BGH, Urteil vom 9.7.2015 – I ZR 46/12, K&R 2016, 109ff. – Die Realität II; *Grünberger,* Einheit und Vielfalt im Recht der öffentlichen Wiedergabe, GRUR 2016, 977; *Grünzweig,* Haftung für Links im Internet nach Wettbewerbsrecht, RdW 2001, 521; *Haberstumpf,* Anbieten fremder geschützter Inhalte im Internet, GRUR 2016, 763; *Hendel,* Die urheberrechtliche Relevanz von Hyperlinks, ZUM 2014, 102; *Hoeren,* AnyDVD und die Linkhaftung – Zugleich Besprechung von BGH, Urt. v. 14.10.2010 – I ZR 191/08 – AnyDVD, GRUR 2011, 503; *Hollenders,* Mittelbare Verantwortlichkeit von Intermediären im Netz, 2012; *Jahn/Palzer,* Embedded Content und das Recht der öffentlichen Wiedergabe – Svensson ist die (neue) Realität, K&R 2015, 1; *A. Koch,* Zur Einordnung von Internet-Suchmaschinen nach dem EGG, K&R 2002, 120; *ders.,* Strafrechtliche Verantwortlichkeit beim Setzen von Hyperlinks auf mißbilligte Inhalte, MMR 1999, 704; *Köster/Jürgens,* Haftung professioneller Informationsvermittler im Internet, MMR 2002, 420; *dies.,* Die Haftung von Suchmaschinen für Suchergebnislisten, K&R 2006, 108; *Kühling/Gauß,* Suchmaschinen – eine Gefahr für den Informationszugang und die Informationsvielfalt?, ZUM 2007, 881; *v. Lackum,* Verantwortlichkeit der Betreiber von Suchmaschinen, MMR 1999, 697; *Leistner,* Die „The Pirate Bay"-Entscheidung des EuGH: ein Gerichtshof als Ersatzgeber, GRUR 2017, 755; *Meyer,* (Google & Co.) – Aktuelle Rechtsentwicklungen bei Suchmaschinen, K&R 2007, 177 – jährlich fortlaufend: K&R 2008, 201; K&R 2009, 217; K&R 2010, 226; K&R 2011, 217; K&R 2012, 236; K&R 2013, 217; K&R 2014, 300; K&R 2015, 222; K&R 2016, 308; *Müglich,* Auswirkungen des EGG auf die haftungsrechtliche Behandlung von Hyperlinks, CR 2002, 583; *Nordemann,* Die öffentliche Wiedergabe im Urheberrecht, GRUR 2016, 245; *Ohly,* Die lauterkeitsrechtliche Haftung für Hyperlinks, NJW, 2016, 1417; *Ott,* To link or not to link – This was (or still is?) the question – Anmerkung zum Urteil des BGH vom 17.7.2003 – I ZR 259/00 (Paperboy), WRP 2004, 52; *ders.,* Haftung für Hyperlinks – Eine Bestandsaufnahme nach 10 Jahren, WRP 2006, 691; *ders.,* Die Entwicklung des Suchmaschinen- und Hyperlink-Rechts, WRP 2008, 393 – jährlich fortlaufend: WRP 2009, 351; WRP 2010, 435; WRP 2011, 655; WRP 2012, 679; *Plaß,* Hyperlinks im Spannungsfeld von Urheber-, Wettbewerbs- und Haftungsrecht, WRP 2000, 599; *Podehl,* Internetportale mit journalistisch-redaktionellen Inhalten, MMR 2001, 17; *Ruess,* „Just google it?" – Neuigkeiten und Gedanken zur Haftung der Suchmaschinenanbieter für Markenverletzungen in Deutschland und den USA, GRUR 2007, 198; *Schack,* Urheberrecht-

---

Infringement Liability Limitation, Report to Accompany H. R. 2281, submitted by Mr. Coble from the Committee on the Judiciary (Report 105–551, Part 1, 22.5.1998), S. 26.

[114] Im Einzelnen s. die Anm. in §§ 8–10; ie auch *Pankoke,* MMR 2004, 212, 215ff.; *Dustmann,* Die privilegierten Provider, S. 214f.

[115] So auch BeckOK InfoMedienR/Paal, TMG, § 10 TMG Rn. 59.

liche Gestaltung von Webseiten unter Einsatz von Links und Frames, MMR 2001, 9; *Schardt/Lehment/Peukert,* Haftung für Hyperlinks im Internet, UFITA 2001/III, 841; *Schulze,* Svensson, BestWater und Die Realtität – Ist Framing nun grundsätzlich zulässig?, ZUM 2015, 106; *S. Schwarzenegger,* Die strafrechtliche Beurteilung von Hyperlinks, FS Rehbinder 2002, S. 723; *Sieber/Liesching,* Die Verantwortlichkeit der Suchmaschinenbetreiber nach dem Telemediengesetz, MMR-Beil. 2007, 1; *Sosnitza,* Das Internet im Gravitationsfeld des Rechts: Zur rechtlichen Beurteilung sogenannter Deep Links, CR 2001, 693; *Specht,* Der Verkauf technischer Gerätschaften zur Ermöglichung des Streamings – Eine Urheberrechtsverletzung? Besprechung des Urteils EuGH ZUM 2017, 587 – Stichting Brein/Wullems, ZUM 2017, 582; *Spindler,* Verantwortlichkeit und Haftung für Hyperlinks im neuen Recht, MMR 2002, 495; *Stadler,* Verantwortlichkeit für Hyperlinks nach der Neufassung des TDG, JurPC Web-Dok. 2/2003; *Stenzel,* Haftung für Hyperlinks, 2006; *Ulbricht/Meuss,* Juristische Aspekte von Extended Links und Smart Tags, CR 2002, 162; *C. Volkmann,* Verlinkung und Haftung: Bedeutet die EuGH-Trilogie das Aus für die Informationsfreiheit und den Meinungsaustausch im Internet? CR 2017, 36; *Wimmers/Barudi,* Der Mythos vom Value Gap – Kritik zur behaupteten Wertschöpfungslücke bei der Nutzung urheberrechtlich geschützter Inhalte auf Hosting-Plattformen, GRUR 2017, 327; *dies./Rendle,* The CJEU's Communication to the Public: Better Check Before Placing a Hyperlink?, CRi 2016, 129; *Zapf,* Zur Haftung bei der Veredelung von Online-Anzeigen durch den Verlag, AfP 2003, 489.

1. Allgemeines

46 Die Verantwortlichkeit für Hyperlinks ist ein „Dauerbrenner" der juristischen Diskussion, sei es im **Strafrecht,**[116] im **Deliktsrecht,**[117] **Wettbewerbsrecht,**[118] **Urheberrecht**[119] oder **Markenrecht.**[120]

47 In concreto geht es um zweierlei Arten der Haftung: zum einen für die (fremden) Inhalte, auf die durch den Hyperlink verwiesen wird[121], zum anderen für die Linkset-

---

[116] Zuletzt offen gelassen vom BVerfG, MMR 2009, 459, 459f. Rn. 18; OLG Stuttgart, MMR 2006, 387 mAnm *Liesching* = CR 2006, 545 mAnm *Kaufmann;* LG Karlsruhe, MMR 2009, 418; *Gercke,* CR 2006, 844; *Vassilaki,* CR 1999, 85; *Sieber,* JZ 1996, 494; *Sieber,* Beil. MMR 2/1999, 1, 17; *Flechsig/Gabel,* CR 1998, 351; *Gercke,* ZUM 2001, 34 ff.; zur Abgrenzung der Verantwortlichkeit eines Host-Providers und der des Linksetzers KG, GRUR 2015, 101.

[117] LG Braunschweig, MMR 2012, 64 mAnm *Weller/Lederer,* jurisPR-ITR 22/2011 Anm. 2; LG München I, K&R 2005, 184; LG Hamburg, CR 1998, 565; *Bettinger/Freytag,* CR 1998, 545.

[118] BGH, GRUR 2016, 209 – Haftung für Hyperlink; BGHZ 158, 343 = GRUR 2004, 693 – Schöner Wetten; LG Frankfurt a. M., CR 1999, 45 f.: Link auf Vergleichswerbung US-amerikanischer Schwestergesellschaft als Sich-zu-eigen-Machen; LG Lübeck, CR 1999, 650 f.; *Gabel,* WRP 2005, 1102.

[119] EuGH, GRUR 2016, 1152 mAnm *Ohly* – GS Media/Sanoma ua; EuGH, GRUR 2014, 1196 – BestWater International/Mebes ua; EuGH, GRUR 2014, 360 mAnm *Jani/Leenen* – Svensson ua/Retriever Sverige; BGH, GRUR 2016, 171 – Die Realität II; BGH, GRUR 2013, 818 – Die Realität I; BGHZ 187, 240 = GRUR 2011, 513 – AnyDVD; BGHZ 156, 1 = GRUR 2003, 958 – Paperboy; BGH, MMR 2011, 47 – Session-ID; LG Hamburg, CR 2006, 48; dazu *Sommer/Brinkel,* CR 2006, 68; *Hoeren,* GRUR 2011, 503; *Schack,* MMR 2001, 9; *Plaß,* WRP 2000, 599, 600 ff.; Ernst/Vassilaki/Wiebe/*Wiebe,* Hyperlinks, Rn. 27 ff.; zur Rechtslage in Österreich *Appl/Bauer,* Medien und Recht 2011, 309 ff.; *Appl/Bauer,* Medien und Recht 2012, 246 ff.

[120] BGH, GRUR 2009, 1167, 1179 Rn. 24 ff. – Partnerprogramm; LG Hamburg, MMR 2006, 120; LG Frankfurt a. M., MMR 2006, 247; OLG Braunschweig, MMR 2001, 608 ff.: § 5 Abs. 2 TDG aF für Surface-Links; LG Frankfurt a. M., MMR 2001, 405 f.: § 5 Abs. 3 TDG aF für Suchmaschinen; *Marwitz,* K&R 1998, 369; *Ernst,* NJW-CoR 1997, 224; *Waldenberger,* ZUM 1997, 188; *Engels/Köster,* MMR 1999, 522; *Wiebe,* WRP 1999, 743; *Plaß,* WRP 2000, 599; s. auch allg. dazu *Hollenders,* Mittelbare Verantwortlichkeit von Intermediären im Netz, S. 118 ff.

[121] Gegenstand von BGH, GRUR 2016, 209 Rn. 13 – Haftung für Hyperlink; BGHZ 187, 240 = GRUR 2011, 513 – AnyDVD; BGHZ 158, 343 = GRUR 2004, 693 – Schöner Wetten.

Verantwortlichkeit **Vor §§ 7–10 TMG**

zung selbst, etwa indem der Link ohne Erlaubnis des Anbieters der Inhalte, auf die verwiesen wird,[122] gesetzt wird, oder durch die Nutzung fremder Marken- oder Namensrechte im Link. Unter dem TMG ist allein die erste Fallkonstellation relevant, die Verantwortlichkeit für fremde Inhalte, auf die per Hyperlink verwiesen wird.[123] Ob allerdings das TMG überhaupt Anwendung findet, ist seit der Novellierung höchst zweifelhaft. Zu Push-Diensten → § 8 Rn. 52.

Dabei muss auch zwischen den **verschiedenen Arten von Links** unterschieden 48 werden: Einfache Links, die auf andere Inhalte verweisen, gegenüber Embedded Links, bei denen der Nutzer nicht erkennen kann, dass ein anderer Inhalt in das Angebot des Linksetzen eingebettet wird (auch Framing genannt). Innerhalb der einfachen Hyperlinks kann weiter zwischen sog. Surface Links und Deep Links unterschieden werden. Letztere verweisen auf einen bestimmten Inhalt im Gesamtangebot des Verlinkten, also gerade auf eine Webpage innerhalb einer Website, Surface Links hingen nur auf das Eingangsangebot, also gerade die Homepage der Website.[124]

2. Keine Anwendbarkeit von §§ 7–10

a) ECRL und Gesetzgebungsgeschichte. Bereits im Rahmen der Entstehung 49 der ECRL wurde die Frage der Hyperlinks mehrfach diskutiert.[125] Dennoch verzichteten Kommission, Rat und Europäisches Parlament explizit darauf, eine entsprechende Regelung in die Richtlinie aufzunehmen[126] und verpflichteten in Art. 21 Abs. 1, 2 ECRL stattdessen die Kommission dazu, bis zum 17.7.2003 und danach alle zwei Jahre einen Bericht vorzulegen und die Richtlinie ggf. zu revidieren. Die ECRL entfaltet daher keine Sperrwirkung gegenüber den Mitgliedstaaten in dem Sinne, dass eine darüber hinausgehende Lösung im deutschen (allgemeinen) Recht ausgeschlossen wäre.[127] Von dieser Möglichkeit hat etwa Österreich Gebrauch gemacht, indem Art. 14 ECRL für Hyperlinks übernommen wurde.[128] Der deutsche Gesetzgeber hat hingegen trotz Aufforderung durch den Bundesrat[129] eine entsprechende Regelung abgelehnt.[130] Auch wenn immer noch vereinzelt versucht wird, eine analoge Anwendung des TDG bzw. des TMG auf Hyperlinks zu konstruieren,[131]

---

[122] S. dazu bspw. BGHZ 156, 1 = GRUR 2003, 958 – Paperboy.

[123] *Stadler*, Haftung für Informationen im Internet, Rn. 155.

[124] Grundlegend zum technischen Verständnis Ernst/Vassilaki/Wiebe/*Ernst/Wiebe*, Hyperlinks, Rn. 4 ff.; *Ernst/Wiebe*, MMR-Beil. 8/2001, 20 f.; *Schmitz*, Haftung für Links, S. 6 ff.; *Stenzel*, Haftung für Hyperlinks, S. 19 ff.

[125] *Spindler*, MMR 1999, 199, 204 mwN.

[126] *Verbiest/Spindler/Ricco/Van der Perre*, Study on the Liability of Internet Intermediaries, S. 17, abrufbar unter http://ec.europa.eu/internal_market/e-commerce/docs/study/liability/final_report_en.pdf.

[127] Missverständlich Begr. RegE BT-Drs. 14/6098, S. 22; wie hier die Gegenäußerung Bundesrat, BT-Drs. 14/6098, S. 34; *Freytag*, CR 2000, 600, 604; s. ferner den ersten Bericht der Kommission zur weitergehenden Umsetzung durch einige Mitgliedstaaten, KOM(2003), 702 endg., 21.11.2003, S. 15 f.

[128] § 17 des Bundesgesetzes, mit dem bestimmte rechtliche Aspekte des elektronischen Geschäfts- und Rechtsverkehrs geregelt werden (E-Commerce-Gesetz – ECG), öBGBl. I Nr. 152/2001, S. 1977 ff.; dazu *Burgstaller/Minichmayr*, E-Commerce-Recht, Kap. 5.6; *Blume/Hammerl*, Kommentar zum E-Commerce-Gesetz ECG, § 17, 160; *Zankl*, Kommentar zum E-Commerce-Gesetz, § 17 Rn. 250; *Sieber/Liesching*, MMR-Beil. 8/2007, 1, 8.

[129] BT-Drs. 14/6098, S. 34.

[130] Gegenäußerung Bundesregierung, BT-Drs. 14/6098, S. 37; Bericht des BT-Ausschusses für Wirtschaft und Technologie, BT-Drs. 14/7345, S. 17 f.; s. dazu auch *Hollenders*, Mittelbare Verantwortlichkeit von Intermediären im Netz, S. 118 f.; *Sieber/Liesching*, MMR-Beil. 8/2007, 1, 5.

[131] Etwa *Ott*, GRUR Int. 2007, 14, 16 f.; *Ott*, WRP 2006, 691, 694 ff.

ist mit dem andauernden und wiederholten gesetzgeberischen Schweigen und dem Verweis auf die späteren Brüsseler Diskussionen wohl endgültig klargestellt, dass auch das neue TMG (vorerst bis zu einer weiteren Novellierung) keine Anwendung auf Hyperlinks und Suchmaschinen findet. Der Linie der Nichtregelung bleibt der deutsche Gesetzgeber jedenfalls weiterhin treu, so enthält die jüngste Änderung des TMG von 2017 ebenfalls keine Regelung für Hyperlinks.[132] Warum aus dem bewussten Offenlassen des Problems der Hyperlinks und der Überantwortung an Rechtsprechung und Lehre doch von einer planwidrigen Regelungslücke ausgegangen werden soll,[133] ist nicht recht nachvollziehbar. Der „Plan" des Gesetzgebers besteht hier eben darin, die Frage nicht zu regeln. Dies bedeutet wertungsmäßig nicht, dass der Verwender von Hyperlinks nicht in den Genuss von Haftungsprivilegierungen kommen sollte, nur kann dies kaum de lege lata anhand des TMG begründet werden. Dementsprechend geht auch die höchstrichterliche Rechtsprechung davon aus, dass das TMG keine Anwendung auf Hyperlinks findet, so dass die allgemeinen Regeln eingreifen.[134]

50 **aa) Keine Analogie zu §§ 7–10.** Für § 5 Abs. 2 TDG aF wurde noch eine Analogie befürwortet.[135] Eine solche Analogie scheidet jedenfalls für §§ 7–10 aber von vornherein aus, da dem Gesetzgeber bei der Umsetzung das Problem der Hyperlinks bereits deutlich bewusst war und damit das für eine Analogie unabdingbare Element der planwidrigen Regelungslücke ausscheidet.[136] Selbst wenn man aber von einer Regelungslücke ausginge, sind die Interessenlagen nicht vergleichbar.

51 **bb) Teleologische Erweiterung von § 10?** Trotz dieser eindeutigen Gesetzgebungsgeschichte wird vereinzelt eine analoge Anwendung von § 10 aus teleologischen Gründen befürwortet, indem Hyperlinks anhand der früheren Abgrenzung von eigenen und fremden Inhalten, insbesondere dem „Sich-zu-eigen-Machen", behandelt werden sollen.[137] Der Unterschied zwischen dem Linksetzendem und seinen Kontrollmöglichkeiten über Inhalte und einem Diensteanbieter, der fremde Inhalte hostet, sei nur gradueller Natur.[138] Prämisse einer solchen teleologischen Auslegung ist aber die Annahme, dass der Gesetzgeber mit § 10 tatsächlich das Ziel verfolgt hat,

---

[132] Zweites Gesetz zur Änderung des Telemediengesetzes, BT-Drs. 18/6745; ebenfalls blieb das Erste Gesetz zur Änderung des Telemediengesetzes ohne Regelungen für Hyperlinks, BT-Drs. 17/718.

[133] So aber BeckRTD-Komm/*Jandt,* § 10 TMG Rn. 38 f.; ebenfalls für das Vorliegen einer Regelungslücke *Sieber/Liesching,* MMR-Beil. 8/2007, 1, 10.

[134] Deutlich BGH, GRUR 2016, 209 Rn. 12 – Haftung für Hyperlink.

[135] *Waldenberger,* MMR 1998, 124, 127 f.; zust. *Bettinger/Freytag,* CR 1998, 545, 549; *A. Koch,* MMR 1999, 704, 706 f.; für Subsumtion unter § 5 Abs. 3 TDG aF LG Frankenthal, MMR 2001, 401; LG Bonn, ZUM-RD 2002, 160; für § 5 Abs. 1 TDG aF *Flechsig/Gabel,* CR 1998, 351, 354; *Bleisteiner,* Rechtliche Verantwortlichkeit im Internet, S. 173 f.; diff. *Kiethe,* WRP 2000, 616, 620 f.; dagegen bereits *Müglich,* CR 2002, 583, 591; *Schwarzenegger* in: FS Rehbinder (2002), S. 723, 732; *Stadler,* JurPC Web-Dok. 2/2003, Abs. 10 ff.; *Nickels,* CR 2002, 302, 308; *Köster/Jürgens,* MMR 2002, 420, 422; *Schardt/Lehment/Peukert,* UFITA 2001, 841, 884 f.; offen Ernst/Vassilaki/Wiebe/*Wiebe,* Hyperlinks, Rn. 135 einerseits, Rn. 146 andererseits.

[136] MüKoStGB/*Altenhain,* Vorb. §§ 7 ff. TMG Rn. 55 f.; jurisPK-Internetrecht/*Roggenkamp,* Kap. 10 Rn. 360; *Gercke,* CR 2006, 844, 848; aA BeckRTD-Komm/*Jandt,* § 10 TMG Rn. 38 f., die allerdings die vergleichbare Interessenlage verneint; Hoeren/Sieber/Holznagel/*Sieber/Höfinger,* 44. EL 2017, Teil 18.1 Rn. 100 f.; *Neumann,* CR 2005, 70, 72; *Ott,* WRP 2006, 691, 694 ff.; *Köhler/Fetzer,* Rn. 858.

[137] So noch Moritz/Dreier/*Hültig,* 2002, D Rn. 57 ff.; anders jetzt Moritz/Dreier/*Freytag,* D Rn. 125 ff.

[138] Moritz/Dreier/*Hütig,* 2002, D Rn. 77.

Verantwortlichkeit **Vor §§ 7–10 TMG**

die Herrschaft über die Inhalte, die bei dem Diensteanbieter gespeichert werden, zum alleinigen Kriterium zu erheben, wie es zu § 5 TDG Abs. 2 aF noch vertreten wurde.[139] Zwar weist Art. 14 ECRL bzw. § 10 eine starke Ähnlichkeit zu § 5 TDG aF auf, doch ist nicht zu verkennen, dass die Richtlinie auch durch den US-amerikanischen DMCA stark beeinflusst wurde[140] und für ihren Regelungsbereich einen technischen Ansatz gewählt hat (→ Rn. 31; auch → § 7 Rn. 6 und → § 10 Rn. 4). Im Vordergrund steht die Befreiung von der Verantwortung bei Vorgängen, für die der Diensteanbieter notwendigerweise als technischer Erfüllungsgehilfe eingeschaltet wird, ohne dadurch eine inhaltliche Kontrolle auszuüben.[141] Die dagegen bei Hyperlinks bestehende inhaltliche Auswahl der Seiten, auf die verwiesen wird, kann durch § 10 nicht erfasst werden.[142] Vor dem Hintergrund der klaren Ablehnung durch den Gesetzgeber, eine Regelung zu Hyperlinks zu treffen, und angesichts der Zweifel am Telos des § 10 erscheint eine teleologische Erweiterung des § 10 zur Erfassung von Hyperlinks nicht gerechtfertigt. Dies schließt nicht aus, dass die Wertungen des § 10 TMG Eingang in die Entwicklung von Kriterien für Prüf- und Kontrollpflichten finden, etwa bei der Haftung von Privaten bei der Linksetzung im Urheberrecht aufgrund der Entscheidung der GS Media-Entscheidung des EuGH (→ Rn. 59f.).[143]

cc) Anwendung von § 8 bzw. § 9? Auch eine (teleologisch erweiternde) Anwendung von § 8 oder § 9[144] scheidet aus: Die Hyperlinks enthalten ebenso wertende Elemente, indem sie einen bestimmten Inhalt aus dem Internet herausgreifen,[145] wie sie nur eine Vermittlung des Zugangs zu fremden Informationen darstellen. Sie sind weder vom Nutzer übermittelte Informationen, da sie nur zur Weiterverzweigung dienen, aber selbst keine Informationen an einen Empfänger übermitteln; noch können sie als vom Nutzer beim Diensteanbieter gespeicherte Informationen behandelt werden, da die fremden Informationen, auf die verwiesen wird, in aller Regel[146] nicht beim Diensteanbieter gespeichert sind.[147] Hyperlinks (und Suchmaschinen) sind zwischen einem rein technischen Vorgang und einer Inhaltsdarbietung angesiedelt und werden von den §§ 8–10 nicht erfasst; das ändert nichts daran, dass sie in ihren Funktionen teilweise sehr stark den verschiedenen privilegierten Diensten ähneln, etwa dem Access Providing, und ebenfalls automatisiert erstellt werden können, zB bei Suchmaschinen. 52

b) Haftung für Hyperlinks nach allgemeinen Gesetzen. Hyperlinks unterliegen daher (wieder) dem allgemeinen Recht, mit allen damit verbundenen Auslegungsfragen der Garantenpflichten (Strafrecht)[148] bzw. Verkehrspflichten.[149] Entgegen 53

---

[139] Näher *Sieber*, Verantwortlichkeit im Internet, Rn. 322, 323; *Freytag*, Haftung im Netz, S. 230.
[140] Dazu *Freytag*, CR 2000, 600ff.; *Spindler*, NJW 2002, 921, 922.
[141] Erwägungsgrund Nr. 42 ECRL.
[142] *Sieber/Liesching*, MMR-Beil. 8/2007, 1, 21, zwar für im Suchindex gespeicherte Linktexte, im Kern jedoch die gleiche Argumentation.
[143] BGH, GRUR 2016, 209 Rn. 25 – Haftung für Hyperlink; *C. Volkmann*, CR 2017, 36, 39; s. auch *Ohly*, GRUR 2016, 1155, 1157; *ders.*, GRUR 2017, 441, 449; *Leistner*, ZUM 2016, 980, 983.
[144] So *A. Koch*, K&R 2002, 120, 125f.
[145] *Spindler*, NJW 1997, 3193, 3198; *Bettinger/Freytag*, CR 1998, 545, 548ff.
[146] *Reinemann/Remmertz*, ZUM 2012, 216, 222 mabwBsp.
[147] MüKoStGB/*Altenhain*, Vorb. §§ 7ff. TMG Rn. 57; BeckRTD-Komm/*Jandt*, § 10 TMG Rn. 40; Hoeren/Sieber/Holznagel/*Sieber/Höfinger*, 44. EL 2017, Teil 18.1 Rn. 104; *Freytag*, CR 2000, 600, 604; Ernst/Vassilaki/Wiebe/*Wiebe*, Hyperlinks, Rn. 136f.
[148] *Sieber*, JZ 1996, 429, 494, 499ff.; *Vassilaki*, CR 1999, 85ff.; *Hilgendorf*, NStZ 2000, 518ff.; *Heghmanns*, JA 2001, 71ff., je mwN.
[149] BGH, GRUR 2016, 209 Rn. 12ff. – Haftung für Hyperlink.

TMG Vor §§ 7–10 Verantwortlichkeit

mancher Befürchtung[150] muss dies keinen Rückschritt bedeuten, da sich angesichts der Vielfalt des Einsatzes von Hyperlinks und ihres schillernden Charakters eine einheitliche Regelung, die alle Erscheinungsformen über einen Kamm scheren wollte, von vornherein verbietet. Die zu § 5 TDG aF gewonnenen Lösungsansätze und Wertungen können aber in die Ausformung von Pflichten der Linksetzer einfließen.

54 Hyperlinks stellen ein **compositum mixtum** zwischen reiner Telekommunikation und der wertenden Auswahl von Inhalten dar. Letzteres stand für diejenigen im Vordergrund, die verlinkte Inhalte stets als eigene Inhalte des Linksetzers iSd des § 5 Abs. 1 TDG aF qualifizierten, da der Verweisende diese willentlich und gezielt in seine Homepagegestaltung mit einbezöge.[151] Diese Betrachtung schoss aber über das Ziel hinaus, da sie stets Hyperlinks wie eigene Inhalte behandelte, ohne die Form der Präsentation des Links und den für das Internet spezifischen Charakter der Weiterverweigung zu berücksichtigen.[152] Gleiches gilt umgekehrt für eine rein auf die technische Seite abstellende Auffassung, die allein die Regelung der Zugangsvermittlung nach § 5 Abs. 3 TDG aF anwenden wollte.[153] Damit wurde freilich das wertende Element der Inhaltsauswahl durch den Linksetzer zu wenig berücksichtigt. Die wohl hM wandte dagegen § 5 Abs. 2 TDG aF analog an, wenn nicht der Linkanbieter ausnahmsweise den entscheidenden Einfluss auf die inhaltliche Gestaltung oder aber ein bestimmendes wirtschaftliches oder sonstiges Interesse an der Verbreitung des ursprünglich fremden Inhalts in gerade der vorliegenden Form hatte.[154] Aber auch die Heranziehung von § 5 Abs. 2 TDG aF erwies sich als problematisch, da der Linksetzer die Inhalte auswählt, der Host-Provider indes nicht.[155] Auch kann der Linksetzer selbst die Inhalte nicht beeinflussen bzw. wie ein Host-Provider löschen.[156] Die Rechtsprechung neigte dazu, Hyperlinks den sich-zu-eigen-gemachten Inhalten zuzuordnen.[157]

55 Zu unterscheiden sind daher: Die Haftung des Linksetzers für eigenständig begangene Delikte, insbesondere durch Verbreiten, die Haftung als Gehilfe oder aufgrund eigenständiger Täterschaft (→ Rn. 61) und die Haftung wegen fahrlässiger Beteiligung an einer Rechtsgutsverletzung, insbesondere durch Unterlassen späterer Kontrollen (→ Rn. 66 ff.).

56 **aa) Haftung wegen Verbreitung, Zugänglichmachens und Wiedergabe.** Der Linksetzende kann zunächst allein durch die Verweisung auf einen fremden Inhalt eine Handlung begehen, die bereits eine Strafnorm oder andere Normen, insbesondere aus dem Urheberrecht, verletzt. In Betracht kommen hier vor allem das Ver-

---

[150] So noch Moritz/Dreier/Hütig, 2002, D Rn. 72.

[151] Flechsig/Gabel, CR 1998, 351, 354; Pankoke, Von der Presse- zur Providerhaftung, S. 129; Barton, Multimedia-Strafrecht, S. 215 f.

[152] Ähnlich Stadler, Haftung für Informationen im Internet, Rn. 163 f.

[153] F. Koch, CR 1997, 193, 200; Eichler/Helmers/Schneider, K&R 1997, 23, 25 (Suppl. BB 1997); Vassilaki, NStZ 1998, 521 f.; aus jüngerer Zeit noch Stadler, Haftung für Informationen im Internet, Rn. 165 ff.; in diese Richtung auch OLG Braunschweig, MMR 2001, 608; LG Frankenthal, MMR 2001, 401; LG Potsdam, CR 2000, 123; LG Lübeck, CR 1999, 650 differenziert zwischen § 5 Abs. 3 und § 5 Abs. 1 TDG.

[154] Waldenberger, MMR 1998, 124, 128; Koch, MMR 1999, 704, 707; weiter ausdifferenziert durch Bettinger/Freytag, CR 1998, 545 ff.; Freytag, ZUM 1999, 185, 199; Freytag, Haftung im Netz, S. 228 ff.; Bonin/Köster, ZUM 1997, 821, 823; unmittelbare Anwendung von § 5 Abs. 2 aF Sieber, Verantwortlichkeit im Internet, Rn. 326 ff.; wohl auch Beucher/Leyendecker/v. Rosenberg, § 5 TDG Rn. 35.

[155] Abl. daher Schwarzenegger in: FS Rehbinder (2002), S. 723, 730.

[156] Stadler, Haftung für Informationen im Internet, Rn. 160.

[157] Deutlich BGH, GRUR 2016, 209 Rn. 13 ff. – Haftung für Hyperlink; BGH, GRUR 2008, 534 Rn. 20 – ueber18.de; OLG Hamburg, MMR 2001, 533; für das österreichische Recht Öst. ObGH, MMR 2001, 518.

Verantwortlichkeit **Vor §§ 7–10 TMG**

breiten oder Zugänglichmachen eines Inhaltes, etwa nach §§ 86 Abs. 1, 130 Abs. 2, 184 ff. oder 284 Abs. 4 StGB, im Urheberrecht vor allem das Zugänglichmachen für die Öffentlichkeit, § 19a UrhG.[158] In diesen Fällen erweitert der Gesetzgeber den Täterkreis, indem nicht nur der eigentliche Inhaltsanbieter belangt wird, sondern auch diejenigen, die sonst nur als Gehilfen bestraft würden. Dementsprechend ist bei Verbreitungsdelikten eine Täterschaft des Linksetzers gegeben, da das Gesetz bereits das weitere Verbreiten bzw. Zugänglichmachen als eigentliche Tathandlung qualifiziert.[159] Damit wird der gesamte objektive Tatbestand durch die Linksetzung erfüllt.[160] Ein Zugänglichmachen im Strafrecht liegt dabei schon dann vor, wenn durch den Link der fremde Inhalt unmittelbar dem Nutzer zur Kenntnis gebracht wird,[161] wobei die Rechtsprechung schon die reine Möglichkeit genügen lässt[162] – womit gleichzeitig aber auch Inhalte ausscheiden, die sich hinter dem Inhalt verbergen, auf die der Link verweist (Inhalte auf der zweiten Ebene), da durch den Link der Nutzer erst weitere Hyperlinks anklicken muss, um zu dem Inhalt zu gelangen.[163]

Hinzu tritt die Haftung des Linksetzers für die verlinkten Inhalte, wenn die Linksetzung so gestaltet ist, dass der verlinkte Inhalt als ein eigener angesehen werden muss; die Kriterien für das **Sich-zu-eigen-Machen** gelten hier entsprechend.[164] Handelt es sich nur um weiterführende Informationen, ohne dass eigene Inhalte substituiert würden (vergleichbar einer Literatursammlung etwa), fehlt es in aller Regel an einem Sich-zu-eigen-Machen.[165] 57

Anders ist der **Begriff der Zugänglichmachung im Urheberrecht** zu verstehen.[166] Maßgebliches Recht des Urhebers ist hierbei das (unkörperliche Verwertungs-)Recht der Öffentlichen Zugänglichmachung iSd §§ 15 Abs. 2, 19a UrhG bzw. das zugrundeliegende Recht der öffentlichen Wiedergabe aus Art. 3 Abs. 1 InfoSoc-RL. Hinsichtlich der Frage einer urheberrechtlichen Bewertung von Hyperlinks läge zunächst eine fehlende verwertungsrechtliche Relevanz nahe, denn die eigentliche Entscheidung über die Verwertung des Werkes in Gestalt der unkörperlichen Zugänglichmachung für die Öffentlichkeit iSv § 19a UrhG bzw. Art. 3 Abs. 1 InfoSoc-RL liegt bei einer technischen Betrachtung in den Händen desjenigen, der das Werk „ins Netz stellt", also die entsprechenden Dateien auf „seinem" (unbeschränkt zugänglichen) Server bereithält. Dem gegenüber erleichtert zwar der Linksetzer die Zugänglichkeit, indem er die entsprechende Adresse zu diesem Server bereithält; Hyperlinks gleich welcher Art eröffnen jedoch im technischen Sinne keinen (eigenen) Zugang zu dem Werk, der nämlich schon ohne den Hyperlink besteht.[167] Demge- 58

---

[158] Hinsichtlich §§ 86 Abs. 1, 130 Abs. 2 StGB OLG Stuttgart, MMR 2006, 387; zu § 284 Abs. 4 StGB s. OLG Hamburg, AfP 2002, 511, 512 f.; *Gabel,* WRP 2005, 1102, 1112 mwN.

[159] OLG Stuttgart, MMR 2006, 387; in diese Richtung ebenso BGHSt 47, 55 = NJW 2001, 3558; *Fischer,* § 184 StGB Rn. 28 b; Schönke/Schröder/*Eisele,* § 184 StGB Rn. 79 f.

[160] OLG Stuttgart, MMR 2006, 387; *Gercke,* CR 2006, 844; *A. Koch,* MMR 1999, 704, 709 f.; *Stadler,* Haftung für Informationen im Internet, Rn. 183; *Stadler,* JurPC Web-Dok. 2/2003, Abs. 61 f.; aA LG Karlsruhe, MMR 2009, 418, 419 hinsichtlich § 184 Abs. 1 Nr. 2 StGB; *Vassilaki,* CR 1999, 85, 86 ff.; *Schwarzenegger* in: FS Rehbinder (2002), S. 723, 734 f.: nur Beihilfe.

[161] *Schwarzenegger* in: FS Rehbinder (2002), S. 723, 734; *Boese,* Strafrechtliche Verantwortlichkeit für Verweisungen durch Links im Internet, S. 115 f.; *Barton,* Multimedia-Strafrecht, S. 136 f.

[162] BGHSt 47, 55 = NJW 2001, 3558.

[163] *Stadler,* Haftung für Informationen im Internet, Rn. 182a.

[164] BGH, GRUR 2016, 209 Rn. 13 ff. – Haftung für Hyperlink.

[165] BGH, GRUR 2016, 209 Rn. 13 – Haftung für Hyperlink.

[166] Dazu allg. BGHZ 185, 291 Rn. 19 = GRUR 2010, 628 – Vorschaubilder I; BGH, GRUR 2009, 845 Rn. 27 – Internet-Videorecorder I; BGH, GRUR 2009, 864 Rn. 16 – CAD-Software.

[167] So die bisher ganz hM zum nationalen Recht: BGH, GRUR 2016, 171 Rn. 12 ff. – Die Realität II; BGH, GRUR 2013, 818 Rn. 24 – Die Realität I, allerdings einen Innominatfall des

mäß wäre nur ausnahmsweise das Recht nach § 19a UrhG betroffen, nämlich dann, wenn durch den Hyperlink selbst doch ein eigener Zugang geschaffen wird, insbesondere bei einem **Deep Link** (zu den Arten von Links → Rn. 48), indem Zugangssperren bzw. andere technische Schutzmaßnahmen auf der Website umgangen werden und direkt auf die hinter den Schutzmaßnahmen liegenden Webpages verlinkt wird.[168] Irrelevant ist dabei, ob es sich bei der ergriffenen Beschränkung zugleich um eine wirksame technische Schutzmaßnahme iSd § 95a UrhG handelt, die ihrerseits durch das UrhG geschützt wird; vielmehr soll genügen, dass Maßnahmen ergriffen wurden und für Dritte der Wille des Berechtigten, den Zugang nur unter bestimmten Voraussetzungen zu gewähren, erkennbar ist.[169] Auf eine Rechtswidrigkeit der verlinkten Ressource stellten nationale Gerichte hingegen nicht ab. Nach ursprünglicher Auffassung des BGH handelte es sich zudem bei **Embedded Content bzw. Framing** (zu den Arten von Hyperlinks → Rn. 48) um einen unbenanntes Recht der öffentlichen Wiedergabe nach § 15 Abs. 2 UrhG.[170]

59 Demgegenüber hat der **EuGH** das entsprechende Recht nach Art. 3 Abs. 1 InfoSoc-RL im Hinblick auf Hyperlinks wesentlich extensiver ausgelegt[171] und weitgehend eine täterschaftliche Haftung des Linksetzenden entwickelt. Die „öffentliche Wiedergabe" besteht demnach aus zwei kumulativen Kriterien, zum einen der „Handlung der Wiedergabe" und zum anderen der „Öffentlichkeit" dieser Wiedergabe.[172] Dabei ist im Rahmen der Gesamtabwägung die zentrale Rolle des (potentiellen) Nutzers (bzw. Linksetzers), der für seine Kundschaft einen Zugang schaffe, den diese ohne ihn nicht hätte, von besonderem Gewicht; darüber hinaus sind seine Kenntnis von der Zugänglichmachung sowie der Gewinnerzielungsabsicht einzubeziehen, wobei alle diese Aspekte „unselbständig und miteinander verflochten" und daher in ganz unterschiedlichem Maße vorliegen können.[173] Die Öffentlichkeit setzt zudem begrifflich eine unbestimmte Zahl potentieller Leistungsempfänger und ferner den Bestand aus „recht vielen Personen" voraus.[174] Insgesamt ist erforderlich, dass entweder ein neues technisches Verfahren verwendet, oder aber – unter Verwen-

---

§ 15 Abs 2 UrhG annehmend; BGHZ 156, 1 = GRUR 2003, 958 – Paperboy; OLG München, CR 2013 331, 332 – Die Realität I; *Reinemann/Remmertz,* ZUM 2012, 216, 221 f.; früher *Nolte,* ZUM 2003, 540, 541 f.; *Plaß,* WRP 2001, 195, 202; *Plaß,* WRP 2000, 599, 602; *Dustmann,* Die privilegierten Provider, 188 f.; *Manz,* Die Haftung für Urheberrechtsverletzungen im Internet nach deutschem und amerikanischem Recht, S. 53 f.; aA *Wiebe,* MMR 2003, 724 ff., 724; Ernst/Vassilaki/Wiebe/*Wiebe,* Hyperlinks, Rn. 33 ff. mwN.

[168] BGH, MMR 2011, 47 Rn. 27, 30 – Session-ID; BGH, GRUR 2013, 818 Rn. 25 – Die Realität I; instruktiv auch *Jahn/Palzer,* K&R 2015, 1.

[169] BGH, MMR 2011, 47 Rn. 30 – Session-ID; BGH, GRUR 2013, 818 Rn. 25 – Die Realität I.

[170] BGH, GRUR 2013, 818 Rn. 10 ff., insb. Rn. 12 – Die Realität I.

[171] Zuletzt EuGH, GRUR 2014, 360 mAnm *Jani/Leenen* – Svensson ua/Retriever Sverige; EuGH, GRUR 2014, 1196 Rn. 14 f. – BestWater International/Mebes ua; EuGH, GRUR 2016, 1152 Rn. 40 – GS Media/Sanoma ua; EuGH, GRUR 2017, 610 mAnm *Neubauer/Soppe* – Stichting Brein/Wullems (Filmspeler); EuGH, GRUR 2017, 790 – Stichting Brein/Ziggo ua (The Pirate Bay).

[172] EuGH, GRUR 2016, 1152 Rn. 32 – GS Media/Sanoma ua; EuGH, GRUR 2017, 610 Rn. 29 – mAnm *Neubauer/Soppe* – Stichting Brein/Wullems (Filmspeler); EuGH, GRUR 2017, 790 Rn. 24 – Stichting Brein/Ziggo ua (The Pirate Bay).

[173] EuGH, GRUR 2012, 593 Rn. 79, 82 – SCF/Marco Del Corso; EuGH, GRUR 2016, 1152 Rn. 34 – GS Media/Sanoma ua; EuGH, GRUR 2017, 610 Rn. 30 mAnm *Neubauer/Soppe* – Stichting Brein/Wullems (Filmspeler); EuGH, GRUR 2017, 790 Rn. 25 – Stichting Brein/Ziggo ua (The Pirate Bay); EuGH, GRUR 2012, 597 Rn. 31 – Phonographic Performance Ireland.

[174] EuGH, GRUR 2013, 500, Rn. 32 – ITV Broadcasting ua; EuGH, GRUR 2017, 610 Rn. 31 – mAnm *Neubauer/Soppe* – Stichting Brein/Wullems (Filmspeler).

Verantwortlichkeit **Vor §§ 7–10 TMG**

dung des gleichen technischen Verfahrens – zumindest ein „neues Publikum" erreicht wird.[175] Letzteres soll nur dann vorliegen, wenn ein Adressatenkreis erreicht wird, der nach dem Willen des Urhebers bzw. des Rechteinhabers bei der Erlaubnis der ursprünglichen Wiedergabe nicht erreicht werden sollte.[176] Als mögliche öffentliche Wiedergabe wurden deshalb neben einfachen,[177] sowie eingebetteten Hyperlinks (Embedded Content bzw. Framing)[178] zu rechtswidrigen Angeboten etwa auch das Vertreiben von Abspielgeräten mit entsprechender Software zu illegalen Streamingangeboten[179] oder das Vorhalten von Indexseiten zum Tausch von urheberrechtlich geschützten Werken via Peer-to-Peer (auch P2P)-Verbindung[180] als eigene öffentliche Wiedergabe gewertet. Der EuGH unterscheidet demnach nicht mehr wie der BGH[181] zwischen den verschiedenen Arten von Links.[182]

An einem neuen Publikum fehlt es im Internet immer dann, wenn das urheberrechtlich geschützte Werk zuvor mit Zustimmung des Urhebers für die Öffentlichkeit abrufbar gewesen ist.[183] Insgesamt sei die „öffentliche Wiedergabe" jedenfalls mit den Erwägungsgründen 9, 10 und 23 der Infosoc-RL grundsätzlich weit zu verstehen.[184] Anders liegt es, wenn der Rechteinhaber nicht der Veröffentlichung im Internet zugestimmt hat: In der **GS-Media-Entscheidung** hat der EuGH festgehalten, dass das Werk durch das Setzen des Hyperlinks einer neuen Öffentlichkeit zur Verfügung gestellt wird, da der Urheber die Wiedergabe an diese Öffentlichkeit nicht autorisiert hatte.[185] Ähnlich hatte

60

---

[175] EuGH, GRUR 2014, 360 Rn. 24 mAnm *Jani/Leenen* – Svensson ua/Retriver Sverige; EuGH, GRUR 2016, 1152 Rn. 38 – GS Media/Sanoma ua; EuGH, GRUR 2017, 610 Rn. 33 – mAnm *Neubauer/Soppe* – Stichting Brein/Wullems (Filmspeler).

[176] EuGH, EuZW 2012, 466 Rn. 197 – FAPL; EuGH, GRUR 2014, 360 Rn. 24 mAnm *Jani/Leenen* – Svensson ua/Retriver Sverige; EuGH, GRUR 2016, 1152 Rn. 38 – GS Media/Sanoma ua; EuGH, GRUR 2017, 610 Rn. 33 – mAnm *Neubauer/Soppe* – Stichting Brein/Wullems (Filmspeler).

[177] EuGH, GRUR 2016, 1152 Rn. 42f. – GS Media/Sanoma ua; vgl. zu einfachen Hyperlinks auf rechtmäßige Inhalte EuGH, GRUR 2014, 360 Rn. 25ff. mAnm *Jani/Leenen* – Svensson ua/Retriver Sverige.

[178] EuGH, GRUR 2016, 1152 Rn. 41 ff. – GS Media/Sanoma ua; vgl. zum Framing von rechtmäßigen Inhalten EuGH, GRUR 2014, 1196 Rn. 18f. – BestWater International/Mebes ua.

[179] EuGH, GRUR 2017, 610 Rn. 48ff. – mAnm *Neubauer/Soppe* – Stichting Brein/Wullems (Filmspeler).

[180] EuGH, GRUR 2017, 790 Rn. 45 ff. – Stichting Brein/Ziggo ua (The Pirate Bay).

[181] BGH, GRUR 2013, 818 Rn. 10ff. – Die Realität I.

[182] EuGH, GRUR 2016, 1152 Rn. 40 – GS Media/Sanoma ua; EuGH, GRUR 2014, 360 Rn. 29ff. mAnm *Jani/Leenen* – Svensson ua/Retriver Sverige; EuGH, GRUR 2014, 1196 Rn. 17f. – BestWater International/Mebes ua; s. auch BGH, GRUR 2016, 171 Rn. 29, 33 – Die Realität II.

[183] EuGH, GRUR 2014, 360 Rn. 25ff. mAnm *Jani/Leenen* – Svensson ua/Retriver Sverige; EuGH, GRUR 2014, 1196 Rn. 15f. – BestWater Internaional/Mebe ua; *Schmidt-Wudy,* EuZW 2015, 29, 30; *Jani/Leenen,* GRUR 2014, 362 Rn. 6 merken kritisch an, dass das vom EuGH geforderte Merkmal der „neuen Öffentlichkeit" eine ganze Reihe neuer Fragen aufwerfe; gegen die Annahme des EuGHs, bei unbeschränkter Verfügbarkeit seien potentiell alle Nutzer bedacht *Höfinger,* ZUM 2014, 293, 294; *Hendel,* ZUM 2014, 102, 105 aE; zweifelnd auch *Schulze,* ZUM 2015, 106, 109f.; kritisch zum faktischen Erfordernis der Zugangsbeschränkung durch Urheber *Haberstumpf,* GRUR 2016, 763, 768f.

[184] St. Rspr., EuGH, EuZW 2012, 466 Rn. 186 – FAPL; zuletzt etwa EuGH, GRUR 2016, 1152 Rn. 30 – GS Media/Sanoma ua; EuGH, GRUR 2017, 610 Rn. 27 – mAnm *Neubauer/Soppe* – Stichting Brein/Wullems (Filmspeler); EuGH, GRUR 2017, 790 Rn. 22 – Stichting Brein/Ziggo ua (The Pirate Bay).

[185] EuGH, GRUR 2016, 1152 Rn. 49ff. mkritAnm *Ohly* – GS Media/Sanoma ua.

zuvor schon der BGH in seiner Realitäts-II-Entscheidung den BestWater-Beschluss des EuGH gedeutet und auf die Zustimmung des Rechtinhabers abgestellt.[186] Dabei führt der EuGH allerdings (im Tatbestand eigentlich nicht enthaltene)[187] subjektive Kriterien ein und differenziert zwischen privaten und gewerbsmäßigen Linksetzern: Von einer widerlegbaren[188] Vermutung der Kenntnis der nur eingeschränkten Zurverfügungstellung des Werks durch den Urheber bzw. den Rechteinhaber geht der EuGH nur dann aus, wenn der Linksetzende dies zu gewerbsmäßigen Zwecken täte.[189] Den Linksetzer trifft dann offenbar die (Nachforschungs-)Pflicht, ob der Link nur zu einem Werk führt, deren Zurverfügungstellung der Urheber zugestimmt hat. Privatpersonen könne hingegen eine solche Pflicht nicht zugemutet werden.[190] Für gewerbsmäßige Linksetzer kommt es daher darauf an, ob sie mit Gewinnerzielungsabsicht handeln – wobei hierfür richtigerweise schon eine mittelbare Gewinnerzielungsabsicht genügen sollte,[191] um unentgeltliche Werbungen oder vergleichbare Angebote einzubeziehen.[192]

Allerdings betont der EuGH auch, dass es sich um ein flexibles System mehrerer Kriterien handele, die miteinander „verflochten" seien und im Einzelfall unterschiedlich gewichtet werden könnten.[193]

61 Diese Entwicklung ist durchaus **kritisch** zu betrachten.[194] Konnte die Linksetzung zuvor nur als Teilnahmehandlung eingestuft werden und die Urheberrechtsverletzung vielmehr nur demjenigen angelastet werden, der das Werk zunächst zur Verfügung stellte, muss nun die Linksetzung selbst als Tathandlung angesehen werden.[195] Schließlich berührt eine Verlinkung auf urheberrechtswidrige Inhalte das Verwertungsrecht der öffentlichen Wiedergabe. Dies kann allerdings dann nicht nachvollziehbaren Ergebnissen führen, wenn Provider, die der Urheberrechtsverletzung näherstehen als der Linksetzende, nach §§ 8–10 TMG privilegiert werden.[196] Der

---

[186] BGH, GRUR 2016, 171 Rn. 34 – Die Realität II; dies verkennt wohl OLG München, ZUM, 2016, 993, 997 (Punkt a) aE) – Die Realität III, das jeden, der das ohne Zustimmung bereitgehaltene Werk anschaue, zu ein und demselben Publikum zählen möchte.

[187] *Ohly,* GRUR 2016, 1155, 1156; *Wimmers/Barudi/Rendle,* CRi 2016, 129 (132); *C. Volkmann,* CR 2017, 36, 39.

[188] EuGH, GRUR 2016, 1152 Rn. 51 mAnm *Ohly* – GS Media/Sanoma ua.

[189] EuGH, GRUR 2016, 1152 Rn. 47, 51 mkritAnm *Ohly* – GS Media/Sanoma ua. Zum Vorliegen des Merkmals der Gewerbsmäßigkeit LG Hamburg, CR 2017, 46; zur Reichweite und Unklarheit dieses Kriteriums auch *Wimmers/Barudi/Rendle,* CRi 2016, 129, 132f.

[190] Zuvor kritisch zur Pflicht der genauen Prüfung, ob auf urheberrechtswidrige Inhalte verlinkt wird *Spindler,* GRUR 2016, 157, 158.

[191] Weitgehend LG Hamburg, CR 2017, 47 bei Verlinkung auf unautorisiert unter CC-Lizenz gestelltes Bild unter gleichzeitigem Betrieb eines Webshops auf der Website.

[192] Näher *C. Volkmann,* CR 2017, 36, 38.

[193] EuGH, GRUR 2012, 593 Rn. 79, 82 – SCF/Marco Del Corso; EuGH, GRUR 2016, 1152 Rn. 34 – GS Media/Sanoma ua; EuGH, GRUR 2017, 610 Rn. 30 mAnm *Neubauer/Soppe* – Stichting Brein/Wullems (Filmspeler); EuGH, GRUR 2017, 790 Rn. 25 – Stichting Brein/Ziggo ua (The Pirate Bay); EuGH, GRUR 2012, 597 Rn. 31 – Phonographic Performance Ireland; vgl. auch *Ohly,* GRUR 2016, 1155, 1156: „Funktionsbezogene Auslegung der Verwertungsrechte"; *Grünberger,* GRUR 2016, 977, 982.

[194] *Spindler,* GRUR 2016, 157, 158f.; ebenso *Galetzka,* K&R 2016, 150, 151f.; die Lösung des BGH befürwortend *Haberstumpf,* GRUR 2016, 763, 769f.; Rechtsunsicherheiten befürchtend *Wimmers/Barudi/Rendle,* CRi 2016, 129, 131.

[195] *Spindler,* GRUR 2016, 157, 158; *Nordemann,* GRUR 2016, 245, 247; weitreichende Folgen auch befürchtend *Solmecke,* MMR 2015, 48; *Jani/Leenen,* GRUR 2014, 362, 363.

[196] Instruktiv zur Anwendung der Privilegierung bei Host-Providern *Wimmers/Barudi,* GRUR 2017, 327, 332; dazu auch EuGH, GRUR 2011, 1025, Rn. 112ff. – L'Orèal/eBay.

Linksetzende kann somit einer umfänglicheren Haftung als der Provider ausgeliefert sein. Alles in allem kann eine Haftung des Linksetzenden nun nur durch fehlende Kenntnis der Urheberrechtsverletzung bzw. durch die hinreichende Nachforschung[197] entgangen werden. Da diese jedoch bei gewerblichen Linksetzenden vermutet wird, dürfte eine Haftungsfreistellung in diesen Fällen nur schwer anzunehmen sein.[198] Fraglich bleibt auch, welche **Anforderungen** im Falle gewerbsmäßiger Linksetzender an die **Überprüfung der Links** gestellt wird; da der Linksetzende in aller Regel keinen Einblick in Lizenzverträge nehmen kann, der EuGH andererseits offenbar nicht einen Gutgläubigkeitsschutz des Linksetzenden im Hinblick auf die Angaben beim Dritten (auf den verlinkt wird) annehmen will, kommt der Linksetzende nicht um eine entsprechende Anfrage beim Dritten herum.[199] Bleibt diese unbeantwortet, muss er den Link unterlassen, will er sich nicht der Haftung aussetzen – die Konsequenzen für die Kommunikation im Internet liegen auf der Hand. Abgemildert wird dies nur durch die Verteilung der Darlegungs- und Beweislast, da dem Rechteinhaber der Beweis obliegt, dass der Linksetzer fahrlässige Unkenntnis hatte;[200] allerdings bleibt abzuwarten, ob die Rechtsprechung hier mit einer sekundären Darlegungs- und Beweislastverteilung hilft, da es sich um innere Tatsachen des Anspruchsgegners handelt. Der EuGH hat diese Ansätze sogar auf die Hersteller von Hardware ausgedehnt, in der sich Add ons von Dritten befinden, die mit Wissen des Herstellers auf urheberrechtswidrige Streamingangebote zugreifen, wenn der Hersteller damit explizit wirbt.[201] Gleiches gilt nach Auffassung des EuGH für Plattformen wie pirate bay, die Indexierungen für Torrent-Dateien bieten und damit Urheberrechtsverletzungen erleichtern.[202] Dies ist zu Recht dahingehend **kritisiert** worden, dass der EuGH hier im Gegensatz zu konkreten Hyperlinks bereits eine generelle Kenntnis der Urheberrechtsverletzungen, also losgelöst vom konkreten Hyperlink, bei quasi gefahrgeneigten Plattformen bzw. Diensten genügen lässt;[203] dies steht im bemerkenswerten Gegensatz zu § 10 TMG, aber auch etwa zur deutschen Rechtsprechung zur Störerhaftung von Sharehostern, die zwar hohe Kontroll- und Prüfpflichten nach (!), nicht aber etwa vor Kenntniserlangung auferlegt und auch das Geschäftsmodell nicht für unzulässig erklärt (dazu → § 10 Rn. 104). Dogmatisch verschwimmen damit die Grenzen zwischen Täterschaft und Teilnahme.[204] Im Prinzip ist die Rechtsprechung des EuGH zu gewerbsmäßigen Linksetzern auch auf **Suchmaschinenbetreiber** anwendbar, da sie zum einen automatisiert Links auf fremde Inhalte setzen, zum anderen gewerbsmäßig betrieben werden. Daher stellt sich die Frage, ob Suchmaschinenbetreiber (als gewerbsmäßig Handelnde) stets zur Prüfung der gesuchten Inhalte verpflichtet sind.[205] Eine solche Pflicht würde zu einer Einstellung der automatisierten Suchtätigkeit führen, die an sich sozialadäquat ist. Dementsprechend ist dem BGH zuzustimmen, der nun in der Vorschaubilder III-Entschei-

---

[197] Andeutend EuGH, GRUR 2016, 1152 Rn. 51 aE mAnm *Ohly* – GS Media/Sanoma ua.
[198] EuGH, GRUR 2016, 1152 Rn. 51 mAnm *Ohly* – GS Media/Sanoma ua; s. auch *C. Volkmann,* CR 2017, 36, 37 ff.
[199] Zum Ganzen s. *Ohly,* GRUR 2016, 1155, 1157; *C. Volkmann,* CR 2017, 36, 39; *Hofmann,* K&R 2016, 706, 707.
[200] Darauf weist zutreffend *C. Volkmann,* CR 2017, 36, 40 f. hin; s. auch OLG München, GRUR 2016, 1300 – Die Realität III; ferner *Spindler,* GRUR 2016, 157, 159.
[201] EuGH, MMR 2017, 460 Rn. 48 f. – Stichting Brein/Wuellems (Filmspeler); s. dazu *Specht,* ZUM 2017, 582 ff.
[202] EuGH, MMR 2017, 518 – Stichting Brein/Ziggo ua (The Pirate Bay).
[203] *Leistner,* GRUR 2017, 755, 757.
[204] S. schon *Spindler,* GRUR 2016, 157, 158; zust. *Specht,* ZUM 2017, 582, 586.
[205] S. auch *C. Volkmann,* CR 2017, 36, 41; s. vor der GS-Media-Entscheidung *Haberstumpf,* GRUR 2016, 763, 770; *Grünberger,* ZUM 2015, 273, 279; *Spindler,* GRUR 2016, 157, 158.

dung eine generelle Rückausnahme für Suchmaschinen im Hinblick auf das Setzen von Links getroffen hat, indem derartige Prüfungen als unzumutbar angesehen werden; auch greift die vom EuGH aufgestellte Vermutung der Kenntnis des gewerbsmäßigen Linksetzers (→ Rn. 60) hier nicht ein.[206] Hinsichtlich des Rechts auf öffentliche Wiedergabe bzw. Zugänglichmachung (§ 19a UrhG) ist dem zuzustimmen, wenngleich die Frage dem EuGH hätte vorgelegt werden müssen; ausschlaggebend dürfte nach der Rechtsprechung des EuGH wieder eine Gesamtabwägung sein, wobei hier die fehlende Gefahrgeneigtheit der Suchmaschinenbetreiber und ihre Sozialadäquanz für die Beschränkung auf konkrete Kenntnis spricht.

62 Im Falle eines **Deep Links** kann jedoch ausnahmsweise auch das Recht auf öffentliche Zugänglichmachung berührt sein. Da mittels dieses Links eine technische Schutzmaßnahme umgangen werden kann, sieht der BGH in diesen Fällen § 19a UrhG als betroffen an. Dabei muss es sich nicht um eine Maßnahme iSd § 95a UrhG handeln; ausreichend ist bereits, dass für Dritte der Wille des Berechtigten erkennbar ist, den Zugang nur unter den von diesem festgelegten Bedingungen zu ermöglichen.[207]

63 **bb) Haftung wegen Beihilfe, Anstiftung oder Mittäterschaft.** Da nach der neueren Rechtsprechung von BGH und EuGH die Linksetzung auf urheberrechtsverletzende Inhalte im Urheberrecht bereits eine täterschaftliche Haftung begründen kann, dürften die Fälle der Beihilfe in diesem Rechtsgebiet eher gering bleiben.[208] Nichts desto trotz kommt die Verantwortlichkeit des Linksetzers als Gehilfe in Fällen außerhalb des Urheberrechts in Betracht, in denen ihm Beihilfe und Förderung eines fremden Deliktes gem. § 830 Abs. 2[209] BGB bzw. § 27 StGB vorgeworfen werden kann. Denn in diesen Fällen hat der Linksetzende bewusst auf den rechtswidrigen Inhalt verwiesen und so vorsätzlich dessen Verbreitung bzw. die fremde rechtswidrige Tat gefördert, etwa bei bewusstem Setzen von Links auf urheberrechtsverletzende Inhalte.[210] Allerdings ist gerade in diesen Fällen in Ermangelung eindeutiger Indizien, die auf einen Vorsatz hindeuten, sehr genau zu prüfen, ob den Linksetzenden eine **Prüfungspflicht** trifft, da häufig die **Rechtswidrigkeit** nicht erkannt werden kann.[211] Im **Urheberrecht** hat der EuGH für gewerbetreibende Linksetzende in seiner GS-Media-Entscheidung eine widerlegbare Vermutung zulasten von gewerblich Handelnden statuiert (→ Rn. 60f.).

64 Ist der Link derart in die eigene Internet-Darstellung eingebettet, dass der Nutzer nicht mehr unterscheiden kann, von wem der Inhalt stammt (zB bei Frames oder Inline-Linking), liegt ein „Sich-zu-eigen-Machen" des fremden Inhalts vor, so dass der Linksetzende sich als Täter – und nicht nur als Gehilfe – behandeln lassen muss (ausf. zum „Sich-zu-eigen-Machen" → § 7 Rn. 7ff.).[212] Hierfür genügt es hingegen nicht,

---

[206] BGH, Urt. v. 21.9.2017 – I ZR 11/16.
[207] BGH, MMR 2011, 47 Rn. 27, 30 – Session-ID; BGH, GRUR 2013, 818 Rn. 25 – Die Realität I.
[208] S. aber auch *Jaworski/Nordemann*, GRUR 2017, 967ff.
[209] Hierzu ausf. *Stenzel*, Haftung für Hyperlinks, S. 137f.
[210] Eingehend *Jaworski/Nordemann*, GRUR 2017, 567ff.; *Popp*, Die strafrechtliche Verantwortung von Internetprovidern, S. 180ff.; *Flechsig/Gabel*, CR 1998, 351, 356; *Ernst*, NJW-CoR 1997, 224; *Mann*, AfP 1998, 129, 132; *Stadler*, Haftung für Informationen im Internet, Rn. 185ff.; *Stenzel*, Haftung für Hyperlinks, S. 139.
[211] Ebenso restriktiv *Hollenders*, Mittelbare Verantwortlichkeit von Intermediären im Netz, S. 298f.; ähnlich *Bröcker/Czychowski/Schäfer/Dustmann*, Praxishandbuch Geistiges Eigentum im Internet, § 4 Rn. 110f.; → Rn. 50ff.
[212] IE ebenso MüKoStGB/*Altenhain*, Vorb. §§ 7ff. TMG Rn. 23f, aber mit anderer, rein technischer Begr.; wie hier *Sieber*, Verantwortlichkeit im Internet, Rn. 310; s. auch LG Bonn, ZUM-RD 2002, 160; LG Hamburg, NJW 1998, 3650; LG Frankfurt a.M., CR 1999, 45; LG Mün-

Verantwortlichkeit **Vor §§ 7–10 TMG**

einen Link zu weiterführenden Informationen zu setzen.[213] Aufgrund der neueren Rechtsprechung im Urheberrecht dürfte auch diese Einordnung für embedded conten bzw. Framing nicht mehr relevant sein, da bereits aus dem Setzen des Links eine täterschaftliche Haftung resultieren kann (→ Rn. 58 ff.).

cc) Haftung wegen fahrlässiger Unterlassung späterer Kontrollen. Problematisch ist indes das Bestehen und die Ausformung von Kontrollpflichten im Hinblick auf spätere Veränderungen der Inhalte, auf die ein Link verweist. Denn hier kennt der Linksetzende nicht den fremden rechtswidrigen Inhalt, der sich nach dem Zeitpunkt der Linksetzung verändert hat.[214] Dies gilt erst recht für Inhalte auf der zweiten Ebene, die sich hinter dem verlinkten Inhalt verbergen. Strafrechtlich kann eine stichpunktartige Überwachungspflicht nur dann begründet werden, wenn dem Linksetzenden Anhaltspunkte dafür zuteilwerden, dass sich der Inhalt der verlinkten Seite dergestalt verändern könnte, dass er rechtswidrig wird.[215] Auch im Urheberrecht, das nur auf primäre Rechtsverletzungen abstellt, stellen sich seit der GS-Media-Entscheidung des EuGH ähnliche Fragen der Ausgestaltung von Kontrollpflichten. 65

Grundlagen der Verantwortlichkeit. Eine Haftung aufgrund unterlassener Kontrollen setzt Verkehrssicherungspflichten oder strafrechtliche Garantenpflichten voraus. Da keine allgemeine Rechtspflicht besteht, andere vor Schäden zu bewahren,[216] muss sich die Ableitung der Verantwortlichkeit und des geforderten Umfangs von Verkehrssicherungs- und Garantenpflichten an mehreren **Kriterien** orientieren:[217] An der Gefahrbeherrschung und -eröffnung, den Möglichkeiten des Selbstschutzes der Dritten sowie an der Vorteilsziehung des Pflichtigen aus bestimmten Aktivitäten, den berechtigten Sicherheitserwartungen der betroffenen Verkehrskreise,[218] der wirtschaftlichen Zumutbarkeit für den Pflichtigen, der Vorhersehbarkeit der Risiken,[219] Art und Umfang der drohenden Gefahren und dem Rang der betroffenen Rechtsgüter.[220] Rechtsprechung und Schrifttum haben in diesem Rahmen Eckpunkte herausgebildet, die grob in die Schaffung und Unterhaltung einer Gefahrenquelle und die Übernahme einer Pflicht eingeteilt werden können. Hinzu tritt die Haftung aus vorangegangenem gefährlichem Handeln.[221] Allerdings muss das allgemeine Lebensrisiko gerade infolge der eröffneten Gefahrenquelle erhöht werden.[222] 66

---

chen, MMR 2000, 566; OLG München, K&R 1999, 335; LG Lübeck, CR 1999, 650, 651; OLG Hamburg, MMR 2001, 533; für das österreichische Recht Öst. OGH, MMR 2001, 518, zum strafrechtlichen Zueigenmachen Schönke/Schröder/*Eisele,* § 184 StGB Rn. 82.

[213] BGH, GRUR 2016, 209 Rn. 18 – Haftung für Hyperlinks; OLG München, MMR 2015, 36, 37.

[214] *Stadler,* JurPC Web-Dok. 2/2003, Abs. 83 ff.; ähnlich für die strafrechtliche Verantwortlichkeit *Schwarzenegger* in: FS Rehbinder (2002), S. 723, 737 f.; *Stenzel,* Haftung für Hyperlinks, S. 149 f.; *Verbiest/Spindler/Ricco/Van der Perre,* Study on the Liability of Internet Intermediaries, S. 19, abrufbar unter http://ec.europa.eu/internal_market/e-commerce/docs/study/liability/final_report_en.pdf.

[215] MüKoStGB/*Freud,* § 13 Rn. 165.
[216] AllgM Staudinger/*Hager,* § 823 BGB E Rn. 25.
[217] BeckOK BGB/*Förster,* § 823 Rn. 297 f.; Staudinger/*Hager,* § 823 BGB E Rn. 27.
[218] BGH, NJW 1985, 1076; BGH, NJW 1986, 1863; BGH, NJW 1990, 906; BGHZ 113, 297, 303 = NJW 1991, 1535; BGH, NJW 1994, 3348; BGH, NJW 2002, 1263, 1264; BGH, NJW 2007, 1683 Rn. 15; BGH, NJW 2008, 3775 Rn. 9 aE; BGH, NZV 2014, 167 Rn. 14; vgl. ferner BGH, NZV 2014, 450 Rn. 16.
[219] BGH, NJW-RR 1985, 219, 220.
[220] BGHZ 58, 149, 156 = NJW 1972, 724, 726.
[221] Staudinger/*Hager,* § 823 BGB E Rn. 12.
[222] *Lorenz/Canaris,* SchuldR BT II, § 76 III 3 c.

Vergleichbare Kriterien lassen sich auch im **Strafrecht** ausmachen: Differenziert wird im Wesentlichen zwischen Beschützer- und Überwachergarantenstellung, wobei Letztere ua auf das gefahrbegründende Vorverhalten des Täters zurückgeführt wird, sei es als pflichtwidriges Vorverhalten oder lediglich als Eröffnung einer Gefahrenquelle.[223]

67 Eine Verantwortlichkeit wegen **Ingerenz** kann **ausgeschlossen** werden, da der Link dem Internet als Kommunikationsmittel praktisch immanent ist und einen wesentlichen Bestandteil des Informations- und Kommunikationspotentials des Internets ausmacht. Ohne Hinzutreten weiterer Merkmale verletzt der Linksetzende keine Pflicht.[224] Möglich ist dagegen eine Verantwortlichkeit wegen **Beherrschung einer bestimmten Gefahrenquelle:** Der Inhaber der Sachherrschaft einer möglichen Gefahrenquelle hat die von ihr ausgehenden Gefahren zu kontrollieren und zu verhindern, dass aus ihnen Schädigungen fremder Rechtsgüter entstehen.[225] An der tatsächlichen Herrschaft über den Hyperlink selbst (nicht über den fremden Inhalt) kann nicht gezweifelt werden, da der Linksetzende es jederzeit in der Hand hat, den jeweiligen Link wieder herunterzunehmen.[226] Zweifeln könnte man lediglich daran, dass die eigentliche Gefahrenquelle nicht der Link, sondern der Inhalt auf der Webseite ist, auf die der Link verweist.[227] Eine solche Betrachtungsweise würde jedoch ausblenden, dass die Wahrscheinlichkeit der Verbreitung des rechtswidrigen Inhalts durch einen Hyperlink gesteigert wird, somit auch die Gefahr der Rechtsgutsverletzung. Denn nicht nur die Tatsache, dass überhaupt ein rechtswidriger Inhalt irgendwo im Internet verfügbar ist, stellt die Gefahr dar, sondern auch die Steigerung seiner Verbreitung und damit seiner Wirkung.[228] Dies ist einer der entscheidenden Unterschiede im Vergleich zur Telekommunikation bzw. zum Access-Provider, der im Prinzip nur die Punkt-zu-Punkt-Kommunikationsbeziehung herstellt, aber keinerlei wertende Auswahl trifft.[229] Die grundsätzliche Verantwortlichkeit des Linksetzenden beschränkt sich auch keineswegs nur auf den Zeitpunkt der Einrichtung des Links;[230] da der Link dauerhaft für eine erhöhte Verbreitungswahrscheinlichkeit sorgt, ist der Linksetzende für die Dauer des Bestehens seines Links auch grundsätzlich sicherungspflichtig.

---

[223] Dazu Schönke/Schröder/*Stree/Bosch,* § 13 StGB Rn. 9ff. mwN.

[224] *Spindler,* MMR 2002, 495, 499f.; *Vassilaki,* MMR 1998, 630ff.; ebenso *Hütig,* MMR 1998, 51; diff. *Boese,* Strafrechtliche Verantwortlichkeit für Verweisungen durch Links im Internet, S. 157f.; unklar *Gabriel,* Strafrechtliche Verantwortlichkeit für fremde Texte, S. 333ff., 340f.; MüKoStGB/*Freud,* § 13 Rn. 164f.

[225] Grundlegend BGHSt 18, 361 = NJW 1963, 1367; BGHSt 27, 10 = NJW 1977, 204; BGHSt 30, 391 = NJW 1982, 1235; Schönke/Schröder/*Stree/Bosch,* § 13 StGB Rn. 43; aus zivilrechtlicher Sicht BGHZ 60, 54, 55 = NJW 1973, 460, 461; BGHZ 108, 273, 274 = NJW 1989, 2808; BGHZ 121, 367, 375 = NJW 1993, 1799; 1801; BGHZ 123, 102, 105f. = NJW 1993, 2612; 2613; Staudinger/*Hager,* § 823 BGB E Rn. 13.

[226] *Vassilaki,* CR 1999, 85, 89; *Sieber,* Verantwortlichkeit im Internet, Rn. 326; *Barton,* Multimedia-Strafrecht, S. 213; iE auch OLG München, MMR 2002, 625.

[227] *Stadler,* JurPC Web-Dok. 2/2003, Abs. 87; wohl auch *Schack,* MMR 2001, 9, 16.

[228] So jetzt auch im Grundsatz BGH, GRUR 2006, 209 Rn. 23 – Haftung für Hyperlink; OLG München, MMR 2002, 625; *Volkmann,* GRUR 2005, 200, 205f.; *Pichler,* MMR 1998, 79, 84f.

[229] Zur strafrechtlichen Verantwortlichkeit der Access-Provider statt vieler *Satzger,* CR 2001, 109, 110; *Sieber,* Verantwortlichkeit im Internet, Rn. 363f., sowie die zahlreichen Besprechungen des CompuServe-Urteils des AG München, MMR 1998, 429; *Hoeren,* NJW 1998, 2792; *Moritz,* CR 1998, 505; *Paetzel,* CR 1998, 625 und LG München I, NJW 2000, 1051; dazu *Kühne,* NJW 2000, 1003; *Barton,* K&R 2000, 195; *Moritz,* CR 2000, 119ff.

[230] So aber *Schack,* MMR 2001, 9, 16 wegen Unzumutbarkeit.

Aufgrund der Steigerung der Verbreitung und der Gefahrerhöhung entfällt auch 68
nicht deswegen die grundsätzliche **Verantwortlichkeit,** weil derjenige, der den Inhalt bereithält (der **Content-Provider), eigenverantwortlich handelt.** Sowohl im Presserecht als auch im Urheberrecht ist anerkannt, dass auch der kausale Beitrag zu einer Gefahrvergrößerung genügt, um Sicherungspflichten entstehen zu lassen, selbst wenn der eigentliche Verstoß von einem Dritten herrührt.[231]

Ebenso wenig kann der Hyperlink wegen seines Charakters als übliches Kommu- 69
nikationsmittel im Internet als sozialadäquates – besser: **als erlaubtes Risiko** – qualifiziert werden, um eine Garantenstellung und eine Verkehrssicherungspflicht grundsätzlich und generell entfallen zu lassen.[232] Die Sozialadäquanz einer Handlung bzw. eines Unterlassens impliziert, dass die Tätigkeit allgemein trotz ihrer Gefährlichkeit gebilligt wird. Eine solche Verallgemeinerung erscheint aber nicht angebracht, vielmehr eine differenzierte Betrachtungsweise, die den unterschiedlichen Einsatzformen der Hyperlinks in ihrem Kontext gerecht wird. Eine generelle Freistellung von Verkehrssicherungs- und Garantenpflichten würde an der inhaltlich-wertenden Komponente des Links vorbeigehen, die gerade eine Auswahl unter der Vielzahl von Inhalten im Internet trifft und damit dem Nutzer quasi eine Empfehlung an die Hand gibt. Zieht man die Parallelen zum Pressewesen,[233] insbesondere zum Verleger, Herausgeber oder Redakteur,[234] so trifft denjenigen, der fremde Inhalte auswählt und deren Verbreitung steigert, trotz allgemein akzeptierter Nützlichkeit der Kommunikation dennoch eine Pflicht zur Beachtung der Rechtspositionen Dritter. Die Kommunikationsgrundrechte aus Art. 5 Abs. 1 GG führen zwar zur Modifizierung der Pflichtenstandards, nicht jedoch zur Aufhebung jeglicher Überwachungspflicht.

Der Hyperlink ist demgemäß als **besondere Gefahrenquelle** anzusehen und eine 70
Verkehrssicherungspflicht und Garantenpflicht des Linksetzers im Grundsatz anzunehmen[235] – ohne dass damit bereits etwas über das Ausmaß seiner Pflichten gesagt wäre.

Die grundsätzlich bestehende Verantwortlichkeit wird jedoch durch andere Krite- 71
rien begrenzt: In dem Abwägungsprozess einzubeziehen sind hier vor allem aus den oben genannten Kriterien die Zumutbarkeit von Kontrollpflichten, die soziale Nützlichkeit der gefährlichen Tätigkeit, insbesondere im Hinblick auf ihren Grundrechtsschutz und die Meinungsfreiheit (Art. 5 Abs. 1 GG[236]), sowie der Rang der bedrohten

---

[231] StRspr, für den Veranstalter BGHZ 42, 118, 124 = GRUR 1965, 104, 106; OLG Hamburg, ZUM 1996, 687, 688; BGHZ 95, 307, 308 = NJW 1985, 2823, 2824; s. auch *Schack,* Urheber- und Urheberverträgsrecht, Rn. 682a; eingehend *Freytag,* Haftung im Netz, S. 61 f.

[232] *Gabel,* WRP 2005, 1102, 1117; *Spindler/Volkmann,* WRP 2003, 1, 14; dafür aber *Sieber,* JZ 1996, 494, 502; *Sieber,* Verantwortlichkeit im Internet, Rn. 314; ebenso *Boese,* Strafrechtliche Verantwortlichkeit für Verweisungen durch Links im Internet S. 163; *Derksen,* NJW 1997, 1878, 1883; *Stadler,* Haftung für Informationen im Internet, Rn. 175 ff.; *Stadler,* JurPC Web-Dok. 2/2003, Abs. 93; MüKoStGB/*Freud,* § 13 Rn. 164.

[233] Vgl. *Pankoke,* Von der Presse- zur Providerhaftung, S. 59 f., 75 f.; *Marwitz,* K&R 1998, 369, 370 mwN.

[234] BGH, NJW 1977, 626, 627; KG, NJW 1991, 1490, 1491; *Löffler/Ricker,* Handbuch des Presserechts, 41. Kap. Rn. 22 ff.; s. auch *Uebbert,* Strafrechtliche Haftung des verantwortlichen Redakteurs bei der Veröffentlichung strafbarer Inhalte, S. 95, 84.

[235] BGH, GRUR 2016, 209 Rn. 23 f. – Haftung für Hyperlink; OLG München, MMR 2015, 36, 38; *Jäger/Collardin,* CR 1996, 236, 238; *Derksen,* NJW 1997, 1878, 1885; *v. Lackum,* MMR 1999, 697, 703; *Popp,* Die strafrechtliche Verantwortung von Internetprovidern, S. 188 f.; iE auch, dogmatisch aber unklar *Schardt/Lehment/Peukert,* UFITA 2001, 841, 852 ff.; ebenso, aber ohne Begr. OLG München, NJW-RR 2002, 1048; aA *Heghmanns,* ZUM 2000, 463 ff.; *Dippelhofer,* JurPC Web-Dok. 304/2002, Abs. 19; *Stadler,* JurPC Web-Dok. 2/2003, Abs. 83 ff., je mwN.

[236] S. dazu BGHZ 187, 240 = GRUR 2011, 513 – AnyDVD sowie BVerfG, GRUR 2007, 1064; BVerfG, GRUR 2012, 390.

TMG Vor §§ 7–10 Verantwortlichkeit

Rechtsgüter und das Ausmaß ihrer Gefährdung. Die im Prinzip anzuerkennende soziale Nützlichkeit des Kommunikationswerkzeuges „Hyperlink" führt dazu, dass dem Linksetzenden **nicht die ständige Kontrolle aller Inhalte** auferlegt werden kann, auf die verwiesen wird;[237] ansonsten würde der Schutz der potentiell bedrohten Rechtsgüter unverhältnismäßig auf Kosten der Effizienz der Kommunikation ausgedehnt. Diese gewünschte Kommunikationsfreiheit findet ihre grundrechtliche Verbürgung in Art. 5 Abs. 1 GG, die auch für den Hyperlink als den Verweis auf andere Meinungen und Inhalte im Grundsatz anwendbar sein muss.[238]

72 Es liegt daher nahe, die **presserechtlichen Grundsätze zur Haftung für Fremdinhalte** entsprechend heranzuziehen.[239] Für den Verleger ebenso wie für den Redakteur werden die Pflichten aber durch Zumutbarkeitserwägungen im Rahmen der pressetypischen Sorgfalt begrenzt,[240] um die Funktion der Meinungsfreiheit nicht zu gefährden.[241] Danach sind Verleger und Redakteur insbesondere bei Anzeigen und Leserbriefen zur Prüfung verpflichtet, ob deren Inhalt rechtswidrig ist oder nicht.[242] Es genügt aber eine **Überprüfung auf grobe Gesetzesverstöße** bzw. eine Überprüfung bei Erkennbarkeit der Rechtsverletzung, Auffälligkeit der Anzeige oder Kundgabe eines besonders einschneidenden Umstandes für den Betroffenen.[243] Dementsprechend hat der BGH eine (Störer-)Haftung für ein Presseunternehmen abgelehnt, das im Rahmen eines Berichts über Glücksspiele einen Link auf einen ausländischen Anbieter gesetzt hatte.[244] Weiter ging der BGH im Fall AnyDVD: Dort wurde die Verlinkung auf die Seite des Herstellers eines gegen § 95a UrhG verstoßenden Computerprogrammes im Rahmen einer Berichterstattung über dieses Programm – obwohl Kenntnis der Rechtswidrigkeit bestand – als zulässig angesehen.[245] Begründet wurde das damit, dass in diesem Fall die Presse- und Meinungsfreiheit – sowohl nach Art. 5 Abs. 1 GG als auch nach Art. 11 der EU-Grundrechte-Charta[246] – gegenüber den Interessen der Urheber überwiegen würden.[247] Darin liegt kein Widerspruch zur vorherigen Rechtsprechung, die auch bei fahrlässiger Unkenntnis uU eine Haftung angenommen hat, sondern nur eine fortgesetzte konsequente Ausrich-

---

[237] *Gabel,* WRP 2005, 1102, 1117 mwN.

[238] EGMR; GRUR 2013, 859 Rn. 38 ff. – Ashby Donald, BGH, GRUR 2016, 209 Rn. 24 – Haftung für Hyperlink; BGHZ 187, 240 Rn. 22 = GRUR 2011, 513 – AnyDVD; ähnlich *C. Volkmann,* CR 2017, 36, 41; *Pankoke,* Von der Presse- zur Providerhaftung, S. 130 f.; *Stadler,* Haftung für Informationen im Internet, Rn. 175 ff.; BeckRTD-Komm/*Jandt,* § 10 TMG Rn. 43 f., offenbar unter Rückgriff auf die zur Störerhaftung entwickelten Prüfpflichten.

[239] Ähnlich *Dustmann,* Die privilegierten Provider, 195 f.; *Schack,* MMR 2001, 9, 16; *Köster/Jürgens,* MMR 2002, 420, 422 ff.; *Zapf,* AfP 2003, 489, 495; *Hollenders,* Mittelbare Verantwortlichkeit von Intermediären im Netz, S. 243; zurückhaltend *Stadler,* Haftung für Informationen im Internet, Rn. 170.

[240] BGH, NJW 1996, 1121, 1122.

[241] StRspr, s. etwa BVerfGE 99, 185, 198 = NJW 1999, 1322; BVerfG, NJW-RR 2000, 1209, 1210; BGHZ 132, 13, 24 mwN = NJW 1996, 1131, 1133 f.

[242] BGH, GRUR 1994, 454, 455 f.; BGH, AfP 1995, 600, 601; BGH, GRUR 1993, 53, 54; BGH, GRUR 1992, 618, 619; BGH, GRUR 1990, 1012, 1014.

[243] BGH, NJW 1972, 1658; BGH, GRUR 1992, 618, 619; BGH, GRUR 1994, 454, 455 f.; BGH, WRP 1995, 302, 303; BGH, GRUR 1993, 53, 54 f.; *Pichler,* MMR 1998, 79, 85.

[244] BGH, NJW 2004, 2158 – Schöner Wetten; dazu *Spindler,* GRUR 2004, 724.

[245] BGHZ 187, 240, Rn. 29 = GRUR 2011, 513 – AnyDVD; iE zust., die fehlende Begr. des Informationsinteresses aber kritisierend *Barnitzke,* K&R 2011, 329, 330.

[246] Zust. *Hoeren,* GRUR 2011, 503, 504; *Raue,* GRUR Int. 2012, 402, 406.

[247] BGHZ 187, 240 = GRUR 2011, 513 – AnyDVD; dem folgend – allerdings hinsichtlich des Persönlichkeitsrechts LG Braunschweig, MMR 2012, 64, 65; s. ferner *C. Volkmann,* CR 2017, 36, 42.

tung an den presserechtlichen Maßstäben.[248] Diese Grundsätze gelten nicht nur für das Urheberrecht, sondern zumindest auch für das Persönlichkeitsrecht.[249]

Die Pflichten müssen allerdings noch über die presserechtlichen Maßstäbe hinaus **abgemildert** bzw. modifiziert werden: Während die Presse vor einer Veröffentlichung notwendigerweise Kenntnis von dem jeweiligen Inhalt erhält, der sich im Folgenden auch nicht mehr verändert, und sich die eingeschränkte Kontrollpflicht daher auf die Prüfung der Rechtswidrigkeit bezieht, ist bei Links, die auf Inhalte auf fremden Webseiten verweisen, keineswegs eine Kontinuität des Inhalts gesichert. Eine ständige Kontrolle ist selbst bei kleineren Linksammlungen für den Linksetzenden praktisch unmöglich.[250] Aber auch bei Kenntnis des Inhaltes kann auf einer zweiten Stufe nur eine gemilderte Pflicht zur **Prüfung der Inhalte auf deren Rechtswidrigkeit** in Betracht kommen.[251] Bei urheberrechtlich relevanten Inhalten wird es dem Linksetzenden zudem nur in offensichtlichen Fällen möglich sein, die Berechtigung des Inhaltsanbieters zu überprüfen, was die Rechtsprechung des EuGH wohl nur auf Privatleute beschränkt (→ Rn. 60).[252] Dies gilt erst recht bei Suchmaschinen.[253] 73

Die Lösung wird daher **entlang der Linie,** die von Art. 14 ECRL und § 10 für Schadensersatzansprüche angedeutet wird, zu ziehen sein:[254] Nämlich der **grob fahrlässigen Unkenntnis von rechtswidrigen Inhalten,** obwohl sich dem Linksetzenden entsprechende Umstände förmlich aufdrängen. Zwar handelt es sich nicht um eine unmittelbare oder analoge Anwendung von § 10; dies hindert jedoch nicht, die Wertungen, die hier eingeflossen sind, im Rahmen der allgemeinen Haftungsgrundlagen und der Entwicklung von entsprechenden Kriterien für die Beurteilung der Zumutbarkeit aufzugreifen. 74

Aber auch das **Ausmaß der Distanzierung gegenüber dem Inhalt,** auf den der Link Bezug nimmt, kann eine Rolle spielen: Je eher der Link sich als eine Art Empfehlung bestimmter Inhalte darstellt, je eher die in Bezug genommene, verlinkte Seite sich in das eigene Angebot des Linksetzers integriert, desto mehr Kontrollpflichten sind diesem zumutbar, da er gegenüber dem Nutzer suggeriert, nach eigener Auswahl die Inhalte als zumindest „artverwandte" ansehen zu wollen.[255] Allerdings wird in diesem Fall häufig schon eine deliktische Teilnahmehandlung in Form von Anstiftung oder zumindest Beihilfe zum fremden Rechtsbruch vorliegen.[256] Bei länger bestehenden Hyperlinks wird ihm diese Kenntnis jedoch schwer nachzuweisen sein, insbe- 75

---

[248] *Bölke,* NJW 2011, 2440; s. dazu etwa die vom BGH zitierten Urteile EGMR, NJW 2000, 1015, 1016 f. Rn. 59 ff.; BVerfG, GRUR 2007, 1064 Rn. 19.

[249] So nimmt BGHZ 187, 240 Rn. 34 = GRUR 2011, 513 – AnyDVD selbst auf das Persönlichkeitsrecht Bezug; ferner LG Braunschweig, MMR 2012, 64; ebenso *Hoeren,* GRUR 2011, 503, 504, der dies auch für Marken- und Wettbewerbsrecht bezieht; enger dagegen, da § 95a UrhG im Sonderfall sei *Barnitzke,* K&R 2011, 329, 331: „Einzelfall".

[250] *Boese,* Strafrechtliche Verantwortlichkeit für Verweisungen durch Links im Internet, S. 180.

[251] *Stadler,* Haftung für Informationen im Internet, Rn. 179 a.

[252] *Dustmann,* Die privilegierten Provider, S. 196.

[253] *V. Lackum,* MMR 1999, 697, 704.

[254] Im Ansatz vergleichbar BGH, GRUR 2016, 209 Rn. 25 – Haftung für Hyperlink, der die Wertungen des TMG (allerdings ohne auf § 10 einzugehen) heranziehen will.

[255] Für UWG BGH, NJW 2016, 804, 805 Rn. 18 ff – Haftung für Hyperlink; OLG Jena, MMR 2003, 531; LG Lübeck, CR 1999, 650, 651; s. auch LG Bonn, ZUM-RD 2002, 160; *Dippelhofer,* JurPC Web-Dok. 304/2002, Abs. 12 ff.; Bräutigam/Leupold/*Pelz,* Online-Handel, B I. Rn. 127; *Sieber,* Verantwortlichkeit im Internet, Rn. 309 f.; *Köster/Jürgens,* MMR 2002, 420, 422; *Ohly,* NJW, 2016, 1417.

[256] Ähnlich *Flechsig/Gabel,* CR 1998, 351, 355 f. für Beihilfe; aA *Ernst,* NJW-CoR 1997, 224, 228; zust. *Eichler/Helmers/Schneider,* K&R 1997, 23, 26.

sondere wenn die Inhalte sich seit der Legung des Hyperlinks geändert haben können.[257]

76 Ebenso ist zu berücksichtigen, inwieweit der Linksetzende sich den fremden Inhalt **wirtschaftlich zunutze** macht,[258] etwa ob zwischen dem Dritten und dem Linksetzenden wirtschaftliche Verflechtungen bestehen, zB im Rahmen eines Konzerns,[259] oder ob es sich um Werbemaßnahmen handelt (**Affiliates,** → Rn. 81).[260] In diesen Fällen ist es gerechtfertigt, dem Linksetzenden wesentlich intensivere Kontrollpflichten aufzuerlegen, da er einen Nutzen aus der gefährlichen Tätigkeit zieht – falls nicht die „fremden" Inhalte ihm schon wie eigene zugerechnet werden müssen. Auf eine solche Einschätzung deutet auch das Urteil des EuGH im Urheberrecht (GS Media) hin, in welchem er jedenfalls im Urheberrecht zwischen Privatpersonen und Gewerbetreibenden unterscheidet und letzteren wesentliche intensivere Pflichten auferlegt, um nicht wegen einer eigenen Urheberrechtsverletzung durch Verlinkung auf einen rechtswidrigen Inhalt zu haften.[261] Ob die widerlegbare Vermutung über die Kenntnis der Rechtswidrigkeit auch weit über den Zeitpunkt der Linksetzung reichen soll, hat der Gerichtshof nicht entschieden, jedoch deutet diese abgestufte Haftung auch auf eine unterschiedliche Handhabung der späteren Überprüfung hin. In einem zweiten Schritt dürfte noch immer zu klären sein, wann der Gewerbetreibende der Vermutung unterliegt, hier lässt eine erstinstanzliche Entscheidung des LG Hamburg ein sehr weites Verständnis der Gewerbsmäßigkeit erkennen, was die Linksetzung noch weiter einschränken dürfte.[262]

77 Natürlich ist bei der Bestimmung der Kontrollpflichten auch der **Rang der geschützten Rechtsgüter** zu bedenken. Einem Linksetzenden, der zuvor Inhalte auswählt, auf die er verweist, kann sehr wohl abverlangt werden, bei Seiten, die von vornherein nicht frei von jeglichem Verdacht sind und Rechtsgüter von hohem Rang verletzen könnten, in kürzeren Zeitabständen Kontrollen durchzuführen als bei renommierten Seiten. So wird bei einer bekannt rechtsgerichteten Webseite eine größere Sorgfalt an den Tag zu legen sein als beim Verweis auf ein bekanntes, renommiertes Angebot einer Wochenzeitschrift.

78 **dd) Verantwortlichkeit für Links und Inhalte auf nachgelagerten Ebenen.** Fraglich bleibt noch, ob der Linksetzende auch für Inhalte auf weiteren Ebenen verantwortlich ist. So könnte er etwa zur Verantwortung gezogen werden, wenn der Inhalt, auf den er verweist, seinerseits Links zu weiteren Webseiten enthält oder Unterseiten, auf denen sich dann die inkriminierten Inhalte befinden.[263] Eine solche Haftung würde jedoch schon im Hinblick auf das „ob", also das Bestehen einer Garantenstellung und Beherrschung einer Gefahrenquelle, erhebliche Zweifel aufwerfen. Kann man noch bei der ersten Ebene von einer wertenden Auswahl der Inhalte ausgehen, die vom Linksetzenden vor der Linksetzung untersucht werden, ist dies bei der zweiten Ebene schon unwahrscheinlicher, erst recht bei noch weiter nachgeordneten Ebenen. Hier tritt das Kommunikationsmerkmal der Hyperlinks immer stärker in den Vordergrund. Alles andere würde letztlich zu einer kaskadenförmigen Prüfung

---

[257] AG Berlin-Tiergarten, CR 1998, 111 mAnm *Vassilaki*.
[258] Ähnlich *Freytag,* Haftung im Netz, S. 232.
[259] OLG Frankfurt a.M., CR 2017, 406; *Spindler,* CR 1998, 745 f.; zu weitgehend dagegen LG Frankfurt a. M., CR 1999, 45 mablAnm *Kloos*: Zurechnung von Schwestergesellschaften.
[260] S. dazu *C. Volkmann,* CR 2017, 36, 42.
[261] EuGH, GRUR 2016, 1152 Rn. 51 mAnm *Ohly –* GS Media/Sanoma ua.
[262] LG Hamburg, CR 2017, 46.
[263] So LG Frankfurt a. M., CR 1999, 45, 46; wohl auch OLG München, NJW-RR 2002, 1048.

sämtlicher Webseiten führen.[264] Eine Ausnahme wird man nur in den Fällen konzedieren können, in denen die Webseite, auf die verwiesen wird, erkennbar Eingangsportal für entsprechende rechtswidrige Inhalte ist, etwa um Hacker-Seite mit Tools zum „Cracken" von Software. Selbst wenn man noch eine Garantenstellung annehmen wollte, ergäbe sich dennoch aus den geschilderten Schwierigkeiten die Unzumutbarkeit entsprechender Prüfungspflichten für weitere Linkebenen.[265]

ee) Störerhaftung für Hyperlinks. Aufgrund des weiten Störerbegriffs[266] (→ § 7 Rn. 10) kann selbstverständlich auch der Linksetzer als (mittelbarer) Störer in Anspruch genommen werden, erst recht wenn die Linksetzung selbst bereits die Rechtsverletzung darstellt (→ Rn. 47). Allerdings greifen die gleichen Einschränkungen ein, wie sie für die Verantwortlichkeit im Deliktsrecht entwickelt worden sind, insbesondere die nur begrenzten Prüf- und Kontrollpflichten des Linksetzenden. So stellt der BGH im Rahmen dessen vor allem auf den Gesamtzusammenhang, in dem der Hyperlink gesetzt wurde, ab und berücksichtigt vor allem auch inwieweit die Rechtswidrigkeit der verlinkten Inhalte erkennbar war.[267] Anders als bei der Störerhaftung von durch §§ 8–10 privilegierten Diensteanbietern (→ § 7 Rn. 73) kommt hier dagegen eine vorbeugende Unterlassungsklage durchaus in Betracht, für die dann die eingeschränkten Prüfungspflichten von Relevanz sind, insbesondere wenn sich der verlinkte Inhalt erst nach Linksetzung verändert hat.[268] In diesen Fällen, also vor allem nach Abmahnung und damit der Kenntnis von der möglichen Rechtswidrigkeit, entfalten die Prüfungspflichten der Störerhaftung keine besondere begrenzende Wirkung, da der Linksetzende lediglich seinen Link deaktivieren muss, aber keine ständige Kontrolle anderer Inhalte durchführen müsste.[269] Jedoch ist zu beachten, dass der BGH Gewerbetreibenden keine proaktiven Überwachungsmaßnahmen auferlegen möchte.[270] Diese Praxis dürfte in der Zukunft nur schwer mit der EuGH Rechtsprechung zu gewerbsmäßigen Linksetzungen in Urheberrecht vereinbar sein,[271] schließlich muss der Unternehmer hier die Vermutung über die Kenntnis der Rechtswidrigkeit widerlegen, eine Vorabkontrolle zwecks Exculpation scheint damit geboten (→ Rn. 60). Für privat Handelnde dürfte es bei der Aufrechterhaltung der dargestellten eingeschränkten Prüfpflichten bleiben.

Verantwortungsfragen erwachsen daneben im Rahmen der sog. **„Affiliate-Programme".**[272] Besonders problematisch erscheint die (Mitstörer-)Haftung eines Webseitenbetreibers, der einen Partner vertraglich zur Bewerbung seiner Internetprä-

---

[264] *Mann,* AfP 1998, 129, 132; Heermann/Ohly/*Reese,* Verantwortlichkeit, 191; Gounalakis/*Backhaus,* E-Commerce, § 26 Rn. 60; Bräutigam/Leupold/*Pelz,* Online-Handel, B I. Rn. 127; *Sieber,* Verantwortlichkeit im Internet, Rn. 330; vgl. auch AG Berlin-Tiergarten, MMR 1998, 49 mAnm *Hütig* = CR 1998, 111 mAnm *Vassilaki.*
[265] *Freytag,* Haftung im Netz, S. 233.
[266] Ausf. zur Abgrenzung Handlungs- und Zustandsstörer im Falle einer Linksetzung *Stenzel,* Haftung für Hyperlinks, S. 151 f.
[267] BGH, GRUR 2016, 209 Rn. 209 Rn. 23 ff. – Haftung für Hyperlink; BGHZ 158, 343 = GRUR 2004, 693, 695 – Schöner Wetten; das OLG Hamburg, MMR 2004, 822 schloss sich auch im Falle des „Domain-Parking" dem BGH an, die konkreten Prüfungspflichten hinsichtlich der Rechtmäßigkeit des verlinkten Inhalts resultierten hier jedoch auf einer expliziten Zusicherung des Webseitenanbieters.
[268] Zum Umfang der Prüfpflichten BGH, GRUR 2016, 209 Rn. 24 f. – Haftung für Hyperlinks.
[269] BGH, GRUR 2016, 209 Rn. 24 f. – Haftung für Hyperlink: Keine Beschränkung der Prüfung auf evidente Rechtswidrigkeit (→ Rn. 27).
[270] BGH, GRUR 2016, 209 Rn. 25 – Haftung für Hyperlink.
[271] Ebenso *G. Volkmann,* CR 2017, 36, 39; s. auch *Leistner,* ZUM 2016, 980, 982.
[272] Hoeren/Sieber/Holznagel/*Hoeren,* 44. EL 2017, Teil 18.2 Rn. 106.

senz engagiert hat und dieser im Zuge dessen mittels Hyperlinks Markenrechts- oder Wettbewerbsverstöße begeht. Während teilweise eine Verantwortlichkeit des Beworbenen (Merchants) mit dem Argument abgelehnt wird, dass diesem eine Pflicht zur Überprüfung des Linksetzers (Affiliate) unzumutbar sei,[273] spricht sich der BGH für eine Verantwortlichkeit des Beworben aus: Dieser ist für das Handeln des Affiliate verantwortlich, wenn der Werbepartner erst nach Überprüfung durch den Merchant, inkl. Vorgaben an die Art und Weise der Werbung, beauftragt wurde und der Affiliate ferner eine Provision für Geschäftsabschlüsse erhält, die mithilfe der Hyperlinks getätigt werden.[274] Eine Verantwortlichkeit als Mitstörer muss hingegen ausscheiden, wenn der Werbepartner rechtsverletzende Hyperlinks außerhalb des im Auftragsverhältnis bestimmten Geschäftsbereichs setzt.[275] Diese Ansicht ist überzeugend, da dem Merchant andernfalls allzu leicht eine Flucht aus der Verantwortlichkeit gelänge, obwohl die Auswahl von Werbepartnern und die Bestimmung der Werbestrategie Teile der eigenen Betriebsorganisation darstellen.

81 **ff) Öffentlich-rechtliche Störerhaftung für Hyperlinks.** Vergleichbare Grundsätze können auch im öffentlichen Recht für die Haftung des Linksetzenden als Störer herangezogen werden: Zunächst kann dieser unmittelbar als Verhaltensstörer in Anspruch genommen werden, wenn er etwa als Beihelfer selbst einen Tatbestand verwirklicht und somit die Gefahr unmittelbar begründet.[276] Der Linksetzende kann aber auch als Zweckveranlasser zur Unterlassung herangezogen werden, da er eine der Ursachen für die Verbreitung eines Inhaltes setzt, sofern er das polizeiwidrige Verhalten Dritter beabsichtigt oder in Kauf genommen hat. Gleiches gilt, wenn das Verhalten des Dritten vorhersehbar war und sich zwangsläufig einstellte.[277] Im Gegensatz zum Zivil- und Strafrecht kann die Störereigenschaft unproblematisch auch für Links angenommen werden, bei denen die Inhalte, auf die verwiesen wird, bei Linksetzung rechtmäßig waren, sich aber später verändert haben. Dabei hat der Linksetzer zwar nicht die Polizeiwidrigkeit des Nutzerverhaltens im Auge, da er um diese nicht weiß. Andererseits bezweckt er immer noch den Aufruf der Seite.[278] Dass der Linksetzer von der Gefahr nichts weiß, ändert an seiner Verantwortlichkeit demnach nichts. Mit der Polizeipflichtigkeit wird lediglich für die Zukunft der Gefahr der weiteren Verbreitung von Inhalten durch den Link vorgebeugt.

82 **gg) Herkunftslandprinzip und Hyperlinks.** Die Abstinenz des europäischen Richtliniengebers hat allerdings auch zur Folge, dass die Verantwortlichkeit für Hyperlinks dem Herkunftslandprinzip nach Art. 3 Abs. 1, 2 ECRL bzw. § 3 Abs. 1, 2 unterfällt. ECRL und TMG enthalten sich lediglich einer Regelung hinsichtlich der Verantwortlichkeit. Dies besagt nichts darüber, dass sie nicht als Telemedien zu qualifizieren wären und demnach dem Herkunftslandprinzip unterfallen (→ § 1 Rn. 12).[279]

---

[273] LG Hamburg, MMR 2006, 120; LG Frankfurt a. M., MMR 2006, 247; eine Übersicht der Rspr. bis 2007 in *Volkmann,* K&R, 2007, 289, 292.
[274] BGH, GRUR 2009, 1167, 1179 Rn. 24 ff. – Partnerprogramm; anders als noch die Vorinstanz (OLG Köln, MMR 2006, 622) setzt der BGH für die Zurechnung eine strenge Einbindung des Affiliates in die Betriebsorganisation des Beworbenen voraus; s. auch noch *C. Volkmann,* CR 2017, 36, 42, im Lichte der neueren EuGH-Rechtsprechung.
[275] BGH, GRUR 2009, 1167, 1179 Rn. 27 – Partnerprogramm.
[276] *Germann,* Gefahrenabwehr und Strafverfolgung im Internet, S. 380.
[277] *Gounalakis/Ruthig,* Rechtshandbuch Electronic Business, § 14 Rn. 92; *Zimmermann,* NJW 1999, 3145, 3149; *Volkmann,* Der Störer im Internet, S. 213 f.
[278] *Volkmann,* Der Störer im Internet, S. 213 f.
[279] Unrichtig OLG Hamburg, NJW-RR 2003, 760, 761; dazu auch *Spindler,* RabelsZ 2002 (66), 635 ff.

Verantwortlichkeit **Vor §§ 7–10 TMG**

XV. Suchmaschinen

Literatur: *Dippelhofer,* Lost or found? – Die Störerhaftung der Suchmaschinenbetreiber nach dem BGH-Urteil „Autocomplete", MMR-Aktuell 2013, 352714; *Elixmann,* Datenschutz und Suchmaschinen, 2012; *Hollenders,* Mittelbare Verantwortlichkeit von Intermediären im Netz, 2012; *A. Koch,* Zur Einordnung von Internet-Suchmaschinen nach dem EGG, K&R 2002, 120; *Köster/Jürgens,* Haftung professioneller Informationsvermittler im Internet, MMR 2002, 420; *dies.,* Die Haftung von Suchmaschinen für Suchergebnislisten, K&R 2006, 108; *Kühling/Gauß,* Suchmaschinen – eine Gefahr für den Informationszugang und die Informationsvielfalt?, ZUM 2007, 881; *v. Lackum,* Verantwortlichkeit der Betreiber von Suchmaschinen, MMR 1999, 697; *Meyer,* (Google & Co.) – Aktuelle Rechtsentwicklungen bei Suchmaschinen, K&R 2007, 177 – jährlich fortlaufend: K&R 2008, 201; K&R 2009, 217; K&R 2010, 226; K&R 2011, 217; K&R 2012, 236; K&R 2013, 221; K&R 2014, 300; K&R 2015, 222; K&R 2016, 308; *Ott,* Haftung für Hyperlinks – Eine Bestandsaufnahme nach 10 Jahren, WRP 2006, 691; *ders.,* Die Entwicklung des Suchmaschinen- und Hyperlink-Rechts, WRP 2008, 393 – jährlich fortlaufend: WRP 2009, 351; WRP 2010, 435; WRP 2011, 655; WRP 2012, 679; *Podehl,* Internetportale mit journalistisch-redaktionellen Inhalten, MMR 2001, 17; *Rath,* Zur Haftung von Internet-Suchmaschinen, AfP 2005, 324; *Ruess,* „Just google it?" – Neuigkeiten und Gedanken zur Haftung der Suchmaschinenanbieter für Markenverletzungen in Deutschland und den USA, GRUR 2007, 198; *Schaefer,* Kennzeichenrechtliche Haftung von Suchmaschinen für AdWords – Rechtsprechungsüberblick und kritische Analyse, MMR 2005, 807; *Sieber/Liesching,* Die Verantwortlichkeit der Suchmaschinenbetreiber nach dem Telemediengesetz, MMR-Beil. 2007, 1; *Spindler,* Bildersuchmaschinen, Schranken und konkludente Einwilligung im Urheberrecht – Besprechung der BGH-Entscheidung „Vorschaubilder", GRUR 2010, 785; *Wimmers,* Der Intermediär als Ermittler, Moderator und Entscheider in äußerungsrechtlichen Auseinandersetzungen?, AfP 2015 202; s. auch die Lit. zu Hyperlinks → Vor Rn. 46.

1. Allgemeines

Suchmaschinen ermöglichen zwar dem Nutzer wie bei Hyperlinks einen gesuchten Inhalt über die Anzeige der Suchmaschinenergebnisse direkt aufzurufen; doch unterscheiden sich die Suchmaschinen allein schon durch ihre Verwendung von Algorithmen zur Erzeugung der Suchergebnisse in Abhängigkeit von den Nutzeranfragen von den Hyperlinks. Die Funktionsweise der verschiedenen Suchmaschinen ist stets ähnlich, wobei drei unabhängige Tätigkeitsbereiche differenziert werden: die Lokalisierung von Inhalten, die Indexierung der lokalisierten Informationen und die Beantwortung von Suchanfragen.[280] Zunächst erfassen die Suchmaschinen mithilfe sog. „Robots" oder „Crawlers" automatisiert die im Internet abrufbaren Websites in regelmäßigen Abständen.[281] Die aufgefundenen Webinhalte werden daraufhin von den Suchmaschinen zu großen Datenbanken zusammengefasst und indexiert.[282] Startet ein Suchmaschinennutzer eine Websuche, so löst die Suchanfrage eine Recherche in der erstellten Datenbank aus; eine erneute Durchsuchung des gesamten Webs findet nicht statt. Die Suchergebnisse werden sodann in algorithmisch erzeugten Trefferlisten bereitgestellt.[283] Zudem zeigen Suchmaschinen üblicherweise kurze Textausschnitte (Snippets) oder kleine Bilder (Thumbnails) an, um die Suchergebnisse zu verdeutlichen, so dass nicht nur hyperlinkähnliche Funktionen vorliegen. Anders als 83

---

[280] Hoeren/Sieber/Holznagel/*Sieber,* 44. EL 2017, Teil 1 Rn. 99.
[281] *Rath,* Recht der Suchmaschinen, S.65.
[282] *Sieber/Liesching,* MMR 2007, Beil. 8, 1, 12.
[283] Kilian/Heussen/*Egermann,* Computerrechts-Handbuch, Abschnitt 3 Suchmaschinen, Rn. 1; ausführlich *Rath,* Recht der Suchmaschinen, S. 69 ff.

bei Hyperlinks treffen die Suchmaschinenbetreiber über ihre Algorithmen im Prinzip keine wertende Auswahl; die Ergebnisse richten sich im Grundsatz nach bestimmten logischen Kriterien, etwa der Häufigkeit der Aufrufe bestimmter Inhalte etc.[284] Allerdings steht gerade die Ausgestaltung von Algorithmen häufig in der Kritik, da immer wieder Verdachtsmomente geäußert werden, dass bestimmte Anbieter von Suchmaschinenbetreibern bevorzugt werden.[285] **Metasuchmaschinen** durchsuchen dagegen ihrerseits andere Suchmaschinen – hinsichtlich der haftungsrechtlichen Einordnung ergeben sich jedoch keine Unterschiede.[286]

2. Keine Anwendbarkeit des TMG

84 Die fehlende Anwendbarkeit des TMG gilt auch für **Suchmaschinen:** Hier liegt die Anwendung von § 8 zwar noch näher, da es sich oft um die vom Nutzer ausgelöste Auflistung von Adressen handelt, im weiteren Sinne also eine Durchleitung von Daten und die Vorbereitung des Telekommunikationsvorgangs.[287] Auch hier stellen aber sowohl Art. 21 Abs. 2 ECRL als auch schon der Gesetzgeber des TDG[288] die haftungsrechtliche Behandlung von Suchmaschinen explizit zurück. Daher fehlt es an einer planwidrigen Regelungslücke.[289] Von der grundsätzlichen Interessenlage her sind Suchmaschinen, wenn sie nur automatisiert Suchergebnisse generieren, mit den Zugangsvermittlern nach § 8 zu vergleichen[290] – was wertungsmäßig auch im Rahmen der Pflichtenkonkretisierung nach allgemeinen Gesetzen berücksichtigt werden kann. Demgegenüber geht der BGH offenbar in der Vorschaubilder I Entscheidung von der Anwendbarkeit der Haftungsprivilegierungen in Art. 14 ECRL bzw. § 10 TMG aus: Unter Heranziehung der Google France-Entscheidung des EuGH[291] soll Art. 14 I ECRL auf die Bereitstellung von Dienstleistungen durch Suchmaschinen Anwendung finden, wenn die betreffende Tätigkeit des Suchmaschinenbetreibers

---

[284] So auch OLG Hamburg, MMR 2011, 685, 686; OLG Hamburg, MMR 2007, 315f.; *Engels/Jürgens/Kleinschmidt,* K&R 2008, 65, 74; *Meyer,* K&R 2008, 202.

[285] Zum kartellrechtlichen Verfahren der EU gegen Google s. *Meyer/Rempe,* K&R 2016, 308; Pressemitteilung der EU-Kommission vom 15.4.2015, IP/15/478; Pressemitteilung der EU-Kommission vom 20.4.2016, IP/16/1492.

[286] S. auch KG, MMR 2006, 393f.; *Stenzel,* ZUM 2006, 407.

[287] So *Sieber/Liesching,* MMR 2007, Beil. 8, 1, 12; schon für § 5 Abs. 3 TDG aF *Koch,* CR 1997, 193, 200; aA offenbar *Köhler/Fetzer,* Rn. 855f.; Ernst/Vassilaki/Wiebe/*Wiebe,* Hyperlinks, Rn. 139; *Schwarz/Poll,* JurPC Web-Dok. 73/2003, Abs. 113ff.

[288] Gegenäußerung *Bundesregierung,* BT-Drs. 14/6098, S. 37.

[289] KG, MMR 2006, 393, 394; LG Berlin, MMR 2005, 786, 787; *Koch,* K&R 2002, 120, 122f.; *Meyer,* K&R 2007, 177, 180; *Stadler,* Haftung für Informationen im Internet, Rn. 239; *Schaefer,* MMR 2005, 807, 809; *Rath,* AfP 2005, 324, 328; *Müglich,* CR 2002, 583, 591; *Hollenders,* Mittelbare Verantwortlichkeit von Intermediären im Netz, S. 120; aA LG Frankfurt a.M., MMR 2001, 405, 405 f.: „Zugangsvermittlung"; trotz der Gesetzgebungsgeschichte Hoeren/Sieber/Holznagel/*Sieber/Höfinger,* 44. EL 2017, Teil 18.1, Rn. 113ff.; *Sieber/Liesching,* MMR 2007, Beil. 8, 1, 9f.; ähnlich BeckRTD-Komm/*Jandt,* § 10 TMG Rn. 51; *Ott,* WRP 2006, 691, 694f.; Ernst/Vassilaki/Wiebe/*Wiebe,* Hyperlinks, Rn. 139; *Schwarz/Poll,* JurPC Web-Dok. 73/2003, Abs. 113ff., § 9 TDG analog; *A. Koch,* K&R 2002, 120, 126: § 10 TDG analog.

[290] *Wimmers* AfP 2015, 202, 204; aus europäischer Sicht *Verbiest/Spindler/Ricco/Van de Perre,* Study on the Liability of Internet Intermediaries, S. 19, abrufbar unter http://ec.europa.eu/internal_market/e-commerce/docs/study/liability/final_report_en.pdf; für analoge Anwendung von § 8 BeckRTD-Komm/*Jandt,* § 10 TMG Rn. 51; BeckOK InfoMedienR/*Paal,* TMG, § 8 Rn. 25; zum TDG bereits LG Frankfurt a.M., MMR 2001, 405; unter „entsprechender" Anwendung LG München I, MMR 2004, 261; 261f.; eine direkte oder analoge Anwendung abl. hingegen *Schaefer,* MMR 2005, 807, 809; *Rath,* AfP 2005, 324, 328.

[291] EuGH, GRUR 2010, 445, 451 Rn. 119 – Google France.

Verantwortlichkeit   Vor §§ 7–10 TMG

rein technischer, automatischer und passiver Art sei und der Suchmaschinenbetreiber weder Kenntnis noch Kontrolle über die von ihm gespeicherte oder weitergeleitete Information besäße.[292] Dies ist aus mehreren Gründen problematisch:[293] Zum einen weisen weder Art. 14 I ECRL noch § 10 TMG das Merkmal der Informationsweiterleitung auf, welches für Access-Provider (und Suchmaschinen) prägend ist. Darüber hinaus erscheint es fraglich, ob der EuGH Art. 14 ECRL auch auf Bildersuchmaschinen anwenden würde.[294] Schließlich ist nochmals darauf hinzuweisen, dass weder der Richtliniengeber noch der deutsche Gesetzgeber Suchmaschinen regeln wollte.[295]

3. Haftung nach allgemeinen Gesetzen

Daher sind auch für Suchmaschinen die allgemeinen Verantwortlichkeitskriterien 85 heranzuziehen, die je nach Eigenart der Suchmaschine den für die Hyperlinks entwickelten Grundsätzen folgen oder mehr der Verantwortlichkeit für eigene Inhalte. So existieren sowohl Suchmaschinen, die ihre Ergebnisse durch rein automatisierte Vorgänge erzielen, indem mit Hilfe von sog. „web crawlern" das Netz auf bestimmte Inhalte, Links oder Metatags durchsucht wird, als auch Verzeichnisse oder Kataloge, die große, redaktionell bearbeitete Linksammlungen enthalten, wie vor allem *yahoo* und *web.de*.[296] Zu den Suchmaschinen im weiteren Sinne gehören auch Tauschplattformen wie ehemals **Napster,**[297] jetzt bspw. **eMule** oder **Vuze,**[298] die bestimmte Inhalte bei den angeschlossenen Nutzern suchen und dann eine unmittelbare Verbindung zwischen den Nutzern herstellen.[299]

Bei Betreibern von allgemeinen Suchmaschinen sowie bei Verzeichnissen sind die 86 **Verkehrssicherungspflichten nur rudimentär** ausgeprägt.[300] Denn im Falle von Prüfungspflichten und einer damit einhergehenden Beseitigungspflicht bezüglich bekannter Inhalte würden Suchmaschinenanbieter an ihrer eigenen Effektivität scheitern. Während für (seltene) redaktionell betreute Suchmaschinen eine Kontrolle auf Rechtswidrigkeit der aufgefundenen Inhalte im Einzelfall zumutbar sein mag, da hier oft bewusste inhaltliche Auswahlentscheidungen getroffen werden, ebenso bei Suchmaschinen, die Plätze im Suchergebnis (Ranking) verkaufen,[301] stellt sich bei automatischen Suchmaschinen, die das Netz über Robots absuchen, schnell die Frage nach der Zumutbarkeit. Will man indes die Einrichtung der Suchmaschinen als eine Schlüsselfunktion für die Nutzung des Netzes durch die Allgemeinheit nicht wesent-

---

[292] BGHZ 185, 291 Rn. 39 = GRUR 2010, 628, 633 – Vorschaubilder I; ähnlich LG Frankfurt a.M., CR 2017, 537, 540: §§ 9, 10 TMG einschlägig zu §§ 9, 10 TMG tendierend, aber letztlich offenlassend: OLG Köln, BeckRS 2016, 18916 Rn. 93 f.; OLG Köln, NJOZ 2016, 1814, Rn. 56 f.

[293] Insoweit wie hier *Wimmers,* AfP 2015, 202, 204.

[294] Dazu *Fahl,* K&R 2010, 437, 440 f.

[295] Gegenäußerung Bundesregierung, BT-Drs. 14/6098, S. 37.

[296] *Köster/Jürgens,* MMR 2002, 420, 421; *Stadler,* Haftung für Informationen im Internet, Rn. 233.

[297] Napster ist derzeit ein kostenpflichtiger Download-Service für Musik, der allerdings nicht mehr auf P2P-Netzen basiert.

[298] In dem stark fragmentierten Feld sind unter den vielzähligen Clients solche mit Suchfunktion in einigen Netzen stärker vertreten (eMule, Gnutella/Gnutella2) als in anderen (BitTorrent).

[299] *Köster/Jürgens,* MMR 2002, 420, 421; aA offenbar *Dustmann,* Die privilegierten Provider, S. 211 f.

[300] Zur Zumutbarkeit von Prüfungspflichten für Suchmaschinenbetreiber LG Frankfurt a.M., NJW-RR 2002, 545; LG Frankfurt a. M., MMR 2001, 405 f.; LG München I, MMR 2001, 56, 57; s. auch *v. Lackum,* MMR 1999, 697 ff.; jegliche Garanten- bzw. Verkehrssicherungspflicht negierend *Stadler,* Haftung im Internet, Rn. 245.

[301] *Köster/Jürgens,* MMR 2002, 420, 424.

lich beeinträchtigen, müssen Prüfungs- und damit auch Beseitigungspflichten erheblich eingeschränkt werden.[302] Aufgrund der neueren Rechtsprechung zu Hyperlinks im Urheberrecht, wonach **gewerbsmäßige Linksetzer** zur Prüfung und Kontrolle der verlinkten Inhalte verpflichtet werden (→ Rn. 60), insbesondere ob der Rechteinhaber die Internetveröffentlichung erlaubt hat, stellte sich die Frage, ob Suchmaschinenbetreiber (als gewerbsmäßig Handelnde) stets zur Prüfung der gesuchten Inhalte verpflichtet sind; die Annahme einer solchen Pflicht würde das automatisierte Suchen zumindest derzeit faktisch unmöglich machen. Dementsprechend ist dem BGH zuzustimmen, der in der **Vorschaubilder III-Entscheidung** eine generelle Rückausnahme für Suchmaschinen im Hinblick auf das Setzen von Links getroffen hat, indem derartige Prüfungen als unzumutbar angesehen werden; auch greift die vom EuGH aufgestellte Vermutung der Kenntnis des gewerbsmäßigen Linksetzers (→ Rn. 60) hier nicht ein.[303] Hinsichtlich des Rechts auf öffentliche Wiedergabe bzw. Zugänglichmachen (§ 19a UrhG) ist dem zuzustimmen, wenngleich die Frage dem EuGH hätte vorgelegt werden müssen; für das Vervielfältigungsrecht (bei Bildersuchmaschinen) übersteigt dies jedoch die vom BGH angewandte Einwilligungslösung[304] und stellt sich letztlich als freie Rechtsfortbildung dar.

87   Bei Suchmaschinen, die ausschließlich zur **Auffindung rechtswidriger Inhalte** verwandt werden, oder die eine wertende redaktionelle Auswahl von Ergebnissen aufweisen, können ferner die im Rahmen der Haftung nach § 826 BGB entwickelten Fallgruppen zur **Verleitung zum Vertragsbruch**,[305] zur Ausnutzung fremden Vertragsbruchs[306] sowie zur Leistungsbehinderung von anderen Unternehmen durch das Ausnutzen fremder Urheberrechtsverletzungen[307] fruchtbar gemacht werden. Daher ist dem EuGH durchaus hinsichtlich der Qualifizierung der Tätigkeit der Plattform pirate bay zuzustimmen, wenn der Suchmaschinenbetreiber Torrentdateien indexiert und damit wissentlich Urheberrechtsverletzungen erleichtert.[308] Aber auch bei Sponsored Links treffen den Suchmaschinenbetreiber aufgrund seiner Einwirkung auf die Auswahl der präsentierten Ergebnisse wesentlich höhere Prüf- und Kontrollpflichten als bei normalen Suchergebnissen.[309]

88   Problematisch ist jedoch die Ausklammerung bestimmter **Schlüsselsuchbegriffe,** da damit gleichzeitig auch sinnvolle Angebote aus dem Suchprogramm ausge-

---

[302] IE LG Frankfurt a. M., NJW-RR 2002, 545; LG München I, MMR 2001, 56, 57; ähnlich *Köhler/Fetzer*, Rn. 856; *Bettinger/Freytag*, CR 1998, 545, 552; *Dustmann*, Die privilegierten Provider, S. 198; Bröcker/Czychowski/Schäfer/*Dustmann*, Praxishandbuch Geistiges Eigentum im Internet, § 4 Rn. 113f.; *Pankoke*, Von der Presse- zur Providerhaftung, S. 115ff., der für die Auslegung der Sorgfaltspflichten auf U.S.-Recht und hier auf Sec. 512 (d) und (i) Copyright Act zurückgreifen will; für keinerlei Pflichten *Stadler*, Haftung im Internet, Rn. 241ff., 244; ähnlich *Volkmann*, Störer, S. 165; wohl auch *Köster/Jürgens*, MMR 2002, 420, 424f.

[303] BGH, Urt. v. 21.9.2017 – I ZR 11/16.

[304] BGHZ 185, 291 Rn. 33, 34 = GRUR 2010, 628 – Vorschaubilder I; dazu krit., insb. bzgl. der Annahme eines widersprüchlichen Verhaltens, und für „fair use"-Klausel plädierend *Spindler*, GRUR 2010, 785, 789f.; mit Ausweitung der Einwilligung auf Dritte BGH, GRUR 2012, 602 Rn. 26 = MMR 2012, 383 mkritAnm *Spindler* – Vorschaubilder II; eine konkludente Einwilligung noch abl. Thüringer OLG, K&R 2008, 301, 304 mAnm *Ott*.

[305] BGHZ 14, 313, 317 = NJW 1954, 1925, 1926.

[306] BGH, GRUR 1974, 97 – Spielautomaten II.

[307] S. auch OLG Stuttgart, NJW 1989, 2633f.

[308] EuGH, GRUR 2017, 790 Rn. 35ff. – Stichting Brein/Ziggo ua (The Pirate Bay).

[309] LG Hamburg, CR 2005, 534, 535; LG Regensburg, MMR 2005, 478; iE ebenso BeckRTD-Komm/*Jandt*, § 10 TMG Rn. 53; Ernst/Vassilaki/Wiebe/*Wiebe*, Hyperlinks, Rn. 139; *Rath*, AfP 2005, 324, 329; *Köster/Jürgens*, MMR 2002, 420, 424.

schlossen werden könnten.[310] Zudem dürfte es kaum Schlüsselbegriffe geben, die nicht zugleich auf rechtswidrige und auf zulässige Dienste verweisen können, so dass in aller Regel von vornherein der auch im Zivilrecht für den Gehilfen erforderliche Vorsatz entfällt, wenngleich bereits eine psychische Unterstützung des Täters genügt.[311] Ohne besondere Umstände und positive Kenntnis kommt daher eine Haftung für die Vermittlung und Suche von Diensten, die rechtswidrige Informationen oder eine Verletzung von fremden Rechten erlangte Produkte feilbieten, nicht in Betracht. Eine Prüfungspflicht des Herstellers von Suchprogrammen ist dagegen im Rahmen einer Evidenzhaftung nach § 826 BGB nur insoweit anzunehmen, als es um die Aufnahme von Begriffen geht, die es auf den ersten Blick ermöglichen, Dienste aufzufinden, die rechtswidrige Inhalte verbreiten. Jede weitere darüber hinausgehende Kontrolle würde die Grenzen der Zumutbarkeit auch unter Berücksichtigung der betroffenen Rechtsgüter überschreiten.[312] Stellt der Suchmaschinenanbieter jedoch eigene Informationen zur Nutzung bereit, richtet sich dessen Verantwortlichkeit gem. § 7 Abs. 1 TMG nach den allgemeinen Gesetzen.[313] Als solche eigenen Inhalte sind zB die Ergebnisse der Autocomplete-Funktion von Suchmaschinen einzuordnen: die Funktionsweise des Vervollständigungsalgorithmus stellt gerade keine ausschließlich technische, automatische und passive Verarbeitung fremder Informationen dar, sondern die Erzeugung eigener Suchvorschläge auf Grundlage der Nutzereingaben.[314]

4. Störerhaftung

89 Auch der Suchmaschinenbetreiber unterliegt grundsätzlich der Störerhaftung, wobei wiederum die für die allgemeinen Gesetze entwickelten Einschränkungen seiner Pflichten anzuwenden sind. Vor allem seine gesellschaftliche erwünschte, sozialadäquate Funktion als Navigationshilfe würde durch überspannte Prüf- und Kontrollpflichten noch mehr als bei Hyperlinks unmöglich gemacht. Zudem darf die Rolle der Suchmaschinenbetreiber auch für die **Meinungs- und Informationsfreiheit** von Nutzern und Anbietern im Sinne einer Gatekeeper-Rolle nicht unterschätzt werden.[315] **Vorbeugende Unterlassungsansprüche** bzw. Unterlassungsklagen scheiden aufgrund der nur rudimentär bestehenden Prüf- und Kontrollpflichten von vornherein aus.[316] Demgegenüber ist der Suchmaschinenbetreiber verpflichtet, nach Kenntnisnahme von rechtswidrigen Inhalten, auf die sein Suchergebnis verweist, diese Ergebnisse bzw. Links aus dem Angebot zu entfernen.[317] Im Hinblick auf die ganz erheblich reduzierten Prüfpflichten gilt hier aber erst recht, dass der Suchmaschinenbetreiber nicht verpflichtet ist, kerngleiche Verstöße (→ § 7 Rn. 51) zu prüfen und diese zu entfernen.[318] Zudem ist selbst bei Kenntnisnahme (zB infolge einer Ab-

---

[310] *Sieber*, JZ 1996, 429, 432; *Derksen*, NJW 1997, 1878, 1884.

[311] BGHZ 70, 277, 285 = NJW 1978, 816, 818.

[312] Zur fehlenden (lauterkeitsrechtlichen) Verantwortlichkeit des Access-Providers für Rechtsverletzungen durch Suchmaschinen ferner OLG Frankfurt a.M., MMR 2008, 166 – mAnm *Spindler*.

[313] BGHZ 197, 213 Rn. 20 = GRUR 2013, 751 mAnm *Peifer/Becker* – Autocomplete-Funktion.

[314] BGHZ 197, 213 Rn. 26 = GRUR 2013, 751 mAnm *Peifer/Becker* – Autocomplete-Funktion.

[315] S. auch OLG Köln, MMR 2017, 549, 560 Rn. 192 (im Rahmen von § 29 BDSG); *Schulz/Held/Laudien*, Suchmaschinen als Gatekeeper in der öffentlichen Kommunikation, S. 19ff.

[316] LG Berlin, MMR 2005, 786; BeckRTD-Komm/*Jandt*, § 10 TMG Rn. 56; *Köster/Jürgens*, K&R 2006, 108, 112; *Meyer*, K&R 2007, 177, 181.

[317] *Meyer/Rempe*, K&R 2017, 303, 307f.

[318] Ebenso BeckRTD-Komm/*Jandt*, § 10 TMG Rn. 56.

mahnung) der Suchmaschinenbetreiber nur zu groben Prüfungen der Rechtmäßigkeit verpflichtet, wobei das Ausmaß der Prüfungspflicht von der Konkretisierung des Verstoßes durch den Abmahnenden abhängt.[319] Dennoch muss der Beitrag der Suchmaschine an Rechtsverletzungen Dritten Berücksichtigung finden:[320] Vorausgesetzt ein Betroffener hat den Suchmaschinenbetreiber ausreichend auf eine tatsächliche Rechtsverletzung aufmerksam gemacht und der Betreiber ist der Aufforderung zur Entfernung dennoch nicht nachgekommen, so steht dem Verletzten ein Anspruch auf Löschung des rechtsverletzenden Suchergebnisses zu.[321] Die Mitteilung darf sich dabei nicht in der Mitteilung der inkriminierten Links erschöpfen; sie muss den Inhalt – ähnlich den Anforderungen bei Host-Providern (→ § 10 Rn. 24) genau bezeichnen und auch die vermeintlichen Rechtsverstöße benennen.[322] Generell kann ein Löschungsanspruch daraus resultieren, dass im Rahmen einer Einzelfallabwägung das Interesse (an einer Löschung von Suchergebnissen) eines grundrechtsbeeinträchtigten Einzelnen gegenüber dem Interesse der Allgemeinheit an der Verfügbarkeit der Information überwiegt.[323]

90 Die Störerhaftung ist gleichermaßen auch auf **Metasuchmaschinen** anwendbar.[324] Hier sind händische Kontrollen der Trefferlisten durch den Metasuchmaschinenbetreiber ohne Kenntnis einer konkreten Rechtsverletzung erst recht nicht zumutbar.[325]

91 Demgegenüber treffen den Suchmaschinenbetreiber aufgrund seines eigenen finanziellen Interesses bereits erheblich intensivere Prüfungspflichten bei **Sponsored Links**,[326] zumal er aufgrund der vertraglichen Beziehungen auch eher die Möglichkeit einer kontinuierlichen Kontrolle oder Vorabzustimmung hat.

92 Problematisch kann die Frage der Verantwortlichkeit in Hinblick auf **Snippets** sein, nämlich in dem speziellen Fall, dass auf der im Suchmaschinenergebnis verlinkten Zielwebsite keine Rechtsverletzung feststellbar ist, das Snippet selbst hingegen rechtsverletzenden Charakter aufweist. Uneinigkeit herrscht darüber, ob der Suchmaschinenbetreiber in dieser Konstellation für das automatisch generierte Snippet verantwortlich sei, da es sich dabei lediglich um ein aussageloses Textfragment handle und dem Verletzten andernfalls die Hinnahme des zufällig rechtsverletzenden Aussagehalts zugemutet würde.[327] Neuste Entwicklungen, wie Löschungsansprüche aus dem (datenschutzrechtlichen) **„Recht auf Vergessen"** (Art. 17 DS-GVO), könnten die entwickelten Grundsätze zur rechtlichen Beurteilung von Snippets auf lange Sicht obsolet machen; wenn bereits hieraus ein Recht auf Löschung unliebsamer Suchergebnisse bestünde, wäre zumindest in diesem Rahmen die Frage der Ver-

---

[319] OLG Nürnberg, MMR 2009, 131, 132; s. auch KG, MMR 2006, 393, 394; LG Berlin, MMR 2005, 786, 787f.; LG Hamburg, MMR 2005, 631, 633; BeckRTD-Komm/*Jandt,* § 10 TMG Rn. 55; *Schaefer,* MMR 2005, 807, 810; *Rath,* AfP 2005, 324, 329; *Köster/Jürgens,* K&R 2006, 108.

[320] *Rau,* K&R 2017, 60f.

[321] OLG Köln, K&R, 2017, 55, 57 mAnm *Rau;* OLG Köln, BeckRS 2016, 18916 Rn. 89.

[322] OLG Köln, MMR 2017, 549, 550 Rn. 123, 141.

[323] OLG Celle, CR 2017, 551, 552f. im Rahmen des datenschutzrechtlichen Löschungsanspruchs, ebenso OLG Celle, ZUM 2017, 598.

[324] *Spieker,* MMR 2005, 727, 731.

[325] KG, MMR 2006, 393, 394.

[326] LG Regensburg, MMR 2005, 478; BeckRTD-Komm/*Jandt,* § 10 TMG Rn. 57; vgl. auch LG Hamburg, CR 2005, 534, 535; *Rath,* AfP 2005, 324, 329; *Köster/Jürgens,* MMR 2002, 420, 424.

[327] Eine Verantwortlichkeit abl. OLG Hamburg, MMR 2007, 315; *Engels/Jürgens/Kleinschmidt,* K&R 2008, 65, 74; wohl auch *Köster/Jürgens,* K&R 2006, 108, 111; eine Haftung befürwortend *Spieker,* MMR 2005, 727, 728.

Allgemeine Grundsätze § 7 TMG

antwortlichkeit für die entsprechenden Snippets überholt.[328] Ebenso ist noch unklar, wie sich das Leistungsschutzrecht für Presseverleger in Verbindung mit kartellzivilrechtlichen Durchsetzungsmöglichkeiten auf die Textvorschau in Trefferlisten auswirken könnte.[329]

§ 7 Allgemeine Grundsätze

(1) **Diensteanbieter sind für eigene Informationen, die sie zur Nutzung bereithalten, nach den allgemeinen Gesetzen verantwortlich.**

(2) [1]**Diensteanbieter im Sinne der §§ 8 bis 10 sind nicht verpflichtet, die von ihnen übermittelten oder gespeicherten Informationen zu überwachen oder nach Umständen zu forschen, die auf eine rechtswidrige Tätigkeit hinweisen.**

(3) [1]**Verpflichtungen zur Entfernung von Informationen oder zur Sperrung der Nutzung von Informationen nach den allgemeinen Gesetzen aufgrund von gerichtlichen oder behördlichen Anordnungen bleiben auch im Falle der Nichtverantwortlichkeit des Diensteanbieters nach den §§ 8 bis 10 unberührt.** [2]**Das Fernmeldegeheimnis nach § 88 des Telekommunikationsgesetzes ist zu wahren.**

(4) [1]**Wurde ein Telemediendienst von einem Nutzer in Anspruch genommen, um das Recht am geistigen Eigentum eines anderen zu verletzen und besteht für den Inhaber dieses Rechts keine andere Möglichkeit der Verletzung seines Rechts abzuhelfen, so kann der Inhaber des Rechts von dem betroffenen Diensteanbieter nach § 8 Abs. 3 die Sperrung der Nutzung von Informationen verlangen, um die Wiederholung der Rechtsverletzung zu verhindern.** [2]**Die Sperrung muss zumutbar und verhältnismäßig sein.** [3]**Ein Anspruch gegen den Diensteanbieter auf Erstattung der vor- und außergerichtlichen Kosten für die Geltendmachung und Durchsetzung des Anspruchs nach Satz 1 besteht außer in den Fällen des § 8 Absatz 1 Satz 3 nicht.**

Literatur ab dem TMG (2007): *Birkert,* Rechtsfragen bei der Öffnung lokaler Internetzugänge, 2015; *Borges,* Die Haftung des Internetanschlussinhabers für Urheberrechtsverletzungen durch Dritte, NJW 2014, 2305; *Czychowski/J. Nordemann,* Grenzenloses Internet – entgrenzte Haftung? – Leitlinien für ein Haftungsmodell der Vermittler, GRUR 2013, 986; *Eichelberger,* Keyword-Advertising vor dem EuGH – Zur markenrechtlichen Zulässigkeit der Verwendung fremder Kennzeichen als Keyword, EuZW 2010, 731; *Ensthaler/Heinemann,* Die Fortentwicklung der Providerhaftung durch die Rechtsprechung, GRUR 2012, 433; *Ernst/Seichter,* Die Störerhaftung des Inhabers eines Internetzugangs, ZUM 2007, 513; *Fitzner,* Sind Haftungsbeschränkungen für Host-Provider noch zeitgemäß? Der „Safe Harbor" gem. § 512 (c) Copyright Act und die Haftungsbeschränkungen gem. Art. 14 E-Commerce-Richtlinie bzw § 10 TMG, GRUR Int. 2012, 109; *Fötsch,* Internet-Sperrverfügungen wegen Urheberrechtsverletzungen im Rechtsvergleich, GRUR Int. 2016, 325; *Franz/Sakowski,* Die Haftung des WLAN-Betreibers nach der TMG-Novelle und den Schlussanträgen des Generalanwalts beim EuGH, CR 2016, 524; *Giebel,* Zivilrechtlicher Rechtsschutz gegen Cybermobbing in sozialen Netzwerken, NJW 2017, 977; *Gietl,* Störerhaftung für ungesicherte Funknetze – Voraussetzung und Grenzen, MMR 2007, 630; *Grisse,* Was bleibt von der Störerhaftung?, GRUR 2017, 1073; *Hacker,* „L'Oréal/eBay": Die Host-Provider-Haftung vor dem EuGH, GRUR-Prax 2011, 391; *Hartmann,* Unterlassungsansprüche im Internet: Störerhaftung für nutzer-

---

[328] *Meyer/Rempe,* K&R, 2015, 222, 226 f.; s. in diese Richtung schon OLG Celle, CR 2017, 551, 552 f.; OLG Celle, ZUM 2017, 598.

[329] Mangels Streitgegenständlichkeit des Leistungsschutzrechts für Presseverleger ausschließlich bezugnehmend auf kartellrechtliche Unterlassungsansprüche LG Berlin, MMR 2016, 620; *Meyer/Rempe,* K&R 2016, 308, 312; *Meyer/Rempe,* K&R 2017, 303, 308.

TMG § 7 Allgemeine Grundsätze

generierte Inhalte, 2009; *Haun,* Geht es auch ohne? Offene Netze ohne Störerhaftung?, WRP 2017, 780; *Hendel,* Die urheberrechtliche Relevanz von Hyperlinks, ZUM 2014, 102; *Hoeren* (Hrsg.), Haftung im Internet: die neue Rechtslage, 2014; *ders./Jakopp,* WLAN-Haftung – A never ending story?, ZRP 2014, 72; *Hollenders,* Mittelbare Verantwortlichkeit von Intermediären im Netz, 2012; *Hofmann,* Prozeduralisierung der Haftungsvoraussetzungen im Medienrecht – Vorbild für die Intermediärshaftung im Allgemeinen?, ZUM 2017, 102; *Holznagel,* Notice and Take-Down-Verfahren als Teil der Providerhaftung, 2013; *ders.,* Schadensersatzhaftung gefahrgeneigter Hostprovider wegen nicht verhinderter „gleichartiger" Inhalte, CR 2017, 463; *Hügel,* Haftung von Inhabern privater Internetanschlüsse für fremde Urheberrechtsverletzungen, 2014; *Jänich,* Markenverletzungen auf Online-Marktplätzen, MarkenR 2011, 293; *Jaworski/Nordemann,* Gehilfenhaftung von Intermediären bei der Rechtsverletzung im Internet, GRUR 2017, 567; *Jürgens/Veigel,* Zur haftungsminimierenden Gestaltung von „User Generated Content"-Angeboten, AfP 2007, 181; *Kartal-Aydemir/Krieg,* Haftung von Anbietern kollaborativer Internetplattformen, Störerhaftung für User Generated Content?, MMR 2012, 647; *Kirchberg,* Die Störerhaftung von Internetanschlussinhabern auf dem Prüfstand, ZUM 2012, 544; *Klein,* Haftung von Social-Sharing-Plattformen: Dienstanbieter zwischen Content- und Host-Providing, 2012; *Kohl,* Die Haftung der Betreiber von Kommunikationsforen im Internet und virtuelles Hausrecht, 2007; *Krischker,* „Gefällt mir", „Geteilt", „Beleidigt"? – Die Internetbeleidigung in sozialen Netzwerken, JA 2013, 488; *Kropp,* Die Haftung von Host- und Access-Providern bei Urheberrechtsverletzungen, 2012; *Krüger/Apel,* Haftung von Plattformbetreibern für urheberrechtlich geschützte Inhalte, Wie weit geht die Haftung und wann droht Schadensersatz?, MMR 2012, 144; *Lauber-Rönsberg,* Das Recht am eigenen Bild in sozialen Netzwerken, NJW 2016, 744; *Lausen,* Unmittelbare Verantwortlichkeit des Plattformbetreibers, ZUM 2017, 278; *Leistner,* Die Haftung von Kauf- und Buchungsportalen mit Bewertungsfunktion, in: FS Köhler, 2014, S. 415; *ders.,* Grundlagen und Perspektiven der Haftung für Urheberrechtsverletzungen im Internet, ZUM 2012, 722; *ders./Grisse,* Sperrverfügungen gegen Access-Provider im Rahmen der Störerhaftung (Teil 1), GRUR 2015, 19; *dies.,* Sperrverfügungen gegen Access-Provider im Rahmen der Störerhaftung (Teil 2), GRUR 2015, 105; *Lerach,* Präzisierung der Störerhaftung für Verkaufsplattformen im Internet, GRUR-Prax 2013, 531; *Mantz,* Die (neue) Haftung des (WLAN-)Access Providers nach § 8 TMG – Einführung von Websperren und Abschaffung der Unterlassungshaftung, GRUR 2017, 969; *Meyer,* Aktuelle Rechtsentwicklungen bei Suchmaschinen im Jahr 2010, K&R 2011, 217; *Mießner,* Providerhaftung, Störerhaftung und Internetauktionen, 2008; *Neuhaus,* Sekundäre Haftung im Lauterkeits- und Immaterialgüterrecht, 2011; *Nieland,* Störerhaftung bei Meinungsforen im Internet, Nachträgliche Löschungspflicht oder Pflicht zur Eingangskontrolle?, NJW 2010, 1494; *Nolte/Wimmers,* Wer stört? Gedanken zur Haftung von Intermediären im Internet – von praktischer Konkordanz, richtigen Anreizen und offenen Fragen, GRUR 2014, 16; *J. Nordemann,* Haftung von Providern im Urheberrecht, GRUR 2011, 977; *Oelschläger,* Noch einmal: Haftung des Betreiber eines kombinierten Buchungs- und Bewertungsportals für negative unrichtige Tatsachenbehauptungen Dritter, GRUR-Prax 2012, 274; *Obergfell,* Gerichtlich verordneter Passwortschutz für WLAN-Hotspots – zur Reichweite der Access Provider-Regulierung von kommerziellen WLAN-Anbietern, NJW 2016, 3489; *Ohly,* Keyword Advertising auf dem Weg zurück von Luxemburg nach Paris, Wien, Karlsruhe und Den Haag, GRUR 2010, 776; *ders.,* Urheberrecht in der digitalen Welt – Brauchen wir neue Regelungen zum Urheberrecht und dessen Durchsetzung?, 70. DJT 2014, Gutachten F; *ders.,* Die Haftung von Internet-Dienstleistern für die Verletzung lauterkeitsrechtlicher Verkehrspflichten, GRUR 2017, 441; *ders.,* Die lauterkeitsrechtliche Haftung für Hyperlinks, GRUR 2016, 1417; *Ort,* Störerhaftung auf elektronischen Marktplätzen: eine Untersuchung am Beispiel sogenannter Internet-Auktionshäuser, 2009; *Ott,* Die Entwicklung des Suchmaschinen- und Hyperlink-Rechts, WRP 2008, 393 – jährlich fortlaufend: WRP 2009, 351; WRP 2010, 435; WRP 2011, 655; WRP 2012, 679; WRP 2013, 257; *Peifer,* Auskunftsansprüche bei Persönlichkeitsverletzungen – Zwischen effektiver Rechtsdurchsetzung und anonymer Meinungsäußerung, NJW 2014, 3067; *Roggenkamp,* Portalbetreiber haftet für Inhalte Dritter, die er sich zu eigen macht, K&R 2010, 499; *Rosati,* Intermediary IP injunctions in the EU and UK experiences: when less (harmonization) is more?, GRUR Int. 2017, 206; *Roth,* Verantwortlichkeit von Betreibern von Internet-Marktplätzen für Markenrechtsverletzungen durch Nutzer: L'Oréal gegen eBay, WRP 2011, 1258; *Samson-Himmelstjerna,* Haftung von Internetauktionshäusern, 2008; *Sassenberg/Mantz,* WLAN und Recht,

Allgemeine Grundsätze **§ 7 TMG**

2014; *Schapiro,* Unterlassungsansprüche gegen die Betreiber von Internet-Auktionshäusern und Internet-Meinungsforen; zugleich ein Beitrag zugunsten einer Aufgabe der Störerhaftung im Urheber-, Marken- und Wettbewerbsrecht, 2011; *Schaub,* Haftung des Inhabers eines privaten Internetanschlusses für Rechtsverletzungen im Rahmen von Online-Musiktauschbörsen, GRUR 2016, 152; *Schilling,* Geschäftsschädigende Äußerungen auf Bewertungsportalen im Internet: Wer haftet noch?, GRUR-Prax 2015, 313; *Schneider,* Vom Störer zum Täter?: Verantwortlichkeit für mittelbare Wettbewerbs-, Urheber- und Markenverletzungen im Online-Bereich auf der Grundlage einer täterschaftlichen Haftung aufgrund Verkehrspflichtverletzungen, 2012; *Sesing/Baumann,* Sperranspruch statt Störerhaftung. – Eine Analyse zur Reichweite des 3. TMG-ÄndG, MMR 2017, 583; *Specht,* Die Haftung bei Teilnahme an Internettauschbörsen, GRUR 2017, 42; *dies.,* Ausgestaltung der Verantwortlichkeit von Plattformbetreibern zwischen Vollharmonisierung und nationalem Recht, ZUM 2017, 114; *Spindler,* Der Regierungsentwurf zum Netzwerkdurchsetzungsgesetz – europarechtswidrig?, ZUM 2017, 473; *ders.,* Das neue Telemediengesetz – WLAN-Störerhaftung endgültig adé?, NJW 2017, 2305; *ders.,* Der RegE zur Störerhaftung der Provider, insbesondere WLANs – Verschlimmbesserung und Europarechtswidrigkeit – Kritische Anmerkungen zum TMG-RegE v. 5.4.2017, CR 2017, 333; *ders.,* Die neue Providerhaftung für WLANs – Deutsche Störerhaftung ade?, NJW 2016, 2449; *ders.,* Sperrverfügungen gegen Access-Provider – Klarheit aus Karlsruhe?, GRUR 2014, 451; *ders.,* Zivilrechtliche Sperrverfügungen gegen Access Provider nach dem EuGH-Urteil „UPC Telekabel", GRUR 2014, 826; *ders.,* Europarechtliche Rahmenbedingungen der Störerhaftung im Internet, Rechtsfortbildung durch den EuGH in Sachen L'Oréal/eBay, MMR 2011, 703; *ders.,* Persönlichkeitsschutz im Internet – Anforderungen und Grenzen einer Regulierung, 69. DJT 2012, Gutachten F; *ders./Prill,* Keyword Advertising- eine europäische Rechtsprechungslinie beginnt …, CR 2010, 303; *Ufer,* Die Haftung der Internet Provider nach dem Telemediengesetz, 2007; *Verweyen,* Grenzen der Störerhaftung in Peer to Peer-Netzwerken, MMR 2009, 590; *C. Volkmann,* Verantwortlichkeit von Plattformbetreibern für rechtsverletzende Nutzerkommentare, K&R 2013, 762; *Wiebe,* Providerhaftung in Europa: Neue Denkanstöße durch den EuGH (Teil 1), WRP 2012, 1182; *ders.,* Providerhaftung in Europa: Neue Denkanstöße durch den EuGH (Teil 2), WRP 2012, 1336; *Wilkat,* Bewertungsportale im Internet, 2013; *Wimmers/Barudi,* Der Mythos vom Value Gap – Kritik zur behaupteten Wertschöpfungslücke bei der Nutzung urheberrechtlich geschützter Inhalte auf Hosting-Dienste, GRUR 2017, 327.

Literatur bis zum TMG (2006): *Ehret,* Internet-Auktionshäuser auf dem haftungsrechtlichen Prüfstand, CR 2003, 754; *Engel,* Die Internet-Service-Provider als Geiseln deutscher Ordnungsbehörden, MMR-Beil. 4/2003, 1; *Germann,* Gefahrenabwehr und Strafverfolgung im Internet, 2000; *Greiner,* Die Verhinderung verbotener Internetinhalte im Wege polizeilicher Gefahrenabwehr, 2001; *ders.,* Sperrungsverfügung als Mittel der Gefahrenabwehr im Internet, CR 2002, 620; *Härting,* Haftungsfragen bei Mehrwertdiensten, K&R 2003, 394; *Hoffmann,* Zivilrechtliche Haftung im Internet, MMR 2002, 284; *Holznagel/Holznagel,* Zukunft der Haftungsregeln für Internet-Provider, K&R 1999, 103; *Hornig,* Möglichkeiten des Ordnungsrechts bei der Bekämpfung rechtsextremistischer Inhalte im Internet, ZUM 2001, 846; *Koch,* Zivilrechtliche Anbieterhaftung für Inhalte in Kommunikationsnetzen, CR 1997, 193; *Koenig/Loetz,* Sperrungsanordnungen gegenüber Network- und Access Providern, CR 1999, 438; *Köhntopp/Köhntopp/Seeger,* Sperrungen im Internet, K&R 1998, 25; *Lehment,* Neuordnung der Täter- und Störerhaftung, WRP 2012, 149 *Leible/Sosnitza,* „3… 2… 1… meins!" und das TDG, WRP 2004, 592; *Mayer,* Das Internet im öffentlichen Recht, 1999; *Pankoke,* Beweis- und Substanziierungslast im Haftungsrecht der Internetprovider, MMR 2004, 211; *Pichler,* Haftung des Host Providers für Persönlichkeitsrechtsverletzungen vor und nach dem TDG, MMR 1998, 79; *Sobola/Kohl,* Haftung von Providern für fremde Inhalte, CR 2005, 443; *Spindler,* Das Gesetz zum elektronischen Geschäftsverkehr – Verantwortlichkeit der Diensteanbieter und Herkunftslandprinzip, NJW 2002, 921; *ders.,* Die Verantwortlichkeit der Provider für „Sich-zu-Eigen-gemachte" Inhalte und für beaufsichtigte Nutzer, MMR 2004, 440; *ders.,* Verantwortlichkeit von Dienstanbietern nach dem Vorschlag einer E-Commerce-Richtlinie, MMR 1999, 199; *ders.,* Haftungsrechtliche Grundprobleme der neuen Medien, NJW 1997, 3193; *Spindler/Volkmann,* Die zivilrechtliche Störerhaftung der Internet-Provider, WRP 2003, 1; *dies.,* Störerhaftung für wettbewerbswidrig genutzte Mehrwertdienst-Rufnummern und Domains, NJW 2004, 808; *dies.,* Die öffentlich-rechtliche Störerhaftung der Access Provider, K&R 2002, 398; *Stadler,* Sperrungsverfügungen gegen Access Provider, MMR 2002, 343; *Storr,* Voraussetzungen und Reichweite von Sperrverfügungen, in: Heermann/Ohly (Hrsg.), Verantwortlichkeit im Netz, 2003, S. 103; *Volkmann,* Der Störer im Internet, 2005; *Waldenberger,* Electronic Commerce: der Richtlinienvorschlag der EG-Kommission, EuZW 1999, 296; *Zimmermann,* Polizeiliche Gefahrenabwehr und das Internet, NJW 1999, 3145.

Übersicht

	Rn.
I. Zweck	1
II. Diensteanbieter	4
III. Begriff der Information	5
IV. Verantwortlichkeit für eigene Informationen und Übernahme fremder Inhalte	6
1. Grundlagen	6
2. Sich-zu-eigen-Machen	7
3. Europäische Unterscheidung	8
4. Aktive versus neutrale Rolle	11
5. Verhältnis deutscher zu europäischer Rechtsprechung	15
6. Maßgebliche Kriterien für Sich-zu-eigen-Machen	18
7. Disclaimer	25
8. Zurechnung im Konzern	26
9. Einzelfälle	27
a) News-Portale, Meinungsforen	27
b) Sharehoster	28
c) Suchmaschinen	29
d) Hyperlinks	30
V. Bereithalten zur Nutzung	31
VI. Verantwortlichkeit bei fehlender Befreiung nach §§ 7–10	32
VII. Keine Nachforschungs- und Kontrollpflichten der Provider (Abs. 2)	33
VIII. Verpflichtung zur Entfernung oder Sperrung (Abs. 3) – Das Verhältnis zur zivilrechtlichen Störerhaftung: Grundlagen	37
1. Überblick	37
2. TMG und Störerhaftung	41
a) Keine generelle Regelung der Störerhaftung im TMG	41
b) Verhältnis Störerhaftung und Verbot allgemeiner Überwachungspflichten	49
c) Die Einschränkung der Störerhaftung nach allgemeinen Grundsätzen	54
d) Eingrenzungen der Verantwortlichkeit der mittelbaren Störer durch Prüfungspflichten	56
e) Auskunftspflichten als Substitut für eigene Störerhaftung?	70
f) Stellungnahmeverfahren	71
g) Auskunftsansprüche	72
3. Vorbeugende Unterlassungsklage	73
4. Unterlassungstitel und Schadensersatzhaftung (§ 890 ZPO)	74
5. Kollisionsrecht	76
IX. Anspruch auf Netzsperren gegen WLAN-Anbieter (Abs. 4); Störerhaftung von Access-Providern und verfassungsrechtliche Grundlagen	77
1. Grundlagen	77
2. Sperrmaßnahmen	78
3. Verfassungsrechtliche Einflüsse	79
a) Grundrechte der Access-Provider	79
b) Grundrechte der Nutzer	82
c) Zensurverbot	83

Allgemeine Grundsätze **§ 7 TMG**

	Rn.
d) Fernmeldegeheimnis	84
e) Datenschutzgrundrechte	86
4. Unzulässigkeit von präventiven Filtersystemen	88
5. Verpflichteter	89
6. Voraussetzungen	90
7. Maßnahmen	96
8. Verfahren, Beweislast, sowie Rechtsstellung Dritter	102
9. Abmahnkosten	105
a) Rechtsverfolgungskosten und Gerichtskosten	109
b) Kostentragung des Rechtsverletzers	110
c) Keine Anwendung auf andere Provider	111
X. Sonstige Störerhaftung	112
1. Rufnummern-Provider (Mehrwertdienste)	112
2. Domain-Name-Server, Sub-Domains	113
3. Admin-C, Domain-Registrar	115
4. Suchmaschinenbetreiber und Suchverzeichnisse	117
5. Störerhaftung von Internetanschlussinhabern	118
XI. Öffentlich-rechtliche Störerhaftung	129
XII. Wahrung des Fernmeldegeheimnisses	130

I. Zweck

§ 7 dient zum einen der Klarstellung, dass die Anbieter eigener Inhalte nach allgemeinem Recht haften.[1] Selbstverständlich müssen auch die Diensteanbieter, die fremde Inhalte bereithalten oder übermitteln, sich nach allgemeinen Gesetzen verantworten, wenn die §§ 8–10 nicht greifen.[2] Dies muss nicht per se bedeuten, dass ein Diensteanbieter außerhalb von §§ 8–10 stets verantwortlich ist; vielmehr ist je nach der einschlägigen Rechtsnorm zu prüfen, ob den Diensteanbieter zB Verkehrs- oder Garantenpflichten treffen. **1**

Zum anderen dient § 7 Abs. 2 der Umsetzung von Art. 15 ECRL,[3] der ein Verbot von proaktiven Überwachungs- und Kontrollpflichten vorsieht. Die Vorschrift hält damit einen wichtigen Grundsatz fest, der aus der dem Anbieter kaum möglichen präventiven Kontrolle großer Datenmengen resultiert. Allerdings wird durch dieses pauschale Verbot die Entwicklung von abgestuften Verantwortlichkeiten je nach Charakter eines Internet-Angebots verhindert. **2**

Schließlich setzt § 7 Abs. 3 S. 1 die in Art. 12–14 ECRL enthaltenen Vorbehalte zugunsten von Sperr- und Unterlassungsverfügungen in nationales Recht um. Trotz entsprechender Spielräume, die im Rahmen der Richtlinienumsetzung eingefordert wurden,[4] hat sich der Gesetzgeber mit einem Verweis auf das allgemeine Recht für **3**

---

[1] Begr. RegE EGG, BT-Drs. 14/6098, S. 23; s. ferner Begr. RegE ElGVG, BT-Drs. 16/3078, S. 15, wonach mit den §§ 7–10 TMG eine unveränderte Übernahme der durch das EGG geschaffenen §§ 5–11 TDG und §§ 6–9 MDStV erfolgte, sodass die Begr. RegE EGG insoweit auch auf das TMG übertragbar ist.

[2] Begr. RegE BT-Drs. 14/6098, S. 23.

[3] Richtlinie 2000/31/EG des europäischen Parlaments und des Rates vom 8.6.2000 über bestimmte rechtliche Aspekte der Dienste der Informationsgesellschaft, insbesondere des elektronischen Geschäftsverkehrs, im Binnenmarkt („Richtlinie über den elektronischen Geschäftsverkehr"), ABl. Nr. L 178 v. 17.7.2000, S. 1; BT-Drs. 14/6098, S. 23.

[4] *Spindler,* MMR 1999, 199, 204; Grabitz/Hilf/Nettesheim/*Marly,* 40. EL 2009, A 4 Vorb. Art. 12 ECRL Rn. 10; für die öffentlich-rechtlichen Störerfragen Holznagel/*Holznagel,* K&R 1999, 103, 106; aA *Waldenberger,* EuZW 1999, 296, 301.

die in die Zukunft wirkenden Unterlassungspflichten begnügt. Daraus resultiert jedoch ein erhebliches Spannungsverhältnis zu § 7 Abs. 2, das zur Zeit die entscheidende Rolle bei Haftungsfragen der Provider spielt, da quasi durch die „Hintertür" die gesamte Verantwortlichkeitsproblematik im Bereich der Störerhaftung wieder auflebt (→ Rn. 37 ff.). Zur Gesetzgebungsgeschichte → Vor § 7 Rn. 2 ff.

II. Diensteanbieter

4 Das Gesetz bezieht sich auf Diensteanbieter im Allgemeinen und verweist damit auf die allgemeine Definition in § 2 Nr. 1 (→ § 2 Rn. 3). Auch die besondere Bezeichnung der Diensteanbieter in § 7 Abs. 3 S. 1 „im Sinne von §§ 8 bis 10", umschreibt nur die spezifischen Funktionen und Tätigkeiten der Diensteanbieter als engeren Anwendungsbereich.[5]

III. Begriff der Information

5 Der Begriff der Information im TMG ist weit gefasst und bezieht sämtliche Daten und Informationen ein, auch wenn sie nur maschinenlesbar sind. Er beschränkt sich keineswegs auf kommunikative Inhalte (näher → Vor § 7 Rn. 31).

IV. Verantwortlichkeit für eigene Informationen und Übernahme fremder Inhalte

1. Grundlagen

6 Nach § 7 Abs. 1 haftet der Anbieter von eigenen Informationen nach den allgemeinen Gesetzen. Für originär eigene Inhalte des Anbieters ist dessen Verantwortlichkeit selbstverständlich, ganz gleich, wo der Inhalt des Anbieters bereitgehalten wird, ob auf eigenen oder fremden Rechnern.[6] Es gibt keinen Grund, den Anbieter eigener Informationen von der Haftung bzw. Verantwortlichkeit auszunehmen, nur weil er eine bestimmte Technologie verwendet. Nur bei fremden Informationen werden die Diensteanbieter nach §§ 8–10 von ihrer Verantwortlichkeit weitgehend befreit. Entscheidend ist aufgrund des technischen Vorverständnisses der ECRL, dass der Nutzer selbst die Informationen eingibt.[7] Auch wenn der Diensteanbieter **Inhalte von Dritten bezieht** (Zulieferer), die er selbst nicht kontrolliert, handelt sich nach wie vor um eigene Inhalte, wenn er selbst für diese Inhalte Verkaufsangebote an Nutzer abgibt.[8] Das gleiche gilt, wenn Dritte etwa Termineinladungen an eine Plattform mit Kalenderfunktionen weitergeben, Mitarbeiter dieser Plattform aber selbst die Einladungen abspeichern und keine Möglichkeit für Dritte besteht, selbständig Inhalte auf der Plattform bereitzustellen.[9] Davon zu unterscheiden sind Handelsplattformen wie eBay, auf denen Kaufverträge zwischen den Nutzern vermittelt werden.[10]

---

[5] S. auch BeckRTD-Komm/*Jandt,* § 7 TMG Rn. 25.

[6] S. bereits Voraufl., § 8 TDG Rn. 4; dem zust. *Sobola/Kohl,* CR 2005, 443, 444; *Dustmann,* Der privilegierte Provider, S. 150 f.; *Pankoke,* Von der Presse- zur Providerhaftung, S. 51; aA *Koch,* CR 1997, 193, 195; *Pichler,* MMR 1998, 79.

[7] Spindler/Schuster/*Hoffmann,* § 7 TMG Rn. 22; BeckOK InfoMedienR/*Paal,* § 7 TMG Rn. 28 f.

[8] BGH, GRUR 2016, 493 Rn. 17 – Al Di Meola; *Lausen,* ZUM 2017, 278, 287.

[9] BGH, GRUR 2014, 180 Rn. 20 – Terminhinweis mit Kartenausschnitt.

[10] BGH, GRUR 2016, 493 Rn. 21 f. – Al Di Meola mwN.

Allgemeine Grundsätze **§ 7 TMG**

2. Sich-zu-eigen-Machen

Allerdings greift der Begriff der „eigenen" Informationen implizit eine bereits zu **7** § 5 TDG aF strittige Frage auf, dem **Sich-zu-eigen-Machen** fremder Inhalte. Vor allem die Rechtsprechung tendierte im Rahmen von § 5 TDG aF oft dazu, die streitgegenständlichen Inhalte als eigene des Providers zu deklarieren und so die allgemeinen Gesetze anzuwenden.[11] Vor diesem Hintergrund geht der deutsche Gesetzgeber nunmehr ohne nähere Begründung davon aus, dass die alte Unterscheidung von eigenen und fremden Inhalten beibehalten werden könne.[12] Damit scheint die Übernahme der im Wesentlichen aus dem Presserecht gewonnenen Maßstäbe zur Aneignung fremder Inhalte vorgezeichnet.[13] Nach diesen Grundsätzen zählen zu den eigenen Inhalten auch „fremde" Inhalte, die sich aber aus der Sicht eines verständigen Dritten als eigene Inhalte des Anbieters darstellen (näher → Rn. 18 ff.).[14]

3. Europäische Unterscheidung

Ein **derartiges Verständnis widerspräche** jedoch den §§ 7–10 zugrundeliegen- **8** den **Art. 12–15 ECRL**. Denn die Unterscheidung von eigenen und fremden Informationen ist der Richtlinie fremd. Art. 12–15 ECRL stellen allein darauf ab, ob ein Nutzer selbst Informationen beim Diensteanbieter eingegeben hat oder der Anbieter inhaltlichen Einfluss auf die Information oder die Auswahl der Adressaten der Information genommen hat.[15] Der Richtlinie liegt damit ein technisch geprägtes Verständnis zugrunde, das auf die Herrschaftsmacht über eine Information und deren Auswahl oder die Auswahl der Adressaten der Information abstellt, nicht aber darauf, wie eine Information sich gegenüber Dritten darstellt.[16] Dies steht auch einer Inter-

---

[11] So zB OLG Köln, MMR 2002, 548 f.; OLG Düsseldorf, GRUR-RR 2002, 234 f.; s. ferner LG Frankfurt a. M., CR 1999, 45, 46; für Hyperlinks LG München I, MMR 2000, 566, 568; s. ferner OLG München, MMR 2000, 617, 618; LG Berlin, NJW-RR 1998, 1634; LG Potsdam, MMR 1999, 739, 740 = CR 2000, 123, 124 mzutrkritAnm *Schmitz;* zusammenfassend *Engels,* AfP 2000, 524, 527.
[12] Begr. RegE BT-Drs. 14/6098, S. 23; krit. hierzu *Schapiro,* Unterlassungsansprüche gegen die Betreiber von Internet-Auktionshäusern und Internet-Meinungsforen, S. 346; zum TDG noch *Freytag,* CR 2000, 600, 603 f.; *Stadler,* Haftung für Informationen im Internet, Rn. 70 ff.; *Schwarz/Poll,* JurPC Web-Dok. 73/2003, Abs. 74 ff.
[13] OLG Brandenburg, MMR 2004, 330 mAnm *Spindler; Ehret,* CR 2003, 754, 757; Wiebe/ *Leupold/Rücker,* Recht der elektronischen Datenbanken, IV Rn. 118; Bräutigam/Leupold/*Pelz,* Online-Handel, B I. Rn. 75 ff.
[14] StRspr BGHZ 209, 139 Rn. 18 = GRUR 2016, 855 – jameda.de; BGH, GRUR 2012, 751 Rn. 11 – RSS-Feeds; BGH, GRUR 2017, 844 Rn. 18 ff. – klinikbewertungen.de; BGH, GRUR 2015, 1129 Rn. 25 – Hotelbewertungsportal, mwN; BGH, GRUR 2010, 616 Rn. 24, 27 – marions-kochbuch.de; aus der früheren Rspr. OLG Brandenburg, MMR 2004, 330 mAnm *Spindler; Stadler,* Haftung für Informationen im Internet, Rn. 74; für § 5 TDG aF *Spindler,* NJW 1997, 3193, 3196; *Pankoke,* Von der Presse- zur Providerhaftung, S. 99 ff.; vorrangig auf die innere Einstellung abstellend *Sieber,* Verantwortlichkeit im Internet, Rn. 293 ff.
[15] *Hoffmann,* MMR 2002, 284, 288; Spindler/Schuster/*Hoffmann,* § 7 TMG Rn. 14 f.; zust. BeckRTD-Komm/*Jandt,* § 7 TMG Rn. 33; nunmehr auch MüKoStGB/*Altenhain,* Vor §§ 7 ff. TMG, Rn. 16 (aA noch 1. Aufl.); BeckOK InfoMedienR/*Paal,* § 7 TMG Rn. 33 f.; umfassend *Schapiro,* Unterlassungsansprüche gegen die Betreiber von Internet-Auktionshäusern und Internet-Meinungsforen, S. 353 ff.; s. auch *Fitzner,* GRUR Int. 2012, 109, 113; krit. deshalb zu den Vorschlägen des Europäischen Parlaments zur Neustrukturierung der Verantwortlichkeit von Plattformbetreibern *Specht,* ZUM 2019, 114, 119.
[16] S. schon *Spindler,* MMR 2004, 440, 441; zust. Spindler/Schuster/*Hoffmann,* § 7 TMG Rn. 24; BeckRTD-Komm/*Jandt,* § 7 TMG Rn. 35 f.; BeckOK InfoMedienR/*Paal,* § 7 TMG

pretation des Art. 14 ECRL entgegen, wonach hierin „mittelbar" die Unterscheidung von fremden und eigenen Inhalten zu erkennen sein soll.[17] Die Vollharmonisierung der Verantwortlichkeitsregeln bedingt, dass ein nationales Vorverständnis von eigenen und fremden Inhalten nicht der ECRL vorangestellt werden kann und damit quasi die Reichweite der ECRL selbst bestimmt.[18] Art. 14 ECRL bzw. § 10 stellen allein darauf ab, ob der Nutzer unter der Aufsicht des Anbieters steht, Art. 12 ECRL bzw. § 8 hingegen darauf, dass die Information oder der Adressat beeinflusst wurden. Ein „Sich-zu-eigen-Machen" von Inhalten, die vom Nutzer stammen, wie nach § 5 TDG aF, scheidet damit als alleiniges Kriterium aus.[19] Zwar kann der nationale Gesetzgeber eine andere Terminologie verwenden als die jeweilige europäische Richtlinie; doch liegt eine richtlinienkonforme Umsetzung iSd „effet utile"-Rechtsprechung des EuGH[20] nur dann vor, wenn die gleichen Wirkungen erzeugt werden.[21] Indes sind die Kriterien einer rein technischen Kontrolle und der Perspektive eines Dritten bzw. Nutzers grundlegend verschieden, so dass nicht von einer richtlinienkonformen Umsetzung gesprochen werden kann. Maßgeblich für die Abgrenzung von eigenen und fremden Inhalten ist daher primär, in welchem Maße der Anbieter **aktiv die Informationsübermittlungs- und -speichervorgänge steuern, veranlassen und beeinflussen kann,** einschließlich der Inhalte und der Adressaten der Informationen.[22]

9   Der **EuGH** hat hierzu nach Vorlage durch den High Court of Justice[23] in der Entscheidung L'Oréal v. eBay im Rahmen der Haftung von § 10 bzw. Art. 14 ECRL das Kriterium der Neutralität des (Host-)Providers als entscheidend für das Eingreifen der Haftungsprivilegierungen hervorgehoben.[24] Der EuGH setzt hier seine Linie aus dem Google-Urteil[25] fort, nach welchem ein Host-Provider dann in den Genuss der

---

Rn. 33f.; *Berger/Janal,* CR 2004, 917, 918f.; wohl auch *Sobola/Kohl,* CR 2005, 443, 445; aA *Roggenkamp,* K&R 2010, 499; *Leible/Sosnitza,* WRP 2004, 592, 595; *Matthies,* Providerhaftung für Online-Inhalte, S. 143.

[17] So aber Wiebe/*Leupold/Rücker,* Recht der elektronischen Datenbanken, IV Rn. 118; *Gabriel,* Strafrechtliche Verantwortlichkeit für fremde Texte, S. 309f.

[18] So aber unter Verkennung der europarechtlichen Auslegung *Gabriel,* Strafrechtliche Verantwortlichkeit für fremde Texte, S. 309f.

[19] *Freytag,* CR 2000, 600, 603f.; Ernst/Vassilaki/Wiebe/*Wiebe,* Hyperlinks, Rn. 143; *Pankoke,* MMR 2004, 211, 216; *Schapiro,* Unterlassungsansprüche gegen die Betreiber von Internet-Auktionshäusern und Internet-Meinungsforen, S. 361 ff., der sogar für die Aufgabe der Figur des Sich-zu-eigen-Machens plädiert (S. 363); so ebenfalls *v. Samson-Himmelstjerna,* Haftung von Internetauktionshäusern, Rn. 128 („[…] verbietet bereits die Figur des „Sich-zu-Eigen-Machens."); aA offenbar Wiebe/Leupold/*Leupold/Rücker,* Recht der elektronischen Datenbanken, IV Rn. 121.

[20] EuGH, Slg. 1984, 1891, 1908f. = NJW 1984, 2021, 2022 – von Colson und Kamann; EuGH, Slg. 1992, I-3265, Rn. 17 – Kommission/Niederlande; EuGH, Slg. 1987, 1733, Rn. 15 = BeckEuRS 1987, 133066 – Kommission/Italien; EuGH, Slg. 2009, I-06653, Rn. 15 = BeckRS 2009, 70805 – Mono Car Styling; s. *Streinz,* EUV/AEUV, Art. 4 EUV Rn. 33; Grabitz/Hilf/Nettesheim/*Bogdandy/Schill,* 60. EL 2016, Art. 4 EUV Rn. 85f.

[21] Darauf weist zu Recht BeckRTD-Komm/*Jandt,* § 7 TMG Rn. 35 hin; zuvor bereits *Spindler,* MMR 2004, 440, 441.

[22] S. etwa die Kriterien in § 8; ähnlich Bröcker/Czychowski/Schäfer/*Dunstmann,* Geistiges Eigentum, § 4 Rn. 125ff.

[23] High Court of Justice (England & Wales), Chancery Division, (2009) EWHC 1094 (Ch).

[24] EuGH, Slg. 2011, I-6011 = GRUR 2011, 1025 – L'Oréal/eBay; s. dazu *Spindler,* MMR 2011, 703; s. auch *Wimmers/Barudi,* GRUR 2017, 327, 332.

[25] EuGH, Slg. 2010, I-2417 = GRUR 2010, 445 – Google/LV; EuGH, Slg. 2010, I-2520 = GRUR 2010, 451 – Bergspechte; dazu *Spindler/Prill,* CR 2010, 303ff.; *Ott,* WRP 2011, 655ff.; *Eichelberger,* EuZW 2010, 731ff.; *Ohly,* GRUR 2010, 776ff.; *Meyer,* K&R 2011, 217ff.

Allgemeine Grundsätze **§ 7 TMG**

Haftungsprivilegierung komme, wenn er Kundendaten lediglich rein technisch und automatisch verarbeite. Eine Privilegierung scheide aber dann aus, wenn der Diensteanbieter durch Kenntnis oder Kontrolle der Daten oder der Unterstützung des Nutzers eine „aktive Rolle" in diesem Prozess einnehme.[26] Gleiches griff der **EGMR** in seiner Entscheidung Delfi AD v. Estland auf. Der Gerichtshof verneinte die schlichte Vermittlungsposition eines Internet-News-Portals, das für das Hinterlassen von Comments unterhalb von veröffentlichten Artikeln warb (Gästeforen). Das Portal habe ein wirtschaftliches Interesse an dem Hinterlassen von User-Comments, da hierdurch dessen Werbeeinnahmen berechnet würden. Darüber hinaus behielt sich das Unternehmen das Löschen von vulgären oder gewaltverherrlichenden Comments vor, eine Modifizierung des Comments durch den Autor war nicht mehr möglich. Durch diese Praxis habe das News-Portal seine passive, schlicht technische Rolle als Service-Provider verlassen.[27]

Dies steht insofern im Einklang mit den Erwägungsgründen Nr. 42 und 43 der **10** ECRL, die die Haftungsprivilegierung für Access-Provider und Caching-Anbieter nur bei Tätigkeiten „passiver Art" vorsehen und voraussetzen, dass der Anbieter „weder Kenntnis noch Kontrolle" über die Daten besitzt und deren Integrität auch nicht verändert. Auch Art. 14 S. 2 ECRL stellt darauf ab, dass bei einer Aufsicht oder Kontrolle des Diensteanbieters die Haftungsprivilegierung keine Anwendung findet. Das Kriterium der **„Neutralität"** kann daher für die gesamten Haftungsprivilegierungen verallgemeinert werden – was bislang in der deutschen Diskussion viel zu wenig berücksichtigt wurde,[28] nun jedoch Einzug in die deutsche Rechtsprechung gefunden hat.[29]

4. Aktive versus neutrale Rolle

Entscheidend ist demnach, was als **„aktive Rolle"** zu verstehen ist:[30] Anhalts- **11** punkte für das Verlassen der rein neutralen Vermittlertätigkeit sieht der EuGH in der Hilfestellung für Kunden, etwa im Fall der Handelsplattformen durch Optimierung der Präsentation von Verkaufsangeboten oder der Bewerbung ihrer Angebote.[31] Andererseits betont der EuGH, dass allein die Tatsache, dass der Diensteanbieter Entgelte für das Speichern oder seine weiteren Tätigkeiten nimmt, seinen Kunden Auskünfte allgemeiner Art erteilt sowie die Modalitäten des Dienstes festlegt, nicht bereits dazu führt, dass er seine Vermittlerrolle verlässt.[32] Das Kriterium der „aktiven Rolle" darf daher **keineswegs im Sinne** der im deutschen Recht weit gefassten **Beihilfe** oder des **Störerbegriffs** verstanden werden; ansonsten würde jeder kausale, bewusste Tatbeitrag genügen, wozu auch die reine Speichermöglichkeit zählen würde (→ Vor § 7 Rn. 37). Verlassen wird die neutrale Position daher von vornherein bei aktiven Wer-

---

[26] EuGH, Slg. 2011, I-6011 Rn. 113 = GRUR 2011, 1025 – L'Oréal/eBay, unter Bezugnahme auf EuGH, Slg. 2010, I-2417 Rn. 114, 120 = GRUR 2010, 445 – Google/LV; s. auch *Wimmers/Barudi*, GRUR 2017, 327, 332.

[27] Zunächst EGMR, GRUR Int. 2014, 507 Rn. 89 – Delfi AD v. Estland I und dann bestätigt durch EGMR, GRUR Int. 2016, 81 Rn. 144 ff. – Delfi AD v. Estland II; krit. hierzu *Volkmann*, K&R 2013, 762.

[28] So etwa BeckRTD-Komm/*Jandt*, § 7 TMG Rn. 35 ff.; *Leistner*, ZUM 2012, 722, 725.

[29] BGH, GRUR 2015, 485 Rn. 53 – Kinderhochstühle im Internet III; BGH, GRUR 2015, 1129 Rn. 34 ff. – Hotelbewertungsportal; BGH, GRUR 2013, 1229 Rn. 30 – Kinderhochstühle im Internet II; BGHZ 191, 19 Rn. 23 = GRUR 2011, 1038 – Stiftparfüm.

[30] *Hoeren*, MMR 2011, 605 zweifelt bereits an der Feststellbarkeit einer „aktiven Rolle".

[31] EuGH, Slg. 2011, I-6011 Rn. 116 = GRUR 2011, 1025 – L'Oréal/eBay; krit. *Hoeren*, MMR 2011, 605, der hierdurch keinen Raum mehr für kommerzielle Online-Marktplätze sieht.

[32] EuGH, Slg. 2011, I-6011 Rn. 115 = GRUR 2011, 1025 – L'Oréal/eBay, unter Bezugnahme auf EuGH, Slg. 2010, I-2417 Rn. 116 = GRUR 2010, 445 – Google/LV.

bemaßnahmen durch den Diensteanbieter, da dadurch dem Händler auf der Plattform des Anbieters quasi die eigene Werbung abgenommen wird.[33] Auch dürfte es nicht möglich sein, derartige Dienste separat gegen Entgelt anzubieten und damit eine Aufspaltung der Dienste und Erhaltung der Haftungsprivilegierungen herbeizuführen; entscheidend ist, ob die Dienste als Einheit zu betrachten sind, so dass der Diensteanbieter seine neutrale Stellung verliert. So hatte der High Court of Justice im Sachverhalt ausdrücklich festgestellt, dass eBay für bestimmte Kunden („high volume sellers") gegen ein gesondertes Entgelt aktive Unterstützung durch Mitarbeiter anbietet.[34] Die **allgemeine Eigenwerbung** des Anbieters für seine Plattform, etwa im Fernsehen, weist allerdings keinen unmittelbaren Bezug zu den Verkaufsangeboten der Kunden auf und kann für eine aktive Rolle daher nicht genügen.[35] Ebenso muss der Bezug auf ein konkretes Kundenangebot gerichtet sein; wenn aktive Hilfestellungen nur optional angeboten werden, nimmt der Betreiber der Plattform eine aktive Rolle nur gegenüber dem Kunden ein, der diese in Anspruch nimmt.[36] Ohne die Bezeichnung der „aktiven Rolle" zu verwenden, hat der BGH das **Programmieren einer internen Suchmaschine** einer Internet-Verkaufsplattform zur Beeinflussung des Auswahlverfahrens Googles als aktives Tun klassifiziert. Führt der Betreiber einer Internetplattform dem Quelltext der Internetseite Informationen zu, die bspw. zu einem vermehrten Auffinden innerhalb anderer Internetsuchmaschinen führen, so seien diese als eigene Informationen einzustufen.[37] In ähnlicher Weise ist auch die Tätigkeit eines Betreibers einer Plattform zu qualifizieren, die hilft Torrentdateien zu indexieren und damit auffindbar zu machen, um Urheberrechtsverletzungen zu erleichtern (pirate bay); hier verlässt der Betreiber deutlich die Rolle des rein neutralen Vermittlers.[38]

12   Auch der Kauf von **Adwords** bei **Suchmaschinen** ist als Übernahme einer **aktiven Rolle** anzusehen.[39] Zwar wird dagegen eingewendet, dass zumindest der Betreiber eines Online-Marktplatzes im Zeitpunkt des Kaufs eines Adwords diesen nicht im Hinblick auf konkrete Angebote seiner Nutzer tätigt. Denn Adwords bewirken lediglich, dass parallel zum Suchauftrag bei einer Suchmaschine eine Recherche beim Online-Marktplatz nach demselben Stichwort gestartet wird, so dass die Ergebnisse mit jeder erneuten Abfrage variieren. Der Betreiber des Marktplatzes kann daher nicht im Vorhinein wissen, welche konkreten Angebote von dem Adword-Kauf profitieren werden, weshalb ein aktives Bewerben insofern bestritten wird.[40] Diese Ansicht läuft auf eine Differenzierung zwischen dem unbestreitbaren Vorliegen eines Produktbezugs – durch die Verwendung eines Marken- oder Produktnamens als Adword – und dem Nichtvorliegen eines konkreten Angebotsbezugs hinaus. Erst Letzterer könnte demnach eine aktive Rolle begründen. Dem ist jedoch zu widersprechen. Denn jeder Verkäufer von Markenprodukten kann sich – gerade wegen der massenhaften Verwen-

---

[33] Etwa die sog. „WOW!"-Angebote von eBay, bei denen Angebote ausgewählter Verkäufer individuell präsentiert werden; weitere Beispiele bei *Lehment,* WRP 2012, 149, 157f.

[34] High Court of Justice (England & Wales), Chancery Division, (2009) EWHC 1094 (Ch) Rn. 54.

[35] *Jänich,* MarkenR 2011, 293, 294; *Roth,* WRP 2011, 1258, 1265.

[36] *Roth,* WRP 2011, 1258, 1268.

[37] BGH, GRUR 2015, 1223 Rn. 48 – Posterlounge; ähnlich bereits zu vor BGH, GRUR 2010, 835 Rn. 46 – Powerball; OLG Braunschweig, GRUR-RR 2014, 385, 388 – Posterlounge II.

[38] EuGH, MMR 2017, 518 Rn. 34ff. – Stichting Brein Pirate Bay, allerdings ohne die Abgrenzung zu diskutieren.

[39] Dies diskutierte und bejaht der BGH nun in der Entscheidung Kinderhochstühle im Internet III, s. GRUR 2015, 485 Rn. 53f., 56.

[40] *Wiebe,* WRP 2012, 1182, 1188.

dung von Adwords – darauf verlassen, dass sein Angebot auf einem einschlägigen Online-Marktplatz von einem Adword erfasst und beworben wird. Ob die Hilfestellung bei der Bewerbung eines Angebots nur individuell oder standardmäßig erfolgt, kann keinen Unterschied machen. Eine „flächendeckende" – und somit unterschiedslose – Werbung mit Adwords ist dabei nicht etwa mit der allgemeinen Eigenwerbung des Marktplatz-Betreibers gleichzustellen. Denn diese führt nicht dazu, dass es Interessenten erleichtert wird, ein konkretes Angebot aufzufinden, Adwords hingegen schon. Somit ließe sich auch nach der genannten Differenzierung ein Angebotsbezug bei Adwords annehmen.[41] Selbst wenn man die obengenannte Differenzierung aufrechterhalten möchte und ein konkreter Angebotsbezug zum Zeitpunkt des Adwords-Kaufs bei strenger Betrachtung noch nicht vorzuliegen vermag; so ist dieser spätestens im Moment der Einblendung im Rahmen eines Suchauftrags aber gegeben.

Zwar könnte ein Nutzer **zusätzliche Angebote,** die ihm der Provider anbietet, auch **bei Dritten** genauso gut erwerben; doch kommt es entscheidend darauf an, dass der Provider mit dem Angebot seine neutrale Stellung verlässt und den Nutzer bei seinen Inhalten maßgeblich unterstützt, die nicht dieselbe Verbreitung fänden als ohne diese Angebote. Zwar kann der Nutzer Präsentationstools oder Anleitungen auch von Dritten beziehen; doch nimmt der Provider eine „aktive" Rolle ein, wenn er die Inhalte unterstützt, und damit auch versucht sein eigenes Angebot attraktiver für Außenstehende zu machen. Links auf entsprechende Programme oder Tipps zur Gestaltung des Verkaufsangebots alleine genügen hierfür jedoch nicht, da der Provider nur informatorische Hilfestellungen bietet, aber sich nicht in eine aktive Rolle begibt. Anders ist dies zu beurteilen, wenn der Provider eine Optimierung für Suchmaschinen anbietet, die etwa bestimmte Inhaltsangebote (zB Verkaufsangebote) leichter auffindbar macht, sofern der Nutzer selbst ohne Mitwirkung des Providers nicht dazu in der Lage wäre.[42] Für YouTube hat etwa das OLG Hamburg die Annahme einer aktiven Rolle durch die Monetisierung bzw. Teilhabe der Nutzer, die Videos hochladen, abgelehnt, ebenso für die damit im Zusammenhang platzierte Verkaufswerbung für entsprechende Musik.[43] Denkbar ist bei Sharehostern etwa auch die Annahme einer aktiven Rolle, wenn diese durch die Ausgestaltung ihres Angebots massive Anreize für das Teilen illegaler Inhalte setzen.[44] 13

Die angeführten Kriterien können nicht nur für Host-Provider (Plattformen, soziale Netzwerke etc.) angewandt werden, sondern auch für andere verwandte Dienste (dazu Einzelfälle → Rn. 27 ff.); für **Access-Provider** gilt inzwischen, dass nur noch Netzsperren als Maßnahmen im Rahmen der Störerhaftung für sie anwendbar sind (→ Rn. 77 ff.; → § 8 Rn. 20). 14

5. Verhältnis deutscher zu europäischer Rechtsprechung

Auch wenn das Verhältnis der nationalen und europaweiten Rechtsprechung weiterhin nicht abschließend geklärt ist, lassen sich **Tendenzen zu einer Kombination** aus der **Sich-zu-eigen-Machen-Rechtsprechung**[45] und der der aktiven Rolle des 15

---

[41] Ähnlich *Lehment,* WRP 2012, 149, 158, der die keineswegs abweichende Aussage bei *Spindler,* MMR 2011, 703, 705 behauptet, im Übrigen eine aktive Rolle bereits bei den Angeboten von „geprüften Mitgliedern" von eBay annimmt und dabei maßgeblich auf die objektive Kundenperspektive abstellt, die der BGH für ein „Sich-zu-eigen-Machen" verlangt, → Rn. 17.
[42] BGH, GRUR 2015, 1223 Rn. 45 f., 48 – Posterlounge.
[43] Ausführlich OLG Hamburg, MMR 2016, 269 Rn. 306 ff. – YouTube für das Content-ID-Verfahren.
[44] *Holznagel,* CR 2017, 463, 469.
[45] Hierzu BGH, MMR 2010, 556 Rn. 23 ff. – marions-kochbuch.de sowie Ausführungen bei Rn. 17; eine Übersicht zu eigenen, fremden und zu-eigen-gemachten Inhalten findet sich darüber hinaus bei *Schilling,* GRUR-Prax 2015, 313 ff.

EuGH in der Hotelbewertungsportalentscheidung des BGH erkennen. Die Hürden für die Annahme einer aktiven Rolle des Diensteanbieters dürften jedoch nach der Auffassung des EuGH niedriger sein: So hat der BGH in der „Marions-Kochbuch"-Entscheidung[46] für die Annahme eines Sich-zu-eigen-Machens verlangt,[47] dass der Anbieter für die auf seiner Webseite (auch von Dritten) veröffentlichten Inhalte „tatsächlich und nach außen sichtbar die inhaltliche Verantwortung" übernimmt.[48] Auch der EuGH hat ähnlich entschieden: So verlasse der Anbieter einer Website seine neutrale Position dann, wenn er Kenntnis von den eingegebenen Informationen habe und Kontrolle über diese ausübe. Jedoch genügt nach Auffassung des EuGH für die Annahme einer aktiven Rolle bereits eine Mithilfe des Anbieters bei der Gestaltung der fremden Angebote;[49] sichtbar gegenüber einem Dritten muss diese aktive (bzw. nicht mehr-neutrale Rolle) nicht sein.

16 Lehrreich zur Verbindung der Abgrenzung eigener und fremder Inhalte einerseits und aktiver und passiver Rolle andererseits sind die Entscheidungen der Rechtsprechung zu Bewertungsportalen,[50] insbesondere die **Hotelbewertungsportal**-Entscheidung des BGH: Hier nimmt das Gericht zunächst im Rahmen der Störerhaftung eine Abgrenzung zwischen fremden, nicht fremden und fremden Inhalten, die ein Internetportalbetreiber sich-zu-eigen-gemacht hat, vor,[51] in einem zweiten Schritt folgt, unter Verweis auf die EuGH Rechtsprechung, dann die Einordung des Handelns des Portalbetreibers hinsichtlich eines Verbreitens iSd § 4 Nr. 8 UWG aF unter Berücksichtigung des § 7 Abs. 2 S. 1 TMG aF.[52] Die Erwägungen der Marions-Kochbuch-Entscheidung fortführend, sei eine zu Eigenmachung fremder Inhalte in diesem Fall ausgeschlossen, da aus der Sicht eines verständigen Internetnutzers der Portalbetreiber nicht den Eindruck erwecke, sich mit den Angaben Dritter zu identifizieren; ferner werde durch diesen keine inhaltlich-redaktionelle Kontrolle vorgenommen.[53] Eine stichprobenartige Kontrolle auf die Einhaltung der Nutzerbedingungen genügt nicht für ein Sich-zu-eigen-Machen.[54] Nach Ansicht des BGH kann die Haftungsprivilegierung des § 7 Abs. 2 S. 1 TMG aF im Hinblick auf § 4 Nr. 8 UWG aF nur dann dem Portalbetreiber zugutekommen, wenn dieser seine neutrale Vermittlerposition nicht verlassen und keine aktive Rolle eingenommen habe.[55] Von einer neutralen Position des Anbieters sei selbst dann noch auszugehen, wenn dieser mittels Wortfiltern

---

[46] BGH, MMR 2010, 556 mAnm *Engels* – marions-kochbuch.de.

[47] Die vom BGH angewandte Figur des Sich-zu-eigen-Machens kritisiert *Schapiro,* Unterlassungsansprüche gegen die Betreiber von Internet-Auktionshäusern und Internet-Meinungsforen, S. 353.

[48] BGH, MMR 2010, 556 Rn. 24 mAnm *Engels* – marions-kochbuch.de.

[49] EuGH, MMR 2016, 63 Rn. 44 – Papasavvas; keine Unterscheidung bei *Lehment,* WRP 2012, 149, 158; ebenso *Borges,* EWiR 2011, 823, 824; *Krüger/Apel,* MMR 2012, 144, 147; unklar auch *Volkmann,* CR 2011, 607; missverständlich, aber iE wie hier *Paal/Wilkat,* MarkenR 2012, 1, 7.

[50] S. auch die Zusammenstellung der Rspr. bei *Breun-Goerke,* WRP 2017, 383 ff. mwN; *Specht/Eickhoff,* CR 2016, 740 ff.; ferner EGMR, AnwBl 2016, 261 – Kucharczyk/Polen.

[51] BGH, GRUR 2015, 1129 Rn. 25 – Hotelbewertungsportal.

[52] BGH, GRUR 2015, 1129 Rn. 34 f. – Hotelbewertungsportal.

[53] BGH, GRUR 2015, 1129 Rn. 28 – Hotelbewertungsportal.

[54] BGH, GRUR 2015, 1129 Rn. 28 – Hotelbewertungsportal; hierzu *Hofmann,* WRP 2015, 1331, 1332 und krit. *Milstein,* MMR 2015, 730, 731, der das Nichtbeachten der EGMR Entscheidung GRUR Int. 2014, 507 – Delfi AD v. Estland I bemängelt; OLG Hamburg, ZUM-RD 2009, 317, 320.

[55] BGH, GRUR 2015, 1129 Rn. 34 – Hotelbewertungsportal; auch die Einordung *Leistner,* ZUM 2012, 722, 724 f. deutete zuvor darauf hin, dass die Abgrenzung der aktiven bzw. neutralen

Allgemeine Grundsätze **§ 7 TMG**

die nutzergenerierten Inhalte auf rechtsverletzende Inhalte überprüft habe. Auch die nachträgliche Überprüfung gefilterter Inhalte durch Mitarbeiter würde eine aktive Rolle nicht begründen, da lediglich so die Nutzungsbedingungen durch den Portalbetreiber gewahrt würden, eine inhaltliche Einflussnahme erfolge hingegen nicht.[56] Ebenso wenig sei das statistische Auswerten der Bewertungen als Verlassen der neutralen Vermittler Position einzuordnen.[57] Dagegen verlässt der Portalbetreiber nach Auffassung des BGH seine neutrale Rolle, wenn er auf anwaltliche Abmahnung eigenmächtig und ohne Rücksprache mit dem Dritten Inhalte abändere.[58] Im Ergebnis bleibe es daher bei der Einordnung als fremde Inhalte, die nicht durch den Portalbetreiber aktiv verbreitet worden seien. Zur Erweiterung des Umfangs der Prüfungspflichten durch die Einnahme einer aktiven Rolle → Rn. 58.

Alles in allem besteht der maßgebliche **qualitative Unterschied zwischen nationaler und EuGH Rechtsprechung** darin, dass es auf die tatsächlichen Verhältnisse ankommt – und weniger auf die Perspektive eines objektiven Betrachters.[59] Vollkommen kann man indes nicht darauf verzichten:[60] Denn bei solchen Inhalten, die sich aus objektiver Sicht kaum von den eigenen Angeboten des Anbieters unterscheiden lassen, kann nach wie vor ein bedeutsames Indiz dafür vorliegen, dass der Anbieter seine passive Rolle verlassen und die Kontrolle über die Inhalte des Dritten zumindest teilweise übernommen hat, auch wenn aus Sicht des Inhalteanbieters keine „aktive" Rolle des Providers vorliegt. Zudem hat ein betroffener (geschädigter) Dritter kaum Einblick in die tatsächlichen Verhältnisse zwischen Provider und Inhalteanbieter. Maßgeblich ist diese Unterscheidung vor allem dann, wenn der Provider **Unterstützungsmaßnahmen** anbietet, die der Nutzer aber auch bei Dritten hätte beauftragen können; drängt sich hier einem objektiven Betrachter der Eindruck auf, dass der Inhalteanbieter die angebotene Unterstützung des Providers in Anspruch genommen hat, muss zumindest im Rahmen der Darlegungs- und Beweislast der Provider den Nachweis erbringen, dass dies nicht der Fall war. Die zum Begriff des „Sich-zu-eigen-Machens" entwickelten Kriterien spielen daher nach wie vor eine Rolle, allerdings nur als Indiz im Rahmen einer Gesamtabwägung, ob eine aktive Rolle des Providers anzunehmen ist.[61] Zudem hatte der EuGH keine der „Marions-Kochbuch"-Entscheidung vergleichbare Sachverhaltskonstellation zu entscheiden. In diesem Sinne kann auch die Rechtsprechung des BGH eingefügt werden, der eine „objektive Sicht auf der Grundlage einer Gesamtbetrachtung aller relevanten Umstände" zugrunde legt.[62] Danach muss der Anbieter keinesfalls als Urheber der Nutzerinhalte erscheinen, es genügt, dass er „den zurechenbaren Anschein" erweckt, „sich mit den fremden Inhalten zu identifizieren und sich diese zu eigen zu machen".[63] Die ECRL steht dem nicht entgegen; vielmehr handelt es sich um eine weitere Fallgruppe der fehlenden Neutralität. Mithin entfällt § 10 TMG in zwei Alternativen: zum einen bei einer aktiven Unterstützung des Dritten, zum anderen bei einer Übernahme der Inhalte des Dritten.

17

Rolle des Anbieters wohl eher im Bereich der Haftungsprivilegierung bzw. des Prüfungspflichtenumfanges anzusiedeln sei.

[56] BGH, GRUR 2015, 1129 Rn. 35 – Hotelbewertungsportal; der Entscheidung zust. *Jahn/Palzer*, K&R 2015, 767, 769.
[57] BGH, GRUR 2015, 1129 Rn. 35 – Hotelbewertungsportal.
[58] BGH, GRUR 2017, 844 Rn. 20 – klinikbewertungen.de.
[59] *Spindler*, MMR 2004, 440, 442.
[60] So aber BeckRTD-Komm/*Jandt*, § 7 TMG Rn. 39.
[61] Für eine Gesamtschau auch *Roth*, WRP 2011, 1258, 1265; s. schon *Spindler*, MMR 2011, 703, 706; zust. *Paal/Wilkat*, MarkenR 2012, 1, 7.
[62] BGH, MMR 2010, 556 Rn. 23 mAnm *Engels* – marions-kochbuch.de.
[63] BGH, MMR 2010, 556 Rn. 27 mAnm *Engels* – marions-kochbuch.de; OLG Hamburg, ZUM-RD 2009, 317, 320; OLG Köln, MMR 2002, 548, 549, mkritAnm *Spindler*.

6. Maßgebliche Kriterien für Sich-zu-eigen-Machen

18 Hält man an der **Auffassung der deutschen Rechtsprechung** fest, sind **maßgebliche Kriterien,** ob der Anbieter die von seinen Nutzern eingestellten Inhalte – für Dritte erkennbar – vorab einer inhaltlichen Kontrolle unterzieht. Dh aus der Sicht eines verständigen Durchschnittsnutzers[64] muss der Anbieter die Inhalte auf Vollständigkeit und Richtigkeit überprüfen. Eine schlichte teilweise automatisierte Überprüfung der Inhalte auf Unregelmäßigkeiten sowie die Ermittlung eines Durchschnittswerts der eingegebenen Nutzerangaben genügen für die Annahme einer redaktionellen Kontrolle hingegen nicht.[65] Dass eine schlichte **Überprüfung auf Unregelmäßigkeiten** nicht bereits zu einem Zu-eigen-Machen führt, überzeugt, schließlich sind solche Kontrollen erwünscht.[66] Mithin würde der bemühte Anbieter, der sogar stichprobenartige Kontrollen durchführt, schlechter gestellt als ein Anbieter, der überhaupt keine Kontrollen vornimmt.[67]

19 Ein weiteres Kriterium, das mit in die Gesamtbetrachtung aller relevanten Umstände[68] einfließen muss, ist, ob die Nutzerinhalte den **„redaktionellen Kerngehalt"** des Gesamtangebots darstellen.[69] Solch eine Identifikation des Anbieters mit den Inhalten Dritter kann bspw. durch die Einbindung der Nutzerinhalte in sein eignes redaktionelles Angebot bewirkt werden.[70] Dies gilt erst recht, wenn der Provider (hier: ein Bewertungsportalbetreiber) eigenmächtig und ohne Rücksprache mit den Beteiligten Inhalte Dritter ändert (hier: Bewertungen).[71] Es muss sich aber um eine **redaktionelle inhaltliche Kontrolle** handeln; eine automatisierte Kontrolle zB auf die Zuordnung zu bestimmten Rechteinhabern (wie bei YouTube der Content-ID) genügt nicht.[72] Allerdings führt dieses Kriterium letztlich zu falschen Anreizen für die Provider:[73] Je mehr sie vorab Inhalte einer Kontrolle unterwerfen, umso eher nimmt die Rechtsprechung einen sich-zu-eigen-gemachten Inhalt an, umso eher werden sie Kenntnis (§ 10) erlangen. Ferner ist ein maßgebliches Kriterium, ob der

---

[64] BGH, MMR 2010, 556 Rn. 24 mAnm *Engels* – marions-kochbuch.de; BGH, GRUR 2015, 1129 Rn. 25 – Hotelbewertungsportal; BGHZ 209, 139 Rn. 17 = GRUR 2016, 855 – Ärztebewertung III (jameda.de); BGH, GRUR 2017, 844 Rn. 18, 20 – klinikbewertungen.de; OLG Düsseldorf, MMR 2004, 315, 317 mzustAnm *Leupold*.

[65] BGH, GRUR 2015, 1129 Rn. 28 – Hotelbewertungsportal; BGHZ 209, 139 Rn. 18 = GRUR 2016, 855 – Ärztebewertung III (jameda.de); *Leistner* in: FS Köhler (2014), S. 415, 425 f.

[66] BGH, GRUR 2015, 1129 Rn. 28 – Hotelbewertungsportal „[…] gerade die unzureichende Überprüfung vor einer Veröffentlichung wird beanstandet."; ebenso für YouTube OLG Hamburg, MMR 2016, 269 Rn. 196 ff., 206 mAnm *Frey* – Störerhaftung von YouTube für das Content-ID-Verfahren.

[67] *Leistner* in: FS Köhler (2014), S. 415, 425 unter Bezugnahme auf KG, ZUM 2013, 886, 890 und *Oelschläger*, GRUR-Prax 2012, 274, 275.

[68] BGH, MMR 2010, 556 Rn. 23 mAnm *Engels* – marions-kochbuch.de; BGH, GRUR 2012, 751 Rn. 11 – RSS-Feeds; BGH, GRUR 2015, 1129 Rn. 25 – Hotelbewertungsportal; BGHZ 209, 139 Rn. 17 = GRUR 2016, 855 – Ärztebewertung III (jameda.de).

[69] BGH, MMR 2010, 556 Rn. 26 mAnm *Engels* – marions-kochbuch.de; BGH, GRUR 2012, 751 Rn. 11 ff. – RSS-Feeds; *Lauber-Rönsberg,* NJW 2016, 744, 747.

[70] BGH, GRUR 2015, 1129 Rn. 25 – Hotelbewertungsportal; BGHZ 209, 139 Rn. 17 f. = GRUR 2016, 855 – Ärztebewertung III (jameda.de).

[71] BGH, GRUR 2017, 844 Rn. 20 – klinikbewertungen.de, der VI. Zivilsenat geht hier in gleichem Atemzug von einer aktiven Rolle des Providers aus.

[72] S. OLG Hamburg, MMR 2016, 269 Rn. 228 ff. mAnm *Frey* – Störerhaftung von YouTube für das Content-ID-Verfahren: zur Abgrenzung gegenüber der Videosharing-Plattform YouTube.

[73] Ebenso *Ohly*, GRUR 2017, 441, 444; *Leistner*, ZUM 2016, 580, 585; zuvor *Spindler*, GRUR 2011, 101, 108.

Allgemeine Grundsätze **§ 7 TMG**

Anbieter sich die Nutzerinhalte auch wirtschaftlich zuordnet, etwa indem er sich die Nutzungsrechte an diesen einräumen lässt oder sie Dritten zur kommerziellen Nutzung anbietet;[74] allein die Lizenzierung indes für die Nutzung auf der Plattform ist nicht ausschlaggebend, da gerade bei User Generated Content diese Lizenzen für einen Internetauftritt unabdingbar sind. Es kommt auf die kommerzielle Verwertung außerhalb der Plattform an.[75] Hierbei ist jedoch zu beachten, dass alleine die kommerzielle Nutzung einer Internetseite nicht bereits ein Sich-zu-eigen-Machen der bereitgestellten Inhalte durch den Seitenanbieter begründet. Andernfalls wäre jeder Anbieter, der eine entgeltliche Seitennutzung anbiete, für die auf seiner Seite bereitgehaltenen Inhalte nach § 7 Abs. 1 TMG verantwortlich und dies unabhängig davon wer die Informationen tatsächlich erbracht habe.[76]

Auch die **visuelle Darstellung des Angebot**s kann von Bedeutung sein, etwa wenn das Logo des Anbieters als „digitales Wasserzeichen" verwendet wird oder stets unübersehbar im Zusammenhang mit dem Nutzerinhalt erscheint und dessen eigentliche Herkunftsangabe dabei in den Hintergrund tritt.[77] Von der Gestaltung der konkreten Unterwebseite abgesehen ist auch die Einordnung des fraglichen Inhalts in die Gesamtstruktur des Angebots bedeutsam. Besteht dieses etwa aus mehreren Rubriken und findet sich der Inhalt in einem erkennbar Nutzerbeiträgen vorbehaltenen Bereich (zB „Forum" oder „Chat"), spricht dies gegen ein „Sich-zu-eigen-Machen".[78] Daran ändert sich auch nichts, wenn der Betreiber **Themengruppen** und die Struktur der Diskussionsmöglichkeiten vorgibt, da dies zu den typischen und unverzichtbaren Charakteristika derartiger Diskussionsbereiche gehört.[79] Ein fremder Inhalt liegt richtigerweise, auch in Anlehnung an die dargestellte EuGH-Rechtsprechung, dann nicht mehr vor, wenn der Inhalt zwar durch den Nutzer bereitgestellt, jedoch von dem Diensteanbieter auf der Website eingestellt wurde.[80] Ebenfalls fehlt es an der Fremdheit des Inhaltes, wenn ein Online-Versandhandel anders als ein Online-Auktionshaus nicht nur als Plattform für Angebote Dritter fungiert, sondern selbst eigene Angebote einstellt und als Verkäufer auftritt. Hieran vermag die Tatsache, dass ein Dritter im Namen des Versandhandels die Angebote einstellt nichts zu ändern.[81] Es handelt sich hierbei um eine eigene Information, für welche der Anbieter nach den allgemeinen Gesetzen haftet, eine Privilegierung nach §§ 7–10 TMG scheidet folglich aus.[82]

Das **Vorliegen nur eines der Kriterien** allein führt nach der Rechtsprechung nicht zwangsläufig zu einem „Sich-zu-eigen-Machen". Die Kriterien können sich auch gegenseitig bedingen.[83] Vielmehr müssen sie in der Regel **kumulativ** vorliegen

20

21

---

[74] BGH, MMR 2010, 556 Rn. 26 mAnm *Engels* – marions-kochbuch.de.
[75] Zutr. OLG Hamburg, MMR 2016, 269 Rn. 196, 252ff. mAnm *Frey* – Störerhaftung von YouTube für das Content-ID-Verfahren; für täterschaftliche Haftung von UGC-Plattformen hingegen *Lausen,* ZUM 2017, 278, 286f.
[76] OLG Zweibrücken, MMR 2009, 541.
[77] BGH, MMR 2010, 556 Rn. 25 mAnm *Engels* – marions-kochbuch.de; krit. zu den BGH-Kriterien *Christiansen,* MMR 2010, 835f. im Zusammenhang mit YouTube.
[78] OLG Hamburg, MMR 2009, 479, 480f. unter Verweis auf OLG Hamburg, MMR 2006, 744, 745. Für die Kommentarfunktion im Rahmen eines Online-Newsportals hat der EGMR dies anders beurteilt, GRUR Int. 2016, 81, Rn. 144ff. – Delfi AD v. Estland II.
[79] OLG Hamburg, ZUM-RD 2009, 317, 321; aA OLG Köln, MMR 2002, 548, 549, mkritAnm *Spindler;* dem zust. *Sobola/Kohl,* CR 2005, 443, 445.
[80] BGH, GRUR 2014, 180 Rn. 19ff. – Terminhinweis mit Kartenausschnitt.
[81] BGH, GRUR 2016, 493 Rn. 21 – Al Di Meola.
[82] BGH, GRUR 2016, 493 Rn. 17ff. – Al Di Meola.
[83] S. die Anm. von *Engels,* MMR 2010, 558, 559, die zutreffend feststellt, dass jedes Einzelkriterium an anderer Stelle wieder aufgewogen werden könne; ähnlich *Hoeren/Plattner,* CR 2010, 471, 472f.

TMG § 7 Allgemeine Grundsätze

oder für sich genommen derart gewichtig sein, dass der quasi-eigene Inhalt deutlich im Vordergrund steht. So ist die Abtretung der Nutzungsrechte an Nutzerbildern etwa zu relativieren, wenn sich die Abtretungserklärung nicht auch auf die Inhalte bezieht, die im ausgewiesenen Forums- oder Chat-Bereich hochgeladen werden[84] oder aber die Nutzungsrechte alleine zur Datensicherung eingeräumt werden.[85] Selbst die Finanzierung einer Homepage durch Werbung führt nicht automatisch zu einem Zueigen-Machen, wenn es sich bei den infrage stehenden Inhalten um Beiträge in einem Chat-Forum handelt und diese offensichtlich nicht zu dem redaktionellen Angebot der Homepage gehören.[86]

22 **Abzulehnen** sind auf jeden Fall **Tendenzen** in der **Rechtsprechung,** den Begriff des **eigenen Inhalts extensiv** zu interpretieren. So wird aus einem fremden Inhalt nicht etwa ein eigener Inhalt, indem der Anbieter eines **Gästebuches** Einträge von Dritten längere Zeit ungeprüft stehen lässt und dadurch gegenüber Nutzern den Eindruck erweckt, als identifiziere er sich mit ihnen.[87]

23 Dies gilt in diesem Zusammenhang vor allem auch für die Anwendung der Sich-zu-eigen-Machen Rechtsprechung auf **User Generated Content und soziale Netzwerke:** Allein die Tatsache, dass eine Plattform bestimmte Kategorien für User Generated Content anbietet, stellt noch kein Sich-zu-eigen-Machen dar.[88] Auch im Falle von **YouTube** führen die werbefinanzierten Einnahmen und das zur Verfügung stellen von Tools zur Erleichterung des Abrufs und der Kommunikation noch nicht dazu, dass ein Sich-zu-eigen-Machen bzw. eine aktive Rolle vorläge.[89] Bei File-Sharing-Plattformen, bei denen der Betreiber keinerlei Kenntnis von den gespeicherten Inhalten hat und sich auch nicht dazu verhält, liegt ebenfalls kein Sich-zu-eigen-Machen vor.[90] Ebenso wenig kann allein aus dem Betreiben von „Communities" im Sinne von **Meinungsforen** und der Zulassung von Pseudonymen gefolgert werden, dass der Anbieter sich die Inhalte zu eigen machen würde.[91] Dadurch würde de facto eine allgemeine Prüfungs- und Überwachungspflicht eingeführt, die gerade mit § 7 Abs. 2 verhindert werden soll.[92] Darüber hinaus ist der Anbieter im Rahmen des § 13 Abs. 6 sogar verpflichtet, die Nutzung unter Pseudonym zu ermöglichen.[93] Die **rein passive Kontrollmöglichkeit** eines Anbieters genügt daher auf keinen Fall, fremde Inhalte als sich-zu-eigen-gemachte Inhalte zu qualifizieren. Abzulehnen ist daher

---

[84] OLG Hamburg, ZUM-RD 2009, 317, 320f.

[85] OLG Zweibrücken, MMR 2009, 541.

[86] OLG Hamburg, ZUM-RD 2009, 317, 321.

[87] So aber LG Trier, MMR 2002, 694, 695; LG Düsseldorf, MMR 2003, 61 (Ls.); zutr. dagegen LG Köln, MMR 2003, 601, 602 mzustAnm *Gercke;* wie hier auch BeckRTD-Komm/*Jandt,* § 7 TMG Rn. 36; BeckOK InfoMedienR/*Paal,* § 7 TMG Rn. 35.2; *Roggenkamp,* K&R 2010, 499, 500.

[88] BeckRTD-Komm/*Jandt,* § 7 TMG Rn. 40 unter Bezugnahme auf BGH, MMR 2010, 556 mAnm *Engels* – marions-kochbuch.de und die Kritik von *Roggenkamp,* jurisPR-ITR 21/2010 Anm. 2; aA *Engels,* MMR 2010, 558.

[89] Ausführlich (zu Recht) OLG Hamburg, MMR 2016, 269 Rn. 191ff. – YouTube für das Content-ID-Verfahren.

[90] BGHZ 194, 339 Rn. 15 = GRUR 2013, 370 – Alone in the Dark; implizit auch BGH, GRUR 2013, 1030 Rn. 28 – File-Hosting-Dienst; OLG München, ZUM 2017, 679, 682 – uploaded.net; inhaltsgleich OLG München, CR 2017, 533 – Gray's Anatomy.

[91] AA OLG Köln, MMR 2002, 548f.; dagegen zu Recht *Eckardt,* CR 2002, 680, 681; *Spindler,* MMR 2002, 549, 550.

[92] Wie hier BeckOK InfoMedienR/*Paal,* TMG § 7 Rn. 35.2; *Meckbach/Weber* MMR 2007, 450, 452, zur durch den EGMR getroffenen Ausnahme → Rn. 9.

[93] So zu Recht Spindler/Schuster/*Hoffmann,* § 7 TMG Rn. 22; zust. *Roggenkamp,* K&R 2010, 499, 500.

auch die Auffassung, wonach schon sämtliche gehostete Inhalte bereits per se eigene Inhalte seien, die also die technische Verfügungshoheit zum alleinigen Kriterium erhebt und das „Sich-zu-eigen-Machen" erst im Rahmen der Haftung nach den allgemeinen Gesetzen auf der Ebene der Zurechnung berücksichtigt.[94] Auch **Eingabemasken,** mit Hilfe derer der Nutzer seine Informationen und Daten in ein bestimmtes Format oder in ein vorgegebenes Angebot, etwa bei elektronischen Handelsplattformen, bringt, genügen nicht, um bereits von eigenen Inhalten der Anbieter sprechen zu können. In diesen Fällen gibt der Anbieter nur eine bestimmte Struktur vor, ohne auf die konkreten Inhalte aktiv selbst Einfluss nehmen zu können.[95] Dementsprechend kommt auch bei **sozialen Netzwerken** wie **Facebook** trotz der Unterstützung der Kommunikation und der Vorstrukturierung von Kategorien keine Identifizierung bzw. ein Sich-zu-eigen-Machen durch den Betreiber in Betracht; jeder durchschnittliche Nutzer geht davon aus, dass es sich um fremde Inhalte handelt.[96] Auch dem „Teilen" kann allgemein kein Sich-zu-eigen-Machen entnommen werden; dagegen kann aber eine zusätzliche und konkrete **Empfehlung** eines fremden Inhaltes im Rahmen des „Teilens" bereits ein Sich-zu-eigen-Machen des Teilenden begründen;[97] allerdings muss es sich um eine erkennbare inhaltliche Befassung mit dem fremden Inhalt und dessen Weiterempfehlung handeln.[98] Das bloße „Mir gefällt es" bzw. **„Like it"** (bei Facebook) genügt hierfür nicht, da damit der vielfach unbedacht vollzogenen Handlung eine zu weitreichende Bedeutung beigemessen würde;[99] auch dürfte der Verkehr nicht erwarten, dass der Nutzer, der einen Inhalt mit einem „Like it" versieht, sich bewusst diesen zu eigenmacht.[100]

Ebenso wenig reicht allein ein **wirtschaftliches Interesse** an dem Inhalt, um ein „Sich-zu-eigen-Machen" anzunehmen.[101] Gleiches gilt für die Verpachtung einer Domain – hier hat der Verpächter in aller Regel keinerlei Kontrolle über die Inhalte, die unter der Domain angeboten werden.[102] Auch der weiterführende Hinweis zu einer Internetseite auf dem Titelblatt eines Printmediums kann ein Sich-zu-eigen-Machen der Internetinhalte nicht begründen.[103]

24

---

[94] *Jürgens,* CR 2006, 188, 192, der den technischen Ansatz damit überspannt.
[95] Ähnlich *Schapiro,* Unterlassungsansprüche gegen die Betreiber von Internet-Auktionshäusern und Internet-Meinungsforen, S. 342.
[96] Insoweit zutr. LG Würzburg, CR 2017, 327, 329 f.; anders etwa wenn es um Werbe-E-Mails von Facebook geht (Freunde finden), zutr. BGH, GRUR 2016, 946 – Freunde-Finden.
[97] So OLG Dresden, MMR 2017, 542, 543; vgl. auch OLG Frankfurt a. M, MMR 2016, 489 Rn. 29 ff., insb. Rn. 31: „‚Teilen' für sich genommen keine über die Verbreitung hinausgehende Bedeutung"; Hornung/Müller-Terpitz/*Spindler,* Rechtshandbuch Social Media, S. 148; *Lauber-Rönsberg,* NJW 2016, 744, 747 f.; offenbar generell (und zu undifferenziert) für ein Sich-zu-eigen-Machen *Giebel,* NJW 2017, 977, 978; *Krischker,* JA 2013, 488, 493.
[98] Noch enger *Ohly,* GRUR 2017, 441, 449 f.
[99] IE ebenso *Krischker,* JA 2013, 488, 490.
[100] AA für das Arbeits- und Persönlichkeitsrecht *Bauer/Günther,* NZA 2013, 67; wohl auch OLG Frankfurt a. M., MMR 2016, 489 Rn. 31; *Kaumanns,* K&R 2012, 445.
[101] Für Auktionen OLG Brandenburg, MMR 2004, 330, 331 mAnm *Spindler;* für YouTube OLG Hamburg, MMR 2016, 269 Rn. 191 ff. – Störerhaftung von YouTube für das Content-ID-Verfahren; umfasst *v. Samson-Himmelstjerna,* Haftung von Internetauktionshäusern, Rn. 133 ff., 166; so aber für § 5 TDG aF *Freytag,* Haftung im Netz, S. 173 ff.; für §§ 8 ff. TDG s. Heermann/Ohly/*Freytag,* Verantwortlichkeit im Netz, S. 154.
[102] BGH, GRUR 2009, 1093 Rn. 19 – Focus-Online.
[103] BGH, GRUR 2009, 1093 Rn. 19 – Focus-Online.

7. Disclaimer

25 Eine Distanzierung des Diensteanbieters von fremden Informationen führt daher noch nicht zum Haftungsausschluss (und umgekehrt) – der **„Disclaimer"** verliert an Bedeutung.[104] Schon zum früheren TDG stand die Rechtsprechung der Wirkung eines Disclaimers reserviert gegenüber.[105] Ein Disclaimer, der im Wesentlichen dem presserechtlichen Haftungsbereich entlehnt ist, könnte von vornherein nur bei Äußerungsdelikten eine Rolle spielen, da für andere Haftungs- oder Verantwortlichkeitsbereiche primär die Frage der Beherrschung einer Gefahrenquelle oder die Veranlassung einer Gefahr maßgeblich ist, mithin nicht, ob und wie sich eine Information gegenüber Dritten darstellt.[106] Aber selbst im Rahmen von Äußerungsdelikten kann ein pauschaler Disclaimer bei sonst vorliegenden Indizien für ein „Sich-zu-eigen-Machen" nicht dazu führen, dass alle Inhalte als fremd zu betrachten sind, da die Perspektive der Rezipienten nicht allein von einem solchen Hinweis abhängt.[107] Wenn dem so wäre, würden alle übrigen Kriterien des „Sich-zu-eigen-Machens" hinfällig und der Anbieter ohne weiteres haftungsfrei, solange er nur einen Disclaimer schaltet.[108] Umgekehrt kann ein fehlender Disclaimer keine Zurechnung der fremden Inhalte begründen.[109] Dies gilt erst recht vor dem Hintergrund eines mehr technischen Verständnisses, ob eigene oder fremde Inhalte vorliegen.[110]

8. Zurechnung im Konzern

26 Bei der **Zurechnung von Informationen im Konzern** muss trotz der wirtschaftlichen Einheit der verschiedenen Unternehmen auf die rechtliche Selbständigkeit der juristischen Personen abgestellt werden (→ § 2 Rn. 33). An diesem Grundsatz wollte schon der § 11 S. 2 TDG aF nichts ändern.[111] Daher darf eine Abweichung von diesem Grundsatz nur in Ausnahmefällen erfolgen, wobei der Zurechnung von Tatbestandsmerkmalen unter rechtlich selbständigen Subjekten ein besonderer Grund

---

[104] S. bereits *Spindler*, MMR 2004, 440, 442; dem zust. BeckRTD-Komm/*Jandt*, § 7 TMG Rn. 36, 39; Spindler/Schuster/*Hoffmann*, § 7 TMG Rn. 29 ff.; Hoeren/Sieber/Holznagel/*Sieber*/*Höfinger*, 44. EL 2017, Teil 18.1, Rn. 41 und nun auch BGH, GRUR 2015, 1129 Rn. 27 – Hotelbewertungsportal; aA wohl Heermann/Ohly/*Freytag*, Verantwortlichkeit im Netz, S. 154.

[105] OLG München, NJW 2002, 2398, 2399; OLG Köln, MMR 2002, 548; OLG Düsseldorf, GRUR-RR 2002, 234, 235; LG Trier, MMR 2002, 694, 695; LG Köln, MMR 2002, 254, 255; OLG Hamburg, MMR 2000, 92, 94f.; krit. auch *Köhler/Fetzer*, Recht des Internet, Rn. 806, 857; s. aber auch OLG Brandenburg, MMR 2004, 330, 330 f., das mehrere Kriterien nebeneinander prüft, die Distanzierung des Betreibers eines Online-Auktionshauses von den Angeboten seiner Kunden aber in den Vordergrund rückt.

[106] *Freytag*, Haftung im Netz, S. 173; *Pankoke*, Von der Presse- zur Providerhaftung, S. 101.

[107] *Jürgens/Veigel*, AfP 2007, 181, 182, die gleichwohl zur vorsorglichen Schaltung eines Disclaimers raten, da sie in der Rspr. des OLG Köln, MMR 2002, 548 keine vollständige Distanzierung von der Disclaimerfunktion erblicken; zur Perspektive des Nutzers und einer nicht notwendigen Distanzierung des Diensteanbieters s. nun auch OLG München, MMR 2012, 108, 109 – Internet-Branchenverzeichnis.

[108] S. auch *Roggenkamp*, K&R 2010, 499, 501 mit dem Hinweis auf den Grundsatz „venire contra factum proprium" aus § 242 BGB.

[109] Dem zust. Spindler/Schuster/*Hoffmann*, § 7 TMG Rn. 30; BeckRTD-Komm/*Jandt*, § 7 TMG Rn. 39.

[110] BeckRTD-Komm/*Jandt*, § 7 TMG Rn. 32 ff., 39 ff.; BeckOK InfoMedienR/*Paal*, § 7 TMG Rn. 37.

[111] *Eck*, MMR 2005, 7, 8f.; vertiefend zur Zurechnung von Informationen im Konzern *Spindler*, MMR 2004, 440, 444.

Allgemeine Grundsätze §7 TMG

bestehen muss, der diese Zusammenschau der Konzernunternehmen rechtfertigt.[112] Zur Wissenszurechnung im Konzern → § 10 Rn. 45.

9. Einzelfälle

a) News-Portale, Meinungsforen. Im Hinblick auf **News-Portale** weist auch 27 die Rechtsprechung des **EGMR** in Bezug auf die Annahme einer aktiven Rolle des Diensteanbieters niedrigere Maßstäbe auf. So wies der EGMR in der Entscheidung Delfi AD v. Estland I darauf hin, dass der von Comments wirtschaftlich profitierende Betreiber eines Internetnewsportals bereits dann Kontrolle über die von Nutzern verfassten Comments habe, wenn ausschließlich der Betreiber und nicht der Nutzer selbst den Nutzungsbedingungen widersprechenden Comment ändern oder löschen könne.[113] Dies gelte jedoch nicht für andere Plattformen wie Foren oder Social Media, bei denen der Anbieter keinen Inhalt zur Verfügung stelle.[114]

b) Sharehoster. Für **Sharehoster,** die mit Plattformen wie in der „Marions- 28 Kochbuch"-Entscheidung hinsichtlich des Angebotsaufbaus schwer vergleichbar sind, indem sie allenfalls Kategorien für bestimmte Inhalte enthalten, hielt es der BGH zu Recht für relevant, dass die Verbreitung der Download-Links zu rechtsverletzenden Inhalten allein von den Nutzern kontrolliert werde. Dadurch sei der Verursachungsbeitrag des Hosters zur Rechtsverletzung geringer als bei „**Vermittlungs- und Auktionsplattformen im Internet,** in denen die von den Nutzern – wenn auch häufig automatisch – hochgeladenen Angebote durch den Plattformbetreiber öffentlich zugänglich gemacht werden". Ferner nimmt der Sharehoster auch keine Auswahl oder Überprüfung der hochgeladenen Dateien vor, ein Sich-zu-eigen-Machen sei somit ausgeschlossen, mithin lägen im konkreten Fall keine eigenen Informationen iSv § 7 Abs. 1 vor.[115] An dieser Beurteilung können allerdings im Lichte der EuGH-Rechtsprechung Zweifel angemeldet werden, wenn im jeweiligen Einzelfall der Sharehoster seine passive Rolle verlässt, indem er zB mit der Möglichkeit des Zugangs zu urheberrechtsgeschützten Inhalten wirbt oder Prämienmodelle für Nutzer entwickelt, die eine massenhafte Verletzung befördern.[116]

c) Suchmaschinen. Dagegen kommt es bei **Suchmaschinen** nach hier vertre- 29 tener Auffassung jedenfalls für die §§ 7–10 nicht auf die Frage an, ob sich der Suchmaschinenanbieter durch eine **Autocomplete**-Funktion die Ergebnisse zu eigen macht; denn Suchmaschinen unterfallen von vornherein nicht den §§ 7–10 (→ Rn. 117; → § 8 Rn. 55). Wollte man allerdings der Ansicht des BGH entsprechend doch § 7 TMG anwenden,[117] spricht die Tatsache, dass das Autocomplete-Er-

---

[112] *Eck,* MMR 2005, 7, 8f; aA, die die rechtliche Selbstständigkeit einer Schwestergesellschaft betonend: LG Köln, Urt. v. 28.2.2001 – 28 O 692/00, JurPC Web-Dok. 138/2001, Abs. 26.

[113] EGMR, GRUR Int. 2014, 507 Rn. 27, 89 – Delfi AD v. Estland I, später bestätigt durch EGMR, GRUR Int. 2016, 81 Rn. 144ff. – Delfi AD v. Estland II. Zu den Anforderungen des EGMR ebenfalls *Milstein,* MMR 2015, 730 Rn. 6; sehr krit. zu der Entscheidung *Schapiro,* ZUM 2014, 201, 208f.

[114] EGMR, GRUR Int. 2016, 81 Rn. 116 – Delfi AD v. Estland II.

[115] BGHZ 194, 339 Rn. 21 = GRUR 2013, 370 mAnm *Hühner* – Alone in the Dark; ebenso OLG München, ZUM 2017, 679, 682 – uploaded.net; inhaltsgleich OLG München, CR 2017, 533 – Gray's Anatomy; krit. zur Beurteilung des Verursachungsbeitrags *Bäcker,* ZUM 2013, 292, 293.

[116] S. *Holznagel,* CR 2017, 464, 469 in Kritik von OLG München, ZUM 2017, 679, 682 – uploaded.net; inhaltsgleich OLG München, CR 2017, 533 – Gray's Anatomy.

[117] BGHZ 197, 213 Rn. 20 = GRUR 2013, 751 mAnm *Peifer/Becker*– Autocomplete-Funktion; so auch schon OLG Köln, MMR 2012, 840, 842 – Vervollständigungsfunktion; OLG Hamburg, MMR 2011, 685, 686 – Snippets.

gebnis maßgeblich durch den verwandten Algorithmus bestimmt wird, dafür, dass ein eigener Inhalt (in Kombination mit der Eingabe des Nutzers) vorliegt.[118] Nach Ansicht des BGH präsentiert die Suchmaschine schließlich keine zufälligen Suchvorschläge, sondern inhaltlich weiterführende Vorschläge, die sich aus der Suchanfrage des Nutzers ergeben. Das auf einem Algorithmus basierende System bedient sich hierfür an den zu dem fraglichen Suchbegriff häufigsten eingegebenen Suchwörtern vorheriger Nutzer.[119] Die resultierende Verknüpfung aus aktuellem Suchwort und bisherigen Suchanfragen wird somit nicht durch einen Dritten, sondern durch die Suchmaschine selbst vorgenommen. Mithin seien die Ergebnisse des Autocomplete-Hilfsprogramms als eigene Inhalte zu qualifizieren.[120] Hiervon sind jedoch die Fälle, in denen die Suchmaschinen **Snippets** anzeigt, abzugrenzen. Mithin verdient die Entscheidung des OLG Hamburgs Zustimmung, dass die im Rahmen des Suchvorganges erscheinenden Snippets als fremde Inhalte qualifiziert; schließlich handelt es sich um im Internet generell auffindbare Information, die lediglich durch die Suchmaschine kenntlich gemacht werden.[121] Im Übrigen ist für jeden durchschnittlichen Nutzer ohne Weiteres erkennbar, dass die Suchergebnisse automatisch generiert werden und der Suchmaschinenbetreiber sich nicht die dahinterliegenden Inhalte zu eigen macht.[122]

30 **d) Hyperlinks.** Ebenfalls diskutiert wurde, ob das Setzen von **Hyperlinks** ein „Sich-zu-eigen-Machen" begründet, maßgeblich muss insoweit auch hier die objektive Sicht auf der Grundlage einer Gesamtschau aller relevanten Umstände sein.[123] Eine „Zueignung" fremder Inhalte kommt deshalb – zu Recht – dann in Betracht, wenn sich der Linksetzer eigene Ausführungen erspart und stattdessen (aus objektiver Sicht) auf fremde Inhalte verweist;[124] oder seine eigenen Ausführungen durch Verlinkungen zumindest ergänzt.[125] Allgemein ist bei einem Deep Link, der direkt zu einem Inhalt führt, eher von einem Sich-zu-eigen-Machen auszugehen, als bei einem Link, der nur auf ein allgemeines Angebot von Inhalten Dritter führt (insbesondere Surface-Link).[126] Dies muss auch für andere (aus objektivierter Sicht noch stärkere) Formen der Einbindung mittels Hyperlink, so etwa das Framing bzw. Embedded Content, gelten. Hier kommt es dem Linksetzer gerade darauf an, den verlinkten Inhalt in seiner Website so einzubinden, dass er als Teil seiner Website erscheint,[127] ohne dass allerdings allein auf die Einbettung abgestellt werden könnte; für urheberrecht-

---

[118] Insoweit zutr. BeckOK InfoMedienR/*Paal,* TMG, § 7 Rn. 38.

[119] BGHZ 197, 213 Rn. 16 = GRUR 2013, 751 mAnm *Peifer/Becker* – Autocomplete-Funktion.

[120] BGHZ 197, 213 Rn. 16ff., 20 = GRUR 2013, 751 mAnm *Peifer/Becker* – Autocomplete-Funktion; OLG Köln, MMR 2012, 840, 842 – Vervollständigungsfunktion, jedoch verneinte das OLG Köln eine Rechtsverletzung der Klägerin durch die Ergänzungsbegriffe; aA OLG München, MMR 2012, 108, 109 – Internet-Branchenverzeichnis.

[121] OLG Hamburg, MMR 2011, 685, 686 – Snippets.

[122] OLG Karlsruhe, MMR 2017, 487 Rn. 86; OLG Köln, BeckRS 2016, 18916 Rn. 84.

[123] BGH, GRUR 2016, 209 Rn. 13 – Haftung für Hyperlink, unter Verweis auf BGH, GRUR 2010, 616 Rn. 23 – marions-kochbuch.de; s. auch *Lauber-Rönsberg,* NJW 2016, 744, 746; *Ohly,* NJW 2016, 1417, 1418.

[124] BGH, GRUR 2016, 209 Rn. 13ff. – Haftung für Hyperlink.

[125] BGH, GRUR 2012, 74 Rn. 23ff. – Coaching-Newsletter; s. auch *Ohly,* NJW 2016, 1417, 1418.

[126] BGH, GRUR 2016, 209 Rn. 19 – Haftung für Hyperlink; s. auch BGH, GRUR 2012, 74 Rn. 25 – Coaching-Newsletter; s. auch *Ohly,* GRUR 2017, 441, 445; *ders.,* NJW, 2016, 1417, 1418.

[127] Vgl. etwa die Erwägungen bei *Hendel,* ZUM 2014, 102, 108f., allerdings zur Bestimmung der urheberrechtlichen Nutzungshandlung. Dieses Kriterium verdient zur Bestimmung der urhe-

liche Fragen gelten allerdings andere Kriterien, s. dazu → Vor § 7 Rn. 58. Als ebenfalls relevant erachtete der BGH in seiner ueber18-Entscheidung im Zusammenhang mit Hyperlinks auch den Umstand, ob Verweise wesentlicher Bestandteil einer verfolgten Geschäftsidee sind.[128] Entscheidend dürften letztlich auch in dieser Entscheidung aber eine objektivierte Betrachtung der Gesamtumstände gewesen sein, denn das fragliche Geschäftsmodell umfasste hier neben der bloßen Verlinkung gerade auch die Freischaltung der fremden pornographischen Inhalte durch das Altersverifikationssystem der (verlinkenden) Website, was die Annahme eines „Sich-zu-eigen-Machens" rechtfertigt.[129] Dem gegenüber kann allein die bloße Geschäftsidee der Verlinkung fremder Inhalte, ohne das Hinzutreten weitere Umstände nicht genügen. Von der Haftung für „Sich-zu-eigen-Machen" mittel Hyperlink sind die Fälle der primären Rechtsverletzung durch Hyperlinks etwa im Urheberrecht (→ Vor § 7 Rn. 65) zu unterscheiden. Zahlreiche früher als mittelbare Verletzungen bzw. des Sich-zu-eigen-Machens behandelte Konstellationen werden nach der neueren EuGH-Rechtsprechung als unmittelbare Urheberrechtsverletzungen zu behandeln sein (→ Vor § 7 Rn. 59). Dies dürfte selbst dann gelten, wenn ein Konzernunternehmen einen Link auf einen (urheberrechtswidrigen) YouTube-Film eines Schwesterunternehmens setzt.[130] Der Linksetzung nicht gleichgestellt werden können ferner Angebote von Händlern auf Plattformen wie Amazon, auch wenn Dritte, insbesondere der Plattformbetreiber, diese verändern können; denn der Verkehr sieht diese Angebote nach wie vor als solche vom Händler an.[131]

V. Bereithalten zur Nutzung

Anders als § 10 verlangt § 7 Abs. 1, dass der Diensteanbieter eigene Informationen **31** zur Nutzung bereithält. Das reine Speichern der eigenen Informationen solle demnach nicht genügen, vielmehr sollen Nutzer iSv § 2 S. 1 Nr. 3 zusätzlich die Möglichkeit haben müssen, auf die Informationen zuzugreifen.[132] Allerdings darf diese Begriffsdefinition nicht zu eng ausgelegt werden, da der Gesetzgeber hier nur das Eingreifen der allgemeinen Haftungs- und Verantwortlichkeitsbestimmungen zum Ausdruck bringen wollte.[133] Das reine Speichern von eigenen Informationen kann durchaus eine Haftung nach sich ziehen, ohne dass für Dritte die Informationen bewusst zum Abruf vorgehalten werden, etwa bei einer unzulässigen Vervielfältigung (§ 16 UrhG) oder bei virenverseuchten Dateien (→ Vor § 7 Rn. 32). Aus § 7 Abs. 1 ist daher nicht eine zusätzliche Haftungsbegrenzung für das Speichern eigener Dateien herauszulesen; die Begriffe „speichern" und „bereithalten" sind synonym zu verstehen.[134] Entscheidend ist auch nicht, dass das Bereithalten auf dem Diensteanbieter eigenen Speichermedien erfolgt, → Rn. 6.

---

berrechtlichen Nutzungshandlung keine Zustimmung: BGH, GRUR 2013, 818, Rn. 9 – Die Realität I; aA LG München I, MMR 2007, 260, 262 mkritAnm *Ott* – Rußnase.

[128] BGH, GRUR 2008, 534 Rn. 21 – ueber18.de; hierzu krit. *Volkmann,* K&R 2009, 361, 364 und Fn. 45.

[129] Andeutend und iE ebenso *Volkmann,* K&R 2009, 361, 364.

[130] Noch als Fall des Sich-zu-eigen-Machens behandelt durch OLG Frankfurt a.M., CR 2017, 406.

[131] BGH, GRUR 2016, 936 Rn. 28 – Angebotsmanipulation bei Amazon.

[132] So BeckRTD-Komm/*Jandt,* § 7 TMG Rn. 41.

[133] Begr. RegE EGG, BT-Drs. 13/7385, S. 19.

[134] MüKoStGB/*Altenhain,* Vor §§ 7ff. TMG Rn. 39.

VI. Verantwortlichkeit bei fehlender Befreiung nach §§ 7–10

32 Greifen die §§ 7–10 nicht ein, bedeutet dies noch nicht, dass der Diensteanbieter nach allgemeinen Regeln auf jeden Fall für die Inhalte haften muss. Vielmehr muss dies dann anhand der Verantwortlichkeitsnorm des jeweiligen Rechtsgebiets geprüft werden.[135] Denn die Verantwortung der Anbieter kann auch nach allgemeinen Regeln etwa an Zumutbarkeitsgesichtspunkten oder verfassungsrechtlichen Einflüssen, zB der Presse- oder Rundfunkfreiheit, scheitern.[136] Je nach Rechtsgebiet müssen dann die spezifischen Verantwortlichkeitsregelungen geprüft werden.

VII. Keine Nachforschungs- und Kontrollpflichten der Provider (Abs. 2)

33 Als wichtigen, im Hinblick auf Unterlassungsansprüche bzw. die Störerhaftung aber problematischen Grundsatz stellt § 7 Abs. 2 fest, dass den Diensteanbieter weder eine Überwachungs- noch eine Nachforschungspflicht trifft, ob fremde rechtswidrige Inhalte bereitgehalten werden. § 7 Abs. 2 dient der Umsetzung des Verbots in Art. 15 Abs. 1 ECRL für die Mitgliedstaaten, allgemeine Überwachungspflichten für Diensteanbieter einzuführen. Demnach darf allen Diensteanbietern iSd Art. 12–14 ECRL bzw. §§ 8–10 nicht die Pflicht auferlegt werden, die „von ihnen übermittelten oder gespeicherten Informationen zu überwachen oder aktiv nach Umständen zu forschen, die auf eine rechtswidrige Tätigkeit hinweisen". Das Verbot gilt aber selbstverständlich nur für die Diensteanbieter nach §§ 7-10 TMG, nicht dagegen etwa für Händler mit eigenen Verkaufsangeboten auf Handelsplattformen wie Amazon.[137]

34 Das Verbot bezieht sich aber nur auf **allgemeine Überwachungspflichten,** wie schon Erwägungsgrund Nr. 47 ECRL festhält.[138] Der Begriff ist im Zusammenhang mit den an gleicher Stelle erwähnten „Überwachungspflichten in spezifischen Fällen" zu sehen.[139] Damit ist aber inhaltlich nur wenig gewonnen; die Begriffe „allgemein" und „spezifisch" bedürfen weiterhin der Konkretisierung. Dabei wird von einigen der Begriff der „proaktiven Überwachungspflichten" verwendet, der dem Verbot des § 7 Abs. 2 bzw. Art. 15 Abs. 1 ECRL unterfallen würde.[140] Ob indes hiermit viel an Konkretisierung gewonnen ist, kann dahinstehen. Entscheidend ist weniger die Quantität an Kontrollen, als vielmehr ob sie aus einem konkret zu bestimmenden Anlass erfolgt oder anlassunabhängig.[141] Das Verbot allgemeiner Überwachungspflichten bezieht

---

[135] Begr. RegE BT-Drs. 14/6098, S. 23; *Stadler,* Haftung für Informationen im Internet, Rn. 76.

[136] AllgM, s. etwa Spindler/Schuster/*Hoffmann,* § 7 TMG Rn. 32; BeckRTD-Komm/*Jandt,* § 7 TMG Rn. 42.

[137] BGH, GRUR 2016, 936 Rn. 27 – Angebotsmanipulation bei Amazon, unter Verweis auf BGHZ 158, 236 Rn. 49 = GRUR 2004, 860 – Internet-Versteigerung I; BGHZ 191, 19 Rn. 21 = GRUR 2011, 1038 – Stiftparfüm; BGH, GRUR 2015, 485 Rn. 51– Kinderhochstühle III.

[138] S. auch Begr. RegE BT-Drs. 14/6098, S. 23.

[139] Hoeren/Sieber/Holznagel/*Sieber/Höfinger,* 44. EL 2017, Teil 18.1 Rn. 53.

[140] OLG Hamburg, MMR 2006, 744, 747; MüKoStGB/*Altenhain,* § 7 TMG Rn. 6; Spindler/Schuster/*Hoffmann,* § 7 TMG Rn. 33 ff.; Hoeren/Sieber/Holznagel/*Sieber/Höfinger,* 44. EL 2017, Teil 18.1 Rn. 54ff.; *Engels,* MMR 2001, 175, 176; *Ensthaler/Heinemann,* GRUR 2012, 433, 434; *Leistner,* ZUM 2012, 722, 724 unter Verweis auf die Rspr. seit BGHZ 173, 188, 202 = MMR 2007, 634, 637 mAnm *Köster/Jürgens* – Jugendgefährdende Medien bei eBay.

[141] StRspr BGHZ 158, 236, 251 f. = MMR 2004, 668, 671 f. mAnm *Hoeren* – Internet-Versteigerung I; BGHZ 172, 119, 134 = MMR 2007, 507, 511 mAnm *Spindler* – Internet-Versteige-

Allgemeine Grundsätze **§ 7 TMG**

sich auf die nicht veranlasste, alle Inhalte betreffende Kontrolle des Angebots. Nicht von dem Verbot erfasst sind demgegenüber Pflichten, die dem Anbieter gerichtlich oder behördlich auferlegt werden[142] und aus Anlass eines konkreten Falles etwa von ihm verlangen, eine konkrete Rechtsverletzung zu beseitigen. Dies hat der EuGH in der Entscheidung L'Oréal bestätigt.[143] Auch spezifische, einer Anordnung nachfolgende Überwachungspflichten zur Verhinderung gleicher Rechtsverstöße („staydown") werden nicht von dem Verbot der anlassunabhängigen Überwachungspflichten erfasst.[144] Allerdings bestehen nach wie vor etliche Probleme im Verhältnis zur Störerhaftung und vorbeugenden Unterlassungsansprüchen gegenüber Anbietern iSd §§ 8–10 (→Rn. 73).

Schwierig ist das **Verhältnis von § 7 Abs. 2 zum allgemeinen Haftungsrecht** 35 zu bestimmen, insbesondere wenn die Haftungsprivilegierungen der §§ 8–10 nicht eingreifen, etwa wegen Kenntnis des Anbieters von einem Inhalt oder weil ein Nutzer unter der Aufsicht des Anbieters steht. In diesen Fällen greift das allgemeine Haftungsrecht (wieder) ein; dennoch bleibt es auch dann bei dem Verbot der allgemeinen Überwachungspflichten, da dieses nicht unter den Kautelen der §§ 8–10 steht.[145] Zwar verweist Art. 15 ECRL auf die Anbieter iSv Art. 12–14 ECRL; doch verweist dies auf deren technische Einordnung, nicht auf die sonstigen tatbestandlichen Voraussetzungen, da es sonst Art. 15 ECRL nicht bedurft hätte. Mit anderen Worten greift das Verbot der allgemeinen Überwachungspflicht für alle Provider nach §§ 8–10 ein, ohne Rücksicht auf die konkrete Tätigkeit und etwaige Haftungsprivilegierung. Demnach können auch bei Anwendbarkeit etwa von § 823 Abs. 1 BGB Verkehrssicherungspflichten abzulehnen sein, sofern sie auf eine allgemeine Überwachungspflicht hinauslaufen.[146] Allerdings ist zu berücksichtigen, dass die ECRL die Haftungsprivilegierungen davon abhängig macht, dass die Provider rein passiv und technisch tätig sind.[147] Schließlich muss beachtet werden, dass das Verbot des § 7 Abs. 2 sich auf Nachforschungspflichten für die Existenz von Inhalten bezieht, nicht aber auf die Prüfung der Rechtswidrigkeit, auf die sich aber häufig die in der Recht-

---

rung II; BGH, GRUR 2008, 702, 705 – Internet-Versteigerung III; BGH, GRUR 2011, 152 Rn. 48 – Kinderhochstühle im Internet I, dazu *Spindler,* GRUR 2011, 101; BGHZ 191, 19 Rn. 21 = GRUR 2011, 1038 – Stiftparfüm; BGHZ 194, 339 Rn. 19 = GRUR 2013, 370 mAnm *Hühner* – Alone in the Dark; BGH, GRUR 2013, 1229 Rn. 35 – Kinderhochstühle im Internet II; BGH, GRUR 2015, 485 Rn. 51 – Kinderhochstühle im Internet III; BGH, GRUR 2015, 1129 Rn. 37 – Hotelbewertungsportal; BGHZ 209, 139 Rn. 23 = GRUR 2016, 855 – Ärztebewertung III (jameda.de).

[142] Erwägungsgrund Nr. 47 der RL 200/31/EG des Europäischen Parlaments und des Rates vom 8.6.2000 über bestimmt rechtliche Aspekte der Dienste der Informationsgesellschaft, insbesondere des elektronischen Geschäftsverkehrs, im Binnenmarkt (ECRL), ABl. Nr. L 178 v. 17.7.2000, S. 1, 6; Begr. RegE zu § 8 Abs. 2 S. 1 TDG, BT-Drs. 14/6098, S. 23; BeckRTD-Komm/*Jandt,* § 7 TMG Rn. 44; BeckOK InfoMedienR/*Paal,* § 7 TMG Rn. 52.

[143] EuGH, Slg. 2011, I-6011 = GRUR 2011, 1025 – L'Oréal/eBay.

[144] BGHZ 158, 236, 252 = MMR 2004, 668, 671 f. mAnm *Hoeren* – Internet-Versteigerung I; BGHZ 191, 19 Rn. 25 ff. = GRUR 2011, 1038 – Stiftparfüm; BGHZ 194, 339 Rn. 31 = GRUR 2013, 370 mAnm *Hühner* – Alone in the Dark; BGH, GRUR 2013, 1229 Rn. 44 – Kinderhochstühle im Internet II; zum Umfang der spezifischen Prüfungspflichten *Holznagel,* Notice and Take-Down-Verfahren als Teil der Providerhaftung, S. 109 ff.; *v. Samson-Himmelstjerna,* Haftung von Internetauktionshäusern, Rn. 356 ff.

[145] S. *Christiansen,* MMR 2004, 185, 186.

[146] Vgl. Spindler/Schuster/*Hoffmann,* § 7 TMG Rn. 33.

[147] EuGH, Slg. 2010, I-2417 Rn. 114 ff. = GRUR 2010, 445– Google/LV; EuGH, Slg. 2011, I-6011 Rn. 113, 116 = GRUR 2011, 1025 – L'Oréal/eBay; mit diesen Kriterien hat sich nun auch der BGH befasst, s. BGH, GRUR 2015, 1129 – Hotelbewertungsportal und hierzu Rn. 10.

sprechung etwa für Verleger bzw. Zeitungen angenommene Prüfungspflicht im Rahmen der Verkehrspflichten (ebenso wie bei der Störerhaftung) bezieht.[148]

36 Allein den **nationalen Behörden** bleibt es nach Art. 15 Abs. 2 ECRL vorbehalten, die Anbieter zur **Unterrichtung** über mutmaßlich rechtswidrige Tätigkeiten oder Informationen zu verpflichten, ohne dass diese Anordnungsmöglichkeit auf Straftaten oder bestimmte Kategorien von Tätigkeiten beschränkt wäre.[149] Trotz dieser Möglichkeit, die Diensteanbieter zu verpflichten, hat der Gesetzgeber keinen entsprechenden Vorbehalt im TMG aufgenommen, so dass das Verhältnis von Überwachungspflichten nach **§ 110 TKG iVm TKÜV**[150] und TMG in der Praxis Probleme aufwerfen kann. Auch andere Normen, wie etwa der JMStV, enthalten derartige Pflichten (bislang) nicht. Aufgrund des Vorbehalts nach Art. 15 Abs. 2 ECRL wird jedoch eine spezialgesetzliche Überwachungspflicht dem Verbot des § 7 Abs. 2 vorgehen, sofern sie sich auf bestimmte Sachverhalte beschränkt und keine allgemeine Überwachungspflicht schafft.[151]

VIII. Verpflichtung zur Entfernung oder Sperrung (Abs. 3) – Das Verhältnis zur zivilrechtlichen Störerhaftung: Grundlagen

1. Überblick

37 Die Störerhaftung[152] von Diensteanbietern in elektronischen Netzen ist heute zur zentralen Weichenstellung der Haftung der Internet-Provider geworden, zumal diese angesichts der Probleme, gegen die eigentlichen Rechtsverletzer vorzugehen, oftmals am einfachsten und erfolgversprechendsten zur Rechenschaft gezogen werden können.[153] Die Störerhaftung ist nur teilweise gesetzlich verankert, etwa im Urheberrecht in § 97 UrhG,[154] sie wird von der Rechtsprechung aber grundsätzlich auf eine Analogie zu § 1004 BGB gestützt.[155]

---

[148] Näher *Spindler/Volkmann*, WRP 2003, 1, 3 ff.

[149] S. auch Erwägungsgrund Nr. 26 ECRL.

[150] Vertiefend zur Telekommunikations-Überwachungsverordnung s. *Holznagel/Nelles/Sokol*, Die neue TKÜV; zum Verhältnis § 110 Abs. 3 TKG, § 11 TKÜV und dem Erlass der Technischen Richtlinie (TR TKÜV) s. BeckTKG-Komm/*Eckhardt*, § 110 TKG Rn. 89 f.; Arndt/Fetzer/Scherer/*Graulich*, § 110 TKG Rn. 89 f.

[151] Zu den übrigen Öffnungsklauseln der ECRL für Auskunftsersuchen, s. *Spindler*, Beil. MMR 7/2000, 4, 18 f.

[152] Zur Störerhaftung von Access-Providern → Rn. 77 ff., → § 8 Rn. 39, zur Störerhaftung von Host-Providern → § 10 Rn. 97 ff.

[153] *Spindler*, 69. DJT 2012, Gutachten F, S. 64 ff.; BGHZ 185, 330 = GRUR 2010, 633 mAnm *Stang/Hühner* – Sommer unseres Lebens, zu Urheberrechtsverletzungen; BGH, GRUR 2008, 702 – Internet-Versteigerung III, zu Markenrechtsverletzungen; BGHZ 181, 328 = MMR 2009, 608 mAnm *Greve/Schärdel* – spickmich.de, zu Persönlichkeitsrechtsverletzungen; BGHZ 158, 343, 350 = GRUR 2004, 693, 695 – Schöner Wetten, zu Wettbewerbsverletzungen; s. auch *Schmitz/Dierking*, CR 2005, 420, 422.

[154] BGH, GRUR 1999, 418, 419 – Möbelklassiker; BGHZ 185, 330 Rn. 19 = GRUR 2010, 633 mAnm *Stang/Hühner* – Sommer unseres Lebens; BGHZ 194, 339 Rn. 18 ff. = GRUR 2013, 370 mAnm *Hühner* – Alone in the Dark; BGH, GRUR 2013, 1030 Rn. 29 ff. – File-Hosting-Dienst; BGHZ 200, 76 Rn. 22 = GRUR 2014, 657 mAnm *Neurauter* – BearShare; Dreier/Schulze/*Dreier/Specht*, § 97 UrhG Rn. 33 ff.; Wandtke/Bullinger/*v. Wolff*, § 97 UrhG Rn. 15; BeckOK UrhG/*Reber*, § 97 UrhG Rn. 42 ff.; Schricker/Loewenheim/*Leistner*, § 97 UrhG Rn. 72.

[155] BGH, GRUR 1997, 313, 314 – Architektenwettbewerb; BGH, GRUR 2002, 618, 619 – Meißner Dekor; BGHZ 158, 236, 251 = MMR 2004, 668, 671 mAnm *Hoeren* – Internet-Ver-

Allgemeine Grundsätze **§ 7 TMG**

Als **Störer** haftet grundsätzlich und unabhängig von Art und Umfang seines eigenen Tatbeitrages jeder, der in irgendeiner Weise willentlich und adäquat-kausal an der Herbeiführung der rechtswidrigen Beeinträchtigung mitgewirkt hat, wobei als Mitwirkung auch die Unterstützung oder Ausnutzung der Handlung eines eigenverantwortlich handelnden Dritten genügt, sofern der in Anspruch Genommene die rechtliche Möglichkeit zur Verhinderung dieser Handlung hatte.[156] Die Mitwirkung kann bereits in der Veranlassung, Förderung oder Ausnutzung des handelnden Dritten liegen.[157] Dabei kommt es nicht auf die Herbeiführung der Störung an, jedoch nicht auf Handeln aus eigenem Antrieb, Art und Umfang des Tatbeitrags und besondere Anforderungen in subjektiver Hinsicht. Auch spielt die fehlende Einflussmöglichkeit etwa auf den Inhalt der Werbung eines Dritten sowie die Nichtkenntnis der die Rechtswidrigkeit begründenden Umstände für die Störereigenschaft keine Rolle,[158] entscheidend ist allein die Kenntnis der tatsächlichen Gegebenheiten aus denen sich die Rechtsverletzung ergibt.[159] Selbst derjenige, der einem Dritten die Benutzung seines Telefonanschlusses bzw. eines Telefaxgerätes gestattet, über den wettbewerbswidrige Handlungen vorgenommen wurden, ist Störer.[160] Vergleichbar ist diese Haftung mit der mittelbaren Störungshaftung eines Vermieters. Selbiger kann als Störer für das Handeln seines Mieters in Anspruch genommen werden, wenn er dieses ausdrücklich oder konkludent duldet. Entscheidend ist hierbei allerdings, dass der Vermieter ein solches Handeln nach dem Inhalt des Mietvertrags verhindern hätte können.[161] Auch bei wettbewerbsrechtlichen Streitigkeiten mit Presseorganen, die gerade für Internet-Sachverhalte aufgrund der Parallelen in der Verbreitungswirkung von besonderem Interesse sind,[162] reicht – vorbehaltlich Einschränkungen auf anderer 38

---

steigerung I; BGHZ 208, 82 Rn. 74 = GRUR 2016, 268 – Störerhaftung des Access-Providers (Goldesel); KG, MMR 2013, 659; *Leistner*, GRUR-Beil. 2010, 1; Spindler/Schuster/*Volkmann*, § 1004 BGB Rn. 9; Hoeren/Sieber/Holznagel/*Seitz*, 44. EL 2017, Teil 8 Rn. 49; *Ohly*, 70. DJT 2014, Gutachten F, S. 98, S. 104, der kritisiert, dass die Störerhaftung neben § 1004 BGB nicht gesetzlich normiert ist.

[156] StRspr, BGH, GRUR 1997, 313, 314 – Architektenwettbewerb; BGH, GRUR 1999, 418, 419 – Möbelklassiker; BGH, GRUR 2000, 613, 615 – Klinik Sanssouci; BGH, GRUR 2002, 618, 619 – Meißner Dekor; BGH, GRUR 2003, 969, 970 – Ausschreibung von Vermessungsleistungen; BGH, GRUR 2008, 996 Rn. 13 – Clone-CD; BGH, GRUR 2012, 304 Rn. 49 mAnm *Spindler* – Basler Haar-Kosmetik; BGH, GRUR 2015, 672 Rn. 81 mAnm *Peifer* – Videospiel-Konsolen II; OLG Karlsruhe, MMR 2004, 256, 257 für Domain Registrar; KG, GRUR-RR 2013, 204, 205 – Foto-Nutzung.

[157] BGH, GRUR 1990, 373, 374 – Schönheits-Chirurgie „Schaffung oder Aufrechterhalten des wettbewerbswidrigen Zustands"; Köhler/Bornkamm/*Köhler/Feddersen*, § 8 UWG Rn. 2.20; *Spindler/Volkmann*, NJW 2004, 808; praktische Beispiele hierzu finden sich bei BeckOK BGB/*Fritzsche*, § 1004 BGB Rn. 18; Jauernig/*Berger*, § 1004 BGB Rn. 15 ff.

[158] BGH, GRUR 1976, 256, 258 -Rechenscheibe; BGH, GRUR 2004, 438, 442 – Feriendomizil I „dem negatorischen Unterlassungsbegehren steht nicht entgegen, dass dem in Anspruch Genommenen die Kenntnis die der Tatbestandsmäßigkeit und die Rechtswidrigkeit begründenden Umstände fehlt"; BGH, GRUR 2009, 1093 Rn. 13 – Focus Online; KG, BB 1997, 2348.

[159] LG Berlin, MMR 2004, 195, 197.

[160] BGHZ 142, 7, 13 = GRUR 1999, 977, 978 – Räumschild; OLG Karlsruhe, WRP 1984, 706; OLG Stuttgart, ZIP 1993, 1494; OLG München, BB 1994, 2233; KG, BB 1997, 2348; Köhler/Bornkamm/*Köhler*, 35. Aufl. 2017, § 8 UWG Rn. 2.15a; zur Störerhaftung eines Telekommunikationsunternehmens für die wettbewerbswidrige Nutzung von Rufnummern s. OLG Frankfurt a. M., GRUR 2003, 805; LG Hamburg, MMR 2003, 421.

[161] BGH, NJW 1967, 246; BGHZ 144, 200, 203 f. = NJW 2000, 2901, 2902; BGH, NJW 2006, 992, 993; BayObLG, NJW-RR 1987, 463, 464; OLG Düsseldorf, NJW-RR 2001, 803.

[162] Ausführlich hierzu *Pankoke*, Von der Presse- zur Providerhaftung, passim.

Ebene – der Kreis der potentiellen Störer vom Verlag bzw. Verleger über den Redakteur bis hin zum einzelnen Setzer, Drucker, Pressegrossisten bzw. Buchhändler oder Importeur.[163] Auch eine Werbeagentur kann grundsätzlich für rechtsverletzende Informationen in einer Anzeige, die vom Auftraggeber stammen, als Störer in Anspruch genommen werden.[164]

39 Vom Haftungsrisiko und der Passivlegitimation ausgehend, stellen **Telemediendienste** keine Ausnahme dar:[165] Liegt der Schwerpunkt des Tatbeitrages auf der Verbreitung von und der Zugangsgewährung zu (fremden) Inhalten, so sind grundsätzlich die Diensteanbieter aufgrund ihres mittelbaren Tatbeitrags zur Rechtsverletzung in Form der Weiterverbreitung der Information als Störer zu qualifizieren: Host ebenso wie Access-Provider,[166] die Betreiber von Internet-Auktionen[167] und Suchmaschinen,[168] die Setzer von Hyperlinks[169] etc. Im Einzelnen zu Access-Providern und dem Verbot der Störerhaftung → Rn. 77ff. und → § 8 Rn. 39, zu Suchmaschinen und vergleichbaren Diensten → Rn. 117, zu Host-Providern einschließlich File-Sharing-Plattformen → § 10 Rn. 95, 97ff.

40 In der Literatur sind teilweise Bestrebungen erkennbar, die Reichweite der Störerhaftung im Telemedienrecht massiv zu beschränken oder gänzlich durch andere Haftungsinstitute zu ersetzen. Dabei lassen sich in der wissenschaftlichen Diskussion zwei Strömungen differenzieren. So wird einerseits versucht eine (neben-)täterschaftliche Verantwortlichkeit als einheitliches Haftungskonzept zu begründen, an-

---

[163] BGH, GRUR 1977, 114; BGH, GRUR 1994, 454, 455 – Schlankheitswerbung; BGH, GRUR 1999, 418, 419f. – Möbelklassiker; BGHZ 158, 343, 350 = GRUR 2004, 693, 695f. – Schöner Wetten; KG, ZUM-RD 2005, 127, 128f.; LG Berlin, ZUM 2009, 163; *Soehring*, Presserecht, § 28; *Pankoke*, Von der Presse- zur Providerhaftung, S. 75ff., 95ff.

[164] BGH, GRUR 1994, 441, 443 – Kosmetikstudio; OLG Frankfurt a. M., GRUR-RR 2002, 77, 78; dazu *Nennen*, GRUR 2005, 214ff.

[165] StRspr, s. nur BGHZ 148, 13, 17ff. = GRUR 2001, 1038, 1039f. – ambiente.de; BGHZ 158, 343, 350 = GRUR 2004, 693, 695 – Schöner Wetten; BGHZ 158, 236, 251 = MMR 2004, 668, 671f. mAnm *Hoeren* – Internet-Versteigerung I; BGH, GRUR 2008, 702, 706 – Internet-Versteigerung III; BGHZ 185, 330 Rn. 20 = GRUR 2010, 633 mAnm *Stang/Hühner* – Sommer unseres Lebens; BGH, GRUR 2011, 152 Rn. 45 – Kinderhochstühle im Internet I, mAnm *Spindler*, GRUR 2011, 101; BGH, GRUR 2011, 19 Rn. 20 = GRUR 2011, 1038 – Stiftparfüm; BGH, GRUR 2012, 651 Rn. 21 – regierung-oberfranken.de; BGHZ 194, 339 Rn. 19 = GRUR 2013, 370 mAnm *Hühner* – Alone in the Dark.

[166] BGHZ 191, 219 Rn. 23f. = GRUR 2012, 311 – Blog-Eintrag; BGH, MMR 2016, 188; BGHZ 208, 82 = GRUR 2016, 268 – Störerhaftung des Access-Providers (Goldesel); s. hierzu *Spindler*, GRUR 2016, 451; grundsätzlich auch (allerdings nicht auf dem Boden der Störerhaftung) EuGH, Slg. 2011, I-6011 Rn. 106ff. = GRUR 2011, 1025 – L'Oréal/eBay; s. hierzu *Hacker*, GRUR-Prax 2011, 391; EuGH, GRUR 2014, 468 mAnm *Marly* – UPC-Telekabel.

[167] Soweit auf die konkrete Rechtsverletzung hingewiesen wurde BGHZ, 158, 236, 251 = MMR 2004, 668, 670f. mAnm *Hoeren* – Internet-Versteigerung I; BGHZ 172, 119, 135 = MMR 2007, 507, 510 mAnm *Spindler* – Internet-Versteigerung II; BGHZ 173, 188 Rn. 38 = GRUR 2007, 890 – Jugendgefährdende Medien bei eBay; BGH, GRUR 2008, 702 – Internet-Versteigerung III; BGH, GRUR 2011, 152 Rn. 48 – Kinderhochstühle im Internet I, mAnm *Spindler*, GRUR 2011, 101; BGH, GRUR 2011, 19 Rn. 20 = GRUR 2011, 1038 – Stiftparfüm; BGH, GRUR 2013, 1229 Rn. 34 – Kinderhochstühle im Internet II; BGH, GRUR 2015, 485 Rn. 49 – Kinderhochstühle im Internet III.

[168] Bei Zumutbarkeit einer Überprüfung der Suchbegriffe auf Rechtsverletzungen BGH, GRUR 2013, 751 Rn. 24 mAnm *Peifer/Becker* – Autocomplete-Funktion; OLG Hamburg, MMR 2011, 685, 686 – Snippets; OLG Köln, NJOZ 2016, 1814 Rn. 62; OLG Köln, BeckRS 2016, Rn. 93; LG Frankfurt a.M., CR 2017, 537, 540.

[169] BGHZ 206, 103 Rn. 14 = MMR 2016, 171 mAnm *Hoeren* – Hyperlinks.

Allgemeine Grundsätze § 7 TMG

gelehnt an die Abkehr des BGH von der Störerhaftung, hin zum Verkehrspflichtenkonzept im Wettbewerbsrecht.[170] Daneben wird zT vertreten, dass das Institut der Störerhaftung bis zur Kenntniserlangung der konkreten Rechtsverletzung verfange, ein schuldhafter Verstoß gegen diese konkretisierte Verkehrspflicht hingegen eine selbstständige, deliktische Schadensersatzhaftung auslöse.[171] Des Weiteren wird die Anwendung der zivilrechtlichen Gehilfenhaftung (Beihilfe) im Hinblick auf die Stellung der Provider diskutiert. Da für die Förderung der Haupttat jede objektive Teilnahmehandlung genüge, könne man das Bereithalten von Internetdiensten (sowohl durch Host- als auch Access-Provider) als Teilnahmehandlung etwa an einer Urheberrechtsverletzung einordnen.[172] Allerdings führen diese Ansätze in der Regel nicht weiter, da oftmals der Intermediär keinen Vorsatz haben wird bzw. keine Kenntnis von der Haupttat hat,[173] außer man lässt bereits eine generelle Kenntnis von Rechtsverletzungen zB auf einer Plattform genügen.[174] Damit bleibt es bei dem den Verkehrspflichten ähnelnden Ansatz der Prüfungs- und Kontrollpflichten in der Störerhaftung.

2. TMG und Störerhaftung

a) Keine generelle Regelung der Störerhaftung im TMG. Für die verschuldensunabhängigen Unterlassungs- und Beseitigungsansprüche gegenüber Providern als (mittelbare) Störer herrschte schon früher Streit darüber, wie die Haftungsprivilegierungen zu verstehen waren, hier: § 5 Abs. 4 TDG aF, der diese Ansprüche unberührt ließ, sofern der Provider Kenntnis von den fremden Inhalten hatte.[175] Das TMG verzichtet dagegen auf eine positive Regelung der Unterlassungs- und Beseitigungsansprüche. § 7 Abs. 3 S. 1 verweist auf die allgemeinen Gesetze, ohne dass es noch auf andere Kriterien, wie früher in § 5 Abs. 4 TDG aF, ankäme. Damit greift grundsätzlich die Störerhaftung für alle Tätigkeiten von Diensteanbietern ein, unabhängig von der Art ihrer Haftungsprivilegierung in §§ 8–10. Jedoch soll, hinsichtlich der Verpflichtung zur Sperrung von Inhalten, nach Auffassung des Gesetzgebers § 7 Abs. 3 (früher Abs. 2 S. 2 aF) der Rechtslage entsprechen, die nach § 5 Abs. 4 TDG aF galt.[176] 41

Dies entspricht der europarechtlichen Lage: Jeweils wortgleich bestimmten Art. 12 Abs. 3, 13 Abs. 2 und 14 Abs. 3 ECRL, dass die „Möglichkeit unberührt (bleibt), dass ein Gericht oder eine Verwaltungsbehörde nach den Rechtssystemen der Mitgliedstaaten vom Diensteanbieter verlangt, die Rechtsverletzung abzustellen oder zu verhindern". 42

---

[170] *Gräbig,* MMR 2011, 504, 508f.; *Nordemann,* GRUR 2011, 977, 979; *Ohly,* GRUR 2017, 441, 445ff.; s. auch *Ahrens,* FS Canaris, 2007, S. 3, 14ff.; *Ahrens,* WRP 2007, 1281, 1286ff.; *Leistner,* GRUR-Beil. 2010, 1, 18ff.; *Köhler,* GRUR 2008, 1, 6.
[171] *Krüger/Apel,* MMR 2012, 144, 148.
[172] Umfassend zum Ganzen *Jaworski/Nordemann,* GRUR 2017, 567ff. die vor allem einen Überblick über die bisherige Rechtsprechung geben und die bisherigen Entscheidungen im Hinblick auf eine Gehilfenhaftung analysieren; s. ferner *Schapiro,* Unterlassungsansprüche gegen die Betreiber von Internet-Auktionshäusern und Internet-Meinungsforen, S. 71ff.
[173] Jüngst OLG Hamburg, MMR 2016, 269 Rn. 277 (mwN) mAnm *Frey* – Störerhaftung von YouTube.
[174] So denn auch *Jaworski/Nordemann,* GRUR 2017, 567ff.; in diese Richtung auch in Erweiterung auf fahrlässige Beihilfe *Ohly,* GRUR 2017, 441, 445f. – allerdings wird damit der Gesetzeswortlaut in § 830 Abs. 2 BGB überspielt.
[175] *Spindler,* K&R 1998, 177; *Pichler,* MMR 1998, 540, 542; dagegen *Freytag,* Haftung im Netz, S. 151ff.
[176] Begr. RegE BT-Drs. 14/6098, S. 23.

43 Nach allgemeiner Meinung stellt § 7 Abs. 3 S. 1 daher **keine eigenständige Anspruchsgrundlage** oder Ermächtigung dar;[177] vielmehr muss für jedes Rechtsgebiet gesondert beurteilt werden, ob Unterlassungs- und Sperrpflichten auf eine Rechtsgrundlage gestützt werden können.

44 In diesem Zusammenhang sind die **Äußerungen des Gesetzgebers** zu § 7 Abs. 3 TMG im 3. TMD-ÄndG eher dunkel: So spricht die Begründung des RegE davon, dass zwar die Verpflichtungen zur Entfernung oder Sperrung nach allgemeinen Gesetzen auch im Falle der Nichtverantwortlichkeit nach §§ 8–10 unberührt bleiben sollen; doch soll gleichzeitig „klar gestellt" werden, dass dies nur dann möglich sei, wenn diese Anordnungsmöglichkeiten **„klar gesetzlich geregelt"** seien. Zudem dürften sie aufgrund der erforderlichen Interessenabwägung im Einzelfall nur durch eine staatliche Stelle erfolgen.[178] Betrachtet man indes die bislang von der Rechtsprechung herangezogenen dogmatischen Grundlagen für die Störerhaftung, wird man nach „klar gesetzlich" geregelten Aussagen zur Entfernung oder Sperrung lange suchen: Weder § 1004 BGB (analog) noch § 97 UrhG (ebenso wie andere Tatbestände) enthalten hier irgendwelche Aussagen, die sich „klar" darauf bezögen. Im Ergebnis und vor allem aus der fehlenden Umsetzung von Art. 8 Abs. 3 RL 2001/29/EG resultierend, bleibt es bei einem Rückgriff auf § 1004 BGB, der somit für die Störerhaftung die einzig mögliche **gesetzliche Grundlage für gerichtliche Anordnungen** gegen Provider darstellt.[179]

45 Entsprechend wurde bei Sperranordnungen gegenüber Access-Providern, die grundrechtliche Positionen berühren, diskutiert, ob die Anordnung zur Sperrmaßnahme einer spezialgesetzlichen Grundlage bedarf oder ob der Rückgriff auf § 1004 BGB analog als gesetzliche Grundlage ausreicht[180], im Ergebnis hielt der BGH den Rückgriff auf die Störerhaftung jedoch richtigerweise für angemessen: Zwar sei eine grundrechtliche Relevanz gegeben, die Wesentlichkeitstheorie fände jedoch nur im Verhältnis Staat Bürger Anwendung.[181] Im Fall einer Sperrverfügung gegen Access-Provider sei jedoch nur das Verhältnis zweier sich auf gleicher Ebene gegenüberstehenden privaten Personen betroffen, mithin sei eine spezialgesetzliche Reglung nicht notwendig.[182] Ob daher mit den oa Äußerungen des Gesetzgebers im 3. TMG-ÄndG die gesamte Störerhaftung mangels „klar gesetzlich geregelter" Grundlagen nicht mehr einschlägig sein soll, erscheint eher zweifelhaft, da der Gesetzgeber sonst nicht explizit § 8 Abs. 1 S. 2 TMG im 3. TMG-ÄndG ergänzt hätte, um der Störerhaftung den Boden zu entziehen. Damit muss es bei der allgemeinen Störerhaftung auch im Rahmen

---

[177] VG Düsseldorf, MMR 2003, 205, 208; Spindler/Schuster/*Hoffmann,* § 7 TMG Rn. 38; BeckRTD-Komm/*Jandt,* § 7 TMG Rn. 46.

[178] Begr RegE S. 8.

[179] *Leistner/Grisse,* GRUR 2015, 19, 20; *Spindler,* GRUR 2014, 826, 830; unklar *Sesing/Baumann,* MMR 2017, 583, 587f., die offenbar trotz des mehr als deutlichen Bezugs zur Störerhaftung nach § 1004 BGB durch den Gesetzgeber davon ausgehen, dass wegen § 7 Abs. 3 nach wie vor Sperrverfügungen möglich seien – ohne indes die dann anwendbaren Rechtsgrundlagen zu benennen.

[180] *Frey/Nohr,* GRUR-Prax 2016, 164f.; ebenfalls krit. *Hofmann,* NJW 2016, 769, 771; *Kremer/Telle,* CR 2016, 206, 207.

[181] BGHZ 208, 82 Rn. 72 = GRUR 2016, 268 – Störerhaftung des Access-Providers (Goldesel); zust. *Spindler,* GRUR 2016, 451, 459; *Sesing/Putzki,* MMR 2016, 660, 664; iE auch für die Heranziehung der Störerhaftung OLG Köln, GRUR 2014, 1081, 1089 – Goldesel; OLG Hamburg, MMR 2014, 625, 626 – 3dl.am, das zwar die Zugangsvermittlung durch den Access-Provider für kausal hält, jedoch aufgrund des durch Sperren tangierten Schutzbereichs von Art. 10 GG eine spezialgesetzliche Grundlage für Sperrmaßnahmen fordert; ebenfalls für eine spezialgesetzliche Regelung LG Hamburg, ZUM 2009, 587, 590.

[182] BGHZ 208, 82 Rn. 72 = GRUR 2016, 268 – Störerhaftung des Access-Providers (Goldesel); aA *Kremer/Telle,* CR 2016, 206, 207.

Allgemeine Grundsätze § 7 TMG

von § 1004 BGB bleiben. Daher sollte man dieser Äußerung und der Änderung in § 7 Abs. 3 keine zu große Bedeutung beimessen.[183] Allenfalls kann man darüber nachdenken, dass Verpflichtungen der Provider nur noch durch behördliche oder gerichtliche Anordnung möglich sind[184] – was letztlich nur Auswirkungen auf die Abmahnkosten hat, die nach hier vertretener Auffassung vor der erstmaligen Rechtsverletzung sowieso nicht anfallen können (→ § 10 Rn. 115).[185]

Zu beachten ist, dass **die §§ 9–10 nicht auf die Störerhaftung** angewandt werden können (mit Ausnahme der neuen Regelung in § 8 Abs. 1).[186] Dem wird teilweise in Literatur und Rechtsprechung widersprochen.[187] Dies soll einerseits daraus folgen, dass das Gesetz zum Teil die Schadensersatzansprüche explizit als Sonderfall erwähne, weshalb die umfassendere Anwendung der Normalfall sei, zum anderen aus der Intention des Gesetzgebers, die Diensteanbieter stets in Bezug auf alle zivil- oder strafrechtlichen Ansprüche zu privilegieren.[188] Insbesondere das KG will offenbar vollständig die Störerhaftung den Haftungsprivilegierungen der Art. 12ff. ECRL unterwerfen,[189] wobei sich das KG auf die Entscheidungen des EuGH in der Rechtssache L'Oréal stützt, da der EuGH nicht zwischen Schadensersatz und Unterlassung differenziert habe.[190] Diese in aller Regel nicht weiter begründete Auffassung dürfte indes die Entscheidungen des EuGH überinterpretieren: Zwar hat das Gericht in der Tat nicht zwischen den verschiedenen Anspruchsinhalten differenziert; jedoch hatte es auch angesichts der Vorlagefragen keinen Anlass dazu, zumal es nicht um die jeweiligen Sperrmöglichkeiten bzw. Anordnungsbefugnisse nach Art. 12 Abs. 3 oder Art. 14 Abs. 3 ECRL ging. Vielmehr stand im Mittelpunkt die Frage, wann ein Betreiber noch als neutraler, passiver Vermittler angesehen werden kann.[191] Dass der EuGH sehr wohl hier zu differenzieren mag, zeigt die unterschiedliche Behandlung von Rechtsverfolgungskosten gegenüber WLAN-Betreibern in der Rechtssache McFadden (→ Rn. 105ff.).[192] 46

Gegen eine vollständige Anwendung der §§ 9–10 auf die Störerhaftung spricht bereits, dass der Gesetzgeber möglichst getreu die ECRL umsetzen wollte, diese aber gerade nicht die Störerhaftung („injunctions") regeln wollte. Hinzu kommt, dass der Gesetzgeber von der Fortgeltung des § 5 Abs. 4 TDG aF im Rahmen der allgemeinen 47

---

[183] Zweifelnd, aber letztlich wohl wie hier *Grisse,* GRUR 2017, 1073, 1075.

[184] In diese Richtung *Hofmann,* GPR 2017, 176, 181f.; dem folgend *Grisse,* GRUR 2017, 1073, 1075f.

[185] Dies erkennt auch *Grisse,* GRUR 2017, 1073, 1076, allerdings ohne den schon früher diskutierten Zusammenhang zu § 10 TMG zu erörtern.

[186] BGHZ 158, 236, 246ff. = GRUR 2004, 860, 862 – Internet-Versteigerung I; BGH, GRUR 2007, 724 Rn. 7 – Meinungsforum; BGHZ 172, 119 Rn. 17 = GRUR 2007, 708 mAnm *Lehment* – Internet-Versteigerung II; BGH, GRUR 2010, 616 Rn. 22 mwN – marionskochbuch.de.

[187] OLG Brandenburg, MMR 2004, 330, 332f. mkritAnm *Spindler;* OLG Düsseldorf, MMR 2004, 315, 316 mzustAnm *Leupold;* LG Düsseldorf, MMR 2003, 120, 123; ohne Begr. OLG Hamburg, MMR 2016, 269 Rn. 130 mAnm *Frey* – Störerhaftung von YouTube; LG Berlin, MMR 2004, 195, 197; *Ehret,* CR 2003, 754, 759f.; differenzierend Hoeren/Sieber/Holznagel/*Sieber/Höfinger,* 44. EL 2017, Teil 18.1 Rn. 50; BeckOK InfoMedienR/*Paal,* § 7 TMG Rn. 56; *Ohly,* GRUR 2017, 441, 449.

[188] *Ehret,* CR 2003, 754, 760 unter Verweis auf Begr. RegE EGG, BT-Drs. 14/6098, S. 23.

[189] KG, MMR 2014, 46; s. auch OLG Hamburg, MMR 2016, 269.

[190] Ähnlich etwa *Ohly,* ZUM 2015, 308, 310; Dreier/Schulze/*Dreier/Specht,* UrhG § 97 Rn. 33; *Specht,* ZUM 2017, 114, 117 – ohne die vorherige Diskussion einzubeziehen.

[191] EuGH, Slg. 2010 I- 02417 Rn. 114ff. = GRUR 2010, 445 – Google France und Google; EuGH, Slg. 2011 I- 06011 Rn. 107f., 139 = GRUR 2011, 1025 – L'Oréal/eBay.

[192] EuGH, GRUR 2016, 1146 Rn. 72ff. – McFadden.

Gesetze ausgeht, also gerade nicht für Sperrung und Unterlassung besondere Regeln aufstellen wollte. Dementsprechend kann den §§ 8–10 bzw. Art. 12–15 ECRL auch kein entsprechender Telos unterlegt werden.[193] Ebenso wenig lässt sich der in der ECRL enthaltene Hinweis auf **Sperrverfügungen** durch Gerichte oder Behörden heranziehen.[194] Dem steht der eindeutige Wortlaut des § 7 Abs. 3 S. 1 entgegen, der die Pflichten nach den allgemeinen Gesetzen erfasst. Schließlich hat der Gesetzgeber mit dem 3. TMG-ÄndG und der Aufhebung der Störerhaftung in § 8 Abs. 1 S. 2 gerade anerkannt, dass die Störerhaftung ansonsten durch die §§ 8–10 unbeeinträchtigt bleibt. Ferner wäre eine entsprechende Unterscheidung zwischen „reiner" Störerhaftung und Störerhaftung aufgrund eines Titels kaum nachvollziehbar. Gleiches gilt für Aussagen, die eine Störerhaftung nach §§ 8–10 ausschließen wollen, selbst wenn ein Unterlassungstitel erlassen wurde.[195] Dies steht in klarem Widerspruch zu Art. 12 Abs. 3, 13 Abs. 2, 14 Abs. 3 ECRL. Zur Differenzierung im Rahmen der allgemeinen Störerhaftung nach den Prüfungspflichten → Rn. 56 ff. Dementsprechend hat inzwischen auch die ständige höchstrichterliche Rechtsprechung im Zivilrecht wie selbstverständlich die Regeln der Störerhaftung auf Internetsachverhalte, insbesondere der Host, aber auch Access-Provider angewandt.[196]

48 Zwar wendet die Rechtsprechung die Störerhaftung auf Internetsachverhalte an, diese wird jedoch umgekehrt durchaus **von den Haftungsprivilegierungen mittelbar beeinflusst,** da sie nicht im Widerspruch zu deren Voraussetzungen stehen kann.[197] So schließt § 10 TMG kategorisch jede Haftung ohne Kenntnis oder Kennenmüssen der offensichtlichen Umstände aus. Dem würde eine Störerhaftung ohne Kenntnisvoraussetzung widersprechen.

49 b) Verhältnis Störerhaftung und Verbot allgemeiner Überwachungspflichten. Trotz des eigentlich eindeutigen Verweises auf die allgemeinen Gesetze besteht ein latenter Konflikt zwischen dem in § 7 Abs. 2 angeordneten Grundsatz, dass den Anbieter keine Überwachungs- und Kontrollpflichten treffen, und der Störerhaftung.[198]

---

[193] AA *Ehret,* CR 2003, 754, 760.

[194] So aber Ernst/Vassilaki/Wiebe/*Wiebe,* Hyperlinks, Rn. 145.

[195] So aber Wiebe/Leupold/*Leupold/Rücker,* Recht der elektronischen Datenbanken, IV Rn. 187.

[196] Für § 10 BGHZ 194, 339 = GRUR 2013, 370 mAnm *Hühner* – Alone in the Dark; OLG München, MMR 2015, 850 Rn. 23; grundlegend BGHZ 158, 236, 251 = MMR 2004, 668, 670 mAnm *Hoeren* – Internet-Versteigerung I; dem folgend BGHZ 172, 119, 129 ff. = MMR 2007, 507, 508 mAnm *Spindler* – Internet-Versteigerung II; BGH, GRUR 2008, 702 – Internet-Versteigerung III; BGH, GRUR 2007, 724; BGHZ 173, 188, 193 f. = MMR 2007, 634, 635 mAnm *Köster/Jürgens* – Jugendgefährdende Medien bei eBay; BGHZ 181, 328 Rn. 14 = MMR 2009, 608 mAnm *Greve/Schrädel* – spickmich.de; BGHZ 191, 19 = GRUR 2011, 1038 – Stiftparfüm; BGH, GRUR 2011, 152 Rn. 26 – Kinderhochstühle im Internet I, mAnm *Spindler,* GRUR 2011, 101; BGHZ 191, 219 Rn. 19 = GRUR 2012, 311 – Blog-Eintrag; für § 8 OLG Hamburg, MMR 2009, 631 – Spring nicht/Usenet; OLG Hamburg, MMR 2009, 405 – Alphaload/Usenet II; für Internetanschlussinhaber BGHZ 185, 330 Rn. 24 = GRUR 2010, 633 mAnm *Stang/Hühner* – Sommer unseres Lebens; für die Domainvergabe durch die DENIC BGH, GRUR 2012, 651 – regierung-oberfranken.de; für Hyperlinks BGHZ 158, 343, 344 = GRUR 2004, 693, 694 – Schöner Wetten; für Suchmaschinen-Betreiber OLG Hamburg, MMR 2010, 141; OLG Nürnberg, MMR 2009, 131.

[197] Insoweit zutr. BeckOK InfoMedienR/*Paal,* § 7 TMG Rn. 55 f. Unter Verweis auf OLG Düsseldorf, MMR 2004, 315, 316 mzustAnm *Leupold;* LG Düsseldorf, MMR 2003, 120, 123; BeckRTD-Komm/*Jandt,* § 7 TMG Rn. 48 spricht insoweit von einem Spannungsverhältnis zwischen Abs. 2 S. 2 und Abs. 2 S. 1, so zu § 8 TDG aF bereits *Gercke,* MMR 2006, 493; *Leible/Sosnitza,* WRP 2004, 592, 597 f.

[198] Zum Konflikt s. v. *Samson-Himmelstjerna,* Haftung von Internetauktionshäusern Rn. 354 ff.; *Hartmann,* Unterlassungsansprüche im Internet, S. 155 ff.

Allgemeine Grundsätze **§ 7 TMG**

Denn ein Unterlassungstitel gegenüber einem Diensteanbieter hinsichtlich eines rechtswidrigen Inhaltes oder einer Tätigkeit bewirkt, dass der Diensteanbieter de facto in Zukunft gezwungen wird, Überwachungsverfahren einzuführen, um nicht gegen den Titel zu verstoßen. Schon in den Stellungnahmen zur ECRL wurde die Abstinenz gegenüber diesem Problem bemängelt.[199] Je nachdem, wie weit die Pflichten des Providers in der Zukunft gezogen werden, können diese auf den ersten Blick spezifischen Überwachungspflichten in allgemeine Überwachungspflichten umschlagen.[200]

Darüber hinaus wird aufgrund des Verbots allgemeiner Überwachungspflichten in § 7 Abs. 2 der Diensteanbieter scheinbar auch jeglicher **Verkehrssicherungs- und Prüfungspflichten** enthoben. Die ständige Rechtsprechung zur Störerhaftung bei mittelbaren Rechtsgutsverletzungen verlangt indes Prüfungspflichten zur Begründung der Störereigenschaft (→ Rn. 56).[201] Auf den ersten Blick wäre der Diensteanbieter aufgrund von § 7 Abs. 2 nicht mehr als Störer zu qualifizieren, mangels Überwachungspflichten – was in unmittelbarem Widerspruch zu § 7 Abs. 3 S. 1 stünde.[202] Überwachungspflichten sind aber nicht mit Prüfungspflichten zu verwechseln.[203] Die von der Rechtsprechung verlangten Pflichten beziehen sich auf die Prüfung der Rechtswidrigkeit von bereits bekannten Inhalten.[204] Demgegenüber will § 7 Abs. 2 den Diensteanbieter von der Kontrolle dahingehend befreien, ob überhaupt Inhalte vorhanden sind bzw. Tätigkeiten ausgeübt werden, die rechtswidrig sein könnten. Beide Kontrollpflichten sind daher auf verschiedenen Ebenen angesiedelt und können ohne Widerspruch getrennt werden.[205] 50

Probleme wirft auch die in Deutschland vorherrschende **Kerntheorie** auf, wonach der Störer auch verhindern muss, dass „im Kern" ähnliche Rechtsverletzungen (kerngleiche) wieder begangen werden.[206] Die Erstreckung der Unterlassungspflichten auf 51

---

[199] *Spindler*, MMR 1999, 199, 204; iE Grabitz/Hilf/Nettesheim/*Marly*, 40. EL 2009, A 4 ECRL Vorb. zu Kap. II Abschnitt 4 Rn. 10; *Stadler*, Haftung für Informationen im Internet, Rn. 68; *Holznagel/Holznagel*, K&R 1999, 103, 106; aA *Waldenberger*, EuZW 1999, 296, 301.

[200] S. als Beispiel für diesen Konflikt BGHZ 194, 339 Rn. 32 ff. = GRUR 2013, 370 mAnm *Hühner* – Alone in the Dark, mkritAnm *Hoeren;* ebenso krit. *Tinnefeld*, CR 2013, 193, 195; zust. aber *Bäcker*, ZUM 2013, 292, 293 f.

[201] Zuletzt BGH, GRUR 2015, 485 Rn. 49 – Kinderhochstühle im Internet III; grundlegend zuvor BGH, GRUR 1997, 313, 316 – Architektenwettbewerb; BGH, GRUR 1997, 909, 911 – Branchenbuch-Nomenklatur; BGH, GRUR 1999, 418 – Möbelklassiker; BGHZ 148, 13, 17 = GRUR 2001, 1038, 1040 – ambiente.de; BGH, GRUR 2002, 902, 904 – Vanity-Nummer; BGH, GRUR 2003, 969, 670 f. – Ausschreibung von Vermessungsleistungen; BGHZ 158, 236, 251 = MMR 2004, 668, 671 mAnm *Hoeren* – Internet-Versteigerung I; BGHZ 172, 119, 132 = MMR 2007, 507, 510 mAnm *Spindler* – Internet-Versteigerung II.

[202] Begr. RegE BT-Drs. 14/6098, S. 23; *Stadler*, Haftung für Informationen im Internet, Rn. 66 ff.; *Ehret*, CR 2003, 754, 760.

[203] *Volkmann*, Der Störer im Internet, S. 139 ff.; Hoeren/Sieber/Holznagel/*Sieber/Höfinger*, 44. EL 2017, Teil 18.1 Rn. 55; BeckOK InfoMedienR/*Paal*, § 7 TMG Rn. 52.

[204] Deutlich etwa BGHZ 148, 13, 17 = GRUR 2001, 1038, 1039 – ambiente.de; BGHZ 158, 343 = GRUR 2004, 693 – Schöner Wetten.

[205] *Spindler/Volkmann*, WRP 2003, 1, 3; zust. *Libertus*, TKMR 2003, 179, 185; unklar *Ehret*, CR 2003, 754, 760.

[206] Eindeutig BGHZ 173, 188, 203 = MMR 2007, 634, 637 mAnm *Köster/Jürgens* – Jugendgefährdende Medien bei eBay; BGHZ 194, 339 Rn. 32 = GRUR 2013, 370 mAnm *Hühner* – Alone in the Dark; OLG Düsseldorf, MMR 2009, 402; ähnlich zuvor BGHZ 158, 236, 252 = MMR 2004, 668, 671 f. mAnm *Hoeren* – Internet-Versteigerung I; BGHZ 172, 119, 133 = MMR 2007, 507, 511 mAnm *Spindler* – Internet-Versteigerung II (weitere Angebote von Rolex-Uhren müssen zukünftig überprüft werden); *Schapiro*, Unterlassungsansprüche gegen die Betreiber von Internet-Auktionshäusern und Internet-Meinungsforen, S. 246 f.; *Leistner*, GRUR-

kerngleiche Verletzungen führt unweigerlich in die Nähe der allgemeinen Überwachungspflichten, mithin zu einem Entgegenlaufen des in § 7 Abs. 2 bzw. Art. 15 Abs. 1 ECRL normierten Ausschlusses solcher Pflichten.[207] Zudem zeigt § 10 deutlich, dass der Host-Provider über einen spezifischen Inhalt informiert werden muss – eine allgemeine Abmahnung oder Information genügt eben nicht (→ § 10 Rn. 26). Dies hat auch Auswirkungen auf die **Tenorierung eines Unterlassungstitels,** → Rn. 75.

52 Warum die Frage (zukünftiger) **Prüfpflichten** nach den Möglichkeiten des Anbieters **erst beim Unterlassungstitel** nach § 890 ZPO geprüft werden sollen,[208] ist nicht recht einsehbar. Zweifelhaft erscheint ferner, warum das vom BGH angedachte Einsetzen von Filtersoftware in Kombination mit Verdachtsmomenten, wie der Verknüpfung von bestimmten Worten und einem niedrigen Preis,[209] eine allgemeine Überwachungspflicht ausschließen soll. Die ungenaue Bestimmung des Umfangs der Filterpflichten führt lediglich zu einer Verlagerung der Problematik der Zumutbarkeit in das Vollstreckungsverfahren; denn schließlich muss hier geprüft werden, ob dem Anbieter eine Überprüfung im Einzelfall möglich war und er eine solche schuldhaft unterlassen hat.[210] Erneut stünde solch eine Einzelfallprüfung im Konflikt zu dem Ziel der ECRL allgemeine Überwachungspflichten im Massenverkehr zugunsten der Diensteanbieter zu verhindern. Als Lösung dieses Widerspruchs scheidet eine Beschränkung des Unterlassungsanspruchs auf die nachzuweisende Kenntnis einer Rechtsverletzung aus, da es erneut auf die Abmahnung des Anbieters ankommen würde. Ebenfalls dürfte ein Unterlassungstitel nicht ähnliche Markenverstöße umfassen (so wie es die **Kerntheorie** postuliert), sondern müsste lediglich auf die konkrete Rechtsverletzung durch den bekannten Rechtsverletzer beschränkt sein.[211] Zu begrüßen ist insoweit die durch den BGH vorgenommene Einschränkung des Unterlassungsanspruchs auf die **konkret beanstandete Verletzungsform** durch den Unterlassungstitel[212] sowie die Ablehnung einer manuellen Überprüfung aller der Ergebnisse, die die Klagemarke tragen, soweit den anderen Wettbewerbern die Möglichkeit geboten wird eine Überprüfung selbst vorzunehmen.[213] Auch die Berück-

---

Beil. 2010, 1, 2; *Klatt,* ZUM 2009, 265, 272; *v. Samson-Himmelstjerna,* Haftung von Internetauktionshäusern, Rn. 353; BeckOK InfoMedienR/*Paal,* § 7 TMG Rn. 64; *Ohly,* 70. DJT 2014, Gutachten F, S. 99f.; *Krüger/Apel,* MMR 2012, 144, 150 verfolgen mit dem schadensersatzpflichtigen „Schonmal-Störer" ein ähnliches Haftungskonzept; krit. im Hinblick auf Unterlassungsverpflichtungen *Verweyen,* MMR 2009, 590, 594.

[207] S. bereits *Spindler,* JZ, 2005, 37, 39, *ders.,* CR 2005, 741, 746; *v. Samson-Himmelstjerna,* Haftung von Internetauktionshäusern, Rn. 355; wie hier jetzt auch BeckOK InfoMedienR/*Paal,* § 7 TMG Rn. 65; BeckRTD-Komm/*Jandt,* § 7 TMG Rn. 50; Hoeren/*Sieber*/Holznagel/*Höfinger,* 44. EL 2017, Teil 18.1 Rn. 57. Die Frage danach wann gleichartige Verletzungen vorliegen für die der Anbieter Vorsorge leisten muss, wird ebenfalls von *Nordemann,* GRUR 2011, 977, 980 thematisiert.

[208] BGHZ 158, 236, 252 = MMR 2004, 668, 672 mAnm *Hoeren* – Internet-Versteigerung I; BGHZ 172, 199, 134 = MMR 2007, 507, 511 mAnm *Spindler* – Internet-Versteigerung II; zum Verschuldenserfordernis s. LG Berlin, MMR 2005, 785, 786.

[209] BGHZ 158, 236, 252 = MMR 2004, 668, 672 mAnm *Hoeren* – Internet-Versteigerung I; liegen jedoch keine Merkmale vor, auf die die Filtersoftware die Verdachtsfälle überprüfen könnte, lehnt auch der BGH eine Überprüfung mittels Filtersoftware ab s. BGH, GRUR 2011, 321 Rn. 20.

[210] Hierzu ebenfalls krit. *Schapiro,* Unterlassungsansprüche gegen die Betreiber von Internet-Auktionshäusern und Internet-Meinungsforen, S. 234 ff.

[211] Zur Problematik s. vertiefend *Spindler,* JZ 2005, 37, 40.

[212] BGH, GRUR 2008, 702, 704, 706 – Internet-Versteigerung III.

[213] BGH, GRUR 2011, 152 Rn. 39, 42 – Kinderhochstühle im Internet I; hierzu *Spindler,* GRUR 2011, 101, 104.

Allgemeine Grundsätze **§ 7 TMG**

sichtigung des Rangs der verletzten Rechtsgüter und die damit verbundene Einschränkung des Prüfungsumfangs ist insoweit zielführend (→ Rn. 57).

Richtigerweise und um Wertungswidersprüche mit § 10 S. 1 Nr. 1 2. Alt. zu vermeiden ist davon auszugehen, dass § 7 Abs. 3 S. 1 im Falle des Host-Providers (§ 10) die **positive Kenntnis vom Inhalt oder der Tätigkeit des Dritten (Inhalte- bzw. Dienstanbieter/Content-Provider)** oder aber bereits **das Kennenmüssen der offensichtlichen Umstände** genügen lässt.[214] Diesem Ergebnis entspricht der Wille des Gesetzgebers, der den alten Rechtszustand nach § 5 Abs. 4 TDG aF fortschreiben wollte.[215] Schon der Gesetzgeber des § 5 Abs. 4 TDG aF hatte die Unterlassungsverpflichtungen auf die Kenntnis von Inhalten beschränkt.[216] Dabei kommt es nicht darauf an, durch wen der Provider auf die Rechtsverletzungen bzw. die Inhalte aufmerksam gemacht wurde.[217] 53

c) Die Einschränkung der Störerhaftung nach allgemeinen Grundsätzen. 54
Neben der Kenntnis vom Inhalt oder der rechtswidrigen Tätigkeit – im Fall des § 10 Kennenmüssen der Umstände – erfordert schon der Grundsatz der allgemeinen Störerhaftung die **Zumutbarkeit**, als anspruchsimmanente Voraussetzung, für eine Haftung der Internet-Provider.[218] Die höchstrichterliche Rechtsprechung hat dieses Konzept explizit auf Internet-Provider übertragen und je nach betroffenem Dienst weiter entwickelt.[219] In diesem Rahmen wird die Störerhaftung insbesondere durch die Frage der Zumutbarkeit von Prüfungspflichten und die technischen Möglichkeiten eingeschränkt.[220]

Darüber hinaus lässt die Rechtsprechung offensichtlich die Einschränkung der Störerhaftung nur für **Geschäftsmodelle** gelten, die die **Rechtsordnung billigt.**[221] Die von der Rechtsprechung verfolgte Intention des Schutzes solcher Modelle erscheint zunächst nachvollziehbar, jedoch stellt sich die Frage wann bzw. nach welchen 55

---

[214] S. Bereits *Spindler/Volkmann* WRP 2003, 1, 3f.; BeckOK InfoMedienR/*Paal*, § 7 TMG Rn. 58f.; Hoeren/*Sieber*/Holznagel/*Höfinger*, 44. EL 2017, Teil 18.1 Rn. 51; *Volkmann*, Der Störer im Internet, S. 101.

[215] Begr. RegE BT-Drs. 14/6098, S. 23.

[216] OLG Hamburg, MMR 2000, 92; *Pichler*, MMR 1998, 540, 542.

[217] Begr. RegE BT-Drs. 14/6098, S. 23.

[218] BGH, GRUR 1997, 313, 316 – Architektenwettbewerb; BGH, GRUR 1999, 418, 420 – Möbelklassiker; BGH, GRUR 2002, 902, 904 – Vanity-Nummer; BGH, GRUR 2003, 969, 970f. – Ausschreibung von Vermessungsleistung; *Spindler*, NJW 2002, 921, 925; Moritz/Dreier/*Freytag*, D Rn. 116; iE ähnlich *Stadler*, Haftung für Informationen im Internet, Rn. 67; für § 5 TDG aF *Sieber*, Verantwortlichkeit im Internet, Rn. 400; *Leupold*, MMR 2004, 318.

[219] S. bereits BGHZ 148, 13, 17 = GRUR 2001, 1038, 1039 – ambiente.de; BGHZ 158, 236, 251 = MMR 2004, 668, 671 mAnm *Hoeren* – Internet-Versteigerung I; BGHZ 194, 339 Rn. 18f., 31 = GRUR 2013, 370 mAnm *Hühner* – Alone in the Dark; BGH, GRUR 2012, 751 – RSS-Feeds; BGHZ 191, 19, Rn. 20ff. = MMR 2012, 178 – Stiftparfüm; BGHZ 191, 219, Rn. 19ff. = GRUR 2012, 311 – Blog-Eintrag; BGH, GRUR 2011, 152, Rn. 38f. – Kinderhochstühle im Internet I, mAnm *Spindler*, GRUR 2011, 101; BGHZ 185, 330, Rn. 18ff. = GRUR 2010, 633 mAnm *Stang/Hühner* – Sommer unseres Lebens; dazu *Spindler*, CR 2010, 592; BGH, MMR 2007, 518.

[220] BGHZ 158, 236, 251 = MMR 2004, 668, 671 mAnm *Hoeren* – Internet-Versteigerung I.

[221] Jüngst BGHZ 209, 139 Rn. 40 = GRUR 2016, 855 – Ärztebewertung III (jameda.de); BGH, GRUR 2015, 1129 Rn. 9 – Hotelbewertungsportal; zuvor bereits BGHZ 173, 188 Rn. 39 = GRUR 2007, 890 – Jugendgefährdende Medien bei eBay; BGH, GRUR 2011, 152 Rn. 38 – Kinderhochstühle im Internet I, mAnm *Volkmann*, GRUR-Prax 2011, 32ff.; *Spindler*, GRUR 2011, 101, 102, 107; *Engels*, MMR 2011, 175ff.; *Leistner*, ZUM 2012, 722, 730f.; dem folgend OLG Hamburg, MMR 2013, 114, 116f. – Kinderhochstühle im Internet II, mAnm *Leupold*; vgl. außerdem BGHZ 194, 339 Rn. 22 = GRUR 2013, 370 mAnm *Hühner* – Alone in the Dark, mAnm *Hoeren*, MMR 2013, 188; *Hühner*, GRUR 2013, 373ff.

Kriterien ein Modell von der Rechtsordnung gebilligt wird.²²² In der Entscheidung **Rapidshare** führte der BGH hierzu aus, dass ein von vorneherein auf durch Nutzer begangene Rechtsverletzungen angelegtes Geschäftsmodell nicht von der Rechtsordnung gebilligt würde und als Folge dessen den Betreibern weitergehende Prüfungspflichten auferlegt werden könnten. Seien jedoch „legale Nutzungsmöglichkeiten in großer Zahl vorhanden und üblich" so könne nicht davon ausgegangen werden, dass das Modell einer solchen Ausrichtung unterliege.²²³ Vielmehr wird eher eine entsprechende Bewerbung des Geschäftsmodells zu fordern sein; alleine die Möglichkeit, dass das Modell durch Dritte rechtsmissbräuchlich genutzt werden könnte, genügt mithin nicht es als von der Rechtsordnung nicht gebilligt einzustufen.²²⁴ Ebenfalls begründet das Bereitstellen eines kostenpflichtigen Premium-Dienstes noch kein Fördern illegaler Nutzungsmöglichkeiten. Ist das Nutzen des Premium-Dienstes auch für legale Vorgänge von Bedeutung kann dem Anbieter nicht unterstellt werden er fördere illegale Nutzungsmöglichkeiten.²²⁵ Allerdings bleibt nach wie vor offen, wie das Verhältnis des „aktiven" Providers zu der Figur des von der Rechtsordnung gebilligten „Geschäftsmodells" sich ausgestaltet. Denn je mehr manuelle Vorabprüfungen verlangt werden, desto weniger kann ein auf Automatisierungen basierendes Geschäftsmodell realisiert werden; de facto würde damit dann doch das betroffene Geschäftsmodell untersagt,²²⁶ zumal die Rechtsprechung bislang nicht konkretisiert hat, wann überhaupt von einem nicht zu billigenden Geschäftsmodell gesprochen werden kann. Selbst bei massiven Rechtsverletzungen sah die Rechtsprechung hier offenbar noch keinen Anlass, grundsätzlich einzuschreiten.

56   d) Eingrenzungen der Verantwortlichkeit der mittelbaren Störer durch Prüfungspflichten. Wie dargelegt, hängt die Störereigenschaft für mittelbare Rechtsgutsverletzungen von entsprechenden Prüfungs- und Kontrollpflichten ab, die von der Rechtsprechung früher ausschließlich bei der Bestimmung der Rechtsfolge gem. § 242 BGB berücksichtigt wurden, seit Neuerem aber auch dem Tatbestand zugeordnet werden.²²⁷ **Dogmatisch** sind sie sinnvollerweise im Rahmen der Verkehrspflichten anzusiedeln, da sie das Spiegelbild der deliktischen Haftung für mittelbare Rechtsgutsverletzungen darstellen.²²⁸ In diesem Rahmen sind die **betrof-**

---

²²² *Spindler,* GRUR 2011, 101, 108.
²²³ BGH, GRUR 2013, 1030 Rn. 31 f. – File-Hosting-Dienst; BGHZ 194, 339 Rn. 23 = GRUR 2013, 370 mAnm *Hühner* – Alone in the Dark; OLG München, ZUM 2017, 679, 683 – uploaded.net; inhaltsgleich OLG München, CR 2017, 533 – Gray's Anatomy; OLG Düsseldorf, ZUM 2010, 600, 601; *Leistner,* GRUR-Beil. 2010, 1, 31 (Fn. 333); *Spindler,* GRUR 2011, 101, 108; *Dackwerts,* GRUR-Prax 2011, 260, 261; zum positiven Einfluss von Filesharingdiensten *Verweyen,* MMR 2009, 590, 592; aA OLG Hamburg, MMR 2008, 823; *Rehbinder,* ZUM 2013, 241, 249 f.; krit. ebenfalls *Bäcker,* ZUM 2013, 292. Zu weitergehenden Prüfungspflichten OLG Zweibrücken, MMR 2009, 541, 541.
²²⁴ *Spindler,* GRUR 2011, 101, 108. Zur Bewertung der Möglichkeit einer nicht rechtmäßigen Nutzung s. bereits BGH, GRUR 2009, 841 Rn. 21 – Cybersky.
²²⁵ BGHZ 194, 339 Rn. 26 ff. = GRUR 2013, 370 mAnm *Hühner* – Alone in the Dark; OLG München, ZUM 2017, 679, 683 – uploaded.net; inhaltsgleich OLG München, CR 2017, 533 – Gray's Anatomy.
²²⁶ Zutreffend in der Kritik der File-Hosting-Entscheidung des BGH *Nolte/Wimmers,* GRUR 2014, Beil. 1, 58, 65.
²²⁷ BGH, GRUR 1984, 54, 55 – Kopierläden; BGH, GRUR 1993, 53, 54 f. – Ausländischer Inserent; BGH, GRUR 1995, 62, 64 – Betonerhaltung; BGH, GRUR 1997, 313, 316 – Architektenwettbewerb; BGH, GRUR 1999, 418, 418 f. – Möbelklassiker; s. dazu *Haedicke,* GRUR 1999, 397, 399; *Köhler,* WRP 1997, 897, 898; ausf. *Volkmann,* Der Störer im Internet, S. 112 ff.
²²⁸ S. bereits *Spindler/Volkmann,* WRP 2003, 1, 6 ff. mwN; in diese Richtung jetzt auch *Ohly,* GRUR 2017, 441; *Ahrens,* WRP 2007, 1281, 1286 ff.; *Leistner,* GRUR-Beil. 2010, 1, 18 ff.; aus

Allgemeine Grundsätze **§ 7 TMG**

fenen Rechtsgüter mit denjenigen, die durch die Sperrung betroffen sind, insbesondere den Kommunikationsfreiheiten, **abzuwägen**.[229] Entsprechend den allgemeinen Grundsätzen müssen der Rang der betroffenen Rechtsgüter, der zu betreibende Aufwand und der zu erwartende Erfolg miteinander in Beziehung gesetzt werden.[230] Weder kann von vornherein jeder Aufwand angesichts des massenhaften Datenverkehrs als unzumutbar angesehen werden, noch kann jede Rechtsgutsverletzung einen immensen Kontrollaufwand rechtfertigen.[231] Die **Ableitung von Prüfungspflichten** im Rahmen der Störerhaftung hat sich daher an vergleichbaren Kriterien wie bei den Verkehrssicherungspflichten zu orientieren,[232] insbesondere an der Gefahrbeherrschung und -eröffnung, an vorangegangenem gefährlichem Handeln, den Möglichkeiten des Selbstschutzes der Dritten, der Vorteilsziehung des Pflichtigen aus bestimmten Aktivitäten, den berechtigten Sicherheitserwartungen der betroffenen Verkehrskreise, der wirtschaftlichen Zumutbarkeit für den Pflichtigen, der Vorhersehbarkeit der Risiken, Art und Umfang der drohenden Gefahren[233] sowie den betroffenen Rechtsgütern. Rechtsprechung und Schrifttum haben in diesem Rahmen Eckpunkte herausgebildet, die grob in die Schaffung und Unterhaltung einer Gefahrenquelle und die Übernahme einer Pflicht eingeteilt werden können. Hinzu tritt die Haftung aus vorangegangenem gefährlichem Handeln.

Rang der Rechtsgüter. Der Rang der Rechtsgüter beeinflusst das Ausmaß an zumutbaren Prüfungspflichten. Je höherrangiger ein betroffenes Rechtsgut ist, desto mehr kann dem Provider an Pflichten abverlangt werden.[234] So ist nach Auffassung des BGH ein Host-Provider verpflichtet, Verstöße gegen den JMStV nicht nur bei einem konkreten Anbieter zu überwachen, sondern auch bei vergleichbaren Anbietern oder Angeboten.[235] Demgegenüber kann der (in concreto gleiche) Host-Provider sich bei Markenverletzungen auf die **Überwachung des jeweiligen Anbieters** 57

---

der älteren Literatur ferner *Freytag,* Haftung im Netz, S. 75; *Schapiro,* Unterlassungsansprüche gegen die Betreiber von Internet-Auktionshäusern und Internet-Meinungsforen, S. 225 ff.; *Holznagel,* Notice and Take-Down-Verfahren als Teil der Providerhaftung, S. 106; *Neuhaus,* Sekundäre Haftung im Lauterkeits- und Immaterialgüterrecht, S. 27 f.; für Rechtswidrigkeit *Lindacher,* WRP 1987, 585, 586; *Haedicke,* GRUR 1999, 397, 401 f.; für Verschulden *Henning-Bodewig,* GRUR 1981, 867, 870 f.; für § 830 Abs. 2 BGB analog *Köhler,* WRP 1997, 897, 900; ebenso *Jurgalla,* WRP 2004, 655, 659 f.; für eine gänzliche Abkehr von der Störerhaftung hin zur (neben-)täterschaftlichen Haftung wegen Verletzung von Verkehrspflichten *Gräbig,* MMR 2011, 504, 508 f.

[229] BGHZ 208, 82 Rn. 32 = GRUR, 2016, 268 – Störerhaftung des Access-Providers (Goldesel); BGHZ 209, 139 Rn. 38 = GRUR 2016, 855 – Ärztebewertung III (jameda.de); ähnlich bereits BGHZ 191, 219 Rn. 22 ff. – GRUR 2012, 311– Blog-Eintrag.

[230] → Vor § 7 Rn. 71; Hoeren/Sieber/Holznagel/*Höfinger,* 44. EL 2017, Teil 18.1 Rn. 82; BeckRTD-Komm/*Jandt,* § 7 TMG Rn. 53; *Schapiro,* Unterlassungsansprüche gegen die Betreiber von Internet-Auktionshäusern und Internet-Meinungsforen, S. 217; krit. *Berger/Janal,* CR 2004, 917, 925.

[231] *Freytag,* Haftung im Netz, S. 191 ff.

[232] Näher *Spindler/Volkmann,* WRP 2003, 1, 6 ff. mwN; umfassend zum Ganzen *Schapiro,* Unterlassungsansprüche gegen die Betreiber von Internet-Auktionshäusern und Internet-Meinungsforen, S. 215 ff.

[233] Zur Berücksichtigung der Gefahrgeneigtheit eines Geschäftsmodells im Hinblick auf die Bestimmung des Prüfungsumfangs s. *Ensthaler/Heinemann,* GRUR 2012, 433, 437; *Klein,* Haftung von Social-Sharing-Plattformen, S. 148 f.

[234] S. *Spindler,* GRUR 2011, 101, 107 f.; *Klein,* Haftung von Social-Sharing-Plattformen, S. 147 f. unter Verweis auf *Spindler/Volkmann,* WRP 2003, 1, 8; *Ahrens,* WRP 2007, 1281, 1289.

[235] BGHZ 173, 188, 203 f. = MMR 2007, 634, 637 f. mAnm *Köster/Jürgens* – Jugendgefährdende Medien bei eBay.

beschränken,[236] sowie darauf, eine im Kern gleiche Verletzungshandlung wie die angezeigte zu verhindern.[237] Bei Verletzungen des allgemeinen Persönlichkeitsrechts kommt es zudem darauf an, ob sich die Verletzungshandlung auf Sozial-, Privat- oder Intimsphäre bezieht. Schwerwiegendere Beeinträchtigungen verleihen dem Persönlichkeitsrecht in der Abwägung größeres Gewicht.[238]

58 Ebenfalls kann die **Einnahme einer aktiven Rolle** durch den Anbieter den Umfang der Prüfungspflichten erweitern. So hat der BGH entschieden, dass das Schalten von Anzeigen, die unmittelbar zu rechtsverletzenden Angeboten führen, nicht nur eine aktive Rolle des Anbieters begründe, sondern darüber hinaus ihm weitergehende Prüfpflichten auferlege. So müsse der Anbieter die Angebote, die er durch das Schalten der Anzeigen aktiv bewerbe vorab kontrollieren. Das weitergehende Kontrollieren der Ergebnislisten sei dem Anbieter zumutbar, da, wenn er auf eine Rechtsverletzung hingewiesen wurde, sich seine Prüfpflicht nur auf die durch die gebuchten Suchbegriffe und über den elektronischen Verweis erscheinenden Angebote beschränke.[239]

59 Dabei spielt die **Herausforderung von Rechtsverletzungen durch Dritte** eine erhebliche Rolle: In diese Kategorie kann die Haftung von File-Hosting-Diensten für massenhaft begangene Urheberrechtsverletzungen über ihre Server eingeordnet werden: Die Besonderheit liegt gegenüber anderen Anbietern zum einen in der Häufigkeit von Rechtsverletzungen,[240] zum anderen in der weitgehenden Anonymität der Verletzer. Der I. Zivilsenat sah zwar trotz der massiven Rechtsverletzungen keine Veranlassung, an der grundsätzlichen Zulässigkeit des Geschäftsmodells der **File-Hosting-Dienste (Rapidshare)** zu zweifeln.[241] Die Prüfungspflicht entsteht daher auch hier erst nach einem Hinweis auf eine konkrete Rechtsverletzung.[242] Hinzu kommt allerdings eine Intensivierung der Kontrollpflichten, wenn der Anbieter die Gefahr von Rechtsverletzungen durch eigene Maßnahmen wie etwa durch die Bewerbung urheberrechtswidriger Handlungen über seinen Dienst noch fördert.[243] In diesem Fall soll nach Auffassung des BGH auch eine umfassende regelmäßige, auch manuelle Kontrolle von (externen bzw. von Dritten stammenden) Linksammlungen zumutbar sein, die auf den Dienst des Anbieters verweisen.[244] Wie schon in der Entscheidung des US Supreme Court und in den **Cybersky-Fällen**[245] kommt

---

[236] Unklar die Reichweite der Pflichten in BGHZ 172, 119, 134 = MMR 2007, 507, 511 mAnm *Spindler* – Internet-Versteigerung II, der offenbar alle Markenverletzungen, also auch von anderen Verletzern, erfassen will; s. auch BGH, GRUR 2011, 152 Rn. 39 ff. – Kinderhochstühle im Internet I, mAnm *Spindler,* GRUR 2011, 101; wie BGH auch *Schapiro,* Unterlassungsansprüche gegen die Betreiber von Internet-Auktionshäusern und Internet-Meinungsforen, S. 247 f.

[237] OLG Düsseldorf, MMR 2009, 402, 404.

[238] BGHZ 181, 328 Rn. 30 f. = MMR 2009, 608 mAnm *Greve/Schärdel* – spickmich.de.

[239] BGH, GRUR 2013, 1229 Rn. 48 ff. – Kinderhochstühle im Internet II; BGH, GRUR 2015, 485 Rn. 56 – Kinderhochstühle im Internet III; hierzu *Lerch,* GRUR-Prax 2013, 531, 533.

[240] BGHZ 194, 339 Rn. 25 ff. = GRUR 2013, 370 mAnm *Hühner* – Alone in the Dark.

[241] BGH, GRUR 2013, 1030 Rn. 44 – File-Hosting-Dienst; BGHZ 194, 339 Rn. 28 = GRUR 2013, 370 mAnm *Hühner* – Alone in the Dark; OLG Hamburg, MMR 2012, 393, 396.

[242] BGH, GRUR 2013, 1030 Rn. 45 – File-Hosting-Dienst; BGHZ 194, 339 Rn. 28 = GRUR 2013, 370 mAnm *Hühner* – Alone in the Dark.

[243] BGH, GRUR 2013, 1030 Rn. 45 – File-Hosting-Dienst; OLG Hamburg, MMR 2012, 393, 398.

[244] BGH, GRUR 2013, 1030 Rn. 58 – File-Hosting-Dienst; BGHZ 194, 339 Rn. 39 = GRUR 2013, 370 mAnm *Hühner* – Alone in the Dark; aA OLG Düsseldorf, MMR 2011, 250, 251 mzustAnm *Schröder; Wilmer,* NJW 2008, 1845, 1848 f.

[245] S. BGH, GRUR 2009, 841 Rn. 14 – Cybersky; Vorinstanz OLG Hamburg, MMR 2006, 398; dazu *Spindler,* MMR 2006, 400.

Allgemeine Grundsätze   § 7 TMG

es daher entscheidend darauf an, ob der Betreiber den Nutzern quasi rechtsverletzende Handlungen nahelegt, sie quasi dazu auffordert – was an die alten Grünstreifen- und Herausforderungsfälle im allgemeinen Deliktsrecht erinnert.[246] Aber auch die vom Diensteanbieter geduldete Anonymität der Verletzer mag das Gericht zu sehr intensiven Prüfungs- und Kontrollpflichten bewogen haben.

Sozialadäquanz des Provider-Handelns und verfassungsrechtliche Kommunikationsfreiheiten. In diesem Rahmen können die Sozialadäquanz und die Funktion, die die Internetanbieter für die Grundfreiheiten der Meinungs- und Informationsfreiheit übernehmen, eine Rolle spielen. So kennt die Rechtsordnung zahlreiche Fälle, in denen trotz grundsätzlicher Annahme einer Gefahrenquelle und der bekannten Folgen das Verhalten als sozial üblich eingestuft und toleriert wird.[247] Neben diesem Fall des „erlaubten Risikos" können aber auch grundrechtliche Erwägungen der Annahme einer Verkehrspflicht entgegenstehen. Sowohl für die zivil- als auch die öffentlich-rechtliche Störerhaftung muss der Anbieterseite im Rahmen der Qualifizierung der Prüfungspflichten (→ Rn. 56) neben den selbstverständlich eingreifenden Art. 12, 14 GG vor allem auf der Nutzerseite die Informationsfreiheit nach Art. 5 Abs. 1 S. 1 GG berücksichtigt werden.[248] Die Netzkommunikation ist überdies insbesondere durch die Kommunikationsgrundrechte aus Art. 5 Abs. 1 GG geschützt. Allerdings besteht gegenüber den klassischen Kommunikationsmedien wie Presse und Rundfunk nur ein verringerter Inhaltsbezug der Provider.[249] Der verfassungsrechtliche Einfluss muss danach differenziert werden, ob die Transportfunktion eines Providers oder ein unmittelbarer Kommunikationsbezug zu Art. 5 Abs. 1 GG im Vordergrund steht.[250] Bei moderierten Inhaltsdiensten (bestimmten Chat-Foren, Mailing-Listen, Gästebüchern) stehen die Parallelen zum Pressewesen im Vordergrund,[251] insbesondere zum Verleger, Herausgeber oder Redakteur. Die Kommunikationsgrundrechte aus Art. 5 Abs. 1 GG führen vorbehaltlich der Einschlägigkeit des jeweiligen Schutzbereiches grundsätzlich nicht zur völligen Aufhebung jeglicher Verkehrs- und Prüfungspflicht. Allenfalls eine Modifizierung der Pflichtenstandards ist im Sinne einer ungehinderten Kommunikation denkbar.[252]

Für die **Kommunikations- bzw. Pressedelikte**, insbesondere im Anzeigengeschäft des Zeitungs- und Zeitschriftengewerbes, führt die Modifizierung der Pflichtenstandards für die Veröffentlichung wettbewerbswidriger Anzeigen nach inzwischen gefestigter Rechtsprechung nur im Falle grober, unschwer zu erkennender Verstöße zu einer Störerhaftung.[253] Vor allem die Problematik der Erkennbarkeit des

---

[246] Grundlegend BGHZ 58, 162, 169 – Grünstreifen; jüngst etwa auch BGHZ 192, 261 = NJW 2012, 1951 – rammendes Polizeifahrzeug.

[247] Aus strafrechtlicher Sicht *Sieber,* JZ 1996, 429ff. sowie 494, 502; *Sieber,* Verantwortlichkeit im Internet, Rn. 314; *Jäger/Collardin,* CR 1996, 236, 238; *Derksen,* NJW 1997, 1878, 1883; für die Störerhaftung *Stadler,* Haftung für Informationen im Internet, Rn. 30; *Volkmann,* Der Störer im Internet, S. 145.

[248] Zur Darstellung der sich gegenüberstehenden Interessen s. BGHZ 202, 242 Rn. 25ff. = GRUR 2014, 1228 – Ärztebewertung II; *Wilkat,* Bewertungsportale im Internet, S. 65ff.

[249] *Gounalakis,* 64. DJT 2002, Gutachten C, S. 45ff., 59ff.; *Spindler,* 64. DJT 2002, Referat M, S. 133ff., je mwN.

[250] Sehr weitgehend für grundrechtliche Privilegierung auch der Access-Provider *Engel,* Beil. MMR 4/2003, 20; dagegen *Volkmann,* Der Störer im Internet, § 2 I 2e cc; → § 8 Rn. 28ff.

[251] *Pankoke,* Von der Presse- zur Providerhaftung, S. 59f., 75f.; *Marwitz,* K&R 1998, 369, 370 mwN.

[252] Zur Anwendbarkeit des Zensurverbots für Provider *Hoffmann-Riem,* Kommunikationsfreiheiten, Rn. 89ff., insb. Rn. 93, 95; *Engel,* Beil. MMR 4/2003, 12; → § 9 Rn. 31.

[253] BGH, GRUR 1973, 203, 204 mAnm *Hoth* – Badische Rundschau; BGH, GRUR 1990, 1012, 1014 – Pressehaftung; BGH, GRUR 1993, 53, 54 – Ausländischer Inserent; BGH,

Störungszustandes[254] sowie die Funktion des vermeintlichen Störers, dessen Aufgabe es nicht sein kann, das Fehlverhalten Dritter zu prüfen und zu erkennen,[255] hat die Rechtsprechung bei der Einschränkung der weiten Störerhaftung geleitet. Diese auf die Prüfung der Rechtswidrigkeit der Inhalte eingeschränkte Pflicht ist aber nicht mit einer Pflicht zur Kontrolle zu verwechseln, ob überhaupt derartige Inhalte existieren.[256] Die von der Rechtsprechung verlangte Prüfungspflicht stellt allein auf die Erkennbarkeit der Rechtswidrigkeit der Störung bzw. des Störungszustandes und mit der Anforderung an deren Offensichtlichkeit letztlich auf ein Evidenzkriterium ab.[257]

62 **Kontroll- und Prüfungsmöglichkeiten – technische und wirtschaftliche Zumutbarkeit.** Bei der Festlegung von Verkehrspflichten sind die technisch und wirtschaftlich zumutbaren Möglichkeiten der Gefahrbeherrschung zu berücksichtigen.[258] Die Diensteanbieter sind lediglich technische Verbreiter von Informationen, die eigenverantwortlich handelnde Dritte auf ihren Servern speichern. Somit sind Diensteanbieter technisch nur sehr bedingt sowie wirtschaftlich kaum vertretbar in der Lage, die Inhalte der Nutzer (bzw. Content-Provider) zu überwachen und zu kontrollieren.[259] Die Rechtsprechung greift dabei teilweise, trotz deren Unanwendbarkeit auf die Störerhaftung, auf die Klassifizierung der Dienste nach §§ 8–10 zurück, um Anhaltspunkte für das Ausmaß der Prüfpflichten zu gewinnen, da es auf „Art und Funktion des jeweils angebotenen Dienstes" ankomme.[260] Die Zumutbarkeit derartiger Pflichten bestimmt sich dabei allein nach **objektiven Maßstäben,** insbesondere im Lichte der zu schützenden Rechtsgüter.[261] Ob technische Maßnahmen durchführbar sind, beurteilt sich nach dem Stand der Technik und den für einen durchschnittlichen Diensteanbieter bestehenden Möglichkeiten.[262]

GRUR 1994, 454, 455f. – Schlankheitswerbung; BGH, GRUR 1995, 751, 752 – WSV-Werbung für Möbel; BGH, GRUR 2001, 529 – Herz-Kreislauf-Studie; BGHZ 158, 343 = GRUR 2004, 693 – Schöner Wetten; *Engels,* K&R 2001, 338, 343; *Freytag,* Haftung im Netz, S. 103ff. mwN.

[254] BGH, NJW 1997, 2180, 2181 – Architektenwettbewerb; iE auch BGH, GRUR 1999, 418, 419 – Möbelklassiker; MüKoUWG/*Fritzsche,* § 8 UWG Rn. 268.

[255] BGH, GRUR 1995, 62, 64 – Betonerhaltung.

[256] AA offenbar Heermann/Ohly/*Dreier,* Verantwortlichkeit im Netz, S. 83.

[257] BGHZ 158, 343 = GRUR 2004, 693 – Schöner Wetten; *Pichler,* MMR 1998, 79, 83, 85; *Bergmann,* Die Haftung gem. § 5 TDG aF: am Beispiel des News-Dienstes, S. 157.

[258] BeckOGK BGB/*Spindler,* § 823 BGB Rn. 386; MüKoBGB/*Wagner,* § 823 BGB Rn. 421f. je mwN. Allg. zur Funktion und zur Stellung der Verkehrspflichten im BGB s. *Schneider,* Vom Störer zum Täter?, S. 80ff.; umfassend zum Umfang der Prüfungspflichten *Schapiro,* Unterlassungsansprüche gegen die Betreiber von Internet-Auktionshäusern und Internet-Meinungsforen, S. 232ff.; *Holznagel,* Notice and Take-down-Verfahren als Teil der Providerhaftung, S. 106ff.; *Neuhaus,* Sekundäre Haftung im Lauterkeits- und Immaterialgüterrecht, S. 203ff.

[259] *Sieber,* CR 1997, 581ff., 653ff.; *Federrath,* ZUM 1999, 177ff.; *Köhntopp/Köhntopp/Seeger,* DuD 1997, 626ff.; *Schneider,* MMR 1999, 571ff.; *Schneider,* MMR 2004, 18, 19ff.; Heermann/Ohly/*Semken,* Verantwortlichkeit im Netz, S. 12ff.

[260] BGHZ 191, 219 Rn. 22 = GRUR 2012, 311– Blog-Eintrag; BGHZ 209, 139 Rn. 38 = GRUR 2016, 855 – Ärztebewertung III (jameda.de); OLG Hamburg, MMR 2009, 405, 408f. – Alphaload/Usenet II, unter Verweis auf BGHZ 148, 13, 19 = GRUR 2001, 1038, 1040 – ambiente.de.

[261] Bräutigam/Leupold/*Pelz,* Online-Handel, B I. Rn. 123; ähnlich *Sieber,* Verantwortlichkeit im Netz, Rn. 404: objektivierter Maßstab.

[262] Im Hinblick auf eine Filtersoftware BGH, GRUR 2011, 152 Rn. 38 – Kinderhochstühle im Internet I; BGH, GRUR 2013, 1229 Rn. 47 – Kinderhochstühle im Internet II; hierzu *v. Samson-Himmelstjerna,* Haftung von Internetauktionshäusern, Rn. 250ff.; ferner *Leistner,* ZUM 2012,

Allgemeine Grundsätze § 7 TMG

Unzumutbar ist jedenfalls die **uneingeschränkte manuelle Kontrolle** von Daten,[263] die manuelle Nachkontrolle der Suchergebnisse technischer Filter ist dagegen nicht per se unzumutbar.[264] 63

In diesem Zusammenhang ist erneut auf das von der Rechtsprechung aufgestellte Zumutbarkeitskriterium des Filtersoftwareeinsatzes hinzuweisen. So ist eine Kontrolle des Angebots auf Rechtsverletzungen dann nicht mehr zumutbar, wenn keine Filtersoftware existiert, die Verdachtsfälle aufspüren kann.[265] Der Provider kann nicht darauf verweisen, dass er nicht die technischen Voraussetzungen für die Kontrolle besitze, sowie er Kenntnis von einem rechtswidrigen Zustand erlangt hat.[266] So hat etwa das OLG München zu § 5 TDG aF die Verantwortlichkeit eines Universitätsrechenzentrums, das ca. 40.000 Softwarepakete eines amerikanischen Providers zu Zwecken des schnelleren Herunterladens auf den eigenen Rechnern gespiegelt hatte, was täglich wiederholt wurde, im Hinblick auf Markenrechtsverletzungen verneint, da der Kontrollaufwand für eine einzelne Datei nicht im Verhältnis zu dem Erfolg der Verhinderung des Zugriffs stünde, zumal die Software dann über andere Rechner heruntergeladen werden könne.[267] Unter dem Stichwort **Eigenvorsorge (Rechtsverfolgungsprogramme)** berücksichtigt die Rechtsprechung zur Festlegung des Prüfungsumfangs nun ebenfalls die Möglichkeit des Inhabers gewerblicher Schutzrechte eine Rechtsverletzung selbst zu überprüfen.[268] Allerdings gilt dies nur insoweit, wie mit Hilfe dieser Programme die Identität der eigentlichen Verletzer festgestellt werden kann; erfasst ein Provider nicht die Identität der (verletzenden) Nutzer, kann er sich nicht mit dem Hinweis auf ein Tool bzw. eine Software entlasten, die dabei hilft Rechtsverletzungen aufzuspüren.[269] 64

Bei **persönlichkeitsrechtlichen Verletzungen** spielt darüber hinaus auch die Tatsache eine Rolle, dass sie sich – anders als etwa Markenrechtsverletzungen – aufgrund ihrer potenziellen Vielgestaltigkeit nicht pauschal mit einem einfachen Suchbegriff-Filter identifizieren lassen können, sondern eine aufwändige manuelle Prü- 65

722, 739; BeckIuKDG-Komm/*Maennel*, § 5 TDG Rn. 23; Bräutigam/Leupold/*Pelz*, Online-Handel, B I. Rn. 121.

[263] BGH, GRUR 2011, 152 Rn. 42 – Kinderhochstühle im Internet I; BGHZ 158, 236, 251 = MMR 2004, 668, 672 mAnm *Hoeren* – Internet-Versteigerung I; OLG Hamburg, ZUM 2009, 417, 419 – Long Island Ice Tea; OLG Hamburg, MMR 2009, 631, 634f. – Spring nicht/Usenet I; anders aber für den Upload über den Server des Zugangsvermittlers zum Usenet OLG Hamburg, MMR 2009, 631, 637f. – Spring nicht/Usenet I.

[264] BGHZ 173, 188 Rn. 60 = GRUR 2007, 890 – Jugendgefährdende Medien bei eBay; BGH, GRUR 2008, 702 Rn. 31, 37 – Internet-Versteigerung III; OLG Hamburg, MMR 2016 269 Rn. 300 mAnm *Frey* – Störerhaftung von YouTube; s. auch *Spindler* GRUR 2011, 101, 104f.

[265] BGH, GRUR 2011, 152 Rn. 38 – Kinderhochstühle im Internet I; BGH, GRUR 2011, 321 Rn. 20; *Klein*, Haftung von Social-Sharing-Plattformen, S. 154; weiter zu den technischen Möglichkeiten der Filtersoftware und einer wirtschaftlichen Zumutbarkeit *Holznagel*, Notice und Take-Down-Verfahren als Teil der Providerhaftung, S. 106f.; krit. zum Einsatz der Filtersoftware *Schapiro*, Unterlassungsansprüche gegen die Betreiber von Internet-Auktionshäusern und Internet-Meinungsforen, S. 254ff., insb. 257f.

[266] Bräutigam/Leupold/*Pelz*, Online-Handel, B I. Rn. 123; → § 11 Rn. 51ff.

[267] OLG München, MMR 2000, 617, 618.

[268] BGH, GRUR 2011, 152 Rn. 43 – Kinderhochstühle im Internet I; Ensthaler/Heinemann, GRUR 2012, 433, 438; *Holznagel*, Notice and Take-Down-Verfahren als Teil der Providerhaftung, S. 114f.

[269] Zutr. OLG Hamburg, MMR 2016, 269 Rn. 501ff. – YouTube für das Content-ID-Verfahren.

fung erfordern, die meist nicht zumutbar sein dürfte.[270] Somit kommen in der Regel nur grobe Prüfungspflichten in Betracht.[271]

66 Dagegen spielt die **individuelle finanzielle Leistungsfähigkeit** des Providers im Rahmen der Zumutbarkeit **keine Rolle**. Denn der Verkehr kann sich nicht auf die ihm sowieso unbekannte Finanzsituation des Pflichtigen und die dadurch bedingte Absenkung eines Sicherheitsstandards einstellen.[272]

67 **Ökonomischer Nutzen aus der Tätigkeit.** Darüber hinaus sind die seitens der Diensteanbieter gezogenen wirtschaftlichen Vorteile für die Festlegung von Verkehrssicherungspflichten beachtlich,[273] soweit die Verbreitung fremder Inhalte, sei es durch Zugangsvermittlung oder durch Speicherung auf einem Server, als Erwerbsgrundlage dient und das Geschäftsmodell eindeutig auf die Ausnutzung der rechtsverletzenden Handlungen der Nutzer abzielt.[274] Allein der wirtschaftliche Vorteil in Gestalt von Provisionen aus Rechtsverletzungen durch Dritte genügt dagegen nicht,[275] insbesondere nicht vorgeschaltete Werbung oder flankierende Inserate (wie zB bei **YouTube**).[276] Gleiches gilt für Suchmaschinen, die anzeigenfinanziert sind (Adword), wie dies der EuGH für Google explizit festgestellt hat.[277] eher wohl die **Werbung für mögliche rechtswidrige Aktivitäten**,[278] oder die Erleichterung von Rechtsverletzungen durch Zurverfügungstellung von Hilfsmitteln wie Software.[279] Dies gilt insbesondere für Provider, die als Portale Angebote ihrer Kunden hosten,[280] ebenso wie für die Veranstalter von Internet-Auktionshäusern, aber auch für die wirtschaftliche Ausnutzung fremder Inhalte, etwa durch Verknüpfung von Chat Rooms oder Foren mit Werbung. Wenn der Anbieter eines Dienstes dagegen gezielt mit dessen Eignung für rechtsverletzende Tätigkeiten wirbt, resultieren daraus für ihn strengere Pflichten;[281] hier liegt zudem die Annahme eines von der Rechtsordnung nicht gebilligten Geschäftsmodells nahe. Auch wirtschaftliche Verflechtungen zwischen dem Content-Provider und dem Verbreiter von dessen Inhalten, wie sie oftmals im Bereich der Hyperlinks vorzufinden sind, können weitergehende Verkehrssicherungspflichten begründen.[282] In diesen Fällen ist es gerechtfertigt, dem Provider wesentlich intensivere Kontrollpflichten aufzuerlegen, da er einen Nutzen aus der gefährlichen Tätigkeit zieht. Dass etwa Linksetzende schärfere Pflichten bei wirtschaftlicher Nähe treffen, setzt sich langsam als allgemeiner Gedanke für Hyperlinks auch in anderen Gebieten

---

[270] Zur Schwäche der textbasierten Filtersoftware s. *Schapiro,* Unterlassungsansprüche gegen die Betreiber von Internet-Auktionshäusern und Internet-Meinungsforen, S. 259 f.

[271] OLG Düsseldorf, MMR 2006, 618, 620; LG Berlin, MMR 2007, 668; *Kartal-Aydemir/ Krieg,* MMR 2012, 647, 651; *Nieland,* NJW 2010, 1494, 1497; aA *Kamp,* Personenbewertungsportale, S. 277 f.; ähnlich *Gomille,* Standardisierte Leistungsbewertungen, S. 284 f.

[272] Allg. BeckOGK/*Spindler,* § 823 BGB Rn. 402; Staudinger/*Hager,* § 823 BGB E Rn. 31.

[273] Krit. zur Heranziehung des Merkmals der wirtschaftlichen Vorteile *Klein,* Haftung von Social-Sharing-Plattformen. S. 151.

[274] *Spindler,* GRUR 2011, 101, 105.

[275] BGHZ 158, 236, 252 = MMR 2004, 668, 671 mAnm *Hoeren* – Internet-Versteigerung I.

[276] OLG Hamburg, MMR 2016, 269 Rn. 191 ff. – YouTube für das Content-ID-Verfahren.

[277] EuGH, Slg. 2010 I-02417 Rn. 112 = GRUR 2010, 445 – Google France.

[278] BGH, MMR 2009, 625 Rn. 21 f. – Cybersky; BGH, GRUR 2013, 1030 Rn. 44 – File-Hosting-Dienst; OLG Hamburg, MMR 2009, 405, 407, 409 – Alphaload/Usenet II, krit. dazu *Kitz* CR 2007, 601, 604.

[279] OLG Hamburg, MMR 2009, 405, 407 – Alphaload/Usenet II.

[280] Vgl. OLG München, GRUR 1999, 71.

[281] OLG Hamburg, MMR 2009, 405, 409 – Alphaload/Usenet II.

[282] Ähnlich *Freytag,* Haftung im Netz, S. 232.

Allgemeine Grundsätze **§ 7 TMG**

durch, etwa der Zurechnung von Angeboten und deren Überprüfung im Kapitalmarktrecht.[283]

Rechtsschutzmöglichkeiten des Verletzten. Während die Frage, ob dem Verletzten ausreichende Rechtsschutzmöglichkeiten zur Verfügung stehen, innerhalb der Störerhaftung von der Rechtsprechung als unmaßgeblich erachtet wird,[284] ist sie den aus dem Deliktsrecht stammenden Verkehrssicherungspflichten nicht fremd. So wird etwa in der Produkthaftung der Importeur bei der Wareneinfuhr aus Staaten, die nicht den ursprünglichen Mitgliedstaaten der EU angehören, einer Pflicht zur sorgfältigen Auswahl des ausländischen Herstellers und bei entsprechenden Risiken zu intensiven Kontrollen der importierten Ware auf Übereinstimmung mit dem inländischen Sicherheitsniveau unterworfen, da sonst Rechtsdurchsetzungsrisiken bestünden.[285] Diese Wertungen spiegeln sich in § 4 ProdHaftG wider. 68

Fraglich ist daher, ob diese **deliktsrechtlichen Grundsätze auf die verschuldensunabhängige Störerhaftung** übertragen und zumindest bei der Frage nach der Intensität von Prüfungspflichten berücksichtigt werden können.[286] Vor allem wenn die Rechtsverletzung nicht derartig eindeutig ist, dass sie sich dem mittelbaren Störer bzw. dem Diensteanbieter aufdrängen muss, entstehen bei **anonymen Rechtsverletzern** schwer erträgliche Widersprüche in der Haftung, indem der Gläubiger oftmals faktisch rechtsschutzlos gestellt ist.[287] Um den Mitstörer zu belangen, müsste er einen Titel bzw. eine Feststellung der Rechtswidrigkeit erwirken, die ihm aber aufgrund der Unbedenklichkeit eines Inhaltes nach dem jeweiligen ausländischen Recht oder wegen der Anonymität des Content-Providers versagt bleiben könnte. Derjenige hingegen, der ohnehin den unmittelbar handelnden Dritten in Anspruch nehmen kann, könnte dazu noch Rechtsschutz gegen den Mitwirkenden erlangen. Darüber hinaus privilegiert diese Rechtsprechung nicht nur den Mitstörer. Der unmittelbare Störer kann weiterhin rechtswidrige Anzeigen schalten und erlangt hierdurch gegenüber seinen Mitbewerbern (im Inland), denen eine entsprechende Anzeige – richtigerweise und dem geltenden Recht entsprechend – versagt bliebe, eine nicht hinnehmbare Besserstellung. Denn sein mittelbares Werkzeug – der Verbreiter des Inhalte – kann nicht in Anspruch genommen werden, er selbst ist vor rechtlicher Inanspruchnahme immunisiert. Der prinzipiell richtige Verzicht auf eine weite, ausufernde Störerhaftung durch angemessene Einschränkungen rechtfertigt sich nur dann, wenn zumindest der effektive Rechtsschutz und damit die Gefahr der Zementierung von rechtswidrigen Zuständen im Auge behalten und ihr (für die Zukunft im Rahmen der Störerhaftung) durch weitergehende Sicherungspflichten begegnet wird. Gerade in Fällen, in denen der unmittelbare Störer von vornherein nicht greifbar ist, ist die Gefahr bleibender Rechtsverletzungen besonders groß und der Rechtsverkehr damit besonders schutzwürdig.[288] Wer eine besondere Gefahrenquelle dadurch eröffnet, dass er anonyme 69

---

[283] *v. Kopp-Colomb/Lenz,* BKR 2002, 5, 9 für das VerkProspG und Hyperlinks auf andere Angebote; *Spindler,* NZG 2000, 1058, 1063f.; allg. zu den aus der Setzung eines Hyperlinks resultierenden Prüfpflichten BGHZ 206, 103 Rn. 23 = MMR 2016, 171 mAnm *Hoeren* – Hyperlinks.

[284] BGH, GRUR 1993, 53, 55 – Ausländischer Inserent; s. dagegen aber LG München I, MMR 2002, 690, 691.

[285] BGH, NJW 1980, 1219, 1220f.; BGHZ 99, 167, 668f. = GRUR 1987, 191, 192f.; OLG Dresden, VersR 1998, 59, 60f.; v. Westphalen/*Foerste,* § 26 Rn. 60ff., 63 mwN; *Foerste,* NJW 1994, 909, 910; BeckOGK/*Spindler,* § 823 BGB Rn. 694f.

[286] LG München I, MMR 2002, 690, 691; ebenso KG, AfP 1987, 619, 620 in obiter dictum; *Pankoke,* Von der Presse- zur Providerhaftung, S. 81f.; anders aber BGH, GRUR 1993, 53, 55 – Ausländischer Inserent.

[287] S. auch LG München I, MMR 2002, 690, 691; krit. *Eckhardt,* CR 2002, 680, 681.

[288] Ähnlich das US-amerikanische sog. „notice and take down"-Verfahren nach Sec. 512 (g) Copyright Act (Digital Millennium Copyright Act); dazu *Holznagel,* Notice and Take-Down-

oder aus dem Ausland stammende bzw. von dort in Auftrag gegeben Inhalte verbreitet, muss sich zumindest für den Fall, dass diese Inhalte vom Verletzten beanstandet werden, an verschärften Prüfungspflichten (für die Zukunft) festhalten lassen.[289]

70 **e) Auskunftspflichten als Substitut für eigene Störerhaftung?** Weitergehende Ansätze wollen Verkehrssicherungspflichten im Netz des Subdomain-Providers zur Feststellung der Identität seiner Kunden mit einer entsprechenden Auskunftspflicht gegenüber dessen Anspruchsstellern begründen.[290] Zum Teil wird diese Pflicht als Minus zu den sonst bestehenden Ansprüchen auf Unterlassung und Löschung verstanden.[291] Abgesehen davon, dass jedenfalls für Host-Provider nur in eingeschränkter Weise § 14 hier datenschutzrechtlich entsprechende Auskünfte erlaubt, würde dies aber einer Subsidiarität in der Haftung gleichkommen (Auskunft anstelle einer Störerhaftung), die zwar der Sache nach berechtigt ist, aber leider in der deutschen höchstrichterlichen Rechtsprechung bis lang nur für Netzsperren gegenüber Access-Providern diskutiert wird[292] → Rn. 87. Der Mitstörer (vor allem der Host-Provider, für den eine solche Abstufung nicht diskutiert wird) haftet nach der vorherrschenden Auffassung und Rechtsprechung neben dem Hauptverantwortlichen uneingeschränkt als Störer.[293] Er kann sich nach hM und Rechtsprechung weder durch prozessuale Erwägungen noch durch die Preisgabe von Identitäten von der Haftung lösen.

71 **f) Stellungnahmeverfahren.** De lege ferenda sollte der Ansatz eines **komplexeren „notice and take down"-Verfahrens** weiter diskutiert werden.[294] Denn nach US-amerikanischer Prägung[295] kann es den Providern zugemutet werden, da es

---

Verfahren als Teil der Providerhaftung, S. 54 f.; *Pankoke,* Von der Presse- zur Providerhaftung, S. 173 ff.; *Freytag,* MMR 1999, 207 ff.; *Lubitz,* GRUR Int. 2001, 283 ff.; *Otto,* K&R 1998, 487, 489 f.; *Frey,* ZUM 2002, 466, 473 f. Diese Erwägungen diskutiert der BGH nun in der Entscheidung, BGHZ 202, 242 Rn. 36 ff. = GRUR 2014, 1228 – Ärztebewertung II.

[289] S. auch OLG Hamburg, MMR 2016, 269 Rn. 181 – YouTube für das Content-ID-Verfahren: Anonymität spielt gewichtige Rolle für Störerhaftung.

[290] *Flechsig,* MMR 2002, 347, 351; im Hinblick auf einen Unterlassungsanspruch krit. Hoeren/Bensinger/*Koreng/Feldmann,* Haftung im Internet, S. 491, Rn. 91-101.

[291] OLG Stuttgart, Urt. v. 26.6.2013 – 4 U 28/13, Rn. 53 (nicht veröffentlicht); OLG Dresden, ZUM-RD 2012, 536, 538.

[292] BGHZ 208, 82 Rn. 83 = GRUR 2016, 268 – Störerhaftung des Access-Providers (Goldesel); vgl. auch OLG Köln, GRUR 2014, 1081, 1091 – Goldesel, nach welchem die Störhaftung grundsätzlich nicht subsidiär wäre, im Rahmen der Zumutbarkeit jedoch berücksichtigt werden müsse, dass andere die Rechtsgutsverletzung effektiver abstellen könnten; ebenfalls für den Grundsatz der Subsidiarität *Nolte/Wimmers,* GRUR 2014 Beil., 56, 66.

[293] BGH, GRUR 2007, 724 Rn. 13 – Meinungsforum; in die Richtung ebenfalls BGHZ 173, 188 Rn. 40 = GRUR 2007, 890 – Jugendgefährdende Medien bei eBay; BGHZ 201, 380 Rn. 16 = GRUR 2014, 902 – Ärztebewertung I (wobei hier unklar bleibt, wieso das Gericht zunächst der Vorinstanz zustimmt, die einen Auskunftsanspruch als Minus zum Unterlassungsanspruch begreift); EGMR, GRUR Int. 2016, 81 Rn. 151 – Delfi AD v. Estland II; *Nolte/Wimmers,* GRUR Beil. 2014, 58, 61; → § 10 Rn. 98.

[294] *Spindler,* 69. DJT 2012, Gutachten F, S. 113, 133. In der Entscheidung BGHZ 202, 242 Rn. 7 = GRUR 2014, 1228 – Ärztebewertung II hat der Gerichtshof einen solchen Auskunftsanspruch allerdings erneut eine Absage erteilt, die Lösung des Anbieters von einem Anspruch des Betroffenen scheidet somit weiterhin aus; hierzu *Peifer,* NJW 2014, 3067, 3069. Darüber hinaus wird bereits die rechtliche Zulässigkeit eines solchen Auskunftsanspruchs in der Rspr. zu Teilen abgelehnt OLG Hamm, ZUM-RD 2011, 684, 685; LG München, ZUM 2013, 979; für einen Anspruch aus § 242 BGB OLG Dresden, ZUM-RD 2012, 536.

[295] Zum US-amerikanischen Verfahren s. *Holznagel,* Notice and Take-Down-Verfahren als Teil der Providerhaftung, S. 25 ff.

teilweise auch automatisiert werden kann.[296] Ein solches Verfahren hat der BGH für Meinungsäußerungen entwickelt. Demnach wird zunächst die Beanstandung des Betroffenen an den für den Blog Verantwortlichen zur Stellungnahme weitergeleitet; bleibt eine Stellungnahme innerhalb einer nach den Umständen angemessenen Frist aus, so sei von der Berechtigung der Beanstandung auszugehen und der beanstandete Eintrag zu löschen. Wenn aber „der für den Blog Verantwortliche die Berechtigung der Beanstandung substantiiert in Abrede (stellt) und […] sich deshalb berechtigte Zweifel (ergeben), ist der Provider grundsätzlich gehalten, dem Betroffenen dies mitzuteilen und ggf. Nachweise zu verlangen, aus denen sich die behauptete Rechtsverletzung ergibt." Ohne eine solche Stellungnahme, ist nach Auffassung des VI. Zivilsenats eine weitere Prüfung nicht veranlasst. Andernfalls muss der beanstandete Eintrag gelöscht werden.[297] Ein solches Verfahren ist durchaus geeignet, etliche der mit **Persönlichkeitsrechten** verhafteten Probleme zu lösen – allerdings bedarf es in Zukunft des Ausbaus eines schnellen gerichtlichen Verfahrens, die Provider allein können nicht dazu berufen sein, als Ersatzrichter über derart komplexe Fragen mit Grundrechtsberührung zu entscheiden.[298] Zum Netzwerkdurchsetzungsgesetz s. die Kommentierung von *Liesching*.

g) Auskunftsansprüche. Ansprüche, etwa nach § 101 UrhG oder §§ 242, 259, 260 BGB,[299] werden nicht durch die §§ 7–10 bzw. Art. 12–15 ECRL berührt;[300] dies zeigt allein schon die Enforcement-RL, die nicht durch die ECRL verdrängt wird. Dies bedeutet indes nicht, dass bei jedem Auskunftsverlangen bereits die persönlichen Daten offenbart werden müssten; andernfalls hätte dies erhebliche Konsequenzen für die Meinungsfreiheit, da Nutzer davon abgehalten würden, ihre Meinung kundzutun („chilling effects").[301] Deutlich wird dies auch anhand des neu eingeführten § 14 Abs. 2 ff. TMG für Auskunftsansprüche gegenüber Host-Providern im Bereich von Kommunikationsdelikten (→ § 14 Rn. 34 ff.). **72**

3. Vorbeugende Unterlassungsklage

Vorbeugenden Unterlassungsklagen wird durch § 7 Abs. 2 und durch die Forderung nach positiver Kenntnis für die Störerhaftung praktisch der Boden entzogen:[302] In den Fällen, in denen eine Rechtsverletzung, an der ein Provider mitwirken kann, unmittelbar droht, zB wenn bekannt ist, dass rechtswidrige Inhalte demnächst verbreitet werden, existiert weder bereits ein Inhalt auf dem Server des Providers noch kann der Provider von dem Inhalt vor seiner Speicherung Kenntnis erhalten – außer **73**

---

[296] *Spindler*, 64. DJT 2002, Referat M, S. 85, 168.
[297] BGHZ 191, 219 Rn. 27 = GRUR 2012, 311 – Blog-Eintrag; s. dazu auch *Spindler*, 69. DJT 2012, Gutachten F, S. 66 f.
[298] S. dazu *Spindler*, ZUM 2017, 473, 481, 487.
[299] BGHZ 201, 380 Rn. 4, 5 = GRUR 2014, 902 – Ärztebewertung I, wobei der BGH die Geltendmachung des Anspruchs an § 12 Abs. 2 TMG scheitern lässt; OLG Dresden, ZUM-RD 2012, 536, 538; gegen einen solchen Anspruch OLG Hamm, ZUM-RD 2011, 684, 685.
[300] Ebenso BeckRTD-Komm/*Jandt*, § 7 TMG Rn. 54.
[301] BGHZ 181, 328 Rn. 38 ff. = MMR 2009, 608 mAnm *Greve/Schärdel* – spickmich.de; BGHZ 209, 139 Rn. 38 = GRUR 2016, 855 – Ärztebewertung III (jameda.de); zum Begriff des chilling effects *Hofmann*, ZUM 2017, 102, 105; *Stadler*, K&R 2016, 104, 109; BeckOK InfoMedienR/*Kühling*, Art. 5 GG Rn. 128.
[302] OLG Düsseldorf, MMR 2004, 315, 316 mzustAnm *Leupold*; Spindler/Schuster/*Hoffmann*, § 7 TMG Rn. 35; iE Hoeren/Sieber/Holznagel/*Sieber/Höfinger*, 44. EL 2017, Teil 18.1 Rn. 48; iE ähnlich *Leible/Sosnitza*, WRP 2004, 592, 598; *Berger/Janal*, CR 2004, 917, 919, 921; BeckOK InfoMedienR/*Paal*, § 7 TMG Rn. 57 sowie *Sobola/Kohl*, CR 2005, 443, 449; unklar BeckRTD-Komm/*Jandt*, § 7 TMG Rn. 51 f.

er wird von dem Anspruchsteller entsprechend informiert. Würde diese Kenntnis dem Anspruch genügen, müsste der Provider seinen Server dahin überwachen, ob der Inhalt dorthin gelangt; das Verbot des § 7 Abs. 2 hätte im Falle der vorbeugenden Unterlassungsklage keine Bedeutung.[303] Dies gilt auch bei den im Gegensatz zur Wiederholungsgefahr strengen Voraussetzungen der Erstbegehungsgefahr.[304] Der **BGH** hat die Frage, ob die Störerhaftung auch auf vorbeugende Unterlassungsansprüche anzuwenden ist, hingegen ausdrücklich bejaht, „wenn der potenzielle Störer eine Erstbegehungsgefahr begründet".[305] Dies folge bereits aus dem Wesen des vorbeugenden Unterlassungsanspruchs, wonach bei einer drohenden Gefährdung nicht erst abgewartet zu werden braucht, bis der erste Eingriff in ein Rechtsgut erfolgt ist".[306] Diese Ansicht ist **abzulehnen**.[307] Der BGH stützt sich zur Begründung ersichtlich auf allgemeine Erwägungen zur Störerhaftung, übergeht dabei aber gänzlich die Besonderheiten des Haftungsregimes nach dem TMG, insbesondere des § 7 Abs. 2, die bei Internetsachverhalten zu berücksichtigen wären.

4. Unterlassungstitel und Schadensersatzhaftung (§ 890 ZPO)

74   Ein weiteres Konfliktfeld besteht in dem Verhältnis von § 7 Abs. 2 mit dem dort geregelten Ausschluss von Überwachungspflichten einerseits und möglichen Verstößen gegen Unterlassungstitel andererseits.[308] Denn nach § 890 ZPO droht dem Schuldner eines Unterlassungstitels grundsätzlich Ordnungsgeld oder gar Haft bei einem Verstoß gegen den Titel. Ebenso kommen Schadensersatzansprüche gem. § 823 Abs. 1 BGB in Betracht. Für die Provider bedeutet dies, dass Sanktionen drohen, wenn sie Inhalte (wieder) verbreiten, obwohl sie zur Unterlassung verpflichtet sind. Dennoch finden die §§ 8–10 weder Anwendung auf die Voraussetzungen des § 890 ZPO noch auf die Schadensersatzhaftung aus § 823 Abs. 1 BGB bei Verstoß gegen einen Titel. Dies folgt zum einen daraus, dass die ECRL und auch die §§ 8–10 generell die Störerhaftung unberührt lassen wollen. Aber auch § 7 Abs. 2 kann dem Provider im Vollstreckungsrecht nicht helfen, da es sich bei § 890 ZPO nicht um eine Haftung für Inhalte handelt, sondern um eine Haftung für die Zuwiderhandlung gegen ein Unterlassungsurteil.[309] Darüber hinaus begründen die im Unterlassungsurteil angeordneten Pflichten konkrete Pflichten und nicht allgemeine Überwachungspflichten, die sich auf die Rechner der Betreiber insgesamt beziehen.[310]

75   Allerdings wird in der Praxis dem Verbot aktiver Nachforschungspflichten einerseits und Unterlassungspflichten andererseits Rechnung getragen werden müssen durch eine **enge Tenorierung eines Unterlassungsurteils,** etwa indem der Inhalt

---

[303] Zutr. OLG Düsseldorf, MMR 2004, 315, 317 mzustAnm *Leupold*.

[304] Allg. zur Erstbegehungsgefahr BGH, GRUR 1990, 687, 688f. – Anzeigenpreis II; BGH, GRUR 1991, 607, 608 – VISPER; BGH, GRUR 1994, 57, 58 – Geld-zurück-Garantie I; Köhler/Bornkamm/*Bornkamm*, § 8 UWG Rn. 1.18; Ohly/Sosnitza/*Ohly*, § 8 UWG Rn. 27.

[305] BGHZ 172, 119, 132 = MMR 2007, 507, 510 mAnm *Spindler* – Internet-Versteigerung II; s. hierzu *Hartmann,* Unterlassungsansprüche im Internet, S. 51, 155f.

[306] BGHZ 172, 119, 126 = MMR 2007, 507, 508 mAnm *Spindler* – Internet-Versteigerung II.

[307] So auch *Leible/Sosnitza,* WRP 2004, 592, 598; BeckOK MedienInfoR/*Paal,* § 7 TMG Rn. 57; Hoeren/Sieber/Holznagel/*Sieber/Höfinger,* 44. EL 2017, Teil 18.1 Rn. 48. Auch die Vorinstanz OLG Düsseldorf, MMR 2004, 315, 316f. mzustAnm *Leupold/Lutz* lehnte die Geltendmachung einer vorbeugenden Unterlassungsklage ab.

[308] Hierzu ebenfalls *Ufer,* Die Haftung der Internet Provider nach dem Telemediengesetz, S. 164ff.

[309] *Pichler,* MMR 1998, 540, 542; *Volkmann,* CR 2003, 440, 441.

[310] *Stadler,* Haftung für Informationen im Internet, Rn. 69; Bräutigam/Leupold/*Pelz,* Online-Handel, B I. Rn. 118; für § 5 TDG aF *Sieber,* Verantwortlichkeit im Internet, Rn. 387; aA *Volkmann,* CR 2003, 440, 443; *Tettenborn/Bender/Lübben/Karenfort,* Beil. BB 12/2001, 1, 34.

und seine Adresse auf dem Rechner genau benannt werden.[311] Im Einklang mit der ECRL steht nur ein Unterlassungstitel, der im Tenor sich spezifisch auf den inkriminierten Inhalt bezieht.[312] Einen ersten Schritt in diese Richtung stellt – freilich losgelöst von der Problematik der Überwachungspflichten in § 7 Abs. 2 und allgemein auf das Wettbewerbs- bzw. Urheberrecht bezogen – die Rechtsprechung des BGH dar, nach welcher ein Unterlassungsantrag ohne Bezug oder die Beschreibung des technischen Vorgangs einer Linksetzung als zu unbestimmt abgelehnt wurde.[313] Ein Unterlassungsantrag muss daher die konkret begangene Verletzungshandlung bezeichnen und darf sich nicht nur auf eine damit zusammenhängende Darstellung im Internet beziehen.[314] Zudem bleibt es bei der sich abzeichnenden Tendenz einer Eingrenzung der Störerhaftung im Wege der Zumutbarkeit, die auch im Rahmen des Verschuldens nach § 890 ZPO geprüft werden kann.[315] Zu den Löschungs- und Sperrpflichten → § 10 Rn. 49 ff.

5. Kollisionsrecht

Auch für Unterlassungs- und Beseitigungsansprüche ist das nach Art. 4 Abs. 1 Rom II-VO zu gewinnende Deliktstatut – mithin der Erfolgsort – ausschlaggebend.[316] Es bestimmt darüber, nach welchem Recht und unter welchen Voraussetzungen der Geschädigte Unterlassungs- oder Beseitigungsansprüche geltend machen kann.[317] Für Provider mit Sitz in der EU greift das Herkunftslandprinzip nach § 3 Abs. 1, 2 ein. Zwar ist die Störerhaftung von der Vollharmonisierung der Haftung in Art. 12 ff. ECRL ausgenommen worden, nicht jedoch von Art. 3 ECRL.[318] Demgemäß kann nur in den von § 3 Abs. 5 vorgesehenen Einzelfallausnahmen das nationale Recht zur Anwendung gelangen, die aber stets unter dem Vorbehalt der Verhältnismäßigkeit stehen (→ § 3 Rn. 55). Selbst im einstweiligen Rechtsschutz mit seiner summarischen Prüfung bei EU-bezogenen Sachverhalten muss das Herkunftslandprinzip berücksichtigt werden (→ § 3 Rn. 84).[319]

76

---

[311] OLG Düsseldorf, MMR 2004, 315, 317 mzustAnm *Leupold;* s. auch OLG Brandenburg, MMR 2004, 330 mAnm *Spindler;* zur Schwierigkeit des Tenorumfangs s. *Hartmann,* Unterlassungsansprüche im Internet, S. 160 ff., der darüber hinaus verschiedene Lösungsansätze vorschlägt; für § 5 TDG aF *Bergmann,* Die Haftung gem. § 5 TDG am Beispiel des News-Dienstes, S. 144 f.; weitergehender *Volkmann,* CR 2003, 440, 446.

[312] So bereits *Spindler,* NJW 2002, 921, 925; dem folgend *Rücker,* CR 2005, 347, 354; BeckOK InfoMedienR/*Paal,* § 7 TMG Rn. 67; Hoeren/Sieber/Holznagel/*Sieber/Höfinger,* 44. EL 2017, Teil 18.1 Rn. 60; für Bestimmtheit eines zum Umfang des Unterlassungstenors ebenfalls *Berger/Janal,* CR 2004, 917, 922; *Volkmann,* CR 2003, 440, 446.

[313] BGHZ 156, 1, 8 ff. = GRUR 2003, 958, 960 – Paperboy.

[314] *Spindler,* JZ 2004, 146, 154.

[315] *Spindler,* MMR 2001, 737 ff.; *Dunstmann,* Die privilegierten Provider, S. 219; allg. BGH, NJW 1997, 2180, 2181 f. – Architektenwettbewerb; BGH, GRUR 1997, 909, 911 – Branchenbuch-Nomenklatur; BGH, GRUR 1999, 418, 418 f. – Möbelklassiker; BGHZ 148, 13, 17 = GRUR 2001, 1038, 1039 – ambiente.de; verfehlt OLG Köln, MMR 2002, 110, 111 f., krit. dazu *Wiebe,* CR 2002, 53, 54; *Spindler,* K&R 2002, 93, 94.

[316] BeckOGK/*Rühl,* Art. 4 ROM II-VO Rn. 48; BeckOK BGB/*Spickhoff,* Art. 4 ROM II-VO Rn. 6; MüKoBGB/*Junker,* Art. 4 ROM II-VO Rn. 11, 18.

[317] Ganz hM, vgl. BGHZ 22, 1, 13 f. – Flava-Erdgold; *Mankowski,* RabelsZ 1999, 206 ff.

[318] *Spindler,* RabelsZ 2002, 633 ff.; *Mankowski,* ZVglRWiss 2001, 137 ff.; *Mankowski,* IPRax 2002, 263 ff.; *Mankowski,* EWS 2002, 401 ff.; *Sack,* WRP 2002, 271 ff.

[319] *Ahrens,* CR 2000, 835, 838; *Spindler,* RabelsZ 2002, 633, 698 ff.

IX. Anspruch auf Netzsperren gegen WLAN-Anbieter (Abs. 4); Störerhaftung von Access-Providern und verfassungsrechtliche Grundlagen

1. Grundlagen

77 Mit der Verabschiedung des 3. TMG-ÄndG im Jahr 2017 und der daraus resultierenden neuen Einfügung des § 7 Abs. 4, möchte der Gesetzgeber einen Anspruch des Rechteinhabers gegen Zugangsanbieter nach § 8 Abs. 3 TMG, mithin nur WLAN-Anbieter, auf Sperrung des Zugangs zu rechtswidrigen Inhalten schaffen. Gleichzeitig soll durch den neuen § 8 Abs. 1 S. 2 TMG die generelle Störerhaftung, die auf Unterlassung und Beseitigung gerichtet ist, abgeschafft werden. Der Gesetzgeber will damit die Vorgaben des EuGH aus den Entscheidungen UPC Telekabel[320] und McFadden[321] umsetzen, die sich auf Art. 8 Abs. 3 InfoSoc-RL (RL 2001/29/EG) sowie Art. 11 Abs. 3 Enforcement-RL (RL 2004/48/EG) beziehen. Letztlich handelt es sich aber genau um die aus der Störerhaftung erst abgeleitete Pflicht auf Sperren,[322] wie sie vom BGH in der „Goldesel"-Entscheidung[323] und zuvor schon im Schrifttum[324] deutlich herausgearbeitet wurde. Auch in anderen Staaten der EU, insbesondere in UK, sprachen die Gerichte zunehmend Sperrverfügungen gegen Accesss-Provider aus.[325] Andere Pflichten aus der Störerhaftung sind für Access-Provider außerhalb des Bereichs der WLAN-Anbieter nicht in Betracht gezogen worden – insofern ist der neue § 7 Abs. 4 TMG eher eine Art „Umwidmung" des an sich aus der Störerhaftung fließenden Anspruchs auf Zugangssperren. Der Anspruch auf die Zugangssperren ist damit europarechtlich zwingend, um den kompletten Ausschluss der Störerhaftung zu kompensieren. Während der Referentenentwurf noch eine Hintertür offen ließ, indem er die Zugangssperren nur im Rahmen eines *„insbesondere"*-Vorbehalts nennt, mithin nicht als einziges Mittel,[326] hat der Gesetzgeber nunmehr auf diesen Vorbehalt verzichtet. Außerhalb von Sperren kommen daher im Zusammenspiel mit § 8 Abs. 1 S. 2 keine Maßnahmen mehr im Rahmen der Störerhaftung in Betracht. Essentiell für den Anspruch auf Netzsperren im Zusammenhang mit der allgemeinen Störerhaftung für Access-Provider – die gerade durch den neuen Anspruch ersetzt werden soll, s. § 8 Abs. 1 S. 2 – sind die (europa)verfassungsrechtlichen Grundlagen, die auch eine Rolle bei der Auslegung der neuen §§ 7 Abs. 4, 8 Abs. 1 S. 2, Abs. 4 spielen.

2. Sperrmaßnahmen

78 Die Sperrmaßnahmen lassen sich in DNS-, IP- und URL-Sperren unterscheiden.[327] Darüber hinaus werden vereinzelt und meist im Zusammenhang mit Filesha-

---

[320] EuGH, GRUR 2014, 468 mAnm *Marly* – UPC Telekabel.

[321] EuGH, GRUR 2016, 1146 – McFadden.

[322] Ebenso *Mantz*, GRUR 2017, 969, 972.

[323] BGHZ 208, 82 = GRUR 2016, 268 – Störerhaftung des Access-Providers (Goldesel); dazu *Spindler*, GRUR 2016, 451 ff.; *Weisser/Färber* BB 2016, 776 ff.

[324] *Leistner/Grisse*, GRUR 2015, 19 ff.; *Spindler*, GRUR 2016, 451 ff.; s. bereits auch *Spindler/Volkmann*, K&R 2002, 398 ff.

[325] Überblick bei *Fötschl*, GRUR Int. 2016, 325 ff. mwN; zur Lage in UK s. *Rosati*, GRUR Int. 2017, 206, 210 ff. mwN.

[326] *Mantz*, Kurzanalyse, http://www.offenenetze.de/2017/03/08/wlan-haftung-refe-zur-3-aenderung-des-tmg-in-der-kurzanalyse/(Stand: 22.6.2017).

[327] Ausführlich hierzu *Leistner/Grisse*, GRUR 2015, 19, 22 ff.; *Mantz*, GRUR 2017, 969, 973 f.; *Sieber/Nolde*, Sperrverfügungen im Internet, S. 49 ff. Generell zur Frage der Zulässigkeit

Allgemeine Grundsätze **§ 7 TMG**

ring Plattformen Portsperren thematisiert.[328] Durch **DNS-Sperren** soll verhindert werden, dass die angeforderte Domain nicht mehr in die dazugehörige IP-Adresse übersetzt werden kann. Hierfür würde es genügen, wenn die Zuordnung von Domain und IP-Adresse auf dem DNS-Server des Access-Providers geändert oder gelöscht würde.[329] Selbstverständlich wäre die Domain zwar nicht mehr unter ihrem Namen jedoch noch durch die Eingabe der IP-Adresse auffindbar.[330] **Internet Protocol (IP)-Sperren** sollen hingegen die Verbindung zwischen dem Nutzer und der IP-Adresse des Anbieters verhindern. Dieses ist bereits durch eine Manipulation der von dem Access-Provider betriebenen Routingtabelle möglich. Als Folge dessen würde der Datenverkehr nicht mehr zu bestimmten IP-Adressen weitergeleitet werden.[331] Eine weitere Möglichkeit würde die **URL-Sperre** darstellen. Diese ermöglicht das Sperren von „einzelnen Webseiten eines Internetauftritts",[332] indem der gesamte Datenverkehr eines Providers über einen Zwangs-Proxy umgeleitet wird. Sind auf diesem die gewünschten zu sperrenden URL gespeichert, so kann der Proxy durch eine Analyse des gesamten Datenverkehrs zielgenau einzelne Seiten sperren.[333] Wie der Name bereits erkennen lässt, würde bei **Portsperren** der Zugriff auf beliebige Ports durch den WLAN-Router blockiert. Diese gesperrten Ports, die Teil der Netzwerkadresse und somit notwendig zum Kommunikationsaufbau sind, hätten zur Folge, dass bestimmte Dienste wie etwa Filesharing Plattformen nicht mehr angewählt und benutzt werden könnten.[334]

3. Verfassungsrechtliche Einflüsse

a) Grundrechte der Access-Provider. Sowohl für die zivilrechtliche Störerhaftung als auch für die öffentlich-rechtliche Inanspruchnahme durch Sperrverfügungen (→ Rn. 129) ist der **verfassungsrechtliche Schutz der Access-Provider** und der verwandten Dienste von Bedeutung: Diese unterfallen selbst weder dem **Schutzbereich der Grundrechte der Meinungsfreiheit** nach Art. 5 Abs. 1 S. 1 GG noch der **Pressefreiheit** gem. Art. 5 Abs. 1 S. 2 GG – unabhängig von einer grundsätzlichen Ausdehnung des Pressebegriffs auf Telemedien.[335] Zwar reicht der Schutz der Presse- **79**

---

von Sperrmaßnahmen EuGH, Slg. 2011 I-11959 = GRUR 2012, 265 – SABAM/Scarlet; EuGH, GRUR 2014, 468 mAnm *Marly* – UPC Telekabel; BGHZ 208, 82 = GRUR 2016, 268 – Störerhaftung des Access-Providers (Goldesel); → Rn. 96.

[328] LG Hamburg, MMR 2011, 475; *Mantz*, MMR 2006, 764, 765; *ders.*, Rechtsfragen offener Netze, S. 251; *Sassenberg/Mantz*, WLAN und Recht, Rn. 229; *Ernst/Seichter*, ZUM 2007, 513, 517; *Gietl*, MMR 2007, 630, 632.

[329] BGHZ 208, 82 Rn. 62 = GRUR 2016, 268 – Störerhaftung des Access-Providers (Goldesel); *Weisser/Färber*, BB 2016, 776, 778; *Leistner/Grisse*, GRUR 2015, 19, 22.

[330] BGHZ 208, 82 Rn. 62 = GRUR 2016, 268 – Störerhaftung des Access-Providers (Goldesel); *Heidrich/Heymann*, MMR 2016, 370, 371.

[331] BGHZ 208, 82 Rn. 63 = GRUR 2016, 268 – Störerhaftung des Access-Providers (Goldesel); *Weisser/Färber*, BB 2016, 777, 778; *Heidrich/Heymann*, MMR 2016, 370, 372; *Leistner/Grisse*, GRUR 2015, 19, 23.

[332] *Leistner/Grisse*, GRUR 2015 19, 24.

[333] BGHZ 208, 82 Rn. 64 = GRUR 2016, 268 – Störerhaftung des Access-Providers (Goldesel); *Heidrich/Heymann*, MMR 2016, 370, 372; *Weisser/Färber*, BB 2016, 777, 778; *Leistner/Grisse*, GRUR 2015, 19, 24.

[334] *Mantz*, Rechtsfragen offener Netze, S. 251; *Sassenberg/Mantz*, WLAN und Recht, Rn. 229; *Ernst/Seichter*, ZUM 2007, 513, 517; *Gietl*, MMR 2007, 630, 632.

[335] Für eine Ausdehnung des Pressebegriffs auf Mediendienste *Stadler*, MMR 2002, 343 f.; dagegen *Mankowski*, MMR 2002, 277, 278; allg. zur Anwendung der Pressefreiheit auf Internet-Sachverhalte s. *Gounalakis*, 64. DJT 2002, Gutachten C, S. 59 ff. (insoweit allerdings abl.); *Spindler*, 64. DJT 2002, Referat M, S. 85, 133 ff.

TMG § 7 Allgemeine Grundsätze

freiheit von der Beschaffung der Information bis zur Verbreitung der Nachrichten und Meinungen[336] und erfasst insoweit auch pressefunktionswichtige Hilfstätigkeiten. Jedoch beschränkt sich der Schutzbereich auf die presseinternen, dh den Presseunternehmen eingegliederte Hilfstätigkeiten.[337] Im Gegensatz zu einem Pressegrossisten[338] und ähnlich einem selbständigen Paketdienst, einer selbständigen Spedition[339] oder einem bloßen Straßennetzbetreiber[340] ist die Tätigkeit des Access-Providers gerade nicht typischerweise auf kommunikative Inhalte bezogen und weist damit keinen engen organisatorischen und funktionalen Pressebezug auf.[341] Der Access-Provider ermöglicht als allgemeiner Datentransportinfrastrukturdienstleister nur unter anderem den Äußerungstransport und verfügt über keinen spezifischen Äußerungsbezug mehr.[342] Dieser Übermittlungsvorgang unterfällt nicht dem sachlichen Schutzbereich des Art. 5 Abs. 1 S. 2 GG.[343] Die Beeinträchtigung der Kommunikationsfreiheit kann durch Eingriffe in die Übermittlung allenfalls mittelbar gegeben sein.[344]

80 Vergleichbares gilt für die **Meinungsfreiheit:** Deren Schutzbereich umfasst das Verbreiten und Äußern von Werturteilen sowie Tatsachen, zumindest soweit sie Voraussetzung für die Bildung von Meinungen sind.[345] Meinungsäußerung findet seitens der Access-Provider nicht statt.[346]

81 Demgegenüber wird durch Sperrmaßnahmen bzw. -anordnungen natürlich die **unternehmerische Freiheit, Art. 16 GRCh,** eines Providers beeinträchtigt sein, insbesondere wenn er verpflichtet wird ein kompliziertes, kostspieliges, auf Dauer angelegtes und allein auf seine Kosten betriebenes Filtersystem zu betreiben.[347]

82 **b) Grundrechte der Nutzer.** Die Störerhaftung von Access-Providern betrifft dagegen auf der **Nutzerseite** den Schutzbereich der **Informationsfreiheit** nach Art. 11 Abs. 1 S. 2 GRCh,[348] national ist Art. 5 Abs. 1 S. 1 GG betroffen. Denn eine

---

[336] BVerfGE 10, 118, 121 = NJW 1960, 29f.; BVerfGE 20, 162, 167 = NJW 1966, 1603f.; v. Mangoldt/Klein/Starck/*Starck,* Art. 5 Abs. 1, 2 GG Rn. 62; Dreier/*Schulze-Fielitz,* Art. 5 Abs. 1, 2 GG Rn. 95.

[337] BVerfGE 64, 108, 114 = NJW 1984, 1101; BVerfGE 66, 116, 133f. = NJW 1984, 1741, 1742; BVerfGE 77, 346, 354 = NJW 1988, 1833; *Pieroth/Schlink/Kingreen/Poscher,* Staatsrecht II, Rn. 613; Jarass/Pieroth/*Jarass,* Art. 5 GG Rn. 36; Dreier/*Schulze-Fielitz,* Art. 5 Abs. 1, 2 GG Rn. 96; v. Mangoldt/Klein/Starck/*Starck,* Art. 5 Abs. 1, 2 GG Rn. 62.

[338] BVerfGE 77, 346, 354 = NJW 1988, 1833.

[339] Vgl. hierzu Löffler/Wenzel/Sedelmeier/*Bullinger,* § 1 LPG Rn. 98; näher *Spindler/Volkmann,* K&R 2002, 398, 407.

[340] *Fiedler,* Meinungsfreiheit in einer vernetzten Welt, S. 173.

[341] AA *Engel,* Beil. MMR 4/2003, 1, 20, der auch für die reinen Zugangsvermittler von einem presserechtlichen Grundrechtsschutz ausgeht.

[342] *Fiedler,* Meinungsfreiheit in einer vernetzten Welt, S. 173.

[343] *Determann,* Kommunikationsfreiheit im Internet, S. 445f.; *Volkmann,* Der Störer im Internet, S. 38f.

[344] *Determann,* Kommunikationsfreiheit im Internet, S. 445f.

[345] BVerfGE 65, 1, 41 = NJW 1984, 419, 421; BVerfGE 85, 1, 15 = NJW 1992, 1439, 1440; BVerfG, NJW 1991, 3023, 3024.

[346] So auch *Sieber/Nolde,* Sperrverfügungen im Internet, S. 66.

[347] EuGH, Slg. 2011 I-11959 Rn. 48f. = GRUR 2012, 265 – SABAM/Scarlet; EuGH, GRUR 2014, 468 Rn. 50 mAnm Marly – UPC Telekabel. Zur Beeinträchtigung von Art. 12 und 14 GG s. *Sieber/Nolde,* Sperrverfügungen im Internet, S. 61 ff.; zur Vereinbarkeit eines etwaigen Kontrahierungszwangs mit der unternehmerischen Freiheit etwa *Birkert,* Rechtsfragen bei der Öffnung lokaler Internetzugänge, S. 88 ff.

[348] EuGH, GRUR 2014, 468 Rn. 55 mAnm Marly – UPC Telekabel; BGHZ 208, 82, Rn. 53f. = GRUR 2016, 268 – Störerhaftung des Access-Providers (Goldesel); *Wilkat,* Bewertungsportale im Internet, S. 78f.

Löschung oder Sperrung eines Inhaltes stellt einen Hinderungstatbestand in der Unterrichtung des Internet-Nutzer dar. Die Informationsfreiheit schützt die schlichte Entgegennahme von Informationen ebenso wie das aktive Beschaffen derselben.[349] Dabei wird auch der Zugang zur außerhalb der Bundesrepublik Deutschland befindlichen Information verfassungsrechtlich geschützt.[350] Eingriffe in die Informationsfreiheit liegen insbesondere vor, wenn der Zugang zur Information endgültig verwehrt wird.[351] Die Rechtswidrigkeit von Inhalten kann jedoch in Bezug auf die konkrete inkriminierte Seite den Eingriff verfassungsrechtlich rechtfertigen, wenn der Maßstab der Grundrechtsschranke des Art. 5 Abs. 2 GG unter Beachtung der Wechselwirkungslehre beachtet wird. Das Grundrecht der Informationsfreiheit steht insoweit gleichwertig neben der Meinungsfreiheit.[352] Allein der Umstand, dass es sich bei den gesperrten Inhalten um rechtswidrige Inhalte handelt, deren Verbreitung als Meinung gem. Art. 5 Abs. 2 GG eingeschränkt werden kann, führt demnach nicht schon zur Verhältnismäßigkeit der Maßnahme im Hinblick auf die Informationsfreiheit.[353] Andernfalls hätte es der Staat in der Hand, bereits den Schutzbereich der Informationsfreiheit nach seinem Dafürhalten einzugrenzen, ohne an die Schrankensystematik des Art. 5 Abs. 2 GG gebunden zu sein.[354] Insgesamt ist bei der Sperrung von speziellen Inhalten durch einen Access-Provider zu beachten, dass dies technisch nur durch Filtersysteme vollzogen werden kann, wofür eine Überwachung der gesamten Datenströme erforderlich ist.[355] Hierbei besteht die Gefahr, dass – aufgrund der in aller Regel nicht zu einhundert Prozent fehlerfrei arbeitenden Filtersysteme – neben den unzulässigen auch zulässige Inhalte gesperrt werden und es gerade deshalb zu erheblichen Beeinträchtigung der Informationsfreiheit der Nutzer kommt (**overblocking**).[356]

c) Zensurverbot. Neben Meinungs-, Presse- und Informationsfreiheit könnte zudem als betroffenes Verfassungsrecht das **Zensurverbot** in Frage kommen. Diesbezügliche Bedenken vermögen aber nicht zu überzeugen.[357] Unter dem Zensurverbot des Art. 5 Abs. 1 S. 3 GG ist nämlich allein der Tatbestand der Vor- oder Präventivzensur im Sinne eines Verfahren zu verstehen, vor dessen Abschluss ein Werk nicht 83

---

[349] BVerfGE 27, 71, 82f. = NJW 1970, 235, 237 – Leipziger Volkszeitung; Dreier/*Schulze-Fielitz*, Art. 5 Abs. 1, 2 GG Rn. 83; v. Mangoldt/Klein/Starck/*Starck*, Art. 5 Abs. 1, 2 GG Rn. 40.

[350] BVerfGE 27, 71, 84 = NJW 1970, 235, 237 – Leipziger Volkszeitung; Jarass/Pieroth/*Jarass*, Art. 5 GG Rn. 23; v. Mangoldt/Klein/Starck/*Starck*, Art. 5 Abs. 1, 2 Rn. 45.

[351] BVerfGE 27, 88, 98f. = NJW 1970, 238, 240.

[352] BVerfGE 27, 71, 81f. = NJW 1970, 235, 236 – Leipziger Volkszeitung; Jarass/Pieroth/*Jarass*, Art. 5 GG Rn. 21; v. Mangoldt/Klein/Starck/*Starck*, Art. 5 Abs. 1, 2 GG Rn. 39.

[353] *Landmann*, NJW 1996, 3309, 3310.

[354] BVerfG, NJW 1970, 235, 237.

[355] LG Köln, MMR 2011, 833, 834 mAnm *Schnabel;* LG Hamburg, MMR 2010, 488, 489; s. ausf. *Spindler*, JZ 2012, 311 ff.; zu allen einem Provider zur Verfügung stehenden Möglichkeiten zum Sperren s. *Frey/Rudolph/Oster*, MMR-Beil. 3/2012, 2, 8 ff.; *Leistner/Grisse*, GRUR 2015, 19, 22 ff. sowie → Rn. 97.

[356] Wobei einzelne „falsche positive Treffer" noch nicht zur Unzulässigkeit der Maßnahme führen sollten, so auch *Leistner*, ZUM 2012, 722, 732 f.; eine zu hohe Anzahl von „false positives" könne ferner durch eine manuelle Überprüfung der Filterergebnisse verhindert werden, s. OLG Hamburg, MMR 2016, 269 Rn. 429 mAnm *Frey* – Störerhaftung von YouTube. Zum overblocking s. EuGH, GRUR 2014, 468 Rn. 56 mAnm *Marly* – UPC Telekabel; EuGH, GRUR 2016 Rn. 93 f. – McFadden; BGHZ 208, 82 Rn. 54 = GRUR 2016, 268 – Störerhaftung des Access-Providers (Goldesel); *Nolte/Wimmers*, GRUR 2014, 16, 22; *Spindler*, GRUR 2014, 826, 829, 834; *ders.*, GRUR 2016, 451, 455, 457; *Leistner/Grisse*, GRUR 2015, 105, 108 mwN.

[357] OVG Münster, MMR 2003, 348, 350; Heermann/Ohly/*Storr*, Verantwortlichkeit im Netz, S. 119; *Volkmann*, Der Störer im Internet, S. 45 ff.

TMG § 7 Allgemeine Grundsätze

veröffentlicht werden darf.[358] Sperrmaßnahmen gegenüber Access-Providern knüpfen indes an eine bereits zu einer Störung konkretisierten Gefahr oder aber an einen erfolgten Verstoß an. Tendenzen, das Zensurverbot – insbesondere für im Internet betroffene Sachverhalte – auf Verbote nach dem Erscheinen des Werkes auszudehnen, ist nicht nachzugeben.[359] Eine Besonderheit von Online-Sachverhalten gegenüber Offline-Sachverhalten kann nicht konstatiert werden. Denn auch im Internet kann – ähnlich wie bei der schon ausgelieferten Zeitung – ein veröffentlichter Inhalt binnen kurzer Zeit einen derartigen Grad an Weiterverbreitung erfahren haben, dass es der Staat nicht von vornherein in der Hand hat, unliebsame Inhalte effektiv zu unterbinden.[360] Auch im Netz ist unmittelbar nach der Veröffentlichung die Gefährdung bzw. der Schaden eingetreten.[361] Nachträgliche Kontroll- und Repressionsmaßnahmen richten sich folglich nicht nach Art. 5 Abs. 1 S. 3 GG, sondern nach dem Rahmen der Schranken des Art. 5 Abs. 2 GG[362] und damit nach den allgemeinen Gesetzen sowie den Gesetzen zum Schutz der Jugend und der Ehre.[363]

84 **d) Fernmeldegeheimnis.** → Rn. 129. Aus verfassungsrechtlicher Sicht ist schließlich in Bezug auf Filter- und Sperrmaßnahmen sowie den damit einhergehenden Datenstromüberwachungen das **Fernmeldegeheimnis** gem. Art. 10 GG zu beachten, das aufgrund der mittelbaren Drittwirkung der Grundrechte bei der Auslegung privatrechtlicher Vorschriften zu beachten ist[364] und Nutzern über die einfachgesetzliche Ausgestaltung des § 88 TKG auch gegenüber privaten Access-Providern Schutz gewährt.[365] Ein Eingriff in das Fernmeldegeheimnis ist gem. Art. 10 Abs. 2 GG grundsätzlich nur im Wege einer gesetzlichen Beschränkung zulässig.[366] Konkret bietet dieses Grundrecht Schutz vor der unbefugten Kenntnisnahme von Inhalten und den näheren Umständen der Telekommunikation durch Dritte.[367] Die geforderte Individualisierung des Kommunikationsvorgangs muss allerdings gerade aufgrund der durch das Internet verschwimmenden Grenzen zwischen Individual- und Massenkommunikation normativ und nicht technisch erfolgen.[368] Daher ist bei einer Überwachung der Datenströme durch einen Access-Provider bereits bei der Möglichkeit der Kenntnisnahme individueller Kommunikation der Schutzbereich des Art. 10 GG bzw. § 88 TKG eröffnet, da sich in solchen Fällen erst im Nachhinein fest-

---

[358] BVerfGE 87, 209, 230 = NJW 1993, 1457f. – Tanz der Teufel; s. auch BVerfGE 33, 52, 71 = NJW 1972, 1934, 1937; BVerfGE 83, 130, 155 = NJW 1991, 1471, 1475 – Josefine Mutzenbacher; Dreier/*Schulze-Fielitz,* Art. 5 Abs. 1, 2 GG Rn. 171; v. Mangoldt/Klein/Starck/*Starck,* Art. 5 Abs. 1, 2 GG Rn. 170; v. Münch/Kunig/*Wendt,* Art. 5 GG Rn. 62.

[359] Für eine entsprechende Ausdehnung des Schutzbereichs *Engel,* Beil. MMR 4/2003, 1, 12; *Hoffmann-Riem,* Kommunikationsfreiheiten, Rn. 93.

[360] *Volkmann,* Der Störer im Internet, S. 46f.

[361] AA *Engel,* Beil. MMR 4/2003, 1, 12.

[362] BVerfGE 33, 52, 72 = NJW 1972, 1934, 1937f.; Jarass/Pieroth/*Jarass,* Art. 5 GG Rn. 77; Dreier/*Schulze-Fielitz,* Art. 5 Abs. 1, 2 GG Rn. 171; v. Münch/Kunig/*Wendt,* Art. 5 GG Rn. 62.

[363] Offen dagegen VG Düsseldorf, MMR 2003, 205, 207.

[364] BGHZ 208, 82 Rn. 32 = GRUR 2016, 268 – Störerhaftung des Access-Providers (Goldesel).

[365] LG Köln, MMR 2011, 833, 834 mAnm *Schnabel;* LG Hamburg, MMR 2010, 488, 489f. mwN; s. auch BeckTKG-Komm/*Bock,* § 88 Rn. 1, 4; *Frey/Rudolph/Oster,* MMR 3/2012 Beil., 5, 18f.

[366] BGHZ 208, 82 Rn. 9 = GRUR 2016, 268 – Störerhaftung des Access-Providers (Goldesel); *Frey/Rudolph/Oster,* MMR 3/2012 Beil., 8.

[367] BVerfGE 115, 166, 183 = NJW 2006, 976, 978; Dreier/*Hermes,* Art. 10 Rn. 39; v. Münch/Kunig/*Löwer,* Art. 10 GG Rn. 24; BeckTKG-Komm/*Bock,* § 88 Rn. 4, 12, 14.

[368] Maunz/Dürig/*Durner,* 80. EL 2017, Art. 10 GG Rn. 94; v. Mangoldt/Klein/Starck/*Gusy,* Art. 10 GG Rn. 42; Dreier/*Hermes,* Art. 10 GG Rn. 40.

Allgemeine Grundsätze **§ 7 TMG**

stellen lässt, ob es sich im Einzelfall um Individual- oder Massenkommunikation gehandelt hat.[369] Würde man also einen Access-Provider verpflichten, den Internetverkehr zu überwachen, ließe es sich kaum vermeiden, auch von solchen Daten Kenntnis zu nehmen, die dem Schutz des Fernmeldegeheimnisses unterfallen, womit die Überwachung einer gesetzlichen Grundlage bedarf.[370] Allerdings bestehen dem BVerfG zufolge besondere Anforderungen an die Eingriffsgrundlage. So muss sie dem Gebot der Normenbestimmtheit und -klarheit genügen und der Grundrechtseingriff muss ausdrücklich offengelegt werden.[371] Das bedeutet, dass der Eingriff, sowohl was Anlass, Verwendungszweck als auch Grenzen angeht, „bereichsspezifisch und normenklar" geregelt sein muss.[372] Es müsste somit eine Rechtsgrundlage geschaffen werden, die eindeutig festlegt, dass bei Maßnahmen Einblick in den Kommunikationsvorgang genommen werden darf. Art. 10 Abs. 2 S. 1 GG besagt, dass der Eingriff durch oder aufgrund eines Gesetzes erfolgen muss, weswegen auch eine gesetzliche Grundlage genügen würde, welche die grundsätzlichen Modalitäten klärt, sodass technische oder verfahrensmäßige Details durch eine Satzung oder Rechtsverordnung erfolgen können.[373] Dabei ist der hohe Rang, den Art. 10 GG unter den Grundrechten einnimmt, im Rahmen des Übermaßverbotes zu beachten.[374] Daher ist ein Eingriff nur dann gerechtfertigt, wenn gleichwertige kollidierende Rechtsgüter geschützt werden.[375] Während bei Maßnahmen der Strafverfolgung oder Gefahrenabwehr auf hochrangige Gemeinwohlbelange zurückgegriffen werden kann,[376] steht bezogen auf Maßnahmen zugunsten von Urheberrechteinhabern häufig etwa Art. 14 Abs. 1 GG auf der gegenüberliegenden Seite. Dies spricht in solchen Fällen eher gegen die Zulässigkeit eines weitreichenden Eingriffs wie der kompletten Überwachung der Internetdatenströme.

Es liegt nahe, sich an den Forderungen des BVerfG, aber auch des EuGH zu einer **85** möglichen verdachtsunabhängigen **Vorratsdatenspeicherung** zu orientieren.[377] Eine entsprechende Eingriffsregelung sollte sich beispielsweise durch hohe Datenschutzstandards, eine strikte Zweckbindung und Transparenz auszeichnen. Ebenso müssten effektive Rechtsschutzmöglichkeiten geschaffen werden, um ggf. Verstöße verfolgen zu können.[378] Doch selbst wenn diese Voraussetzungen erfüllt sind, bleiben

---

[369] Dreier/*Hermes,* Art. 10 GG Rn. 40; ähnlich v. Münch/Kunig/*Löwer,* Art. 10 GG Rn. 20; v. Mangoldt/Klein/Starck/*Gusy,* Art. 10 GG Rn. 44; anders dagegen *Stern,* Das Staatsrecht der Bundesrepublik Deutschland, Band IV/1, S. 228, der insoweit auf den einzelnen Kommunikationsvorgang abstellen will; ausf. zu den einzelnen Möglichkeiten eines Access-Providers eine Sperrung von Inhalten zu vollziehen und deren jeweiliger Eingriffsqualität bezogen auf das Fernmeldegeheimnis s. *Frey/Rudolph/Oster,* MMR-Beil. 3/2012, 8 ff.
[370] IE ebenso *Frey/Rudolph/Oster,* MMR-Beil. 3/2012, 8 ff.
[371] BVerfGE 100, 313, 359 f., 372 = NJW 2000, 55, 57 f., 60; BVerfGE 110, 33, 53 = NJW 2004, 2213, 2215; krit. Maunz/Dürig/*Durner,* 80. EL 2017, Art. 10 GG Rn. 137.
[372] Maunz/Dürig/*Durner,* 80. EL 2017, Art. 10 GG Rn. 138; Dreier/*Hermes,* Art. 10 GG Rn. 66.
[373] Dreier/*Hermes,* Art. 10 GG Rn. 61; v. Münch/Kunig/*Löwer,* Art. 10 GG Rn. 30; v. Mangoldt/Klein/Starck/*Gusy,* Art. 10 GG Rn. 65.
[374] v. Mangoldt/Klein/Starck/*Gusy,* Art. 10 GG Rn. 72.
[375] v. Mangoldt/Klein/Starck/*Gusy,* Art. 10 GG Rn. 72; v. Münch/Kunig/*Löwer,* Art. 10 GG Rn. 29: „zum Schutz bedeutsamer öffentlicher Interessen"; aA wohl Maunz/Dürig/*Durner,* 80. EL 2017, Art. 10 GG Rn. 144.
[376] v. Münch/Kunig/*Löwer,* Art. 10 GG Rn. 56, 62; v. Mangoldt/Klein/Starck/*Gusy,* Art. 10 GG Rn. 81 ff.
[377] EuGH, GRUR Int. 2017, 165 Rn. 108 f. – Tele2 Sverige AB; BVerfGE 125, 260, 325 ff. = NJW 2010, 833, 840 – Vorratsdatenspeicherung; hierzu *Spindler,* ZUM 2017, 473, 485 f.
[378] v. Münch/Kunig/*Löwer,* Art. 10 GG Rn. 62.

verfassungsrechtliche Zweifel bestehen; denn eine komplette Kenntnisnahme der Internetkommunikation stellt einen der schwerwiegendsten vorstellbaren Eingriffe in das Fernmeldegeheimnis dar.[379] Daher wird in den meisten Fällen eine **umfassende Überwachung** der Datenströme von Seiten eines Access-Providers zur Sicherung privater Rechte **unverhältnismäßig** sein. Dies dürfte vor allem für umfassende Filtermaßnahmen relevant sein. So hielt der **EuGH** bereits fest, dass Filtermaßnahmen das Recht auf Schutz von personenbezogenen Daten nach Art. 8 GRCh beeinträchtigen würden (→ Rn. 86).[380] Im Hinblick auf die **Sperrmaßnahmen** an sich lehnt der BGH jedoch einen Eingriff in Art. 10 GG ab.[381] Denn Art. 10 GG schützt nur die entstandene Kommunikation und garantiert gerade nicht das Entstehen von Kommunikation. Eine Sperrmaßnahme verhindert jedoch nur die Aufnahme einer solchen Kommunikation, bei welcher der Provider, wenn überhaupt nur Kenntnis von den zur Verbindungsvermittlung notwendigen Daten erlangt. Alles in allem ist der **Schutzbereich von Art. 10 GG somit nicht eröffnet.**[382]

86   e) **Datenschutzgrundrechte.** Auch ein Eingriff in die **Persönlichkeitsrechte** zahlreicher Nutzer kann mit Sperrmaßnahmen einhergehen, sofern sämtliche Daten aller Nutzer auf Inhalt und Rechtmäßigkeit überprüft werden, womit zwangsläufig eine Einblicknahme in **personenbezogene Daten** verbunden ist.[383] Eine solche Einblicknahme kann vor allem immer dann vorliegen, wenn die Filter- oder Sperrmaßnahme des Access-Provider die IP-Adressen der Nutzer berührt. Richtigerweise ordnen BGH und EuGH diese als personenbezogene Daten (allerdings als Bestandsdaten, dazu sogleich → Rn. 87) ein,[384] sodass es mithin zu einer Beeinträchtigung des **Rechts auf informationelle Selbstbestimmung der Nutzer** kommen kann.[385] Allerdings liegt nach Auffassung des BGH kein Eingriff in den **Schutzbereich von Art. 7 GRCh** bei DNS- und IP-Sperren vor: Zwar schütze Art. 7 GRCh anders als Art. 10 GG auch den Kommunikationsaufbau, jedoch nur im Rahmen der Individualkommunikation. Eine solche individuelle, private Kommunikation läge bei Angeboten an die Öffentlichkeit wie bspw. Links zu urheberrechtswidrigen Dateien ge-

---

[379] Maunz/Dürig/*Durner*, 80. EL 2017, Art. 10 GG Rn. 147; *Arndt*, DÖV 1996, 459, 460, der (bzgl. Funksignalen) die globale Erfassung als verfassungswidrig ansieht; krit. auch *Bendner*, CR 2010, 339, 344.

[380] EuGH, Slg. 2011 I-11959 Rn. 50f. = GRUR 2012, 265 – SABAM/Scarlet; EuGH, GRUR 2012, 382 Rn. 48 mAnm *Metzger* – SABAM/Netlog.

[381] BGHZ 208, 82 Rn. 65ff. = GRUR 2016, 268 – Störerhaftung des Access-Providers (Goldesel); zust. *Spindler*, GRUR 2016, 451, 456. Im Hinblick auf die unterschiedlichen Sperrmaßnahmen differenzierend OLG Köln, GRUR 2014, 1081, 1088 – Goldesel.

[382] BGHZ 208, 82 Rn. 67, 69 = GRUR 2016, 268 – Störerhaftung des Access-Providers (Goldesel); aA OLG Hamburg, MMR 2014, 625, 629 – 3dl.am; *Kremer/Telle*, CR 2016, 206, 207. S. darüber hinaus die umfassende und zwischen den Sperrmaßnahmen unterscheidende Analyse von *Leistner/Grisse*, GRUR 2015, 19, 22f. die für die DNS-Sperre der Ansicht des OLG Hamburgs widersprechen.

[383] So zu Art. 8, 11 GRCh EuGH, Slg. 2011 I-11959 Rn. 52 = GRUR 2012, 265 – SABAM/Scarlet; dazu ua *Spindler*, JZ 2012, 311; *Schröder*, K&R 2012, 38; *Maaßen*, GRUR-Prax 2011, 535; *Rössler*, jurisPR-ITR, Anm. 2; *Leistner*, ZUM 2012, 722, 729.

[384] EuGH, MMR 2016, 842 Rn. 31ff., insb. Rn. 43ff. mAnm *Flemming/Rothkegel* – Breyer/BRD; nachfolgend BGH, NJW 2017, 2416 Rn. 25ff.; s. hierzu *Eckhardt*, CR 2016, 786 (insb. die Darstellung des relativen und absoluten Ansatzes); *Jacobs/Lange-Hausstein*, ITRB 2017, 39, 40; *Kring/Marosi*, K&R 2016, 773, 774; *Nink*, CR 2016, 794; BGHZ 208, 82 Rn. 77 = GRUR 2016, 268 – Störerhaftung des Access-Providers (Goldesel).

[385] BGHZ 208, 82 Rn. 76f. = GRUR 2016, 268 – Störerhaftung des Access-Providers (Goldesel); zust. *Spindler*, GRUR 2016, 451, 456.

Allgemeine Grundsätze **§ 7 TMG**

rade nicht vor.[386] Die Ansicht des BGH trifft vor allem auf DNS- und IP-Sperren zu. So verhindert die DNS-Sperre durch die Umsetzung der Domain in die dazugehörige IP-Adresse lediglich den Kommunikationsaufbau.[387] Gleiches trifft auf die IP-Sperre zu, schließlich bedarf es bei dieser nur der Manipulation der Routingtabelle, eine Durchsicht der Daten erfolgt hierbei im Regelfall nicht.[388] Hingegen kann die URL-Sperre den Schutzbereich des Art. 7 GRCh ebenso wie das Fernmeldegeheimnis berühren,[389] schließlich ist für die gezielte Sperrung einzelner Webpages die Filterung durch einen Zwangs-Proxy notwendig, mithin kann diese Filterung eine Einsicht in Kommunikationsdaten ermöglichen.[390] Erfolgt diese jedoch lediglich durch einen automatisierten Vorgang, kann auch hier die Berührung des Schutzbereiches angezweifelt werden.[391]

In diesem Zusammenhang vermag die Ansicht des BGH, dass **IP-Adressen Bestandsdaten** isd § 95 TKG seien,[392] nicht zu überzeugen, schließlich wird eine dynamische IP-Adresse dem Nutzer ad hoc zugewiesen und kann somit nicht zur Begründung eines Vertragsverhältnisses erforderlich sein.[393] Bestandsdaten iSd § 3 Nr. 3 TKG stellen jedoch genau dieses Erfordernis auf.[394] Ein Rückgriff auf § 95 TKG würde somit nicht zur rechtmäßigen Verwendung der IP-Adressen führen, vielmehr muss § 96 Abs. 1 S. 2 TKG den Maßstab bilden. Hier könnte die Sperre als negativer Teil der Verbindungsherstellung betrachtet werden, sodass die Verwendung von IP-Adressen im Rahmen des § 96 Abs. 1 S. 2 TKG zulässig wäre.[395] 87

4. Unzulässigkeit von präventiven Filtersystemen

Vor allem im Hinblick auf die Entscheidungen des EuGH ergibt sich daraus zwar keineswegs die generelle Unzulässigkeit der Überwachungen von Rechtsverletzungen seitens der Nutzer durch Provider mittels Filtersystemen,[396] sehr wohl aber die **Unzulässigkeit von präventiven Filtersystemen,**[397] die aufgrund ihrer umfassenden und nicht zielgerichteten Dauerüberwachung eine starke Grundrechtebeeinträchtigung zur Folge haben. Im Hinblick auf Sperrmaßnahmen[398] ist wiederum zwischen den unterschiedlichen Arten dieser zu unterscheiden (→ Rn. 78). So bedarf es bei einer DNS-Sperrmaßnahme, durch die lediglich die Umsetzung der Domain in die dazugehörige IP-Adresse verhindert wird, gerade nicht der Einsicht verschiedener 88

---

[386] BGHZ 208, 82 Rn. 70 = GRUR 2016, 268 – Störerhaftung des Access-Providers (Goldesel).
[387] So auch *Sieber/Nolde*, Sperrverfügungen im Internet, S. 85.
[388] So auch OLG Köln, GRUR 2014, 1081, 1088 – Goldesel; *Leistner/Grisse*, GRUR 2015, 19, 22 (DNS-Sperre) und 24 (IP-Sperre); aA im Hinblick auf IP-Sperren *Sieber/Nolde*, Sperrverfügungen im Intern, S. 83 f. unter Verweis auf durch die IP-Adresse herzustellenden Personenbezug.
[389] Die Diskussion fassen *Leistner/Grisse*, GRUR 2015, 19, 25 zusammen; *Sieber/Nolde*, Sperrverfügungen im Internet, S. 85 f.
[390] OLG Köln, GRUR 2014, 1081, 1088 – Goldesel.
[391] *Durner*, ZUM 2010, 833, 842.
[392] BGHZ 208, 82 Rn. 79 = GRUR 2016, 268 – Störerhaftung des Access-Providers (Goldesel).
[393] Dynamische IP-Adressen sind aber auf jeden Fall personenbezogene Daten, s. EuGH, MMR 2016, 842 Rn. 36 mAnm *Flemming/Rothkegel* – Breyer/BRD; anschließend BGH, NJW 2017, 2416 Rn. 25 ff., der jetzt (→ Rn. 35 ff.) ohne Weiteres von Nutzungsdaten iSv § 15 TMG ausgeht.
[394] *Spindler*, GRUR 2016, 451, 456; ebenfalls krit. *Heidrich/Heymann*, MMR 2016, 370, 375 f.; *Kremer/Telle*, CR 2016, 206, 208.
[395] *Spindler*, GRUR 2016, 451, 456 f.; ebenfalls für die Heranziehung des § 96 TKG *Leistner/Grisse*, GRUR 2015, 19, 24.
[396] So *Spindler*, JZ 2012, 311, 313; anders *Schröder*, K&R 2012, 38, 39.
[397] EuGH, Slg. 2011 I-11959 Rn. 39 ff. = GRUR 2012, 265 – SABAM/Scarlet.
[398] EuGH, GRUR 2014, 468 Rn. 42 ff. mAnm *Marly* – UPC Telekabel.

IP-Adressen. Bei IP- und URL-Sperren kann es hingegen zur Erfassung und Verwendung von IP-Adressen der Nutzer kommen.[399]

5. Verpflichteter

89 Mit der Beschränkung auf Netzsperren statt der allgemeinen Störerhaftung hat der Gesetzgeber damit das „Kind mit dem Bade ausgeschüttet": Denn der in § 7 Abs. 4 vorgesehene Anspruch auf Sperren bezieht sich nur auf **WLAN-Anbieter** nach § 8 Abs. 3 bzw. § 2 Nr. 2a, nicht aber auf sonstige **Access-Provider.** Dies steht im klaren Widerspruch zur Entscheidung des EuGH in der Sache UPC Telekabel,[400] die der EuGH auch auf (europa-)verfassungsrechtliche Überlegungen gestützt hat.[401] Die Regelung muss daher zumindest europarechtskonform auch auf andere Access-Provider erstreckt werden, will sie nicht ihre Europarechtswidrigkeit riskieren. Mithin muss der Anspruch auf Netzsperre **in europarechtskonformer Auslegung** auch bei lokalen LAN-Netzwerken wie auch bei „normalen" Access-Providern finden.[402] Zwar wird eingewandt, dass der EuGH nur verlange, dass der Rechteinhaber nicht vollständig schutzlos sei; dies sei bei klassischen Access-Providern jedoch aufgrund der Registrierungspflicht der Nutzer gewahrt, so dass es hier keinerlei Netzsperren bedürfe.[403] Dies verkennt jedoch, dass Access-Provider nicht nur solche sind, die unmittelbar Nutzern einen Zugang verschaffen, sondern alle in der Übermittlung Eingeschalteten. Ferner muss der Rechtsverletzer (zB im Ausland) nicht bei dem Access-Provider registriert sein. Selbst wenn der Rechtsverletzer dann bekannt sein sollte, kann die einzige Möglichkeit für den Rechteinhaber in der Geltendmachung von Netzsperren bestehen, auch bei Geltung des Grundsatzes der Subsidiarität.

6. Voraussetzungen

90 Der Anspruch auf Netzsperren soll nur eingreifen, wenn der eigentliche Rechtsverletzer nicht verfolgt werden kann **(Grundsatz der Subsidiarität).** Auch damit nimmt der Gesetzgeber nur die Vorgaben des BGH aus der „Goldesel"-Entscheidung auf, der strenge Anforderungen bis hin zur Verfolgung von Zahlungsströmen oder der Einschaltung von Privatdetektiven in den Nachweis der vorher erfolglosen Rechtsverfolgung gestellt hatte.[404] Ferner betont der § 7 Abs. 4 den Grundsatz der Verhältnismäßigkeit und Zumutbarkeit für den Diensteanbieter bezüglich der Netzsperren. Schon für die Störerhaftung der „normalen" Access-Provider hatte der BGH entgegen seiner Rechtsprechung für andere Provider bzw. Geschäftsmodelle[405] einen Vorrang des **„Löschens vor Sperren"** angenommen, was den Gesetzgeber schon zu Recht zur Aufhebung des früheren ZugangserschwerungsG[406] bewogen hatte.

---

[399] BGHZ 208, 82 Rn. 77 = GRUR 2016, 268 – Störerhaftung des Access-Providers (Goldesel) unter Verweis auf *Durner*, ZUM 2010, 833, 845; *Kropp*, Die Haftung von Host- und Access-Providern bei Urheberrechtsverletzungen, S. 164f. Ausführlich hierzu *Leistner/Grisse*, GRUR 2015, 19, 24ff.

[400] EuGH, GRUR 2014, 468 mAnm *Marly* – UPC Telekabel.

[401] S. dazu *Spindler,* CR 2017, 333, 334.

[402] Wie hier jetzt auch *Grisse,* GRUR 2017, 1073, 1078f.

[403] So *Mantz,* GRUR 2017, 969, 977 unter Berufung auf eine „praktische Konkordanz".

[404] BGHZ 208, 82 = GRUR 2016, 268 – Störerhaftung des Access-Providers (Goldesel); *Spindler*, GRUR 2016, 451.

[405] BGHZ 194, 339 Rn. 19 = GRUR 2013, 370 mAnm *Hühner* – Alone in the Dark; BGH, GRUR 2013, 1030 Rn. 30 – File-Hosting-Dienst; BGH, GRUR 2011, 152 Rn. 45 – Kinderhochstühle im Internet I; *Spindler*, GRUR 2016, 451, 458; *Sassenberg/Mantz*, WLAN und Recht, Rn. 241.

[406] Gesetz zur Erschwerung des Zugangs zu kinderpornographischen Inhalten in Kommunikationsnetzen (Zugangserschwerungsgesetz – ZugErschwG), Art. 1 des Gesetzes zur Bekämpfung der Kinderpornographie in Kommunikationsnetzen vom 17.2.2010, BGBl. I S. 78, aufgehoben

Allgemeine Grundsätze **§ 7 TMG**

Umso mehr ist es zu begrüßen, dass der BGH verlangte, dass zunächst der eigentliche Rechtsverletzer oder der Host-Provider in Anspruch genommen wird, sofern dies zumutbar ist (Subsidiarität).[407]

Der Anspruch besteht nur, wenn der Rechteinhaber darlegen und beweisen kann, **91** dass ein Nutzer seine Rechte verletzt hat; allein eine **drohende Verletzung** genügt nicht, wie der Wortlaut nahelegt, der ua auf eine fehlende Abhilfemöglichkeit abstellt. Der verletzende Nutzer muss gerade den in Anspruch genommenen WLAN-Anbieter bzw. dessen Dienste genutzt haben, um die Rechtsverletzung zu begehen.

Ferner muss gerade ein **Telemediendienst im Sinne des TMG** in Anspruch ge- **92** nommen worden sein, um die Rechtsverletzung zu begehen. Die Begehung kann auch in der Teilnahme an anderen Rechtsverletzungen bis hin zur Beihilfe liegen; auf eine höchstpersönliche quasi „eigenhändige" Rechtsverletzung stellt § 7 Abs. 4 nicht ab. Auch bei **P2P-Netzwerken** nimmt ein Nutzer einen Telemediendienst in Anspruch, hier nämlich allein den Access zum P2P-Netzwerk, auch wenn etwa die Software selbst nicht als Telemediendienst zu qualifizieren ist (→ § 1 Rn. 22). Allerdings ist eine **unmittelbare Verwendung** des Telemediendienstes zur Rechtsverletzung zu verlangen („um […] zu"): So genügt die reine Beschaffung von Informationen, wie Rechte des geistigen Eigentums verletzt werden können (**Informationsportale** etc.), für sich genommen nicht aus; außer wenn das Portal bereits selbst, durch das Indexieren der Inhalt einen Zugang zu ihnen ermöglicht, eine Urheberrechtsverletzung begeht und somit eine konkret Beihilfe vorliegt (wie etwa im Fall des Portals „The Pirate Bay"[408]). Auch allein das **Herunterladen von Software,** die dann beim Nutzer zu Rechtsverletzungen genutzt werden kann, stellt noch keine Verletzung des geistigen Eigentums dar, da es sich nur um einen vorbereitenden Akt handelt.

Die **Identität des verletzenden Nutzers** muss der Rechteinhaber nicht ermit- **93** teln oder benennen. Auch bei Kenntnis von der Identität des Nutzers kann der Anspruch nach § 7 Abs. 4 geltend gemacht werden, entscheidend ist nur, dass der Rechteinhaber keine andere Abhilfemöglichkeit hat.

Der Anspruch auf Sperren besteht aber nur bei Verletzungen des **„Rechts auf** **94** **geistiges Eigentum"** nach § 7 Abs. 4 S. 1. Diesen Begriff muss man im Sinne der Enforcement-RL[409] und deren Anwendungsbereich verstehen; daher sind nicht nur Urheberrechte davon umfasst, sondern etwa auch Marken- oder Designrechte etc. Jegliche anderen Rechtsverletzungen sind damit von dem Anspruch auf Netzsperren ausgeschlossen, auch solche wegen der Verletzung des UWG, des **Persönlichkeitsrechts** oder anderer nach § 823 Abs. 1 BGB absolut geschützten Rechte. In Zusammenhang mit § 8 Abs. 1 S. 2 bzw. dem Ausschluss der Störerhaftung ergibt sich, dass für andere Rechtsverletzungen als der Verletzung eines „Rechts auf geistiges Eigentum" kein Anspruch auf Netzsperren besteht. In Zusammenhang mit § 8 Abs. 1 S. 2 bzw. dem Ausschluss der Störerhaftung ergibt sich, dass für andere Rechtsverletzungen als der Verletzung eines „Rechts auf geistiges Eigentum" kein Anspruch auf Netzsperren besteht; denn Netzsperren wurde gerade als Teil der Störerhaftung von der Rechtsprechung ausgeformt.[410] Sollte sich die Auffassung durchsetzen, dass für

---

durch Art. 1 des Gesetzes zur Aufhebung von Sperrregelungen bei der Bekämpfung von Kinderpornographie in Kommunikationsnetzen vom 22.12.2011, BGBl. I S. 2958.

[407] BGHZ 208, 82 Rn. 83 ff. = GRUR 2016, 268 – Störerhaftung des Access-Providers (Goldesel); OLG Köln, GRUR 2014, 1081, 1091 – Goldesel; hierzu *Frey/Nohr,* GRUR-Prax 2016, 164; *Hofmann,* NJW 2016, 769, 771; aA *Kremer/Telle,* CR 2016, 206.

[408] EuGH, Rs. C-610/15 Rn. 36 ff. – Stichting Brein/Ziggo BV, XS4All Internet BV (noch nicht veröffentlicht).

[409] Richtlinie 2004/48/EG des Europäischen Parlaments und des Rates vom 29. April 2004 zur Durchsetzung der Rechte des geistigen Eigentums, ABl. Nr. L 195 v. 2.6.2004, S. 16.

[410] Wie hier auch *Mantz,* GRUR 2017, 969, 972.

Ansprüche wegen unlauterer Geschäftspraktiken eine Analogie zu Art. 11 Enforcement-RL zu ziehen ist,[411] wäre dieser Ausschluss (zusätzlich) erheblichen europarechtlichen Bedenken ausgesetzt.

95 An dieser Beschränkung auf Rechte des geistigen Eigentums bestehen allerdings erhebliche **verfassungsrechtliche Zweifel:** Auch wenn man in Rechnung stellt, dass gerade im Bereich von Meinungsäußerungen die Gefahr von „overblocking" besteht und damit abschreckende Effekte für eine freie Diskussion eintreten können, kann dies doch nicht dazu führen, dass das „Recht am geistigen Eigentum" stärker geschützt wird als andere Rechte, etwa das Persönlichkeitsrecht. Warum Urheber- oder Markenrechte in den Genuss von Netzsperren kommen sollen, bei denen ebenfalls die Gefahr des „overblocking" besteht, wesentlich schwerwiegendere Grundrechte wie das Persönlichkeitsrecht dagegen nicht, ist nicht recht nachvollziehbar,[412] gerade im Hinblick auf Art. 3 Abs. 1 GG und staatliche Schutzpflichten für Persönlichkeitsrechte, Art. 1 Abs. 1, 2 Abs. 1 GG. Dies wird zwar durch die Befugnis zur Auskunftserteilung in § 14 Abs. 2 inzwischen teilweise kompensiert;[413] der BGH hatte zuvor aufgrund der dem Gesetzgeber bekannten Situation eine Rechtsfortbildung bzw. Analogie abgelehnt.[414] Damit wird der Betroffene von Persönlichkeitsrechten im Gegensatz zu Rechteinhabern benachteiligt, da er nicht einmal subsidiär einen Anspruch auf Sperrung des Zugangs gegenüber Access-Providern geltend machen kann.[415] Lediglich bei Host-Providern bleibt ihm der Anspruch aus der Störerhaftung, für den die Rechtsprechung ein Verfahren des notice-and-counter-notice entwickelt hat.[416] Außerhalb privatrechtlicher Ansprüche bleiben indes nach wie vor Anordnungen auf Sperren möglich, wie seinerzeit die sog. Düsseldorfer Sperrverfügungen gegen Provider gezeigt haben.[417] Hier greifen dann aber die Einschränkungen nach § 8 Abs. 4 ein, → § 8 Rn. 31.

7. Maßnahmen

96 Welche Maßnahmen konkret zu fordern sind, lässt das TMG – zu Recht – offen und verweist auf den jeweiligen Einzelfall.[418] Gerade hier greift der Grundsatz der **Verhältnismäßigkeit** ein, indem nur geeignete Maßnahmen, die das mildeste Mittel darstellen, in Betracht kommen. In Übernahme der von der Rechtsprechung und Schrifttum herausgearbeiteten Kriterien verweist das TMG auf die technisch möglichen, wirtschaftlich zumutbaren und verhältnismäßigen Maßnahmen, für die „stets eine Interessenabwägung im Einzelfall" erforderlich ist, „bei der zB ein Gericht die grundrechtlich geschützten Interessen aller Betroffenen sowie das Telekommunikationsgeheimnis angemessen berücksichtigen muss". Die Begründung zum TMG erwähnt in diesem Rahmen insbesondere die Gefahr des „overblocking".[419] Tatsächlich lassen sich die Maßnahmen kaum über einen Kamm scheren und hängen auch von der Zumutbarkeit der Maßnahmen für den jeweiligen Provi-

---

[411] So etwa *Ohly*, GRUR 2017, 441, 444 mwN.

[412] Krit. ebenso *Grisse*, GRUR 2017, 1073, 1079.

[413] S. dazu Spindler ZUM 2017, 473, 486 f.; zur rechtspolitischen Forderung s. schon *Spindler*, 69. DJT 2012, Gutachten F, S. 111 f.

[414] BGHZ 201, 380 = GRUR 2014, 902 – Ärztebewertung I.

[415] S. aber auch *Mantz*, EuZW 2016, 817, 820, der – ohne die verfassungsrechtliche Dimension zu thematisieren – offenbar WLAN-Betreiber komplett aus jeglicher Verantwortlichkeit herausnehmen will.

[416] BGHZ 191, 219 = GRUR 2012, 311 – Blog-Eintrag.

[417] S. OVG Münster, MMR 2003, 348; VG Düsseldorf, MMR 2005, 794; s. auch *Spindler/Volkmann*, K&R 2002, 398 ff.

[418] Begr. RegE, BT-Drs. 18/12202, S. 12.

[419] Begr. RegE, BT-Drs. 18/12202, S. 12.

Allgemeine Grundsätze **§ 7 TMG**

der ab.[420] Der Gesetzgeber erwähnt ausdrücklich als Möglichkeit „die Sperrung bestimmter Ports am Router, um den Zugang zu Peer-to-Peer Netzwerken zu verhindern",[421] um den Zugriff auf illegale Tauschbörsen direkt am betroffenen Router zu sperren. Ob diese allerdings wirklich immer geeignet sind, mag zweifelhaft sein.[422]

Dabei sind sowohl die von Art. 8 Abs. 3 RL 2001/29/EG geforderten Billigkeitserwägungen[423] als auch die von der Rechtsprechung entwickelten Grundsätze zur Verletzung von zumutbaren Prüf- und Kontrollpflichten zu beachten (→ Rn. 33, 56),[424] insbesondere die verfassungsrechtlichen Wertungen (→ Rn. 60, 79 ff.) zu berücksichtigen, indem die **Grundrechtspositionen** der Betroffenen in ein angemessenes Gleichgewicht gebracht werden müssen.[425] Ferner darf die Pflicht den Provider wirtschaftlich nicht gefährden oder seine Tätigkeit erheblich erschweren.[426] 97

Wie der EuGH in der SABAM-Entscheidung zu Recht festgehalten hat, kann ein umfassender und abstrakt gehaltener Unterlassungsanspruch nicht nur das Verbot der allgemeinen Überwachungspflichten verletzen[427] (→ Vor § 7 Rn. 10), sondern auch die (europa-)verfassungsrechtlich geschützten Grundrechte der Nutzer auf freie Kommunikation (→ Rn. 60). Hinzu kommen die schon vom BVerfG betonten **„chilling effects"** einer allgemein gehaltenen Kontrolle für die Nutzer (→ Rn. 82 sowie → Vor § 7 Rn. 10) sowie ein **„overblocking"** von rechtskonformen Inhalten. Auch der BGH betont die potenziell abschreckende Wirkung von allgemeinen Kontrollen und Überwachungsmaßnahmen auf die Ausübung der Meinungsfreiheit durch Nutzer in sozialen Netzwerken und hebt in diesem Zusammenhang die Möglichkeit anonymer Nutzungen hervor.[428] Ferner hindert Art. 10 GG den Access-Provider daran, die Kommunikation über seine Netze wirkungsvoll zu überwachen (→ Rn. 84). Schon aus rechtlichen Gründen ist der Provider daher weitgehend daran gehindert, den gesamten Kommunikationsverkehr auf bestimmte rechtswidrige Tätigkeiten hin zu überwachen. Aber auch in tatsächlicher Hinsicht sind dem Provider Grenzen gesetzt, die Kommunikation über seine Leitungen auf rechtswidrige Inhalte hin zu überprüfen, etwa wenn es sich um einen kleineren regionalen Zugangsanbieter handelt, bei dem selbst nicht alle Kunden auf dem eigenen DNS-Server eingetragen sind.[429] 98

---

[420] Zu den einzelnen Sperrmaßnahmen → Rn. 78; *Heidrich/Heymann*, MMR 2016, 370, 371 f.; *Weisser/Färber*, BB 2016, 777, 778 f.; *Leistner/Grisse*, GRUR 2015, 19, 22 ff.
[421] Begr. ReGE, BT-Drs. 18/12202, S. 12.
[422] S. dazu *Mantz*, Kurzanalyse, http://www.offenenetze.de/2017/03/08/wlan-haftung-refe-zur-3-aenderung-des-tmg-in-der-kurzanalyse/(Stand: 13.3.2017); zuvor *Sassenberg/Mantz*, WLAN und Recht, Rn. 229; *Hoeren/Jakopp*, ZRP 2014, 72, 75; *Ernst/Seichert*, ZUM 2007, 513, 518; *Gietl*, MMR 2007, 630, 632 (vor allem auch im Hinblick auf § 7 Abs. 2 S. 2 TMG aF); *Haun*, WRP 2017, 780, 783 Rn. 13; eher optimistisch *Cychowski/Nordemann*, GRUR 2013, 986, 993.
[423] BGHZ 208, 82 Rn. 22 = GRUR 2016, 268 – Störerhaftung des Access-Providers (Goldesel); *Hofmann*, NJW 2016, 769, 770; *Leistner/Grisse*, GRUR 2015, 19 f.
[424] BGHZ 208, 82 Rn. 21 = GRUR 2016, 268 – Störerhaftung des Access-Providers (Goldesel).
[425] EuGH, GRUR Rn. 45 mAnm *Marly* – UPC Telekabel; EuGH, Slg. 2011 I-11959 Rn. 44 = GRUR 2012, 265 – SABAM/Scarlet; EuGH, GRUR 2012, 382 Rn. 42 mAnm *Metzger* – SABAM/Netlog; dieser Abwägung zust. *Leistner*, ZUM 2012, 722, 728.
[426] BGHZ 208, 82 Rn. 27 = GRUR 2016, 268 – Störerhaftung des Access-Providers (Goldesel); allg. zu den Abwägungskriterien *Sassenberg/Mantz*, WLAN und Recht, Rn. 224.
[427] EuGH, Slg. 2011 I-11959 Rn. 40 = GRUR 2012, 265 – SABAM/Scarlet.
[428] BGHZ 181, 328 Rn. 38 = MMR 2009, 608 – spickmich.de; s. auch *Ohly*, AfP 2011, 428, 436; *Härting*, CR 2009, 21, 23; *Ballhausen/Roggenkamp*, K&R 2008, 403, 406; ferner *Ladeur/Gostomzyk*, NJW 2012, 710, 714 mwN zum „chilling effect".
[429] LG Kiel, MMR 2008, 123, 124 mAnm *Schnabel*.

99	Vor allem die jeweilige **Geeignetheit von Sperren** ist im konkreten Einzelfall zu prüfen: Diese entfällt nicht bereits dadurch, dass die Sperren umgangen werden können.[430] So bejahen EuGH und BGH bereits die Effektivität einer Sperrmaßnahme, wenn diese den Zugriff auf eine Internetseite lediglich **erschwert**,[431] auch im Hinblick auf die betroffenen Grundrechte.[432] Allerdings hob der Gerichtshof auch hervor, dass der Eingriff in die unternehmerische Freiheit durch die gerichtlichen Anordnungen dann gerechtfertigt sei, wenn sich der Provider selbst für eine Ausführungsart der gerichtlichen Anordnung entscheiden[433] und er darlegen könne, alles in seiner Machtstehende getan zu haben, um die beanstandete rechtsverletzende Maßnahme zu unterbinden.[434] Auch Gegenmaßnahmen der Seitenbetreiber wie das regelmäßige Wechseln von Host-Providern, um die Rechtsverfolgung zu erschweren, sprechen nicht gegen die Zumutbarkeit der Sperren. Nach Ansicht des BGH erhöhen diese Handlungen gerade die Notwendigkeit solcher Maßnahmen.[435] Die Sperrmaßnahme muss jedoch im Hinblick auf die Informationsfreiheit der Nutzer streng zielorientiert sein, um ein zu hohes „overblocking" von legalen Inhalten zu verhindern.[436] Als Grundsatz kann hier weiterhin festgehalten werden, dass sich der Provider nicht hinter wenigen legalen Angeboten verstecken darf. So sind Sperren immer noch dann zumutbar, wenn sie die legale Nutzung des Angebots eines Providers „nur in einem geringen Umfang einschränken".[437] Ob der BGH mit den in seiner „Goldesel"-Entscheidung angesprochenen 4% eine generelle Hürde etablieren möchte, bleibt abzuwarten. Die genannte Faustformel kann jedoch auf jeden Einzelfall angewendet werden.

100	Als weiteres Abwägungskriterium muss neben der Geeignetheit von Sperrmaßnahmen, die durch sie verursacht **wirtschaftliche Belastung für Access-Provider** betrachtet werden, mithin muss die Sperrmaßnahme dem Anbieter zumutbar sein.[438] Eine ungerechtfertigte Belastung des Access-Providers sei jedoch gerade dann abzulehnen, wenn der Provider über die konkrete Ausgestaltung der ihm auferlegten Maßnahme entscheiden könne (zu den unterschiedlichen Maßnahmen → Rn. 78).

101	Gerade für **kleine WLAN-Anbieter** wird eine **generelle Unzumutbarkeit** von Sperren vertreten, da die Größe des Speicher der verwandten Router für entsprechende Blacklists begrenzt sei, abgesehen davon, dass Nutzer einfach ein anderes WLAN benutzen könnten.[439] So berechtigt dieses Anliegen auch sein mag, kann da-

---

[430] Zur Möglichkeit der Umgehung *Sieber/Nolder*, Sperrverfügungen im Internet, S. 183f.

[431] EuGH, GRUR 2014, 468 Rn. 62 mAnm *Marly* – UPC Telekabel; BGHZ 208, 82 Rn. 67 = GRUR 2016, 268 – Störerhaftung des Access-Providers (Goldesel); s. auch ausf. *Frey/Rudolph/Oster*, MMR 3/2012 Beil., 2.

[432] EuGH, GRUR 2014, 468 Rn. 64 mAnm *Marly* – UPC Telekabel.

[433] EuGH, GRUR 2014, 468 Rn. 52 mAnm *Marly* – UPC Telekabel; krit. hierzu *Spindler*, GRUR 2014, 826, 829.

[434] EuGH, GRUR 2014, 468 Rn. 53 mAnm *Marly* – UPC Telekabel.

[435] BGHZ 208, 82 Rn. 49 = GRUR 2016, 268 – Störerhaftung des Access-Providers (Goldesel).

[436] BGHZ 208, 82 Rn. 53ff. = GRUR 2016, 268 – Störerhaftung des Access-Providers (Goldesel).

[437] BGHZ 208, 82 Rn. 55 = GRUR 2016, 268 – Störerhaftung des Access-Providers (Goldesel); *Leistner/Grisse*, GRUR 2015, 105, 108f.

[438] Zur Unzumutbarkeit einer DNS-Sperre LG Hamburg, ZUM 2009, 587, 588f.; krit. aber iE zust. *Schnabel*, ZUM 2009, 590, 591.

[439] So *Mantz*, GRUR 2017, 969, 974; *ders.*, Kurzanalyse, http://www.offenenetze.de/2017/03/08/wlan-haftung-refe-zur-3-aenderung-des-tmg-in-der-kurzanalyse/ (Stand: 13.3.2017), der zudem auf die Gefahr der Selbstzensur ähnlich wie beim Recht auf Löschung nach Art. 20 EU-DSGVO hinweist; *ders.*, EuZW 2016, 817, 820; ähnlich *Haun*, WRP 2017, 780, 783 Rn. 14; in diese Richtung auch schon *Franz/Sakowski*, CR 2016, 524, 530: Sperren nur für große Anbieter zumutbar.

Allgemeine Grundsätze § 7 TMG

raus doch kein genereller Ausschluss des Anspruchs auf Netzsperren abgeleitet werden, da damit praktisch ausschließlich auf die Situation der WLAN-Betreiber abgestellt würde. Wie der EuGH in der Entscheidung McFadden ausdrücklich betonte, darf dem Rechteinhaber – auch gegenüber WLAN-Betreibern – nicht jeglicher Rechtsschutz genommen werden.[440] Außerdem kann der Verweis auf fehlende technische Kapazitäten nicht bei dynamischen Märkten verfangen, da entsprechende Reaktionen der Anbieter bei Nachfrage von technischen Lösungen zu erwarten sind. Der Gesetzgeber konnte schon aufgrund der europarechtlichen Vorgaben keinen generellen Ausschluss von kleinen WLAN-Anbietern vornehmen – dieser kann auch nicht durch das Kriterium der Zumutbarkeit pauschal angenommen werden.

8. Verfahren, Beweislast, sowie Rechtsstellung Dritter

Der Anspruch auf Netzsperren wird wie jeder andere **zivilrechtliche Anspruch** 102 im Wege der Klage geltend gemacht; hiervon geht der Gesetzgeber implizit aus, wenn das Verhältnis zur Störerhaftung und die Frage der Abmahnkosten in den Vordergrund gestellt werden. Da der Gesetzgeber § 7 Abs. 4 als Anspruchsgrundlage ausgestaltet hat, obliegt dem Rechteinhaber als Anspruchsinhaber die Darlegung und der Beweis aller Voraussetzungen, insbesondere, dass keine anderen Abhilfemöglichkeiten bestanden, sowie dass die Sperren geeignet sind, um die beanstandeten Rechtsverletzungen einzuschränken. Die Frage der Zumutbarkeit kann allerdings mangels Einsicht des Rechteinhabers in die Verhältnisse des WLAN-Anbieters nicht vom Rechteinhaber unter Beweis gestellt werden; hier müssen die Grundsätze der **sekundären Darlegungs- und Beweislastverteilung** eingreifen, so dass sich der WLAN-Anbieter substantiiert auf die Unzumutbarkeit berufen muss. Der Rechteinhaber muss auch den Beweis für mögliche Maßnahmen antreten.[441]

Auch die Geltendmachung im Rahmen **einstweiligen Rechtsschutzes** ist mög- 103 lich. Allerdings gelten auch hier die Vorgaben einer intensiven Abwägung der betroffenen Grundrechte.

Der Gesetzgeber weist selbst ausdrücklich darauf hin, dass im Rahmen der vom 104 Gericht durchzuführenden Interessenabwägung auch die **Grundrechte Dritter** berücksichtigt werden müssen. Dies hatte schon der EuGH in der *UPC Telekabel*-Entscheidung im Hinblick auf die Informations- und Meinungsfreiheit anderer Nutzer, aber auch anderer Anbieter gefordert, die gerade durch zu breit greifende Netzsperren beeinträchtigt sein können.[442] Daran fehlt es indes bis heute im deutschen Recht, auch in § 7 Abs. 4. Eine wichtige Ausprägung des gebotenen Grundrechtsschutzes besteht dabei sowohl nach Auffassung des EuGH als auch des BGH darin, dass im Falle einer Sperrmaßnahme die **Nutzer** jeder Zeit das Recht haben müssen ihre Rechte **gerichtlich geltend (rechtliches Gehör)** machen zu können. Fordert der EuGH im Hinblick dessen nationale Verfahrensvorschriften,[443] sieht der BGH dieses Erfordernis bereits durch die Geltendmachung vertraglicher Ansprüche zwischen Nutzer und Access-Provider[444] als gewahrt an. Die Einschätzung des BGH genügt der vom EuGH aufgestellten Anforderung jedoch nicht;[445] schließlich fehlt es hierbei an

---

[440] EuGH, GRUR 2016, 1146 Rn. 98 – McFadden.
[441] Dem zust. *Mantz,* GRUR 2017, 969, 975.
[442] EuGH, GRUR 2014, 468 mAnm Marly – UPC Telekabel; s. dazu *Spindler,* GRUR 2014, 826 ff.; *Nordemann,* ZUM 2014, 499; *Brinkel/Osthaus,* CR 2014, 642.
[443] EuGH, GRUR 2014, 468 Rn. 57 mAnm *Marly* – UPC Telekabel.
[444] BGHZ 208, 82 Rn. 57 = GRUR 2016, 268 – Störerhaftung des Access-Providers (Goldesel).
[445] *Spindler,* GRUR 2014, 826, 833; *Heidrich/Heymann,* MMR 2016, 370, 373; differenzierend *Sesing/Putzki,* MMR 2016, 660, 664f. Zu den Risiken einer ausschließlichen Geltendmachung vertraglicher Ansprüche *Weisser/Färber,* BB 2016, 776, 779.

einem Instrument, das dem Nutzer unabhängig vom Verhalten des Providers eine Rechtsschutzmöglichkeit eröffnet.[446] Der Verweis auf die vertragliche Absicherung der betroffenen Nutzer gegenüber dem Access-Provider in dessen vertraglichem Verhältnis[447] greift erst recht für WLAN-Betreiber zu kurz, bei denen kaum ein Nutzer bei einer Sperre zu Rechtsmitteln gegenüber dem WLAN-Betreiber greifen dürfte, falls überhaupt ein Vertrag bestehen sollte. Aber auch für drittbetroffene Inhaltsanbieter verfängt dies nicht, da sie in keiner Rechtsbeziehung zum von der Sperre betroffenen Access-Provider stehen müssen, mithin ihre grundrechtlich geschützten Positionen auch nicht zum Tragen bringen können.[448] Zumindest eine **großzügige Handhabung der Nebeninterventionsmöglichkeiten** ist hier unbedingt geboten. Es ist daher nach wie vor erforderlich, verfahrensrechtliche Ausgestaltungen zu finden, die ähnlich Massenverfahren in anderen Rechtsgebieten (zB § 67a VwGO, KapMuG) bei einer Vielzahl von Betroffenen die Möglichkeit des rechtlichen Gehörs verschaffen; alternativ wäre an eine Beteiligung repräsentativer Verbände zu denken, zB *netzpolitik.org* oder andere Aktivisten im netzpolitischen Bereich.

9. Abmahnkosten

105 Ein Novum stellen die Regelungen des 7 Abs. 4 S. 3 zu den vorgerichtlichen und gerichtlichen Rechtsverfolgungskosten dar: Entgegen der in Deutschland üblichen Aufbürdung der Kosten für die Abmahnung sowie der späteren gerichtlichen Rechtsverfolgung will der Gesetzgeber jetzt in § 7 Abs. 4 S. 3 den WLAN-Betreiber als Anspruchsgegner von den Kosten befreien und damit den Rechteinhaber zur Tragung der Kosten verpflichten. Europarechtlich ist dies nicht durch die Entscheidung des EuGH vorgegeben, da dieser ausdrücklich zwischen den (wegen Art. 12 Abs. 1 ECRL nicht erstattungsfähigen) Rechtsverfolgungskosten bei Schadensersatzansprüchen und den (erstattungsfähigen) Kosten bei Unterlassungsbegehren differenzierte.[449] Da Art. 12 Abs. 3 ECRL hier keine Vorgaben enthält, sind die Mitgliedstaaten zu eigenen Regelungen befugt. Der Gesetzgeber stellt hier in den Vordergrund, dass die Reduktion des Kostenrisikos „[...] die Verbreitung von Internetzugängen vorantreiben (könne), damit möglichst viele Bürgerinnen und Bürger die digitalen Chancen, die mit einem Internetzugang verbunden sind, nutzen können."[450] Dass diese Regelungen keine Anwendung auf **kollusiv handelnde Anbieter** nach § 8 Abs. 1 S. 3 finden (→ § 8 Rn. 22), versteht sich dabei von selbst.

106 Mit § 7 Abs. 4 S. 3 werden auch spezielle Regelungen zu Abmahnkosten wie § 97a UrhG überspielt **(lex specialis).** Dabei spielt es keine Rolle, welcher **Natur die Kosten** sind, ob Rechtsanwaltskosten oder sonstige Rechtsverfolgungskosten.

107 Trotzdem bestehen gegen die Regelung des § 7 Abs. 4 S. 3 weiterhin **europarechtliche Bedenken:** Denn nach Art. 14 Enforcement-RL müssen die Mitgliedstaaten vorsehen, dass die unterliegende Partei alle Rechtsverfolgungskosten der obsiegenden Partei zu tragen hat – eine Beschränkung auf Gerichtsverfahren oder bestimmte Kostenarten sieht Art. 14 Enforcement-RL nicht vor. Ebenso wenig differenziert Art. 14 Enforcement-RL danach, wer in Anspruch genommen wird; mithin kann auch ein nach Art. 11 S. 3 Enforcement-RL in Anspruch genommener Intermediär als unterliegende Partei qualifiziert werden. Der EuGH hatte hierüber im McFadden-Fall nicht zu entscheiden und ließ die Kostentragungsregelungen für

---

[446] Zu möglichen verfahrensrechtlichen Instrumentarien *Spindler,* GRUR 2014, 826, 833f. Ebenfalls zu einer prozessrechtlichen Beteiligung *Leistner/Grisse,* GRUR 2015, 105, 110.
[447] So statt vieler *Nordemann,* ZUM 2014, 499ff. mwN.
[448] Ebenso *Mantz,* GRUR 2017, 969, 975.
[449] EuGH, GRUR 2016, 1146 Rn. 78f. – McFadden.
[450] Begr. RefE, BT-Drs. 18/12202, S. 9.

Allgemeine Grundsätze **§ 7 TMG**

Unterlassungsansprüche gerade offen bzw. bezog Art. 12 Abs. 1 ECRL nicht hierauf.[451]

Flankiert wird dies nochmals durch den neu vorgesehenen § 8 Abs. 1 S. 2 Hs. 2, der **108** ebenfalls jegliche Kostenansprüche für die Durchsetzung von Unterlassungs- oder Beseitigungsansprüchen negiert – was systematisch allerdings überflüssig ist, da § 8 Abs. 1 S. 2 Hs. 1 ausdrücklich jegliche Verantwortlichkeit für die Unterlassung ablehnt. Kostentragungsansprüche würden allein schon deswegen ausscheiden.

a) Rechtsverfolgungskosten und Gerichtskosten. Das TMG trennt zwischen **109** den Rechtsverfolgungskosten, insbesondere den Rechtsanwaltskosten, indem „[…] § 7 Abs. 4 Satz 3 […] nämlich sowohl den prozessualen als auch den materiellen Kostenerstattungsanspruch" betreffen soll.[452] Davon sollen die Gerichtskosten zu trennen sein: Im Falle, dass der Access-Provider hinsichtlich des Anspruchs auf Netzsperren unterliegt, soll er nach wie vor gem. § 91 ZPO jedenfalls die Gerichtskosten tragen.

b) Kostentragung des Rechtsverletzers. Der Gesetzgeber betont aber auch, **110** dass die Pflicht zur Tragung der Kosten seitens des eigentlichen Rechtsverletzers unberührt bleibe; dazu zählten auch die Kosten für die Beantragung von Netzsperren.[453] Letztlich entspricht dies der Dogmatik der Rechtsverfolgungskosten im Rahmen von §§ 249 ff. BGB, da alle Kosten zur Durchsetzung des Anspruchs umfasst sind.[454]

c) Keine Anwendung auf andere Provider. Die Regelungen zur Kostentragung **111** gelten ausschließlich für den WLAN-Anbieter nach § 8 Abs. 3 und für den Anspruch auf Netzsperren nach § 7 Abs. 4; andere Provider, insbesondere Host-Provider nach § 10 sollen von der Regelung nicht profitieren können. Hier ist die „Interessenlage" nach Auffassung des Gesetzgebers eine andere.[455] Die Begründung des Gesetzgebers, der ausdrücklich von einer Erstreckung der Regelung auf alle Provider absieht, darf nicht im Umkehrschluss als Wertungsentscheidung dahingehend verstanden werden, dass bei anderen Providern gerade die vor- und außergerichtlichen Kosten, mithin die Abmahnkosten, geltend gemacht werden können. Damit würde aber jedenfalls für die erste Abmahnung (vor Kenntnis des Providers von einer Rechtsverletzung) verkannt, dass hier der Geschädigte noch gar keine Geschäfte des Providers führen kann, da dieser eben nicht nach § 10 TMG-RefE verantwortlich ist (→ Rn. 51).[456] Die Gründe des EuGH in der Sache McFadden zu Art. 12 Abs. 1 ECRL müssen auch für Art. 14 Abs. 1 ECRL gelten, so dass auch hier auf jeden Fall keine Rechtsverfolgungskosten im Bereich von Schadensersatzansprüchen (vor Kenntniserlangung) verlangt werden können.

X. Sonstige Störerhaftung

1. Rufnummern-Provider (Mehrwertdienste)

Besondere Probleme wirft die Störerhaftung für telefonische Mehrwertdiensteanbieter **112** und Rufnummern-Anbieter auf, die ebenfalls grundsätzlich als Access-Provider qualifiziert werden können, da über ihre Vermittlungsfunktion erst der eigentliche Inhalts- bzw. Mehrwertdienstanbieter erreichbar ist (→ § 1 Rn. 46 f.). Die

---

[451] EuGH, GRUR 2016, 1146 Rn. 78 f. – McFadden.
[452] Begr. RefE, BT-Drs. 18/12202, S. 13.
[453] Begr. RefE, BT-Drs. 18/12202, S. 13.
[454] S. dazu MüKoBGB/*Oetker*, 7. Aufl. 2016, § 249 Rn. 180 mwN.
[455] Begr. RefE, BT-Drs. 18/12202, S. 12.
[456] *Spindler*, NJW 2016, 2449, 2451; in diese Richtung auch BGH, GRUR 2011, 152 Rn. 68 – Kinderhochstühle im Internet I; zust. *Nordemann*, GRUR 2016, 1097, 1102.

TMG § 7 — Allgemeine Grundsätze

Rechtsprechung gelangte schon früh in Anwendung der allgemeinen Grundsätze aufgrund der Zurverfügungstellung einer Mehrwertdienstrufnummer ohne Weiteres zu einer Mitstörerhaftung, da der Provider willentlich und adäquat kausal an dem Rechtsverstoß mitwirkt,[457] ebenso für den Anschlussinhaber eines Telefaxes für die über seinen Anschluss durchgeführten wettbewerbswidrigen Handlungen.[458] Die Störerhaftung wird indes nunmehr durch § 45o TKG, zuvor § 13a TKV (2002), überlagert. Vorbild für § 13a TKV (2002) und damit auch § 45o TKG war offenbar § 10.[459] Dies offenbart allerdings, dass dem Gesetzgeber die unterschiedlichen Strukturen beider Regelungsmaterien nicht recht bewusst waren, da Rufnummernbetreiber in der Regel den Access-Providern iSv § 8 gleichstehen, indem sie die Verbindung zu einem Inhalt bzw. Dienst oder einem Kommunikationsnetz herstellen,[460] nicht aber einem von § 10 geregelten Host-Provider, der fremde Inhalte speichert. Gerade für die Störerhaftung für Inhalte[461] ergeben sich damit unterschiedlichen Regelungen, da § 45o TKG gesicherte Kenntnis von wiederholten, rechtswidrigen Zuwiderhandlungen oder schwere Verstöße bzw. eine vorherige erfolglose Abmahnung verlangt. Hinsichtlich der **Haftung auf Schadensersatz** oder der **strafrechtlichen Verantwortlichkeit** greift aufgrund der jetzigen Ausgrenzung von telekommunikationsgestützten Mehrwertdiensten in § 1 Abs. 1 TMG nicht mehr das Privileg des § 8. Gleiches gilt dann aber auch für den Ausschluss der Störerhaftung in § 8 Abs. 1 S. 2, der aufgrund von § 45o TKG keine Anwendung finden kann.

2. Domain-Name-Server, Sub-Domains

113 Die gleichen Erwägungen gelten auch für Provider von Sub-Domains.[462] Die nach § 45o TKG geltenden Wertungen, insbesondere die erforderliche gesicherte Kenntnis von wiederholten Verstößen oder schweren Zuwiderhandlungen,[463] müssen auf diese entsprechend übertragen werden. Auch der **Sub-Domain**-Anbieter, der einem Informationsanbieter einen Domain-Namen unterhalb seiner eigenen Domain überlässt, kann grundsätzlich Mitstörer sein,[464] da er erst über seine Domain den Zugang zu der Information des Rechtsverletzers eröffnet und er grundsätzlich die Möglichkeit hat, die weitere Rechtsverletzung durch Zugangssperrung zu unterbinden.[465] Er ist damit genauso wie ein Rufnummern-Provider oder ein anderer Kommunikationsmittler zu behandeln. Allerdings setzt die Passivlegitimation im Rahmen

---

[457] OLG Frankfurt a. M., GRUR 2003, 805; LG Hamburg, MMR 2003, 600, 601; LG Köln, MMR 2003, 676, 677; AG Nidda, GRUR-RR 2002, 172, 173; anders LG Wuppertal, MMR 2003, 488, 489; LG Gießen, JurPC Web-Dok. 243/2002, Abs. 20; differenzierend OLG Stuttgart, MMR 2001, 398, 399, wonach eine Mitwirkung des Providers von Premium-Rate-Telefondiensten erst dann in Betracht kommt, wenn er mehr für sie tut, als die Nummer zu überlassen; vgl. auch OLG Karlsruhe, MMR 2002, 613, 614: Keine Mitwirkung eines Freemailers an der Rechtsverletzung durch seine Kunden über Faxnummer.

[458] OLG Stuttgart, ZIP 1993, 1494; KG, BB 1997, 2348; OLG Karlsruhe, WRP 1984, 706ff.; OLG München, BB 1994, 2233; OLG Frankfurt a. M., GRUR 1987, 380; OLG Hamm, GRUR 1992, 126; BGHZ 142, 7 = GRUR 1999, 977 – Räumschild.

[459] S. Begr. zur 2. Verordnung zur Änderung der TKV vom 20.8.2002, BR-Drs. 505/02, S. 4.

[460] OLG Stuttgart, MMR 2002, 746 mAnm *Spindler*.

[461] *Härting,* K&R 2003, 394, 396; *Härting,* Recht der Mehrwertdienste, Rn. 245.

[462] S. *Spindler/Volkmann,* NJW 2004, 809, 810f.; Moritz/Dreier/*Freytag,* D Rn. 138.

[463] S. dazu OLG Köln, JurPC Web-Dok. 160/2004, Abs. 11.

[464] *Flechsig,* MMR 2002, 347, 348ff.; Moritz/Dreier/*Freytag,* D Rn. 138; aA *Beckmann,* CR 2003, 140, 141.

[465] OLG Karlsruhe, MMR 2004, 256, 257; LG Leipzig, MMR 2004, 263, 264f.; AG Leipzig, MMR 2003, 610f.; ähnlich LG Berlin, CR 2003, 139 mablAnm *Beckmann; Flechsig,* MMR 2002, 347, 348.

der Prüfungspflichten die Erkennbarkeit von dessen Rechtswidrigkeit voraus.[466] Ferner ist auch die Wahrung des Fernmeldegeheimnisses nach § 88 TKG (§ 85 TKG aF) zu beachten. Darüber hinaus wird man die Wertungen des § 45o TKG berücksichtigen müssen, da nicht einsichtig wäre, warum ein Provider von Sub-Domains strenger auf Unterlassung haften sollte, als ein Anbieter von Mehrwertdienst-Rufnummern, der nur bei gesicherter Kenntnis vom Rechtsverstoß in Anspruch genommen werden kann. Allerdings muss dann die Wirkung der Sperrung gleich sein, indem nicht nur der Zugang zu einzelnen Inhalten gesperrt wird, sondern zum gesamten Angebot.[467] So kann für Anbieter von Domain-Name-Servern, die als „technical, billing contact" für die Domain-Namenvergabe gegenüber InterNIC fungieren und damit über enge vertragliche Beziehungen gegenüber dem Content-Provider verfügen, eine Unterlassungsverfügung in Betracht kommen, wenn das gesamte Angebot, auf das unter der Domain unverkennbar verwiesen wird, etwa ein ausländisches, auf Deutschland ausgerichtetes Glücksspiel, unzulässig ist.[468]

Nicht damit zu verwechseln ist die **markenrechtliche Störerhaftung** des Providers für die Vergabe einer rechtsverletzenden Sub-Domain.[469] Hier ist das TMG von vornherein nicht einschlägig, da die Rechtsverletzung sich nicht auf die Durchleitung oder Speicherung von Informationen gründet, sondern auf die Verwendung eines bestimmten Namens.[470] 114

3. Admin-C, Domain-Registrar

Als technische Registrierungsstelle verwaltet der Admin-C die Vergabe von Second-Level-Domains unter einer Top-Level-Domain und macht dieses im DNS ersichtlich (→ Rn. 28).[471] Im Hinblick auf die dem Admin-C übertragenen Aufgaben kann er durch das Auffinden der Domain, anstelle der Eingabe der IP-Adresse sowie durch die Registrierung einer (marken-)rechtsverletzenden Domain einen adäquat kausalen Beitrag zu einer Rechtsverletzung leisten.[472] Allerdings ist er nicht als Access-Provider nach § 8 einzuordnen, da er selbst keinen Zugang zu einem anderen Netz vermittelt oder Informationen durchleitet; mithin kann er auch nicht an der Privilegierung der Access-Provider nach § 8 Abs. 1 S. 2 partizipieren. Gleiches gilt für Domain-Registrare.[473] Entscheidend ist erneut die Frage nach der Verletzung zumutbarer Prüfungspflichten. Der BGH sieht den Admin-C zwar auf Grund seiner Einflussmöglichkeiten als Störer an, geht aber zutreffend von einer Unzumutbarkeit einer Vorabüberprüfung des Domain-Namens auf Markenrechtsverstöße aus,[474] da der Admin-C nur administrativer Ansprechpartner ist, nicht aber für die tatsächliche Namenswahl zuständig ist. In ähnlicher Weise – und den Pflichten der DENIC vergleichbar – sind die Prüfungspflichten eines Domain-Registrars eingeschränkt, zumal die Sperrung einer kompletten Domain ähn- 115

---

[466] S. auch LG Leipzig, MMR 2004, 263, 265.
[467] *Berger,* MMR 2003, 642, 646f.
[468] OLG Hamburg, MMR 2000, 92, 94.
[469] LG Bremen, MMR 2000, 375; LG München I, MMR 2002, 690.
[470] Unklar OLG Karlsruhe, MMR 2004, 256, 257.
[471] OLG Frankfurt a. M., MMR 2016, 169 Rn. 4f. – Störerhaftung des Domain-Registrars.
[472] BGH, GRUR 2012, 304 Rn. 29, 38, 50 mAnm *Spindler* – Basler-Haar-Kosmetik; OLG Frankfurt a. M., MMR 2016, 169 Rn. 5 – Störerhaftung des Domain-Registrars.
[473] Wohl anders LG Frankfurt a.M., CR 2016, 461, 463.
[474] BGH, GRUR 2012, 304 Rn. 51, 55f. mAnm *Spindler* – Basler-Haar-Kosmetik; OLG Köln, MMR 2009, 48, 50 mwN; OLG Düsseldorf, GRUR-RR 2009, 337, 338; *Wimmers/Schulz,* CR 2006, 754, 762. Das OLG Stuttgart, MMR 2004, 38, 39 – Störerhaftung des Admin-C, geht hingegen von einer prinzipiellen Haftung des Admin-C aus, in diesem Fall lag jedoch eine personelle Überschneidung zwischen Admin-C und Domain-Antragssteller vor. Das Gericht deutet selbst eine andere Handhabung bei Personenfremdheit an.

TMG § 7   Allgemeine Grundsätze

liche Auswirkungen auf rechtmäßige Inhalte Dritter wie im Falle von Sperrverfügungen bei Access-Providern haben kann.[475] Eine Prüfungspflicht kann sich aber aus den besonderen Umständen des Einzelfalls ergeben, insbesondere, wenn der im Ausland ansässige Anmelder freiwerdende Domain-Namen jeweils in einem **automatisierten Verfahren** ermittelt sowie registriert werden und der Admin-C sich dementsprechend pauschal bereit erklärt, diese Funktion für eine große Zahl von Registrierungen zu übernehmen.[476] Der Verdacht auf Domaingrabbing bzw. Domain-Handel ist dabei nicht maßgeblich, sondern allein die automatisierte Domain-Eintragung.[477] Ohne Kenntnis von der Rechtswidrigkeit der Domain, etwa durch eine (kostenfreie) Abmahnung, ist er daher nicht gehalten die Domain-Eintragung auf ihre Rechtmäßigkeit hin zu überprüfen.[478] Auch eine Haftung aus Übertragung der Gedanken aus dem „Halzband"-Urteil lehnte der BGH zu Recht ab, indem er besonderen Wert darauflegte, dass es sich hier um die Sicherung der Identifizierung des eigentlichen Urhebers von Aktivitäten hinter einem Account handele,[479] bei Admin-C aber feststehe, wer der eigentliche Täter ist.[480] Anders ist die Situation zu beurteilen, wenn der Admin-C durch sein Zusammenwirken mit dem Domain-Antragsteller eine besondere Gefahrgeneigtheit hervorgerufen hat. Diese kann bspw. durch ein automatisiertes Ermitteln freiwerdender Domain-Namen durch den Domain-Antragsteller (sog. **„Domaingrabbing"**) ausgelöst werden und mithin höhere Prüf- und Kontrollpflichten begründen.[481] Eine abstrakte Gefahr, die durch eine Registrierung mehrerer Domain-Namen ausgelöst werden kann, führt jedoch richtigerweise nicht zur Erhöhung der Prüfpflichten.[482]

116   Wie eingangs erwähnt kann nicht nur das Registrieren einer markenrechtsverletzenden Domain die Frage nach der Störerhaftung des Admin-C aufwerfen, sondern auch das Auffinden einer Domain, die rechtsverletzende Inhalte bereithält. In diesem Fall wird die Sperrung bzw. Dekonnektierung zwischen Domain und IP-Adresse im DNS diskutiert.[483] Jedoch treffen auch hier den Admin-C nur eingeschränkte Prüfpflichten, die zu einer Haftung führen könnten.[484]

4. Suchmaschinenbetreiber und Suchverzeichnisse

117   Wie bereits dargelegt (→ Vor § 7 Rn. 61 ff.), sind Suchmaschinenbetreiber nur in engen Grenzen verpflichtet, die Inhalte, auf die in der Suchmaschine verwiesen wird, zu überprüfen.[485] Zwar haben Suchmaschinen beim Aufsuchen von Informationen

---

[475] LG Frankfurt a.M., CR 2016, 461, 463f.

[476] BGH, GRUR 2012, 304 Rn. 63 mAnm *Spindler* – Basler-Haar-Kosmetik, so auch BGH, GRUR 2013, 294, 296 – dlg.de.

[477] BGH, GRUR 2012, 304 Rn. 63 mAnm *Spindler* – Basler-Haarkosmetik.

[478] *Spindler,* GRUR 2012, 309, 310.

[479] BGHZ 180, 143 Rn. 14 = GRUR 2009, 597 – Halzband.

[480] BGH, GRUR 2012, 304ff. mAnm *Spindler* – Basler-Haar-Kosmetik.

[481] BGH, GRUR 2012, 304 Rn. 63 mzustAnm *Spindler* – Basler-Haar-Kosmetik; *Leistner,* ZUM 2012, 722, 731, der die Intensivierung der Störerhaftung an einem „Glied der Haftungskette" lobt; *Paal,* K&R 2012, 210f. Ähnlich *Stadler,* CR 2004, 521, 524, der sogar die Grundsätze der Störerhaftung erst auf klar erkennbare Störzustände anwenden möchte.

[482] BGH, GRUR 2013, 294 Rn. 23 – dlg.de.

[483] OLG Frankfurt a. M., MMR 2016, 169 Rn. 10 – Störerhaftung des Domain-Registrars, das Gericht verweist im Hinblick auf die Sperrmaßnahmen auf die Rspr. des OLG Köln, GRUR 2014, 1081– Goldesel → Rn. 78.

[484] OLG Frankfurt a. M., MMR 2016, 169 Rn. 11 – Störerhaftung des Domain-Registrars.

[485] OLG Karlsruhe, MMR 2017, 487 Rn. 92ff., 95 – nrkr; LG Frankfurt a. M., GRUR-RR 2002, 83, 84f.; LG München I, MMR 2001, 56, 57; LG München I, MMR 2004, 261, 262; *Stadler,* Haftung für Informationen im Internet, Rn. 241 ff.

Allgemeine Grundsätze **§ 7 TMG**

im Internet eine Schlüsselrolle inne, so dass Sperranordnungen aufgrund dieser Gatekeeper-Position zur effektiven Eindämmung rechtswidriger Inhalte gegen die Suchmaschinenbetreiber denkbar sind (→ Vor § 7 Rn. 89ff.). Während für redaktionell betreute Suchmaschinen jedoch eine derartige Kontrolle im Einzelfall zumutbar sein mag, da hier oft bewusste inhaltliche Auswahlentscheidungen getroffen werden, stellt sich bei automatischen Suchmaschinen, die das Netz über Bots absuchen, schnell die Frage nach der Zumutbarkeit. Will man die Einrichtung der Suchmaschinen als eine Schlüsselfunktion für die Nutzung des Netzes durch die Allgemeinheit nicht wesentlich beeinträchtigen, müssen an dieser Stelle die Prüfungspflichten und damit auch die Beseitigungspflichten erheblich eingeschränkt werden.[486] Diese Einschränkung gilt richtigerweise selbst dann, wenn die Suchmaschine eine **Autocomplete**-Funktion bereithält, die durch eine automatische Ergänzung der Suchbegriffe die Internetsuche vereinfachen soll.[487] Daher haften Suchmaschinenbetreiber als Mitstörer grundsätzlich erst ab Kenntnis von der Rechtsverletzung,[488] ohne dass das TMG auf die Störerhaftung anwendbar wäre.[489] Ab Kenntniserlangung sind jedoch auch Suchmaschinenbetreiber verpflichtet, Verweise auf rechtswidrige Inhalte zu sperren. Dies gilt aber stets nur im Hinblick auf eine konkreten Inhalt bzw. bei Suchmaschinen auf den konkreten Link; eine „Vollsperrung" einer Domain kann ebenso wenig verlangt werden wie eine ständige auf ähnliche Inhalte bezogene Recherche durch den Suchmaschinenbetreiber.[490] In der Rechtsprechung ist eine Tendenz dahingehend zu erkennen, dass die Teilbereiche der durch die Suchmaschine erbrachten Dienstleistungen zunehmend differenzierter betrachtet werden. So werden Snippets in gefestigter instanzgerichtlicher Rechtsprechung als rein technisch generierte Textfragmente ohne Aussagegehalt behandelt, für die eine Verantwortlichkeit ausscheidet.[491] Eigene (mitunter die Sphäre der Wertungsneutralität verlassende) Inhalte lösen hingegen eine Verantwortlichkeit des Betreibers aus.[492] Das Institut der Störerhaftung findet gleichermaßen auch auf Metasuchmaschinen Anwendung (→ Vor § 7 Rn. 90ff.). Hingegen kann der Betreiber einer Internetplattform als Täter in Anspruch genommen werden, wenn er die auf seiner Plattform bereitgehaltene interne Suchmaschine so programmiert, dass Suchanfragen der Nutzer (bspw. geschützte Markennamen) automatisch analysiert, gespeichert und mit in den Quelltext der Seite aufgenommen

---

[486] So iE auch OLG Karlsruhe, MMR 2017, 487 Rn. 94, 109 (für Persönlichkeitsrechtsverletzungen); OLG Köln, BeckRS 2016, 18916 Rn. 109; OLG Frankfurt a. M., GRUR-RR 2008, 93, mAnm *Spindler*, MMR 2008, 167: wettbewerbsrechtliche Klage gegen Access-Provider zur Sperrung des Zugangs zu Google.de, um die Suche nach illegalen Erotikdiensten zu verhindern; LG Frankfurt a. M., GRUR-RR 2002, 83, 84f.; *Stadler*, Haftung für Informationen im Internet, Rn. 241ff., 244; Heermann/Ohly/*Reese*, Verantwortlichkeit im Netz, S. 191f.; *Ohly*, GRUR 2017, 441, 448; *Bettinger/Freytag*, CR 1998, 545, 552; unklar für Störerhaftung *Köhler/Fetzer*, Rn. 830f.; *Volkmann*, Der Störer im Internet, S. 164f.; anders wohl *v. Lackum*, MMR 1999, 697, 701.
[487] BGHZ 197, 213 Rn. 30 = GRUR 2013, 751 mAnm *Peifer/Becker* – Autocomplete-Funktion; OLG Karlsruhe, MMR 2017, 487 Rn. 94f., das hier Parallelen zum Host-Provider zieht; OLG Köln, BeckRS 2016, 18916, Rn. 88f.
[488] BGHZ 197, 213 Rn. 30 = GRUR 2013, 751 mAnm *Peifer/Becker* – Autocomplete-Funktion; OLG Braunschweig, GRUR 2014, 1002, 1005 – Posterlounge I; OLG Hamburg, GRUR 2007, 241, 244 – Preispiraten mkritAnm *Ruess*, GRUR 2007, 198, 200; LG München I, MMR 2004, 261, 262; LG Hamburg, BeckRS 2011, 03015; *Meyer/Rempe*, K&R 2017, 303, 307f.
[489] Verkannt von LG München I, MMR 2004, 261, 262.
[490] OLG Karlsruhe, MMR 2017, 487, 491f. Rn. 92ff., 95f., 101ff., 106.
[491] OLG Hamburg, MMR 2007, 315; *Nolte/Wimmers*, GRUR 2014, Beil. 1, 58, 66; OLG Hamburg, MMR 2007, 315; *Engels/Jürgens/Kleinschmidt*, K&R 2008, 65, 74.
[492] BGHZ 197, 213 Rn. 30 = GRUR 2013, 751 mAnm *Peifer/Becker* – Autocomplete-Funktion.

werden, sodass bspw. Google beim Auswerten der Quelltexte diesen Namen erkennt und bei Suchanfragen nach diesen Markennamen auf die Seite mit der manipulierten Suchmaschine verlinkt.[493]

5. Störerhaftung von Internetanschlussinhabern

118 Schwierig ist die Störerhaftung von Internetanschlussinhabern zu qualifizieren. Hier sind mehrere Konstellationen zu unterscheiden:

119 Werden über ihren Anschluss **im Wege der Zugangsvermittlung** Rechtsverletzungen begangen, indem Dritte mit ihren Geräten über den Anschluss des „Störers" mit anderen Netzen verbunden werden, kommen die Haftungsprivilegierungen des § 8 zur Anwendung. In diesem Rahmen ist nach dem Willen des Gesetzgebers zwischen der Zugangsvermittlung über WLANs nach § 8 Abs. 3 und § 7 Abs. 4 und anderen Zugangsvermittlungen zu unterscheiden. Bei lokalen Netzwerken (LANs) soll jedenfalls nach dem Willen des Gesetzgebers nur § 8 Abs. 1 S. 2 einschlägig sein, mithin jede Störerhaftung und auch Netzsperren ausscheiden – was rechtspolitisch mehr als fragwürdig ist.

120 Wird die Rechtsverletzung jedoch **direkt über den Anschluss** und ohne jegliche Zugangsvermittlung begangen (Endgerät), gelangt keine Privilegierung zur Anwendung, da keine Zugangsvermittlung gegenüber Dritten vorliegt – auch wenn ein Dritter den PC (oder andere Geräte) für den Zugang benutzt haben sollte.

121 Diese sybillinische Unterscheidung ist **extrem fragwürdig,** aber vom Gesetz vorgegeben. Im Folgenden wird nur die Störerhaftung für den eigenen Internetanschluss ohne Nutzung eines WLANs oder sonstiger Zugangsvermittlungen für Dritte behandelt, mithin nur für den **eigenen Terminal/Client;** soweit der Rechtsprechung Fälle zugrunde lagen, die WLANs oder andere Zugangsvermittlungen betrafen, sind diese nur noch nach § 7 Abs. 4 bzw. § 8 Abs. 1 S. 2 zu beurteilen. Damit wird die Störerhaftung außerhalb von § 8 nur noch auf den eigenen Client beschränkt; nur hierfür haben die von der Rechtsprechung entwickelten Fallkonstellationen und Pflichten noch eine Berechtigung.

122 Wird mit Hilfe der **IP-Adresse** ermittelt, dass über den Anschluss des Inhabers eine Rechtsverletzung begangen wurde, so kann hierdurch noch nicht der Beweis erbracht werden, dass der Inhaber selbst gehandelt habe.[494] Allerdings hilft dem Geschädigten die Rechtsprechung mit einer Art prima-facie Vermutung,[495] dass der Anschlussinhaber die Verletzung als Täter vorgenommen hat.[496] Beweist der Anschlussinhaber, dass er zum Zeitpunkt der Rechtsverletzung den Zugang nicht genutzt hat,[497] oder besteht die ernsthafte Möglichkeit, dass andere den Internetanschluss be-

---

[493] BGH, GRUR 2015, 1223 Rn. 45f., 57 – Posterlounge; aA OLG Braunschweig, MMR 2015, 269, 272 – Posterlounge I, das eine täterschaftliche Handlung verneint, da das Speichern von internen Suchanfragen alleine noch keine Markenrechtsverletzung begründe und diese Verletzung lediglich durch das Hinzutreten einer Suchanfrage der Nutzer entstünde. IE sei dem Plattformbetreiber somit nur ein Unterlassen im Rahmen der Störerhaftung vorzuwerfen.

[494] BGH, GRUR 2010, 633 Rn. 15 mAnm *Stang/Hühner* – Sommer unseres Lebens; LG Frankfurt a. M., MMR 2011, 401, 402 mwN.

[495] Zum System der Vermutungen und zur Störerhaftung *Schaub*, GRUR 2016, 152ff.

[496] BGHZ 185, 330 Rn. 12 = GRUR 2010, 633 – Sommer unseres Lebens; BGH, GRUR 2013, 511 Rn. 33 – Morpheus; BGH, GRUR 2014, 656 Rn. 15 – BearShare; BGH, GRUR 2016, 176 Rn. 52 – Tauschbörse I; BGH, GRUR 2016, 191 Rn. 37 – Tauschbörse III.

[497] BGH, GRUR 2010, 633 Rn. 12 mAnm *Stang/Hühner* – Sommer unseres Lebens; BGH, GRUR 2013, 511 Rn. 34 mAnm *Schaub* – Morpheus. Die pauschale Behauptung eines theoretisch möglichen Zugriffs von im Haushalt lebenden Dritter genügt hierfür nicht; BGH, GRUR 2016, 191 Rn. 42 – Tauschbörse III.

Allgemeine Grundsätze § 7 TMG

nutzt haben, ist die Vermutung widerlegt.[498] Hierzu muss der Anschlussinhaber Tatsachen vortragen, dass andere Personen Zugang zum Internetanschluss hatten und diesen in der fraglichen Zeit womöglich genutzt haben.[499] Dann obliegt es dem Anspruchsteller, das Gegenteil zu beweisen.[500] Scheidet eine eigene Täterschaft des Anschlussinhabers aus bzw. kann diese nicht bewiesen werden, kann aber nach wie vor eine Haftung des Aufsichtspflichtigen nach § 832 BGB[501] sowie eine Störerhaftung in Betracht kommen. Im Rahmen von § 832 BGB verlangt die Rechtsprechung von Eltern als Internetanschlussinhaber, die ihren **minderjährigen Kindern** die Nutzung des Anschlusses ermöglichen, im Interesse der selbständigen Entwicklung des Kindes relativ wenige Maßnahmen, insbesondere keine ständige Überwachung und keine komplette Überwachung des Computers des Kindes, aber zumindest eine Belehrung über Rechtsverletzungen.[502] Einer Haftung können bspw. **Eltern** als Anschlussinhaber nach der Rechtsprechung daher dann entgehen, wenn sie ihren minderjährigen Kindern (Anschlussnutzer) zuvor eine Nutzung von Plattformen, die Rechtsverletzungen bereithalten, untersagt haben.[503] Sie genügen ihrer Aufsichtspflicht über ein normal entwickeltes 13-jähriges Kind, das ihre grundlegenden Gebote und Verbote befolgt, regelmäßig dadurch, dass sie das Kind über die Rechtswidrigkeit einer Teilnahme an Internettauschbörsen belehren und ihm eine Teilnahme hieran untersagen.[504] Eine Verpflichtung der Eltern die gesamte Nutzung des Internets durch das Kind zu überwachen sowie den Computer zu überprüfen, besteht grundsätzlich nicht. Solche Maßnahmen sind für die Eltern erst verpflichtend, wenn sie konkrete Anhaltspunkte für ein Zuwiderhandeln gegen das Verbot haben.[505] Auch wenn erfahrungsgemäß Kinder und Jugendliche gelegentlich diese aus pädagogischen Gründen auferlegten Verbote übertreten,[506] folgt hieraus aber keine Verpflichtung, ohne konkreten Anlass die Kinder regelmäßig zu kontrollieren.[507] Eine Dokumentation der Belehrungen ist nicht zu verlangen.[508]

---

[498] BGHZ 185, 330 Rn. 12 = GRUR 2010, 633 – Sommer unseres Lebens; BGH, GRUR 2013, 511 Rn. 34 – Morpheus; BGH, GRUR 2014, 657 Rn. 16 ff. – BearShare; BGH, GRUR 2016, 191 Rn. 37 – Tauschbörse III.
[499] BGH, GRUR 2016, 191 Rn. 37 – Tauschbörse III.
[500] BGH, GRUR 2013, 511 Rn. 35 – Morpheus; BGH, GRUR 2014, 657 Rn. 20 – BearShare; BGH, GRUR 2016, 191 Rn. 37 aE – Tauschbörse III.
[501] So die Konstellationen in BGH, GRUR 2013, 511 – Morpheus; BGH, GRUR 2016, 184 – Tauschbörse II.
[502] BGH, GRUR 2013, 511 Rn. 22 mAnm *Schaub* – Morpheus; zuvor OLG Frankfurt a.M., GRUR-RR 2008, 73, 74; *Grosskopf*, CR 2007, 122; *Peter*, K&R 2007, 371, 373; *Leistner/Stang*, WRP 2008, 533, 549; *Mühlberger*, GRUR 2009, 1022, 1025 f.; BeckOGK BGB/*Spindler*, Stand: 15.3.2017, § 832 Rn. 112 ff.; das Morpheus-Urteil des BGH lobend *Thora*, VersR 2013, 868 f.
[503] BGH, GRUR 2016, 184 Rn. 32 – Tauschbörse II; BGH, GRUR 2013, 511 Rn. 24 mAnm *Schaub* – Morpheus, natürlich muss auch hier erneut der Einzelfall differenziert beurteilt werden, in diesem Fall handelte es sich um ein 13-jähriges Kind, hierauf weist *Schaub*, GRUR 2013, 515 ebenfalls hin; *Ernst/Seichter*, ZUM 2007, 513, 517; *Sassenberg/Mantz*, WLAN und Recht, Rn. 235. Zur Inanspruchnahme des Kindes selbst s. *Ott*, VuR 2013, 221, 223.
[504] BGH, GRUR 2013, 511 Rn. 23 f. mAnm *Schaub* – Morpheus; *Rauer/Pfuhl*, WRP 2013, 802, 803, die im Fall Morpheus eine zu ungenaue Auseinandersetzung des BGH mit der Frage, ob die Eltern ihr Kind tatsächlich aufgeklärt hätten, kritisieren.
[505] BGH, GRUR 2013, 511 Rn. 24 mAnm *Schaub* – Morpheus; *Drücke*, K&R 2013, 326, 327.
[506] BGH, GRUR 2013, 511 Rn. 25 mAnm *Schaub* – Morpheus; vgl. BGHZ 173, 188 Rn. 26 = GRUR 2007, 890 – Jugendgefährdende Medien bei eBay; krit. hierzu *Rauer/Pfuhl*, WRP 2013, 802, 804 f.
[507] BGH, GRUR 2013, 511 Rn. 25 mAnm *Schaub* – Morpheus.
[508] Zutr. *Schaub*, GRUR 2016, 152, 154.

123 Als Störer genügt es, dass der Anschlussinhaber durch die bewusste oder unbewusste Zurverfügungstellung seines Anschlusses einen adäquat kausalen Beitrag zur Verletzungshandlung leistet. Hierbei kann dem Inhaber insbesondere zur Last gelegt werden, dass er seinen Anschluss nicht vor einer **unbewussten Nutzung** gesichert hat.[509] Bei einem eigenen Endgerät wird dies in Zukunft noch problematischer, da die meisten Betriebssysteme und damit Endgeräte über ein Passwort gegenüber unbefugtem Zugriff gesichert sind (dazu unten → Rn. 126). Entscheidendes Element zur Begründung einer Haftung sind somit weiterhin die **zumutbaren Kontroll- und Prüfpflichten,**[510] die der Anschlussinhaber verletzt haben muss. In diesem Rahmen sind auch die Haftung im Familienkreis und die nicht zuletzt im Hinblick auf Art. 6 GG reduzierten Überwachungspflichten anzusiedeln[511] – auch wenn die Rechtsprechung hier die Parallelen zum Access Providing übersieht, da es sich hier letztlich auch um die Vermittlung eines Zugangs zu anderen Kommunikationsnetzen handelt.[512]

124 Für **volljährige Kinder** lehnt der BGH sogar derartige Belehrungspflichten zugunsten eines Vertrauensgrundsatzes in der Familiengemeinschaft ab; erst bei konkreten Verdachtsmomenten ergäbe sich eine Pflicht zum Einschreiten bzw. zur Ergreifung von vorbeugenden Maßnahmen.[513] Der Verzicht auf anlasslose Belehrungspflichten gilt mutatis mutandis auch für **Ehegatten;** auch greift hier nach Auffassung des BGH im Hinblick auf den grundrechtlich geschützten Bereich der Ehe und Familie keine Dokumentations- oder Überwachungspflicht ein.[514]

125 Ferner hat der BGH nun entschieden, dass eine solche anlasslose Belehrungspflicht selbst bei fehlender familiärer Beziehung nicht besteht. Nutzen volljährige Gäste oder Mitbewohner in der Wohnung eines Anschlussinhabers dessen Endgerät, so ist der Anschlussinhaber nicht verpflichtet diese über die ordnungsgemäße Nutzung zu belehren. Schließlich stelle „die Überlassung eines privaten Internetanschlusses eine übliche Gefälligkeit dar und sei nicht anders als die Überlassung eines Telefonanschlusses, eines Kraftfahrzeugs oder einer Wohnung zu bewerten."[515] Wie sich diese Rechtsprechung allerdings mit der Halzband-Entscheidung des I. Zivilsenats verträgt, in der der Senat aufgrund der vertraglichen (!) Geheimhaltungspflichten eines **eBay-Accounts** dem Account-Inhaber deliktische Verkehrssicherungspflichten im Interesse von Rechteinhabern auferlegte, wiederum mit der tragenden Erwägung, dass sonst die Rechtsverfolgung gegenüber dem wahren Verletzer fast unmöglich werde,[516] ist noch ungeklärt. Gleiches gilt für den vom EuGH für die Umsetzung der Enforcement-RL stets betonten notwendigen Rechtsschutz für Rechteinhaber, der nicht völlig ins Leere laufen darf – wozu aber die Rechtsprechung des BGH letztlich führt, was das LG München I zu Recht zu einem Vorlagebeschluss an den EuGH veranlasst hat.[517]

---

[509] BGH, GRUR 2010, 633 Rn. 20 mAnm *Stang/Hühner* – Sommer unseres Lebens, in diesem Fall ging es um die ungenügende Sicherung als kausalen Beitrag; LG Frankfurt a. M., MMR 2007, 675, 676; LG Hamburg, MMR 2006, 763, 764; krit. zur Ausweitung der Störerhaftung *Ernst/Seichter*, ZUM 2007, 513, 516; krit. zur Verschlüsselung *Gietl*, ZUM 2007, 407, 408.

[510] *Borges* hält den Begriff der Prüfpflichten im nachfolgenden Fall für unglücklich gewählt, s. NJW 2010, 2624, 2627.

[511] *Brüggemann*, CR 2013, 327, 328; *Steinbeck*, WRP 2013, 416, 419.

[512] Dazu näher *Spindler* in: FS Lorenz 2014, S. 721; *Spindler* CR 2010, 592, 599f.

[513] BGHZ 210, 224 Rn. 18 = GRUR 2016, 1289 – Silver Linings Playbook; BGHZ 200, 76 = GRUR 2014, 657 mAnm *Neurauter* – BearShare.

[514] BGH, MMR 2017, 478 Rn. 21 ff., 26 – Afterlife; so auch *Borges*, NJW 2014, 2305, 2307; *Specht*, GRUR 2017, 42, 43.

[515] BGHZ 210, 224 Rn. 20 ff. = GRUR 2016, 1289 – Silver Linings Playbook.

[516] BGHZ 180, 143 Rn. 18 aE = GRUR 2009, 597 – Halzband.

[517] LG München I, MMR 2017, 640.

Allgemeine Grundsätze **§ 7 TMG**

Ferner ist es nach Ansicht des BGH **privaten Anschlussinhabern** zumutbar, ihre **126** **WLAN-Anschlüsse** ab Inbetriebnahme, dh bereits vor Bekanntwerden einer über sie begangenen Rechtsverletzung, vor einem Zugriff Dritter zu sichern.[518] Hierbei genügt es allerdings, wenn die Sicherungsmaßnahmen im Zeitpunkt des Kaufes den marktüblichen Standards entspricht, eine Netzwerksicherheit entsprechend dem neusten Stand der Technik fordert der Gerichtshof nicht.[519] Sah der BGH in seiner Sommer unseres Lebens-Entscheidung diesen marktüblichen Standard als nicht gewahrt an, wenn der Anschlussinhaber die Standardsicherheitseinstellungen des Routers nicht durch ein individuelles langes und sicheres Passwort ersetzt habe,[520] lässt der Bundesgerichtshof nun die Verschlüsselung mittels des werkeingestellten Standard WPA2-Codes genügen[521] – zumindest dann, wenn es sich hierbei um einen vom Hersteller nur für das einzelne und nicht für mehrere Geräte vergebenen Code handelt. Im letztgenannten Fall genüge das Passwort nicht dem marktüblichen Standards und der Anschlussinhaber habe seine Prüfpflicht verletzt.

Setzte sich der BGH bislang nur mit der Haftung eines privaten Anschlussinhabers **127** auseinander, sah sich der EuGH mit der Frage der Haftung eines **gewerblichen Anschlussinhabers über ein WLAN** konfrontiert. Im Fall **McFadden** hielt der **EuGH** die prinzipielle Zulässigkeit der Zurverfügungstellung des WLAN-Zugangs an Dritte durch den gewerblichen Anschlussinhaber fest.[522] Allerdings verneinte der EuGH eine Anwendung der Haftungsprivilegierung des Art. 12 ECRL auf Unterlassungsansprüche,[523] sodass auch der gewerbliche Anschlussinhaber wegen eines Verstoßes gegen eine Unterlassungsanordnung iSd Art. 12 Abs. 3 ECRL in Anspruch genommen werden kann. Erwirkt ein Geschädigter eine gerichtliche oder behördliche Unterlassungsanordnung, so hält der EuGH in Anlehnung an seine UPC Telekabel-Entscheidung eine Sicherung des WLAN-Netzwerks, die den Zugang zu Rechtsverletzungen bereits erschwert, für ausreichend um der Anordnung nachzukommen. Mithin könne dies bereits durch die abschreckende Wirkung eines passwortgesicherten Zugangs mitsamt Identitätsfeststellung bewirkt werden.[524] Damit setzte der EuGH aber mittelbar auch die vom deutschen Gesetzgeber beabsichtigte Freistellung der WLAN-Anbieter im 2. TMG-ÄndG außer Kraft (näher →Rn. 77ff., →§ 8

---

[518] BGH, GRUR 2010, 633 Rn. 24 mAnm *Stang/Hühner* – Sommer unseres Lebens; aA OLG Frankfurt a. M., GRUR-RR 2008, 279, 280 – Ungesichertes WLAN. Krit. zur Einordnung des BGH vor allem auch im Hinblick auf proaktive Überwachungsmaßnahmen *Spindler,* CR 2010, 592, 597f.

[519] BGH, GRUR 2010, 633 Rn. 23 mAnm *Stang/Hühner* – Sommer unseres Lebens. Für gewerbliche Anbieter dürfte dies gerade strenger beurteilt werden.

[520] BGH, GRUR 2010, 633 Rn. 34 mAnm *Stang/Hühner* – Sommer unseres Lebens; *Mantz,* MMR 2010, 568, 569 geht davon aus, dass der BGH hier fälschlicherweise von einem auf jedem Router identischen Passwort ausging, bestätigt wird dies durch AG Frankfurt a. M., MMR 2013, 605, 607 mAnm *Mantz*.

[521] BGH, GRUR 2017, 617 – WLAN-Schlüssel; AG Frankfurt a. M., MMR 2013, 605, 607 mAnm *Mantz*.

[522] EuGH, GRUR 2016, 1146 Rn. 88 – McFadden.

[523] EuGH, GRUR 2016, 1146 Rn. 76f. – McFadden; aA Schlussanträge Generalanwalt Szpunar, abrufbar unter http://curia.europa.eu/juris/document/document.jsf;jsessionid=9ea7d0f1 30d6185a265ea8a64b629dc7a79423b7aba3.e34KaxiLc3eQc40LaxqMbN 4PahaRe0?text=& docid=175130&pageIndex=0&doclang=DE&mode=lst&dir=&occ=first&part=1&cid=85 3334, Rn. 92 (Stand: 8.10.2017); Hoeren/Klein, MMR 2016, 764.

[524] EuGH, GRUR 2016, 1146 Rn. 95f. – McFadden; zu anderen Sicherungsmaßnahmen s. *Nordemann,* GRUR 2016, 1097, 1102; *Schmidt-Bens/Suhren,* K&R 2013, 1, 5f. Krit. zur abschreckenden Wirkung *Mantz,* EuZW 2016, 817, 819; ebenfalls zur Ungeeignetheit solcher Maßnahmen *Sassenberg/Mantz,* WLAN und Recht, Rn. 228.

Rn. 2, 18), woraufhin der deutsche Gesetzgeber im Rahmen des 3. TMG-ÄndG wiederum durch die neuen § 8 Abs. 1, Abs. 4 sowie § 7 Abs. 4 TMG reagierte, indem die Störerhaftung komplett abgeschafft und jeglicher Zwang zur Verwendung von Passwörtern aufgehoben werden soll (näher → Rn. 77 ff., → § 8 Rn. 3, 18 ff.). Da aber die Änderungen des TMG für WLANs ausnahmslos für alle Betreiber gelten, ob privat oder kommerziell, werden auch alle Fälle betroffen, in denen private WLANs an ihrem Internetanschluss betreiben; damit ist die **bisherigen Rechtsprechung weitgehend hinfällig,** da nach dem erklärten Willen des Gesetzgebers nur noch Netzsperren nach § 7 Abs. 4 in Betracht kommen, aber nicht mehr die Störerhaftung. Auf Aufklärungspflichten etc. kommt es dann ebenso wenig wie auf sekundäre Darlegungs- und Beweislasten an. Kurioserweise gilt das dann aber nur für WLANs, nicht aber für hinter dem Internetanschluss geschaltete **lokale Netzwerke (LANs);** nimmt man hier § 8 Abs. 1 mit dem völligen Ausschluss der Störerhaftung ernst, gibt es in diesem Fall nicht einmal mehr den Anspruch auf Netzsperren (→ § 8 Rn. 40).

128 Sollte sich indes die TMG-Reform als europarechtswidrig erweisen (dazu → Rn. 89, 107, → § 8 Rn. 20 ff.), so kommt den von der Rechtsprechung zuvor entwickelten, oben beschriebenen Pflichten für das Betreiben von WLANs wieder Bedeutung zu (→ Rn. 122 ff.).

XI. Öffentlich-rechtliche Störerhaftung

129 Die Verantwortlichkeit von Providern beschränkt sich nicht auf die zivilrechtliche Störerhaftung, wie die jüngsten öffentlich-rechtlichen Sperrverfügungen gegen Access-Provider in Nordrhein-Westfalen gezeigt haben (→ § 8 Rn. 31). Fehlen spezialgesetzliche Ermächtigungsnormen, wie zB § 59 RStV, findet die ordnungsrechtliche und polizeiliche Generalklausel der Landesordnungs- oder Polizeigesetze Anwendung, etwa im Bereich der Telemedien.[525] Auch im öffentlichen Recht ist die Verantwortlichkeit als Störer unabhängig von den Haftungsprivilegierungen. Entsprechend den Grundsätzen des **allgemeinen Sicherheits- und Polizeirechts** können die Diensteanbieter je nach ihrer Nähe zum Inhalt und damit zur Gefahrenquelle als Handlungsstörer (Content-Provider), als Zustandsstörer (Host-Provider, § 10) und Nicht-Störer (Access-Provider, → näher § 8 Rn. 65 ff.) klassifiziert werden.[526] Zu erinnern ist in diesem Zusammenhang an die abgestufte Rechtsprechung des BVerfG zu den Opfergrenzen für die Inanspruchnahme eines Zustandsstörers,[527] anhand derer die verfassungsrechtlich vorgegebenen engen Spielräume des Rückgriffs auf andere als Verhaltensstörer deutlich werden. Diese Vorgaben müssen auch für Internetsachverhalte im Rahmen der Auslegung der Tatbestandsmerkmale berücksichtigt werden. Ebenso müssen die verfassungsrechtlichen Vorgaben im Bereich der Kommunikationsgrundrechte beachtet werden (→ Rn. 60, 79 f.).

XII. Wahrung des Fernmeldegeheimnisses

130 Nach § 7 Abs. 3 S. 2 hat der Diensteanbieter zudem das Fernmeldegeheimnis nach § 88 TKG (§ 85 TKG aF), Art. 10 Abs. 1 GG zu wahren. Das TMG hebt damit letztlich eine Selbstverständlichkeit hervor, da der Anbieter die Pflichten anderer Gesetze

---

[525] *Greiner,* CR 2002, 620, 621; *Germann,* Gefahrenabwehr, 379; *Spindler/Volkmann,* K&R 2002, 398, 399; missverständlich *Fritzemeyer/Rinderle,* CR 2003, 599, 604.

[526] Ausf. *Spindler/Volkmann,* K&R 2002, 398; *Wimmer,* ZUM 1999, 436, 441; *Zimmermann,* NJW 1999, 3145, 3148 f.; *Hornig,* ZUM 2001, 846, 856; → § 10 Rn. 117 f.

[527] BVerfGE 102, 1 ff. = NJW 2000, 2573 ff.; näher *Spindler,* ZGR 2001, 385; *Lepsius,* JZ 2001, 22.

einzuhalten hat. Andererseits darf § 7 Abs. 3 S. 2 nicht dahingehend missverstanden werden, dass etwa eine Kenntniserlangung durch Bruch des Fernmeldegeheimnis dazu führen würde, dass der Anbieter so behandelt werden müsste, als hätte er keine Kenntnis von den rechtswidrigen Tätigkeiten; vielmehr ist in diesen Fällen erst recht nicht einsehbar, warum der Anbieter besser als der rechtstreue Anbieter behandelt werden sollte.[528] Die Kenntnis richtet sich allein nach dem tatsächlichen Wissen des Anbieters und weist keine pflichtenbezogenen oder voluntativen Elemente auf.[529] S. zu Rolle des Fernmeldegeheimnis auch oben → Rn. 84.

§ 8 Durchleitung von Informationen

(1) [1]Diensteanbieter sind für fremde Informationen, die sie in einem Kommunikationsnetz übermitteln oder zu denen sie den Zugang zur Nutzung vermitteln, nicht verantwortlich, sofern sie
1. die Übermittlung nicht veranlasst,
2. den Adressaten der übermittelten Informationen nicht ausgewählt und
3. die übermittelten Informationen nicht ausgewählt oder verändert haben.

[2]Sofern diese Diensteanbieter nicht verantwortlich sind, können sie insbesondere nicht wegen einer rechtswidrigen Handlung eines Nutzers auf Schadensersatz oder Beseitigung oder Unterlassung einer Rechtsverletzung in Anspruch genommen werden; dasselbe gilt hinsichtlich aller Kosten für die Geltendmachung und Durchsetzung dieser Ansprüche. Die Sätze 1 und 2 finden keine Anwendung, wenn der Diensteanbieter absichtlich mit einem Nutzer seines Dienstes zusammenarbeitet, um rechtswidrige Handlungen zu begehen.

(2) Die Übermittlung von Informationen nach Absatz 1 und die Vermittlung des Zugangs zu ihnen umfasst auch die automatische kurzzeitige Zwischenspeicherung dieser Informationen, soweit dies nur zur Durchführung der Übermittlung im Kommunikationsnetz geschieht und die Informationen nicht länger gespeichert werden, als für die Übermittlung üblicherweise erforderlich ist.

(3) Die Absätze 1 und 2 gelten auch für Diensteanbieter nach Absatz 1, die Nutzern einen Internetzugang über ein drahtloses lokales Netzwerk zur Verfügung stellen.

(4) [1]Diensteanbieter nach § 8 Absatz 3 dürfen von einer Behörde nicht verpflichtet werden,
1. vor Gewährung des Zugangs
   a) die persönlichen Daten von Nutzern zu erheben und zu speichern (Registrierung) oder
   b) die Eingabe eines Passworts zu verlangen oder
2. das Anbieten des Dienstes dauerhaft einzustellen.

[2]Davon unberührt bleibt, wenn ein Diensteanbieter auf freiwilliger Basis die Nutzer identifiziert, eine Passworteingabe verlangt oder andere freiwillige Maßnahmen ergreift.

---

[528] Dem zust. Spindler/Schuster/*Hoffmann*, § 7 TMG Rn. 44; BeckRTD-Komm/*Jandt*, § 7 TMG Rn. 55; MüKoStGB/*Altenhain*, § 7 TMG Rn. 9; BeckOK InfoMedienR/*Paal*, § 7 TMG Rn. 72.
[529] OLG München, NJW 2002, 2398, 2399.

TMG § 8 Durchleitung von Informationen

Literatur ab TMG (2007): *Apel/Stolz,* Letzter Halt vor einer Zeitenwende im WLAN-Störerhaftungsregime – Anmerkung zu BGH, ZUM 2017, 672 – WLAN-Schlüssel, ZUM 2017, 674; *Bisle/Frommer,* EuGH klärt Verantwortlichkeit bei anonym nutzbaren WLAN-Hotspots – Das Ende der Pläne zur „Abschaffung der Störerhaftung"?, CR 2017, 54; *Borges,* Pflichten und Haftung beim Betrieb privater WLAN, NJW 2010, 2624; *Bortnikov,* Verbot des Access-Tierings: Ausfluss kommunikativer Chancengleichheit oder unzulässige „Gleichmacherei"?, K&R 2015, 703; *Conraths/Peintinger,* Der neue § 8 TMG: Kein Wegfall der Störerhaftung von W-LAN-Betreibern, GRUR-Prax 2016, 297; *Durner,* Fernmeldegeheimnis und informationelle Selbstbestimmung als Schranken urheberrechtlicher Sperrverfügungen im Internet?, ZUM 2010, 833; *Ernst/Seichter,* Die Störerhaftung des Inhabers eines Internetzugangs, ZUM 2007, 513; *Feldmann,* Die Unterlassungsverpflichtung des Access-Providers als Störer, K&R 2011, 225; *Franz/Sakowski,* Die Haftung des WLAN-Betreibers nach der TMG-Novelle und den Schlussanträgen des Generalanwalts beim EuGH, CR 2016, 524; *Frey/Nohr,* Störerhaftung: Macht der BGH den Access-Providern zum Gatekeeper des Rechts?, GRUR-Prax 2016, 164; *Gersdorf,* Netzneutralität und Medienvielfalt, K&R-Beil. 1/2015 zu Heft 2; *Gietl,* Störerhaftung für ungesicherte Funknetze – Voraussetzungen und Grenzen, MMR 2007, 630; *Grisse,* Was bleibt von der Störerhaftung?, GRUR 2017, 1073; *Haun,* Geht es auch ohne? Offene Netze ohne Störerhaftung?, WRP 2017, 780; *Heidrich/Heymann,* Die Büchse der Pandora erneut geöffnet: Der BGH und Websperren – Eine kritische Analyse der Rechtsprechung zu Internetsperren durch Access-Provider, MMR 2016, 370; *Herwig,* Austarierung von Anonymität und Verantwortung im Netz, ZD 2012, 558; *ders./Klein,* Anm. zum EUGH-Urt. v. 15.9.2016 – C-484/14 – McFadden (MMR 2016, 760), MMR 2016, 764; *Hofmann,* Störerhaftung von Access-Providern für Urheberrechtsverletzungen Dritter, NJW 2016, 769; *Hornung,* Die Haftung von W-LAN Betreibern, CR 2007, 88; *Hütten,* Verantwortlichkeit in Usenet, K&R 2007, 554; *Jaeschke,* Haftung gewerblicher WLAN-Hotspot-Betreiber, MMR 2017, 221; *Kirchberg,* Die Störerhaftung von Internetanschlussinhabern auf dem Prüfstand, ZUM 2012, 544; *Kremer,* Anm. zu einer Entscheidung des BGH, Urt. v. 26.11.2015 (I ZR 174/14) – Zur Verantwortlichkeit des Access-Providers für von Plattformbetreibern ermöglichte und durch Nutzer begangene Urheberrechtsverletzungen über das Internet, CR 2016, 206; *Kropp,* Die Haftung von Host- und Access-Providern bei Urheberrechtsverletzungen, 2012; *Leistner,* Grundlagen und Perspektiven der Haftung für Urheberrechtsverletzungen in Internet, ZUM 2012, 722; *ders./Grisse,* Sperrverfügungen gegen Access-Provider im Rahmen der Störerhaftung (Teil1), GRUR 2015, 19; *dies.,* Sperrverfügungen gegen Access-Provider im Rahmen der Störerhaftung (Teil 2), GRUR 2015, 105; *Mantz,* Die Haftung des Betreibers eines gewerblich betriebenen WLANs und die Haftungsprivilegierung des § 8 TMG, GRUR-RR 2013, 497; *ders.,* Rechtssicherheit für WLAN – Die Haftung des WLAN-Betreibers und das McFadden-Urteil des EuGH, EuZW 2016, 817; *ders.,* Die (neue) Haftung des (WLAN-)Access Providers nach § 8 TMG – Einführung von Websperren und Abschaffung der Unterlassungshaftung, GRUR 2017, 969; *ders./Sassenberg,* Die Neuregelung der Störerhaftung für öffentliche WLANs – Eine Analyse des TMG-RefE v. 11.3.2015, CR 2015, 298; *dies.,* Verantwortlichkeit des Access-Providers auf dem europäischen Prüfstand – Neun Fragen an den EuGH zu Haftungsprivilegierung, Unterlassungsanspruch und Prüfpflichten des WLAN-Betreibers, MMR 2015, 85; *Müller/Kipker,* Der Entwurf eines Zweiten Gesetzes zur Änderung des Telemediengesetzes – Hat die Bundesregierung eine zeitgemäße Angleichung des TMG verfehlt?, MMR 2016, 87; *Nordemann,* Nach der TMG-Reform und EuGH „McFadden" – Das aktuelle Haftungssystem für WLAN- und andere Zugangsprovider, GRUR 2016, 1097; *Obergfell,* Gesetzliches Fundament für offene WLAN-Netze – Alle guten Dinge sind drei?, K&R 2017, 361; *dies.,* Gerichtlich verordneter Passwortschutz für WLAN-Hotspots – zur Reichweite der Access Provider-Regulierung von kommerziellen WLAN-Anbietern, NJW 2016, 3489; *Ohly,* Die Verantwortlichkeit von Intermediären, ZUM 2015, 308; *Ruess,* „Just google it", GRUR 2007, 198; *Sassenberg/Mantz,* WLAN und Recht, 2014; *Scherer/Heinickel,* Die Entwicklung des Telekommunikationsrechts in den Jahren 2011–2015, NVwZ 2016, 965; *Schmidt-Bens,* Über die Reformvorschläge zur Haftung von WLAN-Betreibern, CR 2012, 828; *ders./Suhren,* Haftungsrisiken und Schutzmaßnahmen beim Betrieb von WLAN-Netzen, K&R 2013, 1; *Schnabel,* Porn not found – Die Arcor-Sperre, K&R 2008, 26; *Schröder,* Kommentar zu EuGH – Scarlet Extended, K&R 2012, 38; *Se-*

Durchleitung von Informationen § 8 TMG

sing, Verantwortlichkeit für offenes WLAN – Auswirkungen der TMG-Reform auf die Haftung des Anschlussinhabers, MMR 2016, 507; *ders./Baumann*, Sperranspruch statt Störerhaftung? – eine Analyse zur Reichweite des 3. TMG-ÄndG, MMR 2017, 583; *Sieber/Nolde*, Sperrverfügungen im Internet, 2008; *Spies/Ufer*, Quo vadis Netzneutralität? Status quo und Ausblick – Ein langer Weg zu einem tragfähigen Kompromiss in der EU, Deutschland und den USA, MMR 2015, 91; *Spindler*, Haftung für private WLANs im Delikts- und Urheberrecht, CR 2010, 592; *ders.*, Anmerkung zum Urteil des EuGH vom 24.11.2011 (C-70/10; JZ 2012, 308) – Zur Frage der generellen Filterpflicht für Internet-Access-Provider, JZ 2012, 311; *ders.*, Zivilrechtliche Sperrverfügungen gegen Access Provider nach dem EuGH-Urteil „UPC Telekabel", GRUR 2014, 826: *ders.*, Sperrverfügungen gegen Access-Provider – Klarheit aus Karlsruhe?, GRUR 2016, 415; *ders.*, Die neue Providerhaftung für WLANs – Deutsche Störerhaftung adé?, NJW 2016, 2449; *ders.*, Die geplante Reform der Providerhaftung im TMG und ihre Vereinbarkeit mit Europäischem Recht, CR 2016, 48; *ders.*, Das neue Telemediengesetz – WLAN-Störerhaftung endgültig adé?, NJW 2017, 2305; *Stadler*, Haftung des Admin-C und des Tech-C, CR 2004, 521; *Paal*, Anm. zu einer Entscheidung des BGH, Urt. v. 9.11.2011 (I ZR 150/09; K&R 2012, 204) – Zur Frage der Störerhaftung des Admin-C für rechtsverletzende Domain-Registrierung, K&R 2012, 210; *Popescu*, Verschuldensunabhängige Störerhaftung für den unzureichend gesicherten WLAN-Anschluss, VuR 2011, 347; *Ufer*, Die Haftung der Internet Provider nach dem Telemediengesetz, 2007; *Wedekind*, Rechtliche Fallstricke bei öffentlichen WLAN-Anschlüssen, BWGZ 2013, 597; *Weisser/Färber*, Zumutbarkeit von Websperren für Accessprovider, BB 2016, 776; *Werkmeister/Hermstrüver*, Ausnahmen vom Grundsatz der Netzneutralität – Wer darf auf die Überholspur im Internet?, CR 2015, 570; *Wimmers/Schulz*, Stört der Admin-C, CR 2006, 754.

Literatur bis zum TMG (bis 2006): *Barton*, (Mit-)Verantwortlichkeit des Arbeitgebers für rechtsmissbräuchliche Online-Nutzung durch den Arbeitnehmer, CR 2003, 592; *Blanke*, Über die Verantwortlichkeit des Internet-Providers, 2006; *Röhrborn/Katko*, Rechtliche Anforderungen an Wireless LAN, CR 2002, 882; *Volkmann*, Der Störer im Internet – Zur Verantwortlichkeit der Internet-Provider im allgemeinen Zivil-, Wettbewerbs-, Marken- und öffentlichen Recht, 2005.

Übersicht

	Rn.
I. Überblick und Zweck	1
II. Erfasste Tätigkeiten	7
III. Erfasste Inhalte und Informationen	10
IV. Kein Einfluss auf Inhalte oder Adressaten	11
V. Kenntnis von der rechtswidrigen Handlung oder Tätigkeit	17
VI. Reichweite der Haftungsprivilegierung, insbesondere Ausschluss der Störerhaftung und Rechtsverfolgungskosten (Abs. 1 S. 2)	18
1. Reichweite der Haftungsprivilegierung	18
2. Europarechtliche Zweifel	20
3. Rechtsverfolgungskosten	21
VII. Kollusives Zusammenwirken (Abs. 1 S. 3)	22
VIII. Zwischenspeicherung (Abs. 2)	24
IX. WLAN-Anbieter (Abs. 3); Internetanschlussinhaber	26
X. Anordnungen von Behörden (Abs. 4)	29
1. Grundlagen	29
2. Europarechtliche Zulässigkeit	30
3. Behörde; Zusammenhang mit öffentlich-rechtlicher Störerhaftung	31
4. Beschränkung auf WLAN-Anbieter?	33
5. Keine Pflicht zur Registrierung vor Zugangsgewährung	34
6. Keine Pflicht zur Eingabe eines Passwortes vor Zugangsgewährung	36
7. Kein Untersagen des Weiterbetriebs?	37

TMG § 8 Durchleitung von Informationen

Rn.

XI. Teleologische Reduktion von § 8 bei unmittelbarer Kontrollmöglichkeit des Nutzers (Infrastrukturanbieter)? 38
XII. Einzelne Anwendungsfälle 39
 1. Access-Provider 39
 2. Peer-to-Peer-Systeme 41
 3. Router-Rechner, Netzwerk- bzw. Network-Provider, Domain-Name-Server 44
 4. Konzerninterne Übermittlungen 48
 5. E-Mail-Dienste, E-Mail-Verteilerlisten, Push-Dienste 50
 6. Hyperlinks und Suchmaschinen 55
XIII. Öffentlich-rechtliche Störerhaftung von Access-Providern 58
 1. Störerbegriff 58
 2. Die Verhältnismäßigkeit von Sperrungsverfügungen gegen Access-Provider 59
 3. Access-Provider als Nichtstörer 64
XIV. Kollisionsrecht und Herkunftslandprinzip 68
XV. Beweislast 69

I. Überblick und Zweck

1 Mit § 8 setzt das TMG im Wesentlichen die Vorgaben aus Art. 12 ECRL um. Ziel der Regelung ist die Befreiung des Diensteanbieters von Verantwortlichkeitsrisiken, die aus einer rein technischen, automatisierten Durchleitung von Informationen resultieren können.[1] Selbst die positive Kenntnis von Inhalten oder Aktivitäten schadet dem Provider nicht (→ Rn. 17), außer er handelt kollusiv mit dem Nutzer. Gegenüber § 5 Abs. 3 TDG aF ist § 8 wesentlich detaillierter gefasst, ohne deswegen inhaltlich einen nennenswerten Schritt weiter zu gehen; sowohl § 5 Abs. 3 TDG aF als auch § 8 sind vor allem auf automatisierte, telekommunikationsähnliche Vorgänge ausgerichtet.[2] Auch die kurzzeitige Zwischenspeicherung wird nach § 8 Abs. 2 erfasst. Weder die Überführung des TDG in das TMG noch die darauffolgenden Novellierungen des TMG veränderten den Wortlaut der Norm – was auch kaum möglich ist, da Art. 12 ECRL als vollharmonisierende Norm nur wenig Spielraum für den nationalen Gesetzgeber lässt.

2 Hingegen ist § 8 im Juli 2016 mit dem **2. TMG-ÄndG** um Abs. 3 ergänzt worden.[3] Der Abs. 3 stellt klar, dass sich auch die Anbieter von **WLAN-Zugängen** auf die Haftungsprivilegierung berufen können.[4] Zuvor war sowohl in der Literatur[5] als auch in vereinzelten Urteilen[6] die Anwendung der Privilegierung für die genannten

---

[1] AllgM, s. etwa BeckRTD-Komm/*Jandt,* § 8 TMG Rn. 1; BeckOK InfoMedienR/*Paal,* § 8 TMG Rn. 1 f.

[2] Für § 9 TDG aF: Begr. RegE BT-Drs. 14/6098, S. 24; zu § 5 Abs. 3 TDG aF: Begr. RegE BT-Drs. 13/7385, S. 20, Gegenäußerung Bundesregierung zur Stellungnahme des Bundesrates, BT-Drs. 13/7385, S. 70; *A. Koch,* K&R 2002, 120, 124 f.

[3] BGBl. 2016 I S. 1766; instruktiv etwa *Obergfell,* K&R 2017, 361.

[4] Begr. RegE BT-Drs. 18/6745, S. 8; Beschlussempfehlung und Bericht des Ausschusses für Wirtschaft und Energie, BT-Drs. 18/8645, S. 10.

[5] *Röhrborn/Katko,* CR 2002, 882, 887; *Gietl,* MMR 2007, 630, 631; BeckRTD-Komm/*Jandt,* § 8 TMG Rn. 11; *Feldmann,* K&R 2011, 225 226; *Schmidt-Bens/Suhren,* K&R 2013, 1, 4 (analoge Anwendung); *Mantz,* GRUR-RR 2013, 497, 498 mwN.

[6] AG Hamburg, CR 2014, 536, 537 mAnm *Mantz;* AG Berlin-Charlottenburg, CR 2015, 192, 193 mAnm *Bergt.*

Anbieter anerkannt und gefordert wurden.[7] Insoweit enthält Abs. 3 nun eine klarstellende Wirkung. Ob und inwieweit der Ausbau öffentlicher WLAN Netzwerke hierdurch gefördert werden kann,[8] war jedoch schon bei Erlass des 2. TMG-ÄndG fraglich, da der Gesetzgeber nur in der Begründung auf die Schlussanträge des GA Szpunar verwies, ohne dies zu kodifizieren.[9] Der Regierungsentwurf des 2. TMG-ÄndG sah neben Abs. 3 auch die Einfügung eines weitgehenden Abs. 4 vor, der die Störerhaftung für WLAN-Betreiber einschränken sollte.[10] Abs. 4 idF des 2. TMG-ÄndG wurde jedoch als mit den unionsrechtlichen Vorgaben nicht vereinbar eingestuft und folglich nicht verabschiedet.[11] Lediglich die Gesetzesbegründung zu § 8 sah vor, dass die Privilegierung der Abs. 1 und 2 vor allem auch die verschuldensunabhängige Störerhaftung anzuwenden sei,[12] was zu Recht zur entsprechenden Skepsis führte, wie die Gerichte die Haftungsprivilegierung interpretieren würden.[13] Mit der Entscheidung des EuGH im Fall McFadden,[14] die nicht den Anträgen des GA Szpunar entsprach, war die Änderung quasi hinfällig[15] – was die Rechtsprechung auch prompt umsetzte, indem WLANs weiterhin einer Störerhaftung unterworfen wurden.[16]

Angesichts der gegenteiligen Entscheidung des EuGH versuchst der Gesetzgeber mit dem **3. TMG-ÄndG** 2017 abermals,[17] die Störerhaftung für die WLAN-Anbieter einzuschränken.[18] Kern der Reform ist die Einführung eines eigenen Anspruchs auf Netzsperren in § 7 Abs. 4 (→ § 7 Rn. 77) und im Gegenzug die völlige Aufhebung der Störerhaftung für Anbieter nach § 8 (→ Rn. 18) – was allerdings auf erhebliche europarechtliche Bedenken stößt. Flankiert wird dies mit Einschränkungen für Anordnungen gegenüber WLAN-Anbietern in § 8 Abs. 4 (→ Rn. 29 ff.). 3

Weder begründet noch verändert § 8 bestehende **Garanten- oder Verkehrssi-** 4 **cherungspflichten**, sondern führt zu einer vollständigen Haftungs- und Verantwortlichkeitsbefreiung in allen Rechtsgebieten (→ Vor § 7 Rn. 35). Die Tatsache, dass die Kriterien für die Ableitung von Garanten- und Verkehrssicherungspflichten

---

[7] *Spindler*, CR 2010, 592, 595; *Mantz*, GRUR-RR 2013, 497, 498; *Kirchberg*, ZUM 2012, 544, 549; *Borges*, NJW 2010, 2624, 2627.

[8] Gerade dies ist der Zweck der Gesetzesänderung s. Begr. RegE BT-Drs. 18/6745, S. 7f.; hierzu *Volkmann*, K&R 2015, 289.

[9] Ebenfalls krit. *Mantz/Sassenberg*, CR 2015, 298, 305; s. zur Gesetzesänderung *Spindler*, NJW 2016, 2449; *Conraths/Peintinger*, GRUR-Prax 2016, 297; *Müller/Kipker*, MMR 2016, 87.

[10] Begr. RegE BT-Drs. 18/6745, S. 6; vgl. auch *Sesing*, MMR 2016, 507, 509f.

[11] Beschlussempfehlung und Bericht des Ausschusses für Wirtschaft und Energie, BT-Drs. 18/8645, S. 10.

[12] Beschlussempfehlung und Bericht des Ausschusses für Wirtschaft und Energie, BT-Drs. 18/8645, S. 10.

[13] Hierauf weisen bereits *Sesing*, MMR 2016, 507, 509f.; *Franz/Sakowski*, CR 2016, 524, 527f.; *Mantz*, EuZW 2016, 817, 820 und *Conraths/Peintinger*, GRUR-Prax 2016, 297 hin.

[14] EuGH, GRUR 2016, 1146 – McFadden.

[15] EuGH, GRUR 2016, 1146 Rn. 76f. – McFadden, hierzu *Obergfell*, K&R 2017, 361; *dies.*, NJW 2016, 3489, 3491; *Nordemann*, GRUR 2016, 1097, 1100, der den Streit hiermit als beendet ansieht; *Haun*, WRP 2017, 780, 781 Rn. 4; *Bisle/Frommer*, CR 2017, 54, 59ff. (Parteivertreter in der Sache McFadden); weiterhin im Hinblick auf die Handhabung der nationalen Gerichte zweifelnd *Mantz*, EuZW 2016, 817, 820; ferner *Jaeschke*, MMR 2017, 221, 223f.

[16] OLG Düsseldorf, GRUR 2017, 811, 813 Rn. 16f. (nrkr, Revision beim BGH I ZR 64/17); KG, MMR 2017, 486 – allerdings zu Unrecht selbst für von der ECRL nicht erfasste altruistische WLANs; s. ferner LG München I, MMR 2017, 639f. (McFadden II).

[17] Begr RegE BT-Drs. 18/12202, Stellungnahme und Gegenäußerung BReg BT-Drs. 18/12496, Bericht Rechtsausschuss BT-Drs. 18/13010.

[18] Dazu eingehend *Spindler*, CR 2017, 262 zum RefE, *ders.*, CR 2017, 333 zum RegE.

häufig mit der Haftungsprivilegierung nach § 8 übereinstimmen,[19] darf nicht dazu herangezogen werden, aus § 8 und seinem Anwendungsbereich Rückschlüsse auf die Ableitung von Garanten- und Verkehrssicherungspflichten zu ziehen.[20]

5   **Löschungs- oder Beseitigungsansprüche** können naturgemäß bei Access-Providern nicht entstehen, da sie nur Informationen durchleiten; selbst bei kurzzeitigem Zwischenspeichern iSd Abs. 2 kommen sie nicht in Betracht, da bei einem Anspruch auf Löschung bereits die Tatbestandsvoraussetzung der kurzzeitigen Zwischenspeicherung nicht gegeben sein wird.[21] Sie sind sowieso mit Abschaffung der Störerhaftung nach § 8 Abs. 1 S. 2 ausgeschlossen.

6   **Suchmaschinenbetreiber** sind zwar explizit weder von der ECRL noch vom TMG erfasst worden (→ Rn. 55), so dass Analogien ausscheiden; indes können die Wertungen des TMG auch im Rahmen der allgemeinen Haftungs- und Verantwortlichkeitsregelungen herangezogen werden, → Vor § 7 Rn. 51, 74.

II. Erfasste Tätigkeiten

7   § 8 Abs. 1 erfasst zwei Fälle: Die Übermittlung von fremden Informationen in einem Kommunikationsnetz sowie die Vermittlung des Zugangs zur Nutzung von fremden Informationen. Allerdings setzt § 8 Abs. 1 nicht exakt die Vorgaben aus Art. 12 ECRL um: Denn Art. 12 ECRL privilegiert nicht nur den Anbieter, der vom Nutzer eingegebene Informationen in einem Kommunikationsnetz übermittelt, sondern auch den Anbieter, der den Zugang zu einem Kommunikationsnetz vermittelt, ohne dass es darauf ankommt, ob der Zugang gerade zur Nutzung von Informationen vermittelt wird; allein der Zugang zu dem anderen Kommunikationsnetz ist maßgeblich. § 8 Abs. 1 muss folglich richtlinienkonform dahingehend ausgelegt werden, dass schon der Zugang zu anderen Netzen genügt, um die Verantwortlichkeitsprivilegierung eingreifen zu lassen. Auswirkung hat diese Diskrepanz bei der Beurteilung der Router- und reinen Netzbetreiber (→ Rn. 44) sowie bei konzerninternen Netzen (→ Rn. 48).

8   Ob der Nutzer einen **Vertrag** mit dem Diensteanbieter hat, ist für die Anwendung von Art. 12 ECRL bzw. § 8 unerheblich.[22] Etwas anderes ergibt sich auch nicht aus dem in der deutschen Umsetzung von Art. 12 ECRL verwandten Begriff des „Diensteanbieters".[23]

9   Ebenso wenig kommt es darauf an, ob der Access-Provider seine Dienste ausdrücklich **„anbietet"** im Sinne eines Bewerbens. Der maßgebliche Art. 12 ECRL stellt in seinen anderen Sprachfassungen nicht auf ein solches ausdrückliches Angebot ab.[24]

III. Erfasste Inhalte und Informationen

10   § 8 greift gem. § 7 Abs. 1 nur bei der Durchleitung fremder Informationen. Hat der Provider die Informationen selbst generiert oder können sie ihm zugerechnet werden (→ § 7 Rn. 23), kann auch bei Durchleitung der Informationen die Haf-

---

[19] Heermann/Ohly/*Satzger*, Verantwortlichkeit im Netz, S. 171 f.

[20] Missverständlich *Barton*, CR 2003, 592, 595.

[21] Zutr. Spindler/Schuster/*Hoffmann*, § 8 TMG Rn. 29; BeckRTD-Komm/*Jandt*, § 8 TMG Rn. 2.

[22] EuGH, GRUR 2014, 468 Rn. 34, 35 mAnm *Marly* – UPC Telekabel; EuGH, GRUR 2016, 1146 Rn. 50 – McFadden.

[23] Schlussantrag Generalanwalt Szpunar Rs. C-484/14 – McFadden Rn. 55 f.

[24] EuGH, GRUR 2016, 1146 Rn. 51 ff., 54 – McFadden.

Durchleitung von Informationen § 8 TMG

tungsprivilegierung nicht mehr verfangen. Zur Frage der konzerninternen Zurechnung → Rn. 48.

IV. Kein Einfluss auf Inhalte oder Adressaten

§ 8 zielt darauf ab, die rein technischen Vorgänge der Übermittlung von Informationen von jeglichen Haftungsrisiken freizustellen. Gemeint sind daher – wie schon in der ECRL[25] – im Wesentlichen automatische, passive, technikbestimmte Vorgänge.[26] Der Diensteanbieter darf keinen Einfluss auf die Informationen, deren Übermittlung oder deren Adressaten ausüben. Die in § 8 Abs. 1 S. 1 Nr. 1–3 genannten Fälle beziehen sich demgemäß allesamt auf denkbare Fälle der Beeinflussung der Übermittlung oder der übermittelten Informationen. Die Voraussetzungen müssen negativ allesamt, mithin **kumulativ** vorliegen.[27] 11

Eine solche inhaltliche Einflussnahme liegt nur bei einer bewussten, individuellen Tätigkeit des Diensteanbieters vor. Rein technisch bedingte Verfahren oder **Eingriffe technischer Art** im Verlauf der Übermittlung fallen nicht unter Veränderung der Information, wie die ECRL klarstellt.[28] Auch wenn etwa Informationen zur Übermittlung in kleinere Datenpakete aufgeteilt werden, wie zB beim **Routing,** handelt es sich um keine inhaltliche Einflussnahme.[29] Bei Veränderungen der Informationen vor bzw. während der Übermittlung ist daher immer zu prüfen, zu welchen Zwecken diese Veränderung erfolgt. 12

Der Diensteanbieter darf nach **Nr. 1** nicht die Übermittlung selbst **veranlasst** haben, mithin nicht bewusst die Übermittlung ausgelöst haben. Der Abruf etwa einer Internetseite durch einen Nutzer ist keine Veranlassung durch den Access-Provider, sondern nur dessen technische Durchführung.[30] Dagegen liegt beim sog. **Cell-Broadcasting** in Mobilfunknetzen eine Übermittlung auf Veranlassung des Diensteanbieters vor, wenn alle Nutzer in einer Mobilfunkzelle, in der sie gerade mit ihren Mobiltelefonen angemeldet sind und den Dienst aktiviert haben, automatisch Nachrichten erhalten, etwa beim sog. Roaming über Auslandstarife.[31] Gleiches muss dementsprechend angenommen werden, wenn ein Access-Provider etwa bei der Anmeldung eines Nutzers in einer seiner Mobilfunkzellen diesem gezielt Tarifinformationen zukommen lässt, was etwa beim Roaming – also dem Wechsel des Nutzers in ein fremdes Netz – der Fall ist. 13

Nach **Nr. 2** darf der Diensteanbieter ferner nicht die Adressaten bzw. Empfänger der Informationen **aussuchen** oder beeinflussen. Das Eintragen in Newsletter- oder Abonnementdienste fällt ebenso wenig unter diesen Tatbestand wie etwa die Anfrage bei einer Suchmaschine oder die Zusammenstellung von bestimmten Adressaten durch den Nutzer. Stets liegt hier eine Tätigkeit des Nutzers und nicht etwa des Access-Providers vor.[32] Dies gilt erst recht, wenn eine URL durch den Access-Provider mit Hilfe eines Domain-Name-Servers in eine IP-Adresse übersetzt wird.[33] Anders 14

---

[25] Erwägungsgründe Nr. 42, 43 ECRL.
[26] Begr. RegE BT-Drs. 14/6098, S. 24.
[27] OLG Frankfurt a. M., MMR 2005, 241, 243; BeckRTD-Komm/*Jandt,* § 8 TMG Rn. 14.
[28] Erwägungsgrund Nr. 43 ECRL.
[29] Wie hier BeckOK InfoMedienR/*Paal,* § 8 TMG Rn. 3.
[30] S. auch Spindler/Schuster/*Hoffmann,* § 8 TMG Rn. 21; BeckOK InfoMedienR/*Paal,* § 8 TMG Rn. 21.
[31] BeckRTD-Komm/*Jandt,* § 8 TMG Rn. 15; MüKoStGB/*Althain,* § 8 TMG Rn. 10.
[32] AllgM s. Spindler/Schuster/*Hoffmann,* § 8 TMG Rn. 22; BeckRTD-Komm/*Jandt,* § 8 TMG Rn. 16; in Bezug auf eine Suchanfrage bei einer Suchmaschine s. AG Bielefeld, MMR 2005, 556f.
[33] BeckOK InfoMedienR/*Paal,* § 8 TMG Rn. 22.

liegt es nur, wenn der Provider selbst durch Einsatz von Filtern die Übermittlung von Informationen steuert.[34]

15 Schließlich ist der Diensteanbieter nach **Nr. 3** gehalten, nicht die **Information selbst auszuwählen** oder auf sie einzuwirken bzw. diese zu verändern. Vor allem bei Push-Diensten (→ Rn. 52) sowie Spam-Filtern (→ Rn. 53) kann eine solche bewusste Einflussnahme vorliegen. Keine inhaltliche Veränderung liegt bei rein technischen Vorgängen vor, wie etwa der Datenkompression oder der **Verschlüsselung**,[35] was schon Erwägungsgrund Nr. 43 ECRL zum Ausdruck bringt.

16 Probleme kann hier in Zukunft die Einführung von entsprechenden groben **Inhaltsfiltern** durch Access-Provider schaffen, die je nach transportiertem Inhalt (bzw. Inhaltskategorien) unterschiedliche Kapazitäten, Geschwindigkeiten vorhalten und dafür gestaffelte Preise von den Nutzern verlangen. Diese bislang mehr im Bereich der **Netzneutralität** geführte Diskussion[36] kann Auswirkungen auf die Haftungsprivilegierung der Access-Provider haben, da sie mit entsprechenden Bündelungen von Angeboten Einfluss auf die Auswahl und Übertragung der Informationen selbst nehmen. Allerdings ist Art. 12 ECRL bzw. § 8 im Lichte der konkreten Informationen auszulegen; erst, wenn die spezifisch in Rede stehende Information bzw. Aktivität vom Provider ausgesucht oder deren Übertragung beeinflusst wurde, entfällt die Haftungsprivilegierung, nicht jedoch schon dann, wenn ganze Kategorien in ihrer Übertragung beeinflusst werden. Zu Sperren von konkreten Informationen im Bereich der Störerhaftung → Rn. 55.

V. Kenntnis von der rechtswidrigen Handlung oder Tätigkeit

17 Ungeklärt ist, ob der durchleitende Anbieter auch bei Kenntnis von der rechtswidrigen Handlung oder Information eines Nutzers von der Verantwortung freigestellt ist. Dafür, dass dies selbst diese Fälle von § 8 erfasst werden, spricht neben der Gesetzgebungsgeschichte[37] zunächst der Vergleich mit § 10 sowie der Wortlaut des § 8, der auf aktives Handeln (Veranlassung, Veränderung, Auswahl der Information), nicht aber auf die Kenntnis einer Handlung des Nutzers oder Information abstellt. Eine inhaltliche Einflussnahme durch Unterlassen des Anbieters, zB durch unterlassenes Einschreiten gegen eine Übermittlung, kommt nach dem Wortlaut des § 8 nicht in Betracht. Zwar

---

[34] So auch MüKoStGB/*Althain*, § 8 TMG Rn. 10.

[35] AllgM BeckRTD-Komm/*Jandt*, § 8 TMG Rn. 18.

[36] Die Verordnung (EU) 2015/2120 des Europäischen Parlaments und des Rates vom 25. November 2015 über Maßnahmen zum Zugang zum offenen Internet und zur Änderung der Richtlinie 2002/22/EG über den Universaldienst und Nutzerrechte bei elektronischen Kommunikationsnetzen und -diensten sowie der Verordnung (EU) Nr. 531/2012 über das Roaming in öffentlichen Mobilfunknetzen in der Union, ABl. Nr. L 310 v. 26.11.2015, S. 1, gestattet in Art. 3 Abs. 2 ausdrücklich die Vereinbarung mit Internetanbietern über unterschiedliche Datenvolumina, Geschwindigkeiten und Preise, wenn hierdurch die Rechte der Nutzer nach Art. 3 Abs. 1 nicht eingeschränkt werden, ebenfalls sieht Art. 3 Abs. 3 Verkehrsmanagementmaßnahmen vor; s. hierzu BEREC, Guidelines on the Implementation by National Regulators of European Net Neutrality Rules, abrufbar unter http://berec.europa.eu/eng/document_register/subject_matter/berec/public_consultations/6075-draft-berec-guidelines-on-implementation-by-natio nal-regulators-european-net-neutrality-rules, S. 9 ff.; *Werkmeister/Hermsträuer*, CR 2015, 570; allg. zur Debatte der Netzneutralität: Enquete Kommission „Internet und digitale Gesellschaft", Vierter Zwischenbericht, Netzneutralität, 2012, BT-Drs. 17/8536; *Scherer/Heinickel*, NVwZ 2016, 965; *Bortnikov*, K&R 2015, 703; *Gersdorf*, K&R-Beil. 1/2015 zu Heft 2; *Spies/Ufer*, MMR 2015, 91; *dies.*, MMR 2011, 13; *Görisch*, EuZW 2013, 494; *Frevert*, MMR 2012, 510; *Gersdorf*, AfP 2011, 209.

[37] Begr. RegE BT-Drs. 14/6098, S. 24.

verweist Erwägungsgrund Nr. 42 S. 3 ECRL, auf dem §§ 7–10 auch beruhen, darauf, dass nur diejenigen Tätigkeiten von der Verantwortlichkeitsbefreiung erfasst werden sollten, bei denen der Anbieter keine Kontrolle oder Kenntnis besitzt. Jedoch hat sich dieser Grundsatz in Art. 12 ECRL bzw. in § 8 Abs. 1 S. 2 nur für das kollusive Zusammenwirken von Anbieter und Nutzer niedergeschlagen, nicht allgemein nur für die Kenntnis des Anbieters von einer rechtswidrigen Tätigkeit.[38] Daraus folgt aber auch umgekehrt, dass der Diensteanbieter selbst bei positiver Kenntnis[39] und ggf. sogar Vorsatz nicht verantwortlich ist, solange er nicht bewusst mit dem Nutzer zusammenwirkt. Eine reine **Beihilfe,** ohne dass der Nutzer hiervon erfährt, **genügt demnach nicht.**

VI. Reichweite der Haftungsprivilegierung, insbesondere Ausschluss der Störerhaftung und Rechtsverfolgungskosten (Abs. 1 S. 2)

1. Reichweite der Haftungsprivilegierung

Die Privilegierung der Access-Provider nach § 8 TMG bezieht sich auf **jegliche** 18 **Verantwortlichkeit,** gleichgültig ob zivil-, straf- oder öffentlich-rechtlich. Der bislang zivilrechtlich möglichen Störerhaftung aufgrund von Art. 12 Abs. 3 ECRL und den dort aufgeführten möglichen Sperranordnungen von Behörden oder Gerichten, die in § 7 Abs. 3 aufgenommen wurden (→ § 7 Rn. 37 ff.), wird nunmehr durch § 8 Abs. 1 S. 2 der Boden entzogen. Das Gesetz erstreckt ausdrücklich die Haftungsprivilegierung auf Beseitigungs- und Unterlassungsansprüche, so wie sie etwa durch § 1004 BGB oder § 97 UrhG vorgesehen wären, mithin die Störerhaftung. Dies macht auch die Gesetzesbegründung des 3. TMG-ÄndG deutlich.[40] Soweit behauptet wird, dass wegen der Beibehaltung von § 7 Abs. 3 nach wie vor Raum für die zivilrechtliche Störerhaftung bleibe, ist nicht ersichtlich, auf welche Rechtsgrundlage sich überhaupt noch diese Haftung stützen ließe;[41] die Einführung des Anspruchs auf Sperranordnungen in § 7 Abs. 4 ist vom Gesetzgeber klar als Substitut für den Entfall der Störerhaftung in Anlehnung an die Rechtsprechung konzipiert worden,[42] so dass eine verbleibende Störerhaftung für „normale" (nicht WLAN-) Access-Provider nur durch eine europarechtskonforme Auslegung erzielt werden kann.

Allerdings bleibt das **Verhältnis zur öffentlich-rechtlichen Verantwortlich-** 19 **keit,** insbesondere als Nicht-Störer (→ Rn. 58, → § 7 Rn. 77 zu Netzsperren) unklar: § 8 Abs. 1 S. 2 spricht ausdrücklich nur davon, dass „insbesondere" die Ansprüche auf Beseitigung und Unterlassung erfasst seien, bezieht sich aber sonst explizit auf die „Verantwortlichkeit" – und nicht auf eine (zivilrechtliche) Haftung. Die Verantwortlichkeit der (Access-)Provider erstreckt sich aber auch auf die öffentlich-rechtliche Gefahrenabwehr, vor allem als Nicht-Störer. Der Gesetzgeber dürfte hier mit dem „insbesondere" indes lediglich die zivilrechtlichen Ansprüche gemeint haben. Andernfalls wären die Vorbehalte in § 8 Abs. 4 nicht erklärlich, die sich ausdrücklich auf „Behörden" beziehen, und keinerlei Anwendungsbereich mehr hätten, wenn die öffentlich-rechtliche Verantwortlichkeit in toto ausgeschlossen wäre, → Rn. 31.

---

[38] *Nickels,* CR 2002, 302, 306; Bräutigam/Leupold/*Pelz,* Online-Handel, B I. Rn. 91.
[39] BeckRTD-Komm/*Jandt,* § 8 TMG Rn. 2; Spindler/Schuster/*Hoffmann,* § 8 TMG Rn. 29; BeckOK InfoMedienR/*Paal,* § 8 TMG Rn. 8; Hoeren/Sieber/Holznagel/*Sieber*/*Höfinger,* 44. EL 2017, Teil 18.1. Rn. 69; *Nolte/Wimmers,* GRUR 2014, 16, 20.
[40] Begr RegE BT-Drs. 18/12202, S. 11.
[41] So aber *Sesing/Baumann,* MMR 2017, 583, 587 f., die weiterhin von Sperranordnungen gegen Provider ausgehen – ohne dafür aber jegliche Rechtsgrundlage anzugeben.
[42] Andeutend auch *Obergfell,* K&R 2017, 361, 362.

TMG § 8 Durchleitung von Informationen

2. Europarechtliche Zweifel

20 § 8 Abs. 1 S. 2 ist in engem Zusammenhang mit dem neuen Anspruch auf Netzsperren nach § 7 Abs. 4 zu lesen. Dieser allerdings bezieht sich allein auf Anbieter nach § 8 Abs. 3, schließt also alle anderen Access-Provider aus. Damit würde die Regelung gegen die Vorgaben des **EuGH** in der **UPC Telekabel** Entscheidung verstoßen, die der EuGH nicht nur auf der Grundlage von Art. 11 Enforcement-RL und Art. 8 Abs. 3 InfoSoc-RL entwickelt hat, sondern auch auf der Basis der (europa-)verfassungsrechtlichen Grundlagen.[43] Dies gilt aber auch im Hinblick auf den ausdrücklichen Ausschluss von Identifizierungspflichten für WLAN-Anbieter nach § 8 Abs. 4, der die Rechteinhaber der Möglichkeit von Schadensersatzansprüchen beraubt, → Rn. 30.

3. Rechtsverfolgungskosten

21 Zudem schließt § 8 Abs. 1 S. 2 Hs. 2 ausdrücklich die außergerichtlichen und gerichtlichen Rechtsverfolgungskosten aus, ähnlich wie § 7 Abs. 4 S. 3 (→ § 7 Rn. 105 ff.). Im Gegensatz zu § 7 Abs. 4 S. 3 erstreckt sich dieser Ausschluss aber auf alle Diensteanbieter nach § 8, nicht nur auf WLAN-Anbieter, also auch auf „normale" Access-Provider ebenso wie auf lokale LAN-Betreiber. Ein Geschädigter kann daher weder vorgerichtliche noch außergerichtliche (Anwalts-)Kosten geltend machen, was aus europarechtlicher Sicht aufgrund von Art. 12 Abs. 1 ECRL schon für Schadensersatzansprüche galt,[44] nunmehr aber auch für Unterlassungs- und Beseitigungsansprüche gilt. Auf die Ausführungen zu § 7 Abs. 4 S. 3 kann insoweit verwiesen werden, → § 7 Rn. 105 ff.

VII. Kollusives Zusammenwirken (Abs. 1 S. 3)

22 Eine Grenze zieht das Gesetz in Umsetzung von Erwägungsgrund Nr. 44 ECRL bei kollusivem Zusammenwirken zwischen Diensteanbieter und Nutzer, § 8 Abs. 1 S. 3, der aufgrund der Stellungnahme des Bundesrates zwecks Klarstellung aufgenommen wurde.[45] Hier fehlt es an der lediglich telekommunikationsähnlichen Tätigkeit. Allerdings ist hierfür Absicht erforderlich; ein grob leichtfertiges Verhalten, wie etwa im Rahmen von § 826 BGB,[46] kann nicht ausreichen, da sonst die von § 8 beabsichtigte weitgehende Haftungsprivilegierung unterlaufen würde. Sowohl § 8 Abs. 1 S. 3 als auch Erwägungsgrund Nr. 44 ECRL beziehen sich deutlich auf eine ziel- und zweckgerichtete Tätigkeit des Anbieters, nämlich „um rechtswidrige Handlungen zu begehen". Nur bedingt vorsätzliches Handeln genügt hierfür nicht, vielmehr ist direkter Vorsatz erforderlich.[47]

23 Auch ist ein Zusammenarbeiten erforderlich, mithin ein **bewusstes Zusammenwirken**. Eine Tatherrschaft im Sinne der Mittäterschaft nach § 25 Abs. 2 StGB wird hierfür vom Gesetz nicht unbedingt verlangt,[48] da der Gesetzgeber keinen Rekurs auf den sowohl im Straf- als auch Zivilrecht bekannten Begriff des Täters genommen hat. Doch wird in der Regel bei kollusivem Zusammenwirken eine Tatherrschaft des Anbieters anzunehmen sein, indem der Tatbeitrag des Anbieters entweder in einem Unterlassen – wenn er die Inanspruchnahme seines Netzes durch den Nutzer duldet –

---

[43] EuGH, GRUR 2014, 468 Rn. 45 f. mAnm *Marly* – UPC Telekabel.
[44] EuGH, GRUR 2016, 1146 Rn. 75 – McFadden.
[45] Begr. RegE BT-Drs. 14/6098, S. 33.
[46] Vgl. BGH, NJW 1990, 389, 390; BGH, NJW 1992, 2821, 2822.
[47] *Vassilaki,* MMR 2002, 659, 660; *Barton,* CR 2003, 592, 596; *Kudlich,* JA 2002, 798, 799; dem zust. BeckRTD-Komm/*Jandt,* § 8 TMG Rn. 20.
[48] Wie hier Spindler/Schuster/*Hoffmann,* § 8 TMG Rn. 31; dem folgend BeckOK InfoMedienR/ *Paal,* § 8 TMG Rn. 29; s. aber auch *Vassilaki,* MMR 2002, 659, 660; *Barton,* CR 2003, 592, 596.

Durchleitung von Informationen § 8 TMG

oder in einem Handeln bei erstmaliger Ermöglichung des Zugangs zu einem Kommunikationsnetz liegen wird.

VIII. Zwischenspeicherung (Abs. 2)

§ 8 Abs. 2 sieht in Umsetzung von Art. 12 Abs. 2 ECRL die Erstreckung des Haftungsprivilegs auf die automatische kurzzeitige **Zwischenspeicherung** der übermittelten Information vor, allerdings nur soweit dies zur Durchführung der Übermittlung geschieht und keine über die üblicherweise erforderliche Zeitdauer hinausgehende Speicherung vorliegt.[49] Damit steht die Hilfsfunktion der automatischen Zwischenspeicherung für die Übermittlungsleistung im Vordergrund. Eine gewisse Parallele besteht zu Art. 5 Abs. 1 InfoSoc-RL bzw. § 44a UrhG, die die sog. ephemeren (kurzzeitigen) Kopien als Schranke vom Vervielfältigungsbegriff bzw. so die im Internet und beim Einsatz von Browsern etc. notwendigen Vervielfältigungen vom Verbotsrecht ausnimmt.[50] 24

Diese Form der Zwischenspeicherung ist von der unter Umständen länger dauernden Speicherung zur Erleichterung der Datenkommunikation zu unterscheiden, die in § 9 geregelt ist (sog. **Proxy-Caching** oder Mirror-Verfahren, Spiegeln). Dieses dem § 5 Abs. 3 S. 2 TDG aF vergleichbare Zwischenspeichern[51] dient anderen Zwecken und erfordert andere Techniken der Speicherung. Von § 8 Abs. 2 werden dagegen nur kurzfristige, technisch bedingte Zwischenspeicherungen der zu übermittelnden Informationen erfasst, ohne dass es der Einhaltung der in § 9 genannten Voraussetzungen bedürfte. Im Unterschied zu § 9 muss es sich um ein gerade durch die konkrete Übermittlung veranlasstes Zwischenspeichern handeln, nicht um ein allgemeines Vorhalten der Informationen ohne konkrete Veranlassung durch einen bestimmten Nutzer, um einen erleichterten Zugang zu schaffen.[52] Typischer Anwendungsfall ist das kurzfristige Speichern von kleinen Datenpaketen.[53] Einer der Anwendungsfälle des § 8 Abs. 2 kann der E-Mail-Verkehr sein, der je nach technischer Ausgestaltung zu Zwischenspeicherungen führen kann.[54] Da § 8 Abs. 2 auf die Zwischenspeicherung einer konkret vom Nutzer eingegebenen oder abgerufenen Information abstellt, kann auch das Vorhalten einer solchen Information über einen längeren Zeitraum von § 8 Abs. 2 umfasst sein.[55] Allerdings muss hier insofern unterschieden werden, als dass ausschließlich dann eine kurzzeitige Zwischenspeicherung anzunehmen ist, wenn die Server des E-Mail-Anbieters die für den Nutzer bestimmten E-Mails nur solange vorhalten, bis der Nutzer sie abruft und auf das von ihm vorgesehene Empfängersystem überträgt, was etwa bei einem Abruf über das Protokoll POP3 häufig der Fall ist. Entscheidet sich jedoch der Nutzer dazu, die E-Mails über diesen Zeitraum hinaus beim Anbieter zu belassen, wie etwa häufig bei Nutzung der Protokolle IMAP und Exchange, speichert der E-Mail-Anbieter dauerhaft – und 25

---

[49] Krit. zum Begriff des „Üblichen" in § 8 Abs. 2 und in der ECRL Spindler/Schuster/*Hoffmann*, § 8 TMG Rn. 41.

[50] Richtlinie 2011/29/EG vom 22. Mai 2011 zur Harmonisierung bestimmter Aspekte des Urheberrechts und der verwandten Schutzrechte in der Informationsgesellschaft, ABl. L 167/10 v. 22.6.2001; Dreier/Schulze/*Dreier*, § 44a UrhG Rn. 4ff.; Spindler/Schuster/*Wiebe*, § 44a UrhG Rn. 3f.; Wandtke/Bullinger/*v. Welser*, § 44a UrhG Rn. 2ff.

[51] Begr. RegE BT-Drs. 14/6098, S. 24.

[52] Ähnlich *Hoffmann*, MMR 2002, 284, 287; dem zust. BeckRTD-Komm/*Jandt*, § 8 TMG Rn. 21; BeckOK InfoMedienR/*Paal*, § 8 TMG Rn. 7.

[53] Spindler/Schuster/*Hoffmann*, § 8 TMG Rn. 40; *Hoffmann*, MMR 2002, 284, 287.

[54] *Tettenborn/Bender/Lübben/Karenfort*, Beil. BB 10/2001, 29; *Stadler*, Haftung für Informationen im Internet, Rn. 85; dem zust. BeckRTD-Komm/*Jandt*, § 8 TMG Rn. 22.

[55] *Stadler*, Haftung für Informationen im Internet, Rn. 86.

nicht kurzzeitig – für den Nutzer die Daten, weswegen er ab diesem Zeitpunkt hinsichtlich dieser Daten als Host-Provider fungiert und dementsprechend nicht § 8, sondern § 10 einschlägig ist. Erforderlich ist stets, dass – wie im genannten Beispiel des POP3-E-Mail-Verkehrs – der **Bezug zu einer konkreten Abfrage** des Nutzers oder Übermittlung von Informationen gegeben ist. Schließlich kann auch darauf abgestellt werden, ob der Nutzer – anders als beim Caching – keinen Zugang zu der zwischengespeicherten Information hat.[56]

IX. WLAN-Anbieter (Abs. 3); Internetanschlussinhaber

26 Wie eingangs erwähnt stellt Abs. 3 klar, dass sich auch WLAN-Anbieter, die Dritten einen Zugang zum Internet gewähren, auf die Haftungsprivilegierung des § 8 berufen können.[57] Hiervon profitieren insbesondere. Café-, Hotel- und andere Hotspot-Betreiber sowie Einzelhändler, Touristeninformationen, Bürgerämter oder Arztpraxen,[58] deren Angebot nun auch gesetzlich dem eines Access-Providers gleich gestellt wird. Beschäftigte sich der BGH zunächst nicht mit der Frage, ob auch **private WLAN-Betreiber im Rahmen ihres Internetanschlusses** unter die Regelung des § 8 TMG fallen können,[59] sieht die Gesetzesbegründung nun gerade vor, dass die Haftungsprivilegierung für jeden Anbieter eines WLAN-Netzwerks gelten soll,[60] so dass auch private Anbieter hierunter fallen.[61] Da Art. 12 ECRL nur kommerzielle Diensteanbieter schützt, reicht die nationale Umsetzungsregelung des § 8 TMG weiter, was aber nicht dem vollharmonisierenden Charakter der ECRL widerspricht, da die EU diesen Bereich nicht geregelt hat.[62]

27 Auch nach der ausdrücklichen Ausdehnung der Haftungsprivilegierung durch § 8 Abs. 3 TMG auf WLAN-(Hotspot-)Betreiber, bleiben Einzelaspekte weiterhin offen, insbesondere ob auch **Betreiber von Hotspot-Netzen** von dieser Regelung erfasst werden. Ihr Geschäftsmodell ist dadurch gekennzeichnet, dass sie keine eigenen Hotspots errichten, sondern bestehende, private WLANs zu einem zusammenhängenden Hotspot-Netzwerk verknüpfen, für welches entgeltlich Zugangsberechtigungen vergeben werden.[63] Wenig zweifelhaft ist die wettbewerbsrechtliche Unlauterkeit des genannten Betreibermodells.[64] Problematisch erscheint hingegen die Einordnung der Betreiber als Zugangsvermittler: Zwar verschafft der Anbieter seinen Nutzern mittelbar Zugang zum Internet, indem er als zentrale Vergabestelle von Zugangsberechtigungen zu Hotspots fungiert, die eigentliche Informationsdurchleitung erfolgt jedoch über das WLAN privater Anschlussinhaber. Für die Hotspot-Nutzer hingegen

---

[56] So Begr. RegE BT-Drs. 14/6098, S. 24.

[57] Begr. RegE BT-Drs. 18/6745, S. 8.

[58] Begr. RegE BT-Drs. 18/6745, S. 7; zur bisherigen Haftungsgefahr *Ohly,* ZUM 2015, 308, 316.

[59] BGHZ 185, 330 Rn. 24 = GRUR 2010, 633 mAnm *Hühner/Stang* – Sommer unseres Lebens; für Anwendung bereits *Spindler,* CR 2010, 592, 595f.; *Kirchberg,* ZUM 2012, 544, 549; *Gietl,* MMR 2007, 630, 631; *Stang/Hühner,* GRUR-RR 2008, 273, 275; *Mantz/Gietl,* MMR 2008, 606, 608.

[60] Begr. RegE BT-Drs. 18/6745, S. 7f., 10; Beschlussempfehlung und Bericht des Ausschusses für Wirtschaft und Energie, BT-Drs. 18/8645, S. 10.

[61] *Spindler,* NJW 2016, 2449, 2450; *ders.,* CR 2016, 48, 49; *Müller/Kipker,* MMR 2016, 87, 88; *Mantz,* GRUR 2016, 969, 970f.; *ders.,* EuZW 2016, 817, 820; *Nordemann,* GRUR 2016, 1097, 1098 „überfällig".

[62] *Mantz/Sassenberg,* MMR 2015, 85, 87; *Nordemann,* GRUR 2016, 1097, 1098f.

[63] Zum beschriebenen Geschäftsmodell *Kaeding,* CR 2010, 164; OLG Köln, GRUR-RR 2009, 339.

[64] *Kaeding,* CR 2010, 164, 165ff.

ist die Umsetzung der technischen Infrastruktur nebensächlich. Die zwischen Anbieter und Nutzer vertraglich vereinbarte Zugangsberechtigung ermöglicht die Einwahl in bereitgestellte (private) Hotspots automatisiert und ohne Kontakt zum eigentlichen Anschlussinhaber. Daher tritt der Betreiber aus Sicht des Nutzers als Zugangsvermittler in Erscheinung.[65] Gerade die untergeordnete, quasi-technische Rolle des Anschlussinhabers rechtfertigt die Behandlung des Betreibers als Access-Provider. Zudem partizipiert der Betreiber von Hotspot-Netzen von den Haftungsprivilegierungen der einzelnen WLAN-Anbieter

§ 8 Abs. 3 ist allerdings **nicht** mit dem **privaten Anschluss** bzw. dem Anschluss generell **gleichzusetzen**.[66] Nur dann, wenn ein Zugang zu einer Information bzw. Telemediendienst vermittelt wird, kommt § 8 zur Anwendung. Allein nur der Anschluss, der direkt mit Hilfe eines weiteren Access-Providers den Zugang zu einem Netz vermittelt, fällt nicht hierunter; erst dann, wenn der Anschlussinhaber seinerseits ein WLAN betreibt, findet § 8 Abs. 3 Anwendung. Ohne ein solches WLAN kommt nicht § 8 Abs. 3 zur Anwendung, sondern generell § 8 Abs. 1, zB wenn **lokale Netzwerke (LANs)** betrieben werden. Die Sonderbehandlung der WLANs ist zwar rechtspolitisch äußerst fragwürdig, aber vom Gesetzgeber so gewollt. So findet etwa nach der Gesetzessystematik § 8 Abs. 4 keine Anwendung auf LANs, auch nicht auf lokale drahtgebundene Netzwerke. 28

X. Anordnungen von Behörden (Abs. 4)

1. Grundlagen

Die Einschränkung von Anordnungsmöglichkeiten für WLAN-Anbieter nach § 8 Abs. 3 ist vor dem Hintergrund der Aufsehen erregenden Entscheidung des EuGH in der Rechtssache *McFadden* zu betrachten, der dem WLAN-Betreiber die Sicherung seines Netzes mit einem Passwort abverlangte. Allerdings beruht dies zum Teil auch darauf, dass das vorlegende LG München sich auf drei Sicherungsmaßnahmen beschränkt hatte, eben unter anderem auch den Passwortschutz.[67] Dies greift der Gesetzgeber nunmehr auf und sieht explizit vor, dass „Behörden" die WLAN-Betreiber nicht zur Einrichtung von Passwörtern[68] und zur Registrierung von Nutzern verpflichten dürfen. Ebenso wenig sollen Behörden die Einstellung des Dienstes verlangen dürfen. Zur Begründung verweist der Gesetzgeber zum einen auf den zu hohen Aufwand für WLAN-Betreiber bei der Registrierung von Nutzern und der anschließenden Speicherung der Bestandsdaten,[69] zum anderen hinsichtlich des Passwortschutzes auf das mildere Mittel der Portsperren.[70] Insofern ist § 8 Abs. 4 auch im Zusammenhang mit dem neuen Anspruch auf Netzsperren nach § 7 Abs. 4 zu sehen. 29

---

[65] *Kaeding,* CR 2010, 164, 169f.
[66] S. im Ansatz auch *Mantz,* GRUR 2017, 969, 971f.
[67] S. dazu EuGH, GRUR 2016, 1146 Rn. 86 – McFadden: „Die Vereinbarkeit der in Aussicht genommenen Anordnung mit dem Unionsrecht ist daher vom Gerichtshof allein auf der Grundlage dieser drei vom vorlegenden Gericht genannten Maßnahmen zu prüfen"; s. auch die Folgeentscheidung LG München I, MMR 2017, 639; krit. zum EuGH *Obergfell,* NJW 2016, 3489, 3492.
[68] Zu den Anforderungen noch zum alten Recht zusammenfassend BGH, GRUR 2017, 617, = ZIP 2017, 1438; grundlegend BGHZ 185, 330 Rn. 34 – Sommer unseres Lebens; s. dazu *Apel/Stolz,* ZUM 2017, 674ff.
[69] In diese Richtung auch *Franz/Sakowski* CR 2016, 524, 530.
[70] Begr RefE, BT-Drs. 18/6745, S. 7f., 10; krit. aber *Haun,* WRP 2017, 780, 783 Rn. 14.

2. Europarechtliche Zulässigkeit

30 § 8 Abs. 4 und § 7 Abs. 4 sind in Zusammenhang mit der Haftungsprivilegierung nach Art. 12 ECRL, aber auch der Enforcement-RL nach Art. 11 und der InfoSoc-RL nach Art. 8 Abs. 3 zu sehen. Der EuGH hat zudem deutlich die Notwendigkeit einer Balance zwischen den betroffenen Grundrechten betont (→ § 7 Rn. 96). Der Gerichtshof verknüpfte die Verpflichtung zu einem Passwortschutz mit der Identifizierung des Nutzers, allerdings nur als mögliche Maßnahme[71] – sie ist aber nicht zwingend europarechtlich vorgegeben, solange (!) dem Rechteinhaber noch ein wirksamer Schutz verbleibt und Art. 8 Abs. 3 InfoSoc-RL und Art. 11 S. 3 Enforcement-RL damit gewahrt bleiben.[72] Der EuGH hat aber auch ausdrücklich betont, dass dem Rechteinhaber nicht jeder Schutz entzogen werden darf.[73] Ob dies der Fall ist, insbesondere ob ein gleichwertiger Schutz des Rechteinhabers erreicht wird, und der EuGH dann die durch §§ 7 Abs. 4, 8 Abs. 1 S. 2 und Abs. 4 bewirkte Verengung auf Netzsperren für europarechtlich zulässig erachtet, wird sich zeigen müssen. Dabei muss man sich der Tatsache bewusst sein, dass mit der Herausnahme von jeglichen Registrierungspflichten es noch schwieriger sein dürfte, die Identität von Rechtsverletzern, die über WLANs tätig werden, festzustellen; denn ein Auskunftsanspruch nach § 101 UrhG würde hier ins Leere gehen. Allerdings trifft es auch zu, dass ein unauflöslicher Konflikt für viele WLAN-Betreiber entstünde, da allein die Identitätsfeststellung nicht ausreicht, um den Konnex zwischen Rechtsverletzer und Rechtsverletzung herzustellen, sondern zudem das Verhalten der Nutzer überwacht werden müsste, um auf eine Rechtsverletzung zurückzuschließen, was in Konflikt mit Art. 15 ECRL steht.[74] Damit ist eine generelle Problematik angesprochen, die bislang ungeklärt bleibt: Der Konflikt zwischen dem Verbot von allgemeinen Überwachungspflichten und dem Gebot, dass Rechteinhaber adäquaten Rechtsschutz erlangen müssen, der sich nicht nur in Netzsperren erschöpft, sondern zB gegenüber dem Rechtsverletzer auch Schadensersatz umfasst, wie er von der Enforcement-RL vorgesehen ist. Beides lässt sich letztendlich nicht miteinander vereinbaren, da der Rechteinhaber die entsprechenden Informationen erhalten muss, diese ihrerseits aber eine Art Überwachung durch die Provider voraussetzen. Wenn durch das TMG dem Rechteinhaber tatsächlich jede Möglichkeit entzogen würde, Schadensersatz gegenüber dem Verletzer geltend zu machen (mangels Möglichkeit der Identifizierung), dürfte die vorgesehene Regelung kaum einer europarechtlichen Prüfung anhand der InfoSoc-RL und der Enforcement-RL, aber auch der europarechtlichen Grundrechte standhalten.[75] Denn der WLAN-Betreiber haftet selbst unter keinen Umständen auf Schadensersatz nach § 8 TMG bzw. Art. 12 ECRL; ein Schadensersatzanspruch gegen den eigentlichen Rechtsverletzer kann der Rechteinhaber mangels Identitätsfeststellung nicht realisieren – sofern es keine anderen Möglichkeiten der Identifizierung gibt. Der Gesetzgeber wird daher noch sorgfältig zu begründen haben, dass trotz der Verengung auf Netzsperren der Rechteinhaber noch technisch bzw. faktisch in der Lage ist, Rechtsverletzer und deren Identität ausfindig zu machen.

---

[71] Krit. im Hinblick auf öffentlich leicht zugängliche Passwörter und damit fehlende Identifizierung *Obergfell*, NJW 2016, 3489, 3492.

[72] EuGH, GRUR 2016, 1146 Rn. 86ff. – McFadden.

[73] EuGH, GRUR 2016, 1146 Rn. 98 – McFadden; s. auch *Spindler*, NJW 2016, 2449, 2452; *Franz/Sakowski*, CR 2016, 524, 527; s. ferner *Obergfell*, NJW 2016, 3489, 3491f.

[74] Dazu *Mantz*, EuZW 2016, 817 (819); *Mantz/Sassenberg*, MMR 2015, 85, 90.

[75] Abl. etwa *Bisle/Frommer*, CR 2017, 54, 62 (als Bevollmächtigte des Rechteinhabers in der Rs. McFadden), die nur den Passwortschutz und eine Identitätsfeststellung als ausreichend ansehen.

3. Behörde; Zusammenhang mit öffentlich-rechtlicher Störerhaftung

§ 8 Abs. 4 spricht ausdrücklich nur von „Behörden" – somit nicht von Gerichten. Allerdings nimmt die Gesetzesbegründung ausdrücklich Bezug auf Abmahnungen und gerichtliche Anordnungen, so dass die Beschränkung auf „Behörden" auch ein Redaktionsversehen sein könnte, da eigentlich die Störerhaftung gemeint ist.[76] Doch macht die Beschränkung auf Behörden Sinn, wenn schon nach § 8 Abs. 2 die Provider von jeglicher Störerhaftung (Unterlassung und Beseitigung) befreit sind; denn gerichtliche Anordnungen auf zivilrechtlicher Basis sind damit ausgeschlossen. Derartige Pflichten sind in der Rechtsprechung bislang nur auf der Basis der Störerhaftung entwickelt worden.[77] Wenn das Zusammenspiel von § 7 Abs. 4 mit § 8 Abs. 1 S. 2 dazu dienen soll, die Störerhaftung auf Netzsperren zu verengen, würde sonst unklar bleiben, warum § 8 Abs. 4 überhaupt für gerichtliche Anordnungen greifen sollte.[78] Daher muss der Anwendungsbereich des § 8 Abs. 4 auf behördliche Anordnungen beschränkt bleiben,[79] vergleichbar den Düsseldorfer Sperrverfügungen.[80] Behördlichen Anordnungen scheinen allerdings wiederum § 8 Abs. 1 S. 2 entgegenzustehen, der die zivilrechtlichen Ansprüche auf Beseitigung und Unterlassung nur im Rahmen eines „insbesondere"-Vorbehalts aufführt, insgesamt aber jegliche Verantwortlichkeit aufheben will. Sieht man hierin nicht ein Redaktionsversehen, indem lediglich die zivilrechtliche Störerhaftung betroffen sein soll, nicht aber die öffentlich-rechtliche Verantwortlichkeit als (Nicht-)Störer, müsste die gesamte öffentlich-rechtliche Verantwortlichkeit davon umfasst sein (→ Rn. 58); dann aber bliebe für § 8 Abs. 4 keinerlei Raum mehr – was wiederum für das beste Redaktionsversehen spricht und dafür, dass die öffentlich-rechtliche Störerhaftung unberührt bleibt.[81]

Damit können Behörden auch für WLAN-Anbieter außer den in Abs. 4 verbotenen Maßnahmen andere Anordnungen treffen, insbesondere Netzsperren, wie sie § 7 Abs. 4 vorsieht – die Sperre des § 7 Abs. 4 für andere Rechtsverletzungen gilt nur für den zivilrechtlichen Anspruch, wie er in § 7 Abs. 4 geregelt ist, nicht für die öffentlich-rechtliche Verantwortlichkeit. § 8 Abs. 4 lässt zudem Sperranordnungen für **andere Rechtsverletzungen** im Wege der Gefahrenabwehr unberührt, so dass Behörden weiterhin hier Anordnungen treffen können – sofern es sich nicht um Maßnahmen nach § 8 Abs. 4 handelt, → Rn. 64ff. Keine Anwendung findet § 8 Abs. 4 von vornherein auf **innerbehördliche Weisungen,** worauf der Gesetzgeber ausdrücklich hingewiesen hat. So können etwa Schulaufsichtsbehörden **Schulen** zur Verschlüsselung der WLANs anweisen.[82]

---

[76] Begr RefE, BT-Drs. 18/6745, S. 7f., 10.
[77] Neben der Rs. McFadden s. noch BGHZ 208, 82 = CR 2016, 198 mAnm *Kremer/Telle* = CR 2016, 408 mAnm *Neidinger* = GRUR 2016, 268 – Störerhaftung des Access-Providers (Goldesel); dazu *Spindler,* GRUR 2016, 451ff.; *Weisser/Färber* BB 2016, 776ff.
[78] Anders offenbar *Mantz,* Kurzanalyse, http://www.offenenetze.de/2017/03/08/wlan-haftung-refe-zur-3-aenderung-des-tmg-in-der-kurzanalyse/(Stand: 13.3.2017), der dies als „gelebte praktische Konkordanz" bezeichnet – womit die Überflüssigkeit von § 8 Abs. 4 TMG-RefE nicht erklärt ist.
[79] Ebenso *Mantz,* GRUR 2017, 969, 971.
[80] S. OVG Münster, MMR 2003, 348; VG Düsseldorf, MMR 2005, 794; s. auch *Spindler/Volkmann* K&R 2002, 398ff.
[81] Dies sieht auch *Mantz,* GRUR 2017, 969, 971, allerdings ohne konkretes Ergebnis.
[82] Gegenäußerung BReg BT-Drs. 18/12496 S. 9f.

4. Beschränkung auf WLAN-Anbieter?

33 Ferner bezieht sich die Einengung der Anordnungen nach § 8 Abs. 4 nur auf die Anbieter nach § 8 Abs. 3, mithin der WLANs. Während angesichts der Pflicht nach § 111 TKG der Telekommunikationsanbieter, die Personalien aufzunehmen, was schon in ihrem Eigeninteresse liegt, verständlich ist, dass WLAN-Anbieter und Telekommunikationsanbieter unterschiedlich behandelt werden, ist dies für das Verbot, die Einstellung des Dienstes zu verlangen, nicht mehr selbstverständlich. Dennoch ist der Wortlaut des § 8 Abs. 4 deutlich, so dass die Einschränkungen des § 8 Abs. 4 nicht für andere Access-Provider, auch nicht für **lokale LANs,** gelten. Mithin wären hier behördliche Anordnungen, die sonst nach § 8 Abs. 4 untersagt wären, nach wie vor möglich.

5. Keine Pflicht zur Registrierung vor Zugangsgewährung

34 Eine Behörde darf nach dem eindeutigen Wortlaut des § 8 Abs. 4 Nr. 1 keine Registrierung[83] der Nutzer vor der Zugangswährung verlangen. Demgemäß darf die Behörde den Anbieter nicht dazu verpflichten, Daten aufzunehmen, die die Identifizierung des Nutzers erlauben. Im Gleichklang mit dem **Datenschutzrecht** können daher darunter die Verpflichtung zur Sammlung und Speicherung jeglicher personenbezogener Daten begriffen werden, da diese eine Identifizierung voraussetzen. Dies schließt nicht aus, dass der Anbieter von sich aus solche Daten erhebt – nur die Behörde darf ihn nicht dazu verpflichten.

35 Schließlich wäre es der Behörde vom Wortlaut des § 8 Abs. 4 Nr. 1 nicht verwehrt, den Anbieter **nach Zugangsgewährung** zur Erhebung solcher Daten zu verpflichten. Damit würde indes die Intention des Gesetzgebers, eine anonyme Nutzung zu ermöglichen und den Anbieter von der Erhebung solcher Daten zu entlasten, konterkariert, da quasi in einer logischen Sekunde nach Zugangsgewährung der Anbieter zum Loggen der Daten verpflichtet werden könnte.

6. Keine Pflicht zur Eingabe eines Passwortes vor Zugangsgewährung

36 Ferner darf die Behörde den Betreiber des WLANs nicht dazu verpflichten, vom Nutzer ein Passwort vor der Zugangsgewährung zu verlangen. Wie ausgeführt, ist dies europarechtlich möglich, da der EuGH nur unter den vorgelegten Maßnahmen auszuwählen hatte. Doch ist – wie ausgeführt – höchst fraglich, ob der Verzicht auf jegliche Identifizierung noch den Vorgaben des EuGH gerecht wird.[84] Folgt man dem deutschen Gesetzgeber, so ist unter einem Passwort jegliche Form der technischen Legitimation zu verstehen, ob im wörtlichen Sinne ein „Pass-Wort" oder andere Codes oder Legitimationsmittel.

7. Kein Untersagen des Weiterbetriebs?

37 Last but not least nimmt § 8 Abs. 4 Nr. 2 auch die Anordnung der Einstellung des Dienstes aus dem Katalog der zulässigen Maßnahmen heraus – schon der EuGH hatte betont, dass jedenfalls aufgrund von Urheberrechtsverletzungen keine vollständige Einstellung wegen des damit einhergehenden schwerwiegenden Grundrechtseingriffs verlangt werden kann, solange ein milderes Mittel zur Verfügung steht.[85] Allerdings

---

[83] Ausführungen zur Sinnhaftigkeit einer Registrierung in: *Mantz/Sassenberg,* MMR 2015, 85, 90.

[84] S. auch *Sesing/Baumann,* MMR 2017, 583, 588, die offenbar selbst für die zivilrechtliche Störerhaftung von einer Passwortpflicht ausgehen.

[85] EuGH, GRUR 2016, 1146 Rn. 88 f. – McFadden.

muss § 8 Abs. 4 Nr. 2 in zweierlei Hinsicht teleologisch reduziert werden: Zum einen enthält § 8 Abs. 4 keine Rückausnahme hinsichtlich der kollusiv handelnden Diensteanbieter nach § 8 Abs. 1 S. 3 – was eine Selbstverständlichkeit ist. Ferner findet sich der vom EuGH erklärte Vorbehalt des Schutzes der Rechteinhaber nicht wieder. Würden etwa WLAN-Anbieter praktisch ausschließlich den Zugriff auf rechtsverletzende Inhalte eröffnen bzw. erleichtern, müsste auch ihr Betrieb entgegen § 8 Abs. 4 eingestellt werden. Zum anderen muss § 8 Abs. 4 Nr. 2 einer Behörde (etwa der BNetzA) bei WLANs, die die IT-Sicherheit durch ungenügende Sicherheitsvorkehrungen entgegen § 109 Abs. 2 TKG gefährden, weiterhin die Möglichkeit zur Untersagung des Betriebs geben.

XI. Teleologische Reduktion von § 8 bei unmittelbarer Kontrollmöglichkeit des Nutzers (Infrastrukturanbieter)?

Probleme wirft die Haftungsprivilegierung des § 8 im Hinblick auf Angebote auf, die zwar eine Zugangsvermittlung in andere Kommunikationsnetze enthalten, gleichwohl aber dem Anbieter eine unmittelbare, physische Kontrollmöglichkeit durch Einsichtnahme gestatten. Praktische Fälle sind rechtswidrige Tätigkeiten im Rahmen einer PC-Schulung, im Rahmen einer Arbeitstätigkeit[86] oder von **Internet-Café**-Besuchern.[87] Zwar können die Anbieter, zB **Schulen, Arbeitgeber,** Internet-Café-Betreiber, als Diensteanbieter nach § 2 S. 1 Nr. 1 qualifiziert werden, da es nicht darauf ankommt, ob der Nutzer seine eigenen Endgeräte benutzt, sondern nur, ob der Anbieter telekommunikationsähnlich tätig wird (→ § 1 Rn. 38); doch drängen sich Zweifel auf, da der Anbieter in diesen Fällen anders als im nach dem gesetzlichen Leitbild teilweise ohne weiteres physisch und vor Ort die Möglichkeit der Kontrolle der Tätigkeiten des Nutzers hat, teilweise sogar die Pflicht, etwa als Lehrer im Rahmen des Jugendschutzes.[88] Art. 12 ECRL und § 8 richten sich jedoch auf die **Unmöglichkeit der Datenkontrolle** beim Einsatz von elektronischen Kommunikationsnetzen, die einerseits durch die schiere Flut an Daten und andererseits durch die Wahrung der Rechte der von der Kontrolle Betroffenen entsteht. Die Kontrollen, die die Internet-Provider durchführen müssten, sind es insoweit, die die Grenzen des Zumutbaren überschreiten können und die mit einem ganz erheblichen Aufwand und Zeitverlust verbunden sind.[89] Wirtschaftlich und vor allem technisch ist eine Kontrolle bzw. Überwachung durch die Access-Provider kaum vertretbar.[90] Zudem stehen trotz etwaig bestehender physischer Kontrollmöglichkeit des Access-Providers rechtliche Verbote der Überwachung der Inhalte entgegen. Das ergibt sich unabhängig von der Frage, ob es sich bei dem jeweiligen Internetzugangsvermittler auch um einen Telekommunikationsanbieter handelt – wie etwa im Verhältnis Arbeitnehmer/Arbeitgeber – und dementsprechend das Fernmeldegeheimnis nach § 88 TKG gewahrt bleiben muss.[91] Denn in je-

38

---

[86] Hierzu und für Haftungsprivilegierung *Barton,* CR 2003, 592 ff.
[87] S. dazu – und gegen Haftungsprivilegierung – *Liesching/Knupfer,* MMR 2003, 562, 567 f.; anders BeckRTD-Komm/*Jandt,* § 8 TMG Rn. 13, die lediglich darauf verweist, dass kein Unterschied zu sonstigen Formen der Zugangsvermittlung in technischer Hinsicht bestünde.
[88] *Liesching/Knupfer,* MMR 2003, 562, 567 f.
[89] *Sieber,* CR 1997, 653, 656; *Pankoke,* Von der Presse- zur Providerhaftung, S. 171 f.
[90] Zu den Kontrollmöglichkeiten im Netz s. *Sieber,* CR 1997, 581 ff., 653 ff.; *Federrath,* ZUM 1999, 177 ff.; *Köhntopp/Köhntopp/Seeger,* DuD 1997, 626 ff.; *Schneider,* MMR 1997, 571 ff., speziell für Suchmaschinen *Nolte/Wimmers,* GRUR 2014, 16, 25.
[91] S. etwa LAG Berlin-Brandenburg, NZA-RR 2011, 342; dazu und zu der Diskussion vor dieser Entscheidung mwN s. *Fülbier/Splittgerber,* NJW 2012, 1995; s. ferner *Tiedemann,* ZD 2011, 45; *Jandt,* K&R 2011, 631; Wybitul, ZD 2011, 69; *Mückeberger/Müller,* BB 2011, 2298.

dem Fall sind darüber hinaus persönlichkeitsschützende Bestimmungen wie etwa die des BDSG bzw. der DS-GVO oder subsidiär das Allgemeine Persönlichkeitsrecht aus Art. 2 Abs. 1 iVm Art. 1 Abs. 1 GG zu beachten, weswegen eine Totalüberwachung der Nutzer in aller Regel ausgeschlossen ist.[92] Entsprechende Grundsätze hat der BGH[93] bereits in seiner Kopierladen-Entscheidung aufgestellt, wonach die Kopierladenbetreiber die Persönlichkeitssphäre ihrer Kunden auch bei möglichen Verletzungen von Urheberrechten Dritter zu wahren haben, sodass direkte Kontrollen von vornherein ausscheiden. Dementsprechend kann auch ein Anbieter mit physischer Zugriffmöglichkeit in aller Regel weder die Nutzer noch die mit den Nutzern in Verbindung stehenden Inhalte durchgängig kontrollieren und Kenntnis davon nehmen. Damit greift auch bei solchen Sachverhalten der Rechtsgedanke der Art. 12–14 ECRL und es bleibt bei der Anwendbarkeit von § 8.[94] Ausnahmen sind allenfalls bei besonderen Gewaltverhältnissen und Erziehungsaufträgen denkbar, bei denen tatsächlich rechtskonform eine durchgängige Kontrolle stattfindet.

XII. Einzelne Anwendungsfälle

1. Access-Provider

39 Die Tätigkeit der Access-Provider besteht im Wesentlichen aus der Herstellung einer Verbindung zu einem Kommunikationsnetz und der Übertragung von Inhalten. Auf den ersten Blick ist diese Tätigkeit allein dem TKG unterstellt.[95] Wie § 2 S. 1 Nr. 1 jedoch zeigt, will das TMG im Rahmen des Begriffs des Diensteanbieters auch den Zugang zu Telemedien erfassen (→ § 2 Rn. 3). Die auf Art. 12 ECRL zurückgehende Vorschrift des § 8 ist eindeutig auch auf Access-Provider gemünzt,[96] indem sie von jeglicher Verantwortlichkeit befreit werden, sofern sie Inhalte ohne Änderung oder Auswahl der Information oder des Adressaten übertragen.[97] Die Access-Provider werden daher schon in richtlinienkonformer Auslegung[98] als derartige Diensteanbieter vom TMG im Hinblick auf die übermittelten Inhalte erfasst. Wie das Access Providing technisch bewerkstelligt wird, ist für § 8 unerheblich; es werden sowohl drahtgebundene als auch drahtlose Zugangsvermittlungen erfasst.

40 Auch die Anbieter von **Wireless-LANs (WLAN)** fallen hierunter (→ Rn. 26, → § 1 Rn. 35 sowie → § 7 Rn. 77),[99] was nun durch den EuGH[100] und Abs. 3[101] ausdrücklich klargestellt wird, ebenso satellitengestützte Zugänge oder über WANs, mo-

---

[92] *Barton,* CR 2003, 592, 598; *Fülbier/Splittgerber,* NJW 2012, 1995, 1996 f.; Hoeren/Sieber/Holznagel/*Sieber/Höfinger,* 44. EL 2017, Teil 18.1 Rn. 64.
[93] BGH, GRUR 1984, 54, 55 f. – Kopierläden; s. auch BVerfG, GRUR 1997, 123 – Kopierladen I.
[94] *Barton,* CR 2003, 592, 598; Hoeren/Sieber/Holznagel/*Sieber/Höfinger,* 44. EL 2017, Teil 18.1 Rn. 64.
[95] *Stadler,* MMR 2002, 343, 344; *Stadler,* Haftung für Informationen im Internet, Rn. 38; früher noch *Dietz/Richter,* CR 1998, 528, 530 f.; *Felixberger,* CR 1998, 143, 144; s. auch *Koenig/Loetz,* CR 1999, 438, 442; unklar *Schwarz/Poll,* JurPC Web-Dok. 73/2003, Abs. 61, 64.
[96] § 1 Rn. 41, § 2 Rn. 14; OVG Münster, MMR 2003, 348, 350 f.; *Freytag,* CR 2000, 600, 606; *Satzger,* CR 2001, 109, 116 f.; *Wiebe/Leupold/Leupold/Rücker,* IV Rn. 126 ff.; *Holznagel/Kussel,* MMR 2001, 347, 351; *Volkmann,* Der Störer im Internet, S. 19.
[97] Spindler/Schuster/*Hoffmann,* § 8 TMG Rn. 1.
[98] *Frey,* MMR 2014, 650, 653 f.; BeckOK InfoMedienR/*Paal,* § 8 TMG Rn. 11.
[99] *Gietl,* MMR 2007, 630, 631; *Röhrborn/Katko,* CR 2002, 882, 887; BeckRTD-Komm/*Jandt,* § 8 TMG Rn. 11.
[100] EuGH, GRUR 2016, 1146 Rn. 66 ff. – McFadden.
[101] *Nordemann,* GRUR 2016, 1097, 1098: „überfällig".

Durchleitung von Informationen **§ 8 TMG**

bilfunkgestützte Zugänge (LTE zB) etc. So kommen etwa Hoteliers, die ein WLAN für ihre Gäste anbieten, genauso in den Genuss der Haftungsprivilegierung wie Universitäten, Schulen, Behörden, die WLANs für Dritte bereithalten.[102] Zu Netzsperren gegenüber WLAN-Anbietern → § 7 Rn. 77, zu fehlenden Pflichten zur Identifizierung Dritter (Abs. 4), → Rn. 34. Gleiches gilt für **lokale Netzwerke wie LANs,** die über einen gemeinsamen Internetanschluss den verbundenen Teilnehmern den Zugang zum Internet oder anderen Netzen ermöglichen.[103]

2. Peer-to-Peer-Systeme

Auch Peer-to-Peer-Systeme (P2P) können der Privilegierung nach § 8 unterfallen, sofern eine Information übermittelt und die Verbindungen zwischen zwei angeschlossenen Nutzern hergestellt wird. Gegenüber der Anwendung von § 8 auf P2P-Plattformen – wie etwa der ursprünglichen Ausprägung von Napster[104] – kann auch nicht eingewandt werden, dass hier dem Betreiber allgemein bekannt ist, dass hauptsächlich rechtswidrige Inhalte getauscht werden. Denn zum einen ist § 8 selbst dann anwendbar, wenn der Anbieter um die Rechtswidrigkeit der Inhalte weiß (→ Rn. 17); lediglich bei absichtlichem Zusammenwirken zwischen Anbieter und Nutzer entfällt die Privilegierung des § 8.[105] Problematisch ist aber, ob solche Plattformen wie das ursprüngliche **Napster** lediglich Zugangsvermittler sind, da sie eher wie Suchmaschinen arbeiten, indem entsprechende Inhalte aufgesucht werden und dann die Verbindung vermittelt wird.[106] Dagegen fallen **zentrale Filehoster** wie Rapidshare etc. nicht unter die Privilegierung des § 8, da diese fremde Informationen dauerhaft vorhalten.[107] Bei entsprechender Ausgestaltung finden die §§ 7–10 daher keine Anwendung; vielmehr bleibt es bei der Verantwortlichkeit nach allgemeinen Gesetzen (→ Vor § 7 Rn. 60). **41**

Hersteller von **Software** für **dezentrale P2P-Systeme** indes, die eine direkte Verbindung nur mittels Software zwischen den Teilnehmern herstellen und keine eigene Plattform oder Server betreiben, sind keine Telemedienanbieter, da sie keine eigenen Dienste bereithalten oder deren Nutzung vermitteln. Sie sind vielmehr reine Software-Anbieter bzw. Anbieter softwarebasierter Dienste.[108] Dazu gehören auch **Bittorrent-Angebote**.[109] Eine Haftung kommt nach allgemeinen Regeln allenfalls als Beihelfer[110] oder zivilrechtlich wegen fahrlässiger Eröffnung einer Gefahrenquelle unter dem Gesichtspunkt eines naheliegenden Produktmissbrauchs in Betracht.[111] **42**

Entgegen dem OLG Hamburg kann auch ein **Usenet-Anbieter** trotz des ebenfalls dezentral organisierten Usenet,[112] nicht generell als Access-Provider behandelt werden.[113] Das Gericht beruft sich im Wesentlichen darauf, dass hier der Anbieter **43**

---

[102] *Feldmann,* K&R 2011, 225, 226.
[103] Spindler/Schuster/*Hoffmann,* § 8 TMG Rn. 1.
[104] Das heute hinter der www.napster.com stehende Unternehmen betreibt ein legales Musik-Streaming-Angebot. Früher war unter der Domain jedoch eine Software für eine P2P-Musiktauschbörse mit zentralem Server für Suchanfragen abrufbar.
[105] AA offenbar *Dustmann,* Die privilegierten Provider, S. 212.
[106] AA offenbar *Dustmann,* Die privilegierten Provider, S. 211 f.
[107] BGH, GRUR 2013, 1030, 1032 ff.; – File-Hosting-Dienst; s. auch *Finger/Apel,* ZUM 2013, 874, 879.
[108] *Grünwald/Nüßing,* MMR 2016, 91, 92; *Schumacher,* K&R 2015, 771, 773; Moritz/Dreier/*Freytag,* D Rn. 134 f.; aA offenbar Bräutigam/Leupold/*Pelz,* Online-Handel, B I. Rn. 86.
[109] Zur Ausgestaltung der BitTorrent-Protokolle *Auer*-Reinsdorff/Conrad/Schmidt, Rn. 190.
[110] *Heghmanns,* MMR 2004, 14, 17.
[111] S. dazu *Spindler,* 64. DJT 2002, Referat M, 85, 170 mwN.
[112] Zur Struktur des Usenet s. Hoeren/Sieber/Holznagel/*Sieber,* 44. EL 2017, Teil 1 Rn. 146 ff.; BeckOK UrhG/*Reber,* § 97 Rn. 69; *Hütten,* K&R 2007, 554.
[113] *Hoeren,* MMR 2007, 333, 335.

keinen „in rechtlich relevanter Weise aktiven Zugriff" auf die Inhalte der Nutzer nähme und diese auch nur für einen bestimmten Zeitraum speichere.[114] Diese Einordnung kann jedoch nicht für jeden Usenet-Provider generalisiert werden: So ist stets zu unterscheiden, ob und für wie lange dieser die Dateien auf seinem Server gespeichert hat. Fällt die Speicherung nicht mehr in den von § 8 Abs. 2 vorgegebenen Rahmen,[115] so kommt die Einordnung als Cache-Provider oder sogar als Host-Provider in Betracht (→ § 9 Rn. 9). Die Abgrenzung von Cache und Host-Provider dürfte den Regelfall darstellen, da Usenet-Provider die Inhalte üblicherweise auch noch nach dem Übertragungsvorgang speichern werden und dies den Rahmen von § 8 Abs. 2 TMG überschreiten wird.[116]

3. Router-Rechner, Netzwerk- bzw. Network-Provider, Domain-Name-Server

44   Schwieriger einzuordnen sind die Betreiber von sog. **Router-Rechnern,** die lediglich Informationen transportieren, ohne dass ein Nutzer sie unmittelbar wahrnehmen oder herunterladen könnte, zB Betreiber von Backbone-Netzen. Hier handelt es sich nicht mehr um Telemedien, da diese nach § 1 Abs. 1 S. 1 der Kommunikation dienen müssen und nicht allein der Übermittlung von Daten.[117] Erforderlich ist nach dem Wortlaut des § 2 Nr. 1 unter anderem die Vermittlung des Zugangs zur Nutzung eines Telemediendienstes, mithin an sich die Verbindungsherstellung zwischen einem Nutzer und einem Telemediendienst.[118] § 8 Abs. 1 S. 1 privilegiert zwar zudem Diensteanbieter, die fremde Informationen in einem Kommunikationsnetz übermitteln, wovon grundsätzlich auch die genannten Netzwerk-Provider erfasst sein könnten, wären diese ausschließlich signalübermittelnden Anbieter nicht bereits nach § 1 Abs. 1 S. 1 vom Anwendungsbereich des TMG ausgenommen.[119] Der Gesetzgeber des neuen TMG hat zudem ausdrücklich die telekommunikationsgestützten Dienste (§ 3 Nr. 25 TKG – sog. Mehrwertdienste) gem. § 1 Abs. 1 S. 1 ausgenommen und dies mit der Erwägung begründet, dass es sich dabei um Individualkommunikation und nicht um Abruf- oder Verteildienste handele, bei der der Telekommunikationsanbieter oder ein Dritter eine Inhaltsleistung gegenüber dem Telekommunikationskunden erbringe.[120] Allerdings steht dieser vollständige Ausschluss des TMG und damit auch der Haftungsprivilegierungen in Widerspruch zur ECRL und der weiten Fassung in Art. 12 Abs. 1 (→ § 1 Rn. 24, 36). Ob dem Gesetzgeber des TMG tatsächlich bewusst war, dass auch diese Dienste nicht unter die Haftungsprivilegierungen fallen, erscheint zweifelhaft. Denn die Interessenlage ist bei Network-Providern nicht anders als bei Access-Providern – der einzige Unterschied besteht darin, dass sie nicht unmittelbar in Kontakt mit den Nutzern treten. Warum sie dann aber haftungsrecht-

---

[114] OLG Hamburg, GRUR-RS 2012, 06780 Rn. 59 – Rapidshare II sowie OLG Hamburg, MMR 2009, 631, 633 – Spring nicht/Usenet I; OLG Hamburg, MMR 2009, 405, 407f. – Alphaload/Usenet II.

[115] Das OLG Hamburg, MMR 2009, 631, 633 – Spring nicht/Usenet I; MMR 2009, 405, 407f. – Alphaload/Usenet II nimmt eine solche Einordnung nicht vor und verweist vielmehr auf die Rspr. des OLG Düsseldorf, MMR 2008, 254, 255f., das die Anwendung des § 9 TMG präferiert.

[116] So auch *Kitz,* CR 2007, 603, 604.

[117] § 1 Rn. 23.

[118] So grundsätzlich auch *Stadler,* Haftung für Informationen im Internet, Rn. 76.

[119] § 1 Rn. 23.

[120] Ausf. zu den telekommunikationsgestützten Diensten → § 1 Rn. 34ff.; s. auch Begr. RegE, BT-Drs. 16/3078, S. 13; krit. zu dieser Begr. BeckTKG-Komm/*Ditscheid/Rudloff,* Vor § 66a Rn. 8; s. ferner BeckRTD-Komm/*Jandt,* § 7 TMG Rn. 40ff.

lich tendenziell schlechter als die Access-Provider gestellt werden sollten, ist nicht einsichtig, da sie ebenfalls nur technische Durchleiter sind, solange sie keinen inhaltlichen Einfluss auf die Verteilung etc. nehmen. Es spricht daher viel dafür, von einer planwidrigen Regelungslücke auszugehen, die gerade im Hinblick auf die europarechtlichen Vorgaben im Wege der Analogie zu füllen ist.[121] Möglich ist trotz des an sich nicht gegebenen Anwendungsbereichs des TMG ebenfalls, im Wege der richtlinienkonformen Auslegung auch die reinen Betreiber von Kommunikationsnetzen (**Netzwerk-Provider**) in den Anwendungsbereich von § 8 einzubeziehen, da die Richtlinie schon die Vermittlung des Zugangs zu einem anderen Kommunikationsnetz genügen lässt.[122]

Fraglich ist auch, ob die Betreiber von **Domain-Name-Servern** in den Anwendungsbereich des § 8 fallen. Aufgabe der Domain-Name-Server-Betreiber ist die Auflösung der Informationen bezüglich von Nutzern angefragter URL-Adressen, indem sie den Nutzern die dazugehörige IP-Adresse zur Verfügung stellen, von der aus die angefragten Informationen abgerufen werden können.[123] Die Verbindung zur angefragten Seite stellt der Access-Provider mithilfe der vom Name-Server übermittelten IP her. Insofern kann hinsichtlich der zu übersetzenden und übersetzten Information von einem reinen Übermittlungsvorgang gesprochen werden: beim Rückgriff auf die Dienste des Name-Server-Betreibers veranlasst dieser weder die Übermittlung der Informationen, noch bestimmt er den Adressaten der Information, oder wählt diese aus oder verändert sie. Anders ist der Fall zu beurteilen, wenn Domain-Name-Server-Anbieter und Content-Provider in vertraglichen Beziehungen zueinander stehen. Dann liegt die Annahme nahe, dass der Domain-Name-Server-Anbieter den konkreten Inhalt bzw. Adressaten der Übermittlung von Informationen auswählt, § 8 Abs. 1 S. 1 Nr. 2 und 3, oder gar kollusiv mit dem Content-Anbieter zusammenarbeitet, um rechtswidrige Informationen zugänglich zu machen.[124] **45**

In vergleichbarer Weise ist auch der Anbieter einer **Sub-Domain** zu qualifizieren, da er die Weiter- und Durchleitung einer Information über seine (Haupt-)Domain zu dem Informationsanbieter (dem Sub-Domain-Inhaber) bewerkstelligt. Auch hier greift die Haftungsprivilegierung nach § 8 ein.[125] Zur Störerhaftung → § 7 Rn. 113 ff. **46**

Der **Admin-C** ist nicht als Access-Provider nach § 8 einzuordnen, da er selbst keinen Zugang zu einem anderen Netz vermittelt oder Informationen durchleitet (→ § 2 Rn. 28); mithin kann er auch nicht, sei es direkt oder in entsprechender Anwendung, an der Privilegierung der Access-Provider nach § 8 Abs. 1 S. 2 partizipieren. Gleiches gilt für einen Domain-Registrar.[126] Zu Fragen der Störerhaftung des Admin-C, → § 7 Rn. 113. **47**

4. Konzerninterne Übermittlungen

Da von § 8 Abs. 1 auch jede Verbindung zu einem anderen Kommunikationsnetz erfasst wird, ohne dass dort bereits der Zugang zu einer Information zur Verfügung **48**

---

[121] Hierfür BeckRTD-Komm/*Jandt,* § 7 TMG Rn. 31.
[122] § 1 Rn. 23; MüKoStGB/*Altenhain,* § 1 TMG Rn. 14; wie hier BeckRTD-Komm/*Jandt,* § 7 TMG Rn. 31, § 8 TMG Rn. 10; iE ebenso, allerdings gestützt auf eine extensive (den Wortlaut übersteigende) Auslegung Hoeren/Sieber/Holznagel/*Sieber/Höfinger,* 44. EL 2017, Teil 18.1, Rn. 33 für Network-Provider, so schon früher für § 5 Abs. 4 *Sieber,* Verantwortlichkeit im Internet, Rn. 262; s. bereits auch *Freytag,* CR 2000, 600, 606; krit. *Köhler/Fetzer,* Rn. 810; aA *Lippert,* CR 2001, 478, 483.
[123] Auer-Reinsdorff/Conrad/*Schmidt,* Handbuch IT- und Datenschutzrecht, § 3 Rn. 84.
[124] OLG Hamburg, MMR 2000, 92; OLG Stuttgart, MMR 2004, 38, 39; s. auch OLG Karlsruhe, MMR 2004, 256, 357; *Spindler,* MMR 2000, 278, 279; *Flechsig,* MMR 2003, 347, 352.
[125] Unklar *Flechsig,* MMR 2002, 347, 348, 352.
[126] Anders wohl LG Frankfurt a.M., CR 2016, 461, 463.

stehen müsste, fallen auch gestufte Kommunikationsverbindungen von einem Netz zu weiteren Netzen unter § 8 Abs. 1. Daher kann es nicht darauf ankommen, ob der Access-Provider den eigenen Kunden den Zugang unmittelbar zum Internet verschafft oder erst ein anderes (Mutter-)Unternehmen.[127]

49 Auch bietet § 8 Abs. 1 anders als § 10 S. 2 (→ § 10 Rn. 45 ff.) keine Grundlage für eine Zurechnung in einem **Konzern,** sofern keine inhaltliche Auswahl der Adressaten oder Beeinflussung der Informationen vorgenommen wurde. Auch der Gesichtspunkt einer Haftungsaufspaltung führt nicht dazu, dass § 8 für die Weiterleitung im Konzern ausscheidet.[128] Denn der Gläubigerschutz konzentriert sich nach den Regeln des Konzernrechts auf den Schutz der abhängigen Gesellschaft und kennt grundsätzlich keinen unmittelbaren Zugriff auf die Konzernspitze. Bei Einflussnahme der Konzernspitze auf die Informationserstellung und -auswahl bei der Tochtergesellschaft liegt dagegen ein Fall des § 8 Abs. 1 Nr. 1–3 vor, so dass eine Verantwortlichkeitsprivilegierung ausscheidet. Allein die Tatsache, dass ein konzerniertes Unternehmen weisungsabhängig ist, begründet nicht das kollusive Zusammenwirken nach § 8 Abs. 1 S. 2. Dies kann nur bei entsprechenden Weisungen an das übermittelnde, abhängige Unternehmen und bei entsprechender Kenntnis sowohl der Konzernspitze als auch der Tochtergesellschaft um die Rechtswidrigkeit der Handlung bzw. Information der Fall sein.[129] Darüber hinausgehende Ausnahmen können aus § 8 nicht abgeleitet werden, wie § 8 Abs. 2 zeigt.[130]

5. E-Mail-Dienste, E-Mail-Verteilerlisten, Push-Dienste

50 E-Mail-Dienste werden trotz ihrer Nähe zur Telekommunikation auch vom TMG erfasst, wie § 1 Abs. 1 S. 1 zeigt (→ § 1 Rn. 81). Dementsprechend unterfällt auch die Übermittlung der per E-Mail gesandten Informationen hinsichtlich der inhaltlichen Verantwortlichkeit dem § 8.[131]

51 Anbieter von **E-Mail-Listen** veranlassen zwar nicht die Übermittlung der Information, doch treffen sie durchaus eine „Auswahl" der Adressaten, an die die Informationen übermittelt werden, indem andere Teilnehmer sich in entsprechende Listen eintragen oder auch von der Liste ausgeschlossen werden. Dafür könnte auch jetzt Erwägungsgrund Nr. 42 ECRL sprechen, wonach nur automatische, passive Verfahren ohne Kontrolle privilegiert werden. Trotz des Wortlautes, der dieses Ergebnis nahe legt,[132] war von Anfang an etwas anderes beabsichtigt: Schon im ersten Richtlinienvorschlag wollte die Kommission die automatische Auswahl der Adressaten im Rahmen einer E-Mail-Liste ausdrücklich nicht als Unterfall des Art. 12 Abs. 1 lit. b ECRL ansehen.[133] Hieran hat sich mangels entsprechender Änderungsanträge oder Stellungnahmen nichts geändert. Demgegenüber ist bei **moderierten E-Mail-Lis-**

---

[127] AA für § 5 Abs. 3 TDG aF AG München, CR 1998, 500, 503; wie hier für die ECRL *Satzger,* CR 2001, 109, 116 f.

[128] S. aber auch *Eck,* Providerhaftung von Konzernunternehmen, 7. Teil A I 1 b bb (2) (a), für ein „qualifiziertes Interesse" der weiterleitenden Konzernspitze an den Inhalten einer Tochter.

[129] So schon bereits zu § 5 TDG aF *Spindler,* CR 1998, 745, 752 f.; ebenso *Eck,* Providerhaftung von Konzernunternehmen, 7. Teil A I 1 a aa; Bräutigam/Leupold/*Pelz,* Online-Handel, B I. Rn. 90.

[130] AA *Eck,* Providerhaftung von Konzernunternehmen, 7. Teil A I 1 b bb (2) (a), für Unterlassen der Konzernspitze bei Kenntnis von rechtswidriger, durchgeleiteter Information.

[131] IE auch *Köhler/Fetzer,* Rn. 874; Hoeren/Sieber/Holznagel/*Sieber/Höfinger,* 44. EL 2017, Teil 18.1 Rn. 62.

[132] So *Stadler,* Haftung für Informationen im Internet, Rn. 80, der die Anwendung der Privilegierung auf automatisierte E-Mail-Listen verneint.

[133] Begr. zum Richtlinienvorschlag (Dezember 1998), Anhang, Zu Art. 12 Abs. 1, s. vor allem die englische Fassung; *Freytag,* CR 2000, 600, 607; Hoeren/Sieber/Holznagel/*Sieber/Höfinger,*

Durchleitung von Informationen **§ 8 TMG**

ten eindeutig eine Auswahl schon der übermittelten Informationen gegeben, so dass die Haftungsprivilegierung nach Art. 12 ECRL keine Anwendung finden kann.[134] Dies muss auch für die deutsche Umsetzung in § 8 gelten.[135]

Auch **Push-Dienste** (nicht Cell-Broadcasting → Rn. 10) sind den (unmoderierten) E-Mail-Verteilerlisten gleichzustellen: Zwar werden hier die Inhalte durch den Diensteanbieter zusammengestellt, doch findet die Übertragung bei einer Gesamtbetrachtung des Dienstes auf Initiative des Nutzers statt.[136] Denn vor der Aktivierung eines entsprechenden Dienstes muss der Nutzer sein Profil erstellen und damit im Vorhinein abstrakt die ihm zuzusendenden Inhalte festlegen. Ohne seine Handlung kommt es nicht zu entsprechenden Versandhandlungen über den Push-Dienst.[137] Dies gilt auch dann, wenn der Provider dem Nutzer von vornherein bestimmte Inhaltskategorien anbietet, innerhalb derer der Nutzer auswählen kann: Entscheidend ist stets für § 8 bzw. Art. 12 ECRL, dass der Provider die konkrete Information auswählt und ohne Veranlassung dem Nutzer übersendet. Genau dies findet aber auch bei vorausgewählten Informationen nicht statt.[138] Erst dann, wenn der Provider selbst bewusst wertend die Informationen für den Nutzer zusammenstellt und diese nicht automatisiert nach einem Filter aus einem allgemeinen Informationenpool übersandt werden, entfällt die Haftungsprivilegierung. Dagegen scheidet § 10 für Push-Dienste aus, da die Inhalte vor Versendung nicht dem Nutzer zugänglich sind, was aber für § 10 Voraussetzung ist.[139] 52

Der Einsatz von **Spam-Filtern** auf Seiten des Providers führt zwar dazu, dass Inhalte bzw. Nachrichten (vor-)sortiert und entweder mit einer Markierung versehen und/oder in einem speziellen Ordner im E-Mail-Postfach des Nutzers abgelegt werden;[140] doch nimmt der Provider hierbei in jedem Fall keinen Einfluss auf die Inhalte selbst oder den Adressaten, wenn der Nutzer jederzeit selbst entscheiden kann, ob er diese löschen will.[141] Auch kommt es von Seiten des Anbieters in seiner Funktion als Access-Provider selbst dann weder zur Auswahl des Adressaten noch zur Veränderung der Informationen, wenn die Nachrichten nach einer gewissen Dauer oder ab einer gewissen Menge automatisch gelöscht werden.[142] Denn ein Spam-Filter ist eine über den reinen E-Mail-Dienst hinausgehende vertraglich vereinbarte Zusatzleistung durch den Anbieter überwiegend im Interesse der Nutzer, da ohne eine solche Funk- 53

---

44. EL 2017, Rn. 68; BeckRTD-Komm/*Jandt,* § 8 Rn. 16; aA MüKoStGB/*Althain,* § 8 TMG Rn. 8.

[134] Grabitz/Hilf/*Marly,* Sekundärrecht, 40. EL 2009, A 4 ECRL, Art. 12 Rn. 6; *Freytag,* CR 2000, 600, 607; s. bereits *Spindler,* MMR 1999, 199, 201; *Spindler,* Beil. MMR 7/2000, 4, 16.

[135] Ebenso Bräutigam/Leupold/*Pelz,* Online-Handel, B I. Rn. 88; *Stadler,* Haftung für Informationen im Internet, Rn. 80 aE.

[136] Wie hier Hoeren/Sieber/Holznagel/*Sieber/Höfinger,* 44. EL 2017, Teil 18.1 Rn. 68; BeckOK InfoMedienR/*Paal,* § 8 TMG Rn. 24.

[137] *Stender-Vorwachs,* TKMR 2003, 11, 15; aA *Stadler,* Haftung für Informationen im Internet, Rn. 83 wegen Auswahl der Adressaten; *Härting,* CR 2001, 271, 275; unklar Bräutigam/Leupold/*Pelz,* Online-Handel, B I. Rn. 128.

[138] Anders *Ufer,* Die Haftung der Internet Provider nach dem Telemediengesetz, S. 66f.; Spindler/Schuster/*Hoffmann,* § 8 TMG Rn. 23; im Hinblick auf die verschiedenen Arten der Push-Dienste differenzierend BeckRTD-Komm/*Jandt,* § 8 TMG Rn. 17.

[139] AA *Köhler/Fetzer,* Rn. 875 wegen langer Speicherdauer.

[140] Ausf. zu den unterschiedlichen SPAM-Filtertechniken s. *Spindler/Ernst,* CR 2004, 437, 438 ff.

[141] *Ufer,* Die Haftung der Internet Provider nach dem Telemediengesetz, S. 68f.; dem zust. BeckRTD-Komm/*Jandt,* § 8 TMG Rn. 17.

[142] Zu automatischen Löschvorgängen bei Mail-Filtern s. *Spindler/Ernst,* CR 2004, 437, 438 ff.

tion die Nutzbarkeit des E-Mail-Dienstes häufig erheblich beeinträchtigt sein kann. Damit handelt der Provider – unabhängig davon, ob der Nutzer die Möglichkeit hat, über den Einsatz des Spam-Filters zu entscheiden – im Auftrag des Nutzers entsprechend dem zugrundeliegenden Vertragsverhältnis. Die Beauftragung zur Sortierung und Löschung nach gewissen Voraussetzungen führt dazu, dass eventuelle inhaltliche Einflussnahmen und Auswahlhandlungen nicht dem Provider, sondern dem Nutzer zuzurechnen sind.[143] Damit verlässt der Provider die von der ECRL bzw. dem TMG geforderte neutrale Rolle zumindest solange nicht, wie er sich an die vertraglich vereinbarten Vorhalteverpflichtungen hält. Entsprechend den Ausführungen →Rn. 25 ist aber zu beachten, dass in Bezug auf E-Mails die Voraussetzungen des § 8 nur bis zur Grenze der automatischen kurzzeitigen Zwischenspeicherung einschlägig sind; mithin sind nach dem aktiven Abruf durch den Nutzer und der weiteren Speicherung auf dem Server des Providers die Voraussetzungen des § 10 zu beachten.

54 Dies gilt wie bei Spam-Filtern auch für Fälle von **Schadsoftware-Filtern.** Auch hier handelt der Provider aufgrund des zugrundeliegenden Vertrages im Auftrag des Nutzers, womit selbst beim sofortigen Löschen ohne vorherige Sortierung eventuelle Einflussnahmen und Entscheidungen darüber, welche Inhalte den Adressaten erreichen sollen, dem Nutzer zuzurechnen sind. Sowohl bei Schadsoftware- als auch bei Spam-Filtern ist unerheblich, dass die genutzte Filtersoftware ggf. fehlerhaft nicht unter eine der beiden Kategorien fallende Inhalte aussortieren wird, da es praktisch unmöglich ist einen Algorithmus für einen Filter zu entwickeln, der mit hundertprozentiger Zuverlässigkeit arbeitet. Dementsprechend kann der Provider auch keinen dahingehenden Erfolg schulden, sondern vielmehr lediglich die Tätigkeit des Filterns entsprechend dem technisch Möglichen; mithin sind – je nachdem ob ein Entgelt vereinbart ist – die Maßstäbe der §§ 611ff. oder §§ 662ff. BGB zu beachten. Solange sich der Provider innerhalb der jeweils einschlägigen vertragsspezifischen Verpflichtungen bewegt, sind Auswahl und Einflussnahme dem Nutzer zuzurechnen.

6. Hyperlinks und Suchmaschinen

55 Hyperlinks und Suchmaschinen fallen nach dem klaren Willen sowohl des Richtlinien- als auch des deutschen Gesetzgebers nicht in den Anwendungsbereich der Art. 12–14 ECRL, §§ 7–10 (näher → Vor § 7 Rn. 80ff.). Aber auch vom Telos her lässt sich § 8 nicht auf Hyperlinks oder Suchmaschinen anwenden, da Hyperlinks stets eine wertende Komponente der Auswahl von fremden Inhalten enthalten, auf die verwiesen wird, und sich nicht auf rein telekommunikationsähnliche Vorgänge beschränken.[144] Nach § 8 Abs. 1 Nr. 3 in Umsetzung von Art. 12 Abs. 1 lit. c ECRL kann die Haftungsprivilegierung nicht verfangen, wenn der Diensteanbieter in irgendeiner Weise Einfluss auf die Auswahl von Adressaten oder Inhalten genommen hat.[145] Genau dies ist aber der Fall bei Hyperlinks: Der Linksetzende agiert gerade nicht wie ein reiner Access-Provider, der völlig neutral und nur abhängig von den Eingaben des Nutzers Daten zugänglich macht und übermittelt, sondern wählt aus dem großen Inhaltsangebot im Internet die zu übermittelnden Daten aus. Zwar erfolgt die Übermittlung der Daten erst auf Veranlassung des Nutzers, der die Hyperlinks anklickt, jedoch führt kein Weg daran vorbei, dass der Diensteanbieter diesen Nutzungsakt durch seine Auswahl präformiert hat.[146]

---

[143] Zur Ausgestaltung der Spam-Filter durch den Nutzer s. *Spindler/Ernst,* CR 2004, 437, 443.
[144] LG Frankfurt a.M., CR 2017, 537, 540; *Stadler,* Haftung für Informationen im Internet, Rn. 81f., 156; für eine Analogie *Köhler/Fetzer,* Rn. 859.
[145] *Freytag,* CR 2000, 600, 606; *Hoffmann,* MMR 2002, 284, 286; Ernst/Vassilaki/Wiebe/Wiebe, Hyperlinks, Rn. 137.
[146] Dies räumen auch *Köhler/Fetzer,* Rn. 857 im Grundsatz ein.

Allenfalls Links, die auf der „zweiten" Ebene angesiedelt sind, indem sie wie eine **56** Kaskade auf Inhalte verweisen, könnten nach § 8 behandelt werden, da die Inhalte, auf die mittelbar verwiesen wird, nur noch sehr eingeschränkt der Auswahl durch den Dienstanbieter unterliegen. Umgehungsstrategien könnten durch die Vorbehaltsklausel des § 8 Abs. 1 S. 2 erfasst werden. Aber auch hier sperrt die explizite Weigerung des Gesetzgebers, Hyperlinks zu behandeln, eine Anwendung des TMG oder auch nur eine Analogie.[147]

Zur Funktion von **Suchmaschinen** und den allg. Haftungskriterien, → Vor § 7 **57** Rn. 29 ff., 80 ff. Wie bereits dargelegt, ließ der BGH in seinem Autocomplete-Urteil auch Suchmaschinen dem Anwendungsbereich des § 7 TMG unterfallen,[148] obwohl sowohl aus Art. 21 Abs. 2 ECRL als auch aus dem gesetzgeberischen Willen des (enger gefassten) TDG aF, die Unanwendbarkeit der §§ 7–10 TMG auf Suchmaschinen hervorgeht (→ Vor § 7 Rn. 81). Der BGH befasste sich in genannter Entscheidung mit der Verantwortlichkeit Googles für eigene (Autocomplete-)Inhalte.[149] Zwar kann § 8 bzw. Art. 12 ECRL nicht unmittelbar auf Suchmaschinenbetreiber angewandt werden, doch kommen Suchmaschinenbetreiber dem Modell der Access-Provider sehr nahe aufgrund des automatisierten Suchprozesses und anschließender Verlinkung auf fremde Inhalte. Käme es zu einer Anwendung des § 8 TMG auf Suchmaschinenbetreiber,[150] so dürften diese die Übermittlung der Information weder veranlasst, noch den Adressaten der übermittelten Informationen ausgewählt, wie auch die übermittelte Information selbst weder ausgewählt noch verändert haben. Bei Suchmaschinen wird der Suchprozess allein vom Nutzer angestoßen. Das „Ob" der Zugangsvermittlung wird daher nicht vom Suchmaschinenbetreiber veranlasst; ferner ist der Nutzer als Adressat determiniert.[151] Problematisch sind lediglich die Vorgaben des § 8 Abs. 1 S. 1 Nr. 3 TMG, die jedenfalls dann nicht vorliegen, wenn der Suchmaschinenbetreiber selbst Einfluss auf die Anzeige und das Ranking der Ergebnisse nimmt, etwa durch bevorzugte Anzeige bestimmter Ergebnisse aufgrund von Sponsoren- bzw. Werbeverträgen.[152] Ist eine vertragliche Beziehung von Suchmaschinenbetreiber und Content-Provider hingegen nicht gegeben, so ist die reine Auflistung der Suchergebnisse Folge eines automatisch-technischen Prozesses, ohne willentliche Selektierung oder Änderung der Informationen.[153] Anbieterseitig vorgegebene Suchkriterien mithilfe derer der Robot/Crawler automatisiert Webinhalte durchforscht, stellen keine inhaltliche Vorauswahl dar, sondern dienen lediglich

---

[147] → Vor § 7 Rn. 50, dort auch zu den allg. Haftungskriterien.

[148] BGHZ 197, 213 Rn. 20 = GRUR 2013, 751 mAnm *Peifer/Becker* – Autocomplete-Funktion; so auch schon OLG Köln, MMR 2012, 840, 842 – Vervollständigungsfunktion; OLG Hamburg, MMR 2011, 685, 686.

[149] Krit. zur Einordnung von Auto-Complete-Ergänzungen als eigenem Inhalt: BGHZ 197, 213= ZD 2013, 405, 407 mAnm *Hoeren* – Autocomplete-Funktion; zur Einordnung von Thumbnails als eigener Inhalt und der Frage des anwendbaren Rechts: *Nordemann,* GRUR 2011, 977, 978.

[150] Eine solche wurde vereinzelt in analoger oder sogar direkter Anwendung des TMG befürwortet, zB von *Ott,* WRP 2006, 691, 694; oder *Sieber/Liesching,* MMR 2007, Beil. 8, 1 ff.

[151] Zu weitgehend daher LG Frankfurt a. M., CR 2017, 537, 540, dass Suchmaschinenbetreiber nach §§ 9, 10 TMG behandeln will; § 8 auch abl. aber letztlich offen OLG Celle, CR 2017, 551, 552.

[152] Zutr. Spindler/Schuster/*Hoffmann*, § 8 TMG Rn. 25; dem folgend BeckOK InfoMedienR/*Paal,* § 8 TMG Rn. 25; hingegen mit Hinweis auf das „Caching" der gelisteten Websites die Privilegierung des § 8 TMG für Suchmaschinen eher ablehnend, letztlich aber unentschieden OLG Köln, BeckRS 2016, 18916 Rn. 93 f.; OLG Köln, NJOZ 2016, 1814, Rn. 56 f.

[153] *Sieber/Liesching,* MMR 2007, Beil. 8, 1, 11 ff., ausf. zum Ranking *Rath,* Recht der Internetsuchmaschinen, S. 57 ff.; *Nolte/Wimmers,* GRUR 2014, 16, 25.

TMG § 8   Durchleitung von Informationen

als Ordnungsprinzipien der ansonsten inhaltsneutralen Infrastrukturleistung.[154] Dementsprechend wäre das Vorliegen der Voraussetzungen der Haftungsprivilegierung des § 8 TMG theoretisch denkbar, in Abhängigkeit der exakten technischen Ausgestaltung der Suchmaschine, falls die Unanwendbarkeit der §§ 7–10 TMG durchbrochen würde.[155]

XIII. Öffentlich-rechtliche Störerhaftung von Access-Providern

1. Störerbegriff

58   Relevant ist vor allem die öffentlich-rechtliche Störereigenschaft von Access-Providern geworden.[156] Dabei scheidet eine Verantwortlichkeit der Access-Provider als Verhaltensstörer von vornherein mangels objektiv bezweckter Gefahr ebenso aus wie eine Zustandsverantwortlichkeit, da sie nur die Leitungen beherrschen, deren „Zustand" für sich betrachtet ungefährlich ist.[157] Auch verändern sich die transportierten Daten ständig.[158] In der Regel sind Access-Provider daher als **Nicht-Störer** zu qualifizieren.[159] Eine polizeiliche Inanspruchnahme von Zugangsanbietern kommt daher nur bei einer qualifizierten Gefährdungslage (→ Rn. 64) und darüber hinaus allenfalls dann in Betracht, wenn kein Verhaltens- oder Zustandsstörer für die Behörde greifbar ist.[160] Die Inanspruchnahme der Access-Provider als Nichtstörer ist überdies entschädigungspflichtig (→ Rn. 66).

2. Die Verhältnismäßigkeit von Sperrungsverfügungen gegen Access-Provider

59   Öffentlich-rechtliche Maßnahmen gegen Provider als Störer müssen selbstverständlich einer Verhältnismäßigkeitsprüfung bzw. einer Abwägung mit den Grundrechten der Anordnungsadressaten standhalten.[161] Vor allem muss im Rahmen der

---

[154] *Sieber/Liesching,* MMR 2007, Beil. 8, 1, 11 ff.; ähnlich AG Bielefeld, MMR 2005, 556 mAnm *Gercke.*

[155] Spindler/Schuster/*Hoffmann,* § 8 TMG Rn. 25.

[156] OVG Münster, MMR 2003, 348, 350 mAnm *Spindler/Volkmann;* Vorinstanzen: ua VG Düsseldorf, MMR 2003, 205 mAnm *Stadler;* VG Minden, MMR 2003, 135; Sperrverfügung der Bezirksregierung Düsseldorf, TKMR 2002, 405 sowie 409 (Widerspruchsbescheid); *Spindler/Volkmann,* K&R 2002, 398; *Greiner,* CR 2002, 620; *Stadler,* MMR 2002, 343; *ders.,* Haftung für Informationen im Internet, Rn. 118ff.; *Engel,* Beil. MMR 4/2003, 17f.; *Koenig/Loetz,* CR 1999, 438; *Hornig,* ZUM 2001, 846; *Zimmermann,* NJW 1999, 3145; *Köhntopp/Köhntopp/Seeger,* K&R 1998, 25.

[157] Näher *Spindler/Volkmann,* K&R 2002, 398, 403; ebenso *Zimmermann,* NJW 1999, 3145, 3149.

[158] *Greiner,* Die Verhinderung verbotener Internetinhalte im Wege polizeilicher Gefahrenabwehr, S. 129f.

[159] VG Köln, ZUM-RD 2012, 168, 172; VG Düsseldorf, CR 2012, 155, 156; *Spindler/Volkmann,* K&R 2002, 398, 403 mwN; iE ebenso *Zimmermann,* NJW 1999, 3145, 3148; *Hornig,* ZUM 2001, 846, 856; *Stadler,* MMR 2002, 343, 344; Gounalakis/*Ruthig,* E-Commerce, § 14 Rn. 94; *Frey/Rudolph/Oster,* MMR-Beil. 2012, 1, 17f.; *Schenke,* Polizei- und Ordnungsrecht, § 7 Rn. 399.

[160] Pewestorf/Söllner/Tölle/*Pewestorf,* Praxishandbuch Polizei- und Ordnungsrecht, S. 93, Rn. 268f.; zum Grundsatz der Subsidiarität, → Rn. 65.

[161] *Schöttle,* K&R 2007, 366, 369; *Kuch,* ZUM 1997, 225, 230; *Gounalakis,* NJW 1997, 2993, 2999; *Kern,* Das Internet zwischen Regulierung und Selbstregulierung, S. 74ff.; *Frey, Rudolph, Oster,* MMR-Beil. 2012, 1, 11ff.; *Schenke,* Polizei- und Ordnungsrecht, § 7 Rn. 400.

Verhältnismäßigkeitsprüfung beachtet werden, dass es sich bei einer Sperrverfügung um einen Verwaltungsakt mit Dauerwirkung handelt. Daher muss die Rechtmäßigkeit der Verfügung fortlaufend durch die Behörde überprüft werden.[162]

Bedenken bestehen bereits gegenüber der **Geeignetheit von Sperrungsverfügungen;** denn die Störung kann durch Access-Provider praktisch nicht abgestellt werden, da die Gefahrenquelle über andere Zugänge nach wie vor zugänglich sein wird.[163] Allerdings verlangt das Gefahrenabwehrrecht nicht, dass die Maßnahme die Gefahr vollständig beseitigt; geeignet ist vielmehr schon jede Maßnahme, die eine bestehende Gefahr minimiert, insbesondere wenn eine vollständige und endgültige Gefahrbeseitigung nicht zu realisieren ist.[164] Die Geeignetheit zur Gefahrbeseitigung nimmt auch nicht mit der steigenden Anzahl rechtswidriger Inhalte im Netz ab.[165] Der Umstand, dass neben den konkret gesperrten Seiten noch eine Vielzahl weiterer Seiten existiert, von denen ebenfalls Gefahren ausgehen, ändert nichts an der Geeignetheit von Sperrungen.[166] 60

Maßgeblich ist, ob die Sperrungen einen wirksamen Beitrag zur Gefahrenabwehr leisten können: Zwar können mit einer Zugangssperre technisch versierte Nutzer kaum von einem Abruf der rechtswidrigen Inhalte abgehalten werden; doch erhöhen sich für die meisten Internetnutzer bereits bei der von einfachsten zu umgehenden Sperrung einer einzelnen URL sowohl die technischen als auch zeitlichen Schwierigkeiten des Abrufs des inkriminierten Inhalts.[167] Gleiches gilt bei Eingriffen am DNS-Server mit der Folge, dass Nutzer die IP-Adresse in den Browser eingeben müssen.[168] 61

Unter mehreren möglichen und voraussichtlich gleich wirksamen Maßnahmen müssen diejenigen angeordnet werden, die den Einzelnen und die Allgemeinheit voraussichtlich am wenigsten beeinträchtigen.[169] Neben der Sperrung von IPs, der Verwendung eines Proxy-Servers oder dem Ausschluss von Domains im Domain-Name-Server gibt es zunächst kaum diskutable Alternativen.[170] Im Rahmen der **Abwägung der verschiedenen Grundrechte** und den Gemeinwohlinteressen muss berücksichtigt werden, dass eine Rechtsverletzung im Ausland durch Content-Provider praktisch nicht durch nationale Behörden unterbunden werden kann, sondern nur durch Einflussnahme auf den Zugang zu der Information. In diesem Rahmen sind die Massenwirksamkeit einerseits und der Grad der Gefahr andererseits, den die Kenntnisnahme des Inhalts für die Allgemeinheit beinhaltet, maßgeblich. Auch dessen Auswirkung auf das rezipierende Publikum und damit für die freiheitliche demokratische Grundordnung ist zu berücksichtigen. Nicht umsonst handelt es sich etwa bei den Delikten der Volksverhetzung um abstrakte Gefährdungsdelikte.[171] 62

---

[162] VG Köln, ZUM-RD 2012, 168, 172.

[163] Ausf. *Köhntopp/Köhntopp/Seeger,* K&R 1998, 25, 29ff.; *Sieber,* CR 1997, 581ff., 653ff.; *ders.,* Verantwortlichkeit im Internet, Rn. 185ff.; *Federrath,* ZUM 1999, 177ff.; *Stadler,* Haftung für Informationen im Internet, Rn. 126ff.; s. auch *Schneider,* MMR 1999, 571, 572; *ders.,* MMR 2004, 18, 20ff.

[164] *Hornig,* ZUM 2001, 846, 852; *Zimmermann,* NJW 1999, 3145, 3150; OVG Münster, MMR 2003, 348, 351; VG Düsseldorf, ZUM-RD 2012, 362, 368.

[165] OVG Münster, MMR 2003, 348, 351.

[166] OVG Münster, MMR 2003, 348, 351.

[167] AA offenbar *Schneider,* MMR 2004, 18, 21f.; *Schöttle,* K&R 2007, 366, 367ff.

[168] Weiterführend zu technischen Sperrmethoden und deren Umgehungsmöglichkeiten in *Helioschs,* Verfassungsrechtliche Anforderungen an Sperrmaßnahmen von kinderpornographischen Inhalten im Internet, S. 84ff.; *Kern,* Das Internet zwischen Regulierung und Selbstregulierung, S. 76.

[169] BVerfGE 70, 1, 29 = NJW 1986, 772, 773; Lisken/Denninger/*Rachor,* F Rn. 214; *Pieroth/Schlink/Kniesel,* Polizei und Ordnungsrecht, § 10 Rn. 25.

[170] *Frey/Rudolph/Oster,* MMR-Beil. 2012, 1, 17f.

[171] BGHSt 46, 212, 218 = NJW 2001, 624, 626; vgl. *Sieber,* NJW 1999, 2065, 2067 mwN.

TMG § 8 Durchleitung von Informationen

63 Der Eingriff muss auf jeden Fall auf das **mildeste Mittel** beschränkt bleiben: So scheidet eine verfassungsrechtliche Rechtfertigung bei Eingriffen in die Schutzbereiche der Informationsfreiheit und der Meinungsfreiheit jedenfalls dann aus, wenn legale Inhalte bzw. der Zugang zu solchen als Nebenprodukt einer entsprechenden Verfügung ebenfalls gesperrt werden.[172] Noch einschneidender ist die Beeinträchtigung des Datenverkehrs bei der Installierung von Proxy-Servern, welche anschaulich an einem Filtersystem illustriert werden kann, dass auf „Breast" abstellt, um Sex-Fotos auszufiltern, letztendlich aber auch dazu führt, dass zusätzlich Newsgroups über Brustkrebs mitgesperrt werden.[173] Soweit selbst die Installierung von Proxy-Servern infolge bestehender Entschädigungsansprüche der Access-Provider nicht als generell unangemessen abgetan werden kann, gilt dies umso mehr für zielgerichtete Sperrungen einzelner Webseiten. Der Aufwand hierfür sowie für den Ausschluss von Domains am Name-Server ist – Entschädigungsansprüche unterstellt – wesentlich geringer als für die Einrichtung von Proxy-Servern. Das Allgemeininteresse dürfte insoweit hinter dem Nutzen der Sperrungen, insbesondere im Hinblick auf die betroffenen, hochrangigen Rechtsgüter, zurücktreten.[174]

3. Access-Provider als Nichtstörer

64 Trotz fehlender Störereigenschaft der Access-Provider kann die Behörde auf diese als Nichtstörer zugreifen, was aber nach den landesgesetzlichen Polizeigesetzen an strenge Voraussetzungen geknüpft ist. So muss zunächst eine erhebliche gegenwärtige Gefahr gegeben sein.[175] Die Notstandshaftung findet nur dann Anwendung, wenn eine Inanspruchnahme von Handlungs- und Zustandsstörer ausscheidet und Maßnahmen der Polizei selbst keinen hinreichenden Erfolg versprechen.[176] Erheblich sind Gefahren für bedeutsame Rechtsgüter, etwa Bestand des Staates, Leben, Gesundheit, Freiheit, nicht unwesentliche Vermögenswerte sowie andere strafrechtlich geschützte Güter.[177] Gleiches gilt für die Gegenwärtigkeit der Gefahr, welche die bereits eingetretene Störung und den Fall der unmittelbar bevorstehenden Gefahr, bei der die schädigende Einwirkung unmittelbar bevorsteht, umfasst. Die Verantwortung als Nichtstörer muss als Ausnahmefall behandelt werden; seine Voraussetzungen sind strikt auszulegen und anzuwenden.[178] Als bloßem „Inhaber des Gegenmittels" und ohne selbst Störer zu sein, wird dem Nichtstörer durch die Verpflichtung ein Sonderopfer auferlegt, welches es – trotz Entschädigung – nicht rechtfertigt, ihn mit der Beseitigung jeglicher Gefahr zu belasten.

65 Die Regel des allgemeinen Polizeirechts, dass vor einer Inanspruchnahme des Nichtstörers zunächst Verhaltens- und Zustandsstörer zur Gefahrenabwehr heranzuziehen sind **(Subsidiarität),** gilt selbstverständlich auch im Bereich des TMG.[179] Die – wohl zurecht befürchtete – faktische Umkehrung des Regel-Ausnahme-Prinzips der Nichtstörerhaftung in der Praxis spricht aber nicht von vornherein für ein Absehen von der Inanspruchnahme der Access-Provider,[180] da das Handeln der Be-

---

[172] *Stadler,* MMR 2002, 343, 346.

[173] Ausf. zum Overblocking *Heiliosch,* Verfassungsrechtliche Anforderungen an Sperrmaßnahmen von kinderpornographischen Inhalten im Internet, S. 96 ff.

[174] OVG Münster, MMR 2003, 348, 353; *Spindler/Volkmann,* K&R 2003, 398, 408.

[175] *Pieroth/Schlink/Kniesel,* Polizei und Ordnungsrecht, § 9, Rn. 74.

[176] Allg. zur Subsidiarität im Polizei- und Ordnungsrecht Pewestorf/Söllner/Tölle/*Pewestorf,* Praxishandbuch Polizei- und Ordnungsrecht, S. 93, Rn. 275 ff.; *Volkmann,* Der Störer im Internet, S. 218.

[177] Vgl. *Götz,* Polizei- und Ordnungsrecht, § 6 Rn. 28.

[178] Lisken/Denninger/*Denninger,* E Rn. 138.

[179] *Heiliosch,* Verfassungsrechtliche Anforderungen an Sperrmaßnahmen von kinderpornographischen Inhalten im Internet, S. 121.

[180] So aber wohl *Koenig/Loetz,* CR 1999, 438, 441.

hörde der Kontrolle der Gerichte unterliegt und daher entsprechenden Tendenzen Einhalt geboten werden kann. Aufgrund des Subsidiaritätsgrundsatzes und der dargelegten verfassungsrechtlichen Wertungen sind indes strenge Anforderungen an die Unmöglichkeit oder Aussichtslosigkeit von Maßnahmen gegen Content- und Host-Provider zu stellen. So muss die Untersagung des unmittelbaren Angebotes im Ausland im Wege der Rechts- und Amtshilfe zumindest versucht bzw. die Rechtslage ausreichend geklärt werden.[181] Bei Inlandssachverhalten dürfte zudem generell von einer Unzulässigkeit der Inanspruchnahme der Access-Provider auszugehen sein, da hier Verhaltens- und Zustandsstörer zur Gefahrenabwehr herangezogen werden können.

Bei mehreren Nichtstörern bzw. Access-Providern, muss eine ermessensfehlerfreie **66** Auswahl getroffen werden.[182] Allerdings wird eine Rangfolge hier schwerlich in Betracht kommen. Da Internetnutzer auf die übriggebliebenen Anbieter ausweichen könnten. Dies allerdings macht die Anordnung entsprechender Gefahrenabwehrmaßnahmen (Sperrungsverfügungen) riskant für die Behörde, da die Provider als Nichtstörer entsprechende Entschädigungsansprüche stellen können:

Der in Anspruch genommene Nichtstörer kann nach den insoweit übereinstimmen- **67** den Polizei- und Ordnungsgesetzen grundsätzlich eine **angemessene Entschädigung** für den ihm durch die Inanspruchnahme entstandenen Schaden verlangen[183] oder es ist ein Entschädigungsanspruch der Provider aus dem verfassungsgewohnheitsrechtlich anerkannten Institut der Aufopferung zu gewähren.[184] Allein das Fehlen einer Entschädigungsvorschrift bei einer Inanspruchnahme der Access-Provider nach dem TMG entlässt den Rechtsträger der verfügenden Behörde nicht aus seiner Haftung.[185]

XIV. Kollisionsrecht und Herkunftslandprinzip

Ob ein Anbieter in den Genuss der Haftungsprivilegierung des § 8 kommt, ent- **68** scheidet sich nach den kollisionsrechtlichen Regeln des jeweiligen Rechtsgebietes, in dessen Rahmen § 8 angewandt wird, etwa des Internationalen Deliktsrechts.[186] Überlagert wird diese Anwendung durch das Herkunftslandprinzip, → § 3.

XV. Beweislast

Wie für alle Haftungsprivilegierungen der §§ 7–10 (→ Vor § 7 Rn. 45) ist auch für **69** § 8 unklar, ob der Geschädigte/Verletzte die Voraussetzungen des § 8 darlegen und unter Beweis stellen muss oder ihn ein in den Genuss der Haftungsprivilegierung kommende Diensteanbieter. Nach der höchstrichterlichen Rechtsprechung[187] würde den Verletzten die Darlegungs- und Beweislast treffen, da § 8 als anspruchsbegründendes Merkmal qualifiziert wird. Dagegen steht aber die Äußerung des Gesetzgebers,[188] der

---

[181] So auch *Mayer,* Das Internet im öffentlichen Recht, S. 230.
[182] Ein fehlerhaft ausgeübtes Auswahlermessen kommt zB in Betracht, wenn die Sperrungsanordnung an eine zu geringe Anzahl von Nichtstörern ergeht, so VG Düsseldorf, ZUM-RD 2012, 362, 367; VG Köln, ZUM-RD 2012, 168, 172.
[183] S. etwa § 80 Abs. 1 Nds. SOG; *Zimmermann,* NJW 1999, 3145, 3149; insoweit zutr. *Stadler,* MMR 2002, 343, 344; *Stadler,* Haftung für Informationen im Internet, Rn. 139; *Kern,* Das Internet zwischen Regulierung und Selbstregulierung, S. 77 f.
[184] Lisken/Denninger/*Rachor,* L Rn. 33.
[185] BGHZ 117, 303, 307 f. = NJW 1992, 2639, 2640.
[186] Zum Kollisionsrecht der Haftungsprivilegierungen → Vor § 7 Rn. 65.
[187] BGH, GRUR 2004, 74, 74 = CR 2004, 50 f. mkritAnm *Spindler.*
[188] Begr. RegE BT-Drs. 14/6098, S. 24.

eindeutig von der Beweisbelastung des Diensteanbieters hinsichtlich der Voraussetzungen des § 8 ausgeht. Bezieht man das Urteil des BGH auf die Kenntnis des Anbieters, kann hinsichtlich des § 8 die Beweis- und Darlegungslast beim Diensteanbieter verbleiben,[189] zumal es sich um interne Vorgänge des Anbieters handelt, in die der Verletzte keinen Einblick hat. Für das kollusive Zusammenwirken ist in vergleichbarer Weise der Kläger darlegungs- und beweisbelastet.[190] Für alle anderen Tatbestandsmerkmale des § 8 wird man aber dem Diensteanbieter die Darlegungs- und Beweislast aufbürden müssen,[191] da der Anspruchsteller, außer bei evidenten Vorgängen wie E-Mail-Verteilern, in der Regel keinen Einblick in die technischen Interna des Anbieters hat.

§ 9 Zwischenspeicherung zur beschleunigten Übermittlung von Informationen

[1]**Diensteanbieter sind für eine automatische, zeitlich begrenzte Zwischenspeicherung, die allein dem Zweck dient, die Übermittlung fremder Informationen an andere Nutzer auf deren Anfrage effizienter zu gestalten, nicht verantwortlich, sofern sie**
1. **die Informationen nicht verändern,**
2. **die Bedingungen für den Zugang zu den Informationen beachten,**
3. **die Regeln für die Aktualisierung der Informationen, die in weithin anerkannten und verwendeten Industriestandards festgelegt sind, beachten,**
4. **die erlaubte Anwendung von Technologien zur Sammlung von Daten über die Nutzung der Informationen, die in weithin anerkannten und verwendeten Industriestandards festgelegt sind, nicht beeinträchtigen und**
5. **unverzüglich handeln, um im Sinne dieser Vorschrift gespeicherte Informationen zu entfernen oder den Zugang zu ihnen zu sperren, sobald sie Kenntnis davon erhalten haben, dass die Informationen am ursprünglichen Ausgangsort der Übertragung aus dem Netz entfernt wurden oder der Zugang zu ihnen gesperrt wurde oder ein Gericht oder eine Verwaltungsbehörde die Entfernung oder Sperrung angeordnet hat.**

[2]**§ 8 Abs. 1 Satz 2 gilt entsprechend.**

Literatur: Vgl. dazu die Hinweise zu → Vor § 7.

Übersicht

	Rn.
I. Normzweck und Überblick	1
II. Automatische, zeitlich begrenzte Zwischenspeicherung	3
III. Keine Kenntnis	15
IV. Einhaltung von Bedingungen	16
1. Keine Veränderung der Inhalte (Nr. 1)	17
2. Regeln für Zugang zur Information (Nr. 2)	18
3. Aktualisierung der Informationen (Nr. 3)	20
4. Keine Behinderung der Sammlung von Daten (Nr. 4)	27
5. Entfernung oder Sperrung von Informationen nach Kenntnis (Nr. 5)	28
V. Kollusives Zusammenwirken	33
VI. Beweislast	35

---

[189] Ähnlich *Beckmann,* Verantwortlichkeit im Wirtschaftsrecht, S. 267 f.
[190] OLG Stuttgart, MMR 2002, 746; *Spindler,* MMR 2002, 752, 753; *Pankoke,* MMR 2004, 212, 217; AG Hamburg, MMR 2016, 200.
[191] *Galtezka/Stamer,* K&R-Beil. 2/2012 zu Heft 6, 7; *Sesing,* MMR 2016, 507, 512.

	Rn.
VII. Anwendbarkeit auf Suchmaschinen	37
VIII. Störerhaftung	38

I. Normzweck und Überblick

Typisch für die Kommunikation in elektronischen Netzen ist die Zwischenspei- **1** cherung von häufig genutzten Inhalten auf anderen Servern als dem eigentlichen Content-Server, sog. Caching- oder Mirror-Verfahren (Spiegelung von Inhalten). Das Caching stellt sich als Speicherung fremder Informationen dar, auf die der Nutzer keinen unmittelbaren Zugriff hat; umgekehrt vermag der Nutzer oftmals nicht zu unterscheiden, ob er die Inhalte von einem Cache- bzw. Mirror-Speicher erhält oder direkt von der Internetquelle.[1] Um diese technisch bedingte Erleichterung der Kommunikation nicht durch Verantwortlichkeitsrisiken zu behindern, stellt § 9 die Diensteanbieter solcher Zwischenspeicherungen von der Verantwortlichkeit weitgehend frei, sofern die Spiegelung rein automatisch und ohne Einfluss des Diensteanbieters auf die Inhalte oder auf den Zugang zu ihnen erfolgt.[2]

Andererseits stellen sich aufgrund der längeren Speicherdauer und der Nähe zum **2** Hosting (§ 10) Probleme aus Sicht des Inhalteanbieters (Content-Providers), der die abzurufenden Informationen eingegeben hat, etwa im Hinblick auf die Aktualisierung der kopierten bzw. gespiegelten Inhalte, auf die Verantwortlichkeit für die Einhaltung des Urheberrechtsschutzes sowie auf die Zugangsmechanismen („conditional access") zugunsten des Inhalteanbieters, zB Zähler für den Zugriff auf Inhalte, von denen Werbeeinnahmen abhängen, oder Jugendschutzfilter.[3] Um Missbräuche durch den Diensteanbieter zu Lasten des Content-Providers zu verhindern, stellt § 9 daher in fast **wörtlicher Umsetzung von Art. 13 ECRL** – ähnlich wie Sec. 512 (b) des DMCA[4] – eine Reihe von Bedingungen auf, die erfüllt werden müssen (→ Rn. 15 ff.). Damit soll weitgehend gewährleistet werden, dass es weder für Content-Provider noch Nutzer einen Unterschied macht, ob die Information von der Quelle oder vom zwischengeschalteten Server des Diensteanbieters stammt; sowohl der Inhalt der Information als auch die damit verbundenen technischen Vorkehrungen müssen gleich sein.

II. Automatische, zeitlich begrenzte Zwischenspeicherung

Anders als die nach § 8 Abs. 2 im Prinzip nur vom Nutzerverhalten abhängige **3** Zwischenspeicherung (zB E-Mail-Zwischenspeicherung) muss für § 9 ein zwar zeitlich begrenztes, aber längerfristiges, von dem reinen, individuellen Kommunikationsvorgang wie bei § 8 unabhängiges Speichern vorliegen.[5] Ausschlaggebend muss die Funktion sein, auf die jeweils §§ 8, 9 bzw. Art. 12, 13 ECRL abstellen: Die reine Übermittlung bedingt nur eine Speicherung bis zur Beendigung der Übertragung,

---

[1] S. dazu auch Spindler/Schuster/*Hoffmann*, § 9 TMG Rn. 2, 8; ferner BeckOK InfoMedienR/*Paal*, § 9 TMG Rn. 5 ff.

[2] Begr. RegE BT-Drs. 14/6098, S. 24.

[3] Begr. RegE BT-Drs. 14/6098, S. 24.

[4] S. dazu bereits *Holznagel*, Notice and Take-Down-Verfahren als Teil der Providerhaftung, S. 19 ff.; *Ott*, GRUR Int. 2008, 563, 565 ff.; *Holznagel*, GRUR Int. 2007, 971 ff.; *Freytag*, MMR 1999, 207, 211; *Hugenholtz/Koelman*, Copyright and Electronic Commerce, S. 7, 17 ff.; *Singer*, MMR-Aktuell 8/1999, XVI.

[5] *Hoffmann*, MMR 2002, 284, 287; aA wohl *Freytag*, CR 2000, 600, 607; *Härting*, CR 2001, 271, 276.

TMG § 9   Zwischenspeicherung zur beschleunigten Übermittlung

nicht dagegen das Zwischenspeichern zur Steigerung der Effizienz bei der Abfrage durch Nutzer. Andererseits muss die Speicherung nach § 9 vom Speichern fremder Inhalte nach Art. 14 ECRL bzw. § 10 getrennt werden, so dass das Zwischenspeichern iSv § 9 zum einen **zeitlich zwar begrenzt,** aber wesentlich **länger** als nach § 8 sein muss.[6]

4 Charakteristisch ist daher die Speicherung ohne unmittelbare Veranlassung durch den Nutzer, wie es sonst nach § 8 der Fall wäre. Auf Aktualisierung infolge einer konkreten Nutzerabfrage kommt es daher nicht an.[7] Auch ist die Information im Fall von § 9 anders als nach § 8 Abs. 2 unmittelbar für den Nutzer zugänglich.[8] Allerdings muss die Speicherung zeitlich beschränkt erfolgen; eine ständige Spiegelung von Inhalten auf einem Rechner wird daher von § 9 nicht mehr gedeckt, sondern wäre ein Speichern nach § 10. Eine Begrenzung der Speicherung nach nur wenige Stunden, keinesfalls Tage, wie es die Gesetzesbegründung zu § 5 Abs. 3 S. 2 TDG aF zum Caching vorsah,[9] lässt sich der neuen Gesetzeslage nicht entnehmen. Insofern kann hieraus ein weiter gezogener Spielraum bei der Bemessungsdauer resultieren.[10] Aus der Gesetzessystematik der Zwischenspeicherung zwischen den §§ 8 und 10 folgt, dass diese qualitativ auf der einen Seite mehr als eine Informationsübertelung sein muss, auf der anderen Seite jedoch nicht dem zeitlichen Umfang einer dauerhaften Speicherung von Informationen entsprechen kann.[11] Eine **genaue zeitliche Grenze** wird man kaum ziehen können, etwa wenn es sich um sehr häufig abgefragte Inhalte über einen längeren Zeitraum handelt. Je häufiger die Abfragen erfolgen, desto längere Zeiträume sind von § 9 noch erfasst, da dann zu Zwecken der effizienten Kommunikation eine Zwischenspeicherung gerade erforderlich ist. Umgekehrt kann für Informationen, die kaum nachgefragt werden, nicht eine lange Zwischenspeicherzeit abgeleitet werden, da hier gerade nicht die Beschleunigung der Kommunikation erforderlich ist.[12] In der Regel dürfte aber ein Zeitraum von zwei bis drei Tagen angemessen sein, insbesondere im Hinblick auf die Verbreitung von Nachrichten im Internet.

5 Bei **Informationen tagespolitischer Art** wird schon in den meisten Fällen nach wenigen Tagen der Zweck des Cachens weggefallen sein.[13] Bei der Speicherung von fremden Nachrichten von Nutzern eines **Usenet-Providers** durch diesen selbst kann eine Vorhaltezeit von 30 Tagen noch von dem Anwendungsbereich des § 9 erfasst sein, da die Spiegelung der Inhalte des Usenet auf verschiedensten Servern weltweit einer effizienteren Übermittlung an die Nutzer des jeweiligen Newsservers dient.[14] Nach dem AG Bielefeld stellt die Speicherung eines urheberrechtlich geschützten in digitaler Form vorliegenden Fotos in verkleinerter Form, sog. thumbnail, keine die Haftungsprivilegierung des § 9 ausschließende Veränderung der Information dar und folgt bei Aufnahme in den Suchindex als nur zeitlich bis zum nächsten crawlen begrenzte Speicherung.[15]

---

[6] *Köhler/Fetzer,* Rn. 817.
[7] AA offenbar Hoeren/Sieber/Holznagel/*Sieber/Höfinger,* 44. EL 2017, Teil 18.1 Rn. 70.
[8] Begr. RegE BT-Drs. 14/6098, S. 24.
[9] *Spindler,* MMR 1999, 199, 202.
[10] *Ufer,* Die Haftung der Internet Provider nach dem Telemediengesetz, S. 89 f.
[11] *Ufer,* Die Haftung der Internet Provider nach dem Telemediengesetz, S. 89 f.; MüKoStGB/*Altenhain,* § 9 TMG Rn. 11.
[12] Dem (indirekt) zust. BeckRTD-Komm/*Jandt,* § 9 TMG Rn. 11 f.; ähnlich BeckOK InfoMedienR/*Paal,* § 9 TMG Rn. 10.
[13] Spindler/Schuster/*Hoffmann,* § 9 TMG Rn. 12.
[14] OLG Düsseldorf, MMR 2008, 254, 255; MüKoStGB/*Altenhain,* § 9 TMG Rn. 11; Hoeren/Sieber/Holznagel/*Sieber/Höfinger,* 44. EL 2017, Kap. 18.1 Rn. 72. Näheres hierzu → Rn. 10.
[15] AG Bielefeld, MMR 2005, 556, 557 zu § 10 TDG aF, mkritAnm *Gerdke,* MMR 2005, 557, 558 bei der Erstellung einer Miniaturansicht werden immer vorhandene Bildinformationen ver-

Darauf, wie oft eine Information vom Content-Provider aktualisiert wird, kann dagegen nicht abgestellt werden, da sonst bei nur selten aktualisierten Informationen eine fast unbegrenzte Speicherzeit erlaubt wäre[16] – was das Gesetz offenbar nicht beabsichtigt, wenn auf eine zeitliche Begrenzung abgestellt wird, wie sich aus dem Aufgabenbereich des Cache gerade ergibt.[17]

Keinesfalls kann daher § 9 auf **Archive** und Archivierungs-Server Anwendung finden, da es sich hier um längerfristige Speicherungen handelt.[18]

Demgegenüber unterfallen Spiegelungs- oder **Mirror-Server** dem Privileg des § 9, da sie nur in Abhängigkeit vom Nutzungsverhalten Inhalte von anderen Servern spiegeln, um die Verteilung des Datenverkehrs zu steuern, eine Entlastung des Ursprungsservers zu gewährleisten und die Zugriffsgeschwindigkeit zu erhöhen.[19] Anders als beim Caching werden die Inhalte nicht erst kurzfristig nach dem Abruf zwischengespeichert, sondern bereits quasi „auf Vorrat". Solange es sich hier nur um eine nicht lang andauernde Speicherung handelt, dient das Mirroring ebenso der schnellen technischen Abwicklung im Netz wie auch das eigentliche Caching. Allerdings ist auch stets eine automatische, nicht durch den Betreiber beeinflusste Spiegelung erforderlich; das bewusste, gezielte Spiegeln, wie es zB oft aus Protestgründen bei Inhalten vorzufinden ist, die in anderen Ländern gesperrt werden, kann nicht die Haftungsprivilegierung für sich in Anspruch nehmen.[20]

Bei den beschriebenen Speicherverfahren darf der Diensteanbieter iSd § 9 TMG grundsätzlich, wie auch schon von § 8 Abs. 1 S. 1 Nr. 3 ausdrücklich gefordert, keinen Einfluss auf die Auswahl der Informationen genommen haben. Dies resultiert zunächst aus dem systematischen Zusammenhang von § 8 und § 9 TMG, die sich beide ausschließlich an Diensteanbieter richten sowie aus der Formulierung des S. 1, die verlauten lässt der Anbieter werde nur auf Anfrage des Nutzers tätig.[21]

Usenet Server werden in der Rechtsprechung unterschiedlich als Access-,[22] Cache-[23] oder Host[24]-Provider eingeordnet. Entscheidendes Merkmal hierbei ist vor allem die Einordnung des Speicherungszeitraums der Inhalte, die auf dem Server des jeweiligen Usenet-Providers liegen.[25] Ursprünglich diente das Usenet als Netzwerk zum Austausch von Nachrichten. Ähnlich eines „Schwarzen Bretts" konnten Nutzer

---

worfen, unter Berufung auf die Gesetzesbegründung zum § 10 TDG aF, welche voraussetzt, dass die Kopie in jedem Moment dem Original entsprechen muss.

[16] In diese Richtung aber *Stadler,* Haftung für Informationen im Internet, Rn. 96, der mehrere Wochen für zulässig erachtet.
[17] Spindler/Schuster/*Hoffmann,* § 9 TMG Rn. 12.
[18] *Libertus,* ZUM 2005, 627, 630; BeckRTD-Komm/*Jandt,* § 9 TMG Rn. 9.
[19] LG München I, MMR 2007, 453, 454; OLG Düsseldorf, MMR 2008, 254, 255; jurisPK-Internetrecht/*Roggenkamp,* Kap. 10 Rn. 207; BeckOK InfoMedienR/*Paal,* § 9 TMG Rn. 7; *Tettenborn/Bender/Lübben/Karenfort,* BB-Beil. 2001, 1, 30; nur für eine mittelbare Anwendung, weil die Informationen nicht für andere Nutzer vorgehalten werden Hoeren/Sieber/Holznagel/*Sieber/Höfinger,* 44. EL 2017, Teil 18.1 Rn. 72; BeckRTD-Komm/*Jandt,* § 9 TMG Rn. 8.
[20] Wie hier Spindler/Schuster/Hoffmann, § 9 TMG Rn. 14; BeckOK InfoMedienR/*Paal,* § 9 TMG Rn. 7.
[21] So schon MüKoStGB/*Altenhain,* § 9 TMG Rn. 10.
[22] OLG Hamburg, ZUM-RD 2009, 246, 257 – Usenet I; MMR 2009, 405, 407 f. – Alphaload; *Bosbach/Wiege,* ZUM 2012, 293, 298; hierzu → § 8 Rn. 24.
[23] OLG Düsseldorf, MMR 2008, 254, 255 f.; LG München, MMR 2007, 453, 454 mAnm *Mantz. Mantz* qualifiziert die Usenet-Provider zusätzlich noch als Access-Provider s. MMR 2008, 456, 457.
[24] LG Düsseldorf, MMR 2007, 534.
[25] OLG Düsseldorf, MMR 2008, 254, 255; LG Düsseldorf MMR 2007, 534.

Nachrichten miteinander teilen und unmittelbar Reaktionen hierauf verfassen.[26] Im Laufe der Jahre wurde dieses System nicht nur für das Versenden von Nachrichten, sondern auch als Plattform zum Austausch von urheberrechtlich geschützten Bild-, Ton- oder Videodateien (Binaries) verwendet.[27] Hinter dem Begriff des Usenet verbirgt sich nichts anderes als eine dezentrale Vernetzung von Servern, die von unterschiedlichen Anbieter betrieben werden. Lädt ein Nutzer eine Datei auf den Server eines Usenet-Providers, so werden im Rahmen einer darauffolgenden Synchronisation die Inhalte des Servers auf die mit ihm verbundenen anderen Server gespiegelt.[28] Im Rahmen dessen werden zunächst nur die Header ohne Dateiinhalt auf den verschiedenen Servern gespeichert. Vergleichbar ist dieses mit einem Link, durch dessen konkrete Nutzeraktivierung der Inhalt der Datei (Body) abgerufen wird.[29] Klassisch ist hierbei, dass es einen etwaigen Vorrang des Quellservers bei der Speicherung nicht gibt und dieser bei Ausfall oder Sperrung dauerhaft von anderen Nachrichtenservern ersetzt werden kann.[30] Die periodisch erfolgende automatische Speicherung von fremden Serverinhalten diene vor allem dem Zeck die Übermittlung an den Nutzer effizienter zu gestalten und sei somit als Cache-Provider iSd § 9 TMG zu qualifizieren. Gerade die nur kurzzeitige Speicherung des Bodys spräche gegen die Einordnung als Host-Provider.[31] Hiergegen wird eingewandt, dass die Speicherung nicht alleine zur effektiven Übertragung der Inhalte vollzogen würde, sondern diese durch den Usenet-Provider bereits deswegen notwendig sei, um Inhalte erst anbieten zu können, da diese sonst nicht frei verfügbar sein.[32] Wiederum spreche die längere Verfügbarkeitsdauer für die Einordnung als Host-Provider.[33] Zur stimmigsten Einordnung der verschiedenen Usenet-Provider gelangt man, wenn man wie *Kitz* zwischen dem Ausgangsserver und den Servern auf denen die Spiegelung erfolgt unterscheidet.[34] So ist der Ausgangsserver, auf den die Datei zunächst geladen wird, als Host-Provider iSd § 10 TMG zu qualifizieren, da dieser die Inhalte zunächst verfügbar macht.[35] Die Usenet-Provider der „Spiegelserver" nehmen hingegen eine zeitlich begrenzte Speicherung vor, die wiederum automatisch erfolgt, um die Übertragung vom Ausgangsserver zu dem Spiegelserver effizienter zu gestalten und sind somit Cache-Provider iSd § 9 TMG.[36] Darüber hinaus sieht § 9 nur eine zeitliche Begrenzung vor, selbst die Speicherung für 30 Tage stellt eine solche zeitliche Begrenzung dar.[37]

11 Da das Gesetz eine wesentlich längere Zwischenspeicherung als in § 5 Abs. 3 S. 2 TDG aF erlaubt, werden auch **News Groups** von § 9 erfasst, bei denen die Nachrichten nicht nur auf dem ursprünglichen Server, sondern im Wege der Spiegelung auch bei allen anderen News-Rechnern abgespeichert (und aktualisiert) wer-

---

[26] Hoeren/Sieber/Holznagel/*Sieber,* 44. EL. 2017, Teil 1 Rn. 146 ff.; *Hütten,* K&R 2007, 554.

[27] *Hütten,* K&R 2007, 554, 555; eine Übersicht über die verschiedenen Anwendungsbereiche des Usenet ist abrufbar unter http://www.usenetanbieter.net/.

[28] BeckOK UrhG/*Reber,* § 97 Rn. 69; juris-PK-Internetrecht/*Roggenkamp/Stadler,* Kap. 10 Rn. 643.

[29] OLG Hamburg, ZUM-RD 2009, 246, 247 – Usenet I; MMR 2009, 405, 407 – Alphaload; OLG Düsseldorf, MMR 2008, 254, 255.

[30] MüKoStGB/*Altenhain,* § 9 TMG Rn. 8.

[31] OLG Düsseldorf, MMR 2008, 254, 255; LG München, MMR 2007, 453, 454 mAnm *Mantz*.

[32] *Hütten,* K&R 2007, 554, 556.

[33] LG Düsseldorf, MMR 2007, 534, 535.

[34] *Kitz,* CR 2007, 603, 604.

[35] So auch OLG Hamburg, ZUM-RD 2009, 246, 265 – Usenet I.

[36] *Kitz,* CR 2007, 603, 604.

[37] OLG Düsseldorf, MMR 2008, 254, 255; *Kitz,* CR 2007, 603, 604.

den.[38] Allerdings gilt auch hier, dass der Anbieter in richtlinienkonformer Auslegung[39] keine Kenntnis von den Nachrichten haben darf (→ Vor § 7 Rn. 15) und sich auf technische Vorgänge beschränken muss, da sonst der Haftungsausschluss nicht eingreift.

Schließlich darf der Inhalt durch den abfragenden Nutzer nicht direkt, sondern nur über einen entsprechenden Vermittlungsvorgang über den Diensteanbieter, der das Caching betreibt, erreichbar sein; ansonsten handelt es sich um ein Speichern nach § 10. Ebenso wenig darf der Inhalt zum ersten Mal bei dem betroffenen Diensteanbieter gespeichert werden, da sonst ebenfalls ein Fall von § 10 vorläge; die Inhalte dürfen nur zwischengespeichert werden, um die Kommunikation zu beschleunigen, was bedingt, dass sie an einem anderen Ort bereits einmal gespeichert sind. 12

Nicht erforderlich ist für § 9 ein **bewusstes Zusammenwirken mit dem Content-Provider,** etwa mit dessen Einverständnis. Auch das Spiegeln von Inhalten ohne Kenntnis des Content-Providers wird daher von § 9 erfasst. Allerdings muss sich die Spiegelung im Rahmen des urheberrechtlich Zulässigen bewegen, da sonst § 9 S. 1 Nr. 2 nicht erfüllt wäre; denn die Einhaltung der Urheberrechte des Content-Providers ist zu den Bedingungen des Zugangs zu zählen (→ Rn. 16f.). 13

Die **Überschreitung der maximalen Speicherdauer,** welche durch Abwägung im konkreten Einzelfall festgestellt werden muss, führt nicht zwangsläufig zur Rechtswidrigkeit der Datenspeicherung und zu einer Verantwortlichkeit, sondern entsprechend dem Verhältnis von TMG zur allgemeinen Haftung (→ Vor § 7 Rn. 13ff.) nur zum Wegfall der Privilegierung.[40] Erst hieran anschließend muss geprüft werden, ob eine Verantwortlichkeit nach allgemeinen Regeln in Betracht kommt. 14

III. Keine Kenntnis

Neben der Einschränkung, dass der Diensteanbieter nicht kollusiv mit dem Nutzer eines Dienstes zusammenwirken darf, § 9 S. 1 Nr. 2, stellt die Vorschrift nach ihrem Wortlaut und nach Auffassung des Gesetzgebers nicht auf die Kenntnis von der Information ab.[41] Allerdings ist zweifelhaft, ob nicht in richtlinienkonformer Auslegung[42] doch bei Kenntnis der Information die Haftungsprivilegierung ausscheiden muss, da die Annahme des Gesetzgebers, dass es sich um einen automatischen, telekommunikationsähnlichen Vorgang handelt, nicht mehr eingreift (→ Vor § 7 Rn. 14). 15

IV. Einhaltung von Bedingungen

Um Missbräuche durch die Zwischenspeicherung, sowohl zu Lasten des Nutzers, der die abzurufenden Informationen eingegeben hat, als auch zu Lasten Dritter, zu verhindern, stellt § 9 eine Reihe von Bedingungen auf, die alle kumulativ erfüllt sein müssen.[43] Leitlinie für die Auslegung und Beurteilung im Einzelfall ist wiederum, dass möglichst die gleichen Bedingungen wie beim Abruf an der Quelle herrschen müssen. 16

---

[38] Hoeren/Sieber/Holznagel/*Sieber/Höfinger*, 44. EL 2017, Teil 18.1 Rn. 73; insoweit kann auf die Ausführungen zu Usenet Servern verwiesen werden, da diese üblicherweise die News Groups speichern → Rn. 10.
[39] Erwägungsgrund Nr. 42 ECRL.
[40] Spindler/Schuster/*Hoffmann*, § 9 TMG Rn. 12.
[41] Begr. RegE BT-Drs. 14/6098, S. 25.
[42] Erwägungsgrund Nr. 42.
[43] *Stadler*, Haftung für Informationen im Internet, Rn. 88; BeckRTD-Komm/*Jandt*, § 9 TMG Rn. 13.

1. Keine Veränderung der Inhalte (Nr. 1)

17 Der Zweck des § 9, technikbedingte Zwischenspeicherungen zu erfassen, erfordert, dass der Diensteanbieter keine inhaltlichen Veränderungen vornehmen darf. Damit wird sowohl im Interesse des Content-Providers als auch des abfragenden Nutzers gewährleistet, dass die Kopie dem Original entspricht[44] und es sich tatsächlich nur um eine Beschleunigung des Kommunikationsvorganges handelt. Andererseits lassen technisch bedingte Veränderungen der Informationen die Verantwortlichkeitsbefreiung unberührt – sofern die Kopie mit dem Original inhaltlich übereinstimmt.[45] Die technische Verkleinerung eines urheberrechtlich geschützten Bildes, um dieses in einem Suchindex abzuspeichern, stellt keine Veränderung der Information dar, da der Begriff der Veränderung nach dem TDG aF nicht deckungsgleich mit den Begriffen „Bearbeitung oder Umgestaltung" aus §§ 23 ff. UrhG ist.[46] Die eigentliche zu übermittelnde Information an den Nutzer bleibt in diese Fall unberührt, wohingegen die verkleinerte Form der Information nur der Auffindbarkeit dient, sodass der Zweck der Norm gewahrt bleibt. Auch kann nicht zu jedem Zeitpunkt eine Identität von Kopie und Original verlangt werden, da sonst Nr. 3 – das Erfordernis der Aktualisierung innerhalb der üblichen Industriestandards – keinen Sinn machen würde.[47] Dynamische Websites stellen demnach keine Veränderung des Originals dar.[48]

2. Regeln für Zugang zur Information (Nr. 2)

18 Erforderlich ist weiterhin die Beachtung von Zugangsregeln zu den Informationen. Aus zahlreichen Gründen kann der Content-Provider die Verfügbarkeit der Information auf bestimmte Empfänger beschränken. Das Interesse hieran reicht von der Entgeltpflichtigkeit über den Urheberrechts- bis hin zum Jugendschutz.[49] Der zwischenspeichernde Diensteanbieter muss daher technisch sicherstellen, dass die an der Quelle geltenden Zugangsbeschränkungen auch beim Zugang über seinen Server eingehalten werden. **Passwortanfragen** beispielsweise müssen an die Quelle zur Verifizierung weitergeleitet werden und dürfen nicht eigenständig beim Diensteanbieter bearbeitet werden, sofern nicht dort eine ständig aktualisierte und identische Verifikation des abrufenden Nutzers möglich ist.[50] Unter Zugangskontrollen fallen insbesondere alle Maßnahmen, die vom ZKDSG[51] oder von §§ 95a ff. UrhG im Sinne von Digital Rights Management Systemen erfasst werden.[52] Letzteres beurteilt sich nach § 95a Abs. 2 UrhG. Als Zugangskontrollen können also etwa sog. „Conditional Ac-

---

[44] *Stadler*, Haftung für Informationen im Internet, Rn. 89.

[45] *Köhler/Fetzer*, Rn. 818; BeckRTD-Komm/*Jandt*, § 9 TMG Rn. 14; wohl auch BeckOK InfoMedienR/*Paal*, § 9 TMG Rn. 14.

[46] AG Bielefeld, MMR 2005, 556 f. mkritAnm *Gercke*, MMR 2005, 557 f.

[47] *Sieber/Liesching*, MMR-Beil. 8/2007, 19 f.; dem zust. BeckRTD-Komm/*Jandt*, § 9 TMG Rn. 14.

[48] Begr. RegE BT-Drs. 14/6098, S. 25.

[49] S. etwa LG Düsseldorf, MMR 2003, 418; *Hoffmann*, MMR 2002, 284, 287; s. dazu auch Art. 6 der Richtlinie zu Urheberrechten in der Informationsgesellschaft, 2001/19/EG, ABl. EG Nr. L 167 v. 22.6.2001, S. 10 ff., dazu *Reinbothe*, GRUR Int. 2001, 733; *Spindler*, GRUR 2002, 113 ff.; *Dreier*, ZUM 2002, 28, 35 ff.

[50] Dem zust. Spindler/Schuster/*Hoffmann*, § 9 TMG Rn. 21; BeckRTD-Komm/*Jandt*, § 9 TMG Rn. 15; Hoeren/Sieber/Holznagel/*Sieber/Höfinger*, 44. EL 2017, Teil 18.1 Rn. 74; BeckOK InfoMedienR/*Paal*, § 9 TMG Rn. 15 f.

[51] Hierzu *Bär/Hoffmann*, MMR 2002, 654 ff.; *Linnenborn*, K&R 2002, 571 ff.

[52] S. Wandtke/Bullinger/*Wandtke/Ohst*, § 95a UrhG Rn. 14 ff.; zu den technischen Maßnahmen Schricker/Loewenheim/*Götting*, § 95a UrhG Rn. 16 ff.

cess"-Maßnahmen im Pay-TV-Bereich[53] angesehen werden. Während das ZKDSG zugangskontrollierte entgeltliche Dienste als solche schützt, zielen die §§ 95a ff. UrhG auf den Schutz urheberrechtlich geschützter Inhalte und Leistungen ab.[54]

Zu den Bedingungen des Zugangs zählen aber nicht nur die technischen Voraussetzungen, sondern auch die **rechtlichen Schranken.** Eine Zwischenspeicherung gegen den Willen des Content-Providers etwa verletzt die Bedingungen des Zugangs, erst recht, wenn sie urheberrechtlich nicht zulässig wäre.

3. Aktualisierung der Informationen (Nr. 3)

Dem Ziel der Sicherung der Identität von Kopie und Original dient auch die dritte Voraussetzung, die Pflicht zur Aktualisierung der Informationen. Als Nebenzweck ergibt sich ein Schutz des Content-Anbieters vor der Inanspruchnahme für gespiegelte Inhalte bei Dritten.[55]

Allerdings schreibt das Gesetz nicht vor, in **welcher Weise die Aktualisierung** zu geschehen hat, sondern verweist nur auf weithin anerkannte und verwendete **Industriestandards.** Diese wörtliche Umsetzung aus Art. 13 ECRL ist ähnlich wie der im Technik- und Umweltrecht verwandte Begriff der allgemein anerkannten Regeln der Technik zu verstehen, so dass es sich um Standards handeln muss, die in einschlägigen Branchenkreisen von Fachleuten anerkannt und auch praktiziert werden.[56] Die neuesten Techniken müssen demnach nicht eingesetzt werden (anders als etwa nach dem Stand der Technik wie in § 3 Abs. 6 BImSchG), erst recht nicht solche, die sich in Erprobung befinden.[57] Ebenso wenig muss es sich um Standards handeln, die in allen Mitgliedstaaten Anwendung finden; verbreitete Standards in den wichtigsten Mitgliedstaaten genügen. Indizien für solche Standards können Empfehlungen oder Richtlinien von Verbänden sein,[58] aber auch Normungen.

Ebenso wenig bestimmt § 9 S. 1 Nr. 3, in welchen **Abständen** die Informationen aktualisiert werden müssen, sondern verweist auch diesbezüglich auf anerkannte Industriestandards. **Verfassungsrechtliche Bedenken** hinsichtlich des Bestimmtheitsgebots, insbesondere in strafrechtlicher Hinsicht, bestehen nicht,[59] da es sich um einen unbestimmten Rechtsbegriff handelt, der entsprechend den auch in anderen Rechtsgebieten bekannten Verweisen auf außerrechtliche Standards ausgelegt und präzisiert werden kann.[60] Zudem begründet § 9 nicht die Strafbarkeit eines Anbieters, sondern schließt sie aus. Vorrangig zu berücksichtigen sind aber Hinweise des Content-Providers auf seiner Webseite auf die nötige Aktualisierung.[61]

---

[53] S. *Bechtold,* Vom Urheber- zum Informationsrecht, S. 104 ff.

[54] Zum Verhältnis der §§ 95a ff. UrhG zum ZKDSG allg. Schricker/Loewenheim/*Götting,* § 95a UrhG Rn. 22 ff.

[55] OLG Hamburg, CR 2002, 909 mAnm *Dieselhorst,* CR 2003, 66.

[56] Zum Begriff des allg. anerkannten Standes der Technik BeckOGK BGB/*Spindler,* § 823 Rn. 627, 713; *Spindler,* Unternehmensorganisationspflichten, S. 505 ff., 795 ff.; *Seibel,* NJW 2013, 3000 ff.; BGHZ 103, 338, 341 f. = NJW 1988, 2667, 2668; BGHZ 139, 16, 19 f. = NJW 1998, 2814, 2815; BGH, NJW 1994, 3349, 3350; BGH, NJW 2013, 684, 685; BGH, NJW 2013, 2271; im Ansatz auch *Stadler,* Haftung für Informationen im Internet, Rn. 92; dem (indirekt) zust. BeckRTD-Komm/*Jandt,* § 9 TMG Rn. 17.

[57] Ebenso wohl BeckRTD-Komm/*Jandt,* § 9 TMG Rn. 17, die allerdings sowohl den Stand der Technik als auch die allg. anerkannten Regeln der Technik nennt.

[58] In diese Richtung *Freytag,* CR 2000, 600, 607.

[59] AA Stellungnahme Bundesrat, BT-Drs. 14/6098, S. 33 f.; *Stadler,* Haftung für Informationen im Internet, Rn. 92; zweifelnd auch BeckOK InfoMedienR/*Paal,* § 9 TMG Rn. 19.

[60] Gegenäußerung BReg, BT-Drs. 14/6098, S. 37.

[61] S. auch Begr. RegE BT-Drs. 14/6098, S. 25.

TMG § 9 Zwischenspeicherung zur beschleunigten Übermittlung

23 Von diesen Standards hängt auch die Frage ab, ob der Diensteanbieter selbst die Information auf seinem Rechner zu aktualisieren und anzupassen[62] oder nur im Zeitpunkt der Abfrage durch den Nutzer zu prüfen hat, ob seine Kopie noch mit dem Original übereinstimmt, und bei Divergenz nur eine Fehlermeldung dem Nutzer anzuzeigen hat.[63] Da das Gesetz und Art. 13 ECRL die Beschleunigung der Kommunikation bei häufig abgefragten Inhalten bezweckt, muss § 9 S. 1 Nr. 3 seinem Sinn und Zweck nach so ausgelegt werden, dass **Aktualisierungen nur beim Abruf** entsprechender Informationen durchgeführt werden, nicht aber losgelöst von solchen Abfragen.[64] Solange keine Industriestandards weitergehende Anforderungen stellen, genügt auch eine Fehlermeldung an den Nutzer, dass die Information nicht mehr aktuell ist, da das Gesetz keine Pflicht zur Weiterleitung aktueller Informationen aufstellt – die sich aber vertraglich ergeben kann. Die Pflicht zur Aktualisierung nach § 9 S. 1 Nr. 3 kann jedoch nicht durch einen entsprechenden Hinweis an den Nutzer überspielt werden.[65] Das Gesetz stellt einzig und allein auf die Einhaltung entsprechender Standards ab, der Diensteanbieter kann sich nicht selbst die Verantwortlichkeitsprivilegierung durch einen derartigen Hinweis beschaffen.

24 In **Ermangelung bestehender Industriestandards** ist die Frage ungeklärt, welche Maßstäbe bei der Aktualisierung von Informationen gelten.[66] Ersatzweise andere Industriestandards wie DIN- oder sonstige Normen heranzuziehen scheitert an dem Umstand, dass keine einschlägigen Normen existieren.[67] Solange ein Stand der Technik nicht feststellbar ist, können keine hohen Anforderungen an die **Zeitspanne der Aktualisierung** gestellt werden.[68] Die Aktualisierung muss in Abhängigkeit von typischen Kunden- und Inhaltsanbietererwartungen an entsprechende Informationen und deren Aktualität vorgenommen werden. Bei Börsennachrichten[69] etwa wird der typische Nutzer (ebenso wie der Inhaltsanbieter zwecks Vermeidung einer Haftung) eine möglichst schnelle Aktualisierung erwarten, ggf. minütlich, etwa bei Ausnutzung von kurzfristigen Handelsspannen über Börsenkursinformationssysteme.

25 Die in einem Cache Speicher abgelegten Informationen lassen sich nicht willentlich durch Eingabe bestimmter Adressen eines Nutzers abrufen. Wurden diese im Cache gespiegelten Informationen nicht aktualisiert, obwohl dieses auf dem Quellserver geschah, ist dies (mangels direkter Abrufbarkeit) unschädlich, sondern erst dann, wenn die Aktualisierung nicht erfolgt, obwohl der Nutzer die Informationen selbst abruft und den Inhalt des Caches für aktualisiert hält. Die Aktualisierung muss daher spätestens bei einer Nutzeranfrage erfolgen, um den Zweck des § 9 S. 1 Nr. 3, die Sicherstellung der Übermittlung des neuesten Stands der Information an den Nutzer, zu gewährleisten.[70]

26 Aus prozessualer Sicht muss über die Frage der Industriestandards und bei deren Fehlen **Sachverständigenbeweis** darüber erhoben werden, welche technischen Anforderungen gestellt werden können.[71]

---

[62] *Landfermann,* ZUM 1999, 795, 801.

[63] Für diese Eingrenzung *Stadler,* Haftung für Informationen im Internet, Rn. 90.

[64] *Stender-Vorwachs,* TKMR 2003, 11, 16; allg. hierzu *Köhler/Fetzer,* Rn. 819.

[65] So aber Bräutigam/Leupold/*Pelz,* Online-Handel, B I. Rn. 95.

[66] Spindler/Schuster/*Hoffmann,* § 9 TMG Rn. 26; BeckRTD-Komm/*Jandt,* § 9 TMG Rn. 17, 18.

[67] Spindler/Schuster/*Hoffmann,* § 9 TMG Rn. 26.

[68] Spindler/Schuster/*Hoffmann,* § 9 TMG Rn. 27.

[69] Laut Begr. des RegE in BT-Drs. 14/6098, S. 25 zum vorherigen Teledienstegesetz, deckt die Vorschrift Fälle ab, in denen Informationen besonders häufig aktualisiert werden, insb. Börsennachrichten.

[70] Spindler/Schuster/*Hoffmann,* § 9 TMG Rn. 28; jurisPK-Internetrecht/*Roggenkamp,* Kap. 10 Rn. 217.

[71] *Härting,* CR 2001, 271, 276; BeckRTD-Komm/*Jandt,* § 9 TMG Rn. 18.

4. Keine Behinderung der Sammlung von Daten (Nr. 4)

Die Sammlung von Daten über den Zugang und Abruf von Informationen ist – im Rahmen des datenschutzrechtlich Zulässigen (§ 11 ff.) – ein essentielles Anliegen von Content-Providern, da sich nach der Zugriffshäufigkeit oft die Finanzierung für Werbung bestimmt.[72] Weitere vergleichbare Methoden, welche auf die Sammlung von Daten basieren, sind das sog. Behavioral Tracking, wo ein Nutzungsprofil mit Hilfe individueller Daten erstellt wird,[73] bei Location based servies und Geodaten werden die geographischen Informationen mit dem Nutzerverhalten verknüpft[74] zur Ermöglichung ortsbezogener Werbung.[75] Demgemäß darf ein zwischenspeichernder Diensteanbieter nicht diese Sammlung behindern, insbesondere nicht Zählstatistiken,[76] wenngleich er sie auch nicht aktiv fördern muss. Gleiches gilt für **Cookies,** die der Content-Provider verwendet;[77] auch diese muss der zwischenspeichernde Diensteanbieter zulassen und ermöglichen, wenn auf die bei ihm gespeicherten Informationen zurückgegriffen wird. In allen Fällen kann der Diensteanbieter aber zuwarten, bis ihm entsprechende Wünsche des Content-Providers bekannt werden; er ist nicht gehalten, selbst die Funktionen zu untersuchen, die die zwischengespeicherte Information enthält. Ebenso wenig muss er die beim Content-Provider eingesetzte Software oder dessen Angebote auf ihre datenschutzrechtliche Zulässigkeit hin überprüfen.[78] Alles andere liefe auf eine – vom Gesetz gerade ausgeschlossene (§ 7 Abs. 2) – Überwachungs- und Kontrollpflicht hinaus.

5. Entfernung oder Sperrung von Informationen nach Kenntnis (Nr. 5)

Der Diensteanbieter muss die Information entfernen oder den Zugang zu ihr sperren, sobald er Kenntnis davon erhält, dass sie am Ursprungsort der Übertragung entfernt wurde oder ein Gericht oder eine Behörde die Sperrung bzw. Entfernung angeordnet hat, so dass Umgehungen durch deren Spiegelung auf anderen Servern ein Riegel vorgeschoben wird.[79] Der Begriff der Kenntnis ist hier in gleicher Weise wie in § 10 S. 1 auszulegen.[80] Es ist belanglos, von wem der Diensteanbieter die Kenntnis erlangt hat, ob Dritte, Behörden oder Gerichte.[81] Erforderlich ist demnach eine

---

[72] Sog. Web-Tracking, s. Bräutigam/Leupold/*Meyer/Specht/Friemel,* Online-Handel, A II. Rn. 9 f.; *Spindler,* 69. DJT 2012, F 13, S. 721.

[73] Artikel-29-Datenschutzgruppe, Stellungnahme 2/2010 zur Nutzung sozialer Online-Netzwerke, WP 171, abrufbar unter http://ec.europa.eu/justice/policies/privacy/docs/wpdocs/2010/wp171_de.pdf; zusammenfassend *Pfeifer,* K&R 2011, 543.

[74] S. den Überblick der verwandten Technik bei Artikel-29-Datenschutzgruppe, Stellungnahme 13/2011 zu den Geolokalisierungsdiensten von intelligenten mobilen Endgeräten, WP 185, abrufbar unter http://ec.europa.eu/justice/data-protection/article-29/documentation/opinion-recommendation/files/2011/wp185_de.pdf; zur datenschutzrechtlichen Einordnung: *Steidle,* MMR 2009, 167 ff.; *Jandt/Schnabel,* K&R 2008, 723.

[75] Hierunter fällt auch das tagging von Bildern und Videos mit dem Aufenthaltsort, s. dazu *Koch,* ITBR 2011, 158, 160.

[76] Begr. RegE BT-Drs. 14/6098, S. 25.

[77] *Hoffmann,* MMR 2002, 284, 287.

[78] Unklar *Stadler,* Haftung für Informationen im Internet, Rn. 94; wie hier dagegen Spindler/Schuster/*Hoffmann,* § 9 TMG Rn. 30; BeckOK InfoMedienR/*Paal,* § 9 TMG Rn. 20.

[79] Tettenborn/Bender/Lübben/*Karenfort,* BB-Beil. 10/2001, 1, 31; BeckRTD-Komm/*Jandt,* § 9 TMG Rn. 22.

[80] → § 10 Rn. 18 ff.; Wiebe/Leupold/*Leupold/Rücker,* Recht der elektronischen Datenbanken, IV Rn. 134.

[81] AllgM, wie hier etwa BeckRTD-Komm/*Jandt,* § 9 TMG Rn. 24; *Ufer,* Die Haftung der Internet Provider nach dem Telemediengesetz, S. 102.

TMG § 9   Zwischenspeicherung zur beschleunigten Übermittlung

positive Kenntnis, ein (selbst grob fahrlässiges) Kennenmüssen genügt nicht (→ § 10 Rn. 19).[82] Grund für die Privilegierung des Providers sind die großen Datenmengen und die fehlende Möglichkeit einer verlässlichen automatischen Erkennung rechtswidriger Inhalte im eigenen Dienstebereich.[83] Wiederum sind keine besonderen Anforderungen an die Kenntnis zu stellen, wenn es sich um eine geringe Datenmenge handelt, der Provider alle zwei bis drei Tage selbst die Inhalte kontrolliert und Einträge in das Forum einstellt.[84] Der Content-Anbieter umgekehrt kann sich darauf verlassen, dass seine Seiten aus den Cache-Speichern anderer Anbieter, wie zB Suchmaschinenbetreibern, innerhalb des nach § 9 S. 1 Nr. 3 geschuldeten Aktualisierungszeitraums entfernt werden.[85]

29   Dem Wortlaut und der Entstehungsgeschichte des § 9[86] nach kommt es nicht darauf an, ob der Anbieter Kenntnis von der rechtswidrigen Information selbst hat; das Gesetz stellt ausdrücklich auf die **Kenntnis von der Sperrung** oder Entfernung ab, nicht auf die Kenntnis der Information selbst bzw. deren Rechtswidrigkeit.[87] Zwar kann man an diesem Ergebnis Zweifel hegen,[88] da der Cache-Provider ähnlich wie in § 10 tätig werden könnte; doch ist der Wortlaut eindeutig. Die Entscheidung des Richtliniengebers lässt sich zudem damit rechtfertigen, dass die automatisierte Tätigkeit des Cache-Betreibers eher derjenigen eines Access-Providers vergleichbar ist, was zudem durch die Nähe zu § 8 Abs. 2 verdeutlicht wird.

30   **Kenntnisquellen** können dabei nicht nur staatliche Einrichtungen, sondern auch Privatpersonen sein.[89] Dabei ist es nicht erforderlich, dass der Cache-Provider selbst Kenntnis iSv § 9 S. 1 Nr. 5 erlangt, diese kann ihm auch durch einen gesetzlichen Vertreter über § 166 Abs. 1 BGB als auch durch das Wissen eines Mitarbeiters bei arbeitsteiliger Organisation zugerechnet werden (zur Kenntniszurechnung → § 10 Rn. 38ff.).[90] Hierbei ist entscheidend, ob dem Cache-Provider im Rahmen seines ordnungsgemäßen Geschäftsbetriebs eine entsprechende Mitteilung zuzuleiten war, sobald die Information über eine Entfernung, Sperrung oder deren Anordnung bei einer anderen Stelle des Anbieters eingegangen ist. Auch **Anordnungen ausländischer Behörden** können die Kenntnis begründen, sofern sie mit der deutschen Rechtsordnung vereinbar sind.[91]

31   Nach Kenntniserlangung muss der Cache-Betreiber die zwischengespeicherte Information **unverzüglich** entfernen, wobei die Richtlinie indes einen großzügigeren Maßstab des „zügigen" Entfernens verwendet. Da die ECRL an anderen Stellen dagegen wiederum die Formulierung „unverzüglich" verwendet, etwa in Art. 15 Abs. 2 lit. b oder Art. 11 Abs. 1 ECRL, zwingt diese Diskrepanz zu einem weiteren Verständnis der „Unverzüglichkeit" in § 9 als dies sonst im deutschen Recht gängig ist

---

[82] OLG München, MMR 2002, 611, 612; LG Düsseldorf, MMR 2003, 120, 124; Spindler/Schuster/*Hoffmann,* § 9 TMG Rn. 37; BeckRTD-Komm/*Jandt,* § 9 TMG Rn. 24.
[83] OLG Düsseldorf, MMR 2008, 254, 255; LG München I, MMR 2007, 453, 456 mAnm *Mantz*.
[84] So aber offenbar OLG München, NJW 2000, 2398, 2399; → § 10 Rn. 23.
[85] OLG Hamburg, CR 2002, 909 mAnm *Dieselhorst,* CR 2003, 66.
[86] Begr. RegE BT-Drs. 14/6098, S. 25.
[87] BeckRTD-Komm/*Jandt,* § 9 TMG Rn. 24; Spindler/Schuster/*Hoffmann,* § 9 TMG Rn. 34, 38; BeckOK InfoMedienR/*Ott,* § 8 TMG Rn. 21.
[88] S. Voraufl. § 10 TDG Rn. 19f.
[89] *Ufer,* Die Haftung der Internet Provider nach dem Telemediengesetz, S. 102.
[90] BGHZ 132, 30, 35f. = NJW 1996, 1339, 1340; BGHZ 83, 293, 296 = NJW 1982, 1585; BGHZ 117, 104, 106f. = NJW 1992, 1099, 1100; BGHZ 122, 388, 389f. = NJW 1993, 2112, 2113; BGHZ 171, 1, 11 = NJW 2007, 1584, 1587; BeckOK BGB/*Schäfer,* § 166 Rn. 17.
[91] BeckOK InfoMedienR/*Paal,* § 9 TMG Rn. 23.

(ohne schuldhaftes Zögern),[92] so dass dem Provider eine gewisse Karenzfrist von drei bis fünf Tagen ab Kenntniserlangung zuzubilligen ist.

Schließlich muss die Entfernung dem Cache-Provider **technisch zumutbar** und 32 möglich sein, woran allerdings in der Regel wenig Zweifel bestehen dürften.[93]

V. Kollusives Zusammenwirken

§ 9 S. 2, der aufgrund der Stellungnahme des Bundesrats eingefügt wurde,[94] ver- 33 weist auf § 8 Abs. 1 S. 2 und setzt damit Erwägungsgrund Nr. 44 ECRL um, wonach ein Diensteanbieter, der absichtlich mit einem Nutzer seines Dienstes zusammenarbeitet, um rechtswidrige Handlungen zu begehen, mehr leistet als reine Durchleitung und Caching und daher nicht in den Genuss der Haftungsprivilegierungen kommen kann. Dies entspricht einem allgemeinen Rechtsprinzip, das allerdings im Einzelfall Spielräume für restriktive Interpretationen der Haftungsprivilegierungen durch die Gerichte Tür und Tor öffnen könnte. Allerdings ist ein Zusammenwirken erforderlich; selbstständiges Handeln eines Diensteanbieters, etwa durch Spiegeln rechtswidriger Inhalte ohne Kenntnis durch den Content-Provider, um vermeintlich der Meinungsfreiheit zu schützen, wird nicht von § 9 S. 2 erfasst. In diesen Fällen dürfte aber regelmäßig Kenntnis von der Information vorliegen, so dass die implizite, für alle Haftungsausschlüsse geltende Schranke, in richtlinienkonformer Auslegung[95] eingreift.

Problematisch ist ferner, dass § 9 S. 2 sich auf das Zusammenwirken mit einem 34 Nutzer des Dienstes des Anbieters beschränkt; ein Zusammenwirken mit einem Dritten wäre damit von § 9 S. 2 nicht erfasst.[96] Insoweit – und auch wegen des verfassungsrechtlich gebotenen Opferschutzes – muss die Vorschrift (ebenso wie Art. 13 ECRL) dahingehend erweiternd ausgelegt werden, dass jegliches absichtliches Begehen von rechtswidrigen Handlungen nicht von der Freistellung der Verantwortlichkeit in § 9 gedeckt sein kann. Hierfür spricht auch Erwägungsgrund Nr. 42 ECRL, der klarstellt, dass alle Haftungsausschlüsse voraussetzen, dass der Anbieter weder Kenntnis von noch Kontrolle über die weitergeleiteten oder gespeicherten Informationen besitzt. Bei dolos erfolgender Handlung – auch ohne Zusammenwirken mit einem Nutzer – liegt aber in der Regel Kenntnis vor.

VI. Beweislast

Die Voraussetzungen des § 9 hat der Diensteanbieter darzulegen und zu beweisen, 35 da er dem betriebsinternen, technischen Geschehen wesentlich näher steht als der Verletzte und diese in seiner Sphäre liegen.[97] Zwar hat der BGH jüngst zur Kenntnis im Rahmen von § 5 Abs. 2 TDG aF entschieden, dass der Verletzte die Kenntnis des Anbieters darzulegen und zu beweisen hat.[98] Dies kann allerdings nur dann gelten, wenn der Verletzte es selbst in der Hand hat, die Kenntnis des Anbieters herbeizuführen, worauf der BGH maßgeblich abstellt. Für Vorgänge, die sich dem Verletzten entziehen, wie zB das Einhalten der Industriestandards nach § 9, würde es dem verfas-

---

[92] Wie hier BeckRTD-Komm/*Jandt*, § 9 TMG Rn. 25.
[93] S. auch Hoeren/Sieber/Holznagel/*Sieber/Höfinger*, 44. EL 2017, Teil 18.1. Rn. 77; BeckRTD-Komm/*Jandt*, § 9 TMG Rn. 26.
[94] BT-Drs. 14/6098, S. 33.
[95] Erwägungsgrund Nr. 42 ECRL.
[96] *Stadler*, Haftung für Informationen im Internet, Rn. 95a Fn. 330.
[97] → Vor § 7 Rn. 32; jurisPK-Internetrecht/*Roggenkamp*, Kap. 10 Rn. 232; Spindler/Schuster/*Hoffmann*, § 9 TMG Rn. 42.
[98] BGH, NJW 2003, 3764, 3764 mkritAnm *Spindler*, CR 2004, 50.

TMG § 9 Zwischenspeicherung zur beschleunigten Übermittlung

sungsrechtlichen Grundsatz der Waffengleichheit widersprechen, dem Verletzen die Darlegungs- und Beweislast aufzubürden.[99] Daneben folgt dieses Ergebnis der Beweislastverteilung auch aus dem Wortlaut der Norm, „nicht verantwortlich, wenn [...]". Dies verdeutlicht den Ausnahmecharakter bzw. die dem Provider günstige Norm.[100]

36   Beim kollusivem Zusammenwirken nach § 9 S. 2 trägt derjenige die Beweislast, der sich auf das absichtliche Zusammenarbeiten zur Begehung rechtswidriger Handlungen im Zivilprozess die Darlegungs- und Beweislast beruft, was der ECRL mit ihrem Regel-Ausnahme-Verhältnis entspricht.[101]

VII. Anwendbarkeit auf Suchmaschinen

37   Wendet man die §§ 8–10 entgegen der hier vertretenen Auffassung (→ Vor § 7 Rn. 84) auf Suchmaschinen (und entgegen der Gesetzgebungsgeschichte von TMG und ECRL, → Vor § 7 Rn. 5) an,[102] können einzelne Funktionen der Suchmaschine der Privilegierung nach § 9 unterfallen. **Suchergebnisse** als reine Links auf die Inhalte werden von dem Algorithmus der Suchmaschine anhand der Eingaben des Nutzers generiert – und werden damit nicht per se in ihrer Struktur nach § 9 vorgehalten.[103] Dies gilt auch hinsichtlich einer analogen Anwendung.[104] Demgegenüber sind die zu den Suchergebnissen gespeicherten Inhalte wie Kurztexte **(Snippets)** oder verkleinerte Bilder (Thumbnails) fremde Inhalte, da sie oftmals das Aufsuchen der eigentlichen Information überflüssig machen können und nicht der erleichterten Kommunikation mit dem eigentlichen Inhalteanbieter dienen.[105] Auch im **Google-Cache** gespeicherte Webseiten dienen ähnlich einer Archivierung dem möglichen Wiederaufruf einer Webseite und nicht der erleichterten Kommunikation häufig abgerufener Inhalte.[106] Gespeicherte **Werbung,** die in Abhängigkeit von den Suchergebnissen eingeblendet wird, wird dagegen entweder direkt verlinkt auf die Seiten der Werbetreibenden (Framing) oder wird vom Suchmaschinenbetreiber vorgehalten, so dass allenfalls § 10 Anwendung fände.[107]

---

[99] IE auch *Pankoke,* MMR 2004, 211, 214.

[100] Spindler/Schuster/*Hoffmann,* § 9 TMG Rn. 42.

[101] OLG Stuttgart, MMR 2002, 746 ff. mzustAnm *Spindler,* 752, 753; *Hoffmann,* MMR 2002, 284, 287; Spindler/Schuster/*Hoffmann,* § 9 TMG Rn. 42; BeckOK InfoMedienR/*Paal,* § 9 TMG Rn. 25.

[102] So etwa *Sieber/Liesching,* MMR-Beil. 8/2007, 11 ff.

[103] Ebenso BeckOK InfoMedienR/*Paal,* § 9 TMG Rn. 27.

[104] AA GA Maduro, Schlussantrag vom 22. 9. 2009, Rs. C-236/08, C-237/08 und C-238/08 Rn. 70, 71.

[105] Überzeugend BeckOK InfoMedienR/*Paal,* § 9 TMG Rn. 29 unter Verweis auf BGH, MMR 2010, 475, 481 mAnm *Rössel –* Bildersuche; aA AG Bielefeld, MMR 2005, 556 f.; *Sieber/Liesching,* MMR-Beil. 8/2007, 17 ff.

[106] MüKoStGB/*Altenhain,* § 9 TMG Rn. 9; Spindler/Schuster/*Hoffmann,* § 9 TMG Rn. 11, 30; BeckOK InfoMedienR/*Paal,* § 9 TMG Rn. 30 unter Verweis auf Copiepresse SCRL & alii v. Google Inc, Brussels Court of Appeal, 5. 5. 2011 – 2011/2999, eine Kurzwiedergabe des Urteils mAnm *Klein* ist in GRUR-Prax 2011, 328 veröffentlicht, der Volltext der Entscheidung ist abrufbar unter http://www.copiepresse.be/pdf/Copiepresse%20-%20ruling%20appeal%20Google_5-May2011.pdf.

[107] *Sieber/Liesching,* MMR-Beil. 8/2007, 24; dem zust. BeckOK InfoMedienR/*Paal,* § 9 TMG Rn. 28.

VIII. Störerhaftung

Da Cache-Provider nicht nur an der Übermittlung legaler Inhalte, sondern auch **38** an der Zwischenspeicherung urheberrechtswidriger Dateien beteiligt sein können, wird ebenfalls ihre Haftung als (Mit-)Störer nach den allgemeinen Gesetzen diskutiert.[108] Zwar sei unstreitig, dass diese Provider ebenfalls an einer Urheberrechtsverletzung kausal beteiligt sein, jedoch dürfe auch im Falle eines Cache-Providers die Störerhaftung nicht über Gebühr auf Dritte erstreckt werden.[109] Entscheidend für die Begründung der Störerhaftung ist somit auch in diesem Fall die Ermittlung etwaiger Prüfpflichten und deren mögliche Verletzung durch den Diensteanbieter.[110] Diskutiert wurde diese vor allem im Hinblick auf die Haftung von Usenet-Providern, die zwar von den Gerichten unterschiedlich als Access-, Cache- oder Host-Provider klassifiziert wurden (→ Rn. 10), jedoch kamen die Instanzen überwiegend zu der Beurteilung, dass es Usenet-Anbietern unmöglich und vor allem unzumutbar sei, jede Datei vor der Einstellung ins Usenet auf ihre Rechtmäßigkeit zu überprüfen.[111] Ein strengerer Maßstab sei jedoch dann anzulegen, wenn der Anbieter aktiv und demonstrativ die Zugänglichmachung rechtswidriger Inhalte beworben oder durch die Zurverfügungstellung bestimmter Software sogar begünstigt habe.[112] Profitiere der Anbieter bewusst wirtschaftlich durch dieses Vorgehen, so könne er keine Erleichterung bei der Beurteilung der Störerhaftung in Anspruch nehmen.[113] Fehlt es an solch einer Förderung ist hinsichtlich der zu ermittelnden Prüfungspflichten zu beachten, dass vor allem die Kontrolle der riesigen Datenmengen, die durch eine fortlaufende Spiegelung auf den Servern der Usenet-Provider dupliziert werden, den Providern eine unverhältnismäßige Prüfpflicht auferlegen würde.[114] Ein solch riesiger Kontrollumfang sei selbst dann noch gegeben, wenn man die Kontrolle der Dateien auf die bekannten Verstöße beschränken würde.[115] Zu Recht weisen die Gerichte darauf hin, dass ein Usenet-Provider aufgrund der permanenten Spiegelung nicht garantieren könne, dass der rechtswidrige Inhalte nicht doch über seinen Server verfügbar gemacht würde, dies grenze bereits an eine „faktische Unmöglichkeit".[116] Ferner würde

---

[108] So vor allem für die Haftung eines Usenet-Providers OLG Hamburg, MMR 2009, 405, 407ff. – Alphaload; OLG Hamburg, ZUM-RD 2009, 246, 254f. – Usenet I; OLG Düsseldorf, MMR 2008, 254; LG München, MMR 2007, 453, 455ff.; LG Düsseldorf, MMR 2007, 534, 535.

[109] OLG Hamburg, MMR 2009, 405, 407 – Alphaload; OLG Hamburg, ZUM-RD 2009, 246, 254 – Usenet I; OLG Düsseldorf, MMR 2008, 254, 255; LG München MMR 2007, 453, 455 mAnm *Mantz*.

[110] OLG Hamburg, MMR 2009, 405, 407 – Alphaload; OLG Hamburg, ZUM-RD 2009, 246, 257f. – Usenet I; OLG Düsseldorf, MMR 2008, 254, 255; LG München, MMR 2007, 453, 455 mAnm *Mantz*.

[111] OLG Hamburg, ZUM-RD 2009, 246 259f. – Usenet I, hier geht das Gericht zwar von der Einordnung eines Usenet-Providers als Access-Provider aus und diskutiert nicht nur die Kontrolle der Inhalte auf Rechtswidrigkeit, sondern sogar die Sperrung dieser Angebote, iE spricht sich das Gericht allerdings auch für eine Unverhältnismäßigkeit aus; OLG Düsseldorf, MMR 2008, 254, 255f.; LG München, MMR 2007, 453, 455 mAnm *Mantz*; aA LG Düsseldorf, MMR 2007534, hier allerdings für Annahme eines Host-Providers.

[112] OLG Hamburg, MMR 2009, 405, 409ff. – Alphaload.

[113] OLG Hamburg, MMR 2009, 405, 411 – Alphaload.

[114] LG München, MMR 2007, 453, 456 mAnm *Mantz* unter dem Hinweis einer fehlenden Filtersoftware; OLG Düsseldorf, MMR 2008, 254, 256.

[115] OLG Düsseldorf, MMR 2008, 254, 255f.

[116] OLG Hamburg, ZUM-RD 2009, 246, 259f. – Usenet I; OLG Düsseldorf, MMR 2008, 254, 256.

die notwendige fortlaufende Kontrolle einen unverhältnismäßigen und nicht zumutbaren technischen und organisatorischen Aufwand für die Provider darstellen, diese seien jedoch gerade nicht dazu verpflichtet „jeden denkbaren Aufwand zu betreiben, um die Nutzung rechtswidriger Inhalte zu vermeiden".[117] Alles in allem ließ sich bis dato keine verhältnismäßige und zumutbare Prüfungspflicht der Provider finden,[118] vor allem dürfte auch die Fähigkeit der Usenet-Provider Inhalte nur von ihrem Server und nicht generell aus dem Usenet zu entfernen[119] die Haftung eines Cache-Provider als Störer gering halten, es sei denn er bewirbt massiv die Vermittlung rechtswidriger Inhalte mit gewinnorientierter Absicht.[120]

§ 10 Speicherung von Informationen

¹Diensteanbieter sind für fremde Informationen, die sie für einen Nutzer speichern, nicht verantwortlich, sofern
1. sie keine Kenntnis von der rechtswidrigen Handlung oder der Information haben und ihnen im Falle von Schadensersatzansprüchen auch keine Tatsachen oder Umstände bekannt sind, aus denen die rechtswidrige Handlung oder die Information offensichtlich wird, oder
2. sie unverzüglich tätig geworden sind, um die Information zu entfernen oder den Zugang zu ihr zu sperren, sobald sie diese Kenntnis erlangt haben.

²Satz 1 findet keine Anwendung, wenn der Nutzer dem Diensteanbieter untersteht oder von ihm beaufsichtigt wird.

Literatur zum TMG (ab 2007): S. auch die Angaben Vor § 7, § 7 und § 8; *Beyer,* Verkehrssicherungspflichten von Internetdiensten im Lichte der Grundrechte, MMR 2009, 14; *Engels/Jürgens/ Fritzsche,* Die Entwicklung des Telemedienrechts im Jahr 2006, K&R 2007, 57; *Engels/Jürgens/ Kleinschmidt,* Die Entwicklung des Telemedienrechts im Jahr 2007, K&R 2008, 65; *Fitzner,* Sind Haftungsbeschränkungen für Host Provider noch zeitgemäß? Der „Safe Habor" gem. § 512 (c) Copyright Act und die Haftungsbeschränkungen gem. Art. 14 E-Commerce-Richtlinie bzw. § 10 TMG, GRUR Int. 2012, 109; *Franz,* Die rechtliche Beurteilung von Bewertungsportalen, WRP 2016, 1196; *Frey/Rudolph/Oster,* Die Host-Providerhaftung im Lichte des Unionsrechts, CR-Beil. 2015, 2; *Fülbier,* Web 2.0- Haftungsprivilegierungen bei Myspace und Youtube, CR 2007, 515; *Heidrich/Wegener,* Sichere Datenwolken – Cloud Computing und Datenschutz, MMR 2010, 803; *Hollenders,* Mittelbare Verantwortlichkeit von Intermediären im Netz, 2012; *Holznagel,* Schadensersatzhaftung gefahrgeneigter Hostprovider wegen nicht verhinderter „gleichartiger" Inhalte, CR 2017, 463; *Hornung/Müller-Terpitz* (Hrsg.), Rechtshandbuch Social Media, 2014; *Hütten,* Verantwortlichkeit im Usenet, K&R 2007, 554; *Jaworski/J. B. Nordemann,* Gehilfenhaftung von Intermediären bei Rechtsverletzungen im Internet – BGH-Rechtsprechung und neueste Entwicklungen in den Instanzen, GRUR 2017, 567; *Kartal-Aydemir/Krieg,* Haftung von Anbietern kollaborativer Internetplattformen Störerhaftung für User Generated Content?, MMR 2012, 647; *Köhler/Fetzer,* Recht des Internet, 8. Aufl. 2016; *Köster/Jürgens,* Die Haftung von Suchmaschinen für Suchergebnislisten, K&R 2006, 1; *Leistner,* Von „Grundig-Reporter(n) zu Paperboy(s)" – Entwicklungsperspektiven der Verantwortlichkeit im Urheberrecht, GRUR 2006, 801; *ders.,* Grundlagen und Perspektiven der Haftung für Urheberrechtsverletzungen im Internet, ZUM 2012, 722; *ders.,* Reformbedarf im materiellen Urheberrecht: Online-

---

[117] OLG Düsseldorf, MMR 2008, 254, 255.
[118] Zur Diskussion um eine etwaige Filtersoftware s. OLG Hamburg, ZUM-RD 2009, 246, 263f. – Usenet I; LG München, MMR 2007, 453, 456 mAnm *Mantz.*
[119] OLG Düsseldorf, MMR 2008, 254, 256. Selbstverständlich ist dieses bei dem Ausgangs-Usenet-Provider, der als Host-Provider zu qualifizieren ist, anders zu bewerten (→ Rn. 10).
[120] OLG Hamburg, MMR 2009, 405, 411 – Alphaload.

Plattformen und Aggregatoren, ZUM 2016, 580; *ders.*, Die „The Pirate Bay"-Entscheidung des EuGH: ein Gerichtshof als Ersatzgesetzgeber, GRUR 2017, 755; *Mantz,* Rechtssicherheit für WLAN?, EuZW 2016, 817; *Meyer,* Google AdWords: Wer haftet für vermeintliche Rechtsverletzungen?, K&R 2006, 557; *ders.,* Google & Co. – aktuelle Rechtsentwicklungen bei Suchmaschinen, K&R 2007, 177, Folgejahre: K&R 2008, 201; K&R 2009, 217; K&R 2010, 226; K&R 2011, 217; K&R 2012, 236; K&R 2013, 221; K&R 2014, 300; K&R 2015, 222; K&R 2016, 308; K&R 2017, 303; *Neuhaus,* Sekundäre Haftung im Lauterkeits- und Immaterialgüterrecht, 2011; *Nolte/Wimmers,* Wer stört? Gedanken zur Haftung von Intermediären im Internet – von praktischer Konkordanz, richtigen Anreizen und offenen Fragen, GRUR 2014, 16; *Ohly,* Die Verantwortlichkeit von Intermediären, ZUM 2015, 308; *Ott,* Urheber- und wettbewerbsrechtliche Probleme von Linking und Framing, Stuttgart 2004; *ders.,* Haftung für Hyperlinks – Eine Bestandsaufnahme nach 10 Jahren, WRP 2006, 691; *ders.,* Die Impressumspflicht nach §§ 5 TMG, 55 RStV, MMR 2007, 354; *ders.,* Haftung für Embedded Videos von YouTube und anderen Videoplattformen im Internet, ZUM 2008, 557; *ders.,* Die Entwicklung des Suchmaschinen- und Hyperlink-Rechts im Jahr 2008, WRP 2009, 351; *ders.,* Bildsuchmaschinen im Internet – Sind Thumbnails unerlässlich, sozial nützlich, aber rechtswidrig?, ZUM 2009, 345; *ders.,* Das Neutralitätsgebot als Voraussetzung der Haftungsprivilegierung des Host-Providers, K&R 2012, 387; *Peifer,* Die zivilrechtliche Verteidigung gegen Äußerungen im Internet, AfP 2015, 193; *Redeker,* Internetprovider zwischen Störerhaftung und Vertragspflichten, ITRB 2008, 227; *ders.,* Das Telemediengesetz – Neuordnung für Informations- und Kommunikationsdienste, NVwZ 2007, 743; *Rehbinder,* Tauschbörsen, Sharehoster und UGC-Streamingdienste – Tatsächliche und rechtliche Aspekte zur Piraterie im Netz, ZUM 2013, 241; *Ruess,* „Just google it?" – Neuigkeiten und Gedanken zur Haftung der Suchmaschinenanbieter für Markenverletzungen in Deutschland und den USA, GRUR 2007, 198; *v. Samson-HImmelstjerna,* Haftung von Internetauktionshäusern, 2008; *Schapiro,* Anhaltende Rechtsunsicherheit für die Betreiber von Internetmeinungsportalen?, ZUM 2014, 201; *ders.,* Unterlassungsansprüche gegen die Betreiber von Internet-Auktionshäusern und Internet-Meinungsforen, 2011; *Schilling,* Geschäftsschädigende Äußerungen auf Bewertungsportalen im Internet: Wer haftet noch?, GRUR-Prax 2015, 313; *Specht/Eickhoff,* Ein reformiertes Haftungskonzept für rechtswidrige Äußerungen auf Bewertungsportalen, CR 2016, 750; *Spindler,* Präzisierung der Störerhaftung im Internet – Besprechung des BGH-Urteils „Kinderhochstühle im Internet", GRUR 2011, 101; *ders.,* Persönlichkeitsschutz im Internet – Anforderungen und Grenzen einer Regulierung, Gutachten F zum 69. DJT, 2012; *ders.,* Provider – weder Rechteinhaber noch Nutzer, in: Dreier/Hilty, Vom Magnettonband zu Social Media – Festschrift 50 Jahre Urhebergesetz, 2015; *ders.,* Wissenszurechnung in der GmbH, der AG und im Konzern, ZHR 181 (2017), 311ff.; *ders./Leistner,* Die Verantwortlichkeit für Urheberrechtsverletzungen im Internet – Neue Entwicklungen in Deutschland und in den USA, GRUR Int. 2005, 773; *Ufer,* Die Haftung der Internet-Provider nach dem Telemediengesetz, 2007; *Volkmann,* Verantwortlichkeit von Plattformbetreibern für rechtsverletzende Nutzerkommentare, K&R 2013, 762; *ders.,* Aktuelle Entwicklungen in der Providerhaftung im Jahr 2005, K&R 2006, 245; Folgejahre: K&R 2007, 289; K&R 2008, 329; K&R 2009, 361; K&R 2010, 368; K&R 2011, 361; K&R 2013, 364; K&R 2014, 475; K&R 2015, 367; K&R 2016, 378; K&R 2017, 364; *Wilkat,* Bewertungsportale im Internet, 2013; *Wimmers,* Der Intermediär als Ermittler, Moderator und Entscheider in äußerungsrechtlichen Auseinandersetzungen?, AfP 2015, 202.

Literatur bis zum TMG (bis 2006): *Berger,* Verantwortlichkeit von TK-Unternehmen für wettbewerbswidrig genutzte Rufnummern, MMR 2003, 642; *Bergmann,* Die Haftung gemäß § 5 TDG am Beispiel des News-Dienstes unter Berücksichtigung des EU-Richtlinienvorschlags über den elektronischen Geschäftsverkehr, 2000; *Bleisteiner,* Rechtliche Verantwortlichkeit im Internet, 1999; *Bornemann,* Bankrechtstag 2002 der Bankrechtlichen Vereinigung e.V. am 28. Juni 2002 in Leipzig, ZBB 2002, 342; *Bortloff,* Neue Urteile in Europa betreffend die Frage der Verantwortlichkeit von Online-Diensten, ZUM 1997, 167; *Dannecker,* Die strafrechtliche Verantwortlichkeit von Diensteanbietern im Internet, in: Hohl/Leible/Sosnitza (Hrsg.), Vernetztes Recht, 2002; *Decker,* Die Haftung für Urheberrechtsverletzungen im Internet – Anforderungen an die Kenntnis des Host Providers, MMR 1999, 7; *Determann,* Kommunikationsfreiheit im In-

TMG § 10 Speicherung von Informationen

ternet, 1999; *Dustmann,* Die privilegierten Provder, 2001; *Eck,* Providerhaftung von Konzernunternehmen, 2004; *ders.,* Das Hosting einer rechtsverletzenden Information für ein abhängiges Konzernunternehmen, MMR 2005, 7; *ders./Ruess,* Haftungsprivilegierung der Provider nach der E-Commerce-Richtlinie. Umsetzungsprobleme dargestellt am Beispiel der Kenntnis nach § 11 Satz 1 Ziff. 1 TDG, MMR 2003, 363; *Ehret,* Internet-Auktionshäuser auf dem Haftungsrechtlichen Prüfstand, CR 2003, 754; *Engel,* Die Internet-Service-Provider als Geiseln deutscher Ordnungsbehörden – Eine Kritik an der Bezirksregierung Düsseldorf, MMR-Beil. 2003, 1; *Ernst/Vassilaki/Wiebe* (Hrsg.), Hyperlinks, 2002; *Fiedler,* Meinungsfreiheit in einer vernetzten Welt, 2002; *Freytag,* Haftung im Netz, 1999; *ders.,* Providerhaftung im Binnenmarkt, CR 2000, 600; *ders.,* Zivilrechtliche Providerhaftung, in: Heermann/Ohly (Hrsg.), Verantwortlichkeit im Netz, 2003, S. 137; *Gierschmann,* Überblick über die Richtlinie 2000/31 EG vom 8.6.2000 über den elektronischen Geschäftsverkehr (ABl. EG 2000 Nr. L 178), DB 2000, 1315; *Gounalakis/Rhode,* Das Informations- und Kommunikationsdienste-Gesetz. Ein Jahr im Rückblick: Rechtsrahmen des Bundes für die Informationsgesellschaft, K&R 1998, 321; *dies.,* Persönlichkeitsschutz im Internet, München 2002; *Härting,* Gesetzesentwurf zur Umsetzung der E-Commerce-Richtlinie, CR 2001, 271; *Helle,* Persönlichkeitsverletzung im Internet, JZ 2002, 593; *Heun,* Die elektronische Willenserklärung, CR 1994, 595; *Hoffman,* Entwicklung des Internet-Rechts, Beil. NJW 2001, 14; *ders.,* Zivilrechtliche Haftung im Internet, MMR 2002, 284; *Hörnle,* Pornographische Schriften im Internet: Die Verbotsnormen im deutschen Strafrecht und ihre Reichweite, NJW 2002, 1008; *Hoffmann-Riem,* Kommunikationsfreiheiten, 2002; *Hornig,* Möglichkeiten des Ordnungsrechts bei der Bekämpfung rechtsextremistischer Inhalte im Internet, ZUM 2001, 846; *Hugenholtz/Koelman,* Copyright and electronic commerce: Legal aspects of electronic copyright management, 2000; *Jacobs,* Markenrechtsverletzungen durch Internet-Auktionen, in: Ahrens/Bornkamm/Gloy (Hrsg.), FS Erdmann, 2002, S. 327; *Jürgens/Köster,* Die Haftung von Webforen für rechtsverletzende Einträge, AfP 2006, 219; *Koch,* Zivilrechtliche Anbieterhaftung für Inhalte in Kommunikationsnetzen, CR 1997, 193; *Koller,* Wissenszurechnung, Kosten und Risiken, JZ 1998, 75; *Lehmann,* Rechtsgeschäfte und Verantwortlichkeit im Netz – der Richtlinienvorschlag der EU-Kommission, ZUM 1999, 180; *Leible/Sosnitza,* Haftungsfragen des Plattform Betreibers bei Internetversteigerungen für gesetzwidrige Inhalte, K&R 2003, 90; *dies.,* Neues zur Störerhaftung von Internet-Auktionshäusern, NJW 2004, 3225; *dies.,* „3 – 2 – 1 – meins!" und das TDG, WRP 2004, 592; *Libertus,* Strafrechtliche und zivilrechtliche Verantwortlichkeit des Anbieters von Chatrooms, TKMR 2003, 179; *Liesching/Knupfer,* Verantwortlichkeit von Internet-Café-Betreibern für die Zugangsgewährung zu jugendgefährdenden Inhalten, MMR 2003, 562; *Mayer,* Das Internet im öffentlichen Recht, 1999; *Meyer,* Haftung der Internet-Auktionshäuser für Bewertungsportale, NJW 2004, 3151; *Neubauer,* Haftung der Betreiber von Internet-Auktionsplattformen für (marken-)rechtsverletzende Inhalte Dritter, K&R 2004, 482; *Neumann,* Zur Verantwortlichkeit für Links zu Angeboten mit strafbaren Inhalten, CR 2005, 70; *Nickels,* Neues Bundesrecht für den E-Commerce, CR 2002, 302; *Nobbe,* Die Wissenszurechnung in der Rechtsprechung des Bundesgerichtshofs, Bankrechtstag 2002, 121; *Pankoke,* Von der Presse- zur Providerhaftung, 2000; *ders.,* Beweis- und Substanziierungslast im Haftungsrecht der Internetprovider, MMR 2004, 211; *Pätzel,* Verbreitung pornographischer Schriften durch Internet-Provider, CR 1998, 625; *Pelz,* Die Strafbarkeit von Online-Anbietern, wistra 1999, 53; *Pichler,* Haftung des Host Providers für Persönlichkeitsrechtsverletzungen vor und nach dem TDG, MMR 1998, 79; *Popp,* Die strafrechtliche Verantwortung von Internet-Providern, 2002; *Roßnagel,* Datenschutz in globalen Netzen, DuD 1999, 253; *ders./Scholz,* Datenschutz durch Anonymität und Pseudonymität – Rechtsfolgen der Verwendung anonymer und pseudonymer Daten, MMR 2000, 721; *M. Rössel,* Filterpflichten des Providers – Drittschutz durch Technik, CR 2005, 809; *Schmitz/Laun,* Die Haftung kommerzieller Meinungsportale im Internet, MMR 2005, 208; *Schneider,* Sperren und Filtern im Internet, MMR 2004, 18; *ders.,* Urheberrechtsverletzungen im Internet bei Anwendung des § 5 TDG, GRUR 2000, 969; *Schwarz/Poll,* Haftung nach TDG und MDStV, JurPC Web-Dok. 73/2003; *Sieber,* Strafrechtliche Verantwortung für den Datenverkehr in internationalen Computernetzen (1), JZ 1996, 429; *ders.,* Kontrollmöglichkeiten zur Verhinderung rechtswidriger Inhalte in Computernetzen, CR 1997, 581; *Spieker,* Verantwortlichkeit von Internetsuchdiensten für Persönlichkeitsrechtsverletzungen in ihren Suchergebnissen, MMR 2005,

727; *Spindler,* Deliktsrechtliche Haftung im Internet – nationale und internationale Rechtsprobleme, ZUM 1996, 533; *ders.,* Haftungsrechtliche Grundprobleme der neuen Medien, NJW 1997, 3193; *ders.,* Die Haftung von Online-Diensteanbietern im Konzern, CR 1998, 745; *ders.,* Störerhaftung im Internet, K&R 1998, 177; *ders.,* Verantwortlichkeit von Diensteanbietern nach dem Vorschlag einer E-Commerce-Richtlinie, MMR 1999, 199; *ders.,* Urheberrecht und Haftung der Provider – ein Drama ohne Ende?, CR 2001, 324; *ders.,* Haftung der Internet-Auktionshäuser, MMR 2001, 737; *ders.,* Verantwortlichkeit und Haftung für Hyperlinks im neuen Recht, MMR 2002, 495; *ders.,* Vertragsrecht der Internetprovider, 2. Aufl. 2004; *ders.,* Rechtsprechung zum Medienrecht, CR 2004, 48; *ders.,* Unternehmensorganisationspflichten, 2. Aufl. 2011; *Spindler/Volkmann,* Die zivilrechtliche Störerhaftung im Internet, WRP 2003, 1; *dies.,* Die öffentlichrechtliche Störerhaftung der Access-Provider, K&R 2002, 398; *Spindler/Wiebe,* Internet-Auktionen und Elektronische Marktplätze, 2. Aufl. 2005; *Stadler,* Sperrverfügungen gegen Access-Provider, MMR 2002, 343; *ders.,* Haftung für Informationen im Internet, 2. Aufl. 2005; *ders.,* Proaktive Überwachungspflichten der Betreiber von Diskussionsforen im Internet, K&R 2006, 253; *Stender-Vorwachs,* Anbieterhaftung und neues Multimediarecht, TKMR 2003, 11; *Stenzel,* Haftung für Hyperlinks, 2006; *Strauß,* Rechtliche Verantwortlichkeit für Wikipedia – Der Streit um Tron war erst der Anfang, ZUM 2006, 274; *Strömer/Crootz,* Internet-Foren: Betreiber-und Kenntnisverschaffungspflichten – Wege aus der Haftungsfalle, K&R 2006, 553; *Taupitz/Kritter,* Electronic Commerce – Probleme bei Rechtsgeschäften im Internet, JuS 1999, 839; *Tettenborn,* E-Commerce-Richtlinie: Politische Einigung in Brüssel erzielt, K&R 2000, 59; *ders./Bender/Lübben/Karenfort,* Rechtsrahmen für den elektronischen Geschäftsverkehr, BB 2001, Beil. 10, 1; *Trafkowski,* Medienkartellrecht, 2001; *Vassilaki,* Verantwortlichkeit der Diensteanbieter nach dem TDG, MMR 1998, 630; *dies.,* Strafrechtliche Haftung nach §§ 8ff. TDG, MMR 2002, 659; *Volkmann,* Haftung des Internet-Auktionsveranstalters für markenrechtsverletzende Inhalte Dritter, K&R 2004, 231; *ders.,* Zur Haftung von Internet-Auktionshäusern bei Markenverletzungen, CR 2004, 767; *Waldenberger,* Teledienste, Mediendienste und die „Verantwortlichkeit" ihrer Anbieter, MMR 1998, 124; *Wiebe,* Keine Haftung für markenrechtsverletzende Fremdauktion im Internet, CR 2002, 53; *Wimmer/Kleineidam/Zang,* Die Verantwortlichkeit für die Verletzung von Urheberrechten im Internet, K&R 2001, 456; *Wüstenberg,* Die Haftung der Internetauktionatoren auf Unterlassung wegen Markenrechtsverletzungen im Internet, WRP 2002, 497; *ders.,* Die Haftung der Verkäufer von Teleshopping-Programmen wegen Patensrechtsverletzungen durch Verkauf, GRUR 2002, 649; *Zimmermann,* Polizeiliche Gefahrenabwehr un das Internet, NJW 1999, 3145.

Übersicht

	Rn.
I. Zweck und Entstehungsgeschichte	1
II. Europäische Rechtslage	4
III. Verhältnis zu anderen Haftungsprivilegierungen	6
IV. Überblick	7
V. Diensteanbieter und Nutzer	9
VI. Abspeichern	11
VII. Abspeichern für einen Nutzer	14
VIII. Eigene und fremde Inhalte	16
IX. Kenntnis von den Inhalten	18
1. Positive Kenntnis	19
2. Kenntnis vom konkreten Inhalt	24
3. Kenntnis der Rechtswidrigkeit	27
4. Kenntnis der Umstände bei Schadensersatzansprüchen	31
5. Kenntniserlangung und Wissenszurechnung	36
a) Hinweise auf rechtswidrige Inhalte und Handlungen	36
b) Kenntniszurechnung	38
c) Rechtswidrig erlangte Kenntnis	48

TMG § 10 Speicherung von Informationen

Rn.
- X. Unverzügliches Entfernen oder Sperren nach Kenntniserlangung (S. 1 Nr. 2) 49
  1. Überblick 49
  2. Sperrung oder Entfernung der Informationen 50
  3. Unverzüglichkeit und Zumutbarkeit 52
- XI. Ausnahmen: Die Aufsicht über den Nutzer (S. 2) 59
  1. Grundlagen 59
  2. Einzelfälle 63
     a) Arbeitnehmer; Auftragsverhältnisse 63
     b) Konzern 65
     c) Schulen, Infrastrukturanbieter 68
     d) Internetforen 70
     e) Eltern und Minderjährige 71
- XII. Hyperlinks 72
- XIII. Verhältnis zum Herkunftslandprinzip und Kollisionsrecht 73
- XIV. Beweislast 74
- XV. Einzelfälle 77
  1. IRC-Systeme, Chat Rooms 77
  2. News Groups, Meinungsforen, E-Mail 82
  3. Integration fremder Inhalte in Homepage-„Communities"; soziale Netzwerke 85
  4. Internetauktionen und Handelsplattformen 87
     a) Fremde Inhalte 87
     b) Kenntnis 89
     c) Schadensersatzansprüche 91
  5. Haftung für Hosting fremder Service-Provider (Rechenzentren) ... 92
  6. Bewertungsportale 93
  7. Online-Enzyklopädie 94
  8. File und Share Hosting 95
  9. Usenet-Provider 96
- XVI. Störerhaftung, insbesondere zivilrechtliche Unterlassungs- und Beseitigungsansprüche 97
  1. Grundlagen 97
  2. Einzelfälle – Internetauktionen und Handelsplattformen, Bewertungsplattformen, soziale Netzwerke 104
  3. Identifizierungspflichten 111
  4. Teilnahme an Rechtsverfolgungsprogrammen 112
  5. Ausschluss von Händlern und Plattformteilnehmern 113
  6. Content-Providing, Hyperlinks und moderierte News Groups 114
  7. Abmahnkosten 115
  8. Öffentlich-rechtliche Störerhaftung 116

I. Zweck und Entstehungsgeschichte

1 § 10 regelt den praktisch bedeutsamen Fall des sog. „Hostens", dh des Speicherns und Bereithaltens von Daten und Informationen für einen Nutzer, so dass Dritte hierzu Zugang erhalten. Die dadurch aufgeworfenen Rechtsunsicherheiten, insbesondere ob der Diensteanbieter für die auf seinen Rechnern befindlichen Inhalte im Sinne einer Verkehrs- oder Garantenpflicht kontrollpflichtig ist,[1] hatten bereits im

---

[1] Näher *Spindler*, ZUM 1996, 533, 535 ff. (für das Deliktsrecht); s. aber auch *Sieber*, JZ 1996, 429, 431 ff. (für das Strafrecht).

Speicherung von Informationen § 10 TMG

IuKDG 1997 zur Einführung des § 5 Abs. 2 TDG aF geführt, der die Anbieter nur bei Kenntnis von den fremden Inhalten verantwortlich erklärte. Dieses Vorbild zusammen mit dem US-amerikanischen Modell des Digital Copyright Millenium Act (DCMA) hat Art. 14 ECRL auf europäischer Ebene aufgenommen und nach erheblichen Diskussionen in modifizierter Form fortgeführt. § 10 setzt fast wörtlich Art. 14 ECRL um.[2] Lediglich von der Ermächtigung für die Mitgliedstaaten, Verfahren zur Entfernung der Inhalte oder zur Sperrung festzulegen (Art. 14 Abs. 3 Hs. 2 ECRL), hat der Gesetzgeber keinen Gebrauch gemacht.

Zweck der Norm ist wie Art. 14 ECRL einerseits die Begrenzung der Verantwortlichkeit des Diensteanbieters vor dem Hintergrund einer praktisch unmöglichen Kontrolle der Datenmengen, die über elektronische Kommunikationsnetze ausgetauscht werden, andererseits die Klarstellung, dass Diensteanbieter tätig werden müssen, wenn sie Kenntnis von Rechtsverletzungen erlangen. Indes soll nicht jeder Diensteanbieter, der Inhalte speichert, privilegiert werden, sondern nur diejenigen, die sich **neutral verhalten;** eine aktive Teilnahme des Diensteanbieters, die schon in die Nähe einer Aufsicht kommt (§ 10 S. 2 TMG), wird nicht mehr von der Haftungsprivilegierung gedeckt, wie der EuGH feststellte.[3] Auch die **eigenständige Verletzung von Normen** wie etwa des Rechts zur öffentlichen Zugänglichmachung (§ 19a UrhG) fällt nicht mehr unter § 10 bzw. Art. 14 ECRL, da es sich nicht mehr um fremde Inhalte oder eine neutrale, passive Rolle handelt; so können Betreiber einer Plattform, die Torrentdateien hilft, zu indexieren und damit auffindbar zu machen, um Urheberrechtsverletzungen zu erleichtern, nicht mehr von der Haftungsprivilegierung profitieren **(pirate bay).**[4] Die Norm schafft damit einen tragfähigen und praktikablen Kompromiss zwischen den Interessen der Geschädigten und Interesse der Allgemeinheit an einer entsprechenden Infrastruktur der elektronischen Kommunikationsnetze. Allerdings fehlt es dadurch aber auch an Anreizen für die Anbieter, nach Verfahren zu suchen bzw. diese zu entwickeln, um Rechtsverletzungen auf ihren Angeboten zu entdecken und zu verhindern. 2

Heute stellt aber weder die Schadensersatzpflicht, noch die strafrechtliche Verantwortlichkeit die **Achillesferse** der Verantwortlichkeit für Provider dar, diskutiert wird vielmehr die von der Rechtsprechung immer weiter verfeinerte **Störerhaftung** (dazu ausführlich → Rn. 97, zu den Grundlagen → Vor § 7 Rn. 13 ff.), die gerade für Host-Provider eine große Rolle spielt. 3

II. Europäische Rechtslage

Art. 14 ECRL ist fast wortgleich mit § 10 TMG. Die Norm ist vollharmonisierend,[5] so dass weder mildere noch strengere Regelungen möglich sind. Dementsprechend muss § 10 TMG stets **europarechtskonform** vor dem Hintergrund des Art. 14 ECRL, aber auch Art. 15 ECRL ausgelegt werden. Ergänzend hält **Erwägungsgrund** 42 ECRL fest, dass „die in dieser Richtlinie hinsichtlich der Verantwortlichkeit festgelegten Ausnahmen […] nur Fälle ab(decken), in denen die Tätigkeit des Anbieters von Diensten der Informationsgesellschaft auf den technischen Vorgang beschränkt ist, ein Kommunikationsnetz zu betreiben und den Zugang zu diesem zu vermitteln, über das von Dritten zur Verfügung gestellte Informationen übermittelt oder zum alleinigen Zweck vorübergehend gespeichert werden, die 4

---

[2] Begr. RegE BT-Drs. 14/6098, S. 25.
[3] EuGH, Slg. 2011, I-6011 = GRUR 2011, 1025 – L'Oréal/eBay.
[4] EuGH, MMR 2017, 518 Rn. 34 ff. – Stichting Brein Pirate Bay.
[5] Allg. zum vollharmonisierenden Charakter der Art. 12–15 ECRL s. BT-Drs. 14/6098, S. 22; BGH, GRUR 2014, 180 Rn. 19 – Terminhinweis mit Kartenausschnitt; *Leistner,* ZUM 2016, 580, 585; *Nolte/Wimmers,* GRUR 2014, 16, 17.

TMG § 10 Speicherung von Informationen

Übermittlung effizienter zu gestalten. Diese Tätigkeit ist rein technischer, automatischer und passiver Art, was bedeutet, dass der Anbieter eines Dienstes der Informationsgesellschaft weder Kenntnis noch Kontrolle über die weitergeleitete oder gespeicherte Information besitzt." Spezifisch für das Speichern fremder Informationen ist zudem Erwägungsgrund 45 von Bedeutung, wonach „die in dieser Richtlinie festgelegten Beschränkungen der Verantwortlichkeit von Vermittlern […] die Möglichkeit von Anordnungen unterschiedlicher Art unberührt (lassen). Diese können insbesondere in gerichtlichen oder behördlichen Anordnungen bestehen, die die Abstellung oder Verhinderung einer Rechtsverletzung verlangen, einschließlich der Entfernung rechtswidriger Informationen oder der Sperrung des Zugangs zu ihnen." Ferner hebt Erwägungsgrund 46 S. 2 hervor, dass „im Zusammenhang mit der Entfernung oder der Sperrung des Zugangs […] er den Grundsatz der freien Meinungsäußerung und die hierzu auf einzelstaatlicher Ebene festgelegten Verfahren zu beachten hat. Diese Richtlinie lässt die Möglichkeit der Mitgliedstaaten unberührt, spezifische Anforderungen vorzuschreiben, die vor der Entfernung von Informationen oder der Sperrung des Zugangs unverzüglich zu erfüllen sind." Schließlich ist gerade im Hinblick auf die Störerhaftung noch Erwägungsgrund 47 von Interesse: „Die Mitgliedstaaten sind nur dann gehindert, den Diensteanbietern Überwachungspflichten aufzuerlegen, wenn diese allgemeiner Art sind. Dies betrifft nicht Überwachungspflichten in spezifischen Fällen und berührt insbesondere nicht Anordnungen, die von einzelstaatlichen Behörden nach innerstaatlichem Recht getroffen werden." Für Irritationen hat schließlich Erwägungsgrund 48 gesorgt: „Diese Richtlinie lässt die Möglichkeit unberührt, dass die Mitgliedstaaten von Diensteanbietern, die von Nutzern ihres Dienstes bereitgestellte Informationen speichern, verlangen, die nach vernünftigem Ermessen von ihnen zu erwartende und in innerstaatlichen Rechtsvorschriften niedergelegte Sorgfaltspflicht anzuwenden, um bestimmte Arten rechtswidriger Tätigkeiten aufzudecken und zu verhindern." Nähme man diesen Erwägungsgrund beim Wort, wäre die Haftungsprivilegierung in Art. 14 ECRL weitgehend wertlos, da sie letztlich doch die Garanten- bzw. Verkehrssicherungspflichten des Providers zur Geltung brächte; letztlich können hier nur bestimmte öffentlich-rechtliche Pflichten etwa der Beobachtung von Märkten, zB im Finanzmarktbereich (für Handelsplattformen) gemeint sein, wenn nicht das in Art. 15 ECRL statuierte allgemeine Verbot von proaktiven Überwachungspflichten ausgehebelt werden sollte (was durch Erwägungsgründe von vornherein nicht möglich wäre).

5   Der **EuGH** hat inzwischen den Anwendungsbereich präzisiert, indem ein Diensteanbieter nach Art. 14 ECRL **nicht aktiv** den Dritten begleiten oder unterstützen darf, sondern sich vielmehr auf seine neutrale Rolle beschränken muss, um in den Genuss der Haftungsprivilegierungen zu gelangen (näher → Rn. 15 und → § 7 Rn. 9f.).[6]

III. Verhältnis zu anderen Haftungsprivilegierungen

6   Probleme können die Haftungsprivilegierungen des § 10 TMG im Hinblick auf noch weitergehende Haftungsbegünstigungen aufwerfen, etwa nach § 9 S. 2 UWG, der Ansprüche auf Schadensersatz gegen „verantwortliche Personen von periodischen Druckschriften" nur bei Vorsatz zulässt. Hier soll der UWG-Tatbestand die speziellere Regelung sein und dem § 10 TMG vorgehen.[7] Zweifelhaft könnte indes bereits sein, ob § 9 S. 2 UWG überhaupt auf die elektronische Presse (die hier im Wesentlichen in Betracht käme) anwendbar ist, da die Norm auf periodische „Druckschrif-

---

[6] EuGH, Slg. 2011, I-6011 = GRUR 2011, 1025 – L'Oréal/eBay.
[7] So BeckOK InfoMedienR/*Paal*, § 10 TMG Rn. 7 unter Berufung auf NKMedienR/ *v. Petersdorff-Campen*, Abschn. 32 Rn. 23.

ten" Bezug nimmt. Allerdings erscheint dies nicht mehr zeitgerecht, da die gleichen Inhalte auch elektronisch angeboten werden.[8] Zwar kann man nicht davon ausgehen, dass § 9 S. 2 UWG lex specialis zum TMG bzw. der ECRL ist, da § 9 S. 2 UWG als nationales Recht nicht das europäisch vollharmonisierte Recht verdrängen kann;[9] indes entscheidet Art. 14 ECRL bzw. § 10 TMG überhaupt erst darüber, ob die Haftungsprivilegierungen einschlägig sind. Auf einer zweiten Ebene ist dann nach dem nationalen Haftungsrecht zu fragen – für dieses dann § 9 S. 2 UWG verfängt.

IV. Überblick

Für die im Auftrag eines Nutzers gespeicherten Informationen wird der Diensteanbieter von der Verantwortlichkeit im Grundsatz befreit, wenn er keine Kenntnis davon hat, dass die Tätigkeit oder die Information rechtswidrig ist und nach Kenntniserlangung unverzüglich die Information entfernt oder den Zugang zu ihr sperrt. Allerdings unterscheidet § 10 zwischen Schadensersatzansprüchen und sonstiger Verantwortlichkeit, so dass sich gerade für Schadensersatzansprüche Verschärfungen und Diskrepanzen zur früheren Rechtslage nach § 5 Abs. 2 TDG aF ergeben. 7

Anders als bei §§ 8 und 9 müssen bei § 10 die Tatbestandsvoraussetzungen für die Haftungsprivilegierung **nicht kumulativ** vorliegen ("oder").[10] Nur für den Fall des § 10 S. 1 Nr. 1 sind beide Voraussetzungen erforderlich (keine Kenntnis sowie bei Schadensersatzansprüchen auch keine Kenntnis von offensichtlichen Umständen). 8

V. Diensteanbieter und Nutzer

Der Begriff des Diensteanbieters ist in § 2 S. 1 Nr. 1 geregelt, derjenige des Nutzers in § 2 S. 1 Nr. 3. Entsprechend den tätigkeitsbezogenen Normen des TMG können auch im Rahmen von § 10 die Rollen der Teilnehmer an elektronischen Netzen wechseln:[11] So kann der Diensteanbieter von Telemedien selbst ein Nutzer sein, wenn er seine Telemedien auf fremden Rechnern abspeichert. Der Host-Provider, der die Speicherung dieser Telemedien auf seinen Rechnern gestattet, ist dann der Diensteanbieter iSd § 2 S. 1 Nr. 1 bzw. § 10. Ob **zwischen Diensteanbieter und speicherndem Nutzer** ein gültiges **Rechtsverhältnis** über die Nutzung des Speicherplatzes besteht, ist für § 10 ohne Belang (→ Rn. 15). Die Rechtslage ist hier ähnlich wie bei Art. 12 ECRL, für die der EuGH bereits explizit festgestellt hat, dass es nicht auf ein (schuldrechtliches) Rechtsverhältnis ankommt (→ § 8 Rn. 18).[12] 9

Im Gegensatz zur ECRL kommt es für § 10 TMG nicht darauf an, ob der Diensteanbieter kommerziell tätig ist; auch non-profit Provider werden von § 10 TMG geschützt, etwa Universitäten, karitative Organisationen, Schulen etc., auch Private. Ferner kommt es nicht darauf an, ob das Hosting entgeltlich oder **unentgeltlich** angeboten wird – § 10 enthält ebenso wenig wie § 2 eine diesbezügliche Differenzierung.[13] 10

---

[8] Spindler/Schuster/*Mann/Smid,* Siebter Teil Elektronische Presse Rn. 3ff.
[9] So aber anscheinend BeckOK InfoMedienR/*Paal,* § 10 TMG Rn. 7.
[10] BeckOK InfoMedienR/*Paal,* § 10 TMG Rn. 6.
[11] Begr. RegE BT-Drs. 14/6098, S. 16; krit. *Stadler,* Haftung für Informationen im Internet, Rn. 99.
[12] EuGH, GRUR 2016, 1146 Rn. 50 – McFadden; hierzu *Hoeren/Klein,* MMR 2016, 764; *Mantz,* EuZW 2016, 817 (818); ähnlich zuvor bereits EuGH, GRUR 2014, 468 Rn. 34, 35 mAnm *Marly* – UPC Telekabel.
[13] AllgM, s. auch BeckOK InfoMedienR/*Paal,* § 10 TMG Rn. 10; BeckRTD-Komm/*Jandt,* § 10 TMG Rn. 7, allerdings ohne Rückgriff auf die Definition der Telemedien-Diensteanbieter.

VI. Abspeichern

11 Nach dem Wortlaut des § 10 sowie Art. 14 ECRL kommt es allein auf das Abspeichern der Inhalte an; ob diese der Öffentlichkeit oder nur einem kleinen Personenkreis zugänglich gemacht werden, ist irrelevant. Der Diensteanbieter muss die Informationen nicht einmal irgendeinem Dritten zugänglich machen, es genügt das reine Abspeichern der Informationen. Auf welchem Medium und in welcher Form die Speicherung erfolgt, ist ebenfalls unerheblich. Speichern setzt allerdings eine gewisse Dauer[14] und beliebige Verfügbarkeit der Informationen auf den Rechnern des Anbieters voraus. Nicht erforderlich ist es, dass die Informationen insgesamt auf einem Rechner liegen; auch das Speichern von Teilen auf verschiedenen Rechnern unterfällt § 10, etwa wenn verschiedene Datenpakete auf verschiedenen Rechnern abgespeichert werden (sog. **Chunks**).

12 Fraglich ist in diesem Zusammenhang, ob auch derjenige Anbieter in Genuss des § 10 kommt, der selbst nicht über eigene Rechner verfügt, sondern nur **fremde Speicherkapazitäten** anmietet und damit quasi mittelbar ein Speichern ermöglicht. Da ratio legis von § 10 bzw. Art. 14 ECRL aber die Verringerung der Haftungsrisiken bei mittelbarer Rechtsgutverletzung ist, insbesondere wenn der Anbieter nur technische Vorgänge durchführt, muss auch der **mittelbare Host-Provider** unter § 10 fallen. Es kommt lediglich darauf an, ob der mittelbare Host-Provider dem Nutzer ein Abspeichern ermöglicht und ob der Provider die Herrschaft über die Speicherkapazitäten inne hat, insbesondere, ob er Inhalte auf den anderen Rechnern löschen oder sperren kann.[15] Auch für **Cloud Computing** ist daher der Cloud-Anbieter Host-Provider, selbst wenn die Daten bei Sub-Cloud-Anbietern gespeichert werden.[16] Unerheblich ist daher, wo der **Server seinen Standort** hat, ob In- oder Ausland, was sich bereits aus kollisionsrechtlichen Überlegungen ergibt (→ § 3 Rn. 46).

13 Nicht erforderlich ist aber, dass die Informationen zur Nutzung durch einen Dritten oder zum Abruf bereitgehalten werden. Das Gesetz ebenso wie ECRL sprechen eindeutig nur von der Speicherung der Inhalte, ohne dass es auf das **Bereithalten für Dritte** ankäme.

VII. Abspeichern für einen Nutzer

14 Die Speicherung der Inhalte muss für einen Nutzer erfolgen. Speichert der Diensteanbieter dagegen fremde Inhalte, ohne dass der eigentliche Nutzer dies veranlasst hat, haftet er nach allgemeinem Recht in der Regel so wie für eine eigene Information.[17]

15 Fast immer wird dem Speichervorgang ein **Rechtsverhältnis zwischen Diensteanbieter und speicherndem Nutzer** zugrunde liegen, selbst dann, wenn der Diensteanbieter dem Nutzer ein beliebiges Speichern erlaubt, wie zB Teilneh-

---

[14] Wiebe/Leupold/*Rücker,* Recht der elektronischen Datenbanken, IV Rn. 139.

[15] → § 2 Rn. 15; *Dustmann,* Die privilegierten Provider, S. 159; *Pankoke,* Von der Presse- zur Providerhaftung, S. 51 f.; dem folgend Spindler/Schuster/*Hoffmann,* § 10 TMG Rn. 14; BeckRTD-Komm/*Jandt,* § 10 TMG Rn. 7; BeckOK InfoMedienR/*Paal,* § 10 TMG Rn. 11; ausf. auch schon *Spindler,* NJW 1997, 3193, 3195f.

[16] Da auch hier das schlichte Zurverfügungstellen von Speicherkapazität entscheidend ist s. auch Spindler/Schuster/*Hoffmann,* § 10 TMG Rn. 1; Borges/Meents/*Borges,* § 12 Rn. 26; Borges/Meents/*Nolte,* § 11 Rn. 26; Kilian/Heussen/*Ballhausen/Roggenkamp,* 32. EL 2013, Providerverträge Rn. 20, 21; *Heidrich/Wegener,* MMR 2010, 803, 805.

[17] Bräutigam/Leupold/*Pelz,* Online-Handel, B I. Rn. 101.

mern an einer News Group; in diesen Fällen wird meist ein Geschäftsbesorgungsverhältnis vorliegen. Die Anwendung von § 10 hängt allerdings nicht davon ab, dass das Rechtsverhältnis zwischen dem speichernden Nutzer und dem Diensteanbieter wirksam ist (→ Rn. 9).[18] Es genügt, dass die Speicherung vom Nutzer veranlasst wurde.

VIII. Eigene und fremde Inhalte

Wie schon § 5 aF differenziert auch § 10 zwischen eigenen und fremden Inhalten. **16** Nach der Vorstellung des Gesetzgebers zum EGG kommen daher die zum früheren Recht entwickelten Unterscheidungskriterien, insbesondere auch die Figur des **„Sich-zu-eigen-Machens"** fremder Inhalte, zur Anwendung.[19] Wie bereits eingehend dargelegt (→ § 7 Rn. 14 ff.) bestehen gegen diese Übertragung des alten Rechts erhebliche Zweifel im Lichte der ECRL, welcher ein technikbedingtes Verständnis zugrunde liegt. Auch Art. 14 ECRL, der durch § 10 umgesetzt werden soll, kennt die Unterscheidung zwischen eigenen und fremden Inhalten nicht, sondern stellt nur darauf ab, ob die Speicherung der Information vom Nutzer aus veranlasst wurde. Entscheidend ist daher, ob der Anbieter Einfluss auf die Inhalte nehmen konnte, was durch § 10 S. 2 zum Ausdruck gebracht wird, nach welchem Inhalte eines Nutzers, der unter der „Aufsicht" des Anbieters steht, nicht in den Genuss der Haftungsprivilegierung kommen. Die Fälle des „Sich-zu-eigen-Machens" fremder Inhalte werden zudem häufig die Kenntnis des Anbieters vom fremden Inhalt begründen, so dass auch hier keine Haftungslücken zu befürchten sind.[20] Darüber hinaus verneint der BGH ebenfalls das Vorliegen fremder Inhalte, wenn nicht der Nutzer, sondern der Anbieter die Informationen auf die Website eingestellt hat.[21] In diese Richtung gehen auch die Ausführungen des *EuGH* zur Reichweite der Haftungsprivilegierung des Art. 14 ECRL, wenn das Gericht unter Heranziehung der oa Erwägungsgründe (→ Rn. 4) die **Neutralität des Diensteanbieters** betont, und diese weiteren Unterstützungsmaßnahmen des Diensteanbieters gegenüberstellt, die einem Haftungsprivileg entgegenstehen, vor allem die Schaltung von (Adwords-)Anzeigen, mit denen Dritte auf Angebote eines Nutzers gelenkt werden.[22] In ähnlicher Weise hat nunmehr auch der BGH im Rahmen der Störerhaftung die aktive Rolle eines Diensteanbieters als haftungsverschärfendes Element (hinsichtlich der Prüfungspflichten) in die Abwägung des Pflichtenprogramms einbezogen.[23] So muss bei jeder Anwendung von § 10 TMG bzw. Art. 14 ECRL in Zukunft geprüft werden, ob es sich überhaupt noch um einen neutralen Vermittler handelt (näher → § 7 Rn. 9 ff.). Die Prüfung auf Neutralität kann Hand-in-Hand[24] gehen mit der aus dem deutschen Recht gewohnten Prü-

---

[18] Wie hier Spindler/Schuster/*Hoffmann,* § 10 TMG Rn. 15; BeckOK InfoMedienR/*Paal,* § 10 TMG Rn. 21.
[19] Begr. RegE BT-Drs. 14/6098, S. 23; ebenso *Ehret,* CR 2003, 754, 757.
[20] S. auch *Schwarz/Poll,* JurPC Web-Dok. 73/2003, Abs. 87.
[21] BGH, GRUR 2014, 180 Rn. 19 ff. – Terminhinweis mit Kartenausschnitt.
[22] S. zum Ganzen EuGH, Slg. 2010, I-02417 Rn. 114 ff. = GRUR 2010, 445 Rn. 114 ff. – Google und Google France; EuGH, Slg. 2011, I-6011 Rn. 113 ff. = GRUR 2011, 1025 Rn. 113 ff. – L'Oréal/eBay; EuGH, MMR 2016, 63 Rn. 41 ff. – Papasavvas; *Frey/Rudolph/Oster,* CR-Beil. 2015, 10 ff.; *Volkmann,* K&R 2011, 361, 363; *Ott,* K&R 2012, 387, 388.
[23] BGH, GRUR 2013, 1229 – Kinderhochstühle im Internet II.
[24] Hierzu ebenfalls *Nolte/Wimmers,* GRUR 2014, 16, 20, wobei der BGH, GRUR 2015, 1129 Rn. 34 – Hotelbewertungsportal, zunächst eine Abgrenzung der fremden oder sich-zu-eigen-gemachten Inhalte vornimmt und auf das Merkmal der Neutralität erst im Rahmen der Haftungsprivilegierung eingeht → § 7 Rn. 18; es erscheint so als ob, auch *Leistner,* ZUM 2012, 722, 724 f. die Abgrenzung aktive Rolle, Neutralität im Bereich der Haftungsprivilegierung bzw. des Prüfungspflichtenumfangs angesiedelt sieht.

fung, ob ein Diensteanbieter **sich fremde Inhalte zu eigen macht** – allerdings kommt es für die nach dem EuGH schon relevante Mithilfe des Anbieters bei der Gestaltung der fremden Angebote nur bedingt auf die vom BGH verlangte Perspektive eines objektiven Betrachters an,[25] erst recht nicht darauf, ob die aktive Rolle überhaupt nach außen erkennbar war. Indes handelt es sich nur um eine weitere (Unter-) Fallgruppe der fehlenden Neutralität, da auch hier der Diensteanbieter seine passive Rolle verlässt.

17 Auf keinen Fall kann die von § 10 beabsichtigte Haftungsprivilegierung dadurch ausgehebelt werden, dass der Begriff der fremden Inhalte restriktiv ausgelegt bzw. von einem weiten Begriff der eigenen Inhalte ausgegangen wird. In diesem Rahmen ist vor allem das **Verbot einer allgemeinen Überwachungspflicht** nach § 7 Abs. 2 S. 1 zu beachten (ausf. → § 7 Rn. 35). Daher kann dem Betreiber eines Gästebuches nicht unterstellt werden, dass er sich Inhalte von Dritten in dem Gästebuch zu Eigen mache, wenn er diese längere Zeit nicht kontrolliert hat.[26] Ebenso wenig kann dem Betreiber eines **Forums** der einzelne Beitrag eines Forum-Teilnehmers als sich-zu-eigen-gemachter Inhalt zugerechnet werden.[27] Weitere Einzelfälle bei → § 7 Rn. 27 ff., insbesondere zu **YouTube** und User Generated Content.

IX. Kenntnis von den Inhalten

18 § 5 TDG aF stellte nur auf die Kenntnis des Inhaltes selbst und nicht der Rechtswidrigkeit ab.[28] Demgegenüber differenziert § 10 zwischen **Schadensersatzansprüchen und anderen Verantwortlichkeitslagen:** Für die straf- oder öffentlich-rechtliche Verantwortlichkeit, selbst für zivilrechtliche Ansprüche außerhalb von Schadensersatzansprüchen schadet nach § 10 S. 1 Nr. 1 nur „Kenntnis von der rechtswidrigen Handlung oder der Information",[29] während für Schadensersatzansprüche schon die Kenntnis von Umständen genügen kann, aus denen sich eine rechtswidrige Handlung oder Information ergibt. Die zuletzt angedachte Gesetzesverschärfung zur Kenntnisvermutung bei einer besonderen Gefahrengeneigtheit des Host-Providers[30] wurde aufgrund europarechtlicher Widersprüche nicht umgesetzt,[31] mithin bleibt es weiterhin bei der dargestellten Regelung.

1. Positive Kenntnis

19 Wie schon in § 5 Abs. 2 TDG aF ist auch für § 10 grundsätzlich positive Kenntnis der Handlung bzw. Information erforderlich. Denn nach dem eindeutigen Wortlaut

---

[25] BGH, GRUR 2010, 616 Rn. 23 – marions-kochbuch.de; OLG Köln, NJW-RR 2002, 1700, 1701 = MMR 2002, 548 mAnm *Spindler.*
[26] So aber LG Trier, MMR 2002, 694, 695.
[27] AA OLG Köln, MMR 2002, 548 f. mablAnm *Spindler.* Zum Ganzen und vor allem viel restriktiver EGMR, GRUR Int. 2014, 507, Rn. 89 – Delfi AD v. Estland I; bestätigt durch EGMR, GRUR Int. 2016, 81, Rn. 144 ff. – Delfi AD v. Estland II, der eine neutrale Vermittlerposition eines Host-Providers bei einer gewissen Kontrolle über User Comments ablehnt; hierzu *Volkmann,* K&R 2013, 763 sowie → § 7 Rn. 9.
[28] *Spindler,* CR 2001, 324, 325; *Bleisteiner,* Rechtliche Verantwortlichkeit im Internet, S. 180 f.; *Freytag,* Haftung im Netz, S. 180 ff.; *Sieber,* Verantwortlichkeit im Internet, Rn. 341 ff.; *Pichler,* MMR 1998, 79, 87 f.; zust. für Urheberrechtsverletzungen *Decker,* MMR 1999, 7, 9.
[29] *Hörnle,* NJW 2002, 1008, 1012.
[30] RegE BT-Drs. 18/6745, S. 6.
[31] Beschlussempfehlung und Bericht des Ausschusses für Wirtschaft und Energie, BT-Drs. 18/8645, S. 11; hierzu *Frey/Rudolph/Oster,* CR-Beil. 2015, 2 ff.

Speicherung von Informationen § 10 TMG

vor allem des Art. 14 ECRL scheidet – mit Ausnahme der Schadensersatzansprüche – fahrlässige Nichtkenntnis fremder Inhalte im Sinne eines „Kennenmüssens" aus.[32] Nur wenn der Anbieter die fremden Inhalte positiv kennt, greift die Haftung nach den allgemeinen Regeln ein. Die Kenntnis muss durch **natürliche Personen** bzw. Menschen erfolgen, näher → Rn. 41 ff. Nicht gemeint ist mit der Kenntnis, dass der Anbieter erst dann verantwortlich wäre, wenn er selbst die Inhalte untersucht hat;[33] vielmehr tritt die **Kenntniserlangung** auch durch Mitteilungen **Dritter** ein,[34] wie die Pflichten nach § 10 S. 1 Nr. 2 zur Sperrung zeigen. So ist es für die Kenntnis irrelevant, ob diese aufgrund eigener Recherchen erlangt wurde oder durch Anzeigen Dritter.[35]

§ 7 Abs. 2 bekräftigt zudem, dass den Diensteanbieter keine Prüfungspflichten treffen dürfen, so dass der Anbieter keineswegs gehalten ist, etwa Dokumentationsdienste oder entsprechende Software einzusetzen, um rechtswidrige Inhalte aufzufinden **(keine Beobachtungspflichten).** Auch wenn man dies rechtspolitisch als verfehlt erachtet,[36] muss doch die Grundsatzentscheidung der Normengeber für eine weitgehende Reduzierung des Haftungsrisikos bestimmter Anbieter, insbesondere der Host-Provider, respektiert werden. Demgemäß scheidet eine Pflicht zur regelmäßigen Überprüfung fremder Inhalte auf deren Rechtswidrigkeit von vornherein aus, was schon durch Art. 15 ECRL bzw. § 7 Abs. 2 TMG mit dem Verbot der anlasslosen Überwachungspflichten verdeutlicht wird. So muss der Anbieter keineswegs alle Computer-Zeitschriften oder verfügbaren Dokumentationsdienste bestellen und auswerten, um etwaigen darin enthaltenen Hinweisen auf rechtswidrige Inhalte auf seinen Rechnern nachzugehen, oder weltweite Recherchen durchführen. 20

Damit ist auch die frühere Streitfrage, ob der Begriff „Kenntnis" im Sinne eines bedingten Vorsatzes **(dolus eventualis)** ausgelegt werden kann, zugunsten der positiven Kenntnis entschieden.[37] Ein solches Verständnis hatte sich schon in § 5 Abs. 2 TDG aF nicht im Wortlaut der Norm niedergeschlagen, der nicht die rechtstechnischen Begriffe Vorsatz oder Fahrlässigkeit verwendete, sondern nur „Kenntnis". Vor allem aus strafrechtlicher Sicht spricht die in Art. 103 Abs. 2 GG niedergelegte Wortlautgrenze für ein derartiges Verständnis.[38] 21

---

[32] BGH, GRUR 2004, 74, mkritAnm *Spindler,* CR 2004, 54 – rassistische Hetze; OLG Brandenburg, MMR 2004, 330, 331 mAnm *Spindler;* OLG Düsseldorf, MMR 2004, 315, 316; für § 5 Abs. 2 aF OLG München, NJW 2002, 2398; s. bereits *Spindler,* NJW 1997, 3193, 3196; *Ehret,* CR 2003, 754, 758; *Volkmann,* K&R 2004, 231, 233; dem folgend BeckOK InfoMedienR/ *Paal,* § 10 TMG Rn. 24; BeckRTD-Komm/*Jandt,* § 10 TMG Rn. 10.

[33] So im Grundsatz aber *Popp,* Die strafrechtliche Verantwortung von Internet Providern, S. 77.

[34] So auch Spindler/Schuster/*Hoffmann,* § 10 TMG Rn. 26; BeckOK InfoMedienR/*Paal,* § 10 TMG Rn. 23; MüKoStGB/*Altenhain,* § 10 TMG Rn. 12.

[35] EuGH, Slg. 2011, I-6011 Rn. 122 = GRUR 2011, 1025 Rn. 122 – L'Oréal/eBay.

[36] Krit. etwa *Bortloff,* ZUM 1997, 167, 169; *Lehmann,* ZUM 1999, 180, 183.

[37] OLG Brandenburg, MMR 2004, 330, 331; aA noch für § 5 TDG aF OLG München, MMR 2000, 617, 618; *Pätzel,* CR 1998, 625, 626; *Gounalakis/Rhode,* K&R 1998, 321, 326; *Schneider,* GRUR 2000, 969, 972; in diese Richtung auch die Begr. RegE IuKDG 1997 (BT-Drs. 13/7385, S. 20) verstanden werden, die von „vorsätzlichem Handeln" sprach.

[38] Für § 5 Abs. 2 TDG aF *Sieber,* Verantwortlichkeit im Internet, Rn. 336 f.; Hohl/Leible/Sosnitza/*Dannecker,* Vernetztes Recht, S. 129, 140; *Pichler,* MMR 1998, 79, 87 f.; *Vassilaki,* MMR 1998, 630, 634; Antwort der Bundesregierung auf die kleine Anfrage der Fraktion Bündnis 90/ Die Grünen, BT-Drs. 13/8153, S. 9.

22 Daran hat sich auch nach dem neuen Recht nichts geändert.[39] Art. 14 ECRL spricht ausdrücklich von „tatsächlicher Kenntnis". Pflichtenbezogene oder voluntative Elemente sind dem Begriff der Kenntnis nicht immanent.[40]

23 Zurückhaltung ist auch gegenüber einer erweiternden Interpretation des Begriffs „Kenntnis" in Richtung eines **„bewussten Augenverschließens"** angebracht, die Fälle dolos herbeigeführter Unkenntnis[41] erfassen soll.[42] Entsprechende Tendenzen sind auch aus § 826 BGB bekannt, wenn die Rechtsprechung den Vorsatzbegriff zugunsten einer groben Fahrlässigkeit aufweicht. Bei allem Verständnis für Bedürfnisse einer einzelfallgerechten Lösung muss jedoch einer Entwicklung, die Prüfungspflichten bereits hinsichtlich der Inhalte – nicht bezogen auf die Rechtswidrigkeit – in den ausdrücklich auf positive Kenntnis bezogenen § 10 S. 1 Nr. 1 hineinliest, ein Riegel vorgeschoben werden.[43] Auch dürfen die Anforderungen an die Kenntnis nicht danach abgestuft werden, welches Ausmaß an **Datenmengen** ein Provider zu verarbeiten hat oder wie oft er selbst kontrolliert.[44] Nur in Extremfällen, in denen der Diensteanbieter tatsächlich trotz näherer und konkreter Anhaltspunkte eine Vogel-Strauß-Politik betreibt, kann von einer solchen Gleichsetzung ausgegangen werden,[45] nicht jedoch bereits dann, wenn etwa nur allgemeine Hinweise auf Urheberrechtsverletzungen vorliegen. Dafür spricht auch das Verbot allgemeiner Überwachungs- und Prüfungspflichten in § 7 Abs. 2.[46]

2. Kenntnis vom konkreten Inhalt

24 Eine **allgemeine Mitteilung** an den Anbieter, dass sich in seinem Angebot verschiedene rechtswidrige, schädigende fremde Inhalte finden, ohne dass diese näher gekennzeichnet werden, kann **nicht die Kenntnis** iSd § 10 begründen.[47] Die Rechtsfolgen bei Kenntniserlangung in § 10 zeigen, dass der Anbieter nur **konkrete** Inhalte löschen und den Zugang zu ihnen sperren muss, soweit es ihm zumutbar ist. Demgemäß bezieht sich die Kenntnis nicht nur auf die Existenz einer Information überhaupt, in dem Sinne, dass der Diensteanbieter in dem Verzeichnis aller Daten das betreffende File sieht und verzeichnet hat; vielmehr ist die **konkrete Kenntnis** von dem Inhalt einer Information oder einer Handlung erforderlich.[48] Die vom BGH im Rahmen der Störerhaftung entwickelten Kriterien können hier durchaus

---

[39] OLG Brandenburg, MMR 2004, 330, 331; *Libertus,* TKMR 2003, 179, 185; *Bergmann,* Die Haftung gemäß § 5 TDG am Beispiel des News-Dienstes, S. 82f.; aA ohne Begr. *Köhler/Fetzer,* Recht des Internet, Rn. 823.

[40] OLG München, NJW 2002, 2398, 2399; OLG Brandenburg, MMR 2004, 330, 331f.; LG Düsseldorf, MMR 2003, 120, 124f.

[41] S. etwa BGH, NJW 1994, 2289, 2291 = GRUR 1995, 693 – Indizienkette.

[42] Wie hier OLG Brandenburg, MMR 2004, 330, 332; LG Düsseldorf, MMR 2003, 120, 125; LG Potsdam, MMR 2002, 829, 830; *Ehret,* CR 2003, 754, 759; s. bereits *Spindler,* MMR 2001, 737, 738f.; *Spindler,* NJW 1997, 3193, 3196; dem folgend BeckOK InfoMedienR/*Paal,* § 10 TMG Rn. 24.

[43] S. aber auch *Hoffmann,* Beil. NJW 2001, 28 zu Art. 14 ECRL.

[44] So aber offenbar OLG München, NJW 2002, 2398, 2399.

[45] Zu Recht *Hoeren,* MMR 2002, 113.

[46] OLG Brandenburg, MMR 2004, 330, 332; LG Düsseldorf, MMR 2003, 120, 126.

[47] BGHZ 191, 19 Rn. 28 = GRUR 2011, 1038 – Stiftparfüm; BGH, GRUR 2004, 74, mkritAnm *Spindler,* CR 2004, 50f. – rassistische Hetze; Spindler/Schuster/*Hoffmann,* § 10 TMG Rn. 19; *Moritz,* CR 1998, 505, 507; *Sieber,* MMR 1998, 438, 441f.

[48] BGH, GRUR 2004, 74, mkritAnm *Spindler,* CR 2004, 50f. – rassistische Hetze; OLG München, ZUM 2017, 679, 683 – uploaded.net, allerdings ohne § 10 S. 1 Nr. 2 zu berücksichtigen (krit. insoweit zu Recht *Jaworski/Nordemann,* GRUR 2017, 567, 571); inhaltsgleich OLG München, CR 2017, 533 Rn. 38 – Gray's Anatomy (s. auch die Vorinstanz LG München I,

Speicherung von Informationen § 10 TMG

entsprechend angewandt werden: So entstehen Prüfpflichten für den Anbieter im Rahmen der Störerhaftung nur, wenn der „Rechtsverstoß auf der Grundlage der Behauptungen des Betroffenen unschwer – dh ohne eingehende rechtliche und tatsächliche Überprüfung" erkennbar ist.[49] Ebenso muss der Diensteanbieter in die Lage versetzt werden, keine „komplizierte Beurteilungen im Einzelfall durchzuführen, ob ein als rechtsverletzend beanstandetes Angebot ein Schutzrecht tatsächlich verletzt […] (wird). Dies würde ansonsten die Hinzuziehung eines mit der Materie vertrauten Juristen erfordern, was […] nicht zuzumuten ist."[50] Der Pflichtige braucht daher klare Anhaltspunkte, welche Inhalte betroffen sein können, außer wenn der Anbieter unschwer den inkriminierten fremden Inhalt erkennen und auffinden kann. Der Inhalt muss so konkret beschrieben sein, dass der Anbieter ihn mit einer einfachen Suchroutine finden kann. Auch den **EuGH** geht von dem Erfordernis einer spezifischen Angabe aus.[51] Dies gilt erst recht für Persönlichkeitsrechtsverletzungen, insbesondere im Hinblick auf die komplexen Fragen der Interessenabwägungen; durch eine Inkenntnissetzung (Abmahnung, → Rn. 26) wird hier der Verletzte auch die Kenntnis der Rechtswidrigkeit (→ Rn. 27 ff.) herbeiführen können.[52]

Nicht notwendigerweise gehört dazu die **Angabe** eines Links oder eines **exakten Speicherortes**.[53] Denn eine Beschränkung der Kenntnis auf den konkreten Inhalt mitsamt Speicherort würde den Anbieter bei einer reinen Verlagerung des Inhaltes auf einen anderen Speicherplatz wiederum von jeglicher Haftung freistellen; das Gesetz verbietet jedoch nur allgemein proaktive Kontroll- und Überwachungspflichten, nicht aber solche, die auf einen konkreten Inhalt bezogen sind. 25

Die Kenntnis nach § 10 S. 1 Nr. 1, 2 wird in der Regel durch eine **Abmahnung** herbeigeführt, sofern die Abmahnung hinreichend präzise ist, um die inkriminierten Inhalte leicht auffinden zu können.[54] Da die Verletzung der Pflichten nach § 10 S. 1 Nr. 2 dazu führt, dass die Verantwortlichkeit des Anbieters nach den allgemeinen Gesetzen wiederauflebt, stellt sich die Frage, ob die Kenntnis nach § 10 S. 1 Nr. 2 sich auf 26

MMR 2017, 357 – uploaded); OLG München, ZUM-RD 2017, 331, 335 f.; OLG München, MMR 2017, 625 Rn. 36.
[49] BGHZ 191, 219 Rn. 26 = GRUR 2012, 311 – Blogeintrag; ähnlich zuvor bereits BGHZ 191, 19 Rn. 28 = GRUR 2011, 1038 – Stiftparfüm.
[50] BGH, GRUR 2011, 152 Rn. 48 – Kinderhochstühle im Internet I.
[51] EuGH, Slg. 2011, I-6011 Rn. 122 = EuZW 2011, 754 – L'Oréal SA ua/eBay International AG ua: „Damit ist ua die Situation erfasst, in der der Betreiber eines Online-Marktplatzes aufgrund einer aus eigenem Antrieb vorgenommenen Prüfung feststellt, dass eine rechtswidrige Tätigkeit oder Information vorliegt, wie auch die, in der ihm das Vorliegen einer solchen Tätigkeit oder einer solchen Information angezeigt wird. Zwar kann im zweitgenannten Fall eine Anzeige nicht ohne Weiteres dazu führen, dass die Inanspruchnahme der in Art. 14 der Richtlinie 2000/31 vorgesehenen Ausnahme von der Verantwortlichkeit ausgeschlossen wäre, da sich Anzeigen vermeintlich rechtswidriger Tätigkeiten oder Informationen als unzureichend genau und substantiiert erweisen können, doch stellt eine solche Anzeige in der Regel einen Anhaltspunkt dar, dem das nationale Gericht bei der Würdigung Rechnung zu tragen hat, ob sich der Betreiber in Anbetracht der ihm so übermittelten Informationen etwaiger Tatsachen oder Umstände bewusst war, auf deren Grundlage ein sorgfältiger Wirtschaftsteilnehmer die Rechtswidrigkeit hätte feststellen müssen".
[52] S. auch *Peifer* AfP 2015, 193, 198.
[53] So aber wohl OLG München, ZUM 2017, 679, 683 – uploaded.net; inhaltsgleich OLG München, CR 2017, 533 – Gray's Anatomy (s. auch die Vorinstanz LG München I, MMR 2017, 357 – uploaded); OLG München, ZUM-RD 2017, 331, 335 f.; wie hier: *Popp,* Die strafrechtliche Verantwortung von Internet Providern, S. 78 f.; aA *Schwarz/Poll,* JurPC Web-Dok. 73/2003, Abs. 122; Bräutigam/Leupold/*Pelz,* Online-Handel, B I. Rn. 108.
[54] S. bspw. BGHZ 191, 19 Rn. 29 = GRUR 2011, 1038 – Stiftparfüm.

TMG § 10 Speicherung von Informationen

die Kenntnis der Information bezieht oder schon die Kenntniserlangung der Umstände ausreicht, was für die von der Abmahnung zu verlangende Präzision von Bedeutung ist. Da § 10 S. 1 Nr. 2 auf „diese Kenntnis" abstellt, sich mithin auf S. 1 Nr. 1 bezieht, kommt es darauf an, in welchem Zusammenhang die Abmahnung erfolgt. Dient sie der Durchsetzung zivilrechtlicher Schadensersatzansprüche, genügt die Angabe der entsprechenden Umstände,[55] dient sie dazu, dem Anbieter vor Augen zu führen, dass strafbare Handlungen oder Informationen auf seinen Rechnern stattfinden, ist die Angabe der konkreten Information erforderlich. Schließlich muss die Abmahnung auch Ausführungen enthalten, die die Rechtswidrigkeit der Information begründen, da die Kenntnis des Anbieters sich hierauf beziehen muss (→ Rn. 27ff.) und ihn diesbezüglich keine Prüfungspflichten treffen.[56] Zu den Abmahnkosten → § 7 Rn. 105.

3. Kenntnis der Rechtswidrigkeit

27 Für § 5 Abs. 2 TDG aF wurde unter Kenntnis der fremden Inhalte fast einhellig nur die positive Kenntnis des Inhaltes selbst, nicht aber zusätzlich die Kenntnis der Rechtswidrigkeit verstanden.[57] Demgemäß musste entsprechend den im Presse- und Medienrecht gültigen Kriterien in einer zweiten Stufe nach den Kontrollpflichten des Anbieters gefragt werden.[58]

28 Demgegenüber verlangt Art. 14 ECRL vom Wortlaut her nicht nur die Kenntnis der Handlung oder der Information selbst, sondern darüber hinaus auch die **Kenntnis von dessen Rechtswidrigkeit.** Der Wortlaut des § 10 S. 1 Nr. 1 unterscheidet dagegen offenbar zwischen Kenntnis von rechtswidrigen Handlungen und Kenntnis von Informationen allgemein;[59] demgemäß wäre im Falle der (als rechtswidrig beanstandeten) Information, die Kenntnis der Information selbst ausreichend, um die Verantwortlichkeitsprivilegierung entfallen zu lassen, eine Kenntnis der Rechtswidrigkeit wäre demnach nicht erforderlich. In diesem Sinne wollte auch der deutsche Gesetzgeber § 10 verstanden wissen.[60] Für eine solche Auslegung würde sprechen, dass dem strafrechtlichen Verbotsirrtum eine strafbefreiende Wirkung wie bei einem Tatbestandsirrtum nach § 16 Abs. 1 StGB zukommen würde.[61] Zudem hätte das Erfordernis der Kenntnis der Rechtswidrigkeit weitreichende Folgen für fahrlässige Verstöße gegen die §§ 23, 24 JMStV, da sich der Host-Provider auf seine mangelnde Sachkunde oder seine unsorgfältige Prüfung berufen könnte, um seine fehlende Kenntnis der Rechtswidrigkeit darzulegen.[62] Diese Unterscheidung hat daher erhebliche **praktische Bedeutung,** insbesondere auch für die immaterialgüterrechtliche Haftung des Diensteanbieters: Legt man das Verständnis des deutschen Gesetzgebers zugrunde, wäre bei neutralen Informationen, etwa Musikstücken (MP3-Files) oder Markennamen, deren unberechtigte Verwendung erst die Haftung bzw. Verantwort-

---

[55] S. auch *Helle,* JZ 2002, 593, 598.

[56] Ebenso Wiebe/Leupold/*Rücker,* Das Recht der elektronischen Datenbanken, IV Rn. 169; Bräutigam/Leupold/*v. Samson-Himmelstjerna/Rücker,* Online-Handel, B V. Rn. 120f.

[57] Hoeren/Sieber/Holznagel/*Sieber/Höfinger,* 44. EL 2017, Teil 18.1 Rn. 84ff.; *Freytag,* Haftung im Netz, S. 180; *Bleisteiner,* Rechtliche Verantwortlichkeit im Internet, S. 180f.; *Pichler,* MMR 1998, 79, 88.

[58] *Pichler,* MMR 1998, 79, 87f.; *Bleisteiner,* Rechtliche Verantwortlichkeit im Internet, S. 181; zust. für Urheberrechtsverletzungen *Decker,* MMR 1999, 7, 9.

[59] Zum Meinungsstand ferner *Ufer,* Die Haftung der Internet Provider nach dem Telemediengesetz, S. 114ff.

[60] Begr. RegE BT-Drs. 14/6098, S. 25; im Anschluss daran *Köhler/Fetzer,* Recht des Internet, Rn. 822.

[61] Hoeren/Sieber/Holznagel/*Sieber/Höfinger,* 44. EL 2017, Teil 18.1 Rn. 85.

[62] Hoeren/Sieber/Holznagel/*Sieber/Höfinger,* 44. EL 2017, Teil 18.1 Rn. 85.

Speicherung von Informationen **§ 10 TMG**

lichkeit auslöst, die reine Kenntnis von ihrer Existenz nicht ausreichend. Vielmehr müsste der Anbieter die Rechtswidrigkeit der Handlung kennen; demgegenüber würde bei Informationen, deren Inhalt bereits rechtswidrig ist, etwa volksverhetzende Nachrichten, die reine Kenntnis von ihrer Existenz genügen, um die Haftungsprivilegierung entfallen zu lassen.[63]

An einer derartigen Unterscheidung bestehen jedoch bei richtlinienkonformer Auslegung **erhebliche Zweifel** – auch wenn man dies rechtspolitisch nicht für gerechtfertigt hält. Die gegenteilige Auffassung bezieht in der Regel nicht die ECRL in die Auslegung ein.[64] Denn während die englische und deutsche Fassung der Richtlinie hier nicht eindeutig sind, zeigen sowohl die französische („le prestataire n'ait pas effectivement connaissance de l'activité ou de l'information illicites") als auch die spanische („conocimiento efectivo de que la actividad o la información es ilicita") Fassung von Art. 14 ECRL deutlich, dass sich die Rechtswidrigkeit und damit auch die Kenntnis hiervon sowohl auf die Handlung als auch auf die Information bezieht.[65] Schon die Kommission hatte in ihrer Begründung für den ersten Richtlinienvorschlag die Kenntnis von unerlaubten Tätigkeiten als Grundlage für eine Verantwortung der Anbieter herangezogen.[66] Demgemäß ist auch die Kenntnis von der Rechtswidrigkeit bei der Information erforderlich, um § 10 auszuschließen.[67] Abgesehen davon würde in neuem Gewande die alte Streitfrage zwischen kommunikativen und nichtkommunikativen Informationen wiederkehren.[68] Allerdings scheint der **EuGH** vom gegenteiligen Standpunkt auszugehen, wenn er in der L'Oréal-Entscheidung darauf abstellt, dass die „Kenntnis" dahingehend, dass die Berufung auf die Ausnahme schon dann verwehrt ist, „[…] wenn er sich etwaiger Tatsachen oder Umstände bewusst war, auf deren Grundlage ein sorgfältiger Wirtschaftsteilnehmer die in Rede stehende Rechtswidrigkeit hätte feststellen und nach Art. 14 Abs. 1 lit. b dieser Richtlinie hätte vorgehen müssen".[69] Dies suggeriert zunächst, dass die Kenntnis sich nur auf Tatsachen oder Umstände bezieht, nicht aber auf die Rechtswidrigkeit – ob das Gericht sich allerdings tatsächlich der Tragweite seines Satzes klar war, ist zweifelhaft, da es im konkreten Fall nicht auf die Differenzierung zwischen Kenntnis der Umstände und derjenigen der Rechtswidrigkeit ankam. Denn in der Google France-Entscheidung[70]

29

---

[63] IdS *Köhler/Fetzer*, Recht des Internet, Rn. 825.

[64] Etwa *Gercke,* MMR 2003, 602, 603; *Jacobs* in: FS Erdmann 2002, S. 327, 337 f.; Bräutigam/Leupold/*Pelz,* Online-Handel, B I. Rn. 105; *Nickels,* CR 2002, 302, 307.

[65] Wie hier BeckOK InfoMedinR/*Paal,* § 10 TMG Rn. 30; *Eck/Ruess,* MMR 2003, 363, 365; *Tettenborn/Bender/Lübben/Karenfort,* Beil. BB 2001, 1, 32; *Ehret,* CR 2003, 754, 759; *Hoffmann,* MMR 2002, 284, 288; *Helle,* JZ 2002, 593, 597; *v. Samson-Himmelstjerna,* Haftung von Internetauktionshäusern, Rn. 205; aA trotz der (erkannten) eindeutigen Fassung der romanischen Versionen der Richtlinie BeckRTD-Komm/*Jandt,* § 10 TMG Rn. 17 f., die meint, dass die Sprachfassung nicht eindeutig sei.

[66] Begr. Erster RL-Vorschlag KOM (1998) 586, S. 32.

[67] S. bereits *Spindler,* MMR 1999, 199, 202; iE ebenso *Eck/Ruess,* MMR 2003, 363, 365; *Freytag,* CR 2000, 600, 608; *Dustmann,* Die privilegierten Provider, S. 107; *Wimmer/Kleineidam/Zang,* K&R 2001, 456, 460 f.; *Berger,* MMR 2003, 642, 645; *Hoffmann,* MMR 2002, 284, 288; BeckOK InfoMedienR/*Paal,* § 10 TMG Rn. 30; aA BeckRTD-Komm/*Jandt,* § 10 TMG Rn. 18; *Stadler,* Haftung für Informationen im Internet, Rn. 103 unter Hinweis auf Erwägungsgrund 46 ECRL; *Härting,* CR 2001, 271, 276; *Stender-Vorwachs,* TKMR 2003, 11, 17 unter Verkennung des Vorrangs der ECRL; offen *Gounalakis/Rhode,* Persönlichkeitsschutz im Internet, Rn. 281 ff.

[68] Vor § 7 Rn. 23; s. dazu auch die Beispiele bei *Eck/Ruess,* MMR 2003, 363, 365; dies übersieht *Gercke,* MMR 2003, 602, 603.

[69] EuGH, Slg. 2011, I-6011 Rn. 120 = GRUR 2011, 1025 = MMR 2011, 596, 603 Rn. 120 mAnm *Hoeren* – L'Oréal/eBay.

[70] EuGH, GRUR 2010, 445 Rn. 109.

verweist der EuGH darauf, „dass der Anbieter eines solchen Dienstes nicht für die im Auftrag eines Nutzers gespeicherten Informationen zur Verantwortung gezogen werden kann, es sei denn, er hat die Informationen nicht unverzüglich entfernt oder den Zugang zu ihnen gesperrt, nachdem er durch eine Information einer geschädigten Person oder auf andere Weise **von der Rechtswidrigkeit dieser Informationen oder Tätigkeiten** des Nutzers Kenntnis erlangt hat."[71]

30 Somit wird der Diensteanbieter, im Rahmen der richtlinienkonformen Auslegung, selbst bei Kenntnis der Information von jeglichen Kontrollpflichten auf die Rechtmäßigkeit des Inhaltes hin befreit. Nicht nur der Provider, der keine Kenntnis von den Inhalten hat, wird privilegiert, sondern auch der **rechtsunkundige Provider wird prämiert.**[72] Letztlich wird damit der auch im deutschen Strafrecht verankerte Grundsatz „iura novit curia" und damit der **Verbotsirrtum** in seiner bisherigen Form in Frage gestellt[73] – sofern man nicht die Rechtswidrigkeit der Inhalte bereits dem Tatbestand zuordnet, wie es teilweise im Wirtschaftsstrafrecht der Fall ist. Dies mag man bedauern und führt zu rechtspolitischen Forderungen, ändert aber nichts an der Auslegung der ECRL und der europarechtskonformen Auslegung des § 10 TMG.

4. Kenntnis der Umstände bei Schadensersatzansprüchen

31 Die Beschränkung auf die Kenntnis von der Information oder der Tätigkeit gilt indes **nicht für Schadensersatzansprüche**, gleich aus welchem Rechtsgebiet sie resultieren. Keine Rolle spielt dagegen, ob die Haftung auf einem Anspruch beruht, der Vorsatz voraussetzt, oder nur Fahrlässigkeit.[74] § 10 S. 1 Nr. 1 setzt Art. 14 Abs. 1 lit. a ECRL um, indem die Haftungsprivilegierung davon abhängig gemacht wird, dass der Anbieter sich keiner Tatsachen oder Umstände bewusst ist, aus denen die rechtswidrige Tätigkeit oder Information offensichtlich wird. Keine Änderung gegenüber § 5 Abs. 2 TDG aF würde sich ergeben, wenn man hierunter nur die Pflicht des Anbieters zur Prüfung der Inhalte auf deren Rechtswidrigkeit sähe, mithin positive Kenntnis der Inhalte nach wie vor Voraussetzung wäre.[75] Der Wortlaut sowohl der Richtlinie als auch des § 10 S. 1 Nr. 1 Hs. 2 TMG macht jedoch keinen Unterschied hinsichtlich der Kenntnis der Umstände bezüglich der Information bzw. Tätigkeit selbst und deren Rechtswidrigkeit. Auch die englische und französische Fassung der ECRL sind nicht völlig eindeutig („is not aware of facts or circumstances from which the illegal activity or information is apparent", „n'ait pas connaissance de faits ou de circonstances selon lesquels l'activité ou l'information illicite est apparente"). Die in Kraft getretene Fassung der Art. 14 Abs. 1 ECRL unterscheidet sich auch signifikant von dem ersten Richtlinienvorschlag sowie dem zweiten Richlinienentwurf,[76] wo für Art. 14 Abs. 1 formuliert wurde: „Der Anbieter hat keine Kenntnis von der rechtswidrigen Tätigkeit oder Information und ihm sind, in Bezug auf Schadensersatzansprüche, auch keine Tatsachen oder Umstände bekannt, aus denen die Rechtswidrigkeit offensichtlich wird [...]". Im gemeinsamen Standpunkt des Rates wurde

---

[71] *Fitzer,* MMR 2011, 83, 85 sieht hierin sogar nun die höchstrichterliche Klärung der Diskussion, aA MüKoStGB/*Altenhain,* § 10 TMG Rn. 9; s. auch BGH, GRUR 2010, 628 Rn. 39 – Vorschaubilder: Kenntnis der Rechtswidrigkeit der gespeicherten Information.

[72] *Freytag,* CR 2000, 600, 608; *Hugenholtz/Koelman,* Copyright and Electronic Commerce, 7, 42; zur Kritik s. *Spindler,* MMR 1999, 199, 202.

[73] AA wohl *Freytag,* CR 2000, 600, 608.

[74] Zutr. *Jaworski/Nordemann,* GRUR 2017, 567, 571 gegen OLG München, MMR 2017, 625 = GRUR 2017, 619 – uploaded.

[75] So *Freytag,* CR 2000, 600, 608; wohl auch *Arndt/Köhler/Fetzer,* EWS 2001, 102, 111; *Hoeren,* MMR 2004, 168, 169; *Christiansen,* MMR 2004, 185, 186.

[76] KOM (1999), 427 endg.

Speicherung von Informationen § 10 TMG

dieser Passus indes zu der jetzigen Formulierung geändert, wobei allerdings hier die englische Fassung bereits im Sinne der endgültigen Richtlinie formuliert war („is not aware of facts or circumstances from which the illegal activity or information is apparent"), die deutsche Fassung noch im alten Sinne („auch keine Tatsachen oder Umstände bekannt, aus denen die Rechtswidrigkeit offensichtlich wird").[77] Der englische Text setzte sich jedoch offensichtlich durch und wurde in Art. 14 Abs. 1 ECRL aufgenommen. Der Wortlaut und die Abänderung der ursprünglichen Entwürfe deuten daher eher auf ein geändertes Verständnis hin.[78]

Daher müssen auch Tatsachen und Umstände hinreichen, aus denen der Diensteanbieter erst auf die Existenz von rechtswidrigen Inhalten hingewiesen wird, etwa Mitteilungen von Nutzern oder Behörden über entsprechende Aktivitäten auf seinen Servern, die einen konkreten Hinweis auf bestimmte Nutzer erlauben, ohne dass diese Nutzer oder der konkrete Inhalt schon völlig genau bezeichnet worden wäre.[79] Demnach genügen schon Umstände, aus denen die Existenz entsprechender Informationen bekannt wird. **32**

Keine Kenntnis der Umstände begründen dagegen **allgemeine Hinweise,** die keinen konkreten Rückschluss auf einen Inhalt zulassen, etwa wenn allgemein bekannt ist, dass auch „heiße Ware" über ein Auktionshaus angeboten wird (→Rn. 19). Andererseits dürfte bei Hinweisen, dass bestimmte Plagiate oder Raubkopien systematisch angeboten werden, die Offensichtlichkeit anzunehmen sein, wenn sie auf bestimmte Produkte und Anbieter bezogen sind. Die **Hinweise** müssen demnach **so präzise** sein, dass sie **die Identifizierung** der rechtswidrigen Inhalte und deren Auffinden schnell und **ohne großen Aufwand** ermöglichen. Die rechtswidrigen Inhalte müssen förmlich „auf der Hand liegen". Schließlich spricht hierfür auch das systematische Verhältnis zu § 7 Abs. 2, der gerade ein Verbot einer allgemeinen Überwachungspflicht für Diensteanbieter festlegt.[80] Demgemäß können die Diensteanbieter nicht über den Weg der groben Fahrlässigkeit dazu angehalten werden, eine allgemeine Prüfung und Überwachung ihrer Rechner durchzuführen. Vielmehr können die Pflichten nach § 10 S. 1 Nr. 1 nur durch konkrete Hinweise ausgelöst werden, die zwar die Inhalte oder Handlungen selbst nicht unmittelbar bezeichnen müssen, aber doch derart präzise sind, dass ohne weitere Mühen die inkriminierten Inhalte oder Handlungen vom Anbieter entdeckt werden können.[81] Allein die Kenntnis der Tatsache, dass über eine elektronische Plattform allgemein rechtswidrige Angebote getätigt werden, zB markenrechtsverletzende Plagiate, begründet noch nicht allein die Kenntnis der Umstände nach § 10 S. 1 Nr. 1;[82] vielmehr müssen sich die Hinweise verdichtet haben, so dass der inkriminierte Inhalt leicht gefunden werden kann. Auch eine Haftung für gleichartige Inhalte scheidet aus, etwa bei Sharehostern, wenn diese nicht ohne Weiteres (und ohne Kenntnis des spezifischen Inhaltes) aufgefunden werden können.[83] **33**

Zweifelhaft erscheint auch die Annahme, dass bei **Anzeigen,** die hoch sensibel sind und in **das allgemeine Persönlichkeitsrecht** eingreifen können, wie etwa über eine Insolvenz, von vornherein Umstände vorliegen, aus denen offensichtlich werde, dass eine rechtswidrige Handlung vorliege.[84] Denn erst nach entsprechender **34**

---

[77] Council of the European Union, 28.2.2000, 14236/1/99 REV 1, 98/0325 (COD).
[78] AA wohl *Hoeren,* MMR 2004, 168, 169.
[79] Begr. RegE BT-Drs. 14/6098, S. 24f.
[80] *Dustmann,* Die privilegierten Provider, S. 162f.
[81] *Köhler/Fetzer,* Recht des Internet, Rn. 824f.
[82] LG Düsseldorf, MMR 2003, 120, 126; *Spindler,* MMR 2001, 737, 741.
[83] *Holznagel,* CR 2017, 463, 468f.; *Nolte/Wimmers,* GRUR 2014, 16, 24; *Sobola/Kohl,* CR 2005, 443, 447.
[84] So aber LG Köln, MMR 2004, 183 mablAnm *Christiansen;* wie hier dagegen BeckRTD-Komm/*Jandt,* § 10 TMG Rn. 23.

TMG § 10 Speicherung von Informationen

Kenntnis der Anzeige könnte der Anbieter überhaupt entscheiden, ob diese rechtswidrig sei; alles andere läuft auf eine von § 7 Abs. 2 untersagte Prüfungspflicht der Anzeige selbst hinaus.

35 Mithin kommt es zwar nicht mehr allein auf die positive Kenntnis der Inhalte selbst an.[85] Eine solche Haftung darf aber auch nicht im Sinne einer unbewussten Fahrlässigkeit verstanden werden, sondern nur im Sinne einer **bewussten, groben Fahrlässigkeit,** die nur bei klaren Evidenzfällen eingreift.[86] Erst dann kommt in einer zweiten Stufe eine grobe Prüfungspflicht auf Rechtswidrigkeit in Betracht.

5. Kenntniserlangung und Wissenszurechnung.

36 **a) Hinweise auf rechtswidrige Inhalte und Handlungen.** Das TMG bezeichnet nicht die Art und Weise, auf die der Anbieter Kenntnis von dem fremden Inhalt erlangt haben muss.

Unerheblich ist, **wer** dem Anbieter die Kenntnis von dem fremden Inhalt verschafft hat und wie dies geschah (→ Rn. 19). **Jedermann** – sowohl Nutzer, Geschädigter als auch jeder andere, insbesondere in- und ausländische Behörden – kommt daher als Informant in Betracht,[87] ebenso wie Nachrichten in einschlägigen Computer-Zeitschriften, die vom Anbieter bzw. dessen Mitarbeiter bezogen werden und die über bestimmte, vom Anbieter bereitgehaltene, fremde, rechtswidrige Inhalte berichten. Auch durch einen Webdesigning-Vertrag, aufgrund dessen der sog. Presence-Provider für einen Kunden den Auftrag übernommen hat, dessen Webseite zu erstellen und zu pflegen, kann vom Inhalt der betreffenden Webseite Kenntnis erlangt werden. Gleiches gilt für Web-Hosting-Verträge mit Content-Providern, sofern bereits der Vertrag Inhalte vorsieht, die rechtswidrig sind. Dagegen trifft den Service-Provider keine Pflicht, nach abgeschlossenem Web-Hosting-Vertrag die Webseite des Content-Providers stets auf deren Inhalt hin zu kontrollieren, so dass spätere Veränderungen der Inhalte nicht zum Nachteil des Diensteanbieters fremder Inhalte gereichen können. Den Provider trifft **keine Beobachtungspflicht** etwa wie in der Produkthaftung.

37 Auszuscheiden ist dagegen – außer in Grenzfällen – die Kenntniserlangung aufgrund von **Diskussionsbeiträgen** in News Groups oder anderen Foren zum Meinungsaustausch, sofern diese nicht vom Anbieter überwacht werden. Denn gerade wegen der Beschränkung der Anbieterhaftung auf positive Kenntnis ist der Anbieter nicht verpflichtet, sich die Kenntnis von fremden Inhalten zu verschaffen.[88]

38 **b) Kenntniszurechnung.** Von großer praktischer Bedeutung ist die Frage, ob die Kenntnis nach § 10 bereits gegeben ist, wenn anstelle des Diensteanbieters Dritte für ihn tätig werden und Informationen oder Tätigkeiten zur Kenntnis nehmen. Allerdings ist auch hier trotz der Regelung des § 10 zwischen den Rechtsgebieten zu differenzieren, da dem Strafrecht wegen des Schuldprinzips eine Zurechnung der Kenntnis dritter Personen weitgehend fremd ist.[89]

---

[85] *Tettenborn,* K&R 2000, 59, 63; *Härting,* CR 2001, 271, 276; *Gierschmann,* DB 2000, 1315, 1318; *Stadler,* Haftung für Informationen im Internet, Rn. 105.

[86] *Härting,* CR 2001, 271, 276; *Stadler,* Haftung für Informationen im Internet, Rn. 279f. für Musik-Files; Spindler/Schuster/*Hoffmann,* § 10 TMG Rn. 33; BeckOK InfoMedienR/*Paal,* § 10 TMG Rn. 33 ff.; BeckRTD-Komm/*Jandt,* § 10 TMG Rn. 21; *Eck/Ruess,* MMR 2003, 363, 364; für die Art. 14 ECRL *Freytag,* CR 2000, 600, 608.

[87] *Koch,* CR 1997, 193, 199.

[88] Näher *Sieber,* Verantwortlichkeit im Internet, Rn. 281 f.; *Pelz,* wistra 1999, 53, 59.

[89] *Bleisteiner,* Rechtliche Verantwortlichkeit im Internet, S. 186; *Sieber,* Verantwortlichkeit im Internet, Rn. 346; Hohl/Leible/Sosnitza/*Dannecker,* Vernetztes Recht, S. 141, 154 f.; vgl. zum strafrechtautonomen Vorsatzbegriff im Unternehmensstrafrecht und zur Frage der Wissenszurechnung *Weller,* ZGR 2016, 384, 393 ff.

Speicherung von Informationen § 10 TMG

Kenntniszurechnung innerhalb von Unternehmen. Kenntnis nach § 10 S. 1 39
Nr. 1 bedeutet nicht nur höchstpersönliche Kenntnis des Diensteanbieters. Vielmehr kann aufgrund der Rechtsprechung zur Kenntniszurechnung innerhalb von Unternehmen de facto im Zivilrecht (nicht im Strafrecht) eine Pflicht entstehen, für die entscheidungsbefugten Stellen im Unternehmen die notwendige Information zu verschaffen. So muss der Anbieter dafür sorgen, dass der Zugang von Mitteilungen über fremde rechtswidrige Inhalte und deren weitere Verarbeitung ordnungsgemäß organisiert wird. Im Gefolge der neueren Rechtsprechung zur Wissenszurechnung in arbeitsteiligen Organisationen[90] muss auch der Anbieter von Diensten im Internet Mitteilungen über fremde Inhalte nachprüfen und ggf. das Sperren der betroffenen Inhalte oder andere Maßnahmen zur Unterbindung der weiteren Verbreitung veranlassen.[91] Zwar kann diese Übertragung der allgemeinen zivilrechtlichen und gesellschaftsrechtlichen Grundsätze zur Wissenszurechnung hinsichtlich einer autonom europarechtlichen Auslegung vor dem Hintergrund des Art. 14 ECRL bezweifelt werden, da Art. 14 Abs. 1 lit. a ECRL explizit „tatsächliche Kenntnis" des Diensteanbieters verlangt. Die grundsätzliche Anwendung der Regeln über die Wissenszurechnung ist jedoch vor allem im Hinblick auf die Gefahr einer Privilegierung arbeitsteiliger Organisationen gerechtfertigt.[92] Der Anbieter kann sich jedenfalls im Zivilrecht nicht darauf zurückziehen, dass die Kompetenzordnung in seinem Unternehmen maßgeblich für die Kenntniszurechnung sei. Selbst für Tatbestände, die auf positive Kenntnis abstellen, etwa § 407 BGB,[93] ist es nicht ausgeschlossen, dass im Einzelfall der Einwand der fehlenden Kenntnis rechtsmissbräuchlich ist.[94] Auch die Kenntniserlangung durch **freiwillig vom Diensteanbieter eingesetzte Mitarbeiter** oder Dritte („**Scouts**") begründet die Kenntnis nach § 10 S. 1.[95] Bei strafrechtlicher Verantwortlichkeit kommt es dagegen wegen des auf individuelle Schuld abstellenden Systems auf entsprechende Zuständigkeits- und Kompetenzfragen an.[96]

Entscheidend ist daher nicht die Kenntnis etwa eines bestimmten, in der Organisa- 40
tion zuständigen Mitarbeiters, zB eines für eine Mailbox oder ein Forum zuständigen **Systemoperators,** sondern ob im Rahmen einer ordnungsgemäßen Organisation dem Operator eine entsprechende Mitteilung, die bei einer anderen Stelle des Anbieters eingegangen ist, zuzuleiten war. Bei durch vom Provider eingesetzten **Moderatoren** eines Forums kommt es darauf an, ob der Moderator vorab Beiträge von Nutzern kontrolliert – hier wird immer Kenntnis vorliegen, damit auch des Providers –

---

[90] BGHZ 132, 30 = NJW 1996, 1339; BGH, NJW 1997, 1917; *Taupitz*, Karlsruher Forum 1994, 16; *Medicus*, Karlsruher Forum 1994, 4; jüngst hierzu *Gehrlein* in: FS Hüffer, S. 205, 215 ff.; *Thomale*, AG 2015, 641, 647 ff.; *Mülbert/Sajnovits*, NJW 2016, 2540, 2541; *Sajnovits*, WM 2016, 765, 766 ff.; *Grigoleit*, ZHR 181 (2017), 160, 192 ff.; einschränkend zu Recht jedoch *Koller*, JZ 1998, 75, 77 ff., 80; krit. im Hinblick auf die dogmatische Begründbarkeit auch *Spindler*, ZHR 181 (2017), 311, 313 ff.; krit. auch *Gasteyer/Goldschmmidt*, AG 2016, 116, 117 ff. je mwN.
[91] Eingehend *Bergmann*, Die Haftung gemäß § 5 TDG am Beispiel des News-Dienstes, S. 92 ff.; vgl. auch MüKoStGB/*Altenhain*, § 10 TMG Rn. 18 f. mwN; Spindler/Schuster/*Hoffmann*, § 10 TMG Rn. 27.
[92] Hohl/Leible/Sosnitza/*Dannecker*, Vernetztes Recht, S. 155; MüKoStGB/*Altenhain*, § 10 TMG Rn. 19.
[93] BGH, NJW 1977, 581; BGHZ 135, 39, 42 = NJW 1997, 1775, 1776.
[94] Zust. *Köhler/Fetzer*, Recht des Internet, Rn. 821 ff.
[95] LG München I, MMR 2000, 431, 434; OLG München, MMR 2001, 375, 378; *Dilling*, ZUM 2013, 380, 386.
[96] Näher Hohl/Leible/Sosnitza/*Dannecker*, Vernetztes Recht, S. 154 f.; vgl. auch *Weller*, ZGR 2016, 384, 393 ff.; Spindler/Schuster/*Hoffmann*, § 10 TMG Rn. 29; krit. MüKoStGB/*Altenhain*, § 10 TMG Rn. 17.

oder ob er nur nachträglich die Beiträge überwacht;[97] dies ergibt sich selbstverständlich aus dem Tatbestandsmerkmal der positivien Kenntnis. Dieselben Grundsätze gelten für die Zurechnung der Kenntnis eines Beauftragten im Unternehmen, wie er in Form des **Jugendschutzbeauftragten** nach § 7 JMStV für „Telemedien"-Dienstanbieter zu schaffen ist[98] oder für den **Datenschutzbeauftragten**. Schon allein aufgrund seiner Beratungspflicht wird er oft den Anbieter in Kenntnis von dem rechtswidrigen Inhalt setzen. Aber auch darüber hinaus wird Kenntniserlangung dann anzunehmen sein, wenn „nur" der Beauftragte Kenntnis von den inkriminierten Inhalten erlangt hat, da es Sache des Anbieters ist, durch eine ordnungsgemäße Organisation für eine Nutzbarmachung der Kenntnis des Beauftragten zu sorgen.

41 **Menschliche Kenntnis und Kenntnis durch automatisierte Systeme.** Oft werden Speichervorgänge einer vorherigen Registrierungsprozedur oder einer Eingabemaske unterworfen, die der Anbieter zuvor Verfügung stellt. Insbesondere bei Handelsplattformen und Internetauktionen müssen die Nutzer zuvor entsprechende Verfahren durchlaufen, bevor sie ihre Informationen abspeichern können. Aber auch Filtersoftware oder Suchagenten können dazu führen, dass ein Computer „Kenntnis" erhält. Fraglich ist in diesen Fällen, ob bereits die automatisierte Registrierung von Inhalten den Tatbestand der Kenntnis nach § 10 erfüllt. Sofern es sich um manuelle Vorgänge handelt, bei denen eingehende Anzeigen etwa akzeptiert und in ein Portal gestellt werden, wird immer Kenntnis gegeben sein.[99]

42 Fallen Teilnahmevertragserklärung und Eingabe in einer Datenmaske zusammen, enthält dieses Verfahren die notwendigen **Willenserklärungen** seitens des Diensteanbieters, die zwar automatisiert abgegeben werden, die aber durch die vorherige Programmierung die nötigen Willenselemente enthalten.[100] In der Regel ist hier von einem Angebot des Kunden auszugehen, das vom Diensteanbieter, zB einem Auktionshaus, (automatisiert) angenommen wird, da erst die Erklärung des Kunden die Angaben über den Vertragsgegenstand enthält, insbesondere über die Auktionsrahmenbedingungen. Die Annahmeerklärung des Auktionshauses setzt aber notwendigerweise die Kenntnis der Erklärung und damit grundsätzlich auch der Inhalte voraus − wenngleich auch automatisiert.[101] Die **Substitution menschlicher Kenntnisnahme durch Computerprogramme** darf aus vertragsrechtlicher Sicht nicht dazu führen, die Kenntnis zu negieren, wenn das Computerprogramm von Funktion und Aufgabe her praktisch nur an die Stelle der sonst durch einen Menschen erfolgenden Kenntnis tritt.[102] Würde bei einer Registrierung der Inhalte durch einen Mitarbeiter dieser notwendigerweise Kenntnis erhalten, um ein Rechtsgeschäft abzuschließen oder durchzuführen (etwa bei einer Weisung im Rahmen eines Dauerschuldverhältnisses), liegt diese grundsätzlich auch bei einer computerisierten Registrierung vor.[103] Schließlich zeigt die Entwicklung im Bereich der Wissenszurechnung selbst für Tatbestände, die auf positive Kenntnis abstellen, wie § 463 S. 2 BGB aF, dass

---

[97] S. auch BeckRTD-Komm/*Jandt*, § 10 TMG Rn. 13.

[98] Zur Funktion des Jugendschutzbeauftragten *Hartstein/Ring/Kreile* ua (Hrsg.), 69. EL. 2017, Bd. III, C 3, § 7 JMStV Rn. 8.

[99] S. etwa den Fall in LG Köln, MMR 2004, 183, 184f. mablAnm *Christiansen*.

[100] Grundlegend *Köhler*, AcP 1982, 126, 132f.; *Mehrings*, MMR 1998, 30, 31; *Taupitz/Kritter*, JuS 1999, 839, 840; Hoeren/Sieber/Holznagel/*Kitz*, 44. EL 2017, Teil 13.1 Rn. 10ff.; Soergel/*Wolf*, Vor § 145 BGB Rn. 108f.

[101] Dies übersieht *Wüstenberg*, WRP 2002, 497, 499.

[102] Ähnlich für Abgabe von Willenserklärungen durch EDV-Anlagen s. *Lorenz*, Der Schutz vor dem unerwünschten Vertrag, S. 278; vgl. auch BGH, MMR 2005, 233, 234f.; aA offenbar *Ehret*, CR 2003, 754, 759.

[103] Spindler/Wiebe/*Spindler*, Internet-Auktionen und Elektronische Marktplätze, Kap. 6 Rn. 22; *Hoeren*, MMR 2002, 114f.

Speicherung von Informationen **§ 10 TMG**

die Tatsache der Verfügbarkeit des Wissens in einer Organisation maßgeblich ist, insbesondere bei EDV-Speichern,[104] wobei es keine Rolle spielen dürfte, ob ein Mitarbeiter diese Kenntnis irgendwann erlangt hat oder die Information auf anderem Wege die Organisation und deren Speichersysteme erreicht hat.

Aus haftungsrechtlicher Sicht aber muss sich die erforderliche **Kenntnis** nach § 10 auf einen **konkreten Inhalt** beziehen, eine abstrakte Kenntnis im Sinne eines dolus eventualis („für-möglich-halten") genügt nicht.[105] Die automatisierten rechtsgeschäftlichen Vorgänge charakterisieren sich jedoch durch eine Art **Blankettannahme** durch das automatisierte System. So wird bei fehlerhafter Programmierung dem Betreiber keine Irrtumsanfechtung zugestanden, wenn das Programm fehlerhafte Willenserklärungen abgibt, da lediglich ein Motivirrtum vorliegt.[106] Trotz rechtsgeschäftlich anzunehmender Kenntnis **muss daher nicht Kenntnis iSv § 10 vorliegen,** die sich auf einen konkreten Inhalt bezieht, so dass etwa ein Auktionshaus trotz entsprechender Eingabeprozedur dadurch allein keine Kenntnis erhält.[107] Vielmehr ist der Vorgang so ausgestaltet, dass die Leistungen ohne Rücksicht auf die tatsächliche Erklärung des Kunden durchgeführt werden. Diese Privilegierung ist letztlich ein Ausfluss der gesetzgeberischen Wertung, dass der Diensteanbieter für Vorgänge, auf die er (freiwillig) durch automatisierte Prozeduren keinen Einfluss hat und deren Kontrolle einen unzumutbaren Aufwand bedingen würde, keine Verantwortung übernehmen muss. Maßgeblich ist daher die Kenntnis eines Mitarbeiters bzw. einer Person des Diensteanbieters:[108] Die automatische Kenntniserlangung ist nicht ausreichend.[109]

43

Andererseits kann ein Anbieter nicht seine **arbeitsteilige Organisation** – wozu auch der Einsatz von EDV gehört – so strukturieren, dass er möglichst keine Kenntnis von Inhalten erhält; dies widerspräche den im Rahmen der Wissenszurechnung entwickelten Organisationspflichten des Unternehmens (→ Rn. 39). Doch stehen diese Pflichten, sofern sie sich auf die EDV des Anbieters beziehen, in einem Spannungsverhältnis zu § 7 Abs. 2, der gerade allgemeine Überwachungspflichten ausschließen will. Auch wird dadurch keine Kenntnis fingiert; es muss nach wie vor an einer Stelle im Unternehmen menschliche Kenntnis vorhanden sein.[110] Das Gesetz respektiert die Entscheidung des Diensteanbieters für ein automatisiertes Registrierungsverfahren.

44

---

[104] Grundlegend BGHZ 132, 30 = NJW 1996, 1339; BGHZ 109, 327 = NJW 1990, 975; BGHZ 123, 224, 229 = NJW 1993, 2807; statt vieler *Taupitz,* Karlsruher Forum 1994, 16, 28 ff.

[105] LG Düsseldorf, MMR 2003, 120, 124 f.

[106] So LG Frankfurt a. M., NJW-RR 1997, 1273; MüKoBGB/*Säcker,* Einl. zum Allgemeinen Teil Rn. 185; BeckOK BGB/*Wendtland,* § 119 Rn. 29; *Lorenz,* Der Schutz vor dem unerwünschten Vertrag, 276 ff.; *Brauner,* Das Erklärungsrisiko beim Einsatz von elektronischen Datenverarbeitungsanlagen, S. 92 f.; *Brehm* in: FS Niederländer, S. 233, 241 f.; *Mehrings,* MMR 1998, 30, 32; *Kuhn,* Rechtshandlungen mittels EDV und Telekommunikation, S. 151; s. aber auch *Heun,* CR 1994, 595, 596 f.; vgl. auch BGH, MMR 2005, 233, 234 f.

[107] OLG Brandenburg, MMR 2004, 330, 331 f.; LG Düsseldorf, MMR 2003, 120, 125; OLG Köln, MMR 2002, 110, 112.

[108] Ebenso OLG Hamburg, MMR 2016, 269 Rn. 289 ff. mAnm *Frey* – Störerhaftung von YouTube; vgl. auch KG, MMR 2014, 46, 47.

[109] S. dazu *Spindler,* MMR 2004, 333; *Volkmann,* K&R 2004, 231, 232; *Leible/Sosnitza,* K&R 2003, 90, 91; *Wiebe,* CR 2002, 53, 54; Spindler/Schuster/*Hoffmann,* § 10 TMG Rn. 30; *v. Samson-Himmelstjerna,* Haftung von Internetauktionshäusern, Rn. 246; iE ebenso BeckOK InfoMedienR/*Paal,* § 10 TMG Rn. 26 sowie BeckRTD-Komm/*Jandt,* § 10 TMG Rn. 10, da eine Subsumtion erforderlich sei – dies gilt allerdings auch für die Kenntnisnahme von Willenserklärungen, ist daher nicht allein maßgeblich.

[110] So auch OLG Brandenburg, MMR 2004, 330, 331 f.; KG, MMR 2014, 46, 47; LG Düsseldorf, MMR 2003, 120, 125; MüKoStGB/*Altenhain,* § 10 TMG Rn. 22 mwN; *Kartal-Aydemir/Krieg,* MMR 2012, 647, 648 f.

Anders formuliert dürfen Pflichten im Rahmen der Wissenszurechnung nicht dazu führen, dass die vom Gesetz geforderte positive Kenntnis in ein „Kennenmüssen" umgestaltet wird und eine allgemeine Überwachungspflicht eingeführt wird. Sofern daher die EDV-Organisation erkennbar missbräuchlich gestaltet ist, um gerade keine Kenntnis zu erhalten, wird man zu einer Wissenszurechnung gelangen – nicht aber, wenn keine evidenten Mängel in der Verarbeitung der erlangten Daten vorliegen.

45 Kenntniszurechnung im Konzern. Wenig geklärt, aber von großer praktischer Bedeutung ist in diesem Rahmen die Frage der Wissenszurechnung in Konzernen, sei es auf nationaler oder auf internationaler Ebene. Wenn etwa ein international tätiger Anbieter, wie *AOL,* durch eine Mitteilung an seine Tochtergesellschaft in Dänemark Kenntnis davon erhält, dass im Rahmen seiner Dienste ehrverletzende Äußerungen verbreitet werden, ist fraglich, ob *AOL* insgesamt und auch *AOL Deutschland* sich diese Kenntnis zurechnen lassen müssen und daher bei weiterer Verbreitung in Deutschland hierfür haften. Erst recht werden Probleme der Kenntniszurechnung aufgeworfen, wenn als Anbieter von Diensten nicht die nationale Tochtergesellschaft, sondern die in einem anderen Land ansässige Muttergesellschaft angesehen wird.[111]

46 Aus national-rechtlicher Perspektive rückt damit die Frage nach der – weitgehend noch ungeklärten – konzernweiten Zurechnung der Kenntnis in den Vordergrund.[112] Ausgangspunkt der Überlegungen muss sein, dass auch das deutsche Konzernrecht weiterhin an die jeweilige juristische Person anknüpft und der Betrachtung des Konzerns als Einheit weitgehend zurückhaltend gegenübersteht.[113] Da die Haftung für Delikte (bzw. Verantwortlichkeit für Straftaten) generell nicht auf den gesamten Konzern erstreckt wird, sondern nur an die jeweilige Gesellschaft anknüpft, kann auch die Kenntnis über rechtswidrige fremde Inhalte nicht eo ipso dem gesamten Konzern zugerechnet werden. Die von der Rechtsprechung im Rahmen der Wissenszurechnung immanent angenommene Pflicht zur ordnungsgemäßen Organisation findet daher ihre Grenze an der juristischen Person.[114] Hat daher die Konzernspitze Kenntnis von rechtswidrigen, fremden Inhalten erhalten, so kann zwar eine Haftung der Konzernspitze selbst in Betracht kommen, wenn sie als Anbieter dieser fremden Inhalte in Deutschland auftritt und diese Inhalte nicht sperrt, nicht jedoch der deutschen Tochtergesellschaft, wenn diese keine Kenntnis erhalten hat. Allein das Auftreten als Konzernverband genügt nicht,[115] da es bei

---

[111] So zB in der Konstellation nach LG München I, Urt. v. 19.9.1996 – 21 O 5002/96.

[112] Eingehend dazu jüngst *Spindler,* ZHR 181 (2017), 311, 332ff.; *Gasteyer/Goldschmidt,* AG 2016, 116, 123; *Buck-Heeb,* WM 2016, 1469, 1473f.; *Werner,* WM 2016, 1474ff.; *Mader,* Der Konzern 2015, 476f.; hierzu auch *Drexl,* Bankrechtstag 2002, S. 85, 101ff.; *Nobbe,* Bankrechtstag 2002, S. 121, 156ff.; *Rosenmüller,* Zurechnung im Konzern nach bürgerlich-rechtlichen Grundsätzen, insbesondere bei rechtsgeschäftlicher Betätigung eines Konzerngliedes, S. 120ff.; umfassend *Schüler,* Die Wissenszurechnung im Konzern; *Drexl,* ZHR 161 (1997), 491ff.; Scholz/ U. H. Schneider/S. H. Schneider, § 35 GmbHG Rn. 132; *Bornemann,* ZBB 2002, 342, 350ff.; s. auch BGHZ 123, 224, 229 = NJW 1993, 2807; dazu *Baum,* Die Wissenszurechnung, S. 463ff.; OLG Celle, Urt. v. 24.8.2011 – 9 U 41/11 (nicht veröffentlicht), S. 13; dazu *Schwintowski,* ZIP 2015, 617, 622f.; *Koch,* ZIP 2015, 1757ff.; *Verse,* AG 2015, 413ff.; MüKoStGB/*Altenhain,* § 10 Rn. 21 lehnt jedoch eine Auslegung unter Bezugnahme auf die zum deutschen Konzernrecht gefundenen Ergebnisse ab, da „die Umsetzung einer europäischen Richtlinie zur Vollharmonisierung nicht national erfolgen kann".

[113] Hierzu vertiefend *Eck,* MMR 2005, 7; *Spindler,* ZHR 181 (2017), 311, 333; *Verse,* AG 2015, 413, 418; *Drexl,* Bankrechtstag 2002, S. 85, 102; MüKoGmbHG/*Jaeger/Stephan/Tieves,* § 35 Rn. 224.

[114] Näher *Spindler,* Unternehmensorganisationspflichten, S. 963ff., 978.

[115] So aber wohl *Sieber,* Verantwortlichkeit im Internet, Rn. 349: Zusammenarbeit bei Unternehmensplanung; in diesem Sinne auch *Schwintowski,* ZIP 2015, 617, 623 sowohl für den Vertrags- als auch für den faktischen Konzern; abl. hierzu *Koch,* ZIP 2015, 1757, 1765; *Verse,* AG

§ 10 ebenso wenig wie bei der Wissenszurechnung um eine Vertrauenshaftung geht. Anders ist nur für diejenigen Fälle zu entscheiden, in denen die Tochtergesellschaft derart intensiv von der Konzernspitze beherrscht und geleitet wird, dass kein Unterschied mehr gegenüber einer Betriebsabteilung besteht.[116] Anders ist auch die **Personalunion** eines Geschäftsführungsmitglieds in beiden Geschäftsleitungsorganen von Mutter- und Tochtergesellschaft zu beurteilen: Hier bleibt das Wissen in der Person des Geschäftsleitungsmitglieds bestehen, das sich die andere Gesellschaft zurechnen lassen muss.[117] Daher kann durchaus der Fall eintreten, dass eine Muttergesellschaft die Kenntnis eines Mitarbeiters wegen unzureichender Wissensorganisation zugerechnet wird und dieses Wissen in Gestalt des zuständigen Geschäftsleitungsmitglieds sozusagen die Tochtergesellschaft „infiziert", mit dem Ergebnis, dass eine Kenntnis von fremden Inhalten vorliegt. Die Wissenszurechnung wird jedoch begrenzt durch Verschwiegenheitspflichten, die insbesondere bei Doppelmandatsträgern zum tragen kommen. Somit ist eine Zurechnung nur möglich, sofern das Organmitglied dadurch nicht zu einer Durchbrechung der Geheimhaltungspflicht gehalten wird.[118] Darüber hinaus geht es nicht an, entsprechend § 8 Abs. 2 UWG die Kenntnis der Tochtergesellschaft generell der Muttergesellschaft zuzurechnen, sofern diese nur Einfluss auf den Geschäftsbetrieb der Tochtergesellschaft ausübt.[119]

Kenntniszurechnung bei vertraglichen Beziehungen. Zweifelhaft ist auch die **47** Wissenszurechnung bei rein vertraglichen Beziehungen: Dies kann beispielsweise bei der Beauftragung von „managing operators" bzw. externen Systemoperators Bedeutung erlangen, die nicht in die Unternehmensorganisation als Mitarbeiter eingegliedert sind. Da die Rechtsprechung bis auf wenige, im Bauvertragsrecht angesiedelte Ausnahmen[120] bislang keine pauschale Zurechnung des Wissens vornimmt – offenbar auch nicht auf der Grundlage einer mangelhaften Informationsorganisation – ist daher das Wissen solcher externen Beauftragten nur in Ausnahmefällen zuzurechnen.[121]

c) Rechtswidrig erlangte Kenntnis. Für die Haftungsprivilegierung nach § 10 **48** kann es keine Rolle spielen, ob der Anbieter die Kenntnis von der rechtswidrigen Handlung oder Information rechtswidrig erlangt hat, etwa durch Verstoß gegen § 7 Abs. 2 S. 3 bzw. § 88 TKG (§ 85 TKG aF – Fernmeldegeheimnis). Zum einen stellt bereits die ECRL nicht darauf ab, in welcher Weise der Anbieter die Kenntnis erlangt hat, zum anderen würde der Anbieter, der das Fernmeldegeheimnis verletzt, praktisch

---

2015, 413, 418 ff.; *Mader,* Der Konzern 2015, 476, 484; *Spindler,* ZHR 181 (2017), 311, 333 ff.; *Schürnbrand,* ZHR 181 (2017), 357, 360 ff.

[116] Vgl. Scholz/*U. H. Schneider*/*S. H. Schneider,* § 35 GmbHG Rn. 132; so auch grds. *Drexl,* ZHR 161 (1997), 491, 511 ff., 516, der aber zudem eine einheitliche Unternehmensplanung verlangt; für § 11 Bräutigam/Leupold/*Pelz,* Online-Handel, B I. Rn. 110.

[117] Bräutigam/Leupold/*Pelz,* Online-Handel, B I. Rn. 110; allg. *Drexl,* ZHR 161 (1997), 491, 517; *Spindler,* ZHR 181 (2017), 311, 341 f., 351; *Schürnbrand,* ZHR 181 (2017), 357, 370 ff.; Scholz/*U. H. Schneider*/*S. H. Schneider,* § 35 GmbHG Rn. 132; weitergehender *Bergmann,* Die Haftung gemäß § 5 TDG am Beispiel des News-Dienstes, S. 109 f.

[118] *Spindler,* ZHR 181 (2017), 311, 341 f.; *Schürnbrand,* ZHR 181 (2017), 357, 372 f.; *Fleischer,* NJW 2006, 3239, 3242; *Koch,* ZIP 2015, 1757, 1762 ff.; *Verse,* AG 2015, 413, 417 f.; aA *Schwintowski,* ZIP 2015, 617, 618 f., der aufgrund der Tatsache, dass Wissen auch unabhängig voneiner tatsächlichen Informationsweitergabe zugerechnet werden kann, eine Durchbrechung von Verschwiegenheitspflichten durch die Wissenszurechnung negiert, teilweise zust. insoweit auch *Schirmer,* AG 2015, 666, 668.

[119] So aber zu § 13 Abs. 4 UWG aF (jetzt § 8 Abs. 2 UWG) *Köhler/Fetzer,* Recht des Internet, Rn. 828; im Grundsatz auch *Bergmann,* Die Haftung gemäß § 5 TDG am Beispiel des News-Dienstes, S. 108 f.

[120] BGHZ 66, 43, 45 f. = NJW 1976, 516.

[121] Wie hier *Libertus,* TKMR 2003, 179, 186; Wiebe/Leupold/*Rücker,* Das Recht der elektronischen Datenbanken, IV Rn. 157.

TMG § 10 Speicherung von Informationen

belohnt, indem er weiterhin in den Genuss der Haftungsprivilegierung käme, obwohl er eigentlich Kenntnis von den rechtswidrigen Aktivitäten hat.

X. Unverzügliches Entfernen oder Sperren nach Kenntniserlangung (S. 1 Nr. 2)

1. Überblick

49   Nach Kenntnis muss der Diensteanbieter unverzüglich tätig werden, § 10 S. 1 Nr. 2 TMG, und die Informationen entfernen oder den Zugang zu ihnen sperren. Ansonsten unterfällt der Diensteanbieter wieder den allgemeinen Haftungs- und Verantwortlichkeitsregelungen. Vorbild für die Regelung des § 10 S. 1 Nr. 2, der Art. 14 Abs. 1 Nr. 2 ECRL entspricht, ist sec. 512(c) (I) DMCA[122], der sog. „notice and-take down"-Verfahren zugunsten des Providers vorsieht.[123] Erforderlich ist demnach zum einen die Kenntniserlangung, zum anderen die unverzügliche Entfernung der Information oder die Sperrung des Zugangs zu ihr. Bis zu diesem Zeitpunkt – der Zumutbarkeit der Entfernung bzw. Sperrung – bleibt der Anbieter trotz Kenntnis von seiner Verantwortung frei.[124]

2. Sperrung oder Entfernung der Informationen

50   Das Gesetz verlangt das Tätigwerden des Providers, um die Inhalte zu sperren oder zu entfernen. Ein vollständiger **Erfolg**, um in den Genuss der Haftungsprivilegierung zu gelangen, verlangt Art. 14 ECRL bzw. § 10 S. 1 Nr. 2 TMG damit nicht; vielmehr bedarf es eines ernsthaften Bemühens.[125] Damit wird der Anbieter verpflichtet, nach Kenntniserlangung jeglichen Zugang Dritter auf die Inhalte zu unterbinden. Hierfür soll bspw. das Einsetzen einer geografischen Zugriffsbeschränkung **(Geoblocking)** genügen, die Nutzern innerhalb eines Landes den Zugriff auf die beanstandeten Inhalte verwährt.[126] Das **Entfernen von Links** auf der eigenen Homepage, ohne dass die Inhalte selbst gelöscht würden, genügt indes nicht.[127] Denn es kann in der Regel nicht ausgeschlossen werden, dass über „Deep Links" von Dritten, insbesondere Suchmaschinen, die unmittelbar auf die Inhalte unter Umgehung der Eingangsseite verweisen, die nicht gelöschten Inhalte nach wie vor zugänglich sind;[128] eine reine Erschwerung des Auffindens der Inhalte genügt aber nicht dem Gesetzeszweck, der auf die Unterbindung einer weiteren Verbreitung der rechtswidrigen Information abzielt. Ebenso wenig genügt es, nur den Systemadministrator anzuweisen, die Inhalte zu entfernen, ohne sich von deren Löschung zu überzeugen.[129] Umgekehrt ist der Provider nicht verpflichtet, für die Löschung etc. bei anderen Anbietern zu sor-

---

[122] US-amerikanischer Digital Millennium Copyright Act of 1998; umfassend hierzu *Hoznagel,* Notice and Take-Down-Verfahren als Teil der Providerhaftung, S. 23 ff.

[123] Zu den Gemeinsamkeiten und Unterschieden von Art. 14 ECRL bzw. § 10 TMG und sec. 512(c) (I) DMCA s. *Fitzner,* GRUR Int. 2012, 109, 111 f.

[124] Begr. RegE BT-Drs. 14/6098, S. 25; zu § 5 Abs. 2 aF OLG Braunschweig, MMR 2001, 608, 610.

[125] Zutr. Spindler/Schuster/*Hoffmann,* § 10 TMG Rn. 44; dem folgend BeckOK InfoMedienR/*Paal,* § 10 TMG Rn. 42; BeckRTD-Komm/*Jandt,* § 10 TMG Rn. 27.

[126] LG Würzburg, MMR 2017, 347, 349 mAnm *Schultze-Melling.*

[127] LG Berlin, MMR 2002, 399, 400; LG Hamburg, MMR 2004, 195; dem folgend BeckOK InfoMedienR/*Paal,* § 10 TMG Rn. 47; offen dagegen LG Köln, MMR 2003, 601, 602.

[128] LG Berlin, MMR 2002, 399, 400; *Gercke,* MMR 2003, 602, 603.

[129] OLG München, MMR 2003, 179.

gen;[130] die Pflichten aus § 10 S. 1 Nr. 2 beziehen sich nur auf seine eigene Verantwortlichkeit, für Dritte trifft ihn keine Verantwortung.

Die Pflicht zur Sperrung oder Entfernung bezieht sich aber nach Art. 14 ECRL **51** explizit auf die „von durch einen Nutzer eingegebenen Informationen". Sämtliche Pflichten nach Art. 14 Abs. 1 lit. b ECRL stellen auf „die Information" ab, mithin auf die im Eingangssatz genannte „durch einen Nutzer eingegebene Information", nicht aber auf einen generellen Inhalt, der auch von Dritten stammen könnte, sofern er mit dem vom Nutzer eingegebenen Inhalt identisch wäre. Damit braucht der Provider keine **Kopien** der Inhalte zu ermitteln und zu sperren/enfernen, wenn diese von Dritten stammen; wohl sind aber Kopien des gleichen Inhalts vom gleichen Nutzer betroffen. Dieser strikte Rückbezug auf den konkreten Inhalt, der von einem bestimmten Nutzer stammt, wird indirekt durch Art. 13 ECRL bestätigt, der sich spezifisch mit dem Caching bzw. Spiegelung von Inhalten beschäftigt; solch einer Norm, die gerade die durch Dritte gespiegelte bzw. vervielfältigte Inhalte betrifft, hätte es kaum bedurft, wenn der „Inhalt" nach Art. 14 Abs. 1 ECRL alle identischen Inhalte beträfe. Für eine solche Auslegung streitet auch das generelle Verbot von Überwachungspflichten in Art. 15 ECRL: Würde man den Begriff der Information nach Art. 14 Abs. 1 ECRL losgelöst vom konkreten Nutzer, der sie gespeichert hat, verstehen und sämtliche Kopien – ohne Rücksicht auf ihren Urheber – einbeziehen, würde dies in einer generellen Prüf- und Kontrollpflicht des Betreibers münden, da dieser sämtliche Server auf solche Kopien durchzuforsten hätte. Darauf läuft aber § 3 Abs. 2 Nr. 6 NetzDG-RegE hinaus, der ohne Unterschied der Urheberschaft der Kopie sämtliche Kopien erfasst.[131] Gerade für soziale Netzwerke hatte der EuGH im SABAM v. Netlog Fall einer solchen allgemein gehaltenen Pflicht eine Absage erteilt. Der Gerichtshof betonte dabei nicht nur Art. 15 ECRL sondern auch die hinsichtlich der Meinungsfreiheit und des Datenschutzes zugrundeliegenden grundrechtlichen Wertungen.[132]

3. Unverzüglichkeit und Zumutbarkeit

Die Unverzüglichkeit ist hier nach dem Verständnis des deutschen Gesetzgebers im **52** Sinne eines **Verschuldens** zu verstehen, so dass Zumutbarkeitsfragen eine Rolle spielen,[133] auch wenn das Gesetz die Zumutbarkeit anders als in § 5 Abs. 2 TDG aF nicht mehr explizit erwähnt. Der Gesetzgeber sah hierin aber einen allgemeingültigen Grundsatz, so dass die Zumutbarkeit im Rahmen der Unverzüglichkeit Eingang findet.[134] Allerdings ist Vorsicht geboten: denn die deutschen Begrifflichkeiten können nicht abschließend die **europarechtsautonome Auslegung** von Art. 14 ECRL und damit § 10 TMG hinsichtlich der „Unverzüglichkeit" bestimmen; es muss auf den europarechtlichen Kontext ankommen, so dass Abweichungen vom deutschen Verständnis des Begriffs der Unverzüglichkeit möglich sind.

Die **Maßstäbe** der Zumutbarkeit können allerdings **je nach Rechtsgebiet vari- 53 ieren:** Während für das Strafrecht eine individuelle Betrachtung einschlägig ist,[135]

---

[130] OLG Hamburg, MMR 2003, 279; Spindler/Schuster/*Hoffmann*, § 10 TMG Rn. 45; BeckOK InfoMedienR/*Paal*, § 10 TMG Rn. 48.

[131] Ähnlich *Wimmers/Heymann*, AfP 2017, 93, 95 f.

[132] EuGH, ZUM 2012, 307 – SABAM/Netlog Rn. 42 ff. Anm. *Spindler*, JZ 2012, 311.

[133] *Freytag*, CR 2000, 600, 609; Spindler/Schuster/*Hoffmann*, § 10 TMG Rn. 44; ebenso BeckOK InfoMedienR/*Paal*, § 10 TMG Rn. 43; *Stadler*, Haftung für Informationen im Internet, Rn. 106 f.; *Wiebe/Leupold/Rücker*, Das Recht der elektronischen Datenbanken, IV Rn. 170; *Bergmann*, Die Haftung gemäß § 5 TDG am Beispiel des News-Dienstes, S. 129 f.; aA offenbar *Köhler/Arndt/Fetzer*, EWS 2001, 102, 111.

[134] Begr. RegE BT-Drs. 14/6098, S. 25.

[135] *Sieber*, CR 1997, 581, 584; ähnlich *Vassilaki*, MMR 1998, 630, 634 f.

gelten im Zivilrecht objektivierte Maßstäbe für die Zumutbarkeit im Rahmen des schuldhaften Zögerns.[136]

54 Der Provider muss aus (deutscher) zivilrechtlicher Sicht **ohne schuldhaftes Zögern** gehandelt haben. Eine schematische Beurteilung verbietet sich hier, wieviel Zeit dem Provider eingeräumt werden kann, die Inhalte zu sperren bzw. zu entfernen;[137] eine schematische Betrachtung, dass etwa innerhalb einer Woche[138] oder gar **24 Stunden**[139] eine Entfernung geboten ist, kann nicht getroffen werden. Je komplexer die rechtliche Beurteilung ist, desto mehr Zeit wird man dem Provider einräumen dürfen, ebenso wenn gewichtige Auswirkungen für ihn zu erwarten sind. Umgekehrt spielt der Rang der betroffenen Rechtsgüter eine erhebliche Rolle.[140] Dass ein Provider kostenlos seine Dienste anbietet, kann nicht dazu führen, dass für ihn wegen der anfallenden Kosten eine Löschung oder Ähnliches unzumutbar wäre.[141]

55 Die Tatsache, dass ein Provider sich unter Umständen gegenüber seinem Kunden bzw. Nutzer durch eine Sperrung wegen **Vertragsverletzungen** schadensersatzpflichtig macht, kann nicht die Unzumutbarkeit begründen.[142] Denn der Provider kann durch geeignete AGB dieses Risiko verringern, etwa indem er sich das Recht auf Sperrung bei begründeten Verdachtsmomenten einräumen lässt.[143]

56 Nicht damit zu verwechseln ist das Verbot allgemeiner Überwachungspflichten nach § 7 Abs. 2 S. 1.[144] Die Pflicht zur Sperrung des Zugangs zu fremden Inhalten bezieht sich auf konkrete Pflichten der Überwachung in Bezug auf einen dem Anbieter inzwischen bekannten rechtswidrigen Inhalt oder einer rechtswidrigen Tätigkeit.[145]

57 Eine Rolle bei der Abwägung kann ferner die Zugriffsmöglichkeit des Anbieters auf die Inhalte des Nutzers spielen, etwa wenn der Anbieter das **Fernmeldegeheimnis** verletzen müsste, um überhaupt Zugang zu den inkriminierten Inhalten zu erhalten.[146] Dazu muss der Anbieter allerdings gem. § 88 Abs. 2 iVm § 3 Nr. 6 TKG geschäftsmäßige Telekommunikationsdienste erbringen, womit er selbst Telekommunikation anbieten muss;[147] allein der Umstand, dass die Nutzung des Dienstes durch Telekommunikation erfolgt, genügt nicht (→ § 7 Rn. 96).[148] Bei den reinen Host-Providern ist der Anwendungsbereich des § 88 Abs. 2 iVm § 3 Nr. 6 TKG somit nicht eröffnet, da diese keine Telekommunikation, sondern Telemedien erbringen. Aus § 1 Abs. 1 und der Tatsache, dass alle Telemedien eine Telekommunikationsübertragung erfordern, kann nicht geschlossen werden, dass § 88 TKG für sämtliche Telemedien Anwendung fände. Hiergegen spricht schon § 1 Abs. 1 S. 1, der klar eine gegenseitige Ausschließlichkeit festlegt. Insoweit unterfällt nur der Vermittlungsvorgang selbst dem TKG, nicht aber das Hosting auch wenn diesem ein Telekommunikations-

---

[136] Bräutigam/Leupold/*Pelz*, Online-Handel, B I. Rn. 123; *Spindler*, MMR 1998, 639, 643f.; s. für § 121 BGB OLG Jena, OLG-NL 2000, 37, 39; OLG Hamm, NJW-RR 1990, 523.

[137] Ebenso BeckOK InfoMedienR/*Paal*, § 10 TMG Rn. 46; BeckRTD-Komm/*Jandt*, § 10 TMG Rn. 26.

[138] So offenbar *Strömer/Grootz*, K&R 2006, 553, 555.

[139] So AG Winsen, CR 2005, 682.

[140] Spindler/Schuster/*Hoffmann*, § 10 TMG Rn. 46.

[141] S. dazu bereits *Spindler*, NJW 1997, 3193, 3197; dem folgend BeckRTD-Komm/*Jandt*, § 10 TMG Rn. 29.

[142] AA *Stadler*, Haftung für Informationen im Internet, Rn. 110.

[143] *Spindler*, Vertragsrecht der Internetprovider, Kap. IV Rn. 233ff.

[144] So aber anscheinend *Ehret*, CR 2003, 754, 759.

[145] Zur Störerhaftung s. § 7 Rn. 13ff.; *Spindler/Volkmann*, WRP 2003, 1, 3f.

[146] *Stadler*, Haftung für Informationen im Internet, Rn. 109.

[147] Arndt/Fetzer/Scherer/Graulich/*Graulich*, § 88 TKG Rn. 75; Säcker/*Klesczewski*, § 88 TKG Rn. 17ff.

[148] Scheurle/Mayen/*Zerres*, § 88 TKG Rn. 10; Säcker/*Klesczewski*, § 88 TKG Rn. 21.

vorgang zugrunde liegt.[149] Darüber hinaus geht es beim Host-Provider um den Schutz der gespeicherten Daten, mithin nicht um die durch § 88 TKG bzw. Art. 10 GG geschützte Geheimhaltung von Datenübertragungen sowie Kenntnisnahme der Telekommunikation durch Dritte → § 7 Rn. 81. Als Anbieter von Telekommunikation sind hingegen Access-Provider, die den Zugang zur Nutzung von Inhalten vermitteln,[150] einzuordnen. Dies gilt selbst, wenn sie zur Übermittlung Inhalte zwischenspeichern.[151] Aber auch die Internet-Service-Provider haben das Fernmeldegeheimnis zu beachten, soweit sie E-Mail-Service oder Internettelefonie anbieten und insoweit die Übermittlung von Nachrichten anbieten.[152] Einzelheiten → § 8 Rn. 38, → § 7 Rn. 96.

Erwägungsgrund 46 ECRL stellt ausdrücklich klar, dass bei der Interessenabwägung **58** der **Grundsatz der freien Meinungsäußerung** berücksichtigt werden muss,[153] so dass etwa die Sperrung gesamter Dienste nur als ultima ratio und nur bei hochrangigen Rechtsgütern in Betracht kommt.[154] Grundsätzlich kann der Anbieter bei nicht hochrangigen Rechtsgütern zunächst den Nutzer (bzw. Content-Provider) zur Stellungnahme und Entfernung des inkriminierten Inhaltes auffordern, zu den entsprechenden Grundsätzen im Rahmen der Störerhaftung → Rn. 97 ff.

XI. Ausnahmen: Die Aufsicht über den Nutzer (S. 2)

1. Grundlagen

Neben der Unterscheidung zwischen eigenen und fremden Informationen be- **59** rücksichtigt § 10 in Umsetzung von Art. 14 ECRL, ob der Nutzer von dem Diensteanbieter beaufsichtigt wird oder diesem untersteht. Das Gesetz (und die Richtlinie) stellen damit auf die Einfluss- und Beherrschungsmöglichkeiten des Diensteanbieters gegenüber dem Nutzer ab, nicht auf die Beherrschung der Information selbst. Vorgänge, die der Sphäre des Diensteanbieters zuzurechnen sind, weil er über die entsprechenden Einflussmöglichkeiten verfügt, sollen aus der Verantwortlichkeitsprivilegierung nach § 10 ausgenommen werden. Auch entfällt der Grund für die Haftungsprivilegierung – die unmögliche Kontrolle eines großen Datenverkehrs –, da der Anbieter hier den Datenstrom selbst steuern kann. Ebenso wenig kann bereits die passive Kontrolle, die der Anbieter über ihre Rechner ausüben, etwa indem Inhalte gesperrt oder gelöscht werden können, als eine Aufsicht über einen Nutzer qualifiziert werden.

§ 10 S. 2 regelt zwei Ausnahmetatbestände: der dem Anbieter **unterstehende 60 Nutzer** (1. Alt.) sowie der **unter der Aufsicht** des Anbieters stehende Nutzer (2. Alt.). Während § 10 S. 2 2. Alt. alle Nutzer dem Anbieter zurechnet, gegenüber denen der Anbieter eine Aufsicht ausübt oder den eine Aufsichtspflicht trifft, ist unklar, was das Gesetz mit dem „unterstehenden" Nutzer meint, insbesondere ob dem Anbieter auch ohne konkrete Einfluss- und Beherrschungsmöglichkeiten das Verhalten eines Nutzers zugerechnet werden könnte, selbst wenn der Anbieter konkret nicht um die Erstellung der Information wusste. Dagegen spricht jedoch entscheidend, dass Art. 12–15 ECRL und damit auch §§ 7–10 die Vorstellung nach Erwägungsgrund 42 S. 3 ECRL zugrunde liegt, dass die rein technische, passive Tätigkeit

---

[149] Zur Abgrenzung s. Säcker/*Klesczewski,* § 88 TKG Rn. 21.
[150] → § 1 Rn. 25 f.; → § 8 Rn. 14; Scheurle/Mayen/*Zerres,* § 88 TKG Rn. 10; BeckTKG-Komm/*Bock,* § 88 TKG Rn. 22.
[151] So wohl auch Scheurle/Mayen/*Zerres,* § 88 TKG Rn. 10.
[152] BeckTKG-Komm/*Bock,* § 88 Rn. 22.
[153] *Freytag,* CR 2000, 600, 609.
[154] *Stadler,* Haftung für Informationen im Internet, Rn. 110.

des Anbieters privilegiert werden soll; eine Zurechnung nur wegen gleichgerichteter Interessen von Nutzer und Anbieter allein genügt nicht. Nur wenn der Anbieter um die Informationserstellung durch den Nutzer wissen kann oder konkret darauf Einfluss genommen hat, entfällt der Privilegierungsgrund des § 10 S. 1 1. Alt.[155]

61 Aus diesem Zweck heraus kann das nötige **Maß des Einflusses gegenüber dem Nutzer** abgeleitet werden: Erforderlich ist, dass der Diensteanbieter den Nutzer derart anweisen kann, dass dieser bestimmte Informationen abspeichert. Ohne Einflussmöglichkeiten auf die Art und den Inhalt der Information, die der Nutzer speichert, scheidet eine Zurechnung aus. Allein eine wirtschaftliche oder unternehmerische Abhängigkeit, mag sie auch noch so intensiv sein, genügt nicht für eine Aufsicht iSd § 10 S. 2. Zu moderierten News Groups und Newsforen → Rn. 83.

62 Für die Aufsicht nach § 10 S. 2 2. Alt. kommt es ebenfalls in Übernahme der von Erwägungsgrund 42 S. 3 ECRL formulierten Grundsätze darauf an, ob der Anbieter die **Kontrolle über den Nutzer** ausüben konnte. Hier ist maßgeblich, inwieweit der Anbieter durch zumutbare physische Kontrollen vor Ort oder vor der eigentlichen Speicherung von den Tätigkeiten des Nutzers erfahren kann und auch dazu verpflichtet ist. Auch Nutzer im Rahmen eines **Telearbeitsverhältnisses** gegenüber dem Diensteanbieter unterstehen daher dessen Aufsicht, auch wenn sie nicht physisch vor Ort kontrolliert werden.

2. Einzelfälle

63 **a) Arbeitnehmer; Auftragsverhältnisse.** In der Regel sind **Arbeitnehmer** eines Diensteanbieters als Nutzer zu qualifizieren, die dem Diensteanbieter unterstehen, da der Diensteanbieter es aufgrund seiner Weisungsrechte in der Hand hat, die abgespeicherten Inhalte zu bestimmen. Zudem ist der Arbeitnehmer im Verhältnis zu seinem Arbeitgeber kein Nutzer, da er die Dienste des Diensteanbieters für den Arbeitgeber wahrnimmt.[156] Aber auch wenn der Arbeitnehmer Rechtsverletzungen mit Hilfe des vom Arbeitgeber zur Verfügung gestellten Speicherplatzes begeht und damit außerhalb des Über-/Unterordnungsverhältnisses handelt, kommt eine Zurechnung über § 10 S. 2 2. Alt. (Aufsicht) in Betracht. Denn der Arbeitgeber ist nach den zu §§ 823, 831 BGB entwickelten Grundsätzen[157] zumindest rudimentär gehalten, den Arbeitnehmer im Rahmen seiner Verrichtung zu überwachen und Rechtsverletzungen zu verhindern, wobei allerdings hinsichtlich der Anforderungen im Rahmen des allgemeinen Gesetze die Besonderheiten der Internet-Arbeitsplätze und die Wahrung des Fernmeldegeheimnisses besonders zu beachten sind (→ § 8 Rn. 11ff.).

64 Aber auch **andere rechtliche Beziehungen** zwischen einem Diensteanbieter und einem „Nutzer" werden von § 10 S. 2 erfasst, sofern die rechtliche Beziehung einen Einfluss auf die konkret abzuspeichernden Informationen erlaubt, etwa die Speicherung von Informationen eines **Autors** im Rahmen eines von einem **elektronischen Verleger** angebotenen Informationsdienstes. So werden etwa Nachrichten, die ein Portalbetreiber in Auftrag gibt oder von einer Agentur bezieht, dem Anbieter nach § 10 S. 2 zugerechnet. Dabei ist es für § 10 S. 2 unerheblich, ob darauf hingewiesen wird, dass die Nachrichten von einem Dritten bezogen werden.[158] Die rein wirtschaftliche Abhängigkeit genügt dagegen nicht.[159]

---

[155] IE für Konzernsachverhalte ebenso *Eck,* Providerhaftung von Konzernunternehmen, 4. Teil A III 3b, S. 91 ff.

[156] AllgM vgl. *Stadler,* Haftung für Informationen im Internet, Rn. 113; BeckOK InfoMedienR/*Paal,* § 10 TMG Rn. 51.

[157] Näher dazu BeckOGK BGB/*Spindler,* § 831 BGB Rn. 39 ff.

[158] Für § 5 TDG aF OLG Düsseldorf, NJW-RR 2002, 910, 911.

[159] *Stadler,* Haftung für Informationen im Internet, Rn. 116 f.

Speicherung von Informationen § 10 TMG

b) Konzern. Durch § 10 S. 2 wird auch die Zurechnung von Inhalten im Kon- 65
zern, etwa die durch eine konzernierte Gesellschaft erstellt werden, zur Konzernmuttergesellschaft erleichtert.[160] Für eine Zurechnung des Nutzers zum Diensteanbieter ist allerdings auch hier erforderlich, dass der Nutzer einem Weisungsrecht des Diensteanbieters unterliegt, das diesem den Einfluss auf die zu speichernden Informationen gestattet.[161] Für Vertragskonzerne und GmbH-Konzerne, in denen die Mehrheitsgesellschafter entsprechende Weisungen aussprechen können, ist daher in der Regel eine Zurechnung möglich,[162] im faktischen Konzern dagegen nur, wenn zwischen den Organen der juristischen Person eine Personalunion besteht, wobei die Zurechnung hier durch Verschwiegenheitspflichten beschränkt werden kann.[163] Eine Aufsichtsratsmehrheit (im faktischen AG-Konzern) genügt dagegen nicht, da keine Weisungsbefugnis gegenüber dem Vorstand besteht.[164] Jedoch kann auch außerhalb rechtlich bindender Anweisungen, etwa im Fall der Veranlassung einer Maßnahme im faktischen Konzern, da beim Nachteilsausgleich iSd § 311 AktG die Muttergesellschaft auch verpflichtet ist, der Tochtergesellschaft die Umstände des veranlassten Geschäfts zu erläutern, eine Zurechnung erfolgen.[165] Selbst bei Bestehen entsprechender Kontrollmöglichkeiten erfolgt jedoch keine Zurechnung, wenn sich die Tätigkeit der Konzerngesellschaft nach wie vor als rein passiv und technisch darstellt, insbesondere wenn etwa die speichernde Konzernspitze keine Kenntnis von der Informationserstellung durch eine Tochtergesellschaft hat.[166]

Für das umgekehrte Verhältnis, wenn die **Tochtergesellschaft** die Inhalte der 66
Konzernspitze speichert, ist § 10 S. 2 nicht anwendbar, da die Konzernspitze nicht der Tochtergesellschaft untersteht und auch nicht von ihr beaufsichtigt wird. Entscheidend ist hier aber, dass die Kenntnis der Konzernspitze von rechtswidrige Handlungen oder Informationen auf den Rechnern der Tochtergesellschaft dieser zugerechnet werden können (→ Rn. 33 ff.), so dass die Haftungsprivilegierung wegen Kenntnis entfallen kann.[167] Allerdings muss die Konzernspitze über entsprechende Einflussmöglichkeiten verfügen und die Tochtergesellschaft anweisen können, die Inhalte zu löschen.[168]

---

[160] *Freytag,* CR 2000, 600, 608; ausf. *Eck,* Providerhaftung von Konzernunternehmen, 4. Teil, S. 88 ff.; zu § 5 TDG aF bereits *Spindler,* CR 1998, 745; MüKoStGB/*Altenhain,* § 10 TMG Rn. 29 gibt jedoch zu bedenken, dass die Auslegung einer umgesetzten EU-Richtlinie nicht anhand nationaler Grundsätze erfolgen dürfe, misst jedoch gleichwohl dem Weisungsrecht als auch der Kontroll- und Einflussmöglichkeit entscheidende Bedeutung zu.
[161] Weitergehender noch *Spindler,* MMR 1999, 199, 203 aufgrund des „Control"-Begriffs.
[162] *Spindler,* ZHR 181 (2017), 311, 335; *Drexl,* ZHR 161 (1997), 491, 512; iE ebenso, aber auf die Idee eines Quasi-Organs gegründet *Schüler,* Wissenszurechnung im Konzern, S. 152 ff.
[163] *Spindler,* ZHR 181 (2017), 311, 341 f.; *Scholz/U. H. Schneider/S. H. Schneider,* § 35 GmbHG Rn. 132; MüKoStGB/*Altenhain,* § 10 TMG Rn. 29; zur Begrenzung durch Verschwiegenheitspflichten BGH, WM 2016, 1031, 1033 ff., zust. *Mülbert/Sajnovits,* NJW 2016, 2540, 2541; *Habersack,* DB 2016, 1551, 1553 ff.; *Wilsing/Kleemann,* BB 2016, 1425; *Thelen,* NZG 2016, 1062, 1064; *Sajnovits,* WM 2016, 765, 772; *Thomale,* AG 2015, 641, 650.
[164] AA *Stadler,* Haftung für Informationen im Internet, Rn. 116 a.
[165] *Spindler,* ZHR 181 (2017), 311, 336; *Schüler,* Wissenszurechnung im Konzern, S. 187 f.; *U. H. Schneider* in: FS Lutter, S. 1202 f.
[166] Ähnlich *Eck,* Providerhaftung von Konzernunternehmen, S. 91 ff.; unklar BeckOK InfoMedienR/*Paal,* § 10 TMG Rn. 54.
[167] Im Ansatz ebenso *Eck,* Providerhaftung von Konzernunternehmen, S. 86; unklar Gounalakis/*Escher-Weingart,* E-Commerce, § 34 Rn. 61.
[168] Hierzu ausf. *Spindler,* ZHR 181 (2017), 311, 343 ff.; GroßKommAktG/*Habersack/Foerster,* § 78 Rn. 44.

67 Diese Grundsätze gelten auch im Verhältnis von **Schwestergesellschaften** zueinander: Nur wenn eine Wissenszurechnung zur Konzernspitze und hier wiederum zur hostenden Tochtergesellschaft eingreift, kann deren Haftung in Betracht kommen.[169]

68 c) **Schulen, Infrastrukturanbieter.** Eine Schule trifft im Verhältnis zu ihren Schülern, denen PC-Arbeitsplätze und eigenen Speicherplatz angeboten werden, eine Aufsichtspflicht (s. zB § 62 NdsSchG), die auch eine physische Kontrolle durch die Schule bedingt. Begehen Schüler daher Rechtsverletzungen durch Informationen oder Handlungen auf den Rechnern der Schule, findet § 10 S. 2 Anwendung, so dass die Schule nach den allgemeinen Gesetzen verantwortlich ist (zur Access-Tätigkeit → § 8 Rn. 14). Dies kann allerdings nur für solche Situationen gelten, in denen eine unmittelbar physische Kontrolle möglich ist, etwa im Rahmen von **CIP-Pools** etc., nicht aber für Schulserver etc. auf denen die Schüler Inhalte speichern und sich austauschen können. Auch bei Urheberrechtsverletzungen durch Lehrer auf einer der Schule zuzuordnenden Homepage greift die Haftung des Landes im Rahmen der Aufsicht über den Lehrer nach § 99 UrhG ein.[170] Gleiches gilt für Universitäten.

69 Andere Infrastrukturanbieter, wie etwa **Internet-Cafés**, trifft dagegen in der Regel keine Aufsichtspflicht, so dass § 10 S. 2 keine Anwendung findet. Allein durch die Einräumung von Speichermöglichkeiten für Minderjährige wird eine solche jedenfalls nicht begründet.[171] Hier fehlt es an einem besonderen Gewaltverhältnis zwischen dem Betreiber des Cafés und dem jugendlichen Nutzer, das es rechtfertigen würde, die Internet-Café-Betreiber anders zu behandeln als Host-Provider, die Jugendlichen Speicherplatz einräumen.

70 d) **Internetforen.** Kein Fall der Beaufsichtigung ist auch das Verhältnis von Moderator eines Internetforums und der Nutzer. Zwar kann der Moderator je nach Ausgestaltung des Forums vor der Einstellung eines Diskussionsbeitrags den Inhalt kontrollieren; doch führt dies nicht dazu, dass er den Nutzer schon bei der Erstellung des Inhalts überwacht.[172] Die Haftung tritt allerdings dann ein, wenn der Moderator Kenntnis vom Inhalt erlangt.

71 e) **Eltern und Minderjährige.** Hingegen liegt entgegen dem offenbar anderslautenden Wortlaut des § 832 BGB im Verhältnis von Eltern und Minderjährigen keine Aufsicht vor, da die Eltern den Minderjährigen keine Weisung hinsichtlich zu erstellender oder zu speichernder Inhalte wahrnehmen können.[173] Zwar obliegt den Eltern in einem gewissen Maße eine Kontrollpflicht dergestalt, dass sie ihre nichtvolljährigen Kinder darüber belehren müssen, keine rechtswidrigen Handlungen vorzunehmen;[174] doch erreicht dies nicht das von § 10 S. 2 TMG geforderte „Aufsichtsverhältnis", das die Zurechnung von Inhalten impliziert. Auch streitet verfas-

---

[169] *Spindler,* ZHR 181 (2017), 311, 355; vgl. auch *Gasteyer/Goldschmidt,* AG 2016, 116 124f.; GroßKommAktG/*Habersack/Foerster,* § 78 Rn. 44.

[170] OLG Frankfurt a.M., GRUR 2017, 814, allerdings ohne § 10 S. 2 TMG und die Problematik zu diskutieren.

[171] Dem folgend Spindler/Schuster/*Hoffmann,* § 10 TMG Rn. 50; BeckOK InfoMedienR/ *Paal,* § 10 TMG Rn. 55; so wohl auch *Liesching/Knupfer,* MMR 2003, 562, 568.

[172] BeckOK InfoMedienR/*Paal,* § 10 TMG Rn. 55.

[173] Die verneinte Aufsichtspflicht nach § 10 S. 2 TMG ist gerade nicht mit der Rspr. zur Haftung der Eltern für eine Urheberrechtsverletzung ihrer Kinder zu verwechseln, hierzu und zum anderslautenden Wortlaut des § 832 BGB s. BGH, GRUR 2016, 184 Rn. 29f., 42 – Tauschbörse II; BGH, GRUR 2013, 511 Rn. 13ff. mAnm *Schaub* – Morpheus.

[174] BGH, GRUR 2013, 511 Rn. 21ff. mAnm *Schaub* – Morpheus; BGH; GRUR 2016, 184 Rn. 32 – Tauschbörse II.

sungsrechtlich die Wahrung des Familienfriedens dafür,[175] dass das Verhalten der Kinder nicht den Eltern nach § 10 S. 2 TMG quasi zugerechnet wird.

XII. Hyperlinks

Hyperlinks unterfallen nicht § 10. Dies folgt schon aus der klaren Absicht des Gesetzgebers, die Hyperlinks im TMG nicht regeln zu wollen (→ Vor § 7 Rn. 49).[176] Daher verbietet sich von vornherein eine Analogie, da es an einer planwidrigen Lücke fehlt. Aber auch vom Telos des § 10 her lassen sich Hyperlinks nicht darunter fassen.[177] § 10 erfordert die Speicherung beim Diensteanbieter, also dessen Bereithalten von Inhalten und den ihm möglichen Zugriff auf die Inhalte auf den Speichern. Daran fehlt es aber bei Hyperlinks, da die Inhalte, auf die die Hyperlinks verweisen, nicht auf den Servern der Linksetzer gehostet werden. Zudem kann der Inhalt, auf den per Hyperlink verwiesen wird, schwerlich als „im Auftrag des Nutzers" gespeichert angesehen werden, da der Nutzer weder eine Speicherung der Inhalte auf den Rechnern des Anbieters veranlasst noch selbst die Inhalte aus dem Angebot des Internets auswählt, die ihm per Hyperlinks durch den Diensteanbieter zur Verfügung gestellt werden. Es kann auch nicht etwa eine Auslegung in dem Sinne in Betracht kommen, dass der Inhalt, auf den per Hyperlink verwiesen wird, quasi im Vorgriff auf ein vermutetes Interesse des Nutzers bereitgehalten werde und daher „für den Nutzer" gespeichert werde. Schon § 10 S. 2 zeigt, dass es maßgeblich auf die Veranlassung der Speicherung und die Aufsicht über den Nutzer, der die Speicherung auslöst, ankommt.

72

XIII. Verhältnis zum Herkunftslandprinzip und Kollisionsrecht

In kollisionsrechtlicher Hinsicht richtet sich die Anwendung des § 10 nach den jeweils einschlägigen Normen, etwa für das Internationale Deliktsrecht nach Art. 4 Rom II-VO (der Art. 40 EGBGB verdrängt) oder für das Internationale Strafrecht nach §§ 3 ff. StGB. Die kollisionsrechtlichen Normen werden trotz der Vollharmonisierung durch das Herkunftslandprinzip überlagert, so dass auch bei Zweifelsfragen in der Auslegung des § 10 die Rechtsprechung des Herkunftslandes zu berücksichtigen ist (→ § 3 Rn. 25). Zu diesem Ergebnis gelangt man auch im Fall persönlichkeitsrechtsverletzender Inhalte, der zwar nach Art. 1 Abs. 2 lit. g) Rom II-VO vom Anwendungsbereich der Rom II-VO ausgeschlossen ist und nach Art. 40 Abs. 1 S. 1 EGBGB kollisionsrechtlich nach dem Tatortprinzip zu beurteilen ist. Jedoch muss auch hier bei Sachverhalten innerhalb der EU Art. 3 ECRL berücksichtigt und das zur Anwendung berufene Recht durch das Recht des Herkunftslandes kontrolliert werden.[178] Dies gilt erst recht für nicht geregelte Fragen wie die Haftung für Hyperlinks oder Suchmaschinen, für die das allgemeine Internationale Deliktsrecht (bzw. das jeweilige Rechtsgebiet mit seinen kollisionsrechtlichen Regeln, wie zB das Urheberrecht) eingreift (→ Vor § 7 Rn. 46 ff.).

73

---

[175] Zur besonderen familiären Verbundenheit s. BGHZ 210, 224 Rn. 19 = GRUR 2016, 1289 – Silver Linings Playbook; BGHZ 200, 76 Rn. 27 = GRUR 2014, 657 mAnm *Neurauter* – BearShare; *Sesing*, MMR, 2014, 550, 551. Ferner verneint mit Blick auf die Eltern-Kind-Beziehung und den elterlichen Erziehungsauftrag eine anlasslose Kontrollpflicht der Eltern s. BGH, GRUR 2013, 511 Rn. 25 ff. mAnm *Schaub* – Morpheus.

[176] BGH, GRUR 2008, 534 Rn. 20 – ueber18.de; OLG München, MMR 2009, 118, 119 – AnyDVD II; *Volkmann*, K&R 2009, 361, 364; *ders.*, K&R 2010, 368, 371; *Neumann*, CR 2005, 70, 72.

[177] AA Moritz/Dreier/*Neubauer*, D Rn. 72 f.

[178] EuGH, Slg. 2011, I-10269 Rn. 67 = GRUR 2012, 300 – eDate; *Spindler*, AfP 2012, 114, 118.

XIV. Beweislast

74 Die Verteilung der Beweislast haben weder TMG noch ECRL geändert, so dass die allgemeinen Grundsätze Anwendung finden (näher → Vor § 7 Rn. 44ff.).[179] An sich läge es nahe, die Haftungsprivilegierungen als Ausnahme von den allgemeinen Verantwortlichkeitsregelungen zu begreifen und dem Diensteanbieter die Beweislast hierfür als eine ihm günstige Tatsache aufzubürden.[180] Demgegenüber sieht der BGH für § 5 aF die Haftungsprivilegierungen als „anspruchsbegründendes" Merkmal. Zumindest für die Kenntnis des Anbieters nach § 10 S. 1 soll daher der Anspruchsteller die Beweislast tragen.[181] Da aber der Anspruchsteller in der Regel selbst die Kenntnis des Providers bewirken kann, umgekehrt der Nachweis der Unkenntnis schwer fällt, ist dies im Ergebnis zutreffend. Dies gilt auch für das neue Recht.

75 Allerdings wird die für § 5 aF entwickelte und allein für das Zivilrecht relevante Beweislastverteilung im neuen Recht abgeschwächt, da der Geschädigte gem. § 10 S. 1 Nr. 1 nur noch darlegen und unter Beweis stellen muss, dass der Anbieter von **Umständen** Kenntnis hatte, aus denen die Rechtswidrigkeit der Information oder Handlung offenbar hervorgeht.[182] Da es sich in aller Regel um interne Vorgänge des Providers handelt, wird man dem Geschädigten **Beweis- und Darlegungserleichterungen** zubilligen müssen, indem Indizien dargelegt werden müssen, die darauf schließen lassen, dass dem Anbieter die Umstände offensichtlich bekannt gewesen sein müssen.[183]

76 Vollständig der Kenntnis des Geschädigten entzogen ist aber die Tatsache, ob der rechtswidrig handelnde Nutzer unter der **Aufsicht des Anbieters** steht oder in dessen Auftrag handelte (§ 10 S. 2). Hier muss es für die Darlegungs- und Beweislast genügen, dass der Anspruchsteller Indizien vorbringt, aus denen sich ein Näheverhältnis des Nutzers zum Anbieter ergibt – dann muss der Anbieter konkrete Tatsachen vorbringen, aus denen sich ergibt, dass der Nutzer nicht unter seiner Aufsicht stand.[184]

XV. Einzelfälle

1. IRC-Systeme, Chat Rooms

77 Die Funktionen der Teilnehmer im Internet Relay Chat-System (IRC) lassen sich nicht pauschal den jeweiligen Haftungsregelungen der §§ 8–10 zuordnen: Zunächst kommt es darauf an, in welcher Eigenschaft die **Channel Operators** von IRC-Systemen tätig werden. Wird das IRC-System beispielsweise von einem Unternehmen im Internet angeboten, das Channel Operators selbst angestellt hat, so liegen das Angebot und die Dienstleistung insgesamt in der Möglichkeit, sich untereinander auszutauschen. Nicht der einzelne Channel Operator ist daher ein Diensteanbieter, der die

---

[179] Anders *Pankoke,* MMR 2004, 211, 215f.

[180] Für das TDG aF *Spindler,* NJW 1997, 3193, 3198; *Schneider,* GRUR 2000, 969, 973; → Vor § 7 Rn. 44ff.

[181] Für § 5 Abs. 2 TDG aF BGH, NJW 2003, 3764 mkritAnm *Spindler,* CR 2004, 50f.; ebenso für § 11 TDG OLG Düsseldorf, MMR 2004, 315, 317; für Art. 14 ECRL bezogen auf Kenntnis *Beckmann/Matusche-Beckmann,* Verantwortlichkeit im Wirtschaftsrecht, S. 267f.; aA für § 11 TDG *Pankoke,* MMR 2004, 211, 216f.: Beweislast beim Diensteanbieter.

[182] S. bereits *Spindler,* CR 2004, 50f.; *Pankoke,* MMR 2004, 211, 216f.; dem folgend BeckOK InfoMedienR/*Paal,* § 10 TMG Rn. 59.

[183] Ebenso *Bergmann,* Die Haftung gemäß § 5 TDG am Beispiel des News-Dienstes, S. 176f.; ähnlich *Pankoke,* MMR 2004, 211, 216f.

[184] AA wohl *Pankoke,* MMR 2004, 211, 217: Beweislast beim Verletzten.

Speicherung von Informationen **§ 10 TMG**

Mitteilungen bereithält, sondern das Unternehmen, in dessen Diensten er als Erfüllungsgehilfe tätig wird. Dass es in diesem Rahmen zum „Angebot" fremder Inhalte an andere Nutzer kommt, ist eine notwendige Folge der gesamten Dienstleistung IRC-System – und anderer Diskussionsforen etc. –, führt aber nicht dazu, den Channel Operator selbst als Anbieter fremder Inhalte zu qualifizieren.[185] Ist der Channel Operator dagegen **selbstständig tätig** geworden, indem er einen Kanal eröffnet und „übernommen" hat und das IRC-System den Nutzern anbietet, ist er als eigener Anbieter von fremden Inhalten zu behandeln,[186] mit den entsprechenden Folgen für die Haftung.

Inhalte, die **Dritte** im Rahmen des Chats einstellen, sind nicht als eigene des Anbieters zu qualifizieren: Es fehlt erkennbar für einen Nutzer an der Übernahme der Inhalte durch den Chat Room-Betreiber. Dieser will deutlich nur eine Plattform zum Meinungstausch zur Verfügung stellen, zumal die jeweiligen Inhalte nur kurz vorgehalten werden.[187] **78**

Unabhängig davon ist die **Kenntnis des (angestellten) Channel Operators** von der Rechtswidrigkeit fremder Inhalte dem Träger des Angebots zuzurechnen – entsprechend der oben dargestellten Grundsätze zur Kenntniszurechnung. Die Eigenhaftung des Channel Operators hängt von der nach allgemeinen Grundsätzen zu beantwortenden Haftung der Unternehmensangehörigen ab (→ Vor § 7 Rn. 44 f.). **79**

Chat Rooms können in der Regel jedoch nicht als Zugangsvermittler nach § 8 behandelt werden, da die Operators die Möglichkeit haben, fremde Nachrichten wieder zu streichen oder Nutzer ganz von der Teilnahme auszuschließen.[188] Damit liegt es bereits nahe, aufgrund der in § 8 vorgesehenen Ausnahmen, die auf einen Einfluss auf die Adressaten oder den Inhalt der übermittelten Informationen abstellen, die Zugangsvermittlung des § 8 bei Chat Rooms auszuschließen. Auch die zu § 5 TDG aF vertretene Auffassung, dass für ein „Bereithalten" fremder Inhalte eine längere Zeitspanne als beim Chatten erforderlich sei,[189] verfängt für §§ 8–10 grundsätzlich nicht, da § 10 allein vom Speichern auf den Rechnern des Anbieters im Auftrag des Nutzers ausgeht, während das reine Telekommunikationsvorgang (das Übermitteln) von § 8 erfasst wird.[190] Zwar sieht auch § 8 die kurzfristige Zwischenspeicherung von übermittelten Informationen vor, doch ist damit die rein technikbedingte Zwischenspeicherung gemeint, nicht die Zwischenspeicherung, die wie bei Chat Rooms, dem Nutzer überhaupt erst die Information wahrnehmbar macht. Allerdings sind die Übergänge zwischen § 8 und § 10 fließend, wenn Chat-Nachrichten praktisch nur für wenige Augenblicke sichtbar bleiben. **80**

Für **Chat Room-Betreiber** stellt sich schließlich die Besonderheit, dass sie bei erst nachträglich erlangter Kenntnis eines rechtswidrigen Inhalts aufgrund der Flüchtigkeit der Nachrichten keine Maßnahmen mehr gegenüber dem konkreten Inhalt ergreifen können, wie es eigentlich § 10 S. 1 Nr. 2 gebietet. Daraus wird gefolgert, dass der Anbieter zukünftige Beiträge eines solchen Nutzers sperren muss, indem er den Nutzer vom Chat Room ab Kenntniserlangung ausschließt.[191] Die Verantwortlichkeitsprivilegierung des § 10 bezieht sich jedoch nicht auf bestimmte Nutzer, sondern auf konkrete Inhalte bzw. Handlungen, was insbesondere für die Pflicht nach § 10 S. 2 gilt. Auch wenn von einem bestimmten Nutzer für die Zukunft weitere rechtswidrige Beiträge oder Handlungen zu erwarten sind, bezieht sich die Pflicht **81**

---

[185] *Libertus*, TKMR 2003, 179, 184; aA *Koch*, CR 1997, 193, 199.
[186] Ebenso *Libertus*, TKMR 2003, 179, 183.
[187] *Libertus*, TKMR 2003, 179, 183 f.
[188] *Koch*, CR 1997, 193, 199.
[189] *Sieber*, Verantwortlichkeit im Internet, Rn. 319.
[190] *Libertus*, TKMR 2003, 179, 184.
[191] *Libertus*, TKMR 2003, 179, 186.

zur Sperrung nur auf die inkriminierte Information bzw. Handlung, nicht generell auf einen bestimmten Nutzer. Der Haftungsprivilegierung kann der Diensteanbieter daher auch trotz Untätigkeit bezogen auf einen Nutzer nicht verlustig gehen, da die entsprechenden Inhalte gar nicht mehr zugänglich sind. Dieses Konzept des § 10, das auf eine konkrete Information oder Handlung bezogen ist, kann auch nicht dadurch erweitert werden, dass als „Information" alle Beiträge eines bestimmten Nutzers verstanden werden, unabhängig davon, wann sie in einem Chat Room geäußert wurden.[192] Allerdings entspricht § 10 S. 1 Nr. 2 der allgemeinen **Störerhaftung**, so dass der Anbieter verpflichtet ist, Rechtsverletzungen der konkreten Art (zB bestimmte Schmähungen gegenüber einem Dritten durch einen Chat-Teilnehmer) zu unterbinden. Dies führt letztlich zu einer Kontrollpflicht gegenüber bestimmten Chat-Teilnehmern, die zwar im Spannungsverhältnis mit § 7 Abs. 2 steht, aber sich auf konkrete Inhalte bezieht (→ § 7 Rn. 18ff.).

2. News Groups, Meinungsforen, E-Mail

82 Vergleichbar den Chat-Systemen wird für News Groups und -Systeme die Auffassung vertreten, dass es sich hier in der Regel nicht um das Bereithalten fremder Inhalte, sondern lediglich um die Zugangsvermittlung handele, da die im System vorhandenen Nachrichten oft nur wenige Tage vorrätig gehalten würden. Eine analoge Anwendung des § 4 TMG sei aus verfassungsrechtlichen Gründen des Schutzes der Meinungsfreiheit geboten.[193] Bereits in der Begründung zum Regierungsentwurf zu § 5 Abs. 3 TDG aF wird jedoch deutlich, die Übernahme von fremden Beiträgen in eine Newsgruppe ist als Bereithalten fremder Inhalte gem. § 5 Abs. 2 TDG aF qualifiziert.[194] Schon aufgrund dieses deutlichen gesetzgeberischen Willens versagt eine entsprechende Anwendung der Zugangsvermittlung auf News-Gruppen.[195] Aber auch der verfassungsrechtliche Einwand des Schutzes der Meinungsfreiheit verfängt nicht, da dieser nach Art. 5 Abs. 2 GG durch die allgemeinen Gesetze beschränkt wird, mithin auch durch Ehrenschutz und allgemeine Persönlichkeitsrechte (allgM). Allerdings ist selbst bei Kenntnis des Anbieters von den Beiträgen im Rahmen des allgemeinen Rechts dem Charakter als „quasi-live"-Sendung Rechnung zu tragen, der zu entsprechenden Milderungen der Verantwortlichkeit führt.[196]

83 Bei **moderierten News Groups** bzw. News-Foren unterstehen aufgrund der vorherigen Kontrolle der Beiträge durch den Moderator die Nutzer der Aufsicht des Diensteanbieters (in Person des Moderators).[197] Zudem erlangt der Diensteanbieter durch die Moderation Kenntnis von den Beiträgen.

84 Auch das **Bereithalten von E-Mails,** die vom Anbieter für den Nutzer zB im Rahmen von sog. Web-Mail-Diensten gespeichert werden, unterfällt § 10 (→ § 8 Rn. 25); die eigentliche Weiterleitung von E-Mails dagegen unterfällt § 8. Keine Anwendung findet § 10 auf Push-Dienste (→ § 8 Rn. 24), da die Inhalte vor Versendung Dritten oder dem Nutzer nicht zugänglich sind.[198]

---

[192] *Libertus,* TKMR 2003, 179, 186.
[193] *Mayer,* Das Internet im öffentlichen Recht, S. 203f.
[194] Begr. RegE BT-Drs. 13/7385, S. 20; ein entsprechender Antrag auf Zuordnung zu § 5 Abs. 3 TDG wurde abgelehnt, vgl. BT-Drs. 13/7934, S. 39.
[195] *Bergmann,* Die Haftung gemäß § 5 TDG am Beispiel des News-Dienstes, S. 40f.
[196] S. etwa BGHZ 66, 182, 188f. = GRUR 1976, 651, 652; ähnlich schon BGH, NJW 1970, 187, 189 mAnm *Wenzel;* bestätigt in BGHZ 132, 13 = GRUR 1997, 396.
[197] AA Hoeren/Sieber/Holznagel/*Sieber/Höfinger,* 44. EL 2017, Teil 18.1 Rn. 94.
[198] AA *Köhler/Fetzer,* Das Recht des Internet, Rn. 875 wegen langer Speicherdauer.

3. Integration fremder Inhalte in Homepage-„Communities"; soziale Netzwerke

85 Eine den News Groups vergleichbare Konstellation liegt einem Angebot zugrunde, das es Dritten erlaubt, ihre Inhalte in eine vom Anbieter zur Verfügung gestellte Homepage einzubinden, wobei diese Homepage bereits thematisch vorstrukturiert ist. Mit Hilfe derartiger Angebote sollen sog. „Communities" gebildet werden, innerhalb derer ein Meinungsaustausch stattfindet. Oftmals werden die Inhalte von werbenden Aussagen des Anbieters für seine eigenen Produkte flankiert. Schließlich lassen sich Anbieter in diesem Rahmen die Nutzungsrechte an den Inhalten übertragen. Nicht viel anders sind **soziale Netzwerke (Facebook etc.)** und Plattformen wie **YouTube**[199] strukturiert, die zudem noch weitere Angebote enthalten.[200] Schon das OLG Köln hatte dies bewogen, im Rahmen des § 5 TDG aF die Inhalte der Dritten als „sich-zu-eigen-gemachte" Inhalte des Anbieters zu qualifizieren, auch wenn die Inhalte anonymisiert und ein ausdrücklicher Hinweis auf die Distanzierung angebracht worden war.[201]

86 Schon im Rahmen des früheren Rechts begegnet diese Entscheidung jedoch erheblichen Bedenken, da für den Nutzer einer solchen Community deutlich erkennbar war, dass der Anbieter die jeweiligen Inhalte nicht als eigene behandeln wollte. Die Schaltung von Werbung neben Inhalten Dritter ist eine übliche Finanzierungsform im Internet; ebenso dient die Aufnahme entsprechender Vertragsklauseln zur Überlassung der Nutzungsrechte der Absicherung des Anbieters gegenüber urheberrechtlichen Ansprüchen.[202] Erst recht ist nach der neuen Rechtslage gem. § 10 eine Haftung nach allgemeinen Gesetzen abzulehnen, da die Nutzer nicht unter der Aufsicht des Anbieters stehen. Die Kontrolle, die der Anbieter über die Rechner ausübt, entspricht der üblichen passiven Herrschaftsmacht, die Provider über ihre Rechner besitzen, etwa indem Inhalte gesperrt oder gelöscht werden können, und ist nicht mit einer proaktiven Eingangskontrolle und -prüfung gleichzusetzen.[203]

4. Internetauktionen und Handelsplattformen

87 **a) Fremde Inhalte.** Betreiber von Handelsplattformen und Internet-Auktionen sehen sich oft mit der Frage ihrer Haftung für rechtswidrige Angebote Dritter auf ihren Plattformen konfrontiert, zB **bei Marken- oder Urheberrechtsverletzungen.** Hier handelt es sich um fremde Inhalte, da der Teilnehmer die Speicherung der Inhalte auf den Rechnern des Auktionshauses veranlasst und diese durch einen automatischen Prozess ins Internet gestellt werden.[204] Auch der Umstand, dass das Auk-

---

[199] OLG Hamburg, MMR 2016, 269 Rn. 127 mAnm *Frey* – Störerhaftung von YouTube.

[200] Exemplarisch zum Angebotsumfang von Social Media-Plattformen Hornung/Müller-Terpitz/*Hohlfeld/Godulla,* Rechtshandbuch Social Media, Kap. 2 Rn. 5 ff. sowie zu den unterschiedlichen Erscheinungsformen von sozialen Plattformen Rn. 21 ff.

[201] OLG Köln, MMR 2002, 548 f. = NJW-RR 2002, 1700 f.; zuvor LG Köln, MMR 2002, 254 ff.

[202] OLG Hamburg, MMR 2016, 269 Rn. 195 ff. mAnm *Frey* – Störerhaftung von YouTube (Volltext BeckRS 2015, 14370), Lizenzeinräumung kann jedoch Indizwirkung haben; s. ferner *Spindler,* Vertragsrecht der Internetprovider, IV Rn. 229; Hoeren/Sieber/Holznagel/*Redeker,* 44. EL 2017, Teil 12 Rn. 432.

[203] So auch für soziale Netzwerke Hornung/Müller-Terpitz/*Spindler,* Rechtshandbuch Social Media, Kap. 5 Rn. 36 und Rn. 37 als Beispiel für die Einnahme einer aktiven Rolle.

[204] BGHZ 158, 236 = GRUR 2004, 860, 862 – Internet-Versteigerung I; BGHZ 172, 119 Rn. 31 = GRUR 2007, 708 mAnm *Lehment* – Internetversteigerung II; BGHZ 173, 188 Rn. 21 = GRUR 2007, 890 – Jugendgefährdende Medien bei eBay; BGH, GRUR 2011, 152 Rn. 31 – Kinderhochstühle im Internet I.

TMG § 10   Speicherung von Informationen

tionshaus als Bote oder Stellvertreter in den Vertragsabschluss zwischen Bieter und Einlieferer einbezogen ist[205] und dass das Auktionshaus die Auktion von den Rahmenbedingungen her weitgehend vorstrukturiert, spricht dann nicht für eine Einstufung als eigener Inhalt.[206] Denn das Angebot wird im Auftrag des Nutzers gespeichert, der auch nicht unter der Aufsicht des Diensteanbieters steht, sondern vielmehr dem Diensteanbieter Weisungen erteilen kann. Ob die Inhalte für die registrierten Nutzer erkennbar von Dritten stammen oder aber für fremde Nutzer der Plattform, welche über die Funktionsweise einer Internetauktion nicht aufgeklärt sind, auch als solche des Auktionators erscheinen können, kommt es demnach nicht an.[207] Aber auch wenn man mit der früheren Rechtsprechung darauf abstellen will, ob ein „sich-zu-eigen-gemachter" Inhalt vorliegt[208] kann nichts anderes gelten: Denn das Auktionshaus will erkennbar nicht selbst das Angebot als eigenes platzieren, selbst Vertragspartner werden oder sich diesen Inhalte zu eigen machen.[209] Vielmehr steht deutlich die Vermittlung des Kontaktes zwischen den Vertragspartnern im Vordergrund.[210] Auch der Umstand, dass Auktionshäuser sog. Bietagenten zur Verfügung stellen, die dem Teilnehmer ein automatisiertes Mitsteigern erlauben, führt nicht zu einer Zurechnung, da es sich nur um eine Dienstleistung des Plattformbetreibers handelt, der aber keine eigenen Erklärungen oder Angebote abgeben will.[211] Anders ist dann nach der Rechtsprechung des **EuGH** zu urteilen, wenn der Plattformbetreiber eine **aktive Rolle** übernimmt, etwa durch die Optimierung der Angebotspräsentation oder durch eine Bewerbung der Angebote (näher → § 7 Rn. 28).[212]

88   Auch wenn der Anbieter ein **Pseudonym** benutzen kann, betrachtet der Rechtsverkehr nicht das Auktionshaus als Anbieter der Inhalte.[213] Abgesehen davon, dass es gerade eines der erklärten Ziele der ersten Gesetze zum E-Commerce gewesen ist, im elektronischen Geschäftsverkehr die Verwendung von Pseudonymen zu erlauben und so die Anonymität zu bewahren (§ 13 Abs. 6),[214] offenbart sich der Vertragspartner bei

---

[205] Näher dazu Spindler/Wiebe/*Wiebe*, Internet-Auktionen und Elektronische Marktplätze, Kap. 4 Rn. 30 ff.

[206] BGHZ 158, 236 = GRUR 2004, 860, 862 – Internetversteigerung I; BGHZ 173, 188 Rn. 20 = GRUR 2007, 890 – Jugendgefährdende Medien bei eBay; OLG Brandenburg, MMR 2004, 330, 331; OLG Düsseldorf, MMR 2004, 315, 316; aA LG Köln, CR 2001, 417, 418.

[207] AA Bräutigam/Leupold/*v. Samson-Himmelstjerna/Rücker*, Online-Handel, B V. Rn. 104 ff.

[208] So OLG Düsseldorf, MMR 2004, 315, 316 f.; OLG Brandenburg, MMR 2004, 330, 331 f.; § 7 Rn. 6 ff.

[209] BGH, GRUR 2013, 1229 Rn. 31 – Kinderhochstühle im Internet II.

[210] Ebenso OLG Brandenburg, MMR 2004, 330, 331; OLG Düsseldorf, MMR 2004, 315, 316 f.; LG Düsseldorf, MMR 2003, 120, 123; LG Potsdam, MMR 2002, 829, 830; LG Potsdam, ZUM 2002, 838; LG Berlin, MMR 2004, 195, 197; *Ehret*, CR 2003, 754, 758; *Wüstenberg*, WRP 2002, 497, 498.

[211] OLG Brandenburg, MMR 2004, 330, 331; OLG Düsseldorf, MMR 2004, 315, 316 f.

[212] EuGH, Slg. 2011, I-6001 Rn. 116 = GRUR 2011, 1025 – L'Oréal/eBay.

[213] So aber LG Köln, CR 2001, 417, 418; zutr. dagegen OLG Brandenburg, MMR 2004, 330, 331; LG Düsseldorf, MMR 2003, 120, 124; LG Berlin, MMR 2004, 195, 197; Bräutigam/Leupold/*v. Samson-Himmelstjerna/Rücker*, Online-Handel, B V. Rn. 106; Hoeren/Sieber/Holznagel/*Neubauer/Steinmetz*, 44. EL 2017, Rn. 146.

[214] S. schon Begr. RegE BT-Drs. 13/7385, S. 71; zur anonymen Nutzung im Internet s. BGHZ 181, 328 Rn. 38, 42 = MMR 2009, 608 mAnm *Greve/Schärdel* – spickmich.de; BGHZ 202, 242 Rn. 41 = GRUR 2014, 1228 – Ärztebewertung II; aus der Lit. noch zum TDDSG *Fiege*, CR 1998, 41, 43; *Knorr/Schläger*, DuD 1997, 396, 397; *Bäumler*, DuD 1999, 258, 260; *Roßnagel*, DuD 1999, 253, 256; *Roßnagel/Scholz*, MMR 2000, 721, 722.

Speicherung von Informationen § 10 TMG

Auktionsende, was dem Rechtsverkehr bewusst ist, so dass auch unter diesem Gesichtspunkt kein eigener Inhalt des Auktionshauses anzunehmen ist.[215]

b) Kenntnis. Hinsichtlich der Kenntnis kann auf → Rn. 27 f. verwiesen werden: Die Plattformen und Auktionshäuser arbeiten in der Regel mit **Eingabemasken** und Registrierungsprozeduren für die angebotenen Inhalte. Grundsätzlich ist hier von einem Angebot des Kunden auszugehen, das vom Auktionshaus (automatisiert) angenommen wird, da erst die Erklärung des Kunden die Angaben über den Vertragsgegenstand enthält, insbesondere über die Auktionsrahmenbedingungen. Die Annahmeerklärung des Auktionshauses setzt aber notwendigerweise die Kenntnis der Erklärung und damit auch der Inhalte voraus – wenngleich auch automatisiert.[216] Ebenso kann die Eingabe des Auktionsangebotes und die Speicherung auf dem Rechner als Weisung qualifiziert werden, die den Plattform- bzw. Rahmenvertrag konkretisiert und als einseitiger Rechtsakt zwar lediglich empfangsbedürftig wäre, dennoch aber die (automatisierte) Kenntnis begründen würde.[217] Mit der Eingabe der Auktionsdaten wird der Vertragsgegenstand als Teil des Rahmenvertrages spezifiziert, insbesondere auch im Hinblick auf die dienst- und geschäftsbesorgungsvertraglichen Elemente des Vertrages einschließlich der Vergütungspflicht, die erst mit der Freischaltung eines Angebotes entsteht.[218] Dennoch ist von fehlender Kenntnis auszugehen, da im Rahmen von § 10 – wie dargelegt (→ Rn. 29 ff.) – nur die menschliche Kenntnis maßgeblich ist, nicht aber die automatisierte Kenntnis, wenngleich diese für die Abgabe von Willenserklärungen ausreichen kann. 89

In Betracht käme allerdings ein „**bewusstes die-Augen-Verschließen**" des Providers, das sich auf die allgemeine Kenntnis von rechtswidrigen Handlungen über das System des Anbieters gründen würde und das der Kenntnis von einem Inhalt gleichzusetzen wäre.[219] Demgegenüber ist daran festzuhalten, dass die Kenntnis vom konkreten Inhalt erforderlich ist.[220] 90

c) Schadensersatzansprüche. Für Schadensersatzansprüche schützt nicht bereits die Unkenntnis; vielmehr dürfen auch nicht Tatsachen bekannt sein, aus denen die rechtswidrige Handlung etc. offensichtlich wird. 91

5. Haftung für Hosting fremder Service-Provider (Rechenzentren)

Werden Inhalte nicht auf eigenen Rechnern, sondern von fremden Host-Providern auf wiederum fremden Rechnern, zB eines Rechenzentrums gespeichert, die lediglich die technische Infrastruktur zur Verfügung stellen, aber keine eigenen Dienste betreiben, handelt es sich dennoch bei den Rechenzentren um Diensteanbieter gem. § 2 S. 1 Nr. 1, da sie fremde Telemedien zur Nutzung bereithalten. Eine Haftungsprivilegierung nach § 8 für automatisches Zwischenspeichern und Durchleiten von Informationen scheidet jedoch schon aufgrund der erforderlichen nur kurzfristigen Speicherung und des Bereithaltens der fremden Telemedien aus. Zudem fehlt es an der rein telekommunikationsähnlichen Leistung; diese liegt bei einem reinen Hosten fremder Dienste und der Verbindung mit diesen Inhalten nicht vor, wenn sie auf 92

---

[215] OLG Brandenburg, MMR 2004, 330, 331; s. ferner BGHZ 173, 188 Rn. 25 = GRUR 2007, 890 – Jugendgefährdende Medien bei eBay, der zwar die Gefahrgeneigtheit des Geschäftsmodells durch die Pseudonymisierung erkennt, jedoch auch weiterhin an dem Bereitstellen der fremden Inhalte festhält.
[216] Hierauf abstellend *Hoeren,* MMR 2004, 168, 169.
[217] Anders wohl *Ehret,* CR 2003, 754, 759; *Wüstenberg,* WRP 2002, 497, 499.
[218] Ausführlich dazu *Spindler,* MMR 2001, 737 ff.
[219] S. dazu *Hoeren,* MMR 2002, 113; *Ehret,* CR 2003, 754, 759; *Spindler,* CR 2001, 324, 329; *Freytag,* Haftung im Netz, S. 184.
[220] → Rn. 18 f.; spezifisch für Internet-Plattformen LG Düsseldorf, MMR 2003, 120, 124 f.; LG Potsdam, ZUM 2002, 838; → Rn. 14, 31.

ein und demselben Rechner liegen. Daher kann das Bereithalten fremder Telemedien nur als ein vom Gesetz unvollständig berücksichtigtes Bereithalten fremder Inhalte qualifiziert werden; die Haftungsprivilegierung des § 10 muss hier vom Sinn und Zweck her angewandt werden, da das Rechenzentrum grundsätzlich die Möglichkeit hat, die fremden Telemedien nach Kenntnis der Inhalte zu sperren. Die Rechtslage ist hier vergleichbar mit der eines mittelbaren Besitzers.

6. Bewertungsportale

93 Musste sich die Rechtsprechung zunächst mit der Einordnung von Online-Auktionshäusern sowie deren Haftung für rechtswidrige Inhalte[221] auseinandersetzen, hat nun vor allem die Einordnung und die Haftung von Bewertungsportalen[222] an Aktualität gewonnen. Das Feld reicht hierbei von Lehrer- über Hotel- bis hin zu Ärztebewertungen,[223] die Nutzer auf unterschiedlichen Portalen im Internet öffentlich und zum größten Teil anonym oder pseudonym abgeben.[224] Bietet der Portalanbieter Nutzern die Möglichkeit individuelle Bewertungen abzugeben und werden diese auf der Portalseite veröffentlicht, so stellt sich die Frage, ob der Anbieter lediglich fremde Inhalte anbietet und von der Haftungsprivilegierung des § 10 TMG profitiert oder ob er sich die fremden Inhalte zu eigen gemacht hat, bzw. ob er seine neutrale Position verlassen und eine aktive Rolle eingenommen hat[225] (ausführlich zur Abgrenzung → § 7 Rn. 28). Hat der Anbieter weder eine inhaltliche Kontrolle (Stichproben und automatisierte Überprüfungen auf Unregelmäßigkeiten genügen nicht) durchgeführt, noch die Nutzermeinungen als redaktionellen Kerngehalt seines Portals dargestellt,[226] so stellen die Inhalte weiterhin fremde Informationen iSd § 10 dar, die durch den Portalbetreiber lediglich gespeichert werden, mithin ist die Anwendung der Privilegierung auf Portalbetreiber möglich.[227] Eine solche Privilegierung würde erneut bei Kenntnis der Rechtswidrigkeit (→ Rn. 19) ausscheiden, jedoch dürfte bei den durch den Portalbetreiber betriebenen automatisierten Vorgängen im Regelfall keine Kenntnis vorliegen.[228] Zur Frage des „bewussten die-Augen-Verschließens" → Rn. 90.

---

[221] BGHZ 158, 236 = GRUR 2004, 860 – Internet-Versteigerung I; BGHZ 172, 119 = GRUR 2007, 708 – Internet-Versteigerung II; BGH, GRUR 2008, 702 – Internet-Versteigerung III; BGH, GRUR 2011, 152 – Kinderhochstühle im Internet I; BGH, GRUR 2013, 1229 – Kinderhochstühle im Internet II; BGH, GRUR 2015, 485 – Kinderhochstühle im Internet III.

[222] Allg. zur Zulässigkeit und haftungsrechtlichen Problemen von Bewertungsportalen s. *Schilling*, GRUR-Prax 2015, 313; *Volkmann*, K&R 2009, 361; *Volkmann*, K&R 2010, 368.

[223] BGHZ 181, 328 = MMR 2009, 608 mAnm *Greve/Schrädel* – spickmich.de; BGH, GRUR 2015, 1129 – Hotelbewertungsportal; BGH, GRUR 2016, 855 – jameda.de.

[224] BGHZ 181, 328 Rn. 32, 38 = MMR 2009, 608 mAnm *Greve/Schrädel* – spickmich.de; BGH, GRUR 2015, 1129 Rn. 41 – Hotelbewertungsportal.

[225] BGH, GRUR 2015, 1129 Rn. 25 – Hotelbewertungsportal; BGH, GRUR 2016, 855 Rn. 17f. – jameda.de.

[226] BGH, GRUR 2010, 616 Rn. 25ff. – marions-kochbuch.de; BGH, GRUR 2015, 1129 Rn. 28 – Hotelbewertungsportal; BGH, GRUR 2016, 855 Rn. 18ff. – jameda.de.

[227] Soweit es sich nicht um einen Unterlassungsanspruch handelt, auf welchen § 10 TMG gerade nicht anwendbar sei s. BGHZ 191, 219 Rn. 19 = GRUR 2012, 313 – Blog-Eintrag; BGH, GRUR 2016, 855 Rn. 19 – jameda.de, eine Überprüfung der vom BGH festgestellten Nichtanwendbarkeit durch den EuGH wäre jedoch weiterhin ratsam, so auch schon *Spindler*, GRUR 2011, 101, 102; *Wilkat*, Bewertungsportale im Internet, S. 276f. verneint, unter einer Anwendung der EuGH Rspr. zur aktiven Rolle, das Vorliegen eines fremden Inhalts, mithin die Anwendung der Haftungsprivilegierung.

[228] KG, MMR 2014, 46, 48f. – Hotelbewertungsprotral unter Verweis auf EuGH, Slg. 2010, I-02417 Rn. 114 = GRUR 2010, 445 Rn. 114, 120 – Google France und Google und EuGH, Slg. 2011, I-6011 Rn. 113 = GRUR 2011, 1025 Rn. 113 – L'Oréal/eBay.

7. Online-Enzyklopädie

Nach Ansicht des OLG Stuttgarts[229] handelt es sich bei Wikipedia richtigerweise um einen Host-Provider, der lediglich jedermann die Möglichkeit bietet Inhalte zu speichern und online verfügbar zu machen.[230] Wikipedia nimmt hierbei weder eine inhaltliche Kontrolle noch redaktionellen Einfluss auf die dargestellten Inhalte, sodass es sich um fremde Inhalte handelt[231] und ein Haftung nur ab Kenntnis iSd § 10 S. 1 TMG in Betracht käme.[232] 94

8. File und Share Hosting

Auch File Hosting- oder Share Hosting-Anbieter, die ihren Nutzern Speicherkapazitäten für verschiedene Inhalte anbieten,[233] können von der Privilegierung des § 10 TMG profitieren.[234] Selbst wenn der Anbieter einen Download-Link für andere als den ursprünglichen Nutzer generiert, stellt er weiterhin fremde Inhalte bereit.[235] 95

Problematisch ist hinsichtlich solcher Dienste, dass Nutzer nicht nur legale, sondern bspw. urheberrechtswidrige Inhalte verfügbar machen können. Erneut stellt sich die Frage der Haftung des Anbieters als Störer und ob dieser aufgrund der Gefahrengeneigtheit seines Geschäftsmodells oder eines aktiven Förderns bspw. durch das Bewerben der nicht rechtmäßigen Aktivitäten strengeren Prüfungspflichten unterliegen muss[236] (→ Rn. 104).

9. Usenet-Provider

Wie bereits bei § 9 diskutiert, können auch bestimmte Usenet-Provider unter die Regelung des § 10 TMG fallen (→ § 9 Rn. 10).[237] Dieses gilt vor allem für die Usenet-Anbieter auf dessen Server der Nutzer die Dateien zunächst hochlädt.[238] Ist die 96

---

[229] OLG Stuttgart, CR 2014, 393; hierzu *Volkmann,* K&R 2015, 367, 370.

[230] Wohl auch LG Hamburg, MMR 2008, 550, 551a), jedoch ohne die Begrifflichkeit Host-Provider zu erwähnen; *Strauß,* ZUM 2006, 274, 283, der allerdings die Anwendung des TMG (damals noch TDG) verneint und den MDStV für anwendbar hält.

[231] OLG Stuttgart, CR 2014, 393, 395; LG Hamburg, MMR 2008, 550, 551a); LG Köln, MMR 2008, 768f.; LG Tübingen, ZUM-RD 2013, 345, 348 bb), alle unter Verweis auf BGH, GRUR 2007, 724 – Meinungsforum.

[232] *Dilling,* ZUM 2013, 380, 386.

[233] *Volkmann,* K&R 2011, 361, 362; *Volkmann,* K&R 2014, 475, 478; jedenfalls für solche Angebote mit Premium-System aA *Rehbinder,* ZUM 2013, 241, 257.

[234] Erneut kann eine Privilegierung nur außerhalb eines Unterlassungsanspruchs herangezogen werden → Fn. 220.

[235] BGHZ 194, 339 Rn. 21 = GRUR 2013, 370 mAnm *Hühner* – Alone in the Dark; BGH, GRUR 2013, 1030 Rn. 33 – File-Hosting-Dienst (RapidShare); OLG München, ZUM 2017, 679, 682 – uploaded.net; inhaltsgleich OLG München, CR 2017, 533 Rn. 30 – Gray's Anatomy (s. auch die Vorinstanz LG München I, MMR 2017, 357 – uploaded); OLG München, MMR 2017, 625 Rn. 28ff.

[236] BGHZ 194, 339 Rn. 22 = GRUR 2013, 370 m. Anm. *Hühner* – Alone in the Dark, im konkreten Fall Gefahrgeneigtheit abl.; krit. dazu: *Bäcker,* ZUM 2013, 292, 293; BGH, GRUR 2013, 1030 Rn. 31 – File-Hosting-Dienst (RapidShare); OLG München, ZUM 2017, 679, 684f. – uploaded.net; inhaltsgleich OLG München, CR 2017, 533 Rn. 55ff. – Gray's Anatomy; ferner OLG München, MMR 2017, 625, Rn. 35; LG München, ZUM 2016, 667, 681; *Rehbinder,* ZUM 2013, 241, 257.

[237] OLG Hamburg, ZUM-RD 2009, 246, 265 – Usenet I; *Kitz,* CR 2007, 603, 604; für die prinzipielle Klassifizierung als Host-Provider spricht sich *Hütten,* K&R 2007, 554, 556 aus.

[238] OLG Hamburg, ZUM-RD 2009, 246, 265 – Usenet I; *Kitz,* CR 2007, 603, 604.

Datei auf dem Ausgangsserver gespeichert, setzt die fortlaufende Spiegelung der Inhalte auf andere Usenet Server ein, die es durch das Anzeigen von „Headern" den Nutzern ermöglicht, den „Body" der Datei herunterzuladen.[239] Anders als die Spiegel-Server, die die Dateien nur für eine begrenzte Zeit verfügbar machen, ist die Datei auf dem Ausgangs-Server nicht nur zur Übertragungsvereinfachung gespeichert, vielmehr bietet der Usenet-Provider in diesem Fall seinen Nutzern eine Speichermöglichkeit und ist somit als Host-Provider iSd § 10 TMG zu qualifizieren. Zum Ganzen → § 9 Rn. 10.

XVI. Störerhaftung, insbesondere zivilrechtliche Unterlassungs- und Beseitigungsansprüche

1. Grundlagen

97 Mittelbar leistet der Host-Provider einen Beitrag zur Rechtsverletzung, die primär durch den Inhaltsanbieter begangen wird.[240] Auch wenn der Host-Provider selbst nicht Täter oder Teilnehmer ist, setzt er doch eine Ursache für die Rechtsverletzung, so dass er nach dem weiten Störerbegriff (→ § 7 Rn. 11) als Störer zu begreifen ist.[241]

98 Im Unterschied zum Access-Provider bei Netzsperren (→ § 7 Rn. 89) gilt hier nach der Rechtsprechung weiterhin, dass **keine Subsidiarität** eingreift, so dass der Verletzte sowohl den eigentlichen Rechtsverletzer als auch den Host-Provider gleichzeitig in Anspruch nehmen kann.[242] Rechtspolitisch erscheint dies auch für Host-Provider durchaus fraglich.[243]

99 Da die nur auf den Kausalitätsbeitrag abstellende Störerhaftung uferlos wäre, muss sie durch Korrektive begrenzt werden. Die Rechtsprechung hat hier früh **Prüfungs- und Kontrollpflichten** herausgebildet (→ § 7 Rn. 49), die auch für Host-Provider gelten. Diese Prüfungs- und Kontrollpflichten entsprechen ihrem Wesen den allgemeinen Verkehrssicherungspflichten im Deliktsrecht, so dass ein Gleichlauf von allgemeinem Haftungsrecht und Störerhaftung erreicht werden kann.[244] Auch der BGH stellt außerhalb des Schutzes absoluter Rechtsgüter, insbesondere im Wettbewerbsrecht, inzwischen auf diese Parallelen ab.[245]

---

[239] *Volkmann*, K&R 2009, 361, 367.

[240] Beispielhaft OLG München, NJW 2001, 3553 = MMR 2001, 375 mAnm *Waldenberger* und *Hoeren;* s. auch *Spindler,* CR 2001, 324, 331; OLG Köln, MMR 2002, 548, 549 mAnm *Spindler.*

[241] StRspr s. nur BGHZ 158, 236 = GRUR 2004, 860 – Internet-Versteigerung I; zur Entwicklung der Rspr. *Spindler* in: FS 50 Jahre UrhG, S. 399 ff.

[242] BGH, GRUR 2007, 724 Rn. 13 – Meinungsforum; in die Richtung ebenfalls BGHZ 173, 188 Rn. 40 = GRUR 2007, 890 – Jugendgefährdende Medien bei eBay und EGMR, GRUR Int. 2016, 81 Rn. 151 – Delfi AD v. Estland II; *Nolte/Wimmers,* GRUR-Beil. 2014, 58, 61.

[243] Zum Gedanken der Subsidiarität s. *Spindler,* 69. DJT 2012, Gutachten F, S. 63 f., 112 f.; *Holznagel,* Notice and Take-Down-Verfahren als Teil der Providerhaftung, S. 244; *Schapiro,* Unterlassungsansprüche gegen die Betreiber von Internet-Auktionshäusern und Internet-Meinungsforen, S. 228 ff.

[244] S. bereits *Spindler/Volkmann,* WRP 2003, 1, 6 ff.; *Spindler/Leistner,* GRUR Int. 2005, 773, 790; *Leistner,* GRUR 2006, 801, 808; *Schapiro,* ZUM 2014, 201, 207; s. ferner *Ohly,* ZUM 2015, 308, 311 ff.

[245] BGH, GRUR 2015, 1129 Rn. 41 – Hotelbewertungsportal; BGHZ 173, 188, Rn. 38 = GRUR 2007, 890 – Jugendgefährdende Medien bei eBay; OLG Düsseldorf, ZUM-RD 2013, 591, 594.

Im Rahmen der Konkretisierung dieser Prüfungspflichten sind die **Wertungen** 100
des § 10 zu berücksichtigen.[246] Diese Prüfungspflichten orientieren sich an Art und
Umfang der Gefahr, wobei insbesondere die Möglichkeit des Selbstschutzes des Verletzten, aber auch der oftmals mit der Vermietung von Speicherplatz verbundene
wirtschaftliche Nutzen maßgeblich ist. Bedenkt man den bereits angesprochenen
Gleichlauf von Störer- und Deliktshaftung, kann der Provider grundsätzlich nur zu
groben Prüfungen verpflichtet sein, wie es in § 10 zum Ausdruck kommt.

Ferner ist das **Verbot allgemeiner Überwachungspflichten** nach Art. 15 101
ECRL, § 7 Abs. 2 zu berücksichtigen (→ § 7 Rn. 35), was sich in mehrfacher Hinsicht
auswirkt: So haftet der Host-Provider auch in der Störerhaftung erst ab Kenntnis
(bzw. Kennenmüssen der Umstände), eine **vorbeugende Unterlassungsklage** ist
ausgeschlossen (→ § 7 Rn. 53). Ferner kann für die erste **Abmahnung** keine Kostenerstattung verlangt werden, da mangels hafiger keine Geschäftsbesorgung für den
Provider vorlag, was auch für § 97a UrhG gelten muss, auch wenn es hierfür nicht
mehr auf die Voraussetzungen der Geschäftsführung ohne Auftrag ankommt[247]
(→ § 7 Rn. 54). Hinsichtlich des Verhältnisses zum Herkunftslandprinzip und Kollisionsrecht → Rn. 73 sowie → § 3 Rn. 18ff.

In diesem Rahmen sind gerade für den Host-Provider die Art der gespeicherten Inhalte 102
und ihre **verfassungsrechtliche Kommunikationsrelevanz** zu berücksichtigen:
Dass Host-Provider als Multiplikatoren von Meinungen und Informationen am verfassungsrechtlichen Schutz der Massenkommunikationsmittel etwa als Presse oder Rundfunk grundsätzlich teilhaben können, dürfte unbestritten sein (→ Vor § 7 Rn. 10). Denn
der Schutz der Pressefreiheit reicht von der Beschaffung der Information bis zur Verbreitung der Nachrichten und Meinungen.[248] Ohne Weiteres können allerdings die zugunsten der Presse geltenden Grundrechte nicht auf Online-Dienste angewandt werden,
wenn man akzeptiert, dass nach wie vor die Verkörperung wesentliches Element der
Presse sein soll[249] und die Abgrenzung etwa zum Rundfunk immer umstritten war.[250]

Unabhängig von dieser grundsätzlichen Frage weist aber nicht jeder im Internet ab- 103
rufbare Inhalt die für Art. 5 Abs. 2 GG erforderliche publizistische Relevanz bzw.
den allgemein nötigen Kommunikationsgehalt auf.[251] Ein **pauschaler Schutz der
Host-Provider nach Art. 5 Abs. 1 S. 2 GG** kommt daher **nicht** in Betracht. Es
kann bei der Verbreitung von Inhalten nur um einen auf die jeweilige Funktion und
Inhaltsverbreitung bezogenen Schutz gehen. Nur dann, wenn tatsächlich meinungsbildende Inhalte verbreitet oder kommunikationsbezogene Dienste (**Meinungsforen**) bereitgehalten werden, kann der Host-Provider in den Genuss der zugunsten bestimmter Kommunikationsorgane grundrechtlich verbürgten Freiheiten kommen.[252]

---

[246] OLG Hamburg, ZUM-RD 2009, 246, 261.
[247] S. dazu Wandtke/Bullinger/*Kefferpütz,* § 97a UrhG Rn. 47.
[248] BVerfGE 10, 118, 121 = NJW 1960, 29f.; BVerfGE 20, 162, 176 = NJW 1966, 1603, 1605 – Spiegelurteil; v. Mangoldt/Klein/*Starck,* Art. 5 Abs. 1, 2 GG Rn. 62.
[249] v. Mangoldt/Klein/*Starck,* Art. 5 Abs. 1, 2 GG Rn. 102; *Engel,* Beil. MMR 2003, 1, 20; *Jarass,* Online-Dienste und Funktionsbereich des zweiten Fernsehens, S. 17; *Gounalakis,* 64. DJT 2002, Gutachten C, S. 45ff., 60; s. dagegen *Spindler,* 64. DJT 2002, Referat M, S. 133ff.
[250] Dazu *Gounalakis,* S. 64; s. *Gersdorf,* Der verfassungsrechtliche Rundfunkbegriff im Lichte der Digitalisierung der Telekommunikation, S. 144ff.; *Bullinger* in: 50 Jahre BVerfG, 2001, Bd. 2, S. 193, 200ff.; *Hoffmann-Riem,* Kommunikationsfreiheiten, Rn. 150; *Trafkowski,* Medienkartellrecht, S. 228f.; *Fiedler,* Meinungsfreiheit in einer vernetzten Welt, S. 29f.; *Determann,* Kommunikationsfreiheit im Internet, S. 405ff.; *Trute,* VVDStRL 1998, 218, 240f.; *Schoch,* VVDStRL 1998, 158, 197.
[251] *Stadler,* MMR 2002, 343; *Spindler/Volkmann,* K&R 2002, 398, 406; *Hoffmann-Riem,* Kommunikationsfreiheiten, Rn. 153 für Teleshopping.
[252] v. Mangoldt/Klein/*Starck,* Art. 5 Abs. 1, 2 GG Rn. 61.

TMG § 10   Speicherung von Informationen

Auch für den Fall, dass der hauptsächlich Telemedien bereithaltende Provider zusätzlich fremde Telemedien anbietet, kann oftmals nicht die Rede davon sein, dass die kommerziellen und ohne publizistische Relevanz bereitgehaltenen Angebote des Internets – etwa vergleichbar mit dem Anzeigenteil einer Zeitung[253] – das wirtschaftliche Rückgrat einer im Vordergrund stehenden pressetechnischen und damit grundrechtlich schutzbedürftigen Tätigkeit seien.[254] Demgemäß kann der Provider jedenfalls aufgrund von Art. 5 Abs. 1 S. 2 GG abgeschwächte Prüfpflichten nur in kommunikationsbezogenen Bereichen und hier nur dann ins Feld führen, wenn der Content, um den es im konkreten Fall geht, durch ein Kommunikationsgrundrecht geschützt ist.

2. Einzelfälle – Internetauktionen und Handelsplattformen, Bewertungsplattformen, soziale Netzwerke

104   Die Prüfungs- und Kontrollpflicht der Internetauktionshäuser ist im Hinblick auf die drohenden Beseitigungs- und Unterlassungsansprüche[255] weitreichender als für sonstige Host-Provider: Internetauktionshäuser etwa schaffen durch ihre Plattform eine für sie profitable und gleichsam auch erhebliche Gefahrenquelle vor allem für Urheber- und Markenrechtsinhaber.[256] Daher unterliegen sie eher einer Störerhaftung als andere Diensteanbieter der Informationsgesellschaft[257] – allerdings erst nach entsprechender Kenntnis vom Inhalt.[258] Allein der Hinweis gegenüber den Kunden bzw. Plattformteilnehmern, keine fremden Rechtsgüter zu verletzen, genügt nicht, auch nicht für die Störerhaftung.[259]

105   Ohne konkrete Kenntnis von rechtswidrigen Inhalten oder Aktivitäten ist der Betreiber einer Handelsplattform nicht verpflichtet, von sich aus und anlasslos die Plattform etwa nach Verstößen gegen §§ 18, 24 JuSchG zu überprüfen[260] – dies würde sonst gegen das Verbot anlassloser Überwachungspflichten verstoßen. Dies gilt auch für alle anderen Rechtsgebiete. Denn Betreiber treffen **keine allgemeinen Marktüberwachungspflichten.**

---

[253] Dazu *Löffler,* PresseR, Anz BT, Rn. 5 f.; *Henning-Bodewig,* GRUR 1981, 258, 259; *Pankoke,* Von der Presse- zur Providerhaftung, S. 78.

[254] Der EuGH spricht dem Provider in diesem Fall jedoch einen Schutz der unternehmerischen Freiheit nach Art. 16 GRCh zu, s. EuGH, GRUR 2012, 382 Rn. 44 mAnm *Metzger* – SABAM/Netlog.

[255] Zum vorbeugenden Unterlassungsanspruch s. BGHZ 172, 119 Rn. 41 f. = GRUR 2007, 708 mAnm *Lehment* – Internet-Versteigerung II.

[256] BGHZ 158, 236 = BGH, GRUR 2004, 860 – Internet-Versteigerung I; BGHZ 172, 119 = GRUR 2007, 708 mAnm *Lehment* – Internet-Versteigerung II; BGHZ 173, 188 Rn. 25 = GRUR 2007, 890 – Jugendgefährdende Medien bei eBay; BGH, GRUR 2008, 702 ff. – Internet-Versteigerung III; BGH, GRUR 2011, 152 ff. – Kinderhochstühle im Internet; BGH, MMR 2014, 55 ff. – Kinderhochstühle im Internet II; BGH, MMR 2015, 674 ff.

[257] Grundlegend BGHZ 158, 236 = GRUR 2004, 860 – Internet-Versteigerung I, bestätigt in BGH, GRUR 2008, 702 – Internet-Versteigerung III.

[258] BGHZ 158, 236 = GRUR 2004, 860, 864 – Internet-Versteigerung I; BGH, GRUR 2008, 702 Rn. 51- Internet-Versteigerung III; BGHZ 173, 188 Rn. 42 = GRUR 2007, 890 – Jugendgefährdende Medien bei eBay; BGH, GRUR 2011, 152 Rn. 48 – Kinderhochstühle im Internet I; BGH, GRUR 2013, 1229 Rn. 36 – Kinderhochstühle im Internet II. Zur vorherigen Diskussion *Spindler,* MMR 2001, 737, 743; Heermann/Ohly/*Reese,* Verantwortlichkeit im Netz, S. 192; offenbar weiter *Hoeren,* MMR 2002, 113, 115; wesentlich restriktiver *Wüstenberg,* WRP 2002, 497, 499 f.

[259] AA LG Berlin, MMR 2004, 195, 197; *Ehret,* CR 2003, 754, 757 ff.

[260] BGHZ 173, 188 Rn. 46 = GRUR 2007, 890 – Jugendgefährdende Medien bei eBay; s. hierzu *Spindler,* jurisPR-ITR 10/2007 Anm. 3.

Ab Kenntniserlangung muss der Provider den betreffenden Inhalt im Hinblick **106** auf seine rechtliche Zulässigkeit überprüfen und ihn sperren bzw. entfernen, § 10 S. 1 Nr. 2. Er kann sich nicht darauf berufen, dass ihm die rechtliche Prüfung nicht möglich sei.[261] Darüber hinaus muss er nach Auffassung der Rechtsprechung für die Zukunft dafür sorgen, dass es nicht zu vergleichbaren Verstößen kommt (**kerngleiche Verstöße**),[262] sei es etwa im Hinblick auf Markenrechtsverletzungen[263] oder Verstößen gegen die Vorgaben zu Altersverifikationssystemen bei Angeboten.[264] Anders als das OLG Hamburg[265] annimmt, bezieht der BGH hierbei das Merkmal der zukünftigen Verstöße nicht nur auf neu hochgeladene Inhalte, sondern auch auf bereits existierende Inhalte, die zu überprüfen sind, um weitere Verstöße zu verhindern.[266] Für soziale Netzwerke wie **Facebook** wird sogar vertreten, dass der Betreiber des Netzwerkes sämtliche Inhalte des Netzwerkes auf vergleichbare Verstöße im Falle von Persönlichkeitsrechtsverletzungen nach entsprechender Kenntniserlangung überprüfen müsse.[267] Diese Pflicht geht indes zu weit, indem sie dem Provider die Aufgabe überträgt, von sich aus auch andere Inhalte des gleichen Anbieters (ggf. sogar ähnlichen Anbietern wegen Umgehungsversuchen) zu überprüfen – damit gerät sie in die Nähe einer anlasslosen Überwachungspflicht.[268] Nur ein Unterlassungstitel, der spezifisch auf die konkreten Inhalte Bezug nimmt, ist daher zulässig (→ § 7 Rn. 56). Dies gilt aufgrund der komplexen Abwägung und Einstufung von Rechtsverletzungen gerade auch für Persönlichkeitsrechtsverletzungen.[269]

Die Rechtsprechung betont selbst, dass diese Prüfungs- und Kontrollpflichten **107** nicht dazu führen dürfen, dass das (gebilligte) Geschäftsmodell elektronische Handelsplattform faktisch unmöglich würde.[270] Eine **händische Kontrolle** ist daher, zumindest ohne den zusätzlichen Einsatz von Filtersoftware, **nicht** gefordert.[271]

---

[261] S. dazu generell BGHZ 173, 188 Rn. 43 ff. = GRUR 2007, 890 – Jugendgefährdende Medien bei eBay.
[262] Wie BGH aber weitgehend unkritisch BeckRTD-Komm/*Jandt*, § 10 TMG Rn. 67; zur „Gleichartigkeit" der Rechtsverletzungen iSd BGH Rspr. s. *Schapiro*, Unterlassungsansprüche gegen die Betreiber von Internet-Auktionshäusern und Internet-Meinungsforen, S. 245 ff.
[263] BGHZ 158, 236, 252 = GRUR 2004, 860, 864 – Internet-Versteigerung I; BGHZ 172, 119 Rn. 47 = GRUR 2007, 708 mAnm *Lehment* – Internet-Versteigerung II; BGH, GRUR 2008, 702 Rn. 51 – Internet-Versteigerung III; BGHZ 191, 19 Rn. 21 = GRUR 2011, 1038 – Stiftparfüm; BGH, GRUR 2013, 1229 Rn. 36 – Kinderhochstühle im Internet II; BGH, GRUR 2015, 485 Rn. 52 – Kinderhochstühle im Internet III.
[264] BGHZ 173, 188 Rn. 43 f. = GRUR 2007, 890 – Jugendgefährdende Medien bei eBay; *Engels/Jürgens/Kleinschmidt*, K&R 2008, 65, 71.
[265] OLG Hamburg, MMR 2016, 269 Rn. 314, 317 – mkritAnm *Frey* – Störerhaftung von YouTube.
[266] BGHZ 194, 339 Rn. 34, 35 = GRUR 2013, 370 mAnm *Hühner* – Alone in the Dark.
[267] So aber LG Würzburg, CR 2017, 327, 330 f.
[268] *Spindler*, MMR 2007, 511, 514; *ders.*, GRUR 2011, 101, 106.
[269] Anders LG Würzburg, CR 2017, 327, 330 f. für ein eingestelltes Bild (Flüchtlings-Selfie).
[270] BGHZ 158, 236 = GRUR 2004, 860, 864 – Internet-Versteigerung I; BGHZ 172, 119 Rn. 47 = GRUR 2007, 708 mAnm *Lehment* – Internet-Versteigerung II; BGHZ 173, 188 Rn. 39 = GRUR 2007, 890 = Jugendgefährdende Medien bei eBay; BGH, GRUR 2011, 152 Rn. 38 – Kinderhochstühle im Internet I; BGH, GRUR 2013, 1229 Rn. 47 – Kinderhochstühle im Internet II.
[271] Zum Einsatz von Filtern und ggf. nachträglicher manueller Kontrolle der gefilterten Ergebnisse s. BGHZ 172, 119 Rn. 47 = GRUR 2007, 708 mAnm *Lehment* – Internet-Versteigerung II; BGH, GRUR 2008, 702 Rn. 53 – Internet-Versteigerung III; BGH, GRUR 2011, 152 Rn. 39 – Kinderhochstühle im Internet I; Rn. 47 ff. – Kinderhochstühle im Internet II; OLG Hamburg, MMR 2016, 269 Rn. 300 mAnm *Frey* – Störerhaftung von YouTube.

TMG § 10

108 Während dies noch recht abstrakt bleibt, gibt der **EuGH** aber wichtige Fingerzeige, welche Maßnahmen verhältnismäßig und unter Umständen geboten sein können, um die Rechte von Markeninhabern oder Urhebern zu schützen. So soll der Betreiber eines Marktplatzes gezwungen werden können,[272] Händler vom Marktplatz auszuschließen, um erneute Verletzungen auszuschließen. Damit eng verknüpft ist die Forderung nach Maßnahmen zur Identifizierung von Händlern, jedenfalls im geschäftlichen Verkehr, wobei das Gericht auf Art. 6 ECRL abstellt[273] – auch wenn der Datenschutz zu beachten ist. Alle weiteren Maßnahmen indes, die vom High Court of Justice erwogen wurden,[274] wurden vom EuGH nicht weiter behandelt, sondern unter den gegebenen „Segelanweisungen" an den High Court zur Entscheidung zurückverwiesen.

109 Genau wie Internetauktionsplattformen können auch Anbieter von **Bewertungsportalen, Meinungsforen, Blogs** und anderen Plattformen mit **meinungsbildenden Inhalten** in den Fokus der Störerhaftung rücken,[275] mithin können ihnen Prüfungs- und Kontrollpflichten auferlegt werden (zur Einordnung als Host-Provider → Rn. 93). Wie auch Internet-Auktionshäuser sind die genannten Host-Provider nicht verpflichtet, die durch Dritte eingestellten Meinungen, Bewertungen und Beiträge vor deren Veröffentlichung auf Rechtsverletzungen insbesondere auf Persönlichkeitsrechtsverletzungen zu überprüfen.[276] Eine anlasslose Überprüfung stünde bereits im Widerspruch zu § 7 Abs. 2. Wird der Provider hingegen konkret auf eine Rechtsverletzung hingewiesen, so treffen ihn ab Kenntnis der Rechtswidrigkeit spezifische Prüf- und Kontrollpflichten, um eine Persönlichkeitsrechtsverletzung in Zukunft zu verhindern.[277] Fraglich ist jedoch, ab wann die Aussage eines Dritten das Persönlichkeitsrecht einer anderen Person verletzt, mithin rechtswidrig ist. Hierbei gilt es insbesondere die sich gegenüberstehenden Grundrechte aus Art. 5 Abs. 1 GG und Art. 1 Abs. 1, 2 Abs. 1 GG zu berücksichtigen;[278] eine genaue Feststellung ist im Einzelfall jedoch schwierig.[279] Auch Wortfilter versprechen (abseits banaler Beleidigungen) allein wenig Erfolg.[280] Die Rechtsprechung hat deswegen zu Recht im Fall von **Persönlichkeitsrechtsverletzungen** ein **Stellungnahmeverfahren** entwickelt, nach welchem der Provider eine Stellungnahme des Portalbetreibers zur beanstandeten Aussage einholen muss, um eine etwaige Persönlichkeitsverletzung zu ermitteln und ggf. den Beitrag zu lö-

---

[272] EuGH, Slg. 2011, I-6011 Rn. 141 = GRUR 2011, 1025 – L'Oréal/eBay.
[273] EuGH, Slg. 2011, I-6011 Rn. 141 = GRUR 2011, 1025 – L'Oréal/eBay.
[274] S. High Court of Justice (England & Wales), Chancery Division, (2009) EWHC 1094 (Ch) Rn. 277.
[275] BGHZ 181, 328 = MMR 2009, 608 mAnm *Greve/Schrädel* – spickmich.de; BGHZ 191, 219 = GRUR 2012, 311 – Blog-Eintrag; GRUR 2015, 1129 – Hotelbewertungsportal; BGHZ 209, 139 = GRUR 2016, 855 – Ärztebewertung III (jameda.de); OLG Hamburg, MMR 2016, 269 mAnm *Frey* – Störerhaftung von YouTube.
[276] BGHZ 191, 219 Rn. 22 = GRUR 2012, 311 – Blog-Eintrag; BGH, GRUR 2015, 1129 Rn. 31 – Hotelberwertungsportal; BGHZ 209, 139 Rn. 22 = GRUR 2016, 855 – Ärztebewertung III (jameda.de).
[277] BGHZ 191, 219 Rn. 24 = GRUR 2012, 311 – Blog-Eintrag; BGH, GUR 2015, 1129 Rn. 42 – Hotelbewertungsportal; BGHZ 209, 139 Rn. 23 = GRUR 2016, 855 – Ärztebewertung III (jameda.de).
[278] *Wilkat*, Bewertungsportale im Internet, S. 192 ff.
[279] BGHZ 191, 219 Rn. 25 = GRUR 2012, 311 – Blog-Eintrag; BGHZ 209, 139 Rn. 24 = GRUR 2016, 855 – Ärztebewertung III (jameda.de); *Ufer*, Die Haftung der Internet Provider nach dem Telemediengesetz, S. 148 ff.; zu den sich gegenüberstehenden Grundrechten s. *Spieker*, MMR 2005, 725.
[280] *Hollenders*, Mittelbare Verantwortlichkeit von Intermediären im Netz, S. 234.

schen.[281] Gleiches gilt für falsche Tatsachenbehauptungen auf Bewertungsportalen; der Provider muss dann den Beschwerden nachgehen und ggf. auch Nachweise durch den Bewertenden verlangen.[282] Angesichts der sehr vom Einzelfall abhängigen Abwägung zwischen den (grundrechtlich geschützten) Interessen der Beteiligten verbietet sich hier anders als im Fall von Internet-Auktionshäusern ein Verweis auf automatischer Rechtsverfolgungsprogramme.[283] Diesen Pflichten muss der Provider unverzüglich genügen, wobei in Anlehnung an das NetzDG Fristen von bis zu sieben Tagen angemessen sind,[284] ggf. bei schwierigen Komplexen auch längere Zeiträume, sofern der Provider nicht völlig untätig bleibt.

Da **Filehosting**-Dienste ebenfalls Inhalte Dritter, die evtl. rechtswidrig sind, speichern, können auch sie einer Haftung als Störer unterfallen. Auch in diesem Fall gelangen die bereits dargelegten Grundsätze zur Störerhaftung von Host-Providern zur Anwendung; mit Blick auf § 7 Abs. 2 und der Wertung des § 10 S. 1 Nr. 1 können Anbietern von Fileshosting-Diensten deswegen nur ab Kenntnis der Rechtswidrigkeit spezifische Prüf- und Kontrollpflichten auferlegt werden.[285] Verletzen sie diese, so kommt eine Haftung als Störer in Betracht.[286] Auch in Fall des Filesharings müssen die etwaigen Prüfpflichten dem Anbieter zumutbar und wirtschaftlich möglich sein.[287] Da sich auf solchen Websites eine besonders hohe Anzahl an Urheberrechtsverletzungen vermuten lässt, erhöhen sich die Anforderungen an die Prüf- und Kontrollpflichten aufgrund der besonderen Gefahrengeneigtheit des Fileshosting-Dienstes.[288] Die Rechtsprechung verneint eine solche Gefahrgeneigtheit aber, wenn die Filesharing-Plattformen nicht grundsätzlich auf Urheberrechtsverletzungen angelegt sind und vor allem legale Nutzungen des Filesharing-Dienstes in großer Zahl vorhanden seien.[289] Fördern die Anbieter des Filesharing-Dienstes hingegen die Rechtsverletzungen, etwa durch das Schaffen von Anreizen zum vielfachen up- oder download mittels Premium-Account oder durch die Möglichkeit der anonyme Nutzung etc., so treffen sie umfassendere Prüf- und Kontrollpflichten; selbst in diesem Fall sei es ihnen jedoch nicht zuzumuten jede hochgeladene Datei zu kontrollieren.[290] Hingegen sind

110

---

[281] BGHZ 191, 219 Rn. 27 = GRUR 2012, 311 – Blog-Eintrag; BGHZ 209, 139 Rn. 24 = GRUR 2016, 855 – Ärztebewertung III (jameda.de), nicht entscheidend ist hierbei das Vorliegen einer Tatsachenbehauptung, wenn sich bei dem Werteurteil nachweisen lässt, dass dessen tatsächlicher Bestandteil unrichtig sei; kritisch zu den aus Providersicht *Wimmers*, AfP 2015, 202, 207.
[282] BGH, GRUR 2017, 844 Rn. 26 – klinikbewertung.de; BGHZ 209, 139 = GRUR 2016, 855 – Ärztebewertung III (jameda de); zusammenfassend *Specht/Eickhoff,* CR 2016, 740, 742 sowie *Franz*, WRP 2016, 1196, 1198f.
[283] So auch *Neuhaus,* Sekundäre Haftung im Lauterkeits- und Immaterialgüterrecht, S. 221 mwN.
[284] S. aber auch LG Hamburg, NJW-RR 2017, 1323 Rn. 44: Frist von vier Tagen.
[285] BGHZ 194, 339 Rn. 28 = GRUR 2013, 370 mAnm *Hühner* – Alone in the Dark; OLG München, ZUM 2017, 679, 684f. – uploaded.net; inhaltsgleich OLG München CR 2017, 533 Rn. 57 – Gray's Anatomy.
[286] BGH, GRUR 2013, 1030 Rn. 15, 29 – File-Hosting-Dienst (RapidShare); ; OLG München, ZUM 2017, 679, 684f. – uploaded.net; inhaltsgleich OLG München CR 2017, 533 Rn. 57 – Gray's Anatomy; *Holznagel,* Notice and Take-Down-Verfahren als Teil der Providerhaftung, S. 126f.
[287] - BGH, GRUR 2013, 1030 Rn. 30, 44 – File-Hosting-Dienst (RapidShare).
[288] BGHZ 194, 339 Rn. 22 = GRUR 2013, 370 mAnm *Hühner* – Alone in the Dark; BGH, GRUR 2013, 1030 Rn. 31 – File-Hosting-Dienst (RapidShare); OLG München, ZUM 2017, 679, 684f. – uploaded.net; inhaltsgleich OLG München CR 2017, 533 Rn. 57 – Gray's Anatomy.
[289] BGHZ 194, 339 Rn. 23 = GRUR 2013, 370 mAnm *Hühner* – Alone in the Dark.
[290] BGH, GRUR 2013, 1030 Rn. 44 – File-Hosting-Dienst (RapidShare); OLG München, ZUM 2017, 679, 684f. – uploaded.net; inhaltsgleich OLG München CR 2017, 533 Rn. 57 – Gray's Anatomy.

Wortfilter bei erhöhter Gefahr von Rechtsverletzungen und im Rahmen konkreter Überwachungspflichten durchaus gefordert.[291] Diese sind sowohl für neue Uploads als auch auf das bereits bestehende Angebot anzuwenden.[292] Zu den erweiterten Kontrollpflichten kann aber auch die – selbst uU händisch vorzunehmende – Prüfung von externen, durch Dritte bereitgestellte Linksammlungen gehören.[293] Diese Linklisten dienen gerade (auch) der Umgehung der eingesetzten Wortfilter, da mit ihrer Hilfe Werke angeboten werden können, ohne die entsprechenden Dateien beim Filehoster dafür eindeutig benennen zu müssen.[294] Mit der Prüfung der eindeutigen Linklisten hingegen kann auch der Filehoster solche, für ihn sonst nicht indentifizier- und auffindbaren Dateien aussondern; jedenfalls die Kontrolle einer einstelligen Zahl solcher Linksammlungen sei nicht unzumutbar.[295]

3. Identifizierungspflichten

111   Ebenfalls diskutiert werden können Identifizierungspflichten der Nutzer. Hier dürfte die Rechtsprechung des **EuGH** allerdings weit über diese Ansätze in der deutschen Rechtsprechung, namentlich die Rapidshare-Entscheidung der OLG Hamburg[296] hinausgehen, da Identifizierungspflichten bislang nur für solche Plattformen oder Dienste begründet wurden, bei denen das konkrete Geschäftsmodell auf eine rechtswidrige Benutzung geradezu ausgerichtet ist;[297] denn der EuGH betont diese Pflichten schon für den rein kommerziellen Anbieter auf einer Plattform wie eBay, stellt also wesentlich geringere Anforderungen. Allerdings kann sich der EuGH durch Art. 6 ECRL und die Impressumspflicht bekräftigt sehen, die keineswegs nur für vertragliche Verhältnisse gilt, sondern generell für jeden kommerziellen Anbieter im elektronischen Geschäftsverkehr.[298] In diesen Fällen kann auch der Datenschutz nicht verfangen, da der europäische Gesetzgeber selbst die Abwägung der Interessen zwischen Datenschutz und Offenlegung der Identität vorweggenommen hat. Dementsprechend kann man den Rechteinhaber auch nicht allein auf den Auskunftsanspruch nach Art. 8 Enforcement-RL bzw. § 101 UrhG bzw. § 19 MarkenG verweisen, zumal der Erfolg dieser Ansprüche auch von den noch vorhandenen Daten beim Provider abhängt. Hier aber wird der Betreiber der elektronischen Plattform verpflichtet, die Identität zu verifizieren und diese dauerhaft für die Zeit, in der die Anbieter auf seiner Plattform tätig sind, zu speichern. Ob daraus allerdings auch noch eine Pflicht erwächst, diese Identität regelmäßig zu überprüfen, steht auf einem anderen Blatt und dürfte nur bei besonders hartnäckigen und dauerhaften Rechtsverletzungen in Betracht kommen.

---

[291] BGHZ 194, 339 Rn. 34f. = GRUR 2013, 370 mAnm *Hühner* – Alone in the Dark; OLG München, ZUM 2017, 679, 685 – uploaded.net.

[292] BGHZ 194, 339 Rn. 35 = GRUR 2013, 370 mAnm *Hühner* – Alone in the Dark.

[293] BGHZ 194, 339 Rn. 39 = GRUR 2013, 370 mAnm *Hühner* – Alone in the Dark; BGH, GRUR 2013, 1030 Rn. 63 – File-Hosting-Dienst (RapidShare); OLG München, ZUM 2017, 679, 685 – uploaded.net; inhaltsgleich OLG München, CR 2017, 533 Rn. 58 – Gray's Anatomy.

[294] BGHZ 194, 339 Rn. 39 = GRUR 2013, 370 mAnm *Hühner* – Alone in the Dark.

[295] BGHZ 194, 339 Rn. 39 = GRUR 2013, 370 mAnm *Hühner* – Alone in the Dark.

[296] OLG Hamburg, MMR 2008, 823 – Rapidshare = ZUM-RD 2008, 527; OLG Hamburg, MMR 2010, 51 – Sharehoster II = ZUM 2010, 440; ferner *Hollenders*, Mittelbare Verantwortlichkeit von Intermediären im Netz, S. 268ff.

[297] OLG Hamburg, MMR 2010, 51, 54; allerdings bleibt unklar, ob die Identifizierungspflicht eine Rechtsfolge der Missbilligung eines Geschäftsmodells oder deren Voraussetzung ist; anders daher OLG Düsseldorf, MMR 2010, 483, 484 und MMR 2010, 702, 703, Sharehostings grds. neutral, keine anlassunabhängige Identifizierungspflicht.

[298] *Spindler/Schuster/Micklitz/Schirmbacher*, § 5 TMG Rn. 8ff.; *Ott*, MMR 2007, 354, 355; *Roßnagel*, NVwZ 2007, 743, 746; s. dazu auch *Spindler/Schmitz/Geis*, § 6 TDG Rn. 7, § 7 TDG Rn. 3.

4. Teilnahme an Rechtsverfolgungsprogrammen

Wie der BGH entschieden hat, kann der Rechteinhaber im Rahmen der Zumutbarkeit der Prüfungspflichten auf eine Mitwirkung an vom Marktplatz- bzw. Plattformbetreiber installierten Rechtsverfolgungsprogrammen wie Beschwerdeinstanzen etc. verwiesen werden, wenn eine automatisierte Kontrolle nur schwer möglich ist, insbesondere wenn es etwa um komplexe Markenverletzungen geht.[299] Die von eBay auch in diesem Verfahren thematisierte Frage ist jedoch vom EuGH nicht aufgenommen worden; allenfalls mittelbar lässt sich den Ausführungen entnehmen, dass es auf die wirtschaftliche Zumutbarkeit und Vertretbarkeit für den Plattformbetreiber ankommt, indem der Handel mit Waren nicht unmöglich werden darf. Dies entspricht aber grosso modo den Erwägungen des I. Zivilsenats in der Kinderhochstuhl-Entscheidung, der explizit auf die Frage der wirtschaftlichen Zumutbarkeit bzw. der Unzumutbarkeit einer händischen Kontrolle bei von der Rechtsordnung gebilligten Geschäftsmodellen abstellt.[300] Damit besteht jedenfalls bislang kein Anlass, die deutsche Rechtsprechung zur Störerhaftung zu verschärfen, die eine komplexe, abgestufte Verantwortlichkeit für die Unterbindung zukünftiger Rechtsverletzungen vorsieht. Je nach Geschäftsmodell, dem Grad der wirtschaftlichen Zumutbarkeit und der Gefährdung der Rechtsinhaber können auf der Skala von der händischen Kontrolle bis hin zu lediglich automatisierten Beschwerde- und Filtersystemen die Maßnahmen reichen.

112

5. Ausschluss von Händlern und Plattformteilnehmern

In der Diskussion, die sich auf Filter- oder andere Überwachungsmaßnahmen konzentriert, ist die Sanktionsseite bislang wenig beachtet worden. Gehört es zu den dem Provider abzuverlangenden Maßnahmen, einen Händler komplett von der Teilnahme an einem Marktplatz auszuschließen und Wiederanmeldungen unter anderen Namen etc. zu verhindern? Der EuGH führt dies deutlich als mögliche Sanktion auf, weist aber nicht darauf hin, unter welchen Bedingungen ein solcher Ausschluss dem Betreiber abverlangt werden kann. Kein Verteidigungsmittel dürfte dabei der Verweis der Provider auf eine mögliche Schadensersatzpflicht gegenüber dem Kunden sein, da dies entscheidend von der Ausgestaltung ihrer AGB abhängt – und die Betreiber dies auch oftmals bereits berücksichtigt haben. Entscheidend dürfte hier nicht nur die Zumutbarkeit für den Betreiber, sondern auch für den betroffenen Händler sein: die Schwere der Rechtsverstöße, deren Dauer und Hartnäckigkeit einerseits, die Bedeutung der betroffenen Plattform, etwa eine marktbeherrschende Stellung, und die wirtschaftliche Zumutbarkeit andererseits dürften hier bedeutende Faktoren im Rahmen der Abwägung sein. Erst recht wenn der Händler eine strafbewehrte Unterlassungserklärung abgegeben hat, sind an einen Ausschluss von der Plattform sehr hohe Anforderungen zu stellen.

113

6. Content-Providing, Hyperlinks und moderierte News Groups

Bei moderierten News Groups durchlaufen die Inhalte eine Kontrolle, die es dem Betreiber möglich macht, ohne die besondere Auferlegung von Pflichten Unterlassungstitel zu überwachen. § 7 Abs. 2 S. 1 TMG verfehlt hier seine Wirkung, da es geradezu paradox wäre, Provider, in deren Natur eine Überwachung liegt, von einer solchen zu befreien. Gleiches gilt auch für Hyperlinks. Da diese vom TMG

114

---

[299] BGH, GRUR 2011, 152 – Kinderhochstühle im Internet, Rn. 42 f.; dazu *Spindler,* GRUR 2011, 101, 104 f.

[300] BGH, GRUR 2011, 152 – Kinderhochstühle im Internet, Rn. 39 ff.; zust. *Spindler,* GRUR 2011, 101, 104; ebenso *Nelles,* K&R 2011, 123; wohl auch *Engels,* MMR 2011, 172, 176.

nicht geregelt werden,[301] können den Setzern von Hyperlinks im Prinzip Überwachungspflichten auferlegt werden, ohne dass gegen ausdrückliche gesetzliche Wertungen verstoßen wird. Der Setzer eines Hyperlinks kann daher nach den allgemeinen Grundsätzen zu einer Unterlassung verurteilt werden.[302] Ohne weiteres einer Störerhaftung unterliegt ohnehin derjenige Linksetzende, der bewusst einen bestimmten Inhalt auswählt und auf ihn verweist, wie etwa bei Links auf in Deutschland verbotene Veranstaltungen, da ihm von der Rechtsprechung allerdings zu prüfen ist, ob dem Link-Setzer eine Prüfung der Rechtswidrigkeit zumutbar ist.[303] Auch kann eine Unterlassungsverfügung auf das Setzen von Links erstreckt werden, wenn die Seiten, auf die verwiesen wird, die gleichen Inhalte enthalten, gegen die sich die Unterlassungsverfügung richtet.[304]

7. Abmahnkosten

115   Bei erforderlicher Kenntnis kann der als Störer in Anspruch genommene Provider sofort den Anspruch auf Beseitigung anerkennen und somit den entsprechenden Kostenfolgen entgehen, da ihn vor der Abmahnung kein Anspruch trifft (→ § 7 Rn. 111).[305] Die Rechtsprechung des **EuGH** zu den Rechtsverfolgungskosten in der Entscheidung McFadden, die Abmahnkosten bei Schadensersatzansprüchen ausschließt,[306] findet auf Unterlassungsansprüche keine Anwendung (→ § 7 Rn. 107). Daraus folgt aber auch, dass der Provider nicht mit Erfolg sofort im Wege des einstweiligen Rechtsschutzes ohne Zustellung eines entsprechenden Antrags in Anspruch genommen werden kann. Denn erst durch dessen Kenntnisnahme erhält er die nötige Kenntnis und wird damit als Störer haftbar. Ohne entsprechende Zustellung besteht schon materiell-rechtlich kein Anspruch – somit auch kein Geschäft, das der Abmahnende für ihn besorgen kann, wie bereits bei § 5 Abs. 4 TDG aF.[307] Abmahnkosten für eine Unterlassungserklärung können daher erst in Zukunft in der Regel erst nach der zweiten Abmahnung verlangt werden, da vorher kein Geschäft des Diensteanbieters zu führen war (§ 10).[308] Der Provider kann dann sofort den Anspruch anerkennen und damit de facto die Kosten beim Gegner belassen; erst die zweite Abmahnung wird kostenpflichtig.

---

[301] Vor § 7 Rn. 49 ff.; *Spindler*, MMR 2002, 495, 496 ff.

[302] BGHZ 158, 343 = NJW 2004, 2158 – Schöner Wetten; OLG Braunschweig, MMR 2001, 608, 609.

[303] BGHZ 158, 343 = NJW 2004, 2158 – Schöner Wetten; LG Hamburg, MMR 2001, 406, 407.

[304] LG München I, MMR 2000, 489.

[305] Ensthaler/*Weidert*/*Molle*, Handbuch Urheberrecht und Internet, zur Abmahnung und Kenntniserlangung → E Rn. 291; zur Folge einer sofortigen Anerkennung → E Rn. 289; für § 5 TDG aF *Spindler*, K&R 1998, 177, 178; *Sieber*, Verantwortlichkeit im Internet, Rn. 357; *Freytag*, Haftung im Netz, S. 206 f.; Hoeren/Bensinger/*Koreng*/*Feldmann*, Haftung im Internet, S. 487, Rn. 56.

[306] EuGH, GRUR 2016, 1146 Rn. 72 ff. – McFadden; zu Abmahnkosten → § 7 Rn. 105.

[307] *Nickels*, CR 2002, 302, 306; *Bergmann*, Die Haftung gemäß § 5 TDG am Beispiel des News-Dienstes, S. 143 f.; Heermann/Ohly/*Reese*, Verantwortlichkeit im Netz, S. 186; Gounalakis/*Backhaus*, E-Commerce, § 26 Rn. 64; *Spindler*/*Volkmann*, WRP 2003, 1, 14 f.; für § 5 TDG aF OLG Hamburg, MMR 2000, 92, 97; *Spindler*, K&R 1998, 177, 178; *Sieber*, Verantwortlichkeit im Internet, Rn. 357; *Freytag*, Haftung im Netz, S. 206.

[308] OLG Hamburg, ZUM-RD 2009, 317, 325 – Mettenden; *Czychowski*/*Nordemann*, GRUR-RR 2010, 225, 229; *Kirchberg*, ZUM 2012, 544, 549; für § 11 TDG aF OLG Düsseldorf, MMR 2004, 315, 316 f.; für § 5 TDG aF OLG Hamburg, MMR 2000, 92, 97.

8. Öffentlich-rechtliche Störerhaftung

Die öffentlich-rechtliche Verantwortlichkeit von Host-Providern hängt von der Zurechenbarkeit der Störung durch die fremden Inhalte ab. Ähnlich wie im Zivil- und Strafrecht hebt auch im öffentlichen Recht die unmittelbare Verhaltens- und Zustandsverantwortlichkeit der Content-Provider nicht von vornherein eine öffentlich-rechtliche Störerhaftung der Host-Provider auf. Aber auch im Verwaltungsrecht ist bei einer nur mittelbar verursachten Gefahr eine besondere Zurechnung des Gefährdungserfolg aus Wertungsgesichtspunkten erforderlich, etwa wenn die Handlung eine erhöhte Gefahrentendenz aufweist, um die Störereigenschaft zu begründen.[309] Nur so kann eine uferlose Verantwortlichkeit von nur mittelbar Beteiligten begrenzt werden, insbesondere durch die Figuren des sog. Zweckveranlassers oder der Schaffung einer latenten Gefahr.

116

Anders als im Zivilrecht, für das die Annahme einer Gefahrenquelle schon bei naheliegendem Missbrauch genügt, setzt die **Zweckveranlassung** voraus, dass die Verfügbarkeit rechtswidriger Inhalte für den Provider praktisch ein „Kollateralschaden" seiner Tätigkeit wäre, der zwangsläufig eintritt – was für die Mehrzahl der Host-Provider kaum der Fall ist, außer etwa bei Systemen, die fast ausschließlich zu rechtswidrigen Tätigkeiten genutzt wurden. Denn mit dem Verhalten des Providers muss die Gefahr im Sinne einer Finalität objektiv bezweckt werden oder sich diese als Folge des Verhaltens zwangsläufig einstellen.[310]

117

Näher liegt dagegen die Annahme der Schaffung einer **latenten Gefahr:** Latent gefährlich ist eine mittelbare Ursache, die von Anfang an im Verhältnis zum Normalmaß eine erhöhte Gefahrentendenz aufweist, so dass es nur einer absehbaren Umweltveränderung bedarf, damit sich die angelegte Gefahrneigung zur Störung aktualisiert.[311] Zwar kann der Zustand der „Sache" Server zunächst nicht als gefährlich eingestuft werden, ist er doch neutral. Die Gefährlichkeit des Speichermediums ergibt sich aber aus den auf dem Server gespeicherten Inhalten. Tatsächliche Sachherrschaft über den Server bzw. den relevanten Speicherplatz übt neben dem Content-Provider auch der Host-Provider aus, da er jederzeit in der Lage ist, die als Datensatz auf seinem Rechner niedergelegte Zeichenfolge zu löschen. Der Host-Provider beherrscht die Gefahrenquelle Server, die durch die Handlungen der Content-Provider überhaupt erst gefährlich wird. Da aber für die Zustandshaftung schon die (Mit-)Sachherrschaft über eine gefahrbringende Sache genügt, um die ordnungsrechtliche Verantwortlichkeit anzunehmen, kann die Eigenschaft als Zustandsstörer der Host-Provider kaum geleugnet werden.[312]

118

---

[309] BVerwG, DVBl. 1986, 360; BVerwG, DVBl. 1992, 308, 309; OVG Hamburg, DÖV 1983, 1016, 1017; OVG Münster, NVwZ 1985, 355, 356; HessVGH, DÖV 1992, 753; *Götz*, Allgemeines Polizei- und Ordnungsrecht, § 9 Rn. 11; *Lege*, VerwArch 1989, 71, 78.

[310] VGH BW, DÖV 2003, 45 (nur Ls.); VGH BW, DÖV 1996, 83, 84; *Götz*, Allgemeines Polizei- und Ordnungsrecht, § 9 Rn. 21; *Muckel*, DÖV 1998, 18, 25; s. auch BVerfG, NVwZ 2000, 1406, 1407.

[311] VGH BW, VBlBW 2000, 362, 363; BVerwG, DVBl. 1986, 360; OVG Münster, NVwZ 1985, 355; HessVGH, DÖV 1986, 441; Steiner/*Schenke,* Besonderes Verwaltungsrecht, II Rn. 161; *Lege*, VerwArch 1989, 71, 78.

[312] *Zimmermann*, NJW 1999, 3145, 3148; *Hornig*, ZUM 2001, 846, 856; *Stadler*, MMR 2002, 343, 344; Gounalakis/*Ruthig*, E-Commerce, § 14 Rn. 93; ausf. Spindler/*Volkmann*, K&R 2002, 398, 403.

Abschnitt 4. Datenschutz

Vorbemerkung: Überblick zum Datenschutz nach TMG und Ausblick auf DS-GVO und ePrivacy-VO

Literatur: *Backu,* Datenschutzrechtliche Relevanz bei Onlinespielen – Überblick über die einzelnen Problemstellungen, ZD 2012, 59; *Bäcker/Hornung,* EU-Richtlinie für die Datenverarbeitung bei der Polizei und Justiz in Europa – Einfluss des Kommissionsentwurfs auf das nationale Strafprozess- und Polizeirecht, ZD 2012, 147; *Bartsch/Lutterbeck* (Hrsg.), Neues Recht für neue Medien, 1998; *Bäumler,* Das TMG aus Sicht eines Datenschutzbeauftragten, DuD 1999, 258ff.; *ders.* (Hrsg.), Der neue Datenschutz- Datenschutz in der Informationsgesellschaft von morgen, Neuwied 1998; *Bender/Kahlen,* Neues Telemediengesetz verbessert den Rechtsrahmen für Neue Dienste und Schutz vor Spam-Mails", MMR 2006, 590; *Bizer,* Web-Cookies – datenschutzrechtlich, DuD 1998, 277ff.; *Bleich/Heidrich,* Ach wie gut, dass niemand weiß ..., c't 2002, Heft 19, 124ff.; *Boos/Kroschwald/Wicker,* Datenschutz bei Cloud Computing zwischen TKG, TMG und BDSG – Datenkategorien bei der Nutzung von Cloud-Diensten, ZD 2013, 205; *Borking,* Der Identity-Protector, DuD 1996, 654ff.; *Bräutigam,* Das Nutzungsverhältnis bei sozialen Netzwerken – Zivilrechtlicher Austausch von IT-Leistungen gegen personenbezogene Daten, MMR 2012, 635; *Brauch,* Von wegen Incognito, c't 19/2002, 128ff.; *Brinkert/Stolze/Heidrich,* Der Tod und das soziale Netzwerk, ZD 2013, 153; *Buchholtz,* „Das „Recht auf Vergessen" im Internet, ZD 2015, 570ff.; *Bullinger/Mestmäcker,* Multimediadienste – Aufgabe und Zuständigkeit von Bund und Ländern, Rechtsgutachten, Zusammenfassung in epd, 17.5.1996; *Büllesbach,* Das TMG aus der Sicht der Wirtschaft, DuD 1999, 263ff.; *ders.,* Datenschutz bei Iuk-Diensten, DuD 1998, 347f.; *Caronni,* Anonymität, Die Kehrseite der Medaille, DuD 1998, 633ff.; *Caspar,* Das aufsichtsbehördliche Verfahren nach der EU-Datenschutz-Grundverordnung – Defizite und Alternativregelungen, ZD 2012, 555; *Dehmel/Hullen,* Auf dem Weg zu einem zukunftfähigen Datenschutz in Europa?, ZD 2013, 147; *Demuth/Rieke,* Anonym im World Wide Web, DuD 1998, 623ff.; *Dörr,* „Multimedia" und der Rundfunkbegriff, in: Dittmann/Fechner/Sander (Hrsg.), Der Rundfunkbegriff im Wandel der Medien, 1997, S. 121ff.; *Drewes,* Werbliche Nutzung von Daten – Die Implosion der BDSG-Novelle und Auswirkungen der EuGH-Rechtsprechung, ZD 2012, 115; *Eckhardt,* Kommentar zu BVerfG, B. v. 13.11.2010 – 2 BvR 1124/10, K&R 2011, 323; *Eckhardt/Kramer,* EU-DSGVO – Diskussionspunkte aus der Praxis, DuD 2013, 287; *Eckhardt/Kramer/Mester,* Auswirkungen der geplanten EU-DS-GVO auf den deutschen Datenschutz, DuD 2013, 623; *Engels/Eimterbäumer,* Sammeln und Nutzen von e-Mail-Adressen zu Werbezwecken, K&R 1998, 196ff.; *Federratz/Pfitzmann,* „Neue" Anonymitätstechniken, Eine vergleichende Übersicht, DuD 1998, 628ff.; *dies.,* Anonymität, Authentizität und Identifizierung, in: Bartsch/Lutterbeck (Hrsg.), Neues Recht für neue Medien, 1998; *Forst,* Social Media Guidelines – Regelung durch Betriebsvereinbarung?, ZD 2012, 251; *Fox/Bizer,* Namenlos im Netz, DuD 1998, 616; *Gerlach,* Personenbezug von IP-Adressen – Praktische Konsequenzen aus dem Urteil des LG Berlin vom 31.1.2013, CR 2013, 478; *Gola/Klug,* Die Entwicklung des Datenschutzrechts in den Jahren 2010/2011, NJW 2011, 2484; *Golembiewski,* Das Recht auf Anonymität im Internet, DuD, 2003, 129; *Gounalakis,* Rechtliche Grenzen der Autocomplete-Funktion von Google, NJW 2013, 2321; *Gounalakis/Rhode,* Telemediendienste, Mediendienste und Rundfunk, CR 1998, 487ff.; *Grimm/Löhndorf/Scholz,* Datenschutz in Telemediendiensten (DASIT), DuD 1999, 272; *Gstrein,* Die umfassende Verfügungsbefugnis über die eigenen Daten – Das „Recht auf Vergessenwerden" und seine konkrete Umsetzbarkeit, ZD 2012, 424; *Gundermann,* Internet und Datenschutz – ein Reality Check, NJW-CoR 1998, 492; *Härting,* Anonymität und Pseudonymität im Datenschutzrecht, NJW 2013, 2065; *Heidrich,* „Ausradiert", c't 15/2015, 156ff.; *Herb,* Datenschutzrechtliche Vorschriften im Rundfunkbeitragsstaatsvertrag (RBStV), DuD 2011, 270; *Hoeren,* „Das Telemediengesetz, NJW 2007, 801ff.; *Hochsteiner,* Telemedien-

Überblick zum Datenschutz nach TMG und DS-GVO   Vor §§ 11 ff. TMG

dienste, Mediendienste und Rundfunkbegriff – Anmerkungen zur praktischen Abgrenzung multimedialer Erscheinungsformen, NJW 1997, 2977 ff.; *Hoeren,* Das Telemediengesetz; NJW 2007, 801 ff.; *Hoffmann-Riem,* Der Rundfunkbegriff in der Differenzierung kommunikativer Dienste, AfP 1996, 9 ff.; *Iraschko-Luscher/Kiekenbeck,* Internetbewertungen von Dienstleistern – praktisch oder kritisch? Meinungsäußerungen zu Lehrer, Arzt & Co. vor dem Hintergrund des § 30a BDSG, ZD 2012, 261; *Jandt,* Das neue TMG – Nachbesserungsbedarf für den Datenschutz im Mehrpersonenverhältnis", MMR 2006, 652 ff.; *Karg,* Die Rechtsfigur des personenbezogenen Datums – Ein Anachronismus des Datenschutzrechts?, ZD 2012, 255; *Kaufmann,* Meldepflichten und Datenschutz-Folgenabschätzung – Kodifizierung neuer Pflichten in der EU-Datenschutz-Grundverordnung, ZD 2013, 358; *Klass,* Sinnvolles Vervollständigungsinstrument oder manipulative Gerüchteküche? Die Autocomplete-Funktion der Suchmaschine Google und ihre Bewertung durch die Gerichte – Anmerkung zu BGH, Urt. v. 14.5.2013 – VI ZR 269/12, ZUM 2013, 553; *Koenig/Neumann,* Internet-Protokoll-Adressen als „Nummern" im Sinne des Telekommunikationsrechts?, K&R 1999, 145 ff.; *Köpsell/Kossel,* Maskenball, c't 19/2002, 132 ff.; *Koreng/Feldmann,* Das „Recht auf Vergessen" – Überlegungen zum Konflikt zwischen Datenschutz und Meinungsvielfalt, ZD 2012, 311; *Kröger/Moos,* Mediendienst oder Telemediendienst?, AfP 1997, 675 ff.; *dies.,* Regelungsansätze für Multimediadienste, ZUM 1997, 462 ff.; *Krüger/Maucher,* Ist die IP-Adresse wirklich ein personenbezogenes Datum?, MMR 2011, 433; *Kühling/Sivridis/Schwuchow/Burghardt,* Das datenschutzrechtliche Vollzugsdefizit im Bereich Telemedien – ein Schreckensbericht, DuD 2009, 335; *Leutheusser-Schnarrenberger,* Zur Reform des europäischen Datenschutzrechts, MMR 2012, 709; *Lundevall/Tranvik,* Was sind personenbezogene Daten? Die Kontroverse um IP-Adressen, ZD-Aktuell 2012, 03004; *Moos,* Datenschutz im Internet, in: Kröger/Gimmy, Handbuch zum Internet-Recht, 2000, S. 421 ff.; *ders.,* Unmittelbare Anwendbarkeit der Cookie-Richtlinie – Mythos oder Wirklichkeit?, K&R 2012, 635; *ders.,* Die Entwicklung des Datenschutzrechts im Jahr 2011, K&R 2012, 151; *Moos/Arning,* Vorschlag der ICC zur Umsetzung des „Cookie-Richtlinie" 2009/136/EG, ZD-Aktuell 2011, 124; *Nebel/Richter,* Datenschutz bei Internetdiensten nach der DS-GVO – Vergleich der deutschen Rechtslage mit dem Kommissionsentwurf, ZD 2012, 407; *Ott,* Schutz der Nutzerdaten bei Suchmaschinen – Oder: ich weiß, wonach du letzten Sommer gesucht hast …, MMR 2009, 448; *Pahlenberg-Brandt,* Zur Personenbezogenheit von IP-Adressen, K&R 2008, 288; *Pichler,* Haftung des Host Providers für Persönlichkeitsverletzungen vor und nach dem TDG", MMR 1998, 79 ff.; *Pitschas,* Informationelle Selbstbestimmung zwischen digitaler Ökonomie und Internet, DuD 1998, 139 ff.; *Raabe,* Die rechtliche Einordnung zweier Web-Anonymisierungsdienste, DuD 2003, 134; *ders.* Abgrenzungsprobleme bei der rechtlichen Einordnung von Anonymisierungsdiensten im Internet, CR 2003, 268; *Redeker,* Datenschutz und Internethandel, ITRB 2009, 204; *Rieß,* Anwendbarkeit des TKG und des IuKDG, in: Bartsch/Lutterbeck (Hrsg.), Neues Recht für neue Medien, 1998; *Roessler,* Anonymität im Netz, DuD 1998, 619 ff.; *Rogall-Grothe,* Ein neues Datenschutzrecht für Europa, ZRP 2012, 193; *Roos/Buchmüller,* Die Entwicklung des Datenschutzrechts im Jahr 2012, ZD 2013, 157; *Rosenbaum/Tölle,* Aktuelle rechtliche Probleme im Bereich Social Media – Überblick über die Entscheidungen der Jahre 2011 und 2012, MMR 2013, 209; *Roßnagel,* Datenschutz in globalen Netzen, DuD 1999, 253 ff.; *Roßnagel,* Datenschutz in globalen Netzen, Das TMG – ein wichtiger Schritt, DuD 1999, 253 ff.; *ders.* (Hrsg.), Kommentar zum IuKDG und zum MDStV, 2005; *Roßnagel/Scholz,* Datenschutz durch Anonymität und Pseudonymität, MMR 2000, 721; *Sachs/Meder,* Datenschutzrechtliche Anforderungen an einen App-Anbieter, ZD 2013, 303; *Schaar,* Datenschutz im Internet, 2002; *Schmitz,* TDDSG und das Recht auf informationelle Selbstbestimmung, 2000; *ders.,* Datenschutzgerechte Gestaltung von AGB für Telemedia-Dienste, DuD 2001, 395 ff.; *Schneider,* „WhatsApp Co.- Dilemma um anwendbare Datenschutzregeln", ZD 2014, 231 ff.; *Schild,* „Vom Dreigestirn zum Zweigestirn? – Ein Beitrag zum sprachlichen Babylon nach dem zukünftigen TMG und dem 9. RÄStV"; *Schulz,* Datenschutz beim E-Post-Brief, DuD 2011, 263; *Schulz/Skistims/Zirfas/Atzmüller/Scholz,* Rechtliche Ausgestaltung sozialer Konferenzplattformen, ZD 2013, 60; *Schulze-Melling,* Ein Datenschutzrecht für Europa – eine schöne Utopie oder irgendwann ein gelungenes europäisches Experiment?, ZD 2012, 97; *Seidel/Nink,* Personensuchmaschinen – Rechtliche Fragestellungen, CR 2009, 666; *Sieber,* Datenschutz als Qualitätsmerkmal, DuD 1996, 661 ff.; *Sieber/Liesching,* Die Verantwort-

TMG Vor §§ 11 ff.   Überblick zum Datenschutz nach TMG und DS-GVO

lichkeit der Suchmaschinenbetreiber nach dem Telemediengesetz, MMR-Beil. 2007, 1; *Simitis,* Die informationelle Selbstbestimmung, NJW 1998, 398 ff.; *Solmecke,* Social Media – Aktuelle rechtliche Entwicklungen, DSRI-Tagungsband 2011, 33; *Solmecke/Wahlers,* Rechtliche Situation von Social Media Monitoring-Diensten – Rechtskonforme Lösungen nach dem Datenschutz- und Urheberrecht, ZD 2012, 550; *Spies/Vinke,* UK: Neue Cookie-Leitlinien der Internationalen Handelskammer – Verwirrung jetzt perfekt?, ZD-Aktuell 2012, 02861; *Spindler/Dorschel,* Vereinbarkeit der geplanten Auskunftsansprüche gegen Internet-Provider mit EU-Recht, CR 2006, 341 ff.; *Spindler/Schuster,* Recht der elektronischen Medien, 3. Aufl., 2015 (zit. Spindler/Schuster/*Bearbeiter*); *Thürauf,* Cookie Opt-in in Großbritannien – Zukunft der Cookies?, ZD 2012, 24; *Tinnefeld,* Europas Datenschutz und Reformdruck, ZD 2012, 301; *Trstenjak,* Das Verhältnis zwischen Immaterialgüterrecht und Datenschutzrecht in der Informationsgesellschaft im Lichte der Rechtsprechung des Europäischen Gerichtshofs, GRUR Int 2012, 393; *Venzke,* Die Personenbezogenheit der IP-Adresse, ZD 2011, 114; *Vulin,* Ist das deutsche datenschutzrechtliche Schriftformerfordernis zu viel des Guten? – Überlegungen zur Umsetzung der europäischen Vorgaben im BDSG, ZD 2012, 414; *Weber,* Anonym nutzbare TK-Dienstleistungen aus Sicht eines Unternehmens, DuD 1998, 641 ff.; *Wichert,* Web-Cookies – Mythos und Wirklichkeit, DuD 1998, 273 ff.; *Wintermeier,* Inanspruchnahme sozialer Netzwerke durch Minderjährige – Datenschutz aus dem Blickwinkel des Vertragsrechts, ZD 2012, 210; *Wolff/Neumann,* Anordnung der Auskunft über Telekommunikationsverbindungen gegen unbekannt?, NStZ 2003, 404 ff.; *dies.,* Informationsermittlung für Anordnungen nach §§ 100a und 1006 StPO im Wege telekommunikationsrechtlicher Auskunftsverfahren; *Wytibul/Rauer,* EU-Datenschutz-Grundverordnung und Beschäftigtendatenschutz – Was bedeuten die Regelungen für Unternehmen und Arbeitgeber in Deutschland?, ZD 2012, 160.

Übersicht

	Rn.
I. Einleitung	1
II. Mögliche Verdrängung der Datenschutzregeln des TMG und zukünftiger Rechtsrahmen durch DS-GVO	8
1. Mögliche Aufhebung der Datenschutzregeln des TMG durch die DS-GVO	8
2. Fortgeltung der Haftungsbegrenzungen für den Datenschutz	12
3. Teilweise Fortgeltung des § 15 Abs. 3	13
4. Kritik an einer fehlenden Spezialregelung für Telemediendienste in der DS-GVO	15
5. Ausnahmeregelung für Dienste unter der Richtlinie 2002/58/EG nach Art. 95 DS-GVO	20
6. Zukünftige Spezialregeln nach der ePrivacy-VO	25
III. Historie und bisheriger Rechtsrahmen der Datenschutzregeln des TMG	30
1. Überblick über die Entstehung und Entwicklung des TMG zum Datenschutz	30
a) TMG 2007 übernimmt die Datenschutzvorschriften aus TDDSG/MdStV	30
aa) Vom TDDSG/MDStV zum TMG 2007	30
bb) Ziel des Gesetzes	31
b) Unterlassene Evaluierung des TMG 2009	34
c) Anpassungen des TMG 2009 im Rahmen der BDSG-Novelle II	35
d) Änderung des TMG im Jahre 2010	36
e) Keine Umsetzung von TMG-E 2011 und TMG-E 2012	37
f) Änderung von § 13 Abs. 7 durch IT-SicherheitsG	40
g) Anpassung durch Netzwerkdurchleitungsgesetz	41
2. Schutzbereich und Regelungszweck der Datenschutzregelungen der §§ 11–16	43
a) Das Recht auf informationelle Selbstbestimmung	45

	Rn.
aa) Inhalt des Rechts auf informationelle Selbstbestimmung	46
bb) Herleitung und Bestimmung des Grundrechtsinhalts	48
cc) Einschränkungsmöglichkeiten des Grundrechts	51
dd) Verbindliche Geltung für die Regelungen des TMG	55
b) Vorrang der Fernmeldegeheimnis nach Art. 10 GG	56
3. Bezug zum aktuellen Rechtsrahmen der EU	60
a) EU-Datenschutzrichtlinie und elektronische Kommunikation	61
b) ePrivacy-Richtlinie (RL 2002/58/EG) und neue ePrivacy-VO	64
c) Cookie-Richtlinie (RL 2009/136/EG)	68
d) Besonders bedeutsame Rechtsprechung des EuGH	70
aa) EuGH-Urteil zum Recht auf Vergessen	72
bb) Safe Harbor-Urteil und EU-US Privacy Shield	75
cc) EuGH zum Personenbezug und Art. 7 lit. f) DSRL	77
IV. Überblick über die Datenschutzgrundsätze des TMG	81
1. Erlaubnisvorbehalt	81
2. Systemdatenschutz	82
3. Besondere Erlaubnistatbestände	83
V. Würdigung der Datenschutzregeln im TMG	87
1. Wertender Rückblick und Ausblick zur DS-GVO	87
2. Kritikpunkte zum TMG	92
a) Fortbestand der bisherigen Kritik	94
b) Neue Kritikpunkte am TMG	96
3. Positive Aspekte	104

I. Einleitung

Der **4. Abschnitt des TMG** regelt in **§§ 11–15a** den **Schutz der personenbe-** 1
zogenen Daten der Nutzer bei der Bereitstellung und Nutzung von **Telemediendiensten**. § 16 enthält zusammenfassend die „Bußgeldvorschriften" bei Verstoß gegen die dort genannten im TMG normierten Pflichten. Die **Datenschutzregelungen** gelten bis zum 25.5.2018 (Geltungsstichtag der DS-GVO) **spezialgesetzlich** mit Vorrang zum (bisherigen) BDSG. Das TMG regelt auf diese Weise spezialgesetzlich insbesondere den Datenschutz bei der Nutzung von Webseiten und anderen „Online-Diensten" und Apps. Umstritten ist, inwieweit sog. OTT-Dienste („Over-the-Top-Dienste" wie Skype oder Whats App) sowie internetgestützte E-Mail-Dienste unter das TMG fallen.

Bei der **Nutzung von Telemediendiensten,** wie insbesondere Web-Diensten, 2
fallen Inhalte an, die **hochsensible Informationen** über die beteiligten Nutzer offenlegen können und zudem mittels Technologien zur Verknüpfung der Informationen über verschiedene Dienste umfassende Persönlichkeitsprofile ermöglichen. Selbst die Nutzungsdaten, wie zB die Adressen der besuchten Websites und der abgerufenen Adressen, lassen entsprechende Informationen zu.[1] Aufgrund dieser speziellen Gefährdungslage ist ein **besonderer Schutz** des Grundrechts auf Informationelle Selbstbestimmung nach **Art. 2 Abs. 1 GG** sowie **Art. 1 Abs. 1 GG** (hierzu → Rn. 45) erforderlich. Dies folgt auch aus dem Grundrecht „aller Menschen auf Achtung ihres Privat- und Familienlebens […] und ihrer Kommunikation" nach Art. 7 der **Charta der Grundrechte** der Europäischen Union, weshalb die **ePrivacy-VO** zukünftig spezielle Regelung zum Datenschutz bei der Nutzung von elektronischen

---

[1] Vgl. hierzu aktuell Erwägungsgrund 2 des Entwurfes zur „neuen" ePrivacy-VO", v. 16.1.2017, 5358/17. So auch *Gola*, DS-GVO, Art. 6 Rn. 30 und Art. 95 Rn. 18 f.; Plath/*Hullen*/*Roggenkamp*, BDSG/DSGVO, Einl TMG Rn. 13; *Keppeler*, MMR 2015, 779, 781.

TMG Vor §§ 11 ff. Überblick zum Datenschutz nach TMG und DS-GVO

Kommunikationsdiensten einschließlich Web- und Internetdiensten sowie auch den sog. „OTT-Diensten" enthalten soll, hierzu → Rn. 25.

3 Mit der unmittelbaren Geltung der **DS-GVO** ab dem 25.5.2018 sind diese **Datenschutzregeln des TMG nach wohl hM nicht mehr anwendbar**, → Rn. 9. Eine Ausnahme könnte nur für § 15 Abs. 3 gelten, der insofern anwendbar bleibt, wie es für die Umsetzung der sog. Cookie-Richtlinie" (RL 2009/136/EG zur Änderung der RL 2002/58/EG), erforderlich ist (→ Rn. 13), weil Art. 95 DS-GVO für diese Richtlinie die Geltung bestimmt. Erst durch die neue **ePrivacy-VO** werden dann wieder spezialgesetzliche Regeln für die Telemediendienste gelten, die auch die Nutzung von Cookies neu regelt. Sollte die ePrivacy-VO zeitgleich wie die DS-GVO zum 25.8.2018 Geltung erlangen, so würde es dieser richtlinienkonformen Auslegung auf Basis der bis bisherigen Cookie-Richtlinie nicht bedürfen. Vorzugswürdig ist allerdings die Ansicht, wonach bis zur Geltung der ePrivacy-VO die Erlaubnistatbestände der §§ 11ff. über Art. 95 DS-GVO zur nationalen Umsetzung der ePrivacy-RL fortgelten.[2]

4 Im **Überblick** ergibt sich folgendes **zu den Datenschutzregeln des TMG:** Der Anwendungsbereich der Datenschutzregeln des TMG bestimmt sich grundlegend durch den Anwendungsbereich des § 1 TMG im Zusammenspiel mit § 11. In § 12 werden die wesentlichen Grundsätze zur Datenverarbeitung normiert, insbesondere der Erlaubnisvorbehalt und die Zweckbindung. § 13 normiert unter der Überschrift „Pflichten des Diensteanbieters" die organisatorisch-technischen Pflichten, die der Diensteanbieter einzuhalten hat. Die §§ 14 und 15 enthalten dann die gesetzlichen Erlaubnistatbestände für die Verarbeitung von Bestandsdaten (§ 14) und die Verarbeitung der Nutzungsdaten (§ 15). § 15a normiert die Informationspflicht bei unrechtmäßiger Kenntniserlangung. Die Ordnungswidrigkeitstatbestände, die bei einer Verletzung der Vorschriften des TMG einschließlich der Datenschutzvorschriften gelten, sind im Abschnitt 5 des TMG unter „Bußgeldvorschriften" normiert (§ 16).

5 Obwohl die Geltung der Datenschutzregeln des TMG zum 25.5.2018 mit dem Geltungsbeginn der DS-GVO enden, hat der Gesetzgeber für die **Übergangszeit** bis dahin am 30.6.2017 noch eine **Ergänzung** zu § 14 Abs. 3–5 beschlossen durch das **NetzDG** (hierzu → Rn. 41). Zur **weiteren Gesetzeshistorie** des TMG → Rn. 30 ff.

6 Die **Erlaubnistatbestände** des TMG zur Datenverarbeitung stellen dem **Wortlaut** nach im Grundprinzip auf die **Erforderlichkeit** zur Vertragsgestaltung (Bestandsdaten nach § 14) oder zur Nutzung (Nutzungsdaten nach § 15) ab. Abwägungstatbestände, wie sie zB in § 28 Abs. 1 Nr. 2 BDSG vorgesehen sind, kennt das TMG dem Wortlaut nach nicht. Dem Wortlaut nach ähneln die Erlaubnistatbestände des TMG daher den Erlaubnistatbeständen des TKG, die auf der ePrivacy-RL (2002/58/EG) beruhen. Allerdings hat der **EuGH**[3] entschieden, dass die Erlaubnistatbestände des TMG die in der (allgemeinen) **Datenschutzrichtlinie** 95/58/EG vorgesehene Erlaubnis zu stark einschränken und insbesondere Art. 7 lit. f). Der BGH hat hierzu entschieden, dass es deshalb einer **richtlinienkonformen Auslegung** des § 15 Abs. 1 und 4 bedarf, bei der **Art. 7 lit. f) DSRL ergänzend anzuwenden** ist. Auf diese Weise erhalten die Datenschutzregeln des TMG eine deutliche Öffnung sowie eine bis dahin nicht vorgesehene Abwägung der Interessen.

7 Die Rechtsanwendung der Datenschutzregeln des TMG hat auch ohne Gesetzesänderungen zudem **weitere grundlegende Änderungen** oder **Klarstellungen** durch Urteile des **EuGH** erhalten, wie etwa zum Personenbezug der dynamischen IP-Adressen und dem „Recht auf Vergessen". Es haben damit im Ergebnis eine **tiefgreifende Änderungen** und Evaluierung der Datenschutzregeln durch die Rechtsprechung des EuGH stattgefunden, nicht durch den Gesetzgeber.

---

[2] S. auch BfDI, 37. Jour Fixe, Anlage 4, S. 8 f.
[3] EuGH, Urt. v. 19.10.2016 – C-582/14.

II. Mögliche Verdrängung der Datenschutzregeln des TMG und zukünftiger Rechtsrahmen durch DS-GVO

1. Mögliche Aufhebung der Datenschutzregeln des TMG durch die DS-GVO

Ab dem **25.5.2018** gilt als **unmittelbar anwendbares Recht die DS-GVO** 8 vom 27.4.2016 (Verordnung (EU) 2016/679 des Europäischen Parlaments und des Rates vom 27 April 2016 zum Schutz natürlicher Personen bei der Verarbeitung personenbezogener Daten, zum freien Datenverkehr und zur Aufhebung der Richtlinie 95/46/EG (Datenschutz-Grundverordnung)", verkündet im Amtsblatt der Europäischen Union vom 4.5.2016 L 119/1) innerhalb der gesamten EU. Diese DS-GVO basiert auf einem Entwurf der EU-Kommission für eine Verordnung zum Schutz natürlicher Personen bei der Verarbeitung personenbezogener Daten und zum freien Datenverkehr.[4] Die vorgesehenen Regelungen wurden teilweise deutlich kritisiert, insbesondere der **Schutz der Internetnutzer** gegenüber den Diensteanbietern wurde als **unzureichend angesehen**.[5] Denn die DS-GVO enthält keine besonderen Erlaubnistatbestände für die Internetdienste. Wesentliche Änderungen oder Ergänzungen hinsichtlich der Regelung zum Datenschutz bei Internetdiensten hat es bei der DS-GVO trotz der Kritik aber nicht mehr gegeben.

Die DS-GVO enthält gegenüber dem TMG die **vorrangigen Regeln zum Da-** 9 **tenschutz und verdrängt nach hM die Datenschutzregeln des TMG**[6]. Im Ergebnis ist dieser Ansicht nur eingeschränkt zuzustimmen. Das Ergebnis der hM ist im Hinblick auf die Ausnahmeregelung des Art. 95 DS-GVO, wonach die in der RL 2002/58/EG geregelten Dienste, keine weiteren Pflichten durch die DS-GVO auferlegt werden, weniger klar, als es den ersten Anschein haben mag, → Rn. 20. Der Vorrang der DS-GVO wird dadurch begründet, dass die DS-GVO die „Vorschriften zum Schutz natürlicher Personen bei der Verarbeitung personenbezogener Daten und zum freien Verkehr solcher Daten" regelt. Das Verhältnis zum Ausnahmeregelung nach Art. 95 für Dienste, die der RL 2002/58/EG unterfallen, ist allerdings unklar. Denn gerade der mögliche Umfang der Ausnahme für Telemediendienste nach Art. 95 DS-GVO gibt, wenn man einer Verdrängungswirkung der DS-GVO gegenüber dem TMG ausgeht, Rätsel auf. Jedenfalls geht aber der deutsche Gesetzgeber davon aus,[7] dass mit der **Geltung der DS-GVO** für Telemedien **nicht mehr die Datenschutzregeln des TMG gelten,** sondern nur noch die Vorschriften der DS-GVO und des die DS-GVO umsetzenden neuen BDSG.[8] Nicht ganz klar ist, ob es eine formelle Aufhebung des §§ 11 ff. zum Datenschutz geben wird. Weitere Klarheit zur

---

[4] EU-Kommission, Vorschlag für Verordnung des Europäischen Parlaments und des Rates zum Schutz natürlicher Personen bei der Verarbeitung personenbezogener Daten und zum freien Datenverkehr (Datenschutz-Grundverordnung) v. 25.1.2012, KOM(2012) 11 endg., 2012/0011 (COD), abrufbar unter: http://eur-lex.europa.eu/LexUriServ/LexUriServ.do?uri=COM:2012:0011:FIN:DE:PDF.

[5] Nebel/Richter, ZD 2012, 407, 413.

[6] Gola, DS-GVO, Art. 6 Rn. 30, Art. 95 Rn. 18f.

[7] S. Begr. zu § 14 Abs. 2 NetzDG, BT-Drs. 18/12356, S. 28.

[8] BT-Drs. 18/11325; aA BfDI, Anlage 4 zum 37. Jour Fixe Telekommunikation. Für die Übergangszeit [bis zur Geltung der ePrivacy-VO] gelten dann DS-GVO und ePrivacy-Richtlinie 2002/58/EG in Verbindung mit der nationalen Umsetzung […] §§ 11 ff. Zwar wurden diese Paragraphen nicht 1:1 aus der RL 2002/58/EG umgesetzt, aber sie sind durch Auslegung Teil dieses Verweises.

TMG Vor §§ 11 ff. Überblick zum Datenschutz nach TMG und DS-GVO

Geltung der DS-GVO und neue Spezialregelungen für die Dienste im Internet wird durch die im Entwurf befindliche **ePrivacy-VO** erwartet.

10   Nur unter der Prämisse, dass die Ausnahme nach Art. 95 DS-GVO nur für die in der Richtlinie 2002/95/EG geregelten Telekommunikationsdienste gilt, ergibt sich folgendes für die Geltung der Datenschutzregeln des TMG am 25.5.2018: Im Ergebnis finden die **Datenschutzregeln** des **TMG keine Anwendung mehr.** Auch eine **ergänzende Anwendung** zur Auslegung der DS-GVO oder des neuen BDSG, selbst soweit sie der DS-GVO nicht widersprechen oder diese keine ausdrücklichen Regelungen zum Datenschutz bei Telemediendiensten enthält. Eine solche ergänzende Rechtsanwendung würde voraussetzen, dass die DS-GVO und die Umsetzung im BDSG bewusst für den Bereich der Telemediendienste eine Lücke gelassen oder eine Ausnahme vorgesehen haben. Nach dieser Ansicht sieht die DS-GVO **keine Ausnahme-** oder Öffnungsklausel für die Anbieter von **Telemediendiensten,** anders als für die Anbieter von Telekommunikationsdiensten (vgl. Art. 95), vor. Auch der Gesetzgeber hat deutlich gemacht, dass er keine Lücke sieht und nicht von einer Fortgeltung ausgeht.[9]

11   Auch die **anerkannten Grundsätze und die Rechtsanwendungspraxis des TMG** für die Anwendung der DS-GVO kann **nicht zur Anwendung der DS-GVO übernommen** werden. Dies scheitert an der grundlegend geänderten Systematik der tatbestandlichen Erlaubnisnorm in Art. 6 DS-GVO. Denn die Datenschutzregeln des TMG basieren auf speziellen und strikten Regeln mit Erforderlichkeitsvorbehalt und Erlaubnistatbeständen, die keine Abwägung vorsehen. Der einzige und zentrale Erlaubnistatbestand nach Art. 6 DS-GVO basiert hingegen wesentlich auf einer vorzunehmenden Interessensabwägung, die dem TMG völlig fremd war. **Vorzugswürdig** ist allerdings die Ansicht, wonach bis zur Geltung der ePrivacy-VO die **Erlaubnistatbestände der §§ 11 ff. TMG** über Art. 95 DS-GVO zur nationalen Umsetzung der ePrivacy-RL **fortgelten.** Diese Ansicht schafft höhere Rechtssicherheit und ein praktikables Ergebnis und wird durch Art. 95 DS-GVO eröffnet. Es ist auch offenkundig, dass schon die ePrivacy-RL auch den Datenschutz im Internet regeln will, wie insbesondere die Regeln zu den Cookies zeigen. Das TMG ist deshalb in richtlinienkonformer Auslegung zur ePrivacy-RL weiter anwendbar, jedenfalls soweit es die Erlaubnistatbestände der §§ 11 ff. TMG betrifft.[10]

2. Fortgeltung der Haftungsbegrenzungen für den Datenschutz

12   Für den gesamten Bereich der **Haftung** im **Datenschutz** greifen die **Haftungsbegrenzungen** der §§ 7–10 ein. Dies gilt auch noch unter der DS-GVO.[11]

3. Teilweise Fortgeltung des § 15 Abs. 3

13   Denn Art. 95 DS-GVO verleiht der RL 2002/58/EG und damit deren Art. 5 Abs. 3 auch weiterhin Wirkung, vgl. ausführlich → § 13 Rn. 25 ff. Allerdings misst der EuGH die Datenschutzregeln des TMG offenbar nur an der DSRL 95/46/EG und nicht auch an der ePrivacy-RL 2002/58/EG,[12] obwohl dies insbesondere nach der Ergänzung durch die sog. „Cookie-RL" 2009/136/EG naheliegend ist.

14   Diese **Fortgeltung des § 15 Abs. 3** in richtlinienkonformer Auslegung wird in jedem Falle **entbehrlich,** sobald die sich im Entwurf befindliche **ePrivacy-VO** zur **Geltung** kommt, welche die Regelungen der DS-GVO ergänzen und spezifizieren wird (hierzu → § 13 Rn. 26). Die ePrivacy-VO wird datenschutzrechtliche Spezialre-

---

[9] S. Begr. zu § 14 Abs. 2 NetzDG, BT-Drs. 18/12356, S. 28.
[10] S. auch BfDI, 37. Jour Fixe, Anlage 4. S. 8 f.
[11] → Vor Abschnitt 3 Rn. 23.
[12] S. EuGH, Urt. v. 19.10.2016 – C-582/14.

gelungen für elektronische Kommunikationsdienste einschließlich der Internetdienste und teilweise auch für die OTT-Dienste enthalten und hierbei auch den Einsatz von Cookies neu regeln. Die ePrivacy-VO wird damit auch die bisherige „Cookie-Richtlinie" (RL 2009/136/EG zur Änderung der Richtlinie 2002/58/EG) aufheben und soll auch bereits mit Geltung der DS-GVO zum 28.5.2018 verbindlich werden. Da aber fraglich ist, ob dieser ambitionierte Zeitplan eingehalten werden kann, kann es dazu kommen, dass es zunächst an einer nationalen Regelung zur Umsetzung der bisherigen Cookie-Richtlinie fehlt.

4. Kritik an einer fehlenden Spezialregelung für Telemediendienste in der DS-GVO

Der deutsche Gesetzgeber hatte schon mit dem IuKDG vor der Jahrtausendwende zu Recht erkannt, dass **datenschutzrechtliche Spezialregelungen** für den Bereich der Dienste im Web und Internet erforderlich sind, da hier **spezielle Interessen und Herausforderungen** herrschen im Vergleich zum allgemeinen Datenschutzrecht. Denn diese Dienste ermöglichen einerseits sehr spezielle Verarbeitungsmöglichkeiten und umfassen andererseits sehr umfassend alle Lebensbereiche der Nutzer, da die moderne Nutzung des Internet umfassende Datenspuren eines jeden Nutzers hinterlässt, die einen umfassenden Überblick über alle seine Lebensgewohnheiten, Vorlieben, Orientierung und sogar Aufenthaltsorte geben kann. Im Gegenzug basieren viele Dienste wirtschaftlich und technisch auf einer solchen umfassenden Datenerhebung und haben faktisch eine nahezu weltweite Verbreitung.

Es muss **bezweifelt** werden, dass die **allgemeinen Regeln des DS-GVO** eine sachgerechte und **rechtssichere Antwort** auf diese **datenschutzrechtlichen Herausforderungen** liefert, da die Erlaubnistatbestände zu offen und abstrakt sind, ohne auch nur im Ansatz spezielle Regelungen zu enthalten.[13] Dies zeigen die zentralen Erlaubnistatbestände nach Art. 6 DS-GVO, die sowohl abwägungsoffen, als auch von einem sehr hohen Abstraktionsgrad geprägt sind und keinerlei Unterscheidung für die Verarbeitung unterschiedlich risikobehafteter Dienste zeigen. Diese Datenschutzregeln gelten ebenso für den Offline-Versand eines Buches, wie für das Videostreaming im Internet oder den Abruf von anderen audiovisuellen Inhalten. Es ist aber offenkundig, dass der Online-Abruf solcher Inhalte im Internet ein deutlich höheres Risiko für die Persönlichkeitsrechte des Nutzers darstellt, da hier die Kommunikation in der Regel über offene Netze verläuft und vielfältige Tracking- und Verknüpfungsmöglichkeiten bestehen. Auf der anderen Seite sind viele Angebote aber auch unentgeltlich und finanzieren sich letztendlich über diese Trackingfunktionen und das Einspielen von nutzungsabhängiger Werbung. Entsprechend hat auch der EU-Verordnungsgeber erkannt, dass es in diesem Hinblick einer Spezialregelung für die Dienste im Internet bedarf und sieht hierzu Spezialregelungen in der neuen ePrivacy-VO vor. Diese sollen die allgemeinen Regelungen in der DS-GVO ergänzen, vgl. Art. 2 des Entwurfes zur ePrivacy-VO und → Rn. 18.

Rechtsicherheit kann bei den **abstrakten Erlaubnistatbeständen des Art. 6 DS-GVO**, die eine **Abwägung** erfordern, **erst** durch eine **Vielzahl von behördlichen oder gerichtlichen Entscheidungen** entstehen, welche das Auslegungsergebnis konkretisieren. Es ist zwar davon auszugehen, dass sich in Zukunft eine solche Auslegungspraxis zur DS-GVO entwickeln wird, welche durch richterliche Konkretisierung des Erlaubnistatbestandes von Art. 6 DS-GVO konkrete Aussagen zu Erlaubnis oder Verbot der speziellen Verarbeitungsarten im Internet oder bei Apps enthält. Allerdings dürfte dies **erfahrungsgemäß einige Jahre dauern** und in der Übergangszeit bis da-

---

[13] So auch vertiefend *Roßnagel/Kroschwald*, ZD 2014, 495, 496; *Roßnagel/Richter/Nebel*, ZD 2013, 104; *Dahlke*, ZD 2012, 354; *Dehlel/Hullen*, ZD 2013, 149; *Keppeler*, MMR, 2015, 779.

TMG Vor §§ 11 ff.   Überblick zum Datenschutz nach TMG und DS-GVO

hin verbleibt es bei hoher Rechtsunsicherheit. Dies ist als **Rückschritt** zu sehen gegenüber das bislang **spezielleren und klareren Datenschutzregelung im TMG.**

18   Der **EU-Verordnungsgeber** hat den entsprechenden **Handlungsbedarf** für die Datenschutzregeln bei den Webdiensten offenbar ebenfalls **erkannt.** Im Rahmen der **neuen,** welche die Richtlinie zur elektronischen Kommunikation (RL 20012/58/EG) ersetzen soll, wird auch der Datenschutz für Webdienste und zum Teil auch für OTT-Dienste speziell und ergänzend zur DS-GVO geregelt. Um diesem Regelungsbedarf Rechnung zu tragen, soll die neue ePrivacy-VO zum gleichen Zeitpunkt (25.5.2018) Geltung erlangen, wie die DS-GVO. Es ist allerdings fraglich, ob dieser ambitionierte Zeitplan eingehalten werden kann, da bislang nur der erste Entwurf der ePrivacy-VO vorliegt, hierzu → Rn. 25.

19   Falls die ePrivacy-VO erst nach Geltung der DS-GVO (25.5.2018) anwendbar werden, so ergibt sich in der Übergangszeit eine **deutliche Rechtsunsicherheit** für den **Datenschutz** bei **Telemediendiensten.** Eine gewisse Abhilfe bei dieser Rechtsunsicherheit kann jedoch der Ausnahmetatbestand nach Art. 95 zur RL 2002/58/EG (Elektronische Kommunikation) bewirken, weil diese Richtlinie über Art. 95 DS-GVO anwendbar ist und zumindest Regeln für die Nutzung von Cookies in ihrem Art. 5 Abs. 3 enthält, → § 13 Rn. 2. Vorzugswürdig ist allerdings die Ansicht, wonach bis zur Geltung der ePrivacy-VO die Erlaubnistatbestände der §§ 11 ff. über Art. 95 DS-GVO zur nationalen Umsetzung der ePrivacy-RL fortgelten. Diese Ansicht schafft höhere Rechtssicherheit und ein praktikables Ergebnis und wird durch Art. 95 DS-GVO eröffnet. Es ist auch offenkundig, dass schon die ePrivacy-RL auch den Datenschutz im Internet regeln will, wie insbesondere die Regeln zu den Cookies zeigen. Das TMG ist deshalb in richtlinienkonformer Auslegung zur ePrivacy-RL weiter anwendbar, jedenfalls soweit es die Erlaubnistatbestände der §§ 11 ff. betrifft.[14]

5. Ausnahmeregelung für Dienste unter der Richtlinie 2002/58/EG nach Art. 95 DS-GVO

20   Die **Datenschutzregelungen** des **TMG** gelten nicht für **Telekommunikationsdienste und telekommunikationsgestützte Dienste,** vgl. § 1. Der Datenschutz für diese Dienste wird durch §§ 88 ff. TKG bestimmt, die auf der RL 2002/58/EG basieren. Die DS-GVO enthält eine **Ausnahmeregelung,** welche insbesondere für Telekommunikationsdienste und insgesamt alle Dienste gilt, die nach Art. 95 DS-GVO unter die RL 2002/58/EG fallen.

21   Nach Art. 95 der DS-GVO **erlegt die DS-GVO** den Anbietern von Diensten, die der RL 2002/58/EG **(Datenschutzrichtlinie elektronische Kommunikation) unterfallen, „keine zusätzlichen Pflichten auf",** wie auch der Erwägungsgrund 173 klarstellt.[15] Dies bedeutet, dass sich die **Pflichten** und **Erlaubnistatbestände** jedenfalls für **Telekommunikationsdienste** und **telekommunikationsgestützte Dienste nicht** nach der **DS-GVO richten,** sondern aktuell nach der RL 2002/58/EG in Form der Umsetzung im TKG.

22   **Strittig** ist, ob und ggf. wie weit die ePrivacy-Richtlinie auch im **Internet verfügbare Dienste** regelt und damit eine Ausnahme nach **Art. 95 DS-GVO** auch für diese Dienste enthält. Dies wird von der wohl hM bestritten.[16] Nach dem Wortlaut der RL 2002/58/EG werden aber auch Internet verfügbaren Dienste sowie „Dienste mit Zusatznutzen" erfasst,[17] wie insbesondere auch die Regelung in ihrem Art. 5 Abs. 3 zu

---

[14] S. auch BfDI, 37. Jour Fixe, Anlage 4. S. 8 f.
[15] S. auch Ehmann/Selmayr/*Klabunde/Selmayr,* DS-GVO, Art. 95 Rn. 2, 3.
[16] S. zB *Keppeler,* MMR 2015, 781
[17] So auch Spindler/Schuster/*Spindler/Nink,* § 14 TMG Rn. 8; *Spindler/Dorschel,* CR 2006, 341, 345.

Cookies zeigt. Dies könnte bedeuten, dass sich der Datenschutz dieser Dienste ebenfalls nicht nach der DS-GVO richtet, wobei der genaue Umfang strittig ist. Nach dem klaren Wortlaut der Erwägungsgründe der RL 2002/58/EG ist es aber jedenfalls nicht richtig, dass die im Internet verfügbaren Dienste durch diese Richtlinie gar nicht geregelt werden sollten und es insofern auch entscheidend sei, dass der deutsche Gesetzgeber diese bei der Fassung des TMG nicht vor Augen gehabt habe.[18] Denn die Erwägungsgründe der Richtlinie, welche die Auslegung deren Regelungen und deren Zielsetzung bestimmen, bleiben hiervon unberührt und Art. 95 der DS-GVO greift diese Ausnahme auf. Zudem hat die RL 2009/136/EG, weit vor Erlass der DS-GVO, in Art. 5 Abs. 3 RL 2002/58/EG eine ausdrückliche Regelung für das Setzen und Verwenden von Cookies im Internet eingeführt. Die RL 2002/58 wollte gerade in der konsolidierten Fassung damit Internetdienste regeln und unternimmt dies auch durch ausdrückliche Regelungen. Schon in der Ursprungsfassung werden zudem zB „Internetdienste" (Erwägungsgrund 6), „Cookies" (Erwägungsgrund 25) und andere „Dienste mit Zusatznutzen" (zB Erwägungsgrund 18) sowie „Video-On-Demand-Dienste" (Erwägungsgrund 16) genannt. Allerdings hat der **EuGH**[19] die Datenschutzregeln des **TMG** nur an der **Datenschutz-RL gemessen** und nicht an der ePrivacy-RL.

Zwar lässt sich aus den **Erwägungsgründen** der **DS-GVO entnehmen,** dass die 23 DS-GVO insgesamt auch den Sachverhalt der **Internetnutzung regeln** soll. Aber dies kann auch durch die Verweisung nach Art. 95 DS-GVO auf die ePrivacy-RL erfolgen, die ganz offensichtlich den Sachverhalt der Internetnutzung zumindest teilweise regelt (zB Cookies). Damit sind die Erlaubnistatbestände der §§ 11 ff. ebenfalls anwendbar, da diese als Umsetzung der ePrivacy-RL zu gelten haben und an dieser zu bemessen sind.[20] Die Streitfrage dieser Fortgeltung wird voraussichtlich mit Geltung der **ePrivacy-VO beseitigt.** Erwägungsgrund 173 der DS-GVO ruft hierbei dazu auf, den Geltungsbereich klarzustellen.[21]

Der Datenschutz für die unter der Richtlinie 2002/58/EG geregelten Dienste soll 24 zeitnah durch die **neue ePrivacy-VO** geregelt werden (hierzu → Rn. 25), welche als **lex specialis** die Datenschutzregeln der DS-GVO für diesen Bereich ergänzen und präzisieren soll (s. Erwägungsgrund 5 sowie Art. 2 des Entwurfes zur ePrivacy-VO). Der EU-Verordnungsgeber erkannte hierbei bereits bei der DS-GVO dass die bisherige Privacy-Richtlinie 2002/58/EG einer Überarbeitung bedarf und in der Folgeregelung auch das Verhältnis zu DS-GVO zu klären ist, vgl. Erwägungsgrund 173. Sollte folglich die neue ePrivacy-VO nicht zeitnah zum 25.5.2018 mit der Geltung der DS-GVO ebenfalls Anwendung finden, wird es mangels unmittelbar anwendbarer Spezialregelungen zum Datenschutz in der DS-GVO und der Streitfrage zur Fortgeltung der §§ 11 ff. zunächst zu einer höheren Rechtsunsicherheit kommen, hierzu → Rn. 16 ff.

6. Zukünftige Spezialregeln nach der ePrivacy-VO

Der Datenschutz für die unter der RL 2002/58/EG geregelten Dienste soll zeit- 25 nah durch die **neue ePrivacy-VO** geregelt werden, welche als **lex specialis** die Datenschutzregeln der DS-GVO für diesen Bereich ergänzen und präzisieren soll. Der Europäische Verordnungsgeber hat ebenfalls erkannt, dass es für den Bereich der **elektronischen Dienste und Kommunikation spezielle Datenschutzregelungen** bedarf. Es wurde zunächst erwogen, die ePrivacy-Richtlinie zu erneuern. Da in diesem Fall aber das Zusammenspiel mit der DS-GVO sehr komplex und fraglich gewesen wäre, sollen die speziellen Regelungen nun in Form einer

---

[18] AA *Keppeler,* MMR 2015, 781.
[19] EuGH, Urt. v. 19.10.2016 – C-582/14.
[20] So auch BfDI, 37. Jour Fixe Telekommunikation, Anlage 4, S. 7 f.
[21] S. auch Ehmann/Selmayr/*Klabunde/Selmayr,* DS-GVO, Art. 95 Rn. 2.

TMG Vor §§ 11 ff. Überblick zum Datenschutz nach TMG und DS-GVO

ePrivacy-VO[22] geregelt werden, die wie die Regelungen der DS-GVO unmittelbare Geltung erlangen und diese „ergänzen" sollen.

26 Die **ePrivacy-VO** wird **datenschutzrechtliche Spezialregelungen** für elektronische Kommunikationsdienste einschließlich der Internetdienste und teilweise auch für die OTT-Dienste enthalten und hierbei auch den Einsatz von Cookies neu regeln. Diese Regelungen sollen als lex specialis die Datenschutzregeln der DS-GVO für diesen Bereich ergänzen und präzisieren, wie sich aus Erwägungsgrund 5 sowie Art. 2 des Entwurfes zur ePrivacy-VO ergibt. Hierbei ist auch das Verhältnis zu DS-GVO zu klären, vgl. Erwägungsgrund 173. Bislang erscheint diese Abgrenzung nicht klar gelungen, da im Ergebnis offen bleibt, welche Regeln der DS-GVO zusätzlich gelten, wenn es hierzu auch Regelungen in der ePrivacy-VO gibt (zB für Aufsicht, Schadensersatz usw.).

27 Insgesamt leidet der Entwurf zur **ePrivacy-VO** an **grundlegenden Mängeln.** Es fehlt insbesondere an einer **zeitgerechten Umsetzung** sowie an der **Klarheit und Transparenz** der Regeln.[23] Dies betrifft die Abgrenzung zur DS-GVO, die Definitionen und die viel zu hohe Vielzahl von Dokumenten, die sich bislang jeder Nutzer zu einem Regelwerk zusammenfügen muss. Es ist zu fordern, dass die ePrivacy-VO vollständig aus sich alleine heraus lesbar ist und die anwendbaren Regeln klar bestimmt.

28 Insbesondere **fehlen ausreichend konkrete** und **angemessene Regeln** für die einzelnen **Verarbeitungszwecke** wie insbesondere zu den Nutzungsdaten („Kommunikationsmetadaten") insbesondere zur Diensteerbringung, Abrechnung, Störungsbeseitigung. Der Verordnungsgeber muss viel konkretere und ausführlichere Regelungen treffen, da anders als bei der bisherigen Richtlinie keinerlei nationaler Umsetzungsspielraum verbleibt und die Verordnung diesen auch nicht eröffnet. Die Ausnahmen nach Art. 11 ePrivacy-VO sind nicht einschlägig für die fehlenden Detailregelungen. Zudem erscheint es geboten, unterschiedliche Regelungen für Telekommunikationsdienste und Internetdienste vorzusehen, insbesondere zur Abrechnung. Erst wenn diese grundlegenden Dinge ausreichend geregelt sind, macht es Sinn, über Details bei Tracking und Profiling zu diskutieren.

29 Gleichwohl enthält die ePrivacy-VO anders als die DS-GVO überhaupt spezielle Regeln für Internetdienste, selbst wenn diese zu kurz sind. Sollte folglich die neue **ePrivacy-VO nicht zeitnah** zum 25.5.2018 mit der Geltung der DS-GVO ebenfalls Anwendung finden, wird es mangels anwendbarer Spezialregelung zum Datenschutz und wegen der Streitfrage zur Fortgeltung der §§ 11 ff. zunächst zu einer höheren **Rechtsunsicherheit** kommen, hierzu → Rn. 16 ff. Die ePrivacy-VO wird auch die bisherige **„ePrivacy-Richtlinie"** (RL 2002/58/EG) **aufheben** und soll auch bereits mit Geltung der DS-GVO zum 28.5.2018 verbindlich werden. Da aber fraglich ich, ob dieser ambitionierte Zeitplan eingehalten werden kann, kann es dazu kommen, dass zunächst mangels Spezialregelung eine größere Rechtsunsicherheit beim Datenschutz für Telemediendienste entsteht, wie sie bislang im TMG und zukünftig in der ePrivacy-VO geregelt sind (hierzu auch → Rn. 16 ff.).

---

[22] S. „Vorschlag für eine Verordnung des Europäischen Parlamentes und des Rates über die Achtung des Privatlebens und den Schutz personenbezogener Daten in der elektronischen Kommunikation und zur Aufhebung der Richtlinie 2002/58/EG (Verordnung über Privatsphäre und elektronische Kommunikation) v. 10.1.2017, 2017/0003, mitgeteilt vom Rat unter 5358/17.

[23] *Schmitz*, ZRP 2017, 172.

III. Historie und bisheriger Rechtsrahmen der Datenschutzregeln des TMG

1. Überblick über die Entstehung und Entwicklung des TMG zum Datenschutz

a) TMG 2007 übernimmt die Datenschutzvorschriften aus TDDSG/ MdStV. aa) Vom TDDSG/MDStV zum TMG 2007. Mit dem TMG 2007 sind die **früheren Regelungen,** die der MDStV und das TDDSG zum **Datenschutz** enthielten, **einheitlich in §§ 11 ff. aufgegangen.**[24] Das TMG regelt in den §§ 11 ff. den Datenschutz für Telemediendienste und aufgrund der Verweisung in § 47 RStV auch den Datenschutz für Rundfunkdienste.[25] Mit dieser Neufassung des TMG sollten nicht nur die Erfahrungen und Entwicklungen mit dem TDDSG umgesetzt werden, sondern auch eine **Harmonisierung** des **Telemediendienstedatenschutzes** im Hinblick auf die **Novellierung des BDSG** vorgenommen werden.[26] Allerdings sind die Datenschutzregelungen der §§ 11–15 im Jahr 2007 ohne große inhaltliche Änderung aus den vorherigen datenschutzrechtlichen Bestimmungen des TDDSG und dem MDStV hervorgegangen, die ihrerseits früher bereits wesentlich deckungsgleich waren.

bb) Ziel des Gesetzes. Für den Bereich des **Datenschutzes** hat der Gesetzgeber sein **Ziel,** die **Regelungen** für **Telemediendienste zu vereinheitlichen und zu vereinfachen, nur zum Teil erreicht.** Erreicht wurde in Abstimmung mit den Ländern, dass die **Datenschutzregeln für Rundfunkdienste** in der Weise mit denen der dem TMG unterfallenden Telemediendienste **harmonisiert** sind, dass § 47 RStV die Datenschutzvorschriften des TMG „in der jeweils geltenden Fassung" für anwendbar erklärt. Insbesondere die Datenschutzregelungen im TMG profitieren somit von der Vereinheitlichung der Regelungen für Telemedien- und Rundfunkdienste, die früher getrennt im TDDSG, MDStV und RStV geregelt und zum Teil schwierig voneinander abzugrenzen waren.

Im Ergebnis ist für den Bereich des Datenschutzes **keine Unterscheidung mehr** zwischen den früher als **Mediendienst** geregelten Telemediendiensten mit journalistisch-redaktionell gestalteten Angeboten und solchen **Telemediendiensten** ohne diese Angebote (früher Teledienste nach dem TDG/TDDSG) zu treffen. Durch die dynamische Verweisung des § 47 RStV gelten die Datenschutzregelungen der §§ 11–15 a TMG auch für Rundfunkdienste. Auf diese Weise richten sich die anwendbaren **Datenschutzbestimmungen** sowohl für **Telemediendienste** als auch für **Rundfunkdienste einheitlich nach den §§ 11–15 a TMG.** Insofern ist für den **Datenschutz** eine **Vereinheitlichung** gelungen, wie sie für die inhaltsbezogenen Regelungen aus TMG und RStV auf Grund der unterschiedlichen inhaltlichen Vorgaben nicht erreicht werden konnte. Als Ausnahme bei der datenschutzrechtlichen Vereinheitlichung gelten nur die Sonderregelungen in §§ 47 Abs. 2 und 57 RStV. Für Rundfunkdienste enthält § 47 Abs. 2 RStV ergänzend zum Verweis auf die Datenschutzregelungen im TMG noch eine besondere Vorschrift zur Auskunft bei personenbezogenen Daten, die zu „journalistisch-redaktionellen Zwecken verarbeitet" wurden. Eine ähnliche Regelung findet sich in § 57 RStV für Telemediendienste mit journalistisch-redaktionell gestalteten Angeboten.

---

[24] *Hoeren,* NJW 2007, 801.
[25] Die ergänzend im RStV normierten Datenschutzregeln für Telemedien mit journalistisch-redaktionell gestalteten Angeboten spielen für den Datenschutz bis auf eine Sonderregelung in § 57 RStV zur Datenverarbeitung der sog. Redaktion kaum eine Rolle.
[26] Vgl. BT-Drs. 14/6098, S. 1.

TMG Vor §§ 11 ff.   Überblick zum Datenschutz nach TMG und DS-GVO

33   Allerdings ist für den Datenschutz nur die Unterscheidung zwischen Telemediendiensten und Rundfunkdiensten entbehrlich geworden. Die Abgrenzung zu den Telekommunikationsdiensten und anderen Diensten nach dem TKG ist nach wie vor gem. § 1 TMG erforderlich. Durch die Neufassung des § 1 und handwerkliche Fehler ist diese **Abgrenzung** der dem TMG unterfallenden **Telemediendiensten** zu den reinen und überwiegenden **Telekommunikationsdiensten** und den telekommunikationsgestützten Diensten **schwieriger** geworden. Nicht völlig zu Unrecht wird deshalb zum Teil davon gesprochen, dass aus dem alten Regelungschaos rund um Tele- und Mediendienste nun ein noch viel komplexeres Regelungschaos rund um die Abgrenzung von Telemediendiensten und Telekommunikation geworden sei.[27] Zudem ist nach wie vor die Abgrenzung zum BDSG und den sog. „Offline-Daten" bzw. Inhaltsdaten unklar. Die Würdigung der Neufassung fällt deshalb nicht uneingeschränkt positiv aus.

34   **b) Unterlassene Evaluierung des TMG 2009.** Die ursprünglich schon für das Jahr 2009 geplante **umfassende** Änderung bzw. **Evaluierung des TMG** ist im Ergebnis bislang **unterblieben.** Es gab zwar zur Bekämpfung der Kinderpornographie Änderungen durch das sog. Zugangserschwerungsgesetz (ZugErschwG), welche allerdings im Ergebnis nicht umgesetzt wurden. Obwohl die gegen das ZugErschwG gerichtete Verfassungsbeschwerde als unzulässig verworfen wurde,[28] ist das Gesetz mit Wirkung zum 29.12.2011 aufgehoben worden[29]. Ein weiteres Vorhaben sollte insbesondere in einem neuen § 15 Abs. 9 TMG münden, der die bislang fehlende Befugnis zur Erkennung und Beseitigung von Störungen regelt. Hierzu war es allerdings wegen des Zeitdrucks der ablaufenden 16. Legislaturperiode nicht mehr gekommen.[30] Es stand zu erwarten, dass dieses Vorhaben in der kommenden Zeit weiter verfolgt würde. Bislang ist aber keine Umsetzung erfolgt.

35   **c) Anpassungen des TMG 2009 im Rahmen der BDSG-Novelle II.** Weitere Änderungen des TMG wurden durch das sog. BDSG-ÄnderungsG durchgeführt. Mit dem zum 1.9.2009 in Kraft getretenen „Gesetz zur Änderung datenschutzrechtlicher Vorschriften",[31] sog. **BDSG-Novelle II,** wurden einige grundlegende **Änderungen** im **BDSG, TMG** und **TKG** vorgenommen. Im BDSG wurden insbesondere das Listenprivileg geändert, die Voraussetzungen der Werbeeinwilligung neu geregelt und die Informationspflicht nach § 42 a BDSG eingeführt, wonach bei unrechtmäßiger Kenntniserlangung durch Dritte bei besonders sensiblen Daten die Aufsichtsbehörden und die Betroffenen zu informieren sind. Im **TMG entfiel** die Regelung des speziellen **Koppelungsverbots** in § 12 Abs. 3 TMG 2007. Nunmehr ist ein Koppelungsverbot für Werbezwecke in § 28 Abs. 3b BDSG allgemein geregelt und soll nach der Gesetzesbegründung auch für Telemediendienste gelten. Als Folge wurde **§ 11 Abs. 3 TMG angepasst,** der auf die bisherige spezielle TMG-Koppelungsregelung verwiesen hatte. Als weitere Folgeänderung wurden die Regelung zu den Ordnungswidrigkeiten des § 16 TMG angepasst. Zudem wurde ein **neuer § 15 a TMG eingeführt,** welcher für die Bestands- und Nutzungsdaten von Telemedien auf die Informationspflicht nach § 42 a BDSG verweist. Diese Vorschrift ist nach Ansicht eines Teils der Literatur allerdings verfassungswidrig, über die anhängigen Verfassungsbeschwerden ist noch nicht entschieden.[32]

---

[27] *Hoeren,* NJW 2007, 801, 806.
[28] BVerfG, B. v. 29.3.2011 – 1 BvR 508/11.
[29] Gesetz zur Aufhebung von Sperrregelungen bei der Bekämpfung von Kinderpornographie in Kommunikationsnetzen v. 22.12.2011, BGBl. I 2011 S. 2958.
[30] Vgl. Beschlussempfehlung BT-Drs. 16/13259, S. 8.
[31] Gesetz v. 14.8.2009, BGBl. I S. 2814.
[32] S. ausf. bei § 15 a TMG.

d) Änderung des TMG im Jahre 2010. Im Jahre 2010 wurde das TMG durch 36
das Erste Gesetz zur Änderung des Telemediengesetzes (1. Telemediensteänderungsgesetz) geändert.[33] Diese Änderungen betreffen allerdings nicht die datenschutzrechtlichen Bestimmungen. Auslöser für die Gesetzesänderung war vor allem die **Richtlinie 2007/65/EG**[34] (Audiovisuelle Mediendienste-Richtlinie – AVMD-RL), welche die RL 89/552/EWG abänderte. **Gegenstände der Änderungen** waren:
– Änderung des § 1 TMG – Anfügung eines Abs. 6 zur Umsetzung von Art. 2 Abs. 2 AVMD-RL (Einschränkung des Geltungsbereichs der Richtlinie, diese gilt nicht für Mediendienste, die ausschließlich zum Empfang in Drittländern bestimmt sind und die nicht unmittelbar oder mittelbar von der Allgemeinheit mit handelsüblichen Verbraucherendgeräten in einem oder mehreren Mitgliedstaaten empfangen werden).
– Änderung des § 2 – Begriffsbestimmungen (Ergänzung des Begriffs des Diensteanbieter, § 2 S. 1 Nr. 1; Neuaufnahme des Begriffes der audiovisuellen Mediendienste auf Abruf, Ergänzung des § 2 um Ziff. 6).
– Einfügung des § 2a zur Umsetzung von Art. 2 Abs. 2–4 AVMD-RL – europäisches Sitzland.
– Änderung des § 3 – Herkunftslandprinzip, vornehmlich redaktionelle Anpassungen an AVMD-RL.

e) Keine Umsetzung von TMG-E 2011 und TMG-E 2012. Der **Bundesrat** 37
beschloss am 17.6.2011 einen Gesetzentwurf auf Initiative des Landes Hessen[35] zur Änderung des Telemediengesetzes.[36] Der Bundesrat sah Handlungsbedarf aus mehreren Gründen: Zunächst erschien ihm das Schutzniveau für private Daten im Internet als zu gering gegenüber der steigenden Bedeutung von sozialen Netzen und Internetforen.[37] Problematisch sei vor allem auch die nach wie vor mangelnde Transparenz bei der Erhebung, Verarbeitung oder Nutzung persönlicher Daten durch die Internetanbieter.[38] Es wurde auch bemängelt, dass keine ausreichende Aufklärung der Internetnutzer über bestehende Risiken für Persönlichkeitsrechte im Falle der Preisgabe persönlicher Daten erfolge.[39]
Die **Bundesregierung** reagierte zurückhaltend auf den Entwurf des Bundesrates. 38
Zwar stimmte sie der grundsätzlichen Intention des Bundesrates für mehr Transparenz und ein höheres Datenschutzniveau grundsätzlich zu.[40] Die Bundesregierung war jedoch der Auffassung, dass zunächst auf Unionsebene entsprechende Regelungen gefunden werden sollen, bevor nationalen Vorschriften geändert bzw. erweitert werden.[41]
Im Jahre **2012** wurde auf **Initiative der SPD-Fraktion** im Bundestag noch ein- 39
mal ein Entwurf zur Änderung des TMG in den Bundestag eingebracht.[42] Inhalt des Gesetzes war lediglich die Einfügung von § 13 Abs. 8 in der Form des vorangegange-

---

[33] BGBl. I S. 692.
[34] Richtlinie 2007/65/EG des Europäischen Parlaments und des Rates vom 11. Dezember 2007 zur Änderung der Richtlinie 89/552/EWG des Rates zur Koordinierung bestimmter Rechts- und Verwaltungsvorschriften der Mitgliedstaaten über die Ausübung der Fernsehtätigkeit, ABl. EU Nr. L 332, S. 27 ff. v. 18.12.2007.
[35] BR-Drs. 156/11 v. 21.3.2011.
[36] BR-Drs. 156/11 (B.) v. 17.6.2011.
[37] BR-Drs. 156/11 (B.) v. 17.6.2011, S. 1.
[38] BR-Drs. 156/11 (B.) v. 17.6.2011, S. 1.
[39] BR-Drs. 156/11 (B.) v. 17.6.2011, S. 1.
[40] BT-Drs. 17/6765 v. 3.8.2011, Anlage 2, S. 13; *Finger*, ZD 2011, 109, 113.
[41] BT-Drs. 17/6765, Anlage 2, S. 13 ff.
[42] BT-Drs. 17/8454 v. 24.1.2012.

TMG Vor §§ 11 ff. Überblick zum Datenschutz nach TMG und DS-GVO

nen Bundesratsvorschlages.[43] Auf die ablehnende Beschlussempfehlung des Ausschusses für Wirtschaft und Technologie[44] lehnte der Bundestag die Vorlage ab.[45]

40 **f) Änderung von § 13 Abs. 7 durch IT-SicherheitsG.** Mit dem am 24.7.2015 verkündeten **IT-SicherheitsG**[46] wurde ua das TMG um die **Pflicht** zum Schutz der Integrität und **Vertraulichkeit** informationstechnischer Systeme erweitert und hierzu ein neuer § 13 Abs. 7 TMG eingefügt.[47] Durch **technische und organisatorische Maßnahmen,** die dem Stand der Technik zu entsprechen haben, ist sicherzustellen, dass kein unerlaubter Zugriff auf die genutzten technischen Einrichtungen möglich ist und diese gesichert sind gegen die Verletzung des Schutzes personenbezogener Daten (§ 13 Abs. 7 Nr. 2a) und gegen Störungen, auch soweit sie durch äußere Angriffe bedingt sind (§ 13 Abs. 7 Nr. 2b). Die Pflicht betrifft alle geschäftsmäßig erbrachten Telemedien und betrifft damit viele Webseitenbetreiber, auch wenn sie keine sog. kritischen Infrastrukturen betreiben.[48] Die neue Vorschrift enthält allerdings weiterhin keine ausdrückliche Befugnis, um durch die Verarbeitung von Nutzungsdaten entsprechende Störungen oder Missbrauch zu erkennen und zu beseitigen. Diese kann sich aber aus **Art. 7 lit. f) DSRL** ergeben, → § 13 Rn. 78.

41 **g) Anpassung durch Netzwerkdurchleitungsgesetz.** Am 30.6.2017 hat der Bundestag auf Basis des geänderten Gesetzesentwurfs[49] das „Gesetz der Rechtsdurchsetzung in sozialen Netzwerken (NetzDG)", beschlossen. Dieses **NetzDG** ist zuvor am 27.3.2017 bei der Kommission in der ursprünglichen Entwurfsfassung notifiziert worden.[50] Das NetzDG sieht als neues Gesetz nach Art. 1 die Einführung neuer gesetzlicher Regeln für sog. soziale Netzwerke vor, um diese zu einer schnelleren und besseren **Bearbeitung** von **Beschwerden** über sog. **„Hasskommentare",** „Falschpostings" und andere strafbare Inhalte zu verpflichten. Diese Regeln beinhalten insbesondere Berichtspflichten und Vorgaben für den Umgang mit Beschwerden, die nach Art. 1 in dem neuen NetzDG geregelt werden.

42 Zusätzlich werden mit Geltung ab dem 1.1.2017 durch Art. 2 NetzDG **§ 14 Abs. 3–5 nF ergänzt.** Unter den dort genannten Voraussetzungen kann eine **Auskunft** über die **Bestandsdaten** auch wegen der **Verletzung „anderer absolut geschützter Rechte"** von dem Anbieter der Telemediendienste erteilt werden, wenn diese auf rechtswidrigen und strafbaren Inhalten nach § 1 Abs. 3 NetzDG basieren. Damit soll nach dem NetzDG eine entsprechende Auskunft datenschutzrechtlich erlaubt werden, auf die der verletzte Rechteinhaber nach dem Zivilrecht einen Anspruch hat, näher hierzu § 14 Abs. 3–5. Mit Geltung der DS-GVO und deren nationaler Umsetzung dienenden neuen BDSG ist diese datenschutzrechtliche Auskunft dann in **§ 24 Abs. 1 Nr. 2 BDSG nF geregelt.**[51]

---

[43] BT-Drs. 17/8454, S. 2.
[44] BT-Drs. 17/8814 v. 1.3.2012.
[45] Vgl. Plenarprotokoll 17/198, S. 23862.
[46] Gesetz zur Erhöhung der Sicherheit informationstechnischer Systeme (IT-Sicherheitsgesetz) vom 17.7.2015, BGBl. I S. 1324.
[47] Der bisherige § 13 Abs. 7 TMG wurde im Übrigen unverändert zu § 13 Abs. 8 TMG.
[48] *Hornung,* NJW 2015, 3334, 3338.
[49] BT-Drs. 18/12356 v. 16.5.2017.
[50] Notifizierungsnummer 2017/127/D.
[51] S. hierzu auch BT-Drs. 18/12356, S. 28.

2. Schutzbereich und Regelungszweck der Datenschutzregelungen der §§ 11–16

Die Regelungen der §§ 11–15 bezwecken wie bereits die Vorgängerregelungen im TDDSG/MDStV als **bereichsspezifische Datenschutzregelung** den Schutz des Rechtes auf informationelle Selbstbestimmung bei Telemediendiensten. Die Normen sollen den erweiterten Risiken der Erhebung, Verarbeitung und Nutzung personenbezogener Daten bei der Nutzung von Telemedien Rechnung tragen. Die meisten Telemedien werden im Zusammenhang mit dem Internet bzw. dem World Wide Web (WWW) angeboten. Bei der Nutzung von Diensten im Internet können auf vielfältige Weise personenbezogene Daten anfallen, so dass das Recht auf informationelle Selbstbestimmung aufgrund einer besonderen Gefährdung eines besonderen Schutzes bedarf.[52] Ziel des Gesetzes ist somit die **Gewährleistung** und der Schutz des **Rechtes auf informationelle Selbstbestimmung** unter der besonderen **Gefährdungslage** bei Telemediendiensten in offenen Netzen wie dem Internet. Nach dem Willen des Gesetzgebers soll das TMG dabei eine **verlässliche Grundlage** für die Gewährleistung des Datenschutzes im Bereich der Telemediendienste bieten und zugleich einen **Ausgleich** zwischen dem Wunsch nach **freiem Wettbewerb**, berechtigten **Nutzerbedürfnissen** und **öffentlichen Ordnungsinteressen** schaffen.[53]

Soweit die bei der Nutzung von Telemedien anfallenden Nutzungsdaten über ein **Telekommunikationsnetz** übertragen werden, greift **vorrangig** der Schutzbereich des **Fernmeldegeheimnisses**. Denn die Kommunikation im Internet mit dem Abruf von Webseiten bzw. entsprechenden Daten unterfallen dem Begriff der Telekommunikation.[54] Aus Sicht des Anbieters eines Telekommunikationsdienstes, wie zB einem Access-Provider, oder der für die Telekommunikationsüberwachung zuständigen Behörden handelt es sich hierbei um die **Inhalte der Kommunikation.** Dieser Befund erhält insbesondere Bedeutung, wenn es um die Frage geht, ob der Abruf von Internetseiten der „Überwachung der Telekommunikation" nach § 100a StPO unterliegt und ob bei Eingriffsnormen, die in anderen Gesetzen als TKG und TMG normiert sind, das Zitiergebot aus Art. 10 GG besteht.

a) Das Recht auf informationelle Selbstbestimmung. Das **Recht auf informationelle Selbstbestimmung,** dessen Schutz das Gesetz dienen soll, wird aus **Art. 2 Abs. 1 GG** sowie **Art. 1 Abs. 1 GG** hergeleitet und ist vom **BVerfG** insbesondere im sog. **Volkszählungsurteil**[55] bestimmt und konkretisiert worden. Das Recht auf informationelle Selbstbestimmung und die hierzu ergangene Rechtsprechung des BVerfG wird deshalb in vielen Fällen zu dem entscheidenden **Maßstab** für die **Auslegung** und die **Beurteilung** des **TMG.**

aa) Inhalt des Rechts auf informationelle Selbstbestimmung. Der Inhalt wird grundlegend durch das sog. **Volkszählungsurteil** des BVerfG[56] bestimmt und ist durch weitere Entscheidungen bestätigt und teilweise präzisiert worden. Die Urteilsgründe gehen besonders auf die Gefahren und Besonderheiten der modernen Datenverarbeitung und ihre juristischen Konsequenzen ein. Die Entscheidung bestimmt grundlegend den Schutzbereich des „Grundrechts"[57] auf informationelle Selbstbestimmung sowie die Pflicht zu dessen Gewährleistung durch den Gesetzgeber

---

[52] S. bereits zur Vorgängerfassung im TDDSG BT-Drs. 13/7385, S. 1, 16, 21.
[53] BT-Drs. 13/7385, S. 21.
[54] BVerfG, B. v. 6.7.2016 – 2 BvR 1454/13 = NJW 2016, 3508.
[55] BVerfGE 65, 1 ff.
[56] BVerfGE 65, 1 ff. = NJW 84, 419 ff.
[57] BVerfGE 65, 1 (LS Nr. 1).

TMG Vor §§ 11 ff. Überblick zum Datenschutz nach TMG und DS-GVO

unter den Bedingungen moderner Datenverarbeitung. Die Aussagen des BVerfG beanspruchen insoweit grundsätzlich auch **Geltung** bei den Formen moderner Datenverarbeitung durch die **Telemediendienstenutzung.**

47 In der Literatur ist die Bestimmung und Herleitung des Rechts auf informationelle Selbstbestimmung kontrovers diskutiert worden.[58] Die **Aussagen** des **BVerfG** können allerdings inzwischen als **gefestigt** angesehen werden, da das Gericht in einer Vielzahl von Entscheidungen das Recht auf informationelle Selbstbestimmung weiter konkretisiert hat.

48 **bb) Herleitung und Bestimmung des Grundrechtsinhalts.** Zentrale **Maßgabe** des sog. Volkszählungsurteils ist, dass „unter den Bedingungen der modernen Datenverarbeitung der Schutz des Einzelnen gegen unbegrenzte Erhebung, Speicherung, Verwendung und Weitergabe seiner persönlichen Daten von dem allgemeinen Persönlichkeitsrecht des Art. 2 Abs. 1 GG iVm Art. 1 Abs. 1 GG umfasst"[59] wird. Dieses im Urteil als **Recht auf informationelle** Selbstbestimmung bezeichnete „Grundrecht"[60] gewährt die Befugnis des Einzelnen, „grundsätzlich selbst über die Preisgabe und Verwendung seiner persönlichen Daten zu bestimmen"[61] und zu wissen, „wer was, wann und bei welcher Gelegenheit über ihn weiß".[62] Es wird betont, dass „diese Befugnis [...] unter den heutigen und künftigen Bedingungen der automatischen Datenverarbeitung in besonderem Maße des Schutzes" bedarf.[63] Einschränkungen sind nur im überwiegenden Allgemeininteresse auf verfassungsmäßiger gesetzlicher Grundlage unter Beachtung des Gebotes der Verhältnismäßigkeit möglich.[64]

49 Der **Inhalt** und **Schutzbereich** des Grundrechts auf informationelle Selbstbestimmung umfasst somit
– die Befugnis des Einzelnen, grundsätzlich selbst über die Preisgabe und Verwendung seiner persönlichen Daten zu bestimmen[65] und bewirkt
– den Schutz des Einzelnen gegen unbegrenzte Erhebung, Speicherung, Verwendung und Weitergabe seiner persönlichen Daten.[66]
– In einer neueren Entscheidung hat das BVerfG klargestellt, dass es sich bei dem durch Art. 2 Abs. 1 iVm Art. 1 Abs. 1 GG verbürgten Schutz um einen „grundrechtlichen Datenschutz" handelt.[67]

50 Das **Recht auf informationelle Selbstbestimmung schützt** somit als **Freiheitsrecht** die **Entscheidungsfreiheit** des Einzelnen über die „Preisgabe und Verwendung seiner persönlichen Daten" und ob und inwieweit von Dritten über seine Persönlichkeit mit dieser Verarbeitung **verfügt** werden kann. Der Schutzbereich erfasst „die Preisgabe und Verwendung der personenbezogenen Daten" einer bestimmbaren Person.

51 **cc) Einschränkungsmöglichkeiten des Grundrechts.** Das Recht auf informationelle Selbstbestimmung ist nach der Rechtsprechung des BVerfG **nicht schrankenlos gewährleistet,** sondern muss Einschränkungen im überwiegenden Allgemeininteresse hinnehmen, welche ihrerseits den Grundsatz der Verhältnismä-

---

[58] *Schmitz,* TDDSG, 8.
[59] BVerfGE 65, 1, LS Nr. 1; 41.
[60] Vgl. BVerfGE 65, 1 (LS Nr. 1).
[61] BVerfGE 65, 1, LS Nr. 1.
[62] BVerfGE 65, 1, 43.
[63] BVerfGE 65, 1, 42.
[64] BVerfGE 65, 1, LS Nr. 2.
[65] BVerfGE 65, 1, 43; 78, 77, 84.
[66] BVerfGE 65, 1, 43; 67, 100, 142.
[67] BVerfGE 84, 239, 280 („Quellensteuer").

ßigkeit zu beachten haben.[68] Diese Beschränkungen bedürfen nach Art. 2 Abs. 1 GG einer (verfassungsmäßigen) gesetzlichen Grundlage, aus der sich die Voraussetzungen und der Umfang der Beschränkungen klar und für den Bürger erkennbar ergeben und die damit dem rechtsstaatlichen Gebot der Normenklarheit entspricht.[69] Bei seinen Regelungen hat der Gesetzgeber den **Grundsatz der Verhältnismäßigkeit** zu beachten.[70] Bei Einschränkungen hat der Gesetzgeber **organisatorische und verfahrensrechtliche Vorkehrungen** zu treffen, welche der Gefahr einer Verletzung des Persönlichkeitsrechts entgegenwirken.[71]

In der Literatur ist teilweise kritisiert worden, dass eine **genaue Bestimmung** bzw. Herleitung dieser **Schrankensystematik fehlt**,[72] da diese zwischen dem Grundrecht aus Art. 2 Abs. 1 GG (allgemeine Handlungsfreiheit) und Art. 1 Abs. 1 GG (allgemeines Persönlichkeitsrecht) wechselt bzw. diese verknüpft. Da das **BVerfG** die **Eingriffsmöglichkeiten** sowie deren **Schranken** im **Ergebnis eindeutig bestimmt** hat,[73] bedarf es im Rahmen dieser Kommentierung keiner abschließenden Erörterung der dogmatischen Herleitung der Schranken sowie Schranken-Schranken. Es sind vielmehr die vom BVerfG bestimmten Einschränkungsmöglichkeiten sowie deren Schranken zugrunde zu legen.

Die Zulässigkeit eines Eingriffs in das Recht auf informationelle Selbstbestimmung bestimmt sich deshalb grundsätzlich durch eine Abwägung zwischen dem Interesse des Betroffenen am Recht auf informationelle Selbstbestimmung und dem Interesse der Allgemeinheit an dem Eingriff zur Beurteilung dieser **Verhältnismäßigkeit** und Zumutbarkeit des Eingriffs in das Recht auf informationelle Selbstbestimmung ist grundsätzlich auf **möglichen Verwendungs- und Missbrauchsmöglichkeiten** der Daten und **nicht auf bestimmte Schutzsphären** abzustellen. Allerdings erkennt das BVerfG in späteren Entscheidungen, in welcher es sich auch auf das VZU 1983[74] beruft, „einen letzten unantastbaren Bereich privater Lebensgestaltung an, der der öffentlichen Gewalt schlechthin entzogen ist",[75] und der somit unabhängig von einer Abwägung der Verhältnismäßigkeit generell einem Eingriff entzogen ist. Das BVerfG hat zu dieser **Beurteilung der Verhältnismäßigkeit** eines Eingriffs und der von Verfassungswegen zwingenden Schutzvorkehrungen durch das Volkszählungsgesetz auf „Art, Umfang und denkbare Verwendung der erhobenen Daten sowie die Gefahr des Missbrauchs abgestellt".[76] Die mögliche Verwendungsmöglichkeit der Daten beurteilt das Gericht nach dem Zweck der Erhebung und den aufgrund der genutzten Informationstechnologie bestehenden Verarbeitungs- und Verknüpfungsmöglichkeiten.[77]

Dem Recht auf informationelle Selbstbestimmung ist das **Interesse der Allgemeinheit** an dem Eingriff **gegenüberzustellen.** Im Volkszählungsurteil wird konkretisiert, dass ein überwiegendes Allgemeininteresse „regelmäßig überhaupt nur an Daten mit Sozialbezug" bestehen wird „unter Ausschluss unzumutbarer intimer Angaben und von Selbstbezichtigungen".[78] In neueren Entscheidungen zum allgemeinen Persönlichkeitsrecht hat das BVerfG allerdings unter Berufung auf das Recht auf

---

[68] BVerfGE 65, 1, 43, 44.
[69] BVerfGE 45, 400, 420 mwN.
[70] BVerfGE 65, 1, 44.
[71] BVerfGE 65, 1, LS Nr. 2.
[72] *Schmitz*, S. 11 mwN.
[73] *Schmitz,* TDDSG, S. 11 mwN.
[74] BVerfGE 65, 1, ff.
[75] Vgl. BVerfGE 80, 367, 373.
[76] BVerfGE 65, 1, 45, 46; BVerfGE 49, 89, 142; 53, 30, 61.
[77] BVerfGE 65, 1, 45.
[78] BVerfGE 65, 1, 44.

TMG Vor §§ 11 ff. Überblick zum Datenschutz nach TMG und DS-GVO

informationelle Selbstbestimmung auch dann ein überwiegendes Allgemeininteresse angenommen, „wenn der Einzelne als in der Gemeinschaft lebender Bürger in Kommunikation mit anderen tritt, durch sein Verhalten auf andere einwirkt und dadurch die persönliche Sphäre seiner Mitmenschen oder die Belange der Gemeinschaft berührt".[79]

55   **dd) Verbindliche Geltung für die Regelungen des TMG.** Im Ergebnis sind die vom BVerfG aufgestellten Grundsätze zur sog. „Volkszählung", denen eine **zwangsweise staatliche Datenverarbeitung** zu Grunde lag, auch im Rahmen der **gesetzlichen Regelung des TMG** anzuwenden, welcher die **Datenverarbeitung durch Private** im Rahmen einer vertraglichen Nutzung zu Grunde liegt. Die Herleitung und Begründung dieses Ergebnisses ist allerdings umstritten.[80] Diesen Rechtsstreit hat das **BVerfG** mittlerweile durch die Feststellung **entschieden,** dass das **Recht auf informationelle Selbstbestimmung „nicht nur vor direkten staatlichen Eingriffen"** schützt. „Es entfaltet als objektive Norm seinen **Rechtsgehalt auch im Privatrecht** und strahlt in dieser Eigenschaft auf die Auslegung und Anwendung privatrechtlicher Vorschriften aus".[81] Zusätzlich ist das Recht auf informationelle Selbstbestimmung vom BVerfG als verfassungsrechtlich geschützt bzw. als „Grundrecht"[82] bezeichnet worden.

56   **b) Vorrang des Fernmeldegeheimnis nach Art. 10 GG.** Daten über die **Nutzung** von **Telemediendiensten,** wie zB die aufgerufenen Seiten, können auch dem Schutz des **Fernmeldegeheimnisses** nach Art. 10 Abs. 1 GG für personenbezogene Daten unterliegen. Voraussetzung hierfür ist, dass diese **Daten** im **Rahmen** eines **Telekommunikationsdienstes** iSd Art. 10 GG anfallen. Dies ist zB bei dem Access-Provider der Fall, der dem Nutzer den Zugang zum Internet gewährt. In diesem Fall stellt der Access-Provider nicht selbst die abgerufenen Telemediendienste bereit, sondern überträgt nur die Daten. Der Schutz des Fernmeldegeheimnisses aus Art. 10 Abs. 1 GG geht hierbei als **Spezialregelung** dem aus Art. 2 Abs. 1 iVm Art. 1 Abs. 1 GG folgenden Recht auf informationelle Selbstbestimmung vor.[83] Es ist deshalb auch verfassungsrechtlich geboten, den Schutzbereich des Fernmeldegeheimnisses abzugrenzen.

57   Das **BVerfG** hat klargestellt, dass das „Surfen im Internet" unter den **Schutzbereich des Art. 10 GG fällt,** wenn diese Daten in einem **Netz übertragen** werden.[84] In diesem Fall kann § 100a StPO die Überwachung der Telekommunikation beim Access-Provider einschließlich des Auslesens der besuchten Webseiten rechtfertigen. Denn sowohl für die Auslegung des Begriffs der Telekommunikation sowohl nach § 101a StPO als auch nach Art. 10 GG komme es darauf an, dass **Informationen körperlos befördert** und am Empfangsort wieder erzeugt werden können. Ein empfängergesteuerter Abruf von Informationen aus dem Netz erfüllt zudem die Kriterien der Übermittlung dieser Informationen an einen **individuellen Rezipienten.** Denn soweit eine natürliche Person, um deren Grundrechtsschutz es geht, im Internet surft, greift diese willensgesteuert auf konkrete Kommunikationsinhalte zu. Damit liegt das **spezifische Gefährdungspotential** für die **Privatheit** und **Vertraulichkeit** der **Kommunikation** vor, welches den Schutzbereich nach Art. 10 GG auslöst.

---

[79] BVerfGE 80, 367, 373 unter Berufung auf BVerfGE 35, 35, 39; 35, 202, 220.
[80] Vgl. im Einzelnen *Schmitz,* TDDSG, S. 21 f. mwN.
[81] BVerfG, B. v. 11.6.1991; BVerfGE 84, 192, 194, 195.
[82] Bereits in den Leitsätzen des Volkszählungsurteils wurde von einem Grundrecht gesprochen, vgl. BVerfGE 65, 1.
[83] BVerfG, B. v. 6.7.2016 – 2 BvR 1454/13; s. auch schon BVerfG, Urt. v. 2.3.2010 – 1 BvR 256/08 ua, NJW 2010, 833, Rn. 191.
[84] BVerfG, B. v. 6.7.2016 – 2 BvR 1454/13.

Dieser **Auffassung** des **BVerfG** ist **zuzustimmen**, soweit es die **Übertragung** 58
der Informationen im Netz betrifft. Der Schutzbereich des Art. 10 GG ist **technologieneutral** zu bestimmen. Insbesondere das Merkmal der **Individualkommunikation** lässt sich nicht damit leugnen, dass die Webseiten im Internet für einen unbestimmten Personenkreis zum Abruf stehen. Denn wenn eine natürliche Person eine bestimmte Seite aufruft, dann ruft sie die Inhalte dieser Seite bewusst ab und löst damit einen Vorgang der Individualkommunikation aus. Denn die Inhalte werden durch diesen Kommunikationsvorgang nur an diese bestimmte abrufende Person übertragen. Die Möglichkeit, dass nahezu gleichzeitig oder in engem zeitlichen Zusammenhang auch weitere Personen diese Seite und damit diesen Inhalt abrufen oder abrufen können, beeinträchtigt die Individualkommunikation nicht. Denn auch diese weiteren Personen rufen diese Inhalte mittels individuell gesteuerter und ausgeführter Datenübertragung ab. Auch die spezifische **Gefährdungslage** hinsichtlich der **Vertraulichkeit** der Kommunikation ist eröffnet.

Diese Auffassung erfährt eine Stütze zudem dadurch, dass die **Dienste im Internet** zum Teil **herkömmliche Telekommunikationsdienste ersetzen,** wie zB 59
VOIP- und Internettelefonie oder Messenger-Dienste (sog. **OTT-Dienste**). Entsprechend ist im Rahmen der ePrivacy-VO auch geplant, die Dienste im Internet zusammen mit den klassischen Telekommunikationsdiensten zu regeln, jedenfalls sofern diese die Funktion der klassischen Telekommunikationsdienste übernehmen.

3. Bezug zum aktuellen Rechtsrahmen der EU

Die Rechtsanwendung der Datenschutzregeln des TMG hat auch ohne umfas- 60
sende Gesetzesänderungen **grundlegende Änderungen** oder **Klarstellungen** durch Urteile des **EuGH** erhalten, wie etwa zum Personenbezug der dynamischen IP-Adressen und dem „Recht auf Vergessen" sowie insbesondere der vorrangigen Geltung von Art. 7 lit. f) **DSRL**.[85] Es haben damit im Ergebnis eine **tiefgreifende Änderungen** und Evaluierung der Datenschutzregeln durch die Rechtsprechung des EuGH zur Datenschutzrichtlinie stattgefunden, nicht durch den Gesetzgeber.

a) EU-Datenschutzrichtlinie und elektronische Kommunikation. Der na- 61
tionale Gesetzgeber hatte bei dem Erlass des TMG die Vorgaben der maßgeblichen EU-Richtlinien zu berücksichtigen. Grundlegend ist zunächst die **RL Nr. 95/46/EG** des Europäischen Parlamentes und des Rates zum Schutz natürlicher Personen bei der Verarbeitung personenbezogener Daten und zum freien Warenverkehr vom 24.10.1995,[86] sog. **„EU-Datenschutzrichtlinie".** Diese Richtlinie schreibt vor, dass die Mitgliedstaaten die Rechte und Freiheiten natürlicher Personen bei der Verarbeitung personenbezogener Daten und insbesondere ihr Recht auf Privatsphäre sicherstellen, um in der Gemeinschaft den freien Verkehr personenbezogener Daten zu gewährleisten. Ziel dieser Richtlinie ist die Achtung der Grundrechte, wie sie insbesondere auch mit der Charta der Grundrechte der Europäischen Union definiert wurden. Die Richtlinie enthält generelle Regelungen zur Verarbeitung personenbezogener Daten (zB Erlaubnisvorbehalt, Unterrichtungspflichten, enge Zweckbindung usw.) und wurde durch die Neuregelung des BDSG – wenn auch mit Verspätung – von der Bundesrepublik Deutschland umgesetzt. Das TMG hatte in der Ursprungsfassung für den Bereich der Telemediendienste bereits viele der Grundsätze der EU-Datenschutzrichtlinie aufgenommen.

Der **EuGH**[87] hat entschieden, dass die Datenschutzregeln des TMG Art. 7 DSRL 62
verletzen, da sie deren Verarbeitungstatbestände zu stark einschränken. Deshalb ist im

---

[85] EuGH, Urt. v. 19.10.2016 – C-582/14.
[86] ABl. EG L 281 v. 23.11.1995, S. 31 ff.
[87] EuGH, Urt. v. 19.10.2016 – C-582/14.

TMG Vor §§ 11 ff. Überblick zum Datenschutz nach TMG und DS-GVO

TMG Art. 7 lit. f) DSRL im Wege der **richtlinienkonformen Auslegung** ergänzend anwendbar und führt zu einer bedeutsamen Ergänzung der Erlaubnistatbestände. Insbesondere wird auf diese Weise ein Abwägungstatbestand eingeführt, der dem TMG – wie der EuGH kritisierte – dem Wortlaut nach fremd ist.

63 In Betracht kommt auch die Richtlinie 2000/31/EG des Europäischen Parlamentes und des Rates vom 8.6.2000 über den elektronischen Geschäftsverkehr[88], sog. **E-Commerce-Richtlinie.** Diese Richtlinie trifft allerdings **keine spezifischen datenschutzrechtliche Regelungen,** regelt aber Aspekte, die auch Auswirkungen auf das Recht auf informationelle Selbstbestimmung und das Persönlichkeitsrecht der Nutzer haben können. So sind in dieser Richtlinie ebenfalls umfassende Informationspflichten der Anbieter vorgesehen, die sich somit auch auf den Datenschutz beziehen. Außerdem ist eine Regelung zur sog. „unerbetenen Kommunikation" enthalten. Die Regelungen dieser Richtlinie hatten bereits zur Neuregelung im TDG 2001 geführt, die ebenfalls wie die Neuregelung des TDDSG 2001 mit dem **EGG** 2001 erlassen wurden.

64 **b) ePrivacy-Richtlinie (RL 2002/58/EG) und neue ePrivacy-VO.** Die sog. ePrivacy-RL zur „elektronischen Kommunikation" (RL 2002/58/EG) regelt den Datenschutz bei der elektronischen Kommunikation und enthält insbesondere Vorgaben für die „klassische" Telekommunikation per Telefon und SMS. Aus den Erwägungsgründen wird deutlich, dass diese Richtlinie auch „Zusatzdienste" regelt und durchaus bereits auf Gefährdungen eingeht, die mit der Nutzung von Diensten im Internet verbunden ist. Diese Richtlinie hat die in Deutschland übliche Trennung zwischen Telekommunikations- und Telemediendiensten nicht übernommen und auch nicht für die nationale Umsetzung vorgegeben. Die ePrivacy-RL wurde insbesondere durch die sog. **„Cookie-RL"** 2009/136/EG um Art. 5 Abs. 3 ergänzt, der dedizierte Regelungen für die Verwendung von Cookies enthält. Damit wird zumindest ein Teilbereich der Nutzung von **Internetdiensten** durch die **ePrivacy-RL geregelt.**

65 Nach dem **Anwendungsbereich** der **ePrivacy-RL** gilt diese „in Bezug auf die Verarbeitung personenbezogener Daten im **Bereich der elektronischen Kommunikation** sowie den freien Verkehr dieser Daten und von elektronischen Kommunikationsgeräten und -diensten in der Gemeinschaft".[89] Es wird deshalb zutreffend angenommen, dass die Richtlinie nicht nur für den Bereich der Telekommunikation gilt, wie dies noch bei der sog. ISDN-Richtlinie der Fall war, sondern auch der Bereich der Telemediendienste geregelt wird.[90] Aus den Erwägungsgründen wird deutlich, dass diese Richtlinie nicht mehr auf den „engen" Bereich der Datenübertragung begrenzt ist. So sind in dem Erwägungsgrund 18 „Dienste mit Zusatznutzen" beschrieben als „Beratung hinsichtlich Tarifpakete, Navigationshilfen, Verkehrsinformationen, Wettervorhersage oder touristische Information" und umfassend damit den klassischen Bereich der „Telefonmehrwertdienste". In dem Erwägungsgrund 20 werden auch „Diensteanbieter, die öffentlich zugängliche Kommunikationsdienste über das Internet anbieten", angesprochen. Die Richtlinie geht auch in dem Erwägungsgrund 4 davon aus, dass die Richtlinie an die Entwicklung der Märkte und Technologien für elektronische Kommunikationsdienste angepasst werden musste, um den „Nutzern öffentlich zugänglicher elektronischer Kommunikationsdienste unabhängig von der zugrunde liegenden Technologie den gleichen Grad des Schutzes personenbezogener Daten und der Privatsphäre zu bieten". Zudem wurde im Jahre 2009 durch die sog. **„Cookie-RL"** 2009/136/EG Regeln für die Verwendung von Cookies in Art. 5 Abs. 3 ePrivacy-RL eingefügt und somit direkt ein Aspekt der

---

[88] ABl. EG Nr. L 178 v. 17.7.2000, S. 1 ff.
[89] Vgl. Art. 1 Abs. 1.
[90] So auch *Gola/Klug,* NJW 2002, 2431, 2434; *Spindler/Dorschel,* CR 2006, 341, 345.

Überblick zum Datenschutz nach TMG und DS-GVO **Vor §§ 11 ff. TMG**

Datenverarbeitung bei Telemediendiensten geregelt. Die bisherige **bereichsspezifische Regelung** und Unterscheidung zwischen Telekommunikations- und Telemediendiensten wurde deshalb zum Teil in Deutschland in Frage gestellt.[91]

Der **EuGH** sieht hingegen für **Telemediendienste** nur die **Datenschutz-RL** als 66 maßgeblich an,[92] da er zur Prüfung der Datenschutzregeln des TMG nur diese RL und nicht auch die ePrivacy-RL herangezogen hat. Dieses Ergebnis kann kritisiert werden, ist aber faktisch hinzunehmen.

Die ePrivacy-RL 2002/58/EG soll durch eine unmittelbar anwendbare „**ePri-** 67 **vacy-VO" aktualisiert werden,** welche in noch größerem Umfang den Datenschutz bei den im Internet verfügbaren Dienste sowie bei den sog. OTT-Dienste regelt, sofern letztere wie Telekommunikationsdienste eingesetzt werden. Zur Abstimmung mit der DS-GVO sollen diese Regelungen nunmehr ebenfalls im Wege einer unmittelbar geltenden Verordnung erlassen werden. Diese wird auch wieder Regelungen zur Nutzung sog. „Cookies" erhalten.

c) Cookie-Richtlinie (RL 2009/136/EG). Die RL 2009/136/EG ergänzt die 68 ePrivacy-RL 2002/58/EG in Art. 5 Abs. 3 um Regeln für den Einsatz von sog. „**Cookies",** die ein „Wiedererkennen" des Rechners durch das Speichern von „Textschnipseln" auf dem Rechner des Nutzers möglich machen anhand dieser einmaligen Zeichenfolgen. Nach der Wertung der neuen **DS-GVO** handelt es sich bei Cookies bereits um ein personenbezogenes Datum (s. Erwägungsgrund 30), wenn durch weitere Informationen eine „eindeutige Kennungen" eine Identifizierung der Person möglich ist. Allerdings enthält die DS-GVO keine speziellen Regelungen für das Setzen und Verarbeiten von Cookies. Über Art. 95 DS-GVO ist die Regelung in Art. 5 Abs. 3 ePrivacy-RL weiter anwendbar. Zukünftig ist eine **neue Regelung** durch die „**ePrivacy-VO"** vorgesehen (→ Rn. 25).

Eine **Umsetzung der Cookie-Richtlinie** hat in Deutschland nicht zu einer An- 69 passung des TMG geführt. Es wird vielmehr angenommen, dass es sich beim Setzen und Verarbeiten von Cookies um ein **pseudonymes Nutzungsprofil** nach § 15 Abs. 3 handelt. Strittig ist allerdings weiterhin, ob dies eine richtlinienkonforme Umsetzung darstellt. Vgl. hierzu näher § 15 Abs. 3.

d) Besonders bedeutsame Rechtsprechung des EuGH. Der EuGH hat in 70 jüngerer Zeit insbesondere **drei wichtige Urteile** im Anwendungsbereich des TMG erlassen, denen nach der sog. effet utile Rechtsprechung des EuGH sowie dem Grundsatz der richtlinienkonformen Auslegung durch die nationalen Gerichte und Behörden zur Geltung zu verhelfen ist. Am 13.5.2014 hat der EuGH das sog. „**Recht auf Vergessen"** bestimmt und mit Urteil vom 6.10.2015 die **Safe Harbor-Vereinbarung** mit den USA als **unwirksam** erklärt. Zudem hat der EuGH entschieden, dass **dynamische IP-Adressen** im Regelfall einen **Personenbezug** aufweisen und hat so eine der großen Streitfragen zum TMG geklärt. Mit diesem Urteil hat der EuGH zudem entschieden, dass bei den **Erlaubnistatbeständen** des **TMG zusätzlich Art. 7 lit. f) DSRL** zu beachten ist, da die Erlaubnis im TMG ansonsten zu stark verkürzt wird. Dies bedeutet insgesamt eine **wesentliche Änderung** der **Datenschutzbestimmungen** des TMG durch den **EuGH.**

Ein weiteres sehr **bedeutsames Urteil** betrifft die Unwirksamkeit einer allgemei- 71 nen, generellen und anlasslosen **Vorratsdatenspeicherung** von **Telekommunikationsdaten.** Dieses Urteil betrifft aber **keine Telemediendienste.** Betroffen sind aber die Internet-Access-Provider, da diese Telekommunikationsdienste anbieten und von der „Vorratsdatenspeicherpflicht" des § 113b Abs. 3 TKG betroffen sind. Der EuGH hat die **allgemeine, generelle und anlasslose Vorratsdatenspeiche-**

---

[91] *Gola/Klug,* NJW 2002, 2431, 2434.
[92] EuGH, Urt. v. 19.10.2016 – C-582/14.

TMG Vor §§ 11 ff.   Überblick zum Datenschutz nach TMG und DS-GVO

rung von **Telekommunikationsdaten** für **unwirksam** und **unvereinbar** mit den Grundrechten nach der Grundrechtecharta erklärt.[93] Da auch die deutsche Regelung eine solche allgemeine, generelle und anlasslose Vorratsdatenspeicherung vorsieht, ist auch die deutsche Regelung in § 113 b TKG in der aktuellen Fassung nach dem effet utile-Grundsatz von deutschen Behörden und Gerichten als unwirksam zu betrachten.[94] Das BVerfG hat allerdings bislang die gegen § 113 b TKG vorliegenden Eilanträge abgelehnt und über die Hauptsache noch nicht entschieden. Die Ablehnung der Eilanträge erfolgte allerdings vor dem Urteil des EuGH, der die Rechtslage zumindest nach der Grundrechtecharta damit vorbestimmt hat.

72   **aa) EuGH-Urteil zum Recht auf Vergessen.** Am 13.5.2014 erließt der EuGH ein Urteil in der Sache **Google Spain** und Google.[95] Der EuGH stützte dieses Urteil maßgeblich auf Art. 7 und 8 der Grundrechtecharta sowie der DSRL 95/46/EG. Er stellte hierzu fest, dass die Datenverarbeitung durch einen Suchmaschinenanbieter eine **erhebliche Beeinträchtigung** dieser **Grundrechte** bewirken könne, da die Suche es jedem Internetnutzer ermögliche, mit der Ergebnisliste einen **strukturierten Überblick über sämtliche verfügbaren Informationen über** eine **bestimmte Person** zu erhalten. Dies könne potenziell das Privatleben mit einschließen und damit ein mehr oder weniger detailliertes Personenprofil ermöglichen.[96]

73   Vor diesem Hintergrund spricht der **EuGH** einer betroffenen Person unter bestimmten Umständen ein sog. **„Recht auf Vergessen"** zu, → § 15 Rn. 7, 67 ff.[97] Das TMG kennt dieses „Recht auf Vergessenwerden" mit dem korrespondierenden Löschanspruch gegen den Suchmaschinenbetreiber nicht. Im Wege der richtlinienkonformen Auslegung und des effet utile-Grundsatzes ist dieses **Recht in den Erlaubnistatbestand des § 15 Abs. 1 und Abs. 2** mit **hineinzulesen.**

74   Mit Geltung der DS-GVO ab dem 25.5.2018 ist das „Recht auf Vergessen" in Art. 17 geregelt. **Art. 17 DS-GVO regelt ein „Recht auf Löschung („Recht auf Vergessenwerden)"** und gewährt dieses dem Betroffenen umfassend gegenüber dem „Verantwortlichen" der Datenverarbeitung und damit nicht nur gegen den Suchmaschinenbetreiber. Die Voraussetzungen für diesen Anspruch sind in Art. 17 Abs. 1 lit. a)-1f) normiert und der Anspruch wird durch Art. 3 eingeschränkt. Nach Abs. 2 muss der „Verantwortliche" zB auch Suchmaschinenbetreiber über den geltend gemachten Löschungsanspruch informieren.[98]

75   **bb) Safe Harbor-Urteil und EU-US Privacy Shield.** Der EuGH hat mit Urteil vom 6.10.2015 die Entscheidung der Kommission zur Anerkennung der Safe Harbor-Regelungen für unwirksam erklärt.[99] Mittels dieser Regelungen konnte eine Datenübermittlung an Empfänger in den USA nach § 4d BDSG gerechtfertigt werden, wenn sich der Empfänger den sog. Safe Harbor-Principles unterworfen hatte. Zur Begründung führte der EuGH insbesondere an, dass die personenbezoge-

---

[93] EuGH, Urt. v. 21.12.2016 – C-203/15 und C-698/15.

[94] Das OVG Münster (B. v. 22.7.2017 – 13B 238/17) hat in einem Eilverfahren die Umsetzungspflicht für einen Access-Provider ausgesetzt, weil es die Regelung für unvereinbar mit der Rspr. des EuGH (Urt. v. 21.12.2016 – C-203/15 und C-698/15) zu den Grundrechten und der RL 95/46/EG hält. Die BNetzA hat daraufhin öffentlich erklärt, die Umsetzung der §§ 113 b ff. TKG nicht mit Zwangsmitteln durchzusetzen.

[95] EuGH, Urt. v. 13.5.2014 – C-131/12, ZD 2014, 350; s. hierzu auch Ehmann/Selmayr/*Kamann/Braun,* DS-GVO, Art. 17 Rn. 6 f.; *Buchholtz,* ZD 15, 570, 574.

[96] EuGH, Urt. v. 13.5.2014 – C-131/12, Rn. 80.

[97] Vgl. zur Praxis *Heidrich,* „Ausradiert", c't 15 2015, 156 ff.

[98] Weitere Einzelheiten s. ua Ehmann/Selmayr/*Kamann/Braun,* DS-GVO, Art. 17 Rn. 1 ff.; Gola/*Schulz,* DS-GVO, Art. 17 Rn. 1 ff.

[99] EuGH, Urt. v. 6.10.2015 – C-362/14.

Überblick zum Datenschutz nach TMG und DS-GVO **Vor §§ 11 ff. TMG**

nen Daten der Betroffenen in den USA auch unter den sog. Safe Harbor-Grundsätzen nicht ausreichend gegen Zugriffe durch US-Behörden und US-Geheimdienste geschützt seien. In Folge dessen erklärten die deutschen Aufsichtsbehörden, dass die Safe Harbor-Principles als Rechtfertigung für eine Datenübermittlung in die USA ausscheiden.[100]

Nach mehrmonatigen Verhandlungen wurde das Nachfolgeabkommen **EU-US Privacy Shield** am 12.7.2016 von der Europäischen Kommission beschlossen.[101] Es findet seit dem 1.8.2016 Anwendung. Mit dem Beschluss erklärt die Kommission, dass die USA „im Rahmen des EU-US Privacy Shields" ein „angemessenes Schutzniveau für personenbezogenen Daten" gewährleisten. Dieses Abkommen kann seit dem als Basis für eine Datenübermittlung nach § 4b BDSG dienen, → § 11 Rn. 28. **76**

cc) EuGH zum Personenbezug und Art. 7 lit. f) DSRL. Die Anwendung aller datenschutzrechtlichen Bestimmungen bei (Tele-)Diensten im Internet oder sonstigen Netzen steht und fällt mit der Frage, inwieweit **personenbezogene Daten** verarbeitet werden. Der Geltungsbereich des TMG umfasst gem. § 11 Abs. 1 nur „den Schutz **personenbezogener Daten** der Nutzer von Telemedien". Auch die DS-GVO gilt nach Art. 2 Abs. 1 DS-GVO nur bei der Verarbeitung „personenbezogener Daten". Allerdings ist insbesondere die Frage, ob eine **dynamische IP-Adresse** einen Personenbezug aufweist, durch den EuGH[102] und in Folge auch durch den BGH bejaht worden, so dass eine der großen Streitfragen unter dem TMG geklärt ist, → § 11 Rn. 53. **77**

Der EuGH hat weiterhin mit diesem Urteil entschieden, dass die Beschränkung der Erlaubnis zur Datenverarbeitung auf den **strengen Erforderlichkeitsvorbehalt** dem einer Abwägung zugänglichen **Verarbeitungstatbestand des Art. 7 lit. f) DSRL** 95/46/EG **widerspricht.** Der **EuGH** hat deshalb entschieden, dass es einer Öffnung und Abwägung iSd Art. 7 lit. f) DSRL bedarf[103] und der BGH hat dies auf Basis des EuGH-Urteils für die deutsche Rechtsanwendung bestätigt.[104] **78**

Das Urteil hat eine **generelle Bedeutung** und stellt im Ergebnis **alle Erlaubnistatbestände des TMG** unter den **Wirksamkeitsvorbehalt,** dass sie den Regeln von Art. 7 **DSRL** entsprechen müssen. Denn die Mitgliedstaaten dürfen nach Art. 5 der RL in Bezug auf die Zulässigkeit der Verarbeitung personenbezogener Daten keine anderen als die in Art. 7 der RL aufgezählten Grundsätze einführen und auch nicht durch zusätzliche Bedingungen die Tragweite der sechs in Art. 7 vorgesehenen Grundsätze verändern[105], wie auch der BGH auf Basis des EuGH-Urteils betont.[106] Zudem zitiert der BGH den EuGH und weist weiter darauf hin, dass Art. 7 lit. f) DSRL einen Mitgliedstaat daran hindert, kategorisch und ganz allgemein die Verarbeitung bestimmter Kategorien personenbezogener Daten auszuschließen, ohne Raum für eine Abwägung der im konkreten Einzelfall einander gegenüberstehenden Rechte und Interessen zu lassen. Ein **Mitgliedstaat kann daher** für diese Kategorien das Ergebnis der Abwägung der einander gegenüberstehenden Rechte und Interessen **nicht abschließend vorschreiben,** ohne Raum für ein Ergebnis zu lassen, das aufgrund besonderer Umstände des Einzelfalls anders ausfällt (vgl. in diesem Sinne *EuGH,* Slg. 2011, I – 12181 Rn. 47 ff. – ASNEF und FECEMD).[107] **79**

---

[100] Positionspapier der Konferenz der unabhängigen Datenschutzbehörden des Bundes und der Länder (Datenschutzkonferenz), abrufbar unter: www.datenschutz.hessen.de, Stand: 26.10.2015.
[101] Durchführungsbeschluss (EU) 2016/1250 der Kommission v. 12.07.2016, ABl. EU Nr. L 207/1 v. 1.8.2016.
[102] EuGH, Urt. v. 19.10.2016 – C-582/14.
[103] EuGH, Urt. v. 19.10.2016 – C-582/14.
[104] BGH, Urt. v. 16.5.2017 – VI ZR 135/13 = BeckRS 2017, 114664.
[105] Vgl. in diesem Sinne EuGH, Slg. 2011, I – 12181 Rn. 33 ff. – ASNEF und FECEMD.
[106] BGH, Urt. v. 16.5.2017 – VI ZR 135/13 = BeckRS 2017, 114664, Rn. 35, 37.
[107] BGH, Urt. v. 16.5.2017 – VI ZR 135/13 = BeckRS 2017, 114664, Rn. 40.

TMG Vor §§ 11 ff. Überblick zum Datenschutz nach TMG und DS-GVO

80 Nach der Begründung des EuGH und Art. 4 Abs. 1 DSRL beanspruchen nach dem **effet utile-Grundsatz** deshalb **alle Regeln der Datenschutz-Richtlinie vorrangige Geltung** und Umsetzung durch den deutschen Gesetzgeber, die Rechtsprechung und die Verwaltung. Deshalb sind **im Ergebnis alle Erlaubnistatbestände des Art. 7 DSRL** auf das **TMG in richtlinienkonformer Auslegung anwendbar**. Allerdings setzt das TMG einen Teil dieser Verarbeitungstatbestände in der Sache bereits um. Die Datenschutzregeln des TMG und namentlich des § 15 sind deshalb nur um die Verarbeitungstatbestände des Art. 7 DSRL zu ergänzen, die der DSRL widersprechen.

IV. Überblick über die Datenschutzgrundsätze des TMG

1. Erlaubnisvorbehalt

81 Das TMG enthält **klassische Regelungsansätze**. In § 12 Abs. 1 ist ein **Erlaubnisvorbehalt** vorgesehen, wonach personenbezogene Daten vom Diensteanbieter nur erhoben, verarbeitet und genutzt werden dürfen, soweit das TMG oder andere Rechtsvorschriften es erlauben oder der Nutzer eingewilligt hat. Die Einwilligung kann nach den um die Widerrufsmöglichkeit ergänzten Voraussetzungen des § 13 Abs. 2 auch elektronisch erklärt werden. § 12 Abs. 2 bestimmt den Grundsatz der engen Zweckbindung, damit keine persönlichen Daten über das durch Gesetz oder Einwilligung bestimmte Maß hinaus erhoben oder verwendet werden. Eine Koppelung zwischen Einwilligung in weitere Verarbeitungszwecke und Diensteerbringung ist nur im Rahmen des § 12 Abs. 3 möglich. Der Nutzer ist gem. § 13 Abs. 1 über die Erhebung seiner personenbezogenen Daten zu unterrichten (Transparenz- und Informationsprinzip).

2. Systemdatenschutz

82 Mit dem Grundsatz des **Systemdatenschutzes** finden sich **moderne Ansätze zum „Datenschutz durch Technik"**. Die Verpflichtung, Gestaltung und Auswahl technischer Einrichtungen an dem Ziel der Datenvermeidung auszurichten, ist wie schon in der letzten Vorgängerfassung des TDDSG allgemein in § 3a S. 1 **BDSG** bestimmt. § 3a BDSG konkretisiert wie bislang diesen Grundsatz, in dem der Diensteanbieter dem Nutzer die Anonymisierung und Pseudonymisierung zu ermöglichen hat, soweit dies möglich und zumutbar ist. Durch die entsprechende Nutzung der Dienste soll es dem Nutzer ermöglicht werden, selbst für den Schutz seiner personenbezogenen Daten zu sorgen („Selbstdatenschutz"). § 13 Abs. 4 TMG fasst die speziellen **technischen** und **organisatorischen Pflichten** zusammen, die dem Ziel des Systemdatenschutzes dienen. In dem neuen § 13 Abs. 7 TMG ist die Pflicht zum Schutz der Daten gegen den unberechtigten Zugriff und gegen die Verletzung des Datenschutzes nunmehr durch das IT-SicherheitsG im Jahre 2015 ausdrücklich geregelt und verstärkt worden. § 13 Abs. 1 bestimmt eine umfassende Unterrichtungspflicht, damit der Nutzer über Art und Umfang der Datenverarbeitung informiert ist.

3. Besondere Erlaubnistatbestände

83 Neben den allgemeinen Bestimmungen und Grundsätzen bestimmt das TMG **besondere Regeln** für die Verarbeitung von **Bestandsdaten** (§ 14 TMG) sowie von **„Nutzungsdaten"** einschließlich der Abrechnung (§ 15). Nach der hier vertretenen Ansicht gelten die Vorschriften des TMG auch für die Verarbeitung der bei Telemediendiensten erhobenen Daten (sog. „Inhaltsdaten"), da diese Nutzungsdaten nach

§ 15 bilden.[108] Eine Verarbeitung und Speicherung der Inhaltsdaten für weitere Leistungs- und Rechtsbeziehungen, die durch die Telemediendienste vermittelt werden (zB Kauf im Online-Buchshop) ist nach § 12 Abs. 1 iVm § 28 Abs. 1 Nr. 1 BDSG zulässig. Hierbei gilt nach dem Wortlaut jeweils das sog. **Erforderlichkeitsprinzip,** nach welchem die Daten unverzüglich zu löschen sind, soweit sie nicht für erlaubte Zwecke gebraucht werden. Zusätzlich ist in § 15 Abs. 3 auch die Erlaubnis pseudonymer Nutzungsprofile zum Zwecke der Werbung, Marktforschung oder zur bedarfsgerechten Gestaltung von Telemediendiensten bestimmt.

Der EuGH hat entschieden, dass die Beschränkung der Erlaubnis zur Datenverarbeitung auf den **strengen Erforderlichkeitsvorbehalt** dem einer Abwägung zugänglichen **Verarbeitungstatbestand des Art. 7 lit. f) DSRL widerspricht.** Der **EuGH** hat deshalb entschieden, dass es einer Öffnung und Abwägung iSd Art. 7 lit. f) DSRL bedarf[109] und der BGH hat dies auf Basis dieses EuGH-Urteils für die deutsche Rechtsanwendung bestätigt.[110] Das Urteil hat eine **generelle Bedeutung** und stellt im Ergebnis **alle Erlaubnistatbestände des TMG** unter den **Wirksamkeitsvorbehalt,** dass sie den Regeln von Art. 7 **DSRL** entsprechen müssen. **84**

§ 14 Abs. 2–5 ergänzt **Befugnis zur Auskunftserteilung** für Zwecke der Bedarfsträger bei **Bestandsdaten,** die Abs. 3–5 wurden hierbei neu durch das NetzDG eingefügt mit Geltung zum 1. 1. 2017. Diese Regelungen gelten nach § 15 Abs. 5 S. 4 entsprechend für die Auskunft über **Nutzungsdaten.** **85**

In **§ 15a** ist unter Verweis auf § 42a BDSG die **Unterrichtungspflicht der Anbieter** bei einer unrechtmäßigen Kenntniserlangung von Daten geregelt. Das **Auskunftsrecht der Nutzer** ist in § 13 Abs. 8 TMG unter Verweis auf § 34 BDSG normiert, **86**

V. Würdigung der Datenschutzregeln im TMG

1. Wertender Rückblick und Ausblick zur DS-GVO

Eine **umfassende Evaluierung und Modernisierung** der **Datenschutzregeln** des **TMG** durch den deutschen Gesetzgeber ist. Insbesondere die **grundlegenden Abgrenzungsfragen** zu Telekommunikationsdiensten und Telekommunikationsgestützten Diensten sind seit den Ursprungsvorschriften im TDDSG **seit 1998 strittig** und durch den Gesetzgeber nur im Ansatz geklärt. Dies dürfte in der Praxis einer der wichtigsten Kritikpunkte an den Datenschutzregeln des TMG sein, zu den weiteren Kritikpunkten → Rn. 92. **87**

Allerdings haben **Urteile** des **EuGH** zu einer **wesentlichen Änderung der Datenschutzregeln** des TMG geführt, → Rn. 70 ff. Insbesondere die Erweiterung der Erlaubnis um den Abwägungstatbestand nach Art. 7 lit. f) DSRL führt zu einer sehr **weitgehenden Anpassung** und **Ausweitung der Verarbeitungsvorschriften** des TMG.[111] **88**

Die **Ablösung** des **TMG** durch die **DS-GVO** erfolgt am 25. 5. 2018. Gerade der Vergleich zur vermeintlich moderneren DS-GVO zeigt aber die damalige **Weitsicht** des Gesetzgebers zum TMG (und bereits zum TDDSG), auch wenn aus heutiger Sicht ein nicht ganz richtlinienkonformer deutscher Sonderweg eingeschlagen wurde und zudem gerade die schwierigen Abgrenzungsfragen nicht rechtssicher gelöst wurden. Denn der deutsche Gesetzgeber hatte erkannt, dass die **Dienste** im **Internet** einer **speziellen Regelung bedürfen,** da sie eine besondere Gefährdung schaffen **89**

---

[108] Vgl. ausf. § 15 Rn. 72 ff.
[109] EuGH, Urt. v. 19. 10. 2017 – C-582/14.
[110] BGH, Urt. v. 16. 5. 2017 – VI ZR 135/13 = BeckRS 2017, 114664.
[111] EuGH, Urt. v. 19. 10. 2016 – C-582/14.

TMG Vor §§ 11 ff. Überblick zum Datenschutz nach TMG und DS-GVO

und spezielle Rechtsfragen aufwerfen. Erst mit Geltung der **ePrivacy-VO** wird es wieder vergleichbar spezielle Regelungen zum Datenschutz im Internet geben, wobei ein zeitlicher Gleichklang zur DS-GVO fraglich ist. Zu den weiteren **positiven Aspekten** der Datenschutzregeln im TMG → Rn. 98.

90 **Positiv zugunsten** der Regelungen in der **DS-GVO** kann aber angeführt werden, dass diese Regelungen im Vergleich zum TMG, zumindest im Grundsatz, **keine Abgrenzung** zwischen den verschiedenen **Dienstekategorien** erforderlich machen. Allerdings ist bei der DS-GVO die Reichweite der Ausnahme nach Art. 95 GVO für Dienste, die der RL 2002/58/EG unterfallen strittig. Zukünftig wird zudem eine Abgrenzung zu den Diensten erforderlich werden, die speziell durch die **ePrivacy-VO** geregelt werden, so dass sich der Vorteil relativieren wird.

91 Aus Sicht der Praxis wird ein möglicherweise **rechtssicherer Ersatz** der Datenschutzvorschriften des TMG erst mit den **speziellen Vorschriften** erreicht, die der EU-Verordnungsgeber mit der **ePrivacy-VO** erlassen will. Ob dies allerdings zeitgleich mit der Geltung der DS-GVO und der Ablösung der Datenschutzvorschriften des TMG gelingt, ist zweifelhaft. Zudem ist dann wiederum zwischen diesen Diensten, die speziell in der ePrivacy-VO geregelt sind, und den allgemeinen Diensten, die nur in der DS-GVO geregelt sind, zu unterscheiden. Auf diese Weise wird naturgegeben der Vorteil einer speziellen Regelung mit der Notwendigkeit einer Abgrenzung im Geltungsbereich erkauft. Diese Abgrenzung erscheint auf Basis der aktuellen Entwurfsfassung der ePrivacy-VO in den Grenzbereichen noch unnötig komplex mit den Verweisen auf den Kodex, der dann zudem weitere anpassende Änderungen enthält.

2. Kritikpunkte zum TMG

92 Die bislang bereits zum **TDDSG 2001** geäußerte **Kritik** muss zum großen Teil **grundsätzlich auch bezüglich der Ursprungsfassung des TMG und seiner weiteren Fassung wiederholt** werden, da diese Kritikpunkte keine Änderung erfahren haben. Zudem sind mit dem TMG neue Streitstände und zum Teil noch komplexere Abgrenzungsprobleme entstanden. Nur in dem **engen Datenschutzbereich,** in dem bislang Teledienste und Mediendienste sowie Rundfunkdienste gegeneinander abgegrenzt werden mussten, hat es eine **weitere Vereinfachung** gegeben. Dafür ist nun die Abgrenzung zwischen überwiegenden oder reinen **Telekommunikationsdienste,** telekommunikationsgestützten Diensten und Telemediendiensten noch komplexer und **verwirrender** geworden. Diesbezüglich decken sich zum Teil noch nicht einmal Gesetzesbegründung und Gesetzestext. Es wird deshalb zT zu Recht davon gesprochen, dass aus dem alten Regelungschaos ein noch viel komplexeres Regelungschaos geworden ist.[112] Gleichwohl sollten die sich zum Teil ergebenden Vorteile bei der Gesamtwertung auch nicht übersehen werden.

93 Der **Nutzen der Datenschutzregeln des TMG** wird nun allerdings dadurch **stark relativiert,** dass nun der **Erlaubnistatbestand des Art. 7 lit. f) DSRL** im TMG richtlinienkonform hineinzulesen ist und damit eine dem § 28 Abs. 1 Nr. 2 BDSG vergleichbare Regelung besteht. Vor diesem Hintergrund fragt es sich, ob die Spezialregelung im TMG noch viel Sinn macht. Da die Datenschutzregelungen des TMG ab dem 25.5.2018 sowieso durch die DS-GVO verdrängt werden, spielt diese Frage allerdings bald keine Rolle mehr. Allerdings sind dann erst wieder durch die ePrivacy-VO neue spezielle und auf die Internetnutzung angepasste Datenschutzregeln zu erwarten.

94 **a) Fortbestand der bisherigen Kritik.** Da das TMG im Wesentlichen kaum inhaltliche Änderungen im Vergleich zum TDDSG/MDStV erfahren hat, muss die grund-

---

[112] *Hoeren,* NJW 2007, 801, 806.

sätzliche Kritik, die bereits früher zu der alten Gesetzeslage geäußert wurde, wiederholt werden. Der Gesetzgeber wollte mit dem **TDDSG 2001** neben Detailverbesserungen insbesondere die Verständlichkeit verbessern, für eine bessere Systematik des Gesetzes sorgen sowie einige Streitstände in der Literatur und Praxis zur Auslegung des Gesetzes beseitigen. Dies ist ihm leider nicht umfassend gelungen. Es verbleibt im Wesentlichen bei der bisherigen Einschätzung. Als **kritikwürdig** erweisen sich nach wie vor die widersprüchlichen Regelungen zwischen dem modernen Ansatz der Datenvermeidung und des System- und Selbstdatenschutzes mit den herkömmlichen Instrumentarien wie Speicherung der Einwilligung und Auskunft als verkannte Schutzvorschriften.

Zu wiederholen ist insbesondere die Kritik an dem **herkömmlichen Datenschutzkonzept** bestehend aus enger Zweckbindung mit Erlaubnisvorbehalt, Auskunftsrechten und Datenschutzaufsicht. Im Zeitalter **globaler Datennetze** im Internet ist die Fortführung dieser klassischen Schutzkonzepte **zweifelhaft.** Auch Forderungen nach einem einheitlichen internationalen Schutzstandard lassen sich weder in absehbarer Zeit durchsetzen noch überwachen. Insofern bedarf es zukünftig einer noch stärkeren und konsequenteren Ausrichtung auf den Systemdatenschutz und den „Selbstschutz" mit mehr Eigenverantwortung und Initiative der Nutzer.[113] Hierbei müssen sowohl die Interessen der Nutzer als auch der Anbieter an dem am Vertrags- und Kommunikationszweck orientierten Grad der Vertraulichkeit und Authentizität zu einer jeweiligen gemeinsamen Bestimmung der Kommunikationsform zum Beginn der Kommunikation führen. Die nächsten Browser-Generationen werden weitere Funktionen enthalten, die ein entsprechendes Aushandeln ermöglichen. Bei gewöhnlichen und alltäglichen Kommunikationsfällen kann eine pseudonyme Dienstenutzung durch Einschaltung von vertrauenswürdigen Zugangsvermittlern global für ausreichenden Datenschutz sorgen[114] sowie das Stichwort „**Datenschutz durch Dritte".**[115] Falls die beabsichtigten Geschäfts- oder Kommunikationsfälle eine sichere Authentifizierung beider Kommunikationspartner (Nutzer und Anbieter) erfordern, kann der vertrauenswürdige Dritte als Authentifizierungsinstanz genutzt werden oder aber der Kommunikationspartner kann eine andere Authentifizierung verlangen. Auf diese Weise haben es die Kommunikationspartner selbst in der Hand, für ausreichenden Datenschutz und ausreichende Sicherheit zu sorgen. Das **TMG** enthält hierzu die ersten lobenswerten Ansatzpunkte, die es schon im TDDSG gab. Es **fehlt** aber bislang daran, diese **Ansatzpunkte weiter auszubauen.**

b) Neue Kritikpunkte am TMG. Der Gesetzgeber hat es unterlassen, viele der bisherigen Streitstände und Kritikpunkte zu lösen und hat zusätzlich neue Probleme geschaffen. Als **Kritik** an dem **TMG** gilt insbesondere:

Der Gesetzgeber hat es **unterlassen, viele** der bislang **bestehenden Streitfragen** zum TDDSG 2001 im TMG **zu lösen,** da er die Regelungen im Regelfall ohne inhaltliche Änderungen wörtlich übernommen hat. Dies war dem komplizierten Gesetzgebungsverfahren geschuldet, bei denen im Ergebnis eine Einigung mit den Ländern gefunden werden musste, da deren Gesetzgebungskompetenz bezüglich der Rundfunkdienste und der Telemedien mit journalistisch-redaktionellen Inhalten betroffen war. Eine weitere inhaltliche Auseinandersetzung hat deswegen offensichtlich nicht stattgefunden.[116] Verbesserungen blieben offenbar insbesondere auf den Bereich der Auskunftserteilung an die Bedarfsträger beschränkt.

Die **bisherige Abgrenzungsproblematik** zwischen den Diensten und Gesetzen hat sich im Ergebnis nur bezüglich der Telemediendienste mit und ohne journalistisch-redaktionell gestalteten Inhalten und den Rundfunkdiensten erübrigt. Die Abgren-

---

[113] So auch *Roßnagel,* DuD 1999, 253, 255.
[114] Vgl. auch *Roßnagel,* DuD 1999, 253, 255 ff.
[115] Hoeren/Sieber/Holznagel/*Schmitz,* Kap. 16.4, Rn. 228.
[116] Vgl. zum Gesetzgebungsverfahren und der Kritik auch *Hoeren,* NJW 2007, 801, 806.

TMG Vor §§ 11 ff. Überblick zum Datenschutz nach TMG und DS-GVO

zungsprobleme zwischen den „überwiegenden Telekommunikationsdiensten" und den „telekommunikationsgestützten Diensten" ist aber geblieben und im Ergebnis **noch größer geworden.** Aus einem alten Regelungschaos rund um Tele- und Mediendienste wurde ein noch viel komplexeres Regelungschaos rund um die Abgrenzung von reinen und überwiegenden Telekommunikationsdiensten und telekommunikationsgestützten Diensten zu Telemediendiensten.[117] Dies betrifft insbesondere die E-Mail-Übertragung sowie die sog. „Mehrwertdienste" bzw. „Premium-Dienste".

99 Die **Regelung** zu den **Nutzungsdaten** in § 15 ist **systematisch nach wie vor schlecht gegliedert** und zu komplex. Sie unterscheidet nicht hinreichend klar und systematisch die verschiedenen Verarbeitungszwecke hinsichtlich Nutzung, Abrechnung, Auskunftserteilung, Werbung und Marktforschung und Missbrauchsbekämpfung. Eine Regelung, die wie im TKG diese unterschiedlichen Zwecke systematisch besser trennt, würde viel zu einer besseren Übersichtlichkeit beitragen.

100 Weiterhin **unklar** ist, wie sich das **TMG zu dem BDSG verhält,** insbesondere wenn die sog. Online-Nutzungsdaten auch für weitere Offline-Zwecke verwendet werden (Bsp. Internetbuchbestellung). Einer der Standardfälle der Internetnutzung durch Konsumenten stellt die deutsche Gesetzgebung offenbar seit dem IuKDG bzw. dem TDDSG 1997 und damit seit mehr als zehn Jahre vor kaum lösbare Probleme. In der Folge besteht nun auch in Rechtsprechung und Literatur keine Einigkeit, wie dieser Allerweltsvorgang zu bewerten ist. Diese Frage wird oftmals unter dem Begriff der sog. Nutzungsdaten nach § 15 bzw. **„Inhaltsdaten"** diskutiert.[118]

101 Es **fehlen Datenverarbeitungsmöglichkeiten** bei technischen **Störungen** und zur effizienten **Missbrauchsvorbeugung** und -bekämpfung. Der bisherige § 15 Abs. 8 dient nur der Entgeltdurchsetzung und ist eigentlich überflüssig, da dies schon § 15 Abs. 4 regelt. Der zur Einführung einer effizienten Störungserkennung und Störungsbeseitigung **geplante § 15 Abs. 9** wurde bislang nicht eingeführt, da dieses im Zusammenhang mit dem Änderungsgesetz zum BSIG verfolgte Vorhaben wegen Zeitdrucks der ablaufenden 16. Legislaturperiode nicht weiter verfolgt wurde.[119] Auch der neue § 13 Abs. 7 TMG begründet nur die Verpflichtung zum Schutz der Einrichtungen gegen Störungen und unberechtigte Zugriffe und setzt hierzu offenbar auf Verschlüsselungstechniken, vgl. § 13 Abs. 7 S. 2 TMG. Eine Berechtigung, ähnlich wie nach § 100 TKG, Nutzungsdaten zum Erkennen und Beseitigen von Störungen und Missbrauch zu verwenden, wurde im Gesetzgebungsverfahren wieder gestrichen.[120]

102 Es ist bei der **missverständlichen Regelung** zur **anonymisierten und pseudonymisierten Nutzung** verblieben.

103 Die Regelung zur Erstellung von **pseudonymisierten Nutzungsprofilen** einschließlich der widersprüchlichen Auskunftsregelung ist **verfassungsrechtlich bedenklich.**

Ebenso bedenklich ist die zwangsweise Verpflichtung der Anbieter, sich selbst wegen **Datenschutzverletzungen** nach § 15a iVm § 42a BDSG bei der Aufsichtsbehörde anzeigen zu müssen, ohne dass für die handelnden Personen ausreichend Verfolgungsfreiheit vorgesehen ist, wenn es sich – wie im Regelfall – bei den Anbietern um juristische Personen (zB GmbH, AG usw.) handelt, ausführlich § 15a.

---

[117] *Hoeren,* NJW 2007, 801, 806.
[118] Vgl. hierzu § 15 Rn. 72 ff.
[119] Vgl. Beschlussempfehlung BT-Drs. 16/13259, S. 8.
[120] Vgl. *Hornung,* NJW 2015, 3334, 3339 mwN.

Anbieter-Nutzer-Verhältnis §11 TMG

3. Positive Aspekte

Als Verbesserung **zu begrüßen** ist hinsichtlich der Neufassung der Datenschutzregeln im TMG im Vergleich zur früheren Rechtslage nach TDDSG/MDStV: **104**
- Die bislang komplexe und umstrittene **Abgrenzung** zwischen den **Telemediendiensten** mit und ohne journalistisch-redaktionell gestalteten Inhalten und den **Rundfunkdiensten** kann bis auf den Anwendungsbereich der §§ 47 Abs. 2 und 57 RStV für den **Datenschutz** in der Praxis **entfallen.** Für Telemediendienste und Rundfunkdienste gilt bis auf die genannte Ausnahme im Ergebnis einheitlich die Datenschutzregelung des TMG. Ergänzend dürfte sich in der Literatur und mit der Bereinigung der Beispielsfälle bei den Gesetzesdefinitionen im TMG auch die nach wie vor erforderliche Abgrenzung zu den „reinen Telekommunikationsdiensten" geklärt haben. So ist es nach der jetzigen Regelung in § 12 Abs. 1 und § 1 Abs. 1 sowie der Gesetzesbegründung zum TMG unstrittig geworden, dass der „reine" **Internet-Access** nur den Datenschutzregeln des TKG und nicht dem TMG unterfällt.
- Der Gesetzgeber hat den **Vorrang der Datenschutzregeln** des **TMG in § 12 klargestellt.** Dies sollte helfen, den Streit in der Literatur um die Anwendbarkeit des TMG auf die sog. „Inhaltsdaten" zu beenden.
- Zu den **Auskunftsansprüchen** der Bedarfsträger und anderer Dritter ist nach § 14 Abs. 2–5 und § 15 Abs. 5 S. 4 iVm § 14 Abs. 2–5 **klargestellt,** dass sich die Ermächtigung zur Auskunft nicht selbst aus dem TMG ergibt, sondern einer gesonderten spezialgesetzlichen Ermächtigung bedarf.
- Das Gesetz ist in der **Nummerierung und Länge gestrafft** worden, da der bislang schon „aufgehobene" § 7 TDDSG 2001 in der Nummerierung entfällt und die Regelung des § 8 TDDSG 2001 wegen der inhaltlichen Parallelität zum BDSG ebenso entfallen konnte.

§11 Anbieter-Nutzer-Verhältnis

(1) **Die Vorschriften dieses Abschnitts gelten nicht für die Erhebung und Verwendung personenbezogener Daten der Nutzer von Telemedien, soweit die Bereitstellung solcher Dienste**
1. im Dienst- und Arbeitsverhältnis zu ausschließlich beruflichen oder dienstlichen Zwecken oder
2. innerhalb von oder zwischen nicht öffentlichen Stellen oder öffentlichen Stellen ausschließlich zur Steuerung von Arbeits- oder Geschäftsprozessen erfolgt.

(2) **Nutzer im Sinne dieses Abschnitts ist jede natürliche Person, die Telemedien nutzt, insbesondere um Informationen zu erlangen oder zugänglich zu machen.**

(3) **Bei Telemedien, die überwiegend in der Übertragung von Signalen über Telekommunikationsnetze bestehen, gelten für die Erhebung und Verwendung personenbezogener Daten der Nutzer nur § 15 Absatz 8 und § 16 Absatz 2 Nummer 4.**[1]

---

[1] Die Fassung des TMG 2003, die zum 1.9.2009 mit dem BDSG-ÄnderungsG aufgehoben wurde, hieß: „Bei Telemedien, die überwiegend in der Übertragung von Signalen über Telekommunikationsnetze bestehen, gelten für die Erhebung und Verwendung personenbezogener Daten der Nutzer nur § 12 Abs. 3, § 15 Abs. 8 und § 16 Abs. 2 Nr. 2 und 5."

TMG § 11 Anbieter-Nutzer-Verhältnis

Literatur: *Bender/Kahlen,* Neues Telemediengesetz verbessert den Rechtsrahmen für Neue Dienste und Schutz vor Spam-Mails, MMR 2006, 590 ff.; *BITKOM,* Leitfaden: Die Nutzung von E-Mail und Internet im Unternehmen, Berlin/Frankfurt a. M. 2004; *Bizer,* Elektronische Kommunikationsdienste, DuD 2003, 372 f.; *Büllesbach/Höss-Löw,* Vertragslösung, Safe Harbor oder Privacy Code of Conduct, DuD 2001, 135 ff.; *Freytag,* Haftung im Netz, 1999; *Gundermann,* Internet und Datenschutz – ein Reality Check, NJW-CoR 1998, 492; *Hobert,* Datenschutz und Datensicherheit im Internet, 1998; *Hoeren,* „Telemediengesetz", NJW 2007, 801 ff.; *Jandt/Laue,* Profilbildung bei Location Based Services, K&R 2006, 316 ff.; *Merati-Kashani,* Der Datenschutz im E-Commerce, 2005; *Pelz,* Zulässiger Inhalt von Websites, in: Bräutigam/Leupold, Online-Handel, 2003, S. 239–298; *Räther/Seitz,* Übermittlung personenbezogener Daten in Drittstaaten – Angemessenheitsklausel, Safe Harbor und die Einwilligung, MMR 2002, 425 ff.; *Roßnagel/Scholz,* Datenschutz durch Anonymität und Pseudonymität – Rechtsfolgen der Verwendung anonymer und pseudonymer Daten, MMR 2000, 721 ff.; *Schaar,* Datenschutz im Internet, 2002; *ders.,* Datenschutz bei Web-Services, RDV 2003, 59 ff.; *Schmitz,* TMG a. F. und das Recht auf informationelle Selbstbestimmung, 2000; *Scholz,* Datenschutz beim Internet-Einkauf, 2002; *Selk,* Datenschutz im Internet, 2003; *Volkmann,* Der Störer im Internet, 2005; *Woitke,* Web-Bugs – Nur lästiges Ungeziefer oder datenschutzrechtliche Bedrohung, MMR 2003, 310 ff.

Übersicht

	Rn.
I. Allgemeines und Überblick	1
1. Überblick	1
a) Systematik	3
b) TMG 2007	4
c) Sonderregelung zu „überwiegenden Telekommunikationsdiensten"	5
d) Bisherige Streitfragen erhalten	7
e) TMG 2009	8
2. Telemediendienste und Rundfunkdienste	9
a) Definition und Abgrenzung der Telemediendienste	10
b) Überwiegenden Telekommunikationsdienste als Telemediendienste	11
c) Rundfunkdienste	12
3. Auslandsbezüge	13
a) Räumlicher Anwendungsbereich des TMG	13
b) Grenzen nationaler Regelungen und Eigenverantwortung	16
c) Übermittlung von Daten an Empfänger außerhalb der Bundesrepublik Deutschland	21
d) Übermittlung innerhalb der EU	22
e) Übermittlung von Daten an Stellen in Drittstaaten	24
aa) Länder mit angemessenem Schutzniveau	26
bb) Aufhebung Safe Harbor-Urteil und Folgeregelung EU-US Privacy Shield	28
cc) Länder ohne angemessenes Schutzniveau	31
II. Einzelerläuterung zu § 11	34
1. Rechtslage bei Dienst- und Arbeitsverhältnissen (Abs. 1)	34
a) Ausschließlichkeit der Nutzung entscheidet	35
b) Regeln bei der Nutzung zu dienstlichen Zwecken	36
aa) Ermöglichung der Nutzung	37
bb) Kontrollzwecke	38
cc) Protokollierung	39
dd) Zusammenfassung	41
2. Personenbezogene Daten	46
a) Begriff der personenbezogenen	47

Anbieter-Nutzer-Verhältnis **§ 11 TMG**

Rn.
b) Typische Anwendungsfälle 50
   aa) IP-Adresse 51
   bb) E-Mail-Adressen 57
   cc) Cookies 59
   dd) Sonstige Daten 60

I. Allgemeines und Überblick

1. Überblick

Die Datenschutzbestimmungen der §§ 11–15 regeln zunächst in **direkter An-** 1
wendung den Datenschutz bei den dem TMG unterfallenen **Telemediendiensten**
iSv § 1 sowie bei den sog. **„überwiegenden Telekommunikationsdiensten"** iSv
§ 3 Nr. 24 2. Alt. TKG. Für Letztere erklärt § 11 Abs. 3 als Sonderfall der Telemediendienste jedoch nur einzelne wenige Datenschutzvorschriften des TMG ergänzend zu
den im Ganzen geltenden Datenschutzvorschriften des TKG anwendbar. In **entsprechender Anwendung** gelten die Datenschutzregeln des TMG zusätzlich auch für
Rundfunkdienste nach dem RStV, weil § 47 RStV entsprechend auf die Datenschutzvorschriften des TMG verweist.

Insofern haben der Gesetzgeber des TMG sowie die Gesetzgeber der Länder ihr 2
Ziel, die Datenschutzregelungen für **Telemediendienste und Rundfunkdienste zu vereinheitlichen,** weitgehend **erreicht.** Die früher erforderliche und
sehr strittige Abgrenzung der unterschiedlichen Dienste und Regelungen im
TDDSG, MDStV und RStV kann heute nunmehr für den Datenschutz in aller Regel
im praktischen Ergebnis entfallen. Erforderlich ist allerdings nach wie vor die Abgrenzung zu den Telekommunikationsdiensten und den telekommunikationsgestützten
Diensten, da diese bis auf den Sonderfall der sog. „überwiegenden Telekommunikationsdienste" gar nicht den Datenschutzvorschriften des TMG unterfallen und in
dem genannten Sonderfall gem. § 11 Abs. 3 TMG nur wenige der Vorschriften des
TMG ergänzend zu den Datenschutzbestimmungen des TKG gelten.

a) Systematik. § 11 ist die **zentrale Eingangsvorschrift,** die den Anwen- 3
dungsbereich für die Datenschutzvorschriften festlegt. Die Datenschutzbestimmungen der §§ 11–15 gelten nach dem Sinn des § 11 für Anbieter von Telemediendiensten („bzw. in entsprechender Anwendung von Rundfunkdiensten"), die
personenbezogene Daten der Nutzer in einem „Anbieter-Nutzer-Verhältnis" verarbeiten. § 11 Abs. 1 bestimmt gemäß seinem Wortlaut zwar klarstellend im Rahmen
einer Negativabgrenzung die Ausnahmen von diesem Anwendungsbereich, lässt sich
aber ungemäß positiv so formulieren, dass im Übrigen der Anwendungsbereich eröffnet ist.

b) TMG 2007. Die **Datenschutzregeln** sind im TMG 2007 im Vergleich 4
zum TDDSG zum Teil **systematisch neu geordnet** und anders **ausformuliert.** Dies gilt insbesondere auch für die Regelungen in § 11, die abweichend zu
der teilweise entsprechenden Vorgängerfassung des § 1 TDDSG formal nicht seiner Bedeutung entsprechend mit der Überschrift „Geltungsbereich", sondern mit
dem Begriff des „Anbieter-Nutzer-Verhältnisses" überschrieben ist. Hierdurch sowie durch seinen Abs. 1 bringt § 11 zum Ausdruck, dass die Anwendung der Datenschutzvorschriften ein solches „Anbieter-Nutzer-Verhältnis" voraussetzt. § 11
Abs. 1 Nr. 1 und Nr. 2 stellen hierzu wie bislang bereits § 1 Abs. 1 TDDSG klar,
dass diese Vorschriften keine Anwendung finden, wenn Teledienste „im Dienst-
und Arbeitsverhältnis zu ausschließlich beruflichen oder dienstlichen Zwecken"
(§ 11 Abs. 1 Nr. 1) oder „ausschließlich zu Steuerung von Arbeits- oder Geschäfts-

TMG § 11 Anbieter-Nutzer-Verhältnis

prozessen" erfolgt.[2] In § 11 Abs. 2 wird zudem der Begriff des „Nutzers" definiert. Die weiteren Grundsätze zum Anwendungsbereich finden sich in § 12 und im Übrigen mit den Dienstedefinitionen und dem allgemeinen Anwendungsbereich des TMG in § 1.

5   c) **Sonderregelung zu „überwiegenden Telekommunikationsdiensten".** § 11 Abs. 3 enthält die bereits genannte **Sonderregelung** für solche Telemedien, die „überwiegend in der Übertragung von Signalen über Telekommunikationsnetze bestehen" (sog. **„überwiegende Telekommunikationsdienste"**), und für die nur die Datenschutzregelungen des § 15 Abs. 8 (Missbrauchsbekämpfung) sowie die Ordnungswidrigkeitsvorschriften des § 16 Abs. 2 Nr. 4 gelten. Ergänzend gilt für alle Dienste das sog. Koppelungsverbot, welches durch das BDSG-ÄnderungsG im BDSG 2009 in § 28 Abs. 3b) BDSG eingefügt ist und inhaltlich die bisherige Regelung in § 12 Abs. 3 TMG 2007 übernimmt. Deshalb ist in § 11 Abs. 3 kein Hinweis mehr auf die bisherige Regelung des Koppelungsverbotes im TMG (ehemals § 12 Abs. 3 TMG 2007) enthalten, ohne dass sich hierdurch für Telemedien eine Änderung ergibt.

6   Zur Sonderregelung bei den überwiegenden Telekommunikationsdiensten ist nach § 1 Abs. 1 zu beachten, dass die **telekommunikationsgestützten Dienste** und die **„reinen" Telekommunikationsdiensten,** die ganz in der Übertragung von Signalen und Nachrichten über Telekommunikationsnetzen bestehen" vom **Anwendungsbereich** des **TMG** und damit auch von dessen Datenschutzregelungen **ausgeschlossen** sind.

7   d) **Bisherige Streitfragen erhalten.** Inhaltlich sind auch nach der Neufassung als TMG 2007 insbesondere auch bezüglich § 11 viele der **Streitfragen um den Datenschutz verblieben,** die bereits zu den beiden Vorgängerfassungen des TDDSG diskutiert wurden. Diese beziehen sich insbesondere auf die beiden Anwendungsvoraussetzungen, dass es sich erstens um ein „Angebot" eines dem TMG unterfallenden „Telemediendienstes" (bzw. in entsprechender Anwendung eines Rundfunkdienstes) handelt und zweitens um personenbezogene Daten des Nutzers. Die erste große Streitfrage zur **Abgrenzung der Dienste und Gesetze** ist zwar zum Teil entschärft, weil im Ergebnis nicht mehr zu unterscheiden ist zwischen den bisherigen Telediensten, Mediendiensten und Rundfunkdiensten. Gleichwohl sind diese Dienste nach wie vor zu den Telekommunikationsdiensten sowie den telekommunikationsgestützten Diensten abzugrenzen, wobei vor allem die letztere neu eingeführte Unterscheidung in der Praxis erhebliche Probleme aufwirft. Zudem ist nach wie vor nicht das Verhältnis zu den allgemeinen Datenschutzregelungen des BDSG geklärt. Die zweite große **Streitfrage des Personenbezugs,** die konkret beinhaltet, welche Stellen hinsichtlich konkreter Daten (zB IP-Adresse, Cookies usw.) bei Telemediendiensten in Zusammenhang mit dem Internet oder anderen Medien einen Personenbezug herstellen können, ist nun durch die **Urteile** von **EuGH**[3] und **BGH**[4] im praktischen Ergebnis zugunsten des **Personenbezugs** gelöst. Thematisch zur Frage des „Geltungsbereiches" des TMG gehört auch der Rechtsrahmen bei der **Datenübermittlung** innerhalb der EU und in das Nicht-EU-**Ausland.**

8   e) **TMG 2009.** Die Änderungen des TMG 2009, die durch das BDSG-ÄnderungsG eingefügt wurden, haben zu den bereits genannten **redaktionellen Änderungen bei § 11 Abs. 3** geführt. Da das Koppelungsverbot nunmehr allgemein in § 28 Abs. 3b) BDSG 2009 geregelt ist, wurde die bisherige Regelung in § 12 Abs. 3 TMG 2007 gestrichen. Damit entfiel auch der entsprechende Hinweis in § 11 Abs. 3

---

[2] § 11 Abs. 1 Nr. 2.
[3] EuGH, Urt. v. 19.10.2016 – C-582/14.
[4] BGH, Urt. v. 16.5.2017 – VI ZR 135/13, BeckRS 2017, 114664.

Anbieter-Nutzer-Verhältnis **§ 11 TMG**

TMG 2007 auf diese bisherige Regelung. Eine inhaltliche Änderung hat sich hierdurch nicht ergeben, da das Koppelungsverbot nunmehr allgemein im BDSG für alle Dienste geregelt ist, hierbei aber die Regelung aus dem alten § 12 Abs. 3 TMG 2007 entsprechend übernommen hat.[5] Zusätzlich wurden im diesen Zuge die Ordnungswidrigkeitenvorschriften des § 16 redaktionell angepasst, welches zu redaktionellen Folgeänderungen bei dem Verweis in § 11 Abs. 3 geführt hat.

2. Telemediendienste und Rundfunkdienste

Die erste Voraussetzung für die **unmittelbare Anwendung** der Datenschutzvorschriften des TMG liegt darin, dass es sich um einen Telemediendienst iSv § 1 handelt, auf welchen das TMG Anwendung findet. In **mittelbarer Anwendung** regeln die Datenschutzvorschriften nach § 47 RStV auch die Datenschutzvorschriften für **Rundfunkdienste.** In der Praxis kann somit die grundsätzlich nach TMG und RStV erforderliche Abgrenzung zwischen Telemediendiensten und Rundfunkdiensten für den Bereich des Datenschutzes entfallen.

a) Definition und Abgrenzung der Telemediendienste. Zur **Definition** der Telemediendienste und deren **Abgrenzung** zu den Telekommunikationsdiensten, telekommunikationsgestützten Diensten sowie den Rundfunkdiensten → § 1 Rn. 8 ff. Die Datenschutzregeln des TMG gelten damit nicht für **reine Telekommunikationsdienste** und **telekommunikationsgestützte Dienste.**

b) Überwiegenden Telekommunikationsdienste als Telemediendienste. Bei („überwiegenden") **Telekommunikationsdiensten,** die „überwiegend in der Übertragung von Signalen über Telekommunikationsnetze bestehen", handelt es sich hinsichtlich der inhaltlichen Bereitstellung der Dienste um **Telemediendienste.** Sie gelten als Informations- und Kommunikationsdienste und sind nach dem Wortlaut des § 1 Abs. 1 S. 1 nicht vom Anwendungsbereich des TMG ausgeschlossen. Dies zeigen insbesondere auch § 11 Abs. 3 und die eindeutige Aussage der Gesetzesbegründung.[6] Für die „überwiegenden Telekommunikationsdienste" gelten nach § 11 Abs. 3 in datenschutzrechtlicher Hinsicht allerdings nur die dort genannten zwei Vorschriften: § 15 Abs. 8 (Missbrauchsbekämpfung) sowie § 16 Abs. 2 Nr. 4 (Ordnungswidrigkeiten). Der Gesetzgeber wollte hiermit ausweislich seiner Gesetzesbegründung berücksichtigen, dass diese Dienste als „Dienste der Informationsgesellschaft" sowie zugleich „elektronische Kommunikationsdienste" der ECRL unterfallen und damit auch Regelungsgegenstand des TMG sein müssen.

c) Rundfunkdienste. Durch die Verweisung des § 47 RStV sind die **Datenschutzbestimmungen des TMG auch für Rundfunkdienste** entsprechend anwendbar. Gleichwohl kann es in Detailfragen, wie etwa bei der besonderen Datenschutzbestimmung des § 47 Abs. 2 RStV, auf die Abgrenzung ankommen. Diese regelt ein besonderes Auskunftsrecht des Betroffenen, wenn der Veranstalter von Rundfunk „personenbezogene Daten ausschließlich zu eigenen journalistisch-redaktionellen Zwecken verarbeitet und der Betroffene dadurch in seinen schutzwürdigen Interessen beeinträchtigt wird".

3. Auslandsbezüge

a) Räumlicher Anwendungsbereich des TMG. Vom **Territorialitätsprinzip** ausgehend sind grundsätzlich die Datenschutzvorschriften des TMG bzw. ergänzend des BDSG anwendbar, wenn die **„verantwortliche Stelle",** welche die Da-

---

[5] Vgl. ausf. die Kommentierung zu § 12 Rn. 17 ff.
[6] BT-Drs. 16/3078, S. 20.

TMG § 11 Anbieter-Nutzer-Verhältnis

tenverarbeitung durchführt, **personenbezogene Daten in Deutschland** erhebt, **verarbeitet** oder nutzt, vgl. § 1 Abs. 5 S. 2 BDSG. Dies gilt **vorrangig** nach dem sog. **Sitzlandsprinzip** gem. § 1 Abs. 5 S. 1 BDSG **nicht,** sofern die **„verantwortliche Stelle"** ihren **Sitz** in einem **anderen Staat der EU** hat und Daten im Inland der Bundesrepublik Deutschland verarbeitet, **ohne** im Inland eine **Niederlassung** zu betreiben. Von einer „Niederlassung" ist auszugehen, wenn die Tätigkeit effektiv und tatsächlich von einer „festen Einrichtung" ausgeübt wird, wie Erwägungsgrund 19 der DSRL zeigt. Die Rechtsform ist hierbei nicht maßgeblich. Zur weiteren Auslegung kann auf § 4 Abs. 3 GewO zurückgegriffen werden. Hiernach ist eine Niederlassung vorhanden, wenn eine selbständige gewerbsmäßige Tätigkeit auf unbestimmte Zeit und mittels einer festen Einrichtung von dieser aus tatsächlich ausgeübt wird. Damit wird im Regelfall das TMG zur Anwendung kommen, wenn das Unternehmen in Deutschland personenbezogene Daten verarbeitet und hierzu Räume in eigener Verfügungsgewalt hat.

14 Der **EuGH** hat in der Entscheidung zu **Google Spain** die **Anwendbarkeit** der DSRL 95/46 EG konkretisiert.[7] Hiernach ist es für den räumlichen Anwendungsbereich nach Art. 4 Abs. 1 lit. a RL 95/46 EG **ausreichend,** wenn eine **„Tätigkeit"** durch eine in der **EU gelegene Niederlassung** im **Zusammenhang** mit der **Datenverarbeitung** ausgeübt wird. Dies gelte somit auch dann, wenn Google seine spanische Niederlassung nur für Werbetätigkeiten nutze, während die eigentliche Datenverarbeitung nur in den USA erfolgt, → Rn. 45 ff. und Nr. 2 des Urteils-Tenors. Diese Rechtsprechung ist auf den **Anwendungsbereich** des **TMG** zu **übertragen,** da das TMG in Kenntnis und damit letztendlich auch in Einklang mit der DSRL ergangen ist und eine richtlinienkonforme Auslegung dies erfordert.

15 Unter der DS-GVO wird die „Übermittlung personenbezogener Daten an Drittländer oder an internationale Organisationen" in Kapitel V, **Art. 44ff. DS-GVO** geregelt. Diese Regelungen greifen insbesondere die **Rechtsprechung des EuGH** zur Feststellung eines angemessenen Schutzniveaus auf, die der EuGH zu Safe Harbor getroffen hatte.[8]

16 **b) Grenzen nationaler Regelungen und Eigenverantwortung.** Der **Ansatz einer nationalen Regelung** eines multinationalen Lebenssachverhaltes wie der **globalen Internetnutzung** stößt naturgemäß an enge **sprichwörtliche Grenzen,** auch wenn innerhalb der EU eine Harmonisierung des Datenschutzstandards und mit der DS-GVO eine sehr weitgehende Vereinheitlichung der Regeln versucht wird. Dennoch stößt dieses Regelungskonzept zumindest bei der Verarbeitung außerhalb der EU an seine Grenzen, da sich Fragen der Geltung, Kontrolle und der Rechtdurchsetzbarkeit stellen.

17 Bei einer globalen Internetnutzung und globalen Datenverarbeitung erscheint hierbei das herkömmliche Datenschutzkonzept bestehend aus enger Zweckbindung mit Erlaubnisvorbehalt, Auskunftsrechten und Datenschutzaufsicht im Zeitalter globaler Datennetze wie dem Internet zweifelhaft, da diese Normen und Ansprüche grenzüberschreitend sich nur schwer durchsetzen und kontrollieren lassen. Auch Forderungen nach einem räumlich noch umfassenderen einheitlichen internationalen Schutzstandard lassen sich weder **in absehbarer Zeit durchsetzen noch überwachen.** Hieran werden auch die Regeln der DS-GVO nichts grundlegend ändern können.

18 Die **Nutzer** haben deshalb gerade bei der Nutzung von Diensten außerhalb der EU faktisch eine große **Eigenverantwortung,** Dienstleister mit angemessenen Datenverarbeitungsregeln und Vertrauen in die Einhaltung dieser Regeln auszuwählen

---

[7] EuGH, Urt. v. 13.5.2014 – C-132/12.
[8] EuGH, Urt. v. 6.10.2015 – C-362/14; s. hierzu Ehmann/Selmayr/*Zerdick,* DS-GVO, Art. 44 Rn. 2.

Anbieter-Nutzer-Verhältnis § 11 TMG

und dies durch die Verwendung von datensparsamer Technik zu unterstützen. Der Nutzer kann nach wie vor die **Sicherheits- und Datenschutzanforderungen** bei der Nutzung von Diensten im globalen Internet selbst **mitbestimmen.**[9] Hierzu zählen entsprechende Einstellungen im Browser bezüglich Cookies oder die „Abwehr" von Analysetools beim Browsen von Websites. Zudem gibt es Optionen bei der Auswahl der Anbieter, die mit unterschiedlichen Datenschutzstandards operieren. Dies ist keine neue Erkenntnis,[10] eine Unterstützung dieses Ansatzes findet sich in der DS-GVO allerdings nicht. Allerdings soll dieser Ansatz in der **ePrivacy-VO**[11] unterstützt werden, wie insbesondere der Entwurf zu **Art. 10** zeigt. Nach Art. 10 Abs. 1 des Entwurfs zur ePrivacy-VO soll Software, wie zB Browser, die Möglichkeit bieten, zu verhindern, dass Dritte „Informationen in der Endeinrichtung speichern oder bereits in der Endeinrichtung gespeicherte Informationen verarbeiten". Dies bezieht sich insbesondere auf die Browser-Einstellungen zu Cookies.

Allerdings bieten die Regeln der **DS-GVO** und die **Rechtsprechung des EuGH**[12] zum **räumlichen Anwendungsbereich** der Datenschutzregeln einen **Ansatz,** um die **Datenverarbeitung dem Recht der DS-GVO zu unterwerfen,** wenn das verarbeitende Unternehmen eine Niederlassung in der EU hat und diese einen Bezug zur Datenverarbeitung aufweist und sei dies nur der Werbevertrieb. Aber auch dieser Ansatz stößt wiederum an natürliche Grenzen, wenn das verarbeitende Unternehmen eine solche Niederlassung nicht unterhält und nur in einem Drittstaat agiert. Die Eigenverantwortung der Nutzung und deren Stärkung durch Technik und Aufklärung ist deshalb ein wichtiger Baustein beim Datenschutz in globalen Netzen. 19

Dennoch sind die Regelungen des TMG auf **nationaler Ebene** sowie die Regelungen in der DS-GVO und der zukünftigen ePrivacy-VO **sinnvoll und erforderlich,** um den verfassungsmäßigen Auftrag zum Schutz des Rechtes auf informationelle Selbstbestimmung aus Art. 2 Abs. 1 und Art. 1 Abs. 1 GG sowie von Art. 7 und der Grundrechtecharta Rechnung zu tragen. Gerade bei der grenzüberschreitenden Kommunikation kommt den Nutzern aber mehr Eigenverantwortlichkeit zu, in dem sie ihre berechtigten Ansprüche auf Datensicherheit und ggf. Sicherheit des Rechtsverkehrs selbst durch Auswahl geeigneter Anbieter und Standards durchsetzen müssen. Zusätzliche Bedeutung können hierbei die Dienste Dritter erlangen, die einerseits für den Nutzer den Datenschutz und die Vertraulichkeit und auf der anderen Seite im Streitfalle für beide Seiten die erforderliche Rechtssicherheit und Authentifizierbarkeit von Anbieter und Nutzer gewährleisten.[13] Im Zeitalter der globalen Kommunikation können solche vertrauenswürdige Dritte **(„trusted third parties")** insbesondere dann für beide Seiten die erforderliche Sicherheit und den Datenschutz gewährleisten. 20

c) Übermittlung von Daten an Empfänger außerhalb der Bundesrepublik Deutschland. Bei dem Angebot von Telemediendiensten durch nationale Anbieter im Geltungsbereich des BDSG bzw. des TMG wird häufig der Fall auftreten, dass eine **Datenübermittlung** an **Stellen** erfolgt, die ihren **Sitz nicht innerhalb der Bundesrepublik Deutschland** haben. Die Zulässigkeit dieser Datenübertragung wird durch **§§ 4b und 4c BDSG** geregelt, der die hierzu durch die **EU-Datenschutzrichtlinie** getroffene Regelung umsetzt. Hiernach ist zwischen der Datenübertragung **innerhalb von Mitgliedstaaten der EU** und an sog. „**Drittstaaten zu unterscheiden.** Nach dem BDSG und der EU-Datenschutzrichtlinie bildet auch die vertrag- 21

---

[9] Vgl. hierzu schon *Schmitz*, TDDSG, S. 171 mwN in Fn. 780 und 781.
[10] S. ua *Roßnagel*, DuD 1999, 253f.
[11] Vorschlag der Kommission, 2017/0003 v. 10.1.2017.
[12] EuGH, Urt. v. 13.5.2014 – C-132/12.
[13] Datenschutz durch Dritte, vgl. *Schmitz*, TDDSG, S. 169.

TMG § 11

lichen Selbstverpflichtung des Vertragspartners eine wesentliche Möglichkeit, um die Zulässigkeit der Datenübermittlung in „unsichere" Drittstaaten (Staaten ohne angemessenes Datenschutzniveau iSd § 3 Abs. 2 BDSG) zu erreichen. Hierzu hat die Kommission sog. „Standardvertragsklauseln" beschlossen, die ein ausreichendes Schutzniveau sicherstellen sollen. Daneben ist selbstverständlich auch immer die (wirksame) Einwilligung des betroffenen Nutzers ausreichend. Ab dem 25.5.2018 unter der DS-GVO gilt für die Datenübermittlung an ein Drittland **Art. 45 DS-GVO.**

22 **d) Übermittlung innerhalb der EU.** Bei der **Übermittlung innerhalb der EU** ist nach § 4b BDSG zu unterscheiden zwischen **Verarbeitungen**, die von der **EU-Datenschutzrichtlinie** erfasst und solchen, für die weiterhin **ausschließlich nationales Recht** gilt. Von diesen letztgenannten national-internen Verarbeitungsbereichen betroffen sind im Wesentlichen die **Sicherheitsbehörden.** Für diese gilt nach § 4b Abs. 2 BDSG im Ergebnis, dass die Übermittlung wie die Übermittlung in EU-Drittstaaten zu behandeln ist und deshalb die an sich zulässige Übermittlung daran zu überprüfen ist, ob durch die Weiterleitung der Daten an Stellen ohne angemessenes Datenschutzniveau schutzwürdige Interessen des Betroffenen verletzt werden.

23 Soweit die Verarbeitung der **EU-Datenschutzrichtlinie unterfällt**, wovon bei dem Angebot von **Telemediendiensten** in der Regel auszugehen ist, gilt § 4b Abs. 1 BDSG. Hiernach ist die Übermittlung von personenbezogenen Daten in andere Mitgliedstaaten der Europäischen Union, in andere Vertragsstaaten des Abkommens über den Europäischen Wirtschaftsraum oder der Organe und Einrichtungen der Europäischen Gemeinschaften zulässig, soweit dies nach den (allgemeinen) Regeln für die Verarbeitung durch öffentliche Stellen (§§ 15 Abs. 1, 16 Abs. 1 BDSG) und für nicht-öffentliche Stellen (§§ 28–30 BDSG) erlaubt ist. Die **Zulässigkeit** der **Datenübermittlung** ist im Anwendungsbereich der EU-Datenschutzrichtlinie somit **ohne Einschränkungen** alleine an die für die **Übermittlung** im **Inland** geltenden Regelungen geknüpft. Hierdurch soll ein **ungehinderter Datenfluss innerhalb** der **EU** erreicht werden.

24 **e) Übermittlung von Daten an Stellen in Drittstaaten. Die Übermittlung von Daten** an Stellen in **Drittstaaten** richtet sich nach § 4b Abs. 2 S. 1 BDSG. Wichtig ist, dass diese Vorschrift nur die Zulässigkeit der Datenübermittlung in einen Drittstaat regelt und es daneben für die Verarbeitung der **grundlegenden** datenschutzrechtlichen **Erlaubnis** bedarf, wie sie bestehen müsste, wenn die **Datenverarbeitung im Inland** erfolgen würde. Diese grundlegende Erlaubnis kann sich im Anwendungsbereich des TMG nur aus dem TMG ergeben. Unter der DS-GVO richtet sich die Zulässigkeit der Übermittlung in einen Drittstaat nach **Art. 45 DS-GVO.**

25 Nach § 4b Abs. 2 S. 1 BDSG ist die **Übermittlung** in einen **Drittstaat unzulässig**, wenn der Betroffene (Nutzer) ein schutzwürdiges Interesse an dem Ausschluss der Übermittlung hat, insbesondere, wenn bei dem Empfänger der Daten ein **angemessenes Schutzniveau nicht gewährleistet** ist. Die Angemessenheit orientiert sich anhand der Kriterien des § 4b Abs. 3 BDSG. Die Regelung folgt damit der EU-Datenschutzrichtlinie. Ist kein hinreichendes Datenschutzniveau gewährleistet und greift auch die weitere Ausnahmeregelung nach § 4c BDSG nicht ein (zB durch die Verwendung der EU-Standardvertragsklauseln), ist die Übermittlung unzulässig. § 4c BDSG erlaubt als „Ausnahmen" auch bei einem nicht angemessenen Schutzniveau die Übermittlung insbesondere, wenn der Betroffene in die Datenübermittlung „zweifelsfrei" **eingewilligt** hat oder diese zur Erfüllung eines Vertrages mit dem Betroffenen erforderlich ist. Alternativ steht die Vereinbarung der EU-Standardvertragsklauseln zu Verfügung, § 4c Abs. 2 S. 1 BDSG.

26 **aa) Länder mit angemessenem Schutzniveau.** Nach Art. 26 Abs. 4 DSRL kann die Kommission mit Unterstützung eines Ausschusses, der sich aus Vertretern

der Mitgliedstaaten zusammensetzt, **Drittstaaten** bestimmen, die aufgrund der dort geltenden Regelungen über ein **angemessenes Schutzniveau** verfügen. Die Zulässigkeit der Datenübermittlung an Unternehmen in der **Schweiz**, **Ungarn**, **Kanada** sowie Unternehmen in den **Vereinigten Staaten,** die sich auf die Grundsätze des **„EU-US Privacy Shield",** dem Nachfolger der vom EuGH als unwirksam erklärten „Safe Harbor Principles verpflichtet haben,[14] wurde festgestellt.

Das angemessenes Schutzniveau wurde wie folgt festgestellt, so dass die Übermittlung an Stellen (Unternehmen) in diesen Staaten nach den sonstigen Regelungen des TMG und § 4b Abs. 2 BDSG zulässig ist: 27

- **Schweiz:** Entscheidung der Kommission vom 16.7.2000, ABl. L 215 v. 25.8.2000, S. 1ff.
- **Ungarn:** Entscheidung der Kommission vom 26.7.2000, ABl. L 215 v. 25.8.2000, S. 4ff.
- **Kanada:** Entscheidung der Kommission vom 20.12.2000, ABl. L 2 v. 4.1.2002, S. 13ff.
- **USA bei „EU-US Privacy Shield"**-Selbstverpflichtung, Beschluss der Kommission vom 12.7.2016.[15]

bb) Aufhebung Safe Harbor-Urteil und Folgeregelung EU-US Privacy Shield. Der EuGH hat mit Urteil vom 6.10.2015 die Entscheidung der Kommission zur Anerkennung der Safe Harbor-Regelungen für unwirksam erklärt.[16] Mittels dieser Regelungen konnte eine Datenübermittlung an Empfänger in den USA nach § 4d BDSG gerechtfertigt werden, wenn sich der Empfänger den sog. Safe Harbor-Principles unterworfen hatte. Zur Begründung führte der EuGH insbesondere an, dass die personenbezogenen Daten der Betroffenen in den USA auch unter den sog. Safe Harbor-Grundsätzen nicht ausreichend gegen Zugriffe durch US-Behörden und US-Geheimdienste geschützt seien. In Folge dessen erklärten die deutschen Aufsichtsbehörden, dass die Safe Harbor-Principles als Rechtfertigung für eine Datenübermittlung in die USA ausscheiden.[17] 28

Nach mehrmonatigen Verhandlungen wurde das Nachfolgeabkommen **EU-US Privacy Shield** am 12.7.2016 von der Europäischen Kommission beschlossen.[18] Es findet seit dem 1.8.2016 Anwendung. In dem Beschluss erklärt die Kommission, dass die USA „im Rahmen des EU-US Privacy Shields" ein „angemessenes Schutzniveau für personenbezogenen Daten" gewährleisten. Dieses Abkommen kann seit dem als Basis für eine Datenübermittlung nach § 4b BDSG dienen. 29

Unter der DS-GVO regelt sich die Zulässigkeit der Datenübermittlung an ein Drittland nach **Art. 45 DS-GVO.** Diese Vorschrift enthält die Kriterien, Bedingungen und Verfahren für den Erlass eines Angemessenheitsbeschlusses der **Kommission,** mit dem ein **angemessenes Schutzniveau** für personenbezogene Daten festgestellt wird.[19] Hierzu sieht Art. 45 DS-GVO in Abs. 2 insbesondere einen ausdrücklichen Anforderungskatalog vor, der auch auf der EuGH-Entscheidung zu Safe Harbor beruht. Zudem hat die Kommission nach Art. 45 Abs. 3 DS-GVO selbst dann, wenn sie für ein Drittland ein angemessenes Schutzniveau festgestellt hat, dieses regelmäßig, mindestens alle vier Jahre, zu prüfen. Zudem ist nach Abs. 4 eine fortlau- 30

---

[14] S. IP/09/865.
[15] Durchführungsbeschluss (EU) 2016/1250 der Kommission v. 12.7.2016, ABl. EU Nr. L 207/1 v. 1.8.2016.
[16] EuGH, Urt. v. 6.10.2015 – C-362/14.
[17] Positionspapier der Konferenz der unabhängigen Datenschutzbehörden des Bundes und der Länder (Datenschutzkonferenz), abrufbar unter: www.datenschutz.hessen.de, Stand: 26.10.2015.
[18] Durchführungsbeschluss (EU) 2016/1250 der Kommission v. 12.7.2016, ABl. EU Nr. L 207/1 v. 1.8.2016.
[19] Ehmann/Selmayr/*Zerdick*, DS-GVO, Art. 45 Rn. 1.

fende Überprüfung in Hinsicht auf eine Einschränkung der Wirksamkeit des Schutzniveaus vorgesehen.

31 cc) **Länder ohne angemessenes Schutzniveau.** Soweit es sich um die Datenübertragung in Länder handelt, für das kein ausreichendes Schutzniveau festgestellt wurde, ist diese nur unter den besonderen Bedingungen des § 4c BDSG zulässig. Die Zulässigkeit kann sich entweder nach dem **Zulässigkeitskatalog** des § 4c Abs. 1 BDSG oder aber nach § 4b Abs. 2 BDSG ergeben, wenn entweder der Vertragspartner ausreichende Datenschutzgarantien abgibt und die **zuständige Aufsichtsbehörde** die **Übermittlung genehmigt** oder aber der Vertragspartner sich auf die von der EU verabschiedeten **Standardvertragsklauseln** verpflichtet.

32 Nach § 4c Abs. 1 BDSG ist die Übermittlung in Drittstaaten **ohne angemessenes Schutzniveau zulässig,** wenn
– die betroffene Person ohne jeden Zweifel ihre **Einwilligung** zu der geplanten Übermittlung gegeben hat oder
– die Übermittlung für die **Erfüllung eines Vertrags** zwischen der betroffenen Person und dem für die Verarbeitung Verantwortlichen oder zur Durchführung von vorvertraglichen Maßnahmen auf Antrag der betroffenen Person erforderlich ist oder
– die Übermittlung zum Abschluss oder zur **Erfüllung eines Vertrags** erforderlich ist, der im Interesse der betroffenen Person vom für die Verarbeitung Verantwortlichen mit einem **Dritten** geschlossen wurde oder geschlossen werden soll, oder
– die Übermittlung entweder für die Wahrung eines wichtigen öffentlichen Interesses oder zur Geltendmachung, Ausübung oder Verteidigung von Rechtsansprüchen vor Gericht erforderlich oder gesetzlich vorgeschrieben ist oder
– die Übermittlung für die **Wahrung lebenswichtiger Interessen** der betroffenen Person erforderlich ist oder
– die Übermittlung aus einem **Register** erfolgt, das gemäß den Rechts- oder Verwaltungsvorschriften zur Information der **Öffentlichkeit** bestimmt ist und entweder der gesamten Öffentlichkeit oder allen Personen, die ein berechtigtes Interesse nachweisen können, zur Einsichtnahme offen steht, soweit die gesetzlichen Voraussetzungen für die Einsichtnahme im Einzelfall gegeben sind.

33 Nach § 4c Abs. 2 S. 1 BDSG ist die Übermittlung auch ohne die Erfüllung der Zulässigkeitsvoraussetzungen nach § 4c Abs. 1 BDSG zulässig, wenn die dort datenverarbeitende Stelle **„ausreichende Garantien"** hinsichtlich des Schutzes des Persönlichkeitsrechts und der Ausübung der damit verbundenen Rechte vorweist und die zuständige Aufsichtsbehörde die **Übermittlung genehmigt.** Einer solchen Genehmigung bedarf es nach Art. 26 Abs. 4 iVm Art. 31 Abs. 2 EU-Datenschutzrichtlinie nicht, wenn sich die datenverarbeitende Stelle auf sog. **Standardvertragsklauseln** verpflichtet. Entsprechende Standardvertragsklauseln hat die Kommission mit ihrer Entscheidung vom 15.6.2002 festgelegt und im Amtsblatt ABl. L 181 v. 4.7.2002, S. 19ff. veröffentlicht. Das betreffende Unternehmen muss sich insbesondere dazu verpflichten, die „verbindlichen Datenschutzgrundsätze im Sinne von Klausel 5 Buchstabe b) Absatz 1 der Standardvertragsklauseln" einzuhalten, die das angemessene Schutzniveau garantieren sollen.

II. Einzelerläuterung zu § 11

1. Rechtslage bei Dienst- und Arbeitsverhältnissen (Abs. 1)

34 Wie die Überschrift und die Bestimmung des § 11 Abs. 1 zeigen, sollen die Datenschutzvorschriften des TMG anwendbar sein, wenn ein Anbieter von Telemediendiensten iSv § 1 personenbezogene Daten im Rahmen eines **Anbieter-Nutzer-Ver-**

hältnisses verarbeitet. Die inhaltlich entsprechende Vorgängerfassung des § 1 Abs. 1 TDDSG hatte dies noch entsprechend positiv festgestellt. Die Neufassung des § 11 Abs. 1 beschränkt sich darauf, die **negativen Ausschlusstatbestände** zu bestimmen, in denen die Datenschutzbestimmungen nicht gelten. Inhaltlich hat sich hierbei keine Änderung ergeben. Die Datenschutzbestimmungen gelten ausdrücklich dann nicht, wenn Telemedien im Dienst- oder Arbeitsverhältnis zur **ausschließlich beruflichen oder dienstlichen Zwecken** verwendet werden oder ausschließlich zur **Steuerung von Arbeits- oder Geschäftsprozessen** verwendet werden. Wie bislang wird diese Regelung als Klarstellung aufgefasst, weil in diesem Fall nach den allgemeinen Prinzipien des Arbeitsrechts und der Personenlehre es keinen „Anbieter" und keinen „Nutzer" gibt, sondern die Mitarbeiter als Teil der betrieblichen Organisation gelten, die die Telemediendienste nutzt. Gleichwohl ist diese Klarstellung nach wie vor zu begrüßen, da dies lange Zeit strittig war.

a) Ausschließlichkeit der Nutzung entscheidet. Die Datenschutzvorschriften 35 des TMG sind nach § 11 Abs. 1 nur unanwendbar, soweit die **Nutzung** der Telemediendienste **ausschließlich** zu dienstlichen oder beruflichen Zwecken **erfolgt.** Soweit es ein Arbeitgeber erlaubt, die Telemediendienste auch zu privaten Zwecken zu nutzen, bleiben die Datenschutzvorschriften des TMG hingegen anwendbar. Bei der Festlegung des entscheidenden Verarbeitungszweckes kommt es nicht auf die Intention des Nutzers, sondern auf die Festlegung des Diensthern an. Im Falle der ausschließlich dienstlichen Nutzung besteht zwischen dem Dienstherren und den Beschäftigten kein Anbieter-Nutzer-Verhältnis, da es sich bei dem Angebot von Telemediendiensten (bzw. auch Telekommunikationsdiensten im Falle des reinen Internet-Access) nicht um ein Angebot im Sinne des TMG bzw. des TKG handelt.[20] Hat der Dienstherr also die Nutzung von Telemediendiensten bzw. „des Internets" für private Zwecke verboten, ist das TMG auch dann nicht anwendbar, wenn die Beschäftigten die Dienste verbotswidrig zu privaten Zwecken nutzen. Ohne ausdrückliche Erlaubnis ist zunächst nach den allgemeinen Grundsätzen davon auszugehen, dass die betrieblichen Mittel und Einrichtungen ausschließlich für betriebliche Zwecke zur Verfügung gestellt werden und folglich nicht für private Zwecke genutzt werden dürfen. Aus einer stillschweigenden längeren und wissentlichen Duldung der Nutzung „des Internets" für private Zwecke, kann aber eine betriebliche Übung erwachsen, nach der die Nutzung als erlaubt gilt.

b) Regeln bei der Nutzung zu dienstlichen Zwecken. Da die bereichsspezifi- 36 schen Regelungen des TMG bzw. des TKGV nicht anwendbar sind, kommt das **BDSG uneingeschränkt zur Anwendung.** Es ist daher zunächst zwischen der öffentlichen Verwaltung und nicht-öffentlicher Stellen zu unterscheiden. Bei öffentlichen Stellen finden die §§ 12ff. BDSG mit dem Verweis des § 12 Abs. 4 auf § 28 Abs. 1 und Abs. 3 Nr. 1 und bei den nicht-öffentlichen Stellen finden die §§ 27ff. BDSG Anwendung. Nach der Ansicht des BfDI ist hiernach im Ergebnis eine Abwägung der Interessen beider Seiten im Hinblick auf die Erforderlichkeit und Verhältnismäßigkeit der Datenverarbeitung vorzunehmen.[21]

aa) Ermöglichung der Nutzung. Zulässig sind zunächst alle zur **Ermögli-** 37 **chung** der **Nutzung erforderlichen Datenverarbeitungsvorgänge.** Insofern kann analog auf die Ausführungen zu §§ 14, 15 verwiesen werden. Erfolgt eine interne Zuordnung zu Kostenstellen, Profitcentern oder zu einzelnen Mandanten/Kunden, kann auch eine Datenverarbeitung zu **Abrechnungszwecken** erforderlich und damit gerechtfertigt sein.

---

[20] Vgl. auch Leitfaden des BfD, S. 1 f.
[21] Vgl. Leitfaden des BfD, S. 2.

TMG § 11

38 **bb) Kontrollzwecke.** Schwieriger ist die Bestimmung der zulässigen Datenverarbeitung zu **Kontrollzwecken.** Hierzu vertritt der BfDI die Auffassung,[22] dass sich aus der Direktionsbefugnis der Dienstherren und seinem Kontrollrecht grundsätzlich auch die Befugnis ergeben, die Nutzung zu protokollieren. Da hiervon das Dienstverhältnis unmittelbar betroffen ist, gilt nach § 12 Abs. 4 BDSG auch für den öffentlichen Bereich insofern § 28 Abs. 1 BDSG. Da dem **Direktionsrecht** des (privaten oder öffentlichen) Dienstherren auch im Arbeits- und Beschäftigungsverhältnis das Recht des Betroffenen auf informationelle Selbstbestimmung gegenübersteht, sind die „erforderlichen Kontrollen" und die dadurch begründeten zulässigen Eingriffe nach § 28 Abs. 1 BDSG durch die Verhältnismäßigkeit beschränkt. Als Ergebnis der hiernach erforderlichen Abwägung sieht der BfDI eine „Totalüberwachung" und „Vollkontrolle" der Beschäftigten im Hinblick auf die Internetnutzung als datenschutzrechtlich unzulässig an. Nach Ansicht des BfDI darf der Dienstherr die Nutzung aber insgesamt protokollieren und die Protokolldaten regelmäßig und stichprobenhaft auswerten.

39 **cc) Protokollierung.** Daneben ist **Protokollierung** und Auswertung der Nutzung auch zu Zwecken der **Datensicherheit zulässig.** Auch hierbei ist allerdings wieder die **Verhältnismäßigkeit** zu beachten, so dass eine Auswertung nur stichprobenhaft oder anlassbezogen zur Gewährleistung der Datensicherheit zulässig ist und die Dateien nach Durchführung der erforderlichen Stichproben und Auswertungen zu löschen sind. Die zulässigen Zwecke der Datensicherheit ergeben sich detailliert aus § 9 BDSG nebst Anlage. Für die öffentlichen Stellen ergibt sich im Ergebnis aus § 14 Abs. 4 BDSG nicht, dass die zu dienstlichen Kontrollzwecken und Zwecken der Datensicherheit erhobenen Daten getrennt zu erheben sind, da die Protokolldateien im Ergebnis identisch sind. Die Verarbeitungszwecke sind selbstverständlich dennoch streng zu unterscheiden.

40 **Zusammengefasst** ist damit die **Protokollierung** und die **Auswertung** der Protokolle bzw. Inhalte zu Zwecken der Datensicherheit (einschließlich Kontrolle und Datensicherung), zur Ausübung des Direktionsrechts und zu ggf. weiteren betrieblich notwendigen Zwecken **zulässig.** Über den Umfang dieser Datenverarbeitung müssen die Beschäftigen **unterrichtet** werden (§ 4 Abs. 3 BDSG). Die Zwecke der Protokollierung und weiteren Datenverarbeitung müssen hierbei genau bestimmt sein (Zweckbindungsgebot). Eine Nutzung der Daten für weitere Zwecke, wie insbesondere eine generelle Verhaltens- oder Leistungskontrolle, ist nur mit der Einwilligung der Betroffenen zulässig. Der Zugriff muss organisatorisch bzw. technisch auf die erlaubten Zwecke begrenzt sein, so dass der zum Zugriff berechtigte Personenkreis in der Regel streng eingegrenzt ist. Es muss eine **Speicherdauer** vorgesehen werden, die an der Erforderlichkeit für die erlaubten Zwecke bemessen ist.

41 **dd) Zusammenfassung.** Unter Beachtung der vorgenannten Grundsätze ergibt sich generalisiert folgende **zulässige Datenverarbeitung:**[23] Die Protokollierung jedes Zugriffs im Internet ist einschließlich der Daten zu IP-Adresse, Zeit, Dauer und Zieladresse zulässig, so dass erkennbar ist, wer wann was im Internet „gelesen", genutzt bzw. „geschrieben" hat. Von ein- und ausgehender E-Mail kann der Dienstherr im selben Maße Kenntnis nehmen, wie von dem sonstigen dienstlichen Schriftverkehr. Aus Gründen der Datensicherheit dürfen bestimmte Anhänge unterdrückt bzw. um „Viren" usw. bereinigt werden. Private E-Mails sind wie private schriftliche Post zu behandeln, so dass die eingehende private Post, die fälschlich als dienstlich behandelt wurde, den Adressaten unverzüglich nach Kenntniserlangung vom privaten Charakter zur Kenntnis zu geben ist. In begründeten Fällen von Missbrauch oder beim **Verdacht strafbarer Handlungen** kann eine weitergehende Einsicht in die

---

[22] Vgl. Leitfaden des BfD, S. 2 ff.
[23] Vgl. Leitfaden des BfD, S. 3 ff.

Protokolldateien vorgenommen werden. Hierbei ist sorgfältig abzuwägen, wie weit und wann der Betroffene hiervon in Kenntnis zu setzen ist. Der Betriebsrat bzw. die Personalvertretung sind nach den einschlägigen Regelungen einzubeziehen. Insbesondere, wenn die gespeicherten Inhalte strafbare Inhalte darstellen (zB Kinderpornographie, NS-Inhalte usw.), muss das weitere Vorgehen juristisch sorgfältig abgeklärt werden. Die weitere Speicherung in Kenntnis der Inhalte kann selbst einen Straftatbestand erfüllen, andererseits muss für mögliche arbeits- oder dienstrechtliche Konsequenzen eine Beweissicherung betrieben und abgewogen werden, ob die Strafverfolgungsbehörden eingeschaltet werden müssen. Außerdem muss daran gedacht werden, inwieweit die zukünftige Nutzung der Telemediendienste für die strafbaren Angebote durch die betrieblichen Mittel umgehend zu unterbinden ist, um keine strafrechtliche Verantwortung der Dienstherren zu begründen.

Ist die Nutzung von Telemediendiensten auch zu privaten Zwecken erlaubt, kommt insoweit das TMG zur Anwendung, weil der Dienstherr als „Anbieter" der Dienste gilt. Wird ein „Internet-Access" angeboten, gilt der Diensteanbieter also je nach Ansicht entweder als Anbieter einer Telekommunikationsdienstleistung iSv § 3 Nr. 18 TKG oder als sog. „Zugangsvermittler" nach § 8. 42

Sowohl bei dem Angebot von Telemediendiensten als auch Telekommunikationsdiensten gelten damit im Ergebnis die **strengen datenschutzrechtlichen Bestimmungen** des **TMG** bzw. des TKG, wonach die zulässige Datenverarbeitung insbesondere auf die erforderlichen Zwecke der Diensteerbringung und Abrechnung begrenzt ist. Daneben ergibt sich eine Pflicht zur Information über den Umfang der Datenverarbeitung. Eine Verarbeitung zu „Kontrollzwecken" und zur generellen Datensicherheit ist wie im Dienst- oder Arbeitsverhältnis nicht möglich. Damit steht der Dienstherr bei der Erlaubnis zur privaten Nutzung vor dem Problem, die dienstliche von der privaten Nutzung abgrenzen zu müssen, da bei der privaten Nutzung eine **Protokollierung der Nutzung in der Regel unzulässig** ist. 43

In der **Praxis** kann der Dienstherr, der die Nutzung zu privaten Zwecken erlaubt und keine besonderen Vereinbarungen mit den Beschäftigten trifft, deshalb nur für jeden Mitarbeiter zwei unterschiedliche „Accounts" zur Nutzung einrichten und die Datenverarbeitung anhand dieser „Nutzerkennungen" unterscheiden. Dies wird den praktischen Bedürfnissen aller Beteiligten aber oftmals nicht gerecht, da diese Lösung umständlich ist und der Dienstherr auch ein gewisses Interesse daran hat, dass zB strafbare Handlungen in Zusammenhang mit der „Internetnutzung" innerhalb seines Betriebes auch zu „privaten Zwecken" unterbleiben. Empfehlenswert erscheint es deshalb oft, mit den Beschäftigten eine **Vereinbarung** über die (auch) **private Nutzung zu schließen,** die dem Dienstherrn wie bei dienstlichen Nutzung Protokollierungs- und Kontrollrechte einräumt und ggf. bestimmte Angebote von der Nutzung ausnimmt. Eine solche „Koppelung" der Erlaubnis an die Einwilligung erscheint nach dem BDSG zulässig, da der Dienstherr ein gewisses berechtigtes Interesse an der Kontrolle hat und er andererseits nicht zur Erlaubnis der privaten Nutzung verpflichtet ist sowie andererseits die Beschäftigten die private Nutzung nicht vornehmen müssen. 44

Die **Vereinbarung** einer **Regelung zur privaten Nutzung** folgt den allgemeinen Regelungen, so dass ggf. der Betriebsrat oder die Personalvertretung zu beteiligen ist. Die größtmögliche Sicherheit bietet es, die Vereinbarung individuell mit jedem Mitarbeiter zu besprechen und gegenseitig schriftlich mit Unterschrift zu vereinbaren. Alternativ kann der Dienstherr die private Nutzung aber auch generell verbieten und allen Beschäftigten ein verbindliches Angebot zur privaten Nutzung zu den „Nutzungsbedingungen" machen. Ist in dem „Angebot" bzw. den Bedingungen festgelegt, dass diese durch die private Nutzung angenommen werden, kann regelmäßig von einer wirksamen Vereinbarung ausgegangen werden (ähnlich Leitfaden des BfDI, 2.3). Wird mit dem Betriebsrat bzw. der Personalvertretung eine **Betriebs- oder Dienstvereinbarung** geschlossen, dann gilt diese als Erlaubnis aus „an- 45

TMG § 11 Anbieter-Nutzer-Verhältnis

deren Rechtsvorschriften" zur Datenverarbeitung iSv § 4 Abs. 1 BDSG,[24] so dass es nicht mehr auf die Zustimmung jedes einzelnen Beschäftigten ankommt. Das BAG erkennt hierbei das Erfordernis an, die Personaldatenverarbeitung im Betrieb einheitlich zu regeln, wobei die Regelungen auch inhaltlich hinter den Datenschutzregelungen des BDSG zurückbleiben können. Die zulässige Gestaltungsfreiheit ist allerdings durch die grundsätzlichen Wertungen, zwingendes Gesetzesrecht und den sich aus den allgemeinen Grundsätzen des Arbeitsrechts ergebenden Beschränkungen begrenzt.[25] Soweit sich die Vereinbarung an den aufgezeigten Grundsätzen orientiert, bestehen deshalb keine Bedenken an der Wirksamkeit. Deckt sich nach der Vereinbarung die private Nutzung mit der dienstlichen Nutzung, kann wegen der typischerweise zulässigen Datenverarbeitung auf die Ausführungen zur dienstlichen Nutzung verwiesen werden. Gleichwohl muss der Dienstherr selbstverständlich beachten, dass er bei der privaten Nutzung als „Anbieter" gilt und ihn deshalb auch Pflichten zur Sperre uä nach dem TDG sowie den allgemeinen Gesetzen treffen können.

2. Personenbezogene Daten

46 Die Anwendung aller datenschutzrechtlichen Bestimmungen bei (Tele-)Diensten im Internet oder sonstigen Netzen steht und fällt mit der Frage, inwieweit **personenbezogene Daten** verarbeitet werden. Der Geltungsbereich des TMG umfasst gem. § 11 Abs. 1 nur „den Schutz **personenbezogener Daten** der Nutzer von Telemedien". Auch die DS-GVO gilt nach Art. 2 DS-GVO nur bei der Verarbeitung „personenbezogener Daten. Die Streitfrage, inwieweit **dynamische IP-Adressen** einen Personenbezug aufweisen und damit die Datenschutzregeln anwendbar sind, haben nun **EuGH**[26] und BGH im Sinne eines **Personenbezugs geklärt.** Zudem gelten die zukünftigen Regeln der **ePrivacy-VO** nach dessen Entwurf gem. Art. 1 insbesondere auch für die „Achtung der Kommunikation" von juristischen Personen. Die ePrivacy-VO bestimmt damit den Anwendungsbereich über die Art der Kommunikation und der Daten, wie es auch heute schon unter dem TKG der Fall ist. Es ist dann anzunehmen, dass zB IP-Adressen auch bei juristischen Personen genauso unter die ePrivacy-VO fallen, wie klassische „Telefonnummern".

47 **a) Begriff der personenbezogenen.** Der Begriff der **personenbezogenen** ist durch das TMG nicht näher bestimmt. Nach überwiegender Auffassung ist aufgrund des Verweises in § 1 Abs. 2 auf die **Definition** in § 3 Abs. 1 BDSG zurückzugreifen[27]. Folglich sind personenbezogene Daten iSv § 1 Abs. 1 entsprechend § 3 Abs. 1 BDSG „Einzelangaben über persönliche oder sachliche Verhältnisse einer bestimmten oder bestimmbaren natürlichen Person". Für den Personenbezug erforderlich ist somit zunächst, dass sich die Informationen auf eine einzelne **Person** beziehen, die zumindest **bestimmbar** ist.[28] An dem erforderlichen Personenbezug fehlt es dann, wenn sich die Informationen zwar auf einzelne Personen beziehen, diese aber nicht identifizierbar sind. Für die Bestimmbarkeit kommt es auf die Kenntnisse, Mittel und Möglichkeiten der speichernden Stelle an. Nur wenn dieser der Bezug mit den normalerweise zur Verfügung stehenden Mitteln nicht oder nur mit einem unverhältnismäßig hohen Aufwand an Zeit, Kosten und Arbeitskraft möglich ist (faktische Anonymisierung), fehlt es an dem Personenbezug. Für einen Personenbezug müssen die Informationen Angaben über „persönliche oder sachliche Verhältnisse" enthalten. Anerkannt ist, dass diese Eigenschaft umfassend zu verstehen ist und jeder persönliche oder sachliche Be-

---

[24] BAG, DB 86, 2080 (= RDV 86, 199).
[25] BAG, DB 86, 2080 (= RDV 86, 199).
[26] EuGH, Urt. v. 19.10.2016 – C-582/14.
[27] Vgl. bereits zum TDDSG *Bizer,* DuD 1998, 277, 278.
[28] BGH, NJW 91, 568.

zug der Information zu einer bestimmten Person ausreichend ist. Da keine unterschiedlichen Rechtsfolgen bestehen, ist nicht begrifflich zwischen persönlichen und sachlichen Verhältnissen zu trennen.

Der **EuGH** hat mit Urteil vom 19.1.2016 bekräftigt, dass die Frage des Personenbezugs unter dem TMG durch Art. 2 lit. a (Datenschutz-)**RL** vorgegeben wird. Wenn einem Webseitenbetreiber die Zuordnung der dynamischen IP-Adresse zu einer bestimmten natürlichen Person nicht möglich ist, so schließe dies einen Personenbezug nicht aus. Denn es sei zu prüfen, ob sich diese Information auf eine **„bestimmbare" Person** beziehe. Zur Prüfung der indirekten Bestimmbarkeit einer Person seien in Übereinstimmung mit dem Erwägungsgrund 26 alle Mittel zu berücksichtigen, die vernünftigerweise entweder vom Verantwortlichen für die Verarbeitung oder von einem Dritten eingesetzt werden könnten, um die betreffende Person zu bestimmen. 48

Bei der Erbringung von **Telemediendiensten anfallende Daten** gelten somit dann als **personenbezogen,**[29] wenn 49
– sie bei der Nutzung des Dienstes auf irgendeine Weise entstehen
– und den Bezug auf eine bestimmte oder bestimmbare (natürliche) Person mit vernünftigerweise zu Verfügung stehenden Mitteln ermöglichen.

b) Typische Anwendungsfälle. Bezüglich der **typischerweise** bei der Nutzung des Internets anfallenden Daten ergibt sich Folgendes.[30] 50

aa) IP-Adresse. Diese Adresse weist dann einen **Personenbezug** auf, wenn der Kommunikationspartner den **Nutzer** durch die übermittelte IP-Adresse **identifizieren** kann. Im Internet ist jede IP-Adresse nur einmal vergeben und kann somit ggf. eindeutig auf einen bestimmten Rechner, der ggf. von einem bestimmten oder bestimmbaren Nutzer genutzt wird, schließen lassen. Die IP-Adresse kann somit grundsätzlich geeignet sein, ein personenbezogenes Datum zu bilden.[31] Dies gilt grundsätzlich sowohl für dynamisch als auch für statisch vergebene IP-Adressen. Hierbei muss allerdings unterstellt werden, dass sich bestimmen lässt, wer wann über diesen IP-Adresse genutzten Rechner zur Kommunikation genutzt hat. Oftmals wird außerhalb des internen Netzwerkes nur die (externe) Adresse des Rechners bekannt, der in einem Netzwerk die Firewall bildet. Alle Nutzer dieses Netzwerkes haben dann außerhalb des Firmennetzwerkes die „gleiche" IP-Adresse. Nur anhand der internen Protokolle ließe sich ggf. nach verfolgen, wer wann diese Adresse genutzt und – da eine Nutzung durch mehrere Nutzer gleichzeitig erfolgen kann – wer dabei welche IP-Pakete empfangen oder übermittelt hat. Für die Anbieter außerhalb dieses Netzwerkes ist es deshalb nicht ohne Weiteres – und allenfalls mit aufwendigen und ggf. auch außergewöhnlichen Mitteln – möglich, bei solchen Firewall-Systemen den jeweiligen Nutzer der IP-Adresse zu ermitteln.[32] 51

Bei der Vergabe von sog. **dynamischen IP-Adressen** weisen die Anbieter den Nutzern (genauer deren Rechnern) für jede Sitzung eine gerade freie IP-Adresse aus einem ihnen zur Verfügung stehenden Pool von Adressen zu. Regelmäßig tritt in diesen Fällen deshalb ein bestimmter Nutzer bei jeder neuen Internetnutzung nach außen unter einer anderen IP-Adresse auf. Nur dem Zugangsanbieter ist, wenigstens zum Zeitpunkt der Nutzung, bekannt, welche Adresse aus dem Pool welchem Nutzer zugewiesen ist. Für Dritte ist nur erkennbar, dass es sich um eine Adresse handelt, welche zur Domäne eines bestimmten Zugangsdienstes gehört.[33] Die IP-Adresse weist somit zunächst nur für die zuweisende Stelle (Access-Provider) direkt einen Be- 52

---

[29] Vgl. *Bizer,* DuD 1998, 277, 278.
[30] Vgl. auch *Schmitz,* TDDSG, S. 91 ff.
[31] So auch *Gundermann,* NJW-CoR 1998, 492.
[32] AA *Schaar,* Rn. 173.
[33] Vgl. auch *Gundermann,* NJW-CoR 1998, 492; *Bizer,* DuD 1998, 277.

TMG § 11

zug zu einer bestimmten Person auf. Unstrittig ist und war deshalb, dass die Zuordnung der dynamischen IP-Adresse durch den Access-Provider einen Personenbezug aufweist, da er die Person bzw. den Bezug selbst bestimmt hat.[34] Zur Klarstellung richtet sich die Datenverarbeitung durch den Access-Provider allerdings bei der Zugangsgewährung zum Internet nach dem TKG.

53   Die **bisherige Streitfrage,** ob die dynamische IP-Adresse für Webseitenbetreiber, die die direkte Zuordnung nicht kennen, hat nun der **EuGH** im Grundsatz entschieden und der **BGH** hat auf Basis dieser Grundsätze den Personenbezug **bejaht.** Nach dem Urteil des **EuGH** reicht es für die Bestimmbarkeit und damit den Personenbezug nach Art. 2 lit. a) DSRL aus, wenn der Webseitenbetreiber die Zuordnung der dynamischen IP-Adresse mit den ihm vernünftigerweise zur Verfügung stehenden Mitteln mit den Zusatzinformationen verknüpfen kann, über die der Internetzugangsanbieter verfügt. Dies wäre dann nicht der Fall, wenn eine solche Verknüpfung gesetzlich verboten oder praktisch nicht durchführbar wäre. Zwar sei nach den Ausführungen des BGH in Deutschland die direkte Übermittlung der Informationen zwischen dem Zugangsanbieter und dem Webseitenbetreiber verboten. Es gäbe aber, was durch das vorlegende Gericht (BGH) zu prüfen sei, insbesondere bei sog. „Cyber-Attacken" die Möglichkeit, sich an die zuständige Behörde (Strafverfolgungsbehörden) zu wenden, die dann die Zuordnung beim Zugangsanbieter ermittelt und die Strafverfolgung einleitet. Der EuGH gab dem BGH die Prüfung auf, ob dies nach deutschem Recht tatsächlich eine „vernünftige" Möglichkeit sei.

54   Der **BGH** hat auf Basis der Vorgaben des EuGH entschieden, dass die **dynamische IP-Adresse ein Personenbezogenes Datum** für den Webseitenbetreiber darstellt.[35] Auf der Grundlage des EuGH-Urteils sei das Tatbestandsmerkmal „personenbezogene Daten" des § 12 Abs. 1 und 2 TMG iVm § 3 Abs. 1 BDSG richtlinienkonform auszulegen: Eine dynamische IP-Adresse, die von einem Anbieter von Online-Mediendiensten beim Zugriff einer Person auf eine Internetseite, die dieser Anbieter allgemein zugänglich macht, gespeichert wird, stelle für den Anbieter ein (geschütztes) personenbezogenes Datum dar. Denn der Webseitenbetreiber verfüge über rechtliche Mittel, die vernünftigerweise eingesetzt werden können, um mit Hilfe Dritter, und zwar der zuständigen Behörde und des Internetzugangsanbieters, die betreffende Person anhand der gespeicherten IP-Adressen bestimmen zu lassen (vgl. EuGH-Urteil, Rn. 47). Der Betreiber könne – im Falle einer bereits eingetretenen Schädigung – Strafanzeige bei den Strafverfolgungsbehörden erstatten; im Falle der drohenden Schädigung kann sie die zur Gefahrenabwehr zuständigen Behörden einschalten. Nach § 100j Abs. 2 und 1 StPO, § 113 TKG können die für die Verfolgung von Straftaten oder Ordnungswidrigkeiten zuständigen Behörden zu diesem Zweck von Internetzugangsanbietern bei Vorliegen bestimmter Voraussetzungen Auskunft verlangen, entsprechendes gelte für die für die Abwehr von Gefahren für die öffentliche Sicherheit oder Ordnung zuständigen Behörden, die Verfassungsschutzbehörden des Bundes und der Länder, den Militärischen Abschirmdienst und den Bundesnachrichtendienst zur Abwehr von Gefahren für die öffentliche Sicherheit oder Ordnung oder für die Erfüllung der gesetzlichen Aufgaben der genannten Stellen. Die in eine Auskunft aufzunehmenden Daten dürften auch anhand einer zu einem bestimmten Zeitpunkt zugewiesenen Internetprotokolladresse bestimmt werden. Dadurch können die gewonnenen **Informationen zusammengeführt** und der **Nutzer bestimmt** werden, wie es der EuGH zur Voraussetzung für den Personenbezug gemacht habe (EuGH-Urteil, Rn. 49 a. E.).[36]

---

[34] Hiervon geht auch aus EuGH, Urt. v. 19.10.2016 – C-582/14.

[35] BGH, Urt. v. 16.5.2017 – VI ZR 135/13 = BeckRS 2017, 114664.

[36] S. BGH, Urt. v. 16.5.2017 – VI ZR 135/13 = BeckRS 2017, 114664, Rn. 25f.

Statische IP-Adressen werden einem bestimmten Nutzer bzw. dessen Rechner 55
fest zugewiesen. Die Stelle, die diese Zuordnung vorgenommen hat, zB der Access-
Provider, kann den Personenbezug daher leicht herstellen. Für diese Stellen ist das
TMG bei der Verarbeitung entsprechender IP-Adressen folglich regelmäßig anwendbar. Ein (eindeutiger) Personenbezug kann für externe Stellen allerdings dann fehlen,
wenn der durch die IP-Adresse identifizierbare Rechner von mehreren wechselnden
Personen oder zB eine Firewall für alle Nutzer eines Netzwerkes zur Außenkommu-
nikation genutzt wird.[37] Auch wenn einem Nutzer bzw. einem Rechner immer dieselbe IP-Adresse zugewiesen ist, können andere Stellen einen Personenbezug nicht
herstellen, sofern keine zusätzlichen Identifizierungsmerkmale verknüpft werden
können. Aus diesem Grund scheidet für weitere Anbieter oder Kommunikationspartner, die nicht der Access-Provider des Nutzers sind und nicht über zusätzliche Identifizierungsmerkmale verfügen, regelmäßig ebenfalls ein unmittelbarer Personenbezug
aus.

Bei **dynamischen** oder **statischen IP-Adressen** besteht ein Personenbezug so- 56
mit
– für den **Access-Provider** (auf die Leistung des Access-Provider (Telekommunikationsdienst) findet aber in der Regel nicht das TMG, sondern die TDSV Anwendung[38]),
– für **andere Diensteanbieter** nur, sofern diese über zusätzliche Identifizierungsmerkmale verfügen.[39]

bb) E-Mail-Adressen. E-Mail-Adressen werden im Internet beim Versenden 57
von E-Mails diensteimmanent oder je nach Einstellung des Browsers auch in anderen
Kommunikationsfällen automatisch übertragen. Eine E-Mail enthält im Header neben der Empfängeradresse auch die Absenderadresse, so dass **allen Übermittlungs-
stationen** sowohl die Absender- als auch Empfängeradresse **bekannt** wird. Teilweise
sind E-Mail-Adressen auch in Adressverzeichnissen aufgeführt oder werden durch
Suchdienste preisgegeben. Zahlreiche Kommunikationspartner erfragen die E-Mail-
Adresse zB auch bei Auftragsformularen (Bestellungen) oder beim Download von
kostenlosen Programmen aus dem Internet. Weiterhin wird beim Einstellen von
Newsgroup-Beiträgen die E-Mail-Adresse des Autors in der Regel öffentlich publi-
ziert.

Wie die IP-Adressen sind auch die **E-Mail-Adressen** grundsätzlich im Internet 58
eindeutig vergeben. Da eine zentrale Vergabe fehlt und Teile der Adressen frei wähl-
bar sind, lassen sich die Adressen allerdings nicht ohne Weiteres zentral abfragen oder
zuordnen. Dennoch kann durch eine entsprechende Auskunft des Inhabers oder
durch Suchdienste eine Abfrage und **Zuordnung** einer E-Mail-Adresse zu einer natürlichen Person **möglich** sein. Bei einer **E-Mail-Adresse** handelt es sich somit nur
um ein **personenbezogenes Datum**, soweit der Inhaber durch einen entsprechenden Suchdienst oder auf andere Weise als natürliche Person identifizierbar ist.[40] Die
Urteile von EuGH[41] und BGH[42] zum Personenbezug bei dynamischen IP-Adressen
lassen sich auf die E-Mail-Adressen übertragen. Auch hier ist im Rahmen der Strafverfolgung eine Zuordnung möglich. Deshalb ist auch bei den E-Mail-Adressen ein
Personenbezug anzunehmen.

---

[37] Vgl. *Bizer*, DuD 1998, 277, 278. AA, aber ohne Berücksichtigung der tatsächlichen Er-
kenntnismöglichkeiten, *Schaar*, Rn. 173, 174.
[38] Vgl. Rn. 32f.
[39] *Schmitz*, TDDSG, S. 92ff.; *Schaar*, Rn. 176; *Raabe*, CR 2003, 268.
[40] So auch *Engels/Eimterbäumer*, K&R 1998, 196, 197.
[41] EuGH, Urt. v. 19.10.2016 – C-582/14.
[42] BGH, Urt. v. 16.5.2017 – VI ZR 135/13 = BeckRS 2017, 114664.

59 cc) Cookies. Die Verwendung von **Cookies** ermöglicht es den einzelnen Diensteanbietern im WWW, die verschiedenen Nutzer zu „markieren" und ihren Weg durch ihr Netz verfolgen zu können. Auf diese Weise können auch die Interessen des Nutzers, der den durch das Cookie bestimmten Rechner nutzt, ermittelt werden.[43] Die Cookie-Dateien werden in der Regel unbemerkt auf Anfrage des Anbieters vom Nutzer abgelegt, falls in dessen Browser nicht ausdrücklich eine Warnfunktion oder die Option „Cookies abweisen" eingestellt ist. Umstritten ist, ob Cookies einen Personenbezug im Sinne des TMG zulassen. **Cookies** lassen selbst **keinen Rückschluss** auf die (bürgerliche) **Identität** eines bestimmten Nutzers zu. Ein Personenbezug ist deshalb nur möglich, wenn eine Identifizierung über die Verknüpfung mit anderen personenbezogenen Daten, wie etwa einer (personenbezogenen) IP-Adresse oder einer Zugangskennung, möglich ist.[44] Beim Setzen von Cookies die **Informationspflicht** nach § 13 Abs. 1 S. 2 zu beachten, zukünftig nach Art. 12–14 DS-GVO.

60 dd) Sonstige Daten. Bei den **weiteren Daten,** die bei der Nutzung von Telemediendiensten im Internet anfallen, ist der Personenbezug in der Regel davon abhängig, dass die Nutzer durch die Angaben selbst oder durch weitere Verknüpfungen bestimmbar sind. Unter den **gleichen Voraussetzungen** ist es auch möglich, die bei einem Telemedienangebot erfassten Inhaltsdaten einer bestimmten Person zuzuordnen. Es ist allerdings umstritten, ob auf die Inhaltsdaten das TMG oder nur das BDSG bzw. andere Spezialgesetze anzuwenden sind.[45]

§ 12 Grundsätze

(1) Der Diensteanbieter darf personenbezogene Daten zur Bereitstellung von Telemedien nur erheben und verwenden, soweit dieses Gesetz oder eine andere Rechtsvorschrift, die sich ausdrücklich auf Telemedien bezieht, es erlaubt oder der Nutzer eingewilligt hat.

(2) Der Diensteanbieter darf für die Bereitstellung von Telemedien erhobene personenbezogene Daten für andere Zwecke nur verwenden, soweit dieses Gesetz oder eine andere Rechtsvorschrift, die sich ausdrücklich auf Telemedien bezieht, es erlaubt oder der Nutzer eingewilligt hat.

(3) Soweit nichts anderes bestimmt ist, sind die jeweils geltenden Vorschriften für den Schutz personenbezogener Daten anzuwenden, auch wenn die Daten nicht automatisiert verarbeitet werden.[1]

Literatur: *Elschner,* Rechtsfragen der Internet- und E-Mail-Nutzung am Arbeitsplatz, Lohmar 2004; *Fröhle,* Web Advertising, Nutzerprofile und Teledienstedatenschutz, 2003; *Hoeren,* „Telemediengesetz", NJW 2007, 801 ff.; *Patzak,* Datenschutzrecht für den E-Commerce, 2006; *Roßnagel,* Datenschutz in der künftigen Verkehrstelematik, NVZ 2006, 281 ff.; *Schaar,* Datenschutzrechtliche Einwilligung im Internet, MMR 2001, 644 ff.; *Schmitz,* TDDSG [a. F.] und das Recht auf informationelle Selbstbestimmung, 2000; *Zscherpe,* Anforderungen an die datenschutzrechtliche Einwilligung im Internet, MMR 2004, 723 ff.

---

[43] *Bizer,* DuD 1998, 277; *Wichert,* DuD 1998, 273, 274.
[44] *Schaar,* Rn. 186; *Roßnagel/Bizer,* § 3 Rn. 213; *Hillenbrand-Beck/Greß,* DuD 2001, 391.
[45] Vgl. § 15 Rn. 72 ff.
[1] Hinweis: Der bisherige § 12 Abs. 3 TMG 2007, der das sog. „Koppelungsverbot enthielt", ist mit dem BDSG-ÄnderungsG zum 1.9.2009 entfallen, vgl. BT-Drs. 16/13657, S. 10 und BT-Drs. 16/12011, S. 18. Der § 12 Abs. 4 TMG 2007 wurde dadurch zu § 12 Abs. 3.

Grundsätze **§ 12 TMG**

Übersicht

	Rn.
I. Allgemeines und Regelungszweck	1
II. Einzelkommentierung	5
1. Grundsatz des Erlaubnisvorbehalts zur Datenerhebung (Abs. 1)	5
2. Einwilligung	11
3. Koppelungsverbot (bislang § 12 Abs. 3 TMG 2007)	17
a) Reichweite des Koppelungsverbots unter § 12 Abs. 3 aF	22
b) Koppelungsverbot unter § 28 Abs. 3b) BDSG	23
aa) Wortlaut	24
bb) Bestätigung durch die Gesetzeshistorie	25
cc) Bestätigung durch teleologische Auslegung	28
dd) Verfassungsrechtliche Würdigung	29
ee) Ergebnis	30
c) Regelung in Art. 7 Abs. 4 DS-GVO	31
4. Zweckbindungsgebot (Abs. 2)	32
5. Abs. 3 (nicht-automatisierte Verarbeitung)	34

I. Allgemeines und Regelungszweck

In § 12 werden die **wichtigen Grundsätze** für die Verarbeitung von personenbe- 1
zogenen Daten normiert, die bei dem Angebot von Telemediendiensten nach dem
TMG gelten. Diese Grundsätze fanden sich bereits in der Vorgängerfassung des
TDDSG, waren dort aber anders systematisch geordnet. § 12 Abs. 1 bestimmt den
sog. **Erlaubnisvorbehalt** der Datenverarbeitung, zudem § 12 Abs. 2 das sog. „Gebot der engen Zweckbindung" hinzugefügt. § 12 Abs. 3 (bislang § 12 Abs. 4 TMG
2007) stellt klar, dass die Vorschriften des TMG über den Datenschutz unabhängig
von einer automatisierten Verarbeitung zur Anwendung kommen. Der sog. Erlaubnisvorbehalt und das Gebot der engen Zweckbindung sind die klassischen Instrumente und Grundsätze des Datenschutzrechts, die sich sinngemäß auch im BDSG
wiederfinden und auch im TDDSG 2001 enthalten waren. Das bislang in § 12 Abs. 3
TMG 2007 geregelte **Koppelungsverbot** ist im TMG 2009 durch das **BDSG-Änderungsgesetz** entfallen, da die Regelung allgemein in § 28 Abs. 3b) BDSG aufgenommen wurde. Eine inhaltliche Änderung soll nach Ansicht des Gesetzgebers damit
nicht verbunden sein.[2]

Diese Grundsätze sind bei der gesamten Rechtsanwendung zu beachten und **be-** 2
einflussen damit unmittelbar auch die **Anwendung der besonderen Erlaubnistatbestände** zur Datenverarbeitung, wie sie durch § 14 (Bestandsdaten) und § 15
(Nutzungsdaten) vorgesehen sind. Die genannten Grundsätze stellen hierzu klar, dass
die Verarbeitung von personenbezogenen Daten unzulässig ist, soweit sie nicht nach
§§ 14, 15 oder „eine andere Rechtsvorschrift, welche sich ausdrücklich auf Telemediendienste bezieht", erlaubt ist oder aber eine Einwilligung des Betroffenen vorliegt.
Die Zulässigkeitstatbestände sind hierbei auf den konkret bestimmten Zweck begrenzt. Hieraus folgt gleichzeitig, dass die Zulässigkeitstatbestände, sei es aus dem
TMG oder durch eine Einwilligung, ausreichend konkret und präzise gefasst sein
müssen und in der Regel keine extensive Auslegung zulassen.

Im Zuge der **Neufassung des TMG 2007** entspricht § 12 inhaltlich in den ak- 3
tuellen Abs. 1 und 2 weitgehend dem bisherigen § 3 TDDSG. § 12 Abs. 3 TMG
2007 war früher in § 3 Abs. 4 TDSSG geregelt gewesen. § 12 Abs. 4 TMG 2007
wurde neu eingeführt. Der bisherige Hinweis in § 3 Abs. 3 TMG zur elektronischen

---
[2] Vgl. BT-Drs. 16/13657, S. 10 und BT-Drs. 16/12011, S. 18. Der § 12 Abs. 4 TMG 2007
wurde dadurch zu § 12 Abs. 3.

Einwilligung ist nun in § 13 Abs. 2 geregelt und leicht neu gefasst worden, ohne dass die Voraussetzungen für die elektronische Einwilligung sich geändert haben.

4 Im Rahmen des **BDSG-ÄnderungsG** wurde das TMG in § 12 in der Weise angepasst, dass die Regelung zum **Koppelungsverbot in § 12 Abs. 3 TMG 2007 gestrichen** wurde, da eine **inhaltlich vergleichbare Regelung** nun in **§ 28 Abs. 3 b) BDSG enthalten** ist und auch für Telemediendienste gilt. Der bisherige § 12 Abs. 4 TMG 2007 wurde damit zum neuen § 12 Abs. 3, hat im Übrigen außer bei der Nummerierung aber keine Änderung erfahren.[3]

II. Einzelkommentierung

1. Grundsatz des Erlaubnisvorbehalts zur Datenerhebung (Abs. 1)

5 § 12 Abs. 1 normiert den Grundsatz des **Erlaubnisvorbehalts,** wonach personenbezogene Daten von einem Telemedienanbieter nur erhoben, verarbeitet oder genutzt werden dürfen, wenn das TMG oder eine „andere **Rechtsvorschrift**, welche sich ausdrücklich auf Telemediendienste bezieht" dies **erlauben** oder der **Nutzer** in die Datenverarbeitung **eingewilligt** hat. Dieser **Erlaubnisvorbehalt** erfasst, wie jetzt auch nach § 4 Abs. 1 BDSG, bereits die Erhebung der Daten. Dieser Erlaubnisvorbehalt ist immer in Zusammenhang mit dem Gebot der engen Zweckbindung nach § 12 Abs. 2 zu betrachten. Eine bestehende Erlaubnis zur Datenverarbeitung bezieht sich immer nur auf den konkret erlaubten Zweck und darf nur bei einer weiteren Erlaubnis auf andere Zwecke ausgedehnt werden. Hinsichtlich der Einholung einer Einwilligung sind außerdem weitere Vorgaben zu beachten, wie etwa die Unterrichtungspflicht nach § 13 Abs. 1 oder die Voraussetzungen der elektronischen Einwilligung nach § 13 Abs. 2.

6 **Gesetzliche Erlaubnistatbestände** iSv § 12 Abs. 1 bilden zunächst die besonderen **Tatbestände** des **TMG** für die Verarbeitung von Bestands-, Verbindungs- und Abrechnungsdaten gem. §§ 14 und 15. Als „andere Rechtsvorschriften" kommen nach der Neufassung des § 12 Abs. 1 nur solche Rechtsvorschriften in Betracht, „welche sich ausdrücklich auf Telemediendienste beziehen". Der Gesetzgeber hat durch diese Neufassung aus Klarstellungsgründen das **Spezialitätsverhältnis** der **Erlaubnistatbestände** des TMG zu allgemeinen datenschutzrechtlichen Erlaubnistatbeständen deutlicher herausgestellt. Gesetzliche Erlaubnistatbestände außerhalb des TMG greifen nur dann, wenn sie sich ausdrücklich auf Telemedien beziehen (sog. **Zitiergebot**).

7 Der EuGH hat entschieden, dass die Beschränkung der Erlaubnis zur Datenverarbeitung auf den **strengen Erforderlichkeitsvorbehalt** dem einer Abwägung zugänglichen **Verarbeitungstatbestand des Art. 7 lit. f) DSRL widerspricht.** Der **EuGH** hat deshalb entschieden, dass es einer Öffnung und Abwägung iSd Art. 7 lit. f) DSRL bedarf[4] und der BGH hat dies auf Basis dieses EuGH-Urteils für die deutsche Rechtsanwendung bestätigt.[5] Das Urteil hat eine **generelle Bedeutung** und stellt im Ergebnis **alle Erlaubnistatbestände des TMG** unter den **Wirksamkeitsvorbehalt,** dass sie den Regeln von Art. 7 DSRL entsprechen müssen. Damit ist **Art. 7 lit. f) DSRL ergänzend als Erlaubnistatbestand** anzuwenden.

8 Das **BDSG scheidet** als gesetzlicher Erlaubnistatbestand **aus,** da die dortigen Erlaubnistatbestände Telemedien nicht ausdrücklich nennen und das TMG lex specialis ist. Allerdings findet im Ergebnis durch das EuGH-Urteil eine Angleichung statt, weil Art. 7 lit. f) DSRL, der ergänzend in das TMG zu lesen ist, § 28 Abs. 1 Nr. 2 BDSG ähnelt.

---

[3] Vgl. BT-Drs. 16/13657, S. 32 und BT-Drs. 16/12011, S. 52.

[4] EuGH, Urt. v. 19.10.2017 – C-582/14.

[5] BGH, Urt. v. 16.5.2017 – VI ZR 135/13 = BeckRS 2017, 114664.

Grundsätze **§ 12 TMG**

Für jede gesetzliche Erlaubnis, sei es aus TMG oder eine andere Rechtsvorschrift iSd § 12 Abs. 1 gilt, dass diese nach § 12 Abs. 2 auf den konkret erlaubten Umfang und Zweck begrenzt (**Zweckbindungsgebot**) ist. Für weitere Zwecke der Verarbeitung, die über die ursprüngliche Erlaubnis hinausgehen, bedarf es somit eines weiteren Erlaubnistatbestandes iSd § 12 Abs. 1. Durch die neue Klarstellung des § 12 Abs. 1 müsste sich die Diskussion, ob die Datenschutzregeln des TMG auch auf den Datenaustausch bei Telemediendiensten anwendbar ist, wenn hierdurch weitere Nicht-Telemedien-Leistungsbeziehungen begründet werden, sog. „**Inhaltsdaten**" (Bsp. Buchbestellung im Internet mit Paketversand), **geklärt** haben. Mit der Neufassung des § 12 Abs. 1 sprechen Wortlaut, Systematik, Sinn und Zweck sowie Gesetzeshistorie noch klarer für die durch diese Kommentierung seit jeher vertretene Ansicht, dass diese Daten als Nutzungsdaten nach §§ 12, 15 (zumindest auch) dem TMG unterfallen.[6] Auch diese Streitfrage hat aber an Praxisrelevanz verloren, da letztendlich die DSRL in beiden Fällen gilt. 9

Die Einwilligung als Rechtfertigungstatbestand nach Abs. 1 setzt die wirksame Einholung der Einwilligung voraus. Die Wirksamkeit richtet sich nach § 13 Abs. 2 sowie § 4a BDSG. 10

2. Einwilligung

Die **Einwilligung** des Nutzers kann **grundsätzlich elektronisch erklärt** werden, wie **§ 13 Abs. 2** ausdrücklich hervorhebt. Der Grundsatz der Schriftlichkeit nach § 4a Abs. 1 BDSG tritt deshalb hinter diese Spezialregelung zurück. Dennoch müssen im Übrigen im Zusammenspiel zwischen § 13 Abs. 2 und § 4a BDSG im Ergebnis die sonstigen Voraussetzungen an die Wirksamkeit der Einwilligung erfüllt werden. 11

Die Einwilligungserklärung muss auch als elektronische Einwilligung den allgemeinen **Anforderungen** nach § 4a Abs. 1 BDSG sowie den **speziellen Vorgaben des § 13 Abs. 2** sowie den Vorgaben von Art. 7 lit. a) DSRL genügen, die richtlinienkonform zu berücksichtigen sind.[7] Dies erfordert insbesondere **Transparenz** und **Klarheit** der Einwilligung einschließlich einer **konkreten Zweckbestimmung**. Nach § 4a BDSG ist eine Einwilligung nur wirksam,[8] wenn sie auf der **freien Entscheidung** des Betroffenen beruht (S. 1). Hierbei ist das sog. **Koppelungsverbot** zu beachten, → Rn. 18. 12

Zudem muss der Betroffene auf den vorgesehenen **Zweck** der Erhebung, Verarbeitung oder Nutzung sowie, soweit nach den Umständen des Einzelfalles erforderlich oder auf Verlangen, auf die Folge der Verweigerung der Einwilligung hingewiesen werden (S. 2). Die Einwilligung bedarf nach § 4a Abs. 1 BDSG zwar grundsätzlich der Schriftform (S. 3), allerdings gestattet Abs. 2 ausdrücklich die elektronische Einwilligung, so dass bei Telemediendiensten die **elektronische Form grundsätzlich ausreichend** ist. Soll die Einwilligung zusammen mit anderen Erklärungen schriftlich erteilt werden, ist sie **besonders hervorzuheben** (S. 4). 13

Durch diese **gesetzlichen Vorgaben** soll verhindert werden, dass die Einwilligung im so genannten Kleingedruckten versteckt wird und der Betroffene sie durch seine Unterschrift erteilt, ohne sich ihrer und ihres Bezugsgegenstands bewusst zu sein, weil er sie übersieht.[9] Eine **zusätzliche Unterschrift** oder **selbstständige Erklärung** ist allerdings **nicht erforderlich**. Die Vorschrift des § 4a BDSG setzt Art. 2 lit. h) DSRL um. Dort wird als „Einwilligung der betroffenen Person" jede Willens- 14

---

[6] Vgl. hierzu ausf. § 15 Rn. 72 ff.
[7] S. auch OLG Düsseldorf, ZD 2017, 334, 335; VG Hamburg, B. v. 24.4.2017 – 13 E 5912/16 = BeckRS 2017, 111797.
[8] VG Hamburg, B. v. 24.4.2017 – 13 E 5912/16 = BeckRS 2017, 111797.
[9] BGH, Urt. v. 16.7.2008 – VIII ZR 348/06 VIII ZR 348/06, MMR 2008, 731.

bekundung definiert, die ohne Zwang, für den konkreten Fall und in Kenntnis der Sachlage erfolgt und mit der die betroffene Person akzeptiert, dass personenbezogene Daten, die sie betreffen, verarbeitet werden.[10] Die Einwilligungserklärung muss zudem **hinreichend bestimmt** sein. Denn sie kann die ihr zugewiesene Aufgabe, das Entscheidungsvorrecht der Betroffenen ebenso zu gewährleisten wie zu konkretisieren, nur dann erfüllen, wenn sie hinreichend bestimmt ist, also klar zu erkennen gibt, unter welchen Bedingungen sich die Betroffenen mit der Verarbeitung welcher Daten einverstanden erklären.

15 Demzufolge sind **pauschal gehaltene Erklärungen,** die die Betroffenen die Möglichkeiten nehmen, die Tragweite ihres Einverständnisses zu überblicken, **unvereinbar** mit § BDSG § 4a Abs. 1 BDSG und damit auch im Rahmen des **TMG unwirksam.** Zudem muss dem Betroffenen die **freie Entscheidung** tatsächlich überlassen bleiben, zwischen Einverständnis und Verweigerung wirklich wählen zu können, dh die Verweigerung der Einwilligung darf nicht zu einer Benachteiligung der Betroffenen führen. Hierbei ist das sog. Koppelungsverbot zu beachten, → Rn. 17.

16 Zu den **speziellen Pflichten** des § 13 Abs. 2, s. die Kommentierung dort. Als Anforderung ist die Abgabe einer eindeutigen und bewussten Erklärung genannt (Nr. 1), wobei dies im Ergebnis deckungsgleich mit den zuvor beschriebenen Anforderungen nach § 4a Abs. 1 BDSG ist. Weiterhin muss die Einwilligung „protokolliert" werden (Nr. 2), sie muss für den Nutzer „jederzeit abrufbar" sein (Nr. 3) und der Nutzer muss die Einwilligung jederzeit „für die Zukunft widerrufen" können (Nr. 4).

3. Koppelungsverbot (bislang § 12 Abs. 3 TMG 2007)

17 Das sog. Koppelungsverbot war im TMG 2007 in § 12 Abs. 3 geregelt. Inhaltlich hatten sich hierbei keine Änderungen zur bisherigen Fassung nach § 3 Abs. 4 TDDSG ergeben. Nach § 12 Abs. 3 TMG 2007 durfte ein Telemedienanbieter „die Erbringung von Telemediendiensten nicht von einer Einwilligung des Nutzers in eine Verarbeitung oder Nutzung seiner Daten für andere Zwecke abhängig machen, wenn dem Nutzer ein anderer Zugang zu diesen Telemediendiensten nicht oder in nicht zumutbarer Weise möglich ist". Im Rahmen des **BDSG-ÄnderungsG** wurde diese **Regelung des § 12 Abs. 3 TMG 2007 im TMG 2009 gestrichen,** weil die fast wortgleiche Regelung nun allgemein für alle Dienste in § 28 Abs. 3b BDSB 2009 eingefügt wurde, dort allerdings auf die „Werbeeinwilligung" begrenzt ist. In Zukunft ist das Koppelungsverbot in **Art. 7 Abs. 4 DS-GVO** geregelt. Bis dahin gilt **§ 28 Abs. 3 b) BDSG.**

18 Der **Wortlaut in § 28 Abs. 3 b) BDSG lautet:** „Die verantwortliche Stelle darf den Abschluss eines Vertrages nicht von einer Einwilligung des Betroffenen nach Absatz 3 Satz 1 abhängig machen, wenn dem Betroffenen ein anderer Zugang zu gleichwertigen vertraglichen Leistungen ohne die Einwilligung nicht oder nicht in zumutbarer Weise möglich ist. Eine unter solchen Umständen erteilte Einwilligung ist unwirksam."

19 Die **bisherige Fassung des § 12 Abs. 3 TMG 2007 lautete:** „Der Diensteanbieter darf die Bereitstellung von Telemedien nicht von der Einwilligung des Nutzers in eine Verwendung seiner Daten für andere Zwecke abhängig machen, wenn dem Nutzer ein anderer Zugang zu diesen Telemedien nicht oder in nicht zumutbarer Weise möglich ist."

20 **Inhaltlich** haben sich deshalb **keine wesentlichen Änderungen** ergeben, außer dass das sog. Koppelungsverbot nun allgemein für alle Dienste und nicht nur für Teledienste gilt. Der Gesetzgeber hat hierbei betont, dass er im Ergebnis die Regelung des bisherigen § 15 Abs. 3 TMG 2007 inhaltlich ohne Änderungen in das BDSG übernehmen will. Die im Gesetzgebungsverfahren geäußerte Kritik, das Koppelungsverbot dürfe nicht nur für marktbeherrschende Anbieter gelten, bei denen „dem Betroffenen ein anderer Zugang zu gleichwertigen vertraglichen Leistungen ohne die

---

[10] BGH, MMR 2008, 731, 733.

Grundsätze **§ 12 TMG**

Einwilligung nicht oder nicht in zumutbarer Weise möglich ist" wurde nicht angenommen. Es wurde allerdings der klarstellende Zusatz ergänzt, dass ein Verstoß gegen das Koppelungsverbot die Einwilligung unwirksam macht. Auf die bisherige Rechtsprechung und Literatur zum sog. Koppelungsverbot kann deshalb im Ergebnis in entsprechender Geltung weiter zurückgegriffen werden.

Das Koppelungsverbot soll die **freie und eigenständige Willensbetätigung** des 21 Nutzers bei der Einwilligung schützen[11] und somit verhindern, dass aus dem Wunsch zur Nutzung eines Telemediendienstes ein Zwang resultiert, in weitere Verarbeitungszwecke einzuwilligen. Das Verbot, die Nutzung „von der Einwilligung abhängig zu machen", beinhaltet im Rahmen seines beschränkten Anwendungsbereichs, dass der Anbieter den Zugang auch dann anbieten oder gewähren muss, wenn der Nutzer nicht in zusätzliche Zwecke einwilligt.[12] Soweit das Koppelungsverbot eingreift, muss der Anbieter deshalb einen Zugang sowohl mit als auch ohne Einwilligung in weitere Verarbeitungszwecke anbieten. Diese Pflicht kann bereits bestehen, wenn der Anbieter zB nach § 5 Abs. 2 eine Einwilligung einholen möchte, um Bestandsdaten für Zwecke der Werbung, Marktforschung oder das bedarfsgerechte Ausgestalten der Telemediendienste oder andere Formen der Werbung zu verarbeiten.

a) Reichweite des Koppelungsverbots unter § 12 Abs. 3 aF. Die konkrete 22 **Reichweite** des Koppelungsverbotes war zu § 12 Abs. 3 (aF) 2007 **umstritten,** da es ausdrücklich nur galt, „wenn dem Nutzer ein anderer Zugang zu diesen Telemediendiensten nicht oder in nicht zumutbarer Weise möglich ist". Bei dieser Beschränkung wurde teilweise angenommen, dass bezüglich der „Zugangsmöglichkeit zu diesen Telemediendiensten" ausschließlich auf das (eine) konkrete Angebot dieses Diensteanbieters abzustellen ist. Rechtsfolge wäre, dass jeder Anbieter jeden Dienst sowohl mit als auch ohne Einwilligung anbieten müsste, um nicht gegen das Koppelungsverbot zu verstoßen. Dienste mit abfrageabhängiger Werbung, zB entsprechende entgeltfreie Suchmaschinen, müssten somit zB auch ohne entsprechende Werbung angeboten werden. Nach aA ergibt sich bereits aus dem Wortlaut, dass das „Ausnutzen einer Monopolstellung" Voraussetzung für das Koppelungsverbot ist und dieses folglich nicht eingreift, wenn zu dieser Dienstegattung eine weitere Zugangsmöglichkeit besteht. Dieser eindeutige Wortlaut liegt der Vorschrift allerdings nicht zugrunde, auch wenn die Fassung im Plural („Zugangsmöglichkeit zu diesen Telemediendiensten") für diese Auslegung spricht.

b) Koppelungsverbot unter § 28 Abs. 3 b) BDSG. Unter § 28 Abs. 3 b) 23 **BDSG** gilt im Ergebnis die **Einschränkung des Koppelungsverbots** auf den „Missbrauch einer Monopolstellung". Dies ergibt sich aus einer Auslegung der Vorschrift nach dem Wortlaut, dem historischen Willen des Gesetzgebers und dem Sinn der Vorschrift.

aa) Wortlaut. Der Wortlaut stellt durch den zweiten Halbsatz eine Einschrän- 24 kung des 1. Verbotssatzes dar. Das **Koppelungsverbot** gilt **nur,** „soweit dem Betroffenen **ein anderer Zugang** zu gleichwertigen vertraglichen Leistungen ohne die Einwilligung **nicht** oder nicht in zumutbarer Weise **möglich ist**". Hieraus geht klar hervor, dass es auf die genannte Zumutbarkeit ankommt, die immer dann nicht vorliegt, wenn der die Einwilligung verlangende Anbieter damit eine Monopolstellung ausnutzt. Anderenfalls gibt es andere zumutbare und vergleichbare Zugangsmöglichkeiten zu solchen Diensten.[13]

---

[11] Vgl. bereits zur Vorgängerfassung des TDDSG, BT-Drs. 13/7385, S. 22; *Engel-Flechsig/ Maennel/Tettenborn,* NJW 1997, 2981, 2987.

[12] Vgl. dazu *Engel-Flechsig/Maennel/Tettenborn,* NJW 1997, 2981, 2987.

[13] So auch OLG Brandenburg, MMR 2006, 405. IE hat auch das LG Frankfurt a. M. aus § 4a Abs. 1 BDSG schon 1996 eine Art allg. Koppelungsverbot abgeleitet und die Einwilligung auf

TMG § 12 Grundsätze

25 **bb) Bestätigung durch die Gesetzeshistorie.** In dem ursprünglichen Entwurf der Bundesregierung zum TDDSG 1997 hieß es ohne weitere Einschränkung: „Der Diensteanbieter darf die Erbringung von Telemediendiensten nicht von einer Einwilligung des Nutzers in eine Verarbeitung oder Nutzung seiner Daten für andere Zwecke abhängig machen".[14] Die Einschränkung „wenn dem Nutzer ein anderer Zugang zu diesen Telemediendiensten nicht oder in nicht zumutbarer Weise möglich ist" wurde erst in der späteren parlamentarischen Diskussion eingefügt. Mit dieser Einschränkung war beabsichtigt, den Sinn des Koppelungsverbots zu präzisieren. Der neue Entwurf zum damaligen TDDSG wollte mit dem Verbot verhindern, dass Monopolstellungen von Diensteanbietern ausgenutzt werden und wollte dies (anscheinend) auch durch den Wortlaut wiedergeben. Nach dem Willen des Gesetzgebers zum damaligen TDDSG kann deshalb nicht von einem generellen Koppelungsverbot ausgegangen werden, weil es dann der Einschränkung auf Fälle, in denen ein anderer Zugang nicht möglich oder zumutbar ist, nicht bedurft hätte. Diese Auffassung wurde für das TMG 2007 übernommen, da es inhaltlich keine Änderung gegeben hatte.

26 Die **damalige Neufassung** des § 28 Abs. 3 b) BDSG 2009 basierte inhaltsgleich und fast wörtlich auf der bisherigen Fassung in § 12 Abs. 3 TMG 2007. Der Gesetzgeber hatte hierzu ausdrücklich betont, diese inhaltsgleiche Übernahme zu bezwecken:[15] *„Absatz 3 b sieht vor, dass die verantwortliche Stelle sich die Einwilligung des Betroffenen nach Absatz 3 Satz 1 in eine Verwendung seiner personenbezogenen Daten, die nicht Zwecken der Werbung für eigene Angebote oder der eigenen Markt- oder Meinungsforschung dient, nicht auf dem Wege verschaffen darf, dass sie hiervon den Abschluss eines Vertrages abhängig macht. Dieses Kopplungsverbot von Vertragsabschluss und Einwilligung ist aufgrund seiner Einschränkung der Vertragsgestaltungsfreiheit auf die Fälle begrenzt, in denen dem Betroffenen ein anderer Zugang zu gleichwertigen vertraglichen Gegenleistungen ohne die Einwilligung nicht oder nicht in zumutbarer Weise möglich ist. Die Formulierung lehnt sich damit an die bisherigen bereichsspezifischen Kopplungsverbote in § 95 Absatz 5 des Telekommunikationsgesetzes und in § 12 Absatz 3 des Telemediengesetzes an und ergänzt diese durch die Wörter „ohne die Einwilligung". Erfasst werden soll auf diese Weise die Konstellation, dass die marktbeteiligten Unternehmen für sich genommen jeweils keine marktbeherrschende Stellung besitzen und dem Betroffenen daher ein Zugang zu gleichwertigen vertraglichen Leistungen an sich in zumutbarer Weise möglich ist, z. B. durch Absprachen unter den markt- beteiligten Unternehmen, aber marktweit immer nur, wenn er seine Einwilligung erteilt. Umgekehrt formuliert: Ein Zugang ist nicht in zumutbarer Weise möglich, wenn er nur mit Einwilligung nach Absatz 3 Satz 1 möglich ist."*

27 Im Gesetzgebungsverfahren zu § 28 Abs. 3 b) BDSG 2009 war dann genau diese Einschränkung des Geltungsbereichs auf marktbeherrschende Anbieter kritisiert worden. Diese ist allerdings unverändert geblieben, so dass die **Gesetzeshistorie** nach dem BDSG-ÄnderungsG für die **Einschränkung auf eine Monopolstellung** spricht. Gleichwohl ist bei einer Kopplung zu empfehlen, ob im Markt Ausweichangebote für die „gekoppelte" Leistung bestehen.[16]

28 **cc) Bestätigung durch teleologische Auslegung.** Die Begrenzung auf den Missbrauch einer Monopolstellung ergibt sich auch aus einer teleologischen Auslegung. Die Einfügung der **Einschränkung** ist **nur** dann **logisch sinnvoll,** wenn sich auch ein Anwendungsbereich für diese Einschränkung ergibt. Wäre jedoch bezüglich der Zugangsmöglichkeit ausschließlich auf den einzelnen konkreten Dienst des Diensteanbieters abzustellen, wäre ein Anwendungsbereich der Einschränkung ausgeschlossen. Inhaltlich entspricht nämlich das Verbot, den Zugang von der Einwil-

---

„Verhältnismäßigkeit" geprüft, vgl. LG Frankfurt a. M., MMR 2006, 769 ff. So auch Plath/*Plath,* BDSG, § 28 Rn. 172.
[14] Vgl. zur Vorgängerfassung des TDDSG, BT-Drs. 13/7385, S. 6.
[15] BT-Drs. 16/12011, S. 33.
[16] Vgl. Plath/*Plath,* BDSG, § 28 Rn. 172.

ligung abhängig zu machen, dem Gebot, dass es eine andere Zugangsmöglichkeit geben muss. Wäre für die „andere Zugangsmöglichkeit" immer nur auf das konkrete Angebot des einzelnen Diensteanbieters abzustellen, würde folglich das Verbot des ersten Halbsatzes sinngemäß dem zweiten Halbsatz als Gebot entsprechen. Aufgrund dieser Deckungsgleichheit würde sich durch den zweiten Halbsatz also keine Einschränkung des Verbots des ersten Halbsatzes, sondern nur eine sinngemäße Wiederholung des Verbots als Gebot ergeben. Oder anders ausgedrückt: Ein Verbot, dass der einzelne Anbieter immer selbst eine andere Zugangsmöglichkeit anbieten muss, macht den Ausschluss des Verbotes in Fällen, in denen dieser Anbieter bereits eine andere Zugangsmöglichkeit anbietet, sinnlos. Die Einschränkung hat deshalb nur dann einen **sinnvollen Anwendungsbereich,** wenn nicht auf die Zugangsmöglichkeit durch den konkreten Anbieter, sondern auf die generelle Zugangsmöglichkeit zu Diensten dieser Gattung abgestellt wird. Diese Logik hat der Gesetzgeber im Übrigen auch zu § 28 Abs. 3b) BDSG bestätigt.[17]

dd) Verfassungsrechtliche Würdigung. Dieses Verständnis entspricht auch dem Grundgedanken des verfassungsrechtlich geschützten Rechts auf informationelle Selbstbestimmung. Aus diesem Recht erwächst die Befugnis, selbst über die Preisgabe und Verwendung seiner Daten bestimmen zu können. Diese Selbstbestimmung setzt die „Entscheidungsfreiheit" des Betroffenen über die vorzunehmenden oder zu unterlassenden Handlungen voraus.[18] Das Koppelungsverbot ist deshalb nur erforderlich, wenn durch das Einwilligungsverlangen die Entscheidungsfreiheit des Betroffenen unzulässig beschränkt wird. Diese Entscheidungsfreiheit erscheint nicht beeinträchtigt, soweit der Nutzer weitere Möglichkeiten hat, entsprechende Dienste zu nutzen und somit nicht grundsätzlich von einem einzigen Anbieter abhängig ist.

29

ee) Ergebnis. Somit ist für die Einschränkung des Koppelungsverbotes darauf abzustellen, ob es eine andere Zugangsmöglichkeit zu der Gattung des fraglichen Dienstes gibt. Soweit ähnliche Dienste der Gattung[19] vom gleichen oder anderen Anbietern angeboten werden, ist ein anderer Zugang zu entsprechenden Diensten möglich und zumutbar, so dass das Koppelungsverbot nicht eingreift. Im **Ergebnis** greift das Koppelungsverbot deshalb tatsächlich nur ein, wenn ein Anbieter für eine Angebotsgattung eine **Monopolstellung** besitzt.[20] Zur Bestimmung eines solchen Missbrauchs kann sinngemäß auf die einschlägigen Vorschriften des GWB zurückgegriffen werden.[21]

30

c) Regelung in Art. 7 Abs. 4 DS-GVO. Ab dem 25.5.2018 wird das **Koppelungsverbot** in **Art. 7 Abs. 4 DS-GVO** im Zusammenhang mit der **Freiwilligkeit** der Einwilligung geregelt. Eine Koppelung liegt hiernach dann vor, wenn die geforderte Einwilligung für die Diensteerbringung nicht erforderlich ist und der Vertragsschluss dennoch von der Einwilligung abhängig gemacht wird. Ergibt dann eine **Abwägung,** dass die geforderte Einwilligung „**nicht freiwillig**" erteilt wird, liegt eine **unzulässige Koppelung** vor. Es gilt somit ein **relatives Koppelungsverbot,** welches eine Abwägung erfordert. Die Koppelung ist ein starkes Indiz für die Unfreiwilligkeit, es sollen aber auch die Frage einer „Monopolstellung" und das Ausmaß relevant sein, mit dem der Betroffene auf den Dienst angewiesen ist.[22]

31

---

[17] BT-Drs. 16/12011, S. 33.
[18] BVerfGE 65, 1, 42.
[19] So auch OLG Brandenburg, MMR 2006, 405.
[20] So auch OLG Brandenburg, MMR 2006, 405.
[21] Vgl. zB § 19 GWB.
[22] S. ua Ehmann/Selmayr/*Heckmann/Paschke,* DS-GVO, Art. 7 Rn. 52 ff.

4. Zweckbindungsgebot (Abs. 2)

32 Nach dem **Zweckbindungsgebot** des § 12 Abs. 2 darf der Diensteanbieter die für die Durchführung des Telemediendienstes erhobenen Daten für **andere Zwecke** nur verwenden, wenn es das TMG oder eine andere Rechtsvorschrift, die sich auf Telemedien bezieht, erlauben oder der Nutzer eingewilligt hat. Eine Speicherung der Daten auf Vorrat oder zu unbestimmten bzw. weiteren von der Erlaubnis nicht erfassten Zwecken ist somit unzulässig. Das enge Zweckbindungsgebot bewirkt, dass die Verarbeitungsvorgänge rekonstruierbar und kontrollierbar bleiben. Als gesetzliche Erlaubnistatbestände kommen vorrangig die Regeln des TMG und, soweit dieses keine abschließenden Regelung enthält, subsidiär andere Vorschriften, wie insbesondere das BDSG, in Betracht.[23] Als Erlaubnistatbestand ist auch eine Einwilligung des Nutzers möglich. Die Einwilligung des Nutzers muss sich durch ihre Erteilung oder durch ihre Auslegung hinsichtlich ihres Umfanges begrenzen bzw. eng bestimmen lassen **(Zweckbindungsgebot und Transparenzprinzip).** Das enge Zweckbindungsgebot des § 12 Abs. 2 ist auch dann zu beachten, wenn zur Verarbeitung von Inhaltsdaten gemäß des Verweises in § 12 Abs. 1 und Abs. 2 auf die **Erlaubnis „durch andere Rechtsvorschriften"** zurückgegriffen wird. Der Maßstab der engen Zweckbindung ergibt sich für die weitere Verarbeitung der Inhaltsdaten nunmehr unmittelbar aus § 28 Abs. 2 BDSG.

33 Unter der DS-GVO ist ein **Zweckbindungsgebot** in **Art. 12 Abs. 1 lit. b) DS-GVO** geregelt, wonach personenbezogene Daten „für festgelegte, eindeutige und legitime Zwecke erhoben werden dürfen und dürfen nicht mit einer mit diesen Zwecken nicht zu vereinbarenden Weise weiterverarbeitet werden" müssen.[24]

5. Abs. 3 (nicht-automatisierte Verarbeitung)

34 Soweit nichts anderes bestimmt ist, sind die jeweils geltenden Vorschriften für den Schutz personenbezogener Daten des **TMG anzuwenden,** auch wenn die Daten **nicht automatisiert** verarbeitet werden. Automatisierte Verarbeitung ist die Erhebung, Verarbeitung oder Nutzung personenbezogener Daten unter Einsatz von Datenverarbeitungsanlagen, vgl. § 3 Abs. 2 S. 1 BDSG. Eine nicht automatisierte Datei ist jede nicht automatisierte Sammlung personenbezogener Daten, die gleichartig aufgebaut ist und nach bestimmten Merkmalen zugänglich ist und ausgewertet werden kann, vgl. § 3 Abs. 2 S. 2 BDSG.

35 Durch § 12 Abs. 3 wollte der Gesetzgeber offenbar die **Anwendung** der **Datenschutzvorschriften** des TMG auch für den Fall **klarstellen,** dass keine automatisierte Datenverarbeitung stattfindet. Da die geregelten Informations- und Kommunikationsdienste eine solche elektronische und damit automatisierte Datenverarbeitung voraussetzen, wie schon in der Vorgängerfassung des TDG/TDDSG zu lesen war, dürfte der Anwendungsbereich der Klarstellung gering sein.

§ 13 Pflichten des Diensteanbieters

(1) ¹Der Diensteanbieter hat den Nutzer zu Beginn des Nutzungsvorgangs über Art, Umfang und Zwecke der Erhebung und Verwendung personenbezogener Daten sowie über die Verarbeitung seiner Daten in Staaten außerhalb des Anwendungsbereichs der Richtlinie 95/46/EG des Europäischen Parlaments und des Rates vom 24. Oktober 1995 zum Schutz natürlicher Personen bei der Verarbeitung personenbezogener Daten und zum freien Datenverkehr (ABl. EG Nr. L 281 S. 31) in allgemein verständlicher

---

[23] Vgl. bereits zur Vorgängerfassung des TDDSG, BT-Drs. 13/7385, S. 21.
[24] Vgl. ausf. ua Ehmann/Selmayr/*Heberlein,* DS-GVO, Art. 5 Rn. 13ff.

Form zu unterrichten, sofern eine solche Unterrichtung nicht bereits erfolgt ist. ²Bei einem automatisierten Verfahren, das eine spätere Identifizierung des Nutzers ermöglicht und eine Erhebung oder Verwendung personenbezogener Daten vorbereitet, ist der Nutzer zu Beginn dieses Verfahrens zu unterrichten. ³Der Inhalt der Unterrichtung muss für den Nutzer jederzeit abrufbar sein.

(2) Die Einwilligung kann elektronisch erklärt werden, wenn der Diensteanbieter sicherstellt, dass
1. der Nutzer seine Einwilligung bewusst und eindeutig erteilt hat,
2. die Einwilligung protokolliert wird,
3. der Nutzer den Inhalt der Einwilligung jederzeit abrufen kann und
4. der Nutzer die Einwilligung jederzeit mit Wirkung für die Zukunft widerrufen kann.

(3) ¹Der Diensteanbieter hat den Nutzer vor Erklärung der Einwilligung auf das Recht nach Absatz 2 Nr. 4 hinzuweisen. ²Absatz 1 Satz 3 gilt entsprechend.

(4) ¹Der Diensteanbieter hat durch technische und organisatorische Vorkehrungen sicherzustellen, dass
1. der Nutzer die Nutzung des Dienstes jederzeit beenden kann,
2. die anfallenden personenbezogenen Daten über den Ablauf des Zugriffs oder der sonstigen Nutzung unmittelbar nach deren Beendigung gelöscht oder in den Fällen des Satzes 2 gesperrt werden,
3. der Nutzer Telemedien gegen Kenntnisnahme Dritter geschützt in Anspruch nehmen kann,
4. die personenbezogenen Daten über die Nutzung verschiedener Telemedien durch denselben Nutzer getrennt verwendet werden können,
5. Daten nach § 15 Abs. 2 nur für Abrechnungszwecke zusammengeführt werden können und
6. Nutzungsprofile nach § 15 Abs. 3 nicht mit Angaben zur Identifikation des Trägers des Pseudonyms zusammengeführt werden können.

²An die Stelle der Löschung nach Satz 1 Nr. 2 tritt eine Sperrung, soweit einer Löschung gesetzliche, satzungsmäßige oder vertragliche Aufbewahrungsfristen entgegenstehen.

(5) Die Weitervermittlung zu einem anderen Diensteanbieter ist dem Nutzer anzuzeigen.

(6) ¹Der Diensteanbieter hat die Nutzung von Telemedien und ihre Bezahlung anonym oder unter Pseudonym zu ermöglichen, soweit dies technisch möglich und zumutbar ist. ²Der Nutzer ist über diese Möglichkeit zu informieren.

(7) ¹Diensteanbieter haben, soweit dies technisch möglich und wirtschaftlich zumutbar ist, im Rahmen ihrer jeweiligen Verantwortlichkeit für geschäftsmäßig angebotene Telemedien durch technische und organisatorische Vorkehrungen sicherzustellen, dass
1. kein unerlaubter Zugriff auf die für ihre Telemedienangebote genutzten technischen Einrichtungen möglich ist und
2. diese
   a) gegen Verletzungen des Schutzes personenbezogener Daten und
   b) gegen Störungen, auch soweit sie durch äußere Angriffe bedingt sind,
gesichert sind. ²Vorkehrungen nach Satz 1 müssen den Stand der Technik berücksichtigen. ³Eine Maßnahme nach Satz 1 ist insbesondere die Anwendung eines als sicher anerkannten Verschlüsselungsverfahrens.

TMG § 13 — Pflichten des Diensteanbieters

(8) ¹**Der Diensteanbieter hat dem Nutzer nach Maßgabe von § 34 des Bundesdatenschutzgesetzes auf Verlangen Auskunft über die zu seiner Person oder zu seinem Pseudonym gespeicherten Daten zu erteilen.** ²Die Auskunft kann auf Verlangen des Nutzers auch elektronisch erteilt werden.

Literatur: *Bizer,* Web-Cookies – datenschutzrechtlich, DuD 1998, 277 ff.; *Buxel,* Die Privacy Policy im Internet, DuD 2002, 401 ff.; *Engel-Flechsig,* Teledienstedatenschutz, DuD 1997, 8 ff.; *Federrath/Golembiewski,* Speicherung von Nutzungsdaten durch Anonymisierungsdienste im Internet, DuD 2004, 486 ff.; *Golembiewski,* Das Recht auf Anonymität im Internet, DuD 2003, 129 ff.; *Grimm/Löhndorf/Scholz,* Datenschutz in Telediensten (DASIT), DuD 1999, 272 ff.; *Gundermann,* E-Commerce trotz oder durch Datenschutz?, K&R 2000, 225 ff.; *Hoeren,* „Das Telemediengesetz", NJW 2007, 801 ff.; *Jandt/Laue,* Profilbildung bei Location Based Services, K&R 2006, 316 ff.; *v. Lewinski,* Privacy Policies: Unterrichtungen und Einwilligung im Internet, DuD 2002, 395 ff.; *Merati-Kashani, J.,* Der Datenschutz im E-Commerce, 2005; *Raabe,* Abgrenzungsprobleme bei der rechtlichen Einordnung von Anonymisierungsdiensten im Internet, CR 2003, 791 ff.; *Rasmussen,* Die elektronische Einwilligung im TDDSG, DuD 2002, 406 ff.; *Roßnagel,* Datenschutz in der künftigen Verkehrstelematik, NVZ 2006, 281 ff.; R. *Roßnagel/A. Scholz,* Datenschutz durch Anonymität und Pseudonymität – Rechtsfolgen der Verwendung anonymer und pseudonymer Daten, MMR 2000, 721 ff.; *Schaar,* Datenschutzrechtliche Einwilligung im Internet, MMR 2001, 644 ff.; *ders.,* Datenschutz im Internet, 2002; *Schmitz,* TDDSG und das Recht auf informationelle Selbstbestimmung, 2000; *Scholz,* Datenschutz beim Internet-Einkauf, 2002; *Selk,* Datenschutz im Internet, 2003; *Wichert,* Web-Cookies – Mythos und Wirklichkeit, DuD 1998, 273 ff.; *Zscherpe,* Anforderungen an die datenschutzrechtliche Einwilligung im Internet, MMR 2004, 723 ff.

Übersicht

	Rn.
I. Allgemeines und Überblick	1
1. Allgemeines	1
2. Überblick	5
II. Einzelkommentierung	7
1. Allgemeine Unterrichtungspflicht (Abs. 1) und „Cookies"	7
a) Unterrichtung bei Beginn des Nutzungsvorgangs	7
b) Unterrichtungspflicht bei automatisierten Verfahren („Cookies")	10
aa) Wirkungsweise	12
bb) Personenbezug	13
cc) Unterrichtung	14
dd) Setzen	15
c) Regelung zu Cookies unter der DS-GVO und ePrivacy-VO	21
2. Elektronische Einwilligung nach Abs. 2	27
a) Voraussetzungen	27
aa) Historie	28
bb) Urheber	30
cc) Bewusste Handlung	31
dd) Klarheit	32
ee) § 4a BDSG	33
ff) Protokollierung	35
b) Transparenz und Klarheit nach § 4a BDSG	36
c) Regelung unter DS-GVO	38
3. Hinweispflicht nach Abs. 3 und Abruf nach Abs. 2 Nr. 3	40
a) Hinweis	40
b) Jederzeitiger Abruf	41
c) Regelung in der DS-GVO	43
4. Technisch/organisatorische Pflichten (Abs. 4, § 3a BDSG)	44

	Rn.
a) Überblick	44
b) Grundsatz der Datenvermeidung und Systemdatenschutz (§ 3a BDSG)	48
c) Möglichkeit der Anonymisierung und Pseudonymisierung	52
d) Jederzeitige Beendigung der Nutzung (Abs. 4 Nr. 1)	54
e) Unmittelbare Löschung (Abs. 4 Nr. 2)	55
f) Schutz der Vertraulichkeit (Abs. 4 Nr. 3)	56
g) Pflicht zur informationellen Trennung (Abs. 4 Nr. 4)	58
h) Systemdatenschutz für Abrechnungsdaten und Nutzungsprofile (Abs. 4 Nr. 5 und 6)	59
5. Anzeige der Weitervermittlung (Abs. 5)	60
6. Anonyme und pseudonymisierte Nutzung (Abs. 6)	61
a) Überblick	61
b) Anonyme oder pseudonyme Nutzung	66
c) Organisatorisch-technisches Gebot	67
d) Keine bestimmten Verfahren vorgeschrieben	68
e) Anonymität	69
f) Pseudonymisierung	71
aa) Grenzen	72
bb) Anonymisierungsdienste	73
cc) An.ON	74
g) Zusammenfassung	75
7. Technische und organisatorische Vorkehrungen zum Schutz der technischen Einrichtungen (Abs. 7)	77
a) Allgemeines und Überblick	77
b) Kreis der Verpflichteten	80
c) Schutzziele	84
d) Technische und organisatorische Maßnahmen	88
aa) Technische Maßnahmen	89
bb) Stand der Technik	90
cc) Verarbeitung von IP-Adressen	91
e) Grenze der Zumutbarkeit und Angemessenheit	97
f) Rechtsfolgen bei Verstößen	102
8. Sicherungs- und Meldepflicht aus § 8c BSIG	105
a) Sicherungspflicht	107
b) Datenschutzrechtliche Erlaubnis	111
c) Pflicht zur Meldung eines Sicherheitsvorfalles	115
9. Auskunftsanspruch des Nutzers (Abs. 7)	119
a) Überblick	119
b) Auskunft zum Pseudonym	120
c) Untaugliche Eingriffsregelung	121
10. Rechtsfolge bei Verstößen	122
a) Bußgeld	123
b) Zivilrechtlicher Schadensersatz	125
c) Unterlassungsansprüche aus dem UWG	126

TMG § 13

I. Allgemeines und Überblick

1. Allgemeines

1   **Die Regelung** in § 13 bestimmt systematisch zusammengefasst die „Pflichten des Diensteanbieters" und **kombiniert klassische Ansätze** des Datenschutzes mit den **modernen Ansätzen** des **Systemdatenschutzes**. An klassischen Ansätze sind insbesondere in § 13 Abs. 1 die Unterrichtungspflicht und in Abs. 7 das Auskunftsrecht des Nutzers geregelt. Daneben finden sich die modernen Ansätzen zum Systemdatenschutz und dem sog. „Datenschutz durch Technik". Dies betrifft insbesondere die mögliche elektronische Einwilligung nach Abs. 2 sowie die technischen und organisatorischen Pflichten nach Abs. 4 einschließlich des Ansatzes zur Datensparsamkeit und Datenvermeidung, die in Abs. 6 ihren speziellen Ausdruck in der Verpflichtung zum Angebot der pseudonymen und anonymen Nutzungsmöglichkeit erfahren haben.

2   Die Fassung der Pflichten des Diensteanbieters nach § 13 ist inhaltlich weitgehend mit der Vorgängerregelung in § 4 TDDSG identisch. Im Wesentlichen wurden nur die in § 13 Abs. 2 geregelten Voraussetzungen, unter denen eine elektronische Einwilligung erteilt wird, leicht umformuliert. Die wesentliche Neufassung hatte der Regelungskomplex bereits mit der Neufassung des TDDSG 2001 erfahren. Ziel war eine Vorschrift, die entsprechend ihrer Überschrift „Pflichten des Diensteanbieters" konsequent auf die **Pflichten des Diensteanbieters beschränkt** wird, um damit eine Optimierung der Handhabung des Gesetzes zu erreichen.[1] Der Gesetzgeber hatte hierbei insbesondere im Auge, die Pflichten des Anbieters, die zuvor verstreut insbesondere in §§ 3 und 4 des TDDSG 1997 geregelt waren, zusammenzufassen und systematisch strenger zwischen den Pflichten und den Erlaubnistatbeständen zu trennen. So war in § 4 Abs. 4 TDDSG 1997 insbesondere noch die Erlaubnis zur Verarbeitung und Erstellung von pseudonymisierten Nutzungsprofilen geregelt. Insbesondere die technischen und organisatorischen Pflichten nach § 13 Abs. 4 lassen sich allerdings nicht ohne die Betrachtung der Erlaubnistatbestände des Gesetzes und der weiteren Regelungen des Gesetzes betrachten. So greift die Verpflichtung zur Ermöglichung der Löschung von Daten über den Zugriff unmittelbar nach Beendigung der Dienste gem. § 4 Abs. 4 Nr. 1 selbstverständlich nur insoweit, wie keine weitere Verarbeitung nach § 6 (zB zur Abrechnung nach § 6 Abs. 4) zulässig ist. Dennoch ist die bessere Zusammenfassung der Pflichten des Anbieters in einer einheitlichen Vorschrift selbstverständlich zu begrüßen.

3   Durch das IT-SicherheitsG wurde ein **neuer Abs. 7** eingefügt, welcher den Diensteanbieter zu **technischen** und **organisatorischen Maßnahmen** der sog. **„IT-Sicherheit"** verpflichtet zum Schutz der technischen Einrichtungen gegen den unerlaubten Zugriff sowie gegen Verletzungen des Schutzes personenbezogener Daten und gegen Störungen. Der bisherige Abs. 7 aF wurde damit zu Abs. 8.

4   Die DS-GVO führt die Grundsätze der sog. „Systemdatenschutzes" fort. Unter der **DS-GVO** wird der **„Datenschutz durch Technikgestaltung und durch datenschutzfreundliche Voreinstellung"** in **Art. 25 DS-GVO** bestimmt. Die technisch-organisatorischen Maßnahmen zur Erreichung eines **angemessenen Schutzniveaus** sind in **Art. 32 DS-GVO** normiert. Auf diese Weise übernimmt die DS-GVO diese Grundgedanken aus dem TMG.

---

[1] Vgl. BT-Drs. 14/6098, S. 28.

2. Überblick

Die Vorschrift **kombiniert zahlreiche Pflichten** der Anbieter von Telemediendiensten. In Abs. 1 ist die Unterrichtungspflicht des Anbieters geregelt, die die freie Selbstbestimmung des Nutzers und insbesondere dessen Recht auf informationelle Selbstbestimmung sicherstellen soll, damit der Nutzer weiß, „wer was wann" an personenbezogenen Daten über ihn erhebt und verarbeitet. Abs. 2 behandelt die Wirksamkeit und erforderliche Form einer elektronischen Einwilligung mit dem Hinweis auf die jederzeitige Widerrufsmöglichkeit (§ 4 Abs. 3). In Abs. 4 sind Grundsätze und Pflichten zum Systemdatenschutz geregelt, nach denen der Anbieter durch technische und organisatorische Vorkehrungen bestimmte Schutzziele zu erreichen hat. Hierzu zählt auch der Hinweis auf die Weitervermittlung nach § 4 Abs. 5. Die Möglichkeit zur anonymen und pseudonymen Nutzung ist in Abs. 6 normiert. Die neuen Pflichten zur IT-Sicherheiten sind im neuen Abs. 7 geregelt. Das „klassische" Auskunftsrecht des Nutzers ist nunmehr in Abs. 8 inhaltsgleich wie in Abs. 7 aF geregelt.

Die **Verletzung** dieser **Pflichten** ist zum Teil mit einem **Bußgeld** bedroht (§ 16 Abs. 2 und 3) und kann sowohl zivilrechtliche **Schadensersatzansprüche,** als auch **wettbewerbsrechtliche Unterlassungsansprüche** begründen, → Rn. 122.

II. Einzelkommentierung

1. Allgemeine Unterrichtungspflicht (Abs. 1) und „Cookies"

a) **Unterrichtung bei Beginn des Nutzungsvorgangs.** § 13 **Abs. 1** verlangt, dass der Nutzer zu **Beginn** des **Nutzungsvorgangs** über „**Art, Umfang** und **Zwecke** der Erhebung, Verarbeitung und Nutzung personenbezogener Daten zu unterrichten" ist. Die Unterrichtung über den **Ort** der Datenverarbeitung ist **entbehrlich,** soweit die Datenverarbeitung innerhalb der EU erfolgt. Nach Ansicht des Gesetzgebers war eine solche Unterrichtung angesichts der Globalisierung der Netze und Märkte nicht mehr praktikabel.[2] Allerdings ist der Kunde zu unterrichten, wenn die Verarbeitung seiner Daten an einem Ort außerhalb der EU erfolgt. Nach der aktuellen Fassung der Unterrichtungspflicht bildet der **Beginn des Nutzungsvorgangs** und nicht mehr der Beginn der Datenerhebung (und damit der Zeitpunkt vor der Nutzung),[3] den maßgeblichen Zeitpunkt.

Die konkrete Aufzählung macht deutlich, dass eine konkrete und **umfassende**[4] **Hinweispflicht** besteht, welche die Details der Datenverarbeitung anhand der aufgeführten Merkmale erkennen lässt. Die Datenverarbeitung wird auf diese Weise für den Nutzer **transparent,** so dass er abschätzen kann, „wer was wann bei welcher Gelegenheit über ihn weiß" bzw. erfährt. Die Anforderungen an die Unterrichtung sind somit höher als jene nach § 4 Abs. 3 BDSG. Dieser Umfang der Unterrichtungspflicht ergibt sich nach der Gesetzesbegründung „aus den besonderen Risiken der Datenverarbeitung in einem Netz".[5] Die Unterrichtungspflicht bildet auch den Maßstab für die Informationen, die ein Anbieter den Nutzern geben muss, wenn er die Einwilligung in zusätzliche Verarbeitungszwecke einholt.

Bei einer sehr **rechtssicheren Umsetzung** müsste ein „Vorschaltfenster" vor oder zumindest bei dem Abruf einer Webseite die „umfassenden Hinweise" zum Datenschutz erteilen. In der Praxis ist diese Hinweispflicht durch „Datenschutzhinweise" erfüllbar, die auf der Webseite des Anbieters mit einem eindeutigen und auf

---

[2] Vgl. bereits zur Vorgängerfassung des TDDSG 2001, BT-Drs. 14/6098, S. 28.
[3] Vgl. bereits zur Vorgängerfassung des TDDSG 2001, BT-Drs. 14/6098, S. 28.
[4] Vgl. bereits zum TDDSG 1997, BT-Drs. 13/7385, S. 22.
[5] Vgl. bereits zum TDDSG 1997, BT-Drs. 13/7385, S. 22.

TMG § 13   Pflichten des Diensteanbieters

der Eingangsseite auffindbaren Hinweis abrufbar sind. Werden hingen spezielle Verfahren angewendet, welche die Einwilligung des Nutzers voraussetzen, muss diese Einwilligung vor dem Start des eigentlichen Nutzungsvorgangs erfüllt werden. Bei solchen besonderen Verfahren, die die Einwilligung voraussetzen, kann es sich um Analysesoftware, wie zB Google Analytics, oder auch Cookies handeln. Gerade die Voraussetzungen bei Cookies sind aber strittig, → Rn. 10.

10   **b) Unterrichtungspflicht bei automatisierten Verfahren („Cookies").** Nach § 13 Abs. 1 S. 2 ist der Nutzer bei **automatisierten Verfahren,** die „eine spätere Identifizierung des Nutzers ermöglichen und eine Erhebung, Verarbeitung oder Nutzung personenbezogener Daten vorbereiten", vor Beginn dieses Verfahrens zu unterrichten. Aus der Gesetzesbegründung geht hervor, dass diese Bestimmung der Klarstellung dient, dass „sich die Unterrichtungspflicht auch auf automatisierte Verfahren bezieht, die eine Erhebung, Verarbeitung oder Nutzung ermöglichen […], bei denen der Personenbezug aber erst zu einem späteren Zeitpunkt festgestellt werden kann".[6] Diese Vorschrift verpflichtet insbesondere zu einem vorherigen Hinweis auf den Einsatz von **Cookies,** die auf der Festplatte des Nutzers gespeichert werden. In § 13 sind nach der Gesetzessystematik nur die organisatorischen Pflichten der Anbieter und insbesondere keine Erlaubnistatbestände geregelt. Die Unterrichtungspflicht nach § 13 Abs. 1 S. 2 sagt damit noch nichts über die Zulässigkeit der Verarbeitung von Cookies aus.

11   Die **Zulässigkeit** richtet sich nach dem **Erlaubnisvorbehalt** gem. § 12 Abs. 1 danach, ob eine Vorschrift des TMG oder eine andere Rechtsvorschrift, die sich ausdrücklich auf Telemediendienste bezieht, die Verarbeitung erlauben oder der Nutzer eingewilligt hat. Hierfür kann § 15 Abs. 3 mit der **Opt-out-Regelung** zur Anwendung kommen. **Strittig** ist, ob hingegen nach Art. 5 Abs. 3 RL 2002/58/EG (in der durch die RL 2009/136/EG geänderten Fassung), jedenfalls bei sog. **„Verfolgungs-Cookies",** eine (ausdrückliche) Einwilligung Voraussetzung für die Zulässigkeit ist **(Opt-in-Regelung).** Aufgrund des Sachnähe und weil oftmals keine gesetzliche Verarbeitungserlaubnis eingreift, wird die Zulässigkeit dennoch nachfolgend in Zusammenhang mit § 13 Abs. 1 S. 2 dargestellt. Zu beachten ist hierbei, dass neben der datenschutzrechtlichen Beurteilung auch Fragen des Straf- und Zivilrechts eine Rolle spielen können.

12   **aa) Wirkungsweise.** Die **Wirkungsweise** von Cookies ermöglicht es, Internetnutzer anhand der in den „Cookies" genannten Dateien gespeicherten Informationen wiederzuerkennen und Informationen über vorherige Nutzungsvorgänge abzurufen. Unter einem Cookie wird ein Datensatz verstanden, der von einem Web-Server erzeugt und an den Rechner des Internetnutzers, der gerade mit diesem Web-Server kommuniziert, gesendet wird und auf dessen Festplatte abgelegt wird. Dieser Datensatz kann auf Abfrage eines Web-Servers eines Anbieters wieder durch den Web-Browser des Nutzers gesendet und nachfolgend ausgewertet werden. Zumeist werden einem vom Web-Server erzeugten Namen bzw. Kennung anwendungsbezogene Informationen wie Datum, frühere Kontakte mit einem Web-Server oder Layout-Einstellungen zugeordnet.[7] Cookies können damit unterschiedliche Informationen enthalten und damit anwendungsbezogen auch zu unterschiedlichen Zwecken verwendet werden. Zum einen können durch die Cookies zB die Interessen des durch das Cookie bestimmten Nutzers ermittelt werden,[8] in dem erkennbar wird, wann auf welche Angebote zugegriffen wurde. Das Setzen von Cookies dient aber oftmals auch der Sicherheit, in dem hierüber kontrolliert wird, ob sich ein Nutzer korrekt mit seinem Passwort zu einem Dienst angemeldet hat. Das Datenschutzproblem der **Cookie-Dateien** liegt in der Praxis oftmals darin, dass diese **unbemerkt** auf

---

[6] Vgl. bereits zum TDDSG 1997, BT-Drs. 13/7385, S. 22.
[7] *Wichert,* DuD 1998, 273.
[8] *Bizer,* DuD 1998, 277; *Wichert,* DuD 1998, 273, 274.

Anfrage des Anbieters vom Nutzer abgelegt werden, falls in dessen Browser nicht ausdrücklich eine Warn- oder Ablehnungsfunktion eingestellt ist. Außerdem ist das „Zurücksenden" der Cookies für die Nutzer nicht erkennbar und transparent und lässt sich aufgrund der aktuell üblichen Browser nur bedingt steuern. Die Versendung lässt sich in der Regel auch nicht protokollieren und damit nachverfolgen. Dementsprechend ist eine Umfrage unter Internetnutzern zu dem Ergebnis gekommen, dass viele Nutzer gar nicht wissen, was ein Cookie überhaupt ist und dass diese oftmals gesetzt werden.[9] In rechtlicher Hinsicht ist insbesondere umstritten, ob ein Personenbezug im Sinne des BDSG möglich ist und ob das Setzen des Cookies als Datenverarbeitung des Nutzers oder des Anbieters zu qualifizieren ist.

bb) Personenbezug. Der **Personenbezug** der Cookies ist **Anwendungsvoraussetzung** für das TMG und die **Unterrichtungspflicht** nach § 13 Abs. 1 S. 2. Die Frage des Personenbezugs iSd § 3 Abs. 1 BDSG ist nach den allgemein hierfür geltenden Kriterien zu bestimmen. Für die Bestimmbarkeit kommt es deshalb auf die Kenntnisse, Mittel und Möglichkeiten der speichernden Stelle an. Nur wenn dieser der Bezug mit den normalerweise zur Verfügung stehenden Mitteln nicht oder nur mit einem unverhältnismäßig hohen Aufwand an Zeit, Kosten und Arbeitskraft möglich ist,[10] fehlt es an dem Personenbezug. Da Cookies (zunächst) nicht selbst den Rückschluss auf die (bürgerliche) Identität eines bestimmten Nutzers zulassen, ist der Personenbezug nur möglich, wenn eine Identifizierung über die Verknüpfung mit anderen personenbezogenen Daten, wie etwa einer (personenbezogenen) IP-Adresse oder einer Zugangskennung, möglich ist. Diesbezüglich ist nach den Urteilen von EuGH und dem hierauf basierenden BGH-Urteil nunmehr von einem **Personenbezug** sowohl bei der statischen, wie auch dynamischen **IP-Adresse** auszugehen. Zwar haben EuGH[11] und BGH[12] zu dem speziellen Fall entschieden, dass die IP-Adressen zur Verfolgung und Aufklärung von Hacker-Angriffen gespeichert und verwendet werden. Dennoch hat diese Wertung nach den Vorgaben des EuGH allgemeinen Charakter, weil der EuGH diese Aufdeckungsmöglichkeit als ausreichend für den Personenbezug angesehen hat. Da die IP-Adressen beim Setzen und Auslesen von Cookies erhoben werden, liegt folglich auch bei dem **Cookie** ein **Personenbezug** vor. Zum Personenbezug ausführlich → § 11 Rn. 51. 13

cc) Unterrichtung. Der **Inhalt** der **Unterrichtung** muss, wie bereits § 13 Abs. 1 S. 1 bestimmt, „Art, Umfang und Zwecke" der durch den Cookie bezweckten Datenverarbeitung nennen. Anderenfalls gilt die Information als nicht ausreichend erteilt. Die Warnfunktion des Browsers des Nutzers ist folglich nicht geeignet, die Informationspflicht des Anbieters zu erfüllen. Ohne ausreichende Unterrichtung kann auch eine Einwilligung des Nutzers eine spätere Datenverarbeitung nicht rechtfertigen, da eine wirksame Einwilligung fehlt („informed consent"). Nach § 13 Abs. 1 S. 3 muss der **„Inhalt der Unterrichtung"** für den Nutzer **„jederzeit abrufbar"** sein. Bereits mit der Neufassung des TDDSG hat der Gesetzgeber die früher normierte ausdrückliche Protokollierungspflicht des TDDSG 1997, die zu einer Art „dauerhaften Zwangsregistrierung" geführt hätte,[13] gestrichen. Nach § 13 Abs. 2 ist es ausreichend, wenn der Anbieter den Nutzern auf Anfrage den Text des Einwilligungshinweises erneut zur Verfügung stellt. Kommt es für den Inhalt der Unterrichtung auf den Zeitpunkt der Nutzung an, dann muss der Nutzer diesen entweder angeben oder dieser kann aus dem gesetzten Cookie erkennbar sein. Mit dem Wegfall 14

---

[9] S. *Schmitz,* TDDSG, S. 152 mwN.
[10] Faktische Anonymisierung, vgl. § 3 Abs. 7 BDSG.
[11] EuGH, Urt. v. 19.10.2016 – C-582/14.
[12] BGH, Urt. v. 16.5.2017 – VI ZR 135/13 = BeckRS 2017, 114664.
[13] Vgl. *Schmitz,* TDDSG, S. 105.

der Protokollierungspflicht ist es nicht mehr Aufgabe des Anbieters, diesen Zeitpunkt selbst festzuhalten.

15 **dd) Setzen.** Neben der Informationspflicht ist auch die **Rechtmäßigkeit** des Setzens und Verarbeitens von Cookies zu beurteilen. Hierbei ist strittig, ob die Regelungen im TMG Art. 5 Abs. 3 RL 2002/58/EG (in der Fassung der RL 2009/136/EG), „Cookie-Richtlinie", ausreichend umsetzt. Zukünftig soll für das Setzen und Verarbeiten von Cookies die Nachfolgeregelung in **Art. 8 ePrivacy-VO** gelten.

16 **Ausgangspunkt** für die **Zulässigkeit** ist **Art. 5 Abs. 3 RL 2002/58/EG.** Dort ist geregelt, dass der Anbieter auf der Festplatte Cookies nur speichern und auf gespeicherte Cookies nur zugreifen darf, wenn der Betroffene auf der Grundlage von umfassenden Informationen seine Einwilligung gegeben hat (sog. **Opt-in-Regelung**). Diese Regelung gilt für sog. **„Verfolgungs-Cookies",** während für die Cookies, die für die Erbringung des Dienstes erforderlich sind **(„Dienste-Cookies"),** keine Einwilligung erforderlich ist. Als „Dienste-Cookies" gelten zB Cookies, die einen „Warenkorb" beim Einkaufen abbilden oder die zur Sicherheit gesetzt werden, ob ein Nutzer korrekt mit seinem Passwort eingeloggt ist.

17 Das **TMG** enthält keine ausdrückliche Regelung zu Cookies und jedenfalls **keine spezielle Norm,** die zur Umsetzung der europarechtlichen Vorgaben der RL 2002/58/EG (in der Fassung der RL 2009/136/EG), gefasst wurde. Das Setzen und Verwenden von Cookies lässt sich aber unter § 15 Abs. 3 subsumieren als „pseudonymes Nutzungsprofil". Nach dem Wortlaut des § 15 Abs. 3 ist nach der **Opt-out-Regelung** Voraussetzung für dessen Zulässigkeit, dass der Nutzer vorab über die Verwendung informiert wird und hierbei **nicht widerspricht.**

18 Die „Datenschutzbeauftragten des Bundes und der Länder" haben mit einer **„Umlaufentschließung"** vom 5.2.2015[14] die Bundesregierung aufgefordert, das **Umsetzungsdefizit im TMG zu beenden** und eine ausdrückliche Einwilligung für das Setzen und die Verwendung von Cookies vorzusehen, wie es Art. 5 Abs. 2 RL 2002/57/EG vorsieht. Die Europäische Kommission hat allerdings festgestellt, dass kein Anpassungsbedarf im TMG bestünde, weil die Vorgaben der RL 2002/58/EG bereits erfüllt würden.[15]

19 Da der Wortlaut in Art. 5 Abs. 3 RL 2002/58/EG eindeutig ist, muss bei den sog. „Verfolgungs-Cookies" sowohl eine Unterrichtung über das Verfahren sowie die Einwilligung des Nutzers eingeholt werden. **§ 15 Abs. 3** ist entsprechend **richtlinienkonform auszulegen.** Bei „Dienste-Cookies" ist hingegen nur die Vorabinformation über das Verfahren nach § 13 Abs. 1 erforderlich.

20 Von dieser Rechtslage ist dennoch die **praktische Umsetzung** bei den **„Verfolgungs-Cookies"** strittig. Bei einer unzweifelhaft rechtssicheren" Umsetzung ist zu fordern, dass der Nutzer durch ein Pop-up-Fenster über das Cookie-Verfahren informiert wird und diese nur gesetzt und verwendet werden, wenn der Nutzer durch einen Mausklick auf ein Einwilligungsfeld zustimmt, elektronische Einwilligung nach § 13 Abs. 2. Es könnte allerdings auch vertreten werden, dass die Browser bereits ein automatisches Kommunikationsverfahren vorsehen, um durch den Nutzer Cookies zu akzeptieren oder zurückzuweisen mit der üblichen Option, ob sich dies nur auf die besuchte Webseite oder auch Cookies von „Drittanbietern" bezieht. Setzt man voraus, dass der Nutzer die entsprechenden Einstellungen im Browser informiert und bewusst vornimmt, dann ist diese Browser-Einstellung des Nutzers bereits als elektronische Einwilligung nach § 13 Abs. 2 zu werten, da sie „bewusst und eindeutig erteilt" ist. **Art. 8 der kommenden ePrivacy-VO** wird vorsehen, dass der Nutzer entsprechend bei der Erstverwendung des Browser aufge-

---

[14] Abrufbar zB unter: https://www.bfdi.bund.de/SharedDocs/Publikationen/Entschliessungssammlung/DSBundLaender/Entschliessung_Cookies.html?nn=5217016 (Stand: 10.1.2017).

[15] Plath/Hullen/Roggenkamp, BDSG, § 13 TMG Rn. 16.

klärt und informiert wird und die Einwilligung durch die Browser-Software nicht ohne Kenntnis des Nutzers voreingestellt ist. Ohne eine solche ausdrückliche Einstellung im Browser bleibt zweifelhaft, ob alle Nutzer sich über die Bedeutung der Einstellungen bewusst sind. Allerdings wird auf diese Möglichkeit und die Vorteile eine solch selbstbestimmten Datenschutzniveaus bereits seit langem in der Literatur hingewiesen.[16]

c) Regelung zu Cookies unter der DS-GVO und ePrivacy-VO. Spezielle **Regelungen zu Cookies** und zur Nutzung von Webseiten **enthält** die **DS-GVO nicht.** Es wird deshalb vertreten, dass hierfür die allgemeinen Regeln der DS-GVO zu den Informationspflichten nach Art. 12–14 gelten, zumal in Art. 13 Abs. 2 lit. f) eine Unterrichtungspflicht im speziellen Fall des „Profiling" normiert ist. Die Rechtmäßigkeit des Setzen und des Auslesens sowie der weiteren Verarbeitung von Cookies soll sich dann nach dem allgemeinen und abstrakten Verarbeitungstatbestand von Art. 6 DS-GVO richten, wobei hierfür insbesondere Art. 6 Abs. 1 lit. f) DS-GVO in Frage kommt. Hiernach wäre eine Zulässigkeit zu verneinen, wenn die Interessen des Betroffenen an dem Schutz seiner personenbezogenen Daten überwiegen. In diesem Falle wäre die Verarbeitung von Cookies nur mit der Einwilligung des Betroffenen möglich nach vorheriger Information gem. Art. 12–14 DS-GVO. 21

Wegen der ausdrücklichen Ausnahmeregelung der **Art. 95 DS-GVO** ist für die **Erlaubnis** zur **Verarbeitung von Cookies** allerdings nach wie vor die **„ePrivacy-Richtlinie"** 2002/58/EG in der durch die **„Cookie"-Richtlinie 2009/136/EG geänderten Fassung maßgeblich** mit den dies umsetzenden nationalen Gesetzen. Denn in der ePrivacy-Richtlinie ist die Verwendung von Cookies in **Art. 5 Abs. 3** ausdrücklich geregelt und diese Regelung verfolgt „dasselbe Ziel" wie die DS-GVO, den Schutz der personenbezogenen Daten der Betroffenen. 22

Gegen durch Art. 95 DS-GVO normierten Anwendungsvorrang der ePrivacy-Richtlinie spricht nicht, dass der **Erwägungsgrund 30** der DS-GVO die Verwendung von Cookies als Gefahr für den Schutz personenbezogener Daten erwähnt. Denn in Kenntnis und **Umsetzung** dieses Erwägungsgrunds hat der Verordnungsgeber die **Ausnahmevorschrift** des **Art. 95 DS-GVO erlassen** und der Verweis auf die ePrivacy-VO ist eindeutig. Die Anwendung der Vorschriften der ePrivacy-VO auf Cookies ist zudem **sachgerecht** und **rechtssicher** geregelt, während die abstrakten Regelungen der DS-GVO hierauf selbst keine eigene rechtssichere Antwort enthalten. Auch deshalb sollte dem Wortlaut von Art. 95 DS-GVO gefolgt werden. 23

Damit gelten für die **Erlaubnis** zur Verarbeitung die Regeln von **Art. 5 Abs. 3 ePrivacy-RL.** Für die **Einholung der Einwilligung** gilt hingen **Art. 7 DS-GVO** und für die **Informationspflichten** gelten **Art. 12–14 DS-GVO.** Denn die ePrivacy-RL verweist in Art. 5 Abs. 3 für die Einholung der Einwilligung auf die „alte" Datenschutzrichtlinie 95/46/EG und Art. 94 Abs. 2 DS-GVO stellt hierzu klar, dass ein solcher Verweis als Verweis auf die DS-GVO gilt. Diese Ansicht bestätigt auch der Erwägungsgrund 24 zum Entwurf der ePrivacy-VO. 24

Zur weiteren Umsetzung von Art. 5 ePrivacy-RL könnte **§ 15 Abs. 3** auch unter der DS-GVO in **richtlinienkonformer Auslegung fortbestehen,** bis die neue Regelung der im Entwurf befindlichen **ePrivacy-VO wirksam** wird. Obwohl die DS-GVO die Regelungen des TMG nach h. M. grundsätzlich verdrängt und insofern auch nicht durch das TMG auszufüllende Lücke enthält, sind die **Datenschutzregeln des § 15 Abs. 3 weiter anwendbar,** soweit dies die richtlinienkonforme Auslegung der sog. **„Cookie-Richtlinie"** (RL 2009/136/EG) erfordert. Voraussetzung ist hierbei, dass es zu keiner formellen Aufhebung der §§ 11 ff. kommt. Anderenfalls muss Art. 5 Abs. 3 ePrivacy-RL zur Auslegung des Erlaubnistatbestandes in Art. 6 Abs. 1 lit. f) DS-GVO herangezogen werden, weil der Verweis in 25

---

[16] S. schon FAZ v. 2.2.1999, S. T 10 und hierzu *Schmitz*, TDDSG, S. 172.

Art. 95 DS-GVO eine entsprechende Geltung impliziert, die die DS-GVO selbst vorgibt. Damit müssen Vorrangfragen dogmatisch nicht gelöst werden.

26 Unter der im Entwurf befindlichen **ePrivacy-VO** ist die Verwendung von Cookies als „**in Endeinrichtungen des Nutzers gespeicherte Information**" in **Art. 8 Abs. 1 geregelt.** Auch hier wird wiederum zwischen den erforderlichen „Dienste-Cookies" und den „Verfolgungscookies" unterschieden. Erstere dürfen mit gesetzlicher Erlaubnis nach Art. 8 Abs. 1 lit. a) oder c) und letztere nur mit Einwilligung des Betroffenen verwendet werden (Art. 8 Abs. 1 lit. b), s. auch Erwägungsgrund 20 und 24 des Entwurfs zur ePrivacy-VO.

2. Elektronische Einwilligung nach Abs. 2

27 a) **Voraussetzungen. Die Voraussetzungen der elektronischen Einwilligung** sind in § 13 Abs. 2 im Vergleich zur Vorgängerfassung des § 4 Abs. 2 TDDSG leicht verändert formuliert worden, ohne dass sich im Ergebnis eine materielle Änderung ergibt. Die **Einwilligung** kann **elektronisch erklärt werden, wenn**
– der Nutzer seine Einwilligung bewusst und eindeutig erklärt (Nr. 1),
– die Einwilligung protokolliert wird (Nr. 2) und
– der Nutzer den Inhalt der Einwilligung jederzeit abrufen kann (Nr. 3),
– der Nutzer die Einwilligung jederzeit mit Wirkung für die Zukunft widerrufen kann (neue Nr. 4).

28 aa) **Historie.** Die **hinzugefügte Nr. 4** bewirkt **keine materielle Änderung,** da diese Pflicht auch schon im TDDSG 2001 vorgesehen war. Sie war dort allerdings in Zusammenhang mit der Hinweispflicht nach § 4 Abs. 3 geregelt. Wie schon die Vorgängerfassung des TDDSG 2001 wurden die Wirksamkeitsvoraussetzungen im Vergleich zum TDDSG 1997 reduziert. Die nach der früheren Fassung des § 3 Abs. 7 TDDSG 1997 zusätzlichen Erfordernisse, dass die Erklärung nicht unverkennbar verändert werden kann und den Urheber erkennen lässt, hat der Gesetzgeber fallengelassen. Die Regelung zur **elektronischen Einwilligung** macht deren Wirksamkeit somit nicht mehr von einer besonderen Form abhängig. Während nach der alten Fassung im Ergebnis ein sicheres elektronisches Signaturverfahren erforderlich war,[17] das die eindeutige Identifizierung des Nutzers ermöglichen musste, werden nunmehr nur die allgemeinen Prinzipien zur Abgabe einer Willenserklärung und deren Beweisbarkeit vorausgesetzt und mit der Verpflichtung zur jederzeitigen Abrufmöglichkeit der Erklärung kombiniert. Nach der alten Rechtslage bestanden grundlegende Bedenken an der Verfassungsgemäßheit der Regelung, da wegen der Verpflichtung zur fälschungssicheren und „ewigen" Speicherung der Identität des Nutzers die als „Schutzregelung" gedachte Vorschrift einen ungeeigneten und unverhältnismäßigen Eingriff in das Recht auf informationelle Selbstbestimmung des einwilligenden Nutzers bewirkte. Bereits in der Kommentierung der alten Regelung gem. § 3 Abs. 7 TDDSG 1997 wurde deshalb die Auffassung vertreten, dass der Nutzer seine Einwilligung auch nach den allgemeinen Vorschriften wirksam elektronisch abgeben kann, ohne die besondere Form des § 3 Abs. 7 einzuhalten. Diese Rechtslage hatte der Gesetzgeber bereits nach § 4 Abs. 2 TDDSG 2001 bestätigt und auch in § 13 Abs. 2 übernommen.

29 Das Gesetz spricht in § 13 Abs. 2 von einer „elektronischen Einwilligung" und geht damit erkennbar vom Begriff der **elektronischen Willenserklärung** aus, wie ihn nunmehr auch § 126a BGB als „elektronische Form" kennt, ohne allerdings dessen Formerfordernisse aufzugreifen. Unter einer elektronischen (Willens-)Erklärung wird die elektronische Äußerung eines Willens sowie dessen elektronische Übermittlung verstanden. Als Formen gelten insbesondere **Telefaxnachricht, E-Mail** und Web-Erklärung im WWW **(„Web-Formular").** Auch die Telefaxnachricht muss

---

[17] Vgl. *Münch,* RDV 1997, 245; *Grimm/Löhndorf/Scholz,* DuD 1999, 272, 275.

zu den elektronischen Willenserklärungen gerechnet werden, da die Übermittlung der Erklärung „als Bilddatei" auf elektronischem Wege in Telekommunikationsnetzen erfolgt. Wird die Faxerklärung mittels eines Computers geniert („Computerfax"), ohne diese auf „Papier" auszudrucken, liegt auch bereits von vornherein ausschließlich eine elektronische Erklärung ohne „Originalurkunde" vor.

bb) Urheber. Der Gesetzgeber hat mit der **Neufassung** das **Erfordernis fallen** 30 **gelassen,** dass der „Urheber erkannt werden kann" und damit persönlich bestimmbar ist. Es ist deshalb ausreichend, dass der **Urheber der Erklärung erkennbar** ist, um die Willenserklärung einem Absender zuordnen zu können. Die Erkennbarkeit verlangt keine eindeutige persönliche Identifizierung des Nutzers. Im Regelfall ist es für die Einholung der Einwilligung ausreichend, dass der Anbieter den Nutzer als „aktuellen Nutzer" anhand dessen IP-Adresse bzw. anhand eines pseudonymen oder anonymen Nutzernamens „identifizieren" bzw. „ansprechen" kann.

cc) Bewusste Handlung. Die Vorgabe, dass der Nutzer die Einwilligungserklä- 31 rung nur durch eine **eindeutige und bewusste Handlung** abgeben kann, greift die **allgemeinen Anforderungen** einer rechtsgeschäftlichen bzw. **rechtsgeschäftsähnlichen Erklärung** aus, wie sie im Zivilrecht allgemein herausgearbeitet worden ist.[18] Bei der Abgabe einer Willenserklärung werden allgemein ein innerer Wille des Erklärenden (subjektiver Tatbestand) und die äußere Kundgabe dieses Willens (objektiver Tatbestand) vorausgesetzt. Der subjektive Tatbestand besteht aus dem das äußere Verhalten beherrschenden Handlungswillen (willentlich gesteuerte Handlung), dem Erklärungsbewusstsein (Bewusstsein, eine rechtsgeschäftliche oder rechtsgeschäftsähnliche Erklärung abzugeben) und dem Geschäftswillen (die auf einen bestimmten rechtlichen Erfolg gerichtete Absicht). Für den objektiven Erklärungstatbestand wird eine Äußerung vorausgesetzt, die den rechtsgeschäftlichen Willen (subjektiven Tatbestand) nach außen (für Dritte objektiv erkennbar) deutlich macht. Die Voraussetzung des TMG, wonach sicherzustellen ist, dass die elektronische Einwilligung nur „durch eine eindeutige und bewusste Handlung des Nutzers erfolgen kann", stellt damit im Ergebnis nur sicher, dass die einwilligende Nutzer über den erforderlichen Erklärungswillen (subjektiver Tatbestand) verfügt und die Erklärung ausreichend deutlich als Einwilligung zu verstehen ist (objektiver Tatbestand seiner Willenserklärung).

dd) Klarheit. § 13 Abs. 2 bewirkt hinsichtlich des Erklärungstatbestandes und 32 seiner Form damit **keine Erhöhung** der **Anforderungen** mehr gegenüber den allgemeinen Voraussetzungen einer (elektronischen) Willenserklärung. Mit der Verpflichtung des Diensteanbieters, für eine ausreichende Klarheit der Erklärung zu sorgen, wird aber für beide Seiten eine **erhöhte Rechtssicherheit** erreicht, da nicht ausreichend klare Erklärungsformen, die zum Streit über die Wirksamkeit der Erklärung führen könnten, vermieden werden. Ganz offensichtlich wollte der Gesetzgeber den **Nutzer** auch davor **schützen,** dass Diensteanbieter durch eine unklare Gestaltung der Navigation oder Darstellung von Internetseiten versuchen können, dem Nutzer „Einwilligungserklärungen" „unterzuschieben".

ee) § 4a BDSG. Für Diensteanbieter ist deshalb die **Sicherstellung** der „**eindeu-** 33 **tigen und bewussten Handlung des Nutzers**" als Erklärungsform nach § 13 Abs. 2 wesentlich. Leider lässt aber weder § 13 Abs. 2, noch die Gesetzesbegründung, ein Konkretisierung der Anforderungen erkennen. Da § 13 Abs. 2 im Ergebnis nur die Anforderungen wiederholt, die allgemein an rechtsgeschäftsähnliche Handlungen gestellt werden, ist es sachgerecht, auf die **allgemeinen Grundsätze** zur Abgabe (elektronischer) Willenserklärungen und der Einholung vorformulierter Erklärungen (AGB) nach der Rechtsgeschäftslehre des BGB sowie nach **§ 4a BDSG** zurückzugreifen. Eine eindeu-

---

[18] S. hierzu BGH, MMR 2008, 731 ff.

TMG § 13 Pflichten des Diensteanbieters

tige und bewusste Handlung bzw. Erklärungsform setzt demnach zunächst voraus, dass ein durchschnittlich verständiger Nutzer erkennen muss bzw. erkennen kann, dass er rechtsverbindlich in die Verarbeitung seiner persönlichen Daten zustimmt. Aufgrund des Gebotes der engen Zweckbindung (§ 12 Abs. 2 TMG) und der Verpflichtung zur Information (§ 13 Abs. 1) muss hierbei auch deutlich werden, auf welche personenbezogenen Daten sich die Einwilligung zu welchen konkret bestimmten Zwecken bezieht. Zur Vermeidung von Rechtsunsicherheiten und zur sicheren Erfüllung der Verpflichtung aus § 13 Abs. 2 sollte die Erklärung nach **§ 4a Abs. 1 S. 4 BDSG** und in Anlehnung an die Voraussetzungen zur Einführung vorformulierter Erklärungen (AGB) nach **§ 305 ff. BGB darstellungstechnisch hervorgehoben** sein. Nach den Grundsätzen zu sog. „überraschende Klauseln" nach § 305c Abs. 1 BGB bei AGB und entsprechend der Auslegungsregel des § 305c Abs. 2 BGB sollte die Einwilligungserklärung nicht überraschend gestaltet und verständlich („transparent") gefasst sein.

34   Diese Anforderungen bewirken für den **rechtmäßig handelnden Diensteanbieter** im Ergebnis auch **keine** Neuerung oder **Mehrbelastung,** da er nach den allgemeinen zivilrechtlichen Grundsätzen, die der privatrechtlichen Nutzung der Dienste zugrunde liegt ohnehin den dargestellten Anforderungen des BGB zur wirksamen Einführung vorformulierter Willenserklärungen (AGB) nach §§ 305 ff. BGB (nF) unterliegt.[19] Es kommt auf diese Weise im Ergebnis zu einem Gleichklang der zivilrechtlichen Bestimmungen sowie der datenschutzrechtlichen Verpflichtung nach Abs. 2 Nr. 1, die zu einer ausreichend deutlichen Gestaltung der Einwilligung verpflichten.

35   **ff) Protokollierung.** Nach § 13 Abs. 2 Nr. 2 ist es erforderlich, dass der **Diensteanbieter** die **Einwilligung protokolliert.** Eine **Speicherfrist** ist für diese Protokollierung nicht genannt. Da es sich bei der Einwilligungserklärung grundsätzlich um ein Bestandsdatum handelt, ist dieses nach § 14 Abs. 1 S. 1 nur so lange zu speichern, wie es für die Begründung und inhaltliches Ausgestaltung des Vertrages erforderlich ist. Diese Erforderlichkeit und damit die Speicherfrist **enden** grundsätzlich mit der **Beendigung** des (privatrechtlichen) **Nutzungsverhältnisses.** Da der Diensteanbieter aber auch den handelsrechtlichen Aufbewahrungspflichten unterliegt, hat er die Daten je nach Inhalt und Bedeutung der Einwilligung gegebenenfalls um die nach § 257 HGB verlängerte Zeitspanne aufzubewahren. Eine längere Speicherfrist wird auch nicht durch § 13 Abs. 2 Nr. 3 bestimmt, wonach der Inhalt der Einwilligung „jederzeit" durch den Nutzer abgerufen können werden muss (s. hierzu sogleich unten). Durch eine solche unbegrenzte Speicherung würden zum einen die Interessen des Nutzers gefährdet und in unverhältnismäßiger Weise in sein Recht auf informationelle Selbstbestimmung eingegriffen. Zum anderen wäre auch der Diensteanbieter „auf Ewigkeiten" verpflichtet, Daten zu speichern und für einen Abruf vorzuhalten. Dass dies vom Gesetzgeber nicht gewollt war, zeigt die nach der Gesetzesbegründung erwünschte „praxisnahe Auslegung" der Vorschrift mit dem Willen, die Diensteanbieter nicht zu überfordern.[20]

36   **b) Transparenz und Klarheit nach § 4a BDSG.** Die Einwilligungserklärung muss auch als elektronische Einwilligung den allgemeinen **Anforderungen** nach **§ 4a Abs. 1 BDSG** genügen. Dies folgt auch aus den Vorgaben von Art. 7 lit. a) DSRL, die richtlinienkonform zu berücksichtigen sind.[21] Dies erfordert insbesondere **Transparenz** und **Klarheit** der Einwilligung einschließlich einer **konkreten Zweckbestimmung.** Nach § 4a BDSG ist eine Einwilligung nur wirksam,[22] wenn

---

[19] Vgl. hierzu zB BGH, MMR 2008, 731 ff.; VG Hamburg, B. v. 24.4.2017 – 13 E 5912/16 = BeckRS 2017, 111797.
[20] S. bereits zum TDDSG 1997 BT-Drs. 12/6098, S. 28.
[21] S. auch OLG Düsseldorf, ZD 2017, 334, 335; VG Hamburg, B. v. 24.4.2017 – 13 E 5912/16 = BeckRS 2017, 111797.
[22] VG Hamburg, B. v. 24.4.2017 – 13 E 5912/16 = BeckRS 2017, 111797.

sie auf der **freien Entscheidung** des Betroffenen beruht (S. 1). Zudem muss der Betroffene auf den vorgesehenen **Zweck** der Erhebung, Verarbeitung oder Nutzung sowie, soweit nach den Umständen des Einzelfalles erforderlich oder auf Verlangen, auf die Folgen der Verweigerung der Einwilligung hingewiesen werden (S. 2). Die Einwilligung bedarf nach § 4a Abs. 1 BDSG zwar grundsätzlich der Schriftform (S. 3), allerdings gestattet Abs. 2 ausdrücklich die elektronische Einwilligung, so dass bei Telemediendiensten die **elektronische Form grundsätzlich ausreichend** ist. Soll die Einwilligung zusammen mit anderen Erklärungen schriftlich erteilt werden, ist sie **besonders hervorzuheben** (S. 4).

Durch diese **gesetzlichen Vorgaben** soll verhindert werden, dass die Einwilligung im so genannten Kleingedruckten versteckt wird und der Betroffene sie durch seine Unterschrift erteilt, ohne sich ihrer und ihres Bezugsgegenstands bewusst zu sein, weil er sie übersieht.[23] Eine **zusätzliche Unterschrift** oder **selbstständige Erklärung** ist allerdings **nicht erforderlich**. Die Vorschrift des § 4a BDSG setzt Art. 2 lit. h) DSRL um. Dort wird als „Einwilligung der betroffenen Person" jede Willensbekundung definiert, die ohne Zwang, für den konkreten Fall und in Kenntnis der Sachlage erfolgt und mit der die betroffene Person akzeptiert, dass personenbezogene Daten, die sie betreffen, verarbeitet werden.[24] Die Einwilligungserklärung muss zudem **hinreichend bestimmt** sein. Denn sie kann die ihr zugewiesene Aufgabe, das Entscheidungsvorrecht der Betroffenen ebenso zu gewährleisten wie zu konkretisieren, nur dann erfüllen, wenn sie hinreichend bestimmt ist, also klar zu erkennen gibt, unter welchen Bedingungen sich die Betroffenen mit der Verarbeitung welcher Daten einverstanden erklären. Demzufolge sind pauschal gehaltene Erklärungen, die die Betroffenen die Möglichkeiten nehmen, die Tragweite ihres Einverständnisses zu überblicken, nicht mit § BDSG § 4a Abs. 1 BDSG vereinbar. Zudem muss dem Betroffenen die **freie Entscheidung** tatsächlich überlassen bleiben, zwischen Einverständnis und Verweigerung wirklich wählen zu können, d. h. die Verweigerung der Einwilligung darf nicht zu einer Benachteiligung der Betroffenen führen.

c) Regelung unter DS-GVO. Unter der **DS-GVO** sind die **„Bedingungen für die Einwilligung"** in Art. 7 geregelt. Dort wird allerdings hauptsächlich die schriftliche Einwilligung geregelt, ausdrückliche Sonderregelungen für die elektronische Einwilligung gibt es nicht. Allerdings enthält auch die Definition zur „Einwilligung" in Art. 4 Nr. 11 DS-GVO im Ergebnis weitere Vorgaben und Klarstellungen. In Art. 4 Nr. 11 DS-GVO ist ua geregelt, dass eine unmissverständliche Erklärung oder sonstige eindeutige bestätigende Handlung der betroffenen Person vorliegen muss, die in „informierter Weise", „freiwillig" und insbesondere ohne rechtswidrige „Koppelung" und für den „bestimmten Fall" abgegeben wurde. Die „Nachweisbarkeit" ist wiederum in Art. 7 DS-GVO geregelt. Insofern dürften sich im Grundsatz keine wesentlichen Änderungen zu § 13 Abs. 2 ergeben, insbesondere ist auch die **elektronische Einwilligung** ohne spezielle Regelung **weiterhin anerkannt**, wenn sie die abstrakten Voraussetzungen erfüllt.

Die **Fortgeltung** von unter dem **TMG** und der RL 95/46/EG **erteilten Einwilligungen** ist in der DS-GVO nicht ausdrücklich normiert. Allerdings ist dem **Erwägungsgrund 171** zu entnehmen, dass diese bereits erteilten Einwilligungen zumindest für die Dauer von zwei Jahren fortgelten sollen,[25] also bis zum 25.5.2020. Frühere Einwilligungen, die bereits sachlich den Anforderungen der DS-GVO unterliegen, sollen unbeschränkt wirksam bleiben. Soweit es nicht eine rechtswidrige Koppelung nach Art. 7 Abs. 4 DS-GVO im Raum steht, für die es im TMG keine genaue

---

[23] BGH, Urt. v. 16.7.2008 – VIII ZR 348/06, VIII ZR 348/06, MMR 2008, 731.
[24] BGH, MMR 2008, 731, 733.
[25] S. Ehmann/Selmayr/*Heckmann*/*Paschke*, DS-GVO, Art. 7 Rn. 58.

Entsprechung gibt, sollten die unter dem TMG erteilten Einwilligungen damit fortbestehen.

3. Hinweispflicht nach Abs. 3 und Abruf nach Abs. 2 Nr. 3

40 **a) Hinweis. Nach § 13 Abs. 3 S. 1** ist der Nutzer darauf **hinzuweisen,** dass er seine **Einwilligungserklärung** jederzeit mit Wirkung für die Zukunft **widerrufen** kann. Die Unterrichtung ist nach Nr. 2 zu protokollieren. Die ursprüngliche Regelungen in § 3 Abs. 5 S. 4–6 TDDSG 1997 waren nach Ansicht des Gesetzgebers zur Erfüllung der Unterrichtungspflichten des Anbieters und Gewährleistung „optimaler Datenschutztransparenz" entbehrlich. Es ist deshalb schon seit dem TDDSG 2001 nicht mehr vorgesehen, dass der Nutzer auf die Unterrichtung verzichten kann und dies ebenfalls zu protokollieren ist, sowie die Einwilligung in den Verzicht nicht als Einwilligung in die Datenverarbeitung nach § 3 Abs. 1 TDDSG 1997 gilt. Tatsächlich dürfte mit dem Wegfall der Regelungen keine Einschränkung des Datenschutzes oder aber eine wesentliche Änderung der Rechtslage verbunden gewesen sein.

41 **b) Jederzeitiger Abruf. Nach § 13 Abs. 2 Nr. 3** ist sicherzustellen, dass „der Nutzer den Inhalt der Einwilligung jederzeit abrufen kann". Für die Form der Anfrage und ihrer Beantwortung ist die elektronische Übermittlung ausreichend, da keine besondere Form vorgeschrieben ist und ein „Abruf" eine solche elektronische Übermittlung impliziert. Nach Ansicht des Gesetzgebers kamen schon zum TDDSG 1997 hierfür insbesondere E-Mail-Verfahren in Betracht.[26] Es bestehen aber keine Bedenken hinsichtlich der Vorhaltung anderer Verfahren, wie zB vorbereiteter Web-Formulare zur Automatisierung der Bearbeitung. Für den Diensteanbieter stellt sich allerdings möglicherweise das Problem, wie streng er die Berechtigung des Anfragenden nachprüft. Hier ist auf den Maßstab abzustellen, der bei dem konkreten Vertragsverhältnis grundsätzlich zur Authentifizierung gilt. Ist zB kein besonderer Zugangsschutz, wie zB Passwort oä vergeben, erscheint die korrekte Angabe der Nutzerkennung ausreichend zu sein.

42 Die **Zeitdauer** der **Verpflichtung** zum Vorhalten der Abrufmöglichkeit bestimmt das Gesetz mit **„jederzeit".** Insofern ist anzunehmen, dass der Gesetzgeber hinsichtlich der Auskunftsdauer bzw. Speicherdauer keine abschließende Regelung in Bezug auf ein wörtliches bzw. isoliertes Verständnis von „jederzeit" treffen wollte, sondern „jederzeit" auf die Dauer des Vertragsverhältnisses bezog. Hierfür spricht zunächst, dass es sich auch bei der Information über die Einwilligung um ein Bestandsdatum handelt, dass grundsätzlich nach § 14 Abs. 1 nur solange gespeichert werden darf, wie es für die Vertragserfüllung erforderlich ist. Würde hinsichtlich der Einwilligungserklärung und der Auskunftspflicht hiervon eine Ausnahme gemacht, etwa weil die „jederzeitige" und unbegrenzte Auskunftserteilung als „erforderlich" angesehen würde, so würde dies im Ergebnis dazu führen, dass der Anbieter die gesamten Bestandsdaten für einen „lückenlosen" Nachweis unbegrenzt vorhalten müsste. Ein solches Verständnis widerspricht der Gesetzesbegründung, wonach die Diensteanbieter nicht überfordert werden und ein praxisnahes Verständnis bei der Auslegung der Vorschrift vorherrschen soll.[27] Mit einer von der Vertragsdauer losgelösten und damit „ewigen Auskunfts- und Speicherfrist" wäre der Diensteanbieter aber unverhältnismäßig belastet. Zusätzlich würde aufgrund dieser unbeschränkten und „ewigen" Speicherung auch unverhältnismäßig in das Recht des Nutzers auf informationelle Selbstbestimmung eingegriffen. Wie bereits hinsichtlich der Speicherfrist der Protokollierung dargestellt, ist wegen des vom Gesetzgeber gewünschten „praxisnahen Verständnisses der Vorschrift" und einer verfassungskonformen Auslegung die Aus-

---

[26] S. BT-Drs. 12/6098, S. 28.
[27] S. bereits zum TDDSG 1997 BT-Drs. 12/6098, S. 28.

kunftserteilung zeitlich auf die Zeit bis zum Vertragsende beschränkt. Damit der Nutzer uU für eine gewisse Zeit nach Vertragsbeendigung eine Rechteverletzung überprüfen bzw. der Diensteanbieter einem solchen Vorwurf begegnen kann und um einen Gleichklang mit den sonstigen Bestandsdaten zu erreichen, kann die Auskunftsdauer mit der Vertragsdauer zuzüglich der möglichen handelsrechtlichen Aufbewahrungsfristen nach § 257 HGB bestimmt werden.

c) Regelung in der DS-GVO. In **Art. 7 Abs. 3 DS-GVO** ist das **Recht** 43 normiert, eine erteilte **Einwilligung jederzeit zu widerrufen.** Die **Pflicht zur Protokollierung** der Einwilligung **folgt** aus Art. 7 Abs. 1 DS-GVO, wonach der „Verantwortliche" der Datenverarbeitung **„nachweisen können"** muss, „dass die betroffene Person in die Verarbeitung ihrer personenbezogenen Daten eingewilligt hat".[28]

4. Technisch/organisatorische Pflichten (Abs. 4, § 3a BDSG)

a) Überblick. Die besonderen technischen und organisatorischen Vorkehrungen, 44 die der Diensteanbieter sicherzustellen hat, sind **ohne inhaltliche Änderung zur Vorgängerfassung** des § 4 Abs. 4 TDDSG 2001 in § 13 Abs. 4 geregelt und wurden bereits mit dem TDDSG 2001 systematisch neu gefasst. Nach der Gesetzesbegründung soll dies „der besseren Überschaubarkeit und damit einer Optimierung der Handhabung des Gesetzes dienen".[29] Die früher im TDDSG 1997 normierten Pflicht zur Datensparsamkeit ist allerdings nunmehr allgemein in § 3a Abs. 1 BDSG geregelt. Gegenüber der ersten Regelung in § 4 Abs. 2 TDDSG 1997 wurde insbesondere die sofortige Löschungspflicht nach Nutzungsende (Nr. 2) im Rahmen einer „systematischen Klarstellung" leicht geändert und die neuen Nr. 5 und 6 eingefügt, die den sog. Systemdatenschutz ausdrücklich auf die Abrechnungsdaten (aktuell § 15 Abs. 2) und die Verarbeitung von Nutzungsprofilen (aktuell § 15 Abs. 3) erstreckt.

Die Vorschriften dienen im Wesentlichen der Umsetzung des sog. **„Systemda-** 45 **tenschutzes"** bei dem „Datenschutz durch Technik" erreicht werden soll. Diesem Verständnis des Gesetzes folgend, sind in § 13 Abs. 4 **keine Erlaubnistatbestände** oder Datenverarbeitungsregeln geschaffen worden, sondern es wird die Verpflichtung ausgesprochen, durch **„technische und organisatorische Vorkehrungen"** die normierten **Schutzziele** zu erreichen. Diese Schutzziele sind selbstverständlich kein Selbstzweck. Es handelt sich zunächst um allgemein anerkannte Schutzziele, die zur Gewährleistung des Rechtes auf informationelle Selbstbestimmung als erforderlich angesehen werden. Dies betrifft zB die Möglichkeit der jederzeitigen Nutzungsbeendigung (Nr. 1) und den Schutz der Vertraulichkeit (Nr. 3). Weiterhin sind durch technische Vorkehrungen zu erfüllende Schutzziele definiert, die besonderen Handlungspflichten des TMG entsprechen. Dies gilt für die sofortige Löschungspflicht von Nutzungsdaten nach Nutzungsende (Nr. 2), die Durchführung von Maßnahmen der informationellen Trennung (Nr. 4), die Beschränkung der Verarbeitung von Abrechnungsdaten (Nr. 5) und die Vermeidung des Zusammenführens von Nutzerprofilen (Nr. 6). Der Gesetzgeber wollte ganz bewusst jede „Zweckbestimmung" aus § 13 Abs. 4 heraushalten, um eine „Vermengung der Grundsätze des Systemdatenschutzes mit einer Zweckbestimmung" zu vermeiden.[30] Da Schutzziele wie ausgeführt einer konkreten Verpflichtung aus dem TMG entsprechen, ist die Verpflichtung dennoch nicht isoliert zu betrachten und umzusetzen, sondern nur soweit, wie die entsprechende datenschutzrechtliche Verpflichtung reicht. Entsprechend ist in § 13 Abs. 4 S. 2 zB auch geregelt, dass anstelle der Löschung nach Nr. 2 eine Sperrung tritt, soweit einer Lö-

---

[28] S. detailliert ua Ehmann/Selmayr/*Heckmann/Paschke,* DS-GVO, Art. 7 Rn. 19 ff.
[29] BT-Drs. 14/6098, S. 28.
[30] Vgl. zum TDDSG 2001 BT-Drs. 14/6098, S. 28.

TMG § 13 — Pflichten des Diensteanbieters

schung gesetzliche, satzungsmäßige oder vertragliche Aufbewahrungspflichten entgegenstehen. Diese Einschränkung entspricht spiegelbildlich der Erlaubnisregel bzw. Zweckbestimmung des § 14 Abs. 4 S. 2.

46 Das Gesetz trifft **keinerlei konkrete Aussage** darüber, **wie** die **Schutzziele** zu **erfüllen** sind. § 13 Abs. 4 bestimmt nur, dass die erforderlichen technischen und organisatorischen Maßnahmen zu treffen sind, um die genannten Schutzziele zu erreichen. Eine konkrete Festlegung wäre auch im Hinblick auf die Fortentwicklung der Technik, die vielfachen und uneinheitlichen Angebotsmöglichkeiten sowie im Hinblick auf das Verhältnismäßigkeitsprinzip zugunsten der Anbieter bedenklich. Es bleibt damit den Anbietern überlassen, mittels welcher technischen oder organisatorischen Vorkehrungen sie die Schutzziele erfüllen.

47 Unter der **DS-GVO** wird der „**Datenschutz durch Technikgestaltung und durch datenschutzfreundliche Voreinstellung**" in **Art. 25 DS-GVO** bestimmt. Die technisch-organisatorischen Maßnahmen zur Erreichung eines **angemessenen Schutzniveaus** sind in **Art. 32 DS-GVO** normiert. Auf diese Weise übernimmt die DS-GVO diese Grundgedanken aus dem TMG.

48 b) Grundsatz der Datenvermeidung und Systemdatenschutz (§ 3a BDSG). Gem. § 3a Abs. 1 S. 1 BDSG hat sich die „Erhebung, Verarbeitung und Nutzung personenbezogener Daten und die Auswahl und Gestaltung von Datenverarbeitungssystemen […] an dem Ziel auszurichten, so wenig personenbezogene Daten wie möglich zu erheben, zu verarbeiten oder zu nutzen". Dieses sog. **Ziel der Datensparsamkeit**[31] wurde zunächst aus dem ursprünglichen § 3 Abs. 4 TDDSG 1997 allgemein verbindlich in das BDSG übernommen, so dass die spezielle Regelung im TDDSG 2001 bzw. im aktuellen TMG entfallen konnte. Im Rahmen des BDSG-ÄnderungsG wurde § 3a BDSG 2009 dann im Wortlaut modifiziert. Das durch § 3a BDSG verankerte Prinzip kann als Gebot des **Systemdatenschutzes** beschrieben werden. Es kann nach Ansicht des Gesetzgebers durch dateneinsparende Organisation der Übermittlung, der Abrechnung und Bezahlung sowie der Abschottung von Verarbeitungsbereichen unterstützt werden.[32] Der Grundsatz des Systemdatenschutzes und der Datenvermeidung ist neben dem allgemeinen Ziel des § 3a BDSG in **§ 13 Abs. 6 speziell ausgestaltet,** indem der Anbieter anonyme oder pseudonyme Nutzungsmöglichkeiten bereitstellen muss.[33] Aufgrund dieser schärferen Spezialregelung im TMG hat die **allgemeine Vorschrift des § 3a BDSG** für Anbieter, die dem TMG unterfallen, **wenig eigenständige Bedeutung.**

49 Das BDSG gibt die „**datensparsame**" Gestaltung und Auswahl von Datenverarbeitungssystemen als „**Ziel**" vor, das von den Möglichkeiten abhängig ist („so wenig wie möglich"). Hieraus wird geschlossen, dass es sich um einen „Programmsatz" handelt, aus dessen Nichtbeachtung keine Rechtswidrigkeit der gleichwohl verarbeiteten Daten folgt, sofern die in den jeweils einschlägigen Erlaubnistatbeständen genannten Voraussetzungen erfüllt werden.[34] Nach anderer Ansicht handelt es sich um eine in einem „Korridor" zu realisierende Rechtspflicht. Für die Einordnung als „Programmsatz" spricht im Ergebnis, dass das Gesetz jedenfalls keine Sanktionen an die Nichterfüllung des § 3a BDSG knüpft und die Datenverarbeitung folglich auch nicht unzulässig wird, wenn § 3a BDSG nicht oder nicht optimal umgesetzt wird. Auch den Aufsichtsbehörden stehen insoweit nur beratende Einwirkungsmöglichkeiten zu. Zwangsmaßnahmen, wie sie in § 38 Abs. 5 BDSG bei mangelnder Datensicherung durch die Aufsichtsbehörde festgesetzt werden können, sind im BDSG nicht

---

[31] BT-Drs. 13/7385, S. 22.
[32] So bereits zur Vorgängerfassung BT-Drs. 13/7385, S. 22.
[33] Vgl. bereits zum TDDSG 1997 *Engel-Flechsig/Maennel/Tettenborn*, NJW 1997, 2981, 2987.
[34] Vgl. zur Vorgängerfassung des § 3a BDSG *Gola/Schomerus*, BDSG, § 3a Rn. 2.

vorgesehen, da sich das Gebot der Datenvermeidung nicht unter die Anforderungen des § 9 BDSG subsumieren lassen.[35]

Bei der Diskussion um Inhalt und Wirkung des § 3a BDSG ist außerdem zu beachten, dass sich die Vorschrift dem Wortlaut nach nur auf die „Auswahl und **Gestaltung** von **Datenverarbeitungssystemen**" bezieht und deshalb **nicht generell** die **Verpflichtung** enthält, nur „datensparsame" Angebote zu **realisieren**. Ein solches striktes Gebot würde mit Art. 12 GG kollidieren und würde auch in dieser Absolutheit nicht den Interessen der Nutzer dienen, die durchaus auch an Interesse an „datenintensiven" Diensten haben können. Allerdings sieht § 13 Abs. 6 wie auch der neue § 3a BDSG ein solches Gebot zur Datensparsamkeit in Form des Angebotes von anonymen und pseudonymen Diensten auch hinsichtlich des Angebotes und der Gestaltung der Dienste vor. Auch in diesem Fall wird eine Datenverarbeitung, die sich an den vertraglichen Erfordernissen und damit an den §§ 14 und 15 orientiert, nicht rechtswidrig sein, auch wenn der Anbieter möglicherweise nicht ausreichend alternative datensparsame Dienste anbietet. Da die Nutzer sich mit dem Anbieter jeweils auf den bestimmten vertraglichen Datenverarbeitungsumfang einigen, liegt zumindest eine wirksame Einwilligung nach § 12 Abs. 2 vor. 50

Die DS-GVO normiert ein **vergleichbares Prinzip zur Datensparsamkeit** in **Art. 25 Abs. 2 DS-GVO.** Hiernach sind durch geeignete technische und organisatorische Maßnahmen sicherzustellen, dass nur die personenbezogenen Daten erhoben werden, die zur Erfüllung des Verarbeitungszwecks erforderlich sind. Dies gilt sowohl für die „Menge", als auch den „Umfang", die „Speicherfrist" und die „Zugänglichkeit". Die DS-GVO präzisiert den Grundsatz damit weitergehend. 51

c) Möglichkeit der Anonymisierung und Pseudonymisierung. Nach **§ 3a S. 2 BDSG** gilt: „Insbesondere sind personenbezogene Daten zu **anonymisieren** oder zu **pseudonymisieren**, soweit dies nach dem Verwendungszweck möglich ist und keinen im Verhältnis zu dem angestrebten Schutzzweck unverhältnismäßigen Aufwand erfordert". Auch diese Verpflichtung zur Anonymisierung und Pseudonymisierung besteht, da sie sich durch das Wort „insbesondere" auf S. 1 bezieht, **nicht** hinsichtlich der **Gestaltung** von **Diensten**, sondern der **Umsetzung** der **Datenverarbeitung** hinsichtlich bestimmter Angebote oder Dienste. Der Anbieter muss deshalb versuchen, die personenbezogenen Daten, die er im Rahmen des Dienstes erheben muss, möglichst zu anonymisieren oder zu pseudonymisieren. Die vorgenannte Auslegung des § 3a BDSG findet im Umkehrschluss seine Bestätigung im **Wortlaut** des **§ 13 Abs. 6.** Hiernach hat der Diensteanbieter dem Nutzer „die Inanspruchnahme von Telemediendiensten und ihre Bezahlung anonym oder unter Pseudonym zu ermöglichen, soweit dies technisch möglich und zumutbar ist". Sofern sich die Verpflichtung zur Datensparsamkeit also auch auf die Gestaltung und Auswahl der Dienste beziehen soll, ist dies im Gesetz auch so beschrieben. Damit hat der Streit um die Auslegung des § 3a BDSG für Diensteanbieter, die dem TMG unterfallen, aufgrund der **Spezialregelung** des **§ 13 Abs. 6** keine große Bedeutung. 52

In **Art. 25 Abs. 1 DS-GVO** wird die **„Pseudonymisierung"** als geeignete technisch-organisatorische Maßnahme erwähnt, um einen „Datenschutz durch Technikgestaltung" zu erreichen. 53

d) Jederzeitige Beendigung der Nutzung (Abs. 4 Nr. 1). Jederzeitige Beendigung der Nutzung (§ 13 Abs. 4 Nr. 1). Mit der dem Nutzer jederzeit zu gewährenden Möglichkeit, die Nutzung zu beenden (§ 13 Abs. 4 Nr. 1), soll gewährleistet werden, dass der Nutzer nicht entgegen seinem Willen an der Fortführung von Verarbeitungsvorgängen teilnehmen muss, in deren Rahmen ungewollt Informationen erhoben werden können. Aufgrund der Interaktivität des Internet (TCP/ 54

---

[35] Vgl. zur Vorgängerfassung des § 3a BDSG *Gola/Schomerus*, BDSG, § 3a Rn. 2.

TMG § 13   Pflichten des Diensteanbieters

IP-Protokoll-Suite) **bedarf** es in der Regel **keiner besonderen technischen Vorkehrungen** zur Erfüllung dieser Anforderung, da die Kommunikation jederzeit von beiden Seiten beendet werden kann, sofern nicht besondere Schadsoftware verwendet wird (wie es früher zT bei rechtswidrigen Dialer-Diensten der Fall war).

55   **e) Unmittelbare Löschung (Abs. 4 Nr. 2).** § 13 Abs. 4 Nr. 2 verlangt vom Anbieter sicherzustellen, dass die **anfallenden personenbezogenen Daten** „über den Ablauf des Zugriffs oder der sonstigen Nutzung unmittelbar nach deren Beendigung **gelöscht** oder **gesperrt**" werden. Die Vorschrift erfasst damit alle Arten der personenbezogenen Daten, die anfallen, insbesondere Nutzungs- und Bestandsdaten. Berücksichtigt wurde die in § 3 Abs. 4 Nr. 4 BDSG definierte Sperre von Daten. Dieser Hinweis auf die Sperre ist erforderlich, da nach § 15 Abs. 4 eine Sperre von Nutzungsdaten nunmehr ausdrücklich zulässig ist, wenn diese zwar nicht mehr für die Ermöglichung der Nutzung oder deren Abrechnung benötigt werden, eine Sperre der Daten – anstelle der Löschung – aber zur Erfüllung „bestehender gesetzlicher, satzungsmäßiger oder vertraglicher Aufbewahrungsfristen" erforderlich ist. Nach der Gesetzesbegründung gilt die Möglichkeit zur Sperre auch für Bestandsdaten, wenn entsprechende handelsrechtliche Aufbewahrungspflichten nach § 275 HGB bestehen, obwohl dieser Verarbeitungszweck nicht ausdrücklich in der Vorschrift des § 14 zur Verarbeitung von Bestandsdaten genannt ist.[36] Den in der ursprünglichen Fassung des § 4 Abs. 2 Nr. 2 TDDSG 1997 enthaltenden Hinweis, dass eine Löschung unterbleiben kann, wenn die Nutzungsdaten noch zu Abrechnungszwecken benötigt werden, hat der Gesetzgeber in der Neufassung des TDDSG 2001 und im TMG gestrichen, da dies „Vermengung der Grundsätze des Systemdatenschutzes mit einer Zweckbestimmung" darstelle[37] und die konkrete Verarbeitung der Nutzungsdaten zu Abrechnungszwecken konkret ausschließlich in § 15 Abs. 4 geregelt wird. Eine inhaltliche Änderung hat sich damit nicht ergeben.

56   **f) Schutz der Vertraulichkeit (Abs. 4 Nr. 3).** § 13 Abs. 4 Nr. 3 schreibt (im Vergleich zur Ursprungsfassung in § 4 Abs. 2 Nr. 3 TDDSG 1997 unverändert) vor, dass „der **Nutzer Telemediendienste gegen Kenntnisnahme Dritter geschützt in Anspruch nehmen kann**". Aufgrund des Anwendungsbereiches des TMG gem. § 1 Abs. 1 umfasst dieses Gebot **nicht die Übertragung** der Informationen (Daten), die für die Erbringung des Telemediendienstes notwendig sind. Die Übertragung dieser Daten wird gem. § 1 Abs. 1 ausschließlich durch die telekommunikationsrechtlichen Bestimmungen erfasst (insoweit sind bei der Übertragung die Schutzpflichten des § 109 TKG zu beachten). Die Vorschrift des § 13 Abs. 2 Nr. 3 kann deshalb nicht unmittelbar herangezogen werden, um die Pflicht zur Verschlüsselung bei der Übertragung in offenen Datennetzen zu begründen. Das Gebot, die Vertraulichkeit zu schützen, bezieht sich bei Diensten im Internet vielmehr auf die **internen Verarbeitungsvorgänge** beim Telemedienanbieter. Dieser muss zB sicherstellen, dass Dritte nicht unbefugt davon Kenntnis erlangen können, welcher Nutzer welche Inhalte abruft. Das TMG enthält keine konkreten Vorgaben, welche Schutzmaßnahmen zu ergreifen sind. Diese lassen sich mangels einer anderen gesetzlichen Konkretisierung aufgrund der vergleichbaren Interessenlage entsprechend den Sicherheitsanforderungen zu § 109 TKG bestimmen.

57   Den **Sicherheitsanforderungen** können zB durch die Vergabe von Zugangspasswörtern, PIN oder ähnlichem genügt werden. Da die Kommunikation im Internet abgehört werden kann, muss der Anbieter in diesen Fällen bereits auf der **Anwendungsebene** eine Verschlüsselung ermöglichen bzw. vorsehen und den Dienst zB auf einem sog. sicheren Server nach dem http-Protokoll anbieten. Aus dieser Verpflichtung folgt somit mittelbar, dass auch die Übertragung verschlüsselt zu erfolgen hat.

---

[36] Vgl. zum TDDSG 2001 BT-Drs. 14/6098, S. 28.
[37] BT-Drs. 14/6098, S. 28.

Pflichten des Diensteanbieters § 13 TMG

g) **Pflicht zur informationellen Trennung (Abs. 4 Nr. 4).** In § 13 Abs. 4 58
Nr. 4 wird (im Vergleich zur Ursprungsfassung in § 4 Abs. 2 Nr. 4 TDDSG 1997 im Wesentlichen unverändert) bestimmt, dass „die **personenbezogenen Daten** über die Nutzung verschiedener Telemedien durch denselben **Nutzer getrennt verwendet werden**" müssen und eine Zusammenführung dieser Daten unzulässig ist, soweit dies nicht für Abrechnungszwecke erforderlich ist. Dieses Gebot lässt sich als Pflicht zur informationellen Trennung bzw. **„informationellen Gewaltenteilung"** bezeichnen. Da die Nutzungsdaten bereits gem. § 15 Abs. 1 TDG frühestmöglich, spätestens aber nach der Nutzung eines bestimmten Dienstes zu löschen sind, erwächst aus dieser Vorschrift insofern keine zusätzliche konkrete Verpflichtung, sofern nur zeitlich getrennt einzelne Dienste abgerufen werden. Bezüglich der Speicherung von Abrechnungsdaten soll verhindert werden, dass diese zur Erstellung eines Profils über einen einzelnen Nutzer verwendet werden.[38] Die Pflicht zur Trennung der (Nutzungs-)Daten ist deshalb auch Ausdruck des sich aus dem Erlaubnisvorbehalt ergebenden Verbots, Nutzungsprofile ohne die Verwendung von Pseudonymen zu erstellen. Insofern schränkt § 13 Abs. 4 allerdings auch das Trennungsgebot ein. Das Trennungsgebot lässt sich als Schutz vor der Erstellung eines umfassenden Persönlichkeitsbildes des Nutzers verstehen. Eine Zusammenführung der einzelnen in Anspruch genommenen Dienste könnte bereits geeignet sein, die Interessen und Bedürfnisse des Nutzers offenzulegen. Es ist allerdings **zweifelhaft,** ob ein Anbieter diesem Gebot gerecht werden kann, wenn ein Nutzer beispielsweise mehrere WWW-Seiten gleichzeitig aufruft. In diesem Falle erfordert der Zweck der Vertragserfüllung die quasi gleichzeitige und nicht getrennte Verarbeitung. Fordert der Nutzer gleichzeitig mehrere Dienste an, ist das Trennungsgebot folglich nicht dazu zu erfüllen.

h) **Systemdatenschutz für Abrechnungsdaten und Nutzungsprofile** 59
(Abs. 4 Nr. 5 und 6). Der Gesetzgeber hat es für erforderlich angesehen, ausdrücklich in § 13 Abs. 4 Nr. 5 zu bestimmen, dass „Daten nach § 15 Abs. 2" (Abrechnungsdaten) nur für Abrechnungszwecke verwendet werden dürfen. Außerdem ist in § 3 Abs. 4 Nr. 6 bestimmt, dass „Nutzerprofile nach § 15 Abs. 3 nicht mit Angaben zur Identifikation des Trägers des Pseudonyms zusammengeführt werden können". Die bisherige Fassung in § 4 Abs. 4 Nr. 5 und 6 TDDSG 2001 wurde mit wenigen sprachlichen Änderungen inhaltlich beibehalten. Durch die damalige Neufassung im TDDSG 2001 wurde nach der Gesetzesbegründung einer „Anregung der Europäischen Kommission im Hinblick auf die Umsetzung von Artikel 17 der Richtlinie 95/46/EG" gefolgt und zum Ausdruck gebracht, dass der **Systemdatenschutz** auch für die (damals in § 6 Abs. 2 und § 6 Abs. 3 TDDSG 2001) geregelten **Verarbeitungszwecke Abrechnung** und **Nutzungsprofile gilt.**[39] „Danach muss der Diensteanbieter nunmehr auch durch technische und organisatorische Maßnahmen gewährleisten, dass Nutzungsprofile nicht mit Daten über den Träger des Pseudonyms zusammengeführt und dass die Zusammenführung von getrennt zu verarbeitenden Daten nur für Abrechnungszwecke erfolgen kann".[40] Da diese inhaltliche Verpflichtung bereits früher normiert war, ergeben sich für die Diensteanbieter insofern keine wirklichen Änderungen, da die Verpflichtung schon immer durch entsprechende „technische und organisatorische Maßnahmen" (Arbeitsanweisungen, Programme usw.) umzusetzen war.

5. Anzeige der Weitervermittlung (Abs. 5)

Gem. § 13 Abs. 5 (inhaltsgleich zu § 4 Abs. 5 TDDSG 2001 und schon zu § 4 60
Abs. 3 TDDSG 1997) muss der Anbieter dem Nutzer anzeigen, wenn er diesen zu

---

[38] Vgl. bereits zum TDDSG 1997 *Engel-Flechsig/Maennel/Tettenborn*, NJW 1997, 2981, 2987.
[39] BT-Drs. 14/6098, S. 28.
[40] Vgl. zum TDDSG 2001 BT-Drs. 14/6098, S. 28.

TMG § 13 Pflichten des Diensteanbieters

einem anderen Diensteanbieter weitervermittelt. Diese Voraussetzung ist bei der Nutzung von Telemediendiensten im Internet regelmäßig erfüllt, da die Browser in der Regel die Adresse **(URL)** des aufgesuchten Dokuments und damit auch die Adresse des Diensteanbieters **anzeigen.** Nur soweit in Ausnahmefällen, zB durch Verwendung von Unterdokumenten (Frames), der Nutzer nicht unmittelbar die Weiterleitung erkennen kann, ist ein gesonderter Hinweis erforderlich.

6. Anonyme und pseudonymisierte Nutzung (Abs. 6)

61 a) **Überblick.** Gem. § 13 Abs. 6 (im Wesentlichen inhaltsgleich zu § 4 Abs. 6 TDDSG 2001 und schon zu § 4 Abs. 1 TDDSG 1997) hat „der Diensteanbieter" dem Nutzer „die Nutzung von Telemedien und ihre Bezahlung anonym oder unter Pseudonym zu ermöglichen, soweit dies technisch möglich und zumutbar ist. Der Nutzer ist über diese Möglichkeit zu informieren." Die Vorschrift gestaltet das **Prinzip der Datenvermeidung** (ursprünglich gem. § 3 Abs. 4 TDDSG 1997, nunmehr § 3a BDSG) konkret aus.[41] Eine anonyme Nutzungsmöglichkeit wird als perfekte Technik beschrieben, um einen umfassenden Datenschutz zu gewährleisten[42] und wird in der Literatur zur Gewährleistung des Grundrechts auf Informationsfreiheit nach Art. 5 Abs. 1 S. 1 GG begrüßt. Als Beispiel für entsprechende anonyme Nutzungsmöglichkeiten wird die Einführung vorbezahlter Wertkarten genannt, wie sie zB als (Prepaid-)Telefonkarten im Bereich der Telekommunikation bekannt sind.[43]

62 Die **Vorschriften des TMG** zur angeblichen **pseudonymen und anonymen Nutzungsmöglichkeit** von Telemediendiensten sind **technisch und rechtlich überholt und in der Praxis wertlos.** Bereits unter dem TDDSG 1997 und 2001 ergab sich, dass die Anbieter von Telemediendiensten mangels technischer Möglichkeiten keine solche Nutzungsmöglichkeit selbst anbieten konnten. Sofern die Access-Provider und andere Telekommunikationsanbieter in einem gewissen Rahmen für eine anonyme oder pseudonyme Nutzung bzw. einen entsprechenden Zugang „zum Internet" bzw. Telemedien sorgen konnten, hat der Gesetzgeber dies nun unterbunden, in dem er im TKG die Regeln zur sog. **„Vorratsdatenspeicherung"** eingeführt hat, die zum 1.7.2017 umzusetzen waren. Im Rahmen der **Telekommunikation** sind die Bestandsdaten gem. § 111 TKG und die Nutzungsdaten gem. § 113a ff. TKG auch dann zu speichern, wenn dies nach der Nutzung für die Diensteerbringung oder die weitere Abrechnung nicht erforderlich ist. Die Bestandsdaten sind nach § 111 TKG zudem auch dann zu erheben, „auch soweit es für betriebliche Zwecke nicht erforderlich ist". Die Nutzung der Telemediendienste setzt immer eine Datenübertragung mittels Telekommunikation voraus. Genau diese ist nach der Vorstellung des Gesetzgebers und der §§ 111, 113b TKG nicht mehr „anonym" oder „pseudonym" möglich.

63 Die Regelung in **§ 13 Abs. 6** ist insgesamt nichts weiter, als ein **praktisch inhaltsloser „Datenschutz-Programmsatz",** dem schon immer die technische Realität entgegensteht. Zudem stellen die §§ 113b ff. TKG, die eine „Vorratsdatenspeicherung" des Access-Providers vorsehen, der Pseudonymisierung entgegen.

64 Allerdings hat der EuGH die **allgemeine, generelle und anlasslose Vorratsdatenspeicherung** von **Telekommunikationsdaten** für **unwirksam** und **unvereinbar** mit den Grundrechten nach der Grundrechtecharta erklärt.[44] Da auch die deutsche Regelung eine solche allgemeine, generelle und anlasslose Vorratsdatenspeicherung vorsieht, ist auch die deutsche Regelung in § 113b TKG in der aktuellen Fassung nach dem effet utile-Grundsatz von deutschen Behörden und Gerichten als

---

[41] BT-Drs. 13/7385, S. 23.
[42] *Fox/Bizer,* DuD 1998, 616; *Caronni,* DuD 1998, 633.
[43] BT-Drs. 13/7385, S. 23; *Münch,* RDV 1997, 245.
[44] EuGH, Urt. v. 21.12.2016 – C-203/15 und C-698/15.

Pflichten des Diensteanbieters **§ 13 TMG**

unwirksam zu betrachten.[45] Das BVerfG hat allerdings bislang die gegen § 113b TKG vorliegenden Eilanträge abgelehnt und über die Hauptsache noch nicht entschieden. Die Ablehnung der Eilanträge erfolgte allerdings vor dem Urteil des EuGH, der die Rechtslage zumindest nach der Grundrechtecharta damit vorbestimmt hat.

Gleichwohl richtet sich § 13 Abs. 6 noch als **Gebot** an die **Anbieter von Teleme-** **65** **diendienste,** soweit dies „technisch möglich ist". Auf Grund der technischen Kommunikations- und Leistungsbeziehung ist es den Anbietern nicht möglich, die „Nutzung" ihrer Telemediendienste anonym oder pseudonym zu ermöglichen, soweit es den einheitlichen Nutzungsvorgang einschließlich der Datenübertragung und dem Austausch der IP-Adressen betrifft. Die Anbieter von Telemediendienste können allenfalls darauf verzichten, die Nutzer zusätzlich zu identifizieren und zu registrieren.[46]

b) Anonyme oder pseudonyme Nutzung. Der Diensteanbieter hat nur die **66** **anonyme** oder **pseudonyme Nutzung** der Telemediendienste und ihre **Bezahlung** zu ermöglichen, soweit die **technisch möglich und zumutbar** ist. Von dieser Pflicht ist nicht die Ermöglichung eines anonymen oder pseudonymen Vertragsverhältnisses umfasst. In § 15 Abs. 1 Nr. 1 sind die erforderlichen Daten, um die „Inanspruchnahme von Telemediendiensten" zu ermöglichen, als „Nutzungsdaten" und die erforderlichen Daten zur Ausgestaltung des Vertragsverhältnisses in § 14 Abs. 1 als „Bestandsdaten" definiert.

c) Organisatorisch-technisches Gebot. Die Vorschrift enthält anders als die **67** §§ 14 und 15 **keinen Erlaubnistatbestand, sondern** ein organisatorisch-technisches **Gebot** zum Angebot der Dienste. Das Gesetz folgt damit der Systematik des BDSG, das ebenfalls neben der Bestimmung von Zulässigkeitsvoraussetzungen der Datenverarbeitung weitere Gebote zur Umsetzung technisch-organisatorischer Pflichten enthält. Es erscheint deshalb gerechtfertigt, das Gebot wie bei dem Gebot zur Datensparsamkeit nach § 3 BDSG als „Programmsatz" aufzufassen, den der Diensteanbieter umzusetzen hat. Der Auffassung zu § 3a BDSG folgend wird die **Datenverarbeitung** des Diensteanbieters, der ansonsten die Voraussetzungen des § 13 Abs. 1 beachtet, **nicht rechtswidrig** oder unzulässig, wenn er das Gebot aus § 13 Abs. 1 durch das Angebot alternativer datensparsamer Dienste nicht oder nicht ausreichend umsetzt.[47] Dies folgt auch bereits schon daraus, dass sich Anbieter und Nutzer vertraglich auf einen bestimmten Umfang der Datenverarbeitung geeinigt haben, so dass insoweit eine wirksame Einwilligung nach § 3 Abs. 1 vorliegt, die zur Zulässigkeit der Datenverarbeitung führt.

d) Keine bestimmten Verfahren vorgeschrieben. Es sind keine Bestimmte **68** **technische Verfahren** zur Erfüllung der Verpflichtung zum im Hinblick auf die weitere technische Entwicklung **vorgeschrieben.** Bereits die Gesetzesbegründung zum TDDSG 1997 spricht nur davon, dass die Verfahren von einer „generellen, objektiven Sichtweise" abhängig sein sollen.[48] Wesentlich ist aber, dass nach dem Wortlaut des

---

[45] Das OVG Münster (B. v. 22.7.2017 – 13B 238/17) hat in einem Eilverfahren die Umsetzungspflicht für einen Access-Provider ausgesetzt, weil es die Regelung für unvereinbar mit der Rspr. des EuGH (Urt. v. 21.12.2016 – C-203/15 und C-698/15) zu den Grundrechten und der RL 95/46/EG hält. Die BNetzA hat daraufhin öffentlich erklärt, die Umsetzung der §§ 113b ff. TKG nicht mit Zwangsmitteln durchzusetzen.

[46] Das OVG Münster (B. v. 22.7.2017 – 13B 238/17) hat in einem Eilverfahren die Umsetzungspflicht für einen Access-Provider ausgesetzt, weil es die Regelung für unvereinbar mit der Rspr. des EuGH (Urt. v. 21.12.2016 – C-203/15 und C-698/15) zu den Grundrechten und der RL 95/46/EG hält. Die BNetzA hat daraufhin öffentlich erklärt, die Umsetzung der §§ 113b ff. TKG nicht mit Zwangsmitteln durchzusetzen.

[47] Vgl. *Gola/Schomerus,* BDSG, § 3a Rn. 2; kritischer Roßnagel/*Schaar/Schulz,* § 4 TDDSG Rn. 3.

[48] BT-Drs. 13/7385, S. 23.

TMG § 13   Pflichten des Diensteanbieters

§ 13 Abs. 6 die Telemedienanbieter selbst die Pflicht trifft, eine anonyme oder pseudonyme Nutzung bzw. Bezahlung zu ermöglichen. Hinsichtlich der Bezahlung können tatsächlich Prepaid- oder Pauschalmodelle denkbar sein, die den Anforderungen des Gesetzes genügen. Anbietern von Telemediendiensten im Internet ist es allerdings **selbst unmöglich,** dem Nutzer auch eine **anonyme** oder **pseudonyme Nutzung** der **eigenen Dienste** anzubieten.[49]

69   e) **Anonymität.** Der Zustand perfekter **Anonymität** ist erreicht, wenn für einen Angreifer die Wahrscheinlichkeit, dass eine Instanz bei einem Ereignis eine bestimmte Rolle wahrnimmt, vor und nach jeder Beobachtung gleich groß ist.[50] Für das Erfordernis der Anonymität nach § 13 Abs. 6 ist allerdings die faktische Anonymität iSv § 3 Abs. 6 BDSG ausreichend.[51] Dies ist auch nach der Neufassung von BDSG und TMG noch anzunehmen. Hiernach **definiert** sich die **Anonymisierung** als das „Verändern personenbezogener Daten derart, dass die Einzelangaben über persönliche oder sachliche Verhältnisse nicht mehr oder nur mit einem unverhältnismäßig großen Aufwand an Zeit, Kosten und Arbeitskraft einer bestimmten oder bestimmbaren natürlichen Person zugeordnet werden können".[52] Eine Instanz, dh ein Rechnerprozess, wird dementsprechend dann als anonym angesehen, wenn ein Dritter keine Möglichkeit hat, Ereignisse (zB eine konkrete Internetnutzung) so miteinander zu verbinden, dass ihre Identität offengelegt wird.[53] Eine Anonymisierung der Nutzung erfordert deshalb praktisch, dass es mit einem vertretbaren Aufwand nicht mehr möglich ist, einen Personenbezug herzustellen. Hierfür kommt es auf die konkreten Möglichkeiten der verarbeitenden Stelle unter normalen Bedingungen an. Anerkannt ist zB, dass bereits aus zeitlichen Korrelationen, ausgetauschten Datenvolumina, Ursprungsorten eines Kommunikationsvorgangs usw., ein Personenbezug hergestellt werden kann.[54] Erforderlich für eine anonyme Nutzung von Telemediendiensten ist deshalb, dass keine Daten anfallen bzw. verarbeitet werden können, die unter normalen Verarbeitungsbedingungen einen Personenbezug zulassen. Zu prüfen ist, ob ein Telemedienanbieter im Internet eine solche Nutzungsform ermöglichen kann.

70   Im Hinblick auf die Erhebung von **Abrechnungsdaten** hat der Gesetzgeber schon zum TDDSG 1997 mit Zustimmung der Literatur zutreffend angenommen, dass die **Entgeltabrechnung** auch ohne die Erhebung personenbezogener Daten durch die Einführung sog. Prepaid-Systeme möglich ist.[55] Anders sieht dies bei der **Nutzung** der Dienste aus.[56] Diese setzt im Internet (insbesondere im WWW) aufgrund der interaktiven (bidirektionalen) Kommunikation und der notwendigen Adressierung der zu übermittelnden Daten zumindest voraus, dass der Anbieter die IP-Adresse des Kommunikationspartners kennt, die – soweit das TMG Anwendung findet – als personenbezogenes Datum gilt. Ohne die Kenntnis der IP-Adresse des Nutzers weiß der Anbieter nicht, an wen er die zur Erbringung des Telemediendienstes notwendigen Daten übermitteln muss. Dies lässt sich mit einem telefonischen Rückruf vergleichen. Auch in diesem Fall muss mit der Bitte um Rückruf („Request") ebenfalls eine Telefonnummer („Adresse") angegeben werden. Die Nutzung von Telemediendiensten

---

[49] Vgl. hierzu auch *Schmitz,* TDDSG, S. 112 ff.; *Bleich/Heidrich,* c't 19/2002, 124 ff.; *Brauch,* c't 19/2002, 128, 130; *Köpsell/Kossel,* c't 19/2002, 132, 135.

[50] *Federrath/Pfitzmann,* DuD 1998, 628.

[51] BT-Drs. 13/7385, S. 23.

[52] Vgl. zur sog. faktischen Anonymität auch *Möncke,* DuD 1998, 561, 565 f.; vgl. zur faktischen Anonymität bei Telekommunikationsdienstleistungen auch *Weber,* DuD 1998, 641.

[53] Vgl. *Bartsch/Lutterbeck-Federrath/Pfitzmann,* S. 320.

[54] Vgl. *Bartsch/Lutterbeck-Federrath/Pfitzmann,* S. 320; *Federrath/Pfitzmann,* DuD 1998, 628, 631.

[55] BT-Drs. 13/7385, S. 23; *Münch,* RDV 1997, 245.

[56] *Schmitz,* TDDSG, S. 115.

im Internet ist ohne die Verarbeitung von Daten mit möglichem Personenbezug (IP-Adressen) deshalb grundsätzlich nicht möglich. Es kann allenfalls versucht werden, diesen Personenbezug durch die Einschaltung Dritter zu verschleiern. Hieraus folgt, dass Telemediendienste im Internet durch den Telemedienanbieter selbst **nicht anonym** angeboten werden können, da bei diesem technisch notwendig Daten anfallen, die einen Personenbezug zulassen können. Im Übrigen handelt es sich nach der hier vertretenen Ansicht bei den in der Literatur teilweise beschriebenen Fällen einer „anonymen Nutzung" genau genommen um eine Nutzung unter Pseudonym, da (allenfalls pseudonyme) Identitätsbezeichnungen verwendet werden. In der Sache dürfte sich durch diese Unterscheidung keine Änderung ergeben, da das TMG in § 13 Abs. 6 insofern keine unterschiedliche Regelung enthält. Möglich erscheint es deshalb allenfalls, dass eine pseudonyme Nutzung angeboten wird (*Schmitz,* TDDSG, S. 115). Hierbei kann die Kenntnis dieser Adressen und Zuordnungen auf bestimmte vertrauenswürdige Dritte, welche als Zugangsvermittler fungieren, reduziert oder aber durch die Einschaltung von „Zwischenstationen" verschleiert werden.[57]

f) Pseudonymisierung. Unter einer **Pseudonymisierung** wird allgemein das Verändern personenbezogener Daten durch eine Zuordnungsvorschrift auf die Weise verstanden, dass die **Einzelangaben** über persönliche oder sachliche Verhältnisse ohne Kenntnis der Zuordnungsvorschrift **nicht mehr** einer **natürlichen Person zugeordnet** werden können, also eine Art. Deckname verwendet wird.[58] Nach der Neufassung des BDSG ist Pseudonymisieren „das Ersetzen des Namens und anderer Identifikationsmerkmale durch ein Kennzeichen zu dem Zweck, die Bestimmung des Betroffenen auszuschließen oder wesentlich zu erschweren".[59] Bei der Pseudonymisierung werden folglich grundsätzlich personenbezogene Daten verarbeitet. Es kann allerdings nur derjenige Anbieter einen Personenbezug herstellen, dem die Zuordnungsvorschrift bekannt ist. Dementsprechend ging die ursprüngliche Gesetzesbegründung davon aus, dass pseudonymes Handeln nicht anonymes, sondern quasi-anonymes Handeln ermöglichen soll, bei welchem aus dem verwendeten Pseudonym nicht auf die wahre Identität des Nutzers geschlossen werden kann.[60] 71

aa) Grenzen. Sofern die IP-Adresse (überhaupt) einen entsprechenden Personenbezug zulässt, kann der Diensteanbieter mit eigenen Mitteln **keine pseudonyme Nutzungsmöglichkeit anbieten.** Die Interaktivität der Diensteerbringung im Internet setzt voraus, dass der Anbieter die IP-Adresse des Kommunikationspartners kennt, um zu wissen, an wen die aufbereiteten Daten zu übermitteln sind. Der Diensteanbieter muss bei der direkten Kommunikation mit dem Nutzer für das Angebot seiner eigenen Dienste folglich grundsätzlich dessen IP-Adresse kennen. Weist diese einen Personenbezug auf, kann er dies nicht vermeiden.[61] Es ist **Diensteanbietern** deshalb **nur möglich, Maßnahmen des Nutzers** zur pseudonymen Nutzung der Dienste zu **tolerieren.** Der Nutzer kann die Kenntnis der Zuordnung zwischen IP-Adresse und Person auf einen bestimmten Diensteanbieter beschränken, indem er nicht direkt mit dem Anbieter (Kommunikationspartner), sondern über einen **Zugangsvermittler** oder auch einen „Anonymizer" kommuniziert.[62] 72

bb) Anonymisierungsdienste. Auch die sog. **„Anonymisierungsdienste"** bewirken im Ergebnis streng genommen nur, dass der Nutzer **weitere fremde Dienste** 73

---

[57] Vgl. hierzu auch *Brauch,* c't 19/2002, 128, 130; *Köpsell/Kossel,* c't 19/2002, 132, 135.
[58] *Bizer/Bleumer,* DuD 1997, 46.
[59] Vgl. § 3 Abs. 6a BDSG.
[60] BT-Drs. 13/7385, S. 23.
[61] Vgl. *Schmitz,* TDDSG, S. 115 ff.
[62] *Schmitz,* TDDSG, S. 115 ff.; s. zum technischen Hintergrund und Ergebnis auch *Brauch,* c't 19/2002, 128, 130; *Köpsell/Kossel,* c't 19/2002, 132, 135.

pseudonym in Anspruch nehmen kann, **nicht** aber den **Anonymisierungsdienst** selbst. Bei den Anonymisierungsdiensten verwendet der Nutzer „fremde" IP-Adressen bzw. die von diesem vergebene IP-Adresse oder verschleiert auf andere Weise seine Identität.[63] Es wird letztendlich also ein Pseudonym erzeugt, welches dem Empfänger eine Antwort an den ursprünglichen Sender der Nachricht erlaubt.[64] Beispiele für solche Nutzungsmöglichkeiten für fremde Dienste bilden auch die „anonymous remailer", welche die E-Mail von Nutzern entgegennehmen und vor der Weiterversendung an den Empfänger alle Angaben entfernen, welche eine Identifikation des Absenders erlauben. Bei der Einschaltung entsprechender „Anonymizer" besteht für die weiteren folgenden Kommunikationspartner auf diese Weise zwar ohne aufwendige Analysen oder andere Angriffstechniken[65] keine Möglichkeit mehr, über die IP-Adresse auf einen bestimmten natürlichen Nutzer (Personenbezug) zu schließen. Die Anbieter einer solchen Pseudonymisierung können den eigenen Dienst aber nicht selbst pseudonym anbieten, da ihnen selbst die Adresse bzw. Identität des Nutzers wiederum bekannt sein müssen.[66] Auch soweit weitere Verfahren „starker Anonymität", wie etwa das Verfahren der Mixe nach Chaum beschrieben werden,[67] basieren diese auf zusätzlicher Verschleierung der Kommunikationsbeziehung und Verschlüsselung der Adressen in einer Kette von Zwischenstationen. Auch wenn mehrere derartige Netzknoten, welche die Nachrichten umsortieren und umverschlüsseln, zusammengeschaltet werden, um die Ein- und Ausgabe zu verschleiern, bedarf es grundsätzlich zumindest eines vertrauenswürdigen Netzknotens, um dieses Ergebnis zu erzielen.[68]

74   cc) An.ON. Dies zeigt sich auch an dem Dienst **„An.ON"**, der auf dem Verfahren der Mixe nach Chaum basiert. „AN.ON" verhindern es wegen der sofortigen Löschung der Daten nach Nutzungsende streng genommen nur, nach der Nutzung eine rückwirkende Zuordnung vorzunehmen. Bei „An.ON" wählt der Nutzer gezielt eine bestimmte voreingestellte Mix-Kaskade mit dem ersten Mix-Server aus. Die Anfrage wird über den Access-Provider des Nutzers an diesen ersten Mix-Server gesendet, der diese Anfrage wieder so umwertet, dass seine IP-Adresse als Ausgangsadresse der Anfrage an den nächsten Mix-Server erscheint, der wiederum eine Umwertung vornimmt, bis letztendlich die ursprünglich gewünschte Anfrage von dem letzten Mix-Server in der Kette an den Ziel-Web-Server gestellt wird. Für den Ziel-Web-Server erscheint damit nicht der Nutzer als Absender und Kommunikationspartner der Anfrage, sondern der letzte Mix-Server. Für den Zugangsvermittler des Nutzers ist hingegen lediglich erkennbar, dass eine Kommunikation zwischen dem Nutzer und dem ersten Mix-Server stattfindet. Der **erste Mix-Server** kann allerdings **erkennen**, dass die Anfrage nicht von einem anderen „Mix-Server", sondern von einem **Nutzer** gestellt und über den Access-Provider gesendet wurde. Damit wird aber keine anonyme oder pseudonyme Nutzung des „Anonymisierungsdienstes" selbst erreicht. Es ist deshalb nicht zutreffend, dass die Nutzer sowohl vor externen Beobachtern als auch vor der Beobachtung durch die Betreiber des Dienstes selbst geschützt sind.[69] Diese **„Anonymität"** könnte nur im Nachhinein (nach der

---

[63] Vgl. hierzu *Roessler*, DuD 1998, 619f.; *Federrath/Pfitzmann,* DuD 1998, 628ff.; *Schneider/Pordesch,* DuD 1998, 645ff.; *Demuth/Rieke,* DuD 1998, 623, 624; *Borking,* DuD 1996, 654ff.; *Golembiewski,* DuD 2003, 129ff.; *Raabe,* DuD 2003, 134.

[64] Vgl. auch *Damker/Müller,* DuD 1997, 24, 27.

[65] Vgl. *Roessler,* DuD 1998, 619ff.

[66] Vgl. zum „Anonymizer" auch *Roessler,* DuD 1998, 619, 620.

[67] Vgl. *Roessler,* DuD 1998, 619ff.; *Federrath/Pfitzmann,* DuD 1998, 628ff.

[68] So auch *Roessler,* DuD 1998, 619, 620 zum Verfahren der „Mixe" nach Chaum; vgl. auch *Federrath/Pfitzmann,* DuD 1998, 628, 631; aA Roßnagel/*Schaar/Schulz,* § 4 TDDSG Rn. 53; *Golembiwski,* DuD 2003, 132.

[69] AA *Golembiewski,* DuD 2003, 132.

Pflichten des Diensteanbieters § 13 TMG

Nutzung!) dadurch hergestellt werden, dass der Anonymisierungsdienst die vom Nutzer genutzte IP-Adresse unmittelbar löscht. Diese sofortige Löschung schließt nun § 113a Abs. 6 TKG im Rahmen der sog. „**Vorratsdatenspeicherung**" von Nutzungsdaten ausschließlich aus. Selbstverständlich bilden die Anonymisierungsdienste aus Sicht des Datenschutzes dennoch einen wertvollen Beitrag zum Systemdatenschutz und dem „Datenschutz durch Dritte", in dem sie für den Nutzer zumindest außerhalb der Ermittlungsmöglichkeiten des Staates einen „Pseudonymisierungsdienst" zur Nutzung des WWW anbieten. Die Vorschrift des § 113b Abs. 3 TKG zeigt zudem, dass der Gesetzgeber offenbar selbst davon ausgeht, dass es keine umfassende anonyme oder pseudonyme Nutzungsmöglichkeit gibt und im Hinblick auf die Vorratsdatenspeicherung auch gar nicht geben soll.

g) Zusammenfassung. Als **Ergebnis** lässt sich deshalb zusammenfassen: Die 75 Pflicht aus § 13 Abs. 6 ist ein technisch und gesetzgeberisch überholter „Programmsatz", der in der Praxis keine praktische Bedeutung hat.
1. Telemediendienstanbietern ist es im Internet **technisch unmöglich, selbst die anonyme oder pseudonyme Nutzung** des **eigenen Dienstes** einschließlich der erforderlichen Datenübertragung zu ermöglichen. Die Anonymität könnte nur durch sofortige Löschung der Nutzungsdaten mit den identifizierenden Merkmalen (zB IP-Adresse) nach Nutzungsende erreicht werden. Dies ist für die Access-Provider als Telekommunikationsdienstanbieter im Rahmen der sog. „**Vorratsdatenspeicherung**" nun nach §§ 111, 113b TKG ausgeschlossen. Die Regelung des § 113b TKG ist allerdings nach dem EuGH-Urteil vom 21.12.2016 in der aktuellen Fassung als unwirksam zu betrachten.
2. Nur der Nutzer kann durch die Einschaltung eines (vertrauenswürdigen) Zugangsvermittlers (sog. „Anonymisierungsdienste" (tatsächlich handelt es sich um Pseudonymisierungsdienste)) die Kenntnis seiner Identität (Personenbezug) auf diesen **Anbieter beschränken** und für alle anderen Anbieter eine pseudonyme Identität erhalten. Möglich ist es somit, dass zB der Access-Provider oder ein Anonymisierungsdienst die **pseudonyme Nutzung fremder Telemediendienste** anbietet. Dieser Anbieter kann diesen Dienst wiederum nicht (selbst) anonym oder pseudonym anbieten, sondern eine solche „Anonymität" allenfalls nach Nutzungsende durch sofortige Löschung der Nutzungsdaten erreichen. Allerdings sind nun auch die Anbieter dieser „Anonymisierungsdienste" nach § 113a Abs. 6 TKG verpflichtet, die Daten über die Nutzung und die Echtdaten für die Zwecke der Auskunftserteilung an die Überwachungsbehörden generell vorzuhalten.
3. Die anderen Anbieter können, sofern die Natur der Kommunikation bzw. der Geschäfte dem nicht entgegensteht, die durch **Dritte ermöglichte pseudonyme Nutzung** ihres Dienstes **tolerieren.** In der Praxis ist für Anbieter auch nicht ohne Weiteres erkennbar, ob pseudonyme IP-Adressen von sog. „Anonymisierungsdiensten" verwendet werden.
4. Eine entsprechende **pseudonyme Nutzung fremder Dienste** ergibt sich in der **Praxis** bereits, indem einem Nutzer durch seinen Access-Provider für jede Nutzung eine neue dynamische IP-Adresse zugewiesen wird. Für die weiteren Anbieter, mit denen der Nutzer kommuniziert, tritt dieser dann unter dieser pseudonymen IP-Adresse auf. Die Zuordnung dieser IP-Adresse ist nur dem Access-Provider möglich. Gleiches gilt im Ergebnis für die sog. „Anonymisierungsdienste", wie zB AN.ON. Die genannten Einschränkung im Rahmen der sog. „Vorratsdatenspeicherung" nach §§ 111, 113a TKG gelten nach § 113 Abs. 6 TKG ausdrücklich auch für diese Dienste.

Die Pflicht zum Angebot entsprechender Zugänge steht neben der **technischen** 76 **Möglichkeit** unter dem Vorbehalt, dass dies dem Diensteanbieter **„zumutbar"** ist. Mit dieser Einschränkung war beabsichtigt, die unterschiedliche Leistungsfähigkeit von Anbietern zu berücksichtigen, welche je nach Größe stark variieren kann.[70] Der Diensteanbieter soll „nicht zu jedem technisch möglichen Angebot verpflichtet sein".[71] Andererseits soll der Begriff der Zumutbarkeit „weit auszulegen sein".[72] Insofern wollte der Gesetzgeber einen gerechten Ausgleich zwischen Datenschutz- und Anbieterinteressen herbeiführen.[73] Die nähere Auslegung des **unbestimmten Rechtsbegriffs** der „Zumutbarkeit"[74] erübrigt sich, da die Telemedienanbieter die Pflicht aus § 13 Abs. 6 wie ausgeführt technisch nicht (selbst) erfüllen können. An eine Unzumutbarkeit wäre aber zB jedenfalls dann zu denken, wenn der Dienst nach der Verkehrsauffassung seinem Inhalt nach die Identifizierbarkeit der Nutzer voraussetzt.

7. Technische und organisatorische Vorkehrungen zum Schutz der technischen Einrichtungen (Abs. 7)

77 a) **Allgemeines und Überblick.** Mit dem am 24.7.2015 verkündeten **IT-SicherheitsG**[75] wurde der Abs. 7 neu eingefügt. Mit diesem Absatz wird das TMG um die **Pflicht** zum Schutz der Integrität und **Vertraulichkeit** informationstechnischer Systeme maßgeblich erweitert.[76] Durch **technische** und **organisatorische Maßnahmen,** die dem Stand der Technik zu entsprechen haben, ist durch Anbieter von Telemediendiensten sicherzustellen, dass **kein unerlaubter Zugriff** auf die genutzten **technischen Einrichtungen** möglich ist und diese gesichert sind gegen die Verletzung des **Schutzes personenbezogener Daten** (§ 13 Abs. 7 Nr. 2a) und gegen **Störungen,** auch soweit sie durch äußere Angriffe bedingt sind (§ 13 Abs. 7 Nr. 2b). Die Pflicht betrifft alle geschäftsmäßig erbrachten Telemedien und betrifft damit viele Webseitenbetreiber, auch wenn sie keine sog. kritischen Infrastrukturen betreiben.[77]

78 Die neue Vorschrift enthält allerdings weiterhin **keine ausdrückliche Befugnis,** um durch die Verarbeitung von Nutzungsdaten entsprechende Störungen oder Missbrauch zu erkennen und zu beseitigen. Diese **Befugnis** und auch die Grenzen der **Datenverarbeitung** zum Erkennen und Beseitigen von Missbrauch ergibt sich nun aber aus dem vorrangingen **Art. 7 lit. f) DSRL.**

79 Neben Abs. 7 gilt für die **Anbieter „digitaler Dienste"** iSv § 1 Abs. 11 BSIG auch die Pflicht zu **Sicherungsmaßnahmen nach § 8 c BSIG** nebst einer entsprechenden Aufsicht. Diese Vorschrift wurde zur Umsetzung der Richtlinie (EU) 2016/1148 neu in das bestehende BSIG eingeführt. Damit ist für die Anbieter von digitalen Diensten, die **gleichzeitig Anbieter von Telemedien** sind, eine **Doppelregulierung** verbunden. Dies gilt nach § 1 Abs. 11 Nr. 1 und Nr. 2 BSIG für die Anbieter von Online-Marktplätzen und Web-Suchmaschinenbetreiber.

80 b) **Kreis der Verpflichteten.** Die Verpflichtung nach Abs. 7 gilt nur für **Anbieter von Telemedien** „im Rahmen ihrer jeweiligen **Verantwortlichkeit** für **geschäftsmäßig** angebotene Telemedien". Hieraus leiten sich die genannten drei Voraussetzungen ab.

81 Die erste Voraussetzung betrifft die Eigenschaft als Anbieter der **Telemediendienste.** Der Begriff des **Diensteanbieters** ist in § 2 Abs. 1 definiert und erfasst in der Praxis die Personen, die nach außen als Anbieter einer Webseite auftreten. Dies

---

[70] Vgl. *Engel-Fechsig/Maennel/Tettenborn,* NJW 1997, 2981, 2987.
[71] BT-Drs. 13/7385, S. 23.
[72] S. *Engel-Flechsig,* DuD 1997, 474, 475.
[73] BT-Drs. 13/7385, 16.
[74] Vgl. hierzu *Schmitz,* TDDSG, 118ff.
[75] Gesetz zur Erhöhung der Sicherheit informationstechnischer Systeme (IT-Sicherheitsgesetz) vom 17. Juli 2015, BGBl. I S. 1324.
[76] Der bisherige § 13 Abs. 7 TMG wurde im Übrigen unverändert zu § 13 Abs. 8 TMG.
[77] *Hornung,* NJW 2015, 3334, 3338.

ist am nach außen gesetzten Rechtsschein festzumachen. Teilweise wird auf die Ausübung der Funktionsherrschaft aus Nutzerperspektive abgestellt.[78] Dies ist soweit richtig, als derjenige, der nach außen als Anbieter auftritt, damit auch als Inhaber der Funktionsherrschaft erscheint. Naheliegender ist, direkt die Person zu bestimmen, die nach außen als Anbieter auftritt, da sich bei einem Hosting die Funktionsherrschaft auf die Ausübung vertraglicher Rechte beschränken dürfte und diese nach außen nicht transparent sind.

Die zweite Voraussetzung liegt in der Geschäftsmäßigkeit, mit der die Telemediendienste angeboten werden. Nach der Gesetzesbegründung liegt eine **Geschäftsmäßigkeit** beim Angebot von Telemedien dann vor, wenn sie „auf einer **nachhaltigen Tätigkeit**" beruht, es sich also um eine planmäßige und dauerhafte Tätigkeit handelt". Die Entgeltlichkeit soll ausdrücklich nicht das entscheidende Kriterium zur Bestimmung der Geschäftsmäßigkeit sein. Geschäftsmäßigkeit soll bei einem entgeltlichen Dienst einschließlich einem werbefinanziertem Dienst regelmäßig vorliegen. Das nicht-kommerzielle Angebot von Telemedien durch Private und Idealvereine wird demgegenüber nach der Gesetzesbegründung nicht erfasst. Die **Abgrenzung** der **Geschäftsmäßigkeit** ist nach dem üblichen Verständnis dieses Begriffes und den Erläuterungen der Gesetzesbegründung vorzunehmen, soweit diese sich mit dem Wortlaut in Einklang bringen lässt. Für das Kriterium der Geschäftsmäßigkeit kommt es deshalb im Einklang mit der Gesetzesbegründung darauf an, ob die Telemedien (die Webseiten) im Rahmen einer planmäßigen und dauerhaften Tätigkeit erfolgt und zudem einen **geschäftlichen Zweck** verfolgt. Damit sind Webseiten, die rein privaten Zwecken dienen, wie von der Gesetzesbegründung ausgeführt nicht erfasst. 82

Die dritte Voraussetzung liegt darin, dass die Verpflichtung der Anbieter von Telemedien nach Abs. 7 nur gilt „im Rahmen ihrer **jeweiligen Verantwortlichkeit** für geschäftsmäßig angebotene Telemedien". Dieses soll sich auf die Verantwortung nach den §§ 7 ff. beziehen.[79] Diese Verantwortung besteht danach für die eigenen oder sich-zueigen-gemachten Inhalte des Anbieters. Im Grundsatz ist damit klar, dass der Anbieter für die Inhalte und die Webseiten verantwortlich ist, für die er als Anbieter auftritt und damit kongruent zu seiner Eigenschaft als Anbieter dieser Telemedien. Es kann allerdings der Fall auftreten, dass ein rechtswidriger Angriff gerade darin liegt, dass Seiten des Anbieters von Dritten unberechtigt um neue Seiten erweitert werden. Für diese Seiten in der Anbieter sicherheitstechnisch jedenfalls dann nicht verantwortlich, wenn sich klar ergibt, dass dies nicht seine Inhalte sind. Wird es hingegen für den Nutzer nicht erkennbar, dass es sich um unautorisierte Inhalte handelt, dann soll sich eine Verantwortung des Anbieters auch zu den Sicherheitsmaßnahmen nach Abs. 7 ergeben. Dies erscheint nicht zutreffend mit der Eigenschaft als Anbieter, da dem Anbieter rechtswidrig eingestellte Inhalte nicht ohne Weiteres zugerechnet werden können, es sei denn er muss diese kennen und dulden, ohne diese zu entfernen oder sich zu distanzieren. Gleichwohl ergibt sich im Ergebnis schon die grundlegende Pflicht, im Rahmen des Abs. 7 solche rechtswidrigen Angriffe zu vermeiden und nach dem Bekanntwerden zu beseitigen. Denn in dem Aufspielen der fremden und unberechtigten Inhalte liegt ein **unerlaubter Zugriff** auf die vom Anbieter genutzten **technischen Einrichtungen.** 83

c) Schutzziele. Es sind die **technisch** und **organisatorischen Maßnahmen** nach dem **Stand der Technik** zu treffen, die zur Erreichung der **Schutzziele** erforderlich sind. Es besteht insofern eine **„Sicherstellungspflicht",** dass die Schutzziele durch die Maßnahmen erreicht werden, soweit dies zumutbar und angemessen ist. 84

Das **erste Schutzziel** der Anbieter liegt darin, sicherzustellen, dass „**kein unerlaubter Zugriff** auf die für ihre Telemedienangebote genutzten technischen Einrichtungen möglich ist", Abs. 7 Nr. 1. Erfasst wird jede Art eines unerlaubten Zu- 85

---

[78] *Djeffal,* MMR 2915, 716, 717.
[79] *Djeffal,* MMR 2015, 716, 717.

griffs, sei es über die Webseite, Wartungsschnittstellen oder vor Ort durch einen direkten Zugriff auf die technischen Einrichtungen. Die technischen Einrichtungen umfassen die Hard- und Software, die insgesamt für das Angebot der Telemediendienste erforderlich sind.

86 Das **zweite Schutzziel** besteht darin, dass die genutzten technischen Einrichtungen „**gegen Verletzungen des Schutzes personenbezogener Daten**" gesichert sind. Der Begriff der „Verletzung personenbezogener Daten" ist im TMG nicht definiert. Der Begriff wird auch in § 109 Abs. 1 TKG mit einem entsprechenden Schutzziel sowie § 109 a TKG bezüglich einer Benachrichtigungspflicht verwendet. Nach § **3 Nr. 30 a TKG** ist „Verletzung des Schutzes personenbezogener Daten" eine Verletzung der Datensicherheit, die zum Verlust, zur unrechtmäßigen Löschung, Veränderung, Speicherung, Weitergabe oder sonstigen unrechtmäßigen Verwendung personenbezogener Daten führt, die übertragen, gespeichert oder auf eine andere Weise im Zusammenhang mit der Bereitstellung öffentlich zugänglicher Telekommunikationsdienste verarbeitet werden sowie der unrechtmäßige Zugang zu diesen. Es liegt nahe, diese Definition auch für Abs. 7 zu verwenden. Wie nach dem TKG ist anzunehmen, dass eine solche Verletzung der Datensicherheit nicht auf externe Angriffe beschränkt ist. Die Verletzungshandlung muss aber in einer **unrechtmäßigen Verwendung** der personenbezogenen Daten bestehen. Hierbei muss zwischen der Verletzung der Datensicherheit und der unrechtmäßigen Verwendung ein **kausaler Zusammenhang** bestehen.[80]

87 Das **dritte Schutzziel** betrifft die **Sicherung** der genutzten technischen Einrichtungen „**gegen Störungen,** auch soweit sie durch Angriffe bedingt sind". Für den Begriff der Störung kann auf die Definition in § 8a Abs. 1 S. 1 BSIG zurückgegriffen werden. Eine Störung der technischen Einrichtungen liegt vor, wenn die Verfügbarkeit, Integrität, Authentizität und Vertraulichkeit ihrer informationstechnischen Systeme, Komponenten oder Prozesse beeinträchtigt ist.[81]

88 **d) Technische und organisatorische Maßnahmen.** Nach Abs. 7 haben die verantwortlichen Anbieter durch die **technischen und organisatorischen Maßnahmen,** die den „**Stand der Technik**" berücksichtigen, die Erreichung der genannten Schutzziele sicherzustellen, wobei dies unter der Grenze der Zumutbarkeit und Wirtschaftlichkeit steht. Der Begriff dieser „technisch und organisatorischen Maßnahmen" ist im Sinne der entsprechenden Maßnahmen nach dem bisherigen § 9 BDSG weit zu verstehen.

89 **aa) Technische Maßnahmen.** Diese können sich auf die Sicherung von Hard- und Software beziehen und schließen zudem entsprechende technische Maßnahmen ein, die sich auf die Sicherung des Zutritts und den Zugangs beziehen. Dies schließt im Ergebnis folglich auch die Gebäudehülle mit ein, die einen entsprechenden Schutz der eingesetzten Hard- und Software zu gewährleisten hat. Technische Maßnahmen, die sich auf die Software beziehen, sind insbesondere die mögliche Verschlüsselung der Daten, das Scannen von Inhalten auf Schadsoftware und der Betrieb einer Firewall. **Organisatorische Maßnahmen** beziehen sich auf Regeln und Maßnahmen des Betriebes. Hier sind insbesondere Maßnahmen zur Sicherung von Zutritt und Zugang zu nennen mit entsprechenden Kontrollen und Rollen- und Rechtekonzepten. Auch die Schulung des Personals dürfte umfasst sein.

90 **bb) Stand der Technik.** Die zu treffenden Maßnahmen müssen den „**Stand der Technik**" berücksichtigen. Dies bedeutet zunächst, dass eine Abweichung möglich ist, wenn diese sachlich angemessen ist. Denn das Gesetz verlangt nicht die Erfüllung dieses Standes, sondern nur seine „Berücksichtigung". Der Stand der Technik ergibt sich zusammengefasst aus dem, was evident praxistauglich ist und zur Umsetzung des

---

[80] So Spindler/Schuster/*Eckhardt*, § 109a TKG Rn. 5–10 mwN.
[81] *Djeffal,* MMR 2015, 716, 717.

Schutzwecks geeignet ist.[82] Im TMG ist dieser Begriff nicht näher definiert. Es kann aber sinngemäß auf die Definitionen zB in § 3 Abs. 6 BImSchG und § 3 Nr. 11 WHG zurückgegriffen werden. Hiernach handelt es sich bei dem Stand der Technik um den „Entwicklungsstand fortschrittlicher Maßnahmen (Verfahren, Einrichtungen und Betriebsweisen), der die praktische Eignung einer Maßnahme zur Erreichung der Schutzziele insgesamt gesichert erscheinen lässt.[83]

cc) Verarbeitung von IP-Adressen. Nach dem Gesetzeswortlaut wäre fraglich, 91 ob die Maßnahmen darin bestehen können, **IP-Adressen** zu verarbeiten, um Angriffe zu erkennen und erkannte Angriffe durch eine Sperre zu unterbinden. Hierzu enthält das TMG keine ausdrückliche Erlaubnis. Die ursprünglich im Gesetzesentwurf vorgesehene Erlaubnis ist wieder gestrichen worden.

Gleichwohl ergibt sich die **Erlaubnis zur Verarbeitung der IP-Adressen** zur 92 Erfüllung der Schutzziele und Maßnahmen nach **Abs. 7 aus Art. 7 lit. f) DSRL**. Dies hat der EuGH[84] vorgeschrieben und der BGH bereits in der konkreten Rechtsanwendung bestätigt.[85] Die **Abwägung** nach Art. 7 lit. f) DSRL muss die Interessen des Betroffenen und die berechtigten Interessen des Anbieters gegenüberstellen. Eine Verarbeitung ist unzulässig, wenn hierbei das Interesse des Betroffenen überwiegt, dass eine Verarbeitung unterbleibt. Zu dieser abstrakten Abwägungsfrage hat der BGH im konkreten Fall Vorgaben gemacht, die sich generell auf weitere Fälle übertragen lassen mit dem Vorbehalt, dass die jeweiligen Interessen immer konkret anhand des Einzelfalls zu begründen sind.

Nach dem BGH sind **konkrete Feststellungen** zu den **Tatsachen** erforderlich, 93 aus denen sich das jeweilige Interesse ergibt. Im konkreten Fall von möglichen „Cyberattacken", die die Speicherung der IP-Adresse des Nutzers auch über das Ende der Nutzung hinaus rechtfertigen könnte, ist nach Ansicht des BGH zugunsten des „berechtigten Interesses" des Anbieters zunächst der **„Angriffsdruck"** und das **„Gefahrenpotential"** solcher Angriffe ausschlaggebend. Dazu gehören etwa Feststellungen zu Art, Umfang und Wirkung von bereits erfolgten und etwa drohenden Cyber-Angriffen wie „Denial-of-Service"-Attacken sowie zu der Bedeutung der betroffenen Telemedien, wie der BGH betont.[86]

Auf **Seiten des Betroffenen** (Nutzers) sieht der BGH durch die **Speicherung** des- 94 sen **dynamischer IP-Adresse** durch einen Webseitenbetreiber hingegen einen **eher geringen Eingriff** in das **Recht auf informationelle Selbstbestimmung.** Denn der Anbieter könne den Betroffenen (Nutzer) anhand der gespeicherten IP-Adresse nicht ohne Weiteres identifizieren, soweit nicht aus anderen bereits vorliegenden Informationen auf den Betroffenen und seinen Namen sowie die Adresse geschlossen werden könne. Denn die Identität des Nutzers lasse sich zumindest bei einer dynamischen IP-Adresse nicht zentral abfragen. Der Zugangsanbieter des Nutzers kenne zwar die Identität des Nutzers und die Zuordnung zur dynamischen IP-Adresse. Dieser dürfe dem Betreiber der Webseite hierüber aber keine Auskunft geben, weil es hierfür nach § 95 Abs. 1 S. 3 TKG an einer gesetzlichen Grundlage fehle. Die Befugnisse der Ermittlungsbehörden könnten zwar zu einem Aufdecken der Identität führen – hierauf hatte der EuGH zur Feststellung des Personenbezugs abgestellt – diese Befugnisse seien aber an enge Voraussetzungen gebunden, wie etwa §§ 113 Abs. 3 und 100j TKK für die Befugnisse der Staatsanwaltschaft zeigten. Wenn ein solcher Fall aber vorliege, träte das Interesse des Nutzers an der Wahrung einer Anonymität (eigentlich Pseudonymität) zurück.[87]

---

[82] *Djeffal,* MMR 2015, 716, 717.
[83] Vgl. auch *Djeffal,* MMR 2015, 716, 717.
[84] EuGH, Urt. v. 19.10.2016 – C-582/14.
[85] BGH, Urt. v. 16.5.2017 – VI ZR 135/17, Rn. 41.
[86] BGH, Urt. v. 16.5.2017 – VI ZR 135/17, Rn. 41.
[87] BGH, Urt. v. 16.5.2017 – VI ZR 135/17, Rn. 43.

TMG § 13 Pflichten des Diensteanbieters

95 Den Ausführungen des BGH ist deshalb zu entnehmen, dass bereits die **abstrakte Gefahr** von **Cyberattacken** die **Speicherung der IP-Adressen über den Nutzungsvorgang** für eine **gewisse Zeit rechtfertigen** kann, da dies einen **eher geringen Eingriff in das Recht auf informationelle Selbstbestimmung** des Nutzers bedeutet. Dies lässt sich im Ergebnis auch auf eine **statische IP-Adresse übertragen,** da diese zwar an einen bestimmten Nutzer vergeben sind, aber auch hier die Auskunftsansprüche des Webseiten-Betreibers beschränkt sind. Zudem sind die statischen IP-Adressen oftmals juristischen Personen zugeordnet, für die die Datenschutzbestimmungen der DSRL sowie des TMG nicht gelten. Soweit es sich dennoch im Einzelfall um juristische Personen handeln sollte, wäre gleichwohl die Abwägung nach Art. 7 lit. f) DSRL in richtlinienkonformer Auslegung des § 15 Abs. 1, Abs. 8 eröffnet.

96 Sollte bei bestimmten Seiten ein **dauernder Angriffsdruck** und ein **dauerndes Gefahrenpotential** bestehen, dann ergibt sich auf Basis der Urteile von EuGH[88] und BGH[89] aus **Abs. 7** die **Pflicht** und aus **Art. 7 lit. f) DSRL** im Regelfall das **Recht,** IP-Adressen zum Erkennen und Unterbinden der Angriffe zu verarbeiten. Es bedarf hierbei jeweils einer Abwägung, deren Ergebnis auf Basis der Urteile weitgehend vorbestimmt ist. Zudem ist auch bei der Pflicht nach Abs. 7 die Grenze der Zumutbarkeit und Angemessenheit zu beachten.

97 e) Grenze der Zumutbarkeit und Angemessenheit. Die Pflichten aus Abs. 7 gelten nur, „soweit dies technisch möglich und wirtschaftlich zumutbar" ist. Die **Sicherungspflicht** wird damit auf **Maßnahmen beschränkt,** die **technisch möglich** und **wirtschaftlich zumutbar** sind. Diese Kriterien sollen die **Verhältnismäßigkeit** der Sicherungspflichten gewährleisten und sind gängige Kriterien des Verhältnismäßigkeitsgrundsatzes.[90] Dieser Grundsatz erfährt in Abs. 7 eine besondere Ausprägung, weil alle geschäftsmäßigen Anbieter von Telemedien verpflichtet sind, ohne diese Verpflichtung wie nach den IT-SicherheitsG auf den Betrieb von kritischen Infrastrukturen zu begrenzen.

98 Bei der **technischen Möglichkeit** ist die subjektive Fähigkeit zur Durchführung der Sicherungsmaßnahmen entscheidend. Die objektive Möglichkeit ist zwar auch Voraussetzung, wird aber schon durch den Stand der Technik erfasst. Die subjektive Möglichkeit zur Umsetzung der Sicherungsmaßnahmen besteht, wenn der Anbieter diese selbst oder durch Beauftragung Dritter umsetzen kann.

99 Die **wirtschaftliche Zumutbarkeit** erfordert eine ex-ante-Abwägung der Kosten und sonstigen wirtschaftlichen Nachteile einer Maßnahme mit den Gefahren, die ohne diese Maßnahme drohen. Es können hierbei beispielsweise die folgenden Kriterien eine Rolle spielen: Kosten der Maßnahme, Effektivität der Maßnahme, Auswirkungen auf den Betrieb bzw. das Angebot durch die Maßnahme, mögliche negative Reaktionen der Nutzer, Wettbewerbssituation zu anderen Anbietern (die dieser Pflicht ggf. nicht unterliegen), die Gefahren bei Unterlassen der Maßnahme, Schutzalternativen auch durch die Nutzer selbst, alternativer Maßnahmen zur Gefahrenbeseitigung durch den Anbieter.[91]

100 Als im Regelfall **zumutbare Maßnahme,** die sich auf den unerlaubten Zugriff bezieht, nennt die Gesetzesbegründung einen Malware-Scann der gehosteten Daten. Als Maßnahme gegen eine Datenschutzverletzung nennt die Gesetzesbegründung die Anwendung eines anerkannten Verschlüsselungsverfahrens. In Betracht kommt auch eine Zwei-Wege-Authentifizierung der Nutzer sowie der Programmierer und Betreiber, wobei die Frage der wirtschaftlichen Zumutbarkeit im Sinne der Verhältnismäßigkeit jeweils vom Einzelfall abhängt.

---

[88] EuGH, Urt. v. 19.10.2016 – C-582/14.
[89] BGH, Urt. v. 16.5.2017 – VI ZR 135/17, Rn. 41–43.
[90] *Djeffal,* MMR 2015, 716, 718.
[91] *Djeffal,* MMR 2015, 716, 718.

Pflichten des Diensteanbieters §13 TMG

Die Gesetzesbegründung weist ergänzend darauf hin, dass die **Barrierefreiheit** 101
der Maßnahmen besonders zu beachten ist. Dies könnte eine Rolle spielen bei der
Frage, wie zB eine Zwei-Wege-Authentifizierung für die Nutzer ausgestaltet wird.
Zudem stellt sich die Frage des Vorrangs. Im Zweifel ist den Nutzern mit einer barrierefreien, aber unsicheren Lösung nicht gedient. Es wird aber jeweils vorrangig versuchen zu sein, eine sowohl sichere wie auch barrierefreie Lösung zu erreichen.

f) Rechtsfolgen bei Verstößen. Ein Verstoß gegen die Pflicht aus Abs. 7 Nr. 1 102
und Nr. 2a) kann nach § 16 Abs. 2 Nr. 3 mit einem **Bußgeld** von bis zu
50.000 Euro geahndet werden. Dies betrifft die Maßnahmen für die beiden Sicherungsziele des unerlaubten Zugriffs von außen (Nr. 1) und der Verletzung des Schutzes personenbezogener Daten (Nr. 2). Ein Verstoß gegen die Pflicht, Sicherungsmaßnahmen gegen „Störungen von außen" einzuführen, ist hingegen nicht mit einem
Bußgeld bedroht.

Bei Verstößen der Anbieter gegen die Pflichten aus Abs. 7 sind zudem **zivilrecht-** 103
liche Schadensersatzansprüche und wettbewerbsrechtliche Unterlassungs-
ansprüche denkbar, → Rn. 122.

Im Rahmen der Rechtsfolgen bei Verstößen gegen die Sicherungspflichten aus 104
Abs. 7 ist die **Meldepflicht** nach **§ 15a** zu bedenken. Nach § 15a besteht eine Meldepflicht, wenn bei dem Anbieter gespeicherte Bestands- oder Nutzungsdaten unrechtmäßig übermittelt wurden oder auf sonstige Weise Dritten unrechtmäßig zur Kenntnis gelangt sind und hierbei schwere Beeinträchtigungen drohen. Zwar bezieht sich diese Meldepflicht nicht auf eigene Datenschutzverstöße des Anbieters, sondern nur solche Dritter. Wurde dieser Datenschutzverstoß Dritter aber durch unzureichende Sicherungsmaßnahmen des Anbieters ermöglicht oder begünstigt, so muss sich der **Anbieter** letztendlich selbst wegen der **Verletzung der Sicherungspflicht anzeigen.** Es ist dann die Frage ob nach § 15a iVm § 42a BDSG ein **ausreichendes Verfolgungsverbot** besteht. Denn dem Anbieter droht sonst das Bußgeld nach § 16 Abs. 2 Nr. 3. S. hierzu § 15a.

8. Sicherungs- und Meldepflicht aus § 8c BSIG

Neben Abs. 7 gilt für die **Anbieter „digitaler Dienste"** iSv § 1 Abs. 11 BSIG 105
auch die Pflicht zu **Sicherungsmaßnahmen nach § 8c BSIG** nebst einer entsprechenden Aufsicht. Zudem ergibt sich aus § 8c Abs. 3 BSIG eine **Meldepflicht** an das
BSI bei Sicherheitsvorfällen. Diese Vorschrift wurde 2017 zur Umsetzung der Richtlinie (EU) 2016/1148 neu in das bestehende BSIG eingeführt.

Damit ist für die Anbieter von digitalen Diensten, die **gleichzeitig Anbieter** von 106
Telemedien sind, eine **Doppelregulierung** verbunden. Dies gilt für die Anbieter
von Online-Marktplätzen und Web-Suchmaschinenbetreiber, denn diese sind zum
einen nach § 1 Abs. 11 Nr. 1 und Nr. 2 BSIG Anbieter von digitalen Diensten. Diese
Anbieter sind aber gleichzeitig auch Anbieter von Telemediendiensten nach § 2
Abs. 1 Nr. 1 und unterliegen den Sicherungspflichten des Abs. 7.

a) Sicherungspflicht. § 8c BSIG bestimmt die **Sicherungspflicht,** dass Anbie- 107
ter digitaler Dienste „geeignete und verhältnismäßige technische und organisatorische
Maßnahmen zu treffen haben, um Risiken für die **Sicherheit** der Netz- und Informationssysteme, die sie zur Bereitstellung der digitalen Dienste […] nutzen, zu bewältigen. Sie haben Maßnahmen zu treffen, um den Auswirkungen von **Sicherheitsvorfällen** auf […] erbrachte digitale Dienste vorzubeugen und die Auswirkungen so
gering wie möglich zu halten." Das Schutzziel liegt folglich in der „Sicherheit", die
„die Verfügbarkeit, Unversehrtheit oder Vertraulichkeit von Informationen betreffen", s. die Definition in § 2 Abs. 2 BSIG.

In **§ 8c BSIG** sind die **Schutzziele** anders definiert als in **Abs. 7, entsprechen** 108
sich aber im Großen und Ganzen. Denn das Schutzziel der „Vertraulichkeit von In-

Schmitz 477

TMG § 13 Pflichten des Diensteanbieters

formationen" nach BSIG entspricht im Ergebnis dem „Schutz personenbezogener Daten" nach Abs. 7 Nr. 2a. Das Schutzziel zur „Verfügbarkeit und Unversehrtheit" nach BSIG entspricht dem Schutz vor „unerlaubten Zugriffen" und gegen „Störungen". Es ist zwar richtig, dass im BSIG die IT-Sicherheit als Schutzgut im Vordergrund steht, während die Datenschutzbestimmungen des TMG den Schutz personenbezogener Daten als höchstes Schutzgut ansieht. Die hierfür bestimmten Sicherheitsmaßnahmen mit den hierfür bestimmten IT-Schutzzielen entsprechen sich aber im Ergebnis weitgehend.

109 Ähnlich wie **Abs. 7** orientiert auch § 8c BSIG die zu treffenden Maßnahmen an den **Stand der Technik** und den **Erfolg** zur Bewältigung der Risiken, setzt aber eine **Grenze** durch den Grundsatz der **Verhältnismäßigkeit.** Die Pflicht zur Erfüllung des Schutzzieles ist an der **„Bewältigung"** der **Risiken** durch geeignete Maßnahmen **auszurichten** und unterliegt der **Grenze der Verhältnismäßigkeit.** § 8c Abs. 2 BSIG konkretisiert, dass die Maßnahmen „unter Berücksichtigung des Stands der Technik ein Sicherheitsniveau der Netz- und Informationssysteme gewährleisten" müssen, „das dem bestehenden Risiko angemessen ist". Hierfür sind die in § 8c Abs. 2 enumerativ aufgezählten Kriterien zu beachten. Zum Begriff des **Standes der Technik,** der im BSIG nicht definiert ist, kann wie zu Abs. 7 sinngemäß auf die Definitionen zB in § 3 Abs. 6 BImSchG und § 3 Nr. 11 WHG zurückgegriffen werden. Hiernach handelt es sich bei dem Stand der Technik um den „Entwicklungsstand fortschrittlicher Maßnahmen (Verfahren, Einrichtungen und Betriebsweisen), der die praktische Eignung einer Maßnahme zur Erreichung der Schutzziele insgesamt gesichert erscheinen lässt.

110 Auch Sicht der Praxis wäre es wünschenswert, die **IT-Sicherheitspflichten** nach § 8c BSIG und Abs. 7 zu **harmonisieren,** soweit es die Anbieter digitaler Dienste betrifft. Denn auch wenn die Regelungen sich im Ergebnis weitgehend entsprechen, ist es nicht völlig ausgeschlossen, dass sich im Detail Unterschiede ergeben können. Misslich ist zudem, dass durch die Anbieter, die dieser Doppelregulierung unterliegen, im Ergebnis mindestens drei unterschiedlichen Aufsichtsbehörden für die Einhaltung der Sicherungsmaßnahmen unterliegen. Diese können naturgemäß zu unterschiedlichen Auffassungen kommen. Zudem ergibt sich ein höherer Abstimmungsbedarf. Letztendlich ist diese Konstellation aber auch durch die unterschiedlichen Schutzgüter und damit die unterschiedlichen Zuständigkeiten vorgegeben.

111 **b) Datenschutzrechtliche Erlaubnis.** Unzureichend im BSIG ist die **datenschutzrechtliche Erlaubnis** geregelt, um den Pflichten nach § 8c BSIG nachzukommen. Kritisch ist insbesondere, dass keine ausdrückliche Erlaubnis zur Verarbeitung von Nutzungsdaten im Sinne des TMG enthalten ist. Insofern sieht § 11 BSIG nur die Einschränkung des Fernmeldegeheimnisses vor und bezieht dies zudem nur auf die §§ 5 und 5a BSIG. Wegen des **Zitiergebotes** aus § 12 Abs. 2 und des dort geregelten **Erlaubnisvorbehaltes** ist deshalb fraglich, ob § 8c BSIG auch die Verarbeitung von Nutzungsdaten erlaubt, wie etwa das Speichern und Kontrollieren von IP-Adressen mit ggf. einer Sperre einzelner Adressen.

112 Diese Frage ist im Ergebnis aber durch die Rechtsprechung des **EuGH**[92] zum **Vorrang** der **DSRL** vor dem TMG beantwortet. Der EuGH hat entschieden, dass **Art. 7 lit. f) DSRL** zu Zwecken der Sicherheit auch die Verarbeitung von IP-Adressen erlaubt, sofern diese angemessen ist und das Interesse des Nutzers an einem Unterbleiben der Verarbeitung nicht überwiegt. Der BGH[93] hat hierzu entschieden, dass dieses Interesse des Nutzers regelmäßig nicht hoch zu bewerten ist, da die IP-Adressen (jedenfalls die dynamischen IP-Adressen) für den Anbieter selbst zunächst faktisch anonym (pseudonym) sind. Entsprechend ist eine **Kontrolle und Speicherung** der

---

[92] EuGH, Urt. v. 19.10.2016 – C -582/14.
[93] BGH, Urt. v. 16.5.2017 – VI ZR 135/13; BeckRS 2017, 114664.

Pflichten des Diensteanbieters **§ 13 TMG**

IP-Adressen zu Zwecken des § 8c BSIG **datenschutzrechtlich** ebenso **zulässig**, wie nach Abs. 7. Hierzu auch im Einzelnen § 15 Abs. 8 sowie § 13 Abs. 7.

Diese **datenschutzrechtliche Erlaubnis** aus **Art. 7 lit. f DSRL** ist differenzierter zu betrachten, sobald es um die **Verhaltenskontrolle einzelner Nutzer** geht, die nach einer Anmeldung mit ihrem Nutzernamen **identifiziert** werden können. Hier wird erst eine konkrete Bedrohung bzw. ein konkreter Missbrauchsverdacht erforderlich sein, um weitere Maßnahmen zu rechtfertigen, die einen so hohen Personenbezug zulassen. **113**

Auch unter der **DS-GVO** wird es insofern **keine wesentliche Änderung** geben. Denn Art. 6 Abs. 1 lit. f) DS-GVO entspricht weitgehend Art. 7 lit. f) DSRL. **114**

c) Pflicht zur Meldung eines Sicherheitsvorfalles. Kritisch ist allerdings die **Pflicht zur Meldung eines Sicherheitsvorfalles** nach **§ 8c Abs. 3 BSIG** zu betrachten. Anbieter haben hiernach jeden Sicherheitsvorfall, der erhebliche Auswirkungen auf die Bereitstellung eines Dienstes hat, **unverzüglich** dem Bundesamt **(BSI) zu melden**, s. im Einzelnen § 8c Abs. 3 BSIG. Denn das BSIG enthält keine Vorschrift, nach welcher das meldepflichtige Unternehmen bei Durchführung der Meldung hierfür Verfolgungsfreiheit bezüglich des gemeldeten Verstoßes genießt. Dies verstößt gegen den Grundsatz, dass sich niemand einer möglichen Straftat oder Ordnungswidrigkeit zwangsweise selbst bezichtigen muss. **115**

Die Meldung kann aber eine **Verfolgung** des **meldenden Anbieters** bewirken. Denn schon aufgrund der Meldung kann sich herausstellen, dass der Anbieter die Pflicht aus § 8c Abs. 1 BSIG nicht oder nicht ausreichend getroffen hat. Dies ist nach § 14 Abs. 1 Nr. 5 BSIG ordnungswidrig und kann nach § 14 Abs. 2 BSIG mit einer Geldbuße bis zu 50.000 Euro geahndet werden. Gleichfalls ist aber auch das Unterlassen der Meldung mit einer Geldbuße von 50.000 Euro belegt, § 14 Abs. 1 Nr. 6 und Abs. 2 BSIG. **116**

Damit liegt ein **Verstoß** gegen den **Grundsatz** vor, dass sich **niemand zwangsweise selbst** einer **Straftat oder Ordnungswidrigkeit bezichtigen muss**. Dieser Zwang zur Selbstbezichtigung stellt jedenfalls dann nach ständiger Rechtsprechung des BVerfG einen rechtswidrigen Eingriff dar, wenn die zwangsweise durchgesetzte Auskunftspflicht nicht mit einem strafrechtlichen Verwendungsverbot einhergeht.[94] Dieser Grundsatz ist im Ergebnis gleichfalls durch **Art. 6 EMRK** bestimmt als Ausdruck eines Rechts auf ein **faires Verfahren**.[95] **117**

Die Rechtsfolge ist, dass die **Pflicht zur Meldung** damit **unwirksam** ist, wenn durch die Meldung eine Verfolgung wegen mangelnder Umsetzung der Sicherungspflichten zu erwarten ist. Denn auf eine Aussetzung der Verfolgung kann in diesen Fällen nicht vertraut werden. Der **Gesetzgeber** ist hier dringend zur **Nachbesserung** aufgerufen. **118**

9. Auskunftsanspruch des Nutzers (Abs. 7)

a) Überblick. Die Pflichten des Anbieters werden durch die nunmehr in § 13 Abs. 7 geregelte Auskunftspflicht ergänzt, die inhaltlich die Regelung aus § 4 Abs. 7 TDDSG und bereits des § 7 TDDSG 1997 aF übernimmt. Jeder Anbieter muss auf Verlangen einem Nutzer jederzeit unentgeltlich Einsicht in die zu dessen Person oder zu dessen Pseudonym gespeicherten Daten gewähren und diese Auskunft auch elektronisch erteilen. **119**

b) Auskunft zum Pseudonym. Soweit die Regelung auch zur **Auskunft** über unter **Pseudonym** gespeicherte Daten verpflichtet, führt diese § 15 Abs. 3 S. 3 ad ab- **120**

---

[94] Vgl. BVerfG, NJW 1981, 1431; BVerfG, NJW 2005, 352; BVerfG, 2 BvL 19/08 (BeckRS 2009, 38641, B II 2c)).
[95] EGMR, NJW 2002, 499, 501.

surdum und erscheint insoweit verfassungswidrig und **unwirksam**.[96] Die Erfüllung der Verpflichtung aus § 13 Abs. 7, dem Nutzer über die zu seiner Person oder zu seinem Pseudonym gespeicherten Daten beim Telemedienanbieter Auskunft zu geben, erfordert seitens des Anbieters, dass er die in dem Nutzungsprofil unter dem Pseudonym erfassten Daten mit dem Träger des Pseudonyms wieder zusammenführt. Damit liegt ein Verstoß gegen das Zusammenführungsverbot des § 15 Abs. 3 S. 3 vor, das auch aus den vom BVerfG aufgestellten Grundsätzen zum Schutz des Rechtes auf informationelle Selbstbestimmung folgt.[97] Aus diesem Dilemma führt im Falle der pseudonymisierten Persönlichkeitsprofile auch nicht der Weg heraus, dass der Nutzer unter dem Pseudonym anfragt und ihm die Auskunft unter dem Pseudonym erteilt wird.[98] Denn im Fall der von dem Anbieter erstellten Pseudonymisierung hat der Nutzer keine Kenntnis von dem ihm zugeordneten Pseudonym, so dass die Zusammenführung durch den Diensteanbieter zu bewerkstelligen wäre. Es kann auch nicht davon ausgegangen werden, dass mit der Anfrage ohne Weiteres eine ausreichende Einwilligung des anfragenden Nutzers in die Zusammenführung seines Profils mit der Zuordnung seines Pseudonyms vorliegt, da sich der Nutzer in der Regel nicht der Konsequenzen bewusst sein wird.

121   c) **Untaugliche Eingriffsregelung.** Die „Schutz"-Regelung in **§ 13 Abs. 7** erscheint deshalb **ohne ausreichende Einwilligung und Aufklärung** des Nutzers als **untaugliche Eingriffsregelung** und ist deshalb insoweit als nichtig anzusehen, wie sie den Diensteanbieter ohne weitere Voraussetzungen auch zur Auskunft über die unter Pseudonym erstellten Nutzungsprofile verpflichtet.[99] Es ist widersinnig, zum Schutze des Nutzers zunächst die Verschleierung des Personenbezugs und dann dessen Aufdeckung „zum Schutz" des Nutzers bei einer Auskunftsanfrage zu verlangen. Hier muss akzeptiert werden, dass sich die Schutzmechanismen von Pseudonymisierung und Auskunftsverlangen widersprechen. Anderes kann allenfalls nur dann gelten, wenn der Nutzer trotz Aufklärung über die erforderliche Zusammenführung und „Reidentifizierung" bei seinem Auskunftsverlangen bleibt und der damit in wirksamer Weise mit seiner Reidentifizierung einverstanden ist.

10. Rechtsfolge bei Verstößen

122   Als **mögliche Rechtsfolge** bei Verstößen gegen eine Pflicht insbesondere aus Abs. 1 und Abs. 7 kommt die Verwirkung eines **Bußgeldes,** zivilrechtliche **Schadensersatzansprüche** von Geschädigten sowie **Unterlassungsansprüche** von Wettbewerbern nach dem **UWG** in Betracht.

123   a) **Bußgeld.** Die Verletzung einzelner **Pflichten** ist nach § 16 Abs. 2 mit einem **Bußgeld** bedroht, s. auch zu § 16. Mit einem Bußgeld von bis zu **50.000 Euro** ist nach § 16 Abs. 3 bedroht, wer
– entgegen § 13 Abs. 1 S. 1 oder S. 2, den Nutzer nicht, nicht richtig, nicht vollständig oder nicht rechtzeitig unterrichtet.
– einer Vorschrift des § 13 Abs. 4 S. 1 Nr. 1–4 oder 5 oder Abs. 7 S. 1 Nr. 1 oder Nr. 2 Buchst. a über eine dort genannte Pflicht zur Sicherstellung zuwiderhandelt.

124   Bei den **Pflichten aus Abs. 7** ist nicht jedes Unterlassen von Maßnahmen mit einem Bußgeld bedroht. Ein Bußgeld wird nach § 16 Abs. 2 Nr. 3 nur angedroht bei einer Pflichtverletzung bezüglich Maßnahmen für die beiden Sicherungsziele des unerlaubten Zugriffs von außen (Nr. 1) und die Verletzung des Schutzes personenbezo-

---

[96] Vgl. auch § 15 Rn. 82 ff.
[97] BVerfGE 65, 1, 53 f.; vgl. hierzu *Schmitz*, TDDSG, S. 18 ff.
[98] So der Vorschlag von *Schaar*, Rn. 508 zum Problem der nachträglichen Aufdeckung von Pseudonymen.
[99] AA *Bäumler*, DuD 1999, 258, 261, der eine Verbesserung in der Regelung sieht.

gener Daten (Nr. 2). Ein Verstoß gegen die Pflicht, Sicherungsmaßnahmen gegen „**Störungen von außen**" einzuführen (**Nr. 3**), ist hingegen **nicht mit einem Bußgeld** bedroht.

b) Zivilrechtlicher Schadensersatz. Bei Verstößen der Anbieter gegen die Pflichten sind zudem **zivilrechtliche Schadensersatzansprüche** seitens von Geschädigten denkbar. Diese können sich auch der Verletzung einer vertraglichen Pflicht nach § 280 BGB ergeben, da die in § 13 normierten Pflichten, wie insbesondere aus Abs. 1 und Abs. 7, im Ergebnis auch die **vertraglichen Schutzpflichten** bestimmen. Denn die Nutzer können darauf vertrauen, dass ein Anbieter die Schutzpflichten einhält. Es wird zudem vertreten, dass es sich bei den Pflichten aus Abs. 7 um ein Schutzgesetz iSv § 823 Abs. 2 BGB handelt.[100] Daneben ist eine **deliktische Haftung** aus § 823 Abs. 1 BGB denkbar bei der Verletzung der entsprechend geschützten Rechtsgüter. Dennoch sind in der **Praxis** zivilrechtliche Schadensersatzansprüche **schwer durchsetzbar,** weil ua sowohl die haftungsbegründende, wie auch die haftungsausfüllende Kausalität zu beweisen ist und für erstere keine Beweiserleichterungen gelten. Zudem sind die deutschen Gerichte bei einer Schadensschätzung nach § 287 ZPO auch bei der Haftungsausfüllung sehr zurückhaltend, selbst wenn feststeht, dass ein Schaden in irgendeiner Höhe entstanden ist. 125

c) Unterlassungsansprüche aus dem UWG. Im Hinblick auf Unterlassungsansprüche aus dem **UWG** ist strittig, ob die Sicherungspflichten aus Abs. 1 und damit entsprechend auch aus Abs. 7 gleichzeitig **Marktverhaltensregeln** nach § 3a UWG (§ 4 Nr. 11 UWG aF) darstellen und Verstöße somit von Wettbewerbern geltend gemacht werden können.[101] Zu den Pflichten aus Abs. 1 gibt es widerstreitende Rechtsprechung. Nach Ansicht des OLG Hamburg handelt es sich bei den Pflichten aus Abs. 1 um Marktverhaltensregeln im Sinne des UWG (§ 4 Nr. 11 UWG aF).[102] Nach einer (älteren) Ansicht des KG ist dies nicht der Fall.[103] 126

Die Vorschrift des **Abs. 1** ist eine **Marktverhaltensregel iSv § 3a UWG,** da sie auch dem **Schutz der Interessen der Wettbewerber** dient.[104] Denn diese Vorschrift setzt ua Art. 10 DSRL um, die nicht nur datenbezogene Grundrechte gewährleisten (Erwägungsgrund 1), sondern auch den grenzüberschreitenden Verkehr personenbezogener Daten auf ein einheitliches Schutzniveau heben soll (Erwägungsgründe 6 und 7), weil ein unterschiedliches Schutzniveau ein **Hemmnis für die Ausübung von Wirtschaftstätigkeiten** auf Gemeinschaftsebene darstellen und den Wettbewerb verfälschen könne (Erwägungsgrund 7 S. 2). Die Regelungen der RL dienen deshalb auch der Beseitigung solcher Hemmnisse, um einen grenzüberschreitenden Fluss personenbezogener Daten kohärent in allen Mitgliedstaaten und in Übereinstimmung mit dem Ziel des Binnenmarkts zu regeln (Erwägungsgrund 8). Entgegen der Auffassung des KG[105] handelt es sich deshalb bei dem Verstoß gegen § 13 nicht nur um Missachtung einer Interessen allein überindividuelle Belange des freien Wettbewerbs regelnden Vorschrift. Denn § 13 soll ausweislich der genannten Erwägungsgründe der DSRL jedenfalls auch die wettbewerbliche Entfaltung des Mitbewerbers schützen, indem gleiche Wettbewerbsbedingungen geschaffen werden. Die Vorschrift dient mithin auch dem Schutz der Interessen der Mitbewerber und ist da- 127

---

[100] *Djeffal,* MMR 2015, 716, 719.
[101] S. zu den Regeln nach § 5 auch unter § 5 Rn. 65 ff.
[102] OLG Hamburg, Urt. v. 27.6.2013 – 3 U 26/12 = BeckRS 2013, 11804 zu § 13 Abs. 1; OLG Köln, Urt. v. 11.3.2016 – 6 U 121/15 = MMR 2016, 530.
[103] KG, B. v. 29.4.2011 – 5 W 88/11 = MMR 2011, 464.
[104] So auch Spindler/Schuster/*Micklitz/Schirmbacher,* § 4 UWG Rn. 366.
[105] KG, B. v. 29.4.2011 – 5 W 88/11 = MMR 2011, 464.

mit eine Regelung iSd § 3a UWG (§ 4 Nr. 11 UWG aF), die dazu bestimmt ist, das Marktverhalten im Interesse der Marktteilnehmer zu regeln.[106]

128 Diese Erwägung zur **Marktverhaltensregel** lassen sich im Ergebnis auch auf die Schutzpflichten des **Abs. 7 übertragen**. Zwar liegt der Zweck des IT-SicherheitsG nicht so deutlich auch in der Sicherung des freien Wettbewerbes, wie nach der DSRL, die den Inhalt von Abs. 1 vorgibt. Ziel des IT-SicherheitsG, durch den Abs. 7 eingeführt wurde, ist „die Verbesserung der IT-Sicherheit von Unternehmen, der verstärkte Schutz der Bürgerinnen und Bürger im Internet sowie in diesem Zusammenhang auch die Stärkung von BSI und Bundeskriminalamt (BKA).[107] Im Gesamtzusammenhang wird aber deutlich, dass die Belange der IT-Sicherheit den Staat, die Wirtschaft und die Gesellschaft in immer größerem Maße durchdringen und die Abhängigkeit von IT-Systemen im wirtschaftlichen, gesellschaftlichen und individuellen Bereich wächst.[108] Dies spricht dafür, dass ein unterschiedliches Schutzniveau zu Hemmnissen auch im Wettbewerb führt, weil sich zB Schadsoftware schneller und weiter verbreiten kann und hierbei dann die Systeme der Nutzer und auch von potentiellen Wettbewerbern beeinflussen kann.[109]

129 Für die Annahme einer Marktverhaltensregel auch bei Abs. 7 spricht zudem, dass Normen, die die **Produktsicherheit** regeln, zunehmend als eine solche **Marktverhaltensregel** gesehen werden.[110] So soll es sich auch bei **§ 3 Abs. 1 ProdSG** um eine Marktverhaltensregelung iSv § 3a UWG (§ 4 Nr. 11 UWG aF) handeln Nach dieser Bestimmung darf ein Produkt nur dann „auf dem Markt" bereitgestellt werden, wenn bei bestimmungsgemäßer oder vorhersehbarer Verwendung die Sicherheit und Gesundheit von Personen nicht gefährdet wird.[111] Alleine in der Pflicht, die sicherheitstechnischen Anforderungen zu erfüllen, wird eine Regelung zum Marktverhalten dieser Anbieter gesehen. Dieser Auffassung ist im Hinblick auf Abs. 7 im Ergebnis zuzustimmen, da sich die **Sicherheitslage im Internet** wie im Absatz oben ausgeführt **gegenseitig beeinflusst** und damit auch die Wettbewerbsbedingungen regelt.

§ 14 Bestandsdaten

(1) **Der Diensteanbieter darf personenbezogene Daten eines Nutzers nur erheben und verwenden, soweit sie für die Begründung, inhaltliche Ausgestaltung oder Änderung eines Vertragsverhältnisses zwischen dem Diensteanbieter und dem Nutzer über die Nutzung von Telemedien erforderlich sind (Bestandsdaten).**

(2) **Auf Anordnung der zuständigen Stellen darf der Diensteanbieter im Einzelfall Auskunft über Bestandsdaten erteilen, soweit dies für Zwecke der Strafverfolgung, zur Gefahrenabwehr durch die Polizeibehörden der Länder, zur Erfüllung der gesetzlichen Aufgaben der Verfassungsschutzbehörden des Bundes und der Länder, des Bundesnachrichtendienstes oder des Militärischen Abschirmdienstes oder des Bundeskriminalamtes im Rahmen seiner Aufgabe zur Abwehr von Gefahren des internationalen Terrorismus oder zur Durchsetzung der Rechte am geistigen Eigentum erforderlich ist.**

---

[106] So die überzeugende Begr. des OLG Hamburg, Urt. v. 27.6.2013 – 3 U 26/12 = BeckRS 2013, auf die das OLG Köln zust. Bezug nimmt (OLG Köln, Urt. v. 11.3.2016 – 6 U 121/15 = MMR 2016, 530). Zu § 4 Nr. 11 UWG aF s. auch Köhler/Bornkamm/*Köhler*, UWG, 35. Aufl., zu § 4 UWG Rn. 11.35c sowie zu § 3a UWG nF, 35. Aufl., § 3a Rn. 1.1310.
[107] BT-Drs. 18/4096, S. 1.
[108] BT-Drs. 18/4096, S. 1.
[109] S. zu den Regeln nach § 5 auch unter § 5 Rn. 65 ff.
[110] S. Köhler/Bornkamp/*Köhler*, UWG, 35. Aufl., § 3a Rn. 1.281.
[111] OLG Frankfurt a. M., Urt. v. 21.5.2015 – 6 U 64/14 = BeckRS 2015, 10633.

Bestandsdaten **§ 14 TMG**

(3) Der Diensteanbieter darf darüber hinaus im Einzelfall Auskunft über bei ihm vorhandene Bestandsdaten erteilen, soweit dies zur Durchsetzung zivilrechtlicher Ansprüche wegen der Verletzung absolut geschützter Rechte aufgrund rechtswidriger Inhalte, die von § 1 Absatz 3 des Netzwerkdurchsetzungsgesetzes erfasst werden, erforderlich ist.

(4) ¹Für die Erteilung der Auskunft nach Absatz 3 ist eine vorherige gerichtliche Anordnung über die Zulässigkeit der Auskunftserteilung erforderlich, die vom Verletzten zu beantragen ist. ²Für den Erlass dieser Anordnung ist das Landgericht ohne Rücksicht auf den Streitwert zuständig. ³Örtlich zuständig ist das Gericht, in dessen Bezirk der Verletzte seinen Wohnsitz, seinen Sitz oder eine Niederlassung hat. ⁴Die Entscheidung trifft die Zivilkammer. ⁵Für das Verfahren gelten die Vorschriften des Gesetzes über das Verfahren in Familiensachen und in den Angelegenheiten der freiwilligen Gerichtsbarkeit entsprechend. ⁶Die Kosten der richterlichen Anordnung trägt der Verletzte. ⁷Gegen die Entscheidung des Landgerichts ist die Beschwerde statthaft.

(5) ¹Der Diensteanbieter ist als Beteiligter zu dem Verfahren nach Absatz 4 hinzuzuziehen. ²Er darf den Nutzer über die Einleitung des Verfahrens unterrichten.

Literatur: *Gersdorf*, „Hate Speech in sozialen Netzwerken", MMR 2017, 439; *Hoeren*, „Telemediengesetz", NJW 2007, 801 ff.; *Spindler*, Der Regierungsentwurf zum Netzwerkdurchsetzungsgesetz – europarechtswidrig?, ZUM 2017, 473; *Spindler/Dorschel*, Vereinbarkeit der geplanten Auskunftsansprüche gegen Internet-Provider mit EU-Recht, CR 2006, 341 ff.

Übersicht

	Rn.
I. Allgemeines	1
II. Einzelkommentierung	9
1. Begriff der Bestandsdaten und Verarbeitung nach Abs. 1	9
a) Begriff und gesetzlicher Erlaubnistatbestand	9
b) Erforderlichkeit und Art. 7 lit. f) DSRL	14
aa) Gesetzliche Bestimmung	15
bb) Ergänzung durch Art. 7 lit. f) DSRL	17
cc) Abwägung	21
dd) Kritik an der Rechtsprechung des EuGH	23
ee) Weitere Zwecke	24
2. Auskunft an die Bedarfsträger und Private nach Abs. 2	27
a) Überblick und Zweckbindungs- sowie Zitiergebot	27
b) Auskunft an die Bedarfsträger (Abs. 2)	34
aa) Bestandsdaten	35
bb) Auskunft über Nutzungsdaten	37
cc) Ausblick zur DS-GVO	39
c) Auskunftserteilung zur Durchsetzung der Rechte am geistigen Eigentum	40
aa) Auskunft über Bestandsdaten	41
bb) Auskunft über Nutzungsdaten	44
3. Auskunftserteilung wegen der Verletzung „absolut geschützter Rechte" nach Abs. 3–5	50
a) Verletzung „absolut geschützter Rechte" nach § 1 Abs. 3 NetzDG	57
b) Zivilrechtliche Grundlage für den Auskunftsanspruch	60
c) Zivilverfahren und Richtervorbehalt	62
d) Auskunft über Nutzungsdaten	64
e) Regelung unter DS-GVO und neuem BDSG	68

	Rn.
4. Erlaubnis durch Einwilligung in weitere Zwecke	69
5. Ausblick DS-GVO und ePrivacy-VO	73

I. Allgemeines

1 Die Vorschrift regelt als **Erlaubnistatbestand** in **Abs. 1** die Befugnis der Diensteanbieter, personenbezogene Daten eines Nutzers zu erheben und zu verwenden. Diese Erlaubnis zur Verarbeitung steht nach Abs. 1 unter dem **Erforderlichkeitsvorbehalt** „soweit sie für die Begründung, inhaltliche Ausgestaltung oder Änderung eines Vertragsverhältnisses zwischen dem Diensteanbieter und dem Nutzer über die Nutzung von Telemedien erforderlich sind **(Bestandsdaten)**". Dies entspricht gleichlautend der Vorgängerfassung des § 5 S. 1 TDDSG 2001. **Abs. 2** regelt ähnlich wie der bisherige § 5 S. 2 TDDSG 2001 die datenschutzrechtliche Befugnis des Diensteanbieters, die Bestandsdaten den sog. Bedarfsträgern oder anderen Dritten bei **Auskunftsanfragen** im Falle einer entsprechenden Anordnung zu übermitteln. Abs. 2 bildet hierbei keine eigene Ermächtigungsgrundlage, sondern setzt voraus, dass die Auskunftsanordnung durch ein Spezialgesetz legitimiert ist.

2 In Folge des **Urteils des EuGH**[1] zur **vorrangigen Geltung** der **DSRL** gilt auch für § 14, dass der strenge Erforderlichkeitsvorbehalt richtlinienkonform erweiternd auszulegen ist. Deshalb ist der strenge Erforderlichkeitsvorbehalt insbesondere um die **Erlaubnis nach Art. 7 lit. f)** DSRL **zu ergänzen**, der eine **Abwägung** zwischen den Interessen vorsieht. Zwar ist das Urteil des EuGH nur zu § 15 ergangen, die Rechtssätze des EuGH verlangen aber den generellen Vorrang der Datenschutz-RL, da diese keinen Umsetzungsspielraum zulässt. Diese differenziert auch nicht zwischen Bestands- oder Nutzungsdaten.

3 Mit dem **NetzDG** wurde im Sommer 2017 eine **Ergänzung** der Abs. 3–5 vorgenommen wonach eine Auskunftserteilung auch wegen der Verletzung „**anderer absoluter geschützter Rechte**" zu erteilen ist, wenn diese aufgrund rechtswidriger Inhalte erfolgt, die von **§ 1 Abs. 3 NetzDG** erfasst werden. Das NetzDG erlangt zum 1.10.2017 Gültigkeit. Durch die datenschutzrechtlicher Erlaubnis soll eine Auskunftserteilung bei der Verletzung des **Persönlichkeitsrechts** bei sog. Hass-Postings ermöglicht werden, wobei nur solche Postings erfasst werden, die die Grenze zur **Strafbarkeit** überschreiten. Der Auskunftsanspruch selbst ergibt sich nach der Rechtsprechung des BGH aus § 242 BGB und erfährt durch die Abs. 3–5 keine Abwandlung.

4 Nach **massiver Kritik**, dass der bisherige Verweis auf „absolut geschützter Rechte" zu weit und ungenau war sowie die Durchsetzung der Auskunftsansprüche durch einen „Einschüchterungseffekt" zu einer europarechtswidrigen und verfassungswidrigen Einschränkung der Meinungsfreiheit führen können,[2] ist es noch zu **weitgehenden Änderungen** gegenüber dem ursprünglichen Entwurf gekommen. Der Gesetzgeber hat für die datenschutzrechtliche Erlaubnis die Voraussetzung einer Verletzung nach § 1 Abs. 3 NetzDG sowie den Richtervorbehalt eingeführt.

5 **Ursprünglich** sollte es nur eine knappe Ergänzung des Abs. 2 geben, so dass für die Auskunft über die Bestandsdaten **kein Richtervorbehalt** gegolten hätte. Dies hätte neben den Bedenken bei der Bestandsdatenauskunft auch zur Folge gehabt, dass eine Auskunft über die **Nutzungsdaten** auf Grund des Verweises in § 15 Abs. 5 S. 4 wegen des Eingriffs in den Schutzbereich des Fernmeldegeheimnisses **unwirksam** gewesen wäre. Auch hier gilt aber nun für die Auskunftserteilung durch den

---

[1] EuGH, Urt. v. 19.10.2016 – C-582/14; s. hierzu BGH, Urt. v. 16.5.2017 – VI ZR 135/13.
[2] *Spindler,* ZUM 2017, 473, 486.

Bestandsdaten **§ 14 TMG**

Verweis auf die Abs. 3–5 der Richtervorbehalt, so dass sich diese Bedenken auch diesbezüglich erledigt haben.

Über die in § 15 Abs. 5 S. 4 versteckte Verweisung regeln Abs. 3–5 auch die Auskunftserteilung über **Verkehrsdaten,** wobei nach wie vor strittig ist, ob die Beschränkung nach der ePrivacy-Richtlinie 2002/58/EG gelten.[3] 6

Diese Erlaubnisregelung des § 14 zur Verarbeitung von Bestandsdaten nach dem TMG ist **grundsätzlich abschließend,** soweit nicht eine weitere Erlaubnis erteilt wird durch „eine andere Rechtsvorschrift, die sich ausdrücklich auf Telemediendienste bezieht", oder durch Einwilligung des Nutzers. Insbesondere ein weiterer Rückgriff auf die Erlaubnistatbestände der §§ 28ff. BDSG ist damit unzulässig. Allerdings entspricht durch die Rechtsprechung des EuGH der zusätzlich anwendbare **Art. 7 lit. f) DSRL** dem § 28 Abs. 1 Nr. BDSG. Die Öffnung für **weitere gesetzliche Erlaubnistatbestände,** die sich unmittelbar auf das TMG beziehen müssen (**„Zitiergebot")** ergibt sich nun ausdrücklich aus § 12 Abs. 2 und präzisiert die bislang schon zum TDDSG vertretene Auffassung, dass die Erlaubnistatbestände des TMG grundsätzlich abschließend sind.[4] Verstöße gegen § 14 Abs. 1 stellen nach § 16 Abs. 2 Nr. 5 **Ordnungswidrigkeiten** dar, die nach § 16 Abs. 3 mit einer Geldbuße von bis zu 50.000 Euro geahndet werden können. 7

Insbesondere im Falle von AGB-Einwilligungen ist bei einer möglichen Beurteilung der Klausel zu beachten, dass **Einwilligungen** durchaus dem **Leitbild des Gesetzes entsprechen.** Zwar ist im TMG, wie bereits auch schon in der Neufassung des § 5 TDDSG 2001, die in der Ursprungsfassung des § 5 TDDSG 1997 enthaltene Klarstellung, dass im Falle der Einwilligung des Nutzers die Verarbeitung der Bestandsdaten zu Zwecken der Werbung zulässig ist, nicht mehr ausdrücklich enthalten. Hierzu hatte der Gesetzgeber allerdings bereits zur Neufassung des TDDSG 2001 ausgeführt, dass diese ausdrückliche Nennung nur aus systematischen Gründen weggefallen sei. Der Gesetzgeber war der Ansicht, dass die allgemeine Regelung zur Zulässigkeit der Datenverarbeitung bei einer erteilten Einwilligung (aktuell § 12 Abs. 1) ausreichend sei und es deshalb zur Vermeidung von Auslegungsschwierigkeiten keiner Wiederholung dieses Grundsatzes bei den einzelnen Erlaubnistatbeständen bedürfe.[5] 8

II. Einzelkommentierung

1. Begriff der Bestandsdaten und Verarbeitung nach Abs. 1

a) Begriff und gesetzlicher Erlaubnistatbestand. Das Gesetz regelt die Befugnis zur Verarbeitung der sog. „Bestandsdaten" nach dem **Kriterium,** ob diese Verarbeitung „für die Begründung, inhaltliche **Ausgestaltung** oder Änderung eines **Vertragsverhältnisses** […] über die Nutzung von Telemediendiensten **erforderlich"** ist und nennt nur die so bestimmten Daten **„Bestandsdaten".** Die Vorschrift bestimmt auf diese Weise keinen generellen Zulässigkeitskatalog von Daten, sondern erlaubt die Verarbeitung **in Abhängigkeit von der Erforderlichkeit** zur Vertragsausgestaltung. Gleichwohl ist hierin streng genommen keine „Vermischung" von Begriffsbestimmung und Rechtmäßigkeitsvoraussetzungen zu sehen,[6] sondern eine einheitliche Festlegung. Andere als die Bestandsdaten, die per Definitionem für die Ausgestaltung des Vertrages erforderlich sind, dürfen im Rahmen der gesetzlichen Erlaubnis nicht verarbeitet werden. Ist die Verarbeitung von Daten wie zB Name oder 9

---

[3] Spindler/Schuster/*Spindler/Nink,* § 14 TMG Rn. 8.
[4] Vgl. zum TDDSG 2001: BT-Drs. 14/6098, S. 29 sowie die Voraufl., § 5 TDDSG Rn. 1.
[5] Vgl. zum TDDSG 2001: BT-Drs. 14/6098, 29 sowie die Voraufl., § 5 TDDSG Rn. 1.
[6] Spindler/Schuster/*Spindler/Nink,* § 14 TMG Rn. 2.

Anschrift des Nutzers nicht erforderlich, unterfallen diese nur der ganz allgemeinen Kategorie der „personenbezogenen" Daten, bilden aber keine „Bestandsdaten". Erteilt der Nutzer zur Verarbeitung dieser Daten seine Einwilligung, handelt es sich streng genommen dennoch nicht um „Bestandsdaten".

10 Zu beachten ist, dass nach EuGH[7] folgerichtig auch der **Erlaubnistatbestand des § 14** um den **Abwägungstatbestand nach Art. 7 lit. f) DSRL zu ergänzen** ist, da die RL nicht zwischen Nutzungs- und Bestandsdaten unterscheidet. Damit ist der sich aus dem Wortlaut des Abs. 1 ergebende **strenge Erforderlichkeitsvorbehalt** ebenso **aufgehoben,** wie dies nach EuGH und BGH zu § 15 Abs. 1 der Fall ist.

11 Diese **strenge Begrifflichkeit** ergibt sich aus dem Gesetz, wird in der Praxis aber oft ohne schädliche Folgen für die Rechtsfindung und zum Teil auch aus Gründen einer verständlicheren Prüfung missachtet. In der Literatur wird der Begriff der Bestandsdaten oftmals unabhängig von der Erforderlichkeit allgemein als Oberbegriff für Daten verwendet, welche die Person des Nutzers und seine Vertragsdaten identifizieren. In der Praxis wird bei diesem Verständnis dann geprüft, ob diese „sog. Bestandsdaten" für die Ausgestaltung des Vertragsverhältnisses erforderlich sind. Streng genommen gibt es zwar keine „nicht erforderlichen" Bestandsdaten und der Begriff der „erforderlichen Bestandsdaten" ist eine Tautologie. Auch in diesem Fall wird aber das gesetzliche Ergebnis erzielt, welches die Verarbeitung dieser Daten von der Erforderlichkeit oder aber einer Einwilligung abhängig macht. Es würde die Begrifflichkeit im Datenschutzrecht vereinfachen, wenn der Gesetzgeber diese einheitlich definieren würde. Anders als in § 14 kennt zB § 95 TKG den Oberbegriff der „Bestandsdaten" und unterscheidet zwischen solchen, die zur Ausgestaltung des Vertrages erforderlich sind und solchen, die es nicht sind.

12 Zu beachten ist, dass die Daten, wie zB IP-Adresse und E-Mail-Adresse, der Bestimmung nach § 14 **nur** insoweit unterfallen, als tatsächlich ein **Telemediendienst** angeboten wird, der dem TMG unterfällt. In **entsprechender Anwendung** gilt § 14 **auch** für **Rundfunkdienste,** da § 47 RStV entsprechend auf das TMG verweist. **Keine Anwendung** findet § 14 insbesondere für die sog. **„reinen" Telekommunikationsdienste** nach § 1 Abs. 1 iVm § 3 Nr. 24 TKG, die sog. **„überwiegenden Telekommunikationsdienste"** nach § 1 Abs. 1 iVm § 3 Nr. 24 TKG (für die das TKG und nur die in § 11 Abs. 3 ausdrücklich genannten Regelungen des TMG gelten) sowie für die **telekommunikationsgestützten Dienste** nach § 1 Abs. 1 iVm § 3 Nr. 25 TKG. Für diese Dienste gelten vielmehr ausschließlich die telekommunikationsrechtlichen Bestimmungen des TKG (insbesondere § 95 TKG sowie §§ 111, 112 TKG für Anfragen der Sicherheits- und Strafverfolgungsbehörden). Nicht anwendbar sind die Datenschutzbestimmungen des TMG und insbesondere des § 14 zB für den Access-Provider, der den Regeln des TKG unterliegt.[8] Im Rahmen des gesetzlichen Grunderlaubnistatbestandes für die Verarbeitung der betrieblichen Erforderlichkeit ergeben sich allerdings in der Praxis keine Unterschiede zwischen §§ 14 und 95 TKG, da beide Regelungen auf diese Erforderlichkeit abstellen. Anders sieht dies allerdings für die Frage der Auskunftserteilung und der sog. Vorratsdatenspeicherung nach § 113a ff. TKG sowie den maßgeblichen Ermächtigungsnormen der sog. Bedarfsträger aus. Hier ergeben sich regelmäßig zum Teil gravierende Unterschiede.

13 Nach einer **Ansicht** soll es für die Anwendbarkeit von § 14 Abs. 1 eine weitere **Beschränkung** für sog. **„Inhaltsdaten"** geben. Nach dieser Meinung findet § 14 keine Anwendung, wenn Telemedien lediglich zur Interaktion zwischen Diensteanbieter und Nutzer eingesetzt werden, ohne dass es inhaltlich um die Nutzung von Te-

---

[7] EuGH, Urt. v. 19.10.2016 – C-582/14. S. hierzu BGH, Urt. v. 16.5.2017 – VI ZR 135/13.
[8] Vgl. zur Abgrenzung zwischen diesen Diensten ausf. § 1 Rn. 8 ff.; so auch Spindler/Schuster/*Spindler/Nink,* § 14 TMG Rn. 9.

Bestandsdaten **§ 14 TMG**

lemedien geht. Als Beispiel wird der Kauf von Waren in einem Internetshop genannt.[9] Diese Ansicht kann **nicht überzeugen,** da sie keine Stütze im Gesetz findet. Nach § 14 ist nur entscheidend, dass die Daten für die Nutzung des Telemediendienstes, zB eines Einkaufs in einem Online-Shop, erforderlich sind. Auch wenn hierdurch ein Kauf über ein Produkt geschlossen wird, welches „offline" versendet wird, liegt der Telemediendienst gerade in der Bereitstellung des „Online-Shops" mit der Möglichkeit, online einzukaufen. Nur diese Betrachtung wird im Übrigen der besonderen datenschutzrechtlichen Gefährdungslage bei Diensten im Internet gerecht. Selbstverständlich dürfen die Daten auch zur Abwicklung des durch den Telemediendienst geschlossenen Vertrags genutzt werden. Die Abwicklung einer Offline-Leistungsbeziehung richtet sich dann – wie bei den Inhaltsdaten – nach dem BDSG. Es bleibt aber bei der engen Zweckbindung, so dass der Online-Shop die „Bestandsdaten" nur unter den Voraussetzungen des § 14 weitergeben darf. Da allerdings Art. 7 lit. f) DSRL insgesamt ergänzend für das TMG gilt und damit auch für § 14, hat die Streitfrage keine Praxisrelevanz mehr. Denn die Regelung gleicht nun § 28 Abs. 1 Nr. 2 BDSG.

b) Erforderlichkeit und Art. 7 lit. f) DSRL. Die Erlaubnis aus Abs. 1 bestimmt **14** sich anhand des **Gesetzeswortlauts,** der auf die **„Erforderlichkeit"** der Datenverarbeitung für die „inhaltliche Ausgestaltung" des Vertrages abstellt. Diese auf die strikte Erforderlichkeit begrenzte Erlaubnis ist nach dem **EuGH**[10] **richtlinienkonform** durch **Art. 7 lit. f) DSRL** zu **ergänzen** und sieht einen **Abwägungstatbestand** vor. Durch diese Kombination ergibt sich im Ergebnis eine vergleichbare Verarbeitungserlaubnis wie nach § 28 Abs. 1 Nr. 2 BDSG.

aa) Gesetzliche Bestimmung. § 14 macht die Erlaubnis zur Verarbeitung der **15** personenbezogenen Daten davon abhängig, ob diese „für die Begründung, inhaltliche Ausgestaltung oder Änderung eines Vertragsverhältnisses zwischen dem Diensteanbieter und dem Nutzer über die Nutzung von Telemedien **erforderlich sind (Bestandsdaten)**". Die „inhaltliche Ausgestaltung" ist hierbei als Vertragsabwicklung zu übersetzen, so dass die Verarbeitung der Bestandsdaten zB auch – soweit erforderlich – für die Rechnungsstellung zulässig ist. **Die Erforderlichkeit bestimmt** sich nach dem Gesetzeswortlaut anhand des **konkreten Vertragsverhältnisses,** wie es zwischen Anbieter und Nutzer abgeschlossen wird und damit nach dem Inhalt des konkret angebotenen Dienstes und dessen Eigenschaften und Merkmale. Vereinbaren die vorgenannten Parteien eine bestimmte Ausgestaltung, so hat sich die Prüfung der Erforderlichkeit hieran strikt zu messen, ohne dass es ein erweiterndes Merkmal der „Zweckmäßigkeit", noch ein einengendes Merkmal der „Datensparsamkeit" gibt. Es ist deshalb nicht zutreffend, dass der Anbieter nach der Vorschrift des § 14 Abs. 1 verpflichtet wird, die Verwendung „nutzerbezogener Daten" bzw. von Bestandsdaten durch entsprechende Gestaltung des Dienstes auf das „unverzichtbare Maß" zu beschränken.[11] Denn der Gesetzeswortlaut steht einer solchen Auslegung entgegen und zudem genießt die Vertragsgestaltung zwischen den Parteien als Ausdruck der freien Selbstbestimmung Vorrang.

Eine über den Gesetzeswortlaut hinausgehende Beschränkung kann auch nicht aus **16** dem Gebot zur Datensparsamkeit abgeleitet werden. Denn die Verpflichtung zum Angebot **datensparsamer Dienste** richtet sich nur als **allgemeines Gebot** nach § 3a BDSG an den Diensteanbieter und verbietet nicht per se das Angebot von datenintensiven Diensten, an denen sowohl der Nutzer als auch der Anbieter ein berechtigtes

---

[9] Plath/*Hullen*/*Roggenkamp,* BDSG/DSGVO, § 14 Rn. 5 TMG.
[10] EuGH, Urt. v. 19.10.2016 – C-582/14; s. hierzu BGH, Urt. v. 16.5.2017 – VI ZR 135/13.
[11] So auch Spindler/Schuster/*Spindler*/*Nink,* § 14 TMG Rn. 4; aA *Dix* in: BeckTMGKomm, § 14 TMG Rn. 27; Roßnagel/*Roßnagel,* Kap. 7.9., Rn. 69.

Interesse haben können. Die entgegenstehende Auffassung schränkt nicht nur den Nutzer in unnötiger und bevormundender Weise in seinem Recht auf freie Selbstbestimmung und dem Recht auf informationelle Selbstbestimmung und den Anbieter in seinem Recht aus Art. 12 GG ein. Es widerspricht auch dem Gedanken der freien Selbstbestimmung des Nutzers sowie dem Grundsatz der Privatautonomie, wenn dieser freiwillig und einvernehmlich zwischen den Parteien bestimmte Verarbeitungsumfang und Vertragsinhalt nicht auch die „Erforderlichkeit" nach § 14 S. 1 bestimmt.[12] Die Schwächen der Gegenansicht zeigen sich auch daran, dass eine an der vertraglichen Erforderlichkeit orientierte Datenverarbeitung im Ergebnis wegen § 11 Abs. 1 sowieso zulässig ist, da in der Festlegung eines bestimmten vertraglichen Umfangs der Datenverarbeitung eine Einwilligung des Nutzers in diese Datenverarbeitung zu sehen ist.

17   **bb) Ergänzung durch Art. 7 lit. f) DSRL.** Die Beschränkung der Erlaubnis zur Datenverarbeitung auf den **strengen Erforderlichkeitsvorbehalt** in Abs. 1 **widerspricht** dem einer Abwägung zugänglichen **Verarbeitungstatbestand des Art. 7 lit. f) DSRL** und schränkt diesen unzulässig ein. Der **EuGH**[13] hat deshalb entschieden, dass es einer Öffnung und Abwägung iSd Art. 7 lit. f) DSRL bedarf[14] und der BGH hat dies auf Basis dieses Urteils für die deutsche Rechtsanwendung bestätigt.

18   Das Urteil des **EuGH** bezieht sich aufgrund der Vorlagefrage, die nur die Speicherung der IP-Adresse durch den Webseitenbetreiber zur Missbrauchsvermeidung betraf, nur auf § 15 Abs. 1, der um die Erlaubnis nach Art. 7 lit. f) DSRL zu erweitern ist. Das Urteil hat aber eine viel weitergehende **generelle Bedeutung** und stellt im Ergebnis **alle Erlaubnistatbestände des TMG** unter den **Wirksamkeitsvorbehalt**, da sie den Regeln von Art. 7 **DSRL** entsprechen müssen. Art. 7 DSRL sieht keine Unterscheidung zwischen Nutzungs- oder Bestandsdaten vor, sondern verlangt generelle Geltung. Zudem dürfen die Mitgliedstaaten nach Art. 5 der RL in Bezug auf die Zulässigkeit der Verarbeitung personenbezogener Daten keine anderen als die in Art. 7 der RL aufgezählten Grundsätze einführen und auch nicht durch zusätzliche Bedingungen die Tragweite der sechs in Art. 7 vorgesehenen Grundsätze verändern,[15] wie auch der BGH auf Basis des EuGH-Urteils betont.[16] Zudem zitiert der BGH den EuGH und weist weiter darauf hin, dass Art. 7 lit. f) DSRL einen Mitgliedstaat daran hindert, kategorisch und ganz allgemein die Verarbeitung bestimmter Kategorien personenbezogener Daten auszuschließen, ohne Raum für eine Abwägung der im konkreten Einzelfall einander gegenüberstehenden Rechte und Interessen zu lassen. Ein **Mitgliedstaat kann daher** für diese Kategorien das Ergebnis der Abwägung der einander gegenüberstehenden Rechte und Interessen **nicht abschließend vorschreiben**, ohne Raum für ein Ergebnis zu lassen, das aufgrund besonderer Umstände des Einzelfalls anders ausfällt (vgl. in diesem Sinne EuGH, Slg. 2011, I – 12181 Rn. 47ff. – ASNEF und FECEMD).[17]

19   Nach der Begründung des EuGH und Art. 4 Abs. 1 DSRL beanspruchen nach dem **effet utile-Grundsatz** deshalb **alle Regeln der Datenschutz-Richtlinie vorrangige Geltung** und Umsetzung durch den deutschen Gesetzgeber, die Rechtsprechung und die Verwaltung. Deshalb sind **im Ergebnis alle Erlaubnistatbestände des Art. 7 DSRL** auf das **TMG in richtlinienkonformer Auslegung anwendbar.** Allerdings setzt das TMG einen Teil dieser Verarbeitungstatbestände in der

---

[12] Zust. Spindler/Schuster/*Spindler/Nink*, § 14 TMG Rn. 4; Plath/*Hullen/Roggenkamp*, BDSG/DSGVO, § 14 TMG Rn. 13.
[13] EuGH, Urt. v. 19.10.2016 – C-582/14. S. hierzu BGH, Urt. v. 16.5.2017 – VI ZR 135/13.
[14] EuGH, Urt. v. 19.10.2017 – C-582/14.
[15] Vgl. in diesem Sinne EuGH, Slg. 2011, I – 12181 Rn. 33ff. – ASNEF und FECEMD.
[16] BGH, Urt. v. 16.5.2017 – VI ZR 135/13 = BeckRS 2017, 114664, Rn. 35, 37.
[17] BGH, Urt. v. 16.5.2017 – VI ZR 135/13 = BeckRS 2017, 114664, Rn. 40.

Bestandsdaten § 14 TMG

Sache bereits um. Die Datenschutzregeln des TMG und namentlich des § 15 sind deshalb nur um die Verarbeitungstatbestände des Art. 7 DSRL zu ergänzen, die der DSRL widersprechen.

Zu ergänzend ist deshalb, wie vom EuGH ausdrücklich entschieden, die Verarbeitungserlaubnis aus Art. 7 lit. f) DSRL. Zudem ist eine entsprechende **Ergänzung um Art. 7 lit. d) DSRL** (Wahrnehmung lebenswichtiger Interessen) erforderlich, wobei es hierfür **kaum einen Anwendungsfall** geben wird. Im praktischen Ergebnis verbleibt es deshalb bei der Ergänzung um Art. 7 lit. f) DSRL. 20

cc) Abwägung. Die **Abwägung** nach **Art. 7 lit. f) DSRL** muss die Interessen des Betroffenen und die berechtigten Interessen des Anbieters gegenüberstellen. Eine Verarbeitung ist unzulässig, wenn hierbei das Interesse des Betroffenen überwiegt, dass eine Verarbeitung unterbleibt. Zu dieser abstrakten Abwägungsfrage hat der BGH im konkreten Fall Vorgaben gemacht, die sich generell auf weitere Fälle übertragen lassen mit dem Vorbehalt, dass die jeweiligen Interessen immer konkret anhand des Einzelfalls zu begründen sind. 21

Nach dem BGH sind hierbei **konkrete Feststellungen** zu den **Tatsachen** erforderlich, aus denen sich das jeweilige Interesse ergibt. Im Ergebnis ist die **Verarbeitungserlaubnis vergleichbar zu § 28 Abs. 1 Nr. 2 BDSG,** da auch diese Vorschrift Art. 7 lit. f) DSRL umsetzt. Die Erlaubnistatbestände des BDSG kommen allerdings nach wie vor nicht zur Anwendung, da das TMG lex specialis ist. Durch den Vorrang der Datenschutz-RL und die Anwendung dessen Art. 7 lit. f) DSRL sind die Erlaubnistatbestände in der Praxis vergleichbar. Das TMG verliert damit gleichzeitig seine grundlegende Verarbeitungslogik, die auf die strenge Erforderlichkeit ausgerichtet war. 22

dd) Kritik an der Rechtsprechung des EuGH. Die Ausführungen des EuGH basieren auf der strengen Anwendung der Datenschutz-RL und sind insoweit folgerichtig. Allerdings berücksichtigt das Urteil in keiner Weise, dass nach der aktuellen Fassung der **ePrivacy-Richtlinie** diese **auch** die **Dienste im Internet** und damit die **Telemediendienste regelt.**[18] Dies zeigt insbesondere Art. 5 Ab. 3 ePrivacy-RL mit der Regelung zu Cookies für Dienste im Internet. Auch die Erwägungsgründe zeigen, dass die Dienste im Internet durch diese Richtlinie bedacht wurden. Die ePrivacy-RL sieht aber, wie das TMG, den Grundsatz der **strengen Erforderlichkeit** vor. Es wäre deshalb angemessen gewesen, insofern statt der (allgemeinen) Datenschutz-RL die ePrivacy-RL als Maßstab für das TMG anzuwenden. Gleichwohl muss die Entscheidung des EuGH umgesetzt werden und der BGH folgt entsprechend diesen Vorgaben. 23

ee) Weitere Zwecke. Wegen der engen **Zweckbindung** gem. § 12 Abs. 2 dürfen die erhobenen Daten nur für die Begründung, inhaltliche Ausgestaltung bzw. die Änderung des Vertrages und nicht für andere Zwecke des Anbieters genutzt werden. Allerdings kann **Art. 7 lit. f) DSRL weitere Verarbeitungszwecke erlauben,** da der Tatbestand weiter gefasst ist, als Abs. 1 oder Abs. 2. 24

Obwohl vor einer Pauschalierung zu warnen ist und es immer im konkreten Einzelfall auf die Ausgestaltung des Teledienstes und die Erforderlichkeit ankommt, kommen in der **Praxis** als **typische Beispiele** für Bestandsdaten in Betracht: Name (Identität) des Nutzers, Anschrift, E-Mail-Adresse, Rufnummer bzw. IP-Adresse, Kenn- und Passwörter, Leistungsmerkmale des verwendeten Nutzersystems, Zahlungsart und Zahlungsdaten (zB Konto- bzw. Kreditkartennummer), Zuordnung der vereinbarten Leistungsmerkmale oder Leistungsbeschränkungen (zB Kreditlimit). 25

---

[18] So auch Spindler/Schuster/*Spindler/Nink*, § 14 TMG Rn. 8; *Spindler/Dorschel,* CR 2006, 341, 345.

TMG § 14 Bestandsdaten

26 Für die **Anwendbarkeit** von § 14 muss jeweils geprüft werden, ob der datenschutzrechtliche **Anwendungsbereich** des **TMG** nach § 1 Abs. 1 eröffnet ist. Insbesondere die Vergabe und Nutzung von IP-Adressen oder E-Mail-Adressen bei reinen Internetzugangsdiensten oder bei der reinen Versendung von E-Mails bildet einen Telekommunikationsdienst iSd § 3 Nr. 24 TKG und unterfällt nach § 1 Abs. 1 nicht dem TMG. Für diese Dienste gelten vielmehr ausschließlich die telekommunikationsrechtlichen Bestimmungen des TKG (insbesondere § 95 TKG sowie §§ 111, 112 TKG für Anfragen der Sicherheits- und Strafverfolgungsbehörden). Beim gesetzlichen Erlaubnistatbestand für zur Vertragsgestaltung erforderliche Zwecke ergeben sich aber anders als bei der Auskunftserteilung an die Bedarfsträger in der Regel keine Unterschiede.

2. Auskunft an die Bedarfsträger und Private nach Abs. 2

27 a) **Überblick und Zweckbindungs- sowie Zitiergebot.** § 14 Abs. 2 enthält die **Befugnis zur Auskunftserteilung** für Bedarfsträger und anderer Dritter bei **Bestandsdaten**. Durch die **Verweisung in § 15 Abs. 5 S. 4** gilt diese Vorschrift entsprechend auch für die **Auskunftserteilung** über **Nutzungsdaten.**

28 Der **BGH** hat nunmehr die Voraussetzungen der Auskunftserteilung im Grundsatz klargestellt. Die in § 14 Abs. 2 und § 15 Abs. 5 S. 4 iVm § 14 Abs. 2 neu gefassten Regelungen bilden wie bislang im TDDSG[19] **keine eigene Ermächtigungsgrundlage** für Auskünfte, sondern nur die **„datenschutzrechtlicher Öffnungsklausel"** für den Diensteanbieter, Auskünfte zu erteilen, wenn die anfragende Behörde oder Person hierzu aufgrund einer (weiteren) **gesetzlichen Ermächtigung** berechtigt ist.[20] Neben der „Öffnungsklausel" für den Diensteanbieter bedarf deshalb die Auskunftsanordnung durch den **Anfragenden,** wie auch Wortlaut und Gesetzesbegründung klarstellen,[21] nach wie vor einer **gesetzlichen Ermächtigungsgrundlage** in den Spezialgesetzen (zB StPO, Bundes- und Landesverfassungsschutzgesetzen BNDG, MADG). Dies gilt auch für die Möglichkeit, Auskünfte zur Durchsetzung der Rechte am geistigen Eigentum oder wegen der „Verletzung absoluter Rechte" zu erteilen. Der Diensteanbieter muss und darf deshalb nur dann Auskunft nach § 14 Abs. 2 erteilen, wenn er (a) selbst zur Auskunftserteilung nach § 14 Abs. 2 (oder einer anderen Vorschrift unter Beachtung des Zitiergebotes (§ 12 Abs. 2) berechtigt ist und (b) zusätzlich der Anfragende eine gesetzliche Ermächtigungsgrundlage für den Auskunftsanspruch und die Übermittlung und den Empfang der Daten hat.

29 Die gesetzliche **Ermächtigungsgrundlage** für den **Diensteanbieter (Öffnungsklausel)** muss sich wegen der in § 12 Abs. 2 bestimmten Gebotes der **engen Zweckbindung** ausdrücklich auf „Telemedien" beziehen (sog. **Zitiergebot gem. § 12 Abs. 2**).[22] Dies ist nur in den in § 14 Abs. 2 sowie § 15 Abs. 5 S. 4 iVm § 14 Abs. 2 geregelten Fällen der Fall. Darüber hinaus bestehen keine Pflicht und auch keine Berechtigung zur Auskunftserteilung durch den Diensteanbieter. Die fehlende Berechtigung kann auch nicht durch eine Analogie geschlossen werden, da schon **keine planwidrige Regelungslücke** vorliegt.[23]

30 **Fraglich** ist auch nach dem BGH-Urteil, inwieweit das Zweckbindungsgebot und das **Zitiergebot** des § 12 Abs. 2 für die gesetzliche **Ermächtigungsgrundlage**

---

[19] BGH, NJW 2014, 2651, 2652 (Rn. 12); Spindler/Schuster/*Spindler/Nink*, § 14 TMG Rn. 6; *Spindler/Dorschel*, CR 2006, 341 f.; *Hoeren*, NJW 2008, 801; zum TDDSG vgl. auch die Voraufl., § 5 TDDSG Rn. 9.

[20] BGH, NJW 2014, 2651, 2652; Spindler/Schuster/*Spindler/Nink*, § 14 TMG Rn. 6.

[21] BT-Drs. 16/3078, S. 16.

[22] BGH, NJW 2014, 2651, 2652; Hoeren/Sieber/Holznagel/*Schmitz*, Teil 16.2, Rn. 30, 169, 189 (Stand: 12/2009); Plath/*Hullen/Roggenkamp*, BDSG/DSGVO, § 12 Rn. 20 TMG.

[23] BGH, NJW 2014, 2651, 2652.

Bestandsdaten § 14 TMG

gelten, auf die der **Anfrager** seinen Auskunftsanspruch stützt. Der BGH hat das Zitiergebot des § 12 Abs. 2 zwar ausdrücklich zur Voraussetzung für die „Öffnungsklausel" für den Diensteanbieter gemacht. Offenbar erachtet der BGH das Zitiergebot für die gesetzliche **Ermächtigungsgrundlage**, auf die sich der **Anfragende** stützt, als **nicht anwendbar** und hat dies auch nicht angesprochen. Denn in dem vom BGH entschiedenen Fall erkennt der BGH einen solchen Auskunftsanspruch aus **§ 242 BGB** und lässt die Auskunft nach der Urteilsbegründung nur daran scheitern, dass es – nach damaligem Recht (§ 14 Abs. 2 aF) – an einer dem Zitiergebot genügenden Ermächtigung (Öffnungsklausel) für den Diensteanbieter fehlte. Für die Ansicht, dass das Zitiergebot nur für die Öffnungsklausel für den Dienstanbieter gilt, spricht der Wortlaut des § 12 Abs. 2, die nur die Erlaubnis für den „Diensteanbieter" bei der Verarbeitung der personenbezogenen Daten für „weitere Zwecke" verlangt, nicht aber ausdrücklich auch für den Empfänger der Daten. Denn dies ist kein „Diensteanbieter", sondern ein in § 14 Abs. 2 benannter Berechtigter, der sich auf eine gesonderte gesetzliche Erlaubnis in den Spezialgesetzen stützen kann.

Ob dieses sehr **eng am Wortlaut orientierte Verständnis richtig** ist, richtet sich danach, ob mit den personenbezogenen Daten, die herausgegeben werden sollen, das **Fernmeldegeheimnis** nach Art. 10 GG berührt ist. Für in den Schutzbereich der Grundrechte des Art. 10 Abs. 1 GG eingreifende Gesetze gilt das Zitiergebot des Art. 19 Abs. 1 S. 2 GG. Die Warn- und Besinnungsfunktion des Zitiergebotes betrifft nicht nur eine erstmalige Grundrechtseinschränkung, sondern ist auch bei jeder weiteren Änderung der Eingriffsvoraussetzungen zu beachten, sofern sie zu neuen Grundrechtseinschränkungen führt.[24] Die Nichtbeachtung des nach Art. 10, 19 GG geltenden Zitiergebots führt grundsätzlich zur Verfassungswidrigkeit und Nichtigkeit des Gesetzes. Für die **Bestandsdaten** bei Telemediendiensten kann damit der engen am Wortlaut orientierten Auslegung gefolgt werden, da Art. 10 GG nicht betroffen ist. Für die Auskunft über **Nutzungsdaten** nach § 15 Abs. 5 S. 4 iVm § 14 Abs. 2 ist es hingegen erforderlich, dass die Ermächtigungsgrundlage für den Anfragenden sich zumindest auf die Einschränkung des **„Fernmeldegeheimnisses"** oder von Daten der Telekommunikation bezieht. Denn auch die **Nutzungsdaten** nach § 15 durch das „Surfen im Internet" unterfallen nach Ansicht des BVerfG dem **Fernmeldegeheimnis nach Art. 10 GG.** Hierbei sieht es das BVerfG allerdings als ausreichend an, dass sich eine gesetzliche Erlaubnis auf die „Telekommunikation" bzw. das „Fernmeldegeheimnis" bezieht.[25] Für den Schutzbereich des Art. 10 GG kann hierbei keine Rolle spielen, ob die Daten beim Access-Provider anfallen („echte" Telekommunikationsdaten im Sinne des TKG) oder bei dem Betreiber der Webseiten angefragt werden („Nutzungsdaten" iSd § 15). 31

Für die Übermittlung der Daten, die auf Grund der Auskunftsanordnung einer öffentlichen Stelle erfolgt, liegt die **datenschutzrechtliche Verantwortung** für die **Zulässigkeit** der **Datenübermittlung** nach allgemeinen datenschutzrechtlichen Grundsätzen jeweils nur bei der **öffentlichen Stelle,** der die Übermittlung angeordnet hat.[26] Entsprechend ergibt sich keine umfassende Prüfungspflicht bei dem Telemediendiensteanbieter, ob die gesetzlichen Tatbestandsvoraussetzungen für die Ermächtigung des Anfragenden tatsächlich vorliegen.[27] Dies soll nach der Gesetzesbegründung auch bei der Auskunft an Private nach Abs. 2 gelten.[28] 32

---

[24] BVerfGE 113, 348, 366 f.
[25] BVerfG (3. Kammer des Zweiten Senats), B. v. 6.7.2016 – 2 BvR 1454/13 = NJW 2016, 3508 mablAnm *Eidam*.
[26] BT-Drs. 16/3078, S. 16.
[27] Plath/*Hullen*/*Roggenkamp*, BDSG/DSGVO, § 14 TMG Rn. 25; Spindler/Schuster/*Spindler*/*Nink*, § 14 TMG Rn. 6.
[28] Spindler/Schuster/*Spindler*/*Nink*, § 14 TMG Rn. 6, 9; BT-Drs. 16/3078, S. 16.

Schmitz

TMG § 14 Bestandsdaten

33 § 15 Abs. 5 S. 4 ordnet die entsprechende Anwendung der Abs. 2–5, welche für die **Auskunftserteilung** bezüglich Bestandsdaten gilt, auch für **Nutzungsdaten** an. Die Wirksamkeit dieser Regelung ist allerdings umstritten, soweit es die Auskunft an Private betrifft.

34 **b) Auskunft an die Bedarfsträger (Abs. 2).** Abs. 2 regelt in der ersten Alternative die **Auskunft** über Bestandsdaten an die sog. **Bedarfsträger** und gilt entsprechend nach § 15 Abs. 5 S. 4 auch für **Nutzungsdaten.** Die Vorschrift bildet die Öffnungsklausel für den Diensteanbieter, die ihm die Auskunft zu den Bestands- und Nutzungsdaten datenschutzrechtlich erlaubt, wenn sich die anfragende Stelle (sog. berechtigte Stelle) auf **eine neben Abs. 2 bestehende gesetzliche Ermächtigung** zu dem in **Abs. 2 genannten Zweck** (Strafverfolgung, Gefahrenabwehr usw.) berufen kann. Nach der nunmehr hier vertretenen Auffassung bezieht sich das Zitiergebot des § 12 Abs. 2 nicht auf diese weitere gesetzliche Ermächtigung, da sie sich diese nach dem Wortlaut nur direkt auf den „Diensteanbieter" bezieht.

35 **aa) Bestandsdaten.** Soweit es um die Auskunft von Bestandsdaten geht ist die jeweilige Anspruchsgrundlage für den Anfragenden und die datenschutzrechtliche Erlaubnis aus Abs. 2 ausreichend für die Zulässigkeit der Auskunftserteilung. Das **Zitiergebot** des **§ 12 Abs. 2** ist mit der **datenschutzrechtlichen Erlaubnis** aus Abs. 2 **erfüllt.** Es folgt mangels Eingriff in das Fernmeldegeheimnis kein weiteres Zitiergebot aus Art. 10, 19 GG, → Rn. 41. Gleichwohl wäre vom Gesetzgeber mehr Klarheit bei der Bestimmung der gesetzlichen Ermächtigungsgrundlagen für die Bedarfsträger wünschenswert gewesen. Es ist **auffällig,** dass **sowohl die StPO** und auch fast alle in Betracht kommenden weiteren Ermächtigungsgrundlagen für die Bedarfsträger **keinen ausdrücklichen Bezug auf Telemedien enthalten.**

36 Die Übermittlung der Bestandsdaten durch den Diensteanbieter kann deshalb durch die in § 14 Abs. 2 **genannten Bedarfsträger** zu den dort genannten **Zwecken** der „Strafverfolgung, zur Gefahrenabwehr durch die Polizeibehörden der Länder, zur Erfüllung der gesetzlichen Aufgaben der Verfassungsschutzbehörden des Bundes und der Länder, des Bundesnachrichtendienstes oder des Militärischen Abschirmdienstes" erfolgen. Voraussetzung ist eine entsprechende gesetzliche **Ermächtigungsgrundlage** der jeweiligen berechtigten Stelle (Bedarfsträger). Als Ermächtigungsgrundlage für die Auskunftserteilung der **Strafverfolgungsbehörden** gilt **§ 95 Abs. 1 StPO,** für den Bundesverfassungsschutz § 8 a Abs. 1 BVerfSchG, für das Bundeskriminalamt § 20 a Abs. 1 BKAG, für den Bundesnachrichtendienst § 2 a BNDG iVm § 8 a Abs. 1 BVerfSchG sowie für den Militärischen Abschirmdienst § 4 a S. 1 MADG iVm § 8 a Abs. 1 BVerfSchG. Die Ermächtigungsgrundlagen für Polizei und Verfassungsschutz ergeben sich aus den jeweiligen Landesregelungen, wie zB aus § 33 c Niedersächsisches Sicherheits- und Ordnungsgesetz.[29]

37 **bb) Auskunft über Nutzungsdaten.** Abs. 2 regelt in der ersten Alternative durch die Verweisung in § 15 Abs. 5 S. 4 auch die **Auskunft** von Nutzungsdaten an die sog. **Bedarfsträger.** Das **Zitiergebot** des **§ 12 Abs. 2** ist mit der **datenschutzrechtlichen Erlaubnis** aus Abs. 2 **erfüllt.** Hierzu gilt allerdings ergänzend ein **Zitiergebot** aus **Art. 10, 19 GG** für den Eingriff in Daten der **Telekommunikation,** dem **Fernmeldegeheimnis** oder **Telemedien-Nutzungsdaten,** → Rn. 31. Es ist **auffällig,** dass **sowohl die StPO** und auch fast alle in Betracht kommenden weiteren Ermächtigungsgrundlagen für die Bedarfsträger **keinen ausdrücklichen Bezug auf Telemedien enthalten.** Letztendlich ist aber die Erlaubnis zur Einschränkung des Fernmeldegeheimnisses in der Norm, welche den Auskunftsanspruch begründet, ausreichend. Denn damit wird dem Schutzzweck des Art. 10 genügt.

---

[29] Spindler/Schuster/*Spindler/Nink,* § 14 TMG Rn. 6; s. auch *Kipker/Voskamp,* ZD 2013, 119.

Bestandsdaten **§ 14 TMG**

Die Übermittlung der **Nutzungsdaten** durch den Diensteanbieter kann deshalb 38
durch die in § 14 Abs. 2 **genannten Bedarfsträger** zu den dort genannten **Zwecken** der „Strafverfolgung, zur Gefahrenabwehr durch die Polizeibehörden der Länder, zur Erfüllung der gesetzlichen Aufgaben der Verfassungsschutzbehörden des Bundes und der Länder, des Bundesnachrichtendienstes oder des Militärischen Abschirmdienstes" erfolgen. Voraussetzung ist eine entsprechende gesetzliche **Ermächtigungsgrundlage** der jeweiligen berechtigten Stelle (Bedarfsträger). Als Ermächtigungsgrundlage für die Auskunftserteilung der **Strafverfolgungsbehörden** gilt nach der hier vertretenen Auffassung zB **§ 100 a StPO**.

cc) Ausblick zur DS-GVO. Für die Umsetzung von „**Überwachungs- Kon-** 39
troll- und Regulierungsaufgaben" enthält **Art. 11 ePrivacy-VO** eine Öffnungsklausel für die nationalen Gesetzgeber. Es steht zu erwarten, dass es eine entsprechende Regelung zur Auskunft an Bedarfsträger ähnlich zu **Abs. 2** geben wird, wobei der genaue Umfang der Öffnung kritisch und die genaue Umsetzung abzuwarten bleibt. Offen ist zudem, in welchem Gesetz eine solche Regelung erfolgen soll.

c) Auskunftserteilung zur Durchsetzung der Rechte am geistigen Eigen- 40
tum. § 14 Abs. 2 ergänzt die Befugnis zur **Auskunftserteilung** um die Möglichkeit, Auskünfte an private Dritte „**zur Durchsetzung der Rechte am geistigen Eigentum**" zu erteilen. Die Einfügung erfolgt zur Umsetzung der Richtlinie 2004/48/EG **(Enforcement-Richtlinie)** und bezweckt die Durchsetzung der Rechte am geistigen Eigentum. Die in § 14 Abs. 2 und § 15 Abs. 5 S. 4 iVm § 14 Abs. 2 neu gefassten Regelungen bilden wie schon im TDDSG[30] **keine eigene Ermächtigungsgrundlage** für Auskünfte. Durch die Regelungen wird nur die bisherige Rechtslage klargestellt, dass Diensteanbieter Auskunftsansprüche, die sich aus den einzelnen Spezialgesetzen ergeben, nicht aus datenschutzrechtlichen Gründen zurückweisen können. Die hierfür erforderliche Anordnung bedarf, wie Wortlaut und Gesetzesbegründung klarstellen,[31] nach wie vor einer Ermächtigungsgrundlage in den Spezialgesetzen.[32] Hierzu ausführlich → Rn. 28. § 15 Abs. 5 S. 4 ordnet den Hinweis des § 14 Abs. 2 in „**entsprechender Anwendung**" auch für die **Nutzungsdaten** an.

aa) Auskunft über Bestandsdaten. Nach der hier nunmehr vertretenen Auffas- 41
sung muss die **Ermächtigungsgrundlage** für die **Privaten nicht das Zitiergebot**
des § 12 Abs. 2 **beachten,** da sich dieses dem strengen Wortlaut nach nur an den Diensteanbieter richtet und hierfür die Regelung in Abs. 2 ausreichend ist, → Rn. 30. Als **Ermächtigungsgrundlage** für die Privaten zur Erlangung der Auskunft über Bestandsdaten wegen der „Verletzung des geistigen Eigentums" kommen in Betracht § 140b PatG, § 24b GebrMG, § 19 MarkenG, § 101 UrhG, § 46 GeschmMG und § 37b SortSchG.[33]

Problematisch ist der Wortlaut des Abs. 2 insofern, als er für die Durchsetzung 42
des Auskunftsanspruchs der **Privatperson** ebenfalls die „**Anordnung der zuständigen Stelle**" fordert. Dies könnte so verstanden werden, dass der Private in jedem Falle eine „Anordnung" durch ein Gericht als „zuständige Stelle" vorlegen muss oder aber jede „Anordnung" des Privaten ausreicht. Beides wird der Interessenlage nicht gerecht. Denn soweit die Auskunft über die Bestandsdaten ohne die Verarbeitung von Verkehrs- oder Nutzungsdaten erfolgen kann, ist eine gerichtliche „Anordnung" (Urteil) in den einzelnen Ermächtigungsnormen nicht zwingend vorgesehen,

---

[30] *Spindler/Dorschel,* CR 2006, 341 f.; *Hoeren,* NJW 2008, 801; zum TDDSG vgl. auch die Vorauﬂ., § 5 TDDSG Rn. 9.
[31] BT-Drs. 16/3078, S. 16.
[32] *Hoeren,* NJW 2007, 801, 805.
[33] Spindler/Schuster/*Spindler/Nink,* § 14 TMG Rn. 6, 9.

TMG § 14 Bestandsdaten

vgl. zB § 101 Abs. 2, 9 UrhG. Es wäre für beide Seiten unverhältnismäßig, deshalb einen Prozess führen zu müssen, wenn keine Verarbeitung von Verkehrsdaten erforderlich ist zur Auskunftserteilung und zudem der Anspruchsteller seinen Anspruch glaubhaft und substantiiert nachweisen kann. Der Begriff der „Anordnung" lässt sich nach dem Wortlaut gerade auch noch mit der Anspruchsstellung durch einen Privaten in Einklang bringen, wenn man die Historie der Norm bedenkt, die ursprünglich nur für Bedarfsträger gedacht war, vom Gesetzgeber aber bewusst und ausdrücklich auf Private erweitert wurde. Zum anderen ist aber auch erkennbar, dass die „Anordnung" einer materiellen Grundlage bedarf. Deshalb muss der **Anspruchsteller** seinen **Anspruch glaubhaft** und **substantiiert** so darlegt, dass er für den Diensteanbieter klar erkennbar ist.[34] Zudem kann die **Auskunft** auch **ohne gerichtliches Verfahren** nur erteilt werden, wenn **keine Verarbeitung von Nutzungs- oder Verkehrsdaten** erforderlich ist.

43   Zu beachten ist allerdings, dass sich die **Regelung** in **Abs. 2** nur auf die Anbieter von Telemediendiensten bezieht und **nicht auf Access-Provider,** die dem TKG unterfallen. Denn für diese gilt nach §§ 1, 11 die Regelung in §§ 14, 15 generell nicht. Einer der praktischen Hauptanwendungsfälle für eine Auskunft über Bestandsdaten ist damit nicht im TMG, sondern im TKG geregelt.

44   **bb) Auskunft über Nutzungsdaten.** Diese sind nach § 15 Abs. 5 S. 4 durch den Verweis (ua) auf § 14 Abs. 2 dem Wortlaut nach unter den **gleichen Bedingungen, wie** die **Bestandsdaten** zu **beauskunften.** Die Regelung erweist sich wegen der Auskunft über Nutzungsdaten zur Durchsetzung der Rechte am geistigen Eigentum im Ergebnis im Ergebnis als **unwirksam,** da eine solche Auskunft nach der **ePrivacy-RL datenschutzrechtlich** nicht zulässig ist.

45   Hierbei ist **strittig,** ob die in Abs. 5 S. 4 geregelte **Auskunft** über Nutzungsdaten zur Durchsetzung der **Rechte am geistigen Eigentum** deshalb **unwirksam** ist,[35] weil hierzu der Zugriff auf Verkehrsdaten iSv § 3 Nr. 30 TKG erforderlich ist und sich die Berechtigung hierzu nach der ePrivacy-RL richtet. Denn jedenfalls soweit ein Zugriff auf die **dynamische IP-Adresse** erforderlich ist, ist diese als Verkehrsdatum im Sinne der ePrivacy-RL anzusehen. Diese Richtlinie sieht eine Verarbeitung von Verkehrsdaten für Zwecke der Durchsetzung der Rechte am geistigen Eigentum und an Private nicht vor.[36] Die Erlaubnis zur Auskunftserteilung über Nutzungsdaten kann sich somit als unwirksam erweisen.

46   Allerdings ist auf Grund der aktuellen **EuGH-Rechtsprechung** fraglich, ob für die Telemediendienste und die Auskunft über Nutzungsdaten die **ePrivacy-RL** oder nur die **allgemeine Datenschutzrichtlinie** gilt. Der EuGH misst die Datenschutzbestimmungen des TMG vorrangig an der allgemeinen Datenschutz-RL.[37] Nach dieser Richtlinie könnte für sich genommen eine Auskunftserteilung nach Art. 7 lit. f) zu vertreten sein.

47   Im Ergebnis ist hierzu aber die **Wertung der ePrivacy-RL heranzuziehen.** Soweit sich der Anspruch gegen einen Access-Provider richtet, ist unstrittig die ePrivacy-RL anwendbar und der Auskunftsanspruch über Nutzungsdaten nicht vorgesehen. Es kann aber keinen Unterschied machen, ob sich der Anspruch gegen einen Access-Provider richtet, der unstrittig der ePrivacy-RL unterfällt oder einem Telemediensteanbieter, bei dem dies strittig ist. Zudem folgt aus der ePrivacy-RL sehr wohl, dass diese auch die Dienste im Internet regelt, wie insbesondere Art. 5 Abs. 3 zu den „Cookies" zeigt. Jedenfalls ist die Wertung der ePrivacy-RL im Rahmen der **Abwägung des Art. 7 lit. f. DSRL** zu beachten. Hieraus ergibt sich im Er-

---

[34] So iE auch Plath/*Hullen/Roggenkamp*, BDSG/DSGVO, § 14 TMG Rn. 26 f.
[35] So Spindler/Schuster/*Spindler/Nink*, § 14 TMG Rn. 8
[36] Spindler/Schuster/*Spindler/Nink*, § 14 TMG Rn. 8.
[37] EuGH, Urt. v. 19.10.2016 – C-582/14.

Bestandsdaten　　　　　　　　　　　　　　　　　　　　**§ 14 TMG**

gebnis, dass eine **Auskunftserteilung an Private** trotz Richtervorbehalt **datenschutzrechtlich nicht zulässig** ist.

Problematisch ist der Wortlaut des § 14 Abs. 2 auch insofern, als er für die 48 Durchsetzung des Auskunftsanspruchs der **Privatperson** ebenfalls die „**Anordnung der zuständigen Stelle**" fordert. Da bei Nutzungsdaten für die Auskunftserteilung – anders als bei Bestandsdaten – eine **gerichtliche Anordnung** ergehen muss, wird dem Wortlaut jedenfalls genüge getan.

Zu beachten ist allerdings, dass sich die **Regelung** in Abs. 2 nur auf die Anbieter 49 von Telemediendiensten bezieht und **nicht auf Access-Provider,** die dem TKG unterfallen. Denn für diese gilt nach §§ 1, 11 die Regelung in §§ 14, 15 generell nicht. Einer der praktischen Hauptanwendungsfälle für eine Auskunft über Bestandsdaten ist damit nicht im TMG, sondern im TKG geregelt.

3. Auskunftserteilung wegen der Verletzung „absolut geschützter Rechte" nach Abs. 3–5

Die **Abs. 3–5** wurden mit Geltung zum 1.10.2017 neu durch das **NetzDG** ein- 50 gefügt. Der Bundestag hat am 30.6.2017 in 2. und 3. Lesung den „Entwurf eines Gesetzes zur Verbesserung der Rechtsdurchsetzung in sozialen Netzwerken (NetzDG)" beschlossen.[38] Der Bundesrat hat am 7.7.2017 beschlossen, diesen ohne Antrag passieren zu lassen.[39] Das NetzDG sieht die Einführung neuer gesetzlicher Regeln für sog. soziale Netzwerke vor, um diese zu einer schnelleren und besseren **Bearbeitung** von **Beschwerden** über strafbare Inhalte iSv § 1 Abs. 3 NetzDG (zB sog. „**Hasskommentare**", „Falschpostings" und andere strafbare Inhalte) zu verpflichten. Diese Regeln beinhalten insbesondere Berichtspflichten und Vorgaben für den Umgang mit Beschwerden, die nach Art. 1 in dem neuen NetzDG geregelt werden. Durch Art. 2 NetzDG werden in § 14 TMG auch die Abs. 3–5 neu eingeführt.

Die mit Art. 2 NetzDG **neu eingefügten Abs. 3–5** regeln datenschutzrechtlich 51 die **Erlaubnis** zur **Erteilung einer Bestandsdatenauskunft** an den **Verletzten** bei rechtswidrigen und **strafbaren Inhalten iSv § 1 Abs. 3 NetzDG** (zB sog. „Hasskommentare"). Nach Abs. 3 darf der Diensteanbieter „im Einzelfall Auskunft über bei ihm vorhandene Bestandsdaten erteilen, soweit dies zur Durchsetzung zivilrechtlicher Ansprüche wegen der Verletzung absolut geschützter Rechte aufgrund rechtswidriger Inhalte, die von § 1 Absatz 3 des Netzwerkdurchsetzungsgesetzes erfasst werden, erforderlich ist". Abs. 4 sieht hierzu einen **Richtervorbehalt** vor und trifft Regelungen für dieses **Zivilverfahren.** Abs. 5 regelt die Hinzuziehung des Diensteanbieters zu diesem Zivilverfahren sowie die Erlaubnis, dass dieser den von dem Auskunftsverlangen betroffenen Nutzer hierüber informieren kann. Über die Verweisung des § 15 Abs. 5 S. 4 gelten diese Regeln entsprechend auch für die Auskunft über **Nutzungsdaten,**

Ziel und **Zweck** der Abs. 3–5 ist es, den Betroffenen durch eine **datenschutz-** 52 **rechtliche Erlaubnis zur Auskunftserteilung** einen wirksamen und **durchsetzbaren Anspruch** auf Feststellung der Identität des Verletzers bei Rechtsverletzungen im Internet zu verschaffen,[40] welche die Voraussetzungen nach § 1 Abs. 3 NetzDG erfüllen. Durch die datenschutzrechtlicher Erlaubnis soll eine Auskunftserteilung bei der Verletzung des Persönlichkeitsrechts bei sog. Hass-Postings ermöglicht werden, wobei nur solche Postings erfasst werden, die die Grenze zur Strafbarkeit überschreiten. Der Auskunftsanspruch selbst ergibt sich nach der Rechtsprechung des BGH aus § 242 BGB und erfährt durch die Abs. 3–5 keine Abwandlung.

---

[38] S. hierzu Beschlussempfehlung und Bericht v. 28.6.2017, BT-Drs. 18/13013.
[39] BR-Drs. 536/17.
[40] Vgl. BT-Drs. 18/13013, S. 25 (zu Art. 2).

53 **Ursprünglich** war durch Art. 2 NetzDG nur eine **knappe Ergänzung des Abs. 2 vorgesehen,** wonach eine Bestandsdatenauskunft auch bei einer Verletzung „absolut geschützter Rechte" zu erteilen gewesen wäre. Es gab **massive Kritik,** dass diese kurze Ergänzung in Abs. 2 auf Auskunft im Falle der Verletzung „absolut geschützter Rechte" zu weit und ungenau war sowie die Durchsetzung der Auskunftsansprüche durch einen „Einschüchterungseffekt" zu einer europarechtswidrigen und verfassungswidrigen Einschränkung der Meinungsfreiheit führen[41]. Es ist dann mit der Ergänzung um Abs. 3–5 zu **weitgehenden Änderungen** gegenüber dem ursprünglichen Entwurf gekommen. Die Auskunftserteilung setzt nun eine **schwerwiegende und strafbare Verletzung** nach § 1 Abs. 3 NetzDG voraus und enthält einen **Richtervorbehalt.**

54 Die Regelung in **Abs. 2–5** ist – soweit es jedenfalls nur die Auskunft über Bestandsdaten betrifft – **vereinbar mit Art. 7 lit. f) DSRL,** die richtlinienkonform in das TMG hineinzulesen ist.[42] Denn im Falle einer Verletzung der schwerwiegenden Verletzung von Persönlichkeitsrechten des Anfragenden, hat dieser ein **berechtigtes Interesse** an Auskunftserteilung. Das **Interesse des Betroffenen** an seiner Anonymität (eigentlich Pseudonymität) **tritt hierhinter zurück,** weil es in diesem Fall nicht überwiegend schutzwürdig ist. Für die Auskunft über Nutzungsdaten ergibt sich im Ergebnis aus der ePrivacy-RL hingegen, dass diese datenschutzrechtlich dem Anbieter nicht erlaubt ist.

55 Über die in § 15 Abs. 5 S. 4 versteckte Verweisung regeln Abs. 3–5 auch die Auskunftserteilung über **Nutzungsdaten.** Die Regelung erweist sich aber wegen Verstoßes gegen die ePrivacy-Richtlinie 2002/58/EG als unwirksam, da diese für einen solchen Fall die Auskunft über Nutzungsdaten nicht vorsieht.[43] Der ursprünglich fehlende Richtervorbehalt hätte zudem zur Folge gehabt, dass eine Auskunft über die **Nutzungsdaten** auf Grund des Verweises in § 15 Abs. 5 S. 4 wegen des Eingriffs in den Schutzbereich des Fernmeldegeheimnisses **unwirksam** gewesen wäre. Auch hier gilt aber nun für die Auskunftserteilung durch den Verweis auf die Abs. 3–5 der Richtervorbehalt, so dass sich diese Bedenken insofern diesbezüglich erledigt haben. Die Unwirksamkeit wegen des Vorrangs der ePrivacy-RL bleibt aber bestehen, → Rn. 65.

56 Insgesamt wird weitere **Kritik** an der Neuregelung geübt und die Wirksamkeit aus verschiedenen Aspekten in Frage gestellt. Es wird insbesondere **kritisch hinterfragt,** ob dem Bund die **Gesetzgebungskompetenz** für die Regelung zusteht und ob die Regelung im Einklang mit der E-Commerce-RL steht.[44] Für den Bereich des **Datenschutzes** und damit die Einfügung in Abs. 2 scheint diese Gesetzgebungskompetenz jedoch zu bestehen. Zudem wurde vertreten, dass der Auskunftsanspruch nach dem ursprünglichen Entwurf des Abs. 2 bei der Verletzung „absolut geschützten Rechte" in das Leere läuft, weil es an einer **„zuständigen Stelle"** im Sinne der Vorschrift fehle.[45] Dieser Einwand, der im Hinblick auf Wortlaut und Entstehungsgeschichte nicht zwingend war, ist jedenfalls durch die Einführung des Richtervorbehaltes in Abs. 3 iVm Abs. 4 erledigt.

57 **a) Verletzung „absolut geschützter Rechte" nach § 1 Abs. 3 NetzDG.** Nach Abs. 3 darf der Diensteanbieter „im Einzelfall **Auskunft** über bei ihm vorhandene **Bestandsdaten** erteilen, soweit dies zur **Durchsetzung zivilrechtlicher An-

---

[41] *Spindler,* ZUM 2017, 473, 486.

[42] EuGH, Urt. v. 19.10.2017 – C-582/14; BGH, Urt. v. 16.5.2017 – VI ZR 135/13 = BeckRS 2017, 114664.

[43] Vgl. entspr. zur Auskunft nach § 15 Abs. 5 S. 4 iVm § 14 Abs. 2 Spindler/Schuster/*Spindler/ Nink,* § 14 TMG Rn. 8.

[44] Recht ausf. *Gersdorf,* MMR 2017, 439, 440; s. auch *Feldmann,* K&R 2017, 292, 294.

[45] *Feldmann,* K&R 2017, 292, 294.

Bestandsdaten § 14 TMG

sprüche wegen der **Verletzung absolut geschützter Rechte** aufgrund rechtswidriger Inhalte, die von § 1 Absatz 3 des Netzwerkdurchsetzungsgesetzes erfasst werden, erforderlich ist". Solche rechtswidrige **(strafbaren) Inhalte** nach **§ 1 Abs. 3 NetzDG** sind Inhalte iSd § 1 Abs. 1 NetzDG, die den Tatbestand der §§ 86, 86a, 89a, 91, 100a, 111, 126, 129–129b, 130, 131, 140, 166, 184b iVm §§ 184d, 185–187, 201a, 241 oder 269 StGB erfüllen und **nicht gerechtfertigt** sind.

Anders als im ursprünglichen Entwurf werden damit im Ergebnis **nur schwerwiegende Verletzungen** von „**absolut geschützten Rechten" erfasst,** weil diese Verletzung auf entsprechenden strafbaren Inhalten iSv § 1 Abs. 3 NetzDG beruhen muss. Zwar umfasst der Begriff der „absolut geschützten Rechte" alle Rechte iSv § 823 Abs. 1 BGB also „Leben, den Körper, die Gesundheit, die Freiheit, das Eigentum oder ein sonstiges Recht eines anderen". Es wurde zu Recht darauf hingewiesen, dass dies nach ständiger Rechtsprechung auch das Recht am eingerichteten und ausgeübten Gewerbebetrieb umfasst.[46] Da die Verletzung dieser Rechte aber auf rechtswidrigen und strafbaren Inhalten iSv § 1 Abs. 3 NetzDG beruhen muss, wird der Auskunftsanspruch auf entsprechend schwerwiegende Fälle eingeschränkt. 58

Diese **Einschränkungen** sind **zu befürworten,** weil es sonst zu einer Ausuferung der Auskunftsansprüche und alleine wegen der hieraus folgenden Auseinandersetzung zu abschreckenden Effekten für die nach Art. 5 Abs. 1 S. 1 GG geschützte freie Meinungsäußerung gekommen wäre.[47] Denn bei jeder für einen anderen unliebsamen Äußerung wäre mit entsprechenden Auskunftsansprüchen zu rechnen gewesen. Auch wenn zusätzlich der Anspruch nach § 242 BGB zu begründen gewesen wäre, wäre damit zu rechnen gewesen, dass solche Auskünfte mangels Richtervorbehalt sehr häufig ohne genaue Prüfung erteilt worden und seitens der Betroffenen als Nachteil empfunden worden wären. 59

b) Zivilrechtliche Grundlage für den Auskunftsanspruch. Die zivilrechtliche Grundlage eines Auskunftsanspruchs seitens **privater Anspruchssteller** hat der BGH nach § 242 BGB in bestimmten Fällen wegen der Verletzung des Persönlichkeitsrechts anerkannt. Die Abs. 3–5 bewirken keine Änderung dieser Voraussetzungen, sondern gewähren dem Anbieter nur die datenschutzrechtliche Erlaubnis zur Auskunftserteilung. In Abs. 3 wird vielmehr nur der laut BGH nach § 242 BGB bestehende Auskunftsanspruch um die **Erlaubnis** an den **Anbieter** ergänzt, diesen **Auskunftsanspruch datenschutzrechtlich zu erfüllen.**[48] Der BGH hat betont, dass es für die Erteilung der Auskunft durch den Diensteanbieter einer solchen ausdrücklichen **datenschutzrechtlichen Erlaubnis** unter Beachtung des Zitiergebotes und des Zweckbindungsgebotes nach § 12 Abs. 2 bedarf.[49] 60

Mit Geltung der DS-GVO und deren nationaler Umsetzung dienenden neuen BDSG ist diese datenschutzrechtliche Auskunft dann in **§ 24 Abs. 1 Nr. 2 BDSG nF** geregelt.[50] 61

c) Zivilverfahren und Richtervorbehalt. Für die Erteilung der Auskunft nach Abs. 3 ist nach Abs. 4 eine **„vorherige gerichtliche Anordnung erforderlich".** Abs. 4 und 5 regeln weitere Einzelheiten zum Zivilverfahren. Die Regelung in Abs. 4 orientiert sich an der Regelung in § 101 Abs. 9 UrhG. Insbesondere wird geregelt, dass es sich das **Zivilverfahren** nach den Regeln des Gesetzes über das Verfahren in Familiensachen und in den Angelegenheiten der freiwilligen Gerichtsbarkeit handelt. Sachlich zuständig ist immer das Landgericht, örtlich zuständig ist der Sitz des 62

---

[46] *Spindler,* ZUM 2017, 473, 486.
[47] S. näher *Spindler,* ZUM 2017, 473, 486.
[48] So auch *Höch,* K&R 2017, 289, 290.
[49] BGH, Urt. v. 1.7.2014 – VI ZR 345/13 = NJW 2014, 2651.
[50] S. hierzu auch BT-Drs. 18/12356, S. 28.

TMG § 14 Bestandsdaten

Verletzen, der den Auskunftsanspruch erhebt. Die Kosten der richterlichen Anordnung trägt immer der Verletzte, der das Verfahren betreibt. Gegen die Entscheidung des Landgerichts ist die Beschwerde statthaft.

63 Der auf Auskunft verklagte **Diensteanbieter** ist an dem Zivilverfahren zwingend **zu beteiligen,** wie Abs. 5 festlegt. Er darf den Nutzer, über dessen Identität Auskunft begehrt wird, über die Einleitung des Verfahrens **unterrichten.** Die Gesetzesbegründung geht davon aus, dass sich in der Regel. ein entsprechender Informationsanspruch als Nebenpflicht aus dem Nutzungsvertrag oder aus § 242 BGB ergibt.[51]

64 d) **Auskunft über Nutzungsdaten. Nutzungsdaten** sind nach § 15 Abs. 5 S. 4 durch den Verweis (ua) auf § 14 Abs. 3–5 dem Wortlaut nach unter den **gleichen Bedingungen wie die Bestandsdaten** wegen der **Verletzung absoluter Rechte** wegen **rechtswidriger** und **strafbarer Inhalte iSv § 1 Abs. 3 NetzDG** zu beauskunften. Diese Regelung erweist sich allerdings im Ergebnis als **unwirksam.**

65 Im Ergebnis ist die **Wertung der ePrivacy-RL heranzuziehen.** Soweit sich der Anspruch gegen einen Access-Provider richtet, ist zutreffend die ePrivacy-RL anwendbar und der **Auskunftsanspruch** über Nutzungsdaten **nicht vorgesehen.** Hierbei kann es keinen Unterschied machen, ob sich der Anspruch gegen einen Access-Provider richtet, der unstrittig der ePrivacy-RL unterfällt oder einem Telemediendiensteanbieter, bei dem dies strittig ist. Zudem folgt aus der ePrivacy-RL sehr wohl, dass diese auch die Dienste im Internet regelt, wie insbesondere Art. 5 Abs. 3 zu den „Cookies" zeigt. Jedenfalls ist die Wertung der ePrivacy-RL im Rahmen der **Abwägung des Art. 7 lit. f) DSRL** zu beachten. Hieraus ergibt sich im Ergebnis, dass eine **Auskunftserteilung an Private trotz Richtervorbehalt datenschutzrechtlich nicht zulässig** ist.

66 **Problematisch** ist der Wortlaut des § 14 Abs. 2 auch insofern, als er für die Durchsetzung des Auskunftsanspruchs der **Privatperson** ebenfalls die **„Anordnung der zuständigen Stelle"** fordert. Da bei Nutzungsdaten für die Auskunftserteilung – anders als bei Bestandsdaten – eine **gerichtliche Anordnung** ergehen muss, wird dem Wortlaut jedenfalls genüge getan.

67 Zu beachten ist allerdings, dass sich die **Regelung** in **Abs. 3** nur auf die Anbieter von Telemediendiensten bezieht und **nicht auf Access-Provider,** die dem TKG unterfallen. Denn für diese gilt nach §§ 1, 11 die Regelung in §§ 14, 15 generell nicht. Einer der praktischen Hauptanwendungsfälle für eine Auskunft über Nutzungsdaten ist damit nicht im TMG, sondern im TKG geregelt.

68 e) **Regelung unter DS-GVO und neuem BDSG.** Mit Geltung der **DS-GVO** und deren nationaler Umsetzung dienenden **neuen BDSG** ist diese datenschutzrechtliche Auskunft dann in § **24 Abs. 1 Nr. 2 BDSG nF** geregelt.[52]

4. Erlaubnis durch Einwilligung in weitere Zwecke

69 Neben der gesetzlichen Erlaubnis nach Abs. 1–5 ist die Datenverarbeitung von Bestandsdaten ist nach der allgemeinen Regel des § 12 Abs. 1 außerdem zulässig, soweit der Nutzer in **weitere Zwecke eingewilligt** hat. Diese Erlaubnis aufgrund einer erteilten Einwilligung ist damit nicht generell auf bestimmte Verarbeitungszwecke begrenzt, sondern kann jeden vom Nutzer gewünschten Zweck umfassen.

70 Insbesondere im Falle von AGB-Einwilligungen ist bei einer möglichen Beurteilung der Klausel zu beachten, dass **Einwilligungen** durchaus dem **Leitbild des Gesetzes entsprechen.** Zwar ist im TMG, wie bereits auch schon in der Neufassung des § 5 TDDSG 2001, die in der Ursprungsfassung des § 5 TDDSG 1997 enthaltene Klarstellung, dass im Falle der Einwilligung des Nutzers die Verarbeitung der Be-

---

[51] BT-Drs. 18/13013, S. 26.
[52] S. hierzu auch BT-Drs. 18/12356, S. 28.

standsdaten zu Zwecken der Werbung ua zulässig ist, nicht mehr ausdrücklich enthalten. Der Gesetzgeber hatte hierzu bereits in der Gesetzesbegründung zum TDDSG 2001 deutlich gemacht, dass trotz dieser Streichung die Einholung einer **Einwilligung zu einer Verarbeitung der Bestandsdaten zu Zwecken der Beratung, Werbung und Marktforschung** ohne Weiteres **zulässig** bleiben soll. Die ausdrückliche Nennung sei nur aus systematischen Gründen weggefallen. Der Gesetzgeber war der Ansicht, dass die allgemeine Regelung zur Zulässigkeit der Datenverarbeitung bei einer erteilten Einwilligung (aktuell § 12 Abs. 1) ausreichend sei und deshalb zur Vermeidung von Auslegungsschwierigkeiten keiner Wiederholung dieses Grundsatzes bei den einzelnen Erlaubnistatbeständen bedürfe.[53]

Damit ist generell klargestellt, dass die **Einwilligung** des Nutzers in **beliebige** weitere **Verarbeitungszwecke** möglich ist und in der Vorformulierung einer durch den Kunden abzugebenden Einwilligungserklärung keine unangemessene Benachteiligung des Kunden nach § 307 BGB zu sehen ist, sofern sich eine Benachteiligung nicht in Ausnahmefällen aus dem besonderen Inhalt der Einwilligung ergibt. Dies entspricht auch dem Grundverständnis des Rechtes auf informationelle Selbstbestimmung, das ja gerade die Dispositionsbefugnis des Bürgers (Nutzers) schützen und nicht einengen möchte. **71**

Die **Form** und die **Wirksamkeitsvoraussetzungen** der Einwilligung ergeben sich aus § 12 Abs. 1, 2 und 3 sowie ggf. § 13 Abs. 2 im Falle der elektronischen Einwilligung.[54] Hierzu → § 12 Rn. 11. **72**

5. Ausblick DS-GVO und ePrivacy-VO

Die **DS-GVO kennt keinen Begriff der Bestandsdaten** und differenziert auch nicht zwischen Daten, die für die Ausgestaltung des Vertrages (Bestandsdaten unter dem TMG) oder die Vertragserfüllung bzw. Dienstnutzung (Nutzungsdaten unter dem TMG) erforderlich sind. Die Verarbeitung personenbezogener Daten unter der allgemeinen Regelung des Art. 6 Abs. 1 lit. b) DS-GVO lässt sich allerdings auch für die „bisherigen" Bestandsdaten rechtfertigen, vorausgesetzt „die Verarbeitung ist für die **Erfüllung eines Vertrages,** dessen Vertragspartei die betroffene Person ist, oder zur Durchführung vorvertraglicher Maßnahmen **erforderlich,** die auf Anfrage der betroffenen Person erfolgen". Zusammengefasst ist die Verarbeitung nach Art. 6 DS-GVO folglich zulässig, wenn sie für die Vertragszwecke erforderlich ist,[55] ohne zwischen den einzelnen Zwecken zu unterscheiden.[56] Es wird somit **keine wesentliche Änderung der Rechtslage** bezüglich der Verarbeitung der „bisherigen Bestandsdaten" unter dem TMG durch Art. 6 Abs. 1 lit. b) DS-GVO geben, soweit es **§ 14 Abs. 1** betrifft. Vorzuziehen ist allerdings die Ansicht, wonach über Art. 95 DS-GVO zur Umsetzung der ePrivacy-RL die Erlaubnistatbestände der §§ 11 ff. und damit auch die des § 14 fortgelten, bis die neue ePrivacy-VO gilt.[57] **73**

Unter der im Entwurf befindlichen **ePrivacy-VO,**[58] die dann auf der DS-GVO aufbauen soll, wird es wie bislang in der ePrivacy-RL **keine spezielle Regelung für „Bestandsdaten"** geben. Lediglich für das Führen von „Teilnehmerverzeichnissen", die nach bisherigem Verständnis auch „Bestandsdaten" bezüglich des Telekommunikationsdienstes enthalten (Name und Anschrift sowie Telefonnummer), wird es wieder eine Sonderregelung in Art. 15 ePrivacy-VO geben. Da die ePrivacy-VO **74**

---

[53] Vgl. zum TDDSG 2001 BT-Drs. 14/6098, S. 29 sowie die Vorauﬂ., § 5 TDDSG Rn. 1.
[54] Vgl. bereits zum TDDSG *Schmitz,* DuD 2001, 395.
[55] S. Ehmann/Selmayr/*Heberlein,* DS-GVO, Art. 6 Rn. 13.
[56] S. näher zu Art. 6 Abs. 1 lit. b) DS-GVO ua Ehmann/Selmayr/*Heberlein,* DS-GVO, Art. 6 Rn. 13.
[57] S. auch BfDI, 37. Jour Fixe Telekommunikation, Anlage 4. S. 8f.
[58] S. Vorschlag der Kommission v. 10.1.2017, COM(2017) 10 final, 2017/0003 (COD).

aber anders als die bisherige ePrivacy-RL als Verordnung **keinen Umsetzungsspielraum** ermöglicht und in der aktuellen Entwurfsfassung auch keine Öffnungsklausel für den Datenschutz enthält,[59] wird es damit an speziellen Regelungen zu Bestandsdaten fehlen, soweit dies die vertragliche Bearbeitung von Bestandsdaten betrifft. Dies ist zu kritisieren.

§ 15 Nutzungsdaten

(1) ¹**Der Diensteanbieter darf personenbezogene Daten eines Nutzers nur erheben und verwenden, soweit dies erforderlich ist, um die Inanspruchnahme von Telemedien zu ermöglichen und abzurechnen (Nutzungsdaten).** ²Nutzungsdaten sind insbesondere
1. **Merkmale zur Identifikation des Nutzers,**
2. **Angaben über Beginn und Ende sowie des Umfangs der jeweiligen Nutzung und**
3. **Angaben über die vom Nutzer in Anspruch genommenen Telemedien.**

(2) Der Diensteanbieter darf Nutzungsdaten eines Nutzers über die Inanspruchnahme verschiedener Telemedien zusammenführen, soweit dies für Abrechnungszwecke mit dem Nutzer erforderlich ist.

(3) ¹Der Diensteanbieter darf für Zwecke der Werbung, der Marktforschung oder zur bedarfsgerechten Gestaltung der Telemedien Nutzungsprofile bei Verwendung von Pseudonymen erstellen, sofern der Nutzer dem nicht widerspricht. ²Der Diensteanbieter hat den Nutzer auf sein Widerspruchsrecht im Rahmen der Unterrichtung nach § 13 Abs. 1 hinzuweisen. ³Diese Nutzungsprofile dürfen nicht mit Daten über den Träger des Pseudonyms zusammengeführt werden.

(4) ¹Der Diensteanbieter darf Nutzungsdaten über das Ende des Nutzungsvorgangs hinaus verwenden, soweit sie für Zwecke der Abrechnung mit dem Nutzer erforderlich sind (Abrechnungsdaten). ²Zur Erfüllung bestehender gesetzlicher, satzungsmäßiger oder vertraglicher Aufbewahrungsfristen darf der Diensteanbieter die Daten sperren.

(5) ¹Der Diensteanbieter darf an andere Diensteanbieter oder Dritte Abrechnungsdaten übermitteln, soweit dies zur Ermittlung des Entgelts und zur Abrechnung mit dem Nutzer erforderlich ist. ²Hat der Diensteanbieter mit einem Dritten einen Vertrag über den Einzug des Entgelts geschlossen, so darf er diesem Dritten Abrechnungsdaten übermitteln, soweit es für diesen Zweck erforderlich ist. ³Zum Zwecke der Marktforschung anderer Diensteanbieter dürfen anonymisierte Nutzungsdaten übermittelt werden. ⁴§ 14 Abs. 2 bis 5 findet entsprechende Anwendung.

(6) Die Abrechnung über die Inanspruchnahme von Telemedien darf Anbieter, Zeitpunkt, Dauer, Art, Inhalt und Häufigkeit bestimmter von einem Nutzer in Anspruch genommener Telemedien nicht erkennen lassen, es sei denn, der Nutzer verlangt einen Einzelnachweis.

(7) ¹Der Diensteanbieter darf Abrechnungsdaten, die für die Erstellung von Einzelnachweisen über die Inanspruchnahme bestimmter Angebote auf Verlangen des Nutzers verarbeitet werden, höchstens bis zum Ablauf des sechsten Monats nach Versendung der Rechnung speichern. ²Werden gegen

---

[59] Art. 11 ePrivacy-VO enthält nur eine Öffnung für die in Art. 23 Abs. 1 lit. a)-e) DS-GVO genannten Überwachungs-, Kontroll- und Regulierungsaufgaben; vgl. *Schmitz,* ZRP 2017, 172, 174.

die Entgeltforderung innerhalb dieser Frist Einwendungen erhoben oder diese trotz Zahlungsaufforderung nicht beglichen, dürfen die Abrechnungsdaten weiter gespeichert werden, bis die Einwendungen abschließend geklärt sind oder die Entgeltforderung beglichen ist.

(8) [1]Liegen dem Diensteanbieter zu dokumentierende tatsächliche Anhaltspunkte vor, dass seine Dienste von bestimmten Nutzern in der Absicht in Anspruch genommen werden, das Entgelt nicht oder nicht vollständig zu entrichten, darf er die personenbezogenen Daten dieser Nutzer über das Ende des Nutzungsvorgangs sowie die in Absatz 7 genannte Speicherfrist hinaus nur verwenden, soweit dies für Zwecke der Rechtsverfolgung erforderlich ist. [2]Der Diensteanbieter hat die Daten unverzüglich zu löschen, wenn die Voraussetzungen nach Satz 1 nicht mehr vorliegen oder die Daten für die Rechtsverfolgung nicht mehr benötigt werden. [3]Der betroffene Nutzer ist zu unterrichten, sobald dies ohne Gefährdung des mit der Maßnahme verfolgten Zweckes möglich ist.

Literatur: *Bäumler,* Das TDDSG aus Sicht eines Datenschutzbeauftragten, DuD 1999, 258 ff.; *Buchholtz,* „Das „Recht auf Vergessen" im Internet, ZD 2015, 570 ff.; *Dix,* Vorratsdatenspeicherung von IP-Adressen?, DuD 2003, 234 ff.; *Elschner,* Rechtsfragen der Internet- und E-Mail-Nutzung am Arbeitsplatz, 2004; *Heidrich,* „Ausradiert", c't 2015, Heft 15, 156 ff.; *Imhof,* One-to-One-Marketing im Internet – Das TDDSG als Marketinghindernis, CR 2000, 110 ff.; *Jandt/Laue,* Profilbildung bei Location Based Services, K&R 2006, 316 ff.; *Moos,* Dürfen Access-Provider IP-Nummern speichern?, CR 2003, 385 ff.; *Schaar,* Datenschutz im Internet, 2002; *Schmitz,* Anm. zu RegPräs Darmstadt, Beurteilung v. 14.1.2003 – II 21.4–3v-04/03-043/02, MMR 2003, 213 ff.; *ders.,* TDDSG und das Recht auf informationelle Selbstbestimmung, 2000; *Scholz,* Datenschutz beim Internet-Einkauf, 2002; *Schöttle,* Anwaltliche Internet-Rechtsberatung und das Teledienstedatenschutzgesetz, BRAK-Mitt 2004, 253 ff.; *Selk,* Datenschutz im Internet, 2003; *Spindler,* Der Regierungsentwurf zum Netzwerkdurchsetzungsgesetz – europarechtswidrig?, ZUM 2017, 473; *Spindler/Dorschel,* Vereinbarkeit der geplanten Auskunftsansprüche gegen Internet-Provider mit EU-Recht, CR 2006, 341 ff.; *Zscherpe,* Datenschutz im Internet – Grundsätze und Gestaltungsmöglichkeiten für Datenschutzerklärungen, K&R 2005, 264 ff.

Übersicht

	Rn.
I. Allgemeines und Überblick	1
1. Überblick	1
2. Korrektur durch EuGH und richtlinienkonforme Auslegung	4
3. Neuerung durch das NetzDG	8
4. Mögliche Verdrängung durch die Regeln der DS-GVO	10
5. Erlaubnisvorbehalt	11
6. Anwendbarkeit TMG – TKG	12
7. Systematische Trennung der Verarbeitungszwecke	15
8. Historie	16
9. Systematik und Unterscheidung der Verarbeitungszwecke	19
II. Einzelkommentierung und erlaubte Verarbeitungszwecke	22
1. EuGH: Richtlinienkonforme Auslegung des TMG um Verarbeitungstatbestände nach Art. 7 DSRL	24
a) Konforme Verarbeitungstatbestände	27
b) Nicht konforme Verarbeitungstatbestände	29
c) Anzupassende Verarbeitungstatbestände im TMG	32
aa) Erweiterung der Erlaubnistatbestände des TMG	34
bb) Einschränkung der Erlaubnistatbestände des TMG	36
d) Kritik und Wertung	37
2. Verarbeitung von Nutzungsdaten (Abs. 1 und 2)	39

		Rn.
a)	Begriff und Definition	42
b)	Erforderlichkeitsvorbehalt mit Abwägungsergänzung	44
	aa) Strikte Erforderlichkeit	49
	bb) Abwägung	51
	cc) Geringer Personenbezug	54
	dd) Größerer Personenbezug	60
	ee) Erforderlichkeitsvorbehalt	63
c)	Löschungspflicht	65
d)	Recht auf Vergessen und Vergessenwerden	67
	aa) EUGH-Urteil zum „Recht auf Vergessen"	68
	bb) DS-GVO	72
e)	Sperre statt Löschung	73
f)	Zusammenführungsverbot (zu Abs. 2)	74
3. Verarbeitung von Inhaltsdaten (Abs. 1)	75
a)	Regelfall	78
b)	Streitfälle	79
c)	Gesetzesanwendung	81
d)	Praktisches Ergebnis	82
4. Pseudonymisierte Nutzungsprofile (Abs. 3)	85
a)	Pseudonym	88
b)	Nutzungsdaten und Nutzungsprofil	92
c)	Begrenzte Verarbeitungszwecke	93
d)	Einwilligung erforderlich	95
e)	Verbot der nachträglichen Zusammenführung	99
f)	Bedenken an der Verfassungsmäßigkeit	102
g)	Alternative durch anonymisierte Nutzungsprofile	103
5. Abrechnung mit dem Nutzer und Einzelnachweis (Abs. 4, 6 und 7)	106
a)	Einzelnachweise	108
b)	Löschung	109
c)	Ausblick	110
6. Rechnungsstellung und Forderungseinzug durch Dritte (Abs. 5 S. 2)	113
7. Abrechnung mit anderen Anbietern und Weitergabe an Dritte (Abs. 5 S. 1–3)	117
a)	Überblick	117
b)	Abrechnung mit anderen Anbietern (Abs. 5 S. 1)	120
c)	Weitergabe anonymisierter Nutzungsdaten an andere Diensteanbieter (Abs. 5 S. 3)	122
d)	Keine Auskunft aus Interessenabwägung/Störerhaftung	125
8. Auskunft an Bedarfsträger und Private (Abs. 5 S. 4)	126
a)	Allgemeines	126
b)	Auskunft an Bedarfsträger nach § 14 Abs. 2	128
c)	Auskunft wegen der Verletzung geistigen Eigentums	130
d)	Auskunft wegen der Verletzung absoluter Rechte nach § 14 Abs. 3–5	131
9. Erstellung von Einzelnachweisen und Speicherfrist (Abs. 6 und 7)	132
10. Missbrauchsverfolgung (Abs. 8)	134
a)	Überblick	134
b)	Erlaubnis aus Art. 7 lit. f) DSRL	137
	aa) Abwägung	138
	bb) Konkrete Tatsachen	139
	cc) Cyberattacken	141
c)	Ausblick DS-GVO und ePrivacy-VO	142

Nutzungsdaten § 15 TMG

I. Allgemeines und Überblick

1. Überblick

Die Vorschrift regelt mit den zahlreich in § 15 normierten **Erlaubnistatbeständen** die Befugnis der Diensteanbieter, personenbezogene Daten eines Nutzers zu den genannten Zwecken zu erheben und zu verwenden. Die Vorschrift ist sehr **komplex** und **unübersichtlich,** da die normierten Erlaubnistatbestände recht unsystematisch zusammengefasst sind. 1

Gleichlautend wie die Vorgängerfassung des § 6 Abs. 1 TDDSG 2001, darf der Diensteanbieter nach Abs. 1 diese Daten „nur erheben und verwenden, soweit dies erforderlich ist, um die Inanspruchnahme von Telemedien zur ermöglichen und abzurechnen **(Nutzungsdaten)**". Außerdem sind besondere Verarbeitungsarten wie die Erstellung von **pseudonymisierten Nutzungsprofilen** (§ 15 Abs. 3) und die Weitergabe der Nutzungsdaten an Dritte, wie zB Strafverfolgungsbehörden, Fakturierungs- und Inkassodienstleister und andere Anbieter, geregelt (Abs. 5). In Abs. 8 findet sich eine Vorschrift zur Missbrauchsverfolgung, die im Ergebnis allerdings keine eigenständige Bedeutung hat. 2

Diese Erlaubnisregelungen zur Verarbeitung von Nutzungsdaten nach dem **TMG,** die jeweils konform zur Datenschutz-RL 95/46/EG auszulegen sind, sind **grundsätzlich abschließend,** soweit nicht eine weitere Erlaubnis erteilt wird durch eine andere Rechtsvorschrift, die sich ausdrücklich auf Telemediendienste bezieht, oder durch Einwilligung des Nutzers. Insbesondere ein weiterer Rückgriff auf die Erlaubnistatbestände der §§ 28ff. BDSG ist damit unzulässig. Die Öffnung für **weitere gesetzliche Erlaubnistatbestände,** die sich unmittelbar auf das TMG beziehen müssen (**„Zitiergebot")** ergibt sich nun ausdrücklich aus § 12 Abs. 2 und präzisiert die bislang schon zum TDDSG vertretene Auffassung, dass die Erlaubnistatbestände des TMG nach § 12 Abs. 1 grundsätzlich abschließend sind.[1] 3

2. Korrektur durch EuGH und richtlinienkonforme Auslegung

Die Beschränkung der Erlaubnis zur Datenverarbeitung auf den **strengen Erforderlichkeitsvorbehalt** nach Abs. 1 **widerspricht** dem einer Abwägung zugänglichen **Verarbeitungstatbestand des Art. 7 lit. f) DSRL.** Der **EuGH** hat entschieden, dass es einer Öffnung und Abwägung iSd Art. 7 lit. f) DSRL bedarf.[2] Somit sind im Ergebnis zur effektiven Umsetzung der Rechtsprechung des EuGH und der RL 95/46/EG („effet utile") alle Erlaubnistatbestände des **TMG** durch die **Regeln** der **DSRL richtlinienkonform auszulegen.** 4

Die **richtlinienkonforme Auslegung erfordert** einerseits eine **Ergänzung** der **Erlaubnistatbestände,** wie zB um Art. 7 lit. f) DSRL. Andererseits sind die Erlaubnistatbestände der TMG folgerichtig **richtlinienkonform** auf die Erlaubnistatbestände der DSRL **zu beschränken.** Die Erlaubnis nach Abs. 3 mit der Opt-out-Regelung zu pseudonymen Nutzungsprofilen ist nicht mit Art. 7 DSRL vereinbar und deshalb unwirksam. 5

Die Rechtsprechung des EuGH **ändert** damit die **grundlegende Systematik** und **Logik** des **TMG.** Diese grundlegende Änderung basiert darauf, dass das gesamte TMG einen isolierten Sonderweg darstellt, der nicht auf der DSRL basiert und sich nur zum Teil auf die ePrivacy-RL 2002/58/EG stützen kann. Durch die vorrangige Geltung der DSRL mit ihrem Abwägungstatbestand in Art. 7 lit. f) und dem Gebot, die Verarbeitungserlaubnis von einer Abwägung abhängig zu machen, gilt das bishe- 6

---

[1] So ausdrücklich auch BGH, Urt. v. 1.7.2014 – VI ZR 345/13 = NJW 2014, 2651.
[2] EuGH, Urt. v. 19.10.2017 – C-582/14.

TMG § 15 Nutzungsdaten

rige Datenschutzkonzept des TMG mit seinem **strikten Erforderlichkeitsvorbehalt** als bereits **aufgehoben** gilt, bevor die DS-GVO ab dem 25.5.2018 Geltung erlangt. Im Ergebnis wird dadurch zB auch der Streit, wie unter dem TMG die sog. Inhaltsdaten zu behandeln sind, irrelevant. Denn im Ergebnis gelten nun sowohl unter dem TMG, als auch dem BDSG die Regeln der DSRL, so dass es im praktischen Ergebnis keine wesentlichen Unterschiede mehr gibt.

7   Zusätzlich ist das **EuGH-Urteil** zum **„Recht auf Vergessen"** bei der Auslegung des TMG zu berücksichtigen und führt zu einer entsprechenden Ergänzung. Am 13.5.2014 erließ der EuGH ein Urteil in der Sache **Google Spain** und Google.[3] Mit diesem Urteil gewährt der EuGH dem Betroffenen ein „Recht auf Vergessen", in dem der Betroffene von einem Suchmaschinenbetreiber unter bestimmten Voraussetzungen die Löschung der Links in der Ergebnisliste zu einer Suche zu seiner Person verlangen kann.

3. Neuerung durch das NetzDG

8   Der Bundestag hat am 30.6.2017 in 2. und 3. Lesung den „Entwurf eines Gesetzes zur Verbesserung der Rechtsdurchsetzung in sozialen Netzwerken **(NetzDG)**" beschlossen.[4] Der Bundesrat hat am 7.7.2017 beschlossen, diesen ohne Antrag passieren zu lassen.[5] Das Gesetz soll zum 1.1.2017 in Kraft treten. Das NetzDG sieht die Einführung neuer gesetzlicher Regeln für sog. soziale Netzwerke vor, um diese zu einer schnelleren und besseren **Bearbeitung** von **Beschwerden** über strafbare Inhalte iSv § 1 Abs. 3 NetzDG (zB sog. **„Hasskommentare",** „Falschpostings" und andere strafbare Inhalte) zu verpflichten. Diese Regeln beinhalten insbesondere Berichtspflichten und Vorgaben für den Umgang mit Beschwerden, die nach Art. 1 in dem neuen NetzDG geregelt werden. Durch Art. 2 NetzDG werden in § 14 TMG auch die Abs. 3–5 neu eingeführt.

9   Abs. 5 S. 4 verweist für die **Auskunft** des Diensteanbieters über **Nutzungsdaten** nun auf die Abs. 2–5 des § 14. Für die bislang in § 14 Abs. 2 geregelten Auskunftsfälle für die Bedarfsträger und die Verletzung des „geistigen Eigentums" ergibt sich insofern keine Neuerung. Durch die neu eingefügten Abs. 3–5 in § 14 wird nun auch die Auskunftserteilung über Nutzungsdaten geregelt, wobei die Wirksamkeit umstritten ist.

4. Mögliche Verdrängung durch die Regeln der DS-GVO

10 Zukünftig unter Geltung der **DS-GVO** (ab dem 25.5.2018) werden die **Datenschutzregeln** des **TMG** nach wohl hM insgesamt durch die Regeln der DS-GVO **verdrängt,** die allerdings keine speziellen Regeln für die Dienste im Internet bzw. die Telemediendienste vorsehen. Die zentrale und einzige Erlaubnisnorm bildet dann Art. 6 DS-GVO, welche für die einzelnen Erlaubnistatbestände eine Abwägung vorsieht. Da es an entsprechenden speziellen Verarbeitungsregeln fehlt, sollen diese durch die neue und im Entwurf befindliche ePrivacy-VO eingeführt werden. Vorzuziehen ist allerdings die Ansicht, wonach über Art. 95 DS-GVO zur Umsetzung der ePrivacy-RL die Erlaubnistatbestände der §§ 11 ff. und damit auch die des § 15 fortgelten, bis die neue ePrivacy-VO gilt.[6]

---

[3] EuGH, Urt. v. 13.5.2014 – C-131/12 = ZD 2014, 350; s. hierzu auch Ehmann/Selmayr/ *Kamann/Braun,* DS-GVO, Art. 17 Rn. 6f.; *Buchholtz,* ZD 15, 570, 574.

[4] S. hierzu Beschlussempfehlung und Bericht v. 28.6.2017, BT-Drs. 18/13013.

[5] BR-Drs. 536/17.

[6] S. auch BfDI, 37. Jour Fixe Telekommunikation, Anlage 4. S. 8f.

Nutzungsdaten §15 TMG

5. Erlaubnisvorbehalt

Ein Verarbeitungsverbot bzw. die Löschungs- oder Sperrpflicht folgen aus dem **11** **Erlaubnisvorbehalt** des § 12 Abs. 1. Soweit weder § 15 oder eine andere gesetzliche Vorschrift, die ausdrücklich auf Telemedien Bezug nimmt oder aber der Nutzer es erlauben, ist eine Verarbeitung von personenbezogenen Daten, die bei der Nutzung von Telemedien entstehen, **unzulässig.** Ebenso müssen in zulässigerweise erhobene Nutzungsdaten gelöscht bzw. evtl. nach § 35 BDSG gesperrt werden, wenn der Erlaubnistatbestand endet. Verstöße gegen § 15 Abs. 1 S. 1 oder Abs. 8 S. 1 oder 2 sowie gegen § 15 Abs. 3 S. 3 stellen nach § 16 Abs. 2 Nr. 4 und Nr. 5 **Ordnungswidrigkeiten** dar, die nach § 16 Abs. 3 mit einer **Geldbuße** von bis zu 50.000 Euro geahndet werden können.

6. Anwendbarkeit TMG – TKG

Zu beachten ist, dass die Daten § 15 **nur** insoweit unterfallen, als tatsächlich ein **12** **Telemediendienst** angeboten wird, der dem TMG unterfällt. In **entsprechender Anwendung** gilt § 15 **auch** für **Rundfunkdienste,** da § 47 RStV entsprechend auf das TMG verweist.

Keine Anwendung findet § 15 insbesondere für die sog. „reinen" **Telekom- 13 munikationsdienste** nach § 1 Abs. 1 iVm § 3 Nr. 24 TKG, die sog. „**überwiegenden Telekommunikationsdienste**" nach § 1 Abs. 1 iVm § 3 Nr. 24 TKG (für die das TKG und nur die in § 11 Abs. 3 ausdrücklich genannten Regelungen des TMG gelten) sowie für die **telekommunikationsgestützten Dienste** nach § 1 Abs. 1 iVm § 3 Nr. 25 TKG. Für diese Dienste gelten vielmehr ausschließlich die telekommunikationsrechtlichen Bestimmungen des TKG (insbesondere §§ 96 ff. sowie 113 a ff. TKG für Anfragen der Sicherheits- und Strafverfolgungsbehörden).

In der **Praxis** sind nur die **Grundregeln** zur Erhebung und Speicherung der Tele- **14** medien-Nutzungsdaten in § 15 Abs. 1 bzw. der Verkehrsdaten in § 96 TKG **ähnlich,** in dem beide auf die Erforderlichkeit für die Dienstenutzung abstellen. **Deutliche Unterschiede** zwischen § 15 und § 97 ff. TKG ergeben sich insbesondere bei der **Abrechnung,** die im TKG deutlich detaillierter erfolgt. Unterschiedlich sind auch die Regeln zur Auskunftserteilung und der sog. **Vorratsdatenspeicherung** nach § 113 a ff. TKG, weil insbesondere die maßgeblichen Ermächtigungsnormen für die sog. Bedarfsträger deutlich weitergehende Rechte vorsehen. Hier ergeben sich regelmäßig zum Teil gravierende Unterschiede.

7. Systematische Trennung der Verarbeitungszwecke

Zum besseren Überblick und Verständnis empfiehlt es sich für die Prüfung und **15** Rechtsanwendung, die einzelnen **Verarbeitungszwecke klarer** und systematischer zu **trennen,** als es der Aufbau von § 15 vorgibt. Die Verarbeitung von Nutzungs- und Abrechnungsdaten ist zwar einheitlich in § 15 geregelt und die Abrechnungsdaten bilden einen speziellen Unterfall der Nutzungsdaten wie Abs. 4 ff. zeigen. Sowohl in der Praxis als auch nach der gesetzlichen Regelung unterscheidet sich allerdings die Verarbeitung von **Abrechnungsdaten** und (anderen „ausschließlichen") **Nutzungsdaten** stark. Zudem ist auch eine weitere Differenzierung bei der Verarbeitung der Abrechnungsdaten hilfreich. So sollte besonders exakt zwischen den einzelnen Verarbeitungszwecken unterschieden werden. Beispielsweise ist in § 15 Abs. 4 die **Abrechnung mit dem Nutzer** geregelt. In diesem Zusammenhang regelt § 15 Abs. 6 die Erstellung von Einzelnachweisen und den Forderungsnachweis, während sich aus § 15 Abs. 6 die Speicherdauer ergibt. In Abs. 5 S. 2 und S. 3 sind die Fakturierung und das Inkasso des Entgelts durch Dritte normiert. Geregelt wird weiterhin die

TMG § 15 Nutzungsdaten

Abrechnung mit anderen Diensteanbietern[7] und die Weitergabe von anonymisierten Nutzungsdaten (Abs. 5 S. 3). Einen gänzlich anderen Zweck als die Abrechnung betrifft hingegen die **Auskunftserteilung an Strafverfolgungsbehörden** und **Dritte** (Abs. 5 S. 4 mit Verweis auf § 14 Abs. 2–5).

8. Historie

16   Die **Regelung** des **§ 15 basiert** in der Ursprungsfassung mit Ausnahme von zwei Änderungen auf **§ 6 TDDSG 2001.** Die erste Änderung betrifft § 15 Abs. 5 S. 4, in dem die Auskunftspflicht hinsichtlich der Nutzungsdaten auf die entsprechende Regelung des § 14 S. 2 zu den Bestandsdaten verweist. Offenbar erwartete sich der Gesetzgeber hierdurch eine Erweiterung der Auskunftsbefugnisse der Bedarfsträger. Zudem ist die Regelung in § 6 Abs. 5 S. 4 TDDSG 2001 entfallen, nach welchem ausdrücklich bestimmt war, dass bei einer Übermittlung von Nutzungsdaten an andere Anbieter zum Zwecke der Abrechnung diese auf das Fernmeldegeheimnis zu verpflichten waren. Diese Änderung hat der Gesetzgeber nicht weiter kommentiert. Die personenbezogenen Daten des TMG können allerdings nach wie vor, wenn sie detailliert genug über die näheren Umstände der Telekommunikation Auskunft geben, dem Fernmeldegeheimnis.

17   Die wörtlich fast identische Vorgängerfassung des § 6 TDDSG 2001 beruhte auf der Ursprungsfassung des § 6 TDDSG 1997. Der Gesetzgeber hatte diese ursprüngliche Fassung des § 6 TDDSG 1997 mit dem **EGG** als § 6 TDDSG 2001 **neu gefasst** und hat hierbei das Ziel verfolgt, „die **Erlaubnistatbestände** für Nutzungsdaten **konsequent zusammenzufassen** und damit das **Gesetz übersichtlicher** und handhabbarer zu machen".[8] Die Vorschrift ist hierdurch allerdings recht lang geworden. Außerdem werden zahlreiche unterschiedliche Verarbeitungszwecke, wie zB die Inanspruchnahme der Dienste, deren Abrechnung, die Auskunftserteilung an Strafverfolgungsbehörden, die Missbrauchsverfolgung und die Erstellung von pseudonymisierten Nutzungsprofilen geregelt. Der Gesetzgeber hat hierbei sein Ziel, größere Übersichtlichkeit zu erreichen, konterkariert.

18   Durch das **NetzDG** erfolgte mit Geltung zum 1.1.2017 die **redaktionelle Änderung** des Verweises in **Abs. 5 S. 4** auf § 14 Abs. 2–5 und umfasst damit auch die in § 14 neu eingefügten Abs. 3–5 für Auskünfte wegen rechtswidriger und strafbarer Verletzungen nach § 1 Abs. 3 NetzDG.

9. Systematik und Unterscheidung der Verarbeitungszwecke

19   Die Vorschrift des § 15 regelt zwar immer die Verarbeitung von Nutzungsdaten, umfasst hierbei aber zahlreiche und verschiedene Verarbeitungszwecke, die gerade im Hinblick auf die Abrechnung nicht immer zusammenhängend geregelt sind. Die nachfolgende **Kommentierung orientiert** sich deshalb zwar zunächst rein formal an der Nummerierung und **Gliederung des Gesetzes,** führt die Regelungen hierbei aber inhaltlich zusammen. Gewisse Wiederholungen und Querverweise sind deshalb unvermeidlich. Die zentrale und grundlegende **„Eingangsvorschrift"** bildet **Abs. 1.** Das Gesetz definiert den Begriff der Nutzungsdaten und erlaubt deren Verarbeitung, soweit dies für die Nutzung des Telemediendienstes erforderlich ist. Die **Erforderlichkeit** ist eng auszulegen und hängt wiederum davon ab, wie die Diensteerbringung konkret ausgestaltet ist. Allerdings hat der **EuGH** eine **Öffnung mit Abwägungsmöglichkeit** in besonderen Fällen eröffnet,[9] insbesondere bei Missbrauchsverdacht. Aus dem Erforderlichkeitsvorbehalt und dem allgemeinen Erlaub-

---

[7] Vgl. insb. § 15 Abs. 5 TMG.
[8] BT-Drs. 14/6098, S. 29.
[9] EuGH, Urt. v. 19.10.2016 – C-582/14, Tenor zur zweiten Vorlagefrage.

nisvorbehalt des § 12 Abs. 1 folgt, dass die Nutzungsdaten unverzüglich zu **löschen** bzw. alternativ gem. § 35 BDSG zu sperren sind, sofern sie nicht mehr zur Nutzung bzw. über das Ende der Verbindung hinaus erforderlich sind. Die Erlaubnis- bzw. Verarbeitungsnorm des § 15 Abs. 1 kann allerdings nicht für sich isoliert betrachtet werden. Aus den folgenden Absätzen des § 15 ergeben sich nämlich weitere Erlaubnistatbestände zur Verarbeitung und Speicherung der Nutzungsdaten.

Der **Erforderlichkeitsvorbehalt** und die hieraus resultierende **Löschungspflicht** des § 15 Abs. 1 ist deshalb nach der gesamten Logik des § 15 so verstehen, dass als Nutzungsdaten 20

– nur solche Daten erhoben, verarbeitet und gespeichert werden dürfen, die zur Ermöglichung der **Diensteerbringung erforderlich** sind oder nach Art. 7 lit. c), lit. d), lit. e) oder lit. f) DSRL verarbeitet werden dürfen
– und die Daten mit dem **Wegfall der Berechtigung zur Datenverarbeitung** (zB Ende der Nutzung) zu **löschen** bzw. alternativ zu sperren sind, **wenn kein weiterer erlaubter Verarbeitungszweck** oder anderen auf Telemedien bezogene gesetzliche Regelungen oder aber eine Einwilligung des Nutzers **vorliegt.**

Diese Erlaubnisregelung zur Verarbeitung von Nutzungsdaten des **TMG** ist **grundsätzlich nach § 12 Abs. 1 abschließend,** soweit nicht eine weitere Erlaubnis erteilt wird durch eine andere Rechtsvorschrift, die sich ausdrücklich auf Telemediendienste bezieht, oder durch Einwilligung des Nutzers. Allerdings beeinflussen wie oben kurz aufgeführt gesetzliche Aufbewahrungsfristen, wie zB nach dem HGB und der AO, dennoch auch die Datenverarbeitung von Nutzungsdaten nach Abs. 6, insbesondere der Abrechnungsdaten. Nach der Logik des § 15 Abs. 4 tritt an die Stelle der Löschung der nicht mehr erforderlichen Nutzungsdaten deren **Sperre,** wenn dies „zur Erfüllung bestehender gesetzlicher, satzungsmäßiger oder vertraglicher Aufbewahrungsfristen" erforderlich ist. Eine Ausnahme gilt nach vorliegend vertretener Ansicht auch für sog. „Inhaltsdaten", bei denen zwar die Regelungen des BDSG gelten, aber die Grundsätze des TMG weiterhin Anwendung finden. 21

II. Einzelkommentierung und erlaubte Verarbeitungszwecke

Die einzelnen **erlaubten Verarbeitungszwecke** ergeben sich aus der sehr komplexen und langen Vorschrift des § 15. Diese regelt zunächst in Abs. 1 die Definition der **Nutzungsdaten** und die grundlegende Erlaubnis zur Verarbeitung dieser Daten. In Abs. 2 ist die Erlaubnis zur **Zusammenführung** der Nutzungsdaten geregelt. Es folgen so dann die Erlaubnisbestimmungen für **Nutzungsprofile** (Abs. 3), für die **Abrechnungsdaten** (Abs. 4), die **Übermittlung** von Abrechnungsdaten und Nutzungsdaten an Dritte (Abs. 5), weitere Bestimmungen zur **Abrechnung** (Abs. 6 und 7) und die Erlaubnis zur **Forderungsverfolgung** bei **Missbrauch** (Abs. 7). Die folgende Kommentierung sortiert die Zwecke vorrangig systematisch und nur nachrangig nach der numerischen Reihenfolge der Absätze. 22

Ergänzend ist allerdings das Urteil des EuGH[10] und diesem folgend des BGH zur richtlinienkonformen Auslegung des TMG zu beachten, wonach jeweils **ergänzend** die **Erlaubnis aus Art. 7 lit. f) DSRL** zu prüfen ist. 23

1. EuGH: Richtlinienkonforme Auslegung des TMG um Verarbeitungstatbestände nach Art. 7 DSRL

Die Beschränkung der Erlaubnis zur Datenverarbeitung auf den **strengen Erforderlichkeitsvorbehalt** in Abs. 1 **widerspricht** dem einer Abwägung zugänglichen **Verarbeitungstatbestand des Art. 7 lit. f) DSRL.** Der **EuGH** hat deshalb ent- 24

---

[10] EuGH, Urt. v. 19.10.2016 – C-582/14; s. hierzu BGH, Urt. v. 16.5.2017 – VI ZR 135/13.

TMG § 15 Nutzungsdaten

schieden, dass es einer Öffnung und Abwägung iSd Art. 7 lit. f) DSRL bedarf[11] und der BGH hat dies auf Basis dieses Urteils für die deutsche Rechtsanwendung bestätigt.

25 Das Urteil des **EuGH** bezieht sich aufgrund der Vorlagefrage, die nur die Speicherung der IP-Adresse durch den Webseitenbetreiber zur Missbrauchsvermeidung betraf, nur auf § 15 Abs. 1, der um die Erlaubnis nach Art. 7 lit. f) DSRL zu erweitern ist. Das Urteil hat aber eine viel weitergehende **generelle Bedeutung** und stellt im Ergebnis alle Erlaubnistatbestände des TMG unter den Wirksamkeitsvorbehalt, dass sie den Regeln von Art. 7 DSRL entsprechen müssen. Denn die Mitgliedstaaten dürfen nach Art. 5 der RL in Bezug auf die Zulässigkeit der Verarbeitung personenbezogener Daten keine anderen als die in Art. 7 der RL aufgezählten Grundsätze einführen und auch nicht durch zusätzliche Bedingungen die Tragweite der sechs in Art. 7 vorgesehenen Grundsätze verändern,[12] wie auch der BGH auf Basis des EuGH-Urteils betont.[13] Zudem zitiert der BGH den EuGH und weist weiter darauf hin, dass Art. 7 lit. f) DSRL einen Mitgliedstaat daran hindert, kategorisch und ganz allgemein die Verarbeitung bestimmter Kategorien personenbezogener Daten auszuschließen, ohne Raum für eine Abwägung der im konkreten Einzelfall einander gegenüberstehenden Rechte und Interessen zu lassen. Ein **Mitgliedstaat kann daher** für diese Kategorien das Ergebnis der Abwägung der einander gegenüberstehenden Rechte und Interessen **nicht abschließend vorschreiben,** ohne Raum für ein Ergebnis zu lassen, das aufgrund besonderer Umstände des Einzelfalls anders ausfällt (vgl. in diesem Sinne EuGH, Slg. 2011, I – 12181 Rn. 47 ff. – ASNEF und FECEMD).[14]

26 Nach der Begründung des EuGH und Art. 4 Abs. 1 DSRL beanspruchen nach dem **effet utile-Grundsatz** deshalb **alle Regeln der DSRL vorrangige Geltung** und Umsetzung durch den deutschen Gesetzgeber, die Rechtsprechung und die Verwaltung. Deshalb sind **im Ergebnis alle Erlaubnistatbestände des Art. 7 DSRL auf das TMG in richtlinienkonformer Auslegung anwendbar.** Allerdings setzt das TMG einen Teil dieser Verarbeitungstatbestände in der Sache bereits um. Die Datenschutzregeln des TMG und namentlich des § 15 sind deshalb nur um die Verarbeitungstatbestände des Art. 7 DSRL zu ergänzen, der DSRL widersprechen.

27 **a) Konforme Verarbeitungstatbestände.** Die Verarbeitungstatbestände nach **Art. 7 lit. a)** (Einwilligung) und **lit. b)** (Erforderlichkeit für die Vertragserfüllung) der DSRL sind mit den **Regeln im TMG konform.** Ersterer Tatbestand ist in § 12 Abs. 1 umgesetzt, letzterer in §§ 14 Abs. 1 und 15, soweit diese grundlegend auf die Erforderlichkeit der Datenverarbeitung für die Vertragsgestaltung oder Vertragserfüllung einschließlich der Abrechnung abstellen.

28 Auch die Regelung in **Art. 7 lit. c) DSRL** ist im Ergebnis **konform** zu § 12 Abs. 2 und § 15 Abs. 5 S. 4, welche die besondere Auskunftserteilung an Bedarfsträger und bestimmte Dritte regeln. Denn nach dem Willen des deutschen Gesetzgebers sollten die Anbieter von Telemedien offenbar keinen weiteren „rechtlichen Verpflichtungen" für die Datenverarbeitung unterliegen. Deshalb ist es unschädlich, dass keine weiteren Regeln zu solchen „rechtlichen Verpflichtungen" bestehen.

29 **b) Nicht konforme Verarbeitungstatbestände.** Durch den **EuGH** ausdrücklich entschieden ist, dass im TMG der Verarbeitungstatbestand nach **Art. 7 lit. f)** der Datenschutz-RL **nicht richtlinienkonform** berücksichtigt ist.[15] Der Tatbestand des Art. 7 lit. f) sieht vor, dass eine Verarbeitung personenbezogener Daten erfolgen darf, wenn die Verarbeitung erforderlich ist „zur Verwirklichung eines berechtigten Inte-

---

[11] EuGH, Urt. v. 19.10.2017 – C-582/14.
[12] Vgl. in diesem Sinne EuGH, Slg. 2011, I – 12181 Rn. 33 ff. – ASNEF und FECEMD.
[13] BGH, Urt. v. 16.5.2017 – VI ZR 135/13 = BeckRS 2017, 114664, Rn. 35, 37.
[14] BGH, Urt. v. 16.5.2017 – VI ZR 135/13 = BeckRS 2017, 114664, Rn. 40.
[15] EuGH, Urt. v. 19.10.2017 – C-582/14.

resses, das von dem für die Verarbeitung Verantwortlichen oder von dem bzw. den Dritten wahrgenommen wird, denen die Daten übermittelt werden, sofern nicht das Interesse oder Grundrechte und Grundfreiheiten der betroffenen Person, die gemäß Artikel 1 Absatz 1 geschützt sind, überwiegen". § 15 Abs. 1 stellt hingegen nur auf die reine Erforderlichkeit zur Diensteerbringung ab und verstößt mit diesem strengen Wortlaut gegen die DSRL, so dass eine richtlinienkonforme Auslegung erforderlich ist, die der BGH dann auch vorgenommen hat auf Basis des EuGH-Urteils.[16]

Bei der folgerichtigen Prüfung findet auch **Art. 7 lit. d)** DSRL keine Entsprechung im TMG. Dieser erlaubt die Verarbeitung, „die erforderlich ist für die Wahrung lebenswichtiger Interessen der betroffenen Person". 30

Auch **Art. 7 lit. c)** DSRL findet **keine Entsprechung** im **TMG**. Hiernach ist die Verarbeitung personenbezogener Daten zulässig, wenn diese erforderlich ist „für die Wahrnehmung einer Aufgabe, die im öffentlichen Interesse liegt oder in Ausübung öffentlicher Gewalt erfolgt und dem für die Verarbeitung Verantwortlichen oder dem Dritten, dem die Daten übermittelt werden, übertragen wurden". Allerdings ist eine solche Aufgabenübertragung durch das deutsche Recht auf Anbieter von Telemedien nicht erkennbar. Deshalb bedarf es im praktischen Ergebnis keiner ergänzen Anwendung des Art. 7 lit. c) DSRL im TMG. 31

c) Anzupassende Verarbeitungstatbestände im TMG. Aus dem Befund zur Umsetzung von Art. 7 DSRL ergibt sich damit einerseits eine **Erweiterung der Erlaubnistatbestände** des TMG, soweit diese enger sind, als die Erlaubnistatbestände der DSRL. Andererseits ergibt sich eine **Einschränkung** der Erlaubnistatbestände des TMG, soweit diese über die Erlaubnistatbestände der DSRL hinausgehen. 32

Die Rechtsprechung des EuGH **ändert** damit die **grundlegende Systematik** und **Logik** des **TMG**. Diese grundlegende Änderung basiert darauf, dass das gesamte TMG einen deutschen Sonderweg darstellt, der nicht auf der DSRL basiert und sich nur zum Teil auf die ePrivacy-RL stützen kann. 33

aa) Erweiterung der Erlaubnistatbestände des TMG. Somit sind im Ergebnis zur effektiven Umsetzung der Rechtsprechung des EuGH und der RL 95/46/EG („effet utile") alle Erlaubnistatbestände des TMG, die auf einen Erforderlichkeitsvorbehalt abstellen, durch die Erlaubnis nach **Art. 7 lit. f)** DSRL zu ergänzen. Dies betrifft somit insbesondere die Verarbeitung von Nutzungsdaten nach Abs. 1 sowie der zur Abrechnung verwendeten Nutzungsdaten nach Abs. 4, 6 und 7 sowie die Missbrauchsbekämpfung nach Abs. 8. 34

Zudem ist eine entsprechende **Ergänzung um Art. 7 lit. d)** (Wahrnehmung lebenswichtiger Interessen) erforderlich, wobei es hierfür **kaum einen Anwendungsfall** geben wird. 35

bb) Einschränkung der Erlaubnistatbestände des TMG. Umgekehrt ist die Erlaubnis nach **Abs. 3** mit der Opt-out-Regelung zu pseudonymen Nutzungsprofilen nicht mit Art. 7 lit. a) DSRL vereinbar und deshalb unwirksam. Denn nach Art. lit. a) DSRL bedarf es der ausdrücklichen Einwilligung in die Erstellung solcher Profile, da eine hiervon unabhängige Erlaubnis in der DSRL nicht erteilt wird. Zudem bilden nach der Wertung der Grundrechtscharta gerade Persönlichkeitsprofile einen sehr gravierenden Eingriff in die Persönlichkeitsrechte. Erschwerend kommt bei der Erstellung solche Profile bei der Nutzung der Dienste im Internet hinzu, dass diese Profile sogar Auskunft über die gesamte Lebensführung und Vorlieben eines Menschen geben können und damit besonders eingreifend wirken. Es erscheint deshalb ausgeschlossen, dass diese Persönlichkeitsprofile selbst bei einer Pseudonymisierung nach der Opt-out-Regelung des § 15 Abs. 3 zulässig sind. Entsprechend wurden auch schon immer verfassungsrechtliche Bedenken an der Regelung angemeldet. Aller- 36

---

[16] BGH, Urt. v. 15.5.2017 – VI ZR 135/13.

TMG § 15

dings hat die Kommission überraschenderweise mitgeteilt, dass sie keinen Anpassungsbedarf bei der Regelung des Abs. 3 sieht.

37 **d) Kritik und Wertung.** Das Urteil des **EuGH** basiert auf der strengen Anwendung der DSRL und ist insoweit folgerichtig. Allerdings berücksichtigt das Urteil in keiner Weise, dass nach der aktuellen Fassung der **ePrivacy-Richtlinie** diese **auch die Dienste im Internet** und damit die **Telemediendienste regelt.**[17] Dies zeigt insbesondere Art. 5 Abs. 3 ePrivacy-RL mit der Regelung zu Cookies für Dienste im Internet. Auch die Erwägungsgründe zeigen, dass die Dienste im Internet durch diese RL bedacht wurden. Die ePrivacy-RL sieht aber, wie das TMG, den Grundsatz der **strengen Erforderlichkeit** vor. Es wäre deshalb angemessen gewesen, insofern statt der (allgemeinen) DSRL die ePrivacy-RL als Maßstab für das TMG anzuwenden und zu erkennen, dass die Datenschutz-RL für diese Dienste keine abschließende Regelung bedeutet. Gleichwohl muss die Entscheidung des EuGH umgesetzt werden und der BGH folgt entsprechend diesen Vorgaben.

38 Erst durch die im Entwurf befindliche **ePrivacy-VO** sind nun wieder klare und speziell auf das Internet ausgerichtete Datenschutzregeln zu erwarten, da das TMG insbesondere um den offenen Abwägungstatbestand nach Art. 7 DSRL geöffnet wurde. Solche klaren und speziellen Regeln sind erforderlich und angemessen, weil von der **Dienstenutzung im Internet** eine **besondere Bedrohung** für den Datenschutz ausgeht und sowohl Anbieter, wie auch Nutzer, klare Regeln für den Datenschutz benötigen. Dem wird weder die DSRL gerecht, noch die DS-GVO.

2. Verarbeitung von Nutzungsdaten (Abs. 1 und 2)

39 Die **grundlegende Vorschrift** und die sachliche Klammer werden durch Abs. 1 gebildet, der die Verarbeitung von Nutzungsdaten nach dem **Erforderlichkeitsprinzip** regelt. In Abs. 1 ist ein Beispielkatalog genannt, der allerdings in der Praxis wenig hilfreich ist, weil auch die in diesem Katalog genannten Daten nur dann Nutzungsdaten sind, wenn sie gem. Abs. 1 S. 1 zur Nutzung des Dienstes erforderlich sind.

40 Der strikte Vorbehalt der **Erforderlichkeit** wurde allerdings durch den **EuGH** als Verstoß gegen die RL 95/46/EG (DSRL) für **unwirksam** erklärt und zugunsten einer Abwägung, wie sie **Art. 7 lit. f)** DSRL vorgibt, geöffnet.[18] Deshalb muss der gesamte § 15 einer entsprechenden Korrektur durch Öffnung zugunsten einer Abwägung iSv **Art. 7 lit. f) DSRL** geöffnet werden. An dieser Stelle wird deutlich, dass der deutsche Sonderweg mit dem TMG und seinem grundlegenden Erforderlichkeitsvorbehalt zwar den Vorteil weitgehender Klarheit für sich hatte, durch die nicht vollständige Umsetzung der DSRL aber eine entsprechende Korrektur erforderlich ist.

41 Zukünftig unter Geltung der DS-GVO (ab dem 25.5.2018) werden die **Datenschutzregeln** des **TMG** insgesamt durch die Regeln der **DS-GVO verdrängt,** die allerdings keine speziellen Regeln für die Dienste im Internet bzw. die Telemediendienste vorsehen. Die zentrale und einzige Erlaubnisnorm bildet dann Art. 6 DS-GVO, welche für die einzelnen Erlaubnistatbestände eine Abwägung vorsieht. Spezielle weitere Regeln soll dann die künftige **ePrivacy-VO** vorsehen.

42 **a) Begriff und Definition. Nutzungsdaten** sind nach dem Verständnis des § 15 Abs. 1 alle personenbezogenen Daten, welche **erforderlich** sind, „um dem Nutzer die **Inanspruchnahme** der Telemediendienste **zu ermöglichen und abzurechnen**". In Abgrenzung zu den Bestandsdaten werden somit Daten erfasst, die durch

---

[17] So auch Spindler/Schuster/*Spindler/Nink,* § 14 TMG Rn. 8; *Spindler/Dorschel,* CR 2006, 341, 345.
[18] EuGH, Urt. v. 19.10.2016 – C-582/14, Tenor zur zweiten Vorlagefrage.

Nutzungsdaten **§ 15 TMG**

die konkrete Nutzung eines Telemediendienstes entstehen[19] und zur Diensterbringung erforderlich sind. Die Formulierung, „um dem Nutzer die Inanspruchnahme" zu ermöglichen, bringt zum Ausdruck, dass die Erhebung dieser Daten auf das unbedingt **erforderliche Maß begrenzt** ist. Der in § 15 Abs. 1 enthaltene Katalog steht deshalb ebenfalls unter dem Vorbehalt der Erforderlichkeit im konkreten Fall und ist damit in der Praxis eher verwirrend, als hilfreich. Wie bei den Bestandsdaten nach § 14 gilt auch hierbei wieder, dass sich die Erforderlichkeit auf den zwischen Anbieter und Nutzer vertraglich vereinbarten Umfang bezieht und deshalb auch eine „datenintensive" Verarbeitung zulässig ist, solange sie nach dem Vertrag zur Leistungserbringung erforderlich ist.

Allerdings ist Abs. 1 **richtlinienkonform dahingehend auszulegen,** dass eine Verarbeitung **ergänzend zulässig** ist, wenn es die Abwägung nach **Art. 7 lit. f) DSRL zulässt.** Folgerichtig gilt dies auch für die Erlaubnis nach Art. 7 lit. c), d) und e), während Art. 7 lit. a) (Einwilligungstatbestand), lit. b) (Erlaubnis für Vertragserfüllung) durch § 12 Abs. 1 und § 15 umgesetzt sind, soweit auf die reine Einwilligung oder Erforderlichkeit abgestellt wird. 43

b) Erforderlichkeitsvorbehalt mit Abwägungsergänzung. Daten dürfen als Nutzungsdaten nur gem. § 15 Abs. 1 erhoben, verarbeitet oder genutzt werden, soweit dies für die **Nutzung** des **Telemediendienstes erforderlich** ist. Hierbei ist eine Erlaubnis durch Abwägung der berechtigten Interessen nach **Art. 7 lit. f) DSRL** zu beachten.[20] Die „Erforderlichkeit" ist damit um eine Abwägung iSd Art. 7 lit. f) DSRL zu ergänzen, wie der BGH auf Basis des EuGH-Urteils bestätigt hat.[21] 44

Anhang des konkret entschiedenen Falles hat der BGH entschieden, dass eine **Auslegung** des § 15 Abs. 1 und 4 **in dem engen am Wortlaut orientierten Sinne** ist mit Art. 7 lit. f) **DSRL unvereinbar** ist. § 15 Abs. 1 ist entsprechend Art. 7 lit. f) DSRL auszulegen, dass ein Anbieter von Online-Mediendiensten personenbezogene Daten eines Nutzers dieser Dienste ohne dessen Einwilligung auch über das Ende eines Nutzungsvorgangs hinaus dann erheben und verwenden darf, soweit ihre Erhebung und ihre Verwendung erforderlich sind, um die generelle Funktionsfähigkeit der Dienste zu gewährleisten, wobei es allerdings einer Abwägung mit dem Interesse und den Grundrechten und -freiheiten der Nutzer bedarf. 45

Die Urteile von EuGH und BGH haben über den konkret entschiedenen Fall hinaus wegen des „effet utile"-Grundsatzes die Bedeutung, dass die Erlaubnistatbestände des TMG **generell** um die **Erlaubnistatbestände des Art. 7 DSRL zu ergänzen** sind. Entsprechend ist in Abs. 1 und 4 die Ergänzung nach Art. 7 lit. f) DSRL vorzunehmen. 46

Ein Anbieter darf deshalb nach Abs. 1 und Abs. 4 in **richtlinienkonformer Auslegung** nach Art. 7 lit. f) DSRL auch ohne Einwilligung des Nutzers auch über das Ende eines Nutzungsvorgangs hinaus personenbezogene Daten (Nutzungsdaten) dann erheben und verwenden, soweit ihre Erhebung und ihre Verwendung **erforderlich** sind, um die **generelle Funktionsfähigkeit** der Dienste zu gewährleisten. Diese Erforderlichkeit besteht wegen Art. 7 lit. f) DSRL **auch zur Verwirklichung** des **berechtigten Interesses** des Anbieters, das von dem für die Verarbeitung Verantwortlichen oder von dem bzw. den Dritten wahrgenommen wird, **sofern nicht** das **Interesse** oder die Grundrechte und Grundfreiheiten der **betroffenen Person,** die gem. Art. 1 Abs. 1 DSRL geschützt sind, **überwiegen.** 47

Damit kann sich die **Zulässigkeit** der Datenverarbeitung nach **Abs. 1** bereits aus der **strikten Erforderlichkeit** ergeben, wie sie dem Wortlaut nach in Abs. 1 nor- 48

---

[19] Vgl. bereits zu § 6 TDDSG 1997 BT-Drs. 13/7385; *Engel-Flechsig/Maennel/Tettenborn,* NJW 1997, 2981, 2987.
[20] *Schmitz,* TDDSG und das Recht auf informationelle Selbstbestimmung, S. 162.
[21] So auch OLG Düsseldorf, B. v. 19.1.2017 – I 20 U 40/16 = ZD 2017, 334, 335.

miert ist und wie sie bislang schon in Literatur und Rechtsprechung verstanden wird. **Darüber hinaus** ist die Verarbeitung aber auch **zulässig,** wenn die Abwägung **nach Art. 7 lit. f) DSRL** positiv für den Anbieter ausfällt. Dieser **Abwägungstatbestand entspricht** weitgehend **§ 28 Abs. 1 Nr. 2 BDSG.**[22]

49 aa) **Strikte Erforderlichkeit.** Die (strikte) Erforderlichkeit im **herkömmlichen Sinne** des Wortlauts von Abs. 1 **bestimmt** sich wie bei § 14 anhand des **konkreten Vertragsverhältnisses,** wie es zwischen Anbieter und Nutzer abgeschlossen wird und damit nach dem Inhalt des konkret angebotenen Dienstes und dessen Eigenschaften und Merkmalen. Vereinbaren die vorgenannten Parteien eine bestimmte Ausgestaltung der „Inanspruchnahme von Telemediendiensten", so hat sich die Prüfung der Erforderlichkeit hieran strikt zu messen, ohne dass es ein erweiterndes Merkmal der „Zweckmäßigkeit" noch ein einengendes Merkmal der „Datensparsamkeit" gibt. Es ist deshalb nicht allgemein zutreffend, dass der Anbieter nach der Vorschrift des § 15 Abs. 1 verpflichtet wird, die Entstehung bzw. Verwendung von Nutzungsdaten durch entsprechende Gestaltung des Dienstes auf das unverzichtbare Maß bzw. die datensparsamste oder (vermeintlich) datenschutzfreundlichste Realisierungsalternative zu beschränken.

50 Auch aus der Verpflichtung zum Angebot **datensparsamer Dienste** folgt keine Pflicht, nur besonders datensparsame Dienste anzubieten und damit die „Erforderlichkeit" entsprechend zu beschränken. Denn das gebot zur Datensparsamkeit richtet sich nur als **allgemeines Gebot** nach § 3a BDSG an den Diensteanbieter und verbietet nicht per se das Angebot von datenintensiven Diensten, an den sowohl der Nutzer als auch der Anbieter ein berechtigtes Interesse haben können. Nach § 3a BDSG ist dieses Gebot auch ausdrücklich auf „die Gestaltung und Auswahl von Datenverarbeitungssystemen" beschränkt und erfasst deshalb nicht auch die „Auswahl und Gestaltung der Dienste", die mit den Datenverarbeitungssystem realisiert werden sollen. Die entgegenstehende Auffassung schränkt darüber hinaus nicht nur den Nutzer in unnötiger und bevormundender Weise in seinem Recht auf freie Selbstbestimmung und dem Recht auf informationelle Selbstbestimmung und den Anbieter in seinem Recht aus Art. 12 GG ein. Es widerspricht auch dem Gedanken der freien Selbstbestimmung des Nutzers sowie dem Grundsatz der Privatautonomie, wenn ein freiwillig und einvernehmlich zwischen den Parteien bestimmter Verarbeitungsumfang und Vertragsinhalt nicht auch die „Erforderlichkeit" nach § 15 Abs. 1 bestimmt. Die Schwächen der Gegenansicht zeigen sich auch daran, dass eine an der vertraglichen Erforderlichkeit orientierte Datenverarbeitung im Ergebnis wegen § 3 Abs. 1 sowieso zulässig ist, da in der Festlegung eines bestimmten vertraglichen Umfangs der Datenverarbeitung eine Einwilligung des Nutzers in diese Datenverarbeitung zu sehen ist.

51 bb) **Abwägung.** Die Zulässigkeit kann sich neben der „strikten" Erforderlichkeit aus der **Abwägung** nach **Art. 7 lit. f) DSRL** ergeben. Diese muss die **Interessen des Betroffenen** und die **berechtigten Interessen des Anbieters** gegenüberstellen. Eine Verarbeitung ist unzulässig, wenn hierbei das Interesse des Betroffenen überwiegt, dass eine Verarbeitung unterbleibt. Zu dieser abstrakten Abwägungsfrage hat der BGH im konkreten Fall Vorgaben gemacht, die sich generell auf weitere Fälle übertragen lassen mit dem Vorbehalt, dass die jeweiligen Interessen immer konkret anhand des Einzelfalls zu begründen sind.

52 Nach dem BGH sind hierbei **konkrete Feststellungen** zu den **Tatsachen** erforderlich, aus denen sich das jeweilige Interesse ergibt. Hierbei spielt das Maß des Personenbezugs der Daten und demzufolge auch das Maß der Schutzbedürftigkeit der Daten eine entscheidende Rolle für die Frage, welches „berechtigtes Interesse" des

---

[22] S. hierzu zur „Facebook-Nutzung" VG Hamburg, B. v. 24.4.2017 – 13 E 5912/16 = BeckRS 2017, 111797.

Anbieters anerkannt wird und wie die Abwägung mit dem Schutzbedürfnis des Betroffenen ausfällt. Es kommt deshalb von vornherein zu einer entsprechenden **Wechselwirkung.**

Diese **Wechselwirkung** in Abhängigkeit vom Personenbezug und der Schutzbedürftigkeit bei der **Abwägung** nach Art. 7 lit. f) DSRL bzw. § 28 Abs. 1 Nr. 2 BDSG bestätigt die aktuelle Rechtsprechung. 53

cc) Geringer Personenbezug. In **Fällen mit geringem Personenbezug**, in denen der Anbieter nur die dynamische IP-Adresse des Nutzers kennt, kann eine Verarbeitung dieser Adresse zu Zwecken der Sicherheit leichter gerechtfertigt werden. Im konkreten Fall von möglichen **„Cyberattacken"**, die Speicherung der IP-Adresse des Nutzers auch über das Ende der Nutzung hinaus rechtfertigen könnte, ist nach Ansicht des **BGH** zugunsten des „berechtigten Interesses" des Anbieters zunächst der „Angriffsdruck" und das „Gefahrenpotential" solcher Angriffe ausschlaggebend. Dazu gehören etwa Feststellungen zu Art, Umfang und Wirkung von bereits erfolgten und etwa drohenden Cyber-Angriffen wie „Denial-of-Service"-Attacken sowie zu der Bedeutung der betroffenen Telemedien, wie der BGH betont.[23] 54

Auf **Seiten des Betroffenen** (Nutzers) sieht der BGH durch die **Speicherung** dessen **dynamischer IP-Adresse** durch einen Webseitenbetreiber hingegen einen **eher geringen Eingriff** in das **Recht auf informationelle Selbstbestimmung.** Denn der Anbieter könne den Betroffenen (Nutzer) anhand der gespeicherten IP-Adresse nicht ohne Weiteres identifizieren, soweit nicht aus anderen bereits vorliegenden Informationen auf den Betroffenen und seinen Namen sowie die Adresse geschlossen werden könne. Denn die Identität des Nutzers lasse sich zumindest bei einer dynamischen IP-Adresse nicht zentral abfragen. Der Zugangsanbieter des Nutzers kenne zwar die Identität des Nutzers und die Zuordnung zur dynamischen IP-Adresse. Dieser dürfe dem Betreiber der Webseite hierüber aber keine Auskunft geben, weil es hierfür nach § 95 Abs. 1 S. 3 TKG an einer gesetzlichen Grundlage fehle. Die Befugnisse der Ermittlungsbehörden könnten zwar zu einem Aufdecken der Identität führen – hierauf hatte der EuGH zur Feststellung des Personenbezugs abgestellt – diese Befugnisse seien aber an enge Voraussetzungen gebunden, wie etwa §§ 113 Abs. 3 und 100j TKK für die Befugnisse der Staatsanwaltschaft zeigten. Wenn ein solcher Fall aber vorliege, träte das Interesse des Nutzers an der Wahrung seiner Anonymität (eigentlich Pseudonymität) zurück.[24] 55

Den Ausführungen des BGH ist deshalb zu entnehmen, dass bereits die **abstrakte Gefahr** von **Cyberattacken** die **Speicherung der IP-Adressen über den Nutzungsvorgang** für eine **gewisse Zeit rechtfertigen** kann, da (und **wenn**) sie einen **eher geringen Eingriff in das Recht auf informationelle Selbstbestimmung** des Nutzers bedeutet. Dies lässt sich im Ergebnis auch auf eine **statische IP-Adresse übertragen,** da diese zwar an einen bestimmten Nutzer vergeben sind, aber auch hier die Auskunftsansprüche des Webseiten-Betreibers beschränkt sind. Zudem sind die statischen IP-Adressen oftmals juristischen Personen zugeordnet, für die die Datenschutzbestimmungen der DSRL sowie des TMG nicht gelten. Soweit es sich dennoch im Einzelfall um juristische Personen handeln sollte, wäre gleichwohl die Abwägung nach Art. 7 lit. f) DSRL in richtlinienkonformer Auslegung des § 15 Abs. 1 eröffnet. 56

Die **Vorgaben des BGH** lassen sich zudem auf **andere Fälle** eines berechtigten Interesses des Anbieters **übertragen.** Liegt ein solches Interesse vor, ist das jeweilige Interesse des Nutzers an dem Unterbleiben einer Speicherung seiner IP-Adresse als eher gering zu bewerten, wenn der Einzelfall keine andere Wertung erfordert. Denn die Aussagen des BGH zur faktischen Quasi-Anonymität der IP-Adresse gelten allgemein. 57

---

[23] BGH, Urt. v. 16.5.2017 – VI ZR 135/17, Rn. 41.
[24] BGH, Urt. v. 16.5.2017 – VI ZR 135/17, Rn. 43.

58 Die **Rechtsprechung** von **BGH** und **EuGH** ist **umzusetzen,** aber in der **Sache auch richtig.** Es war das große Versäumnis des TMG, gerade bei Cyber-Angriffen und Missbrauchsverhinderung trotz aller Kritik in rund 20 Jahren keine gesetzliche Antwort vorzusehen. Diese Antwort haben deshalb nun EuGH und BGH mit zutreffenden Erwägungen aus der DSRL herausgearbeitet. Auch die Wertung des BGH zur Abwägung ist richtig. Bei IP-Adressen besteht zwar grundsätzlich ein Personenbezug, wenn die Nutzer natürliche Personen sind, die Auswirkungen auf deren Recht auf informationelle Selbstbestimmung sind aber wegen der „Quasi-Anonymität" der Adressen begrenzt, wovor die Abwägung die Augen nicht verschließen kann. Hierbei muss zudem berücksichtigt werden, dass auch alle redlichen Nutzer einer Webseite sowohl unter dem Gesichtspunkt des Datenschutzes als auch der Datensicherheit ein sehr erhebliches Interesse daran haben, dass es nicht zu „Cyberattacken" auf die Webseiten kommt. Denn diese Cyberattacken verfolgen letztendlich entweder das Ziel, die Persönlichkeitsrechte anderer Nutzer oder deren Vermögen zu schädigen. **Datensicherheit** ist damit zu Recht ein **berechtigtes Schutzziel** gerade auch für den **Schutz des Rechtes auf informationelle Selbstbestimmung.**

59 Insgesamt ist hiernach festzustellen, dass durch die vorrangige Geltung der Datenschutz-Richtlinie mit ihrem Abwägungstatbestand in Art. 7 lit. f) und dem Gebot, die Verarbeitungserlaubnis von einer Abwägung abhängig zu machen, das **bisherige Datenschutzkonzept des TMG mit seinem strikten Erforderlichkeitsvorbehalt** als bereits **aufgehoben** gilt, bevor die DS-GVO ab dem 25.5.2018 Geltung erlangt.

60 dd) **Größerer Personenbezug.** In **Fällen mit größerem Personenbezug** ist die **Rechtsprechung sehr viel enger,** wenn zB neben des geringen Personenbezuges der IP-Adresse eine stärkere **Identifizierung des Nutzers** möglich. In diesem Fall steigen damit die Interessen des Nutzers an einem Schutz, wie etwa nach einer persönlichen Anmeldung zu einem Dienst, wie zB **Facebook.** In diesem Fall ist nach der Rechtsprechung die **„Erforderlichkeit" für ein berechtigtes Interesse eng auszulegen** und wird durch den **Vertragszweck vorgegeben.**[25] Auf diese Weise kann sich auch die Auslegung von Art. 7 lit. f) DSRL wieder dem engen ursprünglichen Erforderlichkeitsvorbehalt anschließen. Auch der BGH hat entsprechend umgekehrt für eine weitere Öffnung der Abwägungserlaubnis darauf abgestellt, dass die IP-Adresse alleine einen geringen Personenbezug aufweist und damit auch das Interesse des Nutzers an dem Schutz der Daten eher gering ist. Somit bestätigt sich auch durch den BGH eine entsprechende Wechselwirkung.

61 Die **Rechtsprechung** beurteilt die **Erforderlichkeit und Abwägung** bei einem **starken Personenbezug** nach der DSRL und dem entsprechenden BDSG am Beispiel der Facebook-Nutzung wie folgt:[26] **Ohne** eine transparente und **wirksame Einwilligung** wurde hierbei die weitere **Verarbeitung für Zwecke der Datensicherheit für unzulässig** erklärt.

62 Die Datenerhebung ist nach dieser **Rechtsprechung erforderlich,** wenn bei vernünftiger Betrachtung das Angewiesensein auf das in Frage stehende Mittel zu bejahen und ein Verzicht auf die Daten nicht sinnvoll oder unzumutbar ist. Dabei ist, wenn ein Vertragsverhältnis besteht, die Erforderlichkeit vor dem Hintergrund des Rechtsfertigungstatbestandes § 28 Abs. 1 Nr. 1 BDSG eng auszulegen, weil sich der Vertragspartner grundsätzlich darauf verlassen können soll, dass seine Daten nur für den Zweck verwendet werden, zu dem er sie gegeben hat. Wann die Nutzung personenbezogener Daten für die Verfolgung eines berechtigten Interesses **erforderlich**

---

[25] VG Hamburg, B. v. 24.4.2017 – 13 E 5912/16 = BeckRS 2017, 111797; s. ähnlich auch OLG Karlsruhe, Urt. v. 9.5.2012 – 6 U 38/11.

[26] Vgl. VG Hamburg, B. v. 24.4.2017 – 13 E 5912/16 = BeckRS 2017, 111797; OLG Karlsruhe, Urt. v. 9.5.2012 – 6 U 38/11.

im genannten Sinne ist, hängt auch davon ab, in welchem **Maße die Interessen des Betroffenen Schutz verdienen;** je mehr Schutz sie verdienen, desto eher kann dem Nutzenden eine alternative, wenn auch weniger effiziente Art der Verfolgung seines berechtigten Interesses ohne Nutzung der personenbezogenen Daten zugemutet werden. Da die gesamte Datenverwendung aufgrund des Gesetzesvorbehalts in § 4 Abs. 1 BDSG grundsätzlich verboten ist, muss im Regelfall die verantwortliche Stelle die Zulässigkeit der Datenverarbeitung beweisen.

ee) Erforderlichkeitsvorbehalt. Der Erforderlichkeitsvorbehalt nebst Abwägungsmöglichkeit und die hieraus resultierende **Löschungspflicht** des Abs. 1 ist deshalb wie bereits eingangs im Überblick zum Norminhalt beschrieben zusammenfassend so zu verstehen, dass als Nutzungsdaten 63
- nur solche Daten erhoben, verarbeitet und gespeichert werden dürfen, die zur Ermöglichung der **Diensteerbringung erforderlich** sind oder aber bei denen nach **Art. 7 lit. f) DSRL** (entsprechend § 28 Abs. 1 Nr. 2 BDSG) das berechtigte Interesse des Anbieters das Interesse des Nutzers an einem Unterbleiben der Verarbeitung überwiegt (wie zB bei der Speicherung der IP-Adressen zur Verhinderung oder Aufklärung von Cyber-Attacken)
- und die Daten mit dem Wegfall der Erforderlichkeit oder der rechtfertigenden Abwägung zu löschen sind, wenn kein weiterer erlaubter Verarbeitungszweck nach § 15 oder anderer Vorschriften des TMG vorliegt.

Als solche weitere **erlaubte Verarbeitungszwecke** kommen nach § 15 und dem TMG sowie der **DSRL** insbesondere in Betracht 64
- die Erstellung von pseudonymisierten Nutzungsprofilen nach § 15 Abs. 3, welche sich allerdings nach Art. 7 lit. a) DSRL als unwirksam erweist;
- die Abrechnung des Anbieters mit dem Nutzer (§ 15 Abs. 4 iVm § 15 Abs. 6 und Abs. 7) einschließlich der Übermittlung der Daten an Fakturierungs- und Inkassodienstleister (§ 15 Abs. 5 S. 2 und S. 3) und jeweils mit Erweiterung um die **Abwägung** aus Art. 7 lit. f) DSRL;
- die Abrechnung mit anderen Diensteanbietern (§ 15 Abs. 5 S. 1) mit Erweiterung um die **Abwägung** aus Art. 7 lit. f) DSRL;
- die Sperre nicht mehr zur Nutzung oder Abrechnung erforderlicher Nutzungsdaten nach § 15 Abs. 4;
- die Missbrauchsverfolgung nach § 15 Abs. 8 mit Erweiterung um die **Abwägung** aus Art. 7 lit. f) DSRL;
- die Übermittlung der Nutzungsdaten an die Strafverfolgungsbehörden (§ 15 Abs. 5 S. 4);
- die Übermittlung von anonymisierten Nutzungsdaten an andere Diensteanbieter (§ 15 Abs. 5 S. 4);
- die Verarbeitung von Nutzungsdaten im Sinne sog. **Inhaltsdaten** nach § 15 Abs. 1 mit Erweiterung um die Abwägung aus Art. 7 lit. f) DSRL.
- die Auskunftserteilung an den Nutzer nach § 13 Abs. 7;
- weitere Zwecke, in die der Nutzer nach § 12 Abs. 1 eingewilligt hat;
- Zwecke nach Art. 7 lit. f) DSRL.

c) Löschungspflicht. Im Ergebnis ergibt sich aus dem **Erlaubnisvorbehalt** eine **Löschungspflicht**. Nach § 15 Abs. 4 sind die Daten (nur) über das Ende des Nutzungsvorgangs hinaus verarbeiten und nutzen, soweit dies für die Zwecke der Abrechnung mit dem Nutzer erforderlich ist **(Abrechnungsdaten).** Allerdings darf der Diensteanbieter die Nutzungsdaten „zur Erfüllung bestehender gesetzlicher, satzungsmäßiger oder vertraglicher Aufbewahrungspflichten" nach § 13 Abs. 4 S. 2 sperren. Aus dieser Bestimmung folgt aufgrund des Erlaubnisvorbehalts (§ 12 Abs. 1) und dem Gebot der engen Zweckbindung (§ 12 Abs. 2), dass die Nutzungsdaten unmittelbar mit dem Ende der Nutzung zu löschen sind, soweit es sich nicht um (erforderliche) Abrechnungsdaten handelt, andere Erlaubnistatbestände die weitere Verarbei- 65 tung erlauben oder eine Sperre der Daten aufgrund „gesetzlicher, satzungsmäßiger oder vertraglicher Aufbewahrungsfristen" erforderlich ist.[27] Insofern ist es inhaltlich bei der **sofortigen Löschungspflicht** des Diensteanbieters nach dem Ende der Nutzung geblieben, wie sie früher in § 6 Abs. 2 Nr. 1 TDDSG 1997 bestimmt war. Die Verpflichtung zur Umsetzung der hierzu erforderlichen „technischen und organisatorischen Maßnahmen" ist in § 13 Abs. 4 Nr. 2 geregelt.

66 War oder ist die **Datenerhebung nicht erforderlich,** um die Nutzung des Telemediendienstes zu ermöglichen oder um eine Abwägung nach Art. lit. f) DSRL zu rechtfertigen, dürfen die Daten gem. § 12 Abs. 1, § 14 Abs. 1 bereits **nicht erhoben** werden. Endet die Erforderlichkeit der Daten zur Nutzung des Telemediendienstes in dem vorgenannten Sinne, ohne dass ein anderer Erlaubnistatbestand eingreift, so entsteht die dargestellte unmittelbare Löschungspflicht. Die Erlaubnis zur Datenverarbeitung von Nutzungsdaten steht deshalb zu jedem Zeitpunkt unter der **Bedingung der Erforderlichkeit** oder des Vorliegens eines **anderen Erlaubnistatbestandes** des Gesetzes.

67 **d) Recht auf Vergessen und Vergessenwerden.** Das Recht zur Verarbeitung von personenbezogenen Daten wird bei **Suchmaschinen** durch das vom EuGH bekräftigte **„Recht auf Vergessen"** beeinflusst. Dieses Recht auf Vergessen **beschränkt** damit die Erforderlichkeit und das Abwägungsergebnis nach Art. 7 lit. f) DSRL. Zukünftig sieht **Art. 17 DS-GVO** hierzu eine Sonderregelung in Art. 17 zum **„Recht auf Vergessenwerden"** vor.

68 aa) EUGH-Urteil zum „Recht auf Vergessen". Am 13.5.2014 erließ der EuGH ein Urteil in der Sache **Google Spain** und Google.[28] Mit diesem Urteil gewährt der EuGH dem Betroffenen ein „Recht auf Vergessen", in dem der Betroffene von einem Suchmaschinenbetreiber unter bestimmten Voraussetzungen die **Löschung der Links** in der **Ergebnisliste** zu einer Suche zu seiner Person verlangen kann. Dieses Recht leitet der EuGH aus Art. 7 und 8 GRCh sowie der DSRL ab. Dieses Recht auf Vergessen ist folglich im Wege einer richtlinienkonformen Auslegung bei § 15 Abs. 1 und Abs. 2 zu berücksichtigen und gewährt einen entsprechenden Löschungsanspruch. Mit Geltung der DS-GVO wird das „Recht auf Vergessenwerden" dann umfassend in Art. 17 DS-GVO geregelt.

69 Der EuGH stellt zum Recht auf Vergessen fest, dass die Datenverarbeitung durch einen Suchmaschinenanbieter eine **erhebliche Beeinträchtigung** dieser **Grundrechte** bewirken könne, da die Suche es jedem Internetnutzer ermögliche, mit der Ergebnisliste einen **strukturierten Überblick über sämtliche verfügbaren Informationen über** eine **bestimmte Person** zu erhalten. Dies könne potenziell das Privatleben mit einschließen und damit ein mehr oder weniger detailliertes Personenprofil ermöglichen.[29]

70 Vor diesem Hintergrund spricht der **EuGH** einer betroffenen Person gem. Art. 12 Buchst. b DSRL iVm Art. 14 Abs. 1 Buchst. a DSRL, ausgelegt im Lichte der Grundrechte aus Art. 7 und 8 GRCh, ein sog. **„Recht auf Vergessen"** (bzw. anders gesagt „Recht auf Vergessenwerden") zu. Die betroffene Person kann von dem Suchmaschinenbetreiber unter bestimmten Umständen **verlangen, Links von der Ergebnisliste zu entfernen.** Der EuGH betont, dass diese Recht auch dann gelte, „wenn der Name oder die Informationen auf diesen Internetseiten nicht vorher oder gleichzeitig gelöscht werden und gegebenenfalls auch dann, wenn ihre Veröffentlichung auf den Internetseiten als solche rechtmäßig ist".[30] Das Recht auf die Lö-

---

[27] Vgl. bereits zum TDDSG 2001 BT-Drs. 14/6098, S. 30.

[28] EuGH, Urt. v. 13.5.2014 – C-131/12 = ZD 2014, 350; s. hierzu auch Ehmann/Selmayr/Kamann/Braun, DS-GVO, Art. 17 Rn. 6 f.; *Buchholtz,* ZD 15, 570, 574.

[29] EuGH, Urt. v. 13.5.2014 – C-131/12, Rn. 80.

[30] EuGH, Urt. v. 13.5.2014 – C-131/12, Entscheidungstenor Nr. 3.

schung ist auch nicht von einem entstehenden Schaden der betroffenen Person abhängig.[31]

Voraussetzung für den **Löschungsanspruch** ist nach EuGH, dass die **Information,** die aus der Ergebnisliste gelöscht werden soll, „in Anbetracht aller Umstände des Einzelfalls den Zwecken der in Rede stehenden Verarbeitung durch den Suchmaschinenbetreiber nicht entsprechen, dafür nicht oder nicht mehr erheblich sind oder darüber hinausgehen", also nach **objektiven Ermessen keine Erheblichkeit** mehr besitzen. Nach dem EuGH überwiegen die Grundrechte aus Art. 7 und 8 GRCh grundsätzlich das Recht auf Veröffentlichung und zwar sowohl gegenüber dem Suchmaschinenbetreiber, als auch der Öffentlichkeit.[32] „Dies wäre jedoch nicht der Fall, wenn sich aus besonderen Gründen – wie der Rolle der betreffenden Person im öffentlichen Leben – ergeben sollte, dass der Eingriff in die Grundrechte dieser Person durch das überwiegende Interesse der breiten Öffentlichkeit daran, über die Einbeziehung in eine derartige Ergebnisliste Zugang zu der betreffenden Information zu haben, gerechtfertigt ist."[33] Das Urteil wurde von den meisten Suchmaschinenbetreibern in der EU umgesetzt, allerdings in durchaus unterschiedlicher Weise.[34] 71

bb) DS-GVO. Mit Geltung der DS-GVO ab dem 25.5.2018 ist das „Recht auf Vergessen" umfassend in Art. 17 geregelt. **Art. 17 DS-GVO** regelt ein **„Recht auf Löschung („Recht auf Vergessenwerden")"** und gewährt dieses dem Betroffenen **umfassend gegenüber** dem **„Verantwortlichen"** der Datenverarbeitung und damit nicht nur gegen den Suchmaschinenbetreiber. Die Voraussetzungen für diesen Anspruch sind in Art. 17 Abs. 1 lit. a)-f) normiert und der Anspruch wird durch Art. 3 eingeschränkt. Nach Abs. 2 muss der „Verantwortliche" zB auch Suchmaschinenbetreiber über den geltend gemachten Löschungsanspruch informieren.[35] 72

e) Sperre statt Löschung. In besonderen Fällen kann **an die Stelle** der **Löschung** die Sperre der Daten treten. Die **Sperre der Nutzungsdaten** ist in § 15 Abs. 4 ausdrücklich als erlaubte Verarbeitung zur Erfüllung der „gesetzlichen, satzungsmäßigen oder vertraglichen Verpflichtungen" genannt. Dies soll der Klarstellung dienen, dass das Gesetz nicht zur Löschung von Daten zwingt, die nach anderen Bestimmungen (zB nach Handels- oder Steuerrecht) aufzubewahren sind.[36] Im Falle der Sperre tritt diese somit in der Regel an die Stelle der Löschung der Daten.[37] Sofern natürlich eine weitere Verarbeitung der Daten als Abrechnungsdaten erforderlich ist, kann die **Sperre** der Daten (zunächst) unterbleiben. Die **Sperre** der Daten bedeutet nach **§ 3 Abs. 4 Nr. 4 BDSG** „das Kennzeichen gesperrter personenbezogener Daten, um ihre weitere Verarbeitung oder Nutzung einzuschränken". Die Sperre der Daten hat damit zur Folge, dass diese für eine Datenverarbeitung im Rahmen des üblichen Geschäftsbetriebes nicht mehr zur Verfügung stehen, beispielsweise aber für Zwecke der handelsrechtlichen Nachweispflichten rekonstruiert werden können. Aus § 13 Abs. 4 Nr. 2 folgt, dass der Diensteanbieter die erforderlichen „technischen und organisatorischen Maßnahmen" treffen muss, um die Verpflichtung zur Sperre und deren Wirkung einzuhalten. 73

f) Zusammenführungsverbot (zu Abs. 2). Nach § 15 Abs. 2 gilt, dass der Diensteanbieter **Nutzungsdaten** eines Nutzers über die Inanspruchnahme verschie- 74

---

[31] EuGH, Urt. v. 13.5.2014 – C-131/12, Entscheidungstenor Nr. 4.
[32] EuGH, Urt. v. 13.5.2014 – C-131/12, Rn. 94 und Entscheidungstenor Nr. 4.
[33] EuGH, Urt. v. 13.5.2014 – C-131/12, Entscheidungstenor Nr. 4.
[34] Vgl. zur Praxis *Heidrich,* „Ausradiert", c't 15/2015, 156ff.
[35] Weitere Einzelheiten s. ua Ehmann/Selmayr/*Kamann/Braun,* DS-GVO, Art. 17 Rn. 1ff.; Gola/*Schulz,* DS-GVO, Art. 17 Rn. 1ff.
[36] Vgl. zum TDDSG 2001 BT-Drs. 14/6098, S. 30.
[37] Vgl. zum TDDSG 2001 BT-Drs. 14/6098, S. 30.

dener Telemediendienste (nur) **zusammenführen** darf, „soweit dies für Abrechnungszwecke" mit dem Nutzer erforderlich ist. Zusätzlich kann eine solche Zusammenführung nach § 15 Abs. 3 im dort festgelegten Rahmen der Erstellung pseudonymer Nutzungsprofile zulässig sein.

3. Verarbeitung von Inhaltsdaten (Abs. 1)

75 Es ist **umstritten**, ob und in welchem Verhältnis TMG und BDSG die Verarbeitung von sog. Inhaltsdaten regeln bzw. Anwendung finden. Die Verarbeitung von „**Inhaltsdaten**" wird im TMG nicht ausdrücklich erwähnt. Als Inhaltsdaten lassen sich die Daten verstehen, die der Nutzer und der Anbieter online austauschen, um die durch den **Telemediendienst begründeten Leistungs-** und **Rechtsverhältnisse** zu erfüllen.[38] Da zudem Streit darüber besteht, welche Dienste als Telemediendienste gelten und wie diese insbesondere zur Telekommunikation abzugrenzen sind, wurden bezüglich konkreter Angebote fast alle denkmöglichen Auffassungen vertreten. Der Streit wurde bislang zB relevant, wenn über einen Online-Shop ein Kaufvertrag über eine „Offline-Ware" geschlossen wurde. Diesbezüglich wird strittig diskutiert, ob dieser Online-Bestellvorgang mit dem Austausch der „Bestelldaten" und der IP-Adresse unter das TMG als „Nutzungsdaten" fällt oder zusätzlich bzw. ausschließlich unter das BDSG.

76 Es ist nunmehr festzustellen, dass dieser **Streit praktisch keine Relevanz** mehr besitzt. Denn der EuGH hat entschieden, dass die **Datenverarbeitungsregeln** des **Art. 7 DSRL** Geltung für die **Datenverarbeitung** unter dem **TMG** beanspruchen und die Regeln des TMG damit entsprechend richtlinienkonform einschließlich der nach Art. 7 lit. f) DSRL vorzunehmenden Abwägung auszulegen und anzuwenden sind. Da die Regeln des BDSG der DSRL bereits entsprechend und insbesondere eine entsprechende Abwägung vorsehen, sind damit sowohl nach BDSG, als auch nach TMG im Ergebnis vergleichbare Regeln anwendbar.

77 Zu den **Inhaltsdaten** erfolgt deshalb nur der folgende **knappe Überblick:**

78 **a) Regelfall.** Im **Grundsatz** ist **unstrittig**, dass die Datenschutzregeln des **TMG** im **Regelfall Anwendung** finden, wenn ein **Nutzer „online" „im Internet surft"** und Webseiten „liest". Dies umfasst auch Daten, die der Nutzer mit dem Anbieter austauscht, um Inhalte auszuwählen. Zudem ist unstreitig, dass die im Web seitens des Anbieters bereitgestellten Inhalte im Regelfall einen dem TMG unterfallenden Telemediendienst bilden und das TMG speziell diese Angebote einschließlich der inhaltsbezogenen und der datenschutzrechtlichen Normen regelt. Weitgehend besteht dieser Konsens auch noch, wenn der Nutzer mit dem Anbieter Daten austauscht, um weitere (Online-)Telemediendienste auszuwählen und zu nutzen, wie zB bei der Auswahl und dem Download von Musikdateien. Dieser „Clickstream" soll dem TMG unterfallen. Zudem werden die Datenschutzregeln des TMG angewendet, wenn Anbieter und Nutzer **„online"** bestellte **Inhalte,** wie zB „Online-Musikdateien", austauscht.

79 **b) Streitfälle.** Strittig ist allerdings die Anwendung der Datenschutzregeln des TMG, wenn der Nutzer mit dem Anbieter interaktiv und **online Daten austauscht,** um ein **Vertrags- und Leistungsverhältnis** zu begründen, dass **für sich selbst genommen keinen Telemediendienst bildet.** In diesem Fall, also zB wenn der Nutzer statt der Online-Versendung der Musikdateien diese per CD und Postversand bestellt, sollen nach einer Auflassung die **Datenschutzregeln des TMG** schon **nicht** auf die interaktive **online Dateneingabe** des Nutzers **anwendbar seien.** Das **„Surfen" zur Bestellung** soll damit nicht den Datenschutzregeln des TMG unterfallen. Diese Ansichten verkennen zwar nicht, dass die interaktive

---

[38] Vgl. auch Spindler/Schuster/*Spindler/Nink*, § 15 TMG Rn. 3.

Nutzungsdaten **§ 15 TMG**

Webanwendung, mit welcher der Anbieter den weiteren Vertragsschluss ermöglicht, selbst einen Telemediendienst nach dem TMG darstellt. Nach einer Auffassung ist das TMG deshalb nicht anwendbar, weil die in einem Online-Formular eingegebenen Daten zwar übermittelt werden, nicht aber der Übermittlung selbst dienen, sondern der Erfüllung des durch den Telemediendienst begründeten Vertragsverhältnisses.[39] Nach weiterer Auffassung sollen die Datenschutzregeln des TMG deshalb nicht anwendbar sein, weil das TMG die Verarbeitung solcher „Inhaltsdaten" nicht kenne bzw. es für den Dienst im Ergebnis unerheblich sei, für welche Art der Vertrag zu Stande komme.[40] Außerdem sei wegen des Zwecks der Dateneingabe, einen datenschutzrechtlich dem BDSG unterfallenden Vertrag zu begründen, auch nur das BDSG anwendbar.[41]

Die vorgenannte **Auffassung überzeugt nicht** und würde bedeuten, dass das TMG bei der Nutzung von Telemediendiensten nur in Abhängigkeit von dem weiteren Online-Nutzungszweck Anwendung findet. Dies würde sowohl dem Wortlaut, als auch dem Zweck des Gesetzes sowie dem Willen des Gesetzgebers widersprechen. Insbesondere beschränkt sich die Anwendbarkeit des TMG gerade auch nicht auf die Übermittlung von Daten, da diese einen Telekommunikationsdienst darstellt und der Telemediendienst den hierauf aufbauenden „Webshop" bildet, s. § 1 Abs. 1. Zudem führt diese Ansicht zu **Wertungswidersprüchen:** Bestellt ein Nutzer im Internet eine Musikdatei als Download, ist auf den „Online-Bestellvorgang" das TMG und dessen Datenschutzregelung anwendbar. Bestellt der Nutzer mittels der gleichen Online-anwendung aber den Postversand einer Musik-CD soll der fast identische Nutzungsvorgang der „Online-Bestellung" nur durch das BDSG, nicht aber das TMG geregelt werden. Das **„Surfen" vor der Bestellung** soll sich allerdings immer nach den Datenschutzregeln des TMG richten. 80

c) **Gesetzesanwendung.** Nach diesseitiger Ansicht findet das **TMG** immer **Anwendung** auf den Online-Dienst und damit auch den **Online-Bestellvorgang,** da dies einen „Telemediendienst" bildet und die Daten anfallen und erforderlich sind, um diesen Telemediendienst (den Online-Shop) anzubieten. In § 12 Abs. 2 hat der Gesetzgeber eine Abgrenzungs- und Spezialitätsregelung eingeführt, die die Auffassung unterstützt, dass es sich bei allen Daten, die in Zusammenhang mit der Nutzung von Telemediendiensten anfallen um solche Daten handelt, die vollständig dem Schutzbereich des TMG unterliegen. Es überzeugt nicht, dass die Dateneingabe auf einer Webseite nicht als Teil des Telemediendienstes gesehen wird, da dies gerade den interaktiven Dienst ausmacht und das TMG gerade nicht die Übermittlung der Daten selbst regelt, sondern deren Bereitstellung und Eingabe. 81

d) **Praktisches Ergebnis.** Im **praktischen Ergebnis** ergib sich durch die Öffnung des TMG um den Erlaubnistatbestand nach Art. 7 lit. f) DSRL **kein Unterschied** zwischen den **Ansichten.** Denn selbst soweit es die Dateneingabe und zB die Online-Shop-Anwendung betrifft, ergeben sich kaum Unterschiede zwischen BDSG und TMG. Denn die im TMG anzuwendende Erlaubnis aus Art. 7 lit. f) DSRL und § 28 Abs. 1 Nr. 2 BDSG entsprechen sich weitgehend und dürften zu vergleichbaren Ergebnissen führen. Zudem ist anzuerkennen, dass das **TMG nicht** den **Datenschutz** für die durch den **Dienst begründeten Verträge regelt,** die selbst **keinen Telemediendienst** bilden (zB den online geschlossenen Kaufvertrag über ein Buch). Die Abwicklung dieser Verträge richtet sich folglich immer nach dem BDSG. 82

---

[39] Spindler/Schuster/*Spindler/Nink,* § 15 TMG Rn. 3.
[40] Vgl. *Merati-Kashani,* Der Datenschutz im E-Commerce, S. 43.
[41] Spindler/Schuster/*Spindler/Nink,* § 15 TMG Rn. 3.

TMG § 15 Nutzungsdaten

83 Die **einheitliche Betrachtung des Online-Dienstes** führt auch zu einfachen und sachgerechten Ergebnissen zB bei den **Social Media Network-Diensten.** Alle Daten, die ein Nutzer in sein Profil eingibt, sind erforderlich, um den Dienst zu erbringen und das von ihm gewünschte Profil online verfügbar zu machen. Sie unterfallen damit als Nutzungsdaten Abs. 1.[42] Weitere Zwecke der Datenverarbeitung sind erlaubt, wenn sie ebenfalls erforderlich für den konkreten Dienst und Zweck sind oder aber der Nutzer seine Einwilligung erteilt hat. Zudem ist der Abwägungstatbestand nach Art. 7 lit. f) DSRL anwendbar.

84 Zukünftig könnte die **Streitfrage** zu den Inhaltsdaten mit **Geltung** der **DS-GVO entfallen,** da für Telemediendienste keine speziellen Regelungen vorgesehen sind. Allerdings könnte diese Frage mit der **ePrivacy-VO wieder relevant** werden, da diese Sonderregelungen für die Internetdienste einführen wird. Vorzuziehen ist zudem die Ansicht, wonach bis zur Geltung der neuen ePrivacy-VO die Erlaubnistatbestände der §§ 11ff. über Art. 95 DS-GVO zur Umsetzung der ePrivacy-RL fortgelten.[43]

4. Pseudonymisierte Nutzungsprofile (Abs. 3)

85 Die **Zulässigkeit** der Erstellung von **Nutzungsprofilen** ist in § 15 Abs. 3 sowie § 13 Abs. 4 Nr. 6 **geregelt.** Nach der aktuellen Regelung in § 15 Abs. 3, die der Vorgängerfassung des § 6 Abs. 3 TDDSG 2001 entspricht, dürfen dem Wortlaut nach Diensteanbieter Nutzungsprofile nur noch „für **Zwecke** der Werbung, der Marktforschung oder zur bedarfsgerechten Gestaltung der Telemediendienste bei Verwendung von Pseudonymen erstellen, sofern der Nutzer dem nicht widerspricht". Der Nutzer ist auf sein **Widerspruchsrecht** hinzuweisen. Nach wie vor ist die Verpflichtung bestimmt, dass die Nutzungsprofile nicht mit den Daten über den Träger des Pseudonyms zusammengeführt werden dürfen. Diese Pflicht ist nach § 13 Abs. 4 Nr. 6 durch „technische und organisatorische Maßnahmen sicherzustellen", dass diese Pflichten näher konkretisiert sind. Nach wie vor nicht eindeutig geklärt ist, wie sich das nunmehr in § 13 Abs. 7 geregelte Recht des Nutzes zur Auskunft über die zu seiner Person oder zu seinem Pseudonym gespeicherten Daten mit dem Verbot der Zusammenführung der Daten über den Träger des Pseudonym verträgt. Die verfassungsrechtlichen Bedenken an der Regelung konnten deshalb nicht ausgeräumt werden und wurden anscheinend vom Gesetzgeber gar nicht aufgegriffen.

86 Nach der **Ursprungsfassung** in § 4 Abs. 4 TDDSG 1997 waren „Nutzungsprofile nur bei Verwendung von Pseudonymen zulässig" und „durften unter einem Pseudonym erfasste Nutzungsprofile nicht mit Daten über den Träger des Pseudonyms zusammengeführt werden".[44] Die Profile waren weder auf einen bestimmten Zweck beschränkt, noch war ein Widerspruchsrecht des Nutzers vorgesehen. Nach der Begründung im Gesetzgebungsverfahren sollte dies einen Kompromiss, „zwischen dem Interesse des Nutzers an weitgehender Anonymität seines Konsumentenverhaltens und dem berechtigten wirtschaftlichen Interesse des Diensteanbieters, die Inanspruchnahme der Telemediendienste auszuwerten", ermöglichen.[45] Das besondere Risiko der Erstellung von umfassenden Nutzungsprofilen und die Gefährdung des Rechts auf informationelle Selbstbestimmung war nach Ansicht des Gesetzgebers hinreichend berücksichtigt worden. Die Regelung enthielt allerdings weder konkrete Vorgaben hinsichtlich der Pseudonymisierung, noch weitere Vorgaben zur Verfahrensweise und war deshalb auf Kritik und verfassungsrechtliche Bedenken gestoßen.[46]

---

[42] So iE auch, wenn auch mit anderer Begr. Spindler/Schuster/*Spindler/Nink,* § 15 TMG Rn. 7.

[43] S. auch BfDI, 37. Jour Fixe Telekommunikation, Anlage 4. S. 8f.

[44] Vgl. ausf *Schmitz,* TDDSG, s. 130ff.

[45] Vgl. zum TDDSG 1997 BT-Drs. 13/7385, S. 24; *Engel-Flechsig,* RDV 1997, 59, 65.

[46] S. ausf *Schmitz,* TDDSG, S. 136ff.

Nutzungsdaten § 15 TMG

Diese Bedenken hatte der Gesetzgeber zumindest teilweise in der Neufassung des TDDSG 2001 aufgegriffen, hatte die vorgenommenen Einschränkungen allerdings mit den Vorgaben der Richtlinie 95/46/EG begründet,[47] die allerdings schon damals bei der Erstfassung des TDDSG 1997 bekannt war.

Nach dem Urteil des **EuGH**[48] sind die **Datenschutzregeln** der **DSRL** vorrangig und dem deutschen Gesetzgeber steht **keine Freiheit** zu, diese **Regeln** zu **begrenzen** oder zu **erweitern.** Da es an einer Erlaubnis für solche pseudonymen Nutzungsprofile in der DSRL fehlt, sind diese somit nur bei einer **Einwilligung** (Opt-in) des Betroffenen zulässig, s. Art. 7 lit. a) DSRL. § 15 Abs. 3 sieht hingegen nur eine Widerspruchslösung (Opt-out) vor. Die Regelung des § 15 Abs. 3 ist deshalb richtlinienkonform zu auszulegen, dass eine **ausdrückliche Einwilligung** des Betroffenen **erforderlich** ist. Zwar kann sich der Anbieter grundsätzlich auch auf den Abwägungstatbestand des Art. 7 lit. f) DSRL berufen. Da pseudonyme Nutzungsprofile aber einen grundsätzlich schwerwiegenden Eingriff in das Recht auf informationelle Selbstbestimmung darstellen, ist die Abwägung negativ, so dass es bei der Einwilligungsvoraussetzung verbleibt. In diesem Sinne werden folgend die Voraussetzungen erläutert, die sich nach dem Wortlaut und dem Vorrang der DSRL ergeben. 87

a) Pseudonym. Als erste Zulässigkeitsvoraussetzung bestimmt Abs. 3, dass der Diensteanbieter „Nutzungsprofile bei **Verwendung von Pseudonymen** erstellen" darf. In der Gesetzesbegründung zur Vorgängerfassung des TDDSG wurde klargestellt, dass die Verwendung von Nutzungsprofilen auch ohne die Vorgaben des Abs. 3 zulässig ist, wenn der Nutzer in die Erstellung von Nutzungsprofilen einwilligt. Der Gesetzgeber hat dies in § 6 Abs. 3 TDDSG 2001 und in § 15 Abs. 3 in der Weise klargestellt, dass in der früheren Formulierung des § 4 Abs. 4 TDDSG 1997 („nur zulässig") das Wort „nur" gestrichen wurde.[49] Abs. 3 S. 3 bestimmt, um eine Umgehung von S. 1 zu verhindern,[50] dass unter einem Pseudonym erfasste Nutzungsprofile nicht mit Daten über den Träger des Pseudonyms zusammengeführt werden dürfen. 88

Das **Pseudonymisieren** ist nunmehr in § 3 Abs. 6a BDSG bestimmt als „das Ersetzen des Namens und anderer Identifikationsmerkmale durch ein Kennzeichen zu dem Zweck, die Bestimmung des Betroffenen auszuschließen oder wesentlich zu erschweren". Dies stimmt mit dem allgemein üblichem Verständnis einer Pseudonymisierung überein, wonach die unter dem Pseudonym erfassten Daten ohne die Kenntnis der Zuordnungsvorschrift keinerlei Personenbezug mehr zulassen.[51] Ein unter einem Pseudonym erstelltes Nutzungsprofil enthält deshalb umfassende personenbezogene Informationen zu einem bestimmten Nutzer, welcher sich allerdings nur bei Kenntnis der Zuordnungsvorschrift identifizieren lässt. Anders als bei einem anonymisierten Datensatz, welcher keinen Personenbezug mehr zulässt oder enthält, ist folglich bei einem pseudonymisierten Nutzungsprofil ein **Rückschluss auf die Identität** des Nutzers grundsätzlich **möglich.** Dieser mögliche Personenbezug ist auch erforderlich, um die bei einer erneuten Nutzung anfallenden Daten in Zuordnung zu dem Pseudonym abspeichern und auswerten zu können. 89

Zur Verhinderung einer missbräuchlichen Identitätsbestimmung der unter Pseudonym erfassten Nutzer enthält § 15 Abs. 3 S. 3 deshalb das **Verbot,** ein unter **Pseudonym** erfasstes Nutzungsprofil mit den Daten über den **Träger des Pseudonyms zusammenzuführen.** Nach dem Wortlaut des § 15 Abs. 3 bezieht sich die „Verwendung von Pseudonymen" auf die Erstellung des Profiles und nicht die generelle 90

---

[47] Vgl. zum TDDSG 1997 BT-Drs. 14/6098, S. 30.
[48] EuGH, Urt. v. 19.10.2016 – C-582/14; s. hierzu BGH, Urt. v. 16.5.2017 – VI ZR 135/13.
[49] Vgl. zum TDDSG 2001 BT-Drs. 14/6098, S. 30.
[50] Vgl. zur früheren Fassung im TDDSG 1997 BT-Drs. 13/7385, S. 24.
[51] Vgl. *Bizer/Bleumer,* DuD 1997, 46.

Nutzung des Dienstes unter Pseudonym.[52] Die Zulässigkeit von pseudonymisierten Nutzungsprofilen ist deshalb unabhängig davon, ob die Nutzung des angebotenen Telemediendienstes selbst unter Pseudonym erfolgt. Die Gegenansicht, wonach sich die Voraussetzung „unter Verwendung eines Pseudonyms" auf die Nutzung des Telemediendienstes bezieht, ist mit dem Wortlaut nicht zu vereinen.

91 Alle Dienste, die die **IP-Adresse des Nutzers speichern, scheitern** an der Voraussetzung der **Pseudonymisierung.** Denn die IP-Adresse gilt als personenbezogenes Datum, wie der **EuGH**[53] bekräftigt hat. Damit kann zB der Einsatz von sog. **Web-Analyse-Tools,** wie zB Google Analytics, nicht auf Abs. 3 gestützt werden, da es an der erforderlichen Pseudonymisierung fehlt.[54] Denn diese Tools erheben in der Regel. die IP-Adresse und lassen damit direkt einen Personenbezug zu. Solche Dienste sind damit **nur** mit der **Einwilligung** des Nutzers zulässig.

92 b) **Nutzungsdaten und Nutzungsprofil.** Nach dem Wortlaut dürfen **alle Nutzungsdaten** nach § 15 Abs. 1 für das **Nutzungsprofil erfasst** und verwendet werden,[55] da die Erstellung von Nutzungsprofilen nach § 15 Abs. 3 inhaltlich nicht ausdrücklich eingeschränkt ist. Das Nutzungsprofil kann nicht nur eine Analyse der einzelnen Nutzungen **(Momentprofil),** sondern durch die umfassende Speicherung und Auswertung aller Nutzungen über einen bestimmten Zeitraum auch eine Analyse des gesamten Nutzungsverhaltens eines bestimmten Nutzers bieten **(Langzeitprofil).** Das Nutzungsprofil kann Aufschluss geben über Zeitpunkt und Dauer der Nutzungen, der besuchten Adressen im Internet bzw. der Kommunikationspartner, der abgerufenen Inhalte mit der jeweiligen Verweildauer sowie eine Aufstellung der möglicherweise gesondert als „Download" vom Nutzer gespeicherten Dateien. Hieraus lassen sich detaillierte Rückschlüsse auf das Konsumverhalten, die Interessen und Aktivitäten eines Nutzers ziehen. Bei der Nutzung eines E-Mail-Dienstes (zB die sog. „Web-Mail-Dienste") können zB auch Informationen über Absender, Adressat, Datum und Uhrzeit der Kommunikation erfasst und gespeichert und auf diese Weise ein umfassendes Kommunikationsprofil unter dem Pseudonym des Nutzers erstellt werden.[56]

93 c) **Begrenzte Verarbeitungszwecke.** Der Diensteanbieter darf nach dem Wortlaut einschränkend zur Vorgängerregelung in § 4 Abs. 4 TDDSG 1997 die pseudonymisierten Nutzungsprofile nur noch zu **Zwecken** der **Werbung,** der **Marktforschung** oder zur **bedarfsgerechten Gestaltung** der Telemediendienste erstellen und nutzen. Diese Begriffe wurden bereits in der nun Fassung des § 5 Abs. 2 TDDSG 1997 verwendet, wurden aber weder damals noch heute näher definiert, so dass auf das allgemeine Verständnis zu diesen Begriffen abzustellen ist. Bezüglich der Weite der Verarbeitungszwecke ist jeweils der Grundsatz der engen Zweckbindung nach § 12 Abs. 2 zu beachten.

94 Als **Anwendungsbeispiel** für die Nutzung eines **anonymisierten Nutzungsprofils** kann zB ein „Kurzzeitprofil" des Nutzers erstellt werden, um ihm zu Zwecken der Werbung zielgerichtet Werbung oder weitere Informationen in Zusammenhang mit dem von ihm benutzten Diensten zu senden. Die für die Adressierung der Werbung im Netz erforderliche (aktuelle) IP-Adresse des Nutzers kann aus den Nutzungsdaten gewonnen werden. Wesentliche Bedeutung dürfte auch die Möglichkeit zur bedarfsgerechten Gestaltung bzw. Marktforschung haben, um die angebotenen Dienste anhand des zu ermittelnden Nutzerinteresses optimieren zu können.

---

[52] Vgl. bereits zum TDDSG 1997: *Schmitz,* TDDSG, 132 ff.; *Schaar,* Rn. 708.
[53] EuGH, Urt. v. 19.10.2016 – C-582/14.
[54] So auch Spindler/Schuster/*Spindler/Nink,* § 15 TMG Rn. 11.
[55] *Schaar,* Rn. 706 f.
[56] Vgl. ausf. *Damker/Federrath/Schneider,* DuD 1996, 286, 293.

d) Einwilligung erforderlich. Für pseudonymisierte Nutzungsprofilen wurde in Abs. 3 dem Wortlaut nach eine sog. „**Opt-out**"-Lösung mit dem Widerspruchsrecht des Betroffenen verwirklicht. Nach dem Urteil des **EuGH**[57] sind die **Datenschutzregeln** der **DSRL vorrangig** und dem deutschen Gesetzgeber steht **keine Freiheit** zu, diese **Regeln** zu begrenzen oder zu **erweitern**. 95

Da es an einer Erlaubnis für solche pseudonymen Nutzungsprofile in der DSRL fehlt, sind diese somit nur bei einer **Einwilligung** (Opt-in) des **Betroffenen zulässig**, s. Art. 7 lit. a) DSRL. § 15 Abs. 3 sieht hingegen nur eine Widerspruchslösung (Opt-out) vor. Die Regelung des § 15 Abs. 3 ist deshalb **richtlinienkonform auszulegen**, so dass eine **ausdrückliche Einwilligung** des **Betroffenen erforderlich** ist. Zwar kann sich der Anbieter grundsätzlich auch auf den Abwägungstatbestand des Art. 7 lit. f) DSRL berufen. Da pseudonyme Nutzungsprofile aber einen grundsätzlich schwerwiegenden Eingriff in das Recht auf informationelle Selbstbestimmung darstellen, ist die Abwägung negativ, so dass es bei der Einwilligungsvoraussetzung verbleibt. 96

Zum Teil wird auch ein **Widerspruch zur ePrivacy-RL** gesehen, der einer richtlinien-konformen Auslegung nicht mehr möglich ist und zu Zweifeln an der Wirksamkeit von Abs. 3 führen.[58] Allerdings hat der **EuGH** nun klargestellt, dass sich der Datenschutz nach dem TMG nach der **DSRL** richtet und der **BGH** hat hierzu entschieden,[59] dass der ausdrücklich nicht vorgesehene Erlaubnistatbestand des Art. 7 lit. f) in das TMG richtlinienkonform hineinzulesen ist. Dies spricht dafür, dass auch das **Einwilligungserfordernis** in Abs. 3 **richtlinienkonform hineingelesen** werden kann. Im Ergebnis macht dies aber keinen Unterschied, da die Einwilligung nach § 12 Abs. 1 immer möglich ist. 97

Die genannten **Urteile** von **EuGH** und **BGH bestätigen sachlich** zudem, dass die **Opt-out-**Regelung des Abs. 3 **gegen die DSRL verstößt**. Insbesondere der EuGH hat hierzu ausgeführt, dass die Grundsätze und der Inhalt der Erlaubnistatbestände nicht durch die Mitgliedstaaten geändert werden können. Genau dies wäre aber der Fall, wenn ein Einwilligungserfordernis (Opt-in) durch eine Widerspruchslösung (Opt Out) ersetzt wird. 98

e) Verbot der nachträglichen Zusammenführung. Um sicherzustellen, dass der mit der Pseudonymisierung der Profile bezweckte Schutz der Nutzer nicht umgangen werden kann, sieht § 15 Abs. 3 S. 3 vor, dass die unter Pseudonym erfassten **Nutzungsprofile nicht** mit Daten über den **Träger** des Pseudonyms **zusammengeführt** werden dürfen. Die Erfüllung dieser Verpflichtung hat der Diensteanbieter nach § 13 Abs. 4 Nr. 6 durch die erforderlichen „technischen und organisatorischen Vorkehrungen" sicherzustellen. Auf diese Weise soll verhindert werden, dass bei den einzelnen Nutzungsprofilen nachträglich wieder ein Personenbezug hergestellt wird. Konkrete Vorgaben zur Sicherstellung dieses Verbots, wie zB die Einführung von sog. Chinese Walls, fehlen allerdings nach wie vor. 99

Das **Verbot der nachträglichen Zusammenführung** wird durch das in § 13 Abs. 7 bestimmte **Auskunftsrecht** des Nutzers **ad absurdum** geführt.[60] § 13 S. 7 bestimmt das Recht des Nutzers, über die zu seiner Person oder zu seinem Pseudonym gespeicherten Daten beim Telemedienanbieter Auskunft zu verlangen. Die Erfüllung dieser Verpflichtung erfordert seitens des Anbieters, dass er die in dem Nutzungsprofil unter dem Pseudonym erfassten Daten mit dem Träger des Pseudonyms wieder zusammenführt. Aus diesem Dilemma führt im Falle der pseudonymisierten Persönlichkeitsprofile auch nicht der Weg heraus, dass der Nutzer unter dem Pseudonym anfragt 100

---

[57] EuGH, Urt. v. 19.10.2016 – C-582/14; s. hierzu BGH, Urt. v. 16.5.2017 – VI ZR 135/13.
[58] S. Spindler/Schuster/*Spindler/Nink*, § 15 TMG Rn. 3.
[59] BGH, Urt. v. 16.5.2017 – VI ZR 135/13 = BeckRS 2017, 114664.
[60] Vgl. zur Ursprungsfassung im TDDSG 1997 *Schmitz*, TDDSG, S. 135.

und ihm die Auskunft unter dem Pseudonym erteilt wird.[61] Denn in Fall der von dem Anbieter erstellten Pseudonymisierung hat der Nutzer keine Kenntnis von dem ihm zugeordneten Pseudonym, so dass die Zusammenführung durch den Diensteanbieter zu bewerkstelligen wäre.

101 Die „Schutz"-Regelung in **§ 13 Abs. 7** ist deshalb nach wie vor als **untaugliche Eingriffsregelung** als **verfassungswidrig** und nichtig anzusehen, soweit sie auch die Auskunft über die unter Pseudonym erstellten Nutzungsprofile erfasst.[62] Es ist widersinnig, zum Schutze des Nutzers zunächst die Verschleierung des Personenbezugs und dann dessen Aufdeckung „zum Schutz" des Nutzers bei einer Auskunftsanfrage zu verlangen. In der Auskunftsanfrage des Nutzers wird in der Regel auch keine ausreichende Einwilligung in diese Aufdeckung zu sehen sein, da er sich der übliche Nutzer über diese Folgen seiner Anfrage gar nicht bewusst sein wird. Eine Zusammenführung wäre vielmehr aufgrund einer wirksamen Einwilligung des Nutzers dann rechtmäßig, wenn dieser über das Erfordernis der Reidentifizierung aufgeklärt sich mit dieser ausdrücklich einverstanden erklärt.

102 f) **Bedenken an der Verfassungsmäßigkeit.** Aufgrund der **Rechtsprechung des BVerfG** zur Zulässigkeit von Persönlichkeitsprofilen bestanden nicht unerhebliche Bedenken gegen die Verfassungsmäßigkeit der gesetzlichen Regelung zur Erstellung von pseudonymisierten Nutzungsprofilen mit einer Opt-out-Lösung.[63] Da nunmehr von einem **Einwilligungsvorbehalt** auszugehen ist, **erübrigen** sich diese **verfassungsrechtlichen Bedenken.** Denn wenn der Betroffene eine Einwilligung erteilt, so hat er selbst in verfassungsgemäßer Weise über sein Recht auf informationelle Selbstbestimmung verfügt. Versagt der Nutzer diese Einwilligung hat auch das pseudonymisierte Nutzungsprofil zu unterbleiben.

103 g) **Alternative durch anonymisierte Nutzungsprofile.** Diensteanbieter können als Alternative **vollständig anonymisierte Nutzungsprofile** erstellen. Als einfache und sichere Möglichkeit entsprechender statistischer Auswertungen bietet sich die Erstellung **anonymisierter Nutzungsprofile** an. Die **statistische Auswertung** erfolgt in diesem Fall nicht hinsichtlich bestimmter Nutzer, sondern **hinsichtlich** der angebotenen **Telemediendienste.** Dies wird letztendlich auch der gesetzlichen Formulierung „Nutzungsprofil" (statt „Nutzerprofil") gerecht.

104 Um allen möglichen datenschutzrechtlichen Bedenken zu begegnen, sollte die **Erhebung von vornherein anonym** erfolgen, so dass eine Reanonymisierung während des gesamten Verfahrens in jedem Fall ausgeschlossen ist. Die **Zulässigkeit** entsprechender anonymisierter Nutzungsprofile ergibt sich trotz des Erlaubnisvorbehalts nach § 12 Abs. 1 aus dem Anwendungsbereich des TMG. Bei der Erhebung rein anonymer Daten ist der Anwendungsbereich des TMG oder anderer Datenschutzvorschriften nach § 12 Abs. 1 nicht eröffnet, da es an einem Personenbezug fehlt. Entsprechend wurde auch vom Gesetz- bzw. Verordnungsgeber in vergleichbaren Fällen die Erstellung von entsprechenden anonymen Nutzungsprofilen im Bereich der Telekommunikation als zulässig angesehen. Die Zulässigkeit ergibt sich auch aus der Wertung des § 15 Abs. 5 S. 4. Wenn bereits die Übermittlung anonymisierter Nutzungsprofile an Dritte Anbieter im Falle der Zugangsvermittlung zulässig ist, muss dem Anbieter die Erstellung entsprechender Profile auch zu eigenen Zwecken möglich sein.

105 Die **DS-GVO** enthält keine ausdrückliche Regelung zur Erstellung von Nutzungsprofilen. Deren Zulässigkeit richtet sich damit nur nach Art. 6 Abs. 1 lit. f) und

---

[61] So der Vorschlag von *Schaar,* Rn. 508 zum Problem der nachträglichen Aufdeckung von Pseudonymen.
[62] *Schmitz,* TDDSG, S. 136 ff.; aA *Bäumler,* DuD 1999, 258, 261.
[63] S. aus. hierzu *Schmitz,* TDDSG, S. 15 ff.

ist umstritten. Die **ePrivacy-VO** regelt laut dem Entwurf die Möglichkeit der „**Messung des Webpublikums**" in Art. 8 Abs. 1 lit. c) unter dem Vorbehalt der Erforderlichkeit. Für die Erstellung sog. „**Heatmaps**" oder „Bewegungsprofile" über die Kennungen von **Endeinrichtungen,** ist eine umstrittene Regelung in Art. 8 Abs. 2 ePrivacy-VO erhalten, die im Wesentlichen eine Informationspflicht vorsieht. Es ist nicht unwahrscheinlich, dass es hierzu noch Änderungen geben wird.

5. Abrechnung mit dem Nutzer und Einzelnachweis (Abs. 4, 6 und 7)

Die Abrechnung mit dem Nutzer wird zunächst grundlegend durch das in § 15 Abs. 4 bestimmte Erforderlichkeitsprinzip bestimmt. In diesem Zusammenhang regelt § 15 Abs. 6 die Erstellung von Einzelnachweisen und den Forderungsnachweis, während sich aus § 15 Abs. 7 die Speicherdauer ergibt. In § 15 Abs. 5 S. 2 und S. 3 sind die Fakturierung und das Inkasso des Entgelts durch Dritte normiert. Diese Bestimmungen müssen immer im Zusammenhang betrachtet werden, so dass sich auch in der Kommentierung Wiederholungen und Querverweise nicht vermeiden lassen. Zu beachten ist außerdem, dass die Abrechnung des Diensteanbieters mit anderen Anbietern in § 15 Abs. 5 geregelt ist und in diesem Zusammenhang kommentiert wird. **106**

Die Erforderlichkeit ist wiederum durch die Abwägung nach Art. 7 lit. f) DSRL zu ergänzen. Im Ergebnis richtet sich die Abrechnung deshalb wie nach den Regeln des § 28 Abs. 1 Nr. 2 BDSG, wobei die folgend genannten Besonderheiten gelten und dies auch abwägungsrecht erscheint. **107**

a) Einzelnachweise. § 15 Abs. 6 regelt die Zulässigkeit der Verarbeitung von Abrechnungsdaten bei der Erstellung von **Einzelnachweisen.** Voraussetzung für die Erstellung der Einzelnachweise ist, dass der Kunde diese ausdrücklich verlangt hat. Nur in diesem Fall darf die „Einzelabrechnung" Zeitpunkt, Dauert, Art, Inhalt und Häufigkeit der von einem Nutzer in Anspruch genommenen Telemediendienste erkennen lassen, vgl. § 15 Abs. 6. Diese Einzelabrechnung ist folglich die **Ausnahme zur Standardabrechnung,** die diese Leistungs- und Nutzungsdetails nicht erkennen lassen darf. **108**

b) Löschung. Die **Abrechnungsdaten,** die für die Erstellung von Einzelnachweisen über die Inanspruchnahme bestimmter Angebote auf das Verlangen des Nutzers gem. § 15 Abs. 7 gespeichert werden, sind spätestens **sechs Monate nach Versendung der Einzelnachweises zu löschen,** es sei denn, die Entgeltforderung wird innerhalb dieser Frist bestritten oder trotz Zahlungsaufforderung nicht beglichen. Die **Löschungsfrist** ist bei der Erstellung solcher Einzelnachweise als Maximalfrist ausgestaltet, falls keiner der Verlängerungsgründe vorliegt. Aus Gründen der Rechtssicherheit sollte der Nutzer in den einzelnen Rechnungen auf die Frist für die Speicherung und die Einwendungen hingewiesen werden[64], auch wenn dies im TMG anders als im TKG nicht ausdrücklich vorgesehen ist. Die Löschungspflicht gilt nur für die „Einzeldaten" und nicht die Rechnung mit der sich ergebenden Rechnungssumme. Aus diesem Grund sollte die Rechnung und der Einzelnachweis ähnlich wie bei den sog. „Einzelverbindungsnachweisen" bei Telekommunikationsdiensten getrennt werden. **109**

c) Ausblick. Die **DS-GVO** enthält keine konkreten Vorgaben zur Abrechnung von Diensten, so dass nach wohl hM nur die allgemeinen Regeln des Art. 6 DS-GVO gelten. Insofern besteht hohe Rechtsunsicherheit für den hochsensiblen Bereich der Abrechnung von Internetdiensten, die einen großen **Rückschritt** hinter die Rechtslage nach dem **TMG** bedeutet.[65] Vorzuziehen ist allerdings die Ansicht, wonach über **110**

---

[64] Vgl. die Rspr. des LG Ulm, DuD 2000, 50; LG Flensburg, DuD 2000, 51 f.
[65] S. *Schmitz* ZRP 2017, 172 ff.

TMG § 15 Nutzungsdaten

Art. 95 DS-GVO zur Umsetzung der ePrivacy-RL die Erlaubnistatbestände der §§ 11 ff. und damit auch die des § 15 fortgelten bis die neue ePrivacy-VO gilt.[66]

111 Der Entwurf zur **ePrivacy-VO** enthält zwar eine ausdrückliche Regelung für die Abrechnung in Art. 6 Abs. 2 lit. b), die auf die Erforderlichkeit abstellt. Diese Regelung erweist sich allerdings als viel zu **kurz, unpräzise** und zum Teil auch **unangemessen,** da angemessene **Detailregelungen** wie bislang nach dem TMG **fehlen.** So wird die Erteilung von **Einzelnachweisen** nicht berücksichtigt und nicht zwischen der Abrechnung von Daten der Telekommunikation und der Internetdienste unterschieden. Da die Nennung der abgerufenen Inhalte oder der Adressen einen sehr starken Rückschluss auf die abgerufenen Inhalte zulassen, wäre es erforderlich gewesen, hierzu eine dem § 15 Abs. 6 vergleichbare Regelung zu treffen. Für Telekommunikationsdienste hingegen könnte eine Regelung wie nach § 99 TKG erfolgen, welche aber Hinweispflichten erfordert. Zudem erweist sich die Regelung zu den **Speicherfristen** in **Art. 7 Abs. 3 ePrivacy-RL** als ungenügend, da diese zwar eine Speicherfrist vorsieht, bis nach nationalem Recht Einwendungen geltend gemacht werden können. Dies ist aber ungenügend, da gerade nach der Erhebung von Einwendungen die weitere Speicherung zum Forderungsnachweis erforderlich ist, wie es für die Telekommunikationsdienste § 97 Abs. 3 S. 4 TKG bislang ausdrücklich vorsieht.

112 Es ist zwar zutreffend, dass auch die bisherige **ePrivacy-RL** nicht alle diese Details geregelt hat. Hier gab es aber anders als bei der ePrivacy-VO einen ergänzenden Umsetzungsspielraum der nationalen Gesetzgeber. Ein solcher ist bei der **ePrivacy-VO** nicht eröffnet und diese enthält für diese Zwecke auch **keine Öffnungsklausel,** da die vorhandene Öffnungsklausel in Art. 11 nur auf die in Art. 23 Abs. 1 lit. a)-e) DS-GVO genannten Zwecke verweist. Diese sind aber für die Abrechnung zum Nutzer nicht einschlägig.

6. Rechnungsstellung und Forderungseinzug durch Dritte (Abs. 5 S. 2)

113 In der Praxis von wesentlicher Bedeutung ist, dass der Anbieter nach § 15 Abs. 5 S. 2 sowohl die **Fakturierung** (Rechnungsstellung) als auch das **Inkasso** (Einzug des Entgeltes) durch **Dritte** vornehmen darf und diesem Dritten die hierfür erforderlichen Abrechnungs- und Bestandsdaten übermitteln darf. Neben dem Wortlaut ist wiederum die **Erlaubnis** aus der **Abwägung des Art. 7 lit. f) DSRL** zu beachten. Im Ergebnis sind die Rechnungsstellung und der Forderungseinzug durch Dritte wie nach der Regelung des § 28 Abs. 1 Nr. 2 BDSG erlaubt.

114 Nach dem **Wortlaut** des § 15 Abs. 5 S. 2, der als § 6 Abs. 5 S. 2 im TDDSG 2001 neu gefasst wurde, bezieht sich die Erlaubnis zwar nur auf den „Einzug des Entgeltes", also das Inkasso, und nicht die Fakturierung. Bereits zu der vorangegangen Fassung war allerdings zutreffend die Auffassung vertreten worden, dass der Gesetzgeber die Zwecke **„Abrechnung"** und **„Inkasso" einheitlich** gemeint hatte, ohne zwischen diesen Zwecken unterscheiden zu wollen.[67] Dieser Wille und diese Auslegung ergeben sich ausdrücklich aus der Neufassung der Vorschrift im TDDSG 2001 und der damaligen Gesetzesbegründung. So war in der vorangegangenen Fassung des § 6 Abs. 4 TDDSG 1997 der erlaubte Zweck noch als „Abrechnung" bezeichnet. Danach hatte der Gesetzgeber den erlaubten Zweck in der Neufassung des § 6 Abs. 5 S. 2 TDDSG 2001 als „Einzug des Entgeltes" beschrieben, in der Gesetzesbegründung aber ausgeführt, dass die bisherige Regelung „unverändert übernommen wird".[68] Von dem Ver-

---

[66] S. auch BfDI, 37. Jour Fixe Telekommunikation, Anlage 4, S. 8 f.
[67] *Schmitz,* TDDSG, 145 f.
[68] BT-Drs. 14/6098, S. 30.

arbeitungszweck „Einzug des Entgeltes" werden deshalb die **Fakturierung** und das **Inkasso** der Forderung **umfasst.** Der Anbieter darf damit auch bereits die Rechnungsstellung, das Forderungsmanagement und das Inkasso auf Dienstleister übertragen, die ihren Sitz innerhalb der EU haben können.

Die **DS-GVO** regelt die Abrechnung und den Forderungseinzug nicht speziell. 115
Die **ePrivacy-VO** regelt die Abrechnung in Art. 6 Abs. 2 lit. b) und die Speicherfrist in Art. 7 Abs. 3. Die Regelung zur Speicherfrist ist allerdings ungenügend, da gerade nach der Erhebung von Einwendungen eine weitere Speicherung zur Prüfung und Forderungsdurchsetzung erforderlich ist. Insgesamt erweisen sich die bisherigen Regeln in der ePrivacy-VO zur Abrechnung und Rechnungsstellung als zu kurz und unpräzise und teilweise unangemessen eng.

Weder die **DS-GVO,** noch die **ePrivacy-VO** regeln konkret die **Rechnungs-** 116 **stellung** und den **Forderungseinzug durch Dritte.** Dieser ist aber in der Praxis von großer Bedeutung, da bei Kleinbeträgen anderenfalls keine rationale Rechnungstellung erreicht werden kann, die letztendlich aus Gründen der Kosten beim Anbieter und dem eigenen Aufwand auch im wirtschaftlichen Interesse der Nutzer liegt. Gerade die in der ePrivacy-VO bislang fehlende Regelung ist kritisch zu bewerten, da diese in Art. 6 und 7 enge und abschließende Erlaubnistatbestände enthält. Es stellt sich dann die Frage, wie die „Erforderlichkeit" zur Rechnungsstellung zu verstehen ist. Besser wäre es, diese Detailfragen eindeutig in der ePrivacy-VO zu regeln. Bis zur Geltung der ePrivacy-VO vorzuziehen ist allerdings die Ansicht, dass über Art. 95 DS-GVO die Erlaubnistatbestände der §§ 11 ff. und damit auch die des § 15 fortgelten zur Umsetzung der ePrivacy-RL fortgelten.[69]

7. Abrechnung mit anderen Anbietern und Weitergabe an Dritte (Abs. 5 S. 1–3)

a) Überblick. Die Befugnisse des Diensteanbieters zur Übermittlung von Nut- 117 zungs- und Abrechnungsdaten an andere Diensteanbieter oder Dritte ist nunmehr in § 15 Abs. 5 zusammenhängend neu gefasst worden. Die Weitergabe von Nutzungs- oder Abrechnungsdaten an Dritte ist nach dem (allgemeinen) Erlaubnisvorbehalt des § 12 Abs. 1 nur zulässig, wenn es eine gesetzliche Vorschrift iSv § 12 Abs. 1 oder der Betroffene es erlauben (**Erlaubnisvorbehalt),** da die **Regelungen** über die Verarbeitung von Nutzungs- und Abrechnungsdaten insofern grundsätzlich **abschließend** sind. Das gesonderte Verbot einer Übermittlung dieser Daten an Dritte nach § 6 Abs. 3 S. 1 TDDSG 1997 hatte der Gesetzgeber deshalb schon in § 6 TDDSG 2001 aus „systematischen Gründen" gestrichen. Damit wollte der Gesetzgeber außerdem klarstellen, dass im Falle einer **Einwilligung** durch den Kunden eine Übermittlung selbstverständlich zulässig ist.[70] Außerdem wurde schon in der Vorgängerfassung des TDDSG 2001 die bisherige Beschränkung des Erlaubnistatbestandes auf Zugangsvermittler aufgehoben, so dass nunmehr alle Diensteanbieter begünstigt werden.

Neben dem Wortlaut ist allerdings wiederum die **Erlaubnis** aus der **Abwägung** 118 **des Art. 7 lit. f) DSRL** zu beachten. Im Ergebnis sind die Rechnungsstellung und der Forderungseinzug durch Dritte wie nach der Regelung des § 28 Abs. 1 Nr. 2 BDSG erlaubt.

Die **DS-GVO** regelt die Abrechnung und den Forderungseinzug nicht speziell. 119 Bis zur Geltung der ePrivacy-VO vorzuziehen ist deshalb die Ansicht, dass über Art. 95 DS-GVO die Erlaubnistatbestände der §§ 11 ff. und damit auch die des § 15 zur Umsetzung der ePrivacy-RL fortgelten.[71] Die **ePrivacy-VO** regelt die Abrech-

---

[69] S. auch BfDI, 37. Jour Fixe Telekommunikation, Anlage 4, S. 8f.
[70] Vgl. zum TDDSG 2001 BT-Drs. 14/6098, S. 30.
[71] S. auch BfDI, 37. Jour Fixe Telekommunikation, Anlage 4, S. 8f.

nung in Art. 6 Abs. 2 lit. b) und die Speicherfrist in Art. 7 Abs. 3. Dies umfasst ausdrücklich auch die **Abrechnung von „Zusammenschaltungszahlungen"**. Dies ist insofern für Internetdienste begrifflich ungenau, als hier nicht nur „Zusammenschaltungen", sondern auch Inhalte, Werbung usw. nutzungsabhängig abgerechnet werden. Die Begrifflichkeit sollte folglich um die „Abrechnung mit anderen Diensteanbietern" erweitert werden. Zudem ist die Regelung zur **Speicherfrist** in Art. 7 Abs. 3 ePrivacy-VO ungenügend, da gerade nach der Erhebung von Einwendungen eine weitere Speicherung zur Prüfung und Forderungsdurchsetzung erforderlich ist. Insgesamt erweisen sich die bisherigen Regeln in der ePrivacy-VO zur Abrechnung und Rechnungsstellung als zu kurz und unpräzise und teilweise unangemessen eng. Hier sollte es unbedingt Ergänzungen geben.

120   **b) Abrechnung mit anderen Anbietern (Abs. 5 S. 1).** Der Diensteanbieter darf nach § 15 Abs. 5 S. 1 an andere Diensteanbieter oder Dritte Abrechnungsdaten übermitteln, „soweit dies zur **Ermittlung des Entgelts** und zur **Abrechnung mit dem Nutzer** erforderlich ist". Nach der Gesetzesbegründung handelt es sich um eine Erweiterung der nach der alten Fassung zulässigen Übermittlung von Daten an Dritte, da für die „genannten Zwecke" kein Anlass bestehe, die Erlaubnis auf Zugangsvermittler einzuschränken.[72] Aus der Gesetzesbegründung ergibt sich damit, dass die beiden in § 15 Abs. 5 S. 1 genannten Zwecke jeder für sich erlaubt ist, da die Verarbeitung anderenfalls auf den singulären Zweck „Ermittlung des Entgeltes und zur Abrechnung mit dem Nutzer" beschränkt wäre. Somit ist die Übermittlung von Abrechnungsdaten an andere Diensteanbieter oder Dritte zulässig, soweit dies zur Ermittlung des Entgeltes zwischen den Anbietern oder zur Abrechnung mit dem Nutzer erforderlich ist.

121   Neben dem Wortlaut ist wiederum die **Erlaubnis** aus der **Abwägung des Art. 7 lit. f) DSRL** zu beachten. Im Ergebnis sind die Rechnungsstellung und der Forderungseinzug durch Dritte wie nach der Regelung des § 28 Abs. 1 Nr. 2 BDSG erlaubt.

122   **c) Weitergabe anonymisierter Nutzungsdaten an andere Diensteanbieter (Abs. 5 S. 3).** Nach § 15 Abs. 5 S. 3 dürfen zum **Zwecke** der **Marktforschung anderer Diensteanbieter anonymisierte Nutzungsdaten** übermittelt werden. Die Vorschrift, die früher nur Zugangsvermittler zur entsprechenden Weitergabe der Daten an die anderen Diensteanbieter ermächtigt hatte, wurde vom Gesetzgeber auf alle Diensteanbieter erweitert, weil kein „Anlass bestand, die gesetzliche Erlaubnis […] auf Zugangsvermittler zu beschränken".[73] Im Gegensatz zu der in § 15 Abs. 3 vorgesehenen Möglichkeit des Anbieters, für eigene Zwecke Nutzungsprofile unter Pseudonym zu erstellen, ist eine Übermittlung von Nutzungsdaten an die vermittelten Anbieter nur nach einer **Anonymisierung** zulässig.

123   Neben dem Wortlaut ist wiederum die mögliche Einschränkung aus den Vorgaben **der DSRL** zu beachten. Es ist zu prüfen, ob die gesetzliche Erlaubnis über die Erlaubnis aus Art. 7 DSRL hinausgeht. Dies ist allerdings zu verneinen, da nur anonymisierte Nutzungsdaten übermittelt werden, die im Ergebnis **keinen Eingriff in das Recht auf informationelle Selbstbestimmung** bzw. das Persönlichkeitsrecht nach der Grundrechtecharta der – nicht feststellbar Betroffenen – bedeuten.[74] Damit kann es im Ergebnis bei der wortlautgetreuen Anwendung der Regelung bleiben.

124   Gegenstand der Übermittlung sind nur anonymisierte Nutzungsdaten. Gem. § 15 Abs. 1 sind Nutzungsdaten nur solche Daten, die erforderlich sind, um dem Nutzer

---

[72] Vgl. bereits zum TDDSG 2001 BT-Drs. 14/6098, S. 30.
[73] Vgl. zum TDDSG 2001 BT-Drs. 14/6098, S. 30.
[74] S. zur Abwägung bei geringer Eingriffsintensität BGH, Urt. v. 16.5.2017 – VI ZR 135/13, Rn. 35 ff., 43.

die Inanspruchnahme des Dienstes zu ermöglichen. Zu den Nutzungsdaten gehören deshalb in der Regel. die IP-Adressen des Nutzers sowie seiner Kommunikationspartner, die abgerufenen Inhalte sowie die gesonderten Download-Dateien. Die Dauer und der Beginn der Nutzung gelten nur insoweit als Nutzungsdaten, wie sie zur Erbringung des Dienstes erforderlich sind (zB Time-Out-Funktionen). Die **Anonymisierung** nach § 3 Abs. 4 Nr. 6 BDSG erfordert, dass alle Daten mit Personenbezug aus den erhobenen Datensätzen entfernt werden.[75] Bei dem Vorgang der Anonymisierung darf die sofortige Löschungspflicht von (nicht anonymisierten) Nutzungsdaten nicht umgangen werden, wie § 13 Abs. 4 Nr. 2 bestätigt. Aus dieser Löschungspflicht folgt, dass die Daten **sofort** und unmittelbar mit ihrer Erhebung während der Telemediendienstenutzung **anonymisiert** werden müssen. Für den anderen Anbieter ist aufgrund der Anonymisierung nicht erkennbar, wer auf bestimmte Inhalte zugegriffen hat, sondern nur, wie viele Zugriffe erfolgt und wie lange diese in den Einzelfällen gedauert haben. Zu löschen sind deshalb insbesondere die IP-Adressen und Telefonnummern (die Vergabe von IP-Adressen und Zuordnung der Telefonnummer unterfällt beim reinen Internet-Access („reinen" Telekommunikationsdiensten) allerdings nur dem TKG) der Nutzer. Eine Speicherung und Auswertung der Zugriffe kann somit nicht nach Nutzern, sondern nur nach konkreten Diensten erfolgen. Der **Wert** dieser Übermittlungsmöglichkeit ist für den Partner des Zugangsvermittlers deshalb jedenfalls bei Telemediendiensten im Internet **gering.** Der Anbieter kann im Wesentlichen nur anonymisierte Daten erhalten, die er auch selbst erheben könnte. **Nach** der vollständigen **Anonymisierung** ist aufgrund des Wegfalls des Personenbezugs eine weitere Verwendung bzw. Verarbeitung sowohl nach § 12 Abs. 1 als auch verfassungsrechtlich[76] ohne weitere Beschränkungen zulässig. Die in § 15 Abs. 5 S. 3 enthaltene Eingrenzung der Zweckbestimmung auf die „Marktforschung" des anderen Anbieters ist deshalb im Ergebnis ohne Bedeutung.

d) Keine Auskunft aus Interessenabwägung/Störerhaftung. Die **Erlaubnistatbestände des TMG** zur **Auskunftserteilung** an Dritte sind **abschließend.** Es ist deshalb nicht möglich Auskunftsberechtigungen aus einer Interessensabwägung, Grundsätzen der allgemeinen Störerhaftung oder anderen Gesetzen, die die Telemediendienste nicht ausdrücklich nennen, herzuleiten. In diesen Fällen ist dem Diensteanbieter eine Auskunftserteilung gem. § 12 Abs. 1 mangels datenschutzrechtlicher Erlaubnis gesperrt.[77]   125

8. Auskunft an Bedarfsträger und Private (Abs. 5 S. 4)

a) Allgemeines. Abs. 5 S. 4 verweist in der ab dem 1.1.2017 geltenden **Neufassung** in entsprechender Anwendung auf **§ 14 Abs. 2–5** und regelt die **Befugnis zur Auskunftserteilung** für Zwecke der Bedarfsträger und anderer Dritter bei **Nutzungsdaten.** Neu durch das NetzDG hinzugekommen ist durch die Ergänzung in § 14 Abs. 3–5 die Auskunft bei der Verletzung **„absolut geschützter Rechte",** die damit auch für Nutzungsdaten gilt. Der Bundestag hat dieses Gesetz am 30.6.2017 in 2. und 3. Lesung als Gesetze zur Verbesserung der Rechtsdurchsetzung in sozialen Netzwerken **(NetzDG)"** beschlossen.[78] Der Bundesrat hat am 7.7.2017 beschlossen, diesen ohne Antrag passieren zu lassen.[79] Das Gesetz soll zum 1.1.2017 in Kraft treten, näher → § 1 NetzDG Rn. 1 ff.   126

---

[75] S. hierzu auch § 13 Rn. 69.
[76] BVerfGE 65, 1, 51, 61.
[77] BGH, NJW 2014, 2651. So grundsätzlich auch *Spindler/Dorschel,* CR 2006, 341 ff.; aA aber wegen Verstoß gegen § 12 TMG unzutreffend LG Stuttgart, MMR 2008, 485 ff.
[78] S. hierzu Beschlussempfehlung und Bericht v. 28.6.2017, BT-Drs. 18/13013.
[79] BR-Drs. 536/17.

TMG § 15   Nutzungsdaten

127   **Nutzungsdaten** sind nach § 15 Abs. 5 S. 4 durch den Verweis (ua) auf § 14 Abs. 2–5 dem Wortlaut nach unter den **gleichen Bedingungen wie die Bestandsdaten** wegen der **Auskunft an Bedarfsträger, der Verletzung des geistigen Eigentums sowie der Verletzung absoluter Rechte** wegen **rechtswidriger** und **strafbarer Inhalte iSv § 1 Abs. 3 NetzDG zu beauskunften.** Diese Regelung erweist sich allerdings im Ergebnis als **unwirksam**, soweit es die **Auskunft Nutzungsdaten** an **Private** betrifft.

128   b) **Auskunft an Bedarfsträger nach § 14 Abs. 2.** Abs. 2 regelt in der ersten Alternative durch die Verweisung aus § 15 Abs. 5 S. 4 auch die **Auskunft** von Nutzungsdaten an die sog. **Bedarfsträger.** Das **Zitiergebot** des **§ 12 Abs. 2** ist mit der **datenschutzrechtlichen Erlaubnis** aus Abs. 2 **erfüllt.** Hierzu gilt allerdings ergänzend ein **Zitiergebot** aus **Art. 10, 19 GG** für den Eingriff in Daten der **Telekommunikation**, dem **Fernmeldegeheimnis** oder **Telemedien-Nutzungsdaten**. Es ist **auffällig**, dass **sowohl** die **StPO** und auch fast alle in Betracht kommenden weiteren Ermächtigungsgrundlagen für die Bedarfsträger **keinen ausdrücklichen Bezug auf Telemedien enthalten.** Letztendlich ist aber die Erlaubnis zur Einschränkung des Fernmeldegeheimnisses in der Norm, welche den Auskunftsanspruch begründet, ausreichend. Denn damit wird dem Schutzzweck des Art. 10 genügt.

129   Die Übermittlung der **Nutzungsdaten** durch den Diensteanbieter kann deshalb durch die in § 14 Abs. 2 **genannten Bedarfsträger** zu den dort genannten **Zwecken** der „Strafverfolgung, zur Gefahrenabwehr durch die Polizeibehörden der Länder, zur Erfüllung der gesetzlichen Aufgaben der Verfassungsschutzbehörden des Bundes und der Länder, des Bundesnachrichtendienstes oder des Militärischen Abschirmdienstes" erfolgen. Voraussetzung ist eine entsprechende gesetzliche **Ermächtigungsgrundlage** der jeweiligen berechtigten Stelle (Bedarfsträger). Als Ermächtigungsgrundlage für die Auskunftserteilung der **Strafverfolgungsbehörden** gilt nach der hier vertretenen Auffassung zB **§ 100a StPO.** Insgesamt näher zur Auskunftserteilung über Nutzungsdaten → § 14 Rn. 37.

130   c) **Auskunft wegen der Verletzung geistigen Eigentums.** Über die in § 15 Abs. 5 S. 4 versteckte Verweisung regeln Abs. 3–5 auch die Auskunftserteilung über **Nutzungsdaten.** Die Regelung erweist sich aber im Ergebnis wegen Verstoßes gegen die ePrivacy-RL als **unwirksam**, da diese für einen solchen Fall die Auskunft über Nutzungsdaten nicht vorsieht.[80] Im Einzelnen → § 14 Rn. 44.

131   d) **Auskunft wegen der Verletzung absoluter Rechte nach § 14 Abs. 3–5. Nutzungsdaten** sind nach Abs. 5 S. 4 durch den Verweis (ua) auf § 14 Abs. 3–5 dem Wortlaut nach unter den **gleichen Bedingungen wie die Bestandsdaten** wegen der **Verletzung absoluter Rechte** wegen **rechtswidriger** und **strafbarer Inhalte iSv § 1 Abs. 3 NetzDG zu beauskunften.** Diese Regelung erweist sich allerdings im Ergebnis wegen Verstoßes gegen die ePrivacy-RL als **unwirksam, im Detail** → § 14 Rn. 44.

9. Erstellung von Einzelnachweisen und Speicherfrist (Abs. 6 und 7)

132   § 15 Abs. 6 regelt die **Zulässigkeit** der Verarbeitung von Abrechnungsdaten und die Erstellung von **Einzelnachweisen, Abs. 7 die Speicherfrist.** Die Vorschriften sind im Zusammenhang mit der Abrechnung gegenüber dem Nutzer (§ 15 Abs. 5) ausführlicher kommentiert.[81] Nach der Vorschrift gilt, dass die „Abrechnung über

---

[80] Vgl. entspr. zur Auskunft nach § 15 Abs. 5 S. 4 iVm § 14 Abs. 2 Spindler/Schuster/*Spindler/ Nink*, § 14 TMG Rn. 8.
[81] Vgl. hierzu Rn. 102 ff.

die Inanspruchnahme von Telemediendiensten [...] Anbieter, Zeitpunkt, Dauer, Art, Inhalt und Häufigkeit bestimmter von einem Nutzer in Anspruch genommener Telemediendienste nicht erkennen lassen, es sei denn der Nutzer verlangt einen Einzelnachweis". Aus der Vorschrift folgt gleichzeitig eine **Regelung zur Darlegungs- und Beweislast** des Diensteanbieters für seine Entgelte. Verlangt der Nutzer nicht ausdrücklich einen Einzelnachweis, darf der Anbieter die Einzelheiten der Nutzung nicht speichern und auf der Abrechnung ausweisen. Hieraus ist deshalb zu schließen, dass der Anbieter entsprechend von der Nachweispflicht für die Richtigkeit seiner Entgelte befreit ist, wenn der Nutzer einen Einzelnachweis nicht verlangt. Dies ist auch aus der Regelung des § 15 Abs. 7 S. 2 zur Speicherfrist der Daten bei Einwendungen zu schließen, da diese Regelung zeigt, dass der Gesetzgeber bei seiner datenschutzrechtlichen Regelung der Forderungsdurchsetzung und die Erhebung von Einwendungen und damit den Rechnungsnachweis mitbedacht hat.

Speicherfrist: Abrechnungsdaten, die für die Erstellung von Einzelnachweisen über die Inanspruchnahme bestimmter Angebote auf Verlangen des Nutzers gem. § 15 Abs. 6 gespeichert werden, sind nach § 15 Abs. 7 spätestens sechs Monate nach Versendung des Einzelnachweises zu löschen es sei denn, die Entgeltforderung wird innerhalb dieser Frist bestritten oder trotz Zahlungsaufforderung nicht beglichen. Die **Löschungsfrist** ist bei der Erstellung solcher Einzelnachweise als Maximalfrist ausgestaltet, falls keiner der Verlängerungsgründe eingreift. Aus Gründen der Rechtssicherheit sollte der Nutzer in den einzelnen Rechnungen auf die Frist für die Speicherung und die Einwendungen hingewiesen werden.

10. Missbrauchsverfolgung (Abs. 8)

a) Überblick. § 15 Abs. 8 regelt dem **Wortlaut** nach in praktisch bedeutungsloser Weise die Datenverarbeitung bei der Missbrauchsverfolgung und beruht wörtlich auf der Vorgängerregelung in § 6 Abs. 8 TDDSG 2001. Zumindest hatte nun auch der **Gesetzgeber** erkannt, dass eine Störungserkennung und -beseitigung nicht ausreichend geregelt ist und **plante** mit dem BSIG 2009 einen **neuen § 15 Abs. 9 einzufügen,** der wenigstens eine effizientere Störungserkennung und -beseitigung im Interesse der Sicherheit der Datenverarbeitung erlaubt hätte. Diese **Ergänzung** ist es allerdings wegen des Zeitdrucks in der auslaufenden 16. Legislaturperiode **unterblieben,** vgl. unten zum geplanten Abs. 9.

Es war dann mit dem Referentenentwurf des IT-SicherheitsG zunächst vorgesehen, dass die Anbieter soweit erforderlich Nutzungsdaten zum Erkennen, Eingrenzen oder Beseitigen von Störungen verarbeiten dürfen. Diese Regelung wurde dann aber im Regierungsentwurf gestrichen und wurde in **IT-SicherheitsG 2015 nicht berücksichtigt.**[82]

Neben dem Wortlaut ist allerdings die **Erlaubnis** aus der **Abwägung des Art. 7 lit. f) DSRL** zu beachten, s. sogleich unten.

b) Erlaubnis aus Art. 7 lit. f) DSRL. Die **Erlaubnis zur Datenverarbeitung zur Missbrauchserkennung** und **Missbrauchsverfolgung** folgt im Ergebnis alleine aus **Art. 7 lit. f) DSRL** und basiert auf dem hierzu ergangenen Urteil des EuGH und dem hierauf basierenden Urteil des BGH.[83]

aa) Abwägung. Die **Abwägung** nach **Art. 7 lit. f) DSRL** muss die Interessen des Betroffenen und die berechtigten Interessen des Anbieters gegenüberstellen. Eine Verarbeitung ist unzulässig, wenn hierbei das Interesse des Betroffenen überwiegt, dass eine Verarbeitung unterbleibt. Zu dieser abstrakten Abwägungsfrage hat der BGH im konkreten Fall Vorgaben gemacht, die sich generell auf weitere Fälle über-

---

[82] S. *Hornung,* NJW 2015, 3334, 3338.
[83] EuGH, Urt. v. 19.10.2016 – C-582/14; BGH, Urt. v. 16.5.2017 – VI ZR 135/17.

tragen lassen mit dem Vorbehalt, dass die jeweiligen Interessen immer konkret anhand des Einzelfalls zu begründen sind.

139 **bb) Konkrete Tatsachen.** Nach dem BGH sind hierbei **konkrete Feststellungen** zu den **Tatsachen** erforderlich, aus denen sich das jeweilige Interesse ergibt. Im konkreten Fall von möglichen „Cyberattacken", die die Speicherung der IP-Adresse des Nutzers auch über das Ende der Nutzung hinaus rechtfertigen könnte, ist nach Ansicht des BGH zugunsten des „berechtigten Interesses" des Anbieters zunächst der „Angriffsdruck" und das „Gefahrenpotential" solcher Angriffe ausschlaggebend. Dazu gehören etwa Feststellungen zu Art, Umfang und Wirkung von bereits erfolgten und etwa drohenden Cyber-Angriffen wie „Denial-of-Service"-Attacken sowie zu der Bedeutung der betroffenen Telemedien, wie der BGH betont.[84]

140 Auf **Seiten des Betroffenen** (Nutzers) sieht der BGH durch die **Speicherung** dessen **dynamischer IP-Adresse** durch einen Webseitenbetreiber hingegen einen **eher geringen Eingriff** in das **Recht auf informationelle Selbstbestimmung.** Denn der Anbieter könne den Betroffenen (Nutzer) anhand der gespeicherten IP-Adresse nicht ohne Weiteres identifizieren, soweit nicht aus anderen bereits vorliegenden Informationen auf den Betroffenen und seinen Namen sowie die Adresse geschlossen werden könne. Denn die Identität des Nutzers lasse sich zumindest bei einer dynamischen IP-Adresse nicht zentral abfragen. Der Zugangsanbieter des Nutzers kenne zwar die Identität des Nutzers und die Zuordnung zur dynamischen IP-Adresse. Dieser dürfe dem Betreiber der Webseite hierüber aber keine Auskunft geben, weil es hierfür nach § 95 Abs. 1 S. 3 TKG an einer gesetzlichen Grundlage fehle. Die Befugnisse der Ermittlungsbehörden könnten zwar zu einem Aufdecken der Identität führen – hierauf hatte der EuGH zur Feststellung des Personenbezugs abgestellt – diese Befugnisse seien aber an enge Voraussetzungen gebunden, wie etwa §§ 113 Abs. 3, 100j TKK für die Befugnisse der Staatsanwaltschaft zeigten. Wenn ein solcher Fall aber vorliege, träte das Interesse des Nutzers an der Wahrung seiner Anonymität (eigentlich Pseudonymität) zurück.[85]

141 **cc) Cyberattacken.** Den Ausführungen des BGH ist deshalb zu entnehmen, dass bereits die **abstrakte Gefahr** von **Cyberattacken** die **Speicherung der IP-Adressen über den Nutzungsvorgang** für eine **gewisse Zeit rechtfertigen kann,** da dies einen **eher geringen Eingriff in das Recht auf informationelle Selbstbestimmung** des Nutzers bedeutet. Dies lässt sich im Ergebnis auch auf eine **statische IP-Adresse übertragen,** da diese zwar an einen bestimmten Nutzer vergeben sind, aber auch hier die Auskunftsansprüche des Webseiten-Betreibers beschränkt sind. Zudem sind die statischen IP-Adressen oftmals juristischen Personen zugeordnet, für die die Datenschutzbestimmungen der DSRL sowie des TMG nicht gelten. Soweit es sich dennoch im Einzelfall um juristische Personen handeln sollte, wäre gleichwohl die Abwägung nach Art. 7 lit. f) DSRL in richtlinienkonformer Auslegung des § 15 Abs. 1, Abs. 8 eröffnet.

142 **c) Ausblick DS-GVO und ePrivacy-VO.** Die **DS-GVO** enthält keine ausdrückliche datenschutzrechtliche Erlaubnis für die Erkennung oder Beseitigung von Störungen oder Missbrauch. Die Zulässigkeit richtet sich nach hM deshalb nach der allgemeinen Regelung des Art. 6 Abs. 1 DS-GVO. Bis zur Geltung der ePrivacy-VO vorzuziehen ist allerdings die Ansicht, dass über Art. 95 DS-GVO die Erlaubnistatbestände der §§ 11 ff. und damit auch die des § 15 zur Umsetzung der ePrivacy-RL fortgelten.[86]

---

[84] BGH, Urt. v. 16.5.2017 – VI ZR 135/17, Rn. 41.
[85] BGH, Urt. v. 16.5.2017 – VI ZR 135/17, Rn. 43.
[86] S. auch BfDI, 37. Jour Fixe Telekommunikation, Anlage 4, S. 8 f.

Informationspflicht bei unrechtmäßiger Kenntniserlangung **§ 15a TMG**

Die **ePrivacy-VO** enthält in Art. 7 Abs. 2 lit. b) für die „Betreiber elektronischer 143
Kommunikationsdienste" die Erlaubnis zur Verarbeitung von Kommunikationsmetadaten, soweit dies zum Erkennen oder Beendigung betrügerischer oder missbräuchlicher Nutzungen elektronischer Kommunikationsdienste oder der diesbezüglichen Verträge nötig ist". Als solche Betreiber gelten auch die Anbieter von Diensten im Internet. In der Praxis wird auszulegen sein, wie die entsprechende Erforderlichkeit auszulegen ist. Angemessene Detailregelungen hierzu wären wünschenswert.

Art. 7 Abs. 1 lit. b) enthält zusätzlich für die „**Betreiber** elektronischer **Kom-** 144
munikationsnetze" die datenschutzrechtliche Erlaubnis zur Bearbeitung „elektronischer Kommunikationsdaten" „zur Aufrechterhaltung oder **Wiederherstellung der Sicherheit** elektronischer Kommunikationsnetze- oder dienste oder zur Erkennung von technischen **Defekten** und Fehlern bei der Übermittlung der elektronischen Kommunikation". Der Begriff der „Kommunikationsdaten" umfasst hierbei nach Art. 4 Abs. 3 lit. a) ePrivacy-VO sowohl die „Kommunikationsinhalte", als auch die „Kommunikationsmetadaten". Allerdings wird wiederum nur auf die „Erforderlichkeit" abgestellt, ohne angemessene Detailregelungen zu treffen. Die Auslegung dieser Erforderlichkeit wird deshalb wiederum die maßgebliche Frage betreffen, ob hierdurch angemessene Regeln für die Praxis erreicht werden können.

§ 15a Informationspflicht bei unrechtmäßiger Kenntniserlangung von Daten

Stellt der Diensteanbieter fest, dass bei ihm gespeicherte Bestands- oder Nutzungsdaten unrechtmäßig übermittelt worden oder auf sonstige Weise Dritten unrechtmäßig zur Kenntnis gelangt sind, und drohen schwerwiegende Beeinträchtigungen für die Rechte oder schutzwürdigen Interessen des betroffenen Nutzers, gilt § 42a des Bundesdatenschutzgesetzes entsprechend.

Literatur: *Bader,* „Das Verwendungsverbot des § 97 Inso", NZI 2009, 416; *Bilsdorfer,* „Die Entwicklung des Steuerstraf- und Steuerordnungswidrigkeitenrecht", NJW 2008, 1362; *Buse,* Verwertungsverbot und Tatentdeckung", DStR 2008, 2100 ff.

Übersicht

	Rn.
I. Allgemeines	1
1. Entstehung	1
2. Wesentliche Regelung der Benachrichtigungspflicht	2
3. Rechtsgedanke und Herkunft	5
4. Kritik	6
5. Regelung unter der DS-GVO	7
II. Einzelkommentierung	10
1. Voraussetzung und Inhalt der Benachrichtigungspflicht an die Aufsichtsbehörde	10
a) Begrenzung der Benachrichtigungspflicht	10
b) Begrenzung auf schwerwiegende Beeinträchtigungen	13
c) Unverzügliche Benachrichtigung an Aufsichtsbehörde	14
d) Strafrechtliches Verwertungsverbot	16
2. Unverzügliche Benachrichtigung der Betroffenen	19
3. Strafrechtliches Verwertungsverbot	24
a) Überblick	24
b) Umfassende Wirkung des „strafrechtlichen Verwertungsverbotes"	26
c) Kreis der Privilegierten	28
d) Würdigung und Kritik	30

TMG § 15a Informationspflicht bei unrechtmäßiger Kenntniserlangung

I. Allgemeines

1. Entstehung

1 Der neue § 15a wurde durch das BDSG-ÄnderungsG[1] zum 1.9.2009 in das TMG eingefügt. Die Vorschrift verweist auf die allgemeine Regelung in § 42a BDSG, die ebenfalls mit dem **BDSG-ÄnderungsG** neu eingefügt wurde. § 42a BDSG enthält für die dort genannten besonders sensiblen Daten eine Informationspflicht, falls Dritte auf rechtswidrige Weise Kenntnis von den Daten erlangt haben, für nicht-öffentliche Stellen und ihnen datenschutzrechtlich gleichgestellte öffentlich-rechtliche Wettbewerbsunternehmen. Da der Gesetzgeber auch die Bestands- und Nutzungsdaten bei **Telemedien** (sowie Telekommunikation) als entsprechend sehr sensibel einstuft, hat er in der bereichsspezifischen Regelung des TMG (und im TKG) eine **entsprechende Anwendung des § 42a BDSG angeordnet.**

2. Wesentliche Regelung der Benachrichtigungspflicht

2 Die **Pflicht,** den Verstoß unverzüglich der zuständigen Datenschutzaufsichtsbehörde und den Betroffenen nach den S. 2–5 § 42a BDSG **mitzuteilen,** entsteht, wenn folgende Voraussetzungen vorliegen (vgl. § 15a iVm § 42a BDSG):
1. Wenn Bestands- oder Nutzungsdaten bei Telemedien durch den Anbieter unrechtmäßig übermittelt wurden oder auf sonstige Weise Dritten unrechtmäßig zur Kenntnis gelangt sind
2. und wenn hierdurch schwerwiegende Beeinträchtigungen für die Rechte oder schutzwürdigen Interessen der Betroffenen drohen.

3 Bezüglich der **Benachrichtigungspflicht** an die **Aufsichtsbehörde** gilt: Die Benachrichtigung muss eine Darlegung möglicher nachteiliger Folgen der unrechtmäßigen Kenntniserlangung und der von der Stelle daraufhin ergriffenen Maßnahmen enthalten. Eine Benachrichtigung, die der Benachrichtigungspflichtige erteilt hat, darf in einem Strafverfahren oder in einem Verfahren nach dem Gesetz über Ordnungswidrigkeiten gegen ihn oder einen in § 52 Abs. 1 StPO bezeichneten Angehörigen des Benachrichtigungspflichtigen nur mit Zustimmung des Benachrichtigungspflichtigen verwendet werden.

4 Für die Benachrichtigung an die **Betroffenen** gilt: Die Benachrichtigung des Betroffenen muss unverzüglich erfolgen, sobald angemessene Maßnahmen zur Sicherung der Daten ergriffen worden oder nicht unverzüglich erfolgt sind und die Strafverfolgung nicht mehr gefährdet wird. Soweit die Benachrichtigung der Betroffenen einen unverhältnismäßigen Aufwand erfordern würde, insbesondere auf Grund der Vielzahl der betroffenen Fälle, tritt an ihre Stelle die Information der Öffentlichkeit durch Anzeigen, die mindestens eine halbe Seite umfassen, in mindestens zwei bundesweit erscheinenden Tageszeitungen.

3. Rechtsgedanke und Herkunft

5 Die Vorschrift knüpft an einen **Vorschlag der Kommission** der Europäischen Gemeinschaften zur Änderung der Richtlinie 2002/58/EG über die Verarbeitung personenbezogener Daten und den Schutz der Privatsphäre in der elektronischen Kommunikation (KOM(2007) 698 endg.) und Regelungen im Recht der Vereinigten Staaten von Amerika an.

---

[1] Vgl. BT-Drs. 16/12011 und 16/13657.

4. Kritik

Es überraschte, wie offenbar oberflächlich, schnell und ohne große öffentliche 6
Diskussion die Regelung in § 42a BDSG sowie § 15a eingeführt wurde. Dabei sind
die nicht detailliert bedachten **Probleme erheblich** und berühren mit dem **Zwang
zur Selbstbezichtigung** die Grundrechtecharta sowie mögliche schwerwiegende
strafrechtliche Konsequenzen. Da durch die „Selbstanzeige" strafrechtliche Ermittlungsverfahren ausgelöst werden könnten, hat der Gesetzgeber zwar ein „strafrechtliches Verwertungsverbot" vorgesehen. Bereits in Deutschland bereiten die sonstigen
Regelungen zu strafrechtlichen Verwertungsprobleme allerdings immer wieder gravierende Schwierigkeiten und bewirken in der Praxis oftmals nicht den Schutz vor
Strafverfolgung. Trotz der Absicht des Gesetzgebers, eine Strafverfolgung zu vermeiden, steht zu befürchten, dass die Reichweite dieses Verbotes zunächst durch Staatsanwaltschaften ausgetestet wird und sich die bislang kritische Einschätzung aus der
Praxis zu den bisherigen Verwertungsverboten in anderen Gesetzen bewahrheiten
könnte. Da der Gesetzgeber allerdings im Gegensatz zu anderen Regelung bei § 42a
BDSG offenbar von einem absoluten **strafrechtlichen Verwertungsverbot** ausgeht
und dies die gesetzliche Zwangslage sowie das Verfassungsrecht gebieten, ist dieses bei
§§ 15a, 42a BDSG entsprechend absolut zu beachten. Zudem entsteht gerade bei
Unternehmen ein gravierender Interessenskonflikt, weil die Mitarbeiter formal nicht
von dem Verfolgungsverbot erfasst werden.

5. Regelung unter der DS-GVO

Die Pflicht zur Benachrichtigung bei **„Verletzung des Schutzes personenbe-** 7
zogener Daten" ist zukünftig in **Art. 33 DS-GVO** geregelt und sieht eine Meldepflicht innerhalb von 72 Stunden vor (s. Art. 33 Abs. 1 DS-GVO). Diese Pflicht besteht nicht, wenn die Verletzung „voraussichtlich nicht zu einem Risiko für die
Rechte und Freiheiten natürlicher Personen führt". In Art. 33 Abs. 5 DS-GVO ist
eine Dokumentationspflicht für die Verletzungen normiert.

Der **Betroffene** ist nach **Art. 34 DS-GVO** „**unverzüglich**" über „die Verletzung 8
personenbezogener Daten" zu informieren, wenn diese „voraussichtlich ein **hohes Risiko** für die persönlichen Rechte und Freiheiten natürlicher Personen zur Folge" hat.
Diese Benachrichtigung ist nach der Regelung in Art. 34 Abs. 3 DS-GVO nicht erforderlich, wenn, insbesondere durch Verschlüsselung, geeignete Schutzmaßnahmen gegen
eine Kenntniserlangung durch Dritte bestehen oder durch geeignete Maßnahmen das
„das hohe Risiko" nicht mehr besteht. Bei einem unverhältnismäßig hohen Aufwand
der Benachrichtigung kann eine „öffentliche Bekanntmachung" erfolgen.

Die Regelungen der DS-GVO bedeuten damit im Großen und Ganzen die **Fort-** 9
führung der **bisherigen Regelungen** nach dem TMG und § 42a BDSG. Es ist zu
befürchten, dass hierbei wiederum nicht ausreichend das **Verbot** berücksichtigt
wird, dass niemand gezwungen werden darf, **sich selbst zu bezichtigen,** es sei
denn, es wird ihm absolute Straffreiheit zugesagt.

II. Einzelkommentierung

1. Voraussetzung und Inhalt der Benachrichtigungspflicht an die Aufsichtsbehörde

a) Begrenzung der Benachrichtigungspflicht. Nach dem Gesetz besteht eine 10
Begrenzung der Benachrichtigungspflicht auf **rechtswidrige Übermittlung**
oder **rechtswidrige Kenntniserlangung durch Dritte.** Die Informationspflicht
gilt nach dem Wortlaut des § 15a für alle beim Telemedienanbieter „gespeicherte Be-

stands- oder Nutzungsdaten", die „unrechtmäßig übermittelt worden oder auf sonstige Weise Dritten rechtswidrig zur Kenntnis gelangt sind". Diese Einschränkung auf die rechtswidrige Übermittlung an Dritte durch den Diensteanbieter und die rechtswidrige Kenntniserlangung durch Dritte findet sich so auch ausdrücklich in § 42a BDSG. § 15a erweitert den Kreis der Daten, die durch § 42a BDSG erfasst werden, somit nur auf die Bestands- und Nutzungsdaten bei Telemedien und erweitert nicht den Kreis der zu meldenden rechtswidrigen Datenverarbeitungsvorgänge. Neben dem eindeutigen Wortlaut der §§ 15a und 42a BDSG bezüglich der genannten Datenverarbeitungsvorgänge folgt dies bezüglich § 15a auch bereits aus den genannten Datenkategorien. Sowohl der Begriff der Bestandsdaten als auch jener der Nutzungsdaten setzt nach § 14 Abs. 1 sowie § 15 Abs. 1 jeweils voraus, dass deren Verarbeitung erforderlich oder auf sonstige Weise zulässig ist.

11   Nach dem **Wortlaut eindeutig nicht** von der Benachrichtigungspflicht umfasst sind folglich **Daten,** die der **Telemedienanbieter selbst unrechtmäßig erhebt und übermittelt.** Eine andere Auslegung ist durch den eindeutigen Wortlaut gesperrt, da die „Bestands- und Nutzungsdaten" per definitionem gem. §§ 14 Abs. 1 und 15 Abs. 1 nur die zur Diensteerbringung „erforderlichen" und damit rechtmäßig erhobenen Daten sind und diese damit nicht andere „nicht erforderliche" und damit rechtswidrige Daten erfassen. Auch die Gesetzesbegründung stellt entsprechend eindeutig auf die **rechtswidrige Kenntniserlangung** von (rechtmäßigen) Daten **durch Dritte** oder die unrechtmäßige Übermittlung von Daten an Dritte ab. Nach Wortlaut und Gesetzeshistorie ist diese Begrenzung bewusst gewählt und kann deshalb nicht im Wege einer erweiternden Auslegung oder Analogie auf die Fälle der unrechtmäßigen Datenerhebung durch den Anbieter erweitert werden.

12   **Weitere Voraussetzung** der **Benachrichtigungspflicht** ist, dass die verantwortliche Stelle die **genannten Verstöße „feststellt".** Nach der Gesetzesbegründung soll diese Feststellung anhand von **tatsächlichen Anhaltspunkten,** zB aus dem eigenen Sicherheitsmanagement oder durch Hinweise von Strafverfolgungsorganen und unter Einbeziehung des Beauftragten für den Datenschutz nach § 4g Abs. 1 S. 1 BDSG folgen.

13   b) **Begrenzung auf schwerwiegende Beeinträchtigungen.** Eine **Benachrichtigungspflicht besteht nur,** soweit **„schwerwiegende Beeinträchtigungen"** für die Rechte oder schutzwürdigen Interessen der Betroffenen drohen. Letzteres bestimmt sich nach der Gesetzesbegründung unter anderem nach der Art der betroffenen Daten und den potenziellen Auswirkungen der unrechtmäßigen Kenntniserlangung durch Dritte auf die Betroffenen (zB materielle Schäden bei Kreditkarteninformationen oder soziale Nachteile einschließlich des Identitätsbetrugs).

14   c) **Unverzügliche Benachrichtigung an Aufsichtsbehörde.** Die verantwortliche Stelle hat – unter Einbeziehung des (betrieblichen) Beauftragten für den Datenschutz nach § 4g Abs. 1 S. 1 BDSG – die **zuständige Datenschutzaufsichtsbehörde** zu **benachrichtigen.** Bei nicht-öffentlichen Stellen nach dem BDSG sowie generell bei Telemedienanbietern ist die zuständige Datenschutzaufsichtsbehörde grundsätzlich die **Aufsichtsbehörde** nach § 38 BDSG, bei Post- und **Telekommunikationsunternehmen** der **Bundesbeauftragte** für den **Datenschutz** und die Informationsfreiheit nach § 24 BDSG. Die Benachrichtigung soll **unverzüglich erfolgen,** wobei die Gesetzesbegründung[2] auf die Legaldefinition des § 121 BGB verweist und die Benachrichtigung damit **„ohne schuldhaftes Zögern erfolgen"** muss. Auf die in der Wissenschaft umfangreich vorhandene Kommentierung zur „Unverzüglichkeit" nach § 121 BGB kann damit in vollem Umfang zurückgegriffen werden. Es ist zu beachten, dass die Benachrichtigung der Aufsichtsbehörden anders

---

[2] BT-Drs. 16/12011, S. 34.

Informationspflicht bei unrechtmäßiger Kenntniserlangung § 15a TMG

als jene der Betroffenen nach § 15 TMG, § 42a BDSG auch vor der Beseitigung von Datensicherheitslücken und im Falle laufender Strafverfolgungsmaßnahmen (gegen die Dritten) erfolgen muss. Grund ist, dass wegen der Verschwiegenheitsverpflichtung der Aufsichtsbehörde keine Beeinträchtigung der Ermittlungsverfahren und kein Ausnutzen einer möglicherweise bestehenden Sicherheitslücke durch andere Dritte drohen.

Die **Benachrichtigung der Aufsichtsbehörde** muss **inhaltlich** nach § 15a TMG, § 42a S. 4 BDSG eine Darlegung möglicher nachteiliger Folgen der Verletzung und der vom Betreiber nach der Verletzung ergriffenen Maßnahmen enthalten. Hierdurch soll die Aufsichtsbehörde sicherzustellen können, dass der datenschutzrechtliche Verstoß beseitigt wurde. 15

d) Strafrechtliches Verwertungsverbot. § 42a S. 6 BDSG enthält ein flankierendes **strafrechtliches Verwertungsverbot,** wie es auch in anderen Vorschriften, zB § 97 Abs. 1 S. 2 der Insolvenzordnung, vorgesehen ist. Danach dürfen die Benachrichtigung bzw. die darin enthaltenen Informationen in einem Strafverfahren oder in einem Verfahren nach dem Gesetz über Ordnungswidrigkeiten gegen den Benachrichtigungspflichtigen oder einen seiner Angehörigen nach § 52 Abs. 1 StPO nur mit Zustimmung des Benachrichtigungspflichtigen verwendet werden. Der Gesetzgeber geht deshalb davon aus, dass auf diese Weise das Spannungsverhältnis verfassungskonform aufgelöst wird, dass der Betroffene entweder sich selbst bezichtigt oder nach § 43 Abs. 2 Nr. 7 BDSG sich ordnungswidrig verhält.[3] Dabei sei zu berücksichtigen, dass eine Selbstbezichtigung bei juristischen Personen nicht der Regelfall ist, für einen Teil der betroffenen Unternehmen (zB Ein-Mann-GmbH) aber jedenfalls tatbestandlich in Betracht komme. 16

Diese Aussage des **Gesetzgebers überzeugt** jedoch **nicht,** da der Interessenkonflikt gerade bei den Mitarbeitern und den **Organen** einer juristischen Person besonders groß ist. Dies gilt insbesondere, da unklar bleibt, welche Personen bei der juristischen Person von dem „Verwertungsverbot" profitieren. Es stellt sich insbesondere die Frage, ob neben den Organen der juristischen Person auch die Mitarbeiter profitieren, die auf Weisung des Unternehmens gehandelt haben. Eine Auslegung spricht für die Einbeziehung der Mitarbeiter, hierbei mangelt es aber zurzeit an Rechtssicherheit. Es fehlt eine ausdrückliche Regelung hierzu, wie sie zB § 101 InsO enthält. 17

Besondere **Brisanz** erlangt die Frage des Umfangs des Verwertungsverbotes im Hinblick auf die **neuen IT-Sicherungspflichten aus Abs. 7.** Denn Sicherheitsvorfälle sind der Aufsichtsbehörde zu melden. Stellt sich auf Grund der Meldung heraus, dass die vom Unternehmen getroffenen **Sicherungsmaßnahmen unzureichend** waren, droht deswegen die Verfolgung einer Ordnungswidrigkeit nach § 16 Abs. 2 Nr. 3, die mit einer Geldbuße bis zu 50.000 Euro geahndet werden kann. Hingegen wäre das Unterlassen der Meldung auch eine Ordnungswidrigkeit nach § 16 Abs. 2 Nr. 3, so dass ein entsprechender Zwang zur Meldung besteht. Dieser Konflikt kann nur dadurch aufgelöst werden, dass das **Verwertungsverbot umfassend** zu verstehen ist und auch für die handelnden **Organe** der Unternehmen gelten. 18

2. Unverzügliche Benachrichtigung der Betroffenen

Die verantwortliche Stelle hat – unter Einbeziehung des (betrieblichen) Beauftragten für den Datenschutz nach § 4g Abs. 1 S. 1 BDSG – auch die Betroffenen unverzüglich zu informieren. Maßstab ist durch den Verweis in der Gesetzesbegründung wiederum § 121 BGB, wonach die Benachrichtigung „**ohne schuldhaftes Zögern erfolgen**" muss. Auf die in der Wissenschaft umfangreich vorhandene Kommentie- 19

---

[3] BT-Drs. 16/12011, S. 35.

rung zur „Unverzüglichkeit" nach § 121 BGB kann damit in vollem Umfang zurückgegriffen werden.

20 § 41a S. 2 BDSG sieht bei der **„Unverzüglichkeit"** jedoch eine **Differenzierung** zur Benachrichtigung der Aufsichtsbehörden vor. Während die Benachrichtigung der Aufsichtsbehörden aufgrund ihrer Verschwiegenheitspflicht auch schon während der Ermittlungsverfahren (gegen Dritte) und vor Behebung möglicher Sicherheitslücken erfolgen muss, stellt S. 2 für die Benachrichtigung der **Betroffenen** klar, dass ein schuldhaftes Zögern insbesondere dann nicht gegeben ist, soweit die Datensicherungspflichten des § 9 BDSG oder Interessen der Strafverfolgung einer Veröffentlichung der Datenschutzverletzung vorläufig noch entgegenstehen. Im ersteren Fall zielt die Regelung laut Gesetzesbegründung darauf ab, dem Verpflichteten die Möglichkeit zu geben, etwaige technische Sicherheitslücken, unter deren Ausnutzung die Datenschutzverletzung erfolgte, zu analysieren und so weit wie möglich zu beheben, bevor breitere Kreise von der Lücke Kenntnis erhalten. Andernfalls besteht Gefahr, dass Dritte von dieser Kenntnis profitieren, um selbst die fragliche Sicherheitslücke auszunutzen.

21 Der Gesetzgeber führt aus,[4] dass die Benachrichtigung der Betroffenen dem in Fachkreisen mit **„Responsible Disclosure"** („Verantwortungsvolle Offenlegung") bezeichneten Vorgehen entspreche. Diese Ausführungen zum Grundgedanken, welcher der Benachrichtigung an den Betroffenen zu Grunde lägen, begründen **Zweifel**, ob dem **Gesetzgeber die volle Tragweite der Regelung bewusst** war, wenn er diese auf eine allgemeine Benachrichtigung alle Betroffenen überträgt. Der Gesetzgeber hatte die folgende Vorstellung: Nach den Grundsätzen der „Responsible Disclosure" werde nach dem Finden einer Schwachstelle als erstes der Hersteller informiert. Erst nach einer angemessenen Frist werde die Schwachstelle und die diese ausnutzende Software veröffentlicht. Der Hersteller solle damit die Möglichkeit bekommen, das Problem zu beheben, indem er eine neue, sichere Version seiner Software erstelle. Auch solle der Hersteller dadurch in die Lage versetzt werden, die Anwender über die neue Version der Software zu informieren und sie an die Anwender zeitnah auszuliefern. Im zweiten Fall dürften Ermittlungen der Strafverfolgungsorgane bei einem kriminellen Hintergrund durch die Offenlegung nicht gefährdet werden.

22 Diese **Erwägungen** des **Gesetzgebers** lassen völlig unberücksichtigt, dass bei Softwarefehlern in der Regel eine Ordnungswidrigkeit oder Strafbarkeit des Unternehmens sowie eine schuldhafte Verletzung von Vertragspflichten ausscheiden und in der Praxis jedenfalls strafrechtliche Konsequenzen und Schadensersatz für die Mitarbeiter des benachrichtigenden Unternehmens nicht drohen. Im Bereich der allgemeinen IT-Sicherheit hat die „Responsible Disclosure" deshalb wirklich nur die Funktion und Folge, dass eine Sicherheitslücke beseitigt wird. Im Bereich des Datenschutzes kommt es hingegen zu einer **„echten Selbstbezichtigung"** mit möglichen strafrechtlichen Konsequenzen für Dritte sowie mögliche Schadensersatzpflichten. Es überzeugt damit nicht, wenn der Gesetzgeber an anderer Stelle schreibt, es gäbe keinen „Interessenskonflikt" und die es komme zu einer verfassungsgerechten Abwägung aller Interessen.

23 Der **Inhalt** der **Benachrichtigung** variiert nach dem Empfänger. Die Benachrichtigung der Betroffenen muss nach § 42a S. 3 BDSG für dessen Verständnishorizont eine Darlegung der Art der Verletzung und Empfehlungen für Maßnahmen zur Minderung möglicher nachteiliger Folgen enthalten, zB beim Verlust von Bankdaten. Eine Benachrichtigung der Betroffenen kann für die verantwortliche Stelle einen unverhältnismäßigen Aufwand an Kosten und Zeit verursachen, zB bei einer vorherigen Ermittlung der Adressdaten der Betroffenen, sofern diese der verantwortlichen

---

[4] BT-Drs. 16/12011, S. 34.

Stelle nicht bekannt sind. An Stelle der direkten Benachrichtigung der Betroffenen tritt mit deren Inhalt nach S. 5 eine Information der Öffentlichkeit. Dies wird nach dem Gesetz durch Anzeigen, die mindestens eine halbe Zeitungsseite umfassen, in mindestens zwei bundesweit erscheinenden Tageszeitungen sichergestellt.

3. Strafrechtliches Verwertungsverbot

a) Überblick. § 41 a S. 6 BDSG enthält ein flankierendes sog. „**strafrechtliches** 24 **Verwertungsverbot**", wie es ähnlich formuliert auch in anderen Vorschriften, zB § 97 Abs. 1 S. 2 InsO, vorgesehen ist. Danach dürfen die Benachrichtigung bzw. die darin enthaltenen Informationen in einem Strafverfahren oder in einem Verfahren nach dem Gesetz über Ordnungswidrigkeiten gegen den Benachrichtigungspflichtigen oder einen seiner Angehörigen nach § 52 Abs. 1 StPO nur mit Zustimmung des Benachrichtigungspflichtigen verwendet werden. Der **Gesetzgeber** geht deshalb davon aus,[5] dass auf diese Weise das **Spannungsverhältnis verfassungskonform aufgelöst** werde, dass der **Betroffene entweder sich selbst bezichtigt** oder nach § 43 Abs. 2 Nr. 7 BDSG sich ordnungswidrig verhält. Dabei sei zu berücksichtigen, dass eine Selbstbezichtigung bei juristischen Personen nicht der Regelfall ist, für einen Teil der betroffenen Unternehmen (zB Ein-Mann-GmbH) aber jedenfalls tatbestandlich in Betracht komme. Letztere Überlegung des Gesetzgebers überzeugt jedoch nicht, da der Interessenkonflikt gerade bei den Mitarbeitern und der Geschäftsführung einer juristischen Person besonders groß ist. Dies gilt insbesondere, soweit unklar bleiben sollte, welche Personen bei der juristischen Person von dem „Verwertungsverbot" profitieren.

Zudem enthält § 42 a BDSG keine entsprechende Regelung wie **§ 101 InsO**, wo- 25 nach die Straffreiheit des Meldepflichtigen, in der Regel einer juristischen Person, auch für deren **verantwortlichen Organe** gilt.

b) Umfassende Wirkung des „strafrechtlichen Verwertungsverbotes". 26 Trotz der eindeutigen Aussage des Gesetzgebers zur umfassenden Wirkung des strafrechtlichen Verwertungsverbotes muss der Umfang des „strafrechtlichen Verwertungsverbotes" genauer bestimmt werden. Hierbei sind die **Aussagen des Gesetzgebers** und die generelle **Bedeutung von Verwertungsverboten im BDSG vorrangig** zu der sonst üblichen Auslegung zu beachten. Generell ist zu sog. „Beweisverwertungsverboten" und insbesondere auch schon in der Gesetzesbegründung zitierten Fassung des § 97 InsO strittig, wie weit das Verwertungsverbot reicht und insbesondere, ob es eine sog. „Fernwirkung" erlangt, die grundsätzliche auch andere Beweismittel erfasst, die durch die „Selbstanzeige" bekannt werden.[6] Nach hM hat ein **Beweisverwertungsverbot grundsätzlich keine Fernwirkung.** Es führt also nicht grundsätzlich zur Unverwertbarkeit anderer Beweismittel, die durch eine nicht verwertbare Beweiserhebung bekannt wurden.[7] Die Grenzen eines Verwertungsverbots sind nach hM nicht starr. Ob ein Beweisverwertungsverbot ausnahmsweise Fernwirkung hat, bestimmt sich letztlich nach der Sachlage und der Art des Verbots.[8] Von den

---

[5] BT-Drs. 16/12011, S. 35.

[6] Vgl. zum Streitstand zB *Jaeger/Schilken,* InsO, 2007, § 97 Rn. 23; *Graf-Schlicker/Voß,* InsO, 2007, § 97 Rn. 4; *Meyer-Goßner,* StPO, Einl. Rn. 57; *Bader,* NZI 2009, 416ff.

[7] BGHSt 32, 68, 70f. = NJW 1984, 2772; OLG Köln, NZV 2001, 137, mwN. Abw. hiervon vertreten ua *Maiwald,* JuS 1978, 385, und *Spendel,* NJW 1966, 1105, unter Berufung auf die sog. „fruit of the poisonous tree – doctrine" die Auffassung, dass auch mittelbare Beweisergebnisse grundsätzlich einem Verwertungsverbot unterliegen. Dieser Auffassung ist der BGH, NJW 1987, 2525, soweit ersichtlich, bislang nur in einem (Ausnahme-)Fall gefolgt.

[8] BGHSt 27, 355, 357 = NJW 1978, 1390; BGHSt 29, 244 (249) = NJW 1980, 1700; *Meyer-Goßner,* StPO, Einl. Rn. 57.

Beweisverwertungsverboten sind nach h. M. die so genannten **Verwendungsverbote** (zB §§ 98b Abs. 3, 100b Abs. 5 oder 100d Abs. 6 StPO) zu unterscheiden. Nach einer in der Literatur vertretenen Auffassung haben Verwendungsverbote grundsätzlich Fernwirkung und sollen – entsprechend den Verboten des Bundesdatenschutzgesetzes – jegliche Nutzung rechtswidrig erhobener Beweise verhindern.[9] Im Regelfall geht die Rechtsprechung somit aber überwiegend davon aus, dass zusätzlich erlangte Beweismittel – zumindest in bestimmten Grenzen – verwendet werden dürfen.[10]

27 Diese **allgemeine Rechtsprechung** ist aber **nicht auf § 42a BDSG übertragbar**, auch wenn die Gesetzesbegründung recht unglücklich auf § 97 InsO verweist. Da die Gesetzesbegründung eindeutig davon ausgeht, dass es eine solche „Strafverfolgung" nicht gibt[11] und der Wortlaut des § 42a BDSG auch zulässt, **gilt das strafrechtliche Verwertungsverbot des § 42a BDSG absolut** und erlangt damit auch „**Fernwirkung**". Dies folgt auch aus dem Verfassungsgrundsatz für ein faires Strafverfahren, dass sich niemand selbst bezichtigen muss. Muss er es doch, so folgt zwingend, dass dies zur Straffreiheit führen muss.[12] Hierbei ist auch die Interessenslage bei § 42a BDSG eine andere als bei § 97 InsO. Insbesondere ist gerade bei den **Verboten des Bundesdatenschutzgesetzes** anerkannt, dass diese **jegliche Nutzung rechtswidrig erhobener Beweise verhindern**.[13] Im Ergebnis ist die Vorschrift ähnlich dem **§ 371 AO zur „Selbstanzeige bei Steuerhinterziehung"**[14] anzuwenden, weil die Interessenslage und die Intention des Gesetzgebers die gleiche sind.

28 c) **Kreis der Privilegierten.** Nach § 42a BDSG wird nur durch das strafrechtliche Verwertungsverbot privilegiert, wer **„benachrichtigungspflichtig"** ist oder zu dem **Personenkreis** nach § 52 Abs. 1 StPO gehört. Dies sind zB Verlobte, Ehegatten und Verwandte. Der Verweis auf § 52 StPO wird damit nicht den üblichen Verhältnissen bei den Mitarbeitern und der Geschäftsführung einer juristischen Person gerecht. **Privilegiert** ist dem Wortlaut nach im Grundsatz nur der **„Verpflichtete".** Dies ist bei einer **juristischen Person** nur die juristische Person selbst. Dem Wortlaut nach sind noch nicht einmal die gesetzlichen Vertreter der juristischen Person privilegiert. Hier hat der Gesetzgeber es offenbar versäumt, eine ausdrückliche **Ausweitung** des **Schutzes auf die Organe des Meldepflichtigen** vorzunehmen, wie es zB **§ 101 InsO** vorsieht.

29 Damit stellt sich die Frage, inwieweit sich die Unternehmensführung, die den Verstoß meldet und alle Mitarbeiter, die mit der fraglichen Datenverarbeitung befasst waren, dem Risiko einer Verfolgung wegen Ordnungswidrigkeiten oder gar einer Strafverfolgung aussetzen. Eine **Auslegung** der Vorschrift und der Intention des Gesetzgebers sprechen dafür, die juristischen Vertreter und die Mitarbeiter, die auf Weisung des Unternehmens gehandelt haben, mit in den **Kreis der Privilegierten einzubeziehen.** Aus den Aussagen des Gesetzgebers, dass es bei den „Anzeigenden" keinen Interessenskonflikt gäbe, erfordert, dass die juristischen Vertreter in die Privi-

---

[9] Vgl. hierzu *Meyer-Goßner,* StPO, Einl. Rn. 57d mwN.
[10] Vgl. nur zu § 97 InsO LG Stuttgart, NZI 2001, 498, 499; *LG Ulm,* ZInsO 2007, 827, 828; *App* in: Frankfurter Kommentar zur InsO, § 97 Rn. 12; *Blersch/v. Olshausen* in: Berliner Kommentar zum Insolvenzrecht, § 97 Rn. 6; *Braun,* InsO 2007, § 97 Rn. 10; *Hess,* InsO 2007, § 97 Rn. 34; Kübler/Prütting/*Lüke,* Kommentar zur InsO, Stand: 8/2008, § 97 Rn. 4a; *Menz,* InsO 2007, 828, 829; *Richter,* wistra 2000, 1, 4; *Uhlenbruck,* NZI 2002, 401, 405; Nerlich/Römermann/*Wittkowski,* InsO, Stand: 4/2008, § 97 Rn. 8. Das LG Stuttgart, NZI 2001, 498, 499 lässt es zB für eine Beweisverwertung ausreichen, dass hypothetisch zur Erkenntnisgewinnung ein alternatives Beweismittel zur Verfügung gestanden hätte.
[11] BT-Drs. 16/12011, S. 35.
[12] So iE zu § 97 InsO auch *Hohnel,* NZI 2005, 152, 154; aA überwiegende Ansicht s. Fn. 445.
[13] Vgl. hierzu *Meyer-Goßner,* StPO, Einl. Rn. 57d mwN.
[14] Vgl. hierzu zB *Buse,* DStR 2008, 2100ff.; *Bilsdorfer,* NJW 2008, 1362ff.

legierung einbezogen werden. Zusätzlich muss dies für die weiteren **Mitarbeiter** gelten, soweit diese **innerhalb der Weisungen** des Unternehmens gehandelt haben und der Verstoß jedenfalls nicht offensichtlich war. In diesem Fall trifft diese Mitarbeiter keine eigene Verantwortung. Mitarbeiter, die sich weisungswidrig verhalten haben oder bewusst offenbar rechtswidrige Handlungen ausführten, sollen allerdings mit einer Strafverfolgung rechnen müssen. Es wäre allerdings zu begrüßen gewesen, dass sich der Gesetzgeber über diese möglichen Folgen mehr Gedanken gemacht hätte und nicht nach dem Wortlaut der Vorschrift auf Verwandtschaftsverhältnisse nach § 52 StPO abgestellt hätte. Offenbar hatte der Gesetzgeber das Problem bei den juristischen Personen zwar gesehen, aber lebensfremd auf „Einmann-GmbH" abgestellt.[15]

d) Würdigung und Kritik. Der Gesetzgeber will mit der **Benachrichtigungspflicht** das bei IT-Fehlern zwischen Nutzer und Hersteller bekannte Verfahren des „Responsible Disclosure" („Verantwortungsvolle Offenlegung") für den Datenschutz umsetzen und auf die Benachrichtigung der Aufsichtsbehörden und der Betroffenen ausdehnen. Dies **dient** dem **Schutz des Rechtes auf informationelle Selbstbestimmung.** Es wird durch die Benachrichtigung sichergestellt, dass die Betroffenen im Sinne der Rechtsprechung des BVerfG zum Recht auf informationelle Selbstbestimmung wissen, „wer was über sie weiß" und zudem die Aufsichtsbehörden eingreifen können.   30

Die **Selbstanzeigepflicht widerspricht** allerdings dem sonst üblichen Grundsatz unserer **Rechtsordnung,** dass sich **niemand selbst zwangsweise „belasten"** und „anzeigen" muss, ohne gleichzeitig **ausreichend Verfolgungsfreiheit** zugesichert zu bekommen. Eine ausreichende Zusicherung von Verfolgungsfreiheit besteht ausdrücklich nur für die meldepflichtigen Unternehmen, **nicht** aber deren **Organe** oder die auf Weisung handelnden Mitarbeiter, da es an einer § 101 InsO entsprechenden Regelung fehlt. Allerdings hat das BVerfG Verfassungsbeschwerden, die auf dieser Basis gegen die vergleichbare Regelung in § 109a TKG iVm § 42a BDSG gerichtet waren, nach sehr langer Verfahrensdauer nicht zur Entscheidung angenommen und hierbei von einer Begründung abgesehen.[16] Die Gründe für die Nichtannahme der Entscheidung sind deshalb offen. Allerdings kann das BVerfG nicht über den vergleichbaren Grundsatz nach Art. 6 EMRK entscheiden. Die Frage der Wirksamkeit stellt sich damit nach wie vor, ohne dass das BVerfG zu einer Klärung in der Sache beigetragen hat.   31

Die **EMRK** garantiert in **Art. 6 Abs. 1 S. 1** den **Grundsatz des fairen Verfahrens.** Dieser wird umfassend verstanden und beinhaltet auch das Recht zu Schweigen und sich **nicht selbst zu bezichtigen.** Ohne dass sich diese Garantie explizit im Wortlaut des Art. 6 Abs. 1 S. 1 EMRK findet, entspricht dieses Recht nach der Rechtsprechung des EGMR international anerkannten Grundsätzen und wird als Kernstück des von Art. 6 Abs. 1 EMRK garantierten fairen Verfahrens angesehen.[17] Gemäß EGMR setzt das Recht, sich nicht selbst zu beschuldigen, insbesondere voraus, „dass die Behörden versuchen müssen, ihre Behauptungen zu beweisen, ohne auf Beweise zurückzugreifen, die durch Zwang oder Druck gegen den Willen der „angeklagten" Person erlangt sind."[18] Damit gewährt die EMRK in Art. 6 Abs. 1 S. 1 einen grundsätzlichen Schutz vor einem Zwang, Tatsachen und Beweise zu offenbaren, die dann gegen die Verpflichteten in Strafverfahren oder Ordnungswidrigkeitsverfahren als Beweise verwendet werden können. Das Recht zu schweigen und sich nicht selbst zu bezichtigen findet dabei nicht nur in Bezug auf Strafverfahren sondern   32

---

[15] Vgl. BT-Drs. 16/12011, S. 35.
[16] BVerfG, B. v. 22.2.2017 – 1 BvR 1817/12.
[17] EGMR, NJW 2002, 499, 501.
[18] EGMR, NJW 2002, 499, 501.

TMG § 15a Informationspflicht bei unrechtmäßiger Kenntniserlangung

auch für Ordnungswidrigkeitsverfahren Anwendung und kann somit auch auf Verwaltungsverfahren angewendet werden, die zu einer Geldbuße des Verpflichteten führen.[19]

33 Wenn es dem Gesetzgeber tatsächlich nur darum geht, dass die staatlichen Stellen über Sicherheitsvorfälle informiert werden, um eine **Verbesserung der IT-Sicherheit** zu bewirken, dann ist in einem **Rechtsstaat** eine entsprechend klare und **ausdrückliche Regelung** zur **Verfolgungsfreiheit** der meldepflichtigen Unternehmen und ihrer handelnden **Organe zu erwarten.** Diese klare Regelung fehlt jedenfalls zugunsten der Organe bei § 15a iVm § 42a BDSG.

34 Die Regelung in § 15a iVm § 42a BDSG enthält allerdings immerhin noch eine, wenn auch nicht ausreichende, Regelung zur Verfolgungsfreiheit. Eine solche Regelung zur **Verfolgungsfreiheit fehlt** bei der Meldepflicht nach **§ 8c Abs. 3 BSIG** hingegen völlig.

---

[19] EGMR, NJW 2002, 499, 500.

Abschnitt 5. Bußgeldvorschriften

§ 16 Bußgeldvorschriften

(1) Ordnungswidrig handelt, wer absichtlich entgegen § 6 Abs. 2 Satz 1 den Absender oder den kommerziellen Charakter der Nachricht verschleiert oder verheimlicht.

(2) Ordnungswidrig handelt, wer vorsätzlich oder fahrlässig
1. entgegen § 5 Abs. 1 eine Information nicht, nicht richtig oder nicht vollständig verfügbar hält,
2. entgegen § 13 Abs. 1 Satz 1 oder 2 den Nutzer nicht, nicht richtig, nicht vollständig oder nicht rechtzeitig unterrichtet,
3. einer Vorschrift des § 13 Abs. 4 Satz 1 Nr. 1 bis 4 oder 5 oder Absatz 7 Satz 1 Nummer 1 oder Nummer 2 Buchstabe a über eine dort genannte Pflicht zur Sicherstellung zuwiderhandelt,
4. entgegen § 14 Abs. 1 oder § 15 Abs. 1 Satz 1 oder Abs. 8 Satz 1 oder 2 personenbezogene Daten erhebt oder verwendet oder nicht oder nicht rechtzeitig löscht oder
5. entgegen § 15 Abs. 3 Satz 3 ein Nutzungsprofil mit Daten über den Träger des Pseudonyms zusammenführt.

(3) **Die Ordnungswidrigkeit kann mit einer Geldbuße bis zu fünfzigtausend Euro geahndet werden.**

Übersicht

	Rn.
I. Allgemeines	1
II. Einzelkommentierung und Norminhalt	6

I. Allgemeines

Die ursprüngliche Fassung des TDDSG 1997 enthielt selbst keine Sanktionen, so **1** dass umstritten war, ob die Straf- und Ordnungswidrigkeitsvorschriften des BDSG anwendbar sind. Mit dem TDDSG 2001 wurden die Ordnungswidrigkeiten- und Bußgeldvorschriften eingeführt und im TMG weitgehend unverändert übernommen. Im TMG 2007 wurden die erforderlichen redaktionellen Anpassungen vorgenommen. Es kam dann noch zu Folgeänderungen ua durch das IT-SicherheitsG 2015.

Für einen Verstoß gegen die Pflicht aus § 6 Abs. 2, die „kommerzielle Kommuni- **2** kation" per elektronischer Post zu kennzeichnen, wurde ein neuer Bußgeldtatbestand in § 16 Abs. 1 eingefügt. Durch das TMG 2007 eingefügt sind die Bußgeldtatbestände in § 16 Abs. 2 Nr. 2 und Nr. 5, wobei Nr. 3 durch das IT-SicherheitsG um den Verstoß gegen den neuen Abs. 7 ergänzt wurde.

Die in § 16 genannten **Ordnungswidrigkeiten** können mit einem **Bußgeld** von **3** bis zu **50.000 Euro** geahndet werden.

Im Rahmen des **BDSG-ÄnderungsG** wurde das Koppelungsverbot des bisheri- **4** gen § 12 Abs. 3 BDSG gestrichen, weil es sich nunmehr allgemein aus § 28 Abs. 3b) BDSG (aktueller Fassung) ergibt. Damit ist auch die **bisherige OWI-Regelung in § 16 Abs. 2 Nr. 2 TMG 2007 obsolet geworden.** Die entsprechende Bußgeldvorschrift ist nun in § 43 BDSG geregelt.

Neben der Bedrohung mit einem Bußgeld komme bei Verstößen insbesondere **5** gegen § 13 Abs. 1 und 7 oder die Datenschutzregeln der §§ 14, 15 auch **zivilrecht-**

TMG § 16

liche **Schadensersatzansprüche** und **wettbewerbsrechtliche Unterlassungsansprüche** in Betracht, → § 13 Rn. 122.

II. Einzelkommentierung und Norminhalt

6 Bereits aus der Gesetzesbegründung zum TDDSG 2001 sowie der Systematik des TMG ergibt sich, dass dieser Katalog für die Verstöße gegen das TMG **abschließend** ist und nicht ergänzend auf die Ordnungswidrigkeiten nach § 43 Abs. 2 BDSG zurückgegriffen werden kann. Der Bundesrat hatte nämlich im Hinblick auf die Änderungen der Bußgeldtatbestände des § 43 BDSG angeregt, entsprechend auch die Bußgeldtatbestände im TDDSG 2001 zu fassen, um eine Angleichung und ein möglichst „einheitliches Datenschutzkonzept" zu erzielen.[1] Dem hat die Bundesregierung zugestimmt[2] und hatte angenommen, dass die Bußgeldandrohung im TDDSG gegenüber der damaligen Regelung im BDSG zu verdoppeln ist.[3] Der Gesetzgeber ist somit davon ausgegangen, dass ein allgemeiner Rückgriff auf die Ordnungswidrigkeitenregelung im BDSG nicht möglich ist. Scheidet ein Rückgriff auf den Ordnungswidrigkeitenkatalog des § 43 Abs. 2 BDSG aus, so können Verstöße **nicht** zu einer **Strafbarkeit** nach § 44 BDSG führen. Diese Ansicht hatten auch die BNetzA und der BfDI bezüglich der Ordnungswidrigkeitsvorschriften des damaligen TKG bzw. der TDSV vertreten.[4]

---

[1] BT-Drs. 14/6098, S. 35.
[2] BT-Drs. 14/6098, S. 37.
[3] BT-Drs. 14/6098, S. 31.
[4] 19. Tätigkeitsbericht des BfD, S. 80.

Anhang

Datenschutzaufsicht

Übersicht

	Rn.
I. Allgemeines	1
II. Beobachtungs- und Berichtsfunktion BfDI	3
III. Aufsicht nach dem BDSG	4

I. Allgemeines

In § 8 TDDSG 2001 war geregelt, dass der (oder die) Bundesbeauftragte für den 1
Datenschutz „die **Entwicklung des Datenschutzes bei Telediensten beobachtet**
und hierzu im Rahmen seines Tätigkeitsberichtes nach § 26 Abs. 1 des BDSG Stellung
nimmt". Diese Regelung hat der Gesetzgeber „zur Straffung" des Gesetzes nicht in
das TMG übernommen, weil diese Regelung sowieso aus dem aus dem BDSG folge.

Die **datenschutzrechtliche Aufsicht** richtet sich nach § 38 BDSG und obliegt 2
für die privaten (nicht-öffentlichen) Anbieter nicht dem Bundesbeauftragten für den
Datenschutz, sondern den durch die Länder jeweils bestimmten **Landesaufsichtsbehörden**

II. Beobachtungs- und Berichtsfunktion BfDI

Nach § 26 Abs. 1 BDSG **beobachtet** der oder die **Bundesbeauftragte für den** 3
Datenschutz die Entwicklung des Datenschutzes. Dies umfasst auch, ohne dass das
TMG dies ausdrücklich nach dem Wegfall der entsprechenden Regelung des § 8
TDDSG 2001 benennt, den Datenschutz bei Telemedien. Die praktische Bedeutung
dieser Beobachtungsfunktion, die die klassische Datenschutzaufsicht nach dem BDSG
ergänzt, soll zB in der Entwicklung einheitlicher Maßstäbe für die Kontrolle der datenschutzrechtlichen Bestimmungen des TMG und in einer Prüfung der Akzeptanz
und Wirkung dieser Bestimmungen bei den Anbietern und Nutzern liegen. Der
Bundesbeauftragte für den Datenschutz hat in seiner Beobachtung „im Rahmen seines **Tätigkeitsberichtes**" nach § 26 Abs. 1 BDSG **Stellung zu nehmen.** Nach § 28
Abs. 1 S. 1 BDSG erfolgt ein solcher **Tätigkeitsbericht alle zwei Jahre an den
Deutschen Bundestag.** Erstmalig erfolgte solch ein Bericht zu den Entwicklungen
im Bereich der Informationsgesellschaft im Allgemeinen und bei den Telemediendiensten im Besonderen mit dem 17. Tätigkeitsbericht für 1997 und 1998.[1]

III. Aufsicht nach dem BDSG

Die (externe) **Aufsicht** über die **privaten („nicht-öffentlichen") Teleme-** 4
diendiensteanbieter richtet sich nach § 38 BDSG, auf dessen Kommentierung verwiesen werden kann. Als **zuständige Stelle** fungieren die **Aufsichtsbehörden**,

---

[1] BT-Drs. 14/850, s. auch http://www.bfd.bund.de.

Anhang § 47 RStV Datenschutz

welche durch die **Länder** als Aufsichtsbehörden für den Datenschutz eingesetzt wurden. Die ursprüngliche Regelung in § 8 Abs. 1 TDDSG 10997, die bestimmt hatte, dass § 38 BDSG mit der Maßgabe Anwendung findet, dass eine Überprüfung auch vorgenommen werden darf, wenn Anhaltspunkte für eine Verletzung von Datenschutzvorschriften nicht vorliegen, war schon im TDDSG 2001 gestrichen worden. Diese Bestimmung ist entfallen, da nach § 4g BDSG nunmehr generell eine **anlassfreie Datenschutzaufsicht** auch für den nicht-öffentlichen Bereich der privaten Anbieter möglich ist. Eine Kontrolle ist deshalb wie bisher auch anlassunabhängig möglich, sog. Initiativaufsicht.[2] Diese Daueraufsicht entspricht der Regelung, wie sie die EG-Datenschutzrichtlinie (1995) vorsieht. Dementsprechend ist bei einer Kontrolle weder eine Beschränkung auf den Einzelfall einzuhalten, noch ist ein Anfangsverdacht notwendig. Es können deshalb auch systematische bzw. routinemäßige Kontrollen ohne konkreten Anlass erfolgen.[3]

5   Zusätzlich ergibt sich für die privaten Anbieter auch eine „**betriebsinterne**" **Beratung**, die allerdings keine echte „Aufsichtsfunktion" hat. Nach § 4f BDSG müssen die privaten Telemedienanbieter einen **betrieblichen Datenschutzbeauftragten** ernennen, der im Betrieb auf die Einhaltung der Bestimmungen zum Datenschutz hinwirken soll. Die Unterlassung der Bestellung ist bußgeldbewehrt nach § 43 BDSG.

6   **Die öffentlichen Stellen** unterliegen als Anbieter von Telemediendiensten im öffentlichen Bereich ebenfalls der allgemeinen Datenschutzaufsicht, wie sie im BDSG geregelt ist. Die **Behörden des Bundes** unterliegen damit nach § 24 BDSG der **Kontrolle des Bundesbeauftragten für den Datenschutz.** Die Behörden der Länder unterliegen im Wesentlichen der Kontrolle der zuständigen Landesbehörden.

7   Die datenschutzrechtliche Aufsicht bei Post- und **Telekommunikationsunternehmen** ist aus historischen Gründen anders geregelt, als bei Telemedienanbietern. Post- und Telekommunikationsunternehmen ist der **Bundesbeauftragte** für den **Datenschutz** und die Informationsfreiheit (BfDI) nach § 24 BDSG zuständige Aufsichtsbehörde. Vor der Liberalisierung und Privatisierung von „Post und Telekom" waren dies Bundesbehörden, so dass der BfDI zuständig war. Die hierbei erworbene Sachkompetenz sollte auch nach der Privatisierung und Liberalisierung weiter genutzt werden.

§ 47 RStV Datenschutz

(1) **Soweit bei der Veranstaltung und Verbreitung von Rundfunk nach diesem Staatsvertrag personenbezogene Daten erhoben, verarbeitet oder genutzt werden, gelten die Vorschriften des Abschnittes Datenschutz des Telemediengesetzes in der jeweils geltenden Fassung entsprechend.**

(2) [1]**Soweit ein Veranstalter personenbezogene Daten ausschließlich zu eigenen journalistisch-redaktionellen Zwecken verarbeitet und der Betroffene dadurch in seinen schutzwürdigen Interessen beeinträchtigt wird, kann dieser Auskunft über die zugrunde liegenden, zu seiner Person gespeicherten Daten verlangen.** [2]**Die Auskunft kann nach Abwägung der schutzwürdigen Interessen der Beteiligten verweigert werden, soweit durch die Mitteilung die journalistische Aufgabe des Veranstalters durch Ausforschung des Informationsbestandes beeinträchtigt würde oder aus den Daten**
1. auf Personen, die bei der Vorbereitung, Herstellung oder Verbreitung mitgewirkt haben, oder

---

[2] Vgl. *Moos,* DuD 1998, 162, 163.
[3] Vgl. *Moos,* DuD 1998, 162, 163.

Datenschutz **§ 47 RStV Anhang**

2. auf die Person des Einsenders oder des Gewährsträgers von Beiträgen, Unterlagen und Mitteilungen für den redaktionellen Teil

geschlossen werden kann. ³Der Betroffene kann die Berichtigung unrichtiger Daten oder die Hinzufügung einer eigenen Darstellung von angemessenem Umfang verlangen.

(3) ¹Die Zuständigkeit für die Aufsicht über die Einhaltung der Absätze 1 und 2 richtet sich nach Landesrecht. ²Der Abruf von Angeboten oder der Zugriff auf Angebote im Rahmen der Aufsicht ist unentgeltlich. ³Veranstalter haben dies sicherzustellen. ⁴Der Veranstalter darf seine Angebote nicht gegen den Abruf oder den Zugriff durch die zuständige Aufsichtsbehörde sperren.

(4) **Die Absätze 1 bis 3 gelten auch für Teleshoppingkanäle.**

Übersicht

	Rn.
I. Allgemeines und Überblick	1
II. Rundfunkdienste	2

I. Allgemeines und Überblick

Durch die dynamische Verweisung des § 47 RStV auf die Datenschutzvorschriften 1 des TMG gelten die Datenschutzregeln des TMG in **entsprechender Anwendung** auch für **Rundfunkdiensten** nach dem RStV. Insofern haben der Gesetzgeber des TMG sowie die Gesetzgeber der Länder ihr **Ziel, die Datenschutzregelungen für Telemediendienste und Rundfunkdienste zu vereinheitlichen,** weitgehend **erreicht.** Die früher erforderliche und sehr strittige Abgrenzung der unterschiedlichen Dienste und Regelungen im TDDSG, MDStV und RStV kann heute nunmehr für den Datenschutz in aller Regel im praktischen Ergebnis entfallen. Allerdings enthält § 47 Abs. 2 RStV eine Sonderregelung zur Verarbeitung von personenbezogenen Daten durch den „Veranstalter ausschließlich zu eigenen journalistisch-redaktionellen Zwecken", sog. „Redaktionsdatenschutz". In § 47 Abs. 3 RStV ist die Aufsicht geregelt, welche „sich nach Landesrecht" richtet. Gleichwohl verbleibt es dabei, dass sich der Datenschutz bei der Nutzung von Rundfunkdiensten nach dem TMG richtet, so dass die Abgrenzung zwischen Rundfunkdiensten und Telemedien insofern nicht mehr erforderlich ist. Allerdings erscheint unter verfassungsrechtlichen Gesichtspunkten die Form der dynamischen Verweisung auf die Datenschutzvorschriften des TMG „in der jeweils geltenden Fassung" bedenklich.

II. Rundfunkdienste

Eine **Abgrenzung** der Rundfunkdienste zu den Telemediendiensten, auf welche 2 nach § 1 das TMG Anwendung findet, kann deshalb zwar im **Regelfall** weitgehend **unterbleiben,** zumal auch § 34 BDSG Auskunftsrechte des Betroffenen vorsieht, die als allgemeine Bestimmung die Datenschutzregeln des TMG ergänzt. Gleichwohl kann eine Abgrenzung insbesondere dann erforderlich werden, wenn sich, wie in der Praxis häufig, nicht nur Datenschutzfragen stellen, sondern Dienste umfassend zu bewerten sind.

Rundfunkdienste sind gem. § 2 Abs. 1 S. 1 und 2 RStV die für die Allgemeinheit 3 bestimmte Veranstaltung und Verbreitung von Darbietungen aller Art. in Wort, in Ton und in Bild unter Benutzung elektromagnetischer Schwingungen ohne Verbindungsleitung oder längs oder mittels eines Leiters. Zur Definition und Abgrenzung → § 1 Rn. 51 ff.

Anhang § 57 RStV Datenschutz bei journalistisch-redaktionellen Zwecken

§ 57 RStV Datenschutz bei journalistisch-redaktionellen Zwecken

(1) ¹Soweit Unternehmen und Hilfsunternehmen der Presse als Anbieter von Telemedien personenbezogene Daten ausschließlich zu eigenen journalistisch-redaktionellen oder literarischen Zwecken erheben, verarbeiten oder nutzen, gelten nur die §§ 5, 7, 9 und 38a des Bundesdatenschutzgesetzes mit der Maßgabe, dass nur für Schäden gehaftet wird, die durch die Verletzung des Datengeheimnisses nach § 5 des Bundesdatenschutzgesetzes oder durch unzureichende technische oder organisatorische Maßnahmen im Sinne des § 9 des Bundesdatenschutzgesetzes eintreten. ²Besondere staatsvertragliche oder landesrechtliche Bestimmungen für den Rundfunk bleiben unberührt.

(2) ¹Werden über Angebote personenbezogene Daten von einem Anbieter von Telemedien ausschließlich zu eigenen journalistisch-redaktionellen Zwecken verarbeitet und wird der Betroffene dadurch in seinen schutzwürdigen Interessen beeinträchtigt, kann er Auskunft über die zugrunde liegenden, zu seiner Person gespeicherten Daten verlangen. ²Die Auskunft kann nach Abwägung der schutzwürdigen Interessen der Beteiligten verweigert werden, soweit durch die Mitteilung die journalistische Aufgabe des Veranstalters durch Ausforschung des Informationsbestandes beeinträchtigt würde oder aus den Daten
1. auf Personen, die bei der Vorbereitung, Herstellung oder Verbreitung mitgewirkt haben oder
2. auf die Person des Einsenders oder des Gewährsträgers von Beiträgen, Unterlagen und Mitteilungen für den redaktionellen Teil

geschlossen werden kann. ³Der Betroffene kann die Berichtigung unrichtiger Daten oder die Hinzufügung einer eigenen Darstellung von angemessenem Umfang verlangen. ⁴Die Sätze 1 bis 3 gelten nicht für Angebote von Unternehmen und Hilfsunternehmen der Presse, soweit diese der Selbstregulierung durch den Pressekodex und der Beschwerdeordnung des Deutschen Presserates unterliegen.

(3) Führt die journalistisch-redaktionelle Verwendung personenbezogener Daten zur Verbreitung von Gegendarstellungen des Betroffenen oder zu Verpflichtungserklärungen, Verfügungen oder Urteilen über die Unterlassung der Verbreitung oder über den Widerruf des Inhalts der Daten, sind diese Gegendarstellungen, Unterlassungserklärungen oder Widerrufe zu den gespeicherten Daten zu nehmen und dort für dieselbe Zeitdauer aufzubewahren wie die Daten selbst sowie bei einer Übermittlung der Daten gemeinsam mit diesen zu übermitteln.

Übersicht

	Rn.
I. Allgemeines	1
II. Redaktionsdatenschutz	2

I. Allgemeines

1 Für den Datenschutz bei Telemedien mit journalistisch-redaktionellen Zwecken gelten die Datenschutzregeln des TMG uneingeschränkt. Das TMG unterscheidet nicht zwischen Telemedien mit und ohne solchen Zwecken. Soweit es um ein **„Angebot"** von Telemedien geht, verbleibt es bei den **Datenschutzregeln des TMG**. Dies ist folglich insbesondere bei Website-Angeboten usw. der Fall.

II. Redaktionsdatenschutz

Allerdings enthält § 57 RStV eine vorrangige Datenschutzregel, die nur für Telemedien mit journalistisch-redaktionellen Zwecken gilt. § 57 RStV regelt, ähnlich wie § 47 Abs. 2 RStV für die Rundfunkdienste, den sog. **„Redaktionsdatenschutz"**. Soweit es nur um die **interne Datenverarbeitung** „zu ausschließlich eigenen journalistisch-redaktionellen Zwecken geht", gelten nur die §§ 5, 7, 9 und 38a BDSG. Der Betroffene kann nach § 57 Abs. 2 RStV Auskunft über die zu seiner Person gespeicherten Daten verlangen.

Gesetz zur Verbesserung der Rechtsdurchsetzung in sozialen Netzwerken (Netzwerkdurchsetzungsgesetz – NetzDG)

Vom 1. September 2017

(BGBl. I S. 3352)
FNA 772-8

§ 1 Anwendungsbereich

(1) ¹Dieses Gesetz gilt für Telemediendiensteanbieter, die mit Gewinnerzielungsabsicht Plattformen im Internet betreiben, die dazu bestimmt sind, dass Nutzer beliebige Inhalte mit anderen Nutzern teilen oder der Öffentlichkeit zugänglich machen (soziale Netzwerke). ²Plattformen mit journalistisch-redaktionell gestalteten Angeboten, die vom Diensteanbieter selbst verantwortet werden, gelten nicht als soziale Netzwerke im Sinne dieses Gesetzes. ³Das Gleiche gilt für Plattformen, die zur Individualkommunikation oder zur Verbreitung spezifischer Inhalte bestimmt sind.

(2) Der Anbieter eines sozialen Netzwerks ist von den Pflichten nach den §§ 2 und 3 befreit, wenn das soziale Netzwerk im Inland weniger als zwei Millionen registrierte Nutzer hat.

(3) Rechtswidrige Inhalte sind Inhalte im Sinne des Absatzes 1, die den Tatbestand der §§ 86, 86a, 89a, 91, 100a, 111, 126, 129 bis 129b, 130, 131, 140, 166, 184b in Verbindung mit 184d, 185 bis 187, 201a, 241 oder 269 des Strafgesetzbuchs erfüllen und nicht gerechtfertigt sind.

Literatur: *Ceffinato,* Die strafrechtliche Verantwortlichkeit von Internetplattformbetreibern, JuS 2017, 403; *Dramburg/Schwenke,* Kommentar zu LG Aschaffenburg, Impressumspflicht, K&R 2011, 811; *Drexl,* Bedrohung der Meinungsvielfalt durch Algorithmen, ZUM 2017, 529; *Eifert,* Rechenschaftspflichten für soziale Netzwerke und Suchmaschinen, NJW 2017, 1450; *Elsaß/Tichy/Labusga,* Löschungen und Sperrungen von Beiträgen und Nutzerprofilen durch die Betreiber sozialer Netzwerke, CR 2017, 234; *Feldmann,* Zum Referentenentwurf eines NetzDG: Eine kritische Betrachtung, K&R 2017, 292; *Frenzel,* Aktuelles Gesetzgebungsvorhaben: Verbesserung der Rechtsdurchsetzung in sozialen Netzwerken (NetzDG), JuS 2017, 414; *Gersdorf,* Hate Speech in soziale Netzwerke – Verfassungswidrigkeit des NetzDG-Entwurfs und grundrechtliche Einordnung der Anbieter sozialer Netzwerke, MMR 2017, 439; *Guggenberger,* Das Netzwerkdurchsetzungsgesetz – schön gedacht, schlecht gemacht, ZRP 2017, 98; *ders.,* Das Netzwerkdurchsetzungsgesetz in der Anwendung, NJW 2017, 2577; *Hain/Ferreau/Brings-Wiesen,* Regulierung sozialer Netzwerke revisited, K&R 2017, 433; *Handel,* Hate Speech – Gilt deutsches Strafrecht gegenüber ausländischen Anbietern sozialer Netzwerke?, MMR 2017, 227; *Höch,* Nachbessern: ja, verteufeln: nein. Das NetzDG ist besser als sein Ruf, K&R 2017, 289; *Hoeren,* IT- und Internetrecht – Kein Neuland für die NJW, NJW 2017, 1587; *ders.,* Netzwerkdurchsetzungsgesetz europarechtswidrig, Beck-Expertenblog v. 30.3.2017, abrufbar unter https://community.beck.de; *Holznagel,* Das Compliancesystem des Entwurfs des Netzwerkduchsetzungsgesetzes, ZUM 2017, 615; *Höld,* Das Vorabentscheidungsverfahren nach § 4 Abs. 5 NetzDG, MMR 2017, 791; *Köbler,* Fake News, Hassbotschaft und Co. – ein zivilprozessualer Gegenvorschlag zum NetzDG, AfP 2017, 282; *Koreng,* Entwurf eines Netzwerkdurchsetzungsgesetzes: Neue Wege im Kampf gegen

„Hate Speech"?, GRUR-Prax 2017, 203; *Ladeur/Gostomzyk,* Das Netzwerkdurchsetzungsgesetz und die Logik der Meinungsfreiheit, K&R 2017, 390; *dies.,* Gutachten zur Verfassungsmäßigkeit des Entwurfs eines Gesetzes zur Verbesserung der Rechtsdurchsetzung in sozialen Netzwerken (Netzwerkdurchsetzungsgesetz – NetzDG), 2017; *Liebhaber/Wessels,* Der Rundfunkbegriff im Zeitalter der Medienkonvergenz – Eine kritische Würdigung anhand neuer Streaming-Angebote im Internet, K&R 2017, 544 ff.; *Liesching,* Was sind „rechtswidrige Inhalte" im Sinne des Netzwerkdurchsetzungsgesetzes?, ZUM 2017, 809; *ders.,* Die Durchsetzung von Verfassung und Europarecht gegen das Netzwerkdurchsetzungsgesetz, MMR 2018, 26; *ders.,* Hakenkreuze in Film, Fernsehen und Computerspielen – Verwendung verfassungsfeindlicher Kennzeichen in Unterhaltungsmedien, MMR 2010, 309; *Nolte,* Hate-Speech, Fake-News, das „Netzwerkdurchsetzungsgesetz" und Vielfaltsicherung durch Suchmaschinen, ZUM 2017, 552; *Paal/Hennemann,* Meinungsvielfalt im Internet – Regulierungsoptionen in Ansehung von Algorithmen, Fake News und Social Bots, ZRP 2017, 76; *Papier,* Rechtsstaatlichkeit und Grundrechtsschutz in der digitalen Gesellschaft, NJW 2017, 3025; *Schwartmann,* Verantwortlichkeit Sozialer Netzwerke nach dem Netzwerkdurchsetzungsgesetz, GRUR-Prax 2017, 317; *Spindler,* Das Netzwerkdurchsetzungsgesetz, K&R 2017, 533; *ders.,* Der Regierungsentwurf zum Netzwerkdurchsetzungsgesetz – europarechtswidrig?, ZUM 2017, 473; *ders.,* Das neue Telemediengesetz – WLAN-Störerhaftung endgültig adé?, NJW 2017, 2305; *Steinbach,* Social Bots im Wahlkampf, ZRP 2017, 101; *ders.,* Meinungsfreiheit im postfaktischen Umfeld, JZ 2017, 653; *Wimmers,* Der Intermediär als Ermittler, Moderator und Entscheider in äußerungsrechtlichen Auseinandersetzungen?, AfP 2015, 202; *Wimmers/Heymann,* Zum Referentenentwurf eines Netzwerkdurchsetzungsgesetzes (NetzDG) – eine kritische Stellungnahme, AfP 2017, 93.

Übersicht

	Rn.
I. Überblick	1
1. Allgemeines zum NetzDG	1
a) Gesetzgebungshistorie	1
b) Gesetzgeberische Intentionen	2
aa) Begründung des Regierungsentwurfs	2
bb) Kritik	6
c) Gesetzgebungskompetenz	10
d) Unionsrechtskonformität	13
aa) Herkunftslandprinzip	13
bb) Dienstleistungsfreiheit	17
cc) Verantwortlichkeit nach Art. 14 ECRL	20
e) Verfassungskonformität	21
aa) Überblick	21
bb) Meinungs- und Informationsfreiheit (Art. 5 Abs. 1 S. 1 GG)	22
cc) Presse- und Rundfunkfreiheit (Art. 5 Abs. 1 S. 2 GG)	31
dd) Zensurverbot (Art. 5 Abs. 1 S. 3 GG)	33
ee) Gleichheitsgebot (Art. 3 GG)	35
2. Übersicht zu § 1 NetzDG	40
II. Anwendungsbereich (Abs. 1)	41
1. Soziale Netzwerke (S. 1)	41
a) Überblick	41
b) Diensteanbieter von Telemedien	42
aa) Telemedien	42
bb) Diensteanbieter	45
cc) Gewinnerzielungsabsicht	47
c) Erfasste Internetplattformen	48
aa) Plattformen mit beliebigen Inhalten	48
bb) Zweckbestimmung des Teilens von Inhalten mit anderen Nutzern	52

Anwendungsbereich **§ 1 NetzDG**

Rn.
- cc) Zweckbestimmung des Zugänglichmachens gegenüber Öffentlichkeit ... 56
- 2. Journalistisch-redaktionell gestaltete Angebote (S. 2) ... 57
- 3. Individualkommunikation, inhaltsspezifischen Plattformen (S. 3) ... 60
  - a) Zur Individualkommunikation bestimmte Inhalte ... 60
  - b) Verbreitung spezifischer Inhalte ... 62
- III. Bagatellgrenze (Abs. 2) ... 65
  - 1. Quantitative Differenzierung ... 65
  - 2. Registrierung der Nutzer ... 69
    - a) Anforderungen der Registrierung ... 69
    - b) Begrenzung auf Nutzer im Inland ... 71
    - c) Netzwerke ohne Registrierungsmöglichkeit ... 72
- IV. Rechtswidrige Inhalte (Abs. 3) ... 73
  - 1. Rechtsterminologische Fassung ... 73
    - a) Inhalte oder Tathandlungen ... 73
    - b) Beachtung des Bestimmtheitsgrundsatzes ... 75
  - 2. Enumerativ genannte Straftatbestände ... 77
    - a) Auslegung der Tatobjektsmerkmale ... 77
    - b) Anwendung der Sozialadäquanzklausel ... 79
  - 3. Territorialitätsgrundsatz ... 81

I. Überblick

1. Allgemeines zum NetzDG

a) Gesetzgebungshistorie. Das Netzwerkdurchsetzungsgesetz geht auf einen 1 Referentenentwurf des Bundesministeriums für Justiz und Verbraucherschutz zurück. In den Bundestag wurde sowohl ein Gesetzesentwurf durch die Bundesregierung (BT-Drs. 18/12727 vom 14.6.2017) als auch inhaltsgleich durch die Regierungsfraktionen von CDU/CSU und SPD (BT-Drs. 18/12356 vom 16.5.2017) eingebracht. Das Gesetz wurde mit Änderungen der Beschlussempfehlung des BT-Ausschusses für Recht und Verbraucherschutz (BT-Drs. 18/13013 vom 28.6.2017) in der 244. Sitzung des Bundestages vom 30.6.2017 verabschiedet (BT-Plenarprotokoll 18/244) und ist nach Billigung des Bundesrates (Verzicht auf Art. 77 Abs. 2 GG, vgl. BR-Plenarprotokoll 959) am **1.10.2017 in Kraft** getreten. Mit der Verschiebung des im Regierungsentwurf vormals früheren Zeitpunkts des Inkrafttretens sollte angesichts der zu treffenden „erheblichen Dispositionen" den sozialen Netzwerken und den anerkannten Einrichtungen der Regulierten Selbstregulierung „mehr Zeit für die Anpassung an die neue Gesetzeslage" gewährt werden.[1] Das Gesetz ist während des gesamten Gesetzgebungsverfahrens auf Kritik im Hinblick auf seine Erforderlichkeit sowie Verfassungs- und Unionsrechtskonformität gestoßen.[2]

b) Gesetzgeberische Intentionen. aa) Begründung des Regierungs- 2 **entwurfs.** Die Regelungsintention des NetzDG fußt auf der Annahme des Gesetzgebers, dass eine „zunehmende Verbreitung von Hasskriminalität und anderen strafbaren Inhalten vor allem in sozialen Netzwerken wie Facebook, YouTube und Twitter" sowie eine massive Veränderung des gesellschaftlichen Diskurses in dem Sinne festzustellen sei, dass die „Debattenkultur im Netz [...] oft aggressiv, verletzend und nicht selten hasserfüllt" sei. Zur Begründung einer Gesetzgebungskompetenz aus

---

[1] BT-Drs. 18/13013, S. 25.
[2] Zusammenfassend *Nolte*, ZUM 2017, 552, 553; → Rn. 6 ff., 13 ff., 21 ff.

NetzDG § 1 Anwendungsbereich

Art. 74 Abs. 1 Nr. 7 GG wird die Bekämpfung der „Verrohung der Debattenkultur in sozialen Netzwerken" ausdrücklich als Schutzziel benannt, daneben auch „das friedliche Zusammenleben einer freien, offenen und demokratischen Gesellschaft".[3] Terminologisch beschränkt wird dies im Gesetzesentwurf indes auf sog. **Hasskriminalität** und andere strafbare Inhalte, die ohne das NetzDG nicht effektiv bekämpft und verfolgt werden könnten.

3   Des Weiteren wird zur Begründung der Gesetzesinitiative angenommen, dass auch in der Bundesrepublik Deutschland die Bekämpfung von strafbaren **Falschnachrichten** („Fake News") in sozialen Netzwerken „hohe Priorität" gewonnen habe. Insgesamt bedürfe es daher einer Verbesserung der Rechtsdurchsetzung in sozialen Netzwerken.[4]

4   Im Rahmen einer bereits in 2015 vom BMJV gegründeten sog. **„Task Force"** mit den Betreibern der Netzwerke und Vertretern der Zivilgesellschaft hatten die vertretenen Unternehmen zugesagt, den Umgang mit Hinweisen auf Hasskriminalität und andere strafbare Inhalte auf ihren Seiten zu verbessern. Allerdings habe ein von der Länderstelle jugendschutz.net (vgl. § 18 JMStV) durchgeführtes Monitoring der Löschpraxis sozialer Netzwerke vom Januar/Februar 2017 ergeben, dass die Beschwerden von Nutzern gegen Hasskriminalität und andere strafbare Inhalte „nach wie vor nicht unverzüglich und ausreichend bearbeitet" würden. Bei dem Anbieter YouTube würden in 90 Prozent der Fälle strafbare Inhalte gelöscht, Facebook hingegen löschte nur in 39 Prozent der Fälle, Twitter nur in 1 Prozent der Fälle (BT-Drs. 18/12356, S. 1 f.).

5   Intention des NetzDG sei vor diesem Hintergrund, durch gesetzliche Compliance-Regeln die sozialen Netzwerke zu einer zügigeren und umfassenderen Bearbeitung von Beschwerden insbesondere von Nutzerinnen und Nutzern über Hasskriminalität und andere strafbare Inhalte anzuhalten.[5] Dabei wird davon ausgegangen, dass **„in der Regel 24 Stunden"** nach Eingang der Nutzerbeschwerde gelöscht werden könne (BT-Drs. 18/12356, S. 12). Zur Begründung der Löschverpflichtungen wird die bereits aufgrund der ECRL gesetzlich geregelte Haftungsprivilegierung für Diensteanbieter nach **§ 10 TMG** referenziert.

6   **bb) Kritik.** Die gesetzgeberische Annahme einer Zunahme von Hasskriminalität und sonstigen strafbaren Inhalten in sozialen Netzwerken ist weitgehend unbelegt.[6] Der Monitoring-Bericht von jugendschutz.net, der als einzige **Erkenntnisgrundlage** für die Notwendigkeit eines NetzDG angeführt wird, hat die Untersuchung von lediglich zwei Straftatbeständen (§§ 86a, 130 StGB) der insgesamt 21 in § 1 Abs. 3 NetzDG erfassten BT-Strafnormen zum Gegenstand. Mithin fehlen zumindest für 90 Prozent der nunmehr regulatorisch erfassten Kriminalität valide Erkenntnisse über deren Vorkommen, Häufigkeit und/oder Zunahme bei sozialen Netzwerken.[7] Dies hat auch für die Prüfung der Verfassungskonformität der gesetzlichen Restriktionen im Hinblick auf die Eignung und Erforderlichkeit der Berichts- und Compliance-Maßnahmen nach §§ 2 und 3 Bedeutung. Die gesetzgeberische Einschätzungsprärogative[8] wird hier begrenzt durch die faktisch gegebene einfache Möglichkeit der Eruierung einschlägiger Strafnormverletzungen bei sozialen Netzwerken auch bei §§ 86, 89a, 91, 100a, 111, 126, 129–129b, 131, 140, 166, 184b iVm §§ 184d, 185–187, 201a, 241 oder 269 StGB. Eine solche ist im Vorfeld und auch während

---

[3] BT-Drs. 18/12356, S. 1.

[4] BT-Drs. 18/12356, S. 1.

[5] BT-Drs. 18/12356, S. 2, 11.

[6] So auch *Ladeur/Gostomzyk,* K&R 2017, 390, die überdies auf empirische Befunde hinweisen, nach denen strafbare Äußerungen in sozialen Netzwerken eher eine Randerscheinung darstellen.

[7] Krit. zur Erforderlichkeit auch *Nolte,* ZUM 2017, 552, 553 f.

[8] Vgl. zur vom BVerfG, bei wissenschaftlich ungeklärten Wirkungen strafrechtlich verbotener Medien gewährten Einschätzungsprärogative BGH, MMR 2010, 48, 49.

Anwendungsbereich **§ 1 NetzDG**

des Gesetzgebungsverfahrens ausgeblieben. Im Übrigen wird in der Entwurfsbegründung des NetzDG davon ausgegangen, dass die schätzungsweise jährlich 500.000 Beschwerden „zum großen Teil unbegründet" sind.[9]

Hinzu tritt der Umstand, dass die von jugendschutz.net auf §§ 86a, 130 StGB beschränkte Untersuchung überwiegend auf **Bewertungen von Rechtslaien** beruht. Insoweit heißt es in einem Informationsschreiben des BMJV vom 26.5.2017,[10] dass nur „Zweifelsfälle" durch einen Volljuristen überprüft worden sind. Die Mehrzahl der bei Facebook, YouTube und Twitter jeweils 180 ausgesuchten, nach §§ 86a, 130 StGB „strafbaren" Beschwerdefälle ist hingegen von Rechtslaien bewertet worden, die vorher eine Schulung erhalten hatten. Bei der Einschätzung von potentiell zu regulierenden Gefährdungen kommt dem Gesetzgeber zwar grundsätzlich eine Einschätzungsprärogative zu. Nicht zulässig wäre es hingegen, wenn sich der Gesetzgeber auf falsche Erkenntnisgrundlagen stützt, die unzutreffend von einer defizitären Einhaltung des Rechtsrahmens durch Betreiber sozialer Netzwerke ausgehen. Überdies ist nach Information des BMJV auch nicht bekannt, ob es auch nur in einem der von jugendschutz.net bewerteten „strafbaren" Fälle in der Folge zu Strafverfolgungsmaßnahmen oder einem Aufsichtsverfahren nach §§ 4, 24 JMStV im Sinne einer Rechtsdurchsetzung gekommen ist. 7

In diesem Zusammenhang wird auch kritisiert, durch das NetzDG erfolge eine – angesichts des aus Art. 20 Abs. 3 GG abzuleitenden Justizgewährungsanspruchs bedenkliche – **„Privatisierung des Strafrechts"**, da für die Verfolgung von Verstößen gegen die in § 1 Abs. 3 NetzDG genannten Straftatbestände die Strafjustiz verantwortlich sei.[11] Insoweit ergeben sich gerade keine Erkenntnisse, dass in der Vergangenheit die für die Rechtsdurchsetzung im Strafrecht zuständigen Strafverfolgungsbehörden und Strafgerichte in besonderer Weise mit Fällen in sozialen Netzwerken befasst waren, unabhängig von der Frage der Geltung deutschen Strafrechts nach §§ 3, 9 StGB.[12] 8

Hinsichtlich der ebenfalls in der Amtlichen Begründung ohne Nennung belegender Befunde geäußerten Vermutung, dass die „Debattenkultur im Netz oft aggressiv, verletzend und nicht selten hasserfüllt" sei, wurde im Schrifttum darauf hingewiesen, dass das NetzDG vermeintliche **Aggressivitäts- und Hassprobleme** des gesellschaftlichen Diskurses gar nicht zu beeinflussen geeignet ist, da es sich auf die Durchsetzung bestimmter Straftatbestände konzentriert, für die im Rahmen des § 10 TMG ohnehin eine strafrechtliche Verantwortlichkeit der sozialen Netzwerke seit jeher besteht.[13] Das Gros hassbezogener oder aggressiver Kommunikationen unterhalb der Schwelle von Straftatbeständen unterliegt dem Schutzbereich der Meinungsäußerungsfreiheit und bleibt von der Regelungsintention und dem Anwendungsbereich des NetzDG unberührt,[14] jedoch werden Gefahren des Overblockings oder einer Löschung „im Zweifelsfall" in verfassungsrechtlich bedenklicher Weise durch das Gesetz erst geschaffen (hierzu → Rn. 25). 9

c) Gesetzgebungskompetenz. In der Begründung des Gesetzentwurfs wird eine Gesetzgebungskompetenz des Bundes auf Art. 74 Abs. 1 Nr. 11 GG (Recht der **Wirtschaft**), Nr. 7 des Grundgesetzes (**öffentliche Fürsorge**) sowie hinsichtlich der Bußgeldvorschriften auf Nr. 1 (Strafrecht) gestützt. Im Regelungskontext der öf- 10

---

[9] BT-Drs. 18/12356, S. 17.
[10] Vgl. *Liesching,* NetzDG-Entwurf basiert auf Bewertungen von Rechtslaien, Beck-Blog v. 26.5.2017, abrufbar unter https://community.beck.de/2017/05/26/netzdg-entwurf-basiert-auf-bewertungen-von-rechtslaien.
[11] Vgl. *Wimmers/Heymann,* AfP 2017, 93, 98.
[12] Unklar *Höch,* K&R 2017, 289; der indes von einer Unterbesetzung und technisch unzureichenden Schulung der Behörden ausgeht; zur Geltung deutschen Strafrechts nach §§ 3, 9 StGB → Rn. 81.
[13] *Feldmann,* K&R 2017, 292, 293.
[14] Vgl. auch *Ladeur/Gostomzyk,* K&R 2017, 390.

Liesching 555

NetzDG § 1 Anwendungsbereich

fentlichen Fürsorge wird davon ausgegangen, dass die gesetzliche Zielrichtung gegen „die Verrohung der Debattenkultur in sozialen Netzwerken" auch den Schutzzweck des Jugendmedienschutzes berühre (BT-Drs. 18/12356, S. 13). Da das NetzDG – über relative Zugangsbeschränkungen des JuSchG hinaus – durch die Löschung strafbarer Inhalte auch einen Zugangsausschluss Erwachsener bewirkt, erscheint eine Herleitung über Art. 74 Abs. 1 Nr. 7 GG zweifelhaft. Zudem wird die Problematik der Doppelnormierung bzw. „Rechtszersplitterung" aufgrund bereits bestehender inhaltsgleicher jugendschutzrechtlicher Landesregelungen für volksverhetzende und andere strafbare Angebote in sozialen Netzwerken (vgl. §§ 4 Abs. 1 S. 1, 24 Abs. 1 JMStV) gerade in diesem Zusammenhang virulent.[15]

11 Hinsichtlich der **Erforderlichkeitsklausel** des Art. 72 Abs. 2 GG wird in der Amtlichen Begründung jedoch davon ausgegangen, dass die Herstellung gleichwertiger Lebensverhältnisse im Bundesgebiet und die Wahrung der Rechts- oder Wirtschaftseinheit im gesamtstaatlichen Interesse mit einer bundesgesetzlichen Regelung erforderlich sei (BT-Drs. 18/12356, S. 13). Allein der Umstand, dass durch eine bundesgesetzliche Regelung landesunterschiedliche Standards und Lebensverhältnisse ausgeschlossen werden und derart verhindert wird, dass „Hasskriminalität und andere rechtswidrige Inhalte unter Umständen nicht in jedem Land effektiv bekämpft und verfolgt werden und dort infolgedessen das friedliche Zusammenleben einer freien, offenen und demokratischen Gesellschaft in Gefahr ist" (BT-Drs. 18/12356, S. 13), genügt Art. 72 Abs. 2 GG nicht. Auch die bloße Möglichkeit einer – noch gar nicht absehbaren – **„Rechtszersplitterung"** ist landesrechtlichen Regelungen stets immanent und kann per se nicht schon bundeseinheitliche Regelungen nach Art. 72 Abs. 2 GG legitimieren. Eine Bestimmung ist zur „Herstellung gleichwertiger Lebensverhältnisse" namentlich nicht schon dann erforderlich, wenn es nur um das Inkraftsetzen bundeseinheitlicher Regelungen oder um eine allgemeine Verbesserung der Lebensverhältnisse geht. Die Gleichwertigkeit der Lebensverhältnisse ist erst dann bedroht und der Bund zum Eingreifen ermächtigt, wenn sich die Lebensverhältnisse in den Ländern der Bundesrepublik Deutschland in erheblicher, das bundesstaatliche Sozialgefüge beeinträchtigender Weise auseinanderentwickelt haben oder sich eine derartige Entwicklung konkret abzeichnet.[16] Anhaltspunkte hierfür ergeben sich gerade für die bisherige Compliance-Praxis sozialer Netzwerke nicht.

12 Im Schrifttum wird daher das NetzDG mangels Gesetzgebungskompetenz des Bundes wegen Verstoßes gegen die grundgesetzliche Kompetenzordnung (Art. 70 Abs. 1 GG) überwiegend als **verfassungswidrig** erachtet.[17] Insbesondere lässt sich eine Bundeskompetenz auch nicht ohne weiteres aus dem Recht der Wirtschaft nach Art. 74 Abs. 1 Nr. 11 GG ableiten, da bei der Kommunikation in sozialen Netzwerken die Ausübung der Grundfreiheiten des Art. 5 Abs. 1 GG zentral ist und demgegenüber nicht der Verfolg wirtschaftlicher Interessen im Mittelpunkt steht.[18] Ein unmittelbar wirtschaftsbezogener Regelungsgehalt des NetzDG erscheint zweifelhaft.[19]

---

[15] *Feldmann*, K&R 2017, 292, 294; *Koreng*, GRUR-Prax 2017, 203, 204, *Liesching*, JMS-Report 5/2017, 2 ff.

[16] BVerfGE 106, 62, 144 = NJW 2003, 41; BVerfGE 111, 226, 253 = NJW 2004, 2803; BVerfGE 112, 226, 244 = NJW 2005, 493; BVerfG, NJW 2015, 2399, 2400.

[17] Vgl. *Feldmann*, K&R 2017, 292, 293; ausf. *Gersdorf*, MMR 2017, 439 ff.; *Hain/Ferreau/Brings-Wiesen*, K&R 2017, 433, 434; *Koreng*, GRUR-Prax 2017, 203, 205; *Ladeur/Gostomzyk*, K&R 2017, 390 f.; *Nolte*, ZUM 2017, 552, 561; *Wimmers/Heymann*, AfP 2017, 93, 97; wohl auch *Spindler*, K&R 2017, 533, 544.

[18] *Gersdorf*, MMR 2017, 439, 441.

[19] *Hain/Ferreau/Brings-Wiesen*, K&R 2017, 433, 434 f.; *Ladeur/Gostomzyk*, K&R 2017, 390 f.; *Wimmers/Heymann*, AfP 2017, 93, 97.

d) Unionsrechtskonformität. aa) Herkunftslandprinzip. Die ECRL[20] bestimmt in Art. 3 Regelungen zur Gewährleistung des freien Binnenmarktes. Insbesondere wird in Abs. 2 festgelegt, dass die Mitgliedstaaten den freien Verkehr von Diensten der Informationsgesellschaft aus einem anderen Mitgliedstaat „nicht aus Gründen einschränken dürfen, die in den **koordinierten Bereich** fallen". In der Amtlichen Begründung des Regierungsentwurfs wird zutreffend darauf hingewiesen, dass die Regelungen des NetzDG für soziale Netzwerke dem koordinierten Bereich unterfallen, da gem. Art. 2 lit. h Ziff. i 2. Spiegelstrich ECRL „die von einem Diensteanbieter zu erfüllenden Anforderungen in Bezug auf die Ausübung der Tätigkeit eines Dienstes der Informationsgesellschaft, beispielsweise Anforderungen betreffend das Verhalten des Diensteanbieters, Anforderungen betreffend Qualität oder Inhalt des Dienstes sowie Anforderungen betreffend die Verantwortlichkeit des Diensteanbieters" erfasst sind.[21] 13

Allerdings ist der Gesetzgeber davon ausgegangen, dass vorliegend eine Ausnahme nach Art. 3 Abs. 4 lit. a Ziff. i ECRL vorliege. Danach sind Maßnahmen zulässig, die erforderlich sind etwa zum **Schutz der öffentlichen Ordnung,** insbesondere der Verhütung, Ermittlung, Aufklärung und Verfolgung von Straftaten, einschließlich des Jugendschutzes und der Bekämpfung der Hetze aus Gründen der Rasse, des Geschlechts, des Glaubens oder der Nationalität, sowie von Verletzungen der Menschenwürde einzelner Personen. Hierauf bezieht sich die Amtliche Begründung, soweit durch das NetzDG ein „effektives Beschwerdemanagement zur Verbesserung der Durchsetzung der in § 1 Abs. 3 genannten Straftatbestände in sozialen Netzwerken" vorgesehen sei. Dies sei auch „notwendig, um Hasskriminalität und andere strafbare Inhalte effektiv zu bekämpfen und zu verfolgen" und „das friedliche Zusammenleben der freien, offenen und demokratischen Gesellschaft in der Bundesrepublik Deutschland" hierdurch zu schützen.[22] 14

Auch die weiteren Voraussetzungen der Ausnahme, namentlich einer ernsthaften und schwerwiegenden Gefahr einer Beeinträchtigung der genannten Schutzziele sowie die Angemessenheit der Maßnahmen sieht der Gesetzgeber mit der Begründung gegeben, dass die vorgesehenen Compliance-Pflichten sozialer Netzwerke „spezielle Dienste" beträfen und „der Verhinderung objektiv strafbarer Taten" dienten. Die Vorrangklausel der Konsultation des Mitgliedstaates am Niederlassungsort des Diensteanbieters sowie die Unterrichtung der EU-Kommission negiert die Entwurfsbegründung mit dem Hinweis auf das Vorliegen eines **dringenden Falles** unter Verweis auf Art. 3 Abs. 5 ECRL und damit, dass ein sofortiges Handeln „zur effektiven Bekämpfung von Hasskriminalität und weiterer objektiv strafbarer Handlungen im Internet dringend geboten" sei.[23] 15

Die herrschende Literatur ist der Auslegung des Gesetzesentwurfs nicht gefolgt und geht von einem Verstoß gegen das Herkunftslandprinzip und mithin von einer **Unionsrechtswidrigkeit** des NetzDG aus.[24] Zu beachten ist, dass im Gegensatz zu den Ausnahmen des Art. 3 Abs. 3 ECRL die in Abs. 4 und 5 geregelten Einschränkungen nicht generell vorgesehen sind, sondern lediglich für behördliche Schutz- 16

---

[20] Richtlinie 2000/31/EG des Europäischen Parlaments und des Rates vom 8. Juni 2000 über bestimmte rechtliche Aspekte der Dienste der Informationsgesellschaft, insbesondere des elektronischen Geschäftsverkehrs, im Binnenmarkt („Richtlinie über den elektronischen Geschäftsverkehr") – nachfolgend ECRL.
[21] BT-Drs. 18/12356, S. 13.
[22] BT-Drs. 18/12356, S. 13.
[23] BT-Drs. 18/12356, S. 13.
[24] Vgl. *Feldmann*, K&R 2017, 292, 296; *Hain/Ferreau/Brings-Wiesen*, K&R 2017, 433 f.; *Hoeren*, Beck-Expertenblog v. 30.3.2017; *Spindler*, ZUM 2017, 473, 474 ff.; *ders.*, K&R 2017, 533, 535 f.; *Wimmers/Heymann*, AfP 2017, 93, 96 f.; zusammenfassend *Liesching*, MMR 2018, 26, 29 f.

maßnahmen nach Abwägung im Einzelfall.[25] Insoweit richtet sich das NetzDG auch nicht auf einen bestimmten Dienst, wie es Art. 3 Abs. 4 ECRL indes erfordert, sondern vielmehr an alle Dienste, die soziale Netzwerke iSd § 1 Abs. 1 sind.[26] Mit *Spindler* ist die gesetzgeberische Pauschalabwägung zulasten EU-ausländischer Diensteanbieter allein durch Verweis auf den Umstand, dass der inländische Gesetzgeber bestimmte Sachverhalte unter Strafe gestellt hat, abzulehnen.[27]

17 **bb) Dienstleistungsfreiheit.** Das NetzDG berührt aufgrund seines grenzüberschreitenden Bezugs durch die Adressierung von Betreibern sozialer Netzwerke im EU-Ausland auch die Grundfreiheit nach Art. 56 AEUV. Die Dienstleistungsfreiheit verlangt die **Aufhebung jeder Beschränkung** des freien Dienstleistungsverkehrs – selbst wenn sie unterschiedslos für inländische Dienstleistende wie für solche aus den anderen Mitgliedstaaten gilt –, sofern sie geeignet ist, die Tätigkeiten des Dienstleistenden, der in einem anderen Mitgliedstaat ansässig ist, in dem er rechtmäßig ähnliche Dienstleistungen erbringt, zu unterbinden, zu behindern oder weniger attraktiv zu machen.[28]

18 Wie in der Entwurfsbegründung zum NetzDG zutreffend ausgeführt wird, lässt sich eine Beeinträchtigung nach ständiger EuGH-Rechtsprechung nur rechtfertigen, wenn sich erweist, dass sie zwingenden Gründen des Allgemeininteresses entspricht, geeignet ist, die Erreichung des mit ihr verfolgten Ziels zu gewährleisten, und nicht über das hinausgeht, was zur Erreichung dieses Ziels erforderlich ist.[29] Bei der Prüfung, ob die durch das Gesetz verfolgten **zwingende Gründe des Allgemeininteresses** darstellen, ist auf die Gesamtheit der intendierten Ziele abzustellen,[30] wie sie oben in → Rn. 2ff. dargestellt worden sind. Der Gesetzgeber hat ausweislich der Entwurfsbegründung ein Gemeinwohlinteresse in der „Verhütung und Bekämpfung von Hasskriminalität und anderen strafbaren Inhalten auf Plattformen der sozialen Netzwerke" gesehen. Indes erscheint eine Eignung und Erforderlichkeit der gesetzlichen Maßnahmen wie insbesondere der Berichtspflichten und der Einrichtung eines Beschwerdemanagements mit überwiegend starren Löschfristen gerade fraglich, da der Gesetzgeber schon keine Defizite bei der bisherigen Löschpraxis der sozialen Netzwerke eruiert und nachgewiesen hat (→Rn. 6f.). In Bezug auf die in der Entwurfsbegründung genannten Fake News und eine aggressive Debattenkultur hat das NetzDG nahezu keine Auswirkungen, da die überwiegende Mehrzahl solcher einschlägiger Falschnachrichten oder „aggressiver" Inhalte nicht gegen die in § 1 Abs. 3 NetzDG genannten Straftatbestände verstößt.

19 Im Übrigen ist bei der Prüfung des Verfolgs von Allgemeininteressen in den Blick zu nehmen, dass die Durchsetzung des Strafrechts einschließlich der §§ 86, 86a, 89a, 91, 100a, 111, 126, 129–129b, 130, 131, 140, 166, 184b iVm §§ 184d, 185–187, 201a, 241 und 269 StGB der staatlichen Gewalt obliegt, insbesondere den Strafverfolgungsbehörden und Strafgerichten.[31] Vor dem Hintergrund, dass bislang fast keine

---

[25] Ausf. und überzeugend *Spindler,* ZUM 2017, 474, 476f.; ebenso *Feldmann,* K&R 2017, 292, 296; *Wimmers/Heymann,* AfP 2017, 93, 96; wohl auch *Hain/Ferreau/Brings-Wiesen,* K&R 2017, 433.

[26] *Feldmann,* K&R 2017, 292, 296; *Spindler,* ZUM 2017, 474, 477.

[27] *Spindler,* ZUM 2017, 474, 477 mit Verweis auf EU-Kommission KOM(2003) 259 endg. v. 14.5.2003; s. aber auch BT-Drs. 14/6098, S. 20 und MüKoStGB/*Altenhain,* Nebenstrafrecht II, 2010, § 3 TMG Rn. 53 sowie BGH, NJW 2006, 2630, 2632f. zur damaligen identischen und ebenfalls die ECRL umsetzenden Regelung des § 4 Abs. 2 S. 2 iVm Abs. 5 S. 1 Nr. 3 des Teledienstegesetzes (TDG).

[28] EuGH, NJW 1991, 2693 Rn. 12 – Säger; EuGH, NJW 2001, 957 Rn. 33 – Corsten.

[29] BT-Drs. 18/12356, S. 15; EuGH, NJW 2009, 3221 3223 – Liga Portuguesa mwN.

[30] EuGH, NJW 1994, 2013 Rn. 58 – Schindler; EuGH, NVwZ 2010, 1081 Rn. 22 – Ladbrokes; EuGH, NJW 2009, 3221 3223 – Liga Portuguesa; BVerwG, NVwZ 2001, 554, 560 Rn. 69.

[31] *Nolte,* ZUM 2017, 552, 555.

Anwendungsbereich **§ 1 NetzDG**

Fälle der **Strafverfolgung** in den genannten Fällen gegen Betreiber sozialer Netzwerke bekannt und auch keine **Aufsichtsmaßnahmen** durch die KJM nach §§ 4 Abs. 1 S. 1, 20 Abs. 1 und 4, 24 Abs. 1 JMStV gegen soziale Netzwerke erfolgt sind, erscheint zweifelhaft, ob überhaupt Durchsetzungsdefizite bei den Diensteanbietern – und nicht vielmehr allenfalls auf Seiten der Strafverfolgungsbehörden und der Aufsicht – vorliegen.[32] „Zwingende Gründe" des Allgemeinwohls liegen daher im Kontext des Handelns der durch das NetzDG adressierten Betreiber eher nicht vor, jedenfalls basieren die gesetzlichen Restriktionen bislang nur auf nicht belegten Vermutungen des Gesetzgebers, welche objektiv – etwa im Lichte der fehlenden Fälle von Strafverfolgungen gegen Netzwerkbetreiber, die im Rahmen des § 10 TMG möglich gewesen wären – zweifelhaft erscheinen. Eine Eignung und Erforderlichkeit der gesetzlichen Restriktionen im Kontext zwingender Gründe des Allgemeininteresses sind daher eher nicht gegeben.[33] Auch dies begründet die Unionsrechtswidrigkeit des Gesetzes, selbst bei einem zu konstatierenden weiten Spielraum des Gesetzgebers.

cc) Verantwortlichkeit nach Art. 14 ECRL. Die in § 3 Abs. 2 Nr. 1 vorgesehene Pflicht zur „unverzüglichen" Kenntnisnahme und Prüfung überschreitet die Vorgaben in Art. 14 Abs. 1 b) ECRL und § 10 S. 1 Nr. 2 TMG, welche lediglich ein „unverzügliches Tätigwerden" nach der tatsächlichen, positiven Kenntnis[34] voraussetzen. Da § 4 Abs. 1 Nr. 2 auch die nicht hinreichend schnelle Kenntnisnahme mit Bußgeld bewehrt, wird faktisch die **Pflicht des „Kennen-Müssens"** etabliert, welches jedoch nach ständiger Rechtsprechung die Verantwortlichkeitsprivilegierung nach Art. 14 Abs. 1 b) ECRL und § 10 S. 1 Nr. 2 TMG gerade nicht entfallen lässt.[35] Des Weiteren überschreitet das NetzDG durch die Normierung starrer Löschfristen in § 3 Abs. 2 Nr. 2 und 3 und der Verknüpfung mit dem **„Eingang der Beschwerde"** den in Art. 14 Abs. 1 b) ECRL gesetzten Rahmen und ist auch aus diesem Grunde mit EU-Recht unvereinbar.[36] Denn Art. 14 Abs. 1 b) ECRL sieht gerade von einer **Benennung von Fristen** zugunsten einer im Sinne der Kommunikationsfreiheit flexiblen Regelung („unverzügliches" Tätigwerden, „um die Information zu entfernen oder den Zugang zu ihr zu sperren") ab. Eine Spezifizierung des unbestimmten Rechtsbegriffs durch einzelne Mitgliedstaaten ist indes weder nach den Erwägungsgründen der ECRL noch nach dem Regulierungsziel einer koordinierten einheitlichen Rechtspraxis in allen EU-Mitgliedstaaten zulässig.[37] Insoweit stellen die Fristenregelungen in § 3 Abs. 2 Nr. 2 und 3 aber schon keine Konkretisierungen des Art. 14 Abs. 1 b) ECRL dar, da sie nicht an den Zeitpunkt der Kenntnisnahme anknüpfen, sondern an den „Eingang der Beschwerde". Dies ist mit Art. 14 ECRL nicht zu vereinbaren.

e) Verfassungskonformität. aa) Überblick. Das NetzDG wird von der herrschenden Literatur nicht nur wegen fehlender Gesetzgebungskompetenz des Bundes (hierzu → Rn. 11 f.) als formell-verfassungswidrig erachtet, sondern auch materiell aufgrund der Verletzung von Grundrechten.[38] Neben der Missachtung des Grundsat-

---

[32] Vgl. auch *Ladeur/Gostomzyk,* K&R 2017, 390, die überdies auf empirische Befunde hinweisen, nach denen strafbare Äußerungen in sozialen Netzwerken eher eine Randerscheinung darstellen; krit. auch *Nolte,* ZUM 2017, 552, 553 f.

[33] S. auch *Nolte,* ZUM 2017, 552, 555.

[34] Vgl. *Spindler,* MMR 2001, 737, 740; *Volkmann,* K&R 2004, 233.

[35] Vgl. BGH, MMR 2004, 166. 167 mAnm *Hoeren;* Hoeren/Sieber/Holznagel/*Sieber/Höfinger,* Teil 18.1 Rn. 83; Spindler/Schuster/*Hoffmann,* § 10 TMG Rn. 18 mwN; → § 3 Rn. 9.

[36] *Spindler,* ZUM 2017, 473, 478 f.; ferner *Koreng,* GRUR-Prax 2017, 203, 205.

[37] Ausf. *Spindler,* ZUM 2017, 473, 478 f.; s. auch *Koreng,* GRUR-Prax 2017, 203, 205; aA *Höch,* K&R 2017, 291.

[38] Vgl. *Feldmann,* K&R 2017, 292, 295 f.; *Gersdorf,* MMR 2017, 439 ff.; *Hain/Ferreau/Brings-Wiesen,* K&R 2017, 433, 435; *Koreng,* GRUR-Prax 2017, 203, 204; *Ladeur/Gostomzyk,* K&R

zes der **Bestimmtheit** gem. Art. 20 Abs. 3, 103 Abs. 2 GG insbesondere wegen der Verwendung des vagen Rechtsbegriffs der „offensichtlich" rechtswidrigen Inhalte in § 3 Abs. 1 Nr. 2 NetzDG[39] und der Bußgeldvorschriften des § 4[40] (hierzu → Rn. 74 f. sowie → § 4 Rn. 2 ff.), der Verletzung der Berufsfreiheit (Art. 12 GG) der Betreiber sozialer Netzwerke[41] sowie einer Einschränkung des aus dem **Rechtsstaatsprinzip** (Art. 20 Abs. 3 GG) abzuleitenden Justizgewährungsanspruchs[42] geht das Schrifttum vor allem von einer Missachtung der Kommunikationsfreiheiten des Art. 5 GG (hierzu → Rn. 22 ff.) aus. Daneben kommt auch eine Verletzung des Gleichheitsgebotes nach Art. 3 GG (hierzu → Rn. 34 ff.) in Betracht.

22 bb) **Meinungs- und Informationsfreiheit (Art. 5 Abs. 1 S. 1 GG).** In der **Begründung des Regierungsentwurfs** wird schon nicht davon ausgegangen, dass das NetzDG überhaupt einen gegenüber der bestehenden Rechtslage weitergehenden Eingriff darstelle. Insbesondere diene die in § 3 normierte Regelung „lediglich dazu, dass den gesetzlichen Verpflichtungen, rechtswidrige Inhalte zu löschen oder zu sperren, schnell und umfassend nachgekommen wird". Hierin liege kein neuer Eingriff in Art. 5 Abs. 1 GG im Vergleich zum geltenden Recht, da sich das „Gebot, rechtswidrige Inhalte zu löschen oder zu sperren, [...] schon aus den allgemeinen Gesetzen" ergebe.[43]

23 Entgegen der gesetzgeberischen Einschätzung gibt es freilich **keine gesetzliche Verpflichtung zur Löschung rechtswidriger Inhalte.** Vor allem stellt § 10 S. 1 Nr. 2 TMG keine gesetzliche Verpflichtung zur Löschung von Inhalten dar. Es handelt sich vielmehr um eine Haftungsprivilegierung, wonach der Plattformbetreiber für Fremdinhalte abweichend von der allgemeinen Verantwortlichkeit von einer Haftung freigestellt wird, solange er keine Kenntnis von der rechtswidrigen Handlung oder der Information hat. § 10 S. 1 Nr. 2 TMG normiert, dass Provider „nicht verantwortlich" sind, wenn sie „unverzüglich tätig geworden sind, um die Information zu entfernen". Dies ist aber keine gesetzliche Löschverpflichtung. Dem Provider steht es frei, die Löschung nicht unverzüglich vorzunehmen und sich für eine allgemeine Verantwortlichkeit wie für eigene Inhalte nach § 7 Abs. 1 TMG zu entscheiden.[44] Das ist rechtlich etwas anderes als die nunmehr durch § 3 NetzDG mit kurzen und in der Regel starren Fristen etablierte Pflicht zur Löschung, deren Missachtung Bußgeldahndungen von bis zu 50 Millionen Euro nach sich ziehen kann. Letzteres stellt also – abgesehen davon, dass die Vorgaben des § 3 Abs. 2 („unverzügliche Kenntnisnahme" in Nr. 1, Fristen in Nr. 2 und 3) ohnehin über die Regelung des § 10 TMG hinaus gehen – entgegen den Ausführungen im Regierungsentwurf einen „neuen" und erheblichen Eingriff in Art. 5 Abs. 1 GG dar.

24 Das BVerfG hat zunächst grundsätzlich betont, dass sich der Grundgesetzgeber mit der Schaffung einer freiheitlichen demokratischen Grundordnung „für einen freien und **offenen Prozess der Meinungs- und Willensbildung** des Volkes entschieden" hat.[45] Dieser Prozess müsse sich „vom Volk zu den Staatsorganen, nicht umge-

---

2017, 390 ff.; *Nolte,* ZUM 2017, 552, 555 ff.; *Wimmers/Heymann,* AfP 2017, 93, 98; s. auch *Frenzel,* JuS 2017, 414, 415; *Guggenberger,* ZRP 2017, 98, 100; offen gelassen bei *Spindler,* K&R 2017, 533, 544; aA *Schwartmann,* GRUR-Prax 2017, 317; zusammenfassend *Liesching,* MMR 2018, 26 ff.

[39] *Ladeur/Gostomzyk,* K&R 2017, 391.

[40] *Wimmers/Heymann,* AfP 2017, 93, 101.

[41] *Nolte,* ZUM 2017, 552, 560; *Ladeur/Gostomzyk,* K&R 2017, 392 f.

[42] Vgl. *Wimmers/Heymann,* AfP 2017, 93, 98.

[43] BT-Drs. 18/12356, S. 21.

[44] Insb. eine strafrechtliche Verantwortlichkeit erscheint in dieser Konstellation zweifelhaft, da selbst bei Annahme einer die Unterlassenstäterschaft voraussetzenden Garantenstellung der Netzwerkbetreiber die Äußerungsdelikte zum Zeitpunkt der Kenntnis bereits verwirklicht haben und beendet sind. Eine Garantenstellung liefe mithin ins Leere; zutreffend *Ceffinato,* JuS 2017, 403, insb. 405 f.

[45] BVerfG, Urt. v. 19. 7. 1966 – 2 BvF 1/65, NJW 1966, 1499.

kehrt von den Staatsorganen zum Volk hin, vollziehen". Hierfür hat das BVerfG die Meinungs-, Informations- und Medienfreiheit nach Art. 5 Abs. 1 GG als schlechthin konstituierend angesehen. Durch das NetzDG wird zunächst in den Schutzbereich der Meinungsäußerungsfreiheit eingegriffen, da die Intention des Gesetzes die Löschung von wertenden Äußerungen (Meinungen) durch die Betreiber sozialer Netzwerke umfasst. Aufgrund der Schaffung einer allgemeinen Löschungsinfrastruktur auf Beschwerde eines beliebigen Nutzers sollen Meinungsäußerungen in ihrer Verbreitung durch den Plattformbetreiber unterbunden werden, welche dieser aufgrund einer kurzfristigen Bewertung als „rechtswidriger Inhalt" (§ 1 Abs. 3, → Rn. 73 ff.) eingestuft hat. Fehleinschätzungen des Netzwerkbetreibers oder eine grundsätzliche Prüfpraxis „in dubio pro libertate" gehen im Konfliktfall zu seinen Lasten; beurteilt die Behörde und ein Gericht nach § 4 Abs. 5 NetzDG den Fall später anders, droht im Falle eines systemischen Versagens (→ § 4 Rn. 4 und 14) ein Bußgeld in Höhe von mehreren Millionen Euro.

Hierdurch wird faktisch ein System der **„Löschung im Zweifelsfall"** etabliert, 25 da wirtschaftlich handelnde Unternehmen – und nur solche werden nach § 1 Abs. 1 NetzDG erfasst[46] – gar nicht anders handeln können.[47] Im Schrifttum wird die Gefahr der Zweifelsfall-Löschung zum Teil missverständlich als **„Chilling"-Effekt** oder als „Einschüchterung" bewertet.[48] Näherliegend ist jedoch die Annahme, dass Netzwerkbetreiber schlicht aufgrund einer ökonomischen Risikoabwägung auf Beschwerden hin ohne kostenintensive inhaltliche Prüfung eine Löschung vornehmen, da die wirtschaftlichen Folgen einer unberechtigten Löschung im Vergleich zu hohen Bußgeldern und der Einrichtung juristisch geschulter Personalstellen im drei- und vierstelligen Bereich marginal sind.[49] Auch die Abwägung eines etwaigen Imageschadens spricht bei Unternehmen eher für eine Zweifelsfall-Löschung und ein Overblocking, da hierdurch gewährleistet wird, dass öffentlichkeitswirksame Aufsichtsmaßnahmen und Bußgelder ausbleiben. Vor diesem Hintergrund besteht die im Schrifttum zurecht als „offenkundig"[50] bezeichnete Gefahr der massenhaften Löschung von zulässigen Kommunikationsinhalten auf Beschwerde hin, auch wenn diese Inhalte tatsächlich nicht die in § 1 Abs. 3 NetzDG aufgeführten Straftatbestände verwirklichen, sondern von der Meinungsäußerungsfreiheit legitimiert sind.

Durch die Löschungen von Meinungen seitens der Betreiber sozialer Netzwerke 26 wird auch die **Informationsfreiheit** (Art. 5 Abs. 1 S. 1 GG) aller Nutzer beeinträchtigt.[51] Die Informationsfreiheit steht in der grundgesetzlichen Ordnung gleichwertig neben der Meinungs- und Pressefreiheit. Sie ist kein bloßer Bestandteil des Rechts der freien Meinungsäußerung und -verbreitung. Dieses Recht hat zwar den Schutz des Empfangs der Meinung durch andere mit zum Inhalt; der Schutz wird aber allein den Äußernden um ihrer Meinungsfreiheit willen gewährt. Demgegenüber ist die

---

[46] S. zu der in § 1 Abs. 1 S. 1 vorausgesetzten Gewinnerzielungsabsicht → Rn. 47.
[47] Vgl. auch *Papier,* NJM 2017, 3025, 3030; *Nolte,* ZUM 2017, 552, 556.
[48] ZB *Feldmann,* K&R 2017, 292, 295; *Guggenberger,* ZRP 2017, 98, 100; *Koreng,* GRUR-Prax 2017, 203, 204 unter Verweis auf die freilich anders gelagerten Konstellationen in BVerfGE 93, 266, 292 – Soldaten sind Mörder und BVerfGE 114, 339, 349f. – Stolpe.
[49] Zutreffend *Wimmers/Heymann,* AfP 2017, 94, 98f.; s. auch *Spindler,* ZUM 2017, 473, 481: „Löschen statt Prüfen". Zwar muss der Netzwerkbetreiber auch den von der Löschung betroffenen Nutzer über jede Entscheidung unverzüglich informieren und seine Entscheidung begründen. Dies dürfte aber in Abwägung mit einem Risiko der Bußgeldahndung iHv bis zu 50 Millionen Euro für den Fall einer Nicht-Löschung schon aus ökonomischen Erwägungen heraus im Regelfall der vorzugswürdige Weg eines wirtschaftlich handelnden Netzwerkbetreibers sein.
[50] *Wimmers/Heymann,* AfP 2017, 93, 99.
[51] *Ladeur/Gostomzyk,* K&R 2017, 390, 394.

Informationsfreiheit gerade das Recht, sich selbst zu informieren. Das BVerfG bezeichnet dieses Freiheitsrecht als Voraussetzung der der Meinungsäußerung vorausgehenden Meinungsbildung.[52] Denn nur umfassende Informationen, für die durch ausreichende Informationsquellen Sorge getragen wird, ermöglichen eine freie Meinungsbildung und -äußerung für den Einzelnen wie für die Gemeinschaft.

27 Die Löschung von Inhalten in sozialen Netzwerken, welche in der Regel Meinungen iSd Art. 5 Abs. 1 S. 1 GG darstellen, beeinträchtigt daher grundsätzlich auch die Informationsfreiheit der Nutzer. Diese werden über den Löschungsvorgang nicht informiert, ihnen bleibt ein Teil der in den Netzwerken veröffentlichten Inhalte mit Meinungsbildungsbezug vorenthalten. Soweit dies Inhalte betrifft, deren Verbreitung strafbar ist, mag dies zunächst legitim erscheinen (zu den Schranken nach Art. 5 Abs. 2 GG → Rn. 27). Hinsichtlich Kollateralschäden aufgrund einer „Löschung im Zweifelsfall" (→ Rn. 25) durch den Netzwerkbetreiber werden jedoch ggf. auch Informationen vorenthalten, welche noch nicht strafbar und in grundsätzlich legitimer Weise Bestandteil des Meinungsbildungsprozesses sind.[53]

28 Aus Art. 5 Abs. 2 GG ergibt sich, dass die verfassungsrechtlichen Grundfreiheiten des Abs. 1 nicht schrankenlos gewährleistet werden und insbesondere durch „allgemeine Gesetze" beschränkt werden können. Voraussetzung für einen Eingriff in Art. 5 Abs. 1 GG und maßgeblich für dessen **Verhältnismäßigkeit** ist nach dem BVerfG indes die Bestimmung eines legitimen Zwecks.[54] Legitim ist danach jedes öffentliche Interesse, das verfassungsrechtlich nicht ausgeschlossen ist. Welche Zwecke legitim sind, hängt dabei auch vom jeweiligen Grundrecht ab, in das eingegriffen wird. Nicht legitim ist nach dem BVerfG indes „eine Aufhebung des in dem jeweiligen Grundrecht enthaltenen Freiheitsprinzips als solchen". Das BVerfG begründet dies für die Meinungsfreiheit mit der Wechselwirkungslehre, wonach die Schranken der Meinungsfreiheit „deren substanziellen Gehalt" nicht in Frage stellen dürfen. Dies gilt nicht nur für die Normauslegung, sondern schon „für das beschränkende Gesetz und die mit ihm verfolgten Zwecke selbst".[55] Für Eingriffe in Art. 5 Abs. 1 GG folgt nach dem BVerfG hieraus, dass ihre Zielsetzung nicht darauf gerichtet sein darf, „Schutzmaßnahmen gegenüber rein geistig bleibenden Wirkungen von bestimmten Meinungsäußerungen zu treffen". Die „Absicht, Äußerungen mit schädlichem oder in ihrer gedanklichen Konsequenz gefährlichem Inhalt zu behindern, hebt das Prinzip der Meinungsfreiheit selbst auf und ist illegitim". Entsprechendes gelte „für das Anliegen, die Verbreitung verfassungsfeindlicher Ansichten zu verhindern". Das BVerfG betont in diesem Zusammenhang ausdrücklich, dass „die Wertlosigkeit oder auch Gefährlichkeit von Meinungen als solche [...] kein Grund" sei, diese zu beschränken. Art. 5 Abs. 1 GG erlaube insoweit nicht, die Meinungsfreiheit unter einen generellen Abwägungsvorbehalt zu stellen.[56]

29 Die Entwurfsbegründung zum NetzDG benennt indes **keine legitimen Zwecke**, die über die grundsätzlich der Strafjustiz zufallende Aufgabe der Einhaltung des Strafrechts bzw. des Vorgehens gegen Verstöße nach dem StGB hinausgehen. Die aus der Justizgewährungspflicht (Art. 20 Abs. 3 GG) abzuleitende[57] staatliche Aufgabe umfasst ausdrücklich auch die Sanktionierung der Betreiber sozialer Netzwerke. Inso-

---

[52] BVerfG, Teilurt. v. 5.8.1966 – 1 BvR 586/62, NJW 1966, 1603.

[53] → Rn. 25 sowie *Feldmann,* K&R 2017, 292, 295f.; *Frenzel,* JuS 2017, 414, 415; *Guggenberger,* ZRP 2017, 98, 100; *Hain/Ferreau/Brings-Wiesen,* K&R 2017, 433, 435; *Koreng,* GRUR-Prax 2017, 203, 204; *Ladeur/Gostomzyk,* K&R 2017, 390ff.; *Nolte,* ZUM 2017, 552, 555ff.; *Wimmers/Heymann,* AfP 2017, 93, 98.

[54] BVerfG, B. v. 4.11.2009 – 1 BvR 2150/08 mwN, MMR 2010, 199 mAnm *Liesching.*

[55] BVerfG, MMR 2010, 199, 200.

[56] BVerfG, MMR 2010, 199, 200.

[57] *Wimmers/Heymann,* AfP 2017, 93, 98.

Anwendungsbereich **§ 1 NetzDG**

weit ist es Aufgabe der Strafverfolgungsbehörden selbst, auch darin begründete Verstöße der Netzwerkbetreiber zu ahnden, dass diese nach Hinweisen und Kenntniserlangung nicht iSd § 10 S. 1 Nr. 2 TMG unverzüglich tätig geworden sind. Die Strafjustiz selbst hat indes auch im Vorfeld des Gesetzgebungsverfahrens des NetzDG – möglicherweise gerade aufgrund schwieriger Fragen der strafrechtlichen Verantwortlichkeit[58] – nahezu keine Maßnahmen zur Rechtsdurchsetzung bei den den Netzwerkbetreibern bekannten strafbaren Inhalten ergriffen.[59] Soweit als Grund für die gesetzgeberische Initiative überdies die „Veränderung des gesellschaftlichen Diskurses im Netz" angeführt wird, erscheint dies mit Blick auf die Vorgaben des BVerfG ebenso wenig hinreichend für die Begründung einer legitimen Beschränkung des Art. 5 Abs. 1 GG wie die allgemeine Feststellung, die „Debattenkultur" sei „im Netz […] oft aggressiv, verletzend und nicht selten hasserfüllt" (→ Rn. 6 ff.). Die hiermit einhergehende Intention, Äußerungen mit schädlichem oder in ihrer gedanklichen Konsequenz gefährlichem Inhalt zu behindern, ist nach der Rechtsprechung des BVerfG gerade illegitim, da sie das Prinzip der Meinungsfreiheit selbst aufhebt.[60]

Soweit in der Entwurfsbegründung zum NetzDG angeführt wird, man wolle die 30 mit „Hasskriminalität" und „strafbaren Fake News" verbundenen „Gefahren für das friedliche Zusammenleben und für die freie, offene und demokratische Gesellschaft" abwenden (→ Rn. 2 f.), mag zwar abstrakt ein legitimes Regulierungsziel genannt sein. Jedoch bestehen erhebliche Zweifel, ob die vorgesehenen Bestimmungen insbesondere der §§ 2, 3 hierfür überhaupt **geeignet und erforderlich** sind. Auch hier ist zu fragen, ob solchen Gefahren für ein „friedliches Zusammenleben" aufgrund der – durch das NetzDG nach § 1 Abs. 3 allein erfassten – „strafbaren Inhalte" nicht dadurch Rechnung getragen werden kann, dass die Strafjustiz Verstöße der Netzwerkbetreiber gegen das StGB verfolgt und damit die Verbesserung der (Straf-)Rechtsdurchsetzung in einer Weise erreicht, wie sie das NetzDG erreichen zu wollen vorgibt. Insoweit ist auch bereits zweifelhaft, ob der Gesetzgeber ungeachtet einer grundsätzlich eröffneten Einschätzungsprärogative ohne Untersuchung einfach davon ausgehen durfte, dass die Betreiber sozialer Netzwerke das deutsche Strafrecht nicht hinreichend einhalten (→ Rn. 6 f.).

cc) Presse- und Rundfunkfreiheit (Art. 5 Abs. 1 S. 2 GG). Überdies wird 31 durch das NetzDG auch in die Medienfreiheiten, namentlich die Presse- und Rundfunkfreiheit eingegriffen.[61] Die Freiheit der Medien wird vom BVerfG als konstituierend für die freiheitliche demokratische Grundordnung angesehen.[62] Eine freie Presse und ein freier Rundfunk seien hiernach von besonderer Bedeutung für den freiheitlichen Staat. Die Frage, ob Beiträge in **sozialen Netzwerken als „Presse" oder „Rundfunk"** iSd Art. 5 Abs. 1 S. 2 GG einzuordnen sind, kann nicht generell bejaht, aber auch nicht per se verneint werden. Jüngste Bestrebungen der Landesmedienanstalten, Live-Stream-Channels und Web-TV in sozialen Netzwerken als Rundfunk iSd § 2 RStV zu qualifizieren,[63] eröffneten bejahendenfalls den entsprechenden ver-

---

[58] Hierzu ausf. *Ceffinato*, JuS 2017, 403 ff.
[59] Nach einem Schreiben des BMJV an den Verf. vom 26. 5. 2017 bestehen keine Erkenntnisse, dass in nur einem Fall der von der Stelle jugendschutz.net festgestellten „strafbaren Fälle", welche als Grund für die Erforderlichkeit des NetzDG genannt worden sind, Strafverfolgungsmaßnahmen gegen die betroffenen Netzwerkbetreiber Facebook, Google oder Twitter ergriffen worden sind.
[60] Vgl. BVerfG, MMR 2010, 199, 200.
[61] *Ladeur/Gostomzyk*, K&R 2017, 390, 393, welche zu Recht auch auf die darüber hinaus gegebene Beeinträchtigung der Kunstfreiheit (Art. 5 Abs. 3 GG) hinweisen; s. auch *Wimmers/Heymann*, AfP 2017, 94, 98.
[62] Vgl. nur BVerfG, Urt. v. 27. 2. 2007 – 1 BvR 538/06 mwN, NJW 2007, 1117.
[63] Ausf. hierzu *Liebhaber/Wessels*, Der Rundfunkbegriff im Zeitalter der Medienkonvergenz, K&R 2017, 544 ff.

NetzDG § 1 Anwendungsbereich

fassungsrechtlichen Schutzbereich.[64] Soweit soziale Netzwerke für Beiträge mit politischem Meinungsbezug genutzt werden, kann auch der Schutzbereich der Pressefreiheit eröffnet sein. Dies gilt in solchen Fällen nicht nur für diejenige Person, welche die Meinung geäußert hat, sondern auch für denjenigen, welcher Dritten die Plattform für eine entsprechende Äußerung bietet. Soweit Meinungsäußerungen Dritter, die den Schutz des Art. 5 Abs. 1 S. 1 GG genießen, in einem Presseorgan veröffentlicht werden, schließt die Pressefreiheit diesen Schutz mit ein.[65]

32 Zu kurz greift hier die **Ausnahmeregelung des § 1 Abs. 1 S. 2.** Danach gelten „Plattformen mit journalistisch-redaktionell gestalteten Angeboten, die vom Diensteanbieter selbst verantwortet werden", nicht als soziale Netzwerke im Sinne dieses Gesetzes und sind von den Restriktionen ausgenommen. Im Umkehrschluss werden journalistisch-redaktionell gestaltete Inhalte von Nutzern, welche nicht vom Netzwerkbetreiber verantwortet werden, vollumfänglich den Löschungsverpflichtungen nach § 3 Abs. 2 Nr. 2 und 3 unterworfen. Hierdurch wird freilich auch der Schutzbereich der Presse- und Rundfunkfreiheit berührt (→ Rn. 56 ff.).

33 **dd) Zensurverbot (Art. 5 Abs. 1 S. 3 GG).** Fraglich ist schließlich, ob einzelne Bestimmungen des NetzDG wie insbesondere § 3 Abs. 2 Nr. 1–3 mit dem Zensurverbot des Art. 5 Abs. 1 S. 3 GG zu vereinbaren sind. Das verfassungsrechtliche Absolutverbot erfasst zwar grundsätzlich nur die Vorzensur, also die Vorschaltung eines präventiven Verfahrens, vor dessen Abschluss ein Werk nicht veröffentlicht werden darf.[66] Gleichwohl hat das BVerfG bereits ausgeführt, dass **praktische Auswirkungen** von Maßnahmen faktisch einer Zensur gleichkommen können und gegen Art. 5 Abs. 1 S. 3 GG verstoßen.[67] Wird insoweit eine Äußerung durch Maßnahmen verhindert, die nicht auf einer Prüfung ihres Inhalts beruhen, ohne dass eine konkrete Rechtsgutgefährdung oder abgewehrt wird, so unterfallen derartige Maßnahmen dem Zensurverbot.[68] Für Internetinhalte wird zudem angeführt, dass die Grenzen unzulässiger Vor- und grundsätzlich erlaubter Nachzensur verschwimmen. Auch insoweit könne die Schutzfunktion des Zensurverbots – nämlich der Schutz vor der Lähmung des Geisteslebens als „typische Gefahr einer Präventivkontrolle" beeinträchtigt werden, insbesondere bei staatlichen Maßnahmen, die zB Provider zur Nutzung von Filter-, Lösch- und Sperrsystemen verpflichten.[69]

34 Entsprechende faktische Zensurwirkungen sind indes auch vorliegend nicht auszuschließen. Insbesondere durch die massiven Bußgelddrohungen wird die systemische Implementierung von Löschungsprozessen auf Nutzerbeschwerden „im Zweifelsfall" befördert. Aufgrund der sehr kurzen Reaktionsfristen für Netzwerkbetreiber innerhalb von 24 Stunden (§ 3 Abs. 2 Nr. 2) bzw. nach sieben Tagen (§ 3 Abs. 2 Nr. 3) nach eingehenden Beschwerden wird nicht nur die Gefahr einer Zweifelsfall-Löschung erhöht. Zudem sind im Einzelfall betroffene Inhalte ggf. nur sehr kurz abrufbar und entfalten **keine „Perpetuierung",** wie es in der Entwurfsbegründung bezeichnet wird. Formell mag es sich daher um eine Nachzensur, faktisch in der Unterbindung der dauerhaften Abrufbarkeit in sozialen Netzwerken vor einer „Perpetuierung" aber um Vorzensur handeln. Ob die in § 3 Abs. 1 Nr. 3b) vorgesehene Möglichkeit der Konsultation einer Einrichtung der Selbstregulierung zu einem anderen Wertungsergebnis führt, erscheint zweifelhaft, da der Gesetzgeber diese nur für den Einzelfall und

---

[64] Wenngleich hierdurch sogleich die Anwendbarkeit des auf Telemedien (Abs. 1) beschränkten NetzDG entfallen würde; → Rn. 43 f.
[65] BVerfG, Urt. v. 12.12.2000 – 1 BvR 1762/95 u. 1787/95, ZUM-RD 2001, 56.
[66] BVerfG, B. v. 20.10.1992 – 1 BvR 698/89 mwN, NStZ 1993, 75.
[67] Vgl. auch *Nolte*, ZUM 2017, 552, 560: „Faktische Zensur".
[68] Maunz/Dürig/*Grabenwarter*, GG-Kommentar, 78. EL 2016, Art. 5 Rn. 117.
[69] Vgl. *Stern*, Das Staatsrecht der Bundesrepublik Deutschland, Bd. IV/1, 2006, S. 1609; Maunz/Dürig/*Grabenwarter*, GG-Kommentar, 78. EL 2016, Art. 5 Rn. 119.

Anwendungsbereich **§ 1 NetzDG**

von vorneherein nicht für Fälle vermeintlich „offensichtlich" rechtwidriger Inhalte (hierzu → § 3 Rn. 13 ff.) vorgesehen hat. Auch dass die Löschung nicht unmittelbar durch hoheitliche Stellen erfolgt, könnte im Hinblick auf eine Verletzung des Art. 5 Abs. 1 S. 3 GG als unerheblich anzusehen sein, da die zensurähnliche Löschinfrastruktur gerade durch Vorgaben des Gesetzgebers umgesetzt und etabliert wird. Die bloße **Überantwortung staatlicher Zensur** auf private Netzwerkbetreiber durch gesetzliche Maßnahmen lässt die Anwendung des verfassungsrechtlichen Abwehrrechts nicht entfallen.

ee) Gleichheitsgebot (Art. 3 GG). Das Grundrecht des Art. 3 GG ist nach dem 35 BVerfG vor allem dann verletzt, wenn eine Gruppe von Normadressaten im Vergleich zu anderen Normadressaten anders behandelt wird, obwohl zwischen beiden Gruppen keine Unterschiede von solcher Art und solchem Gewicht bestehen, dass sie die ungleiche Behandlung rechtfertigen könnten.[70] Allerdings kommt dem Gesetzgeber ein Spielraum zu, der erst dort endet, wo die ungleiche Behandlung der geregelten Sachverhalte nicht mehr mit einer am Gerechtigkeitsgedanken orientierten Betrachtungsweise vereinbar ist, wo also ein einleuchtender Grund für die gesetzliche Differenzierung fehlt und die Unsachlichkeit evident ist. Strenger als nach dem bloßen Evidenzmaßstab prüft das BVerfG Regelungen, die Personengruppen verschieden behandeln oder „sich auf die Wahrnehmung von Grundrechten nachteilig auswirken", ob für die vorgesehene Differenzierung Gründe von solcher Art und solchem Gewicht bestehen, dass sie die **ungleichen Rechtsfolgen rechtfertigen** können.[71]

Im Schrifttum wird eine Verfassungswidrigkeit des NetzG aufgrund Verstoßes 36 gegen das Gleichheitsgebot nach Art. 3 GG zunächst mit einer Ungleichbehandlung gegenüber anderen „herkömmlichen" Medienanbietern gestützt.[72] Soweit demgegenüber in der Entwurfsbegründung der Unterschied zu den **„klassischen Medien"** allgemein „mit der Besonderheit des Internets" bzw. einer geringeren „Perpetuierung" einer „rechtswidrigen Situation" zu erklären versucht wird (BT-Drs. 18/12356, S. 12), verbleiben jedenfalls erhebliche Unklarheiten vor allem vor dem Hintergrund, dass klassische Massenmedien wie Rundfunk, Presseorgane oder Internet-Nachrichtenportale in der Regel eine wesentlich höhere Wahrnehmungsreichweite erzielen als einzelne Nutzerbeiträge in sozialen Netzwerken.

Darüber hinaus ergibt sich aber auch aus der **Beschränkung der Normadressa-** 37 **ten** bestimmter sozialer Netzwerke ab zwei Millionen registrierten Nutzern in § 1 Abs. 2 NetzG (→ Rn. 65 ff.) eine sachlich nur schwer zu rechtfertigende Ungleichbehandlung zum einen gegenüber Netzwerken, die von vorneherein schon keine Registrierungsmöglichkeit vorsehen,[73] zum anderen aber auch gegenüber Netzwerken mit zB 1,9 Millionen registrierten Nutzern.[74] Letztere sind nach § 1 Abs. 2 NetzDG von der Anwendung der Repressionen des Gesetzes vollumfänglich ausgenommen. Sie müssen namentlich keine Löschungsinfrastruktur für strafbare Inhalte iSd § 1 Abs. 3 errichten und haben auch keinerlei Transparenz- und Berichtspflichten zu erfüllen oder einen Zustellungsbevollmächtigten (§ 5 Abs. 1, → Rn. 2 ff.) oder eine empfangsberechtigte Person (§ 5 Abs. 2, → Rn. 11 ff.) zu benennen.

Zur Begründung der sog. „Bagatellgrenze" (→ Rn. 65 ff.) wird in dem Entwurf 38 der Bundesregierung zunächst ausgeführt, dass „kleinere soziale Netzwerke von aufwändigen Prüfpflichten befreit werden sollen. Die umfassenden gesetzlichen Anforderungen können nur von sozialen Netzwerken mit entsprechenden Ressourcen

---

[70] BVerfG, B. v. 7.10.1980 – 1 BvL 50, 89/79, 1 BvR 240/79 mwN, NJW 1981, 271.
[71] BVerfG, B. v. 26.1.1993 – 1 BvL 38/92 mwN, NJW 1993, 1517.
[72] *Ladeur/Gostomzyk*, K&R 2017, 390, 394; *Nolte*, ZUM 2017, 552, 560.
[73] Diese unterfallen auch bei mehr als zwei Millionen aktiven Nutzern stets der Bagatellgrenze; hierzu → Rn. 72 sowie *Spindler*, K&R 2017, 533, 534.
[74] *Nolte*, ZUM 2017, 552, 560; *Wimmers/Heymann*, AfP 2017, 93, 101.

Liesching

NetzDG § 1 Anwendungsbereich

und Kapazitäten bewältigt werden".[75] Es erscheint jedoch zweifelhaft, inwieweit die Anzahl im Inland registrierter Nutzer ein Indikator für das Vorhandensein von **„Ressourcen und Kapazitäten"** des Netzwerkbetreibers ist. Soziale Netzwerke werden ihren Nutzern in der Regel kostenlos zur Verfügung gestellt. Mangels Entgeltpflicht für Nutzer impliziert die Zahl der Nutzer also nicht, welche Umsätze der Betreiber eines sozialen Netzwerks hat. So ist etwa denkbar, dass ein Netzwerkbetreiber über 2,1 Millionen Nutzer verfügt, sich aber nur über ein eingeschränktes Sponsoring oder Funding „kommerziell" finanziert.[76] Demgegenüber könnte ein Anbieter mit weniger als zwei Millionen registrierten Nutzern aufgrund der Nutzung von Affiliate-Diensten, Premium-Angeboten und Werbeverträgen einen vielfach höheren Umsatz erzielen als Netzwerkbetreiber mit mehr registrierten Nutzern. Die Nutzerzahl erscheint mithin als sachlicher Anknüpfungspunkt für eine Ungleichbehandlung der Betreiber sozialer Netzwerke unter dem Gesichtspunkt ihrer wirtschaftlichen Ressourcen und Kapazitäten nicht geeignet.[77] Insoweit gibt es im Web 2.0 nicht einmal eine indizielle Wirkung.[78]

39 Als weiterer Grund wird im Regierungsentwurf die **„Perpetuierungswirkung"** der ausgetauschten und geteilten oder der Öffentlichkeit zugänglich gemachten Inhalte" angeführt.[79] Gemeint ist hiermit, dass der Gesetzgeber von der Vermutung ausgeht, dass „bei einer großen Anzahl von Nutzern die Reichweite der Inhalte regelmäßig höher sei". Dies gehe „mit einem Anstieg der diffamierenden Wirkung" einher. Abgesehen davon, dass von den meisten der nach § 1 Abs. 3 erfassten straftatbestandlichen Inhalte gar keine „diffamierende" Wirkung ausgeht, ist die Gleichsetzung der Gesamtzahl der registrierten Nutzer eines sozialen Netzwerkes mit der Reichweite von Einzelbeiträgen eines Nutzers fernliegend. Es ist als bekannt vorauszusetzen, dass einzelne Nutzerbeiträge in sozialen Netzwerken nicht von der Gesamtzahl der registrierten Nutzer gelesen werden. Die Möglichkeit der Beschränkung der Einsehbarkeit von Einzelbeiträgen auf sozialen Netzwerken (zB Beschränkung auf „Freunde" oder „Freunde von Freunden") auf bestimmten Netzwerken wird bei der Beurteilung der Reichweite ebenfalls nicht berücksichtigt (→ Rn. 67).

2. Übersicht zu § 1 NetzDG

40 Das NetzDG sieht im Wesentlichen eine gesetzliche Berichtspflicht für soziale Netzwerke über den Umgang mit Hasskriminalität und anderen strafbaren Inhalten (§ 2), die Etablierung eines Beschwerdemanagements (§ 3) sowie die Benennung eines inländischen Zustellungsbevollmächtigten sowie einer empfangsberechtigten Person für Auskunftsersuchen vor (§ 5). Verstöße gegen diese Pflichten können mit Bußgeldern gegen das Unternehmen und die Aufsichtspflichtigen geahndet werden (§ 4).[80] In § 1 erfolgt eine Normierung des persönlichen **Anwendungsbereichs** durch die Legaldefinition sozialer Netzwerke (Abs. 1, → Rn. 41 ff.), eine Einfügung einer Bagatellgrenze zum Anwendungsausschluss kleinerer sozialer Netzwerke (Abs. 2, → Rn. 65 ff.) sowie einer Legaldefinition der Compliance-bezogenen „rechtswidrigen Inhalte" mit der Benennung von Straftatbeständen des Besonderen Teils des Strafgesetzbuchs (Abs. 3, → Rn. 73 ff.).

---

[75] BT-Drs. 18/12356, S. 19.
[76] Zum Erfordernis der „Gewinnerzielungsabsicht" sozialer Netzwerke → Rn. 47.
[77] Vgl. weiterführend *Nolte*, ZUM 2017, 552, 560; *Wimmers/Heymann*, AfP 2017, 93, 101.
[78] → Rn. 65.
[79] BT-Drs. 18/12356, S. 19.
[80] S. auch BT-Drs. 18/12356, S. 2.

II. Anwendungsbereich (Abs. 1)

1. Soziale Netzwerke (S. 1)

a) Überblick. Die Vorschrift enthält eine **Legaldefinition** des bislang gesetzlich 41 nicht geregelten Begriffs der „sozialen Netzwerke" als Normadressaten des NetzDG. Diese soll nach der Entwurfsbegründung „sicherstellen", dass die „Berichtspflicht nur die Betreiber großer sozialer Netzwerke mit Meinungsmacht und nicht sämtliche Diensteanbieter nach dem Telemediengesetz (TMG) trifft".[81] Nach dem Wortlaut erfasst werden Diensteanbieter von „Plattformen im Internet", welche rechtlich als Telemedien zu qualifizieren sind und den Nutzern zur Veröffentlichung oder Teilung von beliebigen Inhalten mit anderen Nutzern dienen. Dabei muss die Internetplattform mit Gewinnerzielungsabsicht (→ Rn. 47) betrieben werden. In der Entwurfsbegründung wird im Rahmen der Kalkulation der wirtschaftlichen Folgekosten davon ausgegangen, dass vom Anwendungsbereich **„drei soziale Netzwerke** betroffen" und „bei weiteren sieben Netzwerken eine Einbeziehung denkbar" sei.[82] Eine namentliche Nennung der Netzwerke erfolgt nicht. Die Fassung des Normadressatenkreises ist aufgrund der **Ungleichbehandlung** gegenüber klassischen Medien und anderen Kommunikationsplattformen verfassungsrechtlichen Bedenken ausgesetzt.[83]

b) Diensteanbieter von Telemedien. aa) Telemedien. Der Begriff der sozia- 42 len Netzwerke setzt zunächst die Qualifizierung als Telemedium voraus. Erfasst werden mithin nach § 1 Abs. 1 S. 1 TMG elektronische Informations- und Kommunikationsdienste, soweit sie nicht Telekommunikationsdienste nach § 3 Nr. 24 TKG, die ganz in der Übertragung von Signalen über Telekommunikationsnetze bestehen, telekommunikationsgestützte Dienste nach § 3 Nr. 25 TKG oder Rundfunk nach § 2 RStV sind. Als **Beispiele für Telemedien** gelten Online-Angebote von Waren/ Dienstleistungen, Video auf Abruf, soweit es sich nicht nach Form und Inhalt um einen Fernsehdienst im Sinne der AVMD-Richtlinie 89/552/EWG handelt, Online-Dienste, die Instrumente zur Datensuche, zum Zugang zu Daten oder zur Datenabfrage bereitstellen (zB Internet-Suchmaschinen) sowie die kommerzielle Verbreitung von Informationen über Waren-/Dienstleistungsangebote mit elektronischer Post (zB Werbe-E-Mails).[84]

Plattformanbieter wie Facebook, Twitter und YouTube sind in der Regel als Tele- 43 medien zu qualifizieren, wobei sich im Einzelfall Fragen der **Abgrenzung zum Rundfunk** ergeben können, wenn ein beschwerdegegenständlicher Angebotsinhalt etwa als Bewegtbild im Rahmen eines übergeordneten, regelmäßig verbreiteten Streaming-Angebotes bereitgestellt wird. Bei Streaming-Angeboten auf Einzelabruf, wie sie auf Plattformen wie „Amazon Prime", „Netflix" oder „YouTube" angeboten werden, handelt es sich indes um Telemedien.[85] Bei Near-Video-on-Demand-Angeboten[86] handelt es sich nach der Rechtsprechung des EuGH[87] um einen Fernseh-

---

[81] BT-Drs. 18/12356, S. 11 f.
[82] BT-Drs. 18/12356, S. 16.
[83] Hierzu → Rn. 36 ff. sowie *Ladeur/Gostomzyk,* K&R 2017, 390, 394; *Nolte,* ZUM 2017, 552, 560; *Wimmers/Heymann,* AfP 2017, 93, 101.
[84] BT-Drs. 16/3078, S. 13 f.; Spindler/Schuster/*Ricke,* § 1 TMG Rn. 11.
[85] Vgl. auch Hahn/Vesting/*Schulz,* § 2 RStV Rn. 71; Spindler/Schuster/*Holznagel,* § 2 RStV Rn. 31.
[86] Beim Near-Video-on-Demand werden die Angebote in kurzen periodischen Abständen, zB alle 15 Minuten wiederholt, sodass der Zuschauer an diese vom Anbieter festgelegten Zeitpunkte gebunden ist (Wiederholungsschleife); vgl. Spindler/Schuster/*Holznagel,* § 2 RStV Rn. 30.
[87] EuGH, MMR 2005, 517 ff. mAnm *Schreier.*

NetzDG § 1 Anwendungsbereich

dienst und mithin um von dem Anwendungsbereich des NetzDG ausgeschlossenen Rundfunk.

44 Bei **Live-Streaming-Angeboten,** deren Verbreitungszeitpunkt vom Anbieter bestimmt wird und der aus Sicht der Nutzer nicht zu unterschiedlichen Zeiten im Einzelabruf abgerufen werden kann, kann es sich nach dem aktuellen Rundfunkbegriff des § 2 Abs. 1 RStV sowie nach der Auslegung der Landesmedienanstalten[88] und der EuGH-Rechtsprechung[89] um Rundfunk handeln. Allerdings bedarf es der Prüfung im Einzelfall anhand der über die Linearität hinausgehenden weiteren Rundfunkkriterien wie insbesondere dem Vorliegen eines Sendeplans, der Ausschlussgründe des § 2 Abs. 3 RStV sowie den Kriterien der Breitenwirkung, Aktualität und Suggestivkraft.[90] Live-Streaming-Angebote in Netzwerken sind daher vom Anwendungsbereich des Abs. 1 S. 1 ausgeschlossen, wenn diese nach der Einzelfallbewertung entsprechend der genannten Kriterien als Rundfunk anzusehen sind.

45 **bb) Diensteanbieter.** In der Entwurfsbegründung zum NetzDG werden unter Verweis auf eine „entsprechende Geltung" von Art. 2 lit. b) ECRL und § 2 Nr. 1 TMG Telemediendiensteanbieter als solche definiert, „bei denen die elektronische Informationsbereitstellung im Vordergrund steht".[91] Diensteanbieter ist nach der weiten Begriffsfassung des TMG jede natürliche oder juristische Person, die eigene oder fremde Telemedien **zur Nutzung bereithält** oder den Zugang zur Nutzung vermittelt. Da allein die Anbieterfunktion, dem Kunden die Nutzung von Telemedien zu ermöglichen, zur Einordnung als Diensteanbieter genügt,[92] sind Anbieter sozialer Netzwerke wie Facebook, Twitter oder YouTube stets Diensteanbieter. Hiervon zu unterscheiden ist die Fragestellung, ob Nutzer der Plattformen ihrerseits zB aufgrund der Gestaltung eines Facebook-Auftritts (zB Unternehmerprofile) ebenfalls als Diensteanbieter anzusehen sind.[93]

46 Erfasst werden auch Diensteanbieter mit **Niederlassung im (EU-)Ausland** und solche, die Dienste auch ausländischen Nutzern zur Verfügung stellen. Dies ergibt sich zunächst aus der Begründung des NetzDG-Entwurfs der Regierungsfraktionen, wonach „die Regulierung sich nicht ausschließlich an inländische Betreiber" richte und „auch nicht nur deren Dienstleistung im Inland, sondern ebenso Betreiber aus anderen EU-Mitgliedstaaten beziehungsweise die Erbringung von Dienstleistungen durch inländische Betreiber an Nutzer in anderen EU-Mitgliedstaaten" betreffe (BT-Drs. 18/12356, S. 15). Überdies erschließt sich dies rechtssystematisch aus den §§ 4 Abs. 3 und 5 NetzDG.[94] Dies begründet die Unionsrechtswidrigkeit aufgrund Verstoßes gegen das Herkunftslandprinzip.[95]

---

[88] Vgl. etwa den Bescheid der Landesmedienanstalt LfM NRW vom 3.4.2017 zu dem Live-Streaming-Angebot „PietSmietTV"; hierzu auch *Liebhaber/Wessels,* K&R 2017, 544ff.

[89] EuGH, MMR 2005, 517ff. mAnm *Schreier.*

[90] In der Amtlichen Begründung zum neuen Rundfunkbegriff im Rahmen des 12. RfÄndStV wird klargestellt, dass die bisherigen Kriterien zur Abgrenzung von Rundfunk und Telemedien wie insb. die „Breitenwirkung, Aktualität und Suggestivkraft" weiterhin zu berücksichtigen sind; LT-Drs. Rheinl-Pfalz 15/3116, S. 38.

[91] BT-Drs. 18/12356, S. 18.

[92] Spindler/Schuster/*Ricke,* § 2 TMG Rn. 2.

[93] Vgl. insb. zur Impressumspflicht LG Aschaffenburg, K&R 2011, 809 mAnm *Dramburg/ Schwenke* = MMR 2012, 38; *Dramburg/Schwenke,* K&R 2011, 811.

[94] Ausf. *Spindler,* K&R 217, 533, 535.

[95] → Rn. 13 ff. sowie *Feldmann,* K&R 2017, 292, 296; *Hain/Ferreau/Brings-Wiesen,* K&R 2017, 433f.; *Hoeren,* Beck-Expertenblog v. 30.3.2017; *Spindler,* ZUM 2017, 473, 474ff.; *ders.,* K&R 2017, 533, 535f.; *Wimmers/Heymann,* AfP 2017, 93, 96f.

cc) Gewinnerzielungsabsicht. Die Anwendbarkeit des NetzDG setzt weiter voraus, dass die Internetplattform vom Diensteanbieter mit der Absicht der Gewinnerzielung betrieben wird. Bei **gewerblichen Unternehmen** ist regelmäßig davon auszugehen, dass sie eine Gewinnerzielung anstreben.[96] Ob tatsächlich ein wirtschaftlicher Gewinn erzielt wird, ist unerheblich, was freilich angesichts der in Abs. 2 allein an der Zahl registrierter Nutzer orientierten Bagatellgrenze zweifelhaft erscheint. Einer Gewinnerzielungsabsicht kann es ermangeln, wenn eine Dauerhaftigkeit und Nachhaltigkeit des Diensteangebotes nicht gegeben ist.[97] Unerheblich ist, ob das Angebot des sozialen Netzwerkes für Nutzer kostenlos oder entgeltpflichtig ist, da sich die Gewinnorientierung auch aus der Nutzung anderer **wirtschaftlicher Erwerbsmodelle** (zB Werbeeinnahmen, Affiliate-Programme, Lizenzeinräumung) ergeben kann. Ausschließlich private bzw. non-profit-Kommunikationsplattformen sind vom Anwendungsbereich ausgeschlossen.[98] Ebenso kann es an einer Gewinnerzielungsabsicht fehlen, wenn eine Plattform Spenden bei Nutzern zur ausschließlichen Deckung der Betriebskosten einwirbt. Ein „geschäftsmäßiges Anbieten" iSd § 7 Abs. 1 S. 2 JMStV begründet nicht zwingend das Vorliegen einer Gewinnerzielungsabsicht.[99]

c) Erfasste Internetplattformen. aa) Plattformen mit beliebigen Inhalten. Der Begriff der **Plattform** soll in erster Linie Dienste iSv § 10 TMG erfassen.[100] Die Begründung der Beschlussempfehlung des BT-Rechtsausschusses führt demgegenüber enger aus, dass der Terminus „nach dem allgemeinen Sprachgebrauch Kommunikationsräume" meine, wo sich Kommunikation typischerweise an eine Mehrzahl von Adressaten richtet bzw. zwischen diesen stattfindet" und bereits hiernach – ungeachtet des S. 3 – Dienste der Individualkommunikation ausgeschlossen seien.[101] Eine entsprechende sprachgebräuchliche Etablierung ist indes zweifelhaft, zumal in Abs. 1 S. 3 selbst wieder von „Plattformen" die Rede ist, „die zur Individualkommunikation bestimmt sind". Überdies sind die Grenzen multifunktionaler Dienste zwischen Individual- und **„one to many"-Kommunikation** fließend; so kann der Messenger-Dienst WhatsApp auch zur Gruppenkommunikation,[102] die Plattform Facebook auch zur Individualkommunikation genutzt werden. Der Plattformbegriff ist insoweit indifferent und spezifiziert lediglich die vom Diensteanbieter gegebene Möglichkeit für Dritte (Nutzer) zur Kommunikation auf seinem Server ungeachtet der Zahl der Teilnehmer.

Abs. 1 S. 1 schränkt den Anwendungsbereich weiter dadurch ein, dass nur Internetplattformen erfasst werden sollen, bei denen Nutzer **„beliebige Inhalte"** mit anderen Nutzern teilen oder der Öffentlichkeit zugänglich machen. Die Vorgabe korrespondiert mit der später im Gesetzgebungsverfahren klarstellend eingefügten Ausnahme von Plattformen zur Verbreitung „spezifischer Inhalte" in Abs. 1 S. 3 (→ Rn. 62ff.).

An dem Erfordernis der „Beliebigkeit" wird es nicht schon dann ermangeln, wenn auf der Plattform nur bestimmte Darstellungskategorien oder Dateitypen (zB nur Bilddateien oder MP3-Dateien) geteilt oder verbreitet werden können. Dies ergibt

---

[96] Vgl. EuGH, EuZW 2014, 672, 674 – Centro Hospitalar.
[97] Vgl. BVerwG, ZfBR 2013, 45, 47 zur Dauerhaftigkeit und Nachhaltigkeit der Betriebsführung im Baurecht.
[98] Zutreffend *Spindler,* K&R 2017, 533, 534, der im Übrigen auf die Problematik bei der Verwendung von CC (creative commons) Lizenzen auf Plattformen wie Wikipedia (→ Rn. 50) verweist.
[99] Vgl. OVG Magdeburg, B. v. 18.5.2017 – 4 L 103/16.
[100] BT-Drs. 18/12356, S. 18.
[101] BT-Drs. 18/13013, S. 21; hierzu auch → Rn. 49f.
[102] Hierauf zurecht hinweisend *Spindler,* K&R 2017, 533, 534.

sich zum einen aus der Begründung des Regierungsentwurfs, wonach auch Plattformen erfasst seien, deren „Hauptaugenmerk" auf nur einer der „Kategorien" **Bilder, Videos oder Texte** liege.[103] Zum anderen wird auf die „Inhalte" im Sinne der gestalterischen und kommunikativen Thematik abgestellt, nicht die Kommunikationsform (zB auditiv oder visuell, Musiktöne oder Sprache).[104] Nutzeroffene Plattformen zur Wissensverbreitung und -vernetzung ohne inhaltsthematische Beschränkung unterfallen daher bei Vorliegen der weiteren Voraussetzungen dem NetzDG (zB die deutsche Frage-Antwort-Plattform „Gute Frage"), es sei denn es erfolgt sukzessiv eine qualitative redaktionelle Überprüfung nahezu aller eingestellten Beiträge (zB Wikipedia). „Spezifische Einschränkungen" aufgrund der sog. Netiquette oder einer „virtuellen Hausordnung" schließen nach der Entwurfsbegründung eine Beliebigkeit der Plattforminhalte nicht aus.[105] Jedoch können umgekehrt umfangreiche inhaltsthematische Vorgaben in Nutzungsbedingungen eine hinreichende bestimmungsgemäße Inhaltsspezifik iSd Abs. 1 S. 3, 2. Variante begründen.

51 Vom Gesetzgeber offengelassen und mit erheblichen **Abgrenzungsschwierigkeiten** in der Anwendungspraxis verbunden ist die Fragestellung, ob eine Inhaltsbeliebigkeit auch dann anzunehmen ist, wenn sich Nutzer zB über thematische Vorgaben des Plattformbetreibers eigenmächtig und unter Verstoß gegen Nutzungsbedingungen hinwegsetzen und andere Inhalte verbreiten bzw. teilen.[106] „Unschädlich" soll nach der Entwurfsbegründung lediglich sein, wenn sich „einige" Nutzer nicht an Vorgaben halten.[107]

52 **bb) Zweckbestimmung des Teilens von Inhalten mit anderen Nutzern.** Die Definition der sozialen Netzwerke erfasst zunächst das „Teilen" von Inhalten mit anderen Nutzern, wobei im Regierungsentwurf über den Gesetzeswortlaut hinaus jedenfalls für den Inhaltsaustausch das Vorhandensein einer **geschlossenen Netzgemeinschaft** (gated community)" vorausgesetzt wird.[108] Auch vor dem Hintergrund der auf eine Registrierung von Nutzern abstellenden Bagatellgrenze in Abs. 2 (→ Rn. 65 ff.) ist fraglich, ob durch Abs. 1 nur Plattformen erfasst werden, welche ihre Nutzerschaft durch einen Abgrenzungsakt (zB Registrierung, Anmeldung, Entgeltzahlung) von anderen Internetnutzern differenziert und/oder gleichsam das Netzwerk zB auch in dem Sinne „geschlossen" hält, dass nicht registrierte Internetnutzer keinen Zugriff auf entsprechende Inhalte haben. Dies würde freilich bedeuten, dass offene Netzwerke, welche von Internetnutzern ohne jedweden Registrierungsakt frei zum Inhaltsaustausch und zur Verbreitung genutzt werden können, nicht dem NetzDG unterfielen, obgleich der Normzweck und die gesetzgeberische Intention (→ Rn. 2 ff., 6 ff.) einen Ausschluss nicht gerechtfertigt erscheinen ließen. Mit Blick auf Abs. 2 iVm dem Grundsatz der Bestimmtheit ergibt sich aber, dass jedenfalls im Falle einer fehlenden Registrierungsmöglichkeit für Nutzer eine Internetplattform nicht dem Anwendungsbereich unterfällt, selbst wenn die Zahl aktiver Nutzer zwei Millionen überschreitet.[109]

53 Der **Nutzerbegriff** orientiert sich ausweislich der Begründung des NetzDG-Entwurfs an § 2 Nr. 3 TMG und erfasst jede „natürliche oder juristische Person, die die

---

[103] BT-Drs. 18/12356, S. 18.
[104] So bereits *Spindler*, K&R 2017, 533, 534.
[105] BT-Drs. 18/12356, S. 19.
[106] S. hierzu sowie zu den Abgrenzungsproblemen zu Inhalte-„spezifischen" Plattformen iSd Abs. 1 S. 3 → Rn. 61 ff.
[107] BT-Drs. 18/12356, S. 19.
[108] Vgl. BT-Drs. 18/12356, S. 12; dies allerdings noch vor der im damaligen Entwurf noch vorgesehenen Differenzierung von „Austausch" und „Teilen"; s. zur Streichung auf Vorschlag des BT-Rechtsausschusses: BT-Drs. 18/13013, S. 20.
[109] → Rn. 72; so iE auch *Spindler*, K&R 2017, 533, 534, der indes von einer geringen praktischen Bedeutung ausgeht.

Anwendungsbereich **§ 1 NetzDG**

Infrastruktur der Plattform zugangsfrei nutzt, insbesondere, um auf Inhalte zuzugreifen und um Informationen zu erlangen".[110] Auch „Follower" des Kurznachrichtendienstes Twitter werden von dem Nutzerbegriff erfasst. Eine Registrierung ist zur Begründung der Nutzereigenschaft nicht erforderlich, allerdings ist die Registrierungsmöglichkeit für Nutzer im Rahmen des Dienstes für die Anwendbarkeit des NetzDG erforderlich (→ Rn. 69 ff.).

Die noch im Gesetzesentwurf der Regierungsfraktionen enthaltene Differenzierung zwischen einem „Austausch" und dem **„Teilen"** von Inhalten wurde nach der Beschlussempfehlung des BT-Rechtsausschusses gestrichen, um klarzustellen, „dass Dienste der Individualkommunikation (zB E-Mail- oder Messenger-Dienste) nicht unter das Gesetz fallen".[111] Angesichts der Begründung des Regierungsentwurfs ist indes weiter davon auszugehen, dass der Begriff des Teilens derart zu verstehen ist, dass er „sowohl das Zugänglichmachen von selbst eingestellten als auch von bereits vorhandenen beliebigen Inhalten für ausgewählte Nutzergruppen" erfasst, „wobei Inhalte auch für alle Nutzer freigegeben werden können". Soweit hingegen Dienste lediglich den „Austausch zwischen administrativ festgelegten Gruppenmitgliedern oder Chatmitgliedern in einem potenziell bestimmten Personenkreis" ermöglichen,[112] ist der Anwendungsbereich des NetzDG aufgrund der gesetzgeberischen Streichung des Rechtsbegriffs „Austausch" nicht gegeben. Wann freilich ein „Teilen für ausgewählte Nutzergruppen" und wann ein „Austausch zwischen festgelegten Gruppenmitgliedern" vorliegen soll, lässt sich in der praktischen Anwendung kaum differenzieren. Die Streichung des Terminus „Austausch" hat mithin nicht zur „Klarstellung" als vielmehr zu einer Auslegungskonfusion beigetragen, welche die **Unbestimmtheit** des gesetzlichen Normadressatenkreises befördert und Forderungen des Schrifttums nach einer restriktiven Auslegung und einer Beschränkung des Anwendungsbereichs ausschließlich auf Plattformen mit überwiegend meinungsbildenden Inhalten[113] Nahrung gibt. 54

Der Wortlaut setzt weiter voraus, dass die Plattform dazu **„bestimmt"** ist, dass Nutzer beliebige Inhalte teilen. Aus dem Erfordernis des Bestimmens wird zum Teil eine restriktive Auslegung derart abgeleitet, dass die Plattform „entsprechende **Tools zur Kommunikation**" bereitstellt; hingegen neutrale „Host Provider" wie Cloud-Dienste nicht erfasst seien.[114] Indes kann das Vorhandensein entsprechender Nutzeranwendungen und Tools allenfalls als Auslegungsindiz für die entsprechende Bestimmung des Dienstes zur Teilung genutzt werden. Freilich ist nicht einsehbar, weshalb Cloud-Dienste oder auch File-Sharing-Systeme (Sharehosting-Dienste) entgegen dem Gesetzeswortlaut ungeachtet des Vorhandenseins von Tools nicht zum Teilen beliebiger Inhalte durch Nutzer bestimmt sein sollen. 55

cc) Zweckbestimmung des Zugänglichmachens gegenüber Öffentlichkeit. Soziale Netzwerke sollen weiterhin auch Plattformen sein, die es Nutzern ermöglichen, beliebige Inhalte der Öffentlichkeit zugänglich zu machen, wobei es auf den tatsächlichen Empfang nicht ankommt. Der Gesetzgeber orientiert sich hierbei an dem urheberrechtlichen Begriff und verweist in der Entwurfsbegründung auf Rechtsprechung des BGH, wonach die **Ermöglichung des Empfangs** durch eine Öffentlichkeit gemeint sei.[115] Die Möglichkeit des Betrachtens oder Zuhörens ist für 56

---

[110] BT-Drs. 18/12356, S. 18.
[111] BT-Drs. 18/13013, S. 20.
[112] BT-Drs. 18/12356, S. 18.
[113] So *Spindler,* K&R 2017, 533, 534, der dies auch rechtssystematisch mit den § 1 Abs. 3 genannten Strafdelikten begründet.
[114] *Spindler,* K&R 2017, 533, 534.
[115] BT-Drs. 18/12356, S. 18 f. unter Verweis auf BGH, GRUR 1994, 45, 46 – Verteileranlagen und BGH, GRUR 1996, 875, 876 – Zweibettzimmer im Krankenhaus.

ein Zugänglichmachen ausreichend. Dies stimmt auch weitgehend mit der straf- und ordnungsrechtlichen Begriffsauslegung des „Zugänglichmachens" überein.[116] Bereitstellen von Dateninhalten im Internet ist stets Zugänglichmachen.[117] Ein zeitgleicher Empfang durch die Empfänger muss ermöglicht werden.[118] Technisch bedingte geringfügige Zeitdifferenzen bei den Empfangsmöglichkeiten stehen dem nicht entgegen.

2. Journalistisch-redaktionell gestaltete Angebote (S. 2)

57 Vom Anwendungsbereich ausgeschlossen sind Plattformen mit journalistisch-redaktionell gestaltete Angebote, die vom Diensteanbieter iSv § 7 Abs. 1 oder § 10 S. 2 TMG selbst verantwortet werden. Insoweit handelt es sich nach dem Wortlaut allerdings um eine rein **deklaratorische Regelung,** da entsprechende Dienste mit selbst verantworteten journalistisch-redaktionell gestalteten Beiträgen schon nicht iSd Abs. 1 S. 1 dazu „bestimmt" sind, dass Nutzer beliebige Inhalte teilen oder zugänglich machen. Vielmehr tritt insoweit die Bestimmung bzw. Ausrichtung des Dienstes auf Nutzerinformation, Berichterstattung und Meinungsbildung durch eigenverantwortete Beitragsinhalte in den Vordergrund.

58 Die Entwurfsbegründung lässt offen, welche Inhalte als „journalistisch-redaktionell" gestaltet anzusehen sind und verweist nur auf die Geltung der Vorschriften der §§ 54 ff. RStV,[119] welche den Rechtsbegriff freilich in unterschiedlichen Kontexten (journalistische Sorgfaltspflichten, besondere Informationspflichten und -rechte, Gegendarstellung) und mit entsprechend unterschiedlichen rechtssystematischen Auslegungsbezügen verwenden.[120] Von einem journalistisch-redaktionell gestalteten Angebot kann in der Regel ausgegangen werden, wenn der konkrete Online-Inhalt mit einem periodisch erscheinenden Druckwerk im Wesentlichen übereinstimmt oder korrespondiert.[121] Ebenfalls kann hinreichend sein, dass die abrufbaren Informationen nicht beliebig von ihren Nutzern eingestellt, sondern von den **Mitarbeitern recherchiert** und/oder – soweit sie von Dritten stammen – **redaktionell geprüft** und gesichtet werden.[122] Das bloße Anlegen von Rubriken oder die Moderation von Beiträgen genügt nicht, zumal insoweit auch schon eine Verantwortung des Netzwerkbetreibers fraglich ist.[123] Allein die Ausgestaltung des Impressums iSd § 55 Abs. 2 RStV begründet hingegen noch kein Indiz für das tatsächliche Vorliegen eines journalistisch-redaktionell gestalteten Angebotes.[124]

59 Über den Wortlaut des S. 2 hinausgehend sollen nach der Entwurfsbegründung auch Plattformen vom Anwendungsbereich ausgenommen sein, „die für die Zugänglichmachung ihrer eigenen journalistisch-redaktionell gestalteten Angebote auf die **Infrastruktur** eines anderen sozialen Netzwerkes zurückgreifen, wie zB durch den Betrieb einer eigenen Seite oder eines Profils bei Facebook".[125] In Bezug auf solche

---

[116] Vgl. auch OLG Stuttgart, B. v. 27.8.1991 – 5 Ss 560/90, NStZ 1992, 38; *Hörnle,* NJW 2002, 1008, 1009.

[117] So schon *Derksen,* NJW 1997, 1878, 1881 ff.; *Sieber,* JZ 1996, 429, 494, 495 f.; vgl. auch BGH, NJW 1976, 1984; *Walther,* NStZ 1990, 523.

[118] BT-Drs. 18/12356, S. 18 f. unter Verweis auf BGH, GRUR 2009, 845, 848 – Internet-Videorecorder; zur Abgrenzung zum Rundfunk → Rn. 43 ff.

[119] BT-Drs. 18/12356, S. 19.

[120] Vgl. Hahn/Vesting/*Held,* § 54 Rn. 38 ff.

[121] Vgl. VG Stuttgart, Urt. v. 22.4.2010 – 1 K 943/09.

[122] So auch VG Stuttgart, Urt. v. 22.4.2010 – 1 K 943/09.

[123] Vgl. *Spindler,* K&R 2017, 533, 535.

[124] AA VG Stuttgart, Urt. v. 22.4.2010 – 1 K 943/09.

[125] BT-Drs. 18/12356, S. 19; s. auch *Spindler,* K&R 2017, 533, 535: „Inhärente Bereichsausnahme".

Angebote, unterliege auch „das soziale Netzwerk, dessen Infrastruktur für die Zugänglichmachung genutzt wird, ebenso keinen Compliance-Verpflichtungen nach den §§ 2 und 3 dieses Gesetzes". Fraglich ist indes, weshalb derartige Angebote gegenüber sonstigen journalistisch-redaktionell gestalteten Angeboten von Nutzern sozialer Netzwerke privilegiert werden sollten. Deren Inhalte fallen namentlich nicht unter die Ausnahme des S. 2. Insoweit ergeben sich weitere, unter dem Gesichtspunkt des Bestimmtheits- wie des Gleichbehandlungsgebotes nicht unbedenkliche Abgrenzungsschwierigkeiten bei der Auslegung des Normadressatenkreises des NetzDG.

3. Individualkommunikation, inhaltsspezifische Plattformen (S. 3)

a) Zur Individualkommunikation bestimmte Inhalte. Des Weiteren vom Anwendungsbereich ausgenommen sind nach dem Wortlaut des S. 3, 1. Variante „Plattformen, die zur Individualkommunikation bestimmt sind". Widersprüchlich wird in der Beschlussempfehlung des BT-Rechtsausschusses ausgeführt, dass der Begriff der „Plattform" nach dem „allgemeinen Sprachgebrauch" gerade nicht Individualkommunikation einschließe, sondern „Kommunikationsräume, wo sich Kommunikation typischerweise an eine Mehrzahl von Adressaten richtet bzw. zwischen diesen stattfindet".[126] Die Regelung unterstellt, dass Dienste hinsichtlich ihrer Nutzungsanwendungsbestimmung stets klar zu unterscheiden sind zwischen Individual- und Gruppenkommunikation. Dies ist nicht der Fall, da viele Plattformen **multifunktional** für beide Kommunikationsformen genutzt werden und entsprechend „bestimmt" (hierzu auch → Rn. 64) sein können.[127] 60

Als Dienste der Individualkommunikation kommen – unter dem Vorbehalt fehlender Bestimmbarkeit bei multifunktionalen Diensten – **E-Mail- oder Messenger-Dienste** wie WhatsApp in Betracht, aber auch **Datenübertragungsdienste** wie „Wetransfer.com", hingegen nicht Cloud- und Synchronisierungsdienste wie „Dropbox" oder „Microsoft OneDrive",[128] ebenso wenig Sharehosting-Dienste. 61

b) Verbreitung spezifischer Inhalte. Die Ausnahme für inhaltsspezifische Plattformen korrespondiert mit dem bereits in Abs. 1 S. 1 gefassten Wortlaut („beliebige Inhalte", → Rn. 48f.) und wurde ebenfalls erst im weiteren Gesetzgebungsverfahren auf Empfehlung des BT-Rechtsausschusses zur „Klarstellung" eingefügt.[129] Nach der Begründung der Beschlussempfehlung werden vom Anwendungsbereich Anbieter von solchen Plattformen nicht erfasst, die darauf angelegt sind, dass nur spezifische Inhalte verbreitet werden, wobei **beispielhaft** „berufliche Netzwerke, Fachportale, Online-Spiele, Verkaufsplattformen" genannt werden.[130] Damit sind sowohl auf die berufliche Profilierung und Vernetzung gerichtete Plattformen wie „Xing" oder „LinkedIn" ausgenommen als auch Kommunikationsplattformen für fachspezifische Diskurse (Fachforen). Bei Online-Spielen und Verkaufsplattformen kann im Einzelfall bereits fraglich sein, ob die Plattform iSd Abs. 1 S. 1 überhaupt vornehmlich zum Inhaltsaustausch oder zur nutzerseitigen Inhaltsverbreitung bestimmt ist. Geschlossene Netzwerke mit thematisch bestimmter Nutzungsorientierung (zB Spielkonsolen-Netzwerke) sind vom Anwendungsbereich des NetzDG stets ausgeschlossen. Ein hinreichendes Inhaltsspezifikum kann sich im Einzelfall auch aus der Beschränkung der Nutzerschaft auf bestimmte persönliche Eigenschaften oder Merkmale (Geschlecht, Hobbies) ergeben.[131] 62

---

[126] BT-Drs. 18/13013, S. 21; → Rn. 47.
[127] Daher zu Recht krit. in Bezug auf die Differenzierung zwischen den Diensten WhatsApp und Twitter *Spindler*, K&R 2017, 533, 534; → Rn. 53.
[128] *Spindler*, K&R 2017, 533, 534.
[129] BT-Drs. 18/13013, S. 20.
[130] BT-Drs. 18/13013, S. 20; *Spindler*, K&R 2017, 533, 534.
[131] S. auch BT-Drs. 18/12356, S. 19: „personell eingegrenzte Netzwerke".

NetzDG § 1   Anwendungsbereich

63   Im Schrifttum wird auf die vom Gesetzgeber offenbar nicht gesehene Problematik der **missbräuchlichen Inhaltsspezifizierung** einer Internetplattform zum gezielten Ausschluss des Anwendungsbereichs des NetzDG hingewiesen (zB eine rechtsextremistische Plattform, welche den Inhalteaustausch auf die Diskussion der „Flüchtlingsthematik" beschränkt).[132] Allerdings ergeben sich in derartigen Konstellationen schon aufgrund der Bagatellgrenze des Abs. 2 (→ Rn. 65) in der Regel keine praktischen Auswirkungen. Insoweit bewendet es ggf. direkt bei der Strafverfolgung und bei Aufsichtsmaßnahmen gegen den Plattformbetreiber, der sich im Falle eines Zu-eigen-Machens auch fremder Plattforminhalte[133] aufgrund der deutlichen thematischen Ausrichtung ohnehin regelmäßig nicht auf die Verantwortlichkeitsprivilegierung des § 10 TMG wird berufen können.

64   Abgrenzungsschwierigkeiten ergeben sich in Fällen einer vom Plattformbetreiber – etwa in Nutzungsbedingungen oder durch Domain- und Titelbezeichnung – vorgegebenen **„Bestimmung"** bzw. **„Ausrichtung"** auf spezifische Inhalte, wenn diese faktisch durch Nutzer aufgrund des Teilens und Verbreitens ganz anderer, „beliebiger" Inhalte in größerem Ausmaß unterminiert wird. Nach der Begründung der Beschlussempfehlung des BT-Rechtsausschusses soll für einen Anwendungsausschluss bereits genügen, dass die Plattform „darauf angelegt" ist, nur spezifische Inhalte zu verbreiten, gerade ohne dass es auf eine tatsächliche thematische Erweiterung der abrufbaren Nutzerinhalte ankommt.[134] In welchen Fällen im Sinne eines venire contra factum proprium eine ursprüngliche inhaltsspezifische Bestimmung aufgrund einer tatsächlichen und vom Plattformbetreiber mehrfach und nachhaltig geduldeten thematischen Inhaltsöffnung durch Nutzer als unerheblich anzusehen sein wird, bedarf der Bewertung im Einzelfall.[135] Der umgekehrte Fall, in dem eine vom Plattformbetreiber belassene Offenheit für beliebige Inhalte erst durch den Nutzer inhaltlich beschränkt wird (zB auch über einen entsprechend eingeschränkten Freundeskreis bei Facebook), lässt den Anwendungsbereich des NetzDG hingegen nicht entfallen.[136]

III. Bagatellgrenze (Abs. 2)

1. Quantitative Differenzierung

65   Die Vorschrift befreit soziale Netzwerke (Abs. 1) von den „aufwändigen" (BT-Drs. 18/12356, S. 19) Pflichten, wenn das Netzwerk weniger als zwei Millionen registrierte Nutzer in der Bundesrepublik Deutschland hat. Nähere Bestimmungen sollen nach der Begründung der Beschlussempfehlung des BT-Rechtsausschusses in den gem. § 4 Abs. 4 S. 2 zu erlassenden allgemeinen Verwaltungsgrundsätzen geregelt werden.[137] Die Privilegierung gegenüber Netzwerken mit mehr Nutzern aber uU geringeren wirtschaftlichen Ressourcen unterliegt mit Blick auf Art. 3 GG **verfassungsrechtlichen Bedenken** (ausf. → Rn. 37 ff.).

66   Zunächst ist es eine gesetzgeberische Fehlannahme, dass die Zahl registrierter Nutzer Rückschlüsse auf die „entsprechenden **Ressourcen und Kapazitäten**" (BT-Drs. 18/12356, S. 19) des Netzwerkbetreibers zulässt. Denn die Nutzung durch registrierte User ist in den meisten Fällen der erfassten sozialen Netzwerke nicht entgelt-

---

[132] Vgl. *Spindler,* K&R 2017, 533, 534.
[133] Eingehend BGH, NJW 2017, 2029 ff. mAnm *Lampmann* = MMR 2017, 526 mAnm *Becker.*
[134] Vgl. BT-Drs. 18/13013, S. 20; s. auch *Spindler,* K&R 2017, 533, 534.
[135] „Unschädlich" sein soll nach der Entwurfsbegründung nur, wenn sich lediglich „einige Nutzer nicht an Vorgaben" hielten; vgl. BT-Drs. 18/12356, S. 19.
[136] Krit. *Spindler,* K&R 2017, 533, 534.
[137] So zu § 6 Abs. 2: BT-Drs. 18/13013, S. 25.

Anwendungsbereich **§ 1 NetzDG**

pflichtig. Auch die im Entwurf in Anknüpfung an die Nutzerzahl vorgenommene Gleichsetzung „kleinerer Unternehmen" mit „Start-up-Unternehmen"[138] ist falsch und praxisfern. Sie begründet keinen sachlichen Grund der gesetzlichen Normadressatendifferenzierung. In der Entwurfsbegründung wird ergebnisbezogen ausgeführt, dass sich die Bagatellgrenze von zwei Millionen Nutzern lediglich an der tatsächlichen Nutzerzahl der „breit vertretenen sozialen Netzwerke" orientiert hat,[139] hingegen nicht an der gar nicht eruierten, etwaig mit Nutzerzahlen korrelierenden wirtschaftlichen Leistungsfähigkeit und den personellen Ressourcen, welche für die Erbringung der erheblichen Compliance-Pflichten aus §§ 2, 3, 5 erforderlich sind und diese zumutbar bzw. verhältnismäßig erscheinen lassen.

Überdies ist der Gesetzgeber zur Begründung der Bagatellgrenze von einer vermeintlich unterschiedlichen „**Perpetuierungswirkung** der ausgetauschten und geteilten oder der Öffentlichkeit zugänglich gemachten Inhalte" ausgegangen.[140] Mit dem vagen Terminus der Perpetuierung ist die „Reichweite der Inhalte" gemeint, welche als „regelmäßig höher" eingestuft wird sowie ein vermuteter „Anstieg der diffamierenden Wirkung".[141] Abgesehen davon, dass die meisten der in § 1 Abs. 3 vorgesehenen Straftdelikte keine „diffamierende Wirkung" zeitigen, ist die Zahl der registrierten Nutzer weder Indikator noch Indiz für die Wahrnehmungsreichweite, da Nutzerbeiträge nie auch nur annähernd von der Gesamtzahl der Nutzerschaft eines Netzwerkes rezipiert wird. **67**

In Abs. 2 wird nicht vorgegeben, über welchen **Zeitraum** und nach welchen **Erhebungsanforderungen** die Zwei-Millionen-Nutzergrenze überschritten sein muss. Zustimmungswürdig ist die von *Spindler* pragmatisch wie rechtssystematisch plausible Zugrundelegung der halbjährlichen Durchschnittszahl von zwei Millionen Nutzern, da hierdurch Unklarheiten der Anwendung des NetzDG zB bei kurzfristig schwankenden Nutzerzahlen vermieden werden.[142] Rechtssystematischer Anknüpfungspunkt des Erhebungszeitraums ist der halbjährliche Berichtsturnus nach § 2 Abs. 1 S. 1 NetzDG. **68**

2. Registrierung der Nutzer

a) Anforderungen der Registrierung. Durch Beschlussempfehlung des BT-Rechtsausschusses wurde das bereits im Referentenentwurf enthaltene Erfordernis der Registrierung von mindestens zwei Millionen Nutzern wieder eingefügt. Nach der Vorschlagsbegründung wird gefordert, dass die „insofern relevanten Nutzer einen gewissen **Registrierungsprozess** durchlaufen haben, wozu in der Regel die Zuordnung eines Nutzernamens und Zustimmung zu gewissen Regeln des sozialen Netzwerkes in Form von Allgemeinen Geschäftsbedingungen gehört".[143] Freilich kann nach dem Gesetzeswortlaut auch die Angabe einer E-Mail-Adresse und eines Passwortes ohne weitergehende Anerkennung von Nutzungsbedingungen als Registrierung angesehen werden. Das bloße Anlegen eines Nutzerprofils auf der Plattform, im Rahmen dessen der Nutzer sich selbst darstellt und Angaben zu seiner Person macht, stellt keine Registrierung iSd Abs. 2 dar. **69**

Nicht mehr registriert sind Nutzer, deren Nutzungsverhältnis mit dem sozialen Netzwerk beendet wurde.[144] Darauf, ob die registrierten Nutzer noch auf der Platt- **70**

---

[138] BT-Drs. 18/12356, S. 12.
[139] BT-Drs. 18/12356, S. 19.
[140] BT-Drs. 18/12356, S. 19.
[141] Auch die Beschlussempfehlung des BT-Rechtsausschusses referenziert auf einer Perpetuierungswirkung, zu der „unregistrierte Besucher in der Regel nicht beitragen", vgl. BT-Drs. 18/13013, S. 21.
[142] Grundlegend *Spindler*, K&R 2017, 533, 534.
[143] BT-Drs. 18/13013, S. 21.
[144] BT-Drs. 18/13013, S. 21.

NetzDG § 1 Anwendungsbereich

form aktiv sind oder nicht („Karteileichen"), kommt es nach dem Wortlaut nicht an. Da sich die wirtschaftlichen Ressourcen des Netzwerkbetreibers (zB durch Werbeeinnahmen) aber weniger an der Zahl der registrierten Nutzer, sondern vielmehr an der Zahl aktiver Nutzer orientiert, bedarf es der verfassungskonform **erweiternden Auslegung** der Bagatellgrenze des Abs. 2 dahingehend, dass der Betreiber eines sozialen Netzwerks trotz höherer Zahl von Registrierungen von der Anwendung des NetzDG ausgeschlossen ist, wenn er nachweist, dass im Halbjahresdurchschnitt[145] deutlich weniger als zwei Millionen Nutzer aktiv die Plattform nutzen.

71 **b) Begrenzung auf Nutzer im Inland.** Maßgeblich ist nicht die Gesamtzahl der User eines sozialen Netzwerks, sondern vielmehr nur der „im Inland registrierten Nutzer". Eine inländische Registrierung erfordert indes keinen Wohnsitz oder gewöhnlichen Aufenthalt im Inland. Maßgeblich für die Ermittlung des Registrierungsortes soll insoweit die **IP-Adresse** sein.[146] Insoweit handelt es sich allerdings nicht um eine sichere Lokalisierung des tatsächlichen Registrierungsortes, da zB Virtual Private Networks (VPN) dem Nutzer die einfach zu verwirklichende Möglichkeit eröffnen, vom Ausland aus eine deutsche IP-Adresse zu verwenden.[147] Abs. 2 suggeriert indes, dass sich die Zahl der in der Bundesrepublik tatsächlich erfolgten Registrierungen exakt erheben ließe, was auch Grundlage einer verfassungskonformen Regelung gerade im Hinblick auf die wirtschaftlich wie haftungsrechtlich erheblichen Auswirkungen der Anwendung der §§ 2, 3, 4 und 5 NetzDG auf Betreiber sozialer Netzwerke wäre. Mithin kann eine substantiierte Einlassung eines Plattformbetreibers, welche Zweifel an der an IP-Adressen orientierten Erhebung der in Deutschland erfolgten Registrierungen begründen, nicht übergangen werden.[148]

72 **c) Netzwerke ohne Registrierungsmöglichkeit.** Soziale Netzwerke, die von vornherein keine Registrierung der Nutzer vorsehen, sind stets vom **NetzDG-Anwendungsbereich ausgeschlossen,** da sie überhaupt keine registrierten Nutzer iSd Abs. 2 haben und mithin die Bagatellgrenze unterschreiten.[149] Dies gilt auch dann, wenn die Plattform dauerhaft von mehr als zwei Millionen aktiven, aber nicht registrierten Usern genutzt wird. Auch der etwaige spätere Verzicht auf ein Registrierungserfordernis und die Löschung bereits erfolgter Registrierungen durch einen Netzwerkbetreiber, der vor Inkrafttreten des NetzDG noch Registrierungen vorgenommen hat, kann zu einer maßgeblichen Unterschreitung der Bagatellgrenze des Abs. 2 führen und stellte angesichts der klaren gesetzgeberischen Entscheidung für das Erfordernis eines Registriertseins der Nutzer auch kein rechtsmissbräuchliches Handeln dar.[150]

---

[145] Der Zeitraum orientiert sich an dem Berichtsturnus des § 2 Abs. 1 S. 1.

[146] Vgl. *Spindler,* K&R 2017, 533, 534, der auch die datenschutzrechtlichen Fragestellungen durch Speicherung der IP-Adresse beleuchtet.

[147] Dies setzt lediglich eine Verbindung des Nutzers mit einem VPN-Server eines Providers voraus, der die Nutzer IP-Adresse durch eine andere (gewählte) IP-Adresse austauscht; auf die Missbrauchsmöglichkeiten ebenfalls hinweisend *Spindler,* K&R 2017, 533, 534.

[148] Vgl. zu Unzulänglichkeiten der IP-Adressen gestützten Geolocation im Hinblick auf glücksspielrechtliche Untersagungsanordnungen OVG Lüneburg, NVwZ 2009, 1241 ff.

[149] So auch *Spindler,* K&R 2017, 533, 534, der indes nicht von einem erheblichen rechtstatsächlichen Gewicht der dadurch begründeten Abweichungen ausgeht.

[150] Der Gesetzgeber sieht im Übrigen bei nicht registrierten Nutzern wie etwa „Besuchern einer Webseite" eine geringere „Perpetuierungswirkung", vgl. BT-Drs. 18/13013, S. 21.

IV. Rechtswidrige Inhalte (Abs. 3)

1. Rechtsterminologische Fassung

a) Inhalte oder Tathandlungen. Die Vorschrift benennt einzelne Straftatbestände des Besonderen Teils des Strafgesetzbuchs, um darüber zu bestimmen, welche Inhalte in sozialen Netzwerken Gegenstand der umfangreichen Compliance-Pflichten insbesondere des § 3 NetzDG sein sollen. Der Gesetzeswortlaut stellt dabei auf die Rechtswidrigkeit des „Inhaltes" ab und auch die Fassung der Prüf- und Löschpflichten in § 3 Abs. 2 Nr. 1–3 legt nahe, dass allein der Inhalt eines konkreten Telemediums durch § 1 Abs. 3 NetzDG bestimmt wird. Auch im Zusammenhang mit dem Vorabentscheidungsverfahren nach § 4 Abs. 4 wird in der Entwurfsbegründung ausgeführt, dass das Gericht „ausschließlich eine rechtliche Überprüfung des gemeldeten Inhalts" durchführt.[151] Die Normfassung „rechtswidrige Inhalte" sowie ihre Legaldefinition sind der deutschen **Strafrechtsdogmatik und -diktion** jedoch entrückt und dadurch mit erheblichen Rechtsunsicherheiten behaftet. Namentlich können „Inhalte" – das Strafgesetzbuch kennt diesen Begriff auch in § 11 Abs. 3 StGB nicht[152] – selbst nicht „rechtswidrig" bzw. „gerechtfertigt" oder – wie in der Entwurfsbegründung ausgeführt „strafbar" sein.[153] Rechtlicher Bezugspunkt der Rechtswidrigkeit wie des Schuldvorwurfs bzw. der Strafbarkeit ist vielmehr die Tathandlung eines Menschen (zB Zugänglichmachen, Verbreiten, öffentliches Verwenden, Besitz), hingegen nicht ein Tatobjekt wie eine Schrift (§ 11 Abs. 3 StGB) oder eine sonstige Mediendarstellung. Dies ist nur von semantischer Beliebigkeit, die durch andere Formulierungen des Gesetzgebers – etwa in Anlehnung an die nach § 4 Abs. 1 S. 1 JMStV untersagten „unzulässigen" Angebote – hätte vermieden werden können, sondern von Bedeutung zB für die Prüfung der Anwendbarkeit des Sozialadäquanzklausel des § 86 Abs. 3 StGB (→ Rn. 79), der Einhaltung des Territorialitätsprinzips (→ Rn. 81) sowie vor allem der Beachtung des Bestimmtheitsgrundsatzes insbesondere im Zusammenhang mit Bußgeldtatbeständen (→ Rn. 75 ff. und → § 4 Rn. 2 ff.).

In der Begründung des Entwurfs der Regierungsfraktionen wird an anderer Stelle widersprüchlich ausgeführt, dass ausschließlich „Handlungen" erfasst werden, die „den Tatbestand eines oder mehrerer der in Abs. 3 genannten Strafgesetze erfüllen und rechtswidrig, aber nicht zwingend schuldhaft begangen werden" (BT-Drs. 18/12356, S. 19 f.). In der Beschlussempfehlung des BT-Rechtsausschusses ist sodann von rechtswidrigen **„Verbreitungen"** von Inhalten die Rede, obgleich die Tathandlung des Verbreitens schon gar nicht in allen in § 1 Abs. 3 aufgezählten Straftatbeständen (vgl. zB §§ 185, 201a StGB) genannt ist.[154] Die Ausführungen in den Gesetzesmaterialien rechtfertigen nicht den Wortlaut („rechtswidrige Inhalte" sowie „Inhalte, die […] nicht gerechtfertigt sind") und lassen im Übrigen im Unklaren, ob es sich um rechtswidrige Tathandlungen bzw. Verbreitungen des jeweiligen nach § 7 Abs. 1 TMG eigene Inhalte verwendenden Nutzers oder um solche des sozialen Netzwerkes nach § 10 TMG handeln muss. Letzteres ließe das NetzDG weitgehend ins Leere laufen, da eine „rechtswidrige" **Handlung des Host-Providers** gem. § 10 S. 1 Nr. 1 TMG erst nach Kenntnis gegeben ist, die Pflichten des § 3 NetzDG jedoch

---

[151] BT-Drs. 18/12356, S. 26.
[152] Die Tatbestände des StGB rekurrieren auch den Schriftenbegriff, dem in § 11 Abs. 3 StGB „Ton- und Bildträger, Datenspeicher, Abbildungen und andere Darstellungen" gleichgestellt sind, hingegen keine „Inhalte".
[153] Unklar *Frenzel,* JuS 2017, 414 f., nach dem „schon die Tatbestandsmäßigkeit" ausreiche und die Rechtswidrigkeit (und Schuld) relevant für § 1 Abs. 3 sei.
[154] Vgl. BT-Drs. 18/13013, S. 21.

bereits im Vorfeld des Beschwerdemanagements ansetzen, wo eine Kenntnis und Verantwortlichkeit des Betreibers des sozialen Netzwerkes gerade noch nicht vorliegt und mithin auch noch kein „rechtswidriger Inhalt" im Sinne dieser Auslegung gegeben wäre bzw. beschwerdegegenständlich sein kann. Doch auch die Anknüpfung an eine rechtswidrige **Handlung des Nutzers** wirft – abgesehen von der Geltung deutschen Strafrechts nach §§ 3, 9 StGB (→ Rn. 81) – Fragen auf, da die in § 1 Abs. 3 genannten Straftatbestände Vorsatzdelikte sind und mithin auch eine Prüfung der subjektiven Tatseite – und nicht nur des Inhaltes – durch die Netzwerkbetreiber impliziert wäre.[155]

75 **b) Beachtung des Bestimmtheitsgrundsatzes.** Angesichts des Wortlauts und den hiermit in Widerspruch stehenden Begründungen in den Gesetzesmaterialien ist aus Sicht der **Normadressaten unklar,** was der Gesetzgeber mit der neu eingeführten und im Strafrecht bislang nicht bekannten Terminologie der „rechtswidrigen Inhalte" meint. Möglich und nach dem Wortlaut („Inhalte") naheliegend ist einerseits die bloße Bezugnahme auf die Tatobjektsmerkmale der genannten Strafdelikte, wie sie etwa auch in den entsprechenden Unzulässigkeitstatbeständen des § 4 Abs. 1 JMStV vorgenommen wird (→ Rn. 73).[156] Möglich und nach der Entwurfsbegründung naheliegend ist andererseits, dass auf das Vorliegen einer rechtswidrigen, in den StGB-Straftatbeständen genannten „Tathandlung" abgestellt wird (→ Rn. 74).

76 Wegen der erheblichen Unterschiede beider Auslegungen sowohl für die Prüf- und Löschpflichten nach § 3 Abs. 2 Nr. 1–3 als auch die Berichtspflicht nach § 2 ergeben sich erhebliche Bedenken mit Blick auf das Bestimmtheitsgebot. Gegenüber dem allgemeinen rechtsstaatlichen Gebot der Normenklarheit ist aufgrund der Bußgeldbewehrung nach § 4 Abs. 1 der im Straf- und Ordnungswidrigkeitenrecht geltende **strengere Maßstab der Bestimmtheit** nach § 3 OWiG, Art. 103 Abs. 2 GG zu beachten (→ § 4 Rn. 2ff.).[157] Hiernach muss die Fassung des Gesetzestextes so präzise sein, dass sie ihre Aufgabe als Verhaltensanleitung erfüllen kann und eine zuverlässige Grundlage für die Arbeit von Exekutive und Rechtsprechung darstellt.[158] Dies ist angesichts eines der Strafrechtsdogmatik zuwiderlaufenden terminologischen Konstruktes der „rechtswidrigen Inhalte" jedoch aus den genannten Gründen eher nicht der Fall. Auch die in § 3 Abs. 2 Nr. 2 normierte, gerade hierauf bezogene „Offensichtlichkeit" ist damit von vornherein ausgeschlossen (→ § 3 Rn. 14). Die Betreiber sozialer Netzwerke als Normadressaten der umfassenden und bußgeldbewehrten Prüf- und Berichtspflichten gem. §§ 2, 3 Abs. 2 Nr. 1–3 können nicht wissen, ob sie nur den Inhalt eines beschwerdegegenständlichen Beitrags anhand der Tatobjektsmerkmale der betreffenden StGB-Normen prüfen sollen (→ Rn. 73), oder vielmehr darüber hinaus auch das Vorliegen einer als Inlandstat (dem Geltungsbereich deutschen Strafrechts (→ Rn. 81) unterfallenden und auch vorsätzlichen Handlung (zB Zugänglichmachen, Verbreiten, öffentliches Verwenden etc.).[159]

---

[155] Vgl. auch *Höld,* MMR 2017, 791 f.; *Wimmers/Heymann,* AfP 2017, 93, 101.

[156] Dort erfolgt die Anknüpfung nur an Inhalte bzw. „Angebote" hinreichend bestimmt und rechtsdogmatisch korrekt, indem nur der Wortlaut der jeweiligen StGB-Tatobjektsmerkmale in § 4 Abs. 1 S. 1 Nr. 1 und 10 JMStV inkorporiert wird.

[157] Vgl. BVerfGE 75, 340 f. = NJW 1987, 3175; BVerfGE 87, 223 = NJW 1993, 1457; BVerfGE 92, 12 = NJW 1995, 1141; BVerfGE 96, 68, 97 = NJW 1998, 50; BVerfGE 124, 300, 338 = NJW 2010, 47 ff.; BVerfGE 126, 170, 195 = NJW 2010, 3209 ff.; 130, 1, 43 = NJW 2012, 907.

[158] Vgl. BGHSt 28, 72, 73 = NJW 1978, 1517; Karlsruher Kommentar/*Rogall,* OWiG, § 3 Rn. 31 mwN.

[159] Einen Verstoß gegen den Bestimmtheitsgrundsatz auch aus anderen Erwägungen heraus bejahend *Wimmers/Heymann,* AfP 2017, 93, 101; s. auch *Liesching,* ZUM 2017, 809, 813 f.

Anwendungsbereich § 1 NetzDG

2. Enumerativ genannte Straftatbestände

a) Auslegung der Tatobjektsmerkmale. Die in Abs. 2 seit der ersten Referen- 77
tenentwurfsfassung mehrfach geänderte[160] Aufzählung von Straftatbeständen ist abschließend. Eine analoge Anwendung des NetzDG auf andere als die genannten Strafdelikte ist unzulässig.[161] Geht man mit dem Wortlaut „Inhalte" nur davon aus, dass bei den genannten Straftatbeständen lediglich die dort genannten medieninhaltlich beschreibenden Tatobjektsmerkmale referenziert werden (hierzu → Rn. 73 ff.), hingegen nicht auch das Vorliegen einer (vorsätzlichen) Tathandlung, so ergeben sich gleichwohl für die Betreiber sozialer Netzwerke bei den meisten der referenzierten BT-Strafnormen **diffizile Auslegungsfragen.**[162]

Zunächst stellen die Tatobjektsmerkmale in vielen medienstrafrechtlichen Tatbe- 78
ständen ein Sammelsurium **unbestimmter Rechtsbegriffe** dar. Etwa wird in § 130 Abs. 2 Nr. 1 a) StGB ein „Aufstacheln" zum Hass, in § 130 Abs. 2 Nr. 1 c) StGB ein „Angriff auf die Menschenwürde" etwa durch „böswilliges Verächtlichmachen", in § 130 Abs. 3 iVm Abs. 5 StGB die „Eignung zur Störung des öffentlichen Friedens" vorausgesetzt. § 131 StGB erfordert als taugliches Tatobjekt eine Schrift, „die grausame oder sonst unmenschliche Gewalttätigkeiten gegen Menschen oder menschenähnliche Wesen in einer Art schildert, die eine Verherrlichung oder Verharmlosung solcher Gewalttätigkeiten ausdrückt oder die das Grausame oder Unmenschliche des Vorgangs in einer die Menschenwürde verletzenden Weise darstellt".[163] Nach § 86 a Abs. 2 S. 2 StGB ist bei leicht abgewandelten verfassungsfeindlichen Kennzeichen zu prüfen, ob diese den Originalkennzeichen „zum Verwechseln ähnlich" sind. Hinzu kommen vor allem im Bereich der Beleidigungsdelikte der §§ 185–187 StGB **komplexe Abwägungsfragen** mit mehrstufiger Prüfung[164] in Bezug auf eine Gewichtung der Belange des Persönlichkeitsrechts einerseits und der Meinungsäußerungsfreiheit andererseits.[165] Schließlich ist bei der Auslegung eine vertiefte **Kenntnis strafgerichtlicher Auslegung** erforderlich, die sich aus dem Wortlaut der Straftatbestände nicht erschließt. Beispielhaft sei auf die vom BGH vorgenommene teleologische Tatbestandsreduktion bei § 86 a StGB hingewiesen.[166]

b) Anwendung der Sozialadäquanzklausel. Unklar und in den Gesetzesmate- 79
rialien – soweit ersichtlich – nicht erwähnt ist die Anwendbarkeit der zB in §§ 86 Abs. 3, 86 a Abs. 3, 91 Abs. 2 Nr. 1, 130 Abs. 7, 131 Abs. 2 normierten Sozialadäquanzklauseln, welche den jeweiligen **Straftatbestand ausschließen.**[167] § 86 Abs. 3 StGB (entsprechend anwendbar nach §§ 86 a Abs. 3, 130 Abs. 7 StGB) sieht zB vor, dass der jeweilige

---

[160] Zuletzt die Streichung der Straftatbestände § 90 StGB (Verunglimpfung des Bundespräsidenten), § 90 a StGB (Verunglimpfung des Staates und seiner Symbole) und § 90 b StGB (Verfassungsfeindliche Verunglimpfung von Verfassungsorganen) sowie die Einfügung des § 201 a StGB nach der Beschlussempfehlung des BT-Rechtsausschusses; vgl. BT-Drs. 18/13013, S. 21.

[161] Vgl. auch BT-Drs. 18/12356, S. 12: „nur solche rechtswidrigen Inhalte erfasst […], die den objektiven Tatbestand der Strafnormen erfassen".

[162] Krit. daher va in Bezug auf eine „Offensichtlichkeit" iSd § 3 Abs. 2 Nr. 2 *Nolte,* ZUM 2017, 552, 556; s. auch *Frenzel,* JuS 2017, 414, 415.

[163] Zur hinreichenden Bestimmtheit einzelner Tatobjektsmerkmale des § 131 StGB vgl. BVerfG, NJW 1993, 1457 ff.

[164] Grundlegend BVerfG, NJW 1995, 3303 ff. – Soldaten sind Mörder.

[165] Vgl. nur Schönke/Schröder/*Lenckner/Eisele,* StGB-Kommentar, § 193 Rn. 15 f.; s. auch *Nolte,* ZUM 2017, 552, 556.

[166] Vgl. hierzu BGHSt 25, 133 = NJW 1973, 766; BGHSt 25, 30 = NJW 1973, 106; BGH, NStZ 2007, 466; s. ausf. *Liesching,* MMR 2010, 309 ff.

[167] Vgl. zur strafrechtsdogmatischen Auslegung als Tatbestandausnahme BGHSt 46, 36; Schönke/Schröder/*Sternberg-Lieben,* StGB-Kommentar, § 86 Rn. 7.

NetzDG § 1 Anwendungsbereich

Straftatbestand nicht „gilt", wenn das beschriebene Tatobjekt „oder die Handlung" der staatsbürgerlichen Aufklärung, der Abwehr verfassungswidriger Bestrebungen, der Kunst oder der Wissenschaft, der Forschung oder der Lehre, der Berichterstattung über Vorgänge des Zeitgeschehens oder der Geschichte oder ähnlichen Zwecken dient". Wiederum (→ Rn. 73ff.) ist problematisch, dass der Gesetzeswortlaut des § 1 Abs. 3 lediglich auf „rechtswidrige Inhalte" abstellt und mithin unklar ist, ob allein die Erfüllung der jeweiligen Tatobjektsmerkmale genügt. Soweit § 4 Abs. 1 S. 1 JMStV ein ähnliches gesetzgeberisches Normkonstrukt („Unzulässige Angebote") gewählt hat, wurde die entsprechende Geltung der Sozialadäquanzklauseln in S. 2 ausdrücklich geregelt. Eine entsprechende Regelung fehlt im Rahmen des § 1 Abs. 3 NetzDG.

80 Werden beispielsweise im Rahmen eines beschwerdegegenständlichen Beitrages in einem sozialen Netzwerk Originalaufnahmen aus der NS-Zeit mit deutlich sichtbaren Hakenkreuzen verwendet, stellt sich aus Sicht des Netzwerkbetreibers als Normadressat der Prüfpflichten die Frage, ob er aufgrund von § 86 Abs. 3 iVm § 86a Abs. 3 StGB bei der Prüfung des Vorliegens eines „rechtswidrigen Inhaltes" zu berücksichtigen hat, ob der Beitrag ggf. der Berichterstattung über Vorgänge des Zeitgeschehens oder der Geschichte dient. Hiergegen sprechen könnte auch, dass § 1 Abs. 1 S. 2 journalistisch-redaktionell gestaltete Angebote vom Anwendungsbereich des NetzDG ausnehmen will, soweit diese vom Diensteanbieter selbst verantwortet werden (hierzu → Rn. 57). Im Hinblick auf eine **verfassungskonforme Auslegung** wird freilich trotz Fehlens einer § 4 Abs. 1 S. 2 JMStV entsprechenden Regelung von einer Anwendung der Sozialadäquanznormen selbst dann auszugehen sein, wenn sich der entsprechende legitimierende Zweck (zB staatsbürgerliche Aufklärung) nicht aus dem „Inhalt", sondern gem. § 86 Abs. 3 StGB erst aus der jeweiligen Handlung ergibt.

3. Territorialitätsgrundsatz

81 Weitere Schwierigkeiten ergeben sich aufgrund der Fassung des § 1 Abs. 3 mit Blick auf den Territorialitätsgrundsatz des § 3 StGB.[168] Hiernach gilt das deutsche Strafrecht nur „für Taten, die im Inland begangen werden". § 4 Abs. 3 NetzDG bezieht sich nur auf die Ordnungswidrigkeiten nach dem NetzDG und kann auch wegen der nur für Ordnungswidrigkeiten geltenden Abweichung des § 5 OWiG nicht auf das Kriminalstrafrecht übertragen werden. Da nach dem Wortlaut des § 1 Abs. 3 NetzDG nicht danach differenziert wird, ob nach den StGB Normen „rechtswidrige Inhalte" von Nutzern des sozialen Netzwerkes vom Ausland aus eingestellt und verbreitet werden, ist aus Sicht des Normadressaten unklar, inwieweit die Grundsätze der Geltung deutschen Strafrechts nach §§ 3, 9 StGB beim Vorliegen eines rechtswidrigen Inhaltes zu beachten sind.[169] In Bezug auf **abstrakte Gefährdungsdelikte** wie das auch in § 1 Abs. 3 NetzDG erfasste Verbreiten verfassungsfeindlicher Kennzeichen nach § 86a StGB hat der BGH das Vorliegen einer **Inlandstat** nach § 3 StGB verneint, wenn entsprechende Kennzeichen vom Ausland aus in das Internet eingestellt werden, auch wenn diese Inhalte von Deutschland aus abrufbar sind.[170] Insoweit gilt deutsches Strafrecht nicht und begründet eine gleichwohl vorgenommene gesetzgeberische Sanktionierung durch das NetzDG völkerrechtliche Bedenken.[171]

---

[168] Vgl. auch *Wimmers/Heymann*, AfP 2017, 93, 94.
[169] Zur Geltung deutschen Strafrechts gegenüber ausländischen Anbietern sozialer Netzwerke ausf. *Handel*, MMR 2017, 227 ff.
[170] BGH, B. v. 19.8.2014 – 3 StR 88/14, NStZ 2015, 81 ff. mAnm *Becker*. Das abstrakte Gefährdungsdelikt des § 86a StGB umschreibt keinen zum Tatbestand gehörenden Erfolg, so dass eine Inlandstat nicht über § 9 Abs. 1 Var. 3 oder 4 StGB begründet werden kann.
[171] *Wimmers/Heymann*, AfP 2017, 93, 94; ausf. *Liesching*, ZUM 2017, 809 ff.

§ 2 Berichtspflicht

(1) ¹Anbieter sozialer Netzwerke, die im Kalenderjahr mehr als 100 Beschwerden über rechtswidrige Inhalte erhalten, sind verpflichtet, einen deutschsprachigen Bericht über den Umgang mit Beschwerden über rechtswidrige Inhalte auf ihren Plattformen mit den Angaben nach Absatz 2 halbjährlich zu erstellen und im Bundesanzeiger sowie auf der eigenen Homepage spätestens einen Monat nach Ende eines Halbjahres zu veröffentlichen. ²Der auf der eigenen Homepage veröffentlichte Bericht muss leicht erkennbar, unmittelbar erreichbar und ständig verfügbar sein.

(2) Der Bericht hat mindestens auf folgende Aspekte einzugehen:
1. Allgemeine Ausführungen, welche Anstrengungen der Anbieter des sozialen Netzwerks unternimmt, um strafbare Handlungen auf den Plattformen zu unterbinden,
2. Darstellung der Mechanismen zur Übermittlung von Beschwerden über rechtswidrige Inhalte und der Entscheidungskriterien für Löschung und Sperrung von rechtswidrigen Inhalten,
3. Anzahl der im Berichtszeitraum eingegangenen Beschwerden über rechtswidrige Inhalte, aufgeschlüsselt nach Beschwerden von Beschwerdestellen und Beschwerden von Nutzern und nach dem Beschwerdegrund,
4. Organisation, personelle Ausstattung, fachliche und sprachliche Kompetenz der für die Bearbeitung von Beschwerden zuständigen Arbeitseinheiten und Schulung und Betreuung der für die Bearbeitung von Beschwerden zuständigen Personen,
5. Mitgliedschaft in Branchenverbänden mit Hinweis darauf, ob in diesen Branchenverbänden eine Beschwerdestelle existiert,
6. Anzahl der Beschwerden, bei denen eine externe Stelle konsultiert wurde, um die Entscheidung vorzubereiten,
7. Anzahl der Beschwerden, die im Berichtszeitraum zur Löschung oder Sperrung des beanstandeten Inhalts führten, aufgeschlüsselt nach Beschwerden von Beschwerdestellen und von Nutzern, nach dem Beschwerdegrund, ob ein Fall des § 3 Absatz 2 Nummer 3 Buchstabe a vorlag, ob in diesem Fall eine Weiterleitung an den Nutzer erfolgte sowie ob eine Übertragung an eine anerkannte Einrichtung der Regulierten Selbstregulierung nach § 3 Absatz 2 Nummer 3 Buchstabe b erfolgte,
8. Zeit zwischen Beschwerdeeingang beim sozialen Netzwerk und Löschung oder Sperrung des rechtswidrigen Inhalts, aufgeschlüsselt nach Beschwerden von Beschwerdestellen und von Nutzern, nach dem Beschwerdegrund sowie nach den Zeiträumen „innerhalb von 24 Stunden"/„innerhalb von 48 Stunden"/„innerhalb einer Woche"/„zu einem späteren Zeitpunkt",
9. Maßnahmen zur Unterrichtung des Beschwerdeführers sowie des Nutzers, für den der beanstandete Inhalt gespeichert wurde, über die Entscheidung über die Beschwerde.

Literatur: *Eifert*, Rechenschaftspflichten für soziale Netzwerke und Suchmaschinen, NJW 2017, 1450; *Elsaß/Tichy/Labusga*, Löschungen und Sperrungen von Beiträgen und Nutzerprofilen durch die Betreiber sozialer Netzwerke, CR 2017, 234; *Feldmann*, Zum Referentenentwurf eines NetzDG: Eine kritische Betrachtung, K&R 2017, 292; *Frenzel*, Aktuelles Gesetzgebungsvorhaben: Verbesserung der Rechtsdurchsetzung in sozialen Netzwerken (NetzDG), JuS 2017, 414; *Hain/Ferreau/Brings-Wiesen*, Regulierung sozialer Netzwerke revisited, K&R 2017, 433; *Hoenike/Hülsdunk*, Die Gestaltung von Fernabsatzangeboten im elektronischen Geschäftsverkehr nach neuem Recht Gesetzesübergreifende Systematik und rechtliche Vorgaben vor Vertragsschluss, MMR 2002, 415; *Hoß*, Web-Impressum und Wettbewerbsrecht, CR 2003, 687; *Koreng*,

Entwurf eines Netzwerkdurchsetzungsgesetzes: Neue Wege im Kampf gegen „Hate Speech"?, GRUR-Prax 2017, 203; *Ladeur/Gostomzyk,* Das Netzwerkdurchsetzungsgesetz und die Logik der Meinungsfreiheit, K&R 2017, 390; *dies.,* Gutachten zur Verfassungsmäßigkeit des Entwurfs eines Gesetzes zur Verbesserung der Rechtsdurchsetzung in sozialen Netzwerken (Netzwerkdurchsetzungsgesetz – NetzDG), 2017; *Liesching,* Was sind „rechtswidrige Inhalte" im Sinne des Netzwerkdurchsetzungsgesetzes?, ZUM 2017, 809; *Schwartmann,* Verantwortlichkeit Sozialer Netzwerke nach dem Netzwerkdurchsetzungsgesetz, GRUR-Prax 2017, 317; *Spindler,* Das Netzwerkdurchsetzungsgesetz, K&R 2017, 533; *Wimmers/Heymann,* Zum Referentenentwurf eines Netzwerkdurchsetzungsgesetzes (NetzDG) – eine kritische Stellungnahme, AfP 2017, 93.

Übersicht

	Rn.
I. Überblick	1
II. Halbjährliche Berichtspflicht (Abs. 1)	2
1. Gebotenheit der Transparenzpflicht	2
2. Voraussetzungen der Pflichtbegründung (S. 1)	3
a) Vorliegen des persönlichen Anwendungsbereichs	3
b) Hinreichender Beschwerdeanfall pro Kalenderjahr	4
3. Pflichtumsetzung	7
a) Halbjährliche Veröffentlichung	7
b) Zugänglichkeit des Berichts (S. 2)	8
III. Berichtsinhaltliche Anforderungen (Abs. 2)	9
1. Allgemeines	9
2. Allgemeine Anstrengungen des Anbieters (Nr. 1)	10
3. Darstellung des Beschwerdemanagements (Nr. 2)	13
4. Nennung der Zahl der Beschwerden (Nr. 3)	15
5. Prüfpersonalbezogene Berichtsinhalte (Nr. 4)	19
a) Organisation, Ausstattung und Kompetenz	19
b) Schulung und Betreuung	21
6. Mitgliedschaft in Branchenverbänden (Nr. 5)	22
7. Beteiligung externer Stellen (Nr. 6)	24
8. Zahl der Beschwerden mit Lösch-/Sperrfolgen (Nr. 7)	25
9. Angaben zur Bearbeitungsdauer (Nr. 8)	26
10. Unterrichtung der am Beschwerdevorgang Beteiligten (Nr. 9)	27

I. Überblick

1 Der Gesetzgeber ist von einer allgemein für soziale Netzwerke geltenden „Transparenzgebotenheit" gegenüber einer „breiten Öffentlichkeit" ausgegangen.[1] Diesbezüglich werden in der Entwurfsbegründung Defizite dergestalt ausgemacht, dass gegenwärtig den öffentlich zugänglichen Transparenzberichten der „reichweitenstarken" sozialen Netzwerke weder zu entnehmen sei, „wie die Zahl an Beschwerden über rechtswidrige Inhalte insgesamt zu beziffern ist noch wie viele rechtswidrige Inhalte von privaten Nutzern gemeldet sowie in welchem Zeitraum gemeldete Inhalte gelöscht oder gesperrt werden". Daneben sei nicht nachvollziehbar, wie sich die Bearbeitungsteams der einzelnen Unternehmen zusammensetzen und über welche Qualifikationen diese verfügen. Hieraus sowie aus dem „Interesse einer wirksamen Gesetzesfolgenabschätzung"[2] wurde die Notwendigkeit einer mit den Compliance-

---

[1] BT-Drs. 18/12356, S. 20.

[2] Nach der Entwurfsbegründung ist hiermit „insbesondere der Evaluation des Umgangs mit Beschwerden über Hasskriminalität und andere strafbare Inhalte" gemeint, vgl. BT-Drs. 18/12356, S. 20.

Pflichten des § 3 korrespondierenden **gesetzlichen Transparenzpflicht** abgeleitet,[3] welche in § 2 umgesetzt wird. Dabei statuiert Abs. 1 für Betreiber sozialer Netzwerke ab einem bestimmten Beschwerdeaufkommen eine halbjährliche Berichtspflicht (hierzu → Rn. 2 ff.). Abs. 2 normiert die Mindestanforderungen an die Berichtsinhalte (hierzu → Rn. 9 ff.).

II. Halbjährliche Berichtspflicht (Abs. 1)

1. Gebotenheit der Transparenzpflicht

Da die in § 2 normierten umfangreichen und erheblichen organisatorischen Aufwand erfordernden Berichtspflichten in den Schutzbereich des Art. 12 GG eingreifen,[4] bedarf es der Prüfung ihrer Eignung, Erforderlichkeit und Angemessenheit im Hinblick auf die Erreichung der gesetzgeberischen Ziele, insbesondere der Eindämmung der Hasskriminalität.[5] Zunächst ist dem Regelungsmodell einer weitergehenden öffentlichen Rechenschaft durch Transparenz eine **Eignung** nicht abzusprechen.[6] Indes dürfte allein der gesetzgeberische Hinweis auf bislang fehlende Veröffentlichungen zum Beschwerdeumgang durch soziale Netzwerke[7] deren **Erforderlichkeit und Angemessenheit** ebenso wenig begründen, wie eine durch Berichtspflichten stets geschaffene Möglichkeit der Nachprüfung und Evaluation der Berichtsinhalte. Darüber hinaus erscheint auch fraglich, ob eine Ungleichbehandlung sozialer Netzwerke gegenüber anderen Medien – insbesondere klassischen Massenmedien mit erheblich größerer Rezipientenreichweite im Vergleich zu Einzelbeiträgen in sozialen Netzwerken – allein mit ihrer Stellung als „marktmächtige Intermediäre der internetbasierten Kommunikation" begründet werden kann.[8] Insoweit wird auch die gesetzgeberische Grundsatzentscheidung einer gegenüber Anbietern eigener Inhalte (§ 7 Abs. 1 TMG) eingeschränkten Verantwortlichkeit (§ 10 S. 1 TMG) sozialer Netzwerke konterkariert, indem nur Letzteren wirtschaftlich erheblich und dauerhaft belastende Berichtsobligationen mit Bußgelddrohung (§ 2 Abs. 1 Nr. 1) auferlegt werden.

2. Voraussetzungen der Pflichtbegründung (S. 1)

a) Vorliegen des persönlichen Anwendungsbereichs. Voraussetzung der Berichtspflicht ist zunächst, dass der betreffende Telemediendiensteanbieter dauerhaft dem Anwendungsbereich des § 1 Abs. 1 unterfällt und als soziales Netzwerk iSd Norm zu qualifizieren ist.[9] Hieran kann es fehlen, wenn im halbjährlichen Durchschnitt die **Bagatellgrenze** von zwei Millionen registrierten Nutzern (§ 1 Abs. 2) unterschritten wird.[10] Auch ein nachträglicher Wegfall des gesetzlichen Anwendungsbereichs – etwa durch Umwidmung der Plattform zu einem inhaltsspezifischen oder auf Individualkommunikation gerichteten Netzwerk (§ 1 Abs. 1 S. 3, dort → Rn. 59 ff.) oder einem Entfall einer Registrierung der Nutzer (→ § 1 Rn. 72) lässt die Berichtspflichten des § 2 ebenso wie die Compliance-Pflichten des § 3 ex tunc entfallen.

---

[3] So wohl auch *Eifert,* NJW 2017, 1450, 1453.
[4] Vgl. *Ladeur/Gostomzyk,* K&R 2017, 390, 392.
[5] S. zu den gesetzgeberischen Intentionen des NetzDG ausf. → § 1 Rn. 2 ff.
[6] Ausf. *Eifert,* NJW 2017, 1450, 1453 f.; s. auch *Guggenberger,* ZRP 2017, 98.
[7] Vgl. BT-Drs. 18/12356, S. 20.
[8] *Eifert,* NJW 2017, 1450, 1453.
[9] Hierzu → § 1 Rn. 40 ff.
[10] Vgl. auch *Spindler,* K&R 2017, 533, 534; → § 1 Rn. 67 ff.

NetzDG § 2   Berichtspflicht

4   **b) Hinreichender Beschwerdeanfall pro Kalenderjahr.** Darüber hinaus wird die Berichtspflicht sozialer Netzwerke erst begründet, wenn diese im Kalenderjahr mehr als 100 Beschwerden über rechtswidrige Inhalte erhalten. Die Regelung wurde auf Beschlussempfehlung des BT-Rechtsausschusses zur „Wahrung der **Verhältnismäßigkeit**" der Berichtspflichten eingefügt.[11] Für „kleinere Netzwerke oder Startups" – bei denen ohnehin in der Regel die Bagatellgrenze des § 1 Abs. 2 (dort → Rn. 65ff.) einschlägig ist und bei denen rechtswidrige Inhalte iSv § 1 Abs. 3 NetzDG-E „nur eine untergeordnete Rolle spielten", könne eine Berichtspflicht zu belastend sein.[12]

5   Beschwerdegegenstand können hinsichtlich der Eruierung der Beschwerdeanfallsgrenze nach dem Wortlaut nur **„rechtswidrige Inhalte"** iSd § 1 Abs. 3 (dort → Rn. 73ff.) sein, also solche, die einen oder mehrere der Tatbestände der §§ 86, 86a, 89a, 91, 100a, 111, 126, 129–129b, 130, 131, 140, 166, 184b iVm §§ 184d, 185–187, 201a, 241 oder 269 StGB erfüllen. Der Wortlaut „Beschwerden über" deutet darauf hin, dass nur tatsächlich nach Inhaltsprüfung begründete Fälle eines rechtswidrigen Inhaltes zu berücksichtigen sind und nicht schon Beschwerden mit unbegründetem Vorhalt bei einem tatsächlich rechtskonformen Inhalt.[13] Andernfalls könnte der Beschwerdeführer allein durch vielfache Behauptung der Verwirklichung von Straftatbeständen nach § 1 Abs. 3 bei mehreren Fällen die Erheblichkeitsschwelle eines Anfalls von 100 Fällen manipulativ überschreiten. Auch die Begründung der Beschlussempfehlung des BT-Rechtsausschusses stellt darauf ab, dass Anbieter, bei denen tatsächlich vorhandene „rechtswidrige Inhalte nur eine untergeordnete Rolle spielen", von der Berichtspflicht ausgenommen sein sollen,[14] hingegen nicht solche, bei denen nur wenige Beschwerdebehauptungen auf einen Tatbestand des § 1 Abs. 3 (unbegründet) Bezug nehmen. Aufgrund des Wortlauts sind also für das Erreichen der Mindestzahl von 100 Fällen von Beschwerden nur solche zu zählen, welche begründet sind und tatsächlich einen Straftatbestand der §§ 86, 86a, 89a, 91, 100a, 111, 126, 129–129b, 130, 131, 140, 166, 184b iVm §§ 184d, 185–187, 201a, 241 oder 269 StGB „erfüllen und nicht gerechtfertigt sind". Unbegründete oder zu unsubstantiierte Beschwerden oder solche, die sich auf andere Rechtsverletzungen beziehen, bleiben außer Betracht (zu Abs. 2 Nr. 3 → Rn. 16).

6   Vor diesem Hintergrund ergeben sich auch Fragestellungen über den **Zeitpunkt der Begründung der Berichtspflicht.** Zwar sieht § 6 Abs. 1 vor, dass der Bericht „erstmals für das erste Halbjahr 2018 fällig" wird (hierzu → § 6 Rn. 2f.). Indes berücksichtigt die Regelung nicht, dass soziale Netzwerke zunächst zu eruieren haben, ob die gesetzliche Berichtspflicht mit Überschreiten der quantitativen Erheblichkeitsschwelle von 100 Fällen (→ Rn. 5) im Kalenderjahr begründet ist. Sofern Netzwerkbetreiber vor Inkrafttreten des NetzDG am 1.10.2017 – mangels bestehender gesetzlicher Verpflichtung und mit Blick auf den datenschutzrechtlichen Grundsatz der Datenvermeidung und -sparsamkeit – keine Dokumentation ausschließlich der Beschwerdefälle in Bezug auf rechtswidrige Inhalte nach § 1 Abs. 3 (dort → Rn. 73ff.) vorgenommen haben, so kann eine Eruierung erhaltener einschlägiger Beschwerden für das Kalenderjahr erst zum 1.1.2018 beginnen. Ist die Zahl von 100 Beschwerden in Bezug auf begründet rechtswidrige Inhalte nach § 1 Abs. 3 zur Jahreshälfte

---

[11] BT-Drs. 18/13013, S. 21.

[12] Eine nur „untergeordnete Rolle" erscheint freilich bei einem denkbaren Anfall von jährlich 99 tatsächlich begründeten Beschwerdefällen und mithin rechtswidrig verwirklichter Straftaten bei Tatbeständen des § 1 Abs. 3 fraglich; so aber BT-Drs. 18/13013, S. 21.

[13] Für die letztgenannte Konstellation hätte der Gesetzeswortlaut im Sinne von „Beschwerden mit der Behauptung des Vorliegens eines rechtswidrigen Inhaltes" gefasst werden müssen. AA wohl *Spindler*, K&R 2017, 533, 537, der jede nach § 3 Abs. 3 dokumentierte Beschwerde für die Beschwerdeanfallsgrenze des § 2 Abs. 1 in Betracht zieht.

[14] BT-Drs. 18/13013, S. 21.

(30. Juni) nicht überschritten, ist auch eine Berichtspflicht und -fälligkeit nach § 6 Abs. 1 nicht begründet. Doch auch wenn die Beschwerdeanfallgrenze von 100 Fällen erst kurzfristig vor dem in § 6 Abs. 1 genannten Fälligkeitszeitpunkt eine Berichtspflicht begründet, erscheint eine fristgemäße Umsetzung im Hinblick auf die Beachtung der Verhältnismäßigkeit fraglich. In diesem Fall wird der Bericht erstmalig zum Ende des folgenden Kalendervierteljahres fällig.

3. Pflichtumsetzung

a) Halbjährliche Veröffentlichung. Der zeitliche Berichtsturnus wurde auf Beschlussempfehlung des BT-Rechtsausschusses aus Zumutbarkeitserwägungen von einem Vierteljahr auf einen **Halbjahreszeitraum** erweitert.[15] Die in § 6 Abs. 1 vorgesehene erste Berichtsfälligkeit für das erste Halbjahr 2018 setzt eine bis dahin erfolgte Eruierung des Überschreitens der kalenderjährlichen Beschwerdeanfallsgrenze voraus (→ Rn. 6). Der Bericht ist innerhalb eines Monats nach Ende des Kalenderhalbjahres im Bundesanzeiger sowie auf der eigenen Homepage zu veröffentlichen.[16] Die Veröffentlichung hat in deutscher Sprache zu erfolgen, was freilich die zusätzliche Homepage-Veröffentlichung in anderen Sprachen nicht ausschließt. Die Veröffentlichung im **Bundesanzeiger** wurde zur Gewährleistung eines „inländischen Anknüpfungspunkts" für die Bußgeldtatbestände" sowie aufgrund von Maßgaben des Regierungsentwurfs eines CSR-Richtlinie-Umsetzungsgesetzes[17] als notwendig angesehen. Hinreichend für die Veröffentlichung auf der **Homepage** des Anbieters ist, dass Nutzern in Deutschland bei Verwendung einer deutschen IP-Adresse der Bericht zugänglich ist. Aufgrund des Wortlauts („eigene Homepage") genügt die Veröffentlichung auf einer gegenüber dem Angebot des sozialen Netzwerkes anderen Homepage (zB unter einem anderen Domain-Namen) nicht.

b) Zugänglichkeit des Berichts (S. 2). Die Vorschrift regelt die näheren Anforderungen der Homepage-Veröffentlichung mit Blick auf eine transparente Nutzerzugänglichkeit. Die Ausgestaltungsvoraussetzungen entsprechen den allgemeinen Informationspflichten nach § 5 Abs. 1 TMG[18] und den „wesentlichen Informationen über den Jugendschutzbeauftragten" gem. § 7 Abs. 1 S. 3 JMStV[19]. **Leicht erkennbar** ist der Bericht, wenn er für den Nutzer auch durch eine entsprechende terminologische Bezeichnung (zB „NetzDG Halbjahresbericht") unschwer wahrnehmbar ist und nicht derart platziert wird, dass ein vorheriges Scrollen des Bildschirms erforderlich ist.[20] Eine tatsächliche oder zwingende Kenntnisnahme ist dagegen nicht erforderlich.[21] **Unmittelbar erreichbar** ist der Bericht auf der Homepage des Netzwerkbetreibers nur im Falle einer kostenlosen Zugangsmöglichkeit ohne wesentliche Zwischenschritte, insbesondere ohne Erfordernis des Anklickens mehrerer hintereinander geschalteter Seiten.[22] **Ständig verfügbar** ist der Bericht, wenn der Nutzer jederzeit

---

[15] BT-Drs. 18/13013, S. 21.
[16] Vgl. BT-Drs. 18/12356, S. 20, wo freilich noch von einem Vierteljahresturnus ausgegangen worden ist.
[17] Entwurf eines Gesetzes zur Stärkung der nichtfinanziellen Berichterstattung der Unternehmen in ihren Lage- und Konzernlageberichten, BT-Drs. 18/9982.
[18] Zutreffend *Spindler*, K&R 2017, 533, 537; ausf. hierzu Spindler/Schuster/*Micklitz/Schirmbacher*, § 5 TMG Rn. 24 ff.
[19] Hierzu Bornemann/Erdemir/*Gutknecht*, JMStV-Kommentar, § 7 Rn. 20.
[20] Vgl. OLG Hamburg, MMR 2003, 105 mAnm *Klute*; Hoenike/Hülsdunk, MMR 2002, 415, 416.
[21] Spindler/Schuster/*Micklitz/Schirmbacher*, § 5 TMG Rn. 24 mwN.
[22] Vgl. OLG Hamburg, MMR 2003, 105 mAnm *Klute*; LG Düsseldorf, CR 2003, 380; Hoenike/Hülsdunk, MMR 2002, 415, 417.

auf der Homepage auf ihn zB über einen dauerhaft funktionstüchtigen Link zugreifen kann.[23] Eine nur kurzfristige, technisch bedingte Unerreichbarkeit begründet noch keinen Verstoß gegen S. 2.[24]

III. Berichtsinhaltliche Anforderungen (Abs. 2)

1. Allgemeines

9   Die Vorschrift konkretisiert – zT bezogen auf das nach § 3 zu etablierende Beschwerdemanagement – die Informationen, welche in dem Bericht enthalten sein müssen. Dies schließt nicht aus, dass der Netzwerkbetreiber über die in Nr. 1–9 spezifizierten Berichtsinhalte hinaus **weitere Informationen** oder Erläuterungen ausführt, welche im Kontext der Compliance von Bedeutung sind (zB Beschwerden über andere als die nach § 1 Abs. 3 relevanten Rechtsverletzungen, ergangene Gerichtsentscheidungen, Informationen zur Umsetzung der Berichtspflicht). Aufgrund der umfassenden **Bußgeldbewehrung** nach § 4 Abs. 1 Nr. 1, wonach schon jedes „nicht richtige, nicht vollständige oder nicht rechtzeitige" Erstellen des Berichts geahndet werden kann, werden die Berichtspflichten zT als zu unbestimmt und wegen Verstoßes gegen Art. 20 Abs. 3, 103 Abs. 2 GG als verfassungswidrig angesehen.[25]

2. Allgemeine Anstrengungen des Anbieters (Nr. 1)

10   Nicht hinreichend bestimmt und mit Blick auf § 7 Abs. 2 S. 1 TMG bedenklich sind die gesetzgeberisch geforderten „allgemeinen Ausführungen" nach Nr. 1, welche auf „Anstrengungen" der Anbieter der sozialen Netzwerke zur Unterbindung strafbarer Handlungen bezogen sind. Die vage Gesetzesfassung wird durch die Entwurfsbegründung nicht konkreter, soweit dort lediglich auf die bereits vor Inkrafttreten des NetzDG geltende und von der Strafjustiz zu gewährleistende Rechtssituation hingewiesen wird, dass das Internet „kein rechtsfreier Raum" sei.[26] Auch die wiederholend und ohne Nennung von Belegen aufgestellte Vermutung einer „gegenwärtig festzustellenden massiven Veränderung des gesellschaftlichen Diskurses hin zu einer aggressiven, verletzenden und hasserfüllten Debattenkultur in sozialen Netzwerken" (zur Kritik → § 1 Rn. 6) spezifizieren die geforderten allgemeinen Ausführungen zu Anstrengungen des Netzwerkbetreibers ebenso wenig wie der Appell an eine gerade eher außerhalb gesetzlicher Verpflichtung stehende „gesellschaftliche Verantwortung" der Diensteanbieter.[27]

11   Gem. § 7 Abs. 2 S. 1 TMG (sowie Art. 15 Abs. 1 ECRL) sind Diensteanbieter nach § 10 TMG zudem gerade nicht verpflichtet, die von ihnen gespeicherten Informationen zu überwachen oder nach Umständen zu forschen, die auf eine rechtswidrige Tätigkeit hinweisen. Eine Auslegung der Berichtspflicht im Sinne eines materiell-rechtlichen Anhaltens zu „Anstrengungen" zur präventiven Vermeidung rechtswidriger Handlungen auf den Netzwerkplattformen, die im Ergebnis einer anlassunabhängigen, generellen („proaktiven") **Überwachungs- und Nachforschungspflicht** gleichkommt, wäre unionsrechtswidrig und damit unzulässig.[28]

---

[23] Vgl. *Hoß*, CR 2003, 687; 689; Spindler/Schuster/*Micklitz/Schirmbacher,* § 5 TMG Rn. 40 mwN.

[24] Vgl. OLG Düsseldorf, MMR 2009, 266f.

[25] Vgl. *Ladeur/Gostomzyk*, K&R 2017, 390, 391f.

[26] BT-Drs. 18/12356, S. 20.

[27] So die Ausführungen der Entwurfsbegründung BT-Drs. 18/12356, S. 20; zum Fehlen der Erkenntnisgrundlagen für den vom Gesetzgeber angenommenen Befund einer Veränderung des gesellschaftlichen Diskurses → § 1 Rn. 6.

[28] Spindler/Schuster/*Hoffmann,* § 7 TMG Rn. 35.

Vor dem Hintergrund hinzutretender weiterer mit dem Bestimmtheitsgrundsatz 12
nur schwer zu vereinbarenden Wortlautfassungen wie der Diskrepanz zwischen allgemein „strafbaren Handlungen" und den nach § 1 Abs. 3 allein maßgeblichen „rechtswidrigen Inhalten", ergibt sich aus Nr. 1 **keine inhaltliche Berichtspflicht,** welcher Betreiber von Netzwerken Rechnung tragen müssen. Insoweit genügt im Rahmen des Halbjahresberichtes ein Hinweis auf die Erfüllung der in §§ 3 und 5 umfassend vorgesehenen Pflichten sowie die unionsrechtlichen Vorgaben des Verbotes proaktiver Nachforschungspflichten gem. Art. 15 Abs. 1 ECRL, § 7 Abs. 2 S. 1 TMG.

3. Darstellung des Beschwerdemanagements (Nr. 2)

Die inhaltliche Berichtspflicht nach Nr. 2 bezieht sich zunächst auf die Darstellung 13
von **„Mechanismen zur Übermittlung"** von Beschwerden über rechtswidrige Inhalte iSd § 1 Abs. 3. Dies umfasst die konkrete technische, gestalterische und organisatorische Umsetzung des Beschwerdesystems von den konkreten Meldemöglichkeiten für Nutzer (Beschwerdeformulare, Kontaktangaben wie E-Mail-Adressen oder Telefon-Hotlines) bis hin zu der Entgegennahme und Bearbeitung durch das mit der Prüfung beauftragte Personal des Netzwerkbetreibers. Dabei ist auch anzugeben, ob Beschwerden ausschließlich bei der Verwendung eines vorgegebenen formellen Weges bearbeitet werden **(Beschwerdeformular)** oder auch im Falle eines anderen Kommunikationsweges. Sofern der Netzwerkbetreiber Beschwerdemechanismen nur für strafrechtlich relevante Inhalte nach § 1 Abs. 3 einerseits und anderweitigen Übermittlungswegen bei sonstigen Beschwerden, sind wegen des Wortlauts („rechtswidrige Inhalte", hierzu → § 1 Rn. 73) nur Erstere nach Nr. 2 darzustellen.

Auch die weiterhin darstellungspflichtigen **Entscheidungskriterien** für die Löschung und Sperrung sind ausschließlich bezogen auf „rechtswidrige Inhalte" iSd 14
§ 1 Abs. 3 NetzDG. Unklar ist insoweit die in der Entwurfsbegründung gefasste Formulierung, dass hierdurch „nachvollziehbar" werde, ob soziale Netzwerke „rechtswidrige Inhalte anhand nationaler Strafvorschriften oder anhand ihrer Community Standards löschen oder sperren".[29] Denn nach dem Wortlaut gefordert werden abschließend nur die nach den in § 1 Abs. 3 genannten nationalen Strafvorschriften maßgeblichen Entscheidungskriterien. Vorzulegen sind daher ausschließlich **Bewertungsvorgaben und Richtlinien,** welche bei der Auslegung der §§ 86, 86a, 89a, 91, 100a, 111, 126, 129–129b, 130, 131, 140, 166, 184b iVm §§ 184d, 185–187, 201a, 241 oder 269 StGB und der hierauf basierenden Bewertung und Löschentscheidung zugrunde gelegt worden sind. Ergänzend ist anzugeben, ob und gegebenenfalls welche einschlägige (strafgerichtliche) Rechtsprechung und/oder strafrechtlichen Erläuterungswerke (Gesetzeskommentare) bei der Auslegung und Bewertungsentscheidung herangezogen worden sind.

4. Nennung der Zahl der Beschwerden (Nr. 3)

Des Weiteren sind berichtsgegenständlich die im Berichtszeitraum eingegangenen 15
Beschwerden über rechtswidrige Inhalte. Maßgeblich für den Erfassungszeitraum ist mithin nicht die Bearbeitung der Beschwerde, die Kenntnis über den beschwerdegegenständlichen Inhalt oder die Entscheidung über eine Löschung oder Sperrung, sondern der **Eingang der Beschwerde,** also der Zeitpunkt, in dem die Beschwerde in den Machtbereich des sozialen Netzwerkes[30] gelangt ist (zB E-Mail-Eingang).

Aufzunehmen für die Berechnung der Beschwerdegesamtzahl sind nach dem Wortlaut nur „Beschwerden **über rechtswidrige Inhalte**", hingegen nicht schon solche, 16

---

[29] BT-Drs. 18/12356, S. 20.
[30] Vgl. *Spindler,* ZUM 2017, 473, 480.

welche lediglich eine Rechtswidrigkeit des beschwerdegegenständlichen Inhaltes lediglich behaupten (→ Rn. 6).[31] Zu berücksichtigen sind also nur solche beschwerdegegenständlichen Inhalte, die tatsächlich nach der Bewertung des Netzwerkbetreibers einen der in § 1 Abs. 3 genannten Straftatbestände verwirklichen und „nicht gerechtfertigt" sind.[32] Nicht gegenständlich sind materiell unbegründete Beschwerden in Bezug auf Inhalte, welche nicht nach § 1 Abs. 3 „rechtswidrig" sind, selbst wenn der Beschwerdeführer irrtümlich auf einen der dort genannten Straftatbestände verweist. Letzteres ist vom Wortlaut der Nr. 3 nicht gedeckt und würde auch die Aussagekraft der Berichtszahlen desavouieren, wenn dann unklar bliebe, welcher Anteil der Beschwerden sich – etwa nach Rechtslaienwertung von Nutzern – auf nur behauptet rechtswidrige, hingegen tatsächlich aber rechtskonforme Inhalte bezogen hat.[33] Die derart ermittelte Zahl ist auch maßgeblich für die Beschwerdeanfallgrenze von 100 Beschwerden, welche eine Berichtspflicht nach § 2 Abs. 1 S. 1 erst entstehen lässt (→ Rn. 5f.).

17 Die **Aufschlüsselung** nach Beschwerden von Beschwerdestellen und Beschwerden von Nutzern ist nach der Entwurfsbegründung notwendig, „um nachprüfen zu können, dass eine effektive Beschwerdebearbeitung von Beschwerden von beiden Beschwerdegruppen gleichermaßen gegeben ist". Hintergrund sind auch festgestellte Diskrepanzen im Monitoring Bericht der Länderstelle jugendschutz.net, die selbst **„Beschwerdestelle"** iSd Vorschrift ist. Daneben kommen als Beschwerdestellen auch Einrichtungen der Freiwilligen Selbstkontrolle mit Beschwerde-Hotlines (zB FSM), Beschwerdestellen der Branchenverbände (vgl. Abs. 2 Nr. 5, → Rn. 22) sowie Landesmedienanstalten und die nach §§ 4, 14, 16 JMStV zuständige Kommission für Jugendmedienschutz – KJM in Betracht, hingegen nicht die für Strafverfolgungsmaßnahmen zuständigen Staatsanwaltschaften sowie Polizeidienststellen. Auch die auf Nutzerbeschwerden nach erfolgten Löschungen gerichtete Beschwerdestelle nach § 3 Abs. 6 Nr. 4 ist hier nicht gemeint (→ § 3 Rn. 50). Gegebenenfalls ist eine weitere Darstellungsdifferenzierung der unterschiedlichen Beschwerdestellen angezeigt, wenngleich diese nicht gesetzlich gefordert wird. Bloße Weiterleitungen von Nutzerbeschwerden durch Branchenverbände, bei denen der Netzwerkbetreiber Mitglied ist (Abs. 2 Nr. 5, → Rn. 22f.), sind als „Beschwerden von Nutzern", hingegen nicht „von Beschwerdestellen" aufzuführen.

18 Überdies ist auch der jeweilige **„Beschwerdegrund"** anzugeben. Da nach dem Wortlaut lediglich Beschwerden über tatsächlich „rechtswidrige Inhalte" iSd § 1 Abs. 3 berichtsgegenständlich sind (→ Rn. 15), erfolgt die Aufschlüsselung der in der Regel nach den unterschiedlichen Straftatbeständen der §§ 86, 86a, 89a, 91, 100a, 111, 126, 129–129b, 130, 131, 140, 166, 184b iVm §§ 184d, 185–187, 201a, 241 und 269 StGB. Nur für den Fall, dass eine Beschwerde rechtsirrtümlich aus einem anderen Rechtsgrund erhoben worden ist, sich dann in der Prüfung jedoch das anderweitige oder zusätzliche Vorliegen eines rechtswidrigen Inhaltes nach § 1 Abs. 3 herausgestellt hat, ist der zunächst von der Beschwerdestelle oder dem Nutzer mitgeteilte Beschwerdegrund ebenfalls anzugeben.

5. Prüfpersonalbezogene Berichtsinhalte (Nr. 4)

19 a) **Organisation, Ausstattung und Kompetenz.** Die Betreiber sozialer Netzwerke haben die **Organisation und Ausstattung** des betrauten Prüfpersonals bzw. der **„Arbeitseinheiten"** in dem Bericht darzustellen. Dies umfasst die Zahl der ins-

---

[31] Unklar *Spindler,* ZUM 2017, 473, 481, der offenbar davon ausgeht, dass „jede Beschwerde, wie allgemein sie auch gehalten sein mag, geeignet wäre, die Pflichten des Providers auszulösen".

[32] S. zur strafrechtsdogmatischen Kritik am Begriff der „rechtswidrigen Inhalte" → § 1 Rn. 72.

[33] Hieraus begründete Redundanzen zu Abs. 2 Nr. 7 sind den Unzulänglichkeiten der Gesetzesformulierung geschuldet und müssen ggf. durch den Gesetzgeber korrigiert bzw. aufgehoben werden.

gesamt im Bereich des Beschwerdemanagements nach § 3 betrauten Mitarbeiter sowie die Struktur der Befassung internen (angestellten) oder externen Personals, etwa in ausgelagerten Organisationseinheiten oder (dienstvertraglich) beauftragten eigenständigen Gesellschaften, die sich auf Content-Prüfung von Telemedien spezialisiert haben. Zu den Arbeitseinheiten gehören hingegen nicht Einrichtungen der freiwilligen Selbstkontrolle oder im Einzelfall mit der Interessenvertretung oder rechtlichen Beratung beauftragte Rechtsanwälte. Die Berichtspflicht zur Organisation umfasst auch die Darstellung etwaiger Entscheidungshierarchien, nach der vom Prüfpersonal etwa „in Zweifelsfällen" ein beschwerdegegenständlicher Inhalt der Rechtsabteilung oder einem angestellten Volljuristen vorzulegen ist. Überdies muss die Organisation der monatlichen Kontrollüberwachungen und Vorkehrungen zur Beseitigung organisatorischer Unzulänglichkeiten (§ 3 Abs. 4, zur Unbestimmtheit dort → Rn. 35f.) dargestellt werden.

Hinsichtlich der **fachlichen Kompetenz** ist auf die Ausbildung der Angehörigen 20 der Arbeitseinheiten sowie Berufsabschlüsse und Teilnahmen an Fortbildungen und Schulungen, aber auch auf etwaige Einstellungsvoraussetzungen und -tests einzugehen. Die in Nr. 4 weiterhin genannte **Sprachkompetenz** bezieht sich in erster Linie auf die Beherrschung der deutschen Sprache[34] durch die Angehörigen der Arbeitseinheiten. Da maßgebliche Beschwerdegegenstände auf deutsche Straftatbestände nach § 1 Abs. 3 StGB beschränkt sind, wird die überwiegende Mehrzahl der Beschwerden durch Beschwerdestellen und Nutzer auf Deutsch zu bearbeiten sein. Auch die vertiefte Auseinandersetzung mit der diffizilen Auslegung[35] der einzelnen Straftatbestände erfordert gute Deutschkenntnisse, welche bei den oft länderübergreifend mit Beschwerden aus zahlreichen Staaten befassten Arbeitseinheiten in externen Gesellschaften nicht zwingend vorhanden sind.

b) Schulung und Betreuung. Die Berichtspflicht bezüglich der Schulung und 21 Betreuung der für die Bearbeitung von Beschwerden zuständigen Personen korrespondiert mit der entsprechenden Compliance-**Pflicht des § 3 Abs. 4 S. 3** (dort → Rn. 37ff.) von regelmäßig, mindestens aber halbjährlich angebotenen deutschsprachigen Schulungs- und Betreuungsangeboten. Dies betrifft nicht nur die fachliche Qualifikation sondern auch den Schutz der Mitarbeiter aufgrund der mit Beschwerdeprüfungen und den zu sichtenden Inhalten verbundenen hohen psychischen Belastung und dem hohen und ständige Flexibilität erfordernden Arbeitsaufwand.[36] Im Rahmen des Berichts ist auch darzustellen, welche Angehörigen die Schulungs- und Betreuungsangebote tatsächlich wahrgenommen haben (ggf. auch durch Beifügung von Teilnehmerlisten).

6. Mitgliedschaft in Branchenverbänden (Nr. 5)

Nach der Vorschrift sind durch die Betreiber sozialer Netzwerke sämtliche Mit- 22 gliedschaften in Branchenverbänden aufzuführen. In Betracht kommen zB **Bitkom** – Bundesverband Informationswirtschaft, Telekommunikation und neue Medien e.V., **eco** – Verband der Internetwirtschaft e.V., **BIU** – Bundesverband Interaktive Unterhaltungssoftware e.V. oder **VPRT** – Verband Privater Rundfunk und Telemedien e.V. Hingegen sind Einrichtungen der Freiwilligen Selbstkontrolle wie die FSM[37] keine Branchenverbände iSd Vorschrift.

Des Weiteren ist auch darüber zu informieren, welche der Branchenverbände, in 23 denen der Betreiber des sozialen Netzwerkes Mitglied ist, über eine (eigene) „Be-

---

[34] Krit. *Guggenberger*, ZRP 2017, 98, 99.
[35] Hierzu → § 1 Rn. 76 f.
[36] S. auch BT-Drs. 18/12356, S. 21.
[37] Freiwillige Selbstkontrolle Multimedia-Diensteanbieter e.V.

schwerdestelle" verfügen.[38] Hiermit ist in erster Linie nicht eine juristische gegenüber dem Verband eigenständige Stelle gemeint, sondern vielmehr eine in dem Verband vorhandene Organisationseinheit. Die Beschwerdestelle meint hier – enger als in Abs. 2 Nr. 3 (hierzu → Rn. 17) eine Stelle für „Meldungen von Hasskriminalität und anderen strafbaren Inhalten in sozialen Netzwerken".[39] Nicht erforderlich ist, dass die Beschwerdestelle des Verbandes eine eigenständige Inhaltsprüfung und Bewertung vornimmt; es genügt die Weiterleitung der Beschwerden an das Mitglied, wobei ein „Eingang" iSd § 3 Abs. 2 Nr. 2 und 3 erst mit Erhalt der vom Branchenverband weitergeleiteten Beschwerde vorliegt. Das Vorhandensein einer Beschwerdestelle kann ausweislich der Entwurfsbegründung „im Falle einer Bußgeldbewehrung" (gemeint ist „Ahndung" gegenüber dem Betreiber eines sozialen Netzwerks) **„strafmildernd** berücksichtigt" werden.[40]

7. Beteiligung externer Stellen (Nr. 6)

24 Nach der Vorschrift ist im Rahmen des Halbjahresberichtes über die Anzahl der Beschwerden zu informieren, bei denen eine externe Stelle konsultiert wurde, um die Entscheidung vorzubereiten. Nach teleologischer und rechtssystematischer Auslegung betrifft dies allerdings nur Beschwerden, bei denen **„rechtswidrige Inhalte"** iSd § 1 Abs. 3 prüfgegenständlich gewesen sind. Denn die in Abs. 1 statuierte Berichtspflicht bezieht sich nur auf den „Umgang mit Beschwerden über rechtswidrige Inhalte" auf den Plattformen der sozialen Netzwerke. Vor diesem Hintergrund wäre auch eine weitergehende Darstellung zu sämtlichen anderen beschwerdegegenständlichen Inhalten und der Befassung externer Stellen hiermit von der durch den Gesetzgeber nach den NetzDG intendierten Transparenz nicht mehr gedeckt. Als **externe Stellen** können insbesondere vom Netzwerkbetreiber beauftragte, eigenständige Gesellschaften angesehen werden, die sich auf Content-Prüfungen von Telemedien spezialisiert haben (→ Rn. 19). Die in den Entwurfsbegründung zugrunde gelegte Konstellation, dass nur aufgrund der Beschwerdezahl sich „interne Ressourcen der Anbieter" nicht als ausreichend erweisen – etwa aufgrund des „Umfangs oder der Komplexität der Beschwerde"[41]– ist nicht zwingend. Insoweit ist auch denkbar und legitim, dass Netzwerkbetreiber generell Prüfungsabläufe an externe Stellen delegieren, ungeachtet des Prüfaufkommens oder der Komplexität der Beschwerden.

8. Zahl der Beschwerden mit Lösch-/Sperrfolgen (Nr. 7)

25 Die Berichtspflicht der Vorschrift überschneidet sich weitgehend mit der in Abs. 2 Nr. 3 geforderten Darstellung eingegangener Beschwerden „über rechtswidrige Inhalte" (→ Rn. 16).[42] Abweichungen können sich insoweit ergeben, als nach Nr. 7 nur die Zahl solcher Beschwerden zu benennen ist, welche zu einer betreiberseitigen **Löschung oder Sperrung geführt** haben. Fälle, in denen der Verbreiter des beschwerdegegenständlichen rechtswidrigen Inhaltes (Nutzer) diesen freiwillig oder auf Betreiben einer Aufsichtsstelle (zB jugendschutz.net[43]) selbst entfernt hat, sind nur

---

[38] S. zu dem in Abs. 2 Nr. 3 weiter verstandenen, da nicht auf Branchenverbände beschränkten Begriff der „Beschwerdestelle" → Rn. 17.

[39] BT-Drs. 18/12356, S. 21.

[40] Vgl. BT-Drs. 18/12356, S. 21; ob dies auch dann gilt, wenn im Zeitpunkt der Bußgeldahndung noch keine Weiterleitung von Beschwerden an das Branchenmitglied erfolgt sind, lässt die Begründung offen.

[41] BT-Drs. 18/12356, S. 21.

[42] S. aber auch die Entwurfsbegründung die zu Nr. 7 auch auf die Ausführungen zu Nr. 3 verweist; vgl. BT-Drs. 18/12356, S. 21.

[43] Vgl. zu den Aufgaben der Länderstelle jugendschutz.net § 18 JMStV.

Berichtspflicht § 2 NetzDG

nach Abs. 2 Nr. 3 aufzuführen. Weiterhin werden die Berichtspflichten durch Beschlussempfehlung des BT-Rechtsausschusses dahin ergänzt, dass die erfassten Anbieter in ihren Berichten auch aufschlüsseln müssen, in wie vielen Fällen sie sich auf Ausnahmen zur Sieben-Tages-Frist iSd § 3 Abs. 2 Nr. 3a) (dort → Rn. 21 ff.) wegen notwendiger Klärung von Tatsachenbehauptungen oder anderer tatsächlicher Umstände sowie möglicher Gelegenheit zur Stellungnahme für den betroffenen Nutzer gestützt haben.[44] Zudem ist anzugeben, in wie vielen Fällen eine Weiterleitung an anerkannte Einrichtungen der Regulierten Selbstregulierung nach § 3 Abs. 2 Nr. 3b) (dort → Rn. 24 ff.) erfolgte.

9. Angaben zur Bearbeitungsdauer (Nr. 8)

Korrespondierend mit den in der Regel starren Löschfristen in § 3 Abs. 2 Nr. 2 26 und 3 wird auch im Hinblick auf eine mögliche Bußgeldahndung nach § 4 Abs. 1 Nr. 1 und 2[45] die inhaltliche Berichtspflicht nach Nr. 8 über den Zeitraum zwischen Beschwerdeeingang und erfolgter Löschung oder Sperrung des rechtswidrigen Inhaltes (§ 1 Abs. 3, dort → Rn. 73 ff.) verlangt. Die Angabe hat **einzeln** für jeden der **nach Abs. 2 Nr. 7 erfassten Beschwerdefälle** in den genannten Kategorien „innerhalb von 24 Stunden"/„innerhalb von 48 Stunden"/„innerhalb einer Woche"/ „zu einem späteren Zeitpunkt" zu erfolgen. Sinnvoll ist insoweit eine Verknüpfung des jeweils im einzelnen Beschwerdefall angegebenen Zeitraums mit der in Abs. 2 Nr. 7 geforderten Pflichtangabe über Ausnahmen nach § 3 Abs. 2 Nr. 3a) und 3b).

10. Unterrichtung der am Beschwerdevorgang Beteiligten (Nr. 9)

Die Vorschrift korrespondiert mit der Compliance-Verpflichtung des § 3 Abs. 2 27 Nr. 5 (dort → Rn. 30 ff.). Im „Interesse der Transparenz, der Nachvollziehbarkeit und der Güte der Argumente"[46] für die Löschung oder Sperrung eines rechtswidrigen Inhalts, seien die Maßnahmen zur Unterrichtung des Beschwerdeführers sowie des Nutzers über die Entscheidung der Beschwerde darzulegen. Allerdings bezieht sich die Berichtspflicht nach dem Wortlaut nur auf die **„Maßnahmen zur Unterrichtung"** hingegen nicht die Offenlegung der Unterrichtungsinhalte selbst, sodass es dem Netzwerkbetreiber frei steht, auch weitergehend inhaltliche Argumentationen für seine Entscheidungen darzulegen oder nicht. Die Darstellung der „Unterrichtungsmaßnahmen" beinhaltet die Information, auf welchem Kommunikationsweg (zB per E-Mail oder postalisch) und ggf. in welchem Zeitraum nach der Beschwerdebearbeitung eine Unterrichtung erfolgt ist.

---

[44] BT-Drs. 18/13013, S. 21 f.
[45] Vgl. BT-Drs. 18/12356, S. 21: „Um überprüfen zu können, ob die vorgegebene Bearbeitungszeit von 24 Stunden eingehalten wird, (…)" sowie „(…) um evaluieren zu können, wie effizient die zuständigen Teams die Beschwerden bearbeiten".
[46] So die Entwurfsbegründung, vgl. BT-Drs. 18/12356, S. 21.

Liesching

§ 3 Umgang mit Beschwerden über rechtswidrige Inhalte

(1) ¹Der Anbieter eines sozialen Netzwerks muss ein wirksames und transparentes Verfahren nach Absatz 2 und 3 für den Umgang mit Beschwerden über rechtswidrige Inhalte vorhalten. ²Der Anbieter muss Nutzern ein leicht erkennbares, unmittelbar erreichbares und ständig verfügbares Verfahren zur Übermittlung von Beschwerden über rechtswidrige Inhalte zur Verfügung stellen.

(2) Das Verfahren muss gewährleisten, dass der Anbieter des sozialen Netzwerks
1. unverzüglich von der Beschwerde Kenntnis nimmt und prüft, ob der in der Beschwerde gemeldete Inhalt rechtswidrig und zu entfernen oder der Zugang zu ihm zu sperren ist,
2. einen offensichtlich rechtswidrigen Inhalt innerhalb von 24 Stunden nach Eingang der Beschwerde entfernt oder den Zugang zu ihm sperrt; dies gilt nicht, wenn das soziale Netzwerk mit der zuständigen Strafverfolgungsbehörde einen längeren Zeitraum für die Löschung oder Sperrung des offensichtlich rechtswidrigen Inhalts vereinbart hat,
3. jeden rechtswidrigen Inhalt unverzüglich, in der Regel innerhalb von sieben Tagen nach Eingang der Beschwerde entfernt oder den Zugang zu ihm sperrt; die Frist von sieben Tagen kann überschritten werden, wenn
   a) die Entscheidung über die Rechtswidrigkeit des Inhalts von der Unwahrheit einer Tatsachenbehauptung oder erkennbar von anderen tatsächlichen Umständen abhängt; das soziale Netzwerk kann in diesen Fällen dem Nutzer vor der Entscheidung Gelegenheit zur Stellungnahme zu der Beschwerde geben,
   b) das soziale Netzwerk die Entscheidung über die Rechtswidrigkeit innerhalb von sieben Tagen nach Eingang der Beschwerde einer nach den Absätzen 6 bis 8 anerkannten Einrichtung der Regulierten Selbstregulierung überträgt und sich deren Entscheidung unterwirft,
4. im Falle der Entfernung den Inhalt zu Beweiszwecken sichert und zu diesem Zweck für die Dauer von zehn Wochen innerhalb des Geltungsbereichs der Richtlinien 2000/31/EG und 2010/13/EU speichert,
5. den Beschwerdeführer und den Nutzer über jede Entscheidung unverzüglich informiert und seine Entscheidung ihnen gegenüber begründet.

(3) Das Verfahren muss vorsehen, dass jede Beschwerde und die zu ihrer Abhilfe getroffene Maßnahme innerhalb des Geltungsbereichs der Richtlinien 2000/31/EG und 2010/13/EU dokumentiert wird.

(4) ¹Der Umgang mit Beschwerden muss von der Leitung des sozialen Netzwerks durch monatliche Kontrollen überwacht werden. ²Organisatorische Unzulänglichkeiten im Umgang mit eingegangenen Beschwerden müssen unverzüglich beseitigt werden. ³Den mit der Bearbeitung von Beschwerden beauftragten Personen müssen von der Leitung des sozialen Netzwerks regelmäßig, mindestens aber halbjährlich deutschsprachige Schulungs- und Betreuungsangebote gemacht werden.

(5) Die Verfahren nach Absatz 1 können durch eine von der in § 4 genannten Verwaltungsbehörde beauftragten Stelle überwacht werden.

(6) Eine Einrichtung ist als Einrichtung der Regulierten Selbstregulierung im Sinne dieses Gesetzes anzuerkennen, wenn
1. die Unabhängigkeit und Sachkunde ihrer Prüfer gewährleistet ist,
2. eine sachgerechte Ausstattung und zügige Prüfung innerhalb von sieben Tagen sichergestellt sind,

3. eine Verfahrensordnung besteht, die den Umfang und Ablauf der Prüfung sowie Vorlagepflichten der angeschlossenen sozialen Netzwerke regelt und die Möglichkeit der Überprüfung von Entscheidungen vorsieht,
4. eine Beschwerdestelle eingerichtet ist und
5. die Einrichtung von mehreren Anbietern sozialer Netzwerke oder Institutionen getragen wird, die eine sachgerechte Ausstattung sicherstellen.

Außerdem muss sie für den Beitritt weiterer Anbieter insbesondere sozialer Netzwerke offen stehen.

(7) Die Entscheidung über die Anerkennung einer Einrichtung der Regulierten Selbstregulierung trifft die in § 4 genannte Verwaltungsbehörde.

(8) Die Anerkennung kann ganz oder teilweise widerrufen oder mit Nebenbestimmungen versehen werden, wenn Voraussetzungen für die Anerkennung nachträglich entfallen sind.

(9) Die Verwaltungsbehörde nach § 4 kann auch bestimmen, dass für einen Anbieter von sozialen Netzwerken die Möglichkeit zur Übertragung von Entscheidungen nach Absatz 2 Nummer 3 Buchstabe b für einen zeitlich befristeten Zeitraum entfällt, wenn zu erwarten ist, dass bei diesem Anbieter die Erfüllung der Pflichten des Absatzes 2 Nummer 3 durch einen Anschluss an die Regulierte Selbstregulierung nicht gewährleistet wird.

Literatur: *Drexl,* Bedrohung der Meinungsvielfalt durch Algorithmen, ZUM 2017, 529; *Eifert,* Rechenschaftspflichten für soziale Netzwerke und Suchmaschinen, NJW 2017, 1450; *Elsaß/Tichy/Labusga,* Löschungen und Sperrungen von Beiträgen und Nutzerprofilen durch die Betreiber sozialer Netzwerke, CR 2017, 234; *Feldmann,* Zum Referentenentwurf eines NetzDG: Eine kritische Betrachtung, K&R 2017, 292; *Frenzel,* Aktuelles Gesetzgebungsvorhaben: Verbesserung der Rechtsdurchsetzung in sozialen Netzwerken (NetzDG), JuS 2017, 414; *Gersdorf,* Hate Speech in soziale Netzwerke – Verfassungswidrigkeit des NetzDG-Entwurfs und grundrechtliche Einordnung der Anbieter sozialer Netzwerke, MMR 2017, 439; *Guggenberger,* Das Netzwerkdurchsetzungsgesetz – schön gedacht, schlecht gemacht, ZRP 2017, 98; *ders.,* Das Netzwerkdurchsetzungsgesetz in der Anwendung, NJW 2017, 2577; *Hain/Ferreau/Brings-Wiesen,* Regulierung sozialer Netzwerke revisited, K&R 2017, 433; *Handel,* Hate Speech – Gilt deutsches Strafrecht gegenüber ausländischen Anbietern sozialer Netzwerke?, MMR 2017, 227; *Höch,* Nachbessern: ja, verteufeln: nein. Das NetzDG ist besser als sein Ruf, K&R 2017, 289; *Hoeren,* IT- und Internetrecht – Kein Neuland für die NJW, NJW 2017, 1587; *Holznagel,* Das Compliancesystem des Entwurfs des Netzwerkdurchsetzungsgesetzes, ZUM 2017, 615; *Koreng,* Entwurf eines Netzwerkdurchsetzungsgesetzes: Neue Wege im Kampf gegen „Hate Speech"?, GRUR-Prax 2017, 203; *Ladeur/Gostomzyk,* Das Netzwerkdurchsetzungsgesetz und die Logik der Meinungsfreiheit, K&R 2017, 390; *dies.,* Gutachten zur Verfassungsmäßigkeit des Entwurfs eines Gesetzes zur Verbesserung der Rechtsdurchsetzung in sozialen Netzwerken (Netzwerkdurchsetzungsgesetz – NetzDG), 2017; *Liesching,* Die Durchsetzung von Verfassung und Europarecht gegen das Netzwerkdurchsetzungsgesetz, MMR 2018, 26; *ders.,* Hakenkreuze in Film, Fernsehen und Computerspielen – Verwendung verfassungsfeindlicher Kennzeichen in Unterhaltungsmedien, MMR 2010, 309; *Nolte,* Hate-Speech, Fake-News, das „Netzwerkdurchsetzungsgesetz" und Vielfaltsicherung durch Suchmaschinen, ZUM 2017, 552; *Schwartmann,* Verantwortlichkeit Sozialer Netzwerke nach dem Netzwerkdurchsetzungsgesetz, GRUR-Prax 2017, 317; *Spindler,* Das Netzwerkdurchsetzungsgesetz, K&R 2017, 533; *ders.,* Der Regierungsentwurf zum Netzwerkdurchsetzungsgesetz – europarechtswidrig?, ZUM 2017, 473; *ders.,* Das neue Telemediengesetz – WLAN-Störerhaftung endgültig adé?, NJW 2017, 2305; *Steinbach,* Social Bots im Wahlkampf, ZRP 2017, 101; *ders.,* Meinungsfreiheit im postfaktischen Umfeld, JZ 2017, 653; *Wimmers/Heymann,* Zum Referentenentwurf eines Netzwerkdurchsetzungsgesetzes (NetzDG) – eine kritische Stellungnahme, AfP 2017, 93.

Übersicht

	Rn.
I. Überblick	1
II. Pflicht zur Einrichtung eines Beschwerdeverfahrens (Abs. 1)	3
1. Vorhalten des Beschwerdeverfahrens (S. 1)	3
a) Bußgeldbewehrte Vorhaltenspflicht	3
b) Beschwerdegegenstände des vorzuhaltenden Verfahrens	4
2. Nutzerfreundliches Zur-Verfügung-Stellen (S. 2)	6
III. Anforderungen an das Beschwerdemanagement (Abs. 2)	8
1. Allgemeines	8
2. Unverzügliche Kenntnisnahme und Prüfung (Nr. 1)	9
3. Entfernung „offensichtlich" rechtswidriger Inhalte (Nr. 2)	12
a) Verstoß gegen Verfassungs- und EU-Recht	12
b) „Offensichtlichkeit" eines rechtswidrigen Inhaltes	13
c) Regelfrist von 24 Stunden	16
4. Entfernung rechtwidriger Inhalte in Sieben-Tages-Frist (Nr. 3)	18
a) „Unverzüglich", Regelfrist von sieben Tagen (Hs. 1)	18
b) Gesetzlich geregelte Ausnahmen	21
aa) Stellungnahme-Einholung (Hs. 2 lit. a)	21
bb) Konsultation der Selbstregulierung (Hs. 2 lit. b)	24
5. Sicherung und Speicherung zu Beweiszwecken (Nr. 4)	28
6. Informations- und Begründungspflicht (Nr. 5)	30
IV. Dokumentationspflicht (Abs. 3)	33
V. Organisationsinterne Pflichten (Abs. 4)	35
1. Monatliche Kontrollüberwachung (S. 1)	35
2. Beseitigung organisatorischer Unzulänglichkeiten (S. 2)	36
3. Schulungs- und Betreuungsangebote (S. 3)	37
VI. Überwachung durch beauftragte Stelle (Abs. 5)	39
VII. Anerkannte Einrichtungen der Selbstregulierung (Abs. 6–9)	42
1. Anerkennungsvoraussetzungen (Abs. 6)	42
a) Allgemeines	42
b) Unabhängigkeit und Sachkunde der Prüfer (Nr. 1)	44
c) Sachgerechte Ausstattung und zügige Prüfung (Nr. 2)	46
d) Verfahrensordnung (Nr. 3)	48
e) Eingerichtete Beschwerdestelle (Nr. 4)	51
f) Trägerschaft mehrerer Anbieter sozialer Netzwerke (Nr. 5)	52
2. Zuständigkeit des BfJ (Abs. 7)	54
3. Widerruf der Anerkennung (Abs. 8)	55
4. Beschränkung der Entscheidungsübertragung (Abs. 9)	56

I. Überblick

1 Die Vorschrift statuiert umfangreiche Compliance-Pflichten für Betreiber sozialer Netzwerke, welche im Wesentlichen in der Etablierung eines Beschwerdeverfahrens mit implizit geregelten strengen Entfernungs- und Sperrpflichten (§ 3 Abs. 2 Nr. 2 und 3) bestehen, welche aufgrund von § 4 Abs. 1 Nr. 2 („nicht richtiges" Vorhalten eines Beschwerdeverfahrens) **bußgeldbewehrt** sind (→ § 4 Rn. 13 ff.). Dies unterliegt **verfassungsrechtlichen** (→ § 1 Rn. 21 ff., → § 4 Rn. 2 ff.) und **europarechtlichen** (→ § 1 Rn. 13 ff.) **Bedenken.**[1] Zweifelhaft ist schon die im Regierungs-

---

[1] Zur Verfassungswidrigkeit: *Feldmann*, K&R 2017, 292, 295 f.; *Gersdorf*, MMR 2017, 439 ff.; *Hain/Ferreau/Brings-Wiesen*, K&R 2017, 433, 435; *Koreng*, GRUR-Prax 2017, 203, 204; *Ladeur/Gostomzyk*, K&R 2017, 390 ff.; *Nolte*, ZUM 2017, 552, 555 ff.; *Wimmers/Heymann*, AfP 2017,

entwurf zur Eignung und Erforderlichkeit des § 3 weitgehend ohne Erkenntnisgrundlagen geäußerten Annahme,[2] „bei der derzeitigen Rechtslage und Praxis" kämen die sozialen Netzwerke dem Gebot, rechtswidrige Inhalte zu löschen, „nicht hinreichend und nicht schnell genug nach" (→ § 1 Rn. 6 ff.). Auch die Annahme des Gesetzgebers, eine Löschpflicht ergebe sich schon vor Inkrafttreten des NetzDG aus § 10 TMG bzw. den „allgemeinen Gesetzen", ist unzutreffend (→ § 1 Rn. 23).

Aufgrund von – auch in Anhörungsstellungnahmen[3] – vorgebrachten verfassungsrechtlichen Bedenken wurde auf Beschlussempfehlung des BT-Rechtsausschusses zum Teil eine Möglichkeit der Konsultation einer Einrichtung der **Regulierten Selbstregulierung** (§ 3 Abs. 2 Nr. 3b), Abs. 6–9) implementiert, was an den grundlegenden Beeinträchtigungen insbesondere der Kommunikationsfreiheiten freilich nichts ändert (→ Rn. 12 sowie → § 1 Rn. 22 ff.). Die noch im Regierungsentwurf in Abs. 2 Nr. 6 vorgesehene Pflicht zur **Entfernung sämtlicher Kopien** rechtswidriger Inhalte auf den Plattformen sozialer Netzwerke wurde im weiteren Gesetzgebungsverfahren aufgrund der angenommenen Unbestimmtheit des Begriffs „Kopien"[4] und der Komplexität von inhaltlichen Kontextprüfungen der Netzwerkbetreiber wieder gestrichen.[5] 2

II. Pflicht zur Einrichtung eines Beschwerdeverfahrens (Abs. 1)

1. Vorhalten des Beschwerdeverfahrens (S. 1)

a) Bußgeldbewehrte Vorhaltenspflicht. Die Vorschrift des S. 1 statuiert eine **Blankettverpflichtung** für alle Betreiber sozialer Netzwerke (→ § 1 Rn. 41 ff.) zur Etablierung eines Beschwerdeverfahrens, deren Anforderungen hinsichtlich der „Wirksamkeit" durch Abs. 2 und 3 konkretisiert werden. Die geforderte „Transparenz" des Verfahrens wird durch Abs. 1 S. 2, Abs. 2 Nr. 3 a) und Nr. 5 sowie durch die Berichtspflicht nach § 2 konkretisiert. Die Verpflichtung zu Einrichtung und Betrieb des Beschwerdeverfahrens ist aufgrund von § 4 Abs. 1 Nr. 2 nicht nur hinsichtlich des „Ob" des Vorhaltens, sondern auch hinsichtlich des „Wie" („nicht richtig") **bußgeldbewehrt,** sodass auch die Missachtung einzelner Vorgaben der Abs. 2 und 3 eine Ordnungswidrigkeit begründen kann. Ob bereits ein einzelner Verstoß gegen eine der Löschpflichten des Abs. 2 Nr. 2 und 3 zu einer Bußgeldahndung führen kann, ergibt sich aus den Gesetzesmaterialien nicht zweifelsfrei, soweit dort lediglich ausgeführt wird, dass „regelmäßig" bzw. „in der Regel" ein Einzelfallverstoß nicht ausreiche.[6] Aus dem Gesetzeswortlaut ergibt sich das Erfordernis einer Mehrzahl von Pflichtverstößen nicht (→ § 4 Rn. 4). 3

b) Beschwerdegegenstände des vorzuhaltenden Verfahrens. Die Vorhaltenspflicht umfasst nur ein Verfahren des Umgangs mit **„Beschwerden über rechtswidrige Inhalte"** iSd § 1 Abs. 3 (dort → Rn. 73 ff.). Nach der Entwurfsbegründung bezieht sich das Beschwerdemanagement des Abs. 1 S. 1 lediglich auf den 4

93, 98; s. auch *Frenzel,* JuS 2017, 414, 415; *Guggenberger,* ZRP 2017, 98, 100; zur Unionsrechtswidrigkeit Feldmann, K&R 2017, 292, 296; *Hain/Ferreau/Brings-Wiesen,* K&R 2017, 433 f.; *Hoeren,* Beck-Expertenblog v. 30.3.2017; *Spindler,* ZUM 2017, 473, 474 ff.; *ders.,* K&R 2017, 533, 535 f.; *Wimmers/Heymann,* AfP 2017, 93, 96 f.

[2] Vgl. BT-Drs. 18/12356, S. 22.

[3] Insb. Anhörung im Rahmen der 153. Sitzung des Ausschusses für Recht und Verbraucherschutz vom 19.6.2017, Ausschuss-Drs. 18(6)344.

[4] Krit. auch *Spindler,* ZUM 2017, 473, 484.

[5] BT-Drs. 18/13013, S. 24; zum Regierungsentwurf und den Erwägungen der Notwendigkeit einer Entfernungspflicht für Kopien als bloße „Klarstellung" der sich insoweit bereits aus § 10 TMG ergebenden Löschpflicht BT-Drs. 18/12356, S. 23.

[6] BT-Drs. 18/12356, S. 24.

Umgang mit „Nutzerbeschwerden",[7] hingegen nicht solche von Beschwerdestellen, was freilich angesichts der geforderten differenzierenden Berichtspflicht in § 2 Abs. 2 Nr. 7 und 8 widersinnig erscheint. Jedenfalls sind Beschwerden, die die Verletzung anderer als die in § 1 Abs. 3 StGB genannten Strafdelikte oder sonstige (auch zivil- und verwaltungsrechtliche) Rechtsübertretungen zum Gegenstand haben, in dem Beschwerdeverfahren nicht zu berücksichtigen.

5 Nach dem Wortlaut ist auch erforderlich, dass der beschwerdegegenständliche Inhalt tatsächlich einen der in § 1 Abs. 3 genannten Straftatbestände verwirklicht bzw. gegebenenfalls eine rechtswidrige Handlung des Täters vorliegt (→ § 2 Rn. 5).[8] Da dies jedoch vor der inhaltlichen Prüfung durch den Netzwerkbetreiber noch nicht bestimmt werden kann, muss die **Beschwerdeerfassung** auf alle Meldungen in Bezug auf die §§ 86, 86a, 89a, 91, 100a, 111, 126, 129–129b, 130, 131, 140, 166, 184b iVm §§ 184d, 185–187, 201a, 241 oder 269 StGB gerichtet sein.[9] Dies ergibt sich aus der ausdrücklichen gesetzlichen Spezifizierung und Beschränkung des Verfahrens auf Beschwerden „über rechtswidrige Inhalte" sowie daraus, dass nach ständiger Rechtsprechung zu § 10 TMG eine Verschaffung der Kenntnis über den **„konkreten Inhalt"** vorausgesetzt ist.[10] Erforderlich ist, dass die Beschwerde so konkret gefasst ist, dass der auf das konkrete Strafdelikt bezogene Rechtsverstoß auf der Grundlage der Behauptungen des Betroffenen unschwer bejaht werden kann.[11] Der Netzwerkbetreiber kann die sich hieraus ergebende Pflicht des Netzwerkbetreibers zur Beschränkung des Beschwerdemanagementsystems im Rahmen des Zur-Verfügung-Stellens nach S. 2 durch spezielle Beschwerdeformulare Rechnung tragen, welche sich auf die rechtswidrigen Inhalte nach § 1 Abs. 3 NetzDG konzentrieren und Angaben des sich beschwerenden Nutzers über die Verwirklichung zumindest einer der dort genannten Delikte erfordern.

2. Nutzerfreundliches Zur-Verfügung-Stellen (S. 2)

6 Die Vorschrift verpflichtet über die Ausgestaltung des Beschwerdemanagements nach S. 1 hinaus die Betreiber sozialer Netzwerke zu einem **nutzerfreundlichen Übermittlungsverfahren**, das sicherstellt, dass Beschwerden von Nutzern die betreffenden für die Beschwerde bearbeitenden Personen in den sozialen Netzwerken erreichen. Die Anforderungen nach S. 2 gelten dabei unabhängig davon, ob die sozialen Netzwerke die Beschwerden über rechtswidrige Inhalte durch eigenes Personal bearbeiten oder diese Aufgabe an einen externen Dienstleister auslagern.[12] Das Verfahren ist nur „Nutzern" (→ § 1 Rn. 52) zur Verfügung zu stellen, hingegen nicht auch Beschwerdestellen (→ § 2 Rn. 17). Die Anforderungen der leichten Erkennbarkeit, unmittelbaren Erreichbarkeit und ständigen Verfügbarkeit entsprechen den gesetzlichen Vorgaben für Informationspflichten von Telemedienanbietern gem. **§ 5 Abs. 1 TMG.**

7 **Leicht erkennbar** ist das Übermittlungsverfahren, wenn es für den Nutzer auch durch eine entsprechende transparente Bezeichnung (zB „NetzDG Beschwerden") unschwer wahrnehmbar ist und nicht derart platziert wird, dass ein vorheriges Scrol-

---

[7] BT-Drs. 18/12356, S. 22.

[8] Vgl. zur insoweit unklaren Reichweite des Konstruktes der „rechtswidrigen Inhalte" → § 1 Rn. 72 ff.

[9] *Spindler*, K&R 2017, 533, 537, zur vor der Konkretisierung durch den BT-Rechtsausschuss vagen Regelung krit. *Spindler*, ZUM 2017, 473, 481, wonach noch „jede Beschwerde, wie allgemein sie auch gehalten sein mag […] die Pflichten des Providers auszulösen" geeignet war.

[10] BGH, ZUM 2004, 67; *Spindler*, ZUM 2017, 473, 481 mwN.

[11] Vgl. BGH, MMR 2016, 418 ff. mAnm *Paal*; BGH, MMR 2012, 124 ff. mAnm *Hoeren*; krit. zu § 3 Abs. 2 Nr. 2 NetzDG daher auch *Spindler*, K&R 2017, 533, 538.

[12] BT-Drs. 18/12356, S. 22.

len des Bildschirms erforderlich ist.[13] Eine tatsächliche oder zwingende Kenntnisnahme ist dagegen nicht notwendig.[14] **Unmittelbar erreichbar** ist das Übermittlungsverfahren nur im Falle einer kostenlosen Zugangsmöglichkeit ohne wesentliche Zwischenschritte, insbesondere ohne Erfordernis des Anklickens mehrerer hintereinander geschalteter Seiten.[15] Dies kann durch eine direkte Verlinkung mit dem Beschwerdeformular zur Spezifizierung der Beschwerde auf „rechtswidrige Inhalte" nach § 1 Abs. 3 erfolgen (→ Rn. 5). **Ständig verfügbar** ist das Übermittlungsverfahren, wenn der Nutzer jederzeit auf das NetzDG-Beschwerden spezifizierende Beschwerdeformular über einen dauerhaft funktionstüchtigen Link zugreifen kann.[16] Eine nur kurzfristige, technisch bedingte Unerreichbarkeit begründet noch keinen Verstoß gegen S. 2,[17] insbesondere kein „nicht richtiges" Zur-Verfügung-Stellen iSd Bußgeldtatbestandes nach § 4 Abs. 1 Nr. 3. Ein Verstoß liegt auch dann nicht vor, wenn Nutzer für Beschwerden auf ein bestimmtes Beschwerdeformular (→ Rn. 5) verwiesen werden und Beschwerden bei Nutzung eines anderen Kommunikationsweges nicht in den in § 3 Abs. 2 Nr. 2 und 3 genannten Fristen oder mit dem Hinweis auf die Nutzung des Beschwerdeformulars nicht weiter bearbeitet werden.

III. Anforderungen an das Beschwerdemanagement (Abs. 2)

1. Allgemeines

Die Vorschrift des Abs. 2 konkretisiert in Nr. 1–5 die Anforderungen (RegE: „Zielvorgaben")[18] für das Beschwerdemanagementsystem der sozialen Netzwerke und implementiert neben Kenntnisnahme- und Prüf-, Lösch-, Beweissicherungs- und Begründungspflichten vor allem auch **zeitliche Vorgaben** („unverzügliche" Kenntnisnahme in Nr. 1, Sperrung „offensichtlich rechtswidriger" Inhalte innerhalb von 24 Stunden in Nr. 2 und sonstiger rechtswidriger Inhalte in der Regel innerhalb von sieben Tagen in Nr. 3, Beweissicherung von zehn Wochen in Nr. 4). Nr. 1 (→ Rn. 9) sowie Nr. 2 und 3 (→ § 1 Rn. 17 ff., 21 ff.) sind durch die akzessorische Verknüpfung mit der Bußgeldbewehrung nach § 4 Abs. 1 Nr. 2 verfassungs- bzw. europarechtswidrig. Die als zentrale Compliance-Pflicht in Abs. 2 Nr. 2 und 3 vorgesehene **„Entfernung oder Sperrung"** setzt im Ergebnis voraus, dass der betreffende beschwerdegegenständliche rechtswidrige Inhalt für Nutzer im Inland nicht mehr abrufbar ist. 8

2. Unverzügliche Kenntnisnahme und Prüfung (Nr. 1)

Die nach Nr. 1 obligatorische Verfahrensgewährleistung einer **„unverzüglichen" Kenntnisnahme und Prüfung** überschreitet (RegE: „konkretisiert und ergänzt")[19] die Vorgaben in Art. 14 Abs. 1 b) ECRL und § 10 S. 1 Nr. 2 TMG, welche lediglich ein „unverzügliches Tätigwerden" nach der Kenntniserlangung voraussetzen. Dies begründet ebenfalls[20] Bedenken der **Unionsrechtskonformität,** da die EU-Richt- 9

---

[13] Vgl. OLG Hamburg, MMR 2003, 105 mAnm *Klute; Hoenike/Hülsdunk,* MMR 2002, 415, 416.
[14] Spindler/Schuster/*Micklitz/Schirmbacher,* § 5 TMG Rn. 24 mwN.
[15] Vgl. OLG Hamburg, MMR 2003, 105 mAnm *Klute;* LG Düsseldorf, CR 2003, 380; *Hoenike/Hülsdunk,* MMR 2002, 415, 417.
[16] Vgl. *Hoß,* CR 2003, 687; 689; Spindler/Schuster/*Micklitz/Schirmbacher,* § 5 TMG Rn. 40 mwN.
[17] Vgl. OLG Düsseldorf, MMR 2009, 266 f.
[18] BT-Drs. 18/12356, S. 22.
[19] BT-Drs. 18/12356, S. 22.
[20] S. zu den weiteren europarechtlichen Bedenken aufgrund anderweitiger Bestimmungen des NetzDG → § 1 Rn. 13 ff.

NetzDG § 3 Umgang mit Beschwerden über rechtswidrige Inhalte

liniengeber keine weiteren Anforderungen als die tatsächliche, positiv menschliche Kenntnis[21] von der rechtswidrigen Tätigkeit oder Information regelt, also vor allem besondere zeitliche Einschränkungen oder Vorkehrungen zur Art und Weise der Kenntniserlangung nicht vorsieht. Da über den Bußgeldtatbestand des § 4 Abs. 1 Nr. 2 die empfindliche Sanktionierung einer nicht hinreichend schnellen Kenntnisnahme erfolgen kann, wird damit die **Pflicht des „Kennen-Müssens"** etabliert, welche indes Art. 14 Abs. 1b) ECRL und § 10 S. 1 Nr. 2 TMG widerspricht. Denn nach ständiger Rechtsprechung entfällt die Verantwortlichkeitsprivilegierung im Falle eines (fahrlässigen) Kennen-Müssens gerade nicht.[22] Entgegen der Entwurfsbegründung „konkretisiert" Nr. 1 nicht die Vorschrift des § 10 TMG, sondern unterminiert sie.

10 Welche Anforderungen an eine **„Unverzüglichkeit"** der Kenntnisnahme zu stellen sind, ist rechtssystematisch angesichts der anderweitigen Verwendung des Terminus im NetzDG unklar. Insbesondere sieht Abs. 2 Nr. 3 nunmehr ein „unverzügliches" Handeln in einem Regelzeitraum von **sieben Tagen** vor. Hieran wird sich der Gesetzgeber im Hinblick auf den Grundsatz der Normenklarheit und -bestimmtheit auch im Rahmen des Abs. 2 Nr. 1 festhalten lassen müssen.

11 Ungeachtet der Unionsrechtswidrigkeit wird in der Begründung des Regierungsentwurfs von einer **Kenntniszurechnung** derart ausgegangen, dass das „soziale Netzwerk" als solches Kenntnis genommen habe, wenn der „befugte Wissensvertreter innerhalb des Bearbeitungsteams", der allerdings eine „Vollmacht zur Löschung oder Sperrung der gemeldeten Inhalte" haben müsse, Kenntnis erlangt habe.[23] Dies entspricht weitgehend den allgemeinen Grundsätzen der zivilrechtlichen Wissenszurechnung, welche nach einem Teil des Schrifttums auch im Rahmen des § 10 TMG Anwendung finden sollen.[24] Fraglich ist allerdings, inwieweit diese Grundsätze auch im Straf- und Ordnungswidrigkeitenrecht Anwendung finden können.[25] Aufgrund der Weite der Ordnungswidrigkeitstatbestände sowie den Regelungen der §§ 30, 130 OWiG bestehen indes ohnehin – etwa durch den Vorwurf eines **Organisationsverschuldens** – weitergehende Zurechnungsmöglichkeiten.[26]

3. Entfernung „offensichtlich" rechtswidriger Inhalte (Nr. 2)

12 **a) Verstoß gegen Verfassungs- und EU-Recht.** Die mit einer engen Reaktionsfrist von 24 Stunden versehene Pflicht des Entfernens oder Sperrens eines „offensichtlich" rechtswidrigen Inhalts unterliegt im Kontext der unklaren Bußgeldbewehrung nach § 4 Abs. 1 Nr. 2 („nicht richtiges" Vorhalten) erheblichen **verfassungsrechtlichen Bedenken** sowohl hinsichtlich der hinreichenden Bestimmtheit (→ § 4 Rn. 4)[27] als auch der Kommunikationsfreiheiten des Art. 5 GG (→ § 1

---

[21] Vgl. *Spindler,* MMR 2001, 737, 740; *Volkmann,* K&R 2004, 233.

[22] Vgl. BGH, MMR 2004, 166, 167 mAnm *Hoeren;* Hoeren/Sieber/Holznagel/*Sieber/Höfinger,* Handbuch Multimedia-Recht, Teil 18.1 Rn. 83; Spindler/Schuster/*Hoffmann,* § 10 TMG Rn. 18 mwN.

[23] BT-Drs. 18/12356, S. 22; zur Begründung wird ausgeführt, dass nur der Bevollmächtigte „die von der Vorschrift geforderte Prüfung" vornehmen könne.

[24] Vgl. Spindler/Schuster/*Hoffmann,* § 10 TMG Rn. 27 ff.

[25] S. auch *Spindler,* ZUM 2017, 473, 482.

[26] Insoweit ergeben sich freilich die gleichen unionsrechtlichen Bedenken eines faktischen Verstoßvorwurfs eines Kennen-Müssens → Rn. 9.

[27] Hierzu *Feldmann,* K&R 2017, 292, 295; *Guggenberger,* ZRP 2017, 98, 100; *Ladeur/Gostomzyk,* K&R 2017, 391; *Koreng,* GRUR-Prax 2017, 203, 204; *Wimmers/Heymann,* AfP 2017, 93, 98 f.

Rn. 22 ff.).[28] Des Weiteren überschreitet das NetzDG durch die Normierung starrer Löschfristen in § 3 Abs. 2 Nr. 2 und der Verknüpfung mit dem „Eingang der Beschwerde" den in Art. 14 Abs. 1 b) ECRL gesetzten Rahmen und ist daher mit **EU-Recht nicht vereinbar** (→ § 1 Rn. 20).[29]

b) „Offensichtlichkeit" eines rechtswidrigen Inhaltes. Der Begriff der Offensichtlichkeit ist nicht per se zu unbestimmt und kann zB zur Begründung von – nicht dem strengen strafrechtlichen Bestimmtheitsgebot (→ § 4 Rn. 2) unterfallenden – Auskunftsansprüchen verwendet werden.[30] Darüber hinaus kann er nach der Rechtsprechung auch im Kontext strafrechtlicher Sanktionierung von „offensichtlich" und/oder „schwer" rechtsverletzenden Medieninhalten vom Gesetzgeber zur noch hinreichend bestimmten Normierung verwendet werden.[31] Allerdings bezieht sich der Terminus im NetzDG auf den Rechtsbegriff der **„rechtswidrigen Inhalte,"** den die Strafrechtsdogmatik nicht kennt und der seinerseits in erheblicher Weise für den Normadressaten offen lässt, ob er nur die Prüfung der objektiven Verwirklichung der Tatobjektsmerkmale der in § 1 Abs. 3 genannten Straftatbestände umfasst, oder darüber hinaus das Vorliegen einer – vorsätzlich begangen – Tathandlung, die dem Geltungsbereich des Strafrechts nach §§ 3, 9 StGB unterfällt.[32] Dies unterscheidet Abs. 2 Nr. 2 von den vom BVerfG in **Jugendschutzrecht** für hinreichend bestimmt angesehenen Konstellationen, die in § 15 Abs. 2 Nr. 5 JuSchG und § 4 Abs. 2 S. 1 Nr. 3 JMStV normierten „offensichtlich" zur schweren Jugendgefährdung geeigneten Medien. Denn dort ist der Bezugspunkt der (schweren) Jugendgefährdung durch die deskriptiven Beispielsfälle des § 18 Abs. 1 S. 2 JuSchG gerade hinreichend konkretisiert.[33] 13

Da schon nicht evident ist, was der Gesetzgeber – auch angesichts widersprüchlicher Ausführungen in den Gesetzesmaterialien – mit rechtswidrigen Inhalten in § 1 Abs. 3 StGB meint, ist eine hierauf bezogene „Offensichtlichkeit" vor vornherein ausgeschlossen. Hinzu treten die erheblichen **Unwägbarkeiten der Auslegung** der überwiegend unbestimmten Tatobjektsmerkmale der meisten der in § 1 Abs. 3 genannten Straftatbestände, welche zudem in vielen Fällen die weitere Prüfung von Sozialadäquanzklauseln (→ § 4 Rn. 79) oder die Abwägung mit Grundfreiheiten des Art. 5 GG erfordern.[34] Auch die Rechtsprechung des BGH zur Störerhaftung von 14

---

[28] Hierzu *Feldmann,* K&R 2017, 292, 295 f.; *Gersdorf,* MMR 2017, 439 ff.; *Hain/Ferreau/Brings-Wiesen,* K&R 2017, 433, 435; *Koreng,* GRUR-Prax 2017, 203, 204; *Ladeur/Gostomzyk,* K&R 2017, 390 ff.; *Nolte,* ZUM 2017, 552, 555 ff.; *Wimmers/Heymann,* AfP 2017, 93, 98; s. auch *Frenzel,* JuS 2017, 414, 415; *Guggenberger,* ZRP 2017, 98, 100; offen gelassen bei *Spindler,* K&R 2017, 533, 544; aA *Schwartmann,* GRUR-Prax 2017, 317.

[29] *Spindler,* ZUM 2017, 473, 478 f.; *ders.,* K&R 2017, 533, 538; ferner *Koreng,* GRUR-Prax 2017, 203, 205.

[30] Unzureichend zur Klärung einer hinreichenden Bestimmtheit ist daher der in der Beschlussempfehlung des BT-Rechtsausschusses gegebene Hinweis auf die bisherigen Erfahrungen mit dem Auskunftsanspruch nach § 101 Abs. 2 UrhG (BT-Drs. 18/13013, S. 22), zumal sich die an den dort geltenden Auslegungskriterien wie das „Ausgeschlossen-Sein der ungerechtfertigten Belastung eines Dritten" (vgl. *Spindler/Dorschel,* CR 2006, 341, 343; Wandtke/Bullinger/*Bohne,* Praxiskommentar zum Urheberrecht, § 101 Rn. 17) eher keine Erkenntnisse für Abs. 2 Nr. 2 gewinnen lassen.

[31] Für die de lege lata nach § 15 Abs. 2 Nr. 5 JuSchG unter Strafdrohung verbreitungsbeschränkten „offensichtlich" zur schweren Jugendgefährdung geeigneten Medien vgl. BVerfGE 11, 234; BVerfG, NStZ 1988, 412 f.; s. auch BVerfGE 30, 336, 348.

[32] Ausf. → § 1 Rn. 73 ff. sowie *Liesching,* ZUM 2017, 809, 812.

[33] Vgl. *Liesching/Schuster,* Jugendschutzrecht – Kommentar, § 15 JuSchG Rn. 90.

[34] Krit. daher auch *Nolte,* ZUM 2017, 552, 556; *Spindler,* K&R 2017, 533, 537; s. auch *Frenzel,* JuS 2017, 414, 415.

Portalbetreibern erfordert umfassende Stellungnahmeeinholungs- und Abwägungspflichten (→ Rn. 17).[35] Dass eine „Offensichtlichkeit" gerade im Kontext komplexer Strafrechtsauslegung auch im Lichte der Auslegung des jugendschutzrechtlichen Begriffs nicht angenommen werden kann, ergibt sich aus der Rechtsprechung und hM zur Auslegung des § 15 Abs. 2 Nr. 3 JuSchG,[36] die hinsichtlich der Evidenz auf „den **unbefangenen Beobachter**" abstellt,[37] da nur so hinreichend deutlich wird, dass „keine detaillierte Kontrolle der Einzelschrift" erfolgen darf, sondern sich die schwere Gefährdung ohne Weiteres aus dem Gesamteindruck oder aus besonders ins Auge springenden Einzelheiten ergeben muss.[38] Ein unbefangener Beobachter[39] ist aber schon nicht qualifiziert, irgendwelche strafrechtlichen Auslegungen von Tatbeständen vorzunehmen bzw. ist anders als bei einer Jugendgefährdung nicht in der Lage in einer Art Parallelwertung in der Laiensphäre Straftatbestandssubsumtionen unter Beachtung von Sozialadäquanz und Grundrechtsabwägung vorzunehmen. Auch „ins Auge springende Einzelheiten" begründen die Tatbestandsmäßigkeit einer StGB-BT-Norm gerade nicht.[40]

15 Zu keiner hinreichenden Bestimmtheit führen auch die in der Entwurfsbegründung und der Beschlussempfehlung des BT-Rechtsausschusses vage, tautologisch und ergebnisorientiert bleibenden Ausführungen, wonach eine Offensichtlichkeit gegeben sei, wenn „**keine vertiefte Prüfung erforderlich** sei"[41] oder wonach sich gar eine Präzisierung „anhand der Frist von 24 Stunden" ergebe.[42] Indes wirft Abs. 2 Nr. 2 mit der Unterscheidung zu Fällen des Abs. 2 Nr. 3 gerade erst die Frage für den Normadressaten auf, wann keine vertiefte Prüfung nötig ist. Auch die terminologische Ersetzung des Begriffes „offensichtlich" durch „evidente Fälle von Hasskriminalität und Gewaltverherrlichung und andere offensichtlich strafbare Inhalte" führt zu keiner Konkretisierung. Praxisfern und nicht im Rahmen des Abs. 2 Nr. 3 umsetzbar ist der eher am Demokratieprinzip als auf massenhafte und in enger Frist durchzuführende Prüfung orientierte, im Schrifttum wiedergegebene Vorschlag, „in einer Gruppe von fünf verständigen Prüfern, deren Qualifikation im Voraus festzulegen

---

[35] Vgl. BGH, MMR 2012, 124 ff. mAnm *Hoeren;* vgl. zu Bewertungsportalen BGH, MMR 2015, 106 ff. mAnm *Petershagen;* BGH, MMR 2016, 418 ff. mAnm *Paal;* krit. zu § 3 Abs. 2 Nr. 2 NetzDG daher auch *Spindler,* K&R 2017, 533, 538; zum Zu-eigen-Machen von Inhalten durch den Portalbetreiber eingehend BGH, NJW 2017, 2029 ff. mAnm *Lampmann* = MMR 2017, 526 mAnm *Becker.*

[36] Sowie zu den entsprechenden Vorgängerregelungen des Gesetzes über die Verbreitung jugendgefährdender Schriften (GjS); vgl. BGHSt 8, 80, 87 f.

[37] BVerfGE 11, 234, 238; 77, 346, 358; VG München, ZUM 2005, 252, 254; Spindler/Schuster/*Erdemir,* § 4 JMStV Rn. 73; *Liesching/Schuster,* Jugendschutzrecht – Kommentar, § 15 JuSchG Rn. 90; *Stumpf,* Jugendschutz oder Geschmackszensur, 2009, S. 287.

[38] So ausdrücklich BVerfGE 77, 346, 358.

[39] Vgl. aber auch bei *Schwartmann,* GRUR-Prax 2017, 317 f.: „Erkenntnismöglichkeit eines verständigen" Verwaltungsmitarbeiters.

[40] Selbst eine massive und plakative Verwendung zB von Hakenkreuzen (§ 86a StGB) kann aufgrund der Sozialadäquanz des § 86 Abs. 3 StGB oder wegen der vom BGH, vorgenommene Tatbestandsreduktion (BGH, NJW 2007, 1602 ff. mAnm *Hörnle,* BGHSt 25, 30, 33 f.; BGHSt 25, 128, 130 f.; ausf. *Liesching,* MMR MMR 2010, 309 ff.) nicht tatbestandsmäßig sein.

[41] So BT-Drs. 18/12356, S. 22.

[42] BT-Drs. 18/13013, S. 22; difficile est, satiram non scribere; inhaltlich im Wesentlichen gleichlaufend ist die anderweitige Formulierung, dass „ohne vertiefte Prüfung, d. h. von geschultem Personal in der Regel sofort, mit zumutbarem Aufwand aber in jedem Fall binnen 24 Stunden" die Rechtswidrigkeit des Inhaltes erkannt werden kann; krit. auch *Spindler,* K&R 2017, 533, 537.

sei, nach verständiger Prüfung in einer 5:0-Entscheidung über die Offensichtlichkeit der Rechtswidrigkeit einig" zu sein.[43]

c) Regelfrist von 24 Stunden. Die Vorschrift sieht bei den aufgrund Unbestimmtheit (→ Rn. 12 ff.) für Normadressaten faktisch nicht erkennbaren Fällen „offensichtlich" rechtswidriger Inhalte eine Frist zur Entfernung bzw. Sperrung von 24 Stunden vor. Die Frist wird vom Gesetzgeber zirkelschlüssig aufgrund der fehlenden Erforderlichkeit einer „aufwändigen Prüfung" für zumutbar erachtet.[44] Sowohl hinsichtlich der Zumutbarkeit als auch mit Blick auf Art. 14 Abs. 1b) ECRL ergeben sich Bedenken aus der Fristanknüpfung an den **„Eingang der Beschwerde"** (→ § 1 Rn. 20).[45] Ausgenommen von der 24-Stunden-Regelung sind nach der Entwurfsbegründung die offensichtlich rechtswidrigen Inhalte, die von einer Beschwerdestelle nicht nur bei dem sozialen Netzwerk, sondern auch bei den **Strafverfolgungsbehörden** gemeldet werden und in deren Folge es zu einer **Vereinbarung** zwischen sozialem Netzwerk und Strafverfolgungsbehörde kommen könne, dass der offensichtlich rechtswidrige Inhalt erst zeitverzögert gelöscht oder gesperrt werden soll, „um die erforderlichen Strafverfolgungsmaßnahmen (insbesondere die Sicherung von Beweisen) und ggf. laufende Ermittlungsverfahren nicht zu gefährden".[46] Von Fristausnahmen entsprechend Abs. 2 Nr. 3a) und 3b) hat der Gesetzgeber abgesehen, da bereits „durch die Begrenzung auf offensichtlich rechtswidrige Inhalte die Fristenvorgabe auf tatbestandlicher Ebene eine Eingrenzung" enthalte.[47]

16

Gerade aufgrund der kategorisch engen Frist ergeben sich Fragen der Desavouierung der entwickelten Rechtsprechung des **BGH zur Störerhaftung** bei Beleidigungen in Blogs oder Bewertungsportalen, wonach der Provider den Blogger bzw. sonstigen Nutzer auf Beschwerde hin zur Stellungnahme und anschließend den Beschwerdeführer zur Replik auffordern muss und erst hierauf über die Löschung zu entscheiden hat.[48] Ist der Host-Provider wie zB der Betreiber eines **Bewertungsportals** mit der Behauptung eines Betroffenen konfrontiert, ein von einem Nutzer eingestellter Beitrag verletze ihn in seinem Persönlichkeitsrecht, und ist die Beanstandung so konkret gefasst, dass der Rechtsverstoß auf der Grundlage der Behauptung des Betroffenen unschwer bejaht werden kann (→ Rn. 5), so ist eine Ermittlung und Bewertung des gesamten Sachverhalts unter Berücksichtigung einer etwaigen Stellungnahme des für den beanstandeten Beitrag Verantwortlichen erforderlich.[49] Zur Bestimmung des Prüfungsaufwands bedarf es im Einzelfall einer umfassenden Interessenabwägung, bei der die betroffenen Grundrechte der Beteiligten zu berücksichtigen sind.[50] Dies ist freilich schon nicht in der nach Abs. 2 Nr. 3 geltenden Sieben-Tagesfrist (hierzu → Rn. 18 ff.), indes erst recht nicht in der starren 24-Stunden-Frist durchführbar. Mithin kann nur davon ausgegangen werden, dass in jedem Fall, in dem die Grundsätze der Störerhaftung der Plattformbetreiber anzuwenden sind, schon kein Fall der „Offensichtlichkeit" (→ Rn. 13 ff.) vorliegt.

17

---

[43] Bei *Schwartmann,* GRUR-Prax 2017, 317, 318.
[44] BT-Drs. 18/12356, S. 23.
[45] S. auch *Spindler,* ZUM 2017, 473, 478 f.; ferner *Koreng,* GRUR-Prax 2017, 203, 205.
[46] BT-Drs. 18/12356, S. 23.
[47] BT-Drs. 18/13013, S. 22; krit. *Hain/Ferreau/Brings-Wiesen,* K&R 2017, 433, 435.
[48] Vgl. BGH, MMR 2012, 124 ff. mAnm *Hoeren;* vgl. zu Bewertungsportalen BGH, MMR 2015, 106 ff. mAnm *Petershagen;* BGH, MMR 2016, 418 ff. mAnm *Paal;* krit. zu § 3 Abs. 2 Nr. 2 NetzDG daher auch *Spindler,* K&R 2017, 533, 538; zum Zu-eigen-Machen von Inhalten durch den Portalbetreiber eingehend BGH, NJW 2017, 2029 ff. mAnm *Lampmann* = MMR 2017, 526 mAnm *Becker.*
[49] BGH, MMR 2016, 418 ff. mAnm *Paal.*
[50] BGH, MMR 2016, 418 ff. mAnm *Paal.*

4. Entfernung rechtswidriger Inhalte in Sieben-Tages-Frist (Nr. 3)

18 a) **„Unverzüglich", Regelfrist von sieben Tagen (Hs. 1).** Die Vorschrift enthält eine **Verknüpfung** des Erfordernisses der „Unverzüglichkeit" mit einer Regelfrist von sieben Tagen, welche **rechtssystematisch** die Frage entsprechender Auslegung der Unverzüglichkeit auch im Rahmen der Kenntnisverschaffungspflicht nach Abs. 2 Nr. 1 aufwirft (→ Rn. 10). Unklar ist insoweit auch die Begründung der Beschlussempfehlung des BT-Rechtsausschusses, wonach es dabei bleibe, „dass die Entfernung oder Sperrung immer noch unverzüglich" erfolgen muss (dh ohne schuldhaftes Zögern), was durch das Einfügen des Wortes „klargestellt" sei.[51] Während jedenfalls im Regierungsentwurf noch davon ausgegangen worden ist, dass der Zeitraum von sieben Tagen für eine sorgfältige Prüfung ausreiche und sogar genügend Zeit für die Einholung von Stellungnahmen des Inhaltsverfassers und die Einholung „externer Expertise" lasse und auch verhindert werde, dass „aufgrund Zeitdrucks" Beiträge gelöscht werden,[52] ist der BT-Rechtsauschuss zu der Auffassung gelangt, dass in schwierigen Fallkonstellationen mehr Zeit zu geben sei, da Fälle denkbar seien, „in welchen das soziale Netzwerk innerhalb von sieben Tagen eine abschließende Entscheidung nicht mit der angemessenen Sorgfalt treffen kann".[53]

19 Aus der Begründung der Beschlussempfehlung des BT-Rechtsausschusses ergibt sich auch, dass eine Abweichung von der Sieben-Tage-Regelfrist nicht nur in den gesetzlich geregelten Ausnahmefällen nach Abs. 2 Nr. 3a) und 3b) möglich ist, sondern hiervon unabhängig in strafrechtlich „schwierigen Fallkonstellationen", um „den sozialen Netzwerken ausreichend Zeit für eine notwendige rechtliche Prüfung des Inhalts" zu geben. Die generelle **„Erweiterung des zeitlichen Spielraums"** trage insoweit dazu bei, „dass die sozialen Netzwerke nicht aus Zeitnot gemeldete Inhalte, die eine genauere strafrechtliche Prüfung erfordern, im Zweifel entfernen oder den Zugang zu ihnen sperren (sog. Overblocking)".[54]

20 Allerdings ist fraglich, ob mit einer im Einzelfall möglichen Abweichung von der Regelfrist die vom BT-Rechtsausschuss im Gesetzgebungsverfahren grundsätzlich erkannte Problematik des Overblockings und die damit einhergehenden verfassungsrechtlichen Bedenken (insbesondere → § 1 Rn. 22ff.) beseitigt werden. Denn es kann nicht davon ausgegangen werden, dass die wohl in der Mehrzahl der beschwerdegegenständlichen Fälle gegebene **Schwierigkeit einer strafrechtlichen Bewertung** allein durch eine kurze Bearbeitungszeit begründet ist. Angesichts der in der Rechtsprechung teils über Instanzen hinweg unterschiedlichen Auslegungen äußerungsrechtlicher Fälle[55] gerade im Bereich der Abwägung zwischen betroffenen Verfassungsbelangen ist aus Sicht der sozialen Netzwerkbetreiber – ungeachtet der zur Verfügung stehenden Zeit – eine gerichtliche Entscheidung nicht rechtssicher zu antizipieren und entsprechend in der Prüfung zu entscheiden. Beispielhaft sei nur auf den selbst vom 1. Senat des BVerfG heterogen mit Sondervotum und abweichender Meinung einzelner Angehöriger des Spruchkörpers entschiedenen Fall „Soldaten sind Mörder" hingewiesen.[56] Es führt mithin in die Irre, wenn davon ausgegangen wird, dass „in der Regel" nach sieben Tagen oder auch nach mehreren Wochen für die Netz-

---

[51] BT-Drs. 18/13013, S. 22.
[52] Vgl. BT-Drs. 18/12356, S. 22f.
[53] BT-Drs. 18/13013, S. 22.
[54] BT-Drs. 18/13013, S. 22.
[55] Vgl. die Fallbeispiele bei *Nolte,* ZUM 2017, 552, 556ff. und *Spindler,* K&R 2017, 533, 537.
[56] Vgl. BVerfG, NJW 1995, 3303ff. und 3309f.; vgl. auch jüngst zur Beleidigung oder zulässigen Meinungsäußerung durch Freisler-Vergleich LG München I, Urt. v. 30.11.2016 – 24 Ns 235 Js 132863/15 und OLG München, B. v. 11.7.2016 – 5 OLG 13 Ss 244/16, NJW 2016, 2759f. mAnm *Putzke;* s. weitere Konstellationen bei *Nolte,* ZUM 2017, 552, 556ff. und *Spindler,* K&R 2017, 533, 537.

werkbetreiber klar sei, ob ein beschwerdegegenständlicher Inhalt nach Abs. 2 Nr. 3 gelöscht werden muss oder nicht. Das Risiko einer falschen Bewertung verbleibt immer beim Betreiber des Netzwerks.[57] Daher bewendet es bei den **verfassungsrechtlichen Bedenken** (→ § 1 Rn. 22 ff.), zumal die starre 24-Stunden-Löschfrist in Abs. 2 Nr. 2 bei so genannten „offensichtlichen" Fällen (→ Rn. 13 ff.) rechtswidriger Inhalte beibehalten worden ist und für den Normadressaten nicht erkennbar ist, in welchen Fällen das BfJ (→ § 4 Rn. 28 f.) im Nachhinein von einem offensichtlichen Fall im Rahmen einer Bußgeldahndung nach § 4 Abs. 1 Nr. 2 ausgehen wird.

b) Gesetzlich geregelte Ausnahmen. aa) Stellungnahme-Einholung (Hs. 2 lit. a). Die Vorschrift sieht eine Ausnahme von der Sieben-Tage-Regelfrist für den Fall vor, dass die Entscheidung über die Rechtswidrigkeit des Inhalts von der Unwahrheit einer Tatsachenbehauptung (insbesondere bei **§§ 186, 187 StGB**) oder erkennbar von anderen **tatsächlichen Umständen,** insbesondere dem „Kontext einer Äußerung",[58] abhängt. Erfasst sein können auch gemischte Aussagen, also Äußerungen, in denen sich wertende und tatsächliche Elemente in der Weise vermengen, dass die Äußerung insgesamt als Werturteil anzusehen ist.[59] Bei Abwägungsfragen zu beschwerdegegenständlichen Meinungen ohne Tatsachenbezug bewendet es allein bei der Möglichkeit einer Konsultation einer anerkannten Selbstregulierungseinrichtung (→ Rn. 24).[60] 21

Die Vorschrift trägt der ständigen Rechtsprechung Rechnung, wonach Tatsachenbehauptungen, die, soweit sie Dritten zur Meinungsbildung dienen können, grundsätzlich vom Schutzbereich des Art. 5 Abs. 1 GG erfasst sind,[61] und die im Rahmen der vom Netzwerkbetreiber stets durchzuführenden **Abwägung** maßgeblich von ihrem **Wahrheitsgehalt** abhängt.[62] Wahre Tatsachenbehauptungen müssen danach in der Regel hingenommen werden, auch wenn sie nachteilig für den Betroffenen sind.[63] Von dem Schutz der Meinungsfreiheit nicht erfasst werden hingegen Tatsachenbehauptungen, die in dem Bewusstsein ihrer Unwahrheit aufgestellt werden oder deren Unwahrheit bereits im Zeitpunkt der Äußerung unzweifelhaft feststeht.[64] Ist die Wahrheit einer Tatsache im Zeitpunkt ihrer Äußerung ungewiss und stellt sich ihre Unwahrheit erst später heraus, fällt die Äußerung zwar in den Schutzbereich des Art. 5 Abs. 1 GG. Der gebotene Ausgleich zwischen den Anforderungen der Meinungsfreiheit und den Belangen des Persönlichkeitsschutzes wird dann aber dadurch hergestellt, dass demjenigen, der nachteilige Tatsachenbehauptungen über andere aufstellt, Pflichten zur sorgfältigen Recherche über den Wahrheitsgehalt auferlegt werden, die sich im Einzelnen nach den Aufklärungsmöglichkeiten richten und etwa für Medien strenger sind als für Privatleute.[65] Die Abwägung hängt dann von der Beachtung dieser Sorgfaltspflichten ab. 22

---

[57] Zutreffend *Spindler,* K&R 2017, 533, 537.
[58] So BT-Drs. 18/13013, S. 22.
[59] Vgl. hierzu BGH, NJW-RR 2017, 98; BGH, NJW 2015, 773; BVerfGE 90, 241, 249 f. = NJW 1994, 1779; BVerfG, NJW 1993, 1845, 1846; NJW 2012, 1643; BVerfG, NJW 2013, 217; ferner BGH, NJW 2017, 2029 ff. mAnm *Lampmann* = MMR 2017, 526 mAnm *Becker.*
[60] So auch mit krit. Würdigung *Spindler,* K&R 2017, 533, 539.
[61] BVerfGE 99, 185, 197 = NJW 1999, 1322 mwN; BGH, NJW 2017, 2029, 2031; BGH, NJW 2012, 763; BGH, NJW 2009, BGHZ 176, 175 = NJW 2008, 2262.
[62] BVerfG, NJW-RR 2010, 470; BGH, NJW 2017, 2029, 2031.
[63] BGH, NJW 2017, 2029, 2031.
[64] BVerfGE 90, 241, 247 = NJW 1994, 1779; BVerfGE 99, 185, 197 = NJW 1999, 1322; BVerfG, NJW-RR 2010, 470; BVerfG, NJW 2013, 217, 218; BGH, NJW 2017, 2029, 2031; BGH, NJW 2009, 915; BGHZ 176, 175 = NJW 2008, 2262; BGHZ 139, 95, 101 = NJW 1998, 3047.
[65] BVerfGE 99, 185, 197 f. = NJW 1999, 1322; BVerfG, NJW-RR 2010, 470; BGH, NJW 2017, 2029, 2032; BGH, NJOZ 2008, 622; BGHZ 203, 239 = NJW 2015, 778.

23 Nach der Rechtsprechung des BGH zur Störerhaftung von Portalbetreibern (→ Rn. 17) ist es auch für den Netzwerkbetreiber regelmäßig angezeigt, nach einer eingeholten Stellungnahme des Nutzers den **Beschwerdeführer** zur **Replik** aufzufordern und erst hieraufhin im Rahmen der durchzuführenden Abwägung (→ Rn. 22) über die Löschung zu entscheiden.[66] Bleibt die Gelegenheit zur Stellungnahme durch den Nutzer ungenutzt, darf das soziale Netzwerk in der Regel von der Glaubhaftigkeit des Beschwerdevorbringens ausgehen und den Inhalt entfernen,[67] allerdings nur, wenn die nach dem Beschwerdevortrag anzustellende Abwägung zugunsten des Beschwerdeführers und mithin einer Tatbestandsmäßigkeit etwa nach §§ 186, 187 StGB ausfällt.

24 **bb) Konsultation der Selbstregulierung (Hs. 2 lit. b).** Die des Weiteren unter Buchst. b) geregelte Ausnahme ist die **Übertragung der Entscheidung** an eine nach Abs. 6–8 (→ Rn. 42 ff.) anerkannte Einrichtung der Regulierten Selbstregulierung. Sofern kein Fall der „offensichtlichen" Rechtswidrigkeit (→ Rn. 13 ff.) vorliegt,[68] steht es den sozialen Netzwerken in eigenem Ermessen frei, eine anerkannte Einrichtung der Regulierten Selbstregulierung zu konsultieren und damit die „Einschätzung eines Inhaltes auszulagern" oder nicht.[69] Nach dem Wortlaut ist nicht erforderlich, dass der Netzwerkbetreiber sich der betreffenden Einrichtung der Selbstregulierung angeschlossen hat; auch aus Abs. 6 Nr. 3 (Vorlagepflichten der angeschlossenen sozialen Netzwerke) ergibt sich dies nicht zwingend.[70] Eine Antragstellung zum gerichtlichen **Vorabentscheidungsverfahren** nach § 4 Abs. 5 ist dem Bundesamt für Justiz verwehrt, wenn der betreffende Inhalt einer Einrichtung der Regulierten Selbstregulierung im Verfahren nach § 3 Abs. 2 Nr. 3 b) vorgelegen hat und der Inhalt nicht als rechtswidrig iSd § 1 Abs. 3 bewertet worden ist.[71]

25 Die Abgabe an die Einrichtung muss zwingend in der Frist von **sieben Tagen** nach Beschwerdeeingang erfolgen. Eine Ausschöpfung der Frist und auch eine Übertragung aus Gründen der Überlastung eigener (personeller) Prüfkapazitäten ist zulässig. Unklar ist freilich das Verhältnis zu dem in § 3 Abs. 6 Nr. 2 genannten Zeitraum einer „zügigen Prüfung" innerhalb von (weiteren) sieben Tagen.[72] Eine **Verweigerung der Entscheidung** durch die Einrichtung in einem an sie fristgerecht übertragenen Fall ist auch dann nicht zulässig, wenn die Stelle oder das befasste Gremium den Fall für „offensichtlich rechtswidrig" hält oder der Anbieter seinen finanziellen Pflichten zur Tragung der Einrichtung nicht nachkommt.[73]

26 Indes dürfte aufgrund der erheblichen Mehrkosten einer externen Entscheidung durch einer Selbstregulierungseinrichtung in der Regel eine Entscheidung mit dem

---

[66] Vgl. BGH, MMR 2015, 106 ff. mAnm *Petershagen;* BGH, MMR 2016, 418 ff. mAnm *Paal;* BGH, MMR 2012, 124 ff. mAnm *Hoeren.* Anders freilich BT-Drs. 18/13013, S. 23, wonach der Netzwerkbetreiber schon auf der Grundlage der eingeholten Nutzer-Stellungnahme abwägen und entscheiden soll.

[67] So BT-Drs. 18/13013, S. 23.

[68] In den Gesetzesmaterialien wird ausdrücklich betont, dass wenn soziale Netzwerke Entscheidungen zum Entfernen oder Sperren an die Einrichtung abgeben, obwohl die Voraussetzungen aufgrund offensichtlicher Rechtswidrigkeit des Inhalts nicht gegeben sind, dieses Verhalten „mit der Compliance-Vorgabe nach § 3 Abs. 2 Nr. 3 nicht vereinbar" sei und „wenn sich hier ein systemischer Mangel des Netzwerks offenbart, Grundlage für ein Bußgeld nach § 4 Abs. 1 Nr. 2" sein könne; vgl. BT-Drs. 18/13013, S. 24.

[69] Vgl. BT-Drs. 18/13013, S. 23.

[70] AA wohl *Spindler,* K&R 2017, 533, 539.

[71] → § 4 Rn. 38; BT-Drs. 18/13013, S. 23.

[72] Krit. auch *Spindler,* K&R 2017, 533, 539.

[73] AA *Spindler,* K&R 2017, 533, 539.

geschulten und qualifizierten „inhouse"-Personal erfolgen und eine Auslagerung an die externe Entscheidungsstelle nur in besonders diffizilen oder konfliktträchtigen Fällen oder solchen von **grundsätzlicher Bedeutung** für eine Vielzahl anderer Beschwerdefälle in Betracht kommen. In letzterem Kontext können Entscheidungen von Einrichtungen auch für zukünftige ähnliche Beschwerdefälle eine **präjudizielle Wirkung** entfalten, welche auch die Bußgeldbehörde des BfJ in ihrem Einschätzungsspielraum beschränken kann. Prüfentscheidungen anderer Einrichtungen der freiwilligen Selbstkontrolle etwa zur Jugendschutzrechtskonformität eines Angebotes nach § 20 Abs. 5 JMStV entfalten keine Bindungswirkungen, da diese vor allem in Fällen strafrechtlich relevanter Angebote nach § 4 Abs. 1 S. 1 JMStV schon nicht vor jugendschutzrechtlichen Aufsichtsmaßnahmen der Landesmedienanstalten schützen.[74] Auch der Beurteilung der KJM, die Grundlage von Aufsichtsmaßnahmen der Landesmedienanstalten nach § 20 Abs. 4 iVm §§ 14, 16 JMStV ist, kann keine präjudizielle Wirkung zukommen, da selbst etwaig geprüfte Unzulässigkeitstatbestände nach § 4 Abs. 1 S. 1 Nr. 1–5 und 10 JMStV[75] hinsichtlich Prüfungsgegenstand und -umfang von den nach § 1 Abs. 3 maßgeblichen „rechtswidrigen Inhalten" (→ § 1 Rn. 73 ff.) abweichen.

Weitere Voraussetzung ist die **Unterwerfung** unter die Entscheidung der Selbstregulierungseinrichtung, also der bedingungslosen Anerkennung mit der sich hieraus ergebenden Folge einer Löschung oder Nicht-Entfernung. Beurteilt die Einrichtung einen Inhalt als rechtskonform, so darf der Netzwerkbetreiber den Inhalt grundsätzlich nicht löschen und ist es auch dem Bundesamt für Justiz verwehrt, ein Bußgeld nach § 4 Abs. 1 Nr. 2 darauf zu stützen, dass entsprechende Inhalte tatsächlich rechtswidrig waren und diese gesperrt oder entfernt werden mussten.[76] Dies gilt auch dann, wenn der Netzwerkbetreiber zu einem späteren Zeitpunkt aufgrund gerichtlicher Entscheidung[77] zur Entfernung des betreffenden Inhaltes rechtskräftig verpflichtet wird und damit auch die Bindungswirkung gegenüber der anders lautenden Entscheidung der Selbstregulierungseinrichtung entfällt. Ein gerichtliches Vorabentscheidungsverfahren nach § 4 Abs. 5 ist ausgeschlossen (→ § 4 Rn. 38). 27

5. Sicherung und Speicherung zu Beweiszwecken (Nr. 4)

Die in Nr. 4 statuierte Pflicht zur Inhaltssicherung und Speicherung im EU-Raum (ursprünglicher Regierungsentwurf: „im Inland") zu Beweiszwecken soll in erster Linie der Sicherung der „**Strafverfolgung** gegen den Absender einer Nachricht mit strafbarem Inhalt" dienen.[78] Bedenken ergeben sich hinsichtlich der Speicherung von kinderpornographischen Inhalten, die den Tatbestand des § 184b StGB erfüllen 28

---

[74] Vgl. § 20 Abs. 5 S. 1 JMStV: „mit Ausnahme von Verstößen gegen § 4 Abs. 1"; aA und iE unklar *Spindler,* K&R 2017, 533, 539, der schon aus einer FSM-Bewertung als „jugendgefährdend" („in solcher Tatbestand ist im JMStV nicht vorgesehen, vgl. allenfalls § 4 Abs. 2 S. 1 Nr. 3 JMStV) einen evident rechtswidrigen Fall ableiten will, „sofern es unter eines der in § 1 Abs. 3 NetzDG genannten Delikte fällt". Letzteres prüfen Selbstkontrolleinrichtungen nach § 20 Abs. 3 und 5 JMStV indes gar nicht.

[75] Die Tatbestände inkorporieren die Tatobjektsmerkmale der §§ 86, 86a, 130, 131, 184b StGB durch deren namentliche Nennung ohne die Übernahme weiterer Voraussetzungen der Strafdelikte wie etwa dem Vorliegen einer vorsätzlichen Tathandlung oder dem Erfordernis der Geltung deutschen Strafrechts nach §§ 3, 9 StGB, vgl. hierzu → § 1 Rn. 73 ff., 81.

[76] So BT-Drs. 18/13013, S. 23 mit der Begründung, dass in diesem Fall das soziale Netzwerk seine Pflicht zur Befolgung der Compliance-Vorgaben erfüllt hat.

[77] Vgl. zu den möglichen Gerichtsverfahren → § 5 Rn. 8.

[78] Vgl. BT-Drs. 18/12356, S. 23; die durch Beschlussempfehlung des BT-Rechtsausschusses erfolgte Erweiterung auf den Geltungsbereich der Richtlinien 2000/31/EG und 2010/13EU soll europarechtliche Bedenken im Hinblick auf die Vereinbarkeit einer Inlandsspeicherpflicht mit dem digitalen Binnenmarkt in Europa ausräumen, vgl. BT-Drs. 18/13013, S. 24.

und damit „rechtswidrige Inhalte" iSd § 1 Abs. 3 (dort → Rn. 73 ff.) sind, da insoweit eine **Besitzstrafbarkeit** des Netzwerkbetreibers gem. § 184b Abs. 3 StGB im Raum steht. Die Strafbarkeit wird nach § 184b Abs. 5 StGB nur ausgenommen für die rechtmäßige Erfüllung (1.) staatlicher Aufgaben, (2.) Aufgaben, die sich aus Vereinbarungen mit einer zuständigen staatlichen Stelle ergeben, oder (3) dienstliche oder berufliche Pflichten.[79] Da Betreiber sozialer Netzwerke weder staatliche Aufgaben erfüllen, noch auf der Grundlage von Vereinbarungen mit staatlichen Stellen, noch aufgrund einer dienstlichen oder beruflichen Pflicht Kinderpornographie speichern sollen, bestehen für die betreffenden Mitarbeiter des Netzwerks nach § 184b Abs. 3 StGB bei der Umsetzung von Abs. 2 Nr. 4 Strafbarkeitsrisiken. Die Weigerung des Netzwerkbetreibers zur Speicherung entsprechender Inhalte darf daher nicht zur Bußgeldahndung nach § 4 Abs. 1 Nr. 2 führen.

29   Die Speicherungsfrist von **zehn Wochen** orientiert sich an der Speicherfrist für Verkehrsdaten in § 113b Abs. 1 Nr. 1 TKG und soll einen verhältnismäßigen Ausgleich zwischen dem Gebot einer möglichst grundrechtsschonenden Regelung einerseits und einer effektiven Strafverfolgung andererseits gewährleisten.[80] Jedenfalls wird die in der vom EuGH für nichtig erklärten Richtlinie zur Vorratsdatenspeicherung[81] enthaltene Mindestspeicherfrist von sechs Monaten deutlich unterschritten.[82] Das BVerfG hatte im Urteil vom 2.3.2010 die sechswöchige Speicherfrist an der Obergrenze dessen liegend angesehen, was unter Verhältnismäßigkeitserwägungen rechtfertigungsfähig sei.[83] Vor diesem Hintergrund ergeben sich hinsichtlich der Speicherfrist nach Abs. 2 Nr. 4 keine verfassungsrechtlichen Bedenken.

6. Informations- und Begründungspflicht (Nr. 5)

30   Die in sozialen Netzwerken in der Regel bereits vor Inkrafttreten des NetzDG durchgeführte Benachrichtigung an den Nutzer und den Beschwerdeführer wird in Abs. 2 Nr. 5 mit der Bußgeldbewehrung eines „nicht richtigen" Vorhaltens in § 4 Abs. 1 Nr. 2 als Pflicht zur unverzüglichen Information der Beteiligten über die beschwerdegegenständliche Entscheidung nebst Begründung normiert. Die Informationspflicht betrifft nur den **Beschwerdeführer** sowie den äußernden **Nutzer.** Dies gilt nach dem Wortlaut auch dann, wenn der Beschwerdeführer nicht von der beschwerdegegenständlichen Aussage Betroffene ist. Letzterer braucht nach der Vorschrift nicht informiert werden. Eine Pflicht zur Information wird durch die tatsächliche Möglichkeit ihrer Durchführbarkeit beschränkt, namentlich beim Netzwerkbetreiber vorhandene Kontaktmöglichkeiten wie E-Mail-Adresse oder postalische Anschrift.

31   Die Informationspflicht umfasst **jede Entscheidung,** also sowohl die Entscheidung zur Entfernung oder Sperrung des Inhaltes als auch die Entscheidung des Netzwerkbetreibers, der Beschwerde keine Folge zu geben und den betreffenden Inhalt weiter bereitzuhalten bzw. zu verbreiten. Nach dem Wortlaut „jede" umfasst die Informationspflicht auch die zwischenzeitliche Entscheidung des Netzwerkbetreibers, den Fall einer Einrichtung der Freiwilligen Selbstregulierung nach § 3 Abs. 2 Nr. 3b)

---

[79] Die Ausnahmen werden von der Rspr. tendenziell eng ausgelegt; vgl. OLG Frankfurt a.M., B. v. 2.11.2012 – 2 Ws 114/12.

[80] BT-Drs. 18/12356, S. 23.

[81] RL 2002/58/EG 2006/24/EG vom 15. März 2006 über die Vorratsspeicherung von Daten, die bei der Bereitstellung öffentlich zugänglicher elektronischer Kommunikationsdienste oder öffentlicher Kommunikationsnetze erzeugt oder verarbeitet werden, und zur Änderung der Richtlinie.

[82] Vgl. EuGH, MMR 2014, 412.

[83] Vgl. BVerfG, NJW 2010, 833.

zur Entscheidung zu überantworten.[84] Darüber hinaus ist die daraufhin getroffene Entscheidung den Beteiligten mitzuteilen. Die Übermittlung der Information muss **„unverzüglich"** erfolgen, wobei angesichts der in Abs. 2 Nr. 3 erfolgenden Konkretisierung ein Zeitraum von in der Regel sieben Tagen hinreichend ist.

Hinsichtlich der **Begründungspflicht** ist nach der Entwurfsbegründung die „in den Beschwerdesystemen der sozialen Netzwerke übliche Multiple-Choice-Begründungsform ausreichend".[85] Allerdings muss die Begründung inhaltlich den Normzweck wahren, dass insbesondere ein von einer Löschentscheidung betroffener Nutzer „die geeigneten rechtlichen Schritte zur Wahrung seines Rechts auf Meinungsfreiheit zeitnah einleiten kann".[86] Die in der Entwurfsbegründung weiterhin formulierte Annahme „Niemand muss hinnehmen, dass seine legitimen Äußerungen aus sozialen Netzwerken entfernt werden", ist freilich im Rahmen der nach der Vertragsfreiheit ebenfalls legitimen Möglichkeiten des Vorbehalts der Löschung von Inhalten durch den Netzwerkbetreiber etwa in **Nutzungsbedingungen,** die der Nutzer akzeptiert hat, zu beschränken. Aufgrund der verfassungsrechtlichen Bedenken gegen das NetzDG (→ § 1 Rn. 22 ff.) insbesondere mit Blick auf die Unbestimmtheit des § 1 Abs. 3 und der Löschpflichten vor allem nach Abs. 2 Nr. 2 sowie die Einschränkung der Kommunikationsfreiheiten mit einem Zwang zur Löschung „im Zweifelsfall" lassen eine Beschränkung der Begründungspflicht im Fall erfolgter Löschentscheidungen auf den Hinweis zu, dass aufgrund der engen Fristen in § 3 Abs. 2 Nr. 2 und 3 sowie der erheblichen Unsicherheiten für den Netzwerkbetreiber aufgrund der Weite und Unbestimmtheit der Bußgelddrohungen des NetzDG eine Zweifelsfalllöschung zulasten des Nutzers erfolgen musste. **32**

IV. Dokumentationspflicht (Abs. 3)

Die Vorschrift des Abs. 3 statuiert eine umfassende Dokumentationspflicht in Bezug auf **jede Beschwerde** und die zu ihrer Abhilfe getroffene Maßnahme. Die Vorschrift ist vor dem Hintergrund des Normzwecks, des rechtssystematischen Zusammenhangs mit Abs. 2 Nr. 2 und 3 sowie den Hinweisen in den Gesetzesmaterialien[87] **einschränkend auszulegen,** so dass die Pflicht zur Dokumentation nur „Beschwerden über rechtswidrige Inhalte" iSd § 1 Abs. 3 erfasst (→ Rn. 4 f.). Beschwerden, die anderweitige (zB zivil- oder verwaltungsrechtliche oder etwa nach §§ 130 a, 184, 240 StGB zu beurteilende) Rechtsverletzungen zum Gegenstand haben, brauchen nicht zu dokumentiert werden. Durch Beschlussempfehlung des BT-Rechtsausschusses wurde die vormalig vorgesehene Pflicht zur Dokumentation bzw. deren als „unverzichtbar" angesehene Verfügbarkeit mit Inland[88] auf den Geltungsbereich der Richtlinien 2000/31/EG und 2010/13/EU ausgeweitet.[89] **33**

Ausweislich der Entwurfsbegründung wird eine entsprechende Dokumentation der Beschwerdevorgänge insbesondere für das „Monitoring gem. Abs. 5, aber auch zur Beweissicherung für ein gerichtliches Verfahren über die Rechtmäßigkeit einer **34**

---

[84] S. auch BT-Drs. 18/13013, S. 23: „Beschwerdeführer und Nutzer können sich, nachdem sie gemäß § 3 Abs. 2 Nr. 5 von der Übertragung auf die Einrichtung der Regulierten Selbstregulierung informiert wurden, gegenüber dieser äußern".
[85] BT-Drs. 18/12356, S. 23.
[86] So BT-Drs. 18/12356, S. 23.
[87] BT-Drs. 18/13013, S. 24: Dokumentation von Beschwerden und von Abhilfemaßnahmen „nach § 3 Absatz 2 NetzDG".
[88] BT-Drs. 18/12356, S. 23, wonach es indes gar nicht auf die Speicherung der Dokumentation, sondern „entscheidend" und mithin allein auf die „Verfügbarkeit" im Inland ankommen sollte.
[89] BT-Drs. 18/13013, S. 24.

Löschung oder Entfernung eines gespeicherten Inhalts" für „unverzichtbar" gehalten. Indes findet sich im NetzDG vor allem für die beauftragte Monitoring-Stelle nach Abs. 5 keine gesetzliche **Ermächtigungsgrundlage für Herausgabeverlangen** entsprechender Dokumentationen gegenüber dem Netzwerkbetreiber. Eine solche ist aber aufgrund des Eingriffscharakters in Grundrechtspositionen nicht nur des Netzwerkbetreibers sondern auch mit Blick auf etwaig gespeicherte personenbezogene Daten Dritter (vgl. § 28 BDSG) erforderlich und wird in anderen Gesetzen (vgl. zB § 21 JMStV) auch normiert. Dies gilt umso mehr, als die für das Monitoring (voraussichtlich) beauftragte Stelle jugendschutz.net keine Behörde und keine rechtsfähige Person und überdies gesetzlich auf Aufgaben des Jugendschutzes (§ 18 JMStV) beschränkt ist (→ Rn. 39 ff.). Beteiligte Dritte wie von Löschentscheidungen betroffene Nutzer sind auf eine Dokumentation durch den Netzwerkbetreiber in der Regel nicht angewiesen, da sie ohnehin nach Abs. 2 Nr. 5 durch den Netzwerkbetreiber unverzüglich über eine sie belastende Entscheidung nebst Begründung informiert werden.

V. Organisationsinterne Pflichten (Abs. 4)

1. Monatliche Kontrollüberwachung (S. 1)

35 Die nach S. 1 an die „Leitung des sozialen Netzwerks" gerichtete Überwachungsverpflichtung durch „monatliche Kontrollen" unterliegt vor dem Hintergrund des mit ihr korrespondierenden weiten Bußgeldtatbestandes (§ 4 Abs. 1 Nr. 4: „nicht richtiges" Überwachen) verfassungsrechtlichen Bedenken wegen unzureichender Bestimmtheit (→ § 4 Rn. 18). Der Normadressatenkreis der „Leitung des sozialen Netzwerkes" ist trotz der diffusen Ausführungen des Regierungsentwurfs („hochrangig", „von höchster Stelle") vor dem Hintergrund des § 9 OWiG auslegbar und dürfte neben vertretungsberechtigten Organen und Gesellschaftern auch Geschäftsführer sowie mit der Betriebsleitung beauftragte Personen (§ 9 Abs. 2 S. 1 Nr. 1) erfassen. Unklar bleibt jedoch aufgrund des Gesetzeswortlauts, worauf sich die Überwachung bzw. „Kontrollmaßnahmen" sachlich beziehen muss und wor allem, inwieweit sie über den ohnehin geltenden **Aufsichtspflichtmaßstab des § 130 OWiG** hinausgehen soll.[90] Denkbar ist schon nach § 130 OWiG etwa eine Kontrolle von Prüfpersonal, ein Monitoring der Kommunikation mit Beschwerdeführern und Nutzern, die unverzügliche Beschwerdekenntnisnahme und Prüfung nach Abs. 2 Nr. 1, die Einhaltung der fristgerechten Löschung von rechtswidrigen Inhalten nach Abs. 2 Nr. 2 und 3, die Sicherung zu Beweiszwecken nach Abs. 2 Nr. 4, die Information der Beschwerdeführer und Nutzer und/oder die Dokumentation nach Abs. 3.

2. Beseitigung organisatorischer Unzulänglichkeiten (S. 2)

36 Die in S. 2 normierte Pflicht zur unverzüglichen Beseitigung so genannter „organisatorischer Unzulänglichkeiten" im Umgang mit eingegangenen Beschwerden genügt vor dem Hintergrund der eigenständigen Bußgeldbewehrung in § 4 Abs. 1 Nr. 5 nicht den im Strafrecht geltenden Anforderungen an den **Bestimmtheitsgrundsatz** (→ § 4 Rn. 2 ff., 19) und ist verfassungswidrig. Der vage Rechtsbegriff der „organisatorischen Unzulänglichkeiten" wird auch in den Gesetzesmaterialien nicht konkretisiert[91] und lässt aus Sicht des Normadressaten nicht erkennen, welches Verhalten konkret von ihm verlangt wird bzw. aus welchen Umständen in der Organisation des

---

[90] Ausf. hierzu Karlsruher Kommentar/*Rogall*, OWiG, § 130 Rn. 39 ff.
[91] Vgl. BT-Drs. 18/12356, S. 23 f.: „Satz 2 verpflichtet die Leitung des sozialen Netzwerks, organisatorische Unzulänglichkeiten unverzüglich zu beseitigen".

3. Schulungs- und Betreuungsangebote (S. 3)

Die nach § 2 Abs. 2 Nr. 4 (dort → Rn. 21) berichtsgegenständliche Pflicht regelmäßiger Schulungs- und Betreuungsangebote ist in § 4 Abs. 1 Nr. 6 (dort → Rn. 20) bußgeldbewehrt. Trotz der vom Gesetzgeber angenommenen „psychisch sehr belastbaren" (gemeint ist offenbar „belastenden") Tätigkeit der Bearbeitung von Beschwerden[93] wurde eine tatsächliche Teilnahme an Schulungen und Betreuungsmaßnahmen nicht verbindlich festgeschrieben, sondern lediglich eine Verpflichtung für entsprechende **„Angebote"**. Gleichwohl wird der Pflicht nicht schon dann Rechnung getragen sein, wenn der Netzwerkbetreiber im Halbjahresturnus die jeweils inhaltlich identischen Schulungsangebote unterbreitet. Insoweit sind bei fachlichen Schulungen zumindest Aktualisierungen bei der Auslegung strafrechtlich relevanter Tatbestände des § 1 Abs. 3 sowie wechselnde thematische Schwerpunkte erforderlich. 37

Die angebotenen Schulungen und Betreuungen müssen **deutschsprachig** sein, was freilich hinsichtlich der Betreuung dann zweifelhaft erscheint, wenn es sich um Prüfer anderer Nationalität handelt; daher sind ergänzend bzw. zusätzlich fremdsprachige Angebote nicht ausgeschlossen und ggf. sinnvoll. Jedenfalls hinsichtlich der fachlichen Schulung von Mitarbeitern ist aber mit Blick auf eine rechtssichere Auslegung der in § 1 Abs. 3 referenzierten deutschen Straftatbestände die gesetzliche Konkretisierung geeignet und erforderlich. 38

VI. Überwachung durch beauftragte Stelle (Abs. 5)

Die nach Abs. 1 vorzuhaltenden Beschwerdeverfahren der sozialen Netzwerke können nach der Vorschrift durch eine vom Bundesamt für Justiz (BfJ, → § 4 Rn. 28 f.) „beauftragten Stelle" überwacht werden. Aus der Begründung des Regierungsentwurfs zu der im weiteren Gesetzgebungsverfahren unverändert gebliebenen Norm wird die Überwachung sodann als „Monitoring" der Beschwerdebearbeitung bezeichnet, welche derzeit von der Länderstelle **„jugendschutz.net"** durchgeführt werde, was sich „in der Praxis bewährt" habe.[94] Nach dem Jahresbericht 2016 der Stelle wurden insgesamt 6.011 „Verstöße gegen Jugendschutzbestimmungen" registriert, von denen die Mehrzahl (69 Prozent) auf **US-Angeboten im Social Web** ausgewählt wurden, insbesondere auf den großen Plattformen Facebook (23 Prozent), YouTube (14 Prozent) und Twitter (10 Prozent).[95] 39

Indes handelt es sich bei der Länderstelle jugendschutz.net um eine nach § 18 JMStV grundsätzlich auf Jugendschutzaufgaben beschränkte Stelle, welche nach § 18 Abs. 3 S. 1 JMStV zwar Angebote von Telemedien „überprüft", allerdings in erster Linie mit Blick auf die Einhaltung der Bestimmungen des JMStV, vor allem §§ 4–6 JMStV, daneben aber etwa auch die Nichteinhaltung der Pflicht zur Bestellung eines Jugendschutzbeauftragten nach § 7 JMStV.[96] Hingegen prüft die Stelle keine Straftatbestände, sondern nur implizit die teilweise aus dem StGB inkorporierten Tatobjektsmerkmale der §§ 86, 86a, 130, 131, 184b StGB in § 4 Abs. 1 S. 1 Nr. 1–5 und 10 JMStV. Allerdings führt jugendschutz.net für die meisten der in § 1 Abs. 3 NetzDG 40

---

[92] Krit. auch *Spindler*, K&R 2017, 53, 541.
[93] BT-Drs. 18/12356, S. 24.
[94] Vgl. BT-Drs. 18/12356, S. 24.
[95] Vgl. jugendschutz.net, Jahresbericht 2016.
[96] Vgl. *Liesching*, Beck OK JMStV, 2017, § 18 Rn. 3; Hahn/Vesting/*Schulz/Held*, § 18 JMStV Rn. 18.

bezeichneten **Strafdelikte** (§§ 89a, 91, 100a, 111, 126, 129–129b, 140, 166, 185–187, 201a, 241 und 269 StGB) **kein Monitoring** durch. Die Stelle verfügt insoweit bislang weder über eine gesetzliche Ermächtigung noch über eine entsprechende Fachqualifikation der Mitarbeiter. Insoweit ist auch zweifelhaft, inwieweit sich eine Jugendschutzstelle etwa mit Auslegungen des Beleidigungsstrafrechts befassen kann und soll.

41 Dessen ungeachtet steht es dem Bundesamt für Justiz aufgrund der nunmehr in Abs. 5 geschaffenen Ermächtigung frei, die Länderstelle jugendschutz.net in Erweiterung ihrer bisherigen Aufgaben mit einem Monitoring zu beauftragen. Damit erwachsen der beauftragten Stelle allerdings keine hoheitlichen oder sonstigen **Eingriffsbefugnisse** oder **Auskunftsansprüche** gegenüber Anbietern sozialer Netzwerke. Insbesondere fehlt es an einer § 21 JMStV entsprechenden gesetzlichen Ermächtigung, so dass auch Dokumentationen des Netzwerkbetreibers nach § 3 Abs. 3 entgegen der Intention des Regierungsentwurfs[97] nicht an die Stelle nach Abs. 5 herausgegeben werden können (→ Rn. 34).

VII. Anerkannte Einrichtungen der Selbstregulierung (Abs. 6–9)

1. Anerkennungsvoraussetzungen (Abs. 6)

42 **a) Allgemeines.** Abs. 6 regelt die kumulativ zu erfüllenden,[98] materiellen Voraussetzungen der Anerkennung einer – in den Gesetzesmaterialien auch „Selbstkontrolle" genannten[99] – Einrichtung der Regulierten Selbstregulierung, welche weitgehend den im **Jugendschutzrecht** nach § 19 JMStV geltenden Anforderungen entlehnt sind.[100] Die Sachnähe beider Regulierungsbereiche, welche einzig eine gesetzgeberische Übertragung bzw. „Orientierung" zu legitimieren vermag, erscheint jedoch zweifelhaft, da die im Jugendschutz vorherrschenden wertend-prognostischen Entscheidungen mit Blick auf eine Eignung eines Medieninhaltes zur Entwicklungsbeeinträchtigung oder -gefährdung nicht mit der nach § 1 Abs. 3 schlicht zu leistenden juristischen **Subsumtion von Straftatbeständen** gleichgesetzt werden können. Für letztere bedarf es nur Expertise und Erfahrung in der strafrechtlichen Auslegung, welche auch durch eine Person (zB durch den nach § 4 Abs. 5 befassten Einzelrichter am Amtsgericht) geleistet werden kann. Inwieweit hier das Konstrukt einer „regulierten Selbstregulierung" einen Mehrwert gegenüber einer „inhouse"-Prüfung durch geschulte Juristen erzielt, erscheint zweifelhaft. Die durch die Beschlussempfehlung des BT-Rechtsausschusses in großer Eile nachgeschobene Einführung der regulierten Selbstregulierung im Rahmen der Entscheidung über rechtswidrige Inhalte nach § 3 Abs. 2 Nr. 3b) ist mithin in erster Linie als rechtspolitisches Vehikel zur Abweisung geäußerter – indes nach wie vor bestehender – verfassungsrechtlicher Bedenken (→ § 1 Rn. 22 ff.) zu qualifizieren.

43 Hinsichtlich der **Rechtsform** der Einrichtung der Regulierten Selbstregulierung ergeben sich keine Einschränkungen, so dass eine Einrichtung zB als Personengesellschaft (etwa Gesellschaft bürgerlichen Rechts) oder Kapitalgesellschaft, eingetragener Verein (e. V.), GmbH denkbar ist.[101] Die Einrichtung handelt aber nicht als Beliehene, sondern als private sachverständige Stelle; ihre Entscheidungen sind auch **keine Ver-**

---

[97] Vgl. BT-Drs. 18/12356, S. 23.
[98] Hahn/Vesting/*Held,* § 19 JMStV Rn. 19 mwN.
[99] BT-Drs. 18/13013, S. 24.
[100] BT-Drs. 18/13013, S. 23.
[101] Vgl. auch *Spindler,* K&R 2017, 533, 540.

waltungsakte.[102] Insoweit fehlt es an einem hoheitlichen Übernahmeakt, wie er im Jugendschutzrecht etwa bei FSK-Freigaben durch die Obersten Landesjugendbehörden nach § 14 Abs. 6 S. 2 JuSchG vorgenommen wird.[103] Eine Rechtsstellung der Einrichtung gegenüber den bei Beschwerdefällen Beteiligten (Beschwerdeführer, äußernder Nutzer) ergibt sich allenfalls mittelbar über das (vertragliche) Nutzungsverhältnis mit dem Anbieter des sozialen Netzwerks.[104]

b) Unabhängigkeit und Sachkunde der Prüfer (Nr. 1). Hinsichtlich der **Unabhängigkeit** als Anerkennungsvoraussetzung muss die Selbstregulierungseinrichtung gewährleisten, dass die Prüfer keine Funktionsträger oder Angestellten in Unternehmen der sozialen Netzwerke sind. Ebenso muss ausgeschlossen sein, dass die Prüfer in sonstiger Weise mit sozialen Netzwerken in engem Kontakt stehen,[105] etwa durch eine regelmäßige Mandatierung als Rechtsanwalt oder durch die mehrmalige Erstellung von Rechtsgutachten im Auftrag von sozialen Netzwerken. Fehlerhaft und nicht für die Auslegung des Abs. 6 Nr. 1 zur Unabhängigkeit der Prüfer sowie im Allgemeinen zu berücksichtigen sind die Ausführungen des BT-Rechtsauschusses in den Gesetzesmaterialien, wonach die Entscheidungsgremien der zu schaffenden Selbstkontrolle „unter Einbeziehung der zuständigen Aufsichtsbehörden **(Landesmedienanstalten)**" besetzt werden.[106] Insoweit scheint nicht bekannt gewesen zu sein, dass die Landesmedienanstalten selbst gegenüber den Netzwerkbetreibern bei Verletzungen gegen §§ 86, 86a, 130, 131, 184b iVm § 184d StGB aufgrund der Inkorporation in § 4 Abs. 1 S. 1 Nr. 1–5 und 10 JMStV Bußgelder nach § 24 JMStV verhängen können und damit staatlich repressiv gegen die Anbieter vorgehen. Die Landesmedienanstalten sind nach dem JMStV nicht Teil der Selbstkontrolle, sondern sitzen gleichsam auf der anderen Seite, namentlich der staatlichen Aufsicht mit Sanktionsmöglichkeiten gegen Diensteanbieter. Dies ist mit der gesetzlich geforderten, auch gegenüber dem Staat geltenden[107] „Unabhängigkeit" nach Nr. 1 nicht zu vereinbaren.

Ebenso fehlgehend und mit der nach Nr. 1 weiterhin erforderlichen **Sachkunde** der Prüfer unvereinbar ist der Hinweis in den Gesetzesmaterialien, dass die Gremien der Selbstkontrolle „**plural**" besetzt sein sollen.[108] Eine pluralistische Besetzung (zB durch Kirchenvertreter, Jugendhilfe, Bildungseinrichtungen etc.) erscheint nach dem JMStV sachgerecht, da über Jugendschutzfragen im Verfassungsrang entschieden wird und Jugendschutzwertungen dem gesellschaftlichen Wandel unterworfen sind.[109] Im Rahmen des nach § 3 NetzDG zu etablierenden Beschwerdemanegements geht es nicht um Jugendschutzwertungen, sondern ausschließlich um die Subsumtion der Straftatbestände der §§ 86, 86a, 89a, 91, 100a, 111, 126, 129–129b, 130, 131, 140, 166, 184b iVm § 184d, 185–187, 201a, 241 oder 269 StGB, über die nur Rechtslaien als Vertreter gesellschaftlicher Gruppen entscheiden können. Das gesetzliche Erfordernis der Sachkunde macht zwingend notwendig, dass ausschließlich Juristen mit der **Befähigung zum Richteramt** und möglichst mit Erfahrung bei der Beurteilung strafrechtlich relevanter Medieninhalte benannt werden.[110] Nur dann kann

44

45

---

[102] Aufgrund Unklarheit der gesetzlichen Vorgaben offen lassend *Spindler*, K&R 2017, 533, 540.
[103] Vgl. VG Mainz, Urt. v. 29.9.2016 – 1 K 710/15.MZ.
[104] Ausf. *Spindler*, K&R 2017, 533, 540f.
[105] Vgl. *Liesching,* Beck OK JMStV, 2017, § 19 Rn. 3.
[106] BT-Drs. 18/13013, S. 23.
[107] Vgl. nur Hahn/Vesting/*Held*, § 19 JMStV Rn. 20.
[108] So BT-Drs. 18/13013, S. 23.
[109] Vgl. BGHSt 23, 40, 42; BT-Drs. VI/3521, S. 60; *Liesching/Schuster*, Jugendschutzrecht – Kommentar, § 18 JuSchG Rn. 11.
[110] Vgl. auch *Spindler*, K&R 2017, 533, 540: „Entsprechende berufliche Voraussetzungen wie ein Richter".

NetzDG § 3   Umgang mit Beschwerden über rechtswidrige Inhalte

auch von einer Richtigkeitsvermutung für die angestellten Bewertungen ausgegangen werden, welche der vom Gesetzgeber intendierten erheblichen Bindungswirkung der Selbstkontrollentscheidungen sowohl gegenüber den Betreibern sozialer Netzwerke als auch gegenüber dem Bundesamt für Justiz Rechnung trägt.

46   **c) Sachgerechte Ausstattung und zügige Prüfung (Nr. 2).** Die in Nr. 2 zunächst geforderte **sachgerechte Ausstattung** muss sowohl in personeller als auch in finanzieller Hinsicht gewährleistet sein.[111] Der Regelungsgegenstand erfährt eine unklare Doppelnormierung aufgrund der nach Abs. 6 Nr. 5 S. 1 ebenfalls erforderlichen „sachgerechten Ausstattung", welche dort weitergehend aber durch „mehrere Anbieter sozialer Netzwerke oder Institutionen getragen sein muss". Dies entspricht der im Jugendschutzrecht geltenden Vorschrift („Vielzahl von Anbietern). Demnach ist es nicht hinreichend, dass lediglich durch einen oder nur wenige Anbieter sozialer Netzwerke die Mittel zur Ausstattung der Selbstkontrolle gewährleistet werden, um eine Unabhängigkeit und beeinflussungsfreie Prüfentscheidungen zu gewährleisten.

47   Zusätzlich ist eine **zügige Prüfung innerhalb von sieben Tagen** sicherzustellen. Die Frist bezieht sich nicht auf § 3 Abs. 2 Nr. 3, da die dort nach lit. b) vorgesehene Konsultation ihrerseits innerhalb eines Zeitraums von sieben Tagen nach Eingang der Beschwerde möglich ist. Angesichts der in den Gesetzesmaterialien zu Abs. 6 Nr. 3 geforderten, durch die Selbstkontrolle zu gewährenden Möglichkeit der Stellungnahme für die Betroffenen (soziales Netzwerk, Beschwerdeführer, Nutzer)[112] erscheint die Frist knapp bemessen. Die nach der Verfahrensordnung (Nr. 3) vorzusehende Möglichkeit der Überprüfung von Entscheidungen ist von der Frist nicht umfasst. Vielmehr gilt für eine etwaige Berufungs- oder Appellationsentscheidung einer weiteren Instanz der Entscheidungsgremien der Selbstkontrolle lediglich das allgemeine Gebot zügiger Prüfung.

48   **d) Verfahrensordnung (Nr. 3).** Die § 19 Abs. 2 Nr. 4 JMStV entlehnte Vorschrift des Abs. 6 Nr. 3 fordert als Anerkennungsvoraussetzung das Bestehen einer Verfahrensordnung mit bestimmten vorgeschriebenen Regelungspunkten. Als zwingende Gegenstände der Verfahrensordnung sind zunächst Bestimmungen zu **Prüfungsumfang und -ablauf** vorgesehen. Dabei wird der Prüfungsumfang in der Regel bereits durch die stets erforderliche inhaltliche Konkretisierung durch die Beschwerde (des Nutzers oder der Beschwerdestelle) (→ Rn. 5) bestimmt sein. Hinsichtlich des Ablaufs wird in den Gesetzesmaterialien − hingegen nicht nach dem Wortlaut der Nr. 3 − vorgegeben, dass die Betroffenen (soziales Netzwerk, Beschwerdeführer, Nutzer) Gelegenheit „haben", gegenüber der Einrichtung der Regulierten Selbstregulierung Stellung zu nehmen.[113] Offen gelassen wird in den gesetzlichen Vorgaben die **Prüferzahl**. Die Gesetzesmaterialien, in denen eine „plurale" (hierzu → Rn. 44) Besetzung „der Entscheidungsgremien" gefordert wird, deuten auf die Intention einer mehrköpfigen Besetzung der Spruchkörper hin, wie sie auch in anerkannten Einrichtungen des Jugendschutzrechts (§ 19 Abs. 2 JMStV) üblich

---

[111] So für die bei der Anerkennung von Einrichtungen der Selbstkontrolle entsprechenden Regelung des § 19 JMStV: BayLT-Drs. 14/10246, S. 24; *Liesching,* Beck OK JMStV, 2017, § 19 Rn. 4.

[112] BT-Drs. 18/13013, S. 23.

[113] Vgl. BT-Drs. 18/13013, S. 23; das soziale Netzwerk könne dabei eine Stellungnahme schon mit der Übertragung der Entscheidung auf die Einrichtung der Regulierten Selbstregulierung verbinden. Beschwerdeführer und Nutzer können sich, nachdem sie gem. § 3 Abs. 2 Nr. 5 von der Übertragung auf die Einrichtung informiert wurden, gegenüber dieser äußern. Demnach ist nicht erforderlich dass sich die Selbstkontrolleinrichtung nochmals mit einem Stellungnahmegesuch an alle Beteiligten wendet.

Umgang mit Beschwerden über rechtswidrige Inhalte §3 NetzDG

ist.[114] Insoweit steht freilich in Frage, wie viele hinreichend fachkundige Juristen zur Besetzung breiter Gremien einschließlich vorzuhaltender Berufungsinstanzen tatsächlich bereitgehalten werden können.

Die Verfahrensordnung muss in direkter Übernahme der entsprechenden jugendschutzrechtlichen Regelung des § 19 Abs. 2 Nr. 4 JMStV weiterhin **„Vorlagepflichten der angeschlossenen sozialen Netzwerke"** regeln. Demgegenüber erfordert § 3 Abs. 2 Nr. 3b) nicht, dass das übertragende soziale Netzwerk derjenigen Einrichtung angeschlossen ist, welcher es eine Entscheidung überträgt (→ Rn. 24).[115] Die Regelung von „Pflichten" zur Vorlage erscheint auch weder sachgerecht, noch mit den Gesetzesmaterialien vereinbar, wonach es den sozialen Netzwerken gerade „frei" stehe, die Entscheidung einer anerkannten Einrichtung der Regulierten Selbstregulierung zu übertragen oder nicht.[116] Bei der Übernahme der Anerkennungsvoraussetzung aus dem JMStV-Katalog dürfte es sich mithin um ein der Eile der parlamentarischen Verfahrens geschuldetes redaktionelles Versehen des Gesetzgebers handeln. **49**

Die weiterhin als Anerkennungsvoraussetzung in der Verfahrensordnung vorzusehende **Möglichkeit der Überprüfung von Entscheidungen** stellt faktisch die Pflicht zur Etablierung einer Berufungsinstanz dar, wie sie auch die nach dem JMStV anerkannten Einrichtungen etablieren mussten. Dies nötigt im Rahmen der Anerkennungsprüfung zu einer sachgerechten Auslegung bei den bereits aufgeworfenen Fragen der Einhaltung einer „zügigen Prüfung" innerhalb von sieben Tagen nach Abs. 6 Nr. 2 (→ Rn. 47) sowie der Etablierung einer hinreichend fachkundigen Prüferzahl für alle Entscheidungsgremien (→ Rn. 48). **50**

e) Eingerichtete Beschwerdestelle (Nr. 4). Eine Anerkennung der Selbstkontrolleinrichtung setzt weiter das Vorhandensein einer eingerichteten Beschwerdestelle voraus. Diese soll freilich nach der Begründung der Beschlussempfehlung des BT-Rechtsausschusses nicht auf Beschwerden über rechtswidrige Inhalte gerichtet sein (anders daher die Beschwerdestellen in § 2 Abs. 2 Nr. 5 und 7; dort → Rn. 17 und 23). Vielmehr bedürfe es der Einrichtung, „damit **Nutzer, deren Inhalte zu Unrecht entfernt wurden,** sich hiergegen beschweren können" und hiermit sichergestellt sei, dass „es in Fällen der unberechtigten Sperrung tatsächlich zulässiger Inhalte schnell und unkompliziert zur Wiederherstellung der Inhalte kommt".[117] Der BT-Rechtsausschuss hat hierbei offenbar übersehen, dass die Selbstkontrolleinrichtung gar nicht für die Löschentscheidung zuständig ist, sondern nur für die „Entscheidung über die Rechtswidrigkeit" des Inhaltes nach § 1 Abs. 3. Hat die Selbstkontrolleinrichtung aber gegen die Interessen des äußernden Nutzers eine Rechtswidrigkeit des Inhaltes festgestellt, ist die Einrichtung gar nicht befugt, diese auf Beschwerde des Nutzers zurückzunehmen;[118] selbst der Netzwerkbetreiber ist aufgrund der Unterwerfung unter die Entscheidung hieran gebunden.[119] Eine Beschwerde über die einzurichtende Beschwerdestelle nutzt dem von der Löschung betroffenen Nutzer **51**

---

[114] AA *Spindler*, K&R 2017, 533, 540, der die „plurale Besetzung von Entscheidungsgremien" nicht auf die Prüfer bezieht, denen die „Entscheidung" nach § 3 Abs. 2 Nr. 3b) übertragen wird, sondern auf „Organe der Einrichtung" welche die eigentlichen Prüfer lediglich überwachen.
[115] AA wohl *Spindler*, K&R 2017, 533, 539.
[116] So ausdrücklich BT-Drs. 18/13013, S. 23.
[117] BT-Drs. 18/13013, S. 23.
[118] Hier entstehen allenfalls zivilrechtliche Regressansprüche des Netzwerkanbieters gegenüber der Selbstregulierungseinrichtung, wenn der Nutzer seinerseits die Wiederherstellung gegenüber dem Nutzer durchgesetzt hat; vgl. *Spindler*, K&R 2017, 533, 540f.
[119] Eine zivilrechtliche Durchsetzung eines Nutzeranspruchs ist allenfalls gegenüber dem Netzwerkanbieter über vertragliche oder deliktische Ansprüche (vgl. *Spindler*, K&R 2017, 533, 540) denkbar, wenngleich auch hier vom Nutzer akzeptierte Nutzungsbedingungen ggf. entgegenstehen.

nichts, erst recht kommt es hierüber nicht „schnell und unkompliziert zur Wiederherstellung der Inhalte".

52 **f) Trägerschaft mehrerer Anbieter sozialer Netzwerke (Nr. 5).** Die Vorschrift erfordert – anders als Nr. 2 (→ Rn. 46) – hinsichtlich einer sachgerechten Ausstattung, dass die Einrichtung **von mehreren Anbietern sozialer Netzwerke** oder Institutionen getragen wird. Die Abweichung vom Wortlaut der entsprechenden jugendschutzrechtlichen Regelung des § 19 Abs. 2 Nr. 2 JMStV („Vielzahl von Anbietern") ergibt sich daraus, dass der Gesetzgeber ohnehin nur sicher von insgesamt drei durch den Anwendungsbereich des § 1 Abs. 1 NetzDG erfassten Anbietern sozialer Netzwerke ausgeht.[120] Daher wird eine Trägerschaft von insgesamt zwei Anbietern sozialer Netzwerke bereits hinreichen. Als **Institutionen** kommen insbesondere die Branchenverbände nach § 2 Abs. 2 Nr. 5 (dort → Rn. 22) oder der Verein zur Selbstregulierung der Internetwirtschaft (SRIW e. V.)[121] in Betracht, hingegen keine Einzelunternehmen oder Anbieter von Telemedien.

53 Außerdem muss die Einrichtung gem. S. 2 für den Beitritt **weiterer Anbieter offenstehen.** Durch die Formulierung „insbesondere" wird vom Gesetzgeber auch die grundsätzliche Möglichkeit eröffnet, dass auch andere Anbieter von Telemedien, die keine Betreiber sozialer Netzwerke iSd § 1 Abs. 1 (dort → Rn. 41 ff.) sind, der Einrichtung der Regulierten Selbstregulierung als Mitglied beitreten können. Dies unterminiert freilich S. 1, der als mögliche Träger neben Anbietern sozialer Netzwerke nur „Institutionen" vorsieht. Die Norm kann mithin nur dahingehend verstanden werden, dass Anbietern von Telemedien einschließlich sozialer Netzwerke unterhalb der Bagatellgrenze nach § 1 Abs. 2 (dort → Rn. 65 ff.) durch die anzuerkennende Selbstkontrolleinrichtung die Möglichkeit der Mitgliedschaft ohne die Pflicht dauerhafter (finanzieller) Tragung der Einrichtung gewährt werden muss.

2. Zuständigkeit des BfJ (Abs. 7)

54 Die Anerkennung erfolgt anders als nach § 19 Abs. 2 JMStV nicht durch staatsferne Gremien (der KJM bzw. der Landesmedienanstalten) sondern durch die Bundesoberbehörde des Bundesamtes für Justiz (BfJ, hierzu → § 4 Rn. 28 ff.). Dies begründet Bedenken im Schrifttum hinsichtlich einer Missachtung des im Bereich der Medienregulierung in besonderer Weise zu beachtenden Grundsatzes der **Staatsferne**,[122] zumal keine Vorgaben hinsichtlich des Entscheidungsgremiums (möglicherweise lediglich eine einzelne Amtsperson) gemacht werden und der staatlichen Behörde über die Anerkennungsentscheidung hinaus die weiterreichenden Befugnisse nach Abs. 8 und 9 eingeräumt werden. Die Anerkennung ist auf Antrag der jeweiligen Einrichtung zu erteilen. Ein Ermessensspielraum kommt der Behörde nicht zu, wenn die in Abs. 6 genannten Anerkennungsvoraussetzungen – soweit anwendbar (insbesondere → Rn. 47, 49) – gegeben sind.

3. Widerruf der Anerkennung (Abs. 8)

55 Die Vorschrift ist der entsprechenden jugendschutzrechtlichen Regelung des § 19 Abs. 4 JMStV entlehnt; der Widerrufsgrund wird – anders als in der gesetzlichen Vorlage aus dem Jugendschutzrecht – auf den nachträglichen Entfall der Anerkennungsvoraussetzungen beschränkt. Ein Entfall liegt etwa vor, wenn sich herausstellt, dass die Unabhängigkeit und Sachkunde der Prüfer (auch aufgrund einer **Divergenz der Spruch-**

---

[120] Vgl. BT-Drs. 18/12356, S. 3: „Vom Entwurf sind primär drei soziale Netzwerke betroffen, bei weiteren sieben Netzwerken ist eine Einbeziehung denkbar".
[121] Vgl. *Spindler,* K&R 2017, 533, 540.
[122] Vgl. *Hain/Ferreau/Brings-Wiesen,* K&R 2017, 433, 435.

praxis gegenüber der allgemein anerkannten Strafrechtsauslegung[123]) nicht gewährleistet oder eine zügige Bearbeitung nicht sichergestellt ist.[124] Lagen die Voraussetzungen der Anerkennung schon bei Positivbescheidung nicht vor, findet § 48 VwVfG Anwendung. In Präzisierung des allgemeinen Grundsatzes der Verhätnismäßigkeit wird klargestellt, dass dem BfJ als milderes Mittel auch ein teilweiser Widerruf oder Nebenbestimmungen zur Verfügung stehen. Fraglich ist aber, wie in der Praxis ein Widerruf mit einem nur „teilweisen" Entfall der Anerkennungswirkung erfolgen kann.

4. Beschränkung der Entscheidungsübertragung (Abs. 9)

Die Vorschrift ermächtigt die Bundesoberbehörde des BfJ zu einer **zeitweisen** 56 **Suspendierung** eines Anbieters sozialer Netzwerke von der Möglichkeit, an dem System der Regulierten Selbstregulierung teilzunehmen. Hierdurch wird freilich in rechtspolitischer Hinsicht der Anreiz für soziale Netzwerke, überhaupt eine Selbstkontrolleinrichtung zu etablieren und dauerhaft finanziell zu tragen, nicht befördert. Der Verwaltungsbehörde kommt hinsichtlich des Entziehungsgrundes überdies ein Ermessensspielraum zu, da insoweit wertende Prognosen („zu erwarten ist") vorausgesetzt werden. Fraglich ist indes, wie die an den Netzwerkbetreiber gerichteten Pflichten zur Löschung rechtswidriger Inhalte gerade dadurch zu erfüllen in Gefahr geraten, dass der Anbieter sich einer vom BfJ nach Abs. 6 (→ Rn. 42ff.) anerkannten Selbstregulierungseinrichtung anschließt. Denn soweit die Anerkennungsvoraussetzungen der Einrichtung gegeben sind, bewirkt eine Konsultation der Einrichtung nach der gesetzgeberischen Annahme gerade einen qualitativen Entscheidungsmehrwert und es steht den sozialen Netzwerken „frei", eine anerkannte Einrichtung der Regulierten Selbstregulierung zu konsultieren oder nicht.[125] Denkbar erscheint nur die theoretische und praxisferne (→ Rn. 26) Konstellation einer **missbräuchlichen Entscheidungsübertragung** derart, dass der Anbieter eines sozialen Netzwerkes sämtliche anfallende Beschwerden massenhaft nach § 3 Abs. 2 Nr. 3b) an eine Selbstkontrolleinrichtung auslagert und so durch Überlastung der Prüfkapazitäten der Einrichtung eine unverzügliche Prüfung, Entscheidung und ggf. Löschung von rechtswidrigen Inhalten nicht mehr gewährleistet werden kann.

§ 4 Bußgeldvorschriften

(1) Ordnungswidrig handelt, wer vorsätzlich oder fahrlässig
1. entgegen § 2 Absatz 1 Satz 1 einen Bericht nicht, nicht richtig, nicht vollständig oder nicht rechtzeitig erstellt oder nicht, nicht richtig, nicht vollständig, nicht in der vorgeschriebenen Weise oder nicht rechtzeitig veröffentlicht,
2. entgegen § 3 Absatz 1 Satz 1 ein dort genanntes Verfahren für den Umgang mit Beschwerden von Beschwerdestellen oder Nutzern, die im Inland wohnhaft sind oder ihren Sitz haben, nicht, nicht richtig oder nicht vollständig vorhält,
3. entgegen § 3 Absatz 1 Satz 2 ein dort genanntes Verfahren nicht oder nicht richtig zur Verfügung stellt,
4. entgegen § 3 Absatz 4 Satz 1 den Umgang mit Beschwerden nicht oder nicht richtig überwacht,

---

[123] Insoweit fehlt aber – wie im Jugendschutzrecht – eine Informationsbeschaffungskompetenz des BfJ hinsichtlich der Spruchpraxis der Selbstkontrolleinrichtung (krit. zum Jugendschutz *Bornemann,* NJW 2003, 787, 791).
[124] Vgl. BT-Drs. 18/13013, S. 24.
[125] Vgl. BT-Drs. 18/13013, S. 23.

5. entgegen § 3 Absatz 4 Satz 2 eine organisatorische Unzulänglichkeit nicht oder nicht rechtzeitig beseitigt,
6. entgegen § 3 Absatz 4 Satz 3 eine Schulung oder eine Betreuung nicht oder nicht rechtzeitig anbietet,
7. entgegen § 5 einen inländischen Zustellungsbevollmächtigten oder einen inländischen Empfangsberechtigten nicht benennt, oder
8. entgegen § 5 Absatz 2 Satz 2 als Empfangsberechtigter auf Auskunftsersuchen nicht reagiert.

(2) ¹Die Ordnungswidrigkeit kann in den Fällen des Absatzes 1 Nummer 7 und 8 mit einer Geldbuße bis zu fünfhunderttausend Euro, in den übrigen Fällen des Absatzes 1 mit einer Geldbuße bis zu fünf Millionen Euro geahndet werden. ²§ 30 Absatz 2 Satz 3 des Gesetzes über Ordnungswidrigkeiten ist anzuwenden.

(3) Die Ordnungswidrigkeit kann auch dann geahndet werden, wenn sie nicht im Inland begangen wird.

(4) Verwaltungsbehörde im Sinne des § 36 Absatz 1 Nummer 1 des Gesetzes über Ordnungswidrigkeiten ist das Bundesamt für Justiz. Das Bundesministerium der Justiz und für Verbraucherschutz erlässt im Einvernehmen mit dem Bundesministerium des Innern, dem Bundesministerium für Wirtschaft und Energie und dem Bundesministerium für Verkehr und digitale Infrastruktur allgemeine Verwaltungsgrundsätze über die Ausübung des Ermessens der Bußgeldbehörde bei der Einleitung eines Bußgeldverfahrens und bei der Bemessung der Geldbuße.

(5) ¹Will die Verwaltungsbehörde ihre Entscheidung darauf stützen, dass nicht entfernte oder nicht gesperrte Inhalte rechtswidrig im Sinne des § 1 Absatz 3 sind, so soll sie über die Rechtswidrigkeit vorab eine gerichtliche Entscheidung herbeiführen. ²Zuständig ist das Gericht, das über den Einspruch gegen den Bußgeldbescheid entscheidet. ³Der Antrag auf Vorabentscheidung ist dem Gericht zusammen mit der Stellungnahme des sozialen Netzwerks zuzuleiten. ⁴Über den Antrag kann ohne mündliche Verhandlung entschieden werden. ⁵Die Entscheidung ist nicht anfechtbar und für die Verwaltungsbehörde bindend.

Literatur: *Brenner,* Gewinnabschöpfung, das unbekannte Wesen im Ordnungswidrigkeitenrecht, NStZ 1998, 557; *Ceffinato,* Die strafrechtliche Verantwortlichkeit von Internetplattformbetreibern, JuS 2017, 403; *Elsaß/Tichy/Labusga,* Löschungen und Sperrungen von Beiträgen und Nutzerprofilen durch die Betreiber sozialer Netzwerke, CR 2017, 234; *Feldmann,* Zum Referentenentwurf eines NetzDG: Eine kritische Betrachtung, K&R 2017, 292; *Frenzel,* Aktuelles Gesetzgebungsvorhaben: Verbesserung der Rechtsdurchsetzung in sozialen Netzwerken (NetzDG), JuS 2017, 414; *Guggenberger,* Das Netzwerkdurchsetzungsgesetz – schön gedacht, schlecht gemacht, ZRP 2017, 98; *Hain/Ferreau/Brings-Wiesen,* Regulierung sozialer Netzwerke revisited, K&R 2017, 433; *Handel,* Hate Speech – Gilt deutsches Strafrecht gegenüber ausländischen Anbietern sozialer Netzwerke?, MMR 2017, 227; *Höch,* Nachbessern: ja, verteufeln: nein. Das NetzDG ist besser als sein Ruf, K&R 2017, 289; *Höld,* Das Vorabentscheidungsverfahren nach § 4 Abs. 5 NetzDG, MMR 2017, 791; *Koreng,* Entwurf eines Netzwerkdurchsetzungsgesetzes: Neue Wege im Kampf gegen „Hate Speech"?, GRUR-Prax 2017, 203; *Ladeur/Gostomzyk,* Das Netzwerkdurchsetzungsgesetz und die Logik der Meinungsfreiheit, K&R 2017, 390; *dies.,* Gutachten zur Verfassungsmäßigkeit des Entwurfs eines Gesetzes zur Verbesserung der Rechtsdurchsetzung in sozialen Netzwerke (Netzwerkdurchsetzungsgesetz – NetzDG), 2017; *Liesching,* Was sind „rechtswidrige Inhalte" im Sinne des Netzwerkdurchsetzungsgesetzes?, ZUM 2017, 809; *ders.,* Aufsicht über soziale Netzwerke nach dem Jugendschutzrecht und dem Netzwerkdurchsetzungsgesetz, JMS-Report 5/2017, 2; *ders.,* Hakenkreuze in Film, Fernsehen und Computerspielen – Verwendung verfassungsfeindlicher Kennzeichen in Unterhaltungsmedien, MMR 2010, 309; *Schwartmann,* Verantwortlichkeit

Sozialer Netzwerke nach dem Netzwerkdurchsetzungsgesetz, GRUR-Prax 2017, 317; *Spindler,* Das Netzwerkdurchsetzungsgesetz, K&R 2017, 533; *ders.,* Der Regierungsentwurf zum Netzwerkdurchsetzungsgesetz – europarechtswidrig?, ZUM 2017, 473; *ders.,* Das neue Telemediengesetz – WLAN-Störerhaftung endgültig adé?, NJW 2017, 2305; *Steinbach,* Meinungsfreiheit im postfaktischen Umfeld, JZ 2017, 653; *Wimmers/Heymann,* Zum Referentenentwurf eines Netzwerkdurchsetzungsgesetzes (NetzDG) – eine kritische Stellungnahme, AfP 2017, 93.

Übersicht

	Rn.
I. Überblick	1
1. Wesentlicher Norminhalt	1
2. Verfassungskonformität	2
3. Täter und Beteiligte	5
4. Vorsatz und Fahrlässigkeit	7
a) Vorsätzlichen Handeln	7
b) Fahrlässiges Handeln	10
II. Bußgeldtatbestände im Einzelnen (Abs. 1)	12
1. Verstoß gegen Berichtspflicht (Nr. 1)	12
2. Vorhalten eines Beschwerdeverfahrens (Nr. 2)	13
3. Verfahren zur Beschwerdeübermittlung (Nr. 3)	17
4. Verstoß gegen Pflicht zur Beschwerdeumgangsüberwachung (Nr. 4)	18
5. Nichtbeseitigung organisatorischer Unzulänglichkeit (Nr. 5)	19
6. Verstoß gegen Schulungs- und Betreuungspflicht (Nr. 6)	20
7. Verstoß gegen Benennungspflicht bezüglich Zustellungsbevollmächtigten (Nr. 7)	21
8. Nichtreaktion auf Auskunftsersuchen (Nr. 8)	22
III. Bußgeldrahmen (Abs. 2)	23
1. Orientierung an wirtschaftlicher Bedeutung (Tatvorteile)	23
2. Halbierung bei Fahrlässigkeitstaten	25
3. Geldbuße gegen juristische Personen (S. 2)	26
IV. Ahndung bei Tatbegehung im Ausland (Abs. 3)	27
V. Bußgeldbehörde, Verwaltungsgrundsätze (Abs. 4)	28
1. Zuständigkeit des Bundesamtes für Justiz (S. 1)	28
2. Bußgeldleitlinien (S. 2)	31
VI. Vorabentscheidungsverfahren (Abs. 5)	32
1. Erfordernis gerichtlicher Vorabprüfung (S. 1)	32
a) Gerichtliche Vorab-Prüfung	32
aa) Virulenz des Vorabentscheidungsverfahrens	32
bb) Kritik	34
b) Abgabe an die Staatsanwaltschaft (§ 41 OWiG)	36
2. Verfahren	37
a) Gerichtszuständigkeit (S. 2)	37
b) Antragszuleitung und Entscheidung (S. 3–5)	38

I. Überblick

1. Wesentlicher Norminhalt

Die Ordnungswidrigkeitsnorm bewehrt in Abs. 1 vorsätzliche und fahrlässige Verstöße gegen die akzessorisch referenzierten verwaltungsrechtlichen Kernpflichten der Betreiber sozialer Netzwerke wie insbesondere die Berichtspflicht nach § 2 sowie die umfassenden Compliance-Pflichten des § 3 (Beschwerdemanagement) mit Bußgeld, nach Abs. 2 iHv bis zu 5 Millionen Euro bzw. nach § 30 Abs. 3 S. 3 OWiG bis zu 1

NetzDG § 4 Bußgeldvorschriften

50 Millionen Euro. Die Androhung von „**empfindlichen Bußgeldern**" soll nach der Entwurfsbegründung die Netzwerkbetreiber zu „erhöhter Aufmerksamkeit bei der Einhaltung des gesetzlichen Compliance-Standards" verpflichten.[1] Verstöße gegen § 5 (Benennung des Zustellungsbevollmächtigten und Empfangsberechtigten; Abs. 1 Nr. 7 sowie die Nichtreaktion auf Auskunftsersuchen; Abs. 1 Nr. 8) können mit Geldbuße bis zu 500.000 Euro geahndet werden. Mit Abs. 3 macht der Gesetzgeber von der nach § 5 Abs. 1 OWiG möglichen Erweiterung des räumlichen Geltungsbereichs auf im Ausland begangene Ordnungswidrigkeitstaten Gebrauch. Abs. 4 bestimmt die Zuständigkeit des Bundesamtes für Justiz als Bußgeldbehörde nach § 36 OWiG und ermächtigt das BMJV zum Erlass von allgemeinen Verwaltungsgrundsätzen. Abs. 5 sieht ein gerichtliches **Vorabentscheidungsverfahren** bei behaupteter Rechtswidrigkeit (§ 1 Abs. 3, dort → Rn. 73 ff.) nicht gelöschter, aber beschwerdegegenständlicher Netzwerkinhalte vor.

2. Verfassungskonformität

2   Verfassungsrechtliche Bedenken werden gegen das NetzDG auch wegen der erheblichen Bußgeldbewehrung im Hinblick auf die fehlende Bestimmtheit einzelner Rechtsbegriffe erhoben.[2] Gegenüber dem allgemeinen rechtsstaatlichen Gebot der Normenklarheit ist aufgrund der Bußgeldbewehrung nach § 4 Abs. 1 der im Straf- und Ordnungswidrigkeitenrecht geltende **strengere Maßstab der Bestimmtheit** nach § 3 OWiG, Art. 103 Abs. 2 GG zu beachten.[3] Hiernach muss die Fassung des Gesetzestextes so präzise sein, dass sie ihre Aufgabe als Verhaltensanleitung erfüllen kann und eine zuverlässige Grundlage für die Arbeit von Exekutive und Rechtsprechung darstellt.[4] Art. 103 Abs. 2 GG verpflichtet den Gesetzgeber, die Voraussetzungen der Bußgeldtatbestände so konkret zu umschreiben, dass Tragweite und Anwendungsbereich der Straftatbestände zu erkennen sind und sich durch Auslegung ermitteln lassen.[5] Diese Verpflichtung dient einem doppelten Zweck. Es geht einerseits um den rechtsstaatlichen **Schutz des Normadressaten:** Jedermann soll vorhersehen können, welches Verhalten verboten und mit Auferlegung eines Bußgeldes bedroht ist. Im Zusammenhang damit soll andererseits sichergestellt werden, dass der Gesetzgeber über die Bußgeldvoraussetzungen entscheidet. Insoweit enthält Art. 103 Abs. 2 GG einen strengen Gesetzesvorbehalt, der es der vollziehenden und der rechtsprechenden Gewalt verwehrt, über die Auferlegung eines Bußgeldes selbst zu entscheiden.[6]

3   Bedenken ergeben sich zunächst aufgrund des in der Legaldefinition des § 1 Abs. 3 gefassten, der Strafrechtsdogmatik zuwiderlaufenden terminologischen Konstrukts der „**rechtswidrigen Inhalte**" (→ § 1 Rn. 73 ff.), bei dem die Betreiber sozialer Netzwerke als Normadressaten der umfassenden und bußgeldbewehrten Prüf- und Berichtspflichten gem. §§ 2, 3 Abs. 2 Nr. 1–3 nicht wissen können, ob sie nur den In-

---

[1] BT-Drs. 18/12356, S. 24.

[2] Vgl. zB *Ladeur/Gostomzyk*, K&R 2017, 391; *Wimmers/Heymann*, AfP 2017, 93, 101 sowie → § 1 Rn. 21.

[3] Vgl. BVerfGE 75, 340 f. = NJW 1987, 3175; BVerfGE 87, 223 = NJW 1993, 1457; BVerfGE 92, 12 = NJW 1995, 1141; BVerfGE 96, 68, 97 = NJW 1998, 50; BVerfGE 124, 300, 338 = NJW 2010, 47 ff.; BVerfGE 126, 170, 195 = NJW 2010, 3209 ff.; 130, 1, 43 = NJW 2012, 907.

[4] Vgl. BVerfG, NJW 1986, 1671; BGHSt 28, 72, 73 = NJW 1978, 1517; Karlsruher Kommentar/*Rogall*, OWiG, § 3 Rn. 31 mwN; entgegen der Entwurfsbegründung stellt eine bloße Kongruenz zwischen der verwaltungsrechtlichen Pflichtnorm und dem hieran anknüpfenden Bußgeldtatbestand noch keine hinreichende Bestimmtheit her; so aber wohl BT-Drs. 18/12356, S. 24.

[5] BVerfG, NJW 1986, 1671 unter Verweis auf BVerfGE 47, 109 120 = NJW 1978, 933; BVerfGE 55, 144 152 = NJW 1981, 1087.

[6] BVerfG, NJW 1986, 1671 f.; BVerfGE 47, 109 120 = NJW 1978, 933.

halt eines beschwerdegegenständlichen Beitrags anhand der (objektiven) Tatobjektsmerkmale der betreffenden StGB-Normen prüfen sollen oder vielmehr darüber hinaus auch das Vorliegen einer als Inlandstat dem Geltungsbereich deutschen Strafrechts (→ § 1 Rn. 81) unterfallenden und auch vorsätzlichen Handlung (zB Zugänglichmachen, Verbreiten, öffentliches Verwenden etc.).[7] Unvereinbar mit dem Bestimmtheitsgebot ist überdies die Fassung des § 4 Abs. 1 Nr. 5, soweit danach die Nicht-Beseitigung oder gar nicht „rechtzeitige" Beseitigung sog. **„organisatorischer Unzulänglichkeiten"** einer Ordnungswidrigkeitsverfolgung ausgesetzt wird (→ Rn. 19).

Weitere Bedenken im Hinblick auf eine hinreichende Bestimmtheit ergeben sich aus vagen Formulierungen in einzelnen Bußgeldtatbeständen des Abs. 1 wie insbesondere der in Nr. 1–4 neben anderen Tatmodalitäten hinzutretend vorgesehene Verstossgrund eines **„nicht richtig"** Handelns, also zB das nicht richtige Vorhalten eines Beschwerdeverfahrens nach § 3 Abs. 1 S. 2.[8] Da das Bereithalten des Beschwerdeverfahrens seinerseits zahlreiche Anforderungen nach § 3 Abs. 2 implementiert, die nur durch unbestimmte Rechtsbegriffe gefasst sind (zB die Löschung „offensichtlich" rechtswidriger Inhalte innerhalb von 24 Stunden in § 3 Abs. 2 Nr. 2), ist für den Normadressaten nicht ermittelbar, wodurch er bereits einem Tatvorwurf eines „nicht richtig" vorgehaltenen Beschwerdeverfahrens ausgesetzt sein kann. Auch die Begründungen in den Gesetzesmaterialien sind insoweit widersprüchlich, als nach dem Regierungsentwurf der Tatbestand nur „in der Regel" nicht bereits durch einen einmaligen Verstoß gegen die Pflicht, **offensichtlich rechtswidrige Inhalte** innerhalb von 24 Stunden nach Eingang der Beschwerde zu löschen oder zu sperren, erfüllt wird,[9] also mit anderen Worten in bestimmten Konstellationen ein Einzelfallverstoß schon ausreichen kann. Demgegenüber ist in der Beschlussempfehlung des BT-Rechtsausschusses von einer „systemisch falschen Entscheidungspraxis" als bußgeldauslösend die Rede, „die mit einer **überschaubaren Zahl** von falschen Einzelfallentscheidungen" begründet werden könne.[10] Ob eine Überschaubarkeit bei zwei, vier oder zehn Fällen gegeben sein kann, ist für den Normadressaten ebenso wenig erkennbar wie die von der Bußgeldbehörde hierfür vorgenommene Auslegung, in welchen Fällen eine „Offensichtlichkeit" der Rechtswidrigkeit (hierzu → § 3 Rn. 13 ff.) gegeben sein soll.[11]

3. Täter und Beteiligte

Die Bußgeldtatbestände verzichten in Abs. 1 grundsätzlich auf die Benennung **besonderer persönlicher Tätermerkmale**, welche die Möglichkeit einer Ahndung iSd § 9 Abs. 1 OWiG erfordern. Insbesondere wird in Abs. 1 kein Handeln als „Betreiber eines sozialen Netzwerkes" vorausgesetzt, was freilich aufgrund der in § 3 Abs. 2 heterogen erfolgenden Normadressierung (vgl. zB § 3 Abs. 4 S. 1: „Leitung des sozialen Netzwerks", dort → Rn. 35) nicht möglich ist. Soweit die Bußgeldvorschriften in Abs. 1 Nr. 1–3 und 7 an Rechtspflichten des Diensteanbieters anknüpfen, kann das Bußgeld gegen die gesetzlichen oder gewillkürten **Vertreter des Unternehmens** nach § 9 Abs. 1 und 2 OWiG verhängt werden. Der Regierungsentwurf zählt den „(eigen-)verantwortlichen **Leiter der Beschwerdestelle**" zum Kreis der haftbaren Personen, sofern er nach § 9 Abs. 2 OWiG beauftragt worden ist; hingegen nicht Mitarbeiter ohne eigenverantwortliche Aufgabenwahrnehmung.[12] Insoweit ist

---

[7] So auch *Wimmers/Heymann*, AfP 2017, 93, 101; s. ausf. *Liesching*, ZUM 2017, 809.
[8] Vgl. auch BT-Drs. 18/12356, S. 12: „mangelhafte Einrichtung".
[9] BT-Drs. 18/12356, S. 24.
[10] Vgl. BT-Drs. 18/13013, S. 24.
[11] Daher zurecht krit. *Wimmers/Heymann*, AfP 2017, 93, 101.
[12] So BT-Drs. 18/12356, S. 24.

NetzDG § 4 Bußgeldvorschriften

aber eine Verantwortlichkeit als Beteiligte nach § 14 OWiG nicht von vorneherein ausgeschlossen. In Abs. 1 Nr. 8 wird als besonderes persönliches Merkmal die Stellung als benannter **Empfangsberechtigter** für Empfangsersuchen nach § 5 Abs. 2 benannt. Insoweit kommt aber auch eine Ahndung gegen den Netzwerkbetreiber als Beteiligter § 14 Abs. 1 S. 2 OWiG in Betracht, da hiernach hinreicht, dass die besonderen persönliche Merkmale, welche die Möglichkeit der Ahndung begründen, nur bei einem Beteiligten vorliegen.

6 Aufgrund von § 130 OWiG ist auch eine Verfolgung des **Inhabers des Unternehmens,** das das soziale Netzwerk betreibt, möglich, wenn die Zuwiderhandlung gegen die Pflicht zur Vorhaltung eines wirksamen Beschwerdemanagements oder gegen die Berichtspflicht durch gehörige Aufsicht hätte verhindert oder wesentlich erschwert werden können.[13] Überdies kann nach § 30 OWiG auch gegen **juristische Personen und Personenvereinigungen** eine Geldbuße festgesetzt werden, die sich aufgrund des Verweises auf § 30 Abs. 2 S. 3 OWiG in Abs. 2 S. 2 auf ein Höchstmaß von 50 Millionen Euro erhöht.

4. Vorsatz und Fahrlässigkeit

7 a) **Vorsätzlichen Handeln.** Die Zuwiderhandlungen nach Abs. 1 können zunächst vorsätzlich verwirklicht werden. Insoweit gelten – wie auch bei der Zurechnung, sowie der Abgrenzung zwischen Tun und Unterlassen – die allgemeinen straf- und ordnungswidrigkeitsrechtlichen Grundsätze. Auch die Zurechnungsformen der Mittäterschaft (§ 25 Abs. 2 StGB) und der Beihilfe (§ 27 StGB), welche im Ordnungswidrigkeitenrecht als Beteiligung iSd § 14 OWiG zusammengefasst werden, erfordern ein vorsätzliches Handeln. Im Allgemeinen werden insbesondere drei Vorsatzformen unterschieden. Vorsätzlich handelt danach jeweils, wer die Tatbestandverwirklichung zielgerichtet will (sog. direkter Vorsatz 1. Grades), wer um die Umstände, die den betreffenden Straftatbestand verwirklichen, sicher weiß (sog. direkter Vorsatz 2. Grades) bzw. wer die Tatbestandverwirklichung lediglich für möglich hält und sie billigend in Kauf nimmt (sog. bedingter Vorsatz).[14] Die Abstufungen können für die Tatbestandsbildung und Bußgeldbemessung Bedeutung haben.[15]

8 Im Zusammenhang mit der Medienlinquenz bzw. inkriminierten Angebotsinhalten – vorliegend insbesondere das Vorhandensein rechtswidriger Inhalte nach § 1 Abs. 3 (dort → Rn. 73 ff.) in sozialen Netzwerken – stellt sich insoweit auch die Frage der **Vorsatzkonkretisierung.** Vor allem ist fraglich, ob das regelmäßig gegebene allgemeine, nicht auf einen konkreten Inhalt spezifizierte sichere Wissen verantwortlicher Personen des Betreibers eines sozialen Netzwerkes, dass aufgrund der Vielzahl bereitgehaltener Informationen und Inhalte auch immer ein bestimmter Bruchteil strafrechtlich relevanter Angebote enthalten sein kann, bereits einen zumindest „bedingten" Vorsatz bezüglich einer konkreten Straftat begründet. Ein derartiger „Verdachtsvorsatz" ist aber mit Blick auf § 16 StGB als nicht hinreichend zur Vorsatzbegründung anzusehen, da insoweit die tatsächlichen konkreten Umstände, welche einen bestimmten Straftatbestand verwirklichen, gleichwohl nicht bzw. erst bei Kenntnis von konkret auf den Inhalt hinweisenden Beschwerden bekannt sind.[16]

9 Von erheblicher Bedeutung ist die Frage vorsätzlichen Handelns in Bezug auf **Bewertungsvorgänge,** ob namentlich ein beschwerdegegenständlicher Inhalt „rechtswidrig" bzw. „offensichtlich rechtswidrig" ist und innerhalb der Fristen des § 3 Abs. 2

---

[13] So ausdrücklich BT-Drs. 18/12356, S. 12.
[14] Ausf. Karlsruher Kommentar/*Rengier*, OWiG, § 10 Rn. 6 ff.
[15] Vgl. nur BGH, NJW 1981, 2204.
[16] Vgl. LG München, MMR 2000, 171; *Heghmanns,* JA 2001, 71, 74; *Marberth-Kubicki,* Computer- und Internetstrafrecht, 2. Aufl. 2010, Rn. 163; vgl. zur Kenntnis und Wissenszurechnung nach § 10 TMG *Spindler,* ZUM 2017, 473, 482.

Bußgeldvorschriften § 4 NetzDG

Nr. 2 und 3 gelöscht werden muss. Soweit gerade auf vermeintlich erfolgte Falschbewertungen der Tatvorwurf eines nicht richtigen Vorhaltens eines Beschwerdeverfahrens nach § 3 Abs. 1 S. 1 (Abs. 1 Nr. 2) gestützt werden soll,[17] ist fraglich, ob überhaupt von einem vorsätzlichen Handeln der entscheidenden Personen ausgegangen werden kann, wenn diese den betreffenden beschwerdegegenständlichen Inhalt aufgrund ihrer Prüfung nicht als **„rechtswidrig"** iSd § 1 Abs. 3 eingestuft hatten. In welchen Fällen bei Ergebnis von Fehlvorstellungen in Bezug auf normativ geprägte objektive Tatbestandsmerkmale von einem Tatumstandsirrtum nach § 11 Abs. 1 S. 1 OWiG oder einem bloßen schuldausschließenden oder -mindernden Wertungs- bzw. Subsumtionsirrtum nach § 11 Abs. 2 OWiG auszugehen ist, lässt sich – wie der BGH zutreffend betont hat[18] – gleichwohl nicht formelartig und ohne Rückgriff auf wertende Kriterien und differenzierende Betrachtungen beantworten.

b) Fahrlässiges Handeln. Fahrlässigkeitsdelikte können nicht jede Herbeiführung eines unerwünschten Zustandes schlechthin verbieten, sondern nur solche Verhaltensweisen, die das Maß an Sorgfalt außer Acht lassen, das im Zusammenleben innerhalb der Rechtsgemeinschaft billigerweise erwartet werden darf. Entscheidend für das Vorliegen eines fahrlässigen Handelns ist also, dass der Betreiber des sozialen Netzwerks **„sorgfaltswidrig"** handelt bzw. gehandelt hat. Anknüpfungspunkte für die Ermittlung des Sorgfaltspflichtmaßstabs können Verstöße gegen Rechtsnormen, vertragliche oder berufliche Pflichten oder solche aus vorangegangenem Verhalten sein. Bei Ge- und Verbote umschreibenden Tätigkeitsdelikten, als welche die auf §§ 2 Abs. 1 S. 1, 3 Abs. 1, 4 oder 5 Abs. 1, 2 S. 2 referenzierenden Ordnungswidrigkeitstatbestände zu qualifizieren sind, geht die hM davon aus, dass sich aus der Erfüllung des Bußgeldtatbestandes in der Regel schon automatisch die Pflichtwidrigkeit ergebe.[19] 10

Aufgrund der zum Teil erheblichen Unbestimmtheit der Bußgeldtatbestände (→ Rn. 2 ff.) ergeben sich jedoch Einschränkungen, soweit die Möglichkeit der Ahndung zB schon bei einem „nicht richtigen" Zur-Verfügung-Stellen eines Beschwerdeverfahrens nach § 3 Abs. 1 S. 2 besteht, und dieser Vorwurf auf **Falschbewertungen** weniger einzelner rechtswidriger Inhalte im Rahmen der sehr kurzen Bewertungszeit von 24 Stunden (§ 3 Abs. 2 Nr. 2) bzw. sieben Tagen (§ 3 Abs. 2 Nr. 3) gestützt werden kann. Zwar hat das BVerfG ausdrücklich festgestellt, dass die strafrechtliche Ahndung von medieninhaltlichen Wertungsfehlern auch bezüglich der Wertungsfrage einer „offensichtlichen" Rechtsübertretung verfassungskonform sein kann[20] und der Anbieter ggf. zur hinreichenden Prüfung sachkundige Hilfe in Anspruch nehmen muss.[21] Allerdings ist gesondert zu prüfen, ob auch nach einem die Ansicht der Bußgeldbehörde bestätigenden Vorabentscheidungsverfahren gem. Abs. 5 (hierzu → Rn. 32 ff.) der Netzwerkbetreiber aufgrund der Schwierigkeit der Wertungsfragen (→ § 1 Rn. 77 f.) und der Unbestimmtheit des § 1 Abs. 3 (dort → Rn. 73 f.) unter Beachtung der anerkannten Bewertungsmaßstäbe und Auslegungsgrundsätze vertretbar[22] zu der jeweiligen Prüfentscheidung gelangen durfte.[23] Dann ist ein fahrlässiges Handeln ausgeschlossen. 11

---

[17] Vgl. zu den verfassungsrechtlichen Bedenken aufgrund erheblicher Unbestimmtheit → Rn. 3.
[18] Vgl. BGH, NJW 2006, 522, 531.
[19] Karlsruher Kommentar/*Rengier*, OWiG, § 10 Rn. 19 mwN.
[20] Vgl. für die strafbewehrte Verbreitung „offensichtlich schwer jugendgefährdender Medien" BVerfG, B. v. 22.6.1960 – 2 BvR 125/60; BVerfGE 30, 336 = NJW 1971, 1555; BVerfG, NJW 1988, 1833, 1834.
[21] Vgl. zum Ganzen BGHSt 8, 80, 82; 10, 133, 134 f.; 37, 55, 66; OLG Hamburg, JR 1973, 382 mAnm *Kohlhaas*; AG München, NStZ 1998, 518; ferner BayObLG, NJW 1998, 3580.
[22] Vgl. auch BT-Drs. 18/12356, S. 24 zur Bußgeldahndung nach § 4 Abs. 1 Nr. 2: „vertretbar".
[23] Vgl. auch AG München, B. v. 7.7.2016 – 855 OWiG 465 Js 241109/15.

Liesching

II. Bußgeldtatbestände im Einzelnen (Abs. 1)

1. Verstoß gegen Berichtspflicht (Nr. 1)

12 Der Tatbestand umfasst durch die genannten Modalitäten „nicht, nicht richtig, nicht vollständig oder nicht rechtzeitig" sowohl hinsichtlich der Berichtserstellung als auch der Veröffentlichung jedwede **Unzulänglichkeit** bei der **Berichtserstellung**. Problematisch erscheint dies vor dem Hintergrund der Bestimmtheitsgebotes aufgrund der teilweise nur vagen berichtsinhaltlichen Anforderungen nach Abs. 2 (→ § 2 Rn. 9 ff.), soweit berichtsgegenständlich etwa Angaben zu „allgemeinen Anstrengungen" des Anbieters zur Unterbindung strafbarer Handlungen gefordert werden (→ § 2 Rn. 10 ff.). Unklarheiten aufgrund des Gesetzeswortlauts in den Vorgaben des § 2 können nicht zulasten des Netzwerkbetreibers in einer nachträglichen Verstoßbehauptung eines „nicht richtigen" oder „nicht vollständigen" Berichts gehen. Ein Vorgehen wegen eines „nicht rechtzeitig" abgegebenen Berichts ist ausgeschlossen, wenn eine Berichtsfälligkeit aufgrund der noch für das Kalenderjahr zu eruierenden Beschwerdeanfallsgrenze nicht gegeben ist (ausf. → § 2 Rn. 6).

2. Vorhalten eines Beschwerdeverfahrens (Nr. 2)

13 Die Vorschrift umfasst als hinsichtlich der Bestimmtheit (→ Rn. 2, 4) bedenklicher **Sammeltatbestand** akzessorisch verknüpfte Verpflichtungen, namentlich die Pflicht der sozialen Netzwerke zur unverzüglichen Kenntnisnahme und Prüfung der Beschwerde (§ 3 Abs. 2 Nr. 1), die Pflicht zur Entfernung oder Sperrung eines offensichtlich rechtswidrigen Inhalts (§ 3 Abs. 2 Nr. 2), die Pflicht zur Entfernung oder Sperrung anderer rechtswidriger Inhalte innerhalb von sieben Tagen (§ 3 Abs. 2 Nr. 3), die Pflicht zur Sicherung zu Beweiszwecken (§ 3 Abs. 2 Nr. 4) sowie die Pflicht zur Information des Beschwerdeführers und des Nutzers, für den gespeichert wurde (§ 3 Abs. 2 Nr. 5). Denn Verstöße gegen jede der genannten Bestimmungen können für sich ein tatbestandliches „nicht richtiges Vorhalten" eines Beschwerdeverfahrens nach § 3 Abs. 1 S. 1 begründen (→ Rn. 4).

14 Da § 4 Abs. 1 Nr. 2 auch die nicht hinreichend schnelle (unverzügliche) Kenntnisnahme gem. § 3 Abs. 2 Nr. 1 mit Bußgeld bewehrt, wird faktisch eine unionsrechtswidrige (→ § 1 Rn. 20) Pflicht des **„Kennen-Müssens"** etabliert, welches jedoch nach ständiger Rechtsprechung die Verantwortlichkeitsprivilegierung nach Art. 14 Abs. 1 b) ECRL und § 10 S. 1 Nr. 2 TMG gerade nicht entfallen lässt.[24] Des Weiteren kann die Verletzung der Pflicht, offensichtlich rechtswidrige Inhalte innerhalb von 24 Stunden nach Eingang der Beschwerde oder andere rechtswidrige Inhalte innerhalb von sieben Tagen zu löschen oder zu sperren, zwar nach der Entwurfsbegründung – ungeachtet des Vorabentscheidungsverfahrens nach Abs. 5 – nur zur Verhängung eines Bußgelds führen, wenn es sich nicht nur um einen **Einzelfall** handelt.[25] Dann aber wird einschränkend ausgeführt, dass der Schluss auf systemische Mängel im Beschwerdemanagement nur dann nicht gezogen werden könne, wenn eine Entfernung oder Sperrung unterbleibt, weil das soziale Netzwerk den Inhalt **„vertretbar"** nicht für rechtswidrig hält.[26] Weiterhin wird einschränkend ausgeführt, dass nur „in der Regel" bzw. „regelmäßig" der Einzelfall nicht zur Bußgeldahndung genüge.

---

[24] Vgl. BGH, MMR 2004, 166. 167 mAnm *Hoeren;* Hoeren/Sieber/Holznagel/*Sieber/Höfinger,* Handbuch Handbuch Multimedia-Recht, Teil 18.1 Rn. 83; Spindler/Schuster/*Hoffmann,* § 10 TMG Rn. 18 mwN; → § 3 Rn. 7.

[25] BT-Drs. 18/12356, S. 24.

[26] Vgl. BT-Drs. 18/12356, S. 24. Der Hinweis, dass zum Schutz der Meinungsfreiheit generell ein behutsames Vorgehen der Bußgeldbehörde" angezeigt sei und der Hinweis auf das Opportu-

Bußgeldvorschriften § 4 NetzDG

Der Anwendungsbereich des § 4 Abs. 1 Nr. 2 sei nach der Entwurfsbegründung 15 aber eröffnet, wenn das soziale Netzwerk „**organisatorische Vorgaben** (z. B. rechtliche Leitlinien)" für die Bewertung von Sachverhalten bei der Einzelfallprüfung macht, „die regelmäßig dazu führen, dass rechtswidrige Inhalte nicht gesperrt oder nicht gelöscht werden".[27] Freilich erscheint ausgeschlossen, dass in Leitlinien die Weiterverbreitung rechtswidriger Inhalte iSd § 1 Abs. 3 angewiesen wird. Indes kann der Bußgeldtatbestand auch verwirklicht sein, wenn Bewertungskriterien nicht den anerkannten Auslegungskriterien zu den relevanten Straftatbeständen entsprechen oder den Wortlaut der Strafdelikte missachten.

Der Bußgeldtatbestand ist beschränkt auf ein funktionierendes Verfahren betref- 16 fend Beschwerden von Beschwerdestellen und Nutzern, die **im Inland wohnhaft sind** oder ihren Sitz haben. Freilich wird dies bei in deutscher Sprache erstellten Nutzerbeschwerden nur schwer zu eruieren sein, da eine entsprechende Erhebungs- und Dokumentationspflicht des Wohnsitzes des Beschwerdeführers durch das NetzDG nicht vorgesehen ist. Insoweit obliegt der Bußgeldbehörde im Falle der Ahndung wegen Verstößen gegen § 3 Abs. 2 Nr. 2 und 3 die **Darlegungspflicht,** dass die zugrunde liegenden Beschwerden von Nutzern mit Wohnsitz im Inland stammen. Eine demgegenüber geforderte Beweispflicht des Netzwerkbetreibers wäre mit dem Grundsatz in dubio pro reo[28] unvereinbar.

3. Verfahren zur Beschwerdeübermittlung (Nr. 3)

Der Tatbestand bedroht das nicht oder „nicht richtige" Zur-Verfügung-Stellen des 17 Beschwerdeverfahrens und nimmt mithin auf das in § 3 Abs. 1 S. 2 geforderte Anbieten eines **„nutzerfreundlichen"** (BT-Drs. 18/12356, S. 22) Verfahrens zur Übermittlung von Beschwerden. Sofern dieses überhaupt „nicht" angeboten wird, ist zugleich tateinheitlich der Tatbestand des Abs. 1 Nr. 1 verwirklicht. Ein **„nicht richtiges"** Anbieten des Beschwerdeverfahrens ist insbesondere dann gegeben, wenn die Transparenzpflichten der leichten Erkennbarkeit, unmittelbaren Erreichbarkeit und ständigen Verfügbarkeit nicht hinreichend beachtet sind (hierzu → § 3 Rn. 7). Dies ist indes nicht schon dann der Fall, wenn Nutzer für Beschwerden auf ein bestimmtes Beschwerdeformular verwiesen werden und Beschwerden bei Nutzung eines anderen Kommunikationsweges nicht in den in § 3 Abs. 2 Nr. 2 und 3 genannten Fristen oder mit dem Hinweis auf die Nutzung des Beschwerdeformulars nicht weiter bearbeitet werden.

4. Verstoß gegen Pflicht zur Beschwerdeumgangsüberwachung (Nr. 4)

Der Tatbestand der Nr. 4 bewehrt Verstöße gegen die Pflicht der Leitung des so- 18 zialen Netzwerks zur Überwachung des Umgangs mit Beschwerden über rechtswidrige Inhalte (§ 3 Abs. 4 S. 1) mit Geldbuße. Auch hier ergeben sich Bedenken der Unbestimmtheit aufgrund der tatbestandlichen Implementierung eines „nicht richtigen" (→ Rn. 4) Überwachens vor allem im Kontext der in der akzessorischen Verwaltungsnorm des Abs. 4 verwendeten vagen Formulierungen wie des kontrollgegenständlichen, allgemeinen „Umgangs mit Beschwerden". Die Vorschrift ist daher **eng auszulegen** und erfasst nur Fälle, in denen durch die Leitung gar keine monatliche Kontrolle bezüglich des Umgangs mit Beschwerden durchgeführt und hierdurch der

---

nitätsprinzip nach § 47 Abs. 1 OWiG, konkretisieren nicht die Weite der nach § 4 Abs. 1 S. 2 möglichen Verstoßvorwurfskonstrukte.
[27] BT-Drs. 18/12356, S. 25.
[28] S. zur Anwendung im Ordnungswidrigkeitenrecht nur Karlsruher Kommentar/*Rogall*, OWiG, Vorb. Rn. 21 f.

NetzDG § 4   Bußgeldvorschriften

allgemeine ordnungswidrigkeitsrechtliche **Aufsichtspflichtmaßstab des § 130 OWiG**[29] nicht eingehalten worden ist.

5. Nichtbeseitigung organisatorischer Unzulänglichkeit (Nr. 5)

19   Die Vorschrift genügt den im Ordnungswidrigkeitenrecht geltenden gesteigerten Anforderungen an den Bestimmtheitsgrundsatz (→ Rn. 2 ff.) nicht, da der vage Rechtsbegriff der „organisatorischen Unzulänglichkeiten" aus Sicht des Normadressaten nicht erkennen lässt, welches Verhalten konkret von ihm verlangt wird bzw. aus welchen Umständen in der Organisation des Netzwerkes oder im Beschwerdemanagement von Seiten der Bußgeldbehörde eine „Unzulänglichkeit" begründet werden kann.[30] Der Bußgeldtatbestand ist **verfassungswidrig** und mithin nichtig.

6. Verstoß gegen Schulungs- und Betreuungspflicht (Nr. 6)

20   Der Bußgeldtatbestand korrespondiert mit der in § 3 Abs. 4 S. 3 statuierten Pflicht der Schulung oder der Betreuung der mit der Bearbeitung von Beschwerden beauftragten Personen. Von einer „nicht" angebotenen Schulung wird auch dann auszugehen sein, wenn diese nicht deutschsprachig angeboten worden ist oder sich nicht zumindest auch auf die in § 1 Abs. 3 relevanten „rechtswidrigen Inhalte" (§ 1 Abs. 3, dort → Rn. 73 ff.) bezogen hat. **„Nicht rechtzeitig"** angeboten worden ist eine Schulung oder Betreuung, wenn der in § 3 Abs. 4 S. 3 vorgeschriebene Halbjahresturnus zeitlich überschritten wird. Auf die tatsächliche **Teilnahme** von Mitarbeitern an der Schulung oder Betreuung kommt es nicht an, da allein das Anbieten entsprechender Maßnahmen pflichtgegenständlich ist.

7. Verstoß gegen Benennungspflicht bezüglich Zustellungsbevollmächtigten (Nr. 7)

21   Mit einem gegenüber Nr. 1–6 eingeschränkten Bußgeldrahmen (→ Rn. 23 ff.) ist nach Abs. 1 Nr. 7 die Nichtbenennung eines inländischen Zustellungsbevollmächtigten oder Empfangsberechtigten (§ 5 Abs. 1 S. 1 und Abs. 2 S. 1) ahndbar. Eine über die Benennung der Person hinausgehende Angabe einer ladungsfähigen **Anschrift im Inland** wird nicht gefordert, sodass eine entsprechende fehlende Angabe einer Adresse oder sonstigen Kontaktaufnahmemöglichkeit trotz der Unterminierung des Normzwecks des § 5 nicht ordnungswidrig ist (→ § 5 Rn. 12). Auch die Verletzung der **Transparenzpflicht,** auf den Zustellungsbevollmächtigten in leicht erkennbarer und unmittelbarer Weise „aufmerksam" zu machen (§ 5 Abs. 1 S. 1) begründet den Bußgeldtatbestand nicht.

8. Nichtreaktion auf Auskunftsersuchen (Nr. 8)

22   Der Bußgeldtatbestand normiert – im Gegensatz zu Nr. 1–7 besondere persönliche Tätermerkmale (§ 9 Abs. 1 OWiG), nach denen die Tatverwirklichung nur durch den Empfangsberechtigten für Auskunftsersuchen nach § 5 Abs. 2 S. 2 möglich ist. Insoweit kommt aber auch die Ahndung gegen den Netzwerkbetreiber als Beteiligter § 14 Abs. 1 S. 2 OWiG in Betracht, da hiernach hinreicht, dass die besonderen persönliche Merkmale, welche die Möglichkeit der Ahndung begründen, nur bei einem Beteiligten vorliegen. Eine **„Nichtreaktion"** im tatbestandlichen Sinne erfordert, dass die Strafverfolgungsbehörde keine Antwort auf ihr Ersuchen erhält, selbst wenn das Auskunftsersuchen durch den Empfangsberechtigten oder den Netzwerk-

---

[29] Ausf. hierzu Karlsruher Kommentar/*Rogall,* OWiG, § 130 Rn. 39 ff.
[30] Krit. auch *Spindler,* K&R 2017, 53, 541.

beauftragten bearbeitet worden ist. Nicht tatbestandsmäßig ist aufgrund des Analogieverbotes die bloß verspätete oder unzureichende Reaktion (nicht „erschöpfende Auskunft" iSd § 5 Abs. 2 S. 2) sowie ein Antwortschreiben, in dem erläutert wird, weshalb keine Auskunft erfolgen kann. Auch eine **automatisierte Antwort** auf das Auskunftsersuchen, in der mitgeteilt wird, dass dieses zeitnah bearbeitet wird, stellt eine Reaktion dar, die den Bußgeldtatbestand ausschließt.

III. Bußgeldrahmen (Abs. 2)

1. Orientierung an wirtschaftlicher Bedeutung (Tatvorteile)

Der nach der Vorschrift insbesondere für Abs. 1 Nr. 1–6 erhebliche Bußgeldrahmen bis zu einer Höhe von 5 Millionen Euro sowie die Möglichkeit der Verzehnfachung aufgrund S. 2 (§ 30 Abs. 2 S. 3 OWiG) wird in der Entwurfsbegründung damit gerechtfertigt, dass die Geldbuße gem. § 17 Abs. 4 OWiG den **wirtschaftlichen Vorteil** aus der Ordnungswidrigkeit übersteigen soll. Insofern ist der Bußgeldrahmen aber im konkreten Anwendungsfall der Realität entrückt, da der aus der Ordnungswidrigkeit gezogene wirtschaftliche Vorteil nach hM der aus der Begehung der konkreten Tat resultierende,[31] für den Täter selbst verbleibende **Habensaldo** ist, der sich aus dem Vergleich der wirtschaftlichen Position vor und nach Begehen der Tat („Saldierung") ergibt.[32] Selbst in dem vom Gesetzgeber angesehenen gravierendsten Fall, dass der Netzwerkbetreiber überhaupt kein Beschwerdeverfahren vorhält, würde sich der wirtschaftliche Vorteil in der Regel nur aus den mehr erzielten Werbeinnahmen mit Inhalten ergeben, die Gegenstand einer Beschwerde nach § 3 Abs. 2 Nr. 1–3 waren und tatsächlich einen rechtswidrigen Inhalt nach § 1 Abs. 3 betreffen. Dieser Saldo dürfte freilich allenfalls im vierstelligen Bereich liegen und vermag einen Bußgeldrahmen nach Abs. 2 nicht zu rechtfertigen. Da in diesen Fällen auch eine Strafverfolgung gegen den Netzwerkbetreiber wegen Verbreitens oder Zugänglichmachens des rechtswidrigen Inhaltes nach Kenntnis und nicht unverzüglich erfolgter Reaktion (§ 10 TMG) in Betracht kommt, bedarf es auch insoweit keiner überhöhten Sanktionierung durch das Ordnungswidrigkeitenrecht. Im Übrigen sind die Bußgeldtatbestände und der Regelungsinhalt des NetzDG auch unter keinem Gesichtspunkt mit den Tatbeständen im Kreditwesengesetz (KWG) zu vergleichen.[33]

Die ohne Kalkulation vom Gesetzgeber zunächst ins Blaue hinein angestellte Überhöhung des Bußgeldrahmens begründet bzw. verstärkt indes die im Schrifttum besorgten „Chilling-, oder „Einschüchterungseffekte" und führt mit hoher Wahrscheinlichkeit zu einer verfassungsrechtlich fragwürdigen[34] Praxis der „Löschung im Zweifelsfall".[35] Auch diese konterkariert die **wirtschaftlichen Kalkulationen** des Gesetzgebers bei der Festlegung der Bußgeldhöhe, da eine Zweifelsfall-Löschung bei jeder Beschwerde nicht nur das Bußgeldahndungsrisiko minimiert, sondern zugleich intensive Personalkosten für qualifiziertes Prüfpersonal in erheblichem Maße einspart, da eine massenhafte Löschung auf Zuruf (bzw. Beschwerdeeingang) eine intensive Inhaltsprüfung überflüssig macht. Inwieweit die nach Abs. 4 festzulegenden Kriterien für die Bemessung der Höhe der Geldbuße in Leitlinien für das Bußgeldverfahren (→ Rn. 31) den Malus im Gesetzgebungsverfahren auszugleichen vermögen, erscheint fraglich.

---

[31] Vgl. BayObLG, NJW 1998, 2461, 2462; KG, Urt. v. 8.7.1998 – 2 Ss 167/98.
[32] *Brenner*, NStZ 1998, 557f.; Karlsruher Kommentar/*Mitsch,* OWiG, § 17 Rn. 118 mwN.
[33] So aber BT-Drs. 18/12356, S. 25.
[34] → § 1 Rn. 25 sowie *Feldmann,* K&R 2017, 292, 295; *Guggenberger,* ZRP 2017, 98, 100; *Koreng,* GRUR-Prax 2017, 203, 204.
[35] S. auch *Spindler,* ZUM 2017, 473, 481: „Löschen statt Prüfen".

2. Halbierung bei Fahrlässigkeitstaten

25 Ein **fahrlässiges Handeln** (→ Rn. 10) des Netzwerkbetreibers bzw. des Empfangsberechtigten für Auskunftsersuchen kann aufgrund § 17 Abs. 2 OWiG im Höchstmaß nur mit der Hälfte des angedrohten Höchstbetrages der Geldbuße geahndet werden, also namentlich mit 2,5 Millionen Euro in den Fällen des Abs. 1 Nr. 1–6 und 250.000 Euro in den Fällen des Abs. 1 Nr. 7 und 8.

3. Geldbuße gegen juristische Personen (S. 2)

26 Abs. 2 S. 2 verweist auf § 30 Abs. 2 S. 3 OWiG und führt dadurch im Falle der Festsetzung einer Geldbuße gegen die das soziale Netzwerk betreibende juristische Person oder Personenvereinigung dazu, dass sich das Höchstmaß der nach diesem Gesetz angedrohten Geldbuße auf **50 Millionen** Euro verzehnfacht. In der Entwurfsbegründung wird unter Verweis auf Rechtsprechung ausgeführt, dass eine Verbandsgeldbuße auch bei Auslandstaten (→ Rn. 27) und gegen **ausländische Unternehmensträger** verhängt werden könne, wenn die Ordnungswidrigkeit, die als Anknüpfungstat nach § 30 Abs. 1 OWiG dient, deutschem Sanktionsrecht unterliegt und die Typologie des ausländischen Verbandes rechtlich mit derjenigen einer juristischen Person oder Personenvereinigung nach deutschem Recht vergleichbar ist.[36] In der Entwurfsbegründung wird allerdings nicht ausgeführt, dass dies aus praktischen Gründen nur in Frage kommt, wenn das ausländische Unternehmen Sitz oder Vermögen im Inland hat,[37] was freilich bei den großen sozialen Netzwerken schon nicht der Fall ist.

IV. Ahndung bei Tatbegehung im Ausland (Abs. 3)

27 Die Vorschrift desavouiert den Territorialitätsgrundsatz des grundsätzlichen Erfordernisses einer Tatbegehung im Inland aufgrund des vom Kriminalstrafrecht (§§ 3, 9 StGB) abweichenden Wortlauts des § 5 OWiG (**Vorbehaltsklausel:** „Wenn das Gesetz nichts anderes bestimmt").[38] Werden Berichte nach § 2 im Ausland erstellt oder von dort auf der Homepage veröffentlicht, so sind bei Unzulänglichkeiten die Bußgeldtatbestände des Abs. 1 ebenso anwendbar wie im Falle einer Beschwerdebearbeitung oder die Durchführung einer Schulung von Prüfpersonal im Ausland.[39] Die Vorschrift berührt nicht die sich im Zusammenhang mit beschwerdegegenständlichen „rechtswidrigen Inhalten" (§ 1 Abs. 3) ergebende Frage der Geltung deutschen Strafrechts nach §§ 3, 9 StGB (hierzu → § 1 Rn. 81).

V. Bußgeldbehörde, Verwaltungsgrundsätze (Abs. 4)

1. Zuständigkeit des Bundesamtes für Justiz (S. 1)

28 Die Vorschrift bestimmt die **Bundesoberbehörde** des Bundesamtes für Justiz (BfJ) zur zuständigen Verwaltungsbehörde iSd § 36 OWiG. Die Behörde hat bislang in den bestehenden sieben Abteilungen keine fachlichen Berührungspunkte mit der Prüfung strafrechtlich relevanter Inhalte iSd § 1 Abs. 3; eine mit dem NetzDG befasste weitere Abteilung musste mithin mit dem NetzDG auch im Hinblick auf

---

[36] BT-Drs. 18/12356, S. 26 unter Verweis auf OLG Celle, wistra 2002, 230 und Karlsruher Kommentar/*Rogall,* OWiG, § 30 Rn. 33.

[37] Karlsruher Kommentar/*Rogall,* OWiG, § 30 Rn. 33 mwN.

[38] S. hierzu Karlsruher Kommentar/*Rogall,* OWiG, § 5 Rn. 30ff.

[39] S. auch BT-Drs. 18/12356, S. 26.

qualifiziertes Prüfpersonal zur strafrechtlichen Bewertung von beschwerdegegenständlichen Inhalten in sozialen Netzwerken erst aufgebaut werden. In der Entwurfsbegründung werden hierfür 39,5 Personalstellen und Kosten von rund 4 Millionen Euro jährlich und einmalige Aufwendungen in Höhe von circa 350.000 Euro kalkuliert.[40] Gegen die Überantwortung der weitreichenden medienregulierenden und -sanktionierenden Aufgaben (→ Rn. 29) an das BfJ werden im Schrifttum mit guten Gründen verfassungsrechtliche Bedenken wegen der Missachtung des Grundsatzes der **Staatsferne** erhoben.[41]

Die im Zusammenhang und im Vorfeld der Bußgeldahndung entstehenden **Aufgaben** des BfJ umfassen zunächst die Prüfung der Halbjahresberichte nach § 2, wobei in der Entwurfsbegründung von maximal zehn berichtspflichtigen Betreibern sozialer Netzwerken und damit einem Prüfvolumen von 20 Berichten jährlich ausgegangen wird.[42] Diesbezüglich wird pro Jahr – ohne Angabe von Gründen – voraussichtlich mit nicht mehr als 20 Bußgeldverfahren gerechnet. Im Bereich der Überprüfung von Beschwerden zur Bearbeitung im Beschwerdemanagement (§ 3 Abs. 2 Nr. 2 und 3) wird zwar „mit einer erheblichen Zahl von Anzeigen an das Bundesamt für Justiz" gerechnet (25.000 Fällen), diese würden aber wohl „zum großen Teil unbegründet sein", so dass ein Verfahrensaufkommen von **jährlich 500 Bußgeldverfahren** im Bereich des Beschwerdemanagements kalkuliert wird.[43] Die „Prüfkompetenz" des BfJ für die Bewertung von rechtswidrigen Inhalten sei nach der Entwurfsbegründung „vergleichbar mit der Tätigkeit der Landesmedienanstalten als zuständige Verwaltungsbehörde gemäß § 24 JMStV",[44] was freilich unzutreffend ist, da die Beurteilungs- und Prüfkompetenz für jugendschutzrelevante Medieninhalte gesetzlich nicht den Landesmedienanstalten, sondern der KJM (§§ 14, 16 JMStV) zugewiesen ist.[45] Das Bundesamt für Justiz holt ggf. eine Vorabentscheidung über die Rechtswidrigkeit des Inhalts beim zuständigen Gericht nach Abs. 5 (→ Rn. 32ff.) ein. Des Weiteren beauftragt das BfJ eine Stelle zur Überwachung der Beschwerdeverfahren gem. § 3 Abs. 5 (→ § 3 Rn. 39ff.), anerkennt Einrichtungen der Regulierten Selbstregulierung nach § 3 Abs. 6 und 7 (→ § 3 Rn. 42ff.) sowie trifft Entscheidungen nach § 3 Abs. 9 iVm Abs. 2 Nr. 3b) (→ § 3 Rn. 56ff.). **29**

Das BfJ ist Bundesbehörde iSd Informationsfreiheitsgesetzes und hat auf Antrag gem. § 1 Abs. 1 IFG **Zugang zu amtlichen Informationen** zu gewähren zB bezüglich der fachlich-personellen Besetzung der NetzDG-Abteilung sowie tatsächlich angefallenen Kosten zur Erfüllung ihrer Aufgaben, durchgeführten inhaltlichen Prüfungen und Prüfgegenstände (zu Berichten nach § 2 oder Telemedienprüfungen nach § 1 Abs. 3) sowie erfolgte Bußgeldahndungen gegen Betreiber von Netzwerken einschließlich ihrer Gesamtzahl oder Entscheidungen des Absehens von Bußgeldahndungen. **30**

---

[40] Vgl. BT-Drs. 18/12356, S. 16f.
[41] Vgl. *Hain/Ferreau/Brings-Wiesen,* K&R 2017, 433, 435.
[42] Vgl. BT-Drs. 18/12356, S. 16f. Da diese Berichte mit hoher Aufmerksamkeit aufgenommen werden, sei nach der Entwurfsbegründung – freilich ohne Begründung – von „rund 500 Beschwerden gegen die Berichte" denkbar, der Kontrollaufwand werde sich aber in Grenzen halten, da „zu erwarten sei", dass „die sozialen Netzwerke ihrer Berichtspflicht rechtzeitig und richtig nachkommen werden".
[43] BT-Drs. 18/12356, S. 17.
[44] BT-Drs. 18/12356, S. 12.
[45] Vgl. *Liesching/Schuster,* Jugendschutzrecht, § 16 JMStV Rn. 2f.

NetzDG § 4 Bußgeldvorschriften

2. Bußgeldleitlinien (S. 2)

31 Nach S. 2 erlässt das BMJV im Einvernehmen mit BMI und BMVI allgemeine Verwaltungsgrundsätze. Die Ermächtigungsgrundlage ist sachlich auf Leitlinien zur **Ausübung des Ermessens** der Bußgeldbehörde bei der Einleitung eines Bußgeldverfahrens und bei der Bemessung der Geldbuße beschränkt und dient nur der Sicherstellung einer „gleichmäßigen, effektiven und verhältnismäßigen Sanktionierung".[46] Von der gesetzlichen Richtlinienermächtigung nicht gedeckt wären norminterpretierende Auslegungsvorschriften zu den verwaltungsrechtlichen Vorgaben zur Berichtspflicht (§ 2), dem Beschwerdemanagement (§ 3) oder zu der Benennung und Arbeitsweise der Zustellungsbevollmächtigten und Empfangsberechtigten (§ 5). Die Allgemeinen Verwaltungsgrundsätze müssen sich daher in Leitlinien für das pflichtgemäße **Verfolgungsermessen** nach § 47 Abs. 1 OWiG (Opportunitätsgrundsatz) sowie die **Bemessung der Bußgeldhöhe** erschöpfen. Die Verwaltungsgrundsätze sind für die nach Einspruch gem. § 68 Abs. 1 OWiG befassten Amtsgerichte nicht bindend. Hält das Gericht nach § 47 Abs. 2 S. 1 OWiG eine Ahndung nicht für geboten, so kann es das Verfahren mit Zustimmung der Staatsanwaltschaft in jeder Lage einstellen.

VI. Vorabentscheidungsverfahren (Abs. 5)

1. Erfordernis gerichtlicher Vorabprüfung (S. 1)

32 **a) Gerichtliche Vorab-Prüfung. aa) Virulenz des Vorabentscheidungsverfahrens.** Nach der Vorschrift soll eine gerichtliche Entscheidung herbeigeführt werden, wenn das BfJ eine Entscheidung zur Bußgeldahndung darauf stützen will, dass „nicht entfernte oder nicht gesperrte Inhalte rechtswidrig" sind. Die gerichtliche Prüfung soll sich nach dem Wortlaut ausschließlich auf die **„Rechtswidrigkeit"** des Inhaltes (krit. → § 1 Rn. 73ff.) erstrecken. In der Entwurfsbegründung wird missverständlich und tendenziell enger von einer „Prüfung der objektiven Strafbarkeit" ausgegangen.[47] Ein Antragsrecht des Netzwerkbetreibers auf eine solche gerichtliche Überprüfung besteht nicht.[48]

33 Die gegenüber dem Regierungsentwurf obligatorische Fassung „ist" wurde auf Beschlussempfehlung des BT-Rechtsausschusses zur **„Soll"-Vorschrift** „flexibilisiert".[49] Eine gerichtliche Vorabentscheidung sei hiernach nur noch in Fällen des § 3 Abs. 2 Nr. 2 und 3 geboten, „wenn die Verwaltungsbehörde den Vorwurf, kein richtiges Verfahren für den Umgang mit Beschwerden über rechtswidrige Inhalte vorzuhalten, auf eine systemisch falsche Entscheidungspraxis der sozialen Netzwerke stützt, die mit einer überschaubaren Zahl von falschen Einzelfallentscheidungen belegt wird".[50] Dies bedeutet freilich, dass das Gericht in dem Verfahren nach Abs. 5 sogleich mit der **Prüfung mehrerer, unterschiedlicher Inhalte („überschaubare Zahl")** befasst wird. Unklar ist in diesem Kontext, welche Konsequenzen sich für eine Bußgeldahndung ergeben, sollte das Gericht nur manche der vorgelegten Inhalte als „rechtswidrig" iSd § 1 Abs. 3 (dort → Rn. 73ff.) bestätigen, andere

---

[46] So BT-Drs. 18/12356, S. 26.
[47] Vgl. BT-Drs. 18/12356, S. 26.
[48] Krit. *Spindler*, K&R 2017, 53, 541.
[49] So BT-Drs. 18/13013, S. 24.
[50] Werde der Vorwurf dagegen in erster Linie auf eine „fehlerhafte Anweisung der Mitarbeiter des Beschwerdeteams gestützt", erscheine ein Vorabentscheidungsverfahren entbehrlich; vgl. BT-Drs. 18/13013, S. 24, dagegen gerade dies als prototypischen Fall des Abs. 5 bezeichnend BT-Drs. 18/12356, S. 26.

Bußgeldvorschriften **§ 4 NetzDG**

hingegen als rechtskonform beurteilen. Vor dem Hintergrund des Opportunitätsprinzips (§ 47 OWiG) und der im Gerichtsverfahren nach § 68 OWiG bei Einspruch gegen den Bußgeldbescheid gegebenen Zuständigkeit desselben Gerichts ist in diesem Fall das Verfahren regelmäßig einzustellen.

bb) Kritik. Hintergrund des geregelten Erfordernisses gerichtlicher Vorabent- 34 scheidung ist die gesetzgeberische Erwägung, dass nach der „Kompetenzverteilung des Grundgesetzes allein die Gerichte dazu berufen" seien, „über die Strafbarkeit einer Handlung zu entscheiden".[51] Dies erscheint zweifelhaft, da die Behörde des BfJ nicht eine Letztentscheidung, sondern lediglich eine Prüfung der Rechtswidrigkeit vornehmen muss, ebenso wie dies auch die Staatsanwaltschaften oder die Bußgeldbehörden der Landesmedienanstalten über die KJM nach § 4 Abs. 1 S. 1 iVm § 24 Abs. 1 iVm §§ 14, 16 JMStV tun müssen. Es ist rechtlich nicht erforderlich und im Hinblick auf die **bürokratische Extension der Entscheidungsverfahren** bedenklich,[52] dass Behörden bereits vor dem Ergreifen von – ohnehin gerichtlich überprüfbaren – Aufsichtsmaßnahmen oder Bußgeldahndung aufgrund der Verbreitung inkriminierter Medieninhalte eine gerichtliche Vorabentscheidung anstrengen müssen.

Insoweit ist auch die überdies in der Entwurfsbegründung in Bezug auf das Vor- 35 abentscheidungsverfahren geäußerte Erwägung unzutreffend, die **„enge Einbeziehung der Gerichte"** trüge „zur notwendigen Klärung der Strafbarkeit von Handlungen und Äußerungen in sozialen Netzwerken bei".[53] Denn gegen Bußgeldbescheide des BfJ ist ohnehin nach Einspruch der Rechtsweg und eine gerichtliche Überprüfung durch das Amtsgericht (§ 68 OWiG), ggf. im weiteren Instanzenweg auch durch das Oberlandesgericht und durch den BGH möglich, gerade wenn der Verstoßvorwurf sich auf eine vermeintlich vom Netzwerkbetreiber übersehene Strafbarkeit des Verbreitens bestimmter Inhalte nach § 1 Abs. 3 stützt. Eine mehrfache gerichtliche Überprüfung ist überdies durch die zahlreichen anderen implizierten Gerichtsverfahren wahrscheinlich – zB Strafverfolgung aufgrund von Auskunftsersuchen nach §§ 14, 15 TMG oder der Abgabe eines Falles an die Staatsanwaltschaft (→ Rn. 36) sowie zivilgerichtlicher oder wettbewerbsrechtlicher Verfahren in Bezug auf rechtswidrige Inhalte (vgl. § 5 Abs. 1, dort → Rn. 8) oder verwaltungsgerichtliche Verfahren (§ 42 VwGO) nach Aufsichtsmaßnahmen der Landesmedienanstalten (§ 4 Abs. 1 S. 1 iVm § 20 Abs. 1 und 4 JMStV).

b) Abgabe an die Staatsanwaltschaft (§ 41 OWiG). In der Entwurfsbegrün- 36 dung zu § 4 und insbesondere zur gesetzgeberischen Entscheidung für ein Vorabentscheidungsverfahren nach Abs. 5 wird nicht berücksichtigt, dass das BfJ bei der Annahme von „rechtswidrigen Inhalten" (§ 1 Abs. 3, dort → Rn. 72 ff.), die der Netzwerkbetreiber nicht im Rahmen der Fristen nach § 3 Abs. 2 Nr. 2 und 3 gelöscht hat, die Sache nach § 41 Abs. 1 OWiG an die Staatsanwaltschaft abzugeben hat. Denn in diesem Fall sind zwingende **Anhaltspunkte** dafür vorhanden, dass die Tat der nicht fristgerechten Löschung oder Sperrung eine **Straftat** iSd §§ 86, 86a, 89a, 91, 100a, 111, 126, 129–129b, 130, 131, 140, 166, 184b iVm §§ 184d, 185–187, 201a, 241 oder 269 StGB darstellt.[54] Insoweit ist auch nicht ausgeschlossen, dass sich der Betreiber des Netzwerkes gerade nicht mehr auf § 10 TMG berufen kann, wenn er bei Kenntniserlangung von dem Beschwerdeinhalt nicht „unverzüglich" eine Löschung oder Sperrung vorgenommen hat.[55] Die Abgabe an die Staatsanwaltschaft hat zwingend einem Vorabentscheidungsverfahren nach Abs. 5 vorzugehen. Im Falle einer

---

[51] BT-Drs. 18/12356, S. 26.
[52] Krit. auch *Spindler,* K&R 2017, 53, 541.
[53] BT-Drs. 18/12356, S. 26.
[54] Vgl. Karlsruher Kommentar/*Lampe,* OWiG, § 41 Rn. 3.
[55] Vgl. zur auch möglichen Verfolgungsübernahme durch die Staatsanwaltschaft § 42 OWiG.

staatsanwaltschaftlichen Verfahrenseinstellung nach § 170 Abs. 2 oder §§ 153 ff. StPO ist der entsprechende Beschluss dem Gericht in einem späteren Verfahren nach Abs. 5 vorzulegen.[56]

2. Verfahren

37 **a) Gerichtszuständigkeit (S. 2).** Zuständig ist gem. S. 2 das Gericht, das gem. § 68 OWiG über den Einspruch der oder des Betroffenen gegen den Bußgeldbescheid entscheidet. Das ist das Amtsgericht, in dessen Bezirk die Verwaltungsbehörde ihren Sitz hat.[57] Ggf. (→ Rn. 36) ist aber § 45 OWiG zu beachten. Verfolgt danach die Staatsanwaltschaft die Ordnungswidrigkeit mit einer zusammenhängenden Straftat nach einem der in § 1 Abs. 3 NetzDG genannten Delikte, so ist für die Ahndung der Ordnungswidrigkeit das Gericht zuständig, das für die **Strafsache** zuständig ist. Insoweit sind hinsichtlich der örtlichen Zuständigkeit ggf. die Gerichtsstände nach §§ 7 ff. StPO, hinsichtlich der sachlichen Zuständigkeit insbesondere §§ 24, 74, 74 a GVG zu beachten.

38 **b) Antragszuleitung und Entscheidung (S. 3–5).** Aus der Vorschrift zur **Antragszuleitung** (S. 3) ist zu ersehen, dass dem Betreiber zuvor die Gelegenheit zur Stellungnahme in Bezug auf die verfahrensgegenständlichen rechtswidrigen Inhalte einzuräumen ist. Auf die Stellungnahme kann auch nicht dann verzichtet werden, wenn sich bereits aus dem Halbjahresbericht Gründe für die Entscheidung einer Nicht-Löschung ergeben, da dies mit dem Wortlaut „Stellungnahme" sowie dem **Grundsatz rechtlichen Gehörs** vor dem Hintergrund einer möglichen gerichtlichen Entscheidung ohne mündliche Verhandlung nicht vereinbar wäre. Mit Blick auf Art. 103 Abs. 1 GG bedenklich ist freilich, dass den weiteren Betroffenen wie dem Beschwerdeführer und dem sich äußernden Nutzer keine Möglichkeit der Stellungnahme oder sonstige Beteiligung eingeräumt wird.[58] In dem Antrag ist der Sachverhalt, den das Gericht unter strafrechtlichen Gesichtspunkten prüfen soll, umfassend darzustellen.[59] Sofern dem Vorabentscheidungsverfahren eine Abgabe an die Staatsanwaltschaft nach § 41 OWiG vorausgegangen war (→ Rn. 36), sind die mit einer staatsanwaltschaftlichen Verfahrenseinstellung ergangenen Beschlüsse (zB nach § 170 Abs. 2 StPO) dem Gericht ebenfalls zuzuleiten. Eine Antragstellung ist dem BfJ **verwehrt,** wenn der betreffende Inhalt einer Einrichtung der Regulierten **Selbstregulierung** im Verfahren nach § 3 Abs. 2 Nr. 3b) vorgelegen hat und der Inhalt nicht als rechtswidrig iSd § 1 Abs. 3 bewertet worden ist.[60]

39 Über den Antrag kann gem. S. 4 ohne **mündliche Verhandlung** entschieden werden. Eine mündliche Verhandlung ist insbesondere dann nicht erforderlich, wenn die entscheidungsgegenständlichen Inhalte aus den vorgelegten Unterlagen vollumfänglich und zweifelsfrei ersichtlich sind[61] und dem Gericht eine Stellungnahme des betroffenen Betreibers des sozialen Netzwerkes vorliegt. Soweit nach tat-

---

[56] Vgl. *Höld,* MMR 2017, 791 ff.; *Liesching,* JMS-Report 5/2017, 2 ff.

[57] So auch BT-Drs. 18/12356, S. 27.

[58] Zu Recht krit. daher *Spindler,* K&R 2017, 53, 542, der auf die multilaterale Wirkung der Entscheidung im Vorabverfahren nach Abs. 5 hinweist, auch unter Verweis auf EuGH, K&R 2014, 329 ff.

[59] BT-Drs. 18/12356, S. 26.

[60] Dies ergibt sich aus der Begründung der Beschlussempfehlung des BT-Rechtsausschusses, wonach der Bußgeldbehörde in einem solchen Fall verwehrt ist, die Bußgeldahndung auf die tatsächliche Rechtswidrigkeit des Inhaltes zu stützen, vgl. BT-Drs. 18/13013, S. 23.

[61] S. auch BT-Drs. 18/12356, S. 26, wonach in der Regel durch den gemeldeten Inhalt nebst dem Kontext, in dem er verfasst worden ist, eine „hinreichende Entscheidungsgrundlage für das Gericht" eröffnet sei.

richterlicher Zweckmäßigkeitserwägung[62] weiterer Klärungs- und Erörterungsbedarf besteht, etwa durch die Ladung von Beschwerdeführern oder den durch Äußerungen (zB im Rahmen des § 185 StGB) betroffenen Personen, ist dem Gericht die Anberaumung einer mündlichen Verhandlung vor der Entscheidung möglich. Das Gericht ist entgegen der Entwurfsbegründung auf die Sachverhaltsermittlungen der Behörde nicht beschränkt.[63] Entscheidet das Gericht ohne mündliche Verhandlung und ergeben sich erst in der späteren mündlichen Verhandlung nach Einspruch in einem Bußgeldverfahren neue Erkenntnisse in Bezug auf die Bewertung der betreffenden Inhalte, so ist das Gericht nicht an die Bewertung und Entscheidung im Vorabentscheidungsverfahren gebunden.

Die gerichtliche Entscheidung entfaltet gem. S. 5 **Bindungswirkung** für das Bundesamt für Justiz, beschränkt aber nicht das weiterhin bestehende Verfolgungsermessen nach § 47 Abs. 1 OWiG und belässt die Möglichkeit der Verfahrenseinstellung auch dann, wenn das Gericht die „Rechtswidrigkeit" der entscheidungsgegenständlichen Inhalte bestätigt hat. Kommt das Gericht zu dem Ergebnis, dass der gemeldete Inhalt nicht rechtswidrig ist, ist das Bußgeldverfahren zwingend einzustellen.[64] Da das Gericht im Regelfall bei intendierter Bußgeldahndung wegen Verstoßes gegen § 3 Abs. 2 Nr. 2 und 3 gleich mehrere Fälle rechtswidriger Inhalte zu prüfen hat, werfen vor allem solche Konstellationen Fragestellungen auf, in denen das Gericht nur in manchen der vorgelegten Fälle eine Rechtswidrigkeit bestätigt (→ Rn. 33). Da davon auszugehen ist, dass das BfJ in der Regel nur bei einer Rechtswidrigkeit der vorgelegten „mehreren" Inhalte von einem systemischen Mangel des Beschwerdemanagements des sozialen Netzwerkes ausgehen darf, ist auch in diesem Fall einer heterogenen gerichtlichen Entscheidung das Ordnungswidrigkeitsverfahren regelmäßig einzustellen.

40

Die Entscheidung des Gerichts ist **unanfechtbar.** Eines gesonderten Rechtsbehelfs gegen die Vorabentscheidung bedarf es nach der Entwurfsbegründung nicht, da eine Anfechtung eines etwaigen Bußgeldbescheids nach Einspruch stets möglich ist und im Strafverfahren auch die Rechtswidrigkeit der Inhalte inzident erneut geprüft werden kann.[65] Das zuständige Amtsgericht ist insoweit an seine vorherige Entscheidung im Vorabverfahren des Abs. 5 insbesondere bei neuen Erkenntnissen über zu berücksichtigende Umstände und Wertungsgesichtspunkte nicht gebunden.

41

§ 5 Inländischer Zustellungsbevollmächtigter

(1) ¹**Anbieter sozialer Netzwerke haben im Inland einen Zustellungsbevollmächtigten zu benennen und auf ihrer Plattform in leicht erkennbarer und unmittelbar erreichbarer Weise auf ihn aufmerksam zu machen.** ²**An diese Person können Zustellungen in Verfahren nach § 4 oder in Gerichtsverfahren vor deutschen Gerichten wegen der Verbreitung rechtswidriger Inhalte bewirkt werden.** ³**Das gilt auch für die Zustellung von Schriftstücken, die solche Verfahren einleiten.**

(2) ¹**Für Auskunftsersuchen einer inländischen Strafverfolgungsbehörde ist eine empfangsberechtigte Person im Inland zu benennen.** ²**Die empfangsberechtigte Person ist verpflichtet, auf Auskunftsersuchen nach Satz 1 48 Stunden nach Zugang zu antworten.** ³**Soweit das Auskunftsersuchen nicht mit einer das Ersuchen erschöpfenden Auskunft beantwortet wird, ist dies in der Antwort zu begründen.**

---

[62] BT-Drs. 18/12356, S. 26: „Zweckmäßigkeitsgesichtspunkten".
[63] So aber BT-Drs. 18/12356, S. 26: „Das Gericht hat die Rechtsprüfung auf der Grundlage des von der Verwaltungsbehörde ermittelten Sachverhalts vorzunehmen".
[64] BT-Drs. 18/12356, S. 26.
[65] Vgl. BT-Drs. 18/12356, S. 26.

Literatur: *Feldmann*, Zum Referentenentwurf eines NetzDG: Eine kritische Betrachtung, K&R 2017, 292; *Frenzel*, Aktuelles Gesetzgebungsvorhaben: Verbesserung der Rechtsdurchsetzung in sozialen Netzwerken (NetzDG), JuS 2017, 414; *Hain/Ferreau/Brings-Wiesen*, Regulierung sozialer Netzwerke revisited, K&R 2017, 433; *Guggenberger*, Das Netzwerkdurchsetzungsgesetz – schön gedacht, schlecht gemacht, ZRP 2017, 98; *Höch*, Das NetzDG ist besser als sein Ruf, K&R 2017, 289; *Koreng*, Entwurf eines Netzwerkdurchsetzungsgesetzes: Neue Wege im Kampf gegen „Hate Speech"?, GRUR-Prax 2017, 203; *Ladeur/Gostomzyk*, Das Netzwerkdurchsetzungsgesetz und die Logik der Meinungsfreiheit, K&R 2017, 390; *Nolte*, Hate-Speech, Fake-News, das „Netzwerkdurchsetzungsgesetz" und Vielfaltsicherung durch Suchmaschinen, ZUM 2017, 552; *Schwartmann*, Verantwortlichkeit Sozialer Netzwerke nach dem Netzwerkdurchsetzungsgesetz, GRUR-Prax 2017, 317; *Spindler*, Das Netzwerkdurchsetzungsgesetz, K&R 2017, 533; *ders.*, Der Regierungsentwurf zum Netzwerkdurchsetzungsgesetz – europarechtswidrig?, ZUM 2017, 473; *Wimmers/Heymann*, Zum Referentenentwurf eines Netzwerkdurchsetzungsgesetzes (NetzDG) – eine kritische Stellungnahme, AfP 2017, 93.

Übersicht

	Rn.
I. Überblick	1
II. Zustellungsbevollmächtigter (Abs. 1)	2
1. Normadressaten	2
2. Benennung und Transparenz (S. 1)	3
a) Zustellungsbevollmächtigter	3
b) Im Inland	5
c) Plattformtransparenz	6
3. Enumerativ erfasste Verfahrensarten (S. 2)	7
a) Bußgeldverfahren nach § 4	7
b) Gerichtsverfahren wegen Verbreitung rechtswidriger Inhalte	8
4. Verfahrenseinleitende Schriftstücke (S. 3)	10
III. Empfangsberechtigte Person für Auskunftsersuchen (Abs. 2)	11
1. Benennungspflicht (S. 1)	11
a) Empfangsberechtigte Person im Inland	11
b) Auskunftsersuchen einer inländischen Strafverfolgungsbehörde	14
2. Antwortfrist von 48 Stunden (S. 2)	15
3. Inhaltliche Antwortanforderungen (S. 3)	17

I. Überblick

1 Der Gesetzgeber hat die bisherige Rechtsdurchsetzung in sozialen Netzwerken aufgrund des häufigen Fehlens einer zustellungsfähigen Inlandsadresse und von „verantwortlichen Ansprechpartnern" bei den Plattformbetreibern als unzulänglich erachtet, sowohl für Justiz und Bußgeldbehörden als auch für die von Rechtsverletzungen Betroffenen.[1] Die bisher gegen soziale Netzwerke geführten Zivilprozesse hätten gezeigt, dass die europäischen **Zustellungsmechanismen** (Einschreiben mit Rückschein in Zivilverfahren) **unzureichend** seien[2] bzw. der Auslandssitz der Netzwerkbetreiber Betroffene hinsichtlich einer gerichtlichen Rechtsdurchsetzung abgeschreckt habe.[3] Der ursprünglich sehr weit vorgesehene Zustellungsbereich des Bevollmächtigten auch für alle „zivilgerichtlichen Verfahren"[4] wurde durch Be-

---

[1] BT-Drs. 18/12356, S. 27; zust. *Höch*, K&R 2017, 289, 290; *Koreng*, GRUR-Prax 2017, 203, 204.
[2] BT-Drs. 18/12356, S. 27
[3] So *Höch*, K&R 2017, 289, 290.
[4] So die Fassung des Entwurfs der Regierungsfraktionen; vgl. BT-Drs. 18/12356, S. 27.

Inländischer Zustellungsbevollmächtigter § 5 NetzDG

schlussempfehlung des BT-Rechtsausschusses auf Zustellungen bei Gerichtsverfahren vor deutschen Gerichten „wegen der Verbreitung rechtswidriger Inhalte" iSd § 1 Abs. 3 beschränkt.[5]

II. Zustellungsbevollmächtigter (Abs. 1)

1. Normadressaten

Die Pflicht zur Benennung eines inländischen Zustellungsbevollmächtigten in Deutschland gilt für alle Betreiber sozialer Netzwerke iSd § 1 (dort → Rn. 41 ff.; zum abweichenden Wortlaut in § 5 Abs. 2 → Rn. 11) mit Blick auf die Vermeidung einer Beschränkung der Dienstleistungsfreiheit unabhängig von ihrem **Sitz im Inland oder Ausland**.[6] Indes können Netzwerkbetreiber mit Sitz im Inland bereits durch die Beachtung der Informationspflichten gem. § 5 Abs. 1 Nr. 1 und 2 TMG ihrer Pflicht gem. Abs. 1 genügen, sofern im Zusammenhang mit dem anzugebenden Namen und der Anschrift des Diensteanbieter der Hinweis („zugleich Zustellungsbevollmächtigter im Sinne des § 5 Abs. 1 NetzDG") gegeben wird. 2

2. Benennung und Transparenz (S. 1)

a) Zustellungsbevollmächtigter. Der Begriff des Zustellungsbevollmächtigten ist weit auszulegen. Vor dem Hintergrund des Normzwecks, dass Netzwerkbetreiber lediglich einen „Briefkasten" im Inland bereitzustellen haben,[7] muss es sich nicht um eine natürliche Person handeln, vielmehr genügt auch eine **juristische Person** (zB GmbH) mit Sitz im Inland, da auch hier schon aufgrund der Pflichtangaben nach § 5 Abs. 1 TMG die Möglichkeit der sicheren Zustellung im Inland – wie bereits vor Inkrafttreten des NetzDG bei inländischen Diensteanbietern – gewährleistet wird.[8] Der Zustellungsbevollmächtigte muss nicht zwingend Mitarbeiter des Netzwerkbetreibers sein; es genügt – wie bei § 7 Abs. 1 JMStV – die Beauftragung einer im Inland ansässigen „externen" Person (zB eines Rechtsanwaltes).[9] Weitere Verpflichtungen des sozialen Netzwerks oder rechtliche Folgen knüpfen sich an die Benennung des Empfangsberechtigten nicht. Es handelt sich auch ausweislich der Entwurfsbegründung „nicht um einen Zustellungsbevollmächtigten im Sinne von § 132 Abs. 2 StPO"[10] (gemeint ist Abs. 1 S. 1 Nr. 2), was sich freilich bereits aus einer hiernach erforderlichen richterlichen oder staatsanwaltschaftlichen Anordnung ergibt. 3

Eine **„Bevollmächtigung"** bzw. Vollmacht im formellen Sinne ist nicht erforderlich, es genügt die Benennung. Insoweit ist möglich und im Sinne des Normzwecks ausreichend, dass der im Inland ansässige Diensteanbieter selbst sich als denjenigen benennt, an den Zustellungen nach § 5 Abs. 1 S. 2 erfolgen können. Die Nichtbenennung eines Zustellungsbevollmächtigten ist nach § 4 Abs. 1 Nr. 7 bußgeldbewehrt (dort → Rn. 21). Nach dem Wortlaut sowie der entsprechenden Bußgeldnorm des § 4 Abs. 1 Nr. 7 ist lediglich die Benennung des Bevollmächtigten (zB 4

---

[5] BT-Drs. 18/13013, S. 25; s. auch *Spindler*, K&R 2017, 533, 542.
[6] Vgl. BT-Drs. 18/13013, S. 27; *Spindler*, K&R 2017, 533, 542.
[7] So BT-Drs. 18/12356, S. 27.
[8] Der in der Entwurfsbegründung verwendete Wortlaut „Ansprechpartner" sowie die intendierten „Möglichkeiten einer freiwilligen unmittelbaren Kooperation zwischen Strafverfolgungsbehörden und Providern" (BT-Drs. 18/12356, S. 27) stehen dem nicht entgegen.
[9] Vgl. *Strömer*, K&R 2002, 643; *Liesching*, CR 2001, 845, 847 f. Eine Beschränkung auf Rechtsanwälte nach dem Rechtsberatungsrecht für den Jugendschutzbeauftragten verneinend; OLG Düsseldorf, NJW 2003, 2247; *Knöfel*, MMR 2005, 816 ff.
[10] BT-Drs. 18/12356, S. 27; ebenso *Spindler*, K&R 2017, 533, 542.

des Vor- und Nachnamens einer natürlichen Person) erforderlich, hingegen – anders als in § 5 Abs. 1 Nr. 1 TMG – nicht zusätzlich einer ladungsfähigen Anschrift im Inland oder sonstiger Kontaktangaben. Der Normzweck ist indes nur bei deren Angabe erreichbar.[11]

5   **b) Im Inland.** Entgegen dem missverständlichen Wortlaut hat nicht die „Benennung" im Inland zu erfolgen, vielmehr hat der benannte Zustellungsbevollmächtigte seinen **Sitz im Inland** zu nehmen. Ist der benannte Bevollmächtigte eine natürliche Person, so muss er seinen Wohnsitz oder gewöhnlichen Aufenthalt in der Bundesrepublik Deutschland haben. Bei juristischen Personen ist der Sitz der Hauptniederlassung maßgeblich.[12]

6   **c) Plattformtransparenz.** Nach dem Wortlaut ist auf der Plattform[13] nur auf den Zustellungsbevollmächtigten in leicht erkennbarer und unmittelbar erreichbarer Weise aufmerksam zu machen („auf ihn"). Die Angabe einer **Anschrift** oder sonstigen Kontaktaufnahmemöglichkeit ist demnach entgegen dem eigentlichen Normzweck nicht gesetzlich vorausgesetzt, erscheint aber zum Ausschluss der Unzulänglichkeiten bei der Zustellung gerade an im Ausland ansässige Netzwerkbetreiber sinnvoll. Hinweise auf die Person des Zustellungsbevollmächtigten müssen auf der Plattform für jedermann leicht erkennbar und unmittelbar erreichbar sein, wobei – wie bei dem auf der Homepage zu veröffentlichenden Halbjahresbericht nach § 2 Abs. 1 S. 2 – die **Kriterien nach § 5 TMG** herangezogen werden können (hierzu → § 2 Rn. 8).[14] Demgemäß ist es ausreichend, wenn der Zustellungsbevollmächtigte im Rahmen der Informationen nach § 5 Abs. 1 TMG („Impressum") benannt wird. Wird auf den Zustellungsbevollmächtigten nicht hinreichend transparent „aufmerksam gemacht", ist dies vom **Bußgeldtatbestand** des § 4 Abs. 1 Nr. 7 nicht erfasst (→ § 4 Rn. 21).

3. Enumerativ erfasste Verfahrensarten (S. 2)

7   **a) Bußgeldverfahren nach § 4.** Die sachliche Zuständigkeit des Zustellungsbevollmächtigten wird in S. 2 zunächst auf alle Bußgeldverfahren nach § 4 erstreckt. Aufgrund S. 2 umfasst dies schon die Zustellung der Anhörung, daneben zuvörderst des Bußgeldbescheides selbst sowie aller Schriftstücke und Dokumente des Einspruchs- bzw. des gerichtlichen Verfahrens. Für Zustellungen des Bundesamtes für Justiz als zuständige Verwaltungsbehörde (§ 4 Abs. 4 S. 1) gilt nach § 51 Abs. 1 OWiG das **Verwaltungszustellungsgesetz.** Nach § 7 VwZG können Zustellungen an den Bevollmächtigten gerichtet werden. Sie sind an ihn zu richten, wenn er schriftliche Vollmacht vorgelegt hat. Ist ein Bevollmächtigter für mehrere Beteiligte bestellt, so genügt die Zustellung eines Dokuments – mit den erforderlichen Ausfertigungen oder Abschriften für alle Beteiligte – an ihn. Ein **Akteneinsichtsrecht** des Zustellungsbevollmächtigten besteht nach § 49 OWiG nicht, soweit der Zustellungsbevollmächtigte nicht Betroffener oder bestellter Verteidiger nach § 46 Abs. 1 OWiG iVm § 138 Abs. 1 StPO ist.

---

[11] Zulässig kann die Angabe einer c/o-Adresse sein, wenn eine Zustellung an diese Adresse und eine zivilgerichtliche Ladung dort möglich sind; vgl. Spindler/Schuster/*Micklitz/Schirmbacher,* § 5 TMG Rn. 46.
[12] Vgl. zu § 5 Abs. 1 Nr. 1 TMG *Hoenike/Hülsdunk,* MMR 2002, 415, 418; Spindler/Schuster/*Micklitz/Schirmbacher,* § 5 TMG Rn. 47.
[13] Insoweit weicht der Wortlaut von § 2 Abs. 1 S. 2 („Homepage") ab.
[14] *Spindler,* K&R 2017, 533, 542; s. auch BT-Drs. 18/13013, S. 25: „ähnlich Impressumspflichten".

b) Gerichtsverfahren wegen Verbreitung rechtswidriger Inhalte. Nach der 8
gegenüber dem Regierungsentwurf auf Beschlussempfehlung des BT-Rechtsausschusses erheblich eingeschränkten Fassung[15] werden nur noch Verfahren vor deutschen Gerichten wegen der Verbreitung rechtswidriger Inhalte erfasst. Dies umfasst zunächst alle Verfahren der gesamten **Zivil-, Straf- oder Verwaltungsgerichtsbarkeit** in sämtlichen Instanzen.[16] Strafgerichtliche Verfahren kommen im Rahmen der Strafverfolgung wegen unmittelbar täterschaftlichen Verstößen des Netzwerkbetreibers oder einer etwaigen Beteiligung (§§ 25 Abs. 2, 27 Abs. 1 StGB) an den Strafdelikten der §§ 86, 86a, 89a, 91, 100a, 111, 126, 129–129b, 130, 131, 140, 166, 184b iVm §§ 184d, 185–187, 201a, 241 oder 269 StGB in Betracht, insbesondere auch dann, wenn die Voraussetzungen der Haftungsprivilegierung des § 10 TMG nicht vorliegen. Verwaltungsgerichtliche Verfahren können sich vor allem bei Aufsichtsmaßnahmen der nach § 20 Abs. 1 und 4 JMStV zuständigen Landesmedienanstalten[17] ergeben, allerdings nur soweit Gegenstand des Verstoßvorwurfs ein nach § 4 Abs. 1 S. 1 Nr. 1–5 und 10 JMStV unzulässiges Angebot, das zugleich einen rechtswidrigen Inhalt nach § 1 Abs. 3 (dort → Rn. 73) darstellt. Zivilgerichtliche Verfahren umfassen Verfahren über zivilrechtliche Ansprüche insbesondere auf Unterlassung, Folgenbeseitigung und Löschung nach §§ 823, 1004 BGB sowie Schadensersatzansprüche aufgrund von Rechtsverletzungen sowie auch wettbewerbsrechtliche Verfahren nach dem UWG, die jeweils auf Tathandlungen nach den in § 1 Abs. 3 genannten Strafdelikten beruhen.[18]

Sofern die Gerichtsverfahren auf **anderen Rechtsverletzungen** als rechtswidrige 9
Verstöße gegen §§ 86, 86a, 89a, 91, 100a, 111, 126, 129–129b, 130, 131, 140, 166, 184b iVm §§ 184d, 185–187, 201a, 241 oder 269 StGB beruhen, besteht keine sachliche Zuständigkeit des Zustellungsbevollmächtigten. Er kann die Zustellung insoweit verweigern oder bereits zugegangene Schriftstücke zurücksenden mit dem Hinweis auf Unzuständigkeit und darauf, dass der Zugang an ihn keine Rechtsfolgen für den Betreiber des sozialen Netzwerks auslöst. Andererseits kann sich der Zustellungsbevollmächtigte auch für andere Gerichtsverfahren vom Netzwerkbetreiber bevollmächtigen lassen.

4. Verfahrenseinleitende Schriftstücke (S. 3)

Die Vorschrift dient nach der Begründung der Beschlussempfehlung des BT- 10
Rechtsauschusses dazu, den Zustellungsbevollmächtigten nicht nur in konkreten Verfahren, „sondern **dauerhaft**[19], dh auch zum Zwecke der Einleitung von Verfahren mit Bezug zur Verbreitung rechtswidriger Inhalte iSv § 1 Abs. 3, verfügbar zu halten".[20] Verfahrenseinleitende Schriftstücke können in Bußgeld- und Verwaltungsverfahren Anhörungsschreiben (§ 28 VwVfG) oder der offiziellen Anhörung vorgelagerte informelle Anfragen der Behörde sein. Hingegen werden **zivilrechtliche Abmahn- und Aufforderungsschreiben** nach §§ 1004, 823 BGB seitens des Betroffenen oder Abmahnungen nach dem UWG durch Wettbewerber als nicht von Abs. 1 S. 3 erfasst, wenn sie rechtswidrige Inhalte nach § 1 Abs. 3 zum Gegenstand haben. Dies ergibt sich aus der Wortlautgrenze („Verfahren einleiten"); insoweit stellen Schriftsätze an den Netzwerkbetreiber mit der Aufforderung der Unterlassung der

---

[15] Vgl. hierzu *Spindler,* K&R 2017, 533, 542.
[16] Vgl. hierzu *Spindler,* K&R 2017, 533, 542.
[17] Die Organzuständigkeit der Kommission für Jugendmedienschutz (KJM) nach §§ 14, 16 ist zu beachten.
[18] Vgl. zur Problematik des Wortlauts „rechtwidrige Inhalte" und der insoweit fragwürdigen Erfassung auch des Vorliegens einer vorsätzlichen Tathandlung → § 1 Rn. 72 f.
[19] Auf die Dauerhaftigkeit allg. Bezug nehmend *Spindler,* K&R 2017, 533, 542.
[20] BT-Drs. 18/13013, S. 25.

Verbreitung bestimmter Inhalte oder der Zahlung von Schadensersatz keine Einleitung eines zivilrechtlichen Gerichtsverfahrens dar. Vielmehr bleibt es dem Rechtsbetroffenen auch nach der Abmahnung bzw. einem an den Netzwerkbetreiber gerichteten Aufforderungsschreiben möglich, keine Klage zu erheben.

III. Empfangsberechtigte Person für Auskunftsersuchen (Abs. 2)

1. Benennungspflicht (S. 1)

11 a) **Empfangsberechtigte Person im Inland.** Die über Abs. 1 hinausgehende Benennungspflicht ist nach dem Wortlaut nicht auf „Anbieter sozialer Netzwerke" beschränkt. Vor diesem Hintergrund ist fraglich, wer **Normadressat** der Bestimmung ist. Freilich ist naheliegend, dass es sich um ein redaktionelles Versehen des Gesetzgebers handelt, der die ursprünglich im Regierungsentwurf vorgesehene einheitliche Bestimmung des § 5 (S. 1 und 2) erst auf Beschlussempfehlung des BT-Rechtsausschusses in unterschiedliche Absätze ausdifferenziert und dabei offenbar die Pflichtadressatenbezeichnung vergessen hat.[21] Vor dem Hintergrund des Normzwecks und des in § 1 Abs. 1 und 2 vorgegebenen Anwendungsbereichs ist daher die Benennungspflicht durch eine rechtsmethodisch zulässige **einschränkende Auslegung** ebenso wie in § 5 Abs. 1 auf Anbieter sozialer Netzwerke begrenzt.

12 Die Benennungspflicht bezieht sich nur auf Auskunftsersuchen einer inländischen Strafverfolgungsbehörde und eine insoweit nicht zustellungsbevollmächtigte, sondern (lediglich) „empfangsberechtigte Person im Inland". Die Nichtbenennung ist nach § 4 Abs. 1 Nr. 7 **bußgeldbewehrt,** wobei – wie bei Abs. 1 – eine über die Benennung der Person hinausgehende Angabe einer ladungsfähigen Anschrift im Inland nicht gefordert wird und eine entsprechende fehlende Angabe einer Adresse oder sonstigen Kontaktaufnahmemöglichkeit trotz der Unterminierung des Normzwecks des § 5 nicht ordnungswidrig ist. Als empfangsberechtigte Person kommen sowohl (interne angestellte oder externe beauftragte) natürliche Personen oder juristische Personen wie eine GmbH in Betracht, sofern diese ihren Sitz im Inland nehmen (→ Rn. 3). Die empfangsberechtigte Person muss auch nicht identisch mit der nach Abs. 1 zu benennenden zustellungsbevollmächtigten Person sein, wenngleich eine **Personalunion** aufgrund der Überschneidung von Aufgabenfeldern möglich ist und sinnvoll sein kann. Ebenso ist die Wahrnehmung weiterer – insbesondere ähnlich gelagerter – Aufgaben wie etwa der des Jugendschutzbeauftragten nach § 7 JMStV[22] nicht ausgeschlossen.

13 Gesetzlich gefordert ist nur eine Berechtigung „zum Empfang" der Auskunftsersuchen. Dies bedeutet, dass die betreffende Person nicht beauftragt oder befugt sein muss, selbst dem Auskunftsersuchen von Strafverfolgungsbehörden nachzugehen und entsprechende Auskünfte zu erteilen. Er kann sich als „Ansprechpartner" auf eine **Übermittlungsfunktion** beschränken, muss dann aber wegen der an ihn nach S. 2 gerichteten Beantwortungspflicht innerhalb von 48 Stunden (→ Rn. 15) auch die ihm vom Netzwerkbetreiber gesendeten Auskunftsinhalte an die Strafverfolgungsbehörde weiterleiten. Durch die Benennung eines Ansprechpartners sollen indes keine zusätzlichen Auskunftspflichten begründet werden, sondern vielmehr die „Möglich-

---

[21] Vgl. die synoptische Darstellung in BT-Drs. 18/13013, S. 13.

[22] Inhaltliche Überschneidungen ergeben sich etwa aus der Prüf- und Beratungskompetenz des Jugendschutzbeauftragten auch in Bezug auf Inhalte nach § 4 Abs. 1 S. 1 Nr. 1–5 und 10 JMStV, welche deliktsinhaltlich Straftatbeständen des § 1 Abs. 3 NetzDG entsprechen; ausf. *Liesching/Schuster,* Jugendschutzrecht – Kommentar, § 7 JMStV Rn. 2 ff.

keiten einer freiwilligen unmittelbaren Kooperation zwischen Strafverfolgungsbehörden und Providern verbessert werden".[23]

b) Auskunftsersuchen einer inländischen Strafverfolgungsbehörde. Auskunftsersuchen der Strafverfolgungsbehörden sind insbesondere solche, die im Zusammenhang mit Strafverfahren **gegen die Nutzer** der sozialen Netzwerke geführt werden,[24] hingegen selbstredend nicht gegen die Netzwerkbetreiber selbst. Ausschließlich erfasst sind mithin Auskunftsersuchen nach den **§§ 14, 15 TMG**. Anders als in Abs. 1 erfolgt nach dem Wortlaut keine Beschränkung auf auskunftsgegenständliche „rechtswidrige Inhalte" iSd § 1 Abs. 3. Offen ist, ob es sich auch hier (→ Rn. 11) um ein redaktionelles Versehen handelt oder ob bewusst die Funktion des Anspruchpartners auf jedwede Art von Auskunftsersuchen von Strafverfolgungsbehörden ausgeweitet sein soll. Für letztere Auslegung spricht die Entwurfsbegründung, wonach Auskunftsersuchen Bestands- und Nutzungsdaten „der Verfasser strafrechtlich relevanter Inhalte" zum Gegenstand haben können; ebenfalls wird dort die allgemeine „Briefkasten"-Funktion der empfangsberechtigten Person betont.[25] 14

2. Antwortfrist von 48 Stunden (S. 2)

Neben der Fristenregelung statuiert die Vorschrift unmittelbar für die empfangsberechtigte Person auch eine **Beantwortungspflicht.** Hiernach genügt es nicht, dass die Person nach „Empfang" des Ersuchens dieses einfach an den Netzwerkbetreiber weiterleitet. Er ist vielmehr auch für die Beantwortung nach Erhalt entsprechender Informationen durch den Netzwerkbetreiber zuständig. Allerdings ist entgegen dem Wortlaut dem Auskunftsersuchen auch dann Rechnung getragen, wenn nicht die empfangsberechtigte Person, sondern der Netzwerkbetreiber selbst oder über eine andere Person eine iSd S. 3 erschöpfende Auskunft gewährt. 15

Die Frist von 48 Stunden wird mit dem Zugang des Auskunftsersuchens in den Machtbereich der empfangsberechtigten Person – nicht des Netzwerkbetreibers – in Gang gesetzt. Daher sind Auskunftsersuchen auch nach dem im Inland ansässigen Netzwerkbetreibern mit Inkrafttreten des NetzDG **stets an den Empfangsberechtigten** nach Abs. 2 zu richten. Die nicht fristgerechte Beantwortung ist nicht bußgeldbewehrt, sondern nach § 4 Abs. 1 Nr. 8 lediglich die Konstellation, dass die empfangsberechtigte Person auf Auskunftsersuchen überhaupt nicht bzw. „beharrlich" nicht reagiert.[26] 16

3. Inhaltliche Antwortanforderungen (S. 3)

Die Vorschrift sieht eine – nicht bußgeldbewehrte – Begründungspflicht für den Fall vor, dass ein Auskunftsersuchen nicht mit „einer das Ersuchen erschöpfenden Auskunft" beantwortet wird. **Nicht erschöpfend** ist die Auskunft etwa, wenn die bei sozialen Netzwerken als Bestandsdaten in der Regel anfallenden Registrierungsdaten (Benutzername, Passwort sowie E-Mail-Adresse zur Passwortänderung)[27] nicht vollständig herausgegeben werden. Die Begründungspflicht erstreckt sich nicht auf die Benennung von Gründen für eine nur verspätete, dh nicht innerhalb von 48 Stunden erfolgenden Auskunft. 17

---

[23] Vgl. BT-Drs. 18/12356, S. 27; s. auch *Spindler*, K&R 2017, 533, 542.
[24] BT-Drs. 18/12356, S. 27.
[25] Vgl. BT-Drs. 18/12356, S. 27.
[26] Vgl. BT-Drs. 18/13013, S. 25 sowie → § 4 Rn. 22.
[27] Vgl. Spindler/Schuster/*Spindler/Nink,* § 14 TMG Rn. 3.

§ 6 Übergangsvorschriften

(1) **Der Bericht nach § 2 wird erstmals für das erste Halbjahr 2018 fällig.**

(2) ¹**Die Verfahren nach § 3 müssen innerhalb von drei Monaten nach Inkrafttreten dieses Gesetzes eingeführt sein.** ²**Erfüllt der Anbieter eines sozialen Netzwerkes die Voraussetzungen des § 1 erst zu einem späteren Zeitpunkt, so müssen die Verfahren nach § 3 drei Monate nach diesem Zeitpunkt eingeführt sein.**

Literatur: *Eifert*, Rechenschaftspflichten für soziale Netzwerke und Suchmaschinen, NJW 2017, 1450; *Hain/Ferreau/Brings-Wiesen*, Regulierung sozialer Netzwerke revisited, K&R 2017, 433; *Ladeur/Gostomzyk*, Das Netzwerkdurchsetzungsgesetz und die Logik der Meinungsfreiheit, K&R 2017, 390; *Liesching*, Was sind „rechtswidrige Inhalte" im Sinne des Netzwerkdurchsetzungsgesetzes?, ZUM 2017, 809; *Spindler*, Das Netzwerkdurchsetzungsgesetz, K&R 2017, 533; *Wimmers/Heymann*, Zum Referentenentwurf eines Netzwerkdurchsetzungsgesetzes (NetzDG) – eine kritische Stellungnahme, AfP 2017, 93.

Übersicht

	Rn.
I. Überblick	1
II. Berichtsfälligkeit (Abs. 1)	2
1. Bericht für das erste Halbjahr 2018	2
2. Begründung der Berichtspflicht vor dem 1.7.2018	3
III. Einführung des Beschwerdeverfahrens (Abs. 2)	4
1. Umsetzungszeitraum von drei Monaten (S. 1)	4
2. Späterer Pflichtbegründungszeitpunkt (S. 2)	5

I. Überblick

1 Die aufgrund Beschlussempfehlung des BT-Rechtsausschusses gegenüber dem Entwurf der Regierungsfraktionen abgeänderte[1] Vorschrift enthält mit Blick auf die organisatorischen Belastungen für Anbieter sozialer Netzwerke zur Beachtung des Grundsatzes der **Verhältnismäßigkeit** Übergangsbestimmungen, welche sich in Abs. 1 auf die Erstfälligkeit des Halbjahresberichtes nach § 2 beziehen, in Abs. 2 auf die Einführung des Beschwerdeverfahrens nach § 3.

II. Berichtsfälligkeit (Abs. 1)

1. Bericht für das erste Halbjahr 2018

2 Die Vorschrift sieht in der durch Beschlussempfehlung des BT-Rechtsausschusses geänderten Fassung eine Fälligkeit des ersten Halbjahresberichtes nach § 2 Abs. 1 zum **1.7.2018** vor. Hierbei ist der Gesetzgeber aufgrund der Regelung als „Übergangsbestimmung" offenbar davon ausgegangen, dass eine Berichtsfälligkeit aufgrund des Inkrafttretens des Gesetzes zum 1.10.2017 schon früher hätte eintreten können. Dies wird auch in der Entwurfsbegründung bestätigt, soweit man den sozialen Netzwerken „Zeit für die Anpassung an die Berichtspflicht" geben wollte.[2]

---

[1] Vgl. BT-Drs. 18/13013, S. 11, 25; BT-Drs. 18/12356, S. 28.
[2] BT-Drs. 18/12356, S. 28.

2. Begründung der Berichtspflicht vor dem 1.7.2018

Indes berücksichtigt der Regelung nicht, dass soziale Netzwerke zunächst zu eruieren haben, ob die gesetzliche Berichtspflicht mit Überschreiten der quantitativen **Erheblichkeitsschwelle** von 100 „Beschwerden über rechtswidrige Inhalte" im Kalenderjahr gem. § 2 Abs. 1 begründet ist (→ § 2 Rn. 6). Sofern Netzwerkbetreiber vor Inkrafttreten des NetzDG am 1.10.2017 – mangels bestehender gesetzlicher Verpflichtung und mit Blick auf den datenschutzrechtlichen Grundsatz der Datenvermeidung und -sparsamkeit – keine Dokumentation ausschließlich der Beschwerdefälle in Bezug auf rechtswidrige Inhalte gem. § 1 Abs. 3 (→ § 2 Rn. 5) vorgenommen haben, so kann eine Eruierung erhaltener einschlägiger Beschwerden für das „Kalenderjahr" erst zum 1.1.2018 beginnen. Ist die Zahl von 100 Beschwerden in Bezug auf begründet rechtswidrige Inhalte nach § 1 Abs. 3 zur Jahreshälfte (30. Juni) nicht überschritten, ist auch eine Berichtspflicht und **Fälligkeit nach § 6 Abs. 1 nicht begründet.** Doch auch wenn die Beschwerdeanfallgrenze von 100 Fällen erst kurzfristig vor dem in § 6 Abs. 1 genannten Fälligkeitszeitpunkt eine Berichtspflicht begründet, erscheint eine fristgemäße Umsetzung im Hinblick auf die Beachtung der Verhältnismäßigkeit fraglich. In diesem Fall wird der Bericht erstmalig zum Ende des nächsten Vierteljahres fällig (→ § 2 Rn. 6).

III. Einführung des Beschwerdeverfahrens (Abs. 2)

1. Umsetzungszeitraum von drei Monaten (S. 1)

Die Vorschrift sieht für die Einführung bzw. Umsetzung des Beschwerdeverfahrens nach § 3 einen zeitlichen Dispens von drei Monaten nach Inkrafttreten des NetzDG vor. Soziale Netzwerke iSd § 1 müssen ein hinreichendes Beschwerdemanagement unter Erfüllung der in § 3 Abs. 2 genannten Compliance-Pflichten also **bis spätestens 1.1.2018** vorhalten. Dies gilt grundsätzlich auch im Falle einer – aufgrund der zahlreichen verfassungsrechtlichen Bedenken[3] – eingelegten **Verfassungsbeschwerde** nach § 90 BVerfGG, welche weder den Eintritt der Rechtskraft hindert,[4] noch – ohne Antrag auf Erlass einer einstweiligen Anordnung gem. § 32 BVerfGG – einen Suspensiveffekt (aufschiebende Wirkung) entfaltet.[5]

2. Späterer Pflichtbegründungszeitpunkt (S. 2)

Für Anbieter sozialer Netzwerke, die die Bagatellgrenze des § 1 Abs. 2 (dort → Rn. 65 ff.) erst nach Inkrafttreten des NetzDG erfüllen, enthält der durch Beschlussempfehlung des BT-Rechtsausschusses angefügte S. 2 eine Übergangsregelung, die auch diesen Netzwerken eine angemessene Übergangsfrist „sichern" soll.[6] In § 1 Abs. 2 wird indes nicht vorgegeben,[7] über welchen Zeitraum und nach welchen Er-

---

[3] Ausf. → § 1 Rn. 21 ff. sowie *Feldmann,* K&R 2017, 292, 295 f.; *Gersdorf,* MMR 2017, 439 ff.; *Hain/Ferreau/Brings-Wiesen,* K&R 2017, 433, 435; *Koreng,* GRUR-Prax 2017, 203, 204; *Ladeur/ Gostomzyk,* K&R 2017, 390 ff.; *Nolte,* ZUM 2017, 552, 555 ff.; *Wimmers/Heymann,* AfP 2017, 93, 98; s. auch *Frenzel,* JuS 2017, 414, 415; *Guggenberger,* ZRP 2017, 98, 100.
[4] Vgl. BVerfGE 93, 381, 385; BVerfGE 107, 395, 413.
[5] Walter/*Grünewald/Grünewald,* BeckOK BVerfGG, § 90 Rn. 5 mwN.
[6] Vgl. BT-Drs. 18/13013, S. 25.
[7] Nähere Bestimmungen zur Feststellung, ob ein Netzwerk die Voraussetzungen des § 1 erfüllt, sollen nach der Begründung des Beschlussempfehlung des BT-Rechtsauschusses in den nach § 4 Abs. 4 S. 2 zu erlassenden allg. Verwaltungsgrundsätzen geregelt werden; vgl. BT-Drs. 18/13013, S. 25.

hebungsanforderungen die Zwei-Millionen-Nutzergrenze überschritten sein muss. Zur Vermeidung von Rechtsunsicherheiten aufgrund schwankender Nutzerzahlen ist die **halbjährliche Durchschnittszahl von zwei Millionen Nutzern** zugrunde zu legen.[8]

---

[8] → § 1 Rn. 67; so bereits *Spindler*, K&R 2017, 533, 534.

Stichwortverzeichnis

Fette Zahlen mit Zusatz bezeichnen die Paragraphen der kommentierten Rechtsnormen. Magere Zahlen bezeichnen die Randnummern der Erläuterungen.

1. Unterrichtungspflicht **13** 7 ff.

Abgrenzung Rundfunk/Telemedien **1** 52
Abgrenzung TKG/TMG **1** 18
Abmahnung **10** 26, 101
Abrechnung
– Nutzer **15** 105 ff.
Abrechnungsdaten
– Abrechnung mit anderen Anbietern **15** 116 ff.
– Anonymisierung **13** 69 f.
– Einzelnachweise **15** 105 ff.
– Rechnungsstellung **15** 112
Access-Provider **1** 32 f., 35, 37 f.; **2** 25, 28, 30; **5** 21; **Vor 7** 10, 84; **7** 10, 14, 47, 77 ff., 84, 89 f., 98, 104, 109, 112; **8** 39, 58 ff.
Admin-C **1** 36; **2** 28; **8** 47
Adwords **7** 12
Affiliates **Vor 7** 76, 80
AGB **5** 33
Allgemeines Persönlichkeitsrecht **Vor 11** 45 ff.
Amazon (Marketplace) **2** 14
Anbieter kostenloser Dienste **5** 11
Anlegerschutz **3** 61 f.
AN.ON **13** 74
anonymisierte Nutzung **13** 61 ff.
Anonymisierungsdienste **1** 42; **13** 73
Anonymität **Vor 7** 11; **13** 69 f.
Anwendungsbereich **1 NetzDG** 41 ff.
App-Stores **5** 13
Arbeitgeber **1** 39, **2** 9 f.; **8** 38
Arbeitnehmer **2** 7, 39; **10** 63
audiovisuelle Mediendienste **1** 73
– Richtlinie (AVM-RL) **1** 51, 73; **2** 49 ff.
Aufsicht **Nach 16** 1 ff.
Aufsichtsbehörde
– Datenschutz **Nach 16** 2
Auktionsplattformen **5** 13, 30; **10** 87
Auskunft
– NetzDG **14** 50 ff.
Auskunftsanspruch **13** 119 ff.
Auskunftsersuchen **4 NetzDG** 22; **5 NetzDG** 11 ff.
Auskunftserteilung **15** 125 ff.
– Bestandsdaten **14** 27 ff.
ausländische Diensteanbieter **2** 34; **5** 56
Autocomplete-Funktion **7** 29, 117
automatische Zugangsvermittlung **1** 34

Autor **10** 64

Bagatellgrenze **1 NetzDG** 65 ff.
Basic-XING-Profil **5** 17
Beendigung
– jederzeitige **13** 54
Begründungspflicht **3 NetzDG** 32
beliebige Inhalte **1 NetzDG** 49 ff.
Benachrichtigungspflicht
– Inhalt **15a** 10 ff.
– Kritik **15a** 30 ff.
– strafrechtliches Verwertungsverbot **15a** 6
Benennungspflicht **4 NetzDG** 21
Berichtspflicht **2 NetzDG** 1 ff.
– Begründung **2 NetzDG** 6
– Fälligkeit **6 NetzDG** 2 ff.
– inhaltliche Anforderungen **2 NetzDG** 9 ff.
Berufspflichten **5** 61
berufsrechtliche Regeln **5** 60
Beschwerde
-anfall **2 NetzDG** 4 ff., 25; **6 NetzDG** 3
-gegenstand **1 NetzDG** 4 f.
-Stellungnahmen **3 NetzDG** 21 ff.
-verfahren **3 NetzDG** 3 ff., 8 ff.; **4 NetzDG** 13 ff.
Bestandsdaten **14**
– Einwilligung **14** 69 ff.
– Erforderlichkeit **14** 14 ff.
– Verarbeitung **14** 9 ff.
– Werbung, Beratung, Marktforschung **14** 70
Bestimmtheitsgebot **1 NetzDG** 75 f.; **3 NetzDG** 13, 36; **4 NetzDG** 2 ff.
Betreiber von Router-Rechnern **1** 24
Betreuung **2 NetzDG** 21; **3 NetzDG** 37 f.; **4 NetzDG** 20
betriebliches oder privates WLAN **1** 14
Betriebsvereinbarung **11** 45
Bewertungsportale **Vor 7** 10; **7** 16; **10** 109
Bittorrent-Angebote **8** 42
Blankettannahme **10** 43
Blog **1** 68; **5** 16; **10** 109
Branchenverbände **1 NetzDG** 22 f.
Browser **1** 84
Browser-Games **1** 89
Bundesamt für Justiz (BfJ) **3 NetzDG** 54; **4 NetzDG** 28 ff.
Bundesverfassungsgericht **Vor 11** 46 f.

641

Stichwortverzeichnis

Business TV **1** 15
Bußgeld **16** 1 ff.
- Bestimmtheit **4 NetzDG** 2 ff.
- gegen juristische Personen **4 NetzDG** 26
- -rahmen **4 NetzDG** 23 ff.
- Tatbestände **4 NetzDG** 12 ff.
- Täter und Beteiligte **4 NetzDG** 5 f.
- Verwaltungsgrundsätze, allgemeine **4 NetzDG** 31
- Vorsatz und Fahrlässigkeit **4 NetzDG** 7 ff.

C2C-Verkehr **2** 19
Cell-Broadcasting **8** 13
Channel Operator **10** 77 ff.
Chatrooms **1** 78; **10** 77 ff.
chilling effect **Vor 7** 10; **7** 98
Chunks **10** 11
CIP-Pool **10** 68
Cloud Computing **2** 15, **5** 19; **10** 12
Content-Provider **2** 22; **Vor 7** 68; **7** 53
Cookies **9** 27
- Personenbezug **11** 59; **13** 13
- Rechtmäßigkeit **13** 15
- Unterrichtungspflicht **13** 10 f.
- Wirkungsweise **13** 12
Crowd-Funding-Plattformen **1** 75

Datennetz
- globales **11** 95
Datenschutz
- Anbieter-Nutzer-Verhältnis **11** 1 ff.
- Anwendungsbereich TMG **11** 1 ff.
- Aufsicht **Nach 16** 1 ff.
- Datenschutzbeauftragter **10** 40
- Schutzbereich **Vor 11** 45 ff.
- TMG Entstehung und Entwicklung **Vor 11** 30 ff.
Datenschutz-Grundverordnung **Vor 7** 8
Datenschutzrecht **Vor 7** 23
Datenübermittlung
- Ausland **11** 13 ff.
Datenverarbeitung
- Grundsätze **12** 1 ff.
- im Dienste- und Arbeitsverhältnis **11** 34 ff.
Deep Link **5** 35; **Vor 7** 58
Diensteanbieter **1 NetzDG** 42 ff., 45
- Pflichten **13** 1 ff.
Dienstleister **2** 7
Dienstleistungsfreiheit **1 NetzDG** 14
Dienst- und Arbeitsverhältnis **11** 34 ff.
Digital Millennium Copyright Act 1998 **Vor 7** 3
digitale Dienste **13** 105 ff.
- Datenverarbeitung **13** 111 ff.
- Meldung **13** 115 ff.
- Sicherungspflicht **13** 107 ff.

digitales Fernsehen (Set-Top-Boxen, EPG) **1** 88
DNS-Sperre **7** 78
Dokumentationspflicht **3 NetzDG** 33 f.
Domaingrabbing **7** 115
Drittstaaten **11** 24 ff.
DS-GVO **Vor 11** 8 ff.
- Geltungszeitpunkt **Vor 11** 8 ff.
- Verdrängung Datenschutz TM **Vor 11** 9

eBay **2** 13; **7** 125
E-Commerce-Richtlinie (ECRL) **1** 6; **Vor 11** 63
eigene Endgeräte **2** 21
Eigenvorsorge **7** 64
Eingabemasken **7** 23; **10** 89
Einwilligung
- elektronische **13** 27 ff.
Einzelnachweise **15** 105 ff.
- Erstellung **15** 131 f.
E-Learning **1** 77
elektronische Informations- und Kommunikationsdienste **1** 10
elektronische Kommunikationsnetze **2** 59
elektronische Presse **1** 65
elektronische Zeitungen **2** 58
elektronischer Verleger **10** 64
elektronisches Anzeigenblatt **1** 70
elektronisches Geld **3** 54
E-Mail-Adressen
- Personenbezug **11** 57 f.
E-Mail-Verteilerlisten **1** 81; **8** 50 f.
Embedded Content **Vor 7** 58
empfangsberechtigte Person **4 NetzDG** 22; **5 NetzDG** 11 ff.
eMule **Vor 7** 85
Entfernung **3 NetzDG** 8
ePrivacy-VO **Vor 11** 18 ff.; 25 ff.
- Abrechnung **15** 110
- Forderungseinzug durch Dritte **15** 112 ff.
- Sicherheit und Störungen **15** 141 f.
- Zusammenschaltungszahlungen **15** 118
Erfüllungsgehilfen **2** 7
Erlaubnisvorbehalt **12** 5 ff.
Ethernet **2** 35
EU-Datenschutzrichtlinie **Vor 11** 61 ff.
EuGH
- Personenbezug IP-Adresse **11** 48
- Recht auf Vergessen s. Recht auf Vergessen
- Vorrang Art. 7 DSRL **15** 23 ff.

Facebook **1** 69, 78; **2** 23; **5** 15; **10** 85, 106
fahrlässige Beteiligung **Vor 7** 55
Fake-Bewertungen **6** 22
Fake News **1 NetzDG** 3
falsche Informationen **5** 65, 69

Stichwortverzeichnis

Falschnachrichten **1 NetzDG** 3
Fernmeldegeheimnis **2** 10; **Vor 7** 10; **7** 84 ff., 127; **8** 38; **10** 57
Fernseh- und Radiotext **1** 91
Fernsehähnlichkeit **2** 61
File Transfer Protocol (ftp) **1** 83
File-Hosting-Dienste **7** 59; **8** 41; **10** 95, 110
Framing **Vor 7** 58; **9** 37
fremde Speicherkapazitäten **2** 15
Frist
– 24 Stunden **3 NetzDG** 16 f.
– sieben Tage **3 NetzDG** 18 ff., 25

Gebot der klaren Erkennbarkeit **6** 7
Gebühr **5** 52
Gehilfe **Vor 7** 55; **7** 40
gemischte Telekommunikations- und Telemediendienste **1** 43
Geoblocking **10** 50
geschäftsmäßige Telemedien **5** 7
geschlossene Benutzergruppen **1** 57
Gesetzgebung
– Historie **1 NetzDG** 1
– Kompetenz **1 NetzDG** 10 ff.
– getarnte oder verdeckte Werbung **6** 6
– gewerbsmäßige Linksetzende **Vor 7** 86
Gewinnerzielungsabsicht **1 NetzDG** 47 ff.
Gewinnspiele und Preisausschreiben **6** 24, 28
Gleichheitsgebot **1 NetzDG** 35 ff.
Glücksspiele **1** 89; **2** 56
GmbH & Co. KG **5** 45
Google-Cache **9** 37
Google-plus-Seiten **5** 15
Grafik-Dateien **5** 39
Grenzen der Verantwortlichkeit **Vor 7** 71
Grundfreiheit des Dienstleistungsverkehrs **2** 2
Grundrecht **Vor 11** 45 ff.
Grundsatz der Trennung von Information und Werbung **6** 6
GS-Media-Entscheidung **Vor 7** 60
Günstigkeitsprinzip **3** 27

Haftung der Provider **3** 78
Halbjahresbericht **2 NetzDG** 2 ff., 7
Handelsplattformen **1** 75; **2** 13; **10** 87
Herkunftslandprinzip **1 NetzDG** 13 ff.
Hinweispflicht **13** 40 ff.
Homepage **1** 80
Host-Provider **2** 24; **5** 19; **7** 14, 111; **10** 12
Hotelbewertungsportal-Entscheidung **7** 16
Hotspot-Netze **8** 27
Hyperlinks **2** 45; **5** 34; **6** 19; **7** 30; **8** 55; **10** 72

Idealvereine **5** 11
Impressum **5** 29
indirekte wirtschaftliche Einnahmen **5** 9

Individualkommunikation **1** 57, 75; **1 NetzDG** 60 f.
Industriestandard **9** 21, 24
Informationsfreiheit **1 NetzDG** 26 ff.
Informationspflicht **3 NetzDG** 30
Infrastruktur-Anbieter **1** 38
Ingerenz **Vor 7** 67
Inhaltsdaten **15** 74 ff.
Inkasso **15** 112 f.
Internet **Vor 11** 43
Internetapotheke **3** 12
Internetauktionen **1** 75
Internet-Café **1** 41; **2** 21; **8** 38; **10** 69
Internetportal **2** 12
– Internettelefonie **1** 21
Interstitials **6** 12
Intranets eines Diensteanbieters **2** 9
IP-Adresse
– Personenbezug **11** 51 ff.
– IP-Sperre **7** 78
IT-SicherheitsG **13** 107 ff.
– Anbieter digitaler Dienste **13** 107 ff.

journalistisch-redaktionell **1 NetzDG** 32; 57 ff.
Jugendschutzbeauftragter **10** 40
jugendschutz.net **1 NetzDG** 6 f.; **3 NetzDG** 39

Kanada **11** 27
Kapitalgesellschaften und Personenhandelsgesellschaften **5** 43
Kartellrecht **Vor 7** 24
Kenntnis **3 NetzDG** 9 ff.
Kenntnisnahme durch Computerprogramme **10** 42
Kenntniszurechnung bei vertraglichen Beziehungen **10** 47
Klingeltöne **1** 46
kombinierte Dienste **1** 23
kommerzielle Kommunikation **2** 43
konkrete Kenntnis **10** 24
Kontakt **5** 29
Kontrollüberwachung **3 NetzDG** 35
Koppelungsgeschäft **6** 23
Koppelungsverbot **12** 17 ff.
Kurzwahldienste **1** 46

lineare Kommunikationsdienste **1** 52
linearer Informations- und Kommunikationsdienst **1** 52
Link-Listen **5** 22
Live-Stream **1** 52, 56; **2** 54
lokale Netzwerke **2** 36; **8** 28, 33, 40

Markenrecht **Vor 7** 22
Marktverhaltensregel **13** 128 f.

643

Stichwortverzeichnis

McFadden-Fall **7** 127; **8** 29
M-Commerce (mobile commerce) **1** 47; **5** 23
mechanische Informations- und Kommunikationsdienste **1** 10
Mediakabel-Entscheidung **1** 55
Mediendelikte **3** 75
Mehrwertdienste **1** 20
-anbieter **1** 46
Meinungsforen **1** 69, 78; **10** 103, 109
Meinungsfreiheit **1 NetzDG** 22ff.
Metasuchmaschinen **Vor 7** 83, 90
Metatags **6** 16
Microblogging **1** 68
Mirror-Server **9** 8
Mirror-Verfahren **8** 25
Missbrauchsverfolgung **15** 133ff.
Moderator **10** 40
modifiziertes Marktortprinzip **2a** 17
Multi-Casting **1** 25

Napster **Vor 7** 85; **8** 41
Navigationssysteme **1** 88
Near-Video-on-Demand-Dienste **1** 52, 55
Netzneutralität **8** 16
Netzwerkdurchsetzungsgesetz (NetzDG) **Vor 11** 41f.
News Groups **9** 11; **10** 82ff.
Newsletter **1** 81; **2** 42
niedergelassene Diensteanbieter **2** 32
notice and take down-Verfahren **7** 71
Nutzer **2** 39; **1 NetzDG** 53
Nutzungsdaten **15**
− anonymisierte **15** 121 ff.
− Erforderlichkeit **15** 38 ff.
− Inhaltsdaten **15** 74 ff.
− Löschungspflicht **15** 64 f.
− Nutzungsprofile **15** 91
− Zusammenführungsverbot **15** 73
Nutzungsprofile
− anonymisierte **15** 102 ff.
− pseudonymisierte **15** 84 ff.
− Widerspruchsrecht **15** 94 ff.
− Zusammenführungsverbot **15** 98 ff.

offensichtlich rechtswidrige Inhalte **3 NetzDG** 13 ff.
öffentliche Gesundheit **3** 60
öffentlich-rechtliche Körperschaften **2** 6
Offline-Medien **1** 10
On-demand **1** 52
one click away-Prinzip **5** 26
Online-Spiele **1** 89; **2** 56
Ortungsdienste **5** 23
OTT-Kommunikationsdienste
− s. Over-the-top (OTT)-Dienste
Outsourcing **2a** 13

Overblocking **7** 82, 95, 98
Over-the-top (OTT)-Dienste **1** 26; **2** 16

Passwortanfragen **9** 18
PDF-Files **5** 39
Peer-to-Peer (P2P)-Netzwerke **1** 84; **7** 92; **8** 41
Peer-to-Peer-Telefonie **1** 22; **2** 30
Personalunion **10** 46
personenbezogene Daten **11** 47 ff.
− Begriff **11** 46 ff.
Personenbezug
− Cookies **11** 59
− E-Mail-Adressen **11** 57 f.
− EuGH **Vor 11** 77 ff.
− IP-Adresse **11** 51 ff.
Pirate Bay **10** 2
Plattformen **1 NetzDG** 48
Pop-up-Blocker **5** 39; **6** 12
Portale/Plattformangebote **5** 13
Portalseiten **1** 33
Portsperre **7** 78
positive Kenntnis **9** 28; **10** 19
Preisnachlässe **6** 23
presseähnliche Texterzeugnisse **1** 82
Pressefreiheit **1 NetzDG** 31
Privacy-Shield
− EU-US Privacy Shield **11** 29
private Angebote **5** 11
private Homepage **2** 6
private Mitbenutzung **2** 11
Produkt- und Arzthaftung **3** 76
Programmieren einer internen Suchmaschine **7** 11
Proxy-Caching **8** 25
Pseudonym **5** 42; **10** 88
pseudonymisierte Nutzung **13** 61 ff.
Pseudonymisierung **13** 71 ff.
Push-Dienste **1** 85; **2** 42; **8** 52

Rechenzentren **2** 31
Rechnungsstellung **15** 112 ff.
Recht auf informationelle Selbstbestimmung **Vor 11** 45 ff.
− Verhältnismäßigkeit **Vor 11** 53 ff.
Recht auf Vergessenwerden
− Art. 17 DS-GVO **Vor 7** 92
− DS-GVO **Vor 11** 74
− EuGH **Vor 11** 72 f.
− EuGH-Urteil Google Spain **15** 66 ff.
rechtswidrige Inhalte **1 NetzDG** 73 ff.; **2 NetzDG** 5
redaktionelle Verantwortung **2** 51
redaktioneller Kerngehalt **7** 19
Registrierung **1 NetzDG** 69 ff.
Routing **8** 12

Stichwortverzeichnis

RSS-Feeds **2** 42
Rundfunk
– Abgrenzung zu Telemedien **1 NetzDG** 43 f.
– -freiheit **1 NetzDG** 31

Safe Harbor Principles **11** 26 ff.
– EuGH **Vor 11** 75 f.
Schadensberechnung **3** 82
Schadsoftware-Filter **8** 54
Schleichwerbung **6** 18
Schule/Hochschule **1** 40; **8** 38; **10** 68
Schulung **2 NetzDG** 21; **3 NetzDG** 37 f.; **4 NetzDG** 20
Schutz der Menschenwürde **Vor 11** 48
Schutzniveau **11** 25 ff.
Schweiz **11** 27
Scouts **10** 39
Selbstregulierung
– Anerkennung **3 NetzDG** 42 ff.
– Konsultation **3 NetzDG** 24 ff.
Sendeplan **1** 53
Shared-cost-Nummer **5** 52
Sharehoster **7** 28
Sicherung **3 NetzDG** 28;
Sich-zu-eigen-Machen **Vor 7** 57; **7** 7, 18; **10** 16
sittenwidriger Wettbewerbsvorsprung **5** 66
Skype **1** 22, 16; **2** 16
Smartphones **5** 23
Snippets **Vor 7** 83, 92; **7** 29; **9** 37
Software **1** 84
Sozialadäquenz **1 NetzDG** 79 f.
soziale Netzwerke **2** 23; **5** 14, 31; **7** 23; **10** 85, 106; **1 NetzDG** 41 ff.
Spam/Junk-E-Mails **1** 81; **2** 44; **3** 48
Spam-Filter **8** 53
Speicherung **3 NetzDG** 28
Sperre **15** 72
Sperrung **3 NetzDG** 8
spezifische Inhalte **1 NetzDG** 62 ff.
Sponsored Links **Vor 7** 91
Spürbarkeitsklausel **5** 70
Standardvertragsklausel/n **11** 33
Stealth-Marketing **6** 22
Störerhaftung **1** 49; **7** 38
strafrechtliches Verwertungsverbot **15a** 24 ff.
Sub-Domains **1** 36; **8** 46
Suchmaschinen **1** 86; **2** 56; **6** 16; **Vor 7** 29, 83 f.; **8** 57
-betreiber **Vor 7** 61; **8** 6, 55
Systemdatenschutz **13** 45
Systemoperator **10** 40

technische und organisatorische Pflichten **13** 45
Telearbeitsverhältnis **10** 62

Telebanking **1** 76
Telefon- und Faxpolling-Dienste **1** 91
telekommunikationsgestützte Dienste **1** 44 ff.
Telemedien
– Definition **11** 9
– Tell-a-friend-Funktion **6** 20
Telemedizin **3** 77
Teleshopping-TV-Kanäle **1** 92
Territorialitätsprinzip **1 NetzDG** 81; **4 NetzDG** 27
Textdienste **1** 82
Thumbnails **9** 37
TMG
– Kritik **Vor 11** 92 ff.
– Überblick Systematik **Vor 11** 81 ff.
– Würdigung **Vor 11** 87 ff.
Triple-Play-Angebote **1** 62
Twitter **1** 68, 78 f.
two clicks away-Prinzip **5** 26, 36

Überwachung **15** 125 ff.; **3 NetzDG** 39 ff.
Umsatzsteueridentifikationsnummer **5** 62
unbewusste Nutzung **7** 123
Ungarn **11** 27
Unterlassungsansprüche **13** 126 ff.
unverzüglich **3 NetzDG** 10, 18, 31
Unzulänglichkeiten **3 NetzDG** 36; **4 NetzDG** 3, 19
UPC Telekabel-Entscheidung **8** 20
URL-Sperre **7** 78
USA **11** 27
Usenet-Anbieter **8** 43; **9** 5, 10; **10** 96
Usenet-Server **9** 10
User Generated Content **7** 23; **10** 17
UWG **13** 126 ff.

Veranlassungslehre **1** 28, 30
Verantwortlichkeit **1 NetzDG** 20 ff.
Verbot einer allgemeinen Überwachungspflicht **10** 17, 101
Verbraucherschutz **3** 61; **5** 1 f.
-organisationen **5** 11
Verfassungskonformität **1 NetzDG** 21 ff.; **3 NetzDG** 12, 20
Verordnung über Privatsphäre und elektronische Kommunikation (ePrivacy-VO) **1** 30
verschuldensunabhängige Produkthaftung **Vor 7** 7
Verteildienste **2** 42
virales Marketing **1** 70; **6** 20
Voice over IP **1** 21
Volkszählungsurteil **Vor 11** 46
vollharmonisiertes Recht **Vor 7** 13
Vorabentscheidungsverfahren **4 NetzDG** 32 ff.

645

Stichwortverzeichnis

Vorratsdatenspeicherung **7** 85; **Vor 11** 71
Vorschaubilder III-Entscheidung **Vor 7** 86
Vuze **Vor 7** 85

Web-Casting **1** 52; **2** 54
Weitervermittlung
– Anzeige der **13** 60
Werbebanner **2** 27; **5** 22; **6** 12
Werbe-E-Mails **3** 48; **6** 5
werbefinanzierte Homepage eines privaten Nutzers **5** 12
Werbende **2** 20
Werbung der freien Berufe **6** 3
Wettbewerbsverstoß **5** 65
WhatsApp **1** 22, 26; **2** 16; **6** 32
Whitelisting **6** 12

Widerspruchsrecht
– Nutzungsprofile **15** 94 ff.
Wireless-LAN **1** 35; **2** 26
WLAN-Anbieter **7** 89, 101; **8** 2 f., 26, 40
World Wide Web **Vor 11** 43

YouTube **1** 52; **2** 60; **10** 17, 85

Zensurverbot **1 NetzDG** 33 ff.
Zugänglichmachung **Vor 7** 58
Zusammenführungsverbot
– Nutzungsprofile **15** 98 ff.
Zustellungsbevollmächtigter **4 NetzDG** 21; **5 NetzDG** 2 ff.
Zweckbindungsgebot **12** 33 f.